JN441239

2026년 개정판

국가를 당사자로 하는 계약법

(국 가 계 약 법)

(3단 대조)

◉ **국가를 당사자로 하는 계약에 관한 법령 (3단식)**

국가를 당사자로 하는 계약에 관한 법률
국가를 당사자로 하는 계약에 관한 법률 시행령 (별표)
국가를 당사자로 하는 계약에 관한 법률 시행규칙 (별표 및 별지서식)

◉ **특정물품 조달을 위한 국가를 당사자로 하는 계약에 관한 법률 특례규정, 규칙**

◉ **특정조달을 위한 국가를 당사자로 하는 계약에 관한 법률 특례규정, 규칙**

◉ **국가를 당사자로 하는 계약에 관련 행정규칙 (고시, 기준, 지침, 예규)**

圓技術

〈총 목 차〉

국가를 당사자로 하는 계약에 관한 법

(법률 · 시행령 · 시행규칙 / (3단식)

◉ 국가를 당사자로 하는 계약에 관한 법률

◉ 국가를 당사자로 하는 계약에 관한 법률 시행령

◉ 국가를 당사자로 하는 계약에 관한 법률 시행규칙 [별표 및 별지서식]

제6장 대형공사 계약

제6장 대형공사 계약

제7장 계약정보의 공개 등

제8장 이의신청과 국가계약 분쟁 조정위원회

국가를 당사자로 하는 계약에 관한 법률	시 행 령	시 행 규 칙
	 제8장 기술제안입찰 등에 의한 계약 	

제9장 이의신청과 국가계약 분쟁 조정위원회

◈ 시행규칙 [별표 및 서식] ◈

국가를 당사자로 하는 계약에 관한 법률	시 행 령	시 행 규 칙

국가를 당사자로 하는 계약에 관한 법률

제정 1995. 1. 5 법률 제 4868호
개정 1995. 1. 5 법률 제 4868호
개정 1997.12.13 법률 제 5453호
개정 1997.12.13 법률 제 5454호
개정 2002.12.30 법률 제 6836호
개정 2005.12.14 법률 제 7722호
개정 2006.10. 4 법률 제 8050호
개정 2008. 2.29 법률 제 8852호
개정 2012. 3.21 법률 제11377호
개정 2012.12.18 법률 제11547호

국가를 당사자로 하는 계약에 관한 법률 시행령

제정 1995. 7. 6 대통령령 제14710호
개정 2006. 5.25 대통령령 제19483호
2006.12.29 대통령령 제19782호
2006.12.29 대통령령 제19806호
2007.10.10 대통령령 제20319호
2007.10.15 대통령령 제20323호
2008. 2.29 대통령령 제20720호
2008. 5.21 대통령령 제20789호
2008. 7.29 대통령령 제20947호
2008.12.31 대통령령 제21202호
2009. 5. 6 대통령령 제21480호
2009. 6.26 대통령령 제21565호
2009. 6.29 대통령령 제21578호
2009. 8.18 대통령령 제21692호
2009. 8.21 대통령령 제21698호
2009.11.20 대통령령 제21834호
2010. 7.21 대통령령 제22282호
2010.11.15 대통령령 제22493호
2010.12.13 대통령령 제22525호
2011. 1.17 대통령령 제22626호
2011.1. 24 대통령령 제22637호
2011. 1.26 대통령령 제22638호
2011. 2. 9 대통령령 제22660호
2011.10.28 대통령령 제23267호
2011.11. 1 대통령령 제23282호
2011.11.23 대통령령 제23313호
2011.12.31 대통령령 제23477호
2012. 5.14 대통령령 제23778호
2012.10. 8 대통령령 제24130호
2013. 1.16 대통령령 제24317호
2013. 3.23 대통령령 제24441호
2013. 6.17 대통령령 제24601호

국가를 당사자로 하는 계약에 관한 법률 시행규칙

제정 1995. 7. 6 총 리 령 제511호
개정 1996.12.31 총 리 령 제602호
개정 1998. 2.23 총 리 령 제682호
개정 1999. 9. 9 재정경제부령 제104호
개정 2000.12.30 재정경제부령 제174호
개정 2002. 3.25 재정경제부령 제251호
개정 2002. 8.24 재정경제부령 제274호
개정 2003.12.12 제정경제부령 제335호
개정 2005. 9. 8 재정경제부령 제460호
개정 2006. 5.25 재정경제부령 제508호
개정 2006. 7. 5 제정경제부령 제512호
개정 2006.12.29 재정경제부령 제536호
개정 2007.10.10 재정경제부령 제578호
개정 2009. 3. 5 기획재정부령 제 58호
개정 2009. 8.31 기획재정부령 제 95호
개정 2010. 7.21 기획재정부령 제161호
개정 2012. 5.18 기획재정부령 제284호
개정 2013. 3.23 기획재정부령 제342호
개정 2013. 6.19 기획재정부령 제352호
개정 2013. 6.28 기획재정부령 제355호

국가를 당사자로 하는 계약에 관한 법률	시 행 령	시 행 규 칙
개정 2013. 8.13 법률 제12028호	개정 2013. 9.17 대통령령 제24728호	개정 2013. 9.17 기획재정부령 제360호
	개정 2013.12.30 대통령령 제25033호	
	개정 2013.12.30 대통령령 제25050호	
	개정 2014. 5.22 대통령령 제25358호	
	개정 2014.11. 4 대통령령 제25679호	개정 2014.11. 4 기획재정부령 제443호
	개정 2014.11.19 대통령령 제25751호	개정 2014.11.19 기획재정부령 제444호
개정 2014.12.30 법률 제12860호	개정 2015. 2.23 대통령령 제26108호	
	개정 2015. 6.22 대통령령 제26321호	개정 2015. 6.30 기획재정부령 제487호
	개정 2015.12.31 대통령령 제26829호	
	개정 2016. 2.11 대통령령 제26975호	개정 2016. 2. 1 기획재정부령 제533호
개정 2016. 3. 2 법률 제14038호	개정 2016. 5.31 대통령령 제27205호	
	개정 2016. 7.28 대통령령 제27401호	
	개정 2016. 9. 2 대통령령 제27475호	개정 2016. 9.23 기획재정부령 제573호
	개정 2016. 9.29 대통령령 제27524호	
	개정 2016.12.30 대통령령 제27751호	
	개정 2017. 1.26 대통령령 제27807호	
	개정 2017. 3.27 대통령령 제27958호	
개정 2017. 7.26 법률 제14839호	개정 2017. 7.26 대통령령 제28211호	개정 2017.12.28 기획재정부령 제644호
개정 2017.12.19 법률 제15219호	개정 2018. 1.16 대통령령 제28586호	
	개정 2018. 3. 6 대통령령 제28690호	
	개정 2018.12. 4 대통령령 제29318호	개정 2018.12. 4 기획재정부령 제699호
	개정 2018.12.11 대통령령 제29360호	
개정 2019.11.26 법률 제16578호	개정 2019. 9.17 대통령령 제30378호	개정 2019. 9.17 기획재정부령 제751호
	개정 2020. 1. 7 대통령령 제30337호	
	개정 2020. 2.18 대통령령 제30423호	
개정 2020. 3.31 법률 제17133호	개정 2020. 4. 7 대통령령 제30597호	
개정 2020. 6. 9 법률 제17339호	개정 2020. 5. 1 대통령령 제30655호	
개정 2020. 6. 9 법률 제17348호	개정 2020. 9.29 대통령령 제31053호	
개정 2020.10.20 법률 제17555호	개정 2020. 9.29 대통령령 제31054호	
	개정 2020.12. 8 대통령령 제31220호	
	개정 2020.12. 8 대통령령 제31221호	
	개정 2020.12. 8 대통령령 제31222호	
개정 2021. 1. 5 법률 제17816호	개정 2021. 1. 5 대통령령 제31380호	
	개정 2021. 2. 2 대통령령 제31429호	
	개정 2021. 2.17 대통령령 제31448호	
	개정 2021. 3.30 대통령령 제31557호	

	개정 2021. 7. 6 대통령령 제31864호 개정 2021. 9.14 대통령령 제31986호 개정 2022. 1.25 대통령령 제32370호 개정 2022. 3.25 대통령령 제32557호 개정 2022. 6.14 대통령령 제32690호 개정 2022. 6.28 대통령령 제32733호 개정 2023. 1. 3 대통령령 제33198호	개정 2021. 7. 6 기획재정부령 제859호 개정 2021.10.28 기획재정부령 제867호
개정 2023. 3.28 법률 제19317호 개정 2023. 7.18 법률 제19544호 개정 2024. 3.26 법률 제20401호	개정 2023. 4.11 대통령령 제33382호 개정 2023.11.16 대통령령 제33861호 개정 2024. 5. 7 대통령령 제34491호 개정 2024. 5. 7 대통령령 제34494호 개정 2024. 7. 2 대통령령 제34657호 개정 2024. 7.16 대통령령 제34700호 개정 2024. 9.20 대통령령 제34900호	개정 2023.11. 2 기획재정부령 제1022호
개정 2025.10. 1 법률 제21065호	개정 2024.12.24 대통령령 제35088호 개정 2025. 4.22 대통령령 제35453호 개정 2025. 8. 5 대통령령 제35693호 개정 2025.10. 1 대통령령 제35811호 개정 2025.12.30 대통령령 제35947호	개정 2025. 1. 2 기획재정부령 제1102호 개정 2025. 5. 1 기획재정부령 제 261호 개정 2026. 1. 2 재정경제부령 제1호

국가를 당사자로 하는 계약에 관한 법률	시 행 령	시 행 규 칙
	제1장 총 칙	**제1장 총 칙**
제1조(목적) 이 법은 국가를 당사자로 하는 계약에 관한 기본적인 사항을 정함으로써 계약업무를 원활하게 수행할 수 있도록 함을 목적으로 한다. [전문개정 2012.12.18]	**제1조(목적)** 이 영은 「국가를 당사자로 하는 계약에 관한 법률」에서 위임된 사항과 그 시행에 관하여 필요한 사항을 규정함을 목적으로 한다. <개정 2005.9.8>	**제1조(목적)** 이 규칙은 「국가를 당사자로 하는 계약에 관한 법률」 및 동법 시행령에서 위임된 사항과 그 시행에 관하여 필요한 사항을 규정함을 목적으로 한다. <개정 2005.9.8>
	제2조(정의) 이 영에서 사용하는 용어의 정의는 다음과 같다. <개정 1996.12.31, 1999.9.9, 2005.9.8, 2007.10.10, 2008.2.29, 2025.12.30> 1. "추정가격"이라 함은 물품·공사·용역등의 조달계약을 체결함에 있어서 「국가를 당사자로 하는 계약에 관한 법률」(이하 "법"이라 한다) 제4조의 규정에 의한 국제입찰 대상여부를 판단하는 기준등으로 삼기 위하여 예정가격이 결정되기 전에 제7조의 규정에 의하여 산정된 가격을 말한다.	**제2조(정의)** 이 규칙에서 사용하는 용어의 정의는 다음과 같다. <개정 2003.12.12, 2005.9.8, 2006.5.25> 1. "계약담당공무원"이라 함은 세입의 원인이 되는 계약에 관한 사무를 각 중앙관서의 장으로부터 위임 받은 공무원, 「국고금관리법」 제22조의 규정에 의한 재무관(대리재무관·분임재무관 및 대리분임재무관을 포함한다. 이하 같다), 「국가를 당사자로 하는 계약에 관한 법률」(이하 "법"이라 한다) 제6조제1항의 규정에 의한

	2. 삭제 <2020.4.7> 3. "고시금액"이라 함은 법 제4조제1항 본문의 규정에 의하여 재정경제부장관이 고시한 금액을 말한다. 4. "공사이행보증서"라 함은 공사계약에 있어서 계약상대자가 계약상의 의무를 이행하지 못하는 경우 계약상대자를 대신하여 계약상의 의무를 이행할 것을 보증하되, 이를 보증한 기관이 의무를 이행하지 아니하는 경우에는 일정금액을 납부할 것을 보증하는 증서를 말한다. 5. 삭제 <2010.7.21>	계약관(대리계약관·분임계약관 및 대리분임계약관을 포함한다. 이하 같다) 및 「국고금관리법」 제24조의 규정에 의하여 지출관으로부터 자금을 교부받아 지급원인행위를 할 수 있는 관서운영경비출납공무원(대리관서운영경비출납공무원·분임관서운영경비 출납공두원 및 대리분임관서운영경비출납공무원을 포함한다. 이하 같다)과 기타 법령에 의하여 세입세출외의 자금 또는 기금의 출납의 원인이 되는 계약을 담당하는 공무원을 말한다. 2. "추정금액"이라 함은 공사에 있어서 「국가를 당사자로 하는 계약에 관한 법률 시행령」(이하 "영"이라 한다) 제2조제1호에 따른 추정가격에 「부가가치세법」에 따른 부가가치세와 관급재료로 공급될 부분의 가격을 합한 금액을 말한다.

국가를 당사자로 하는 계약에 관한 법률	시 행 령	시 행 규 칙
제2조(적용 범위) 이 법은 국제입찰에 따른 정부조달계약과 국가가 대한민국 국민을 계약상대자로 하여 체결하는 계약[세입(歲入)의 원인이 되는 계약을 포함한다] 등 국가를 당사자로 하는 계약에 대하여 적용한다. [전문개정 2012.12.18]		**제3조(적용범위)** 각 중앙관서의 장 또는 계약담당공무원은 계약에 관한 사무를 처리함에 있어서 다른 법령에 특별한 규정이 있는 경우를 제외하고는 이 규칙이 정하는 바에 의한다.
제3조(다른 법률과의 관계) 국가를 당사자로 하는 계약에 관하여는 다른 법률에 특별한 규정이 있는 경우를 제외하고는 이 법에서 정하는 바에 따른다. [전문개정 2012.12.18]	**제3조(다른 법령과의 관계)** ① 국가를 당사자로 하는 계약에 관하여는 다른 법령에 특별한 규정이 있는 경우를 제외하고는 이 영이 정하는 바에 의한다. ② 국제입찰에 의할 정부조달계약에 한하여 적용될 사항은 따로 대통령령으로 정한다.	
제4조(국제입찰에 따른 정부조달계약의 범위) ① 국제입찰에 따른 정부조달계약의 범위는 정부기관이 체결하는 물품·공사(工事) 및 용역의 계약으로서 정부조달협정과 이에 근거한 국제규범에 따라 재정	**제4조** 삭제 <2020.4.7>	

경제부장관이 정하여 고시하는 금액 이상의 계약으로 한다. 다만, 다음 각 호의 어느 하나에 해당하는 경우에는 국제입찰에 따른 정부조달계약의 대상에서 제외한다. <개정 2025.10.1> 1. 재판매(再販賣)나 판매를 위한 생산에 필요한 물품이나 용역을 조달하는 경우 2. 「중소기업제품 구매촉진 및 판로지원에 관한 법률」에 따라 중소기업제품을 제조·구매하는 경우 3. 「양곡관리법」, 「농수산물 유통 및 가격안정에 관한 법률」 및 「축산법」에 따른 농·수·축산물을 구매하는 경우 4. 그 밖에 정부조달협정에 규정된 내용으로서 대통령령으로 정한 경우 ② 제1항 각 호 외의 부분 본문에 따른 정부기관과 물품·공사 및 용역의 범위는 정부조달협정의 내용에 따라 대통령령으로 정한다. ③ 「국가재정법」 제6조에 따른 중앙관서		

국가를 당사자로 하는 계약에 관한 법률	시 행 령	시 행 규 칙
의 장(이하 "각 중앙관서의 장"이라 한다) 또는 제6조에 따라 위임·위탁 등을 받아 계약사무를 담당하는 공무원(이하 "계약담당공무원"이라 한다)은 계약의 목적과 성질 등을 고려하여 필요하다고 인정하면 제1항에 해당하지 아니하는 경우에도 대통령령으로 정하는 바에 따라 국제입찰에 의하여 조달할 수 있다. [전문개정 2012.12.18] **제5조(계약의 원칙)** ① 계약은 서로 대등한 입장에서 당사자의 합의에 따라 체결되어야 하며, 당사자는 계약의 내용을 신의성실의 원칙에 따라 이행하여야 한다. ② 각 중앙관서의 장 또는 계약담당공무원은 제4조제1항에 따른 국제입찰의 경우에는 호혜(互惠)의 원칙에 따라 정부조달협정 가입국(加入國)의 국민과 이들 국가에서 생산되는 물품 또는 용역에 대하여 대한민국의 국민과 대한민국에서 생산		

되는 물품 또는 용역과 차별되는 특약(特約)이나 조건을 정하여서는 아니 된다. ③ 각 중앙관서의 장 또는 계약담당공무원은 계약을 체결할 때 이 법 및 관계 법령에 규정된 계약상대자의 계약상 이익을 부당하게 제한하는 특약 또는 조건(이하 "부당한 특약등"이라 한다)을 정해서는 아니 된다. <신설 2019.11.26> ④ 제3항에 따른 부당한 특약등은 무효로 한다. <신설 2019.11.26> [전문개정 2012.12.18]		
제5조의2(청렴계약) ① 각 중앙관서의 장 또는 계약담당공무원은 국가를 당사자로 하는 계약에서 투명성 및 공정성을 높이기 위하여 입찰자 또는 계약상대자로 하여금 입찰ㆍ낙찰, 계약체결 또는 계약이행 등의 과정(준공ㆍ납품 이후를 포함한다)에서 직접적ㆍ간접적으로 금품ㆍ향응 등을 주거나 받지 아니할 것을 약정하게 하고 이를 지키지 아니한 경우에는 해당 입찰ㆍ낙찰을 취소하거나 계약을 해제ㆍ해지	**제4조의2(청렴계약의 내용과 체결 절차)** ① 법 제5조의2제1항에 따른 청렴계약(이하 "청렴계약"이라 한다)에 포함되어야 할 구체적인 내용은 다음 각 호와 같다. <개정 2019.9.17> 1. 금품, 향응, 취업제공 및 알선 등의 요구ㆍ약속과 수수(授受) 금지 등에 관한 사항 2. 입찰가격의 사전 협의 또는 특정인의 낙찰을 위한 담합 등 공정한 경쟁을	

국가를 당사자로 하는 계약에 관한 법률	시 행 령	시 행 규 칙
할 수 있다는 조건의 계약(이하 "청렴계약"이라 한다)을 체결하여야 한다. <개정 2020.6.9> ② 청렴계약의 구체적 내용과 체결 절차 등 세부적인 사항은 대통령령으로 정한다. [본조신설 2012.12.18]	방해하는 행위의 금지에 관한 사항 3. 공정한 직무수행을 방해하는 알선·청탁을 통하여 입찰 또는 계약과 관련된 특정 정보의 제공을 요구하거나 받는 행위의 금지에 관한 사항 ② 각 중앙관서의 장 또는 법 제6조에 따라 계약사무의 위임·위탁을 받은 공무원(이하 "계약담당공무원"이라 한다)은 입찰자가 입찰서를 제출할 때 법 제5조의2에 따라 체결한 청렴계약의 계약서를 제출하도록 해야 한다. <개정 2019.9.17, 2020.4.7> [본조신설 2013.6.17]	
제5조의3(청렴계약 위반에 따른 계약의 해제·해지 등) 각 중앙관서의 장 또는 계약담당공무원은 청렴계약을 지키지 아니한 경우 해당 입찰·낙찰을 취소하거나 계약을 해제·해지하여야 한다. 다만, 금품·향응 제공 등 부정행위의 경중, 해당 계약의	**제4조의3(청렴계약을 위반한 계약의 계속 이행)** 각 중앙관서의 장은 법 제5조의3 단서에 따라 청렴계약을 지키지 아니한 해당 계약의 계속 이행을 승인할 때에는 계약대상물의 성격과 해당 계약의 이행 정도 및 기간 등에 관하여 재정경제부장관이	

이행 정도, 계약이행 중단으로 인한 국가의 손실 규모 등 제반사정을 고려하여 공익을 현저히 해(害)한다고 인정되는 경우에는 대통령령으로 정하는 바에 따라 각 중앙관서의 장의 승인을 받아 해당 계약을 계속하여 이행하게 할 수 있다. [본조신설 2012.12.18] **제5조의4(근로관계법령의 준수)** 각 중앙관서의 장 또는 계약담당공무원은 계약을 체결할 때 계약상대자로 하여금 해당 계약을 이행하는 근로자(「하도급거래 공정화에 관한 법률」에 따른 수급사업자가 고용한 근로자를 포함한다)의 근로조건이 「근로기준법」 등 근로관계 법령을 준수하도록 하는 내용을 계약서에 포함시킬 수 있다. [본조신설 2020.3.31]	정하는 기준 등을 고려하여야 한다. <개정 2025.12.30> [본조신설 2013.6.17]	

국가를 당사자로 하는 계약에 관한 법률	시 행 령	시 행 규 칙
제6조(계약사무의 위임·위탁) ① 각 중앙관서의 장은 그 소관에 속하는 계약사무를 처리하기 위하여 필요하다고 인정하면 그 소속 공무원 중에서 계약에 관한 사무를 담당하는 공무원(이하 "계약관"이라 한다)을 임명하여 그 사무를 위임할 수 있으며, 그 소속 공무원에게 계약관의 사무를 대리(代理)하게 하거나 그 사무의 일부를 분장(分掌)하게 할 수 있다.	**제5조(계약관의 대리와 분임 및 임명통지)** ① 각 중앙관서의 장은 법 제6조제1항의 규정에 의하여 계약에 관한 사무를 담당하는 공무원(이하 "계약관"이라 한다)을 임명하였거나 계약관의 사무를 대리 또는 그 일부를 분장하게 한 때에는 그 뜻을 「국고금관리법」 제22조에 규정한 재무관 및 지출관과 감사원에 통지하여야 한다. <개정 2005.9.8> ② 법 제6조제1항의 규정에 의하여 계약관의 사무의 전부를 대리하는 공무원은 대리계약관, 그 일부를 분장하는 공무원은 분임계약관, 분임계약관의 사무를 대리하는 공무원은 대리분임계약관으로 각각 칭한다.	
② 각 중앙관서의 장은 대통령령으로 정하는 바에 따라 다른 중앙관서 소속 공무원에게 계약관의 사무를 위탁할 수 있다.	③ 각 중앙관서의 장은 법 제6조제2항의 규정에 의하여 다른 중앙관서소속의 공무원에게 계약관의 사무를 위탁하고자 할 때에는 위탁을 받을 공무원과 위탁하고자 하는 사무의 범위에 대하여 미리	

	그 중앙관서의 장의 동의를 얻어 위탁하고, 그 뜻을 감사원에 통지하여야 한다. 계약관의 사무의 전부를 대리하거나 그 일부를 분장하는 공무원을 임명하는 경우에도 또한 같다.	
③ 각 중앙관서의 장은 대통령령으로 정하는 바에 따라 그 소관의 계약에 관한 사무를 다른 관서에 위탁할 수 있다.	④ 법 제6조제3항에 의하여 각 중앙관서의 장이 그 소관에 속하는 계약에 관한 사무를 다른 관서에 위탁할 경우에도 제3항의 규정을 준용한다.	
④ 제1항과 제2항에 따른 계약관의 사무의 위임·위탁, 대리 및 일부 분장은 각 중앙관서 소속 기관에 설치된 관직을 지정함으로써 갈음할 수 있다.		
⑤ 계약관은 대통령령으로 정하는 재정보증이 없으면 그 직무를 담당할 수 없다. [전문개정 2012.12.18]	**제6조(계약담당공무원의 재정보증)** ① 각 중앙관서의 장은 법 제6조제5항의 규정에 의하여 소속계약관의 재정보증에 관한 사항을 정하여 운영하여야 한다. ② 제1항의 규정에 의한 재정보증에 관하여 필요한 공통적인 사항은 재정경제부장관이 정한다. <개정 1999.9.9, 2008.2.29, 2025.12.30>	

국가를 당사자로 하는 계약에 관한 법률	시 행 령	시 행 규 칙
	제2장 추정가격 및 예정가격 <개정 1996.12.31>	
제7조(계약의 방법) ① 각 중앙관서의 장 또는 계약담당공무원은 계약을 체결하려면 일반경쟁에 부쳐야 한다. 다만, 계약의 목적, 성질, 규모 등을 고려하여 필요하다고 인정되면 대통령령으로 정하는 바에 따라 참가자의 자격을 제한하거나 참가자를 지명(指名)하여 경쟁에 부치거나 수의계약(隨意契約)을 할 수 있다. ② 제1항 본문에 따라 경쟁입찰에 부치는 경우 계약이행의 난이도, 이행실적, 기술능력, 재무상태, 사회적 신인도 및 계약이행의 성실도 등 계약수행능력평가에 필요한 사전심사기준, 사전심사절차, 그 밖에 대통령령으로 정하는 바에 따라 입찰참가자격을 사전심사하고 적격자만을 입찰에 참가하게 할 수 있다. 제1항에 따라 계약을 체결하는 과정에서	**제7조(추정가격의 산정)** 각 중앙관서의 장 또는 계약담당공무원은 예산에 계상된 금액 등을 기준으로 하여 추정가격을 산정하되, 다음 각 호의 구분에 따른 금액으로 한다. <개정 2021.1.5> 1. 공사계약의 경우에는 관급자재로 공급될 부분의 가격을 제외한 금액 2. 단가계약의 경우에는 당해 물품의 추정단가에 조달예정수량을 곱한 금액 3. 개별적인 조달요구가 복수로 이루어지거나 분할되어 이루어지는 계약의 경우에는 다음 각 목의 어느 하나 중에서 선택한 금액 가. 해당 계약의 직전 회계연도 또는 직전 12개월 동안 체결된 유사한 계약의 총액을 대상으로 직후 12개월 동안의 수량 및 금액의 예상변동분을 고려하	

다른 법률에 따른 우선구매 대상이
③ 경합하는 경우에는 계약의 목적이나 규모, 사회적 약자에 대한 배려 수준 등을 고려하여 계약상대자를 결정하여야 한다. <신설 2017.12.19>
[전문개정 2012.12.18]

여 조정한 금액
나. 동일 회계연도 또는 직후 12월동안에 계약할 금액의 총액
4. 물품 또는 용역의 리스·임차·할부구매계약 및 총계약금액이 확정되지 아니한 계약의 경우에는 다음 각목의 1에 의한 금액
가. 계약기간이 정하여진 계약의 경우에는 총계약기간에 대하여 추정한 금액
나. 계약기간이 정하여지지 아니하거나 불분명한 계약의 경우에는 1월분의 추정지급액에 48을 곱한 금액
5. 조달하고자 하는 대상에 선택사항이 있는 경우에는 이를 포함하여 최대한 조달가능한 금액
[본조신설 1996.12.31]
[종전 제7조는 제7조의2로 이동 <1996.12.31>]

국가를 당사자로 하는 계약에 관한 법률	시 행 령	시 행 규 칙
제8조(입찰 공고 등) ① 각 중앙관서의 장 또는 계약담당공무원은 경쟁입찰을 하는 경우에는 입찰에 관한 사항을 공고하거나 통지하여야 한다. ② 제1항에 따른 입찰 공고 또는 통지의 방법, 내용, 시기, 그 밖에 필요한 사항은 대통령령으로 정한다. [전문개정 2012.12.18]		
제8조의2(예정가격의 작성) ① 각 중앙관서의 장 또는 계약담당공무원은 입찰 또는 수의계약 등에 부칠 사항에 대하여 낙찰자 및 계약금액의 결정기준으로 삼기 위하여 미리 해당 규격서 및 설계서 등에 따라 예정가격을 작성하여야 한다. 다만, 다른 국가기관 또는 지방자치단체와 계약을 체결하는 경우 등 대통령령으로 정하는 경우에는 예정가격을 작성하지 아니하거나 생략할 수 있다. ② 각 중앙관서의 장 또는 계약담당공무원	**제7조의2(예정가격의 작성방법 등)** ① 각 중앙관서의 장 또는 계약담당공무원이 법 제8조의2제1항 본문에 따라 예정가격을 작성하는 경우에는 해당 규격서 및 설계서 등에 따라 예정가격을 결정하고 이를 밀봉해 미리 개찰장소 또는 가격협상장소 등에 두어야 하며, 예정가격이 누설되지 않도록 해야 한다. ② 법 제8조의2제1항 단서에서 "다른 국가기관 또는 지방자치단체와 계약을 체결하는 경우 등 대통령령으로 정하는 경우"	

이 제1항 본문에 따른 예정가격을 작성할 경우에는 계약수량, 이행기간, 수급상황, 계약조건 등을 고려하여 계약목적물의 품질·안전 등이 확보되도록 적정한 금액을 반영하여야 한다. ③ 제1항 본문에 따른 예정가격의 작성시기, 결정방법, 결정기준, 그 밖에 필요한 사항은 대통령령으로 정한다. [본조신설 2019.11.26]	란 다음 각 호의 구분에 따른 경우를 말한다. <개정 2020.5.1, 2021.7.6, 2024.7.16> 1. 예정가격을 작성하지 않는 계약 : 제79조제1항제5호에 따른 일괄입찰, 제98조제2호에 따른 실시설계 기술제안입찰 및 제98조제3호에 따른 기본설계 기술제안입찰 2. 예정가격의 작성을 생략할 수 있는 계약 : 제26조제1항제5호가목 및 바목에 따른 수의계약(제30조제2항 본문에 따라 견적서를 제출하게 하는 경우는 제외한다), 제43조에 따른 협상에 의한 계약, 제43조의3에 따른 경쟁적 대화에 의한 계약 및 제70조에 따른 개산계약 [전문개정 2020.4.7]	
제9조(입찰보증금) ① 각 중앙관서의 장 또는 계약담당공무원은 경쟁입찰에 참가하려는 자에게 입찰보증금을 내도록 하여야 한다. 다만, 대통령령으로 정하는 경우에는 입찰보증금의 전부 또는 일부의 납부	**제8조(예정가격의 결정방법)** ① 예정가격은 계약을 체결하고자 하는 사항의 가격의 총액에 대하여 이를 결정하여야 한다. 다만, 일정한 기간 계속하여 제조·공사·수리·가공·매매·공급·임차등을 하	

국가를 당사자로 하는 계약에 관한 법률	시 행 령	시 행 규 칙
를 면제할 수 있다. ② 제1항에 따른 입찰보증금의 금액, 납부방법, 그 밖에 필요한 사항은 대통령령으로 정한다. ③ 각 중앙관서의 장 또는 계약담당공무원은 낙찰자가 계약을 체결하지 아니하였을 때에는 해당 입찰보증금을 국고에 귀속시켜야 한다. 이 경우 제1항 단서에 따라 입찰보증금의 전부 또는 일부의 납부를 면제하였을 때에는 대통령령으로 정하는 바에 따라 입찰보증금에 해당하는 금액을 국고에 귀속시켜야 한다. [전문개정 2012.12.18]	는 계약의 경우에 있어서는 단가에 대하여 그 예정가격을 결정할 수 있다. ② 공사계약에 있어서 그 이행에 수년이 걸리며 설계서등에 의하여 전체의 사업내용이 확정된 공사(이하 “장기계속공사”라 한다) 및 물품의 제조등의 계약에 있어서 그 이행에 수년이 걸리며 설계서 또는 규격서등에 의하여 당해 계약목적물의 내용이 확정된 물품의 제조등(이하 “장기물품제조등”이라 한다)의 경우에는 총공사·총제조등에 대하여 예산상의 총공사금액(관급자재 금액은 제외한다) 또는 총제조금액(관급자재 금액은 제외한다)등의 범위안에서 예정가격을 결정하여야 한다. <개정 2008.12.31>	
	제9조(예정가격의 결정기준) ① 각 중앙관서의 장 또는 계약담당공무원은 다음 각 호의 가격을 기준으로 하여 예정가격을 결정하여야 한다. <개정 2014.11.4>	**제2장 예정가격** **제4조(예정가격조서의 작성)** 각 중앙관서의 장 또는 계약담당공무원은 영 제9조의 규정에 의하여 예정가격을 결정하고자 할 때에는 미리 예정가격조서를 작성하여야 한다.

	1. 적정한 거래가 형성된 경우에는 그 거래실례가격(법령의 규정에 의하여 가격이 결정된 경우에는 그 결정가격의 범위안에서의 거래실례가격) 2. 신규개발품이거나 특수규격품등의 특수한 물품·공사·용역등 계약의 특수성으로 인하여 적정한 거래실례가격이 없는 경우에는 원가계산에 의한 가격. 이 경우 원가계산에 의한 가격은 계약의 목적이 되는 물품·공사·용역등을 구성하는 재료비·노무비·경비와 일반관리비 및 이윤으로 이를 계산한다.	**제5조(거래실례가격 및 표준시장단가에 따른 예정가격의 결정)** ① 영 제9조제1항제1호에 따른 거래실례가격으로 예정가격을 결정함에 있어서는 다음 각 호의 어느 하나에 해당하는 가격으로 하되, 해당거래실례가격에 제6조제1항제4호 및 제5호에 따른 일반관리비 및 이윤을 따로 가산하여서는 아니된다. <개정 1999.9.9, 2009.3.5, 2025.1.2> 1. 조달청장이 조사하여 통보한 가격 2. 재정경제부장관이 정하는 기준에 적합한 전문가격조사기관으로서 재정경제부장관에게 등록한 기관이 조사하여 공표한 가격 3. 각 중앙관서의 장 또는 계약담당공무원이 2이상의 사업자에 대하여 당해 물품의 거래실례를 직접 조사하여 확인한 가격
	3. 공사의 경우 이미 수행한 공사의 종류별 시장거래가격 등을 토대로 산정한 표준시장단가로서 중앙관서의 장이	② 영 제9조제1항제3호에 따른 표준시장단가에 따라 예정가격을 결정할 때에 이미 수행한 공사의 종류별 계약단가, 입찰

국가를 당사자로 하는 계약에 관한 법률	시 행 령	시 행 규 칙
	인정한 가격 4. 제1호 내지 제3호의 규정에 의한 가격에 의할 수 없는 경우에는 감정가격, 유사한 물품·공사·용역등의 거래실례가격 또는 견적가격 ② 제1항의 규정에 불구하고 해외로부터 수입하고 있는 군용물자부품을 국산화한 업체와 계약을 체결하려는 경우에는 그 수입가격 등을 고려하여 방위사업청장이 인정한 가격을 기준으로 하여 예정가격을 결정할 수 있다. <신설 2003.12.11, 2006.2.8, 2007.10.10> ③ 각 중앙관서의 장 또는 계약담당공무원은 제1항의 규정에 의하여 예정가격을 결정함에 있어서는 계약수량, 이행기간, 수급상황, 계약조건 기타 제반여건을 참작하여야 한다. ④ 제1항 내지 제3항외에 예정가격의 결정에 관하여 필요한 사항은 재정경제부장관이 정한다. <개정 1999.9.9, 2003.	단가와 시공단가 등을 토대로 시장상황과 시공상황을 고려하여 산정하되, 이와 관련하여 필요한 사항은 재정경제부장관이 정한다. <개정 1999.9.9, 2009.3.5, 2014.11.4, 2026.1.2> [제목개정 2014.11.4] **제6조(원가계산에 의한 예정가격의 결정)** ①공사·제조·구매(수입물품의 구매는 제외한다) 및 용역의 경우 영 제9조제1항제2호에 따라 원가계산에 의한 가격으로 예정가격을 결정함에 있어서는 그 예정가격에 다음 각 호의 비목을 포함시켜야 한다. <개정 1999.9.9, 2009.3.5, 2026.1.2> 1. 재료비 계약목적물의 제조·시공 또는 용역등에 소요되는 규격별 재료량에 그 단위당 가격을 곱한 금액 2. 노무비 계약목적물의 제조·시공 또는 용역

	12.11, 2008.2.29, 2025.12.30>	등에 소요되는 공종별 노무량에 그 노임 단가를 곱한 금액 3. 경비 계약목적물의 제조·시공 또는 용역등에 소요되는 비목별 경비의 합계액 4. 일반관리비 재료비·노무비 및 경비의 합계액에 제8조제1항(제10호를 제외한다)의 규정에 의한 일반관리비율을 곱한 금액 5. 이윤 노무비·경비(재정경제부장관이 정하는 비목은 제외한다) 및 일반관리비의 합계액에 제8조제2항(제3호는 제외한다)에 따른 이윤율을 곱한 금액 ② 수입물품을 구매하는 경우 원가계산에 의한 가격으로 예정가격을 결정함에 있어서는 그 예정가격에 다음 각 호의 비목을 포함시켜야 한다. 1. 수입물품의 외화표시원가 2. 통관료 3. 보세창고료

국가를 당사자로 하는 계약에 관한 법률	시 행 령	시 행 규 칙
		4. 하역료 5. 국내운반비 6. 신용장개설수수료 7. 일반관리비 제1호 내지 제6호의 합계액에 제8조제1항제10호의 규정에 의한 일반관리비율을 곱한 금액 8. 이윤 제2호 내지 제7호의 합계액에 제8조제2항제3호의 규정에 의한 이윤율을 곱한 금액 ③ 각 중앙관서의 장 또는 계약담당공무원은 제1항 또는 제2항의 규정에 의하여 예정가격을 결정함에 있어서는 예정가격조서에 제1항 각호 또는 제2항 각 호의 사항을 명백히 하여야 한다. ④ 재료비·노무비 및 경비의 비목은 재정경제부장관이 따로 정한다. <개정 1999.9.9, 2009.3.5, 2026.1.2>

		제7조(원가계산을 할 때 단위당 가격의 기준) ① 제6조제1항에 따른 원가계산을 할 때 단위당 가격은 다음 각 호의 어느 하나에 해당하는 가격을 말하며, 그 적용순서는 다음 각 호의 순서에 의한다. <개정 1998.2.23, 1999.9.9, 2005.9.8, 2009.3.5, 2026.1.2> 1. 거래실례가격 또는 「통계법」 제15조에 따른 지정기관이 조사하여 공표한 가격. 다만, 재정경제부장관이 단위당 가격을 별도로 정한 경우 또는 각 중앙관서의 장이 별도로 재정경제부장관과 협의하여 단위당 가격을 조사·공표한 경우에는 해당 가격 2. 제10조제1호 내지 제3호의 1의 규정에 의한 가격 ② 각 중앙관서의 장 또는 계약담당공무원은 제1항제1호에 따른 가격을 적용함에 있어 다음 각 호의 어느 하나에 해당하는 경우에는 해당 노임단가에 그 노임단가의 100분의 15 이하에 해당하는 금액을 가산할 수 있다. <개정 1999.9.9,

국가를 당사자로 하는 계약에 관한 법률	시 행 령	시 행 규 칙
		2005.9.8, 2007.10.10, 2009.3.5, 2010.7.21> 1. 「국가기술자격법」 제10조에 따른 국가기술자격 검정에 합격한 자로서 기능계 기술자격을 취득한 자를 특별히 사용하고자 하는 경우 2. 도서지역(제주특별자치도를 포함한다)에서 이루어지는 공사인 경우 **제8조(원가계산에 의한 예정가격 결정시의 일반관리비율 및 이윤율)** ① 원가계산에 의한 가격으로 예정가격을 결정함에 있어서 일반관리비의 비율은 다음 각 호의 구분에 따른 비율을 초과하지 못한다. <개정 2015.6.30, 2025.5.1.> 1. 공사 : 100분의 8 2. 음·식료품의 제조·구매 : 100분의 14 3. 섬유·의복·가죽제품의 제조·구매 : 100분의 8

		4. 나무·나무제품의 제조·구매 : 100분의 9 5. 종이·종이제품·인쇄출판물의 제조·구매 : 100분의 14 6. 화학·석유·석탄·고무·플라스틱 제품의 제조·구매 : 100분의 8 7. 비금속광물제품의 제조·구매 : 100분의 12 8. 제1차 금속제품의 제조·구매 : 100분의 6 9. 조립금속제품·기계·장비의 제조·구매 : 100분의 7 10. 수입물품의 구매 : 100분의 8 11. 기타 물품의 제조·구매 : 100분의 11 12. 폐기물 처리·재활용 용역 : 100분의 10 13. 시설물 관리·경비 및 청소 용역 : 100분의 9 14. 행사관리 및 그 밖의 사업지원 용역 : 100분의 8 15. 여행, 숙박, 운송 및 보험 용역 : 100분

국가를 당사자로 하는 계약에 관한 법률	시 행 령	시 행 규 칙
		의 5 16. 장비 유지·보수 용역 : 100분의 10 17. 기타 용역 : 100분의 6 ② 원가계산에 의한 가격으로 예정가격을 결정할 때 이윤율은 다음 각 호의 어느 하나에 해당하는 율을 초과하지 못한다. 다만, 각 중앙관서의 장은 다음 각 호의 이윤율의 적용으로는 계약의 목적달성이 곤란하다고 인정되는 특별한 사유가 있는 경우에는 재정경제부장관과 협의하여 그 이윤율을 초과하여 정할 수 있다. <개정 1999.9.9, 2007.10.10, 2009.3.5, 2025.1.2, 2026.1.2> 1. 공사 : 100분의 15 2. 제조·구매(「소프트웨어 진흥법」 제46조제4항의 기준에 따른 소프트웨어개발을 포함한다) : 100분의 25 <개정 2025.1.2.> 3. 수입물품의 구매 : 100분의 10

4. 용역(「소프트웨어 진흥법」 제46조 제4항의 기준에 따른 소프트웨어개발을 제외한다) : 100분의 10 <개정 2025.1.2.>

제9조(원가계산서의 작성 등) ① 원가계산에 의한 가격으로 예정가격을 결정함에 있어서는 원가계산서를 작성하여야 한다. 다만, 각 중앙관서의 장 또는 계약담당공무원이 직접 원가계산 방법에 의하여 예정가격조서를 작성하는 경우에는 원가계산서를 따로 작성하지 아니할 수 있다.

② 각 중앙관서의 장 또는 계약담당공무원은 계약목적물의 내용·성질 등이 특수하여 스스로 원가계산을 하기 곤란한 경우에는 다음 각 호의 어느 하나에 해당하는 기관(이하 "원가계산용역기관"이라 한다)에 원가계산을 의뢰할 수 있다. <개정 1999.9.9, 2005.9.8, 2009.3.5, 2018.12.4>

1. 정부 및 「공공기관의 운영에 관한 법률」에 따른 공공기관이 자산의 100

국가를 당사자로 하는 계약에 관한 법률	시 행 령	시 행 규 칙
		분의 50 이상을 출자 또는 출연한 연구기관 2. 「고등교육법」 제2조 각호의 규정에 의한 학교의 연구소 3. 「산업교육진흥 및 산학연협력촉진에 관한 법률」 제25조에 따른 산학협력단 4. 「민법」 기타 다른 법령의 규정에 의하여 주무관청의 허가등을 받아 설립된 법인 5. 「공인회계사법」 제23조의 규정에 의하여 설립된 회계법인 ③ 원가계산용역기관은 다음 각 호의 요건을 모두 갖추어야 한다. <신설 2018. 12.4> 1. 정관 또는 학칙의 설립목적에 원가계산 업무가 명시되어 있을 것 2. 원가계산 전문인력 10명 이상을 상시 고용하고 있을 것 3. 기본재산이 2억원(제2항제2호 및 제3

		호의 경우에는 1억원) 이상일 것 ④ 제3항에 따른 원가계산용역기관의 세부요건은 재정경제부장관이 정한다. <신설 2018.12.4, 2026.1.2> ⑤ 각 중앙관서의 장 또는 계약담당공무원은 제2항에 따라 원가계산을 의뢰한 경우 원가계산용역기관으로 하여금 이 규칙 및 재정경제부장관이 정하는 바에 의하여 원가계산서를 작성하게 하여야 한다. <개정 1999.9.9, 2009.3.5, 2018.12.4, 2026.1.2>
	제3장 계약의 방법	
제10조(경쟁입찰에서의 낙찰자 결정) ① 세입의 원인이 되는 경쟁입찰에서는 최고가격의 입찰자를 낙찰자로 한다. 다만, 계약의 목적, 입찰 가격과 수량 등을 고려하여 대통령령으로 기준을 정한 경우에는 그러하지 아니하다. ② 국고의 부담이 되는 경쟁입찰에서는 다음 각 호의 어느 하나의 기준에 해당하는 입찰자를 낙찰자로 한다. 1. 충분한 계약이행 능력이 있다고 인정되는 자로서 최저가격으로 입찰한 자	**제10조(경쟁방법)** ① 법 제7조의 규정에 의한 경쟁은 입찰방법이나 입찰방법에 준하여 경매의 방법으로 하여야 한다. <개정 2008.12.31> ② 각 중앙관서의 장 또는 계약담당공무원은 동산의 매각에 있어서 필요하다고 인정할 경우에는 이 영의 규정에 의한 입찰방법에 준하여 경매에 부칠 수 있다. ③ 각 중앙관서의 장 또는 계약담당공무원은 물품을 제조하게 하거나 구매할 때 필요하다고 인정할 경우에는 이 영에 따	**제10조(감정가격등에 의한 예정가격의 결정)** 영 제9조제1항제4호의 규정에 의한 감정가격, 유사한 거래실례가격 또는 견적가격은 다음 각 호의 1의 가격을 말하며, 그 적용순서는 다음 각 호의 순서에 의한다. <개정 2005.9.8, 2013.6.28> 1. 감정가격 : 「부동산가격공시 및 감정평가에 관한 법률」에 의한 감정평가법인 또는 감정평가사(「부가가치세법」 제8조에 따라 평가업무에 관한 사업자등록증을 교부받은 자에 한한다)

국가를 당사자로 하는 계약에 관한 법률	시 행 령	시 행 규 칙
2. 입찰공고나 입찰설명서에 명기된 평가기준에 따라 국가에 가장 유리하게 입찰한 자 3. 그 밖에 계약의 성질, 규모 등을 고려하여 대통령령으로 특별히 기준을 정한 경우에는 그 기준에 가장 적합하게 입찰한 자 ③ 각 중앙관서의 장 또는 계약담당공무원은 제2항에도 불구하고 공사에 대한 경쟁입찰로서 예정가격이 100억원 미만인 공사의 경우 다음 각 호에 해당하는 비용의 합계액의 100분의 98 미만으로 입찰한 자를 낙찰자로 하여서는 아니 된다. <신설 2019.11.26> 1. 재료비 · 노무비 · 경비 2. 제1호에 대한 부가가치세 ④ 제2항 각 호에도 불구하고 각 중앙관서의 장 또는 계약담당공무원은 계약의 목적 · 성질 · 수량 등 대통령령으로 정하는 요건에 해당하여 1인의 낙찰자로는	른 입찰방법에 준하여 역경매에 부칠 수 있다. <신설 2008.12.31, 2024.12.24>	가 감정평가한 가격 2. 유사한 거래실례가격 : 기능과 용도가 유사한 물품의 거래실례가격 3. 견적가격 : 계약상대자 또는 제3자로부터 직접 제출받은 가격

계약목적 달성이 곤란하다고 판단되는 경우에는 둘 이상의 입찰자를 낙찰자로 결정할 수 있다. 이 경우 각 중앙관서의 장 또는 계약담당공무원은 둘 이상의 낙찰자를 결정한다는 취지를 입찰공고 또는 입찰통지에 명시하여야 한다. <신설 2024.3.26> [전문개정 2012.12.18]		
제11조(계약서의 작성 및 계약의 성립) ① 각 중앙관서의 장 또는 계약담당공무원은 계약을 체결할 때에는 다음 각 호의 사항을 명백하게 기재한 계약서를 작성하여야 한다. 다만, 대통령령으로 정하는 경우에는 계약서의 작성을 생략할 수 있다. 1. 계약의 목적 2. 계약금액 3. 이행기간 4. 계약보증금 5. 위험부담 6. 지체상금(遲滯償金) 7. 그 밖에 필요한 사항	**제11조(경쟁입찰의 성립)** 경쟁입찰은 2인 이상의 유효한 입찰로 성립한다.	**제11조(예정가격결정시의 세액합산등)** ① 예정가격에는 다음 각 호의 세액을 포함시켜야 한다. <개정 2005.9.8, 2009.3.5> 1. 「부가가치세법」에 의한 부가가치세 2. 「개별소비세법」에 따른 개별소비세 3. 「교육세법」에 의한 교육세 4. 「관세법」에 의한 관세 5. 「농어촌특별세법」에 의한 농어촌특별세 ② 제1항의 규정을 적용함에 있어서 원가계산에 의한 가격으로 예정가격을 결정하는 경우 그 예정가격은 제6조제1항

국가를 당사자로 하는 계약에 관한 법률	시 행 령	시 행 규 칙
② 제1항에 따라 계약서를 작성하는 경우에는 그 담당 공무원과 계약상대자가 계약서에 기명하고 날인하거나 서명함으로써 계약이 확정된다. [전문개정 2012.12.18]		또는 제2항의 규정에 의하여 계산한 금액에 제1항 각호의 세액을 합하여 이를 계산한다. 이 경우 원가계산의 비목별 원재료의 단위당 가격은 제1항 각호의 세액을 감한 공급가액으로 하며, 제1항 제1호의 부가가치세는 당해계약목적물의 공급가액에 부가가치세율을 곱하여 산출한다. ③ 제2항의 규정을 적용함에 있어서 「부가가치세법」 제26조제1항 또는 「조세특례제한법」 제106조제1항의 규정에 의하여 부가가치세가 면제되는 재화 또는 용역을 공급하는 자와 계약을 체결하기 위하여 예정가격을 결정하는 경우에는 당해 계약상대자가 부담할 비목별 원재료의 부가가치세 매입세액해당액을 제6조제1항의 규정에 의하여 계산한 금액에 합산한다. <개정 1999.9.9, 2005.9.8, 2013.6.28>

제12조(계약보증금) ① 각 중앙관서의 장 또는 계약담당공무원은 국가와 계약을 체결하려는 자에게 계약보증금을 내도록 하여야 한다. 다만, 대통령령으로 정하는 경우에는 계약보증금의 전부 또는 일부의 납부를 면제할 수 있다. ② 제1항에 따른 계약보증금의 금액, 납부방법, 그 밖에 필요한 사항은 대통령령으로 정한다. ③ 각 중앙관서의 장 또는 계약담당공무원은 계약상대자가 계약상의 의무를 이행하지 아니하였을 때에는 해당 계약보증금을 국고에 귀속시켜야 한다. 이 경우 제1항 단서에 따라 계약보증금의 전부 또는 일부의 납부를 면제하였을 때에는 대통령령으로 정하는 바에 따라 계약보증금에 해당하는 금액을 국고에 귀속시켜야 한다. [전문개정 2012.12.18]	**제12조(경쟁입찰의 참가자격)** ① 각 중앙관서의 장 또는 계약담당공무원은 다음 각 호의 요건을 갖춘 자에 한하여 경쟁입찰에 참가하게 하여야 한다. <개정 1996.12.31, 1999.9.9, 2008.2.29, 2024.12.24, 2025.12.30> 1. 삭제 <1999.9.9> 2. 다른 법령의 규정에 의하여 허가·인가·면허·등록·신고등을 요하거나 자격요건을 갖추어야 할 경우에는 당해 허가·인가·면허·등록·신고등을 받았거나 당해 자격요건에 적합할 것 3. 보안측정등의 조사가 필요한 경우에는 관계기관으로부터 적합판정을 받을 것 4. 기타 재정경제부령이 정하는 요건에 적합할 것 ②「중소기업협동조합법」에 따른 중소기업협동조합이 물품의 제조·구매·임차 또는 용역에 관한 경쟁입찰에 참가하는 경우(제1항제2호에 따른 요건을 갖춘 조합원으로 하여금 해당 물품을 제조·	

국가를 당사자로 하는 계약에 관한 법률	시 행 령	시 행 규 칙
	공급 또는 임대하게 하거나 용역을 수행하게 하는 경우로 한정한다)에는 제1항 제2호를 적용하지 아니한다. <신설 1999.9.9, 2005.9.8, 2006.5.30, 2007.10.10, 2013.6.17, 2024.12.24> 1. 삭제 <2007.10.10> 2. 삭제 <2007.10.10> ③ 법 제27조의5제1항에서 "대통령령으로 정하는 조세포탈 등을 한 자"란 다음 각 호의 어느 하나에 해당하는 자를 말한다. <신설 2013.12.30, 2017.3.27, 2018.12.4, 2019.9.17, 2021.2.17> 1. 「조세범 처벌법」 제3조에 따른 조세포탈세액이나 환급·공제받은 세액이 5억원 이상인 자 2. 「관세법」 제270조에 따른 부정한 방법으로 관세를 감면받거나 면탈하거나 환급받은 세액이 5억원 이상인 자 3. 「지방세기본법」 제102조에 따른 지방세 포탈세액이나 환급·공제 세액이	

	5억원 이상인 자 4. 「국제조세조정에 관한 법률」 제53조에 따른 해외금융계좌의 신고의무를 위반하고, 그 신고의무 위반금액이 「조세범 처벌법」 제16조제1항에 따른 금액을 초과하는 자 5. 「외국환거래법」 제18조에 따른 자본거래의 신고의무를 위반하고, 그 신고의무 위반금액이 같은 법 제29조제1항제3호에 해당하는 자 ④ 각 중앙관서의 장 또는 계약담당공무원은 「형의 실효 등에 관한 법률」 제2조제5호에 따른 범죄경력자료의 회보서나 판결문 등의 입증서류를 제출하게 하는 등의 방법으로 계약상대방이 제3항 각 호의 어느 하나에 해당하는지를 계약 체결 전까지 확인하여야 한다. <신설 2013.12. 30> ⑤ 각 중앙관서의 장 또는 계약담당공무원은 계약상대방이 입찰에 참가할 때에 제4항에 따른 입증서류를 제출하기 어려운 경우에는 제3항 각 호의 어느 하나에 해	

국가를 당사자로 하는 계약에 관한 법률	시 행 령	시 행 규 칙
	당하지 아니한다는 사실을 적은 서약서를 제출하게 할 수 있다. 이 경우 서약서에는 서약서에 적은 내용과 다른 사실이 발견된 때에는 계약을 해제·해지할 수 있고, 부정당업자제재처분을 받을 수 있다는 내용이 포함되어야 한다. <신설 2013.12.30> ⑥ 제3항에 해당하는 자에 대한 입찰 참가자격 제한에 관하여는 제76조제5항·제6항·제9항 및 제10항을 준용한다. <신설 2013.12.30, 2016.9.2, 2021.7.6, 2024.9.20>	

제13조(감독) ① 각 중앙관서의 장 또는 계약담당공무원은 공사, 제조, 용역 등의 계약을 체결한 경우에 그 계약을 적절하게 이행하도록 하기 위하여 필요하다고 인정하면 계약서, 설계서, 그 밖의 관계 서류에 의하여 직접 감독하거나 소속 공무원에게 그 사무를 위임하여 필요한 감독을 하게 하여야 한다. 다만, 대통령령으로 정하는 계약의 경우에는 전문기관을 따로 지정하여 필요한 감독을 하게 할 수 있다. ② 제1항에 따라 감독하는 자는 감독조서(監督調書)를 작성하여야 한다. [전문개정 2012.12.18]	**제13조(입찰참가자격 사전심사)** ① 각 중앙관서의 장 또는 계약담당공무원은 입찰참가자의 자격을 미리 심사하여 경쟁입찰에 참가할 수 있는 적격자를 선정할 수 있으며, 적격자를 선정한 경우에는 선정된 적격자에게 선정결과를 통지해야 한다. <개정 2010.7.21, 2015.12.31, 2019.9.17> ② 각 중앙관서의 장 또는 계약담당공무원은 제1항에 따라 입찰참가자의 자격을 심사하는 경우에는 계약이행의 난이도, 이행실적, 기술능력, 재무상태, 사회적 신인도 및 계약이행의 성실도 등 계약수행능력을 평가하는 데에 필요한 요소들을 종합적으로 고려해 심사기준을 정해야 한다. <개정 2010.7.21, 2019.9.17> ③ 각 중앙관서의 장 또는 계약담당공무원은 용역등에 대해 관계법령에서 사업자 선정절차등을 규정하고 있는 경우에는 제2항에도 불구하고 그 절차등에 따라 경쟁입찰에 참가할 수 있는 적격자를 선정할 수 있다. <개정 2010.7.21, 2019.9.17>	

국가를 당사자로 하는 계약에 관한 법률	시 행 령	시 행 규 칙
	④ 각 중앙관서의 장 또는 계약담당공무원은 입찰에 참가하려는 자가 입찰 전에 열람할 수 있도록 다음 각 호의 사항을 적은 서류를 갖추어 두어야 하며, 입찰에 참가하려는 자가 요청하는 경우에는 이를 열람하게 하고 교부해야 한다. 다만, 「전자조달의 이용 및 촉진에 관한 법률」 제2조제4호에 따른 국가종합전자조달시스템(세입의 원인이 되는 경쟁입찰의 경우에는 「국유재산법」 제31조제2항 전단에 따라 재정경제부장관이 지정·고시하는 정보처리장치를 말하며, 이하 "전자조달시스템"이라 한다)에 이를 게재함으로써 열람 및 교부를 갈음할 수 있다. <신설 2010.7.21, 2013.9.17, 2018.12.4, 2019.9.17, 2025.12.30> 1. 제2항에 따른 심사기준 2. 입찰참가자격의 사전심사에 필요한 증명서류의 작성 및 제출방법 3. 제1호 및 제2호의 사항 외에 입찰참가	

	자격의 사전심사에 관한 사항 ⑤ 제1항에 따른 입찰참가자격의 사전심사 절차 및 제2항에 따른 계약이행의 성실도 평가 시 고려요소에 관하여 필요한 사항은 재정경제부령으로 정한다. <신설 2010.7.21, 2025.12.30>	
제14조(검사) ① 각 중앙관서의 장 또는 계약담당공무원은 계약상대자가 계약의 전부 또는 일부를 이행하면 이를 확인하기 위하여 계약서, 설계서, 그 밖의 관계 서류에 의하여 검사하거나 소속 공무원에게 그 사무를 위임하여 필요한 검사를 하게 하여야 한다. 다만, 대통령령으로 정하는 계약의 경우에는 전문기관을 따로 지정하여 필요한 검사를 하게 할 수 있다. ② 제1항에 따라 검사하는 자는 검사조서(檢査調書)를 작성하여야 한다. 다만, 대통령령으로 정하는 경우에는 검사조서의 작성을 생략할 수 있다. ③ 각 중앙관서의 장 또는 계약담당공무원은 제1항에도 불구하고 다른 법령에 따른	**제14조(공사의 입찰)** ① 각 중앙관서의 장 또는 계약담당공무원은 공사를 입찰에 부치려는 때에는 다음 각 호의 서류(이하 "입찰관련서류"라 한다)를 작성해야 한다. 다만, 제42조제4항제1호 및 제2호에 따른 공사입찰의 경우에는 입찰에 참가하려는 자에게 제2호에 따른 물량내역서를 직접 작성(중앙관서의 장 또는 계약담당공무원이 교부하는 물량내역 기초자료를 참고하여 작성하는 경우를 포함한다)하게 할 수 있다. <개정 2010.7.21, 2015. 12.31, 2018.12.4, 2019.9.17, 2025.12.30> 1. 설계서 2. 공종별 목적물 물량내역서(이하 "물량내역서"라 한다)	

국가를 당사자로 하는 계약에 관한 법률	시 행 령	시 행 규 칙
품질인증을 받은 물품 또는 품질관리능력을 인증받은 자가 제조한 물품 등 대통령령으로 정하는 물품에 대하여는 같은 항에 따른 검사를 하지 아니할 수 있다. ④ 물품구매계약 또는 물품제조계약의 경우 물품의 특성상 필요한 시험 등의 검사에 드는 비용과 검사로 인하여 생기는 변형, 파손 등의 손상은 계약상대자가 부담한다. [전문개정 2012.12.18]	3. 제1호 및 제2호의 서류 외에 입찰에 관한 서류로서 재정경제부령으로 정하는 서류 ② 각 중앙관서의 장 또는 계약담당공무원은 보안상 비밀유지가 필요한 경우 외에는 입찰관련서류를 입찰에 참가하려는 자가 열람할 수 있도록 전자조달시스템에 게재해야 한다. 다만, 제1항 각 호 외의 부분 단서에 따라 입찰에 참가하려는 자에게 물량내역서를 작성하게 하는 경우에는 물량내역서를 전자조달시스템에 게재하지 않을 수 있다. <신설 2010.7.21, 2015.12.31, 2019.9. 17, 2023.11.16 > ③ 삭제 <2023.11.16> ④ 삭제 <2006.5.25> ⑤ 삭제 <2006.5.25>	

	⑥ 공사입찰에 참가하려는 자는 입찰 시 입찰서와 함께 산출내역서를 중앙관서의 장 또는 계약담당공무원에게 제출해야 한다. 다만, 추정가격이 100억원 미만인 공사와 제20조제1항에 따라 재입찰에 부치는 공사의 경우에는 낙찰자로 결정된 후 착공신고서를 제출하는 때에 제출해 야 한다. <개정 2015.12.31, 2019.9.17> ⑦ 제6항의 산출내역서는 물량내역서에 단가를 적는 방법으로 작성해야 한다. 다만, 제1항 각 호 외의 부분 단서에 따라 입찰에 참가하려는 자에게 물량내역서를 작성하게 하는 경우에는 직접 작성한 물량내역서에 단가를 적어야 한다. <개정 2015.12.31, 2019.9.17> ⑧ 장기계속공사의 경우에는 총공사를 대상으로 하여 입찰하게 해야 한다. <개정 2019.9.17> [전문개정 1996.12.31]	

국가를 당사자로 하는 계약에 관한 법률	시 행 령	시 행 규 칙
	제14조의2(공사의 현장설명) ① 각 중앙관서의 장 또는 계약담당공무원은 공사입찰을 하는 경우 그 공사의 성질·규모 등을 고려하여 실제 공사현장에서 입찰참가자의 적정한 시공을 위한 현장설명을 실시할 수 있다. <개정 2019.9.17> ② 삭제 <2019.9.17> ③ 제1항에 따른 현장설명은 공사의 규모에 따라 해당입찰서 제출마감일의 전일부터 기산하여 다음 각 호에서 정한 기간 전에 실시해야 한다. 다만, 제35조제4항의 경우에는 그 기간을 단축할 수 있다. <개정 2019.9.17> 1. 추정가격이 10억원 미만인 경우 7일 2. 추정가격이 10억원 이상 50억원 미만인 경우 15일 3. 추정가격이 50억원 이상인 경우 33일 ④ 삭제 <2010.7.21> [본조신설 2006.5.25]	

제15조(대가의 지급) ① 각 중앙관서의 장 또는 계약담당공무원은 공사, 제조, 구매, 용역, 그 밖에 국고의 부담이 되는 계약의 경우 검사를 하거나 검사조서를 작성한 후에 그 대가(代價)를 지급하여야 한다. 다만, 국제관례 등 부득이한 사유가 있다고 인정되는 경우에는 그러하지 아니하다. ② 제1항에 따른 대가는 계약상대자로부터 대가 지급의 청구를 받은 날부터 대통령령으로 정하는 기한까지 지급하여야 하며, 그 기한까지 대가를 지급할 수 없는 경우에는 대통령령으로 정하는 바에 따라 그 지연일수(遲延日數)에 따른 이자를 지급하여야 한다. ③ 동일한 계약에서 제2항에 따른 이자와 제26조에 따른 지체상금은 상계(相計)할 수 있다. [전문개정 2012.12.18]	**제15조** 삭제 <2019.9.17>	

국가를 당사자로 하는 계약에 관한 법률	시 행 령	시 행 규 칙
제16조(대가의 선납) 각 중앙관서의 장 또는 계약담당공무원은 재산의 매각·대부, 용역의 제공, 그 밖에 세입의 원인이 되는 계약에서는 다른 법령에 특별한 규정이 없으면 계약상대자에게 그 대가를 미리 내도록 하여야 한다. [전문개정 2012.12.18]	**제16조(물품의 제조·구매·임차 및 용역등의 입찰)** ① 각 중앙관서의 장 또는 계약담당공무원은 물품의 제조·구매·임차 및 용역등을 입찰에 부치고자 할 때에는 재정경제부령으로 정하는 입찰에 관한 서류를 작성·비치하여야 하며, 입찰공고일부터 입찰등록마감일까지 입찰에 참가하고자 하는 자의 요청이 있는 경우 이를 열람하게 하여야 한다. 다만, 추정가격이 고시금액이상인 물품의 제조·구매·임차 및 용역등의 입찰의 경우에는 입찰에 참가하고자 하는 자의 요구가 있는 경우 이를 교부하여야 한다. <개정 2010.7.21, 2024.12.24, 2025.12.30> ② 각 중앙관서의 장 또는 계약담당공무원은 제1항에도 불구하고 입찰에 관한 서류를 전자조달시스템에 게재함으로써 열람 및 교부를 갈음할 수 있다. <신설 2010.7.21, 2013.9.17> ③ 각 중앙관서의 장 또는 계약담당공무원은 「소프트웨어 진흥법」 제2조제3호에	

	따른 소프트웨어사업시 계약의 특성상 필요하다고 인정되는 경우에는 물품과 용역을 일괄하여 입찰에 부칠 수 있다. <개정 2000.12.27, 2005.9.8, 2010.7.21, 2020.12.8> ④ 각 중앙관서의 장 또는 계약담당공무원은 제3항에 따라 물품과 용역을 일괄하여 입찰에 부치는 경우 제42조제1항ㆍ제3항, 제43조 및 제43조의3에 따른 낙찰자 결정방법 중에서 계약목적물의 특성에 적합하다고 판단되는 방법을 선택하여 입찰공고시 이를 명시하여야 한다. <개정 1999.9.9, 2006.5.25, 2010.7.21, 2018.12.4> ⑤ 물품의 제조ㆍ구매ㆍ임차 및 용역등의 입찰은 재정경제부령으로 정하는 서식에 의한 입찰서에 의하여야 하며 입찰금액은 총액에 대하여 실시하는 입찰의 경우에는 총액을, 단가에 대하여 실시하는 입찰의 경우에는 단가를 각각 표시하여야 한다. <개정 1999.9.9, 2008.2.29, 2010.7.21, 2024.12.24, 2025.12.30>	

국가를 당사자로 하는 계약에 관한 법률	시 행 령	시 행 규 칙
	⑥ 제14조제8항의 규정은 장기물품제조등의 경우에 이를 준용한다. <개정 2010. 7.21> [전문개정 1996.12.31]	
제17조(공사계약의 담보책임) 각 중앙관서의 장 또는 계약담당공무원은 공사의 도급계약을 체결할 때에는 그 담보책임의 존속기간을 정하여야 한다. 이 경우 그 담보책임의 존속기간은 「민법」 제671조에서 규정한 기간을 초과할 수 없다. [전문개정 2012.12.18]	**제17조(다량물품의 입찰)** ① 다량의 물품을 매각할 경우의 일반경쟁입찰은 그 매각수량의 범위안에서 수요자의 매수 희망수량과 그 단가를 입찰하게 할 수 있다. ② 다량의 수요물품을 제조하게 하거나 구매 또는 임차하는 경우의 일반경쟁입찰은 그 수요수량의 범위안에서 공급자가 공급할 희망수량과 그 단가를 입찰하게 할 수 있다. <개정 2024.12.24> ③ 제1항 및 제2항의 규정에 의한 희망수량경쟁입찰 대상의 범위는 재정경제부령으로 정한다. <개정 1999.9.9, 2008.2.29, 2025.12.30>	**제12조(희망수량경쟁입찰시 예정가격의 결정)** ① 영 제17조의 규정에 의한 희망수량경쟁입찰에 있어서의 예정가격은 당해 물품의 단가로 이를 정하여야 한다. ② 제1항의 경우 국고의 부담이 되는 물품의 제조 또는 구매에 관한 입찰인 때에는 그 입찰에 부치고자 하는 물품의 총수량을 기준으로 한 예정가격조서에 의하여 당해물품의 단가를 정하여야 한다.
제18조(하자보수보증금) ① 각 중앙관서의 장 또는 계약담당공무원은 공사의 도급계약의 경우 계약상대자로 하여금 그 공사의 하자보수(瑕疵補修) 보증을 위하여 하	**제18조(2단계 경쟁등의 입찰)** ① 각 중앙관서의 장 또는 계약담당공무원은 물품의 제조·구매·임차계약 또는 용역계약(단순한 노무에 의한 용역으로서 재정경제부령으	

자보수보증금을 내도록 하여야 한다. 다만, 대통령령으로 정하는 경우에는 하자보수보증금의 전부 또는 일부의 납부를 면제할 수 있다.

② 제1항에 따른 하자보수보증금의 금액, 납부시기, 납부방법, 예치기간, 그 밖에 필요한 사항은 대통령령으로 정한다.

③ 하자보수보증금의 국고 귀속에 관하여는 제12조제3항을 준용한다. 다만, 그 하자의 보수를 위한 예산이 없거나 부족한 경우에는 그 하자보수보증금을 그 하자의 보수를 위하여 직접 사용할 수 있다.

④ 제3항 단서의 경우에 사용하고 남은 금액은 국고에 납입하여야 한다.

[전문개정 2012.12.18]

로 정하는 용역의 계약을 제외한다)에 있어서 미리 적절한 규격등의 작성이 곤란하거나 기타 계약의 특성상 필요하다고 인정되는 경우에는 먼저 규격 또는 기술입찰을 실시한후 가격입찰을 실시할 수 있다. <개정 2006.5.25, 2008.2.29, 2018.12.4, 2024.12.24, 2025.12.30>

② 제1항의 경우 규격 또는 기술입찰을 개찰한 결과 적격자로 확정된 자에 한하여 가격입찰에 참가할 수 있는 자격을 부여하여야 한다.

③ 각 중앙관서의 장 또는 계약담당공무원은 제1항 및 제2항의 규정에 불구하고 물품의 제조·구매·임차계약 또는 용역계약(단순한 노무에 의한 용역으로서 재정경제부령으로 정하는 용역의 계약을 제외한다)의 특성등에 따라 필요하다고 인정되는 경우에는 규격과 가격 또는 기술과 가격입찰을 동시에 실시할 수 있으며, 이 경우 규격입찰 또는 기술입찰을 개찰한 결과 적격자로 확정된 자에 한하여 가격입

국가를 당사자로 하는 계약에 관한 법률	시　행　령	시　행　규　칙
	찰을 개찰하여야 한다. <개정 1996.12. 31, 2006.5.25, 2008.2.29, 2018.12.4, 2024.12.24, 2025.12.30> ④ 각 중앙관서의 장은 제1항 내지 제3항의 규정에 의한 입찰을 실시하고자 할 때에는 입찰전에 평가기준 및 절차등을 정하여 입찰에 참가하고자 하는 자가 이를 열람할 수 있도록 하여야 한다. <개정 1996.12.31> ⑤ 제3항의 규정에 의하여 가격입찰서를 개찰한 결과 낙찰자를 결정할 수 없는 경우로서 규격적격자 또는 기술적격자가 2인이상인 때에는 그 규격적격자 또는 기술적격자에게 가격입찰서를 다시 제출하게 할 수 있다. <신설 1998.2.2>	
제19조(물가변동 등에 따른 계약금액 조정) 각 중앙관서의 장 또는 계약담당공무원은 공사계약·제조계약·용역계약 또는 그 밖에 국고의 부담이 되는 계약을 체결한	**제19조(부대입찰)** ① 각 중앙관서의 장 또는 계약담당공무원은 재정경제부령이 정하는 기준에 해당하는 공사를 입찰에 부치는 때에는 입찰자로 하여금 산출내역서에 입	

다음 물가변동, 설계변경, 그 밖에 계약내용의 변경(천재지변, 전쟁 등 불가항력적 사유에 따른 경우를 포함한다)으로 인하여 계약금액을 조정(調整)할 필요가 있을 때에는 대통령령으로 정하는 바에 따라 그 계약금액을 조정한다. <개정 2019.11.26> [전문개정 2012.12.18]	찰금액을 구성하는 공사중 하도급할 부분, 하도급금액 및 하수급인 등 하도급에 관한 사항을 기재하여 제출하게 하여야 한다. 다만, 다음 각 호의 1에 해당하는 경우에는 그러하지 아니하다 <개정 2008.2.29, 2020.2.18, 2025.12.30> 1. 제20조제1항의 규정에 의한 재입찰의 경우 2. 긴급을 요하는 공사입찰의 경우 3. 특별한 기술을 요하거나 지역의 특수성 등으로 인하여 하수급할 전문건설사업자가 없는 공사입찰의 경우 4. 건설공사의 하자에 따른 의무이행, 공정관리 또는 보안상의 필요 등의 사정으로 하도급을 하는 것이 부적합하다고 인정되는 공사입찰의 경우 ② 제1항의 규정에 의하여 하도급에 관한 사항을 기재하게 하는 경우로서 장기계속 공사의 경우에는 총공사 입찰금액에 대하여 기재하게 하여야 한다. 다만, 공사의 이행기간을 고려하여 필요하다고 인정되는 경우에는 제1차년도에 이행하게	

국가를 당사자로 하는 계약에 관한 법률	시 행 령	시 행 규 칙
	할 공사의 입찰금액에 한하여 기재하게 할 수 있다. ③ 제1항의 규정에 의한 부대입찰의 절차 그 밖에 필요한 사항은 재정경제부장관이 정하여 고시한다. <개정 2008.2.29, 2025.12.30> [본조신설 2002.3.25] [대통령령 제17546호(2002.3.25) 부칙 제2항의 규정에 의하여 이 조는 2003년 12월 31일까지 유효함]	
제20조(회계연도 시작 전의 계약체결) 각 중앙관서의 장 또는 계약담당공무원은 임차계약·운송계약·보관계약 등 그 성질상 중단할 수 없는 계약의 경우 대통령령으로 정하는 바에 따라 「국고금 관리법」 제20조에도 불구하고 회계연도 시작 전에 해당 연도의 확정된 예산의 범위에서 미리 계약을 체결할 수 있다. [전문개정 2012.12.18]	**제20조(재입찰 및 재공고입찰)** ① 경쟁입찰을 할 때 2인 이상의 유효한 입찰자가 없거나 낙찰자가 없을 경우 재입찰에 부칠 수 있다. 이 경우 재입찰은 새로운 입찰로 보지 않으며, 입찰자 또는 입찰횟수의 제한을 받지 않는다. <개정 2019.9.17> ② 입찰자나 낙찰자가 없는 경우 또는 낙찰자가 계약을 체결하지 않는 경우에는 재공고입찰에 부칠 수 있다. <개정 2019.9.17> ③ 제1항 또는 제2항에 따른 재입찰 또는 재공고입찰시에는 기한을 제외하고는 최	**제13조(예정가격의 변경)** 각 중앙관서의 장 또는 계약담당공무원은 영 제20조제2항의 규정에 의한 재공고입찰에 있어서도 입찰자 또는 낙찰자가 없는 경우로서 당초의 예정가격으로는 영 제27조제1항의 규정에 의한 수의계약을 체결할 수 없는 때에는 당초의 예정가격을 변경하여 새로운 절차에 의한 경쟁입찰에 부칠 수 있다.

	초의 입찰에 부칠 때에 정한 가격 및 기타 조건을 변경할 수 없다. <신설 1998. 2.2, 2019.9.17>	**제3장 계약의 방법** **제14조(입찰참가자격요건의 증명)** ① 영 제12조제1항제4호에서 "재정경제부령이 정하는 요건"이란 「소득세법」 제168조 · 「법인세법」 제111조또는 「부가가치세법」 제8조에 따라 해당사업에 관한 사업자등록증을 교부받거나 고유번호를 부여받은 경우를 말한다. <개정 1999. 9.9, 2000.12.30, 2005.9.8, 2006.5.25, 2006.12.29, 2007.10.10, 2009.3.5, 2013.6.28, 2026.1.2> ② 각 중앙관서의 장 또는 계약담당공무원은 경쟁입찰에 참가하고자 하는 자로 하여금 제1항에 따른 요건은 사업자등록증 또는 고유번호를 확인하는 서류의 사본에 의하여, 영 제12조제1항제2호 및 제3호에 따른 요건은 관계기관(법령에 의하여 설립된 관련협회등 단체를 포함한다)에서 발행한 문서에 의하여 각각 이를 증명하게 하여야 한다. <개정 1998.2.

국가를 당사자로 하는 계약에 관한 법률	시 행 령	시 행 규 칙
		23, 1999.9.9, 2006.5.25, 2007.10.10 > ③ 제15조의 규정에 의하여 경쟁입찰참가자격등록을 한 자는 등록된 종목 또는 품목에 한하여 교부받은 경쟁입찰참가자격등록증에 의하여 제2항의 규정에 의한 자격을 증명할 수 있다. <개정 2002.8.24> **제15조(입찰참가자격의 등록)** ① 각 중앙관서의 장 또는 계약담당공무원은 경쟁입찰업무를 효율적으로 집행하기 위하여 미리 경쟁입찰참가자격의 등록을 하게 할 수 있다. 등록된 사항이 변경된 때에도 또한 같다. ② 제1항에 따라 경쟁입찰참가자격의 등록을 하려는 자는 다음 각 호의 구분에 따른 서류를 제출하여야 한다. <개정 2006.5.25, 2007.10.10, 2009.3.5, 2010.7.21, 2013.9.17, 2015.6.30, 2016.9.23, 2025.1.2.>

		1. 공사등록의 경우에는 다음 각 목의 서류 가. 등록신청서 나. 관련되는 허가 · 인가 · 면허 · 등록 · 신고 등을 증명하는 서류(필요한 경우에 한한다) 다. 삭제 <2006.7.5> 라. 삭제 <2006.7.5> 마. 인감증명서 또는 「본인서명사실 확인 등에 관한 법률」 제2조제3호에 따른 본인서명사실확인서(이하 "본인서명사실확인서"라 한다). 다만, 「전자조달의 이용 및 촉진에 관한 법률」 제2조제4호에 따른 국가종합전자조달시스템(이하 "전자조달시스템"이라 한다)을 이용하여 등록하는 경우는 제외한다. <개정 2025.1.2.> 2. 물품제조 · 구매등록의 경우에는 다음 각 목의 서류 가. 등록신청서 나. 관련되는 허가 · 인가 · 면허 · 등록

국가를 당사자로 하는 계약에 관한 법률	시 행 령	시 행 규 칙
		· 신고 등을 증명하는 서류(필요한 경우에 한한다) 다. 삭제 <2006.7.5> 라. 삭제 <2006.7.5> 마. 제조의 경우에는 「산업집적활성화 및 공장설립에 관한 법률 시행규칙」 제12조의3에 따른 공장등록대장 등본 또는 「중소기업진흥 및 제품구매 촉진에 관한 법률」 제2조제8호에 따른 공공기관의 장이 직접 생산을 확인하여 증명하는 서류(공공기관의 장이 직접 생산을 확인하지 아니한 경우에는 조달청장이 직접 생산을 확인하여 증명하는 서류) 바. 인감증명서 또는 본인서명사실확인서. 다만, 전자조달시스템을 이용하여 등록하는 경우는 제외한다. <개정 2025.1.2.> 3. 용역등록의 경우에는 다음 각 목의 서류

		가. 등록신청서 나. 관련되는 허가·인가·면허·등록·신고 등을 증명하는 서류(필요한 경우에 한한다) 다. 삭제 <2006.7.5> 라. 삭제 <2006.7.5> 마. 인감증명서 또는 본인서명사실확인서. 다만, 전자조달시스템을 이용하여 등록하는 경우는 제외한다. <개정 2025.1.2.> ③ 제2항에 따라 입찰참가자격의 등록신청을 받은 각 중앙관서의 장 또는 계약담당공무원은 「전자정부법」 제36조제1항에 따른 행정정보의 공동이용을 통하여 법인 등기사항증명서, 공장등록증명서(제조등록의 경우에만 해당한다) 및 다음 각 호의 서류를 확인하여야 한다. 다만, 경쟁입찰참가자격의 등록을 신청하려는 자가 다음 각 호의 서류 확인에 동의하지 아니하는 경우에는 그 서류(사업자등록증의 경우에는 그 사본을 말한다)를 첨부

국가를 당사자로 하는 계약에 관한 법률	시 행 령	시 행 규 칙
		하도록 하여야 한다. <신설 2006.7.5, 2007.10.10, 2010.7.21, 2012.5.18> 1. 사업자등록증, 고유번호를 확인하는 서류 또는 사업자등록증명원 2. 주민등록표 등본(개인의 경우만 해당한다) 3. 삭제 <2012.5.18> ④ 각 중앙관서의 장 또는 계약담당공무원은 제1항의 규정에 의하여 입찰참가자격을 등록한 자에게 별지 제1호서식의 경쟁입찰참가자격등록증을 교부하여야 한다. <개정 2006.7.5> ⑤ 각 중앙관서의 장 또는 계약담당공무원은 제1항에 따라 등록을 받은 경우에는 전자조달시스템에 게재하여야 한다. 이 경우 전자조달시스템에 게재된 등록사항은 다른 중앙관서의 장 또는 계약담당공무원에게도 등록한 것으로 본다. <개정 2006.5.25, 2006.7.5, 2007.10.10, 2013.9.17, 2015.6.30, 2025.1.2.>

		⑥ 각 중앙관서의 장 또는 계약담당공무원은 당해 관서의 경쟁입찰업무에만 활용하기 위하여 경쟁입찰참가자격의 등록을 하게 할 수 있다. 이 경우 제5항은 적용하지 아니한다. <개정 2006.7.5> ⑦ 각 중앙관서의 장 또는 계약담당공무원은 경쟁입찰참가자격의 등록과 관련된 다음 각 호의 사항을 전자조달시스템에 게재하여야 한다. <개정 2006.7.5, 2013.9.17> 1. 경쟁입찰참가자격을 미리 등록할 수 있다는 뜻 2. 등록에 필요한 서류 3. 경쟁입찰참가자격 등록사항에 변동이 있는 경우에는 입찰참가전에 미리 변경등록하여야 한다는 뜻 ⑧ 조달청장은 제5항에 따라 전자조달시스템에 게재된 등록사항에 대하여 별도의 유효기간을 둘 수 있다. <신설 2007.10.10, 2013.9.17, 2015.6.30> [전문개정 2002.8.24]

국가를 당사자로 하는 계약에 관한 법률	시 행 령	시 행 규 칙
		제16조(입찰참가자격에 관한 서류의 확인 등) ① 각 중앙관서의 장 또는 계약담당공무원은 입찰참가자에 대하여 입찰참가자격의 유무 및 영 제76조의 규정에 의한 입찰참가자격제한의 여부를 확인하여야 한다. ② 각 중앙관서의 장 또는 계약담당공무원은 제1항의 규정에 의하여 확인을 한 결과 자격서류의 내용이 사실과 다른 때에는 그 사실을 당해서류의 제출자에게 통지하고 서류보완등에 필요한 적절한 조치를 하여야 한다. **제17조(입찰참가자격의 부당한 제한금지)** 각 중앙관서의 장 또는 계약담당공무원은 영, 이 규칙 및 다른 법령에 특별한 규정이 있는 경우외에는 영 제12조의 규정에 의한 경쟁입찰참가자격외의 요건을 정하여 입찰참가를 제한하여서는 아니된다.

제18조(입찰참가자격요건 등록등의 배제) 다음 각 호의 어느 하나에 해당하는 경우에는 제14조부터 제16조까지의 규정을 적용하지 아니한다. 다만, 영 제76조에 따른 입찰참가자격제한의 여부에 관한 확인은 그러하지 아니하다. <개정 2009.3.5>

1. 국가 · 지방자치단체 또는 「공공기관의 운영에 관한 법률」에 따른 공공기관이 경쟁입찰에 참가하려는 경우
2. 세입의 원인이 되는 계약을 하는 경우

제19조(희망수량경쟁입찰의 대상범위) 영 제17조의 규정에 의하여 희망수량경쟁입찰의 방법에 의할 수 있는 경우는 다음 각호의 1과 같다.

1. 1인의 능력이나 생산시설로는 그 공급이 불가능하거나 곤란하다고 인정되는 다량의 동일물품을 제조하게 하거나 구매할 경우
2. 1인의 능력으로는 그 매수가 불가능하거나 곤란하다고 인정되는 다량의 동

국가를 당사자로 하는 계약에 관한 법률	시 행 령	시 행 규 칙
		일물품을 매각할 경우 3. 수인의 공급자 또는 매수자와 분할계약하는 것이 가격·품질 기타 조건에 있어서 국가에 유리하다고 인정되는 다량의 동일물품을 제조·구매 또는 매각할 경우 **제20조(희망수량경쟁입찰의 입찰공고)** 희망수량경쟁입찰에 의하는 경우의 입찰공고에는 다음 각호의 사항을 명시하여야 한다. 1. 희망수량에 의한 일반경쟁입찰이라는 사항 2. 영 제36조 각호의 사항 3. 제47조제2항의 규정에 의한 입찰수량과 낙찰수량의 조정에 관한 사항 4. 기타 희망수량경쟁입찰에 관하여 필요한 사항

제21조(계속비 및 장기계속계약) ① 각 중앙관서의 장 또는 계약담당공무원은 「국가재정법」 제23조에 따른 계속비사업에 대하여는 총액과 연부액을 명백히 하여 계속비계약을 체결하여야 한다. ② 각 중앙관서의 장 또는 계약담당공무원은 임차, 운송, 보관, 전기·가스·수도의 공급, 그 밖에 그 성질상 수년간 계속하여 존속할 필요가 있거나 이행에 수년이 필요한 계약의 경우 대통령령으로 정하는 바에 따라 장기계속계약을 체결할 수 있다. 이 경우 각 회계연도 예산의 범위에서 해당 계약을 이행하게 하여야 한다. <개정 2020.6.9> [전문개정 2012.3.21]	**제21조(제한경쟁입찰에 의할 계약과 제한사항등)** ① 법 제7조제1항 단서에 따라 경쟁참가자의 자격을 제한할 수 있는 경우와 그 제한사항은 다음 각 호와 같다. 이 경우 제1호부터 제6호까지 및 제9호의 제한사항에 대한 구체적인 제한기준은 재정경제부령으로 정한다. <개정 1996.12.31, 1997.7.10, 1999.9.9, 2005.9.8, 2006.5.25,2007.10.10, 2008.2.29, 2009.11.20, 2010.7.21, 2011.1.17, 2011.10.28, 2012.10.8, 2014.5.22, 2016.9.2, 2016.9.29, 2017.7.26, 2018.3.6, 2018. 12.4, 2021.2.2, 2021.9.14, 2022.1.25, 2022.6.28, 2024.7.2, 2024.12.24, 2025.12.30> 1. 재정경제부령이 정하는 금액의 공사계약의 경우에는 시공능력 또는 당해 공사와 같은 종류의 공사실적 2. 특수한 기술 또는 공법이 요구되는 공사계약의 경우에는 당해 공사수행에 필요한 기술의 보유상황 또는 당해 공사와 같은 종류의 공사실적	**제21조(2종이상의 물품에 대한 희망수량경쟁입찰)** 각 중앙관서의 장 또는 계약담당공무원은 2종이상의 물품에 대하여 희망수량경쟁입찰에 부치고자 하는 경우에는 물품의 종류별로 단가 및 수량에 대하여 입찰을 하게 하여야 한다.

국가를 당사자로 하는 계약에 관한 법률	시 행 령	시 행 규 칙
	3. 특수한 설비 또는 기술이 요구되는 물품제조계약의 경우에는 당해 물품제조에 필요한 설비 및 기술의 보유상황 또는 당해 물품과 같은 종류의 물품제조실적 4. 특수한 성능 또는 품질이 요구되어 다음 각 목의 품질 인증 등을 받은 물품을 제조하게 하거나 구매하는 경우에는 그 품질 인증 등을 받은 물품인지 여부 <개정 2024.12.24> 가. 「산업표준화법」 제15조에 따른 인증을 받은 제품 또는 같은 법 제25조에 따른 우수한 단체표준제품 나. 삭제 <2017.1.26> 다. 「환경기술 및 환경산업 지원법」 제17조에 따라 환경표지의 인증을 받은 물품 라. 「자원의 절약과 재활용촉진에 관한 법률」 제33조에 따른 기준에 적합하고 「산업기술혁신 촉진법 시행령」 제17조제1항제3호에 따른 품질 인증을 받은 재활용제품	

	마. 「환경기술 및 환경산업 지원법」 제18조에 따라 환경성적표지의 인증을 받은 제품 중 「녹색제품 구매촉진에 관한 법률」 제2조의2제1호의2에 따른 기준에 적합한 제품 <신설 2024.12.24> 5. 특수한 기술이 요구되는 용역계약의 경우에는 당해 용역수행에 필요한 기술의 보유상황 또는 당해 용역과 같은 종류의 용역수행실적 6. 추정가격이 재정경제부령으로 정하는 금액 미만인 계약의 경우에는 법인등기부상 본점소재지(개인사업자인 경우에는 사업자등록증 또는 관련 법령에 따른 허가·인가·면허·등록·신고 등에 관련된 서류에 기재된 사업장의 소재지를 말한다. 이하 같다) 7. 제22조의 규정에 의한 제한방법에 의하여 공사계약을 하는 경우에는 그 제한기준 8. 「중소기업제품 구매촉진 및 판로지원에	

국가를 당사자로 하는 계약에 관한 법률	시 행 령	시 행 규 칙
	관한 법률 시행령」 제6조에 따라 중소벤처기업부장관이 지정·공고한 물품을 제조·구매하는 경우에는 「중소기업기본법」 제2조에 따른 중소기업자 8의2. 「중소기업제품 구매촉진 및 판로지원에 관한 법률」 제7조의2제2항제1호에 따른 제한경쟁입찰 방법에 따라 물품 제조·구매 계약 또는 용역 계약을 체결하는 경우에는 같은 호에 따른 공동사업에 참여한 소기업 또는 소상공인 9. 각 중앙관서의 장 또는 계약담당공무원이 계약이행의 부실화를 방지하기 위하여 필요하다고 판단하여 특별히 인정하는 경우에는 경쟁참가자의 재무상태 10. 추정가격이 고시금액 미만인 물품의 제조·구매 또는 용역(「엔지니어링산업 진흥법」 제2조제3호에 따른 엔지니어링사업 및 「건설기술 진흥법」 제2조제3호에 따른 건설엔지니어링을 제외한다)의 경우에는 다음 각	

	목의 구분에 따른 자 가. 추정가격이 1억원 미만인 물품의 제조·구매 또는 용역의 경우에는 「중소기업기본법」 제2조제2항에 따른 소기업, 「소상공인기본법」 제2조에 따른 소상공인, 「벤처기업육성에 관한 특별법」 제2조제1항에 따른 벤처기업 또는 「중소기업창업 지원법」에 따른 창업기업 나. 추정가격이 1억원 이상인 물품의 제조·구매 또는 용역의 경우에는 「중소기업기본법」 제2조에 따른 중소기업자 11. 특정지역에 소재하는 자가 생산한 물품을 구매하려는 경우에는 다음 각 목의 어느 하나에 해당하는 자인지 여부 가. 「지역중소기업 육성 및 혁신촉진에 관한 법률」에 따른 중소기업특별지원지역에 입주(같은 조 제2항에 따른 지정기간만 해당한다)한 자 나. 「농어촌정비법」에 따른 농공단지	

국가를 당사자로 하는 계약에 관한 법률	시 행 령	시 행 규 칙
	에 입주한 자 ② 각 중앙관서의 장 또는 계약담당공무원 은 제1항의 규정에 의하여 경쟁참가자의 자격을 제한하고자 할 때에는 입찰공고에 그 제한사항과 제한기준을 명시하여야 한다. ③ 각 중앙관서의 장 또는 계약담당공무원은 공사입찰로서 제1항제6호의 규정에 의하여 경쟁참가자의 자격을 제한하는 경우에 필요하다고 인정할 때에는 재정경제부령이 정하는 바에 의하여 당해 입찰참가적격자에게 제36조 각호의 사항을 통지함으로써 제2항의 규정에 의한 입찰공고에 갈음할 수 있다. <개정 1996.12.31, 1999.9.9, 2008.2.29, 2025.12.30>	

제22조(단가계약) 각 중앙관서의 장 또는 계약담당공무원은 일정 기간 계속하여 제조, 수리, 가공, 매매, 공급, 사용 등의 계약을 할 필요가 있을 때에는 해당 연도 예산의 범위에서 단가(單價)에 대하여 계약을 체결할 수 있다. [전문개정 2012.12.18]	**제22조(공사의 성질별·규모별 제한에 의한 입찰)** ① 각 중앙관서의 장 또는 계약담당공무원은 공사를 성질별·규모별로 유형화하여 이에 상응하는 경쟁제한기준을 정하고 이를 미리 전자조달시스템에 공고하여 경쟁참가적격자로 하여금 등록신청을 하게 할 수 있다. <개정 2002.7.30, 2006.5.25, 2013.9.17> ② 각 중앙관서의 장 또는 계약담당공무원은 제1항의 규정에 의한 등록신청을 받은 때에는 이를 심사하여 유형별·등급별로 경쟁참가적격자를 선정하여 등록을 하고 공사 입찰시마다 당해 경쟁참가적격자에게 제36조 각호의 사항을 통지하여 입찰참가신청을 하게 할 수 있다. ③ 각 중앙관서의 장은 제1항의 규정에 의하여 경쟁제한기준을 정하고자 할 때에는 재정경제부장관과 협의하여야 한다. <개정 1999.9.9, 2008.2.29, 2025.12.30>	**제22조(경매)** ① 각 중앙관서의 장 또는 계약담당공무원은 영 제10조제2항의 규정에 의한 경매에 있어서는 예정가격을 제시하여 입찰하게 하고 최고입찰액을 발표한 후 다른 응찰자가 없을 때까지 다시 입찰하게 하여 최고가격의 입찰자를 낙찰자로 결정하여야 한다. ② 제1항의 규정에 의한 입찰의 경우 입찰보증금은 예정가격의 100분의 5 이상으로 하여야 한다.

국가를 당사자로 하는 계약에 관한 법률	시 행 령	시 행 규 칙
제23조(개산계약) ① 각 중앙관서의 장 또는 계약담당공무원은 다음 각 호의 어느 하나에 해당하는 계약으로서 미리 가격을 정할 수 없을 때에는 대통령령으로 정하는 바에 따라 개산계약(概算契約)을 체결할 수 있다. 1. 개발시제품(開發試製品)의 제조계약 2. 시험・조사・연구 용역계약 3. 「공공기관의 운영에 관한 법률」에 따른 공공기관과의 관계 법령에 따른 위탁 또는 대행 계약 4. 시간적 여유가 없는 긴급한 재해복구를 위한 계약 ② 제1항에 따른 개산계약의 사후정산의 절차・기준 등에 관하여 필요한 사항은 대통령령으로 정한다. ③ 각 중앙관서의 장 또는 계약담당공무원은 제1항에 따라 개산계약을 체결하는 경우 제2항에 따른 사후정산의 절차・기준 등에 대하여 입찰공고 등을 통하여	**제23조(지명경쟁입찰에 의할 계약)** ① 법 제7조제1항 단서에 따라 지명경쟁입찰에 부칠 수 있는 경우는 다음 각 호와 같다. <개정 1998.2.2, 1999.9.9, 2000.12.27, 2003.12.11, 2005.9.8, 2007.10.10, 2008.5.21, 2009.5.6, 2009.11.20, 2011.10.28, 2017.1.26, 2017.7.26, 2018.3.6, 2018.12.4, 2023.11.16, 2024.12.24> 1. 계약의 성질 또는 목적에 비추어 특수한 설비・기술・자재・물품 또는 실적이 있는 자가 아니면 계약의 목적을 달성하기 곤란한 경우로서 입찰대상자가 10인이내인 경우 2. 「건설산업기본법」에 따른 건설공사로서 추정가격이 4억원 이하인 공사(같은 법에 따른 전문공사의 경우에는 추정가격이 2억원 이하인 공사) 또는 그 밖의 공사 관련 법령에 따른 공사로서 추정가격이 1억 6천만원 이하인 공사를 하거나 추정가격이 1억원 이하인 물	**제23조(계약이행의 성실도 평가 시 고려요소)** 각 중앙관서의 장 또는 계약담당공무원이 영 제13조제2항에 따라 계약이행의 성실도를 평가할 때에는 법 제5조의2제1항에 따른 청렴계약 준수정도, 「건설기술진흥법」 제53조에 따른 부실벌점, 같은 법 제50조에 따른 평가결과 등을 고려하여야 한다. <개정 2013.6.19, 2016. 2.1> [전문개정 2010.7.21] **제23조의2(입찰참가자격 사전심사 절차)** ① 영 제13조제4항 각 호 외의 부분 본문에 따른 열람 및 교부 기간은 입찰공고일부터 입찰참가자격 사전심사 신청 마감일까지로 한다. ② 제1항에 따른 입찰참가자격 사전심사 신청은 입찰공고일부터 7일 이상이 지난 날부터 하도록 하여야 하며, 신청기간은 10일 이상으로 하되, 입찰공고 시 그 신청기간을 명시하여야 한다. ③ 각 중앙관서의 장 또는 계약담당공무원

입찰참가자에게 미리 알려주어야 한다. [전문개정 2012.12.18]	품을 제조할 경우 <개정 2023.11.16> 3. 추정가격이 5천만원 이하인 재산을 매각 또는 매입할 경우 4. 예정임대·임차료의 총액이 5천만원 이하인 물건을 임대·임차할 경우 5. 공사나 제조의 도급, 재산의 매각 또는 물건의 임대·임차외의 계약으로서 추정가격이 5천만원 이하인 경우 6. 「산업표준화법」 제15조에 다른 인증을 받은 제품 또는 같은 법 제25조에 따른 우수한 단체표준제품 7. 삭제 <1999.9.9> 8. 법 제7조 단서 및 이 영 제26조의 규정에 의하여 수의계약에 의할 수 있는 경우 9. 다음 각 목의 어느 하나에 해당하는 제품을 제조하게 하거나 구매하는 경우 <개정 2024.12.24> 가. 「자원의 절약과 재활용촉진에 관한 법률」 제33조에 따른 기준에 적합하고 「산업기술혁신 촉진법 시행령」 제17조제1항제3호에 따른 품질인증을 받은	은 입찰참가자격 사전심사 신청 서류의 내용이 불명확하거나 누락된 서류가 있는 경우에는 3일 이내의 기간을 정하여 보완을 요구할 수 있다. ④ 각 중앙관서의 장 또는 계약담당공무원은 제2항에 따른 신청기간 또는 제3항에 따른 보완기간이 끝난 날부터 10일 이내에 입찰참가자격을 사전심사하여 그 결과를 전자조달시스템에 게재하여야 한다. <개정 2013.9.17> ⑤ 입찰참가자격 사전심사를 신청한 자가 제4항에 따른 사전심사 결과에 이의가 있는 경우에는 영 제14조의2에 따른 현장설명일 3일 전까지 각 중앙관서의 장 또는 계약담당공무원에게 재심사를 요청할 수 있다. 이 경우 요청을 받은 날부터 3일 이내에 그 재심사 결과를 통지하여야 한다. [본조신설 2010.7.21] [종전 제23조의2는 제23조의3으로 이동 <2010.7.21>]

국가를 당사자로 하는 계약에 관한 법률	시 행 령	시 행 규 칙
	재활용제품 나. 「환경기술 및 환경산업 지원법」 제17조에 따라 환경표지의 인증을 받은 제품 다. 「환경기술 및 환경산업 지원법」 제18조에 따라 환경성적표지의 인증을 받은 제품 중 「녹색제품 구매촉진에 관한 법률」 제2조의2제1호의2에 따른 기준에 적합한 제품 10. 「중소기업제품 구매촉진 및 판로지원에 관한 법률 시행령」 제6조에 따라 중소벤처기업부장관이 지정·공고한 물품을 「중소기업기본법」 제2조에 따른 중소기업자로부터 제조·구매할 경우 11. 「중소기업제품 구매촉진 및 판로지원에 관한 법률」 제7조의2제2항제2호에 따라 각 중앙관서의 장의 요청으로 「중소기업협동조합법」 제3조제1항에 따른 중소기업협동조합이 추천하는 소기업 또는 소상공인(해당 물품 등을 납품할 수 있는 소기업 또는 소상	**제23조의3(단순한 노무에 의한 용역)** 영 제18조제1항·제3항, 제64조제8항 및 제66조제2항에서 "재정경제부령으로 정하는 용역"이란 다음 각 호의 어느 하나에 해당하는 용역을 말한다. <개정 2009.3.5, 2018.12.4, 2026.1.2> 1. 청소용역 2. 검침(檢針)용역 3. 경비시스템 등에 의하지 아니하는 단순경비 또는 관리용역 4. 행사보조 등 인력지원용역 5. 그 밖에 제1호부터 제4호까지와 유사한 용역으로서 재정경제부장관이 정하는 용역 [본조신설 2006.5.25] [제목개정 2018.12.4] [제23조의2에서 이동 <2010.7.21>]

	공인을 말한다)으로 하여금 물품을 제조하게 하거나 용역을 수행하게 하는 경우 ② 각 중앙관서의 장의 위임을 받은 공무원은 제1항제1호의 규정에 의하여 지명경쟁입찰에 의하여 계약을 체결한 때에는 그 내용을 소속중앙관서의 장에게 보고하여야 하며, 각 중앙관서의 장은 이를 감사원에 통지하여야 한다. <개정 1998.2.2>	
제24조(종합계약) ① 각 중앙관서의 장 또는 계약담당공무원은 같은 장소에서 다른 관서, 지방자치단체 또는 「공공기관의 운영에 관한 법률」에 따른 공기업 및 준정부기관이 관련되는 공사 등에 대하여 관련 기관과 공동으로 발주하는 계약(이하 "종합계약"이라 한다)을 체결할 수 있다. ② 종합계약을 체결하는 데에 관련되는 기관의 장은 그 계약체결에 필요한 사항에 대하여 협조하여야 한다. [전문개정 2012.12.18]	**제24조(지명경쟁입찰 대상자의 지명)** ① 각 중앙관서의 장 또는 계약담당공무원은 제23조의 규정에 의하여 지명경쟁입찰에 부치고자 할 때에는 5인이상의 입찰대상자를 지명하여 2인이상의 입찰참가신청이 있어야 한다. 다만, 지명대상자가 5인미만인 때에는 대상자를 모두 지명하여야 한다. <개정 1998.2.2> ② 제1항의 경우에는 제36조 각호의 사항을 각 입찰대상자에게 통지하여야 한다. ③ 각 중앙관서의 장 또는 계약담당공무원	**제24조(제한경쟁입찰의 대상)** ① 영 제21조제1항제1호에서 "재정경제부령이 정하는 금액의 공사계약"이란 추정가격이 다음 각 호의 금액 이상인 공사계약을 말한다. <개정 2005.9.8, 2009.3.5, 2026.1.2> 1. 「건설산업기본법」에 의한 건설공사(전문공사를 제외한다) : 30억원 2. 「건설산업기본법」에 의한 전문공사 그 밖의 공사관련 법령에 의한 공사 : 3억원 ② 영 제21조제1항제6호에서 "재정경제

국가를 당사자로 하는 계약에 관한 법률	시 행 령	시 행 규 칙
	은 제1항의 규정에 의하여 입찰대상자를 지명하고자 할 때에는 재정경제부령이 정하는 바에 의하여 이를 통지하고 입찰 참가여부를 확인하여야 한다. <개정 1999.9.9, 2008.2.29, 2025.12.30>	부령으로 정하는 금액"이란 다음 각 호의 금액을 말한다. <개정 1996.12.31, 1998.2.23, 1999.9.9, 2003.12.12, 2005.9.8, 2009.3.5, 2018.12.4, 2026.1.2> 1. 공사의 경우에는 다음 각 목의 금액 가. 「건설산업기본법」에 따른 건설공사(전문공사는 제외한다): 법 제4조제1항 각 호 외의 부분 본문에 따라 고시된 금액(이하 "고시금액"이라 한다) 나. 「건설산업기본법」에 따른 전문공사와 그 밖에 공사 관련 법령에 따른 공사 : 10억원 2. 물품의 제조·구매, 용역, 그 밖의 경우에는 고시금액
제25조(공동계약) ① 각 중앙관서의 장 또는 계약담당공무원은 공사계약·제조계약 또는 그 밖의 계약에서 필요하다고 인정하면 계약상대자를 둘 이상으로 하는 공	**제25조(유사물품의 복수경쟁)** 각 중앙관서의 장 또는 계약담당공무원은 품질·성능 또는 효율등에 차이가 있는 유사한 종류의 물품중에서 품질·성능 또는 효율등이	**제25조(제한경쟁입찰의 제한기준)** ① 각 중앙관서의 장 또는 계약담당공무원은 영 제21조제1항에 따라 제한경쟁입찰에 참가할 자의 자격을 제한하는 경우 이행의

동계약을 체결할 수 있다. ② 제1항에 따라 계약서를 작성하는 경우에는 그 담당 공무원과 계약상대자 모두가 계약서에 기명하고 날인하거나 서명함으로써 계약이 확정된다. [전문개정 2012.12.18]	일정수준이상인 물품을 지정하여 제조하게 하거나 구매 또는 임차하는 경우에는 복수경쟁에 부칠 수 있다. 이 경우 유사한 종류의 물품별로 작성된 예정가격에 대한 입찰금액의 비율이 가장 낮은 입찰자를 낙찰자로 한다. <개정 2024.12.24>	난이도, 규모의 대소, 수급상황 등을 적정하게 고려해야 한다. <개정 2019.9.17> ② 각 중앙관서의 장 또는 계약담당공무원이 영 제21조제1항제1호부터 제3호까지 및 제5호에 따라 공사·제조 또는 용역 등의 실적, 시공능력으로 제한경쟁입찰에 참가할 자의 자격을 제한하는 경우 그 실적, 시공능력은 다음 각 호의 기준에 따라야 한다. <개정 1996.12.31, 1998.2.23, 1999.9.9, 2005.9.8, 2006.5.25, 2017.12.28, 2019.9.17> 1. 공사·제조 또는 용역 등의 경우에는 다음 각 목의 실적. 다만, 계약목적의 달성에 지장이 있는 경우를 제외하고는 가목의 실적을 우선적으로 적용하여야 한다. 가. 공사·제조 또는 용역 등의 실적의 규모 또는 양에 따르는 경우(제조 또는 용역의 경우에는 추정가격이 고시금액 이상인 계약에 한정한다)에는 해당 계약목적물의 규모 또는 양의

국가를 당사자로 하는 계약에 관한 법률	시 행 령	시 행 규 칙
		1배 이내 나. 공사·제조 또는 용역 등의 실적의 금액에 따르는 경우(제조 또는 용역의 경우에는 추정가격이 고시금액 이상인 계약에 한정한다)에는 해당 계약목적물의 추정가격(「건설산업기본법」 등 다른 법령에서 시공능력 적용시 관급자재비를 포함하고 있는 경우에는 추정금액을 말한다. 이하 이 항에서 같다)의 1배 이내 2. 시공능력의 경우에는 해당 추정가격의 1배 이내 ③ 영 제21조제1항제6호에 따라 법인등기부상 본점소재지(개인사업자인 경우에는 사업자등록증 또는 관련 법령에 따른 허가·인가·면허·등록·신고 등에 관련된 서류에 기재된 사업장의 소재지를 말한다. 이하 같다)를 기준으로 제한경쟁입찰에 참가할 자의 자격을 제한하는 경우에는 법인등기부상 본점소재

		지가 해당 공사 등의 현장·납품지 등이 소재하는 특별시·광역시·특별자치시·도 또는 특별자치도(이하 이 항에서 "시·도"라 한다)의 관할구역(「공공기관 지방이전에 따른 혁신도시 건설 및 지원에 관한 특별법」 제31조에 따른 공동혁신도시의 경우에는 해당 공동혁신도시 건설 공동 주체의 관할구역 전체를 말하며, 이하 이 항에서 같다) 안에 있는 자로 제한해야 한다. 다만, 다음 각 호의 어느 하나에 해당하는 경우에는 해당 공사 등의 현장·납품지 등이 있는 시·도에 인접한 시·도(이하 이 항에서 "인접 시·도"라 한다)의 관할구역 안에 있는 자를 포함해 제한할 수 있다. <개정 2019.9.17> 1. 공사 등의 현장·납품지 등이 인접 시·도에 걸쳐 있는 경우 2. 공사 등의 현장·납품지 등이 있는 시·도에 사업 이행에 필요한 자격을 갖춘 자가 10인 미만인 경우

국가를 당사자로 하는 계약에 관한 법률	시 행 령	시 행 규 칙
		④ 광역시·특별자치시 또는 도의 관할구역내에서 특별시·광역시 또는 특별자치시가 신설(편입된 경우를 제외한다)되는 경우에는 그 신설된 날부터 3년간은 종전의 광역시·특별자치시 또는 도의 관할구역과 신설된 특별시·광역시 또는 특별자치시의 관할구역은 이를 분리하지 아니한 것으로 보아 제3항의 규정을 적용한다. <개정 2012.5.18> ⑤ 각 중앙관서의 장 또는 계약담당공무원은 영 제21조제1항에 따라 제한경쟁입찰에 참가할 자의 자격을 제한함에 있어서 같은 항 각 호 또는 각 호 내의 사항을 중복적으로 제한하여서는 아니된다. 다만, 영 제21조제1항제6호의 사항에 따라 제한하는 경우에는 같은 항 제2호의 사항과 중복하여 제한할 수 있으며, 영 제21조제1항제8호 또는 제10호의 사항에 따라 제한하는 경우에는 같은 항 각 호의 사항과 중복하여 제한할 수 있다.

<개정 1996.12.31, 2009.3.5, 2018.12.4>

⑥ 각 중앙관서의 장 또는 계약담당공무원은 영 제22조의 규정에 의하여 공사를 성질별·규모별로 유형화하여 제한기준을 정하는 경우에는 제2항의 규정에 의한 제한기준에 의하지 아니할 수 있다.

제26조(제한경쟁입찰 참가자격통지) ① 각 중앙관서의 장 또는 계약담당공무원은 영 제21조제3항 또는 영 제22조제2항의 규정에 의하여 입찰참가적격자에게 입찰참가통지를 하는 경우에는 별지 제2호서식의 경쟁입찰참가통지서에 의하여야 한다.

② 제1항의 규정에 의한 입찰참가통지는 현장설명일 7일전(현장설명을 하지 아니하는 경우에는 입찰서 제출마감일 7일전)까지 하여야 한다. 다만, 긴급을 요하는 경우에는 입찰서 제출마감일 5일전까지 통지할 수 있다. <개정 1996.12.31>

국가를 당사자로 하는 계약에 관한 법률	시 행 령	시 행 규 칙
제26조(지체상금) ① 각 중앙관서의 장 또는 계약담당공무원은 정당한 이유 없이 계약의 이행을 지체한 계약상대자로 하여금 지체상금을 내도록 하여야 한다. ② 제1항에 따른 지체상금의 금액, 납부방법, 그 밖에 필요한 사항은 대통령령으로 정한다. ③ 제1항의 지체상금에 관하여는 제18조제3항 단서를 준용한다. [전문개정 2012.12.18]	**제26조(수의계약에 의할 수 있는 경우)** ① 법 제7조제1항 단서에 따라 수의계약을 할 수 있는 경우는 다음 각 호와 같다. <개정 2010.7.21, 2011.10.28, 2011.11.23, 2012.5.14, 2013.12.30, 2014.5.22, 2015.12.31, 2018.12.4, 2019.9.17, 2020.5.1, 2020.9.29, 2020.12.8, 2021.2.2, 2021.7.6, 2023.1.3, 2023.4.11, 2023.11.16, 2024.5.7, 2024.12.24, 2025.12.30> 1. 경쟁에 부칠 여유가 없거나 경쟁에 부쳐서는 계약의 목적을 달성하기 곤란하다고 판단되는 경우로서 다음 각 목의 경우 가. 천재지변, 감염병 예방 및 확산 방지, 작전상의 병력 이동, 긴급한 행사, 긴급복구가 필요한 수해 등 비상재해, 원자재의 가격급등, 사고방지 등을 위한 긴급한 안전진단·시설물 개선, 그 밖에 이에 준하는 경우 나. 국가안전보장, 국가의 방위계획 및 정보활동, 군시설물의 관리, 외교관계,	

	그 밖에 이에 준하는 경우로서 보안상 필요가 있거나, 국가기관의 행위를 비밀리에 할 필요가 있는 경우 다. 방위사업청장이 군용규격물자를 연구개발한 업체 또는 「비상대비자원 관리법」에 따른 중점관리대상업체로부터 군용규격물자(중점관리대상업체의 경우에는 방위사업청장이 지정하는 품목에 한정한다)를 제조·구매하는 경우 라. 비상재해가 발생한 경우에 국가가 소유하는 복구용 자재를 재해를 당한 자에게 매각하는 경우 2. 특정인의 기술이 필요하거나 해당 물품의 생산자가 1인뿐인 경우 등 경쟁이 성립될 수 없는 경우로서 다음 각 목의 경우 <개정 2024.5.7, 2024.12.24> 가. 공사와 관련하여 장래 시설물의 하자에 대한 책임 구분이 곤란한 경우로서 직전 또는 현재의 시공자와 계약을 하는 경우 나. 작업상 혼란이 초래될 우려가 있는 등 동일 현장에서 2인 이상의 시공자가 공사를 할 수 없는 경우로서 현재의 시공자	

국가를 당사자로 하는 계약에 관한 법률	시 행 령	시 행 규 칙
	와 계약을 하는 경우 다. 마감공사와 관련하여 직전 또는 현재의 시공자와 계약을 하는 경우 라. 접적지역 등 특수지역에서 시행하는 공사로서 사실상 경쟁이 불가능한 경우 마. 특허공법을 적용하는 공사 또는 「건설기술 진흥법」 제14조에 따라 지정·고시된 신기술, 「환경기술 및 환경산업 지원법」 제7조에 따라 인증받은 신기술이나 검증받은 기술, 종전의 「전력기술관리법」(법률 제13741호로 개정되기 전의 것을 말한다) 제6조의2에 따라 지정·고시된 새로운 전력기술 또는 「재난안전산업 진흥법」 제14조 따라 지정된 재난안전신기술(각 해당 법률에 따라 지정된 보호기간 또는 유효기간 내의 경우로 한정한다)을 적용하는 공사로서 사실상 경쟁이 불가능한 경우 <개정 2023.1.3>	

	바. 해당 물품을 제조·공급한 자가 직접 그 물품을 설치·조립 또는 정비하는 경우 사. 이미 조달된 물품의 부품교환 또는 설비확충 등을 위하여 조달하는 경우로서 해당 물품을 제조·공급한 자 외의 자로부터 제조·공급을 받게 되면 호환성이 없게 되는 경우 아. 특허를 받았거나 실용신안등록 또는 디자인등록이 된 물품을 제조하게 하거나 구매 또는 임차하는 경우로서 적절한 대용품이나 대체품이 없는 경우 <개정 2024.12.24> 자. 해당 물품의 생산자 또는 소지자가 1인뿐인 경우로서 다른 물품을 제조하게 하거나 구매 또는 임차해서는 사업목적을 달성할 수 없는 경우 <개정 2024.12.24> 차. 특정인의 기술·품질이나 경험·자격을 필요로 하는 조사·설계·감리·특수측량·훈련 계약, 특정인과의 학술연구 등을 위한 용역 계약, 관련 법령에 따라 디자인공모에 당선된 자와	

국가를 당사자로 하는 계약에 관한 법률	시 행 령	시 행 규 칙
	체결하는 설계용역 계약의 경우 카. 특정인의 토지·건물 등 부동산을 매입하거나 재산을 임차 또는 특정인에게 임대하는 경우 타.「매장유산 보호 및 조사에 관한 법률」 제11조에 따른 매장유산 발굴 용역으로서 같은 법 시행령 제7조제1항제4호에 따른 시굴(試掘)조사 후 정밀발굴조사로 전환되는 경우 <개정 2024.5.7> 3.「중소기업진흥에 관한 법률」 제2조제1호에 따른 중소기업자가 직접 생산하는 다음 각 목의 제품을 해당 중소기업자에게 제조하게 하거나 해당 중소기업자로부터 구매 또는 임차하는 경우 <개정 2024.12.24> 가.「중소기업제품 구매촉진 및 판로지원에 관한 법률」 제15조에 따라 성능인증을 받은 제품 나.「소프트웨어 진흥법」 제20조에 따라 품질인증을 받은 제품	

	다. 「중소기업 기술혁신 촉진법」 제9조 제1항제3호에 따른 지원을 받아 개발이 완료된 제품으로서 당초의 수요와 연계된 자가 구매를 협약한 제품 라. 「산업기술혁신 촉진법」 제16조에 따라 신제품으로 인증받은 제품 마. 다음 법률의 규정에 따라 인증되거나 지정된 신기술을 이용하여 제조한 제품 또는 지정된 신기술 제품으로서 주무부장관이 상용화 단계에서 성능을 확인한 제품 <개정 2024.12.24> 1) 「건설기술 진흥법」 제14조 2) 「국가통합교통체계효율화법」 제102조 3) 「농림식품과학기술육성법」 제12조의2 4) 「농업기계화 촉진법」 제7조 5) 「목재의 지속가능한 이용에 관한 법률」 제18조 6) 「물류정책기본법」 제57조 7) 「보건의료기술 진흥법」 제8조 8) 「산업기술혁신 촉진법」 제15조의2 9) 「재난안전산업 진흥법」 제14조 10) 「해양수산과학기술 육성법」 제17조	

국가를 당사자로 하는 계약에 관한 법률	시 행 령	시 행 규 칙
	11) 「환경기술 및 환경산업지원법」 제7조 바. 「조달사업에 관한 법률 시행령」 제30조에 따라 우수조달물품으로 지정·고시된 제품 사. 「조달사업에 관한 법률 시행령」 제31조에 따라 지정·고시된 우수조달 공동상표의 물품(재정경제부장관이 고시한 금액 미만의 물품을 제조하게 하거나 구매하는 경우에 한정한다) <개정 2024.12.24, 2025.12.30> 아. 삭제 <2020.9.29> 자. 과학기술정보통신부장관이 「지능정보화 기본법」 제58조에 따른 정보보호시스템의 성능과 신뢰도에 관한 기준에 합치된 것으로 확인한 제품으로서 「전자정부법 시행령」 제69조에 따라 국가정보원장이 정한 정보보호시스템 유형별 도입요건을 준수한 제품 차. 「재난안전산업 진흥법」 제16조제1항에 따른 적합성 인증을 받은 재난안전제품 <개정 2023.1.3>	

	4. 국가유공자 또는 장애인 등에게 일자리나 보훈·복지서비스 등을 제공하기 의한 목적으로 설립된 다음 각 목의 어느 하나에 해당하는 단체 등과 물품의 제조·구매·임차계약 또는 용역 계약(해당 단체가 직접 생산하는 물품 및 직접 수행하는 용역에 한정한다)을 체결하거나, 그 단체 등에 직접 물건을 매각·임대하는 경우 <개정 2023.4.11, 2024.12.24> 가. 국가보훈부장관이 지정하는 국가유공자 자활집단촌의 복지공장 나.「국가유공자 등 단체설립에 관한 법률」에 따라 설립된 단체 중 상이를 입은 자들로 구성된 단체 다.「중증장애인생산품 우선구매 특별법」제9조제1항에 따라 지정받은 중증장애인생산품 생산시설 라.「사회복지사업법」제16조에 따라 설립된 사회복지법인 마.「장애인고용촉진 및 직업재활법」제22조의4제1항에 따라 인증받은 장애인 표준사업장	

국가를 당사자로 하는 계약에 관한 법률	시 행 령	시 행 규 칙
	5. 제1호부터 제4호까지의 경우 외에 계약의 목적·성질 등에 비추어 경쟁에 따라 계약을 체결하는 것이 비효율적이라고 판단되는 경우로서 다음 각 목의 경우 <개정 2024.12.24, 2025.12.30> 가. 다음의 어느 하나에 해당하는 계약 1)「건설산업기본법」에 따른 건설공사(같은 법에 따른 전문공사는 제외한다)로서 추정가격이 4억원 이하인 공사, 같은 법에 따른 전문공사로서 추정가격이 2억원 이하인 공사 및 그 밖의 공사 관련 법령에 따른 공사로서 추정가격이 1억6천만원 이하인 공사에 대한 계약 <개정 2021.7.6> 2) 추정가격이 2천만원 이하인 물품의 제조·구매·임차계약 또는 용역계약 <개정 2024.12.24> 3) 추정가격이 2천만원 초과 1억원 이하인 계약으로서「중소기업기본법」제2조제2항에 따른 소기업 또는「소상공	

	인기본법」 제2조에 따른 소상공인과 체결하는 물품의 제조·구매·임차계약 또는 용역계약. 다만, 제30조제1항제3호 및 같은 조 제2항 단서에 해당하는 경우에는 소기업 또는 소상공인외의 자와 체결하는 물품의 제조·구매·임차계약 또는 용역계약을 포함한다. <개정 2021.7.6, 2024.12.24> 4) 추정가격이 2천만원 초과 1억원 이하인 계약 중 학술연구·원가계산·건설기술 등과 관련된 계약으로서 특수한 지식·기술 또는 자격을 요구하는 물품의 제조·구매·임차계약 또는 용역계약<개정 2021.7.6, 2024.12.24> 5) 추정가격이 2천만원 초과 1억원 이하인 계약으로서 다음의 어느 하나에 해당하는 자와 체결하는 물품의 제조·구매·임차계약 또는 용역계약 <개정 2021.7.6, 2024.12.24> 가) 「여성기업지원에 관한 법률」 제2조제1호에 따른 여성기업	

국가를 당사자로 하는 계약에 관한 법률	시 행 령	시 행 규 칙
	나) 「장애인기업활동 촉진법」 제2조제2호에 따른 장애인기업 다) 「사회적기업 육성법」 제2조제1호에 따른 사회적기업, 「협동조합기본법」 제2조제3호에 따른 사회적협동조합, 「국민기초생활 보장법」 제18조에 따른 자활기업 또는 「도시재생 활성화 및 지원에 관한 특별법」 제2조제1항제9호에 따른 마을기업 중 재정경제부장관이 정하는 요건을 충족하는 자 6) 추정가격이 5천만원 이하인 임대차 계약(연액 또는 총액을 기준으로 추정가격을 산정한다) 등으로서 공사계약 또는 물품의 제조·구매·임차계약이나 용역계약이 아닌 계약 <개정 2024.12.24> 7) 추정가격이 5천만원 이하인 계약으로서 「중소기업창업 지원법」 제2조제11호에 따른 청년창업기업과 체결하는 물품의 제조·구매·임차계약 또는 용역계약 <신설 2024.12.24>	

	나. 재외공관에서 사용하는 물품을 현지에서 제조하게 하거나 구매 또는 임차하는 경우 <개정 2024.12.24> 다. 물품을 가공·하역·운송 또는 보관할 때 경쟁에 부치는 것이 불리하다고 인정되는 경우 라.「방위사업법」에 따른 방산물자를 방위산업체로부터 제조·구매하는 경우 마. 다른 법령에 따라 국가사업을 위탁 또는 대행할 수 있는 자와 해당 사업에 대한 계약을 하는 경우 바. 다른 국가기관 또는 지방자치단체와 계약을 하는 경우 사.「조달사업에 관한 법률」 제27조제1항에 따른 혁신제품을 제조하게 하거나 구매 또는 임차하는 경우 <개정 2024.12.24> 아.「클라우드컴퓨팅 발전 및 이용자 보호에 관한 법률 시행령」 제20조제3항에 따라 선정된 디지털서비스에 관한 계약을 하는 경우 <개정 2023.11.16> 자.「과학기술기본법 시행령」 제24조의2	

국가를 당사자로 하는 계약에 관한 법률	시 행 령	시 행 규 칙
	제2항에 따른 혁신도전형 연구개발사업군에 속하는 국가연구개발사업의 추진에 필요한 연구시설 · 장비로서 과학기술정보통신부장관이 정하여 고시하는 기준에 적합한 연구시설 · 장비를 제조하게 하거나 구매 또는 임차하는 경우 <신설 2024.12.24> ② 각 중앙관서의 장 또는 계약담당공무원은 제1항제3호 각 목의 제품을 제조하게 하거나 구매 또는 임차하는 경우에는 주무부장관(주무부장관으로부터 위임받은 자를 포함한다)의 해당 물품에 대한 인증 또는 지정 등이 유효한 기간(유효한 기간이 연장된 경우에는 연장된 기간까지 포함한다. 이하 이 항에서 같다)의 범위에서 수의계약을 체결할 수 있다. 다만, 해당 물품에 대한 인증 또는 지정 등이 유효한 기간이 6년을 넘는 경우에는 6년까지만 수의계약을 체결할 수 있다. <신설 2010.7.21, 2020.9.29, 2024.12.24>	

③ 각 중앙관서의 장 또는 계약담당공무원은 제1항제4호에 따라 수의계약에 의하는 경우에는 다음 각 호의 사항을 확인하여야 한다. <신설 2006.5.25, 2010.7.21, 2019.9.17>

1. 수의계약 대상자의 자격요건
2. 수의계약의 대상물품의 직접생산여부

④ 각 중앙관서의 장 또는 계약담당공무원은 수의계약 대상자를 감독하는 주무부처의 장에게 제3항 각 호의 사항의 확인에 필요한 협조를 요청할 수 있다. <신설 2006.5.25, 2010.7.21, 2015.12.31>

⑤ 계약담당공무원은 제1항제1호다목·라목, 같은 항 제2호, 제4호나목·다목 및 제5호다목·마목에 따라 수의계약을 체결한 때에는 그 내용을 소속중앙관서의 장에게 보고해야 하며, 각 중앙관서의 장은 보고받은 사항 중 제1항제2호에 따른 계약에 대해서는 이를 감사원에 통지해야 한다. <개정 1996.12.31, 1998.2.2, 2006.5.25, 2010.7.21, 2019.9.17>

⑥ 삭제 <2021.7.6>

국가를 당사자로 하는 계약에 관한 법률	시 행 령	시 행 규 칙
제27조(부정당업자의 입찰 참가자격 제한 등) ① 각 중앙관서의 장은 다음 각 호의 어느 하나에 해당하는 자(이하 "부정당업자"라 한다)에게는 2년 이내의 범위에서 대통령령으로 정하는 바에 따라 입찰 참가자격을 제한하여야 하며, 그 제한사실을 즉시 다른 중앙관서의 장에게 통보하여야 한다. 이 경우 통보를 받은 다른 중앙관서의 장은 대통령령으로 정하는 바에 따라 해당 부정당업자의 입찰 참가자격을 제한하여야 한다. <개정 2012.12.18, 2016.3.2, 2017.7.26, 2020.6.9, 2020.10.20, 2021.1.5, 2023.3.28, 2023.7.18> 1. 계약을 이행할 때에 부실·조잡 또는 부당하게 하거나 부정한 행위를 한 자 2. 경쟁입찰, 계약 체결 또는 이행 과정에서 입찰자 또는 계약상대자 간에 서로 상의하여 미리 입찰가격, 수주 물량 또는 계약의 내용 등을 협정하였거나 특정인의 낙찰 또는 납품대상자 선정을 위하여 담합	**제27조(재공고입찰과 수의계약)** ① 경쟁입찰을 실시한 결과 다음 각호의 1에 해당하는 경우에는 수의계약에 의할 수 있다. 1. 제10조의 규정에 의하여 경쟁입찰을 실시하였으나 입찰자가 1인뿐인 경우로서 제20조제2항의 규정에 의하여 재공고입찰을 실시하더라도 제12조의 규정에 의한 입찰참가자격을 갖춘 자가 1인밖에 없음이 명백하다고 인정되는 경우 2. 제20조제2항의 규정에 의하여 재공고입찰에 부친 경우로서 입찰자 또는 낙찰자가 없는 경우 ② 제1항의 규정에 의한 수의계약의 경우 보증금과 기한을 제외하고는 최초의 입찰에 부칠 때에 정한 가격 및 기타 조건을 변경할 수 없다. 다만, 제79조제1항제5호에 따른 일괄입찰로 발주하는 공사에 대해 경쟁입찰을 한 후 물가변동으로 인해 각 중앙관서의 장이 「국가재정법」 제50조제5항에 따른 총사업비 관리에 관	**제27조(지명경쟁입찰의 지명기준)** 각 중앙관서의 장 또는 계약담당공무원은 영 제23조제1항제1호 내지 제3호·제6호 또는 제9호에 따라 지명경쟁입찰에 참가할 자를 지명하는 경우에는 다음 각 호의 기준에 의하여 지명하되, 경쟁원리가 적정하게 이루어지도록 하여야 한다. <개정 1998.2.23, 1999.9.9, 2005.9.8, 2006.5.25> 1. 공사 가. 시공능력을 기준으로 지명하는 경우에는 제25조제2항제2호의 규정을 준용하여 지명할 것 나. 신용과 실적 및 경영상태를 기준으로 업체를 지명하되 특수한 기술의 보유가 필요한 경우에는 이를 보유한 자를 지명할 것 다. 삭제 <1999.9.9> 2. 물품의 제조·구매, 수리·가공 등 계약의 성질 또는 목적에 비추어 특수

한 자 3. 「건설산업기본법」, 「전기공사업법」, 「정보통신공사업법」, 「소프트웨어 진흥법」 및 그 밖의 다른 법률에 따른 하도급에 관한 제한규정을 위반(하도급통지의무위반의 경우는 제외한다)하여 하도급한 자 및 발주관서의 승인 없이 하도급을 하거나 발주관서의 승인을 얻은 하도급조건을 변경한 자 4. 사기, 그 밖의 부정한 행위로 입찰·낙찰 또는 계약의 체결·이행 과정에서 국가에 손해를 끼친 자 5. 「독점규제 및 공정거래에 관한 법률」 또는 「하도급거래 공정화에 관한 법률」을 위반하여 공정거래위원회로부터 입찰참가자격 제한의 요청이 있는 자 6. 「대·중소기업 상생협력 촉진에 관한 법률」 제28의2제2항에 따라 중소벤처기업부장관으로부터 입찰참가자격 제한의 요청이 있는 자 7. 입찰·낙찰 또는 계약의 체결·이행과	한 지침에 따라 해당 공사의 총사업비를 조정한 경우에는 최초의 입찰에 부칠 때에 정한 가격을 변경할 수 있다. <개정 2025.4.22> ③ 제1항제1호에도 불구하고 「재난 및 안전관리 기본법」 제3조제1호의 재난이나 경기침체, 대량실업 등으로 인한 국가의 경제위기를 극복하기 위해 재정경제부장관이 기간을 정하여 고시한 경우에는 제10조에 따라 경쟁입찰을 실시했으나 입찰자가 1인뿐인 경우 제20조제2항에 따른 재공고입찰을 실시하지 않더라도 수의계약을 할 수 있다. <개정 2020.5.1, 2025.12.30> [전문개정 1998.2.2]	한 기술, 기계·기구, 생산설비 등을 보유하고 있는 자로 하여금 행하게 할 필요가 있는 경우에는 그 기술, 기계·기구, 생산설비 등을 보유한 자를 지명할 것

국가를 당사자로 하는 계약에 관한 법률	시 행 령	시 행 규 칙
관련하여 관계 공무원(제29조제1항에 따른 국가계약분쟁조정위원회, 「건설기술 진흥법」에 따른 중앙건설기술심의위원회 · 특별건설기술심의위원회 및 기술자문위원회, 그 밖에 대통령령으로 정하는 위원회의 위원을 포함한다)에게 뇌물을 준 자 <개정 2023.7.18> 8. 계약을 이행할 때에 「산업안전보건법」에 따른 안전 · 보건 조치 규정을 위반하여 근로자에게 대통령령으로 정하는 기준에 따른 사망 등 중대한 위해를 가한 자 9. 그 밖에 다음 각 목의 어느 하나에 해당하는 자로서 대통령령으로 정하는 자 가. 입찰 · 계약 관련 서류를 위조 또는 변조하거나 입찰 · 계약을 방해하는 등 경쟁의 공정한 집행을 저해할 염려가 있는 자 나. 정당한 이유 없이 계약의 체결 또는 이행 관련 행위를 하지 아니하거나 방해하는 등 계약의 적정한 이행을 해칠 염려가 있		

는 자

다. 다른 법령을 위반하는 등 입찰에 참가시키는 것이 적합하지 아니하다고 인정되는 자

② 각 중앙관서의 장은 제1항제2호 또는 제5호에 따라 입찰 참가자격을 제한받은 부정당업자가 「독점규제 및 공정거래에 관한 법률」 제44조에 따라 부당한 공동행위를 한 사실의 자진신고 등을 통하여 시정조치나 과징금을 감경 또는 면제받은 경우에는 대통령령으로 정하는 바에 따라 제1항에 따른 입찰 참가자격 제한처분을 감경 또는 면제할 수 있다. <신설 2024.3.26>

③ 각 중앙관서의 장 또는 계약담당공무원은 제1항에 따라 입찰 참가자격을 제한받은 자와 수의계약을 체결하여서는 아니 된다. 다만, 제1항에 따라 입찰 참가자격을 제한받은 자 외에는 적합한 시공자, 제조자가 존재하지 아니하는 등 부득이 한 사유가 있는 경우에는 그러하지 아니 하다. <개정 2012.12.18>

국가를 당사자로 하는 계약에 관한 법률	시 행 령	시 행 규 칙
④ 제1항에도 불구하고 각 중앙관서의 장은 제1항 각 호의 행위가 종료된 때(제5호 및 제6호의 경우에는 중소벤처기업부장관 또는 공정거래위원회로부터 요청이 있었던 때)부터 5년이 지난 경우에는 입찰 참가자격을 제한할 수 없다. 다만, 제2호 및 제7호의 행위에 대하여는 위반행위 종료일부터 7년으로 한다. <신설 2016.3.2, 2017.7.26, 2020.6.9> ⑤ 각 중앙관서의 장은 제1항에 따라 입찰 참가자격을 제한할 경우, 그 제한내용을 대통령령으로 정하는 바에 따라 공개하여야 한다. <신설 2016.3.2> [제목개정 2012.12.18, 2016.3.2] **제27조의2(과징금)** ① 각 중앙관서의 장은 제27조제1항에 따라 부정당업자에게 입찰 참가자격을 제한하여야 하는 경우로서 다음 각 호의 어느 하나에 해당하는 경우에는 입찰 참가자격 제한을 갈음하여 다음 각 호의 구분에 따른 금액 이하의 과징		

금을 부과할 수 있다. 1. 부정당업자의 위반행위가 예견할 수 없음이 명백한 경제여건 변화에 기인하는 등 부정당업자의 책임이 경미한 경우로서 대통령령으로 정하는 경우: 위반행위와 관련된 계약의 계약금액(계약을 체결하지 아니한 경우에는 추정가격을 말한다)의 100분의 10에 해당하는 금액 2. 입찰 참가자격 제한으로 유효한 경쟁입찰이 명백히 성립되지 아니하는 경우로서 대통령령으로 정하는 경우: 위반행위와 관련된 계약의 계약금액(계약을 체결하지 아니한 경우에는 추정가격을 말한다)의 100분의 30에 해당하는 금액 ② 삭제 <2023.7.18> ③ 제1항에 따른 과징금의 금액과 그 밖에 필요한 사항은 대통령령으로 정한다. ④ 각 중앙관서의 장은 제1항에 따라 과징금을 부과받은 자가 납부기한까지 내지 아니하면 국세 체납처분의 예에 따라 징수한다. [본조신설 2012.12.18]		

국가를 당사자로 하는 계약에 관한 법률	시 행 령	시 행 규 칙
제27조의3(과징금부과심의위원회) 삭제 <2023.7.18> **제27조의4(하도급대금 직불조건부 입찰참가)** ① 각 중앙관서의 장은 계약상대자가 「건설산업기본법」 제34조제1항 또는 「하도급거래 공정화에 관한 법률」 제13조제1항이나 제3항을 위반한 사실을 확인한 때에는 해당 계약상대자 및 위반행위를 다른 중앙관서의 장에게 지체 없이 통보하여야 한다. ② 제1항의 통보가 있는 때에는 각 중앙관서의 장 또는 계약담당공무원은 같은 항의 계약상대자가 통보일부터 1년 이내에 입찰공고일이 도래하는 입찰에 참가하고자 하는 경우 계약상대자가 제15조제1항에 따른 대가 지급 시 하도급대금은 발주기관이 하수급인에게 직접 지급하는 것에 합의한다는 내용의 확약서를 제출하는 경우에 한정하여 입찰참가를 허		

용하여야 한다. [본조신설 2012.12.18] **제27조의5(조세포탈 등을 한 자의 입찰 참가자격 제한)** ① 각 중앙관서의 장은 대통령령으로 정하는 조세포탈 등을 한 자로서 유죄판결이 확정된 날부터 2년이 지나지 아니한 자에 대하여 입찰 참가자격을 제한하여야 한다. ② 제1항에 따라 입찰 참가자격을 제한받은 자와의 수의계약 체결에 관하여는 제27조제3항을 준용한다. [본조신설 2013.8.13]		
제28조(이의신청) ① 대통령령으로 정하는 금액(국제입찰의 경우 제4조에 따른다) 이상의 정부조달계약 과정에서 해당 중앙관서의 장 또는 계약담당공무원의 다음 각 호의 어느 하나에 해당하는 행위로 불이익을 받은 자는 그 행위를 취소하거나 시정(是正)하기 위한 이의신청을 할 수 있다. <개정 2019.11.26>	**제28조(낙찰자가 계약을 체결하지 아니할 때의 수의계약)** ① 낙찰자가 계약을 체결하지 아니할 때에는 그 낙찰금액보다 불리하지 아니한 금액의 범위안에서 수의계약에 의할 수 있다. 다만, 기한을 제외하고는 최초의 입찰에 부칠 때 정한 가격 및 기타 조건을 변경할 수 없다. ② 제1항의 규정은 낙찰자가 계약체결후	**제28조** 삭제 <1999.9.9>

국가를 당사자로 하는 계약에 관한 법률	시 행 령	시 행 규 칙
1. 제4조제1항의 국제입찰에 따른 정부조달계약의 범위와 관련된 사항 1의2. 제5조제3항에 따른 부당한 특약등과 관련된 사항 2. 제7조에 따른 입찰 참가자격과 관련된 사항 3. 제8조에 따른 입찰 공고 등과 관련된 사항 4. 제10조제2항에 따른 낙찰자 결정과 관련된 사항 5. 그 밖에 대통령령으로 정하는 사항 ② 이의신청은 이의신청의 원인이 되는 행위가 있었던 날부터 20일 이내 또는 그 행위가 있음을 안 날부터 15일 이내에 해당 중앙관서의 장에게 하여야 한다. <개정 2020.3.31> ③ 해당 중앙관서의 장은 이의신청을 받은 날부터 15일 이내에 심사하여 시정 등 필요한 조치를 하고 그 결과를 신청인에게 통지하여야 한다. <개정 2020.3.31>	소정의 기일내에 계약의 이행에 착수하지 아니하거나, 계약이행에 착수한 후 계약상의 의무를 이행하지 아니하여 계약을 해제 또는 해지한 경우에 이를 준용한다. <개정 1996.12.31>	

④ 제3항에 따른 조치에 이의가 있는 자는 통지를 받은 날부터 20일 이내에 제29조에 따른 국가계약분쟁조정위원회에 조정(調停)을 위한 재심(再審)을 청구할 수 있다. <개정 2020.3.31>

[전문개정 2012.12.18]

제28조의2(분쟁해결방법의 합의) ① 각 중앙관서의 장 또는 계약담당공무원은 국가를 당사자로 하는 계약에서 발생하는 분쟁을 효율적으로 해결하기 위하여 계약을 체결하는 때에 계약당사자 간 분쟁의 해결방법을 정할 수 있다.

② 제1항에 따른 분쟁의 해결방법은 다음 각 호의 어느 하나 중 계약당사자 간 합의로 정한다.

1. 제29조에 따른 국가계약분쟁조정위원회의 조정
2. 「중재법」에 따른 중재

[본조신설 2017.12.19]

국가를 당사자로 하는 계약에 관한 법률	시 행 령	시 행 규 칙
제29조(국가계약분쟁조정위원회) ① 국가를 당사자로 하는 계약에서 발생하는 분쟁을 심사·조정하게 하기 위하여 재정경제부에 국가계약분쟁조정위원회(이하 "위원회"라 한다)를 둔다. <개정 2017.12.19, 2025.10.1> ② 위원회는 위원장 1명을 포함하여 15명 이내의 위원으로 구성한다. <개정 2016.3.2> ③ 위원회의 위원장은 재정경제부장관이 지명하는 고위공무원단에 속하는 공무원이 되고, 위원은 대통령령으로 정하는 중앙행정기관 소속 공무원으로서 해당 기관의 장이 지명하는 사람과 다음 각 호의 어느 하나에 해당하는 사람 중 성별을 고려하여 재정경제부장관이 위촉하는 사람이 된다. <신설 2016.3.2, 2025.10.1> 1. 「고등교육법」에 따른 대학에서 법학·재정학·무역학 또는 회계학의 부교수 이상의 직에 5년 이상 근무한 경	**제29조(분할수의계약)** 제26조제1항제5호라목, 제27조 및 제28조의 경우에 있어서는 예정가격 또는 낙찰금액을 분할하여 계산할 수 있는 경우에 한하여 그 가격 또는 금액보다 불리하지 아니한 금액의 범위안에서 수인에게 분할하여 계약을 할 수 있다. <개정 2010.7.21>	**제29조(지명경쟁계약의 보고서류등)** ① 계약담당공무원은 영 제23조제2항에 따라 지명경쟁입찰에 의한 계약(이하 "지명경쟁계약"이라 한다)을 보고하고자 할 때에는 제49조제1항 또는 제3항에 따른 계약서(해당계약서에 첨부하여야 하는 서류를 포함한다. 이하 이 조에서 같다)의 사본과 다음 각 호의 사항을 명백히 한 서류를 그 소속 중앙관서의 장에게 제출하여야 한다. <개정 1998.2.23, 2006.5.25> 1. 계약의 목적 2. 예산과목 3. 적용법령조문 및 구체적인 적용사유 4. 삭제 <2006.5.25> 5. 삭제 <2006.5.25> 6. 기타 참고사항 ② 각 중앙관서의 장은 영 제23조제2항에 따라 감사원에 지명경쟁계약의 내용을 통지하는 때에는 제1항에 따른 계약서

력이 있는 사람 2. 변호사의 자격을 가진 사람으로서 그 자격과 관련된 업무에 5년 이상 재직 중이거나 재직한 사람 3. 정부의 회계 및 조달계약 업무에 관한 학식과 경험이 풍부한 사람으로서 제1호 또는 제2호의 기준에 상당하다고 인정되는 사람 ④ 제3항 각 호의 위촉위원의 임기는 2년으로 하되, 연임할 수 있다. <신설 2016.3.2> ⑤ 제3항 각 호의 위촉위원의 사임 등으로 인하여 새로 위촉된 위원의 임기는 전임위원 임기의 남은 기간으로 한다. <신설 2016.3.2> ⑥ 제3항 각 호의 위촉위원은 금고 이상의 형의 선고를 받거나 장기간의 심신쇠약으로 직무를 수행할 수 없게 된 때를 제외하고는 임기 중 그 의사에 반하여 해촉되지 아니한다. <신설 2016.3.2> ⑦ 위원회의 위원은 그 위원과 직접 이해관		의 사본 및 서류를 함께 제출하여야 한다. <개정 2006.5.25> ③ 각 중앙관서의 장 또는 계약담당공무원은 지명경쟁입찰참가자로 지명된 자로부터 제27조의 규정에 의한 지명기준에 적합함을 증명하는 서류를 제출받아 이를 비치하여야 한다. [제목개정 1998.2.23]

국가를 당사자로 하는 계약에 관한 법률	시 행 령	시 행 규 칙
계가 있는 안건의 심사·조정에 참여할 수 없다. <신설 2016.3.2> ⑧ 제2항부터 제7항까지에서 규정한 사항 외에 위원회의 운영 및 심사·조정 절차와 그 밖에 필요한 사항은 대통령령으로 정한다. <신설 2016.3.2> [전문개정 2012.12.18] [제목개정 2016.3.2][시행일: 2026.1.2 제29조]		
제30조(계약절차의 중지) ① 위원회는 심사·조정을 시작하는 경우 청구인과 해당 중앙관서의 장에게 그 사실을 통지하여야 한다. <개정 2020.6.9> ② 위원회는 해당 중앙관서의 장의 의견을 고려하여 필요하다고 인정하면 조정이 완료될 때까지 해당 입찰 절차를 연기하거나 계약체결을 중지할 것을 명할 수 있다. [전문개정 2012.12.18]	**제30조(견적에 의한 가격결정 등)** ① 각 중앙관서의 장 또는 계약담당공무원은 수의계약을 체결하려는 경우에는 2인 이상으로부터 견적서를 받아야 한다. 다만, 다음 각 호의 어느 하나에 해당하는 경우에는 1인으로부터 받은 견적서에 의할 수 있다. <개정 1996.12.31, 2000.12.27, 2006.5.25, 2007.10.10, 2010.7.21, 2013.9.17, 2013.12.30, 2018.12.4, 2020.5.1, 2020.9.29, 2021.7.6, 2024.12.24> 1. 제26조제1항제1호가목·나목, 같은	**제30조(지명경쟁입찰 참가자격통지)** 제26조의 규정은 지명경쟁입찰의 참가적격자에 대한 입찰참가통지에 관하여 이를 준용한다.

	항 제2호, 같은 항 제5호가목7), 같은 호 마목·사목·아목, 제27조 및 제28조에 따른 계약의 경우 2. 추정가격이 2천만원 이하인 경우. 다만, 제26조제1항제5호가목5)가)부터 다)까지의 어느 하나에 해당하는 자와 계약을 체결하는 경우에는 5천만원 이하인 경우로 한다. <개정 2021.7.6> 3. 제2항 본문에 따라 전자조달시스템을 이용하여 견적서를 제출받았으나 견적서 제출자가 1인뿐인 경우로서 다시 견적서를 제출받더라도 견적서 제출자가 1인밖에 없을 것으로 명백히 예상되는 경우 ② 각 중앙관서의 장 또는 계약담당공무원은 제26조제1항제5호가목에 따른 수의계약 중 추정가격이 2천만원[같은 조 제1항제5호가목5)가)부터 다)까지의 어느 하나에 해당하는 자와 계약을 체결하는 경우에는 5천만원]을 초과하는 수의계약의 경우에는 전자조달시스템을 이용	

국가를 당사자로 하는 계약에 관한 법률	시 행 령	시 행 규 칙
	하여 견적서를 제출하도록 해야 한다. 다만, 계약의 목적이나 특성상 전자조달시스템에 의한 견적서제출이 곤란한 경우로서 재정경제부령으로 정하는 경우에는 그렇지 않다. <개정 2006.12.29, 2008.2.29, 2010.7.21, 2013.9.17, 2014.11.4, 2018.12.4, 2020.5.1, 2021.7.6, 2025.12.30> ③ 각 중앙관서의 장 또는 계약담당공무원은 제2항 본문에 따라 전자조달시스템을 이용하여 견적서를 제출하도록 하는 경우 그 견적서의 제출에 관한 사항은 전자조달시스템을 이용하여 안내공고를 하여야 한다. <신설 2006.12.29, 2013. 9.17> ④ 각 중앙관서의 장 또는 계약담당공무원은 제2항에 따른 수의계약을 할 경우 계약이행의 용이성 및 효율성 등을 고려하여 필요하다고 인정되는 경우에는 견적서를 제출할 수 있는 자를 재정경제부령으로 정하는 바에 따라 법인등기부상 본점소재지를 기준으로 하여 제한할 수 있다.	

	이 경우 제3항에 따른 안내공고에 그 제한사항과 제한기준을 명시하여야 한다. <신설 2006.12.29, 2008.2.29, 2016.9.2, 2025.12.30> ⑤ 재정경제부장관은 제2항에 따른 전자조달시스템을 이용한 견적서의 제출과 관련한 기준 및 세부절차, 제3항에 따른 안내공고의 시기 및 기간 등에 관하여 필요한 사항을 정할 수 있다. <신설 2006.12.29, 2008.2.29, 2013.9.17, 2025.12.30> ⑥ 제1항 또는 제2항에 따라 제출받은 견적서에 기재된 견적가격이 예정가격(제7조의2제2항에 따라 예정가격작성을 생략한 경우에는 추정가격에 부가가치세를 포함한 금액을 말한다)의 범위에 포함되지 아니하는 경우 등 계약상대자를 결정할 수 없는 때에는 다시 견적서를 제출받아 계약금액을 결정하여야 한다. <신설 2000.12.27, 2006.12.29, 2007.10.10>	

국가를 당사자로 하는 계약에 관한 법률	시 행 령	시 행 규 칙
	⑦ 제1항 · 제2항 및 제6항에도 불구하고 재정경제부령으로 정하는 경우에는 견적서제출을 생략하게 할 수 있다. <개정 1999.9.9, 2000.12.27, 2005.9.8, 2006.12.29, 2008.2.29, 2016.9.2, 2025.12.30>	
제31조(심사 · 조정) ① 위원회는 특별한 사유가 없으면 심사 · 조정청구를 받은 날부터 50일 이내에 심사 · 조정하여야 한다. <개정 2017.12.19> ② 위원회는 심사 · 조정의 완료 전에 청구인 및 해당 중앙관서의 장과 그 대리인에게 의견을 진술할 기회를 주어야 하며, 필요한 경우에는 청구인 및 해당 중앙관서의 장과 그 대리인, 증인 또는 관계 전문가로 하여금 위원회에 출석하게 하여 그 의견을 들을 수 있다. <신설 2020.3.31> ③ 제1항에 따른 조정은 청구인과 해당 중앙관서의 장이 조정이 완료된 후 15일	**제31조(계속공사에 대한 수의계약시의 계약금액)** 계속공사(제26조제1항제2호가목부터 다목까지의 규정에 따라 직전 또는 현재의 시공자와 수의계약을 체결할 수 있는 공사를 말한다)에 있어서 해당 공사 이후의 계약금액은 예정가격에 제1차공사의 낙찰률(예정가격에 대한 낙찰금액 또는 계약금액의 비율을 말한다)을 곱한 금액이하로 해야 한다. 다만, 재정경제부장관이 정하는 경우에는 그렇지 않다. <개정 1999.9.9, 2008.2.29, 2019.9.17, 2025.12.30>	**제31조** 삭제 <2010.7.21>

이내에 이의를 제기하지 아니한 경우에는 재판상 화해(和解)와 같은 효력을 갖는다. <개정 2020.3.31> [전문개정 2012.12.18]		
제32조(계약담당공무원의 교육) 정부는 계약담당공무원의 자질향상을 위하여 교육을 할 수 있다. [전문개정 2012.12.18]	**제32조(경쟁계약에 관한 규정의 준용)** 수의계약의 체결에 관하여는 제12조제1항 및 제3항부터 제6항까지의 규정을 준용한다. <개정 2013.12.30> [전문개정 2007.10.10]	**제32조(재공고입찰등에 의한 수의 계약시 계약상대자 결정)** 각 중앙관서의 장 또는 계약담당공무원은 영 제27조제1항제2호의 규정에 의하여 수의 계약을 체결하고자 할 때에는 국가에 가장 유리한 가격을 제시한 자를 계약상대자로 결정하여야 한다. <개정 1998.2.23>
	제4장 입찰 및 낙찰절차	
제33조(계약실적보고서의 제출) 각 중앙관서의 장은 대통령령으로 정하는 바에 따라 계약실적보고서를 재정경제부장관에게 제출하여야 한다. <개정 2025.10.1> [전문개정 2012.12.18] [시행일 : 2026.1.2 제33조]	**제33조(입찰공고)** ① 입찰방법에 의하여 경쟁에 부치고자 할 때에는 이 영에 특별한 규정이 있는 경우를 제외하고는 전자조달시스템을 이용하여 공고하여야 한다. 다만, 필요한 경우 일간신문 등에 게재하는 방법을 병행할 수 있다. <개정 1999.9.9, 2002.7.30, 2013.9.17>	**제33조(견적에 의한 가격결정 등)** ① 영 제30조제2항 단서에서 "전자조달시스템에 의한 견적서제출이 곤란한 경우로서 재정경제부령이 정하는 경우"란 다음 각 호의 어느 하나에 해당하는 경우를 말한다. <신설 2006.12.29, 2009.3.5, 2013. 9.17, 2026.1.2> 1. 전문적인 학술연구용역의 경우

국가를 당사자로 하는 계약에 관한 법률	시 행 령	시 행 규 칙
	② 각 중앙관서의 장 또는 계약담당공무원은 제1항에 따른 입찰공고 중 내용의 오류나 법령위반사항이 발견되어 공고사항의 정정이 필요한 경우에는 남은 공고기간에 5일 이상을 더하여 공고하여야 한다. <신설 2007.10.10>	2. 농·수산물 및 음식물(그 재료를 포함한다)의 구입 등 신선도와 품질을 우선적으로 고려하여야 하는 경우 3. 그 밖에 계약의 목적이나 특성상 전자조달시스템에 의한 견적서제출이 곤란한 경우로서 재정경제부장관이 정하는 경우 ② 각 중앙관서의 장 또는 계약담당공무원이 영 제30조제4항에 따라 법인등기부상 본점소재지를 기준으로 견적서제출을 제한하는 경우에는 법인등기부상 본점소재지가 해당공사의 현장, 물품의 납품지 등이 소재하는 특별시·광역시·특별자치시·도 또는 특별자치도의 관할구역 안에 있는 자로 제한하여야 한다. 다만, 공사의 현장, 물품의 납품지 등이 소재하는 시(행정시를 포함한다. 이하 이항에서 같다)·군(도의 관할구역 안에 있는 군을 말한다. 이하 이 항에서 같다)에 해당계약의 이행에 필요한 자격

		을 갖춘 자가 5인 이상인 경우에는 그 시·군의 관할구역 안에 있는 자로 제한할 수 있다. <신설 2006.12.29, 2012.5.18, 2016.9.23> ③ 영 제30조제7항에서 "재정경제부령이 정하는 경우"란 다음 각 호의 경우를 말한다. <개정 1999.9.9, 2000.12.30, 2005.9.8, 2006.12.29, 2009.3.5, 2025.5.1, 2026.1.2 > 1. 전기·가스·수도등의 공급계약 2. 추정가격이 200만원 미만인 물품의 제조·구매·임차 및 용역계약 [제목개정 2006.12.29]
제34조(계약에 관한 법령의 협의) 각 중앙관서의 장은 계약에 관한 법령을 입안할 때에는 재정경제부장관과 미리 협의하여야 한다. <개정 2025.10.1> [전문개정 2012.12.18] [시행일 : 2026.1.2 제34조]	**제34조(입찰참가의 통지)** 각 중앙관서의 장 또는 계약담당공무원은 국가의 보안유지를 위하여 필요한 때에는 제33조의 규정에 불구하고 재정경제부령이 정하는 바에 의하여 당해 입찰참가적격자에게 제36조의 사항을 통지하여 입찰참가신청을 하게 할 수 있다. 이 경우 통지시기에 관하여는 제35조의 규정을 준용한다. <개정 1999.	**제34조(희망수량경쟁입찰과 수의계약)** 각 중앙관서의 장 또는 계약담당공무원은 희망수량경쟁입찰에 있어서 낙찰자중 계약을 체결하지 아니한 자가 있는 경우에 영 제28조의 규정에 의하여 수의계약에 의할 때에는 물품의 제조나 구매에 있어서는 당해 낙찰자의 낙찰단가 이하로서, 물품의 매각에 있어서는 당해 낙찰자의 낙찰단가

국가를 당사자로 하는 계약에 관한 법률	시 행 령	시 행 규 칙
	9.9, 2008.2.29, 2025.12.30>	이상으로 계약을 체결하여야 한다.
제35조(벌칙 적용에서의 공무원 의제) 다음 각 호의 위원회의 위원 중 공무원이 아닌 위원은 「형법」 제129조부터 제132조까지의 규정을 적용할 때에는 공무원으로 본다. 1. 삭제 <2023.7.18> 2. 제29조에 따른 국가계약분쟁조정위원회 3. 입찰·낙찰 또는 계약의 체결·이행에 관한 사전심사 및 자문 업무를 수행하는 대통령령으로 정하는 위원회 [본조신설 2014.12.30]	**제35조(입찰공고의 시기)** ① 입찰공고는 입찰서 제출마감일의 전일부터 기산하여 7일전에 이를 행하여야 한다. <개정 1996.12.31, 2006.5.25> ② 공사입찰의 경우로서 제14조의2제1항에 따른 현장설명을 실시하는 경우에는 현장설명일의 전일부터 기산하여 7일전에 공고해야 한다. 다만, 제13조에 따라 입찰참가자격을 사전에 심사하려는 공사입찰의 경우에는 현장설명일 전일부터 기산하여 30일전에 공고해야 한다. <신설 1996.12.31, 2006.5.25, 2010.7.21, 2021.7.6> ③ 공사입찰의 경우로서 현장설명을 실시하지 아니하는 때에는 입찰서 제출마감일의 전일부터 기산하여 다음 각 호에서 정한 기간 전에 공고하여야 한다. <개정 2006.5.25>	**제35조(수의계약의 보고서류등)** ① 계약담당공무원은 영 제26조제5항에 따라 수의계약을 보고하고자 할 때에는 제49조제1항 또는 제3항에 따른 계약서(해당계약서에 첨부하여야 하는 서류를 포함한다. 이하 이 조에서 같다)의 사본과 다음 각 호의 사항을 명백히 한 서류를 그 소속중앙관서의 장에게 제출하여야 한다. <개정 1998.2.23, 2006.5.25, 2010.7.21> 1. 계약의 목적 2. 예산과목 3. 적용법령조문 및 구체적인 적용사유 4. 삭제 <2006.5.25> 5. 삭제 <2006.5.25> 6. 삭제 <2006.5.25> 7. 기타 참고사항 ② 각 중앙관서의 장은 영 제26조제5항에 따라 감사원에 수의계약의 내용을 통지

	1. 추정가격이 10억원 미만인 경우 7일 2. 추정가격이 10억원 이상 50억원 미만인 경우 15일 3. 추정가격이 50억원 이상인 경우 40일 ④ 제1항부터 제3항까지의 규정에도 불구하고 다음 각 호의 어느 하나에 해당하는 경우에는 입찰서 제출마감일의 전날부터 기산하여 5일 전까지 공고할 수 있다. <개정 2015.6.22, 2020.5.1> 1. 제20조제2항에 따른 재공고입찰의 경우 1의2. 국가의 재정정책상 예산의 조기집행을 위해 필요한 경우 2. 다른 국가사업과 연계되어 일정조정을 위하여 불가피한 경우 3. 긴급한 행사 또는 긴급한 재해예방·복구 등을 위하여 필요한 경우 4. 그 밖에 제2호 및 제3호에 준하는 경우 ⑤ 제43조에 따른 협상에 의한 계약 또는 제43조의3에 따른 경쟁적 대화에 의한 계약의 경우에는 제1항 및 제4항에도 불	하는 때에는 제1항에 따른 계약서의 사본 및 서류를 함께 제출하여야 한다. <개정 2006.5.25, 2010.7.21> [제목개정 1998.2.23]

국가를 당사자로 하는 계약에 관한 법률	시 행 령	시 행 규 칙
	구하고 제안서 제출마감일의 전날부터 기산하여 40일 전에 공고하여야 한다. 다만, 다음 각 호의 어느 하나에 해당하는 경우에는 제안서 제출마감일의 전날부터 기산하여 10일 전까지 공고할 수 있다. <신설 2006.5.25, 2015.6.22, 2018.12.4> 1. 제4항 각 호의 어느 하나에 해당하는 경우 2. 추정가격이 고시금액 미만인 경우 3. 삭제 <2015.6.22>	
	제36조(입찰공고의 내용) 입찰공고에는 다음 각 호의 사항을 명시해야 한다. <개정 1999.9.9, 2002.3.25, 2002.7.30, 2006.5.25, 2011.12.31, 2013.9.17, 2016.9.2, 2018.12.4, 2019.9.17, 2025.12.30> 1. 입찰에 부치는 사항 2. 입찰 또는 개찰의 장소와 일시 3. 공사입찰의 경우에는 현장설명의 장소	**제36조(수의계약 적용사유에 대한 근거서류)** 각 중앙관서의 장 또는 계약담당공무원은 영 제26조제1항제1호가목·다목, 제2호, 제3호가목부터 마목까지, 제4호가목부터 라목까지 또는 제5호다목·라목에 따라 수의계약을 체결하려는 경우에는 그 적용사유에 해당되는지의 여부를 입증할 근거서류를 비치하여야 한다.

	· 일시 및 참가자격에 관한 사항 3의2. 제43조에 따른 협상에 의한 계약체결의 경우로서 제안요청서에 대한 설명을 실시하는 경우에는 그 장소 및 일시에 관한 사항 4. 입찰참가자의 자격에 관한 사항 4의2. 입찰참가등록 및 입찰관련서류에 관한 사항 5. 입찰보증금과 국고귀속에 관한 사항 6. 낙찰자결정방법(제42조제1항 또는 제4항에 따라 낙찰자를 결정하는 경우에는 낙찰자결정에 필요한 서류의 제출일 및 낙찰자통보예정일을 포함한다) 7. 계약의 착수일 및 완료일 8. 계약하고자 하는 조건을 공시하는 장소 9. 제39조제4항의 규정에 의한 입찰무효에 관한 사항 10. 입찰에 관한 서류의 열람·교부장소 및 교부비용 11. 추가정보를 입수할 수 있는 기관의 주소 등	[전문개정 2010.7.21]

국가를 당사자로 하는 계약에 관한 법률	시 행 령	시 행 규 칙
	12. 제39조제1항에 따라 전자조달시스템 또는 각 중앙관서의 장이 지정·고시한 정보처리장치를 이용하여 입찰서를 제출하게 하는 경우에는 그 절차 및 방법 12의2. 제39조제2항에 따라 입찰서를 우편으로 제출하게 하는 경우에는 그 취지와 입찰서를 송부할 주소 13. 제72조의 규정에 의한 공동계약을 허용하는 경우에는 공동계약이 가능하다는 뜻(제72조제3항 및 제4항의 규정에 의한 공동계약인 경우에는 공동수급체 구성원의 자격제한사항을 포함한다)과 공동계약의 이행방식 14. 제19조의 규정에 의한 부대입찰의 경우에는 그 취지 15. 제78조의 규정에 의한 입찰의 경우에는 대안입찰 또는 일괄입찰등에 관한 사항 15의2. 입찰 관련 비리 또는 불공정행위	

	의 신고에 관한 사항 16. 제9조제1항제2호에 따른 예정가격 결정과 관련하여 계약의 목적이 되는 물품·공사·용역등을 구성하는 재료비·노무비·경비의 책정기준, 일반관리비율 및 이윤율 등 재정경제부장관이 정하는 기준 및 비율 17. 기타 입찰에 관하여 필요한 사항 [전문개정 1996.12.31] [대통령령 제17546호(2002.3.25) 부칙 제2항의 규정에 의하여 이 조 제14호는 2003년 12월 31일까지 유효함]	
	제37조(입찰보증금) ① 법 제9조에 따른 입찰보증금은 입찰금액(단가에 대해 실시하는 입찰인 경우에는 그 단가에 매회별 이행예정량 중 최대량을 곱한 금액. 이하 이 항에서 같다)의 100분의 5 이상으로 해야 한다. 다만, 「재난 및 안전관리 기본법」 제3조제1호의 재난이나 경기침체, 대량실업 등으로 인한 국가의 경제위기를 극복하기 위해 재정경제부장관이 기간을	**제37조(경쟁계약에 관한 규정의 준용)** 제14조제1항 및 제2항은 수의계약의 경우에 준용한다. [전문개정 2009.3.5]

국가를 당사자로 하는 계약에 관한 법률	시 행 령	시 행 규 칙
	정하여 고시한 경우에는 입찰보증금을 입찰금액의 1천분의 25 이상으로 할 수 있다. <개정 1996.12.31, 2014.11.4, 2019.9.17, 2020.5.1, 2025.12.30> ② 입찰보증금은 현금(체신관서 또는 「은행법」의 적용을 받는 은행이 발행한 자기앞수표를 포함한다. 이하 같다) 또는 다음 각 호의 보증서등으로 납부하게 해야 한다. <개정 1996.4.8, 1996.12.31, 1997.7.10, 1997.12.31, 1998.2.2, 1999.5.13, 1999.9.9, 2000.8.5, 2002. 4.20, 2002.12.5, 2003.12.11, 2004.12.31, 2005.9.8, 2006.12.29, 2007.10.10, 2008.2.29, 2008.7.29, 2009.6.29, 2010.11.15, 2011.1.17, 2011.1.24, 2011.1.26, 2011.2.9, 2012.5.14, 2013.3.23, 2014.5.22, 2014.11.4, 2016.2.11, 2016.5.31, 2019.9.17, 2020.12.8, 2021.7.6, 2024.5.7, 2024.12.24, 2025.10.1. 2025.12.30>	

	1. 「국가재정법 시행령」 제46조제4항에 따른 금융기관(이하 "금융기관"이라 한다) 및 「은행법」에 따른 외국은행이 발행한 지급보증서 2. 「자본시장과 금융투자업에 관한 법률 시행령」 제192조에 따른 증권 3. 「보험업법」에 따른 보험회사가 발행한 보증보험증권 4. 다음 각 목의 어느 하나에 해당하는 기관이 발행한 채무액 등의 지급을 보증하는 보증서 가. 「건설산업기본법」에 따른 공제조합 나. 「전기공사공제조합법」에 따른 전기공사공제조합 다. 「신용보증기금법」에 따른 신용보증기금 라. 「기술보증기금법」에 따른 기술보증기금 마. 「정보통신공사업법」에 따른 정보통신공제조합	

국가를 당사자로 하는 계약에 관한 법률	시 행 령	시 행 규 칙
	바. 「엔지니어링산업 진흥법」에 따른 엔지니어링공제조합 사. 「산업발전법」에 따른 공제조합 아. 「소프트웨어 진흥법」에 따른 소프트웨어공제조합 자. 「전력기술관리법」에 따른 전력기술인단체(기후에너지환경부장관이 재정경제부장관과 협의하여 고시하는 단체에 한정한다) <개정 2025.10.1, 2025.12.30> 차. 「건설폐기물의 재활용촉진에 관한 법률」에 따른 공제조합 카. 「골재채취법」에 따른 공제조합 타. 「지역신용보증재단법」에 따른 신용보증재단 파. 「관광진흥법」에 따른 한국관광협회중앙회 하. 「방위사업법」 제43조에 따라 보증업무를 수행하는 기관으로 지정 받은 자 거. 「건설기술 진흥법」에 따른 공제조	

	합 너. 「소방산업의 진흥에 관한 법률」에 따른 소방산업공제조합 더. 「국가유산수리 등에 관한 법률」에 따른 국가유산수리협회 러. 「건축사법」에 따른 건축사공제조합 머. 「중소기업협동조합법」에 따른 중소기업중앙회 버. 「콘텐츠산업 진흥법」 제20조의2에 따른 콘텐츠공제조합 서. 「폐기물관리법」 제41조에 따른 폐기물 처리 공제조합 어. 「공간정보산업 진흥법」 제24조에 따른 공간정보산업협회 저. 「한국해양진흥공사법」에 따른 한국해양진흥공사 처. 「조달사업에 관한 법률」 제32조의2에 따른 조달기업공제조합 <신설 2024.12.24> 5. 제1호에 규정된 금융기관 및 외국금융기관과 체신관서가 발행한 정기예금증서	

국가를 당사자로 하는 계약에 관한 법률	시 행 령	시 행 규 칙
	6. 「자본시장과 금융투자업에 관한 법률」에 따라 신탁업자가 발행하는 수익증권 7. 「자본시장과 금융투자업에 관한 법률」에 따라 집합투자업자가 발행하는 수익증권 ③ 법 제9조제1항 단서에 따라 입찰보증금의 전부 또는 일부의 납부를 면제할 수 있는 자는 다음 각 호와 같다. <개정 1996.12.31, 1997.7.10, 1997.12.31, 1998.2.2, 1999.6.30, 2000.12.27, 2004.12.31, 2005.9.8, 2006.4.28, 2006.5.25, 2007.10.10, 2008.2.29, 2009.6.26, 2011.1.26, 2011.2.9, 2015.2.23, 2018.12.4, 2019.9.17, 2021.7.6, 2022.3.25, 2024.5.7, 2025.12.30> 1. 국가기관 및 지방자치단체 2. 「공공기관의 운영에 관한 법률」에 따른 공공기관 3. 국가 또는 지방자치단체가 기본재산의 100분의 50이상을 출연 또는 출자(법	

률의 규정에 의하여 귀속시킨 경우를 포함한다. 이하 같다)한 법인

4. 「농업협동조합법」에 의한 조합·조합공동사업법인 및 그 중앙회(농협경제지주회사 및 그 자회사를 포함한다), 「수산업협동조합법」에 따른 어촌계·수산업협동조합 및 그 중앙회, 「산림조합법」에 따른 산림조합 및 그 중앙회, 「중소기업협동조합법」에 따른 중소기업협동조합 및 그 중앙회

5. 「건설산업기본법」·「전기공사업법」·「정보통신공사업법」·「건설폐기물의 재활용촉진에 관한 법률」·「골재채취법」 또는 「국가유산수리 등에 관한 법률」 등의 법령에 따라 허가·인가·면허를 받았거나 등록·신고 등을 한 자로서 입찰공고일 현재 관련 법령에 따라 사업을 영위하고 있는 자. 다만, 다음 각 목의 어느 하나에 해당하는 자는 제외한다.

가. 입찰공고일 이전 1년 이내에 제76조

국가를 당사자로 하는 계약에 관한 법률	시 행 령	시 행 규 칙
	제2항제2호가목의 사유로 입찰참가자격제한을 받은 자(입찰참가자격 제한 기간 중인 경우를 포함한다) 나. 계약체결을 기피할 우려가 있어 각 중앙관서의 장 또는 계약담당공무원이 입찰공고에 명시한 요건에 해당하는 자 5의2. 「기후위기 대응을 위한 탄소중립·녹색성장 기본법」 제60조제2항에 따라 녹색기술, 같은 법 제66조제4항에 따른 녹색제품 등에 대한 적합성 인증을 받거나 녹색전문기업으로 확인을 받은 자 중 재정경제부장관이 정하는 기준에 해당하는 자 6. 기타 경쟁입찰에서 낙찰자로 결정된 후 계약체결을 기피할 우려가 없다고 인정되는 자 ④ 각 중앙관서의 장 또는 계약담당공무원은 제3항에 따라 입찰보증금의 전부 또는 일부의 납부를 면제받은 자로 하여금 법	

제9조제3항에 따른 국고귀속사유가 발생한 때에는 입찰보증금에 해당하는 금액을 납입할 것을 보장하기 위해 그 지급을 확약하는 내용의 문서를 제출하게 해야 한다. 〈개정 2019.9.17〉

제38조(입찰보증금의 국고귀속) ① 각 중앙관서의 장 또는 계약담당공무원은 제37조제2항의 규정에 의하여 입찰보증금을 보증서등으로 받은 경우 법 제9조제3항의 규정에 의한 입찰보증금의 국고귀속사유가 발생한 때에는 지체없이 그 뜻을 제37조제2항 각호의 해당 금융기관 또는 보증기관과 관계수입징수관 또는 유가증권취급공무원등에게 통지하고 재정경제부령이 정하는 바에 의하여 당해 입찰보증금을 현금으로 징수하게 하거나 정부소유유가증권으로 전환하게 하여야 한다. 〈개정 1999.9.9, 2003.12.11, 2008.2.29, 2025.12.30〉

② 각 중앙관서의 장 또는 계약담당공무원은 법 제9조제1항 단서의 규정에 의하여 입찰보증금의 전부 또는 일부의 납부를

제4장 입찰 및 낙찰절차

제38조 삭제 〈2002.8.24〉

국가를 당사자로 하는 계약에 관한 법률	시 행 령	시 행 규 칙
	면제받은 자에게 법 제9조제3항의 규정에 의한 국고귀속사유가 발생한 때에는 그 뜻과 함께 제37조제4항의 규정에 의하여 지급을 확약한 문서를 갖추어 관계 수입징수관에게 통지하고 당해 낙찰자로부터 입찰보증금에 상당하는 금액을 현금으로 징수하게 하여야 한다. <개정 2003.12.11>	
	제39조(입찰서의 제출 · 접수 및 입찰의 무효) ① 각 중앙관서의 장 또는 계약담당공무원은 입찰자가 입찰서를 제출하는 경우 전자조달시스템을 이용하여 입찰서를 제출하게 하여야 한다. 다만, 미리 재정경제부장관과 협의한 경우에는 전자조달시스템 외에 각 중앙관서의 장이 지정 · 고시한 정보처리장치를 이용하여 입찰서를 제출하게 할 수 있다. <개정 2011.12.31, 2013.9.17, 2025.12.30> ② 각 중앙관서의 장 또는 계약담당공무원	**제39조(입찰참가의 통지 등)** 각 중앙관서의 장 또는 계약담당공무원은 영 제13조 또는 영 제34조의 규정에 의하여 당해입찰참가적격자에게 입찰참가통지를 하는 때에는 별지 제2호서식의 경쟁입찰참가통지서에 의한다.

	은 제1항에도 불구하고 다음 각 호의 어느 하나에 해당하는 경우에는 입찰서를 입찰공고에 명시한 장소와 일시에 직접 또는 우편으로 제출하게 할 수 있다. <개정 2011.12.31, 2013.9.17> 1. 법 제4조에 따른 국제입찰대상 계약인 경우 2. 전자조달시스템을 이용하기 어려운 경우 등 각 중앙관서의 장이 필요하다고 인정하는 경우 ③ 입찰자는 제출한 입찰서를 교환·변경 또는 취소하지 못한다. 다만, 재정경제부장관이 정하는 경우에는 그러하지 아니하다. <개정 1999.9.9, 2008.2.29, 2025.12.30> ④ 제12조 및 제21조의 규정에 의한 경쟁참가의 자격이 없는 자가 행한 입찰 기타 재정경제부령이 정하는 사유에 해당하는 입찰은 무효로 한다. <개정 1998.2.2, 1999.9.9, 2008.2.29, 2025.12.30>	

국가를 당사자로 하는 계약에 관한 법률	시 행 령	시 행 규 칙
	제40조(개찰 및 낙찰선언) ① 각 중앙관서의 장 또는 계약담당공무원은 입찰공고에 표시한 장소와 일시에 입찰자가 참석한 자리에서 개찰하여야 한다. 이 경우 입찰자로서 출석하지 아니한 자가 있는 때에는 입찰사무에 관계없는 공무원으로 하여금 개찰에 참여하게 할 수 있다. ② 각 중앙관서의 장 또는 계약담당공무원은 제출된 입찰서를 확인하고 유효한 입찰서의 입찰금액과 예정가격을 대조하여 적격자를 낙찰자로 결정한 때에는 지체없이 낙찰선언을 하여야 한다. 다만, 제42조제1항에 따라 계약이행능력 및 일자리 창출 실적 등을 심사하여 낙찰자를 결정하거나 제42조제4항에 따라 각 입찰자의 입찰가격, 공사수행능력 및 사회적 책임 등을 종합적으로 심사하여 낙찰자를 결정하는 등 낙찰자결정에 장시간이 소요되는 때에는 그 절차를 거친 후 낙찰선언을 할 수 있다. <개정 2006.5.25,	**제40조(입찰 참가신청)** ① 각 중앙관서의 장 또는 계약담당공무원은 경쟁 입찰에 부치고자 할 때에는 입찰참가신청인으로 하여금 다음 각 호의 서류를 제출하게 하여야 한다. 다만, 제15조의 규정에 의하여 자격등록을 한 자에 대하여는 입찰보증금의 납부로써 다음 각 호의 서류의 제출에 갈음하게 할 수 있다. 1. 별지 제3호서식의 입찰참가신청서 2. 입찰참가자격을 증명하는 서류 3. 기타 입찰공고 또는 지명통지에서 요구한 서류 ② 각 중앙관서의 장 또는 계약담당공무원은 입찰참가신청인이 제1항 각호의 서류를 제출한 때에는 그 서류의 내용을 검토하여 이를 접수하고 필요한 사항에 대하여 사실조사를 할 수 있다. ③ 각 중앙관서의 장 또는 계약담당공무원은 입찰참가신청서류를 접수한 때에는 별지 제4호서식의 입찰참가신청증을 교

	2015.12.31, 2018.12.4> ③ 제39조제1항에 따라 전자조달시스템 또는 각 중앙관서의 장이 지정·고시한 정보처리장치를 이용하여 입찰서를 제출하는 방식의 경우에는 제1항 및 제2항의 규정에 불구하고 입찰공고에 표시한 절차와 방법에 의하여 개찰 및 낙찰선언을 한다. <개정 2002.7.30, 2011.12.31, 2013.9.17> [전문개정 2000.12.27]	부하여야 한다. 다만, 우편입찰의 경우 기타 필요하지 아니하다고 인정되는 경우에는 이를 생략할 수 있다. ④ 제1항 본문의 규정에 의하여 제출하는 입찰참가신청서류의 접수마감일은 입찰서 제출마감일 전일로 한다. <개정 1996.12.31>
	제41조(세입이 되는 경쟁입찰에서의 낙찰자 결정) 세입의 원인이 되는 경쟁입찰에 있어서는 예정가격이상으로서 최고가격으로 입찰한 자를 낙찰자로 한다.	**제41조(입찰에 관한 서류의 작성)** ① 영 제14조제1항제3호에서 "재정경제부령으로 정하는 서류"란 다음 각 호의 서류를 말한다. <개정 1999.9.9, 2006.5.25, 2009.3.5, 2010.7.21, 2026.1.2> 1. 입찰공고문 또는 입찰참가통지서 2. 입찰유의서 3. 입찰참가신청서·입찰서 및 계약서 서식 4. 계약일반조건 및 계약특수조건 4의2. 삭제 <2010.7.21>

국가를 당사자로 하는 계약에 관한 법률	시 행 령	시 행 규 칙
		5. 영 제42조제5항·제6항에 따른 낙찰자 결정관련 심사기준(세부심사기준을 포함한다) 6. 영 제6장 및 제8장을 적용받는 공사의 경우 입찰안내서 7. 기타 참고사항을 기재한 서류 ② 영 제16조제1항 본문에서 "재정경제부령으로 정하는 입찰에 관한 서류"란 다음 각 호의 서류를 말한다. <개정 2010.7.21, 2026.1.2> 1. 제1항제1호부터 제4호까지의 서류 2. 영 제43조제7항에 따른 계약체결기준(세부기준을 포함한다) 3. 용역계약의 경우 과업지시서 4. 제1호부터 제3호까지의 서류 외에 참고사항을 적은 서류 [전문개정 1996.12.31] [제목개정 2010.7.21] **제41조의2** 삭제 <2019.9.17>

	제42조(국고의 부담이 되는 경쟁입찰에서의 낙찰자 결정) ① 각 중앙관서의 장 또는 계약담당공무원은 국고의 부담이 되는 경쟁입찰의 경우에는 예정가격 이하로서 최저가격으로 입찰한 자의 순으로 계약이행능력 및 재정경제부장관이 정하는 일자리 창출 실적 등을 심사하여 낙찰자를 결정한다. <개정 1999.9.9, 2000.12.27, 2003.12.11, 2006.5.25, 2018.12.4, 2019.9.17, 2025.12.30> ② 삭제 <2018.12.4> ③ 각 중앙관서의 장 또는 계약담당공무원은 제1항에 불구하고 제18조에 따른 입찰의 경우에는 예정가격 이하로서 최저가격으로 입찰한 자를 낙찰자로 결정한다. <신설 2006.5.25> ④ 각 중앙관서의 장 또는 계약담당공무원은 제1항에도 불구하고 다음 각 호의 공사 또는 용역입찰에 대해서는 예정가격 이하로 입찰한 입찰자 중 각 입찰자의 입찰가격, 공사수행능력(용역입찰의 경	**제42조(입찰방법)** ① 각 중앙관서의 장 또는 계약담당공무원은 경쟁입찰에 참가하고자 하는 자로 하여금 별지 제5호서식(입찰 및 낙찰자 결정을 전산처리에 의하여 하고자 하는 경우에는 별지 제6호서식)의 입찰서를 제출하게 하여야 한다. ② 제1항의 규정에 의하여 제출하는 입찰서는 1인 1통으로 한다. ③ 각 중앙관서의 장 또는 계약담당공무원은 입찰에 참가하고자 하는 자가 별지 제3호서식의 입찰참가신청서를 제출하는 때부터 입찰 개시시각전까지 입찰대리인을 지정하거나 지정된 입찰대리인을 변경하는 경우에는 그 대리인을 당해입찰에 참가하게 할 수 있다. <개정 1999.9.9> ④ 각 중앙관서의 장 또는 계약담당공무원은 입찰서를 접수한 때에는 당해입찰서에 확인인을 날인하고 개찰시까지 개봉하지 아니하고 보관하여야 한다. ⑤ 제1항에 따라 제출하는 입찰서에 사용

국가를 당사자로 하는 계약에 관한 법률	시 행 령	시 행 규 칙
	우에는 용역수행능력을 말하며, 제40조제2항 단서 및 이하에서 같다) 및 사회적 책임 등을 종합 심사하여 합산점수가 가장 높은 자를 낙찰자로 결정한다. <개정 2015.12.31, 2018.12.4, 2019.9.17, 2021.7.6, 2023.11.16, 2024.5.7> 1. 추정가격이 100억원 이상인 공사 2.「국가유산수리 등에 관한 법률」제2조제1호에 따른 국가유산수리로서 국가유산청장이 정하는 공사 3.「건설기술 진흥법」제39조제2항에 따른 건설사업관리 용역으로서 추정가격이 50억원 이상인 용역 <개정 2023.11.16> 4.「건설기술 진흥법 시행령」제69조에 따른 건설공사기본계획 용역 또는 같은 영 제71조에 따른 기본설계 용역으로서 추정가격이 30억원 이상인 용역 <개정 2023.11.16> 5.「건설기술 진흥법 시행령」제73조에	되는 인감(서명을 포함한다. 이하 이 항에서 같다)은 입찰참가신청서 제출시 신고한 인감과 같아야 한다. <개정 1996.12.31, 2016.9.23> ⑥ 각 중앙관서의 장 또는 계약담당공무원은 영 제44조제1항의 규정에 의하여 물품의 제조 또는 구매계약을 체결하고자 하는 때에는 입찰시에 입찰자로 하여금 입찰서와 함께 당해 물품의 품질·성능·효율등이 표시된 품질등의 표시서(이하 "품질등 표시서"라 한다)를 제출하게 하여야 한다. <개정 1999.9.9, 2000.12.30>

	따른 실시설계 용역으로서 추정가격이 40억원 이상인 용역 <개정 2023.11.16> ⑤ 제1항에 따른 계약이행능력심사는 해당 입찰자의 이행실적, 기술능력, 재무상태, 과거 계약이행 성실도, 자재 및 인력조달가격·하도급관리계획·외주근로자 근로조건 이행계획의 적정성, 계약질서의 준수정도, 과거공사의 품질정도 및 입찰가격등을 종합적으로 고려하여 재정경제부장관이 정하는 심사기준에 따라 세부심사기준을 정하여 적격여부를 심사하며, 그 심사결과 적격하다고 인정되는 경우 당해 입찰자를 낙찰자로 결정한다. 다만, 공사 또는 물품등의 특성상 필요하다고 인정되는 경우에는 각 중앙관서의 장이 재정경제부장관과의 협의를 거쳐 직접 심사기준을 정할 수 있다. <개정 1999.9.9, 2000.12.27, 2005.9.8, 2006.5.25, 2007.10.10, 2008.2.29, 2019.9.17, 2025.12.30>	

국가를 당사자로 하는 계약에 관한 법률	시 행 령	시 행 규 칙
	⑥ 각 중앙관서의 장 또는 계약담당공무원은 제4항에 따른 종합 심사를 실시하려는 경우 입찰자의 계약이행실적, 인력배치계획, 사회적 책임 이행 노력 및 입찰가격등을 종합적으로 고려하여 재정경제부장관이 정하는 심사기준에 따라 세부심사 기준을 정하고, 입찰 전에 입찰에 참가하려는 자가 그 기준을 열람할 수 있도록 해야 한다. <신설 2006.5.25, 2008.2.29, 2015.12.31, 2019.9.17, 2025.12.30> ⑦ 각 중앙관서의 장 또는 계약담당공무원은 제4항에 따라 각 입찰자의 입찰가격, 공사수행능력 및 사회적 책임 등을 종합심사하기 위해 종합심사낙찰제심사위원회(이하 이 조에서 "위원회"라 한다)를 둘 수 있다. <신설 2006.5.25, 2015.12.31, 2019.9.17> ⑧ 위원회는 각 중앙관서별로 그 중앙관서의 소속공무원(「조달사업에 관한 법률 시행령」 제11조에 따라 공사계약의 체결을 조	

	달청장에게 요청한 경우에는 수요기관의 소속공무원을 포함한다), 계약에 관한 학식과 경험이 풍부한 자 등으로 구성하며, 위원회의 구성 및 운영에 관하여 필요한 세부사항은 각 중앙관서의 장이 정한다. <신설 2006.5.25, 2020.9. 29>	
	제43조(협상에 의한 계약체결) ① 각 중앙관서의 장 또는 계약담당공무원은 물품·용역계약을 할 때 계약이행의 전문성·기술성·긴급성, 공공시설물의 안전성 및 그 밖에 국가안보목적등의 이유로 필요하다고 인정되는 경우에는 제42조에도 불구하고 다수의 공급자들로부터 제안서를 제출받아 평가하여 협상적격자를 선정한 후 협상절차를 통해 국가에 가장 유리하다고 인정되는 자와 계약을 체결할 수 있다. 이 경우 예정가격을 작성한 경우에는 예정가격 이하로 입찰한 자 중에서 협상적격자를 선정해야 한다. <개정 1996.12.31, 2003.12.11, 2019.9.17, 2021.7.6>	**제43조(입찰보증금의 납부)** ① 각 중앙관서의 장 또는 계약담당공무원은 입찰참가자로 하여금 입찰신청마감일까지 별지 제3호서식의 입찰참가신청서와 함께 소정절차에 따라 영 제37조에 따른 입찰보증금을 납부하게 하여야 한다. 다만, 영 제37조제2항제4호에 따른 보증서 중 1회계연도내의 모든 입찰(공사의 경우로 한정한다)에 대한 입찰보증금으로 납부할 수 있는 보증서의 경우에는 재정경제부장관이 정하는 바에 의하여 매 회계연도초에 이를 제출하게 할 수 있다. <개정 1999.9.9, 2009.3.5, 2026.1.2> ② 영 제37조제4항의 규정에 의한 입찰보증금에 해당하는 금액의 지급을 확약하는

국가를 당사자로 하는 계약에 관한 법률	시 행 령	시 행 규 칙
	② 각 중앙관서의 장 또는 계약담당공무원은 제1항에 따른 계약을 체결하고자 하는 경우에는 입찰공고시 협상에 의한 계약이라는 뜻을 명시하여야 한다. <신설 1996.12.31, 2019.9.17> ③ 각 중앙관서의 장 또는 계약담당공무원은 협상에 의한 계약에 참가하고자 하는 자에게 제안요청서등 필요한 서류를 교부하여야 한다. <신설 1996.12.31> ④ 각 중앙관서의 장 또는 계약담당공무원은 제안요청서 등 필요한 서류를 전자조달시스템에 게재함으로써 제3항에 따른 제안요청서 등 필요한 서류의 교부에 갈음할 수 있다. <신설 2006.5.25, 2013. 9.17> ⑤ 각 중앙관서의 장 또는 계약담당공무원은 제1항에 따라 계약을 체결하려는 경우 그 계약의 성질·규모 등을 고려하여 필요하다고 인정되는 경우에는 제안요청서 등에 대한 설명을 할 수 있다. <신설 2006.5.25>	내용의 문서는 별지 제3호서식의 입찰참가신청서에 따라 입찰참가신청을 하거나 입찰서를 제출하는 때에 이를 제출하여야 한다. <신설 1999.9.9, 2012.5.18>

	⑥ 삭제 <2019.9.17> ⑦ 각 중앙관서의 장 또는 계약담당공무원은 제1항에 따라 협상에 의한 계약을 체결하려는 경우에는 해당계약을 체결하려는 자의 이행실적, 기술능력, 사업수행계획, 재무상태 및 입찰가격 등을 종합적으로 고려하여 재정경제부장관이 정하는 계약체결기준에 따라 세부기준을 정하고, 계약을 체결하려는 자가 그 기준을 열람할 수 있도록 해야 한다. 다만, 「방위사업법」에 따른 방위력개선사업 수행을 위해 협상에 의한 계약을 체결하려는 경우에는 그 계약체결기준 및 절차는 방위사업청장이 정한다. <개정 2006.5.25, 2007.10.10, 2008.2.29, 2019.9.17, 2025.12.30> ⑧ 각 중앙관서의 장 또는 계약담당공무원은 제1항에 따라 제안서를 평가하는 경우에는 제안서평가위원회(이하 이 조에서 "위원회"라 한다)의 심의를 거쳐야 한다. 다만, 「방위사업법」에 따른 방위력개	

국가를 당사자로 하는 계약에 관한 법률	시 행 령	시 행 규 칙
	선사업과 관련하여 협상에 의한 계약을 체결하려는 경우에는 「국방과학기술혁신 촉진법 시행령」 제3조제6항에 따른 연구개발사업제안서 평가팀의 심의로 위원회의 심의를 갈음할 수 있다. <신설 2006.5.25, 2007.10.10, 2013.12.30, 2021.3.30> ⑨ 위원회는 각 중앙관서별로 그 중앙관서의 소속공무원, 계약에 관한 학식과 경험이 풍부한 자 등으로 구성하며, 위원회의 구성 및 운영에 관하여 필요한 세부사항은 각 중앙관서의 장이 정한다. <신설 2006.5.25> **제43조의2(지식기반사업의 계약방법)** ① 각 중앙관서의 장 또는 계약담당공무원은 정보과학기술 등 집약도가 높은 지식을 활용하여 고부가가치를 창출하는 사업중 다음 각호의 1에 해당하는 사업(이하 "지식기반사업"이라 한다)에 대한 계약을 체결하	

는 경우에는 제43조의 규정에 따라 협상에 의한 계약체결방법을 우선적으로 적용할 수 있다. <개정 2005.9.8, 2009. 8.18, 2009.8.21, 2011.1.17, 2014.5. 22, 2020.12.8, 2021.9.14>

1. 「엔지니어링산업 진흥법」 제2조제3호에 따른 엔지니어링사업. 다만, 「건설기술 진흥법」 제2조제3호의 규정에 의한 건설엔지니어링에 있어서는 고난도 또는 고기술을 요하는 경우에 한한다.
2. 「정보통신산업 진흥법」 제2조제2호에 따른 정보통신산업
3. 「지능정보화 기본법」 제3조제2호에 따른 정보화에 관한 사업
4. 「산업디자인진흥법」 제2조의 규정에 의한 산업디자인에 관한 사업
5. 「문화산업진흥 기본법」 제2조제1호의 규정에 의한 문화산업
6. 「온라인 디지털콘텐츠산업 발전법」 제2조제3호의 규정에 의한 온라인디

국가를 당사자로 하는 계약에 관한 법률	시 행 령	시 행 규 칙
	지털콘텐츠산업 7. 기초과학 및 응용과학에 관한 학술연구 용역 8. 그 밖에 각 중앙관서의 장이 이에 해당한다고 인정하는 사업 ② 각 중앙관서의 장 또는 계약담당공무원은 제1항의 규정에 의하여 협상에 의한 계약을 체결하고자 하는 경우에는 재정경제부장관이 정하는 제안서 평가방법 및 협상절차 등에 따라 세부기준을 정하여 그 계약을 체결하여야 한다. <개정 2008.2.29, 2025.12.30> [본조신설 2003.12.11] **제43조의3(경쟁적 대화에 의한 계약체결)** ① 각 중앙관서의 장 또는 계약담당공무원은 전문성·기술성이 요구되는 물품 또는 용역계약으로서 다음 각 호의 어느 하나에 해당하는 경우에는 제42조에도 불구하고 입찰대상자들과 계약목적물의 세부내용 등에 관한 경쟁적·기술적 대화(이하 "경	

쟁적 대화"라 한다)를 통하여 계약목적물의 세부내용 및 계약이행방안 등을 조정·확정한 후 제안서를 제출받고 이를 평가하여 국가에 가장 유리하다고 인정되는 자와 계약을 체결할 수 있다. 이 경우 예정가격을 작성한 경우에는 예정가격 이하로 계약을 체결해야 한다. <개정 2021.7.6, 2024.12.24>

1. 기술적 요구 사항이나 최종 계약목적물의 세부내용을 미리 정하기 어려운 경우
2. 물품·용역 등의 대안이 다양하여 최적의 대안을 선정하기 어려운 경우
3. 상용화되지 않은 물품을 제조하게 하거나 구매 또는 임차하는 경우
4. 그 밖에 계약목적물의 내용이 복잡하거나 난이도가 높은 경우 등으로서 각 중앙관서의 장이 필요하다고 인정하는 경우

② 각 중앙관서의 장 또는 계약담당공무원은 제1항에 따른 계약을 체결하려는 경우에는 입찰공고 시 경쟁적 대화에 의한 계약이라는 뜻을 명시하여야 한다.

국가를 당사자로 하는 계약에 관한 법률	시 행 령	시 행 규 칙
	③ 각 중앙관서의 장 또는 계약담당공무원은 경쟁적 대화를 하기 전에 입찰대상자의 제안 내용 등을 심사하여 경쟁적 대화에 참여할 입찰대상자를 선정하여야 한다. ④ 각 중앙관서의 장 또는 계약담당공무원은 경쟁적 대화를 통하여 확정된 제안요청서 등 필요한 서류를 경쟁적 대화에 참여한 입찰대상자에게 내주어야 한다. ⑤ 각 중앙관서의 장 또는 계약담당공무원은 경쟁적 대화에 참여하고 제안서를 제출한 자 중 낙찰자로 선정되지 아니한 참여자에게 예산의 범위에서 경쟁적 대화 참여비용의 전부 또는 일부를 지급할 수 있다. ⑥ 경쟁적 대화에 의한 계약 체결 시 제안요청서에 대한 설명, 세부적인 계약체결기준 및 제안서 평가 등에 관하여는 제43조 제4항, 제5항 및 제7항부터 제9항까지의 규정을 준용한다. 이 경우 "협상에 의한 계약"은 "경쟁적 대화에 의한 계약"으로	

	본다. <개정 2019.9.17> ⑦ 제1항부터 제6항까지에서 규정한 사항 외에 경쟁적 대화의 방법, 절차, 참여비용의 지급 등에 필요한 사항은 재정경제부장관이 정한다. <개정 2025.12.30> [본조신설 2018.12.4]	
	제44조(품질 등에 의한 낙찰자의 결정) ① 각 중앙관서의 장 또는 계약담당공무원은 물품의 제조·구매 또는 임차계약에 있어서 필요하다고 인정할 경우에는 제42조의 규정에 불구하고 당해 물품의 입찰가격외에 품질등을 종합적으로 참작하여 예정가격 이하로서 가장 경제성이 있는 가격으로 입찰한 자를 낙찰자로 한다. <개정 1999.9.9, 2000.12.27, 2024.12.24> ② 각 중앙관서의 장 또는 계약담당공무원은 제1항의 규정에 의하여 낙찰자를 결정하고자 할 경우에는 당해 물품에 대한 품질등의 평가기준을 입찰전에 결정하여 입찰참가자로 하여금 이를 열람하게 하여야 한다. <개정 1999.9.9, 2000.12. 27>	**제44조(입찰무효)** ① 영 제39조제4항에 따라 무효로 하는 입찰은 다음과 같다. <개정 1996.12.31, 1999.9.9, 2002.3.25, 2002.8.24, 2006.5.25, 2006.12.29, 2009.3.5, 2012.5.8, 2013.9.17, 2016.2.1, 2016.9.23, 2021.7.6, 2026.1.2> 1. 입찰참가자격이 없는 자가 한 입찰 1의2. 영 제76조제6항에 따라 입찰참가자격 제한기간 내에 있는 대표자를 통한 입찰 2. 입찰보증금의 납부일시까지 소정의 입찰보증금을 납부하지 아니하고 한 입찰 3. 입찰서가 그 도착일시까지 소정의 입찰장소에 도착하지 아니한 입찰

국가를 당사자로 하는 계약에 관한 법률	시 행 령	시 행 규 칙
		4. 동일사항에 동일인(1인이 수개의 법인의 대표자인 경우 해당수개의 법인을 동일인으로 본다)이 2통 이상의 입찰서를 제출한 입찰 5. 삭제 <2006.5.25> 6. 영 제14조제6항에 따른 입찰로서 입찰서와 함께 산출내역서를 제출하지 아니한 입찰 및 입찰서상의 금액과 산출내역서상의 금액이 일치하지 아니한 입찰과 그 밖에 재정경제부장관이 정하는 입찰무효사유에 해당하는 입찰 6의2. 삭제 <2010.7.21> 6의3. 제15조제1항에 따라 등록된 사항 중 다음 각 목의 어느 하나에 해당하는 등록사항을 변경등록하지 아니하고 입찰서를 제출한 입찰 가. 상호 또는 법인의 명칭 나. 대표자(수인의 대표자가 있는 경우에는 대표자 전원)의 성명 다. 삭제 <2006.12.29>

		라. 삭제 <2006.12.29> 7. 삭제 <2009.3.5> 7의2. 영 제39조제1항에 따라 전자조달시스템 또는 각 중앙관서의 장이 지정·고시한 정보처리장치를 이용하여 입찰서를 제출하는 경우 해당 규정에 따른 방식에 의하지 아니하고 입찰서를 제출한 입찰 7의3. 삭제 <2019.9.17> 8. 영 제44조제1항의 규정에 의한 입찰로서 제42조제6항의 규정에 의하여 입찰서와 함께 제출하여야 하는 품질등 표시서를 제출하지 아니한 입찰 9. 영 제72조제3항 또는 제4항에 따른 공동계약의 방법에 위반한 입찰 10. 영 제79조에 따른 대안입찰의 경우 원안을 설계한 자 또는 원안을 감리한 자가 공동으로 참여한 입찰 10의2. 영 제98조제2호에 따른 실시설계 기술제안입찰 또는 같은 조 제3호에 따른 기본설계 기술제안입찰의 경우

국가를 당사자로 하는 계약에 관한 법률	시 행 령	시 행 규 칙
		원안을 설계한 자 또는 원안을 감리한 자가 공동으로 참여한 입찰 11. 제1호부터 제10호까지 외에 재정경제부장관이 정하는 입찰유의서에 위반된 입찰 ② 제1항에도 불구하고 영 제72조에 따라 공동수급체를 구성한 입찰자의 대표자 외의 구성원이 제1항 각 호의 사유에 해당하는 경우에는 해당 구성원에 대해서만 입찰을 무효로 한다. <신설 2016. 9.23>
	제45조(다량물품을 매각할 경우의 낙찰자 결정) 제17조제1항의 규정에 의하여 다량의 물품을 희망수량에 따라 분할하여 매각하고자 할 경우에는 제41조의 규정에 불구하고 예정가격이상의 단가로 입찰한 자중 최고가격으로 입찰한 자 순으로 매각수량에 도달할 때까지의 입찰자를 낙찰자로 한다.	**제45조(입찰무효의 이유표시)** 각 중앙관서의 장 또는 계약담당공무원은 입찰을 무효로 하는 경우에는 무효여부를 확인하는데 장시간이 소요되는 등 부득이한 사유가 없는 한 개찰장소에서 개찰에 참가한 입찰자에게 이유를 명시하고 그 뜻을 알려야 한다. 다만, 영 제39조제1항에 따라 전자조달시스템 또는 각 중앙관서의 장이 지정·고시한 정보처리장치를 이

		용하여 입찰서를 제출하게 하는 경우에는 입찰공고에 표시한 절차와 방법으로 입찰자에게 입찰무효의 이유를 명시하고 그 뜻을 알려야 한다. <개정 2000.12.30, 2002. 8.24, 2012.5.18, 2013.9.17>
	제46조(다량물품을 제조·구매 또는 임차하는 경우의 낙찰자 결정) 제17조제2항의 규정에 의하여 다량의 물품을 희망수량에 따라 분할하여 제조하게 하거나 구매 또는 임차하는 경우에는 제42조의 규정에 불구하고 예정가격이하의 단가로 입찰한 자중 최저가격으로 입찰한 자 순으로 수요수량에 도달할 때까지의 입찰자를 낙찰자로 한다. <개정 1999.9.9, 2003.12.11, 2024.12.24>	**제46조(특정물품의 제조 또는 구매시의 품질등에 의한 낙찰자 결정)** 각 중앙관서의 장 또는 계약담당공무원은 영 제44조제1항의 규정에 의하여 낙찰자를 결정함에 있어서는 제42조제6항의 규정에 의하여 입찰서와 함께 제출된 품질등 표시서를 영 제44조제2항의 규정에 의한 평가기준에 따라 평가하고 특별한 사유가 없는 한 입찰일 또는 개찰일부터 10일 이내에 낙찰자를 결정하여야 한다.
	제47조(동일가격 등의 입찰인 경우의 낙찰자 결정) ① 각 중앙관서의 장 또는 계약담당공무원은 낙찰이 될 수 있는 동일가격으로 입찰한 자가 2인(제42조제4항에 따른 공사 또는 용역의 입찰에 해당하는 경우에는 합산점수가 동점인 상위 2인을 말한다)	**제47조(희망수량경쟁입찰의 낙찰자 결정)** ① 각 중앙관서의 장 또는 계약담당공무원은 영 제45조 또는 영 제46조의 규정에 의한 희망수량경쟁입찰의 낙찰자 결정에 있어서 낙찰자가 될 동가의 입찰자가 2인 이상 있을 때에는 입찰수량이 많은 자를

국가를 당사자로 하는 계약에 관한 법률	시 행 령	시 행 규 칙
	이상인 경우로서 다음 각 호의 어느 하나에 해당하는 경우에는 해당 각 호에서 정한 방법에 따라 낙찰자를 결정하여야 한다. <개정 2006.5.25, 2015.12.31, 2018.12.4, 2025.12.30> 1. 제17조에 따른 희망수량에 의한 일반경쟁입찰인 경우 : 입찰수량이 많은 입찰자를 낙찰자로 결정하되, 입찰수량도 동일한 때에는 추첨에 의하여 낙찰자를 결정 2. 제42조제1항에 따라 낙찰자를 결정하는 경우 : 계약이행능력 및 일자리창출 실적 등 심사결과 최고점수인 자를 낙찰자로 결정하되, 계약이행능력 및 일자리창출 실적 등 심사결과도 동일한 때에는 추첨에 의하여 낙찰자를 결정 3. 삭제 <2018.12.4> 4. 제42조제3항에 따라 낙찰자를 결정하는 경우 : 규격 또는 기술우위자를 낙찰자로 결정하되, 규격 또는 기술평가 결	우선순위의 낙찰자로 하며, 입찰수량이 동일한 때에는 영 제47조의 규정에 준하여 추첨으로 낙찰자를 결정한다. ② 제1항의 규정에 의하여 낙찰자를 결정함에 있어서 최후순위의 낙찰자의 수량이 다른 낙찰자의 수량과 합산하여 수요량 또는 매각량을 초과하는 경우에는 그 초과하는 수량은 이를 낙찰되지 아니한 것으로 본다.

과도 동일한 때에는 추첨에 의하여 낙찰자를 결정

5. 제42조제4항에 따라 낙찰자를 결정하는 경우 : 공사수행능력과 사회적 책임의 합산점수가 높은 자로 결정하되, 해당 합산점수가 동일한 경우에는 공사 또는 용역의 규모·특성 등을 반영하여 재정경제부장관이 정한 기준에 따라 낙찰자를 결정

② 제1항의 경우 입찰자중 출석하지 아니한 자 또는 추첨을 하지 아니한 자가 있을 때에는 입찰사무에 관계없는 공무원으로 하여금 이를 대신하여 추첨하게 할 수 있다.

③ 삭제 <2006.5.25>

[제목개정 2015.12.31]

제47조의2(시범특례에 따른 계약체결) ① 각 중앙관서의 장 또는 계약담당공무원은 계약의 종류, 계약의 목적물 또는 계약 대상사업의 혁신성·특수성 등을 고려할 때 제41조부터 제43조까지, 제43조의2, 제43조의3 및 제44조부터 제47조까지의

국가를 당사자로 하는 계약에 관한 법률	시 행 령	시 행 규 칙
	규정에 따른 계약체결 방법으로는 계약의 목적을 달성하기 곤란하다고 인정되는 경우에는 각 해당 규정에도 불구하고 재정경제부장관이 해당 계약의 체결에 관하여 한시적으로 정하는 기준·절차(이하 이 조에서 "시범특례"라 한다)에 따라 국가에 가장 유리하다고 인정되는 자와 계약을 체결할 수 있다. <개정 2025.12.30> ② 각 중앙관서의 장 또는 계약담당공무원은 시범특례에 따른 계약을 체결하려는 경우에는 입찰공고를 할 때에 시범특례에 따른 계약이라는 뜻을 명시해야 하며, 계약을 체결하려는 자가 그 시범특례를 열람할 수 있도록 해야 한다. ③ 각 중앙관서의 장은 시범특례에 따른 계약체결이 필요하다고 인정되는 경우에는 재정경제부장관에게 해당 계약에 적용될 시범특례를 정해 줄 것을 요청해야 한다. <개정 2025.12.30>	

	④ 각 중앙관서의 장이 제3항에 따른 요청을 할 때에는 다음 각 호의 사항이 포함된 시범특례요청서를 제출해야 한다. <개정 2025.12.30> 1. 계약의 목적물이나 계약을 통해 추진하려는 사업의 내용 2. 제41조부터 제43조까지, 제43조의2, 제43조의3 및 제44조부터 제47조까지의 규정에 따른 계약체결 방법으로는 계약의 목적을 달성하기 곤란한 사유 등 시범특례 적용의 필요성 3. 해당 계약의 체결에 관한 기준·절차로 정할 필요가 있는 사항 4. 해당 계약의 체결을 위해 필요한 시범특례의 유효기간 5. 시범특례 적용 시 기대효과 6. 그 밖에 시범특례에 관하여 필요한 사항으로서 재정경제부장관이 정하는 사항 ⑤ 제3항에 따른 요청을 받은 재정경제부장관은 계약의 종류, 계약의 목적물 또는 계약 대상 사업의 혁신성·특수성 등을	

국가를 당사자로 하는 계약에 관한 법률	시 행 령	시 행 규 칙
	고려할 때 제4항제2호에 따른 시범특례 적용의 필요성이 있고, 해당 계약 체결의 공정성과 투명성 등을 확보하기 위해 별도의 계약 체결 기준·절차를 마련할 필요가 있다고 인정되는 경우에는 「조달사업에 관한 법률 시행령」 제7조제1항에 따른 공공조달제도개선위원회의 심의를 거쳐 시범특례를 정할 수 있다. 이 경우 해당 심의를 거치기 전에 관계 중앙관서의 장과 협의할 수 있다. <개정 2025.12.30> ⑥ 시범특례의 유효기간은 제5항에 따라 시범특례를 정한 날부터 2년의 범위에서 재정경제부장관이 정하는 기간으로 하며, 기획재정부장관은 필요하다고 인정하는 경우 2년의 범위에서 한 차례 이상 유효기간을 연장할 수 있다. <개정 2025.12.30> ⑦ 재정경제부장관은 시범특례에 따라 체결된 계약 및 계약 대상 사업 등에 대하여 성과평가를 실시한 후 그 결과를 바탕으로 해당 시범특례를 국가계약법령에 반	

영할 필요가 있는지를 검토해야 한다. 이 경우 국가계약법령에의 반영 여부에 관하여는 「조달사업에 관한 법률 시행령」 제7조제1항에 따른 공공조달제도 개선 위원회의 심의를 거쳐야 한다. <개정 2025.12.30>

⑧ 재정경제부장관은 시범특례 제도의 효과적인 운영을 위하여 관련 전문기관 또는 단체에 다음 각 호의 조사·연구 등을 의뢰할 수 있다. <개정 2025.12.30>

1. 시범특례와 관련한 국내외 사례 조사·연구
2. 시범특례 제도 운영에 관한 지침의 마련에 필요한 조사·연구
3. 제7항에 따른 성과평가에 필요한 조사·연구
4. 그 밖에 시범특례 제도의 효과적인 운영을 위하여 재정경제부장관이 필요하다고 인정하는 업무

⑨ 제1항부터 제8항까지에서 규정한 사항 외에 시범특례 제도의 운영에 필요한 세부사항은 재정경제부장관이 정한다.

국가를 당사자로 하는 계약에 관한 법률	시 행 령	시 행 규 칙
	<개정 2025.12.30> [본조신설 2022.6.14]	
	제47조의3(둘 이상의 낙찰자 결정) 법 제10조제4항 전단에서 "계약의 목적·성질·수량 등 대통령령으로 정하는 요건에 해당하여 1인의 낙찰자로는 계약목적 달성이 곤란하다고 판단되는 경우"란 다음 각 호의 어느 하나에 해당하는 경우를 말한다. <개정 2025.8.5, 2025.12.30> 1. 물품이나 시설물의 특성상 둘 이상의 계약상대자가 유지·보수 등의 업무를 수행할 필요가 있는 경우 2. 공정성 및 정확성 제고를 위해 둘 이상의 계약상대자에게 평가·감정 등을 의뢰할 필요가 있는 경우 3. 예상하지 못한 계약 불이행 상황 발생 시 사회적 혼란이 우려되는 경우 4. 국고금, 기금 및 국유재산(이하 이 호에서 "국고금등"이라 한다) 운용의 안정	**제48조(개찰 및 낙찰선언)** ① 각 중앙관서의 장 또는 계약담당공무원은 지정된 시간까지 입찰서를 접수한 때에는 입찰서의 접수마감을 선언하고, 입찰자의 참석하에 입찰서를 개봉하여야 한다. 다만, 영 제39조제1항에 따라 전자조달시스템 또는 각 중앙관서의 장이 지정·고시한 정보처리장치를 이용하여 입찰서를 제출하게 하는 경우에는 입찰공고에 표시한 절차와 방법으로 입찰서의 접수를 마감하고 입찰서를 개봉하여야 한다. <개정 2000.12.30, 2002.8.24, 2012.5.18, 2013.9.17> ② 각 중앙관서의 장 또는 계약담당공무원은 영 제18조제3항에 따라 규격과 가격 또는 기술과 가격입찰을 동시에 실시하는 경우에는 영 제11조의 규정에 의하여

	성과 수익성을 제고하기 위해 둘 이상의 계약상대자에게 국고금등을 예치 또는 대여하거나 관리ㆍ운용 등의 업무를 수행하게 할 필요가 있는 경우 <신설 2025.8.5> 5. 다음 각 목의 어느 하나에 해당하는 경우로서 해당 중앙관서의 장이 그 사유를 명시하여 재정경제부장관과 협의한 경우 <신설 2025.8.5, 2025.12.30> 가. 계약의 효율적인 이행을 위해 둘 이상의 계약상대자가 동시에 업무를 수행할 필요가 있는 경우 나. 긴급한 공급이 필요한 물품의 신속한 조달을 위해 둘 이상의 계약상대자가 해당 물품의 조달업무를 수행할 필요가 있는 경우 [본조신설 2024.9.20]	2인이상의 유효한 입찰로 성립한 규격입찰 또는 기술입찰의 개찰결과 규격적격자 또는 기술적격자로 확정된 자가 1인인 경우에도 가격입찰서를 개봉할 수 있다. <개정 2010.7.21> ③ 삭제 <2000.12.30>

국가를 당사자로 하는 계약에 관한 법률	시 행 령	시 행 규 칙
	제5장 계약의 체결 및 이행 **제48조(계약서의 작성)** ① 법 제11조제1항 본문의 규정에 의하여 각 중앙관서의 장 또는 계약담당공무원이 작성하는 계약서의 서식 기타 필요한 사항은 재정경제부령으로 정한다. <개정 1999.9.9, 2008.2.29, 2025.12.30> ② 계약서에는 담당공무원이 기명날인하여야 한다. 다만, 외국인과 계약을 체결하는 경우 기타 특별한 사유가 있는 경우에는 서명으로써 이에 갈음할 수 있다. **제48조의2(국외공사계약)** ① 각 중앙관서의 장 또는 계약담당공무원은 국외공사계약을 체결할 때에 원칙적으로 현지통화로 계약을 하여야 한다. 다만, 현지통화로 계약하기 곤란한 경우에는 계약상대자와 협의하여 원화 또는 미화로 계약할 수 있다. ② 각 중앙관서의 장 또는 계약담당공무원은 국외공사계약을 체결할 때 환율 또는 국제상 관례 등을 고려하여 계약금액 조	**제5장 계약의 체결 및 이행** **제49조(계약서의 작성)** ①각 중앙관서의 장 또는 계약담당공무원은 계약상대자를 결정한 때에는 지체없이 별지 제7호서식, 별지 제8호서식 또는 별지 제9호서식의 표준계약서에 의하여 계약을 체결하여야 한다. ② 각 중앙관서의 장 또는 계약담당공무원은 제1항의 규정에 의한 표준계약서에 기재된 계약일반사항외에 당해계약에 필요한 특약사항을 명시하여 계약을 체결할 수 있다. ③ 각 중앙관서의 장 또는 계약담당공무원은 제1항의 규정에 의한 서식에 의하기가 곤란하다고 인정될 때에는 따로 이와 다른 양식에 의한 계약서에 의하여 계약을 체결할 수 있다. ④ 각 중앙관서의 장 또는 계약담당공무원은 영 제50조제6항제1호 내지 제3호 및

	정 관련 특례를 설정할 수 있다. [본조신설 2008.12.31]	제5호의 규정에 의하여 계약보증금의 전부 또는 일부의 납부를 면제하는 경우에는 계약서에 그 사유 및 면제금액을 기재하고 계약보증금지급각서를 제출하게 하여 이를 첨부하여야 한다. <개정 1996.12.31, 2003.12.12>
	제49조(계약서작성의 생략) 법 제11조제1항 단서의 규정에 의하여 계약서의 작성을 생략할 수 있는 경우는 다음 각호와 같다. <개정 1999.9.9> 1. 계약금액이 3천만원이하인 계약을 체결하는 경우 2. 경매에 부치는 경우 3. 물품매각의 경우에 있어서 매수인이 즉시 대금을 납부하고 그 물품을 인수하는 경우 4. 각 국가기관 및 지방자치단체 상호간에 계약을 체결하는 경우 5. 전기·가스·수도의 공급계약등 성질상 계약서의 작성이 필요하지 아니한 경우	**제50조(계약서의 작성을 생략하는 경우)** 각 중앙관서의 장 또는 계약담당공무원은 영 제49조에 따라 계약서의 작성을 생략하는 경우에는 계약상대자로부터 청구서·각서·협정서·승낙사항등 계약성립의 증거가 될 수 있는 서류를 제출받아 비치하여야 한다. 다만, 재정경제부장관이 따로 정하는 회계경리에 관한 서식에 의한 경우에는 그러하지 아니하다. <개정 1999.9.9, 2009.3.5, 2026.1.2>

국가를 당사자로 하는 계약에 관한 법률	시 행 령	시 행 규 칙
	제50조(계약보증금) ① 각 중앙관서의 장 또는 계약담당공무원은 법 제12조에 따른 계약보증금을 계약금액의 100분의 10 이상으로 납부하게 해야 한다. 다만, 「재난 및 안전관리 기본법」 제3조제1호의 재난이나 경기침체, 대량실업 등으로 인한 국가의 경제위기를 극복하기 위해 재정경제부장관이 기간을 정하여 고시한 경우에는 계약보증금을 계약금액의 100분의 5 이상으로 할 수 있다. <개정 2020.5.1, 2025.12.30> ② 단가계약에 의하는 경우로서 여러 차례로 분할하여 계약을 이행하게 하는 때에는 제1항의 규정에 불구하고 매회별 이행예정량중 최대량에 계약단가를 곱한 금액의 100분의 10이상을 계약보증금으로 납부하게 하여야 한다. ③ 장기계속계약에 있어서는 제1차 계약체결시 부기한 총공사 또는 총제조등의 금액의 100분의 10이상을 계약보증금으로 납부하게 하여야 한다. 이 경우 당해	**제51조(계약보증금 납부)** ① 각 중앙관서의 장 또는 계약담당공무원은 계약을 체결하고자 할 때에는 낙찰자 또는 계약상대자로 하여금 계약체결전까지 별지 제10호 서식의 계약보증금납부서와 함께 소정 절차에 따라 영 제50조의 규정에 의한 계약보증금을 납부하게 하여야 한다. ② 각 중앙관서의 장 또는 계약담당공무원은 계약상대자가 제43조의 규정에 의하여 납부한 입찰보증금을 별지 제11호서식의 입찰보증금의 계약보증금 대체납부신청서에 의하여 계약보증금으로 대체할 것을 요청한 때에는 계약보증금으로 이를 대체 정리하여야 한다.

	계약보증금은 총공사 또는 총제조등의 계약보증금으로 보며, 연차별계약이 완료된 때에는 당초의 계약보증금 중 이행이 완료된 연차별계약금액에 해당하는 분을 반환하여야 한다. <개정 1999.9.9, 2005.9.8, 2007.10.10> ④ 삭제 <1999.9.9> ⑤ 삭제 <1999.9.9> ⑥ 법 제12조제1항 단서에 따라 계약보증금의 전부 또는 일부를 면제할 수 있는 경우는 다음 각 호와 같다. <개정 1998.2.2, 2005.9.8, 2006.12.29, 2010.7.21, 2011.2.9> 1. 제37조제3항제1호부터 제4호까지 및 제5호의2에 규정된 자와 계약을 체결하는 경우 2. 삭제 <2006.12.29> 3. 계약금액이 5천만원이하인 계약을 체결하는 경우 4. 일반적으로 공정·타당하다고 인정되는 계약의 관습에 따라 계약보증금 징	

국가를 당사자로 하는 계약에 관한 법률	시 행 령	시 행 규 칙
	수가 적합하지 아니한 경우 5. 이미 도입된 외자시설·기계·장비의 부분품을 구매하는 경우로서 당해 공급자가 아니면 당해 부분품의 구입이 곤란한 경우 ⑦ 계약보증금은 현금 또는 제37조제2항 각호에 규정한 보증서등으로 이를 납부하게 하여야 한다. <개정 1998.2.2> ⑧ 「자본시장과 금융투자업에 관한 법률 시행령」 제192조에 따른 증권 또는 현금으로 납부된 계약보증금을 계약상대자가 특별한 사유로 제37조제2항제1호 내지 제5호에 규정된 보증서등으로 대체납부할 것을 요청한 때에는 동가치 상당액이상으로 대체납부하게 할 수 있다. <개정 1999.9.9, 2005.9.8, 2008.7.29> ⑨ 삭제 <1998.2.2> ⑩ 제37조제4항의 규정은 제6항제1호 내지 제3호 및 제5호의 규정에 의하여 계약보증금의 전부 또는 일부를 면제한 경우	

에 이를 준용한다. <개정 2003.12.11>
⑪ 삭제 <2000.12.27>
[전문개정 1996.12.31]

제51조(계약보증금의 국고귀속) ① 각 중앙관서의 장 또는 계약담당공무원은 계약상대자가 정당한 이유없이 계약상의 의무를 이행하지 아니한 때에는 제50조의 규정에 의한 계약보증금(제52조제1항제2호 및 제3호의 규정에 의한 보증금액을 포함한다. 이하 같다)을 법 제12조제3항의 규정에 의하여 국고에 귀속시켜야 한다. 이 경우 제75조제1항의 규정을 준용한다. <개정 1996.12.31, 1998.2.2, 1999.9.9, 2000.12.27>
② 제1항을 적용할 때 다음 각 호의 경우에는 해당 호에서 정하는 바에 따라 계약보증금을 국고에 귀속시켜야 한다. <신설 2022.6.14>
1. 성질상 분할할 수 있는 공사·물품 또는 용역 등에 관한 계약(법 제22조에 따른 단가계약은 제외한다)의 경우로서 기성부분 또는 기납부분을 검사를 거쳐 인수

국가를 당사자로 하는 계약에 관한 법률	시 행 령	시 행 규 칙
	(인수하지 않고 관리·사용하고 있는 경우를 포함한다)한 경우 : 당초 의 계약보증금 중 기성부분 또는 기납부분에 해당하는 계약보증금은 제외하고 국고에 귀속 2. 법 제22조에 따른 단가계약의 경우로서 여러 차례로 분할하여 계약을 이행하는 경우 : 당초의 계약보증금 중 이행이 완료된 부분에 해당하는 계약보증금은 제외하고 국고에 귀속 ③ 제1항의 규정은 장기계속계약에 있어서 계약상대자가 제69조제2항 후단 및 동조 제3항의 규정에 의한 2차이후의 공사 또는 제조등의 계약을 체결하지 아니한 경우에 이를 준용한다.<개정 1996.12.31, 2022.6.14> ④ 제1항부터 제3항까지의 규정에 따라 계약보증금을 국고에 귀속시키는 경우 그 계약보증금을 기성부분에 대한 미지급액과 상계처리해서는 안 된다. 다만, 계약보증금의 전부 또는 일부를 면제한 경우에는 국고에 귀속시	

	켜야 하는 계약보증금은 기성부분에 대한 미지급액과 상계 처리할 수 있다. <신설 1996.12.31, 2006.5.25, 2022.6.14> ⑤ 제38조제1항 및 제2항의 규정은 계약보증금의 국고귀속의 경우에 이를 준용한다. <개정 2022.6.14> **제52조(공사계약에 있어서의 이행보증)** ① 각 중앙관서의 장 또는 계약담당공무원은 공사계약을 체결하고자 하는 경우 계약상대자로 하여금 다음 각 호의 어느 하나에 해당하는 방법을 선택하여 계약이행의 보증을 하게 해야 한다. 다만, 각 중앙관서의 장 또는 계약담당공무원은 공사계약의 특성상 필요하다고 인정되는 경우에는 계약이행보증의 방법을 제3호에 따른 방법으로 한정할 수 있다. <개정 1999.9.9, 2000.12.27, 2006.5.25, 2010.7.21, 2018.12.4, 2019.9.17, 2020.5.1, 2024.12.24, 2025.12.30> 1. 삭제 <2010.7.21> 2. 계약보증금을 계약금액의 100분의 15(「재난 및 안전관리 기본법」 제3조제1	**제52조(하자보수보증금의 납부)** 각 중앙관서의 장 또는 계약담당공무원은 공사의 준공검사를 마친 때에는 그 공사대가의 최종 지출시까지 별지 제12호서식의 하자 제보수보증금납부서와 함께 영 제62조의 규정에 의한 하자보수보증금을 납부하게 하여야 한다.

국가를 당사자로 하는 계약에 관한 법률	시 행 령	시 행 규 칙
	호의 재난이나 경기침체, 대량실업 등으로 인한 국가의 경제위기를 극복하기 위해 재정경제부장관이 기간을 정하여 고시한 경우에는 1천분의 75) 이상 납부하는 방법 3. 제50조제1항부터 제3항까지의 규정 에 따른 계약보증금을 납부하지 않고 공사이행보증서[해당공사의 계약상의 의무를 이행할 것을 보증한 기관이 계약상대자를 대신하여 계약상의 의무를 이행하지 않는 경우에는 계약금액의 100분의 40(예정가격의 100분의 70미만으로 낙찰된 공사계약의 경우에는 100분의 50)이상을 납부할 것을 보증하는 것이어야 한다]를 제출하는 방법. 다만, 「재난 및 안전관리기본법」 제3조제1호의 재난이나 경기침체, 대량실업 등으로 인한 국가의 경제위기를 극복하기 위해 재정경제부장관이 기간을 정하여 고시하는 경우에는 계약금액의 100분의 20(예정가격의 100분의 70 미만으로 낙찰된 공사계약의 경우에는 계약금액의 100	

	분의 30) 이상을 납부할 것을 보증하는 공사이행보증서를 제출하는 방법으로 한다. <개정 2024.12.24, 2025.12.30> ② 각 중앙관서의 장 또는 계약담당공무원은 제1항 본문에 따라 계약이행을 보증한 경우로서 계약상대자가 계약이행보증방법의 변경을 요청하는 경우에는 1회에 한하여 변경하게 할 수 있다. <신설 2006.5.25, 2010.7.21> 1. 삭제 <2010.7.21> 2. 삭제 <2010.7.21> 3. 삭제 <2010.7.21> ③ 삭제 <2010.7.21> ④ 재정경제부장관은 제1항에 따른 공사이행보증서의 제출등에 관하여 필요한 사항을 정할 수 있다. <신설 1999.9.9, 2006.5.25, 2008.2.29, 2019.9.17, 2025.12.30> ⑤ 용역계약의 경우 제1항부터 제4항까지의 규정을 준용할 수 있다. <신설 1996.12.31, 1999.9.9, 2006.5.25, 2019.9.17>	

국가를 당사자로 하는 계약에 관한 법률	시 행 령	시 행 규 칙
	제53조(손해보험의 가입) ① 각 중앙관서의 장 또는 계약담당공무원은 계약을 체결함에 있어서 필요하다고 인정할 때에는 당해 계약의 목적물등에 대하여 손해보험(「건설산업기본법」 제56조제1항제5호에 따른 손해공제를 포함한다. 이하 이 조에서 같다)에 가입하거나 계약상대자로 하여금 손해보험에 가입하게 할 수 있다. <개정 1996.12.31, 2007.10.10> ② 재정경제부장관은 제1항의 규정에 의한 손해보험가입과 관련된 필요한 사항을 정할 수 있다. <개정 1999.9.9, 2008.2.29, 2025.12.30>	**제53조(현금에 의한 보증금 납부)** 각 중앙관서의 장 또는 계약담당공무원은 입찰참가자 또는 계약상대자가 제43조·제51조 및 제52조의 규정에 의한 보증금을 현금으로 납부할 때에는 세입세출외 현금출납공무원으로 하여금 정부보관금취급규칙에 의하여 수령하게 하여야 한다.
	제54조(감독) ① 법 제13조제1항 단서에서 "대통령령으로 정하는 계약"이란 다음 각 호의 어느 하나에 해당하는 계약을 말한다. <개정 2005.9.8, 2006.5.25, 2014.5.22, 2018.12.4, 2024.5.7> 1. 「건설기술 진흥법」 제39조제2항, 「전력기술관리법」 제12조, 「국가유산수리 등에 관한 법률」 제38조 또	**제54조(증권에 의한 보증금 납부)** ① 각 중앙관서의 장 또는 계약담당공무원은 입찰참가자 또는 계약상대자가 제43조·제51조 및 제52조에 따른 보증금을 영 제37조제2항제2호에 따른 증권으로 납부할 때에는 유가증권취급공무원으로 하여금 정부유가증권취급규정에 의하여 수령하게 하여야 한다. <개정 2009.3.5>

	는 그 밖에 관련 법령상 의무적으로 건설사업관리 또는 감리를 하여야 하는 공사계약 2. 전문적인 지식 또는 기술을 필요로 하거나 기타 부득이한 사유로 인하여 법 제13조제1항 본문에 규정된 감독을 할 수 없는 제조 기타 도급계약 ② 각 중앙관서의 장 또는 계약담당공무원은 예정가격의 100분의 70 미만으로 낙찰되어 체결된 공사계약의 경우에는 부실시공을 방지하기 위하여 감독공무원의 수(제1항의 규정에 의한 계약중 공사계약의 경우에는 「건설기술 진흥법」 등에 의하여 정하여진 건설사업관리기술인 또는 감리원의 수를 말한다)를 그 배치기준의 100분의 50 범위내에서 추가하여 배치할 수 있다. <신설 2003.12.11, 2005.9.8, 2014.5.22, 2018.12.11> ③ 제2항의 규정에 의하여 추가로 소요되는 감독 또는 감리비용은 당해 공사예산중 낙찰차액(예정가격과 낙찰금액간의	② 각 중앙관서의 장 또는 계약담당공무원은 계약상대자가 제43조ㆍ제51조 및 제52조의 규정에 의한 보증금을 국채중 등록국채로 납부하는 때에는 국채등록설정동의서를 제출하게 하여야 하며 유가증권취급공무원으로 하여금 정부유가증권취급규정에 의하여 보관하게 하여야 한다. ③ 유가증권취급공무원은 제2항의 규정에 의하여 국채등록필통지서와 질권설정동의서를 제출받은 때에는 부득이한 사유가 없는 한 지체없이 자신을 질권자로 하는 질권설정조치를 하여야 한다. [제목개정 2009.3.5]

국가를 당사자로 하는 계약에 관한 법률	시 행 령	시 행 규 칙
	차액을 말한다)으로 충당할 수 있다. <신설 2003.12.11>	
	제55조(검사) ① 법 제14조제1항에 따른 검사는 계약상대자로부터 해당 계약의 이행을 완료한 사실을 통지받은 날부터 14일(「재난 및 안전관리 기본법」 제3조제1호의 재난이나 경기침체, 대량실업 등으로 인한 국가의 경제위기를 극복하기 위해 재정경제부장관이 기간을 정하여 고시한 경우에는 계약상대자로부터 해당 계약의 이행을 완료한 사실을 통지받은 날부터 7일) 이내에 완료해야 한다. 다만, 재정경제부장관이 정하는 경우에는 7일(본문에 따라 7일 이내에 검사를 완료해야 하는 경우에는 3일)의 범위에서 그 검사기간을 연장할 수 있다. <개정 1999.9.9, 2008.2.29, 2020.5.1, 2025.12.30> ② 제1항의 규정에 의한 검사를 할 때 조사설계용역계약인 경우에는 당해 용역계약	**제55조(보증보험증권등에 의한 보증금 납부)** ① 각 중앙관서의 장 또는 계약담당공무원은 입찰참가자 또는 계약상대자가 제43조·제51조 및 제52조의 규정에 의한 보증금을 영 제37조제2항제1호·제3호 또는 제4호의 규정에 의한 지급보증서·보증보험증권 또는 보증서(이하 "보증보험증권등"이라 한다)로 납부하고자 할 때에는 다음 각 호의 요건이 충족된 것으로 유가증권취급공무원에게 제출하게 하여야 한다. <개정 1996.12.31, 2005.9.8, 2006.12.29> 1. 피보증인의 명의가 대한민국정부일 것 2. 보증금액이 납부하여야 할 보증금액 이상일 것 3. 보증기간은 보증금에 따라 다음 각목

	의 상대자가 조사설계대상사업의 총사업비를 적정하게 산정하였는지의 여부를 함께 검사하여야 한다. ③ 법 제14조제1항 단서에서 "대통령령이 정하는 계약"이라 함은 제54조제1항 각호의 1에 해당하는 계약을 말한다. <개정 2003.12.11> ④ 기본설계(타당성 조사에 관한 내용을 포함한다. 이하 같다)와 실시설계를 구분하여 계약을 체결한 경우에는 제1항의 규정에 의하여 실시설계용역에 대한 이행검사를 하는 때에 실시설계대상사업의 총사업비의 산정이 적정한지의 여부를 기본설계서상의 총사업비와 실시설계서상의 총사업비를 비교하여 검사하여야 한다. 이 경우 기본설계서상의 총사업비와 실시설계서상의 총사업비에 차이가 있는 경우에는 실시설계용역의 계약상대자로 하여금 그 사유를 설명하는 자료를 제출하게 하여야 한다. ⑤ 천재·지변등 불가항력의 사유로 제1항	의 어느 하나에 해당할 것 가. 입찰보증금 (1) 보증기간의 초일 : 입찰서 제출마감일 이전일 것 (2) 보증기간의 만료일 : 입찰서 제출마감일 다음날부터 30일 이후일 것. 다만, 영 제78조의 규정에 의한 공사입찰의 경우에는 입찰서 제출마감일 다음날부터 90일 이후이어야 한다. 나. 계약보증금 (1) 보증기간의 초일 : 계약기간 개시일 (2) 보증기간의 만료일 : 계약기간의 종료일 이후일 것 다. 하자보수보증금 (1) 보증기간의 초일 : 목적물을 인수한 날과 준공검사를 완료한 날 중에서 먼저 도래한 날 (2) 보증기간의 만료일 : 하자담보책임기간 종료일 이후일 것 4. 보증보험증권등에 기재된 보증내용이

국가를 당사자로 하는 계약에 관한 법률	시 행 령	시 행 규 칙
	의 규정에 의한 기간내에 검사를 완료하지 못한 경우에는 당해 사유가 소멸한 날부터 3일이내에 검사를 완료하여야 한다. ⑥ 각 중앙관서의 장 또는 계약담당공무원은 법 제14조제1항의 규정에 의한 검사를 함에 있어서 계약상대자의 계약이행내용의 전부 또는 일부가 계약에 위반되거나 부당함을 발견한 때에는 지체없이 필요한 시정조치를 하여야 한다. 이 경우 계약상대자로부터 그 시정을 완료한 사실을 통지받은 날부터 제1항의 규정에 의한 기간을 계산한다. ⑦ 제58조제3항의 규정에 의한 기성대가 지급시의 기성검사는 법 제13조에 의한 감독을 행하는 자가 작성한 감독조서의 확인으로 갈음할 수 있다. 다만, 동 검사 3회마다 1회는 법 제14조에 의한 검사를 실시하여야 한다. <신설 1996.12.31, 1999.9.9>	입찰참가자 또는 계약상대자의 의무이행과 동일한 내용을 보증하는 것일 것 5. 보증보험증권인 경우에는 보증보험보통보험약관에 규정된 면책사유에 불구하고 국고에 귀속시켜야 할 금액을 보증하는 특약조항이 있을 것 ② 유가증권취급공무원은 보증보험증권등의 제출이 있는 때에는 제1항 각호의 규정에 의한 사항등 기타 필요한 사항을 확인한 후 이를 정부유가증권취급규정에 의하여 보관하여야 한다.

	제56조(검사조서의 작성생략) 법 제14조제2항 단서의 규정에 의하여 검사조서의 작성을 생략할 수 있는 경우는 다음 각호와 같다. <개정 1999.9.9> 1. 계약금액이 3천만원이하인 계약의 경우 2. 매각계약의 경우 3. 전기·가스·수도의 공급계약등 그 성질상 검사조서의 작성을 필요로 하지 아니하는 계약의 경우 **제56조의2(검사를 면제할 수 있는 물품)** 법 제14조제3항에 따라 검사를 하지 않을 수 있는 물품은 다음 각 호와 같다. 다만, 해당 물품이 국민의 생명 보호, 안전, 보건위생 등을 위하여 검사가 필요하다고 인정되거나, 불량 자재의 사용, 다수의 하자 발생, 관계 기관의 결함보상명령 등으로 품질의 확인이 필요한 것으로 인정되는 경우에는 법 제14조제1항에 따른 검사를 해야 한다. <개정 2016.7.28, 2017.1.26, 2019.9.17, 2020.9.29>	**제56조(정기예금증서등에 의한 보증금 납부)** ① 각 중앙관서의 장 또는 계약담당공무원은 입찰참가자 또는 계약상대자가 제43조·제51조 및 제52조의 규정에 의한 보증금을 영 제37조제2항제5호 내지 제7호의 규정에 의한 정기예금증서 또는 수익증권(이하 "정기예금증서등"이라 한다)으로 납부하고자 하는 경우에는 유가증권취급공무원으로 하여금 정부유가증권취급규정에 의하여 수령하게 하여야 한다. ② 제54조제2항 및 제3항의 규정중 질권설정동의서의 제출, 등록국채의 보관, 질권의 설정에 관한 규정은 제1항의 규정에 의하여 정기예금증서 등으로 보증금을 납부하는 경우에 이를 준용한다.

국가를 당사자로 하는 계약에 관한 법률	시 행 령	시 행 규 칙
	1. 「산업표준화법」 제15조에 따라 인증을 받은 제품 2. 「산업표준화법」 제31조의4제2항에 따라 수상자로 선정된 기업등 및 개인이 제조한 제품 3. 「조달사업에 관한 법률」 제18조에 따라 조달청장이 고시한 품질관리능력평가기준에 적합한 자가 제조한 물품 [본조신설 2013.6.17]	
	제57조(감독과 검사직무의 겸직) 제54조의 규정에 의한 감독의 직무와 제55조의 규정에 의한 검사의 직무는 겸할 수 없다. 다만, 다음 각 호의 1에 해당하는 경우에는 그러하지 아니하다. <개정 1996.12.31, 1999.9.9, 2003.12.11> 1. 특별한 기술을 요하는 검사에 있어서 감독을 행하는 자외의 자로 하여금 검사를 행하게 하는 것이 현저하게 곤란한 경우	**제57조(주식에 의한 보증금 납부)** ① 각 중앙관서의 장 또는 계약담당공무원은 입찰참가자 또는 계약상대자가 보증금을 주식(「자본시장과 금융투자업에 관한 법률」 제171조제4항에 따른 예탁증명서로 갈음하는 경우에는 예탁증명서를 말한다)으로 납부하고자 할 때에는 미리 「정부유가증권 취급규칙」에 따른 유가증권취급점(이하 "유가증권취급점"이라 한다)에 납입하게 하여 「한국은행 정부유가증권 취급규칙」에 따라 발행

	2. 유지·보수에 관한 공사등 당해 계약의 이행후 지체없이 검사를 하지 아니하면 그 이행의 확인이 곤란한 경우 3. 계약금액이 3억원이하인 물품의 제조 또는 공사계약의 경우 4. 제54조제1항제1호에 규정한 공사계약의 경우 5. 제55조제7항 본문의 규정에 의하여 감독조서의 확인으로 기성검사를 갈음하는 경우	한 정부보관유가증권납입확인통지서와 함께 해당주식에 대한 양도증서 및 별지 제14호서식의 각서를 유가증권취급공무원에게 제출하게 해야 한다. <개정 1999.9.9, 2005.9.8, 2009.3.5, 2016.2.1, 2021.10.28> ② 유가증권취급점은 제1항에 따라 정부보관유가증권납입서와 주식을 제출받은 때에는 주식의 종류·권면액·기호·번호·장수등과 상장증권인지의 여부를 확인하고 「한국은행 정부유가증권 취급규칙」에 따라 발행하는 정부보관유가증권납입확인통지서의 비고란에 해당주식의 소유자(기명식 주식의 경우에는 최후의 양수인)의 성명을 주식별로 기재하고 해당주식을 제출한 자에게 교부해야 한다. <개정 1999.9.9, 2005.9.8, 2009.3.5, 2016.2.1, 2021.10.28>

국가를 당사자로 하는 계약에 관한 법률	시 행 령	시 행 규 칙
	제58조(대가의 지급) ① 법 제15조제2항에 따라 국고의 부담이 되는 계약의 대가는 제55조에 따른 검사를 완료한 후 계약상대자의 청구를 받은 날부터 5일(「재난 및 안전관리 기본법」 제3조제1호의 재난이나 경기침체, 대량실업 등으로 인한 국가의 경제위기를 극복하기 위해 재정경제부장관이 기간을 정하여 고시한 경우에는 계약상대자의 청구를 받은 날부터 3일) 이내에 지급해야 한다. 이 경우 계약당사자와 합의하여 5일을 초과하지 않는 범위에서 대가의 지급기한을 연장할 수 있는 특약을 정할 수 있다. <개정 2006.12.29, 2009.6.29, 2020.5.1, 2025.12.30> ② 천재·지변등 불가항력의 사유로 지급기한내에 대가를 지급할 수 없게 된 경우에는 당해 사유가 소멸된 날부터 3일이내에 대가를 지급하여야 한다. <개정 1996.12.31> ③ 법 제15조의 규정에 의하여 기성부분 또는 기납부분에 대한 대가를 지급하는	**제58조(주식양도증서)** 제57조의 규정에 의하여 제출하는 주식의 양도증서는 다음 각호의 규정에 의하여 작성된 것이어야 한다. 1. 양수인의 성명과 양도일자를 기재하지 아니한 것일 것 2. 양도인의 인감에 대하여 당해주식발행회사의 대조확인필인이 있을 것 3. 발행회사가 서로 다른 여러 종류의 주식을 제출한 때에는 주식발행회사별 주식양도증서일 것

	경우에는 제1항의 규정에 불구하고 계약수량, 이행의 전망, 이행기간등을 참작하여 적어도 30일마다 지급하여야 한다. <개정 1996.12.31> ④ 제3항에 따른 대가 지급시에는 제55조에 따른 검사를 완료하는 날 이전까지 계약상대자로 하여금 대가지급 청구를 하게 할 수 있으며, 검사완료일부터 5일 이내에 검사된 내용에 따라 대가를 확정하여 지급하여야 한다. 다만, 계약상대자가 검사완료일후에 대가의 지급을 청구한때에는 그 청구를 받은 날부터 5일 이내에 지급하여야 한다. <신설 1996.12.31, 2009.6.29> ⑤ 각 중앙관서의 장 또는 계약담당공무원은 제1항 또는 제4항의 규정에 의한 대가지급의 청구를 받은 후 그 청구내용의 전부 또는 일부가 부당함을 발견한 때에는 그 사유를 명시하여 계약상대자에게 당해 청구서를 반송할 수 있다. 이 경우 반송한 날부터 재청구를 받은 날까지 기간은 제1	

국가를 당사자로 하는 계약에 관한 법률	시 행 령	시 행 규 칙
	항 또는 제4항의 지급기간에 이를 산입하지 아니한다. <개정 1996.12.31> ⑥ 제1항 및 제2항에 따른 기간을 산정하는 경우에는 공휴일 및 토요일을 제외한다. <신설 2006.12.29>	
	제59조(대가지급지연에 대한 이자) 법 제15조제2항의 규정에 의하여 각 중앙관서의 장 또는 계약담당공무원이 대금지급청구를 받은 경우에 제58조의 규정에 의한 대가지급기한(국고채무부담행위에 의한 계약의 경우에는 다음 회계연도 개시 후 「국가재정법」에 의하여 당해 예산이 배정된 날부터 20일)까지 대가를 지급하지 못하는 경우에는 지급기한의 다음날부터 지급하는 날까지의 일수(이하 "대가지급지연일수"라 한다)에 당해 미지급금액 및 지연발생 시점의 금융기관 대출평균금리(한국은행 통계월보상의 대출평균금리를 말한다)를 곱하여 산출한 금액을 이자로	**제59조(보증금의 납부확인)** 세입세출외 현금출납공무원 또는 유가증권취급공무원은 제43조·제51조 및 제52조의 규정에 의한 보증금을 소정절차에 따라 납부받은 때에는 그 보증금 납부서에 납부확인인을 찍어 이를 지체없이 소속 중앙관서의 장 또는 계약담당공무원에게 송부하여야 한다.

	지급하여야 한다. <개정 2005.9.8, 2006.5.25, 2006.12.29>	
	제60조(공사계약의 하자담보책임기간) ① 각 중앙관서의 장 또는 계약담당공무원은 공사의 도급계약을 체결할 때에는 전체 목적물을 인수한 날과 준공검사를 완료한 날 중에서 먼저 도래한 날(공사계약의 부분 완료로 관리·사용이 이루어지고 있는 경우에는 부분 목적물을 인수한 날과 공고에 따라 관리·사용을 개시한 날 중에서 먼저 도래한 날을 말한다)부터 1년 이상 10년 이하의 범위에서 재정경제부령이 정하는 기간동안 해당 공사의 하자보수를 보증하기 위한 하자담보책임기간을 정하여야 한다. 다만, 공사의 성질상 하자보수가 필요하지 아니한 경우로서 재정경제부령이 정하는 경우에는 그러하지 아니하다. <개정 1999.9.9, 2008.2.29, 2013.12.30, 2014.11.4, 2025.12.30> ② 장기계속공사에 있어서는 연차계약별로 제1항의 규정에 의한 하자담보책임기	**제60조(보증기간중 의무)** 각 중앙관서의 장 또는 계약담당공무원은 보증기간중 당해 보증보험계약등의 약관·특약 또는 「상법」에 의하여 피보험자에게 주어진 다음 각 호의 의무를 성실히 이행하여야 한다. <개정 2005.9.8> 1. 「상법」 제652조의 규정에 의한 위험의 변경 또는 증가의 통지의무 2. 「상법」 제657조의 규정에 의한 보험사고발생의 통지의무 3. 「상법」 제680조의 규정에 의한 손해방지의 의무 4. 약관의 규정에 의한 조사승낙의 의무 5. 기타 약관 또는 특약에서 정한 의무

국가를 당사자로 하는 계약에 관한 법률	시 행 령	시 행 규 칙
	간을 정한다. 다만, 연차계약별로 하자담보책임을 구분할 수 없는 공사인 경우에는 제1차계약을 체결할 때에 총공사에 대하여 하자담보책임기간을 정하여야 한다. <신설 1999.9.9>	
	제61조(하자검사) ① 각 중앙관서의 장 또는 계약담당공무원은 제60조의 규정에 의한 하자담보책임기간중 연 2회이상 정기적으로 하자를 검사하거나 소속공무원에게 그 사무를 위임하여 검사하게 하여야 한다. ② 제1항의 규정에 의한 하자검사가 특히 전문적인 지식 또는 기술을 필요로 하거나 예정가격의 100분의 86 미만으로 낙찰된 공사로서 「시설물의 안전 및 유지관리에 관한 특별법」 제2조제1호의 규정에 의한 시설물에 대한 것인 경우에는 각 중앙관서의 장 또는 계약담당공무원은 전문기관에 의뢰하여 필요한 검사를	**제61조(보증보험증권등의 보증기간의 연장)** 각 중앙관서의 장 또는 계약담당공무원은 계약의 체결일을 연기하거나 계약의 이행기간 또는 하자담보책임기간을 연장하고자 할 때에는 계약상대자로 하여금 당초의 보증기간 내에 그 연장하고자 하는 기간을 가산한 기간을 보증기간으로 하여 제55조의 규정에 적합하게 보증보험증권등을 유가증권취급공무원에게 제출하게 하여야 한다.

하여야 한다. <개정 2003.12.11, 2005.9.8, 2018.1.16>

③ 제1항 및 제2항의 규정에 의하여 하자를 검사하는 자는 하자검사조서를 작성하여야 한다. 다만, 계약금액이 3천만원이하인 공사계약의 경우에는 하자검사조서의 작성을 생략할 수 있다. <개정 1999.9.9>

제62조(하자보수보증금) ① 법 제18조의 규정에 의한 하자보수보증금은 재정경제부령이 정하는 바에 의하여 계약금액의 100분의 2이상 100분의 10이하로 하여야 한다. 다만, 공사의 성질상 하자보수가 필요하지 아니한 경우로서 재정경제부령이 정하는 경우에는 하자보수보증금을 납부하지 아니하게 할 수 있다. <개정 1999.9.9, 2008.2.29, 2025.12.30>

② 각 중앙관서의 장 또는 계약담당공무원은 제1항의 규정에 의한 하자보수보증금을 당해 공사의 준공검사후 그 공사의 대가를 지급하기 전까지 납부하게 하고 제60조의 규정에 의한 하자담보책임기

국가를 당사자로 하는 계약에 관한 법률	시 행 령	시 행 규 칙
	간동안 보관하여야 한다. ③ 장기계속공사에 있어서는 연차계약별로 제1항 및 제2항의 규정에 의한 하자보수보증금을 납부하게 하여야 한다. 다만, 연차계약별로 하자담보책임을 구분할 수 없는 공사인 경우에는 총공사의 준공검사 후 하자보수보증금을 납부하게 하여야 한다. <신설 1999.9.9> ④ 법 제18조제1항 단서의 규정에 의하여 하자보수보증금의 납부를 면제할 수 있는 경우는 다음 각 호와 같다. <개정 1996.12.31> 1. 삭제 <2010.7.21> 2. 제37조제3항제1호 내지 제4호에 규정된 자와 계약을 체결한 경우 ⑤ 제37조제2항ㆍ제4항 및 제38조의 규정은 하자보수보증금의 납부 및 국고귀속의 경우에 이를 준용한다. <개정 1998.2.2>	

	제63조(하자보수보증금의 직접사용) ① 법 제18조제3항 단서에 따라 하자보수보증금을 해당 하자의 보수를 위하여 직접 사용하고자 할 때에는 해당 하자보수보증금을 세입으로 납입하지 아니하고 세입·세출외로 구분하여 회계처리 한다. <개정 2015.12.31> ② 제1항의 규정에 의한 하자보수보증금의 직접사용에 관한 절차는 재정경제부령으로 정한다. <개정 1999.9.9, 2008.2.29, 2025.12.30>	
	제64조(물가변동으로 인한 계약금액의 조정) ① 각 중앙관서의 장 또는 계약담당공무원은 법 제19조의 규정에 의하여 국고의 부담이 되는 계약을 체결(장기계속공사 및 장기물품제조등의 경우에는 제1차 계약의 체결을 말한다)한 날부터 90일이상 경과하고 동시에 다음 각 호의 어느 하나에 해당되는 때에는 재정경제부령이 정하는 바에 의하여 계약금액(장기계속공사 및 장기물품제조등의 경우에는 제1차 계약체결시 부기한 총공사 및 총제조	**제62조(계약금액변경시의 보증금의 조정 및 추가납부등)** 각 중앙관서의 장 또는 계약담당공무원은 영 제64조 내지 제66조의 규정에 의하여 계약금액이 조정된 때에는 이에 상응하는 금액의 보증금을 추가로 납부하게 하거나 계약상대자의 요청에 의하여 이를 반환하여야 한다. **제63조(보증금의 반환)** ① 각 중앙관서의 장 또는 계약담당공무원은 영 제37조·제50조 및 제62조의 규정에 의하여 납부된 보증금의 보증목적이 달성된 때에는 계약

국가를 당사자로 하는 계약에 관한 법률	시 행 령	시 행 규 칙
	등의 금액을 말한다. 이하 이 장에서 같다)을 조정한다. 이 경우 조정기준일(조정사유가 발생한 날을 말한다. 이하 이 조에서 같다)부터 90일 이내에는 이를 다시 조정하지 못한다. <개정 1998.2.24, 1999.9.9, 2004.4.6, 2005.9.8, 2006.12.29, 2008.2.29, 2024.12.24, 2025.12.30> 1. 입찰일[수의계약(제28조제2항에 따라 준용되는 같은 조 제1항의 수의계약은 제외한다)의 경우에는 계약체결일을, 2차 이후의 계약금액 조정의 경우에는 직전 조정기준일을 말한다. 이하 이 항 및 제6항에서 같다]을 기준일로 하여 재정경제부령으로 정하는 바에 따라 산출된 품목조정률이 100분의3 이상 증감된 때 <개정 2024.12.24> 2. 입찰일을 기준일로 하여 재정경제부령이 정하는 바에 의하여 산출된 지수조정률이 100분의 3 이상 증감된 때	상대자의 요청에 의하여 즉시 이를 반환하도록 하여야 한다. ② 하자담보책임기간이 서로 다른 공종이 복합된 건설공사에 있어서는 제70조의 규정에 의한 공종별 하자담보책임기간이 만료되어 보증목적이 달성된 공종의 하자보수보증금은 계약상대자의 요청이 있을 때에는 즉시 이를 반환하여야 한다. **제64조(보증금등의 국고귀속)** ① 각 중앙관서의 장 또는 계약담당공무원은 영 제38조제1항의 규정에 의하여 제43조 · 제51조 및 제52조의 규정에 따라 납부된 보증금을 국고에 귀속하여야 할 사유가 발생한 경우에는 다음 각 호의 방법에 의하여 당해보증금을 처리하여야 한다. <개정 2003.12.12> 1. 현금의 경우에는 세입세출외현금출납공무원과 관계수입징수관에게 그 뜻

	② 각 중앙관서의 장 또는 계약담당공무원은 제1항의 규정에 의하여 계약금액을 조정함에 있어서 동일한 계약에 대하여는 제1항 각호의 방법중 하나의 방법에 의하여야 하며, 계약을 체결할 대에 계약서에 계약상대자가 제1항제2호의 방법을 원하는 경우 외에는 동항제1호의 방법으로 계약금액을 조정한다는 뜻을 명시하여야 한다. <개정 1999.9.9, 2005.9.8> ③「국고금관리법 시행령」제40조의 규정에 의하여 당해 계약상대자에게 선금을 지급한 것이 있는 때에는 제1항의 규정에 의하여 산출한 증가액에서 재정경제부령이 정하는 바에 의하여 산출한 금액을 공제한다. <개정 1999.9.9, 2002.12.30, 2005.9.8, 2008.2.29, 2025.12.30> ④ 각 중앙관서의 장 또는 계약담당공무원은 관계법령에 의하여 최고판매가격이 고시되는 물품을 구매하는 경우 기타 제1항의 규정을 적용하여서는 물품을 조달하기 곤란한 경우에는 계약체결시에 계	을 통지하여 수입금으로 징수하도록 요청하여야 한다. 2. 유가증권인 경우에는 유가증권취급공무원에게 그 뜻을 통지하여 정부유가증권취급규정에 의하여 정부소유유가증권으로 처리하도록 요청하여야 한다. 이 경우 등록국채에 있어서는 그 뜻을 유가증권취급점과 유가증권취급공무원에게 통지하여야 한다. 3. 보증보험증권등인 경우에는 관계수입징수관·유가증권취급공무원 및 관계보증기관에 그 뜻을 통지하고 당해보증금을 수입금으로 징수함에 있어서 필요한 조치를 하게 하여야 한다. 4. 정기예금증서등인 경우에는 관계수입징수관·유가증권취급공무원 및 당해금융기관에 그 뜻을 통지하고 당해 보증금을 수입으로 징수함에 필요한 조치를 하게 하여야 한다. ② 삭제 <2010.7.21>

국가를 당사자로 하는 계약에 관한 법률	시 행 령	시 행 규 칙
	약금액의 조정에 관하여 제1항의 규정과 달리 정할 수 있다. <신설 1999.9.9> ⑤ 제1항의 규정을 적용함에 있어서 천재·지변 또는 원자재의 가격급등으로 인하여 당해 조정제한기간내에 계약금액을 조정하지 아니하고는 계약이행이 곤란하다고 인정되는 경우에는 동항의 규정에도 불구하고 계약을 체결한 날 또는 직전 조정기준일부터 90일 이내에 계약금액을 조정할 수 있다. <신설 2004.4.6, 2005.9.8> ⑥ 제1항 각 호에도 불구하고 각 중앙관서의 장 또는 계약담당공무원은 공사계약의 경우 특정규격의 자재(해당 공사비를 구성하는 재료비·노무비·경비 합계액의 1천분의 5를 초과하는 자재만 해당한다)별 가격변동으로 인하여 입찰일을 기준일로 하여 산정한 해당자재의 가격증감률이 100분의 15이상인 때에는 그 자재에 한하여 계약금액을 조정한다.	

	<신설 2006.12.29, 2010.7.21, 2023.11.16> ⑦ 각 중앙관서의 장 또는 계약담당공무원은 환율변동을 원인으로 하여 제1항에 따른 계약금액 조정요건이 성립된 경우에는 계약금액을 조정한다. <신설 2008.12.31> ⑧ 제1항에도 불구하고 각 중앙관서의 장 또는 계약담당공무원은 단순한 노무에 의한 용역으로서 재정경제부령으로 정하는 용역에 대해서는 예정가격 작성 이후 노임단가가 변동된 경우 노무비에 한정하여 계약금액을 조정한다. <신설 2018.3.6, 2025.12.30>	
	제65조(설계변경으로 인한 계약금액의 조정) ① 각 중앙관서의 장 또는 계약담당공무원은 공사계약의 경우 설계변경으로 공사량의 증감이 발생한 때에는 법 제19조에 따라 해당 계약금액을 조정한다. 다만, 제14조제7항 단서에 따라 입찰에 참가하려는 자가 물량내역서를 직접 작성하고 단가를 적은 산출내역서를 제출하는 경우로서 그 물량내역서의 누락 사항이나 오	**제65조(희망수량경쟁입찰의 입찰보증금 국고귀속)** 최후순위의 낙찰자가 그 의무를 이행하지 아니하여 입찰보증금을 국고에 귀속시키는 경우 당해 낙찰자의 낙찰수량에 대하여 제47조제2항의 규정이 적용된 때에는 그 낙찰된 수량에 비례한 입찰보증금만을 국고에 귀속시켜야 한다.

국가를 당사자로 하는 계약에 관한 법률	시 행 령	시 행 규 칙
	류 등으로 설계변경이 있는 경우에는 그 계약금액을 변경할 수 없다. <개정 2007.10.10, 2010.7.21, 2022.6.14> ② 계약담당공무원은 예정가격의 100분의 86 미만으로 낙찰된 공사계약의 계약금액을 제1항에 따라 증액조정하려는 경우로서 해당 증액조정금액(2차 이후의 계약금액 조정에 있어서는 그 전에 설계변경으로 인하여 감액 또는 증액조정된 금액과 증액조정하려는 금액을 모두 합한 금액을 말한다)이 당초 계약서의 계약금액(장기계속공사의 경우에는 제69조제2항에 따라 부기된 총공사금액을 말한다)의 100분의 10 이상인 경우에는 제94조제1항에 따른 계약심의위원회, 「국가재정법 시행령」 제49조에 따른 예산집행심의회 또는 「건설기술 진흥법 시행령」 제19조에 따른 기술자문위원회(이하 "기술자문위원회"라 한다)의 심의를 거쳐 소속중앙관서의 장의 승인을 얻어야	

	한다. <개정 2003.12.11, 2005.9.8, 2006.5.25, 2006.12.29, 2014.5.22, 2015.6.22> ③ 제1항의 규정에 의하여 계약금액을 조정함에 있어서는 다음 각 호의 기준에 의 한다. <개정 1996.12.31, 2005.9.8> 1. 증감된 공사량의 단가는 제14조제6항 또는 제7항의 규정에 의하여 제출한 산출내역서상의 단가(이하 "계약단가"라 한다)로 한다. 다만, 계약단가가 제9조의 규정에 의한 예정가격의 단가(이하 "예정가격단가"라 한다)보다 높은 경우로서 물량이 증가하게 되는 경우 그 증가된 물량에 대한 적용단가는 예정가격단가로 한다. 2. 계약단가가 없는 신규비목의 단가는 설계변경 당시를 기준으로 하여 산정한 단가에 낙찰률을 곱한 금액으로 한다. 3. 정부에서 설계변경을 요구한 경우(계약상대자에게 책임이 없는 사유로 인한 경우를 포함한다)에는 제1호 및 제2	

국가를 당사자로 하는 계약에 관한 법률	시 행 령	시 행 규 칙
	호의 규정에 불구하고 증가된 물량 또는 신규비목의 단가는 설계변경당시를 기준으로 하여 산정한 단가와 동단가에 낙찰률을 곱한 금액의 범위안에서 계약당사자간에 협의하여 결정한 다. 다만, 계약당사자간에 협의가 이루어지지 아니하는 경우에는 설계변경당시를 기준으로 하여 산정한 단가와 동단가에 낙찰률을 곱한 금액을 합한 금액의 100분의 50으로 한다. ④ 각 중앙관서의 장 또는 계약담당공무원은 계약상대자가 새로운 기술·공법 등을 사용함으로써 공사비의 절감, 시공기간의 단축등에 효과가 현저할 것으로 인정되어 계약상대자의 요청에 의하여 필요한 설계변경을 한 때에는 계약금액의 조정에 있어서 당해절감액의 100분의 30에 해당하는 금액을 감액한다. <개정 1999.9.9, 2003.12.11, 2008.12.31>	

	⑤ 제4항의 경우 새로운 기술·공법 등의 범위와 한계에 관하여 이의가 있을 때에는 기술자문위원회(기술자문위원회가 설치되어 있지 아니한 경우에는 「건설기술진흥법」 제5조에 따른 건설기술심의 위원회를 말한다)의 심의를 받아야 한다. 이 경우 새로운 기술·공법 등의 범위와 한계, 이의가 있을 경우의 처리방법 등 세부적인 시행절차는 각 중앙관서의 장이 정한다. <개정 2008.12.31, 2014.5.22> ⑥ 계약금액의 증감분에 대한 일반관리비 및 이윤등은 제14조제6항 또는 제7항의 규정에 의하여 제출한 산출내역서상의 일반관리비율 및 이윤율등에 의하되 재정경제부령이 정하는 율을 초과할 수 없다. <개정 1996.12.31, 1999.9.9, 2008.2.29, 2025.12.30> ⑦ 제1항 내지 제6항의 규정은 제조·용역 등의 계약에 있어서 계약금액을 조정하는 경우에 이를 준용할 수 있다.	

국가를 당사자로 하는 계약에 관한 법률	시 행 령	시 행 규 칙
	제66조(기타 계약내용의 변경으로 인한 계약금액의 조정) ① 각 중앙관서의 장 또는 계약담당공무원은 법 제19조의 규정에 의하여 공사·제조등의 계약에 있어서 제64조 및 제65조의 규정에 의한 경우외에 공사기간·운반거리의 변경등 계약내용의 변경으로 계약금액을 조정하여야 할 필요가 있는 경우에는 그 변경된 내용에 따라 실비를 초과하지 아니하는 범위안에서 이를 조정한다. <개정 1996.12.31> ② 각 중앙관서의 장 또는 계약담당공무원은 단순한 노무에 의한 용역으로서 재정경제부령으로 정하는 용역에 대해서는 「최저임금법」에 따른 최저임금액이 변동되어 당초의 계약금액(제64조제8항에 따라 계약금액 조정을 하는 경우를 포함한다)으로는 최저임금 지급이 곤란하다고 인정하는 경우로서 재정경제부장관이 정하는 요건에 해당하는 경우 계약금액을 조정한다. <신설 2018.3.6,	**제66조(공사계약에 있어서의 이행보증)** ① 삭제 <2010.7.21> ② 각 중앙관서의 장 또는 계약담당공무원은 영 제52조의 규정에 의하여 공사이행보증서를 제출한 경우로서 계약상대자가 계약상의 의무를 이행하지 아니하는 경우에는 지체없이 공사이행보증서 발급기관에 그 의무를 이행할 것을 청구하여야 한다. <개정 1996.12.31, 2010.7.21> ③ 각 중앙관서의 장 또는 계약담당공무원은 제2항의 규정에 의한 청구에 의하여 공사이행보증서 발급기관이 지정한 업체(이하 "보증이행업체"라 한다)가 그 의무를 이행한 경우에는 계약금액중 보증이행업체가 이행한 부분에 상당하는 금액을 공사이행보증서 발급기관에 지급할 수 있도록 계약을 체결할 때에 미리 필요한 조치를 하여야 한다. <개정 1996.12.31, 2010.7.21>

	2025.12.30> ③ 제65조제6항의 규정은 제1항의 경우에 이를 준용한다. <개정 2018.3.6>	④ 각 중앙관서의 장 또는 계약담당공무원은 제1항 및 제3항의 규정에 의하여 보증이행업체로 된 자가 부적격하다고 인정되는 경우에는 계약상대자 또는 공사이행보증서 발급기관에 보증이행업체의 변경을 청구할 수 있다. <개정 1996.12.31, 2010.7.21> ⑤ 제1항 내지 제4항의 규정은 용역계약의 경우에 이를 준용할 수 있다. <개정 1996.12.31> ⑥ 삭제 <1996.12.31> [제목개정 1996.12.31]
	제67조(회계연도 개시 전의 계약) 각 중앙관서의 장 또는 계약담당공무원은 법 제20조의 규정에 의하여 회계연도 개시 전에 계약을 체결하고자 할 때에는 그 회계연도 개시일 이후에 계약의 효력이 발생하도록 하여야 한다. [전문개정 2005.9.8]	**제67조(감독 및 검사)** 법 제13조 및 법 제14조의 규정에 의하여 감독 또는 검사를 한 자는 감독 또는 검사의 결과 계약이행의 내용이 당초의 계약내용에 적합하지 아니한 때에는 그 사실 및 조치에 관한 의견을 감독조서 또는 검사조서에 기재하여 소속 중앙관서의 장 또는 계약담당공무원에게 제출하여야 한다.

국가를 당사자로 하는 계약에 관한 법률	시 행 령	시 행 규 칙
	제68조(공사의 분할계약금지) ① 각 중앙관서의 장 또는 계약담당공무원은 재정경제부장관이 정하는 동일 구조물공사 및 단일공사로서 설계서등에 의하여 전체 사업내용이 확정된 공사는 이를 시기적으로 분할하거나 공사량을 분할하여 계약할 수 없다. 다만, 다음 각 호의 어느 하나에 해당하는 공사의 경우에는 그러하지 아니하다. <개정 1996.12.31, 1999.9.9, 2002. 7.30, 2008.2.29, 2013.12.30, 2025.12.30> 1. 다른 법률에 의하여 다른 업종의 공사와 분리 발주할 수 있도록 규정된 공사 2. 공사의 성질이나 규모등에 비추어 분할시공함이 효율적인 공사 3. 하자책임구분이 용이하고 공정관리에 지장이 없는 다음 각 목의 어느 하나에 해당하는 공사로서 분리 시공하는 것이 효율적이라고 인정되는 공사 가. 설계서가 별도로 작성되는 공사 나. 공사의 성격상 공사의 종류별로 시공	**제68조(감독 및 검사의 실시에 관한 세부사항)** 각 중앙관서의 장은 필요하다고 인정할 때에는 감독 또는 검사에 관한 세부요령을 정할 수 있다.

	의 목적물, 시기와 장소 등이 명확히 구분되는 공사 ② 각 중앙관서의 장은 공사의 예산 편성과 기본설계 등 사업의 계획 단계부터 제1항에 따른 분할·분리 계약의 가능 여부를 검토하여야 한다. <신설 2013.12.30>	
	제69조(장기계속계약 및 계속비계약) ① 다음 각 호의 어느 하나에 해당하는 계약으로서 법 제21조에 따라 장기계속계약을 체결하려는 경우에는 각 소속중앙관서의 장의 승인을 받아 단가에 대한 계약으로 체결할 수 있다. <개정 2014.11.4> 1. 운송·보관·시험·조사·연구·측량·시설관리등의 용역계약 또는 임차계약 2. 전기·가스·수도등의 공급계약 3. 장비, 정보시스템 및 소프트웨어의 유지보수계약 ② 장기계속공사는 낙찰등에 의하여 결정된 총공사금액을 부기하고 당해 연도의 예산의 범위안에서 제1차공사를 이행하	**제69조(감독 및 검사를 위탁한 경우의 확인)** 각 중앙관서의 장 또는 계약담당공무원은 법 제13조제1항 단서 및 법 제14조제1항 단서의 규정에 의하여 감독 또는 검사를 전문기관으로 하여금 수행하게 하는 경우에는 그 결과를 문서로 통보받아 이를 확인하여야 한다.

국가를 당사자로 하는 계약에 관한 법률	시 행 령	시 행 규 칙
	도록 계약을 체결하여야 한다. 이 경우 제2차공사이후의 계약은 부기된 총공사금액(제64조 내지 제66조의 규정에 의한 계약금액의 조정이 있는 경우에는 조정된 총공사금액을 말한다)에서 이미 계약된 금액을 공제한 금액의 범위안에서 계약 을 체결할 것을 부관으로 약정하여야 한다. ③ 장기물품제조등과 정보시스템 구축사업(구축사업과 함께 해당 정보시스템의 운영 및 유지보수사업을 포괄하여 계약을 체결하는 경우를 포함한다)의 계약체결방법에 관하여는 제2항을 준용한다. <개정 2014.11.4> ④ 제2항 및 제3항의 규정에 의한 제1차 및 제2차이후의 계약금액은 총공사·총제조등의 계약단가에 의하여 결정한다. ⑤ 계속비예산으로 집행하는 공사에 있어서는 총공사와 연차별공사에 관한 사항을 명백히 하여 계약을 체결하여야 한다.	

	제70조(개산계약) ① 각 중앙관서의 장 또는 계약담당공무원은 법 제23조의 규정에 의하여 개산계약을 체결하고자 할 때에는 미리 개산가격을 결정하여야 한다. <개정 1996.12.31> ② 각 중앙관서의 장은 제1항의 규정에 의하여 개산계약을 체결하고자 할 때에는 입찰전에 계약목적물의 특성·계약수량 및 이행기간등을 고려하여 원가검토에 필요한 기준 및 절차 등을 정하여야 하며, 이를 입찰에 참가하고자 하는 자가 열람할 수 있도록 하여야 한다. <개정 1996.12.31> ③ 계약담당공무원은 제1항의 규정에 의하여 개산계약을 체결한 때에는 이를 감사원에 통지하여야 하며, 계약의 이행이 완료된 후에는 제9조 및 제2항의 규정에 의한 기준등에 따라 정산하여 소속중앙관서의 장의 승인을 얻어야 한다. <신설 1996.12.31>	**제70조(하자담보책임기간)** ① 각 중앙관서의 장 또는 계약담당공무원은 영 제60조 제1항 본문에 따라 공사계약을 체결할 때에 다음 각 호의 구분에 따른 공사의 종류별 구분에 따라 하자담보책임기간을 정해야 한다. 다만, 제7호를 제외한 각 공사의 종류 간의 하자책임을 구분할 수 없는 복합공사인 경우에는 주된 공사의 종류를 기준으로 하여 하자담보책임기간을 정해야 한다. <개정 1999.9.9, 2014.11.4, 2019.9.17> 1. 「건설산업기본법」에 따른 건설공사(제2호의 공사는 제외한다) : 「건설산업기본법 시행령」 제30조 및 [별표 4]에 따른 기간 2. 「건설산업기본법」에 따른 건설공사 중 자갈도상 철도공사(궤도공사 부분으로 한정한다): 1년 3. 「공동주택관리법」에 따른 공동주택건설공사 : 「공동주택관리법 시행령」 제36조제1항 및 별표 4에 따른 기간

국가를 당사자로 하는 계약에 관한 법률	시 행 령	시 행 규 칙
		4.「전기공사업법」에 따른 전기공사:「전기공사업법 시행령」 제11조의2 및 [별표 3의2]에 따른 기간 5.「정보통신공사업법」에 따른 정보통신공사 :「정보통신공사업법 시행령」 제37조에 따른 기간 6.「소방시설공사업법」에 따른 소방시설공사 :「소방시설공사업법 시행령」 제6조에 따른 기간 7.「문화재수리 등에 관한 법률」에 따른 문화재 수리공사 :「문화재수리 등에 관한 법률 시행령」 제19조 및 [별표 9]에 따른 기간 8.「지하수법」에 따른 지하수개발·이용시설공사나 그 밖의 공사와 관련한 법령에 따른 공사 : 1년 ② 영 제60조제1항 단서의 규정에 의하여 하자담보책임기간을 정하지 아니하는 경우는 제72조제2항 각호의 공사로 한다. <개정 1999.9.9>

	제71조(종합계약) 재정경제부장관은 법 제24조의 규정에 의한 종합계약의 체결에 있어서 필요하다고 인정할 때에는 종합계약의 체결방법 기타 필요한 사항을 정할 수 있다. <개정 1999.9.9, 2008.2.29, 2025.12.30>	**제71조(하자검사)** ① 영 제61조의 규정에 의하여 하자검사를 하는 자는 제70조의 규정에 의한 하자담보책임기간중 연 2회이상 정기적으로 하자검사를 하여야 하며, 하자담보책임기간이 만료되는 때에는 지체없이 따로 검사를 하여야 한다. ② 각 중앙관서의 장 또는 계약담당공무원은 영 제61조제2항의 규정에 의하여 하자검사를 전문기관에 의뢰하는 경우에는 그 결과를 문서로 통보받아 이를 확인하여야 한다. ③ 각 중앙관서의 장 또는 계약담당공무원은 제1항 및 제2항의 규정에 의한 하자검사결과 하자가 발견된 때에는 지체없이 필요한 조치를 하여야 한다. ④ 각 중앙관서의 장 또는 계약담당공무원은 하자검사를 하는 때에는 당해공사에 대한 하자보수관리부를 비치하고 다음 각 호의 사항을 기록·유지하여야 한다. 1. 공사명 및 계약금액 2. 계약상대자

국가를 당사자로 하는 계약에 관한 법률	시 행 령	시 행 규 칙
		3. 준공연월일 4. 하자발생내용 및 처리사항 5. 기타 참고사항
	제72조(공동계약) ① 법 제25조의 규정에 의한 공동계약의 체결방법 기타 필요한 사항은 재정경제부장관이 정한다. <개정 1999.9.9, 2008.2.29, 2025.12.30> ② 각 중앙관서의 장 또는 계약담당공무원이 경쟁에 의하여 계약을 체결하고자 할 경우에는 계약의 목적 및 성질상 공동계약에 의하는 것이 부적절하다고 인정되는 경우를 제외하고는 가능한 한 공동계약에 의하여야 한다. ③ 각 중앙관서의 장 또는 계약담당공무원은 제2항에 따른 공동계약을 체결할 때 다음 각 호의 어느 하나에 해당하는 사업인 경우에는 공사현장을 관할하는 특별시·광역시·특별자치시·도 및 특별자치도에 법인등기부상 본점소재지가 있는 자 중 1인 이상을 공동수급체의 구성	**제72조(하자보수보증금률)** ① 각 중앙관서의 장 또는 계약담당공무원은 공사계약을 체결할 때에 영 제62조제1항 본문의 규정에 의하여 다음 각호의 공종(각 공종간의 하자책임을 구분할 수 없는 복합공사인 경우에는 주된 공종을 말한다)구분에 의하여 계약금액에 대한 하자보수보증금률을 정하여야 한다. 1. 철도·댐·터널·철강교설치·발전설비·교량·상하수도구조물등 중요구조물공사 및 조경공사 : 100분의 5 2. 공항·항만·삭도설치·방파제·사방·간척등 공사 : 100분의 4 3. 관개수로·도로(포장공사를 포함한다)·매립·상하수도관로·하천·일반건축등 공사 : 100분의 3

원으로 해야 한다. 다만, 해당 지역에 공사의 이행에 필요한 자격을 갖춘 자가 10인 미만인 경우에는 그렇지 않다. <개정 1999.9.9, 2002.3.25, 2006.12.29, 2009.6.29, 2010.7.21, 2011.2.9, 2016.9.2, 2020.2.18, 2020.4.7, 2025.12.30>

1. 추정가격이 고시금액 미만이고 건설업 등의 균형발전을 위하여 필요하다고 인정되는 사업
2. 저탄소·녹색성장의 효과적인 추진, 국토의 지속가능한 발전, 지역경제 활성화 등을 위해 특별히 필요하다고 인정하여 재정경제부장관이 고시하는 사업. 다만, 외국건설사업자(「건설산업기본법」 제9조제1항에 따라 건설업의 등록을 한 외국인 또는 외국법인을 말한다)가 계약상대자에 포함된 경우는 제외한다.

④ 제3항의 규정에 의한 공동계약의 경우 공동수급체의 구성원중 당해 지역의 업체와 그외 지역의 업체간에는 「독점규

4. 제1호 내지 제3호외의 공사 : 100분의 2

② 영 제62조제1항 단서에 따라 하자보수보증금을 납부하지 아니하게 할 수 있는 경우는 다음 각 호의 어느 하나의 공사로 한다. <개정 1998.2.23, 2005.9.8, 2013.6.19, 2014.11.4>

1. 「건설산업기본법 시행령」 별표 1에 따른 건설업종의 업무내용 중 구조물 등을 해체하는 공사
2. 단순암반절취공사, 모래·자갈채취공사등 그 공사의 성질상 객관적으로 하자보수가 필요하지 아니한 공사
3. 계약금액이 3천만원을 초과하지 아니하는 공사(조경공사를 제외한다)

국가를 당사자로 하는 계약에 관한 법률	시 행 령	시 행 규 칙
	제 및 공정거래에 관한 법률」에 의한 계열회사가 아니어야 한다. <개정 1999.9.9, 2005.9.8> [대통령령 제30597호(2020.4.7) 부칙 제2조의 규정에 의하여 이 조 제3항제2호는 2029년 12월 31일까지 유효함. 다만, 2029년 12월 31일까지 입찰공고한 사업에 대해서는 그 사업이 종료될 때까지 제72조제3항제2호의 개정규정을 적용한다.] **제72조의2(지식기반사업의 공동계약)** 각 중앙관서의 장 또는 계약담당공무원은 지식기반사업중 수 개의 전문분야가 요구되는 복합사업에 입찰참가자가 공동으로 참가하고자 하는 경우에는 특별한 사유가 없는 한 이를 허용하여야 한다. [본조신설 2003.12.11]	

제73조(사후원가검토조건부 계약) ① 각 중앙관서의 장 또는 계약담당공무원은 입찰전에 예정가격을 구성하는 일부비목별 금액을 결정할 수 없는 경우에는 사후원가검토조건으로 계약을 체결할 수 있다.
② 각 중앙관서의 장은 제1항의 규정에 의한 계약을 체결하고자 할 때에는 입찰전에 계약목적물의 특성·계약수량 및 이행기간등을 고려하여 사후원가검토에 필요한 기준 및 절차 등을 정하여야 하며, 이를 입찰에 참가하고자 하는 자가 열람할 수 있도록 하여야 한다.
③ 계약의 이행이 완료된 후에는 제9조 및 제2항의 규정에 의한 기준등에 따라 원가를 검토하여 정산하여야 한다.
[전문개정 1996.12.31]

제73조의2(건설사업관리용역계약) ① 각 중앙관서의 장 또는 계약담당공무원은 「건설산업기본법」에 따른 공사를 계약함에 있어서 계약목적물의 특성·규모 및 이행기간 등을 고려하여 필요하다고 인정하는

제73조(하자보수보증금의 직접사용) ① 각 중앙관서의 장 또는 계약담당공무원은 영 제63조의 규정에 의하여 하자보수보증금을 직접 사용하고자 할 때에는 세입세출외 현금출납공무원 또는 유가증권취급공무원에게 그 뜻을 통지하고 당해하자보수에 필요한 조치를 하여야 한다.
② 하자보수보증금을 영 제37조제2항의 규정에 의한 보증보험증권등으로 제출하게 한 때에는 제1항의 규정에 의한 통지와 동시에 당해보증기관에 대하여 보증한 금액을 납부할 것을 통지하여야 한다.
③ 제1항에 따라 통지를 받은 유가증권취급공무원은 그가 보관하고 있는 유가증권등에 관하여 다음 각 호의 조치를 하여야 한다. <개정 1999.9.9, 2009.3.5>
1. 하자보수보증금을 영 제37조제2항의 규정에 의한 보증보험증권등으로 보관하고 있는 경우에는 즉시 당해 보증기관에 그 보증채무의 이행을 청구하여야 한다.

국가를 당사자로 하는 계약에 관한 법률	시 행 령	시 행 규 칙
	경우에는 「건설산업기본법」 제2조제8호에 따른 건설사업관리에 관한 업무를 수행할 수 있는 자와 건설사업관리용역계약을 체결할 수 있다. <개정 2011.11.1> ② 제1항에 따른 계약의 체결방법 그 밖에 필요한 사항은 재정경제부장관이 정한다. <개정 2008.2.29, 2025.12.30> [본조신설 2006.5.25]	2. 하자보수보증금을 상장증권인 주식으로 보관하고 있는 경우에는 국유재산에 관한 법령에서 정하는 바에 의하여 매각하여야 하며, 그 매각수수료는 매각대금 중에서 지급한다. 다만, 해당 상장증권의 매각대금이 하자보수보증금상당액에 미달할 것으로 판단되는 경우에는 이를 매각할 수 없다. 3. 하자보수보증금을 상장증권인 국채, 지방채, 국가가 지급보증을 한 채권 또는 사채등 원리금의 상환기일이 확정되어 있는 채권으로 보관하고 있는 경우에는 국유재산에 관한 법령에서 정하는 바에 의하여 매각하여야 하며, 그 매각수수료는 매각대금 중에서 지급한다. 다만, 해당 상장증권의 매각대금이 하자보수보증금상당액에 미달할 것으로 판단되는 경우 또는 해당 상장증권의 최종원리금상환기일이 매각하고자 하는 날부터 30일이내에 도래

하는 경우에는 이를 매각할 수 없다.

4. 하자보수보증금을 영 제37조제2항제5호의 규정에 의한 정기예금증서로 보관하고 있는 경우에는 즉시 당해 금융기관에 현금지급을 청구하여야 한다.

④ 유가증권취급공무원은 보관하고 있는 유가증권등을 제3항의 규정에 의하여 매각하거나 당해보증채무의 이행을 받은 때에는 보증기관 등으로 하여금 그 대금을 직접 세입세출외현금출납공무원에게 납입하도록 하여야 한다.

⑤ 각 중앙관서의 장 또는 계약담당공무원은 하자보수보증금의 직접사용을 위하여 지출원인행위를 한 때에는 그 지출원인행위의 관계서류를 세입세출외현금출납공무원에게 송부하되, 하자보수보증금으로 제출된 상장유가증권이 제3항제2호 또는 제3호의 규정에 의한 방법에 의하여 매각되지 아니한 때에는 지출원인행위를 할 수 없다.

⑥ 세입세출외현금출납공무원은 제5항

국가를 당사자로 하는 계약에 관한 법률	시 행 령	시 행 규 칙
		의 규정에 의하여 지출원인행위 관계서류를 송부받은 때에는 당해 하자보수보증금 중에서 그 하자보수의 대가를 지급하여야 한다. ⑦ 각 중앙관서의 장 또는 계약담당공무원은 제70조제1항의 규정에 의한 하자담보책임기간동안 제6항의 규정에 의한 대가를 지급하고도 잔액이 있는 때에는 제64조제1항의 규정에 의하여 처리하여야 한다. <개정 2000.12.30> **제74조(물가변동으로 인한 계약금액의 조정)** ① 영 제64조제1항제1호의 규정에 의한 품목조정률과 이에 관련된 등락폭 및 등락률 산정은 다음 각호의 산식에 의한다. 이 경우 품목 또는 비목 및 계약금액등은 조정기준일이후에 이행될 부분을 그 대상으로 하며, "계약단가"라 함은 영 제65조제3항제1호에 규정한 각 품목 또는 비목의 계약단가를, "물가변동

당시가격"이라 함은 물가변동당시 산정한 각 품목 또는 비목의 가격을, "입찰당시가격"이라 함은 입찰서 제출마감일 당시 산정한 각 품목 또는 비목의 가격을 말한다. <개정 2005.9.8>

1. 품목조정률 = $\dfrac{\text{각 품목 또는 비목의 수량에 등락폭을 곱하여 산출한 금액의 합계액}}{\text{계약금액}}$

2. 등락폭 = 계약단가 × 등락률

3. 등락률 = $\dfrac{\text{물가변동당시가격 - 입찰당시가격}}{\text{입찰당시가격}}$

② 영 제9조제1항제2호의 규정의 의한 예정가격을 기준으로 계약한 경우에는 제1항제1호 산식중 각 품목 또는 비목의 수량에 등락폭을 곱하여 산출한 금액의 합계액에는 동합계액에 비례하여 증감되는 일반관리비 및 이윤등을 포함하여야 한다.

③ 제1항제1호의 등락폭을 산정함에 있어서는 다음 각 호의 기준에 의한다. <개정 2005.9.8>

1. 물가변동당시가격이 계약단가보다 높

국가를 당사자로 하는 계약에 관한 법률	시 행 령	시 행 규 칙
		고 동 계약단가가 입찰당시가격보다 높을 경우의 등락폭은 물가변동당시가격에서 계약단가를 뺀 금액으로 한다. 2. 물가변동당시가격이 입찰당시가격보다 높고 계약단가보다 낮을 경우의 등락폭은 영으로 한다. ④ 영 제64조제1항제2호에 따른 지수조정률은 계약금액(조정기준일 이후에 이행될 부분을 그 대상으로 한다)의 산출내역을 구성하는 비목군 및 다음 각 호의 지수 등의 변동률에 따라 산출한다. <개정 1999.9.9, 2009.3.5, 2026.1.2> 1. 한국은행이 조사하여 공표하는 생산자물가기본분류지수 또는 수입물가지수 2. 정부·지방자치단체 또는 「공공기관의 운영에 관한 법률」에 따른 공공기관이 결정·허가 또는 인가하는 노임·가격 또는 요금의 평균지수

		3. 제7조제1항제1호의 규정에 의하여 조사·공표된 가격의 평균지수 4. 그 밖에 제1호부터 제3호까지와 유사한 지수로서 재정경제부장관이 정하는 지수 ⑤ 영 제64조제1항의 규정에 의하여 계약금액을 조정함에 있어서 그 조정금액은 계약금액중 조정기준일 이후에 이행되는 부분의 대가(이하 "물가변동적용대가"라 한다)에 품목조정률 또는 지수조정률을 곱하여 산출하되, 계약상 조정기준일전에 이행이 완료되어야 할 부분은 이를 물가변동적용대가에서 제외한다. 다만, 정부에 책임이 있는 사유 또는 천재·지변등 불가항력의 사유로 이행이 지연된 경우에는 물가변동적용대가에 이를 포함한다. ⑥ 영 제64조제3항의 규정에 의하여 선금을 지급한 경우의 공제금액의 산출은 다음 산식에 의한다. 이 경우 영 제69조제2항·제3항 또는 제5항의 규정에 의한

국가를 당사자로 하는 계약에 관한 법률	시 행 령	시 행 규 칙
		장기계속공사계약·장기물품제조계약 또는 계속비예산에 의한 계약등에 있어서의 물가변동적용대가는 당해연도 계약체결분 또는 당해연도 이행금액을 기준으로 한다. 공제금액=물가변동적용대가×(품목조정률 또는 지수조정률)×선금급률 ⑦ 제1항에 따른 물가변동당시가격을 산정하는 경우에는 입찰당시가격을 산정한 때에 적용한 기준과 방법을 동일하게 적용하여야 한다. 다만, 천재·지변 또는 원자재 가격급등 등 불가피한 사유가 있는 경우에는 입찰당시가격을 산정한 때에 적용한 방법을 달리할 수 있다. <개정 1999.9.9, 2005.9.8, 2009.3.5> ⑧ 제1항에 따라 등락률을 산정함에 있어 제23조의3 각 호에 따른 용역계약(2006년 5월 25일 이전에 입찰공고되어 체결된 계약에 한한다)의 노무비의 등락률은 「최저임금법」에 따른 최

		저임금을 적용하여 산정한다. <신설 2006.12.29, 2010.7.21> ⑨ 각 중앙관서의 장 또는 계약담당공무원이 제1항 내지 제7항의 규정에 의하여 계약금액을 증액하여 조정하고자 하는 경우에는 계약상대자로부터 계약금액의 조정을 청구받은 날부터 30일 이내에 계약금액을 조정하여야 한다. 이 경우 예산배정의 지연등 불가피한 사유가 있는 때에는 계약상대자와 협의하여 조정기한을 연장할 수 있으며, 계약금액을 증액할 수 있는 예산이 없는 때에는 공사량 또는 제조량 등을 조정하여 그 대가를 지급할 수 있다. <신설 1999.9.9, 2005.9.8> ⑩ 재정경제부장관은 제4항에 따른 지수조정률의 산출 요령 등 물가변동으로 인한 계약금액의 조정에 관하여 필요한 세부사항을 정할 수 있다. <신설 1999.9.9, 2009.3.5, 2026.1.2>

국가를 당사자로 하는 계약에 관한 법률	시 행 령	시 행 규 칙
		제74조의2(설계변경으로 인한 계약금액의 조정) ① 영 제65조의 규정에 의한 설계변경은 그 설계변경이 필요한 부분의 시공전에 완료하여야 한다. 다만, 각 중앙관서의 장 또는 계약담당공무원은 공정이행의 지연으로 품질저하가 우려되는 등 긴급하게 공사를 수행하게 할 필요가 있는 때에는 계약상대자와 협의하여 설계변경의 시기 등을 명확히 정하고, 설계변경을 완료하기 전에 우선 시공을 하게 할 수 있다. ② 제74조제9항 및 제10항의 규정은 제1항의 규정에 의한 계약금액의 조정에 관하여 이를 준용한다. [본조신설 1999.9.9] **제74조의3(기타 계약내용의 변경으로 인한 계약금액의 조정)** ① 영 제66조의 규정에 의한 공사기간, 운반거리의 변경 등 계약내용의 변경은 그 계약의 이행에 착수하기 전에 완료하여야 한다. 다만, 각 중앙

		관서의 장 또는 계약담당공무원은 계약이행의 지연으로 품질저하가 우려되는 등 긴급하게 계약을 이행하게 할 필요가 있는 때에는 계약상대자와 협의하여 계약내용 변경의 시기 등을 명확히 정하고, 계약내용을 변경하기 전에 우선 이행하게 할 수 있다. ② 제74조제9항 및 제10항의 규정은 제1항의 규정에 의한 계약금액의 조정에 관하여 이를 준용한다. [본조신설 1999.9.9]
	제74조(지체상금) ① 각 중앙관서의 장 또는 계약담당공무원은 계약상대자(국가기관과 지방자치단체를 제외한다)가 계약상의 의무를 지체한 때에는 지체상금으로서 계약금액(장기계속공사계약 · 장기계속물품제조계약 · 장기계속용역계약의 경우에는 연차별 계약금액을 말한다. 이하 이 조에서 같다)에 재정경제부령이 정하는 율과 지체일수를 곱한 금액을 계약상대자로 하여금 현금으로 납부하게 하여야	**제75조(지체상금률)** 영 제74조제1항에 따른 지체상금률은 다음 각호와 같다. <개정 1996.12.31, 2005.9.8, 2010.7.21, 2014.11.4, 2017.12.28> 1. 공사 : 1천분의 0.5 2. 물품의 제조 · 구매(영 제16조제3항에 따라 소프트웨어사업시 물품과 용역을 일괄하여 입찰에 부치는 경우를 포함한다. 이하 이 호에서 같다) : 1천분의 0.75. 다만, 계약 이후 설계와 제조

국가를 당사자로 하는 계약에 관한 법률	시 행 령	시 행 규 칙
	한다. 이 경우 계약상대자의 책임없는 사유로 계약이행이 지체되었다고 인정될 때에는 그 해당일수를 지체일수에 산입하지 아니한다. <개정 1999.9.9, 2006.5.25, 2008.2.29, 2025.12.30> ② 제1항의 경우 기성부분 또는 기납부분에 대하여 검사를 거쳐 이를 인수한 경우(인수하지 아니하고 관리·사용하고 있는 경우를 포함한다. 이하 이 조에서 같다)에는 그 부분에 상당하는 금액을 계약금액에서 공제한 금액을 기준으로 지체상금을 계산하여야 한다. 이 경우 기성부분 또는 기납부분의 인수는 성질상 분할할 수 있는 공사·물품 또는 용역등에 대한 완성부분으로서 인수하는 것에 한한다. <개정 1999.9.9> ③ 제1항 및 제2항에 따라 납부할 지체상금이 계약금액(제2항에 따라 기성부분 또는 기납부분에 대하여 검사를 거쳐 이를 인수한 경우에는 그 부분에 상당하는 금	가 일괄하여 이루어지고, 그 설계에 대하여 발주한 중앙관서의 장의 승인이 필요한 물품의 제조·구매의 경우에는 1천분의 0.5로 한다. 3. 물품의 수리·가공·대여,용역(영 제16조제3항에 따라 소프트웨어사업시 물품과 용역을 일괄하여 입찰에 부치는 경우의 그 용역을 제외한다) 및 기타 : 1천분의 1.25 4. 군용 음·식료품 제조·구매 : 1천분의 1.5 5. 운송·보관 및 양곡가공 : 1천분의 2.5

	액을 계약금액에서 공제한 금액을 말한다)의 100분의 30을 초과하는 경우에는 100분의 30으로 한다. <신설 2018.12.4> **제75조(계약의 해제 · 해지)** ① 각 중앙관서의 장 또는 계약담당공무원은 법 제12조제3항의 규정에 의하여 계약보증금을 국고에 귀속시키는 경우에는 계약에 특별히 정한 것이 없는 한 당해 계약을 해제 또는 해지하고 계약상대자에게 그 사유를 통지하여야 한다. ② 각 중앙관서의 장 또는 계약담당공무원은 제74조제1항에 따른 지체상금의 징수사유가 발생하고 그 금액이 제50조제1항에 따른 계약보증금상당액(면제된 계약보증금을 포함한다)에 달하는 경우에는 다음 각 호의 구분에 따른 방법으로 계약을 해제 또는 해지하거나 유지할 수 있다. <개정 2010.7.21, 2018.12.4> 1. 계약상대자의 귀책사유로 계약을 수행할 가능성이 없음이 명백하다고 인정되는 경우 : 법 제12조제3항에 따라	

국가를 당사자로 하는 계약에 관한 법률	시 행 령	시 행 규 칙
	계약보증금을 국고에 귀속시키고 해당 계약을 해제 또는 해지한다. 2. 제1호 외의 경우로서 계약상대자의 계약 이행가능성이 있고 계약을 유지할 필요가 있다고 인정되는 경우: 계약이행이 완료되지 아니한 부분에 상당하는 계약보증금(당초 계약보증금에 제74조제3항에 따른 지체상금의 최대금액을 더한 금액을 한도로 한다)을 추가 납부하게 하고 계약을 유지한다. 이 경우 계약보증금의 추가납부에 관하여는 제50조제6항부터 제8항까지 및 제10항을 준용한다. **제76조(부정당업자의 입찰참가자격 제한)** ① 법 제27조제1항제8호에서 "대통령령으로 정하는 기준에 따른 사망 등 중대한 위해"란 「산업안전보건법」 제38조, 제39조 또는 제63조에 따른 안전 및 보건조치 의무를 위반하여 동시에 2명 이상의	

	근로자가 사망한 경우를 말한다. <개정 2021.7.6> ② 법 제27조제1항제9호 각 목 외의 부분에서 "대통령령으로 정하는 자"란 다음 각 호의 구분에 따른 자를 말한다. <개정 2018.12.4, 2018.12.11, 2019.9.17, 2020.12.8, 2021.7.6> 1. 경쟁의 공정한 집행을 저해할 염려가 있는 자로서 다음 각 목의 어느 하나에 해당하는 자 <개정 2025.12.30.> 가. 입찰 또는 계약에 관한 서류[제39조에 따라 전자조달시스템을 통해 입찰서를 제출하는 경우 「전자서명법」 제2조제6호에 따른 인증서(서명자의 실지명의를 확인할 수 있는 것으로 한정한다)를 포함한다]를 위조·변조하거나 부정하게 행사한 자 또는 허위서류를 제출한 자 나. 고의로 무효의 입찰을 한 자. 다만, 입찰서상 금액과 산출내역서상 금액이 일치하지 않은 입찰 등 재정경제부	**제75조의2(부정당업자의 입찰참가자격 제한)** 영 제76조제2항제1호나목 단서에서 "입찰서상 금액과 산출내역서상 금액이 일치하지 않은 입찰 등 재정경제부령으로 정하는 입찰무효사유에 해당하는 입찰"이란 제44조제1항제6호 및 제6호의 3에 따른 입찰을 말한다. <개정 2021.7.6, 2026.1.2> [본조신설 2019.9.17]

국가를 당사자로 하는 계약에 관한 법률	시 행 령	시 행 규 칙
	령으로 정하는 입찰무효사유에 해당하는 입찰의 경우는 제외한다. 다. 삭제 <2019.9.17> 라. 입찰참가를 방해하거나 낙찰자의 계약체결 또는 그 이행을 방해한 자 마. 삭제 <2019.9.17> 바. 삭제 <2019.9.17> 사. 삭제 <2019.9.17> 2. 계약의 적정한 이행을 해칠 염려가 있는 자로서 다음 각 목의 어느 하나에 해당하는 자 가. 정당한 이유 없이 계약을 체결 또는 이행(제42조제5항에 따른 계약이행능력심사를 위하여 제출한 하도급관리계획, 외주근로자 근로조건 이행계획에 관한 사항의 이행과 제72조 및 제72조의2에 따른 공동계약에 관한 사항의 이행을 포함한다)하지 아니하거나 입찰공고와 계약서에 명시된 계약의 주요조건(입찰공고와 계약서에	

이행을 하지 아니하였을 경우 입찰참가 자격 제한을 받을 수 있음을 명시한 경우에 한정한다)을 위반한 자

나. 조사설계용역계약 또는 원가계산용역계약에 있어서 고의 또는 중대한 과실로 조사·설계금액이나 원가계산금액을 적정하게 산정하지 아니한 자

다. 「건설기술 진흥법」 제47조에 따른 타당성 조사 용역의 계약에서 고의 또는 중대한 과실로 수요예측 등 타당성 조사를 부실하게 수행하여 발주기관에 손해를 끼친 자

라. 감독 또는 검사에 있어서 그 직무의 수행을 방해한 자

마. 시공 단계의 건설사업관리 용역계약시 「건설기술 진흥법 시행령」 제60조 및 계약서 등에 따른 건설사업관리기술인 교체 사유 및 절차에 따르지 아니하고 건설사업관리기술인을 교체한 자

3. 다른 법령을 위반하는 등 입찰에 참가시키는 것이 적합하지 아니하다고 인

국가를 당사자로 하는 계약에 관한 법률	시 행 령	시 행 규 칙
	정되는 자로서 다음 각 목의 어느 하나에 해당하는 자 가. 계약을 이행하면서 안전대책을 소홀히 하여 공중에게 위해를 가한 자 나.「전자정부법」제2조제13호에 따른 정보시스템의 구축 및 유지·보수 계약의 이행과정에서 알게 된 정보 중 각 중앙관서의 장 또는 계약담당공무원이 누출될 경우 국가에 피해가 발생할 것으로 판단하여 사전에 누출금지정보로 지정하고 계약서에 명시한 정보를 무단으로 누출한 자 다.「전자정부법」제2조제10호에 따른 정보통신망 또는 같은 조 제13호에 따른 정보시스템(이하 이 목에서 "정보시스템등"이라 한다)의 구축 및 유지·보수 등 해당 계약의 이행과정에서 정보시스템등에 허가 없이 접속하거나 무단으로 정보를 수집할 수 있는 비(非)인가 프로그램을 설치하거나 그러한 행위에	

악용될 수 있는 정보시스템등의 약점을 고의로 생성 또는 방치한 자

③ 각 중앙관서의 장은 다음 각 호의 어느 하나에 해당하는 자(이하 "부정당업자"라 한다)에 대해서는 즉시 1개월 이상 2년 이하의 범위에서 입찰참가자격을 제한해야 한다. 다만, 부정당업자의 대리인, 지배인 또는 그 밖의 사용인이 법 제27조제1항 각 호의 어느 하나에 해당하는 행위를 하여 입찰참가자격 제한 사유가 발생한 경우로서 부정당업자가 대리인, 지배인 또는 그 밖의 사용인의 그 행위를 방지하기 위해 상당한 주의와 감독을 게을리하지 않은 경우 또는 부정당업자의 위반행위가 천재지변이나 그 밖에 이에 준하는 부득이한 사유로 인한 경우에는 부정당업자에 대한 입찰참가자격을 제한하지 않는다. <개정 2019.9.17, 2021.7.6, 2024.12.24>

1. 계약상대자, 입찰자 또는 제30조제2항에 따라 전자조달시스템을 이용해 견적서를 제출하는 자로서 법 제27조제1

국가를 당사자로 하는 계약에 관한 법률	시 행 령	시 행 규 칙
	항제1호부터 제4호까지 및 제7호부터 제9호까지의 규정 중의 어느 하나에 해당하는 자 2. 법 제27조제1항제5호 또는 제6호에 해당하는 자	
	④ 제3항에 따른 입찰참가자격 제한의 기간에 관한 사항은 법 제27조제1항 각 호에 해당하는 행위별로 부실벌점, 하자비율, 부정행위 유형, 고의·과실 여부, 뇌물 액수 및 국가에 손해를 끼친 정도 등을 고려하여 재정경제부령으로 정한다. <개정 2021.7.6,2025.12.30> ⑤ 법 제25조에 따른 공동계약의 공동수급체가 법 제27조제1항 각 호의 어느 하나에 해당하는 경우에는 입찰참가자격 제한의 원인을 제공한 자에 대해서만 제3항을 적용한다. <개정 2021.7.6> ⑥ 다음 각 호의 어느 하나에 해당하는 자가 법 제27조제1항 각 호의 어느 하나에 해당하는 경우에는 그 구분에 따른 자에	**제76조(부정당업자의 입찰참가자격 제한기준 등)** 영 제76조제4항에 따른 부정당업자의 입찰참가자격 제한의 세부기준은 별표 2와 같다. <개정 2021.7.6> [전문개정 2016.9.23]

	대해서도 제3항을 적용한다. <개정 2021.7.6> 1. 법인 또는 단체 : 법인 또는 단체의 대표자(대표자가 여러 명 있는 경우에는 해당 입찰 및 계약에 관한 업무를 소관하는 대표자로 한정한다) 2. 「중소기업협동조합법」에 따른 중소기업협동조합 : 입찰참가자격 제한의 원인을 제공한 조합원 ⑦ 각 중앙관서의 장은 법 제27조제2항에 따라 입찰 참가자격 제한처분을 감경 또는 면제하려는 경우에는 다음 각 호의 구분에 따라 감경 또는 면제한다. <신설 2024.9.20.> 1. 「독점규제 및 공정거래에 관한 법률」 제42조에 따라 시정조치만 받은 자가 같은 법 제44조에 따라 해당 시정조치를 면제받은 경우: 입찰 참가자격 제한처분 면제 2. 「독점규제 및 공정거래에 관한 법률」 제43조에 따라 과징금 부과처분만 받	

국가를 당사자로 하는 계약에 관한 법률	시 행 령	시 행 규 칙
	은 자 : 다음 각 목의 구분에 따라 입찰참가자격 제한처분 감경 또는 면제 가. 「독점규제 및 공정거래에 관한 법률」 제44조에 따라 과징금을 면제받은 경우: 입찰 참가자격 제한처분 면제 나. 「독점규제 및 공정거래에 관한 법률」 제44조에 따라 과징금을 감경받은 경우 : 입찰 참가자격 제한 일수(日數)에서 다음 계산식에 따라 계산한 일수를 감경 입찰참가자격제한처분 감경일수(소수점 이하는 1일로 계산한다) = A×B A: 입찰참가자격제한의 시작일부터 그 종료일까지의 일수 B: 독점규제 및 공정거래에 관한 법률 제44조에 따라 감경받은 과징금의 감경 비율 3. 「독점규제 및 공정거래에 관한 법률」 제42조 및 제43조에 따라 시정조치 및 과징금 부과처분을 모두 받은 자: 해당 시정조치의 감면 여부에 관계없이 다	

	음 각 목의 구분에 따라 입찰 참가자격 제한처분 감경 또는 면제 가. 「독점규제 및 공정거래에 관한 법률」 제44조에 따라 과징금을 면제받은 경우: 입찰 참가자격 제한처분 면제 나. 「독점규제 및 공정거래에 관한 법률」 제44조에 따라 과징금을 감경받은 경우: 입찰 참가자격 제한 일수에서 제2호나목의 계산식에 따라 계산한 일수를 감경 ⑧ 각 중앙관서의 장 또는 계약담당공무원은 제3항, 제5항 또는 제6항에 따라 입찰 참가자격을 제한받은 자에 대해 제한기간 동안에는 해당 관서에서 집행하는 입찰에 참가할 수 없도록 해야 한다. <개정 2019.9.17, 2021.7.6, 2024.9.20> ⑨ 각 중앙관서의 장 또는 계약담당공무원은 경쟁입찰에서 낙찰된 자가 계약체결 전에 제3항, 제5항 또는 제6항에 따라 입찰참가자격 제한을 받은 경우에는 그 낙찰자와	

국가를 당사자로 하는 계약에 관한 법률	시 행 령	시 행 규 칙
	계약을 체결해서는 안 된다. 다만, 법 제21조에 따른 장기계속계약의 낙찰자가 최초로 계약을 체결한 이후 입찰참가자격 제한을 받은 경우로서 해당 장기계속계약에 대한 연차별계약을 체결하는 경우에는 해당 계약상대자와 계약을 체결할 수 있다. <개정 2019.9.17, 2021.7.6, 2024.9.20.> ⑩ 각 중앙관서의 장 또는 계약담당공무원은 제6항제1호에 따라 입찰참가자격이 제한된 자가 대표자인 법인 또는 단체에 대해서도 제8항 및 제9항을 적용한다. 다만, 다음 각 호에 해당하는 경우에는 적용하지 않는다. <개정 2021.7.6, 2024.9.20.> 1. 대표자가 여러 명 있는 경우로서 입찰참가자격이 제한된 대표자가 입찰에 관여하지 않은 경우 2. 입찰참가자격이 제한된 대표자가 「중소기업협동조합법」에 따른 중소기업협동조합의 이사장(협동조합연합회 및 중소기업중앙회의 경우에는 회장	

을 말한다)인 경우로서 해당 중소기업협동조합이 입찰참가자격 제한 사유와 관련 없는 경우

⑪ 각 중앙관서의 장은 입찰참가자격 제한처분을 한 경우에는 다음 각 호의 사항을 명백히 하여 제2호에 따른 입찰참가자격 제한기간의 개시일 전까지 다른 중앙관서의 장 또는 계약담당공무원이 알 수 있도록 재정경제부령으로 정하는 바에 따라 전자조달시스템에 게재해야 한다. <개정 2019.9.17, 2021.7.6, 2024.9.20. 2025.12.30>

1. 업체(상호)명 · 주소 · 성명(법인인 경우 대표자성명, 법인등록번호) · 주민등록번호 · 사업자등록번호, 관계 법령상 면허 또는 등록번호
2. 입찰참가자격 제한기간
3. 입찰참가자격을 제한하는 구체적인 사유
4. 입찰참가자격 제한처분이 집행정지된 경우 그 집행정지 또는 집행정지의 해제사실

⑫ 각 중앙관서의 장은 입찰참가자격 제한

국가를 당사자로 하는 계약에 관한 법률	시 행 령	시 행 규 칙
	처분을 한 경우에는 법 제27조제5항에 따라 다음 각 호의 사항을 입찰참가자격 제한기간의 개시일 전까지 재정경제부령으로 정하는 바에 따라 전자조달시스템에 공개해야 한다. <개정 2019.9.17, 2021.7.6, 2024.9.20. 2025.12.30> 1. 업체(상호)명·성명(법인인 경우 대표자 성명, 법인등록번호) 및 사업자등록번호 2. 제11항제2호부터 제4호까지에 해당하는 사항 ⑬ 각 중앙관서의 장 또는 계약담당공무원은 「지방자치단체를 당사자로 하는 계약에 관한 법률」 또는 「공공기관의 운영에 관한 법률」 등 다른 법령에 따라 입찰참가자격 제한을 한 사실을 통보받거나 전자조달시스템에 게재된 자에 대해서도 입찰에 참가할 수 없도록 해야 한다. <개정 2019.9.17, 2021.7.6, 2024.9.20.> ⑭ 각 중앙관서의 장 또는 계약담당공무원은 제3항, 제5항 및 제6항에 따라 자격이	

제한된 자와 제11항에 따라 전자조달시스템에 게재된 자가 상호·대표자 변경 등의 방법으로 제한기간 내에 입찰에 참가하는 것을 방지하기 위해 입찰참가자의 주민등록번호, 법인등록번호, 관계 법령상의 면허 또는 등록번호 등을 확인해야 한다. <개정 2019.9.17, 2021.7.6, 2024.9.20.>

⑮ 제11항부터 제14항까지에서 구정한 사항 외에 입찰참가자격 제한의 통보 등에 필요한 사항은 재정경제부령으로 정한다. <2021.7.6, 2024.9.20. 2025.12.30>

[전문개정 2016.9.2]

제76조의2(과징금 부과의 세부적인 대상과 기준) ① 법 제27조의2제1항지1호에서 "부정당업자의 책임이 경미한 경우로서 대통령령으로 정하는 경우"란 다음 각 호의 어느 하나에 해당하는 경우를 말한다. 다만, 법 제27조제1항제2호, 같은 항 제5호부터 제7호까지, 이 영 제76조제2항제1호 나목 및 같은 항 제2호나목·다목에

국가를 당사자로 하는 계약에 관한 법률	시 행 령	시 행 규 칙
	해당하는 자는 제외한다. <개정 2014.11.4, 2016.9.2, 2018.12.4, 2021.7.6, 2023.11.16, 2024.12.24> 1. 삭제 <2024.12.24 > 2. 국내·국외 경제 사정의 악화 등 급격한 경제 여건 변화로 인한 경우 3. 발주자에 의하여 계약의 주요 내용이 변경되거나 발주자로부터 받은 자료의 오류 등으로 인한 경우 4. 공동계약자나 하수급인 등 관련 업체에도 위반행위와 관련한 공동의 책임이 있는 경우 5. 입찰금액 과소산정으로 계약체결·이행이 곤란한 경우로서 제36조제16호에 따른 기준 및 비율을 적용하는 등 책임이 경미한 경우 6. 금액단위의 오기 등 명백한 단순착오로 가격을 잘못 제시하여 계약을 체결하지 못한 경우	

	7. 입찰의 공정성과 계약이행의 적정성이 현저하게 훼손되지 아니한 경우로서 부정당업자의 책임이 경미하며 다시 위반행위를 할 위험성이 낮다고 인정되는 사유가 있는 경우 ② 법 제27조의2제1항제2호에서 "입찰참가자격 제한으로 유효한 경쟁입찰이 명백히 성립되지 아니하는 경우로서 대통령령으로 정하는 경우"란 입찰자가 2인 미만이 될 것으로 예상되는 경우를 말한다. <개정 2014.11.4> ③ 법 제27조의2제1항에 따른 과징금의 부과 비율과 그 밖에 필요한 사항은 법 제27조제1항 각 호에 해당하는 행위별로 부실벌점, 하자비율, 부정행위의 유형, 고의·과실 여부 등을 고려하여 재정경제부령으로 정한다. <개정 2016.9.2, 2025.12.30> [본조신설 2013.6.17]	

국가를 당사자로 하는 계약에 관한 법률	시 행 령	시 행 규 칙
	제76조의3(과징금의 부과 및 납부) ① 각 중앙관서의 장은 법 제27조의2에 따라 과징금을 부과하려는 때에는 위반행위의 종류와 과징금의 금액을 분명하게 적은 서면으로 알려야 한다. ② 제1항에 따라 통지를 받은 자는 통지를 받은 날부터 60일 이내에 과징금을 부과권자가 정하는 수납기관에 내야 한다. 다만, 천재지변이나 그 밖의 부득이한 사유로 그 기간 내에 과징금을 낼 수 없을 때에는 그 사유가 해소된 날부터 30일 이내에 내야 한다. ③ 제2항에 따라 과징금을 받은 수납기관은 과징금을 낸 자에게 영수증을 내줘야 한다. ④ 과징금의 수납기관이 제2항에 따라 과징금을 받았을 때에는 지체 없이 그 사실을 부과권자에게 통보하여야 한다. [본조신설 2013.6.17]	

	제76조의4(과징금 납부기한의 연장 및 분할 납부) ① 각 중앙관서의 장은 법 제27조의2에 따라 부정당업자가 납부하여야 할 과징금이 계약금액의 10퍼센트를 초과하는 경우 또는 「중소기업기본법」 제2조에 따른 중소기업자에게 10억원을 초과하여 과징금을 부과하는 경우로서 다음 각 호의 어느 하나에 해당하는 사유로 인하여 과징금을 납부하여야 하는 자가 과징금의 전액을 일시에 납부하기가 어렵다고 인정되는 경우에는 그 납부기한을 연장하거나 분할 납부하게 할 수 있다. 1. 재해 또는 도난 등으로 재산에 현저한 손실을 입은 경우 2. 사업 여건의 악화로 사업이 중대한 위기에 처한 경우 3. 과징금을 일시납부하면 자금 사정에 현저한 어려움이 예상되는 경우 4. 그 밖에 제1호부터 제3호까지와 유사한 사유가 있는 경우	

국가를 당사자로 하는 계약에 관한 법률	시 행 령	시 행 규 칙
	② 제1항에 따라 과징금 납부기한의 연장이나 분할납부를 신청하려는 자는 과징금 납부를 통지받은 날부터 30일 이내에 납부기한의 연장 또는 분할납부의 사유를 증명하는 서류를 첨부하여 각 중앙관서의 장에게 신청하여야 한다. ③ 제1항에 따른 납부기한의 연장은 그 납부기한의 다음 날부터 1년을 초과할 수 없다. ④ 제1항에 따라 분할납부를 하게 하는 경우 분할된 납부기한 간의 간격은 3개월을 초과할 수 없으며, 분할 횟수는 3회를 초과할 수 없다. [본조신설 2013.6.17] **제76조의5(과징금부과심의위원회의 구성)** 삭제 <2023.11.16> **제76조의6(위원장의 직무)** 삭제 <2023.11.16>	

	제76조의7(위원의 제척 · 기피 · 회피) 삭제 <2023.11.16> **제76조의8(위원의 지명철회 · 해임 및 해촉)** 삭제 <2023.11.16> **제76조의9(심의의 요청)** 삭제 <2023.11.16> **제76조의10(심의)** 삭제 <2023.11.16>	

국가를 당사자로 하는 계약에 관한 법률	시 행 령	시 행 규 칙
	제76조의11(위원회의 회의) 삭제 <2023.11.16> **제76조의12(소위원회)** 삭제 <2023.11.16> **제76조의13(수당)** 삭제 <2023.11.16>	

	제77조 삭제 <1998.2.2>	**제77조(입찰참가자격제한에 관한 게재 등)** ① 계약담당공무원은 법 제27조제1항에 따른 부정당업자에 해당된다고 인정하는 자가 있을 때에는 지체없이 그 소속 중앙관서의 장에게 보고하여야 한다. <개정 2016.9.23> ② 삭제 <1999.9.9> ③ 영 제76조제11항에 따른 게재는 별지 제15호서식의 부정당업자제재확인서를 전자조달시스템에 게재하는 방법으로 한다. <개정 2006.5.25, 2013.9.17, 2016.9.23, 2021.7.6, 2025.1.2.> ④ 각 중앙관서의 장은 전자조달시스템을 이용하여 입찰참가자의 입찰참가자격이 제한되고 있는 지 여부를 확인하여야 한다. <개정 2002.8.24, 2013.9.17> ⑤ 영 제76조제12항에 따른 공개는 별지 제15호서식의 부정당업자제재확인서(영 제76조12항 각 호의 사항만 기재한다)를 입찰참가자격제한 기간 동안 전자조달시스템에 공개하는 방법으로 한다.

국가를 당사자로 하는 계약에 관한 법률	시 행 령	시 행 규 칙
		<신설 2016.9.23, 2021.7.6, 2025.1.2.> [제목개정 1999.9.9, 2006.5.25] **제77조의2(과징금 부과의 세부적인 대상과 기준)** ① 법 제27조의2제1항과 영 제76조의2에 따라 과징금을 부과하는 위반행위의 종류와 위반 정도 등에 따른 과징금 부과율은 다음 각 호의 구분에 따른 별표 3 및 별표 4와 같다. 1. 법 제27조의2제1항제1호 및 영 제76조의2제1항에 따른 부정당업자의 책임이 경미한 경우의 과징금 부과기준 : 별표 3 2. 법 제27조의2제1항제2호 및 영 제76조의2제2항에 따른 입찰참가자격 제한으로 유효한 경쟁입찰이 명백히 성립되지 아니하는 경우의 과징금 부과기준 : 별표 4 ② 각 중앙관서의 장은 위반행위의 동기·내용과 횟수 등을 고려하여 제1항에 따

제6장 대형공사계약

제78조(적용대상 등) 대형공사계약중 대안입찰 또는 일괄입찰에 의한 계약과 특정공사의 계약에 관하여는 이 장에 규정한 바에 의하되, 이 장에 특별한 규정이 없는 사항에 관하여는 이 영의 다른 장에 규정한 바에 의한다. <개정 1999.9.9>

제79조(정의) ① 이 장에서 사용하는 용어의 정의는 다음 각 호와 같다. <개정 1999.9.9, 2006.5.25, 2007.10.10>

1. "대형공사"라 함은 총공사비 추정가격이 300억원이상인 신규복합공종공사를 말한다.
2. "특정공사"라 함은 총공사비 추정가격이 300억원미만인 신규복합공종공사

른 과징금 금액의 2분의 1의 범위에서 이를 감경할 수 있다.

[본조신설 2013.6.19]

국가를 당사자로 하는 계약에 관한 법률	시 행 령	시 행 규 칙
	중 각 중앙관서의 장이 대안입찰 또는 일괄입찰로 집행함이 유리하다고 인정하는 공사를 말한다. 3. "대안"이라 함은 정부가 작성한 실시설계서상의 공종중에서 대체가 가능한 공종에 대하여 기본방침의 변동없이 정부가 작성한 설계에 대체될 수 있는 동등이상의 기능 및 효과를 가진 신공법·신기술·공기단축등이 반영된 설계로서 해당실시설계서상의 가격이 정부가 작성한 실시설계서상의 가격보다 낮고 공사기간이 정부가 작성한 실시설계서상의 기간을 초과하지 아니하는 방법(공기단축의 경우에는 공사기간이 정부가 작성한 실시설계서상의 기간보다 단축된 것에 한한다)으로 시공할 수 있는 설계를 말한다. 4. "대안입찰"이라 함은 원안입찰과 함께 따로 입찰자의 의사에 따라 제3호의 대안이 허용된 공사의 입찰을 말한다.	

	5. "일괄입찰"이라 함은 정부가 제시하는 공사일괄입찰기본계획 및 지침에 따라 입찰시에 그 공사의 설계서 기타 시공에 필요한 도면 및 서류(이하 "도서"라 한다)를 작성하여 입찰서와 함께 제출하는 설계·시공일괄입찰을 말한다. 6. "기본설계입찰"이라 함은 일괄입찰의 기본계획 및 지침에 따라 실시설계에 앞서 기본설계와 그에 따른 도서를 작성하여 입찰서와 함께 제출하는 입찰을 말한다. 7. "입찰안내서"라 함은 제4호 내지 제6호의 규정에 의한 입찰에 참가하고자 하는 자가 당해공사의 입찰에 참가하기 전에 숙지하여야 하는 공사의 범위·규모, 설계·시공기준, 품질 및 공정관리 기타 입찰 또는 계약이행에 관한 기본계획 및 지침등을 포함한 문서를 말한다. 8. "실시설계서"라 함은 기본계획 및 지침	

국가를 당사자로 하는 계약에 관한 법률	시 행 령	시 행 규 칙
	과 기본설계에 따라 세부적으로 작성한 시공에 필요한 설계서(설계서에 부수되는 도서를 포함한다)를 말한다. 9. “계속비대형공사”라 함은 공사비가 계속비예산으로 계상된 대형공사를 말한다. 10. “일반대형공사”라 함은 공사비가 계속비예산으로 계상되지 아니한 대형공사를 말한다. ② 제1항제3호의 경우에 대체될 수 있는 설계의 범위와 한계에 관하여 이의가 있는 경우에는 「건설기술 진흥법」 제5조에 따른 중앙건설기술심의위원회(특별건설기술심의위원회를 포함하며, 이하 “중앙건설기술심의위원회”라 한다)의 심의를 거쳐 각 중앙관서의 장이 그 범위와 한계를 정한다. 다만, 기술자문위원회를 설치·운영하고 있는 각 중앙관서의 장(그 소속기관의 장을 포함한다. 이하 이 장에서 같다)은 기술자문위원회의 심의를 거쳐	

그 범위와 한계를 정할 수 있다. <개정 1998.2.2, 2005.9.8, 2006.5.25, 2014.5.22>

제80조(대형공사 입찰방법의 심의등) ① 각 중앙관서의 장은 대형공사 및 특정공사(이하 이 조에서 "대형공사등"이라 한다)의 경우 다음 각 호의 사항에 관하여 중앙건설기술심의위원회의 심의를 거쳐야 한다. <개정 1999.9.9, 2006.5.25, 2016.9.2>

1. 입찰의 방법에 관한 사항
2. 제85조의2제1항에 따른 실시설계적격자의 결정방법에 관한 사항
3. 제85조의2제2항에 따른 낙찰자 결정방법에 관한 사항

② 각 중앙관서의 장은 제1항에 따라 중앙건설기술심의위원회의 심의를 받으려는 때에는 해당 연도 이후에 집행할 대형공사등의 집행기본계획서를 다음 각 호에서 정하는 순서에 따라 국토교통부장관에게 제출하여야 하며, 대형공사등의 집행기본계획서의 작성방법과 제출시기

제6장 대형공사계약

제78조(대형공사 및 특정공사의 집행기본계획서의 제출) ① 각 중앙관서의 장은 대형공사 및 특정공사에 대하여는 매년 영 제80조제2항에 따라 다음 각 호의 사항이 포함된 집행기본계획서를 작성하여 해당 연도의 1월 15일까지 국토교통부장관에게 제출하여야 한다. 다만, 공사의 미확정

<table>
<tr><th>국가를 당사자로 하는 계약에 관한 법률</th><th>시 행 령</th><th>시 행 규 칙</th></tr>
<tr><td></td><td>등에 관한 사항은 재정경제부령으로 정한다. <개정 2007.10.10, 2008.2.29, 2013.3.23, 2016.9.2, 2025.12.30>

1. 기본설계서 작성 전에 일괄입찰로 발주</td><td>등 그 기한 내에 제출할 수 없는 특별한 사유가 있는 경우에는 그 사유가 없어진 후 지체 없이 집행기본계획서를 작성하여 국토교통부장관에게 제출하여야 한다. <개정 1996.12.31, 1998.2.23, 2006.5.25, 2007.10.10, 2009.3.5, 2013.3.23>
1. 공사명
2. 공사의 개요
3. 공사추정금액
4. 공사기간
5. 공사장의 위치
6. 입찰예정시기
7. 입찰방법(대안입찰의 경우에는 대안입찰에 부칠 사항 또는 범위) 및 제안이유
8. 삭제 <2006.5.25>
9. 사업효과
10. 기타 참고사항
② 각 중앙관서의 장은 영 제80조제2항제</td></tr>
</table>

	할 공사와 그 밖의 공사로 구분하여 제출 2. 일괄입찰로 발주하지 아니하기로 결정된 공사에 대하여는 실시설계서를 작성한 후 대안입찰로 발주하려는 공사에 대하여 제출 ③ 국토교통부장관은 제2항에 따라 제출된 대형공사등의 집행기본계획서에 대하여 중앙건설기술심의위원회의 심의를 거친 때에는 심의결과에 따라 대안입찰 또는 일괄입찰의 방법에 의하여 집행할 대형공사등과 그 실시설계적격자 또는 낙찰자 결정방법을 공고하여야 한다. <개정 1999.9.9, 2008.2.29, 2013.3.23, 2016.9.2> ④ 삭제 <2006.5.25> ⑤ 각 중앙관서의 장은 대형공사등에 있어서 특별한 사유가 없는 한 제3항에 따라 공고된 입찰방법과 그 실시설계적격자 또는 낙찰자 결정방법에 따라 입찰을 하여야 한다. <개정 2006.5.25, 2016. 9.2>	1호에 따라 기본설계서를 작성하기 전에 일괄입찰로 발주할 공사와 일괄입찰로 발주하지 아니할 공사(이하 "기타공사"라 한다)로 구분하여 집행기본계획서를 작성하여야 하며, 영 제80조제3항에 따라 기타공사로 심의된 공사 중 실시설계서를 작성한 후 대안입찰로 발주할 필요가 인정되는 공사에 대하여는 제1항에 따른 심의의뢰를 위하여 집행기본계획서를 작성하여야 한다. <개정 2007.10.10> ③ 국방부장관은 제1항에도 불구하고 국방부에 「건설기술진흥법」 제5조제2항에 따른 특별건설기술심의위원회가 설치되어 있는 경우에는 집행기본계획서를 국토교통부장관에게 제출하지 아니할 수 있다. <신설 2006.5.25, 2007. 10.10, 2009.3.5, 2013.3.23, 2016.2.1> [제목개정 1996.12.31, 2007.10.10]

국가를 당사자로 하는 계약에 관한 법률	시 행 령	시 행 규 칙
	[전문개정 1998.2.2]	**제79조(중앙건설기술심의위원회의 심의)** ① 국토교통부장관은 제78조제1항에 따라 집행기본계획서를 제출받은 때에는 「건설기술진흥법」 제5조제2항에 따른 중앙건설기술심의위원회로 하여금 집행기본계획서에 포함된 공사의 입찰방법에 관하여 심의하게 하여야 한다. 다만, 기타공사의 경우에는 심의를 생략하게 할 수 있다. <개정 2007.10.10, 2009.3.5, 2013.3.23, 2016.2.1> ② 국토교통부장관은 중앙건설기술심의위원회의 심의가 완료된 경우에는 다음 각 호의 구분에 따라 해당중앙관서의 장에게 공사별로 심의결과를 통보하여야 한다. <개정 2007.10.10, 2009.3.5, 2013.3.23> 1. 매년 1월 15일까지 제출된 집행기본계획서의 경우 : 매년 2월 20일까지 2. 매년 1월 16일 이후에 제출된 집행기

본계획서의 경우 : 심의를 완료한 후 10일 이내

③ 각 중앙관서의 장은 특별한 사유가 없는 한 제2항에 따라 통보된 심의결과에 따라 집행기본계획서를 조정하여야 한다. <개정 2007.10.10>

[전문개정 2006.5.25]

제79조의2(특별건설기술심의위원회의 심의) 국방부장관은 제79조제1항에 불구하고 국방부에 「건설기술진흥법」 제5조제2항에 따른 특별건설기술심의위원회가 설치되어 있는 경우에는 특별건설기술심의위원회로 하여금 집행기본계획서에 명시된 모든 공사의 입찰방법에 관하여 심의하게 하여야 한다. <개정 2007.10.10, 2016.2.1>

[본조신설 2006.5.25]

제80조 삭제 <2006.5.25>

국가를 당사자로 하는 계약에 관한 법률	시 행 령	시 행 규 칙
	제81조 삭제 <1996.12.31>	**제81조(대안입찰 및 일괄입찰 대상공사의 공고)** 국토교통부장관 또는 국방부장관은 제79조제1항 또는 제79조의2에 따라 중앙건설기술심의위원회 또는 특별건설기술심의위원회의 심의를 완료한 때에는 대안입찰 및 일괄입찰의 방법으로 집행할 공사를 신문 또는 전자조달시스템에 공고하여야 한다. <개정 2009.3.5, 2013.3.23, 2013.9.17> [전문개정 2006.5.25] **제81조의2(실시설계 기술제안입찰등의 입찰방법 심의 등)** 영 제99조제1항에 따른 실시설계 기술제안입찰등의 입찰방법 심의 등에 관하여는 제78조, 제79조, 제79조의2 및 제81조를 준용한다. [전문개정 2010.7.21]

		제7장 계약정보의 공개 등 <개정 2005.9.8>
	제82조 삭제 <1996.12.31>	**제82조(계약정보의 공개)** 영 제92조의2제1항 본문에서 "재정경제부령으로 정하는 사항"이란 다음 각 호의 사항을 말한다. <개정 2009.3.5, 2010.7.21, 2016.2.1, 2016.9.23, 2026.1.2> 1. 당해 연도에 경쟁입찰 또는 수의계약에 의하여 계약을 체결하고자 하는 물품·공사·용역 등에 대한 분기별 발주계획 가. 계약의 목적 나. 계약 물량 또는 규모 다. 예산액 2. 입찰에 부칠 계약목적물의 규격에 관한 사항 가. 물품 제조·구매계약: 성능, 재질 및 제원 등 계약목적물에 요구되는 조건 나. 용역계약 : 과업 내용 등 계약상대자가 이행할 용역의 세부사항

국가를 당사자로 하는 계약에 관한 법률	시 행 령	시 행 규 칙
		3. 계약체결에 관한 사항 가. 계약의 목적 나. 입찰일 및 계약체결일 다. 추정가격 또는 예정가격 라. 계약체결방법(일반경쟁·제한경쟁·지명경쟁·수의계약, 지역제한 여부, 영 제72조제3항 적용 여부) 마. 계약상대자의 성명(법인인 경우에는 법인명) 바. 계약 물량 또는 규모 사. 계약금액(장기계속공사의 경우 총공사금액을 말한다. 이하 같다) 아. 지명경쟁 또는 수의계약의 경우에는 그 사유 자. 영 제42조제4항에 따라 낙찰자를 결정한 공사의 경우에는 입찰자별 입찰금액 4. 계약변경에 관한 사항 가. 계약의 목적 나. 계약변경 전의 계약내용(계약 물량

		또는 규모, 계약금액) 다. 계약의 변경내용 라. 계약변경의 사유 5. 계약이행에 관한 사항 가. 검사 및 검수 결과 나. 계약이행 완료일 [본조신설 2005.9.8]
		제82조의2(계약실적보고) 영 제93조 본문에서 "재정경제부령이 정하는 사항"이란 제82조제2호 및 제3호의 사항을 말한다. <개정 2009.3.5, 2026.1.2> [본조신설 2005.9.8]
	제83조 삭제 <1996.12.31>	**제83조(건설공사에 대한 자재의 관급)** ① 각 중앙관서의 장은 공사 발주 시 다른 공사 부분과 하자책임 구분이 쉽고 공정관리에 지장이 없는 경우로서 다음 각 호의 어느 하나에 해당하는 경우에는 그 공사에 필요한 자재를 직접공급할 수 있다. <개정 2005.9.8, 2025.1.2.> 1. 자재의 품질, 수급상황, 공사규모 및 공사현장 등을 종합적으로 참작하여

국가를 당사자로 하는 계약에 관한 법률	시 행 령	시 행 규 칙
		효율적이라고 판단되는 경우 <개정 2025.1.2.> 2. 주무부장관(주무부장관으로부터 위임받은 자를 포함한다)이 인정하거나 지정하는 신기술 인증제품인 경우 <개정 2025.1.2.> ② 제1항에 따라 각 중앙관서의 장이 직접 공급하는 자재의 운용 및 관리에 관하여 필요한 사항은 재정경제부장관이 정하는 바에 의한다. <개정 1999.9.9, 2002.8.24, 2009.3.5, 2026.1.2> [제목개정 2002.8.24]
	제84조(일괄입찰 등의 입찰참가자격) ① 각 중앙관서의 장 또는 계약담당공무원은 다음 각 호의 요건을 모두 갖춘 자에 한하여 일괄입찰 또는 대안입찰에 참가하게 하여야 한다. 다만, 제1호 및 제2호의 요건중 어느 하나만을 갖춘 자들이 공동으로 다음 각 호의 요건을 모두 갖추어 일괄입찰 또는 대안입찰에 참가하고자 하는 경우에는	**제84조(소프트웨어사업에 대한 소프트웨어의 관급)** ① 각 중앙관서의 장 또는 계약담당공무원은 「소프트웨어 진흥법」 제2조제3호에 따른 소프트웨어사업을 발주하는 경우 주무부장관이 고시하는 소프트웨어 제품을 직접 구매하여 공급하여야 한다. <개정 2025.1.2.> ② 제1항에도 불구하고 각 중앙관서의 장

	이들의 입찰참가를 허용하여야 한다. <개정 2014.5.22, 2020.1.7, 2021.9.14> 1.「건설산업기본법」 제9조에 따라 해당공사의 시공에 필요한 건설업의 등록을 한 자일 것 2.「건설기술 진흥법」 제26조에 따른 건설엔지니어링사업자 또는 「건축사법」 제23조에 따라 건축사업무신고를 한 자일 것 ② 각 중앙관서의 장 또는 계약담당공무원은 제1항에 불구하고 대안입찰의 경우 대안을 제출하지 아니하고 원안에 의한 입찰을 하는 자에 대하여는 제1항제1호의 요건만을 갖춘 자에 대하여도 입찰에 참가하게 하여야 한다. [전문개정 2006.5.25] **제84조의2** 삭제 <2010.7.21>	또는 계약담당공무원은 다음 각 호의 어느 하나에 해당하는 때에는 소프트웨어 제품을 직접 구매하여 공급하지 아니할 수 있다. 1. 소프트웨어 제품이 기존 정보시스템이나 새롭게 구축하는 정보시스템과 통합이 불가능하거나 현저한 비용상승이 초래되는 경우 2. 소프트웨어 제품을 직접 공급하게 되면 해당 사업이 사업기간 내에 완성될 수 없을 정도로 현저하게 지연될 우려가 있는 경우 3. 그 밖에 분리발주로 인한 행정업무 증가 외에 소프트웨어 제품을 직접 구매하여 공급하는 것이 현저하게 비효율적이라고 판단되는 경우 ③ 제2항에 따라 소프트웨어를 직접 구매하여 공급하지 아니하는 경우에는 그 사유를 발주계획서 및 입찰공고문에 명시하여야 한다. [전문개정 2009.3.5]

국가를 당사자로 하는 계약에 관한 법률	시 행 령	시 행 규 칙
		제8장 이의신청과 국가계약분쟁 조정위원회 <신설 2013.6.19>
	제85조(일괄입찰등의 입찰절차) ① 일괄입찰은 기본설계입찰을 실시하여 제87조제1항의 규정에 의하여 실시설계적격자로 선정된 자에 한하여 실시설계서를 제출하게 하여야 한다. ② 대안입찰자가 원안입찰과 함께 대안을 제출하는 경우 다음 각 호의 도서를 입찰서에 첨부하여 제출하게 하여야 한다. 다만, 동시에 2개이상의 대안을 제출할 수 없다. <개정 1999.9.9, 2005.9.8, 2006.5.25, 2014.5.22> 1. 대안설계에 대한 구체적인 설명서 2. 「건설기술 진흥법 시행령」 제11조의 규정에 의한 관계서류 3. 원안입찰 및 대안입찰에 대한 단가와 수량을 명백히 한 산출내역서	**제85조** 삭제 <2016.9.23>

4. 대안의 채택에 따른 이점 기타 참고사항을 기재한 서류

5. 삭제 <2006.5.25>

③ 일괄입찰자는 기본설계입찰서 또는 실시설계서에 다음 각 호의 구분에 따른 도서를 첨부하여 제출하여야 한다. <개정 2005.9.8, 2014.5.22>

1. 기본설계입찰서의 경우
   가. 기본설계에 대한 설명서
   나. 「건설기술 진흥법 시행령」 제11조의 규정에 의한 관계서류
   다. 기타 공고로 요구한 사항
2. 실시설계서의 경우
   가. 실시설계에 대한 구체적인 설명서
   나. 「건설기술 진흥법 시행령」 제11조의 규정에 의한 관계서류
   다. 단가 및 수량을 명백히 한 산출내역서
   라. 기타 참고사항을 기재한 서류

④ 삭제 <1999.9.9>

⑤ 각 중앙관서의 장 또는 계약담당공무원은 다음 각 호의 어느 하나에 해당하는

국가를 당사자로 하는 계약에 관한 법률	시 행 령	시 행 규 칙
	때에는 중앙건설기술심의위원회에 해당 설계의 적격여부에 대한 심의 및 설계점수평가를 의뢰하여야 한다. 이 경우 중앙건설기술심의위원회는 기술적 타당성을 검토하고 설계의 적격여부를 명백히 한 서류(원안입찰의 경우를 제외한다) 및 설계점수를 해당 중앙관서의 장 또는 계약담당공무원에게 통지하여야 한다. <개정 1999.9.9, 2006.5.25, 2016.9.2> 1. 대안입찰의 경우로서 원안설계서와 제86조제1항에 따라 선정된 낙찰적격입찰의 대안입찰서를 제출받은 때 2. 일괄입찰의 경우로서 제3항의 규정에 의한 기본설계입찰서 또는 실시설계서를 제출받은 때 3. 일괄입찰로 발주된 공사에 대하여 제20조에 따른 재공고입찰 결과 입찰자가 1인뿐인 경우로서 그 입찰자의 기본설계입찰서 또는 실시설계서를 제출받은 때	

⑥ 각 중앙관서의 장 또는 계약담당공무원은 제5항의 규정에 의한 설계심의에 대하여는 기술자문위원회의 심의르 갈음할 수 있다. 다만, 기술자문위원회가 설치되어 있지 아니한 경우에는 그러하지 아니하다. <신설 1996.12.31, 1998.2.2, 2014.5.22>

⑦ 중앙건설기술심의위원회 또는 기술자문위원회는 제5항 또는 제6항의 규정에 의하여 설계의 심의를 함에 있어서 대안입찰서·기본설계입찰서 또는 실시설계서에 첨부된 도서가 입찰의 기본계획 및 지침의 내용이나 기본설계의 내용에 비추어 미비하거나 그 내용이 분명하지 아니한 경우에는 이에 대한 보완을 요구할 수 있다. <개정 1996.12.31, 1999.9.9, 2014.5.22>

제85조의2(일괄입찰 등의 실시설계적격자 또는 낙찰자 결정방법 등 선택) ① 각 중앙관서의 장 또는 계약담당공무원은 일괄입찰의 경우 제87조제1항에 따라 선정된

국가를 당사자로 하는 계약에 관한 법률	시 행 령	시 행 규 칙
	자를 대상으로 중앙건설기술심의위원회에서 공사의 목적 및 특성 등을 고려하여 다음 각 호의 어느 하나에 해당하는 방법 중 해당 공사에 가장 적합하다고 심의한 방법으로 실시설계적격자를 결정하여야 한다. <개정 2011.2.9, 2016.9.2, 2025.12.30> 1. 설계점수(제84조제1항제2호의 자가 제39조제4항에 따라 입찰무효에 해당하는 경우에는 재정경제부장관이 정하는 바에 따라 감점한 점수를 말한다. 이하 이 조에서 같다)가 재정경제부장관이 정하는 범위에서 각 중앙관서의 장 또는 계약담당공무원이 정한 기준을 초과한 자로서 최저가격으로 입찰한 자를 실시설계적격자로 결정하는 방법 <개정 2025.12.30> 2. 입찰가격을 설계점수로 나누어 조정된 수치가 가장 낮은 자 또는 설계점수를 입찰가격으로 나누어 조정된 점수가 가장 높은 자를 실시설계적격자로 결	

정하는 방법

3. 설계점수와 가격점수에 가중치를 부여하여 각각 평가한 결과를 합산한 점수가 가장 높은 자를 실시설계적격자로 결정하는 방법
4. 계약금액을 확정하고 기본설계서만 제출하도록 한 경우 설계점수가 가장 높은 자를 실시설계적격자로 결정하는 방법

② 각 중앙관서의 장 또는 계약담당공무원은 대안입찰의 경우 원안입찰자와 제86조제2항부터 제4항까지의 규정에 따라 채택된 대안을 제출한 자를 대상으로 중앙건설기술심의위원회에서 공사의 목적 및 특성 등을 고려하여 다음 각 호의 어느 하나에 해당하는 방법 중 해당 공사에 가장 적합하다고 심의한 방법으로 낙찰자를 결정하여야 한다. <개정 2016.9.2>

1. 최저가격으로 입찰한 자를 낙찰자로 결정하는 방법
2. 입찰가격을 설계점수로 나누어 조정된

국가를 당사자로 하는 계약에 관한 법률	시 행 령	시 행 규 칙
	수치가 가장 낮은 자 또는 설계점수를 입찰가격으로 나누어 조정된 점수가 가장 높은 자를 낙찰자로 결정하는 방법 3. 설계점수와 가격점수에 가중치를 부여하여 각각 평가한 결과를 합산한 점수가 가장 높은 자를 낙찰자로 결정하는 방법 ③ 각 중앙관서의 장 또는 계약담당공무원은 제1항 및 제2항에 따른 실시설계적격자 또는 낙찰자의 결정방법을 입찰공고를 할 때에 명시하여야 한다. ④ 일괄입찰에 있어 제1항제4호에 따라 실시설계적격자를 결정하는 경우에는 제79조제1항제5호 및 제6호에도 불구하고 기본설계입찰시 입찰서를 제출하게 하지 아니한다. ⑤ 제1항 및 제2항 각 호에 따른 실시설계적격자 및 낙찰자의 결정 방법에 필요한 설계점수·가격점수의 산출방법과 가중	

	치, 설계와 가격 조정을 위한 산식, 그 밖에 필요한 사항은 재정경제부장관이 정한다. <개정 2008.2.29, 2025.12.30> [본조신설 2007.10.10]	
	제86조(대안입찰의 대안채택 및 낙찰자 결정) ① 각 중앙관서의 장 또는 계약담당공무원은 제85조제2항에 따라 제출된 대안입찰서의 대안입찰가격(제3항 또는 제4항에 따른 조정을 거친 후의 대안입찰가격을 포함한다)이 다음 각 호의 요건을 모두 충족하는 경우에는 이를 낙찰적격입찰로 선정한다. 1. 대안입찰가격이 입찰자 자신의 원안입찰가격보다 낮을 것 2. 대안입찰가격이 총공사 예정가격 이하로서 대안공종에 대한 입찰가격이 대안공종에 대한 예정가격 이하일 것 ② 각 중앙관서의 장 또는 계약담당공무원은 제1항에 따라 선정된 낙찰적격입찰의 대안입찰서에 대하여 제85조제5항에 따라 설계의 적격여부 및 설계점수를 통지	**제86조(심사·조정 관련 비용 부담의 범위와 정산)** ① 영 제115조에 따라 심사·조정의 청구인이 부담할 비용의 범위는 다음 각 호와 같다. 1. 감정·진단과 시험에 드는 비용 2. 증인과 증거 채택에 드는 비용 3. 검사와 조사에 드는 비용 4. 녹음·속기록과 통역 등 그 밖의 심사·조정에 드는 비용 ② 위원회는 필요하다고 인정하는 경우에는 청구인으로 하여금 제1항에 따른 심사·조정 관련 비용을 미리 내게 할 수 있다. ③ 위원회는 제2항에 따라 심사·조정 관련 비용을 미리 받은 경우에는 심사·조정안이 당사자에게 제시된 날부터 30일 이내에 미리 받은 금액과 비용에 대한

국가를 당사자로 하는 계약에 관한 법률	시 행 령	시 행 규 칙
	받은 때에는 적격으로 통지된 대안입찰서 중 설계점수가 높은 순으로 최대 6개의 대안(적격으로 통지된 대안이 6개 미만인 경우에는 적격으로 통지된 모든 대안)을 선정한 후 대안설계점수가 원안설계점수보다 높은 것을 대안으로 채택한다. 다만, 수개의 대안공종 중 일부 공종에 대한 대안설계점수가 원안설계점수보다 낮은 경우에는 해당공종에 대한 대안공종은 이를 채택하지 않는다. <개정 2006.12.29, 2019.9.17> ③ 각 중앙관서의 장 또는 계약담당공무원은 제2항 단서에 따라 대안으로 채택되지 않은 공종이 있는 경우에는 대안입찰자의 대안입찰서상 해당공종의 입찰가격을 원안입찰시에 제출한 산출내역서상의 해당공종의 입찰가격으로 대체하여 전체 대안입찰가격을 조정해야 한다. <개정 2019.9.17> ④ 각 중앙관서의 장 또는 계약담당공무원	정산서를 청구인에게 통지하여야 한다. 다만, 청구인과 해당 중앙관서의 장 간에 약정이 있는 경우에는 그 약정에 따라 정산서를 통지한다. [본조신설 2013.6.19]

은 제3항에 따른 조정을 거친 후 제2항 단서에 따라 대안으로 채택되지 않은 공종으로 인해 불가피하게 채택된 공종에 대한 설계의 일부를 수정해야 하는 경우에는 이를 수정할 수 있다. 다만, 수정하게 되는 공종의 입찰가격은 증액할 수 없다. <개정 2019.9.17>

⑤ 각 중앙관서의 장 또는 계약담당공무원은 원안입찰자와 제2항부터 제4항까지의 규정에 따라 채택된 대안을 제출한 자 중에서 제85조의2제2항에 따라 선택된 낙찰자 결정방법을 적용하여 낙찰자를 결정한다. <개정 2007.10.10, 2019.9.17>

⑥ 각 중앙관서의 장 또는 계약담당공무원은 대안을 제출한 자가 없거나, 제5항에 따른 낙찰자가 없는 경우에는 원안입찰가격이 예정가격 이하로서 최저가격인 입찰을 제출한 자부터 순차적으로 다음 각 호의 방법에 따라 낙찰자를 결정한다. <개정 2015.12.31, 2018.12.4, 2019. 9.17>

국가를 당사자로 하는 계약에 관한 법률	시 행 령	시 행 규 칙
	1. 추정가격이 100억원 이상인 공사 : 제42조제4항에 따라 각 입찰자의 입찰가격, 공사수행능력 및 사회적 책임 등을 종합 심사하여 낙찰자를 결정 2. 제1호 외의 공사 : 제42조제1항에 따라 계약이행능력 및 일자리창출 실적 등을 심사하여 낙찰자를 결정 ⑦ 제1항부터 제6항까지의 규정에 따른 낙찰자 결정은 부득이한 사유가 없는 한 입찰일부터 80일 이내에 해야 한다. <개정 2019.9.17> ⑧ 각 중앙관서의 장 또는 계약담당공무원은 제3항 및 제4항에 따른 조정 또는 수정을 하는 경우 미리 중앙건설기술심의위원회 또는 기술자문위원회의 심의를 거쳐야 한다. <개정 2014.5.22> [전문개정 2006.5.25]	

	제87조(일괄입찰의 낙찰자 선정) ① 각 중앙관서의 장 또는 계약담당공무원은 기본설계입찰에 있어서 제85조제5항의 규정에 의한 통지를 받은 때에는 입찰자중 설계점수가 높은 순으로 최대 6인(적격으로 통지된 입찰자가 6인 미만인 경우에는 적격으로 통지된 모든 입찰자)을 선정한 후 제85조의2제1항에 따라 선택된 실시설계적격자 결정방법을 적용하여 실시설계적격자로 결정한다. 다만, 제85조제5항에 따른 기본설계적격자가 1인 이하인 경우에는 재공고입찰에 의하여야 한다. <개정 2006.5.25, 2006.12.29, 2007.10.10> ② 각 중앙관서의 장 또는 계약담당공무원은 제85조제5항 및 제6항의 규정에 의하여 중앙건설기술심의위원회 또는 기술자문위원회로부터 당해 실시설계의 적격통지를 받은 때에는 그 실시설계서를 제출한 자를 낙찰자로 결정한다. <개정 1996.12.31, 2014.5.22>	**제87조(위원회의 운영 등)** 이 규칙에 규정한 것 외에 위원회의 운영과 조정 절차에 관하여 필요한 사항은 위원회의 의결을 거쳐 위원장이 정한다. [본조신설 2013.6.19]

국가를 당사자로 하는 계약에 관한 법률	시 행 령	시 행 규 칙
	③ 각 중앙관서의 장 또는 계약담당공무원은 제1항의 규정에 의하여 실시설계적격자로 결정된 입찰자의 입찰금액이 계속비대형공사에 있어서는 계속비예산, 일반대형공사에 있어서는 총공사예산을 각각 초과하는 경우에는 예산의 범위안으로 가격을 조정하기 위하여 그 입찰자와 협의하여야 하며 협의가 성립되지 아니할 때에는 재공고입찰에 의하여야 한다. <개정 1999.9.9> ④ 제1항 및 제2항의 규정에 의한 낙찰자의 결정은 부득이한 사유가 없는 한 실시설계서가 제출된 날부터 60일이내에 하여야 한다. ⑤ 각 중앙관서의 장 또는 계약담당공무원은 제2항의 규정에 의한 낙찰자결정에 있어서 공사의 시급성 기타 특수한 사정으로 인하여 필요하다고 인정하는 경우에는 제1항의 규정에 의한 실시설계적격자로 하여금 당해공사를 공정별 우선순	

위에 따라 구분하여 실시설계서를 작성하게 할 수 있으며, 당해 실시설계서에 대하여 중앙건설기술심의위원회 또는 기술자문위원회로부터 실시설계적격통지를 받은 때에는 그 실시설계적격자를 낙찰자로 결정하고 우선순위에 따라 공사를 시행하게 할 수 있다. <신설 1999.9.9, 2014.5.22>

⑥ 각 중앙관서의 장 또는 계약담당공무원은 제5항의 규정에 의하여 낙찰자로 결정된 자로 하여금 공사를 시행하게 하기 전에 총공사와 실시설계적격통지를 받은 공사에 대한 산출내역서를 제출하게 하여 이에 따라 계약을 체결하여야 한다. <신설 1999.9.9>

⑦ 각 중앙관서의 장 또는 계약담당공무원은 총공사에 대한 최종실시설계적격통지가 있는 때에는 제6항의 규정에 의하여 계약을 체결한 자로 하여금 산출내역서를 다시 작성하여 당초의 산출내역서와 대체하도록 하여야 한다. 이 경우 당초의

국가를 당사자로 하는 계약에 관한 법률	시 행 령	시 행 규 칙
	계약금액은 이를 증액할 수 없다. <신설 1999.9.9, 2000.12.27> ⑧ 각 중앙관서의 장 또는 계약담당공무원은 제5항 및 제6항의 규정에 의하여 낙찰자를 결정하거나 계약을 체결하고자 하는 경우에는 실시설계서를 우선 제출하여야 하는 공종의 범위 및 제출기한, 산출내역서의 작성·제출에 관한 사항등을 입찰안내서등에 명시하여 입찰에 참가하고자 하는 자가 입찰전에 미리 이를 알 수 있도록 하여야 한다. <신설 1999.9.9> **제88조** 삭제 <1999.9.9> **제89조(설계비 보상)** ① 각 중앙관서의 장 또는 계약담당공무원은 다음 각 호의 어느 하나에 해당하는 자의 전부 또는 일부에 대하여는 예산의 범위안에서 설계비의 일부를 보상할 수 있다. <개정 1999.9. 9, 2011.12.31, 2014.11.4> 1. 제86조제2항 및 제87조에 따라 선정된	

자 중 낙찰자로 결정되지 아니한 자
2. 발주기관의 귀책사유로 취소된 대안입찰 또는 일괄입찰에 참여한 자

② 제1항의 규정에 의한 설계보상비의 지급기준 및 절차등에 관하여 필요한 사항은 재정경제부장관이 정한다. <개정 1999.9.9, 2008.2.29, 2025.12.30>

제90조 삭제 <2006.5.25>

제91조(설계변경으로 인한 계약금액 조정의 제한) ① 대안입찰 또는 일괄입찰에 대한 설계변경으로 대형공사의 계약내용을 변경하는 경우에도 정부에 책임있는 사유 또는 천재·지변 등 불가항력의 사유로 인한 경우를 제외하고는 그 계약금액을 증액할 수 없다. <개정 1996.12.31, 1999.9.9>

② 각 중앙관서의 장 또는 계약담당공무원은 일괄입찰의 경우 계약체결 이전에 실시 설계적격자에게 책임이 없는 다음 각 호의 어느 하나에 해당하는 사유로 실시설계를 변경한 경우에는 계약체결 이후

국가를 당사자로 하는 계약에 관한 법률	시 행 령	시 행 규 칙
	즉시 설계변경에 의한 계약금액 조정을 하여야 한다. <신설 2007.10.10, 2014.5.22> 1. 민원이나 환경·교통영향평가 또는 관련 법령에 따른 인허가 조건 등과 관련하여 실시설계의 변경이 필요한 경우 2. 발주기관이 제시한 기본계획서·입찰안내서 또는 기본설계서에 명시 또는 반영되어 있지 아니한 사항에 대하여 해당 발주기관이 변경을 요구한 경우 3. 중앙건설기술심의위원회 또는 기술자문위원회가 실시설계 심의과정에서 변경을 요구한 경우 ③ 제1항 또는 제2항의 경우에 계약금액을 조정하고자 할 때에는 다음 각호의 기준에 의한다. <개정 1998.2.2, 1999.9.9, 2005.9.8, 2007.10.10> 1. 감소된 공사량의 단가 : 제85조제2항 및 제3항의 규정에 의하여 제출한 산출내역서상의 단가	

	2. 증가된 공사량의 단가 : 설계변경당시를 기준으로 산정한 단가와 제1호의 규정에 의한 산출내역서상의 단가의 범위안에서 계약당사자간에 협의하여 결정한 단가. 다만, 계약당사자 사이에 협의가 이루어지지 아니하는 경우에는 설계변경당시를 기준으로 산정한 단가와 제1호의 규정에 의한 산출내역서상의 단가를 합한 금액의 100분의 50으로 한다. 3. 제1호의 규정에 의한 산출내역서상의 단가가 없는 신규비목의 단가 : 설계변경당시를 기준으로 산정한 단가 **제91조의2** 삭제 <2006.5.25> **제92조(평가)** 각 중앙관서의 장 또는 계약담당공무원은 대형공사의 준공검사를 한 후에 평가단을 구성하여 당해 공사의 사업계획·시공과정·실적 및 효과등에 대하여 평가를 실시할 수 있다.	

국가를 당사자로 하는 계약에 관한 법률	시 행 령	시 행 규 칙
	제7장 계약정보의 공개 등 <개정 2005.9.8> **제92조의2(계약관련 정보의 공개)** ① 각 중앙관서의 장 또는 계약담당공무원은 분기별 발주계획, 입찰에 부칠 계약목적물의 규격, 계약체결, 계약변경 및 계약이행에 관하여 재정경제부령으로 정하는 사항을 전자조달시스템 또는 제39조제1항 단서에 따라 각 중앙관서의 장이 지정·고시한 정보처리장치에 공개하여야 한다. 다만, 제26조제1항제1호가목 중 작전상의 병력 이동에 따른 사유와 제26조제1항제1호나목 및 같은 항 제5호라목에 따른 사유로 인하여 체결하는 수의계약의 경우에는 그러하지 아니하다. <개정 2008.2.29, 2010.7.21, 2011.12.31, 2013.9.17, 2016.9.2, 2025.12.30> ② 각 중앙관서의 장 또는 계약담당공무원은 제1항 본문의 규정에 의한 공개내용에	

변경이 있는 경우에는 변경된 사실을 지체 없이 공개하여야 한다.

[본조신설 2005.9.8]

제93조(계약실적보고) 각 중앙관서의 장 또는 계약담당공무원은 계약체결 또는 계약변경 후 30일 이내에 계약체결 및 계약변경에 관하여 재정경제부령이 정하는 사항을 재정경제부장관에게 제출하여야 한다. 다만, 제26조제1항제1호가목 중 작전상의 병력 이동에 따른 사유와 제26조제1항제1호나목 및 같은 항 제5호라목에 따른 사유로 인하여 체결한 수의계약의 경우에는 그러하지 아니하다. <개정 2008.2.29, 2010.7.21, 2025.12.30>

[전문개정 2005.9.8]

제94조(계약심의위원회의 설치) ① 각 중앙관서의 장 또는 그 소속기관의 장은 물품·공사·용역 등 다음 각 호의 사항에 관한 자문에 응하도록 하기 위하여 계약심의위원회를 설치·운영해야 한다. <개정 2005.9.8, 2006.5.25, 2007.10.10,

국가를 당사자로 하는 계약에 관한 법률	시 행 령	시 행 규 칙
	2015.6.22, 2016.9.2, 2018.12.4, 2023.11.16> 1. 발주기관이 입찰참가자격요건, 부정당업자의 입찰참가자격 제한, 그 밖에 계약과 관련하여 질의한 사항 2. 입찰참가자 또는 계약상대자가 입찰, 계약체결 및 계약이행과 관련하여 질의하거나 시정을 요구한 사항 3. 제113조제4항에 따른 이의제기에 관한 사항 ② 제1항에 따른 계약심의위원회는 소속공무원, 계약에 관한 학식과 경험이 풍부한 사람 등으로 성별을 고려하여 구성한다. <개정 2005.9.8, 2015.6.22, 2023.11.16> ③ 제1항에 따른 계약심의위원회의 구성 및 운영에 관하여 필요한 세부사항은 각 중앙관서의 장이 정한다. <개정 2015.6.22> [본조신설 2000.12.27]	

[제목개정 2015.6.22]

제95조 삭제 <2005.9.8>

제96조(지정정보처리장치의 이용) ① 삭제 <2013.9.17>

② 각 중앙관서의 장 또는 계약담당공무원과 전자조달시스템을 관리·운영하는 조달청장은 제76조의 규정에 의한 부정당업자의 입찰참가자격제한, 제93조의 규정에 의한 계약실적보고, 그 밖의 계약과 관련된 정보를 당해 업무목적외의 용도로 사용하여서는 아니된다. <개정 2013.9.17>

[본조신설 2002.7.30]

제8장 기술제안입찰 등에 의한 계약

<신설 2007.10.10>

제97조(적용대상 등) 각 중앙관서의 장 또는 계약담당공무원은 상징성·기념성·예술성 등이 필요하다고 인정되거나 난이도

국가를 당사자로 하는 계약에 관한 법률	시 행 령	시 행 규 칙
	가 높은 기술이 필요한 시설물 공사에 대하여는 실시설계 기술제안입찰 또는 기본설계 기술제안입찰에 의한 계약을 체결할 수 있으며, 그 계약에 대하여는 이 장에 규정한 바에 의하되, 이 장에 특별한 규정이 없는 사항에 관하여는 이 영의 다른 장에 규정한 바에 따른다. <개정 2010.7.21> 1. 삭제 <2010.7.21> 2. 삭제 <2010.7.21> [본조신설 2007.10.10] **제98조(정의)** 이 장에서 사용하는 용어의 뜻은 다음 각 호와 같다. <개정 2010.7.21> 1. "기술제안서"란 입찰자가 발주기관이 교부한 설계서 등을 검토하여 공사비 절감방안, 공기단축방안, 공사관리방안 등을 제안하는 문서를 말한다. 2. "실시설계 기술제안입찰"이란 발주기관이 교부한 실시설계서 및 입찰안내	

서에 따라 입찰자가 제1호에 따른 기술제안서를 작성하여 입찰서와 함께 제출하는 입찰을 말한다.

3. “기본설계 기술제안입찰”이란 발주기관이 작성하여 교부한 기본설계서와 입찰안내서에 따라 입찰자가 제1호에 따른 기술제안서를 작성하여 입찰서와 함께 제출하는 입찰을 말한다.

[본조신설 2007.10.10]

제99조(실시설계 기술제안입찰 및 기본설계 기술제안입찰의 입찰방법의 심의 등) ① 각 중앙관서의 장은 제97조에서 정한 공사에 대하여 실시설계 기술제안입찰 또는 기본설계 기술제안입찰(이하 “실시설계 기술제안입찰등”이라 한다)을 실시하려는 경우 다음 각 호의 사항에 관하여 중앙건설기술심의위원회의 심의를 거쳐야 한다. <개정 2010.7.21, 2016.9.2>

1. 입찰의 방법에 관한 사항
2. 제102조제1항에 따른 낙찰자의 결정방법에 관한 사항

국가를 당사자로 하는 계약에 관한 법률	시 행 령	시 행 규 칙
	3. 제102조제2항에 따른 실시설계적격자 결정방법에 관한 사항 ② 각 중앙관서의 장은 제1항에 따라 중앙건설기술심의위원회의 심의를 받으려는 때에는 해당 연도 이후에 집행할 제97조에서 정한 공사의 집행기본계획서를 다음 각 호에서 정하는 순서에 따라 국토교통부장관에게 제출하여야 하며, 실시설계 기술제안입찰등의 집행기본계획서의 작성방법과 제출시기 등에 관한 사항은 재정경제부령으로 정한다. <개정 2008.2.29, 2010.7.21, 2013.3.23, 2013.12.30, 2025.12.30> 1. 기본설계서를 작성한 후 기본설계 기술제안입찰로 발주하려는 공사에 대하여 제출 2. 기본설계 기술제안입찰로 발주하지 아니하기로 결정된 공사에 대해서는 실시설계서를 작성한 후 실시설계 기술제안입찰로 발주하려는 공사에 대하여 제출	

③ 제80조제3항과 제5항은 입찰방법 공고 등의 경우에 준용한다.

[본조신설 2007.10.10]

[제목개정 2010.7.21]

제100조(실시설계 기술제안입찰등의 입찰참가자격) 실시설계 기술제안입찰에 관하여는 제12조제1항을, 기본설계 기술제안입찰에 관하여는 제84조제1항을 각각 준용한다.

[전문개정 2010.7.21]

제101조 삭제 <2010.7.21>

제102조(실시설계 기술제안입찰등의 낙찰자 결정방법 등 선택) ① 각 중앙관서의 장 또는 계약담당공무원은 실시설계 기술제안입찰의 경우 제104조 본문에 따라 선정된 자를 대상으로 중앙건설기술심의위원회에서 공사의 목적 및 특성 등을 고려하여 다음 각 호의 어느 하나에 해당하는 방법 중 해당 공사에 가장 적합하다고 심의한 방법으로 낙찰자를 결정하여야 한

국가를 당사자로 하는 계약에 관한 법률	시 행 령	시 행 규 칙
	다. <개정 2010.7.21., 2016.9.2.> 1. 최저가격으로 입찰한 자를 낙찰자로 결정하는 방법 2. 입찰가격을 기술제안점수로 나누어 조정된 수치가 가장 낮은 자 또는 기술제안점수를 입찰가격으로 나누어 조정된 점수가 가장 높은 자를 낙찰자로 결정하는 방법 3. 기술제안점수와 가격점수에 가중치를 부여하여 각각 평가한 결과를 합산한 점수가 가장 높은 자를 낙찰자로 결정하는 방법 ② 각 중앙관서의 장 또는 계약담당공무원은 기본설계 기술제안입찰의 경우 제106조제1항에 따라 기술제안적격으로 선정된 자를 대상으로 중앙건설기술심의위원회에서 공사의 목적 및 특성 등을 고려하여 다음 각 호의 어느 하나에 해당하는 방법 중 해당 공사에 가장 적합하다고 심의한 방법으로 실시설계적격자를 결정	

	하여야 한다. <개정 2010.7.21, 2016.9.2> 1. 최저가격으로 입찰한 자를 실시설계적격자로 결정하는 방법 2. 입찰가격을 기술제안점수로 나누어 조정된 수치가 가장 낮은 자 또는 기술제안점수를 입찰가격으로 나누어 조정된 점수가 가장 높은 자를 실시설계적격자로 결정하는 방법 3. 기술제안점수와 가격점수에 가중치를 부여하여 각각 평가한 결과를 합산한 점수가 가장 높은 자를 실시설계적격자로 결정하는 방법 ③ 각 중앙관서의 장 또는 계약담당공무원은 제1항 또는 제2항에 따라 선택된 낙찰자 및 실시설계적격자 결정방법을 입찰공고를 할 때에 명시하여야 한다. ④ 각 중앙관서의 장은 제1항 및 제2항 각 호에 따른 낙찰자 및 실시설계적격자 결정방법에 필요한 기술제안점수·가격점수의 산출방법과 가중치, 기술과 가격	

국가를 당사자로 하는 계약에 관한 법률	시 행 령	시 행 규 칙
	조정을 위한 산식, 그 밖에 필요한 사항을 정하여 입찰에 참가하려는 자가 열람할 수 있도록 하여야 한다. [본조신설 2007.10.10] [제목개정 2010.7.21] **제103조(실시설계 기술제안입찰의 입찰절차)** ① 각 중앙관서의 장 또는 계약담당공무원은 실시설계 기술제안입찰을 하는 경우 입찰자에게 다음 각 호의 내용을 포함한 기술제안서를 제출하게 하여야 한다. 다만, 공사의 특성 등을 고려하여 필요하면 그 내용의 일부를 변경할 수 있다. <개정 2010.7.21> 1. 시공 효율성 검토 등을 통한 공사비 절감방안 2. 생애주기비용 개선방안 3. 공기단축방안 4. 공사관리방안 5. 발주기관이 교부한 설계서 및 입찰자가	

제출하는 기술제안서의 내용을 반영하여 물량과 단가를 명백히 한 산출내역서

6. 그 밖에 입찰공고를 할 때에 요구된 사항

② 각 중앙관서의 장은 제1항에 따라 제출된 기술제안서의 평가를 위한 세부심사기준을 정하고 입찰에 참가하려는 자가 열람할 수 있도록 하여야 한다.

③ 각 중앙관서의 장 또는 계약담당공무원은 제1항에 따라 기술제안서를 제출받은 때에는 중앙건설기술심의위원회에 해당 기술제안서의 적격여부에 대한 심의 및 점수 평가를 의뢰하고 중앙건설기술심의위원회는 의뢰받은 기술제안서의 타당성을 검토하여 기술제안서의 적격 여부 및 평가점수를 명백히 한 서류를 해당 중앙관서의 장 또는 계약담당공무원에게 통지하여야 한다.

④ 각 중앙관서의 장 또는 계약담당공무원은 제3항에 따른 기술제안서 심의 및 점

국가를 당사자로 하는 계약에 관한 법률	시 행 령	시 행 규 칙
	수 평가에 대하여는 기술자문위원회의 심의 및 점수 평가로 갈음할 수 있다. <개정 2014.5.22> ⑤ 중앙건설기술심의위원회 또는 기술자문위원회는 제3항 또는 제4항에 따라 기술제안서 심의를 하는 경우 기술제안서가 입찰의 기본계획 및 지침의 내용이나 설계서의 내용에 비추어 미비하거나 그 내용이 분명하지 아니한 경우에는 이에 대한 보완을 요구할 수 있다. <개정 2014.5.22> [본조신설 2007.10.10] [제목개정 2010.7.21] **제104조(실시설계 기술제안입찰의 낙찰자 결정)** 각 중앙관서의 장 또는 계약담당공무원은 실시설계 기술제안입찰을 하는 경우 제103조제3항에 따른 통지를 받은 때에는 다음 각 호의 구분에 따른 예산을 초과하지 않는 금액으로 입찰한 입찰자	

	중 기술제안점수가 높은 순으로 최대 6명(적 격으로 통지된 입찰자가 6명 미만인 경우에는 적격으로 통지된 모든 입찰자)을 선정한 후 제102조제1항에 따라 선택된 낙찰자 결정방법을 적용하여 낙찰자를 결정한다. 다만, 제103조제3항에 따른 기술제안적격자가 1명 이하인 경우에는 재공고입찰에 따라야 한다. <개정 2010.7.21, 2021.7.6, 2024.7.16> 1. 공사비가 계속비예산으로 계상된 공사: 계속비예산 2. 공사비가 계속비예산으로 계상되지 않은 공사: 총공사예산 [본조신설 2007.10.10] [제목개정 2010.7.21] **제105조(기본설계 기술제안입찰의 입찰절차)** ① 각 중앙관서의 장 또는 계약담당공무원은 기본설계 기술제안입찰을 하는 경우 입찰자에게 다음 각 호의 내용을 포함한 기술제안서를 제출하게 하여야 한다. 다만, 공사의 특성 등을 고려하여 필요하	

국가를 당사자로 하는 계약에 관한 법률	시 행 령	시 행 규 칙
	면 그 내용의 일부를 변경할 수 있다. <개정 2010.7.21> 1. 시공 효율성 검토 등을 통한 공사비 절감방안 2. 생애주기비용 개선방안 3. 공기단축방안 4. 공사관리방안 5. 그 밖에 입찰공고를 할 때에 요구된 사항 ② 각 중앙관서의 장은 제1항에 따라 제출된 기술제안서의 평가를 위한 세부심사기준을 정하고 입찰에 참가하려는 자가 열람할 수 있도록 하여야 한다. ③ 각 중앙관서의 장 또는 계약담당공무원은 제106조제1항 본문에 따라 실시설계적격자로 선정된 자에 한정하여 실시설계서를 제출하게 하여야 하며, 실시설계서에 다음 각 호의 도서를 첨부하게 하여야 한다. <개정 2014.5.22> 1. 실시설계에 대한 구체적인 설명서	

	2. 「건설기술 진흥법 시행령」 제11조에 따른 관계 서류 3. 단가 및 수량을 명백히 한 산출내역서 4. 그 밖에 참고 사항을 적은 서류 ④ 각 중앙관서의 장 또는 계약담당공무원은 다음 각 호의 어느 하나에 해당하는 경우에는 중앙건설기술심의위원회에 해당 기술제안서 또는 실시설계서의 적격 여부에 대한 심의 및 점수 평가를 의뢰하고 중앙건설기술심의위원회는 의뢰받은 기술제안서 또는 실시설계서의 타당성을 검토하여 기술제안서 또는 실시설계서의 적격 여부 및 평가점수를 명백히 한 서류를 해당 중앙관서의 장 또는 계약담당공무원에게 통지하여야 한다. <개정 2016.9.2> 1. 제1항에 따라 기술제안서를 제출받거나 제3항에 따라 실시설계서를 제출받은 경우 2. 기본설계 기술제안입찰로 발주된 공사에 대하여 제20조에 따른 재공고입찰	

국가를 당사자로 하는 계약에 관한 법률	시 행 령	시 행 규 칙
	결과 입찰자가 1인뿐인 경우로서 그 입찰자의 기술제안서 또는 실시설계서를 제출받은 경우 ⑤ 각 중앙관서의 장 또는 계약담당공무원은 제4항에 따른 기술제안서 또는 실시설계서 심의 및 점수평가에 대하여는 기술자문위원회의 심의 및 점수평가로 갈음할 수 있다. <개정 2014.5.22> ⑥ 중앙건설기술심의위원회 또는 기술자문위원회는 제4항 또는 제5항에 따라 기술제안서 또는 실시설계서의 심의를 하는 경우 기술제안서 또는 실시설계서에 첨부된 도서가 입찰의 기본계획 및 지침의 내용이나 기본설계(실시설계서를 심의하는 경우에는 기술제안서를 포함한다)의 내용에 비추어 미비하거나 그 내용이 분명하지 아니한 경우에는 이에 대한 보완을 요구할 수 있다. <개정 2014.5.22> [본조신설 2007.10.10]	

[제목개정 2010.7.21]

제106조(기본설계 기술제안입찰의 낙찰자 선정) ① 각 중앙관서의 장 또는 계약담당공무원은 기본설계 기술제안입찰의 경우 제105조제4항에 따른 통지를 받은 때에는 입찰자 중 기술제안점수가 높은 순으로 최대 6명(적격으로 통지된 입찰자가 6명 미만인 경우에는 적격으로 통지된 모든 입찰자)을 선정한 후 제102조제2항에 따른 실시설계적격자 결정방법을 적용하여 실시설계적격자를 결정한다. 다만, 제105조제4항에 따른 기술제안적격자가 1명 이하인 경우에는 재공고입찰에 의하여야 한다. <개정 2010.7.21>

② 각 중앙관서의 장 또는 계약담당공무원은 제105조제4항 및 제5항에 따라 중앙건설기술심의위원회 또는 기술자문위원회로부터 해당 실시설계의 적격통지를 받은 때에는 그 실시설계서를 제출한 자를 낙찰자로 선정한다. <개정 2014.5.22>

국가를 당사자로 하는 계약에 관한 법률	시 행 령	시 행 규 칙
	③ 제87조제3항부터 제8항까지는 기본설계 기술제안입찰의 낙찰자결정에 관하여 준용한다. <개정 2010.7.21> [본조신설 2007.10.10] [제목개정 2010.7.21] **제107조(기술제안입찰 제안서 작성비용 보상)** ① 각 중앙관서의 장 또는 계약담당공무원은 다음 각 호의 어느 하나에 해당하는 자의 전부 또는 일부에 대해서는 예산의 범위에서 제안서 작성비용의 일부를 보상할 수 있다. 1. 제104조 및 제106조제1항에 따라 선정된 자 중 낙찰자로 결정되지 아니한 자 2. 발주기관의 귀책사유로 취소된 기술제안입찰에 참가한 자 ② 제1항에 따른 보상비의 지급 기준과 절차 등에 관하여 필요한 사항은 재정경제부장관이 정한다. <개정 2025.12.30> [본조신설 2014.11.4]	

	제108조(설계변경으로 인한 계약금액조정) 설계변경으로 인한 계약금액 조정에 관하여 실시설계 기술제안입찰에 따른 공사계약의 경우에는 제65조를, 기본설계 기술제안입찰에 따른 공사계약의 경우에는 제91조를 각각 준용한다. [전문개정 2010.7.21] **제109조(평가)** ① 각 중앙관서의 장 또는 계약담당공무원은 이 장에 의한 공사의 준공검사를 한후에 평가단을 구성하여 해당 공사의 발주방식의 적정성, 시공과정·실적 및 효과 등에 대하여 평가를 실시할 수 있다. ② 제1항에 따른 평가단의 구성·운영, 그 밖에 평가에 관하여 필요한 사항은 각 중앙관서의 장이 정한다. [본조신설 2007.10.10]	

국가를 당사자로 하는 계약에 관한 법률	시 행 령	시 행 규 칙
	제9장 이의신청과 국가계약분쟁 조정위원회 <신설 2013.6.17> **제110조(이의신청을 할 수 있는 정부조달계약의 최소 금액 기준 등)** ① 법 제28조제1항 각 호 외의 부분에서 "대통령령으로 정하는 금액"이란 다음 각 호의 구분에 따른 금액을 말한다. <개정 2014.11.4, 2018.12.4, 2019.9.17, 2021.7.6, 2025.8.5> 1. 공사 계약의 경우 : 다음 각 목의 구분에 따른 금액 가. 「건설산업기본법」에 따른 종합공사 계약의 경우 : 추정가격 4억원 나. 「건설산업기본법」에 따른 전문공사 계약의 경우 : 추정가격 1억원 다. 가목 및 나목 외의 공사 계약의 경우 : 추정가격 8천만원 2. 물품 계약의 경우 : 추정가격 5천만원 3. 용역 계약의 경우 : 추정가격 5천만원	

	② 법 제28조제1항제5호에서 "대통령령으로 정하는 사항"이란 다음 각 호의 사항을 말한다. <신설 2014.11.4, 2021.7.6, 2025.8.5> 1. 제38조 및 제51조에 따른 입찰보증금 및 계약보증금의 국고귀속과 관련한 사항 1의2. 제58조제3항에 따른 기성부분 또는 기납부분에 대한 대가 지급과 관련된 사항 <신설 2025.8.5> 1의3. 제59조에 따른 대가지급지연일수 산정과 관련된 사항 <신설 2025.8.5> 2. 제64조부터 제66조까지, 제91조 및 제108조에 따른 계약금액 조정과 관련한 사항 3. 제70조제3항 및 제73조제3항에 따른 정산과 관련한 사항 4. 제74조에 따른 지체상금과 지체일수 산입범위와 관련한 사항 5. 제75조에 따른 계약의 해제·해지와 관련한 사항	

국가를 당사자로 하는 계약에 관한 법률	시 행 령	시 행 규 칙
	6. 「국고금 관리법」 제26조 및 같은 법 시행령 제40조에 따라 계약금액을 미리 지급한 후 해당 계약의 해제·해지, 선지급 조건 위반 등의 사유로 미리 지급한 계약금액의 반환을 청구하는 경우 그 반환과 관련된 사항 <신설 2025.8.5> [본조신설 2013.6.17] [제목개정 2014.11.4] [종전 제110조는 제116조로 이동 <2013.6.17>] **제111조(국가계약분쟁조정위원회의 위원)** ① 법 제29조제3항 각 호 외의 부분에서 "대통령령으로 정하는 중앙행정기관 소속 공무원으로서 해당 기관의 장이 지명하는 사람"이란 재정경제부·국토교통부·조달청과 그 밖에 재정경제부장관이 필요하다고 인정하는 중앙행정기관의 고위공무원단에 속하는 공무원으로서 해당 기관의 장이 지명하는 공무원 각 1명을 말한	

다. <개정 2017.7.26, 2022.6.14, 2023.11.16, 2025.8.5, 2025.12.30>

② 법 제29조제1항에 따른 국가계약분쟁조정위원회(이하 이 장에서 "위원회"라 한다)의 위원은 비상근으로 한다.

③ 삭제 <2023.11.16>

[전문개정 2016.9.2]

제111조의2(위원장의 직무) ① 위원장은 위원회를 대표하고, 위원회의 업무를 총괄한다.

② 위원장이 부득이한 사유로 직무를 수행할 수 없을 때에는 재정경제부장관이 지명하는 위원이 그 직무를 대행한다. <개정 2025.12.30>

[본조신설 2023.11.16]

제111조의3(위원의 제척·기피·회피) ① 위원회의 위원은 다음 각 호의 어느 하나에 해당하는 경우에는 해당 안건에 대한 심사·조정에서 제척(除斥)된다.

1. 위원 또는 그 배우자나 배우자였던 사람이 해당 안건의 당사자(당사자가 법인

국가를 당사자로 하는 계약에 관한 법률	시 행 령	시 행 규 칙
	·단체 등인 경우에는 그 임원을 포함한다. 이하 이 호 및 제2호에서 같다)이거나 그 안건의 당사자와 공동권리자 또는 공동의무자인 경우 2. 위원이 해당 안건의 당사자와 친족이거나 친족이었던 경우 3. 위원이나 위원이 속한 기관 또는 법인이 해당 안건에 관하여 증언, 진술, 자문, 연구, 용역 또는 감정을 한 경우 4. 해당 안건이 위원이나 위원이 속한 중앙관서가 발주한 계약과 관련된 경우 5. 위원이 각 중앙관서의 소속 공무원으로서 해당 안건과 관련된 조사 또는 심사를 한 경우 ② 해당 안건의 당사자는 위원에게 공정한 심사·조정을 기대하기 어려운 사정이 있는 경우에는 기피 신청을 할 수 있다. 이 경우 위원장은 이 기피 신청에 대하여 위원회의 의결을 거치지 않고 기피 여부를 결정한다. ③ 위원이 제1항 각 호의 제척 사유와 제2항의	

	기피 사유에 해당하는 경우에는 스스로 그 안건의 심사·조정에서 회피(回避)해야 한다. [본조신설 2023.11.16] **제111조의4(위원의 지명철회)** 법 제29조제3항에 따라 위원을 지명한 자는 해당 위원이 다음 각 호의 어느 하나에 해당하는 경우에는 그 지명을 철회할 수 있다. 1. 심신쇠약으로 직무를 수행할 수 없게 된 경우 2. 직무와 관련된 비위사실이 있는 경우 3. 직무태만, 품위손상이나 그 밖의 사유로 위원으로서 적합하지 않다고 인정되는 경우 4. 위원 스스로 직무를 수행하기 어렵다는 의사를 밝히는 경우 5. 제111조의3제1항 또는 제2항의 사유에 해당하는데도 불구하고 회피하지 않은 경우 [본조신설 2023.11.16]	

<table>
<tr><th>국가를 당사자로 하는 계약에 관한 법률</th><th>시 행 령</th><th>시 행 규 칙</th></tr>
<tr><td></td><td>제111조의5(위원회의 회의) ① 위원장은 위원회의 회의를 소집하며, 그 의장이 된다.
② 위원회의 회의는 재적위원 과반수의 출석으로 개의(開議)하고, 출석위원 과반수의 찬성으로 의결한다.
③ 위원회에 위원회의 사무를 처리하기 위해 간사 1명을 둔다.
④ 제1항부터 제3항까지에서 규정한 사항 외에 위원회의 운영에 필요한 사항은 위원회의 위원장이 정한다.

제111조의6(소위원회) ① 위원회의 업무를 효율적으로 처리하기 위해 위원회에 다음 각 호의 소위원회(이하 이 장에서 "소위원회"라 한다)를 둘 수 있다. <개정 2024.12.24>
1. 공사분야소위원회
2. 물품・용역분야소위원회
3. 국방・방산분야소위원회
② 제1항제1호의 공사분야소위원회는 건설・전기통신 등 공사계약과 관련된 분쟁의</td><td></td></tr>
</table>

	심사·조정에 관한 사항을 담당한다. <개정 2024.12.24> ③ 제1항제2호의 물품·용역분야소위원회는 물품의 제조·구매·임차계약 및 용역계약(「방위사업법」 제3조제14호에 따른 국방조달계약은 제외한다)과 관련된 분쟁의 심사·조정에 관한 사항을 담당한다. <개정 2024.12.24> ④ 제1항제3호의 국방·방산분야소위원회는 「방위사업법」 제3조제14호에 따른 국방조달계약과 관련된 분쟁의 심사·조정에 관한 사항을 담당한다. <신설 2024.12.24> ⑤ 소위원회의 위원장은 위원회의 위원 중 위원회의 위원장이 지명하는 사람이 된다. <개정 2025.8.5.> ⑥ 소위원회의 회의는 소위원회의 위원장과 위원회의 위원장이 회의마다 지정하는 6명 이상 9명 이하의 위원회의 위원으로 구성한다. <개정 2025.8.5> ⑦ 소위원회는 위원회에 심사·조정청구된 안건에 대해 미리 심사하여 조정안을 작성할	

국가를 당사자로 하는 계약에 관한 법률	시 행 령	시 행 규 칙
	수 있다. 이 경우 조정안을 작성하기 전에 청구인 및 해당 중앙관서의 장과 그 대리인에게 의견을 진술할 기회를 주어야 하며, 필요한 경우에는 청구인 및 해당 중앙관서의 장과 그 대리인, 증인 또는 관계 전문가로 하여금 소위원회에 출석하게 하여 그 의견을 들을 수 있다. <개정 2024.12.24> ⑧ 소위원회는 제7항에 따라 조정안을 작성한 경우 이를 위원회에 상정해야 한다. <개정 2024.12.24> ⑨ 소위원회의 회의 및 심사에 관하여는 제111조의5 및 제112조제2항을 준용한다. 이 경우 "위원회"는 "소위원회"로, "위원회의 위원장"은 "소위원회의 위원장"으로 본다. <개정 2024.12.24 > [본조신설 2023.11.16] **제111조의7(수당)** 위원회 및 소위원회에 출석한 위원 및 관계 전문가에 대해서는 예산의 범위에서 수당을 지급할 수 있다. 다만,	

공무원인 위원이 그 소관 업무와 직접 관련되어 위원회 또는 소위원회에 출석하는 경우에는 그렇지 않다.
[본조신설 2023.11.16]

제112조(심사) ① 법 제30조제1항에 따라 심사·조정 청구의 사실을 통지받은 중앙관서의 장은 통지를 받은 날부터 14일 이내에 이에 대한 의견을 서면으로 위원회에 제출하여야 한다.
② 위원회는 필요한 경우 청구인 및 해당 중앙관서의 장에게 심사·조정이 요청된 사항에 관한 서류의 제출을 요구할 수 있으며, 관계 전문기관에 감정·진단과 시험 등을 의뢰할 수 있다.
③ 삭제 <2020.5.1>
[본조신설 2013.6.17]

제113조(조정) ① 위원회는 조정청구의 심사결과에 대하여 조정안을 작성하여 이를 청구인 및 해당 중앙관서의 장에게 알려야 한다.
② 제1항에 따른 조정안을 작성할 때 법 제28조제1항에 따른 행위로 청구인이 불

국가를 당사자로 하는 계약에 관한 법률	시 행 령	시 행 규 칙
	이익을 받았다고 인정되는 경우에는 해당 중앙관서의 장 또는 계약담당공무원이 행한 행위를 취소 또는 시정하거나 그에 따른 손해배상 또는 손실보상을 하도록 하여야 한다. ③ 제2항에 따른 손해배상 또는 손실보상은 입찰 준비와 조정의 청구 과정에서 드는 비용으로 한정할 수 있다. ④ 각 중앙관서의 장은 법 제31조제3항에 따라 이의를 제기하려는 경우에는 제94조제1항에 따른 계약심의위원회의 자문을 거쳐 이의를 제기하는 취지와 사유 등이 포함된 서면을 위원회에 제출하여야 한다. <신설 2018.12.4, 2023.11.16> [본조신설 2013.6.17] **제114조(조정의 중지)** 위원회는 위원회에 조정청구된 것과 같은 사안에 대하여 법원의 소송이 진행 중인 경우 그 심사·조정을 중지할 수 있다. 이 경우 중지 사유를 청구인 및 해당 중앙관서의 장에게 알려야 한다.	

	[본조신설 2013.6.17] **제114조의2(소송 관련 사실의 통지)** 각 중앙관서의 장은 제113조에 따른 조정 결과에 불복하여 소송이 제기되거나 제114조에 따른 소송이 제기된 경우에는 그 사실 및 소송 결과를 재정경제부장관에게 알려야 한다. <개정 2025.12.30> [본조신설 2018.12.4] **제115조(비용부담)** ① 청구인은 위원회의 심사·조정과 관련한 비용을 부담한다. 다만, 청구인과 해당 중앙관서의 장간에 약정이 있는 경우에는 그 약정에 따른다. ② 위원회의 심사·조정과 관련한 비용 부담에 관한 구체적인 사항은 재정경제부령으로 정한다. <개정 2025.12.30> [본조신설 2013.6.17]	

국가를 당사자로 하는 계약에 관한 법률	시 행 령	시 행 규 칙
	제10장 보 칙 <신설 2013.1.16, 2013.6.17> **제116조(고유식별정보의 처리)** 각 중앙관서의 장 또는 계약담당공무원은 다음 각 호의 사무를 수행하기 위하여 불가피한 경우 「개인정보 보호법 시행령」 제19조제1호에 따른 주민등록번호가 포함된 자료를 처리할 수 있다. 1. 제12조에 따른 경쟁입찰의 참가자격에 관한 사무 2. 제13조에 따른 입찰참가자격 사전심사에 관한 사무 3. 제21조 및 제22조에 따른 제한경쟁입찰 참가자격에 관한 사무 4. 제24조에 따른 지명경쟁입찰 참가자격에 관한 사무 5. 제50조에 따른 계약보증금에 관한 사무 6. 제62조에 따른 하자보수보증금에 관한 사무 7. 제76조에 따른 입찰참가자격 제한에 관한	

사무

[본조신설 2013.1.16]

[제110조에서 이동 <2013.6.17>]

제117조(규제의 재검토) 재정경제부장관은 다음 각 호의 사항에 대하여 다음 각 호의 기준일을 기준으로 3년마다(매 3년이 되는 해의 기준일과 같은 날 전까지를 말한다) 그 타당성을 검토하여 개선 등의 조치를 하여야 한다. <개정 2025.12.30>

1. 제21조제1항제6호에 따른 지역제한 경쟁입찰 : 2014년 1월 1일
2. 삭제 <2016.12.30>
3. 삭제 <2016.12.30>
4. 삭제 <2016.12.30>
5. 삭제 <2016.12.30>
6. 제76조에 따른 부정당업자의 입찰참가 자격 제한 : 2014년 1월 1일

[본조신설 2013.12.30]

제118조(부정당업자의 입찰참가 제한 및 벌칙 적용에서의 공무원 의제) 법 제27조제1항제7호 및 제35조제3호에서 "대통령

국가를 당사자로 하는 계약에 관한 법률	시 행 령	시 행 규 칙
	령으로 정하는 위원회"란 각각 다음 각 호의 위원회를 말한다. <개정 2015.12.31, 2016.9.2> 1. 제42조제7항에 따른 종합심사낙찰제 심사위원회 2. 제43조제8항에 따른 제안서평가위원회 3. 제94조제1항에 따른 계약심의위원회 [본조신설 2015.6.22] [제목개정 2016.9.2]	

부 칙 <법률 제4868호, 1995.1.5>

제1조 (시행일) 이 법은 공포후 6월이 경과한 날부터 시행한다. 다만, 제4조제1항 및 제2항, 제5조제2항, 제28조 내지 제31조의 구정은 1997년 1월 1일부터 시행한다.

제2조 (경과조치) 이 법 시행전에 예산회계법에 의하여 체결된 계약에 대하여는 이 법에 의하여 체결된 계약으로 본다.

제3조 (다른 법률의 개정) ① 예산회계법중 다음과 같이 개정한다.

제6장을 삭제한다.

제113조제1항중 "재무관 또는 계약관의"를 "재무관의"로 하고, 동조제3항중 "·제75조제2항"을 삭제한다.

제114조제1항중 "재무관 또는 계약관의"를 "재무관의"로 하고, 동조제2항중 "·제75조제2항"을 삭제한다.

제120조제1항중 "계약 및"을 삭제한다.

제123조중 ", 계약관"을 삭제한다.

② 물품관리법중 다음과 같이 개정한다.

부 칙 <대통령령 제14710호, 1995.7.6>

제1조 (시행일) 이 영은 1995년 7월 6일부터 시행한다. 다만, 제9조제1항제3호의 규정은 1996년 1월 1일부터 시행한다.

제2조 삭제 <1996.12.31>

제3조 (계약체결등에 관한 경과조치) 이 영 시행전에 입찰공고를 한 후 이 영 시행후에 실시하는 입찰, 낙찰자의 결정 및 계약체결과 이 영 시행전에 실시한 입찰에서 낙찰된 후 이 영 시행후에 체결하는 계약에 관하여는 종전의 규정에 의한다.

제4조 (다른 법령의 폐지 및 개정) ① 대형공사계약에관한예산회계법시행령특례규정은 이를 폐지한다.

② 예산회계법시행령중 다음과 같이 개정한다.

제19조제1항제1호 및 제2호를 각각 다음과 같이 한다.

1. 국가를당사자로하는계약에관한법률시행령 제19조의 규정에 의한 부대입찰 또

부 칙 <총리령 제511호, 1995.7.6>

제1조 (시행일) 이 규칙은 1995년 7월 6일부터 시행한다.

제2조 (계약체결등에 관한 경과조치) 이 규칙 시행전에 입찰공고를 한 경우로서 이 규칙 시행후에 실시하는 입찰, 낙찰자의 결정 및 계약체결과 이 규칙 시행전에 실시한 입찰에서 낙찰된 경우로서 이 규칙 시행후에 체결하는 계약에 관하여는 종전의 규정에 의한다.

제3조 (다른 법령의 폐지 및 개정) ① 계약사무처리규칙 및 대형공사공고에관한규칙을 각각폐지한다.

② 외자구매일반경쟁입찰참가자격규정중 다음과 같이 개정한다.

제2조제2호, 제3조 본문 및 제2호중 "조달청장"을 각각 "국방부장관 또는 조달청장"으로 한다.

③ 특정물품등의조달에관한계약사무처리특례규칙중 다음과 같이 개정한다.

국가를 당사자로 하는 계약에 관한 법률	시 행 령	시 행 규 칙
제39조중 "예산회계법"을 "국가를당사자로하는계약에관한법률"로 한다. ③ 건설업법중 다음과 같이 개정한다. 제16조제3호중 "예산회계법"을 "국가를당사자로하는계약에관한법률"로 한다. 제17조제1항제3호중 "예산회계관계법령"을 "국가를당사자로하는계약에관한법령"으로 한다. 제32조제2항제1호중 "예산회계에 관한법령"을 "국가를당사자로하는계약에관한법령"으로 한다. ④ 지방재정법중 다음과 같이 개정한다. 제63조의 제목 "(豫算會計法등의 準用)"을 "(國家를當事者로하는契約에관한法律등의 準用)"으로 하고, 동조중 "예산회계법 제6장"을 "국가를당사자로하는계약에관한법률"로, "으로 본다"를 "으로, "재무부장관"을 "내무부장관"으로 본다"로 한다. ⑤ 전기통신공사업법중 다음과 같이 개정한	는 제13조의 규정에 의한 입찰참가자격사전심사방법으로 집행되는 공사 2. 국가를당사자로하는계약에관한법률시행령 제80조제1항의 규정에 의하여 공고된 공사 제56조제1항제14호 단서를 삭제한다. 제6장을 삭제한다. 제156조제1항제4호를 삭제하고, 동조제2항 본문중 "계약관 및 출납공무원"을 "출납공무원"으로 하며, 동항제4호를 삭제한다. 제158조중 "·계약관"을 삭제한다. ③ 특정물품등의조달에관한예산회계법시행령특례규정중 다음과 같이 개정한다. 제명을 "특정물품등의조달에관한국가를당사자로하는계약에관한법률시행령특례규정"으로 한다. 제1조 및 제7조제1항 전단중 "예산회계법시행령"을 각각 "국가를당사자로하는계약에관한법률시행령"으로 한다.	제4조제1항 및 제2항중 "계약사무처리규칙 제16조"를 각각 "국가를당사자로하는계약에관한법률시행규칙 제15조"로 한다. ④ 방산물자의원가계산에관한규칙중 다음과 같이 개정한다. 제10조제2항 본문·단서, 제18조제3항제1호, 제33조제2항 및 제3항중 "계약사무처리규칙"을 각각 "국가를당사자로하는계약에관한법률시행규칙"으로 한다. ⑤ 조달사업에관한법률시행규칙중 다음과 같이 개정한다. 제11조제2항 본문중 "계약사무처리규칙"을 "국가를당사자로하는계약에관한법률시행규칙"으로 한다. ⑥ 산림법시행규칙중 다음과 같이 개정한다. 제34조제6항중 "계약사무처리규칙 제74조"를 "국가를당사자로하는계약에관한법률시행규칙 제73조"로 한다.

다.

제9조의2제1항제2호중 "예산회계법"을 "국가를당사자로하는계약에관한법률"로 한다.

⑥ 중소기업제품구매촉진법중 다음과 같이 개정한다.

제3조제2항중 "예산회계법 제79조제1항"을 "국가를당사자로하는계약에관한법률 제12조제1항"으로 한다.

제4조 (다른 법률과의 관계) 이 법 시행당시 다른 법률에서 예산회계법 제6장 또는 동법 동장의 각 조문을 인용한 경우에는 이 법 또는 이 법의 해당 조문을 인용한 것으로 본다.

제7조제1항 후단중 "예산회계법시행령 제82조제1항"을 "국가를당사자로하는계약에관한법률시행령 제33조제1항"으로, "게시판에의 게시등"을 "게시판에 게시하는 방법등"으로 "동조제3항중"을 "제35조제1항중"으로, "동조제4항중"을 "제35조제2항중"으로, "동령 제85조중"을 "동령 제35조제2항중 재공고입찰의 경우"로, "개찰일전 5일까지"를 "개찰일 5일전까지"로 한다.

제7조제3항 본문중 "예산회계법시행령 제84조에"를 "국가를당사자로하는계약에관한법률시행령 제36조에"로 하고, 동항 제3호중 "예산회계법시행령 제99조·제100조·제102조 및 제103조의 규정에"를 "국가를당사자로하는계약에관한법률시행령 제42조 내지 제47조의 규정에"로 한다.

제11조를 다음과 같이 한다.

제11조 (수의계약 사유) 특례조달계약에 있어서 국가를당사자로하는계약에관한

⑦ 자동차관리법시행규칙중 다음과 같이 개정한다.

제36조제4항중 "계약사무처리규칙"을 "국가를당사자로하는계약에관한법률시행규칙"으로 한다.

제4조 (다른 법령과의 관계) 이 규칙 시행당시 다른 법령에서 계약사무처리규칙의 각 조문을 인용한 경우에는 이 규칙의 해당조문을 인용한 것으로 본다.

국가를 당사자로 하는 계약에 관한 법률	시 행 령	시 행 규 칙
	법률시행령 제26조제1항제4호 · 제5호, 동항제6호 가목(품질경영촉진법 부칙 제4조의 규정에 의한 경우에 한한다), 동항제7호 가목 내지 마목, 동항제8호 가목 및 나목의 규정에 의한 사유는 수의계약 적용대상에서 제외한다. 제12조중 "예산회계법시행령 제117조의"를 "국가를당사자로하는계약에관한법률시행령 제58조의"로 한다. 제17조의 제목 및 본문중 "예산회계법시행령"을 각각 "국가를당사자로하는계약에관한법률시행령"으로 한다. ④ 외자구매계약규정중 다음과 같이 개정한다. 제1조중 "예산회계법시행령"을 "국가를당사자로하는계약에관한법률시행령"으로 한다. 제6조제1항 단서중 "시행령 제119조제2항 각호"를 "시행령 제37조제2항 각호"로 한다.	

	⑤ 건설업법시행령중 다음과 같이 개정한다. 제10조제2항제2호 및 제49조의2제2항제2호중 "예산회계관계법령"을 "국가를당사자로하는계약에관한법령"으로 한다. 제22조제2항제1호중 "예산회계법 제87조"를 "국가를당사자로하는계약에관한법률 제21조"로 하고, 동항제2호 가목중 "예산회계법시행령 제70조"를 "국가를당사자로하는계약에관한법률시행령 제68조"로 한다. ⑥ 지방재정법시행령중 다음과 같이 개정한다. 제70조의 제목중 "예산회계법시행령"을 "국가를당사자로하는계약에관한법률시행령"으로 한다. 제70조제1항 각호외의 부분 전단중 "예산회계법시행령중"을 "국가를당사자로하는계약에관한법률시행령중"으로 한다. 제70조제1항제1호 전단중 "예산회계법시행령 제64조 내지 제75조(제68조제2항	

국가를 당사자로 하는 계약에 관한 법률	시 행 령	시 행 규 칙
	을 제외한다). 이 경우 제68조제1항중“을 ”국가를당사자로하는계약에관한법률시행령 제4조, 제5조, 제48조, 제49조, 제53조, 제67조 내지 제73조, 제93조(제2항을 제외한다). 이 경우 제93조제1항중"으로 한다. 제70조제1항제2호중 “예산회계법시행령 제76조 내지 제78조”를 “국가를당사자로하는계약에관한법률시행령 제7조 내지 제9조”로 한다. 제70조제1항제3호중 “예산회계법시행령 제79조 내지 제103조. 이 경우 제91조제3항중”을 “국가를당사자로하는계약에관한법률시행령 제10조 내지 제25조, 제33조 내지 제36조, 제39조 내지 제47조, 이 경우 제22조제3항중”으로 한다. 제70조제1항제4호중 "예산회계법시행령 제104조 내지 제110조(제104조제5항제1호를 제외한다). 이 경우 제104조제4항제5호중“을 ”국가를당사자로하는계	

	약에관한법률시행령 제26조 내지 제32조(제26조제1항제8호 가목을 제외한다). 이 경우 제26조제1항제7호 마목중"으로 한다. 제70조제1항제5호중 "예산회계법시행령 제111조 내지 제113조"를 "국가를당사자로하는계약에관한법률시행령 제64조 내지 제66조"로 한다. 제70조제1항제6호중 "예산회계법시행령 제114조 내지 제118조"를 "국가를당사자로하는계약에관한법률시행령 제54조 내지 제59조"로 한다. 제70조제1항제7호중 "예산회계법시행령 제119조 내지 제129조"를 "국가를당사자로하는계약에관한법률시행령 제37조, 제38조, 제50조 내지 제52조, 제60조 내지 제63조, 제74조 및 제75조"로 한다. 제70조제3항 전단중 "대형공사계약에관한예산회계법시행령특례규정"을 "국가를당사자로하는계약에관한법률시행령 제6장"으로 한다.	

국가를 당사자로 하는 계약에 관한 법률	시 행 령	시 행 규 칙
	제70조제4항중 "예산회계법시행령 제90조, 제91조, 제93조 및 제104조"를 "국가를당사자로하는계약에관한법률시행령 제21조 내지 제23조 및 제26조"로 한다. 제71조제3항중 "예산회계법시행령 제130조"를 "국가를당사자로하는계약에관한법률시행령 제76조"로 한다. 제5조 (다른 법령과의 관계) 이 영 시행당시 다른 법령에서 예산회계법시행령 제6장 또는 동장의 각 조문을 인용하거나, 대형공사계약에관한예산회계법시행령특례규정 또는 동규정 각조문을 인용한 경우에는 이 영 및 이 영 제6장 또는 해당조문을 인용한 것으로 본다. **부 칙 <대통령령 제14973호, 1996.4.8>** (전문건설공제조합법시행령) **제1조 (시행일)** 이 영은 공포한 날부터 시행한다. **제2조 (다른 법령의 개정)** ① 생략	

	② 국가를당사자로하는계약에관한법률시행령중 다음과 같이 개정한다. 제37조제2항제4호중 "전문건설공제조합법에 의한 전문건설공제조합"을 "전문건설공제조합법에 의한 전문건설공제조합·업종별공제조합"으로 한다. ③ 생략 **부 칙 <대통령령 제15186호, 1996.12.31>** **제1조 (시행일)** 이 영은 1997년 1월 1일부터 시행한다. **제2조 (현금으로 납부된 차액보증금의 보증서 대체에 관한 적용례)** ① 각 중앙관서의 장 또는 계약담당공무원은 대통령령 제14,295호로 개정된 예산회계법시행령(이하 "구 예산회계법시행령"이라 한다) 제123조제1항 단서의 규정에 의하여 차액보증금이 현금으로 납부된 공사에 대하여는 납부된 현금의 전액을 그 현금과 같은 금액을 보증하는 보증서로 대체하게 할 수 있다. 다만, 제76조제1항제1호 내지	 **부 칙 <총리령 제602호, 1996.12.31>** ① **(시행일)** 이 규칙은 1997년 1월 1일부터 시행한다. ② **(계약체결등에 관한 경과조치)** 이 규칙 시행전에 입찰공고를 한 경우로서 이 규칙 시행후에 실시하는 입찰, 낙찰자의 결정 및 계약체결과 이 규칙 시행전에 실시한 입찰에서 낙찰된 경우로서 이 규칙 시행후에 체결하는 계약에 관하여는 종전의 규정에 의한다.

국가를 당사자로 하는 계약에 관한 법률	시 행 령	시 행 규 칙
	제5호・제7호 및 제8호의 사유로 입찰참가자격의 제한을 받고 그 제한중에 있는 자에 대하여는 그러하지 아니하다. <개정 1998.2.24> ② 각 중앙관서의 장 또는 계약담당공무원은 구 예산회계법시행령 제123조제1항 본문의 규정에 의하여 제출한 보증서를 차액보증금을 현금으로 납부한 경우와 같은 금액을 보증하는 보증서로 대체하게 할 수 있다. ③ 제1항 및 제2항의 규정에 의한 보증서의 대체방법 및 절차등에 관하여 필요한 사항은 재정경제원장관이 정한다. <개정 1998.2.24> [전문개정 1998.2.2] **제3조 (계약기간 연장시 현금으로 납부된 차액보증금의 처리에 관한 적용례)** 각 중앙관서의 장 또는 계약담당공무원은 대통령령 제14,295호로 개정된 예산회계법시행령 제123조제1항 단서의 규정에 의하여 차액보증금을 현금으로 납부받은 경우 계	

약 상대자의 책임없는 사유로 계약기간이 연장되는 경우로서 계약상대자가 보증서등으로 대체납부할 것을 요청한 때에는 당초 계약기간 만료후 동 금액이상을 보증하는 보증서등으로 대체하여 납부하게 할 수 있다.

제4조 (계약체결등에 관한 경과조치) 이 영 시행전에 입찰공고를 한 후 이 영 시행후 실시하는 입찰, 낙찰자의 결정 및 계약체결과 이 영 시행전에 실시한 입찰에서 낙찰된 후 이 영 시행후에 체결하는 계약에 관하여는 종전의 규정에 의한다.

부　칙 <대통령령 제15433호, 1997.7.10>
(건설산업기본법 시행령)

제1조 (시행일) 이 영은 공포한 날부터 시행한다. <단서 생략>

제2조 내지 제8조 생략

제9조 (다른 법령의 개정) ① 생략

② 국가를당사자로하는계약에관한법률시행령중 다음과 같이 개정한다.

제21조제1항제1호중 "도급한도액"을 "도

국가를 당사자로 하는 계약에 관한 법률	시 행 령	시 행 규 칙
	급한도액 또는 시공능력"으로 한다. 제37조제2항제4호중 "건설공제조합법에 의한 건설공제조합, 전문건설공제조합법에 의한 전문건설공제조합·업종별공제조합"을 "건설산업기본법에 의한 건설공제조합·전문건설공제조합·업종별공제조합"으로 하고, 동조제3항제5호중 "건설업법"을 "건설산업기본법"으로 한다. 제84조제1호를 다음과 같이 한다. 1. 건설산업기본법 제9조 또는 제11조의 규정에 의하여 당해 공사의 시공에 필요한 건설업의 면허를 받거나 등록을 한 자일 것 ③ 내지 ⑤ 생략 **제10조** 생략	
부 칙 <법률 제5453호, 1997.12.13> (행정절차법의 시행에 따른 공인회계사법 등의 정비에 관한 법률)	**부 칙 <대통령령 제15581호, 1997.12.31>** (정보통신공사업법 시행령)	

제1조 (시행일) 이 법은 1998년 1월 1일부터 시행한다. <단서 생략>

제2조 생략

부 칙 <법률 제5454호, 1997.12.13>

(정부부처명칭등의변경에따른 건축법등의정비에관한법률)

이 법은 1998년 1월 1일부터 시행한다. <단서 생략>

제1조 (시행일) 이 영은 1998년 1월 1일부터 시행한다. <단서 생략>

제2조 내지 제5조 생략

제6조 (다른 법령의 개정) ① 내지 ③ 생략

④ 국가를당사자로하는계약에관한법률시행령중 다음과 같이 개정한다.

제37조제2항제4호중 "전기통신공사업법에 의한 전기통신공제조합"을 "정보통신공사업법에 의한 정보통신공제조합"으로 하고, 동조제3항제5호중 "전기통신공사업법"을 "정보통신공사업법"으로 한다.

제76조제1항제2호중 "전기통신공사업법"을 "정보통신공사업법"으로 한다.

⑤ 내지 ⑪ 생략

제7조 생략

부 칙 <대통령령 제15582호, 1997.12.31>

(소프트웨어개발촉진법 시행령)

① **(시행일)** 이 영은 1998년 1월 1일부터 시행한다.

국가를 당사자로 하는 계약에 관한 법률	시 행 령	시 행 규 칙
	② **(다른 법령의 개정)** 국가를당사자로하는계약에관한법률시행령중 다음과 같이 개정한다. 제37조제2항제4호중 "소프트웨어개발촉진법에 의하여 정보통신부장관이 공고한 공제사업기관"을 "소프트웨어개발촉진법에 의한 소프트웨어공제조합"으로 한다. **부 칙 <대통령령 제15614호, 1998.2.2>** **제1조 (시행일)** 이 영은 공포한 날부터 시행한다. 다만, 제42조의 개정규정은 공포후 1년이 경과한 날부터 시행한다. **제2조 (다른 법령의 폐지)** 계약심의위원회규정은 이를 폐지한다. **제3조 (현금으로 납부된 차액보증금의 보증서 대체등에 관한 적용례)** ① 대통령령 제15,186호 부칙 제2조제1항의 개정규정은 종전의 규정에 의하여 제출한 보증서에 대하여 이를 적용한다.	

② 대통령령 제15,186호 부칙 제2조제1항 및 제3항의 개정규정과 동부칙 제3조의 규정은 종전의 제50조제7항 단서의 규정에 의하여 현금으로 납부된 계약보증금에 대하여 이를 준용한다.

제4조 (계약체결등에 관한 경과조치) 이 영 시행전에 입찰공고를 한 후 이 영 시행후 실시하는 입찰, 낙찰자의 결정 및 계약체결과 이 영 시행전에 실시한 입찰에서 낙찰된 후 이 영 시행후에 체결하는 계약에 관하여는 종전의 규정에 의한다.

제5조 (다른 법령의 개정) 건설기술관리법시행령중 다음과 같이 개정한다.

제9조제7호중 "제79조제2항"을 "제79조제2항 본문"으로 하고, 동조제8호중 "제80조제2항"을 "제80조제1항 본문"으로 한다.

제38조의7제6항제2호를 다음과 같이 하고, 동항에 제3호를 다음과 같이 신설한다.

2. 국가를당사자로하는계약에관한법률시

국가를 당사자로 하는 계약에 관한 법률	시 행 령	시 행 규 칙
	행령 제79조제2항 단서 · 제85조제6항 및 제90조제4항의 규정에 의한 대형공사의 일괄입찰 · 대안입찰등에 관한 사항 3. 국가를당사자로하는계약에관한법률시행령 제80조제1항 단서의 규정에 의한 대형공사의 입찰방법에 관한 사항	
	부 칙 <대통령령 제15661호, 1998.2.24> ① **(시행일)** 이 영은 공포한 날부터 시행한다. ② **(적용례)** 제64조의 개정규정은 이 영 시행전에 체결된 계약에 대하여도 이를 적용한다.	**부 칙 <총리령 제682호, 1998.2.23>** ① **(시행일)** 이 규칙은 공포한 날부터 시행한다. ② **(경과조치)** 이 규칙 시행전에 입찰공고를 한 경우 그 입찰, 낙찰자의 결정 및 계약체결에 관하여는 종전의 규정에 의한다.
	부 칙 <대통령령 제16308호, 1999.5.13> (산업발전법 시행령) **제1조 (시행일)** 이 영은 공포한 날부터 시행한다. **제2조 내지 제8조** 생략 **제9조 (다른 법령의 개정)** ① 내지 ⑤ 생략	

⑥ 국가를당사자로하는계약에관한법률시행령중 다음과 같이 개정한다.

제37조제2항제4호중 "공업발전법"을 "산업발전법"으로 한다.

⑦ 내지 ⑯ 생략

제10조 생략

부　칙 <대통령령 제16448호, 1999.6.30>

(전기공사업법 시행령)

제1조 (시행일) 이 영은 1999년 7월 1일부터 시행한다.

제2조 내지 제3조 생략

제4조 (다른 법령의 개정) ① 국가를 당사자로하는계약에관한법률시행령중 다음과 같이 개정한다.

제37조제3항제5호를 다음과 같이 한다.

5. 건설산업기본법·전기공사업법 또는 정보통신공사업법등의 법령에 의하여 등록등을 한 법인으로서 재정경제부장관이 정하는 기준에 해당되는 자

② 내지 ④ 생략

<table>
<tr><th>국가를 당사자로 하는 계약에 관한 법률</th><th>시 행 령</th><th>시 행 규 칙</th></tr>
<tr><td></td><td>제5조 생략

부 칙 <대통령령 제16548호, 1999.9.9>
① (시행일) 이 영은 공포한 날부터 시행한다. 다만, 제19조·제36조제14호 및 제72조제3항의 개정규정은 2002년 1월 1일부터 시행한다. <개정 2000. 12. 27.>
② (계약체결등에 관한 경과조치) 이 영 시행전에 입찰공고를 한 후 이 영 시행후 실시하는 입찰, 낙찰자의 결정 및 계약체결과 이 영 시행전에 실시한 입찰에서 낙찰된 후 이 영 시행후에 체결하는 계약에 관하여는 종전의 규정에 의한다.
③ (실시설계·시공입찰의 방법으로 집행될 대형공사등의 발주에 관한 경과조치) 이 영 시행전에 제80조의 규정에 의하여 실시설계·시공입찰의 방법에 의하여 집행하기로 공고된 대형공사등에 관하여는 종전의 규정에 의한다.</td><td>부 칙 <재정경제부령 제104호, 1999.9.9>
제1조 (시행일) 이 규칙은 공포한 날부터 시행한다. 다만, 제23조제2항 및 제44조제7호의 개정규정은 2001년 1 월 1일부터 시행한다.
제2조 (하자담보책임기간에 관한 적용례) 하자담보책임기간에 관한 별표 1의 개정규정은 이 규칙 시행후에 체결되는 계약부터 적용한다.
제3조 (부정당업자의 입찰참가자격제한기간에 관한 적용례) 부정당업자의 입찰참가자격제한기간에 관한 별표 2의 개정규정은 이 규칙 시행후에 그 제한사유가 발생하는 분부터 적용한다.
제4조 (물가변동으로 인한 계약금액조정의 특례) ① 제74조제4항의 개정규정에 의한 각 품목별 또는 비목별 등락폭(지수조정율의 경우에는 비목군별 지수변동율을</td></tr>
</table>

④ (한국전력기술인협회에 관한 경과조치) 법률 제5784호 전력기술관리법중개정법률 부칙 제2항의 규정에 의한 한국전력기술인협회는 제37조제2항제4호의 개정규정에 의하여 산업자원부장관이 고시한 전력기술인단체로 본다.

부 칙 <대통령령 제16682호, 1999.12.31>
(장애인복지법 시행령)

제1조 (시행일) 이 영은 2000년 1월 1일부터 시행한다.

제2조 생략

제3조 (다른 법령의 개정) ① 국가를당사자로하는계약에관한법률시행령중 다음과 같이 개정한다.

제26조제1항제8호 바목중 "장애인복지법 제45조"를 "장애인복지법 제53조"로 한다.

② 내지 ⑪ 생략

제4조 생략

말한다. 이하 같다) 산정에 있어서 1997년 11월 21일 이전에 입찰을 실시하여 동일자 이후에 계약을 체결하였거나 1997년 11월 21일부터 1998년 4월 1일까지의 기간동안에 입찰을 실시하고 계약을 체결한 경우로서 조정기준일이 도래하여 감액사유가 발생한 경우에는 다음 각호와 같이 그 등락폭을 산정한다. 다만, 계약당사자간에 특약이 있는 경우에는 그러하지 아니하다.

1. 물가변동당시의 가격(지수변동율의 경우에는 지수를 말한다. 이하 이 조에서 같다)이 계약체결당시의 가격보다 낮고 입찰당시의 가격보다 높은 경우에는 등락폭을 영(지수변동율은 1)으로 한다.
2. 물가변동당시의 가격이 계약체결당시의 가격 및 입찰당시의 가격보다 낮고 입찰당시의 가격이 계약체결 당시의 가격보다 낮은 경우에는 입찰당시의 가격과 물가변동당시의 가격을 비교하여 등락폭을 산정한다.

국가를 당사자로 하는 계약에 관한 법률	시 행 령	시 행 규 칙
	부 칙 <대통령령 제16919호, 2000.7.27> (농어촌정비법시행령) **제1조 (시행일)** 이 영은 2000년 7월 29일부터 시행한다. **제2조 내지 제4조** 생략 **제5조(다른 법령의 개정)** ① 국가를당사자로하는계약에관한법률시행령중 다음과 같이 개정한다. 제26조제1항제6호 라목중 "농어촌발전특별조치법"을 "농어촌정비법"으로 한다. ② 내지 ④ 생략 **제6조** 생략 **부 칙 <대통령령 제16943호, 2000.8.5>** (소프트웨어산업진흥법시행령) ① **(시행일)** 이 영은 공포한 날부터 시행한다. ② **(다른 법령의 개정)** 국가를당사자로하는계약에관한법률시행령중 다음과 같이개정한다.	② 이 규칙 시행전에 이미 물가변동으로 인하여 계약금액을 조정한 경우에도 이 규칙 시행일 현재 계약의 이행이 진행중에 있는 때에는 제1항의 규정을 적용할 수 있다. **제5조 (계약체결 등에 관한 경과조치)** 이 규칙 시행전에 입찰공고를 한 경우로서 이 규칙 시행후에 실시하는 입찰, 낙찰자의 결정 및 계약체결과 이 규칙 시행전에 실시한 입찰에서 낙찰된 후 이 규칙 시행후에 체결하는 계약에 관하여는 종전의 규정에 의한다.

	제37조제2항제4호중 “소프트웨어개발촉진법에 의한 소프트웨어공제조합”을 “소프트웨어산업진흥법에 의한 소프트웨어공제조합”으로 한다. ③ 생략	
	부 칙 <대통령령 제17019호, 2000.12.27> ① **(시행일)** 이 영은 공포한 날부터 시행한다. 다만, 제42조제1항 단서 및 제52조제1항 각호외의 부분 단서의 개정규정은 2001년 1월 1일부터 시행한다. ② **(부정당업자의 입찰참가자격제한에 관한 적용례)** 제76조제1항제10호의 개정규정은 이 영 시행후에 그 제한사유가 발생하는 분부터 적용한다. ③ **(계약체결 등에 관한 경과조치)** 이 영 시행전에 입찰공고를 한 후 이 영 시행후에 실시하는 입찰, 낙찰자의 결정 및 계약체결과 이 영 시행전에 실시한 입찰에서 낙찰된 후 이 영 시행후에 체결하는 계약에 관하여는 종전의 규정에 의한다.	**부 칙 <재정경제부령 제174호, 2000.12.30>** ① **(시행일)** 이 규칙은 공포한 날부터 시행한다. ② **(부정당업자의 입찰참가자격 제한기준에 대한 적용례)** 별표 2의 개정규정은 이 규칙 시행후에 그 제한사유가 발생하는 분부터 적용한다.

국가를 당사자로 하는 계약에 관한 법률	시 행 령	시 행 규 칙
	부 칙 <대통령령 제17344호, 2001.8.25> (정보통신망이용촉진 및정보보호등에 관한법률시행령) **제1조 (시행일)** 이 영은 공포한 날부터 시행한다. **제2조 (다른 법령의 개정)** ① 내지 ④ 생략 ⑤ 국가를당사자로하는계약에관한법률시행령중 다음과 같이 개정한다. 제33조제2항중 "정보통신망이용촉진등에관한법률 제2조제1호"를 "정보통신망이용촉진 및정보보호등에관한법률 제2조제1항제1호"로 한다. ⑥ 생략 **제3조** 생략	
	부 칙 <대통령령 제17546호, 2002.3.25> ① **(시행일)** 이 영은 공포한 날부터 시행한다. ② **(유효기간)** 제19조 및 제36조제14호의 개정규정은 2003년 12월 31일까지 효력을 가진다.	**부 칙 <재정경제부령 제251호, 2002.3.25>** ① **(시행일)** 이 규칙은 공포한 날부터 시행한다. ② **(유효기간)** 제23조제2항 및 제44조제7호의 개정규정은 2003년 12월 31일까지

③ **(계약체결 등에 관한 경과조치)** 이 영 시행전에 입찰공고를 한 후 이 영 시행후에 실시하는 입찰, 낙찰자의 결정 및 계약체결과 이 영 시행전에 실시한 입찰에서 낙찰된 후 이 영 시행후에 체결하는 계약에 관하여는 종전의 규정에 의한다.

부 칙 <대통령령 제17585호, 2002.4.20>
(산업발전법시행령)

① **(시행일)** 이 영은 공포한 날부터 시행한다.
② 및 ③ 생략
④ **(다른 법령의 개정)** 국가를당사자로하는계약에관한법률시행령중 다음과 같이 개정한다.
제37조제2항제4호중 "산업발전법에 의한 공제사업단체"를 "산업발전법에 의한 공제조합"으로 한다.

부 칙 <대통령령 제17688호, 2002.7.30>

① **(시행일)** 이 영은 2002년 9월 30일부터 시행한다. 다만, 제68조의 개정규정은 공

효력을 가진다.

③ **(계약체결 등에 관한 경과조치)** 이 규칙 시행전에 입찰공고를 한 후 이 규칙 시행후에 실시하는 입찰, 낙찰자의 결정 및 계약체결과 이 규칙 시행전에 실시한 입찰에서 낙찰된 후 이 규칙 시행후에 체결하는 계약에 관하여는 종전의 규정에 의한다.

부 칙 <재정경제부령 제274호, 2002.8.24>

① **(시행일)** 이 규칙은 2002년 9월 30일부터 시행한다. 다만, 제14조제3항 및 제83조

국가를 당사자로 하는 계약에 관한 법률	시 행 령	시 행 규 칙
	포한 날부터 시행한다. ② **(지정정보처리장치에 관한 경과조치)** 각 중앙관서의 장 또는 계약담당공무원은 부득이한 사유로 지정정보처리장치를 이용하기 어려운 경우에는 2002년 12월 31일까지 제22조 · 제33조 · 제36조제12호의2 · 제39조 · 제40조제3항 및 제76조제6항 내지 제8항의 개정규정에 불구하고 종전의 규정에 의할 수 있다. ③ **(계약체결 등에 관한 경과조치)** 이 영 시행전에 입찰공고를 한 후 이 영 시행후에 실시하는 입찰, 낙찰자의 결정 및 계약체결과 이 영 시행전에 실시한 입찰에서 낙찰된 후 이 영 시행후에 체결하는 계약에 관하여는 종전의 규정에 의한다. **부 칙 <대통령령 제17791호, 2002.12.5>** (기술신용보증기금법시행령) **제1조 (시행일)** 이 영은 공포한 날부터 시행한다.	의 개정규정은 공포한 날부터 시행한다. ② **(지정정보처리장치에 관한 경과조치)** 각 중앙관서의 장 또는 계약담당공무원은 부득이한 사유로 지정정보처리장치를 이용하기 어려운 경우에는 2002년 12월 31일까지 제15조, 제38조, 제44조제6호의2 · 제7호의2, 제45조, 제48조 및 제77조의 개정규정에 불구하고 종전의 규정에 의할 수 있다. ③ **(계약체결 등에 관한 경과조치)** 이 규칙 시행전에 입찰공고를 한 후 이 규칙 시행후에 실시하는 입찰, 낙찰자의 결정 및 계약체결과 이 규칙 시행전에 실시한 입찰에서 낙찰된 후 이 규칙 시행후에 체결하는 계약에 관하여는 종전의 규정에 의한다.

	제2조 (다른 법령의 개정) ① 및 ② 생략 ③ 국가를당사자로하는계약에관한법률시행령중 다음과 같이 개정한다. 제37조제2항제4호중 "신기술사업금융지원에관한법률"을 "기술신용보증기금법"으로 한다. ④ 내지 ㊱ 생략 **제3조** 생략	
부　칙 <법률 제6836호, 2002.12.30> (국고금관리법) **제1조 (시행일)** 이 법은 2003년 1월 1일부터 시행한다. **제2조 내지 제5조** 생략 **제6조 (다른 법률의 개정)** ① 내지 ⑤ 생략 ⑥ 국가를당사자로하는계약에관한법률중 다음과 같이 개정한다. 제20조중 "예산회계법 제58조"를 "국고금관리법 제20조"로 한다. ⑦ 내지 ㉛ 생략 **제7조** 생략	**부　칙 <대통령령 제17824호, 2002.12.30>** (국고금관리법시행령) **제1조 (시행일)** 이 영은 2003년 1월 1일부터 시행한다. <단서 생략> **제2조 내지 제4조** 생략 **제5조 (다른 법령의 개정)** ① 내지 ③ 생략 ④ 국가를당사자로하는계약에관한법률시행령중 다음과 같이 개정한다. 제64조제3항중 "예산회계법시행령 제56조제1항"을 "국고금관리법시행령 제40조"로 한다. ⑤ 내지 ㉘ 생략	

국가를 당사자로 하는 계약에 관한 법률	시 행 령	시 행 규 칙
	제6조 생략 **부 칙 <대통령령 제18155호, 2003.12.11>** ① **(시행일)** 이 영은 공포한 날부터 시행한다. 다만, 제37조제2항제7호의 개정규정은 2004년 1월 5일부터 시행한다. ② **(부정당업자의 입찰참가자격제한에 관한 적용례)** 제76조제1항제15호의 개정규정은 이 영 시행후 그 제한사유가 발생하는 분부터 적용한다. ③ **(계약체결 등에 관한 경과조치)** 이 영 시행전에 입찰공고를 하고 이 영 시행후에 실시하는 입찰, 낙찰자의 결정 및 계약체결과 이 영 시행전에 실시한 입찰에서 낙찰되어 이 영 시행후에 체결하는 계약에 관하여는 종전의 규정에 의한다. **부 칙 <대통령령 제18359호, 2004.4.6>** ① **(시행일)** 이 영은 공포한 날부터 시행한다. ② **(물가변동으로 인한 계약금액의 조정에**	**부 칙 <재정경제부령 제335호, 2003.12.12>** ① **(시행일)** 이 규칙은 공포한 날부터 시행한다. ② **(하자담보책임기간에 관한 적용례)** 하자담보책임기간에 관한 별표 1의 제2호의 개정규정은 이 규칙 시행후 체결되는 계약부터 적용한다. ③ **(부정당업자의 입찰참가자격 제한기준에 관한 적용례)** 부정당업자의 입찰참가자격 제한기준에 관한 별표 2의 제1호 사목·제2호 바목 및 제3호 카목의 개정규정은 이 규칙 시행후 그 제한사유가 발생하는 분부터 적용한다. ④ **(계약체결 등에 관한 경과조치)** 이 규칙 시행전에 입찰공고를 하고 이 규칙 시행후에 실시하는 입찰, 낙찰자의 결정 및 계약체결과 이 규칙 시행전에 실시한 입찰에서 낙찰된 후 이 규칙 시행후에 체결

	관한 경과조치) 제64조의 개정규정은 이 영 시행전에 체결된 계약에 대하여도 이를 적용한다. **부 칙 <대통령령 제18666호, 2004.12.31>** (건설폐기물의재활용촉진에관한 법률시행령) ① **(시행일)** 이 영은 2005년 1월 1일부터 시행한다. <단서 생략> ② 생략 ③ **(다른 법령의 개정)** 국가를당사자로하는계약에관한법률시행령중 다음과 같이 개정한다. 제37조 제2항제4호중 "한국기계공업진흥회"를 "한국기계공업진흥회, 건설폐기물의재활용촉진에관한법률에 의한 공제조합"으로 하고, 동조제3항제5호중 "전기공사업법 또는 정보통신공사업법"을 "전기공사업법·정보통신공사업법 또는 건설폐기물의재활용촉진에관한법률"로 한다.	하는 계약에 관하여는 종전의 규정에 의한다.

국가를 당사자로 하는 계약에 관한 법률	시 행 령	시 행 규 칙
	부 칙 <대통령령 제18903호, 2005.6.30> (디자인보호법 시행령) **제1조 (시행일)** 이 영은 2005년 7월 1일부터 시행한다. **제2조 (다른 법령의 개정)** ① 내지 ③ 생략 ④ 국가를당사자로하는계약에관한법률시행령 일부를 다음과 같이 개정한다. 제26조제1항제4호 사목중 "의장등록"을 "디자인등록"으로 한다. ⑤ 내지 ⑳ 생략	
	부 칙 <대통령령 제19035호, 2005.9.8> ① **(시행일)** 이 영은 공포한 날부터 시행한다. 다만, 제21조제1항제8호 및 제23조제1항제10호의 개정규정은 2006년 1월 1일부터 시행한다. ② **(입찰보증금 납부방법 및 면제에 관한 적용례)** 제37조제2항제4호 및 동조제3항제5호의 개정규정은 이 영 시행 후 입찰서 제출 마감일이 도래하는 입찰부터 적용한다.	**부 칙 <재정경제부령 제460호, 2005.9.8>** ① **(시행일)** 이 규칙은 공포한 날부터 시행한다. 다만, 제27조 및 별표 2 제2호 다목의 개정규정은 2006년 1월 1일부터 시행한다. ② **(지체상금률에 관한 적용례)** 제75조제2호 및 제3호의 개정규정은 이 규칙 시행 전에 체결된 계약에 대하여도 이를 적용한다.

부 칙 <법률 제7722호, 2005.12.14> 이 법은 공포 후 3월이 경과한 날부터 시행한다.	③ **(물가변동 또는 설계변경으로 인한 계약금액의 조정에 관한 경과조치)** 제64조제1항·제5항, 제65조제2항·제3항제3호 및 제91조제2항제2호 단서의 개정규정은 이 영 시행 전에 체결된 계약에 대하여도 이를 적용한다. **부 칙 <대통령령 제19321호, 2006.2.8>** (방위사업법 시행령) **제1조 (시행일)** 이 영은 공포한 날부터 시행한다. **제2조 및 제3조** 생략 **제4조 (다른 법령의 개정)** ① 국가를 당사자로 하는 계약에 관한 법률 시행령 일부를 다음과 같이 개정한다. 제9조제2항 및 제26조제1항제7호 아목중 "국방부장관"을 각각 "방위사업청장"으로 한다. 제26조제1항제6호 다목중 "「방위산업에 관한 특별조치법」"을 "「방위사업법」으로 한다.	③ **(하자담보책임기간에 관한 적용례)** 하자담보책임기간에 관한 별표 1의 개정규정은 이 규칙 시행 후 체결되는 계약부터 적용한다. ④ **(부정당업자의 입찰참가자격 제한에 관한 경과조치)** 이 규칙 시행 전에 발생한 위반행위에 대한 입찰참가자격 제한에 관하여는 별표 2 제2호 다목의 개정규정에 불구하고 종전의 구정에 의한다.

국가를 당사자로 하는 계약에 관한 법률	시 행 령	시 행 규 칙
	② 내지 ⑮ 생략 **제5조** 생략	
	부 칙 <대통령령 제19463호, 2006.4.28> (농업기반공사 및농지관리기금법시행령) **제1조 (시행일)** 이 영은 2006년 4월 30일부터 시행한다. **제2조 (다른 법령의 개정)** ① 내지 ⑪ 생략 ⑫ 국가를 당사자로 하는 계약에 관한 법률 시행령 일부를 다음과 같이 개정한다. 제37조제3항제4호중 "「농업기반공사 및 농지관리기금법」"을 "「한국농촌공사 및 농지관리기금법」"으로, "농업기반공사"를 "한국농촌공사"로 한다. ⑬ 내지 ㊶생략 **제3조** 생략	
	부 칙 <대통령령 제19483호, 2006.5.25> **제1조 (시행일)** 이 영은 공포한 날부터 시행한다.	**부 칙 <재정경제부령 제508호, 2006.5.25>** ① **(시행일)** 이 규칙은 공포한 날부터 시행한다.

제2조 (계약이행보증방법의 변경에 관한 적용례) 제52조제2항의 개정규정은 이 영 시행 전에 체결된 계약에 대하여도 적용한다.

제3조 (부정당업자의 입찰참가자격제한에 관한 적용례) 제76조제1항제4호의2 · 제10호 · 제14호 · 제14호의2 · 제16호의 개정규정은 이 영 시행 후 제한사유가 발생하는 분부터 적용한다.

제4조 (대가지급지연에 대한 이자에 관한 경과조치) 이 영 시행 전에 체결된 계약에 대한 대가지급지연에 대한 이자의 지급에 관하여는 제59조의 개정규정에 불구하고 종전의 규정에 의한다.

제5조 (계약체결 등에 관한 경과조치) 이 영 시행 전에 입찰공고를 한 후 이 영 시행 후에 실시하는 입찰, 낙찰자의 결정 및 계약체결과 이 영 시행 전에 실시한 입찰에서 낙찰된 후 이 영 시행 후에 체결된 계약에 관하여는 종전의 규정에 의한다.

제6조 (다른 법령의 개정) 건설기술관리법

② **(지명경쟁계약 및 수의계약의 보고서류 등에 관한 적용례)** 제29조제1항 및 제2항 또는 제35조의 개정규정은 이 규칙 시행 후 보고 또는 통지하는 분부터 적용한다.

③ **(부정당업자의 입찰참가자격 제한에 관한 경과조치)** 이 규칙 시행 전에 발생한 위반행위에 대한 입찰참가자격 제한에 관하여는 제76조 및 별표 2의 개정규정에 불구하고 종전의 규정에 의한다.

④ **(계약체결 등에 관한 경과조치)** 이 규칙 시행 전에 입찰공고를 한 경우로서 이 규칙 시행 후에 실시하는 입찰, 낙찰자의 결정 및 계약체결과 이 규칙 시행 전에 실시한 입찰에서 낙찰된 경우로서 이 규칙 시행 후에 체결하는 계약에 관하여는 종전의 규정에 의한다.

국가를 당사자로 하는 계약에 관한 법률	시 행 령	시 행 규 칙
	시행령 일부를 다음과 같이 개정한다. 제21조제5항제3호를 다음과 같이 한다. 3. 「지방자치단체를 당사자로 하는 계약에 관한 법률 시행령」 제96조제1항 단서에 따른 대형공사의 입찰방법에 관한 사항 **부 칙 <대통령령 제19494호, 2006.5.30>** (대·중소기업 상생협력 촉진에 관한 법률 시행령) **제1조 (시행일)** 이 영은 2006년 6월 4일부터 시행한다. **제2조 내지 제4조** 생략 **제5조 (다른 법령의 개정)** ① 국가를 당사자로 하는 계약에 관한 법률 시행령 일부를 다음과 같이 개정한다. 제12조제2항제1호중 "「중소기업의 사업영역보호 및 기업간 협력증진에 관한 법률」 제3조"를 "「대·중소기업 상생협력 촉진에 관한 법률」 제29조"로 한다. ② 내지 ⑩ 생략	**부 칙 <재정경제부령 제512호, 2006.7.5>** (행정정보의 공동이용 및 문서감축을 위한 국가를 당사자로 하는 계약에 관한 법률 시행규칙 등 일부개정령) 이 규칙은 공포한 날부터 시행한다.

부 칙 <법률 제8050호, 2006.10.4>
(국가재정법)

제1조 (시행일) 이 법은 2007년 1월 1일부터 시행한다. <단서 생략>

제2조 내지 제10조 생략

제11조 (다른 법률의 개정) ① 내지 ⑩ 생략

⑪ 국가를 당사자로 하는 계약에 관한 법률 일부를 다음과 같이 개정한다.

제4조제3항 중 "예산회계법 제14조"를 "「국가재정법」 제6조"로 한다.

⑫ 나지 <59>생략

제12조 생략

제6조 생략

부 칙 <대통령령 제19782호, 2006.12.29>

① **(시행일)** 이 영은 공포한 날부터 시행한다. 다만, 제26조제1항제6호 나목 및 제50조제6항제2호의 개정규정은 2007년 1월 1일부터 시행한다.

② **(대가의 지급에 관한 적용례)** 제58조제1항의 개정규정은 이 영 시행 후 청구하는 분부터 적용한다.

③ **(부정당업자의 입찰참가자격제한에 관한 적용례)** 제76조제1항제11호의 개정규정은 이 영 시행 후 제한사유가 발생하는 분부터 적용한다.

④ **(계약체결 등에 관한 경과조치)** 이 영 시행 전에 입찰공고를 한 후 이 영 시행 후에 실시하는 입찰, 낙찰자의 결정 및 계약체결과 이 영 시행 전에 실시한 입찰에서 낙찰된 후 이 영 시행 후에 체결된 계약에 관하여는 종전의 규정에 따른다. 다만, 제64조제6항의 개정규정은 이 영 시행 당시

부 칙 <재정경제부령 제536호, 2006.12.29>

① **(시행일)** 이 규칙은 공포한 날부터 시행한다.

② **(보증보험증권등에 의한 보증금 납부에 관한 적용례)** 제55조제1항제3호 나목(2)의 개정규정은 이 규칙 시행 후 계약보증금을 납부하는 분부터 적용하며, 동호 다목(2)의 개정규정은 이 규칙 시행 후 하자보수보증금을 납부하는 분부터 적용한다.

③ **(물가변동으로 인한 계약금액의 조정에 관한 적용례)** 제74조제8항의 개정규정은 이 영 시행 후 조정하는 분부터 적용한다.

④ **(부정당업자의 입찰참가자격에 관한 경과조치)** 이 규칙 시행 전에 발생한 위반행위에 대한 입찰참가자격 제한에 관하여는 별표 2 제7호 다목의 개정규정에 불구하고 종전의 규정에 따른다.

⑤ **(계약체결 등에 관한 경과조치)** 이 규칙 시행 전에 입찰공고를 한 경우로서 이 규칙

국가를 당사자로 하는 계약에 관한 법률	시 행 령	시 행 규 칙
	이행이 완료되지 아니한 공사계약(2009년 1월 1일 이전에 이행이 완료된 공사계약은 제외한다)으로서, 특정규격의 자재별 가격 상승률이 100분의 15 이상인 경우에도 적용한다. 이 경우 2006년 12월 29일 이전에 계약이 체결된 경우에는 2006년 12월 29일을 입찰일과 계약체결일로 보고, 2006년 12월 29일 이전에 입찰한 경우에는 입찰일을 2006년 12월 29일로 본다. <개정 2008.12.31> **부 칙 <대통령령 제19806호, 2006.12.29>** (국가재정법 시행령) **제1조 (시행일)** 이 영은 2007년 1월 1일부터 시행한다. **제2조 내지 제4조** 생략 **제5조 (다른 법령의 개정)** ① 내지 ⑥ 생략 ⑦ 국가를 당사자로 하는 계약에 관한 법률 시행령 일부를 다음과 같이 개정한다. 제37조제2항제1호중 "「예산회계법 시행	시행 후에 실시하는 입찰, 낙찰자의 결정 및 계약체결과 이 규칙 시행 전에 실시한 입찰에서 낙찰된 경우로서 이 규칙 시행 후에 체결하는 계약에 관하여는 종전의 규정에 따른다.

	령」제135조"를 "「국가재정법 시행령」제46조제4항"으로 한다. 제59조중 "「예산회계법」"을 "「국가재정법」"으로 한다. 제65조제2항중 "「예산회계법 시행령」제162조"를 "「국가재정법 시행령」제49조"로 한다. ⑧ 내지 ㊷ 생략 **제6조** 생략	
	부 칙 <대통령령 제20319호, 2007.10.10> **제1조 (시행일)** 이 영은 공포한 날부터 시행한다. 다만, 제14조제6항제3호 단서 및 제65조제1항 단서의 개정규정은 2008년 1월 1일부터 시행한다. **제2조 (부정당업자의 입찰참가자격제한에 관한 적용례)** 제76조제1항제6호의 개정규정은 이 영 시행 후 제한사유가 발생하는 분부터 적용한다. **제3조 (대형공사계약의 설계변경으로 인한 계약금액 조정에 관한 적용례)** 제91조제2	**부 칙 <재정경제부령 제578호, 2007.10.10>** **제1조 (시행일)** 이 규칙은 공포한 날부터 시행한다. **제2조 (부정당업자의 입찰참가자격제한에 관한 적용례)** 별표 2의 개정규정은 이 규칙 시행 후 최초로 제한사유가 발생하는 분부터 적용한다. **제3조 (계약체결 등에 관한 경과조치)** 이 규칙 시행 전에 입찰공고를 한 후 이 규칙 시행 후 실시하는 입찰, 낙찰자의 결정 및 계약체결과 이 규칙 시행 전에 실시한 입찰에서

국가를 당사자로 하는 계약에 관한 법률	시 행 령	시 행 규 칙
	항의 개정규정은 이 영 시행 후 계약금액을 조정하는 분부터 적용한다. **제4조 (계약이행보증방법의 변경에 관한 경과조치)** 제50조제3항의 개정규정은 이 영 시행 전에 체결된 계약에 대하여도 적용한다. **제5조 (계약체결 등에 관한 경과조치)** 이 영 시행 전에 입찰공고를 한 후 이 영 시행 후에 실시하는 입찰, 낙찰자의 결정 및 계약체결과 이 영 시행 전에 실시한 입찰에서 낙찰된 후 이 영 시행 후에 체결된 계약에 관하여는 종전의 규정에 따른다. **부 칙 <대통령령 제20323호, 2007.10.15>** (장애인복지법 시행령) **제1조 (시행일)** 이 영은 공포한 날부터 시행한다. **제2조 (다른 법령의 개정)** ① 국가를 당사자로 하는 계약에 관한 법률 시행령 일부를 다음과 같이 개정한다.	낙찰된 후 이 규칙 시행 후 체결된 계약에 관하여는 종전의 규정에 따른다.

부 칙 <법률 제8852호, 2008.2.29>
(정부조직법)

제1조(시행일) 이 법은 공포한 날부터 시행한다. 다만, … <생략> …, 부칙 제6조에 따라 개정되는 법률 중 이 법의 시행 전에 공포되었으나 시행일이 도래하지 아니한 법률을 개정한 부분은 각각 해당 법률의 시행일부터 시행한다.

제2조부터 제5조까지 생략

제6조(다른 법률의 개정) ① 부터 ⑧ 까지 생략

⑨ 국가를 당사자로 하는 계약에 관한 법률 일부를 다음과 같이 개정한다.

제4조제1항 각 호 외의 부분, 제33조 및 제34조 중 "재정경제원장관"을 "기획재정부장관"으로 한다.

제26조제1항제8호바목 중 "제40조"를 "제44조"로 한다.

② 부터 ⑪ 까지 생략

제3조 생략

부 칙 <대통령령 제20720호, 2008.2.29>
(기획재정부와 그 소속기관 직제)

제1조(시행일) 이 영은 공포한 날부터 시행한다. 다만, 부칙 제8조에 따라 개정되는 대통령령 중 이 영의 시행 전에 공포되었으나 시행일이 도래하지 아니한 대통령령을 개정한 부분은 각각 해당 대통령령의 시행일부터 시행한다.

제2조부터 제7조까지 생략

제8조(다른 법령의 개정) ① 부터 ⑩ 까지 생략

⑪ 국가를 당사자로 하는 계약에 관한 법률 시행령 일부를 다음과 같이 개정한다.

제2조제3호, 제6조제2항, 제9조제4항, 제13조제2항, 제14조제3항·제6항제3호, 제19조제3항, 제22조제3항, 제30조제5

국가를 당사자로 하는 계약에 관한 법률	시 행 령	시 행 규 칙
제29조제1항 중 "재정경제원"을 "기획재정부"로 한다. ⑩ 부터 <760>까지 생략 **제7조** 생략	항, 제31조 단서, 제37조제2항제4호 · 제3항제5호, 제39조제2항 단서, 같은 조 제3항 단서, 제42조제5항 · 제6항, 제43조제7항, 제43조의2제2항, 제52조제4항, 제53조제2항, 제55조제1항 단서, 제68조 각 호 외의 부분, 제71조, 제72조제1항, 제73조의2제2항, 제84조의2제2항, 제85조의2제5항, 제89조제2항, 제93조, 제96조제1항 중 "재정경제부장관"을 각각 "기획재정부장관"으로 한다. 제12조제1항제4호, 제13조제1항제2호, 제14조제1항, 제14조2제2항 단서, 제16조제4항, 제17조제3항, 제18조제1항 · 제3항, 제19조제1항 각 호 외의 부분 본문, 제21조제1항 각 호 외의 부분, 같은 항 제1호 · 제6호, 같은 조 제3항, 제24조제3항, 제26조제1항제7호마목, 제30조제2항 단서, 같은 조 제4항 · 제7항, 제34조, 제38조제1항, 제39조제4항, 제48조제1항, 제52조제3항, 제60조제1항 본문 및	

단서, 제62조제1항, 제63조제2항, 제64조제1항 각 호 외의 부분, 같은 항 제1호·제2호, 제64조제3항, 제65조제6항, 제74조제1항, 제76조제2항, 같은 조 제6항 각 호 외의 부분, 제76조제11항, 제80조제2항 각 호 외의 부분, 제92조의2제1항, 제93조, 제99조제2항 각 호 외의 부분 중 "재정경제부령"을 각각 "기획재정부령"으로 한다.

제37조제2항제4호 중 "산업자원부장관"을 "지식경제부장관"으로 한다.

제80조제2항 각 호 외의 부분, 같은 조 제3항, 제99조제2항 각 호 외의 부분 중 "건설교통부장관"을 각각 "국토해양부장관"으로 한다.

⑫ 부터 <68>까지 생략

부 칙 <대통령령 제20789호, 2008.5.21>

(산업표준화법 시행령)

제1조 (시행일) 이 영은 2008년 5월 26일부터 시행한다.

국가를 당사자로 하는 계약에 관한 법률	시 행 령	시 행 규 칙
	제2조부터 제4조까지 생략 **제5조 (다른 법령의 개정)** ① 부터 ⑤ 까지 생략 ⑥ 국가를 당사자로 하는 계약에 관한 법률 시행령 일부를 다음과 같이 개정한다. 제23조제1항제6호 중 "「산업표준화법」 제11조의 규정에 의하여 규격표시를 인증받은 제품"을 "「산업표준화법」 제15조에 따른 인증을 받은 제품"으로 한다. 제26조제1항제6호가목 중 "「산업표준화법」 제11조의 규정에 의하여 규격표시를 인증받은 제품"을 "「산업표준화법」 제15조에 따른 인증을 받은 제품"으로 한다. ⑦ 부터 ㉒ 까지 생략 **제6조** 생략 **부 칙 <대통령령 제20947호, 2008.7.29>** (자본시장과 금융투자업에 관한 법률 시행령) **제1조(시행일)** 이 영은 2009년 2월 4일부터 시행한다. <단서 생략>	

	제2조부터 제25조까지 생략 **제26조(다른 법령의 개정)** ① 부터 ⑯ 까지 생략 ⑰ 국가를 당사자로 하는 계약에 관한 법률 시행령 일부를 다음과 같이 개정한다. 제37조제2항제2호를 다음과 같이 하고, 같은 항 제6호 중 “「신탁업법」에 의하여 신탁회사”를 “「자본시장과 금융투자업에 관한 법률」에 따라 신탁업자”로 하며, 같은 항 제7호 중 “「간접투자자산운용업법」에 의하여 위탁회사가”를 “「자본 시장과 금융투자업에 관한 법률」에 따라 집합투자업자가”로 한다. 2. 「자본시장과 금융투자업에 관한 법률 시행령」 제192조에 따른 증권 제50조제8항 중 “「증권거래법 시행령」 제84조의16에 규정된 유가증권”을 “「자본시장과 금융투자업에 관한 법률 시행령」 제192조에 따른 증권”으로 한다. ⑱ 부터 <113>까지 생략	

국가를 당사자로 하는 계약에 관한 법률	시 행 령	시 행 규 칙
	제27조 및 제28조 생략 **부 칙 <대통령령 제21202호, 2008.12.31>** **제1조(시행일)** 이 영은 공포한 날부터 시행한다. 다만, 제10조 및 대통령령 제19782호 국가를 당사자로 하는 계약에 관한 법률 시행령 일부개정령 부칙 제4항의 개정규정은 2009년 1월 1일부터 시행한다. **제2조(환율변동으로 인한 계약금액의 조정에 관한 적용례)** 제64조제7항의 개정규정은 이 영 시행 당시 이행 중인 계약으로서 이 영 시행 전에 환율변동을 원인으로 하여 제64조제1항의 계약금액 조정요건이 성립된 경우에도 적용한다. **제3조(부정당업자의 입찰참가자격 제한에 관한 적용례)** 제76조제10항의 개정규정은 이 영 시행 후 연차별계약을 체결하는 분부터 적용한다.	

부　칙 <대통령령 제21480호, 2009.5.6>
(산업발전법 시행령)

제1조(시행일) 이 영은 2009년 5월 8일부터 시행한다.

제2조(다른 법령의 개정) ① 및 ② 생략

③ 국가를 당사자로 하는 계약에 관한 법률 시행령 일부를 다음과 같이 개정한다.

제23조제1항제9호 중 "「산업발전법 시행령」 제28조제3항의 규정에 의하여 품질인증을 받은 재활용제품"을 "「산업기술혁신 촉진법 시행령」 제17조제1항제3호에 따른 품질인증을 받은 재활용제품"으로 한다.

제26조제1항제6호가목 중 "「산업발전법 시행령」 제28조제3항의 규정에 의하여 품질인증을 받은 재활용제품으로서"를 "「산업기술혁신 촉진법 시행령」 제17조제1항제3호에 따른 품질인증을 받은 재활용제품으로서"로, "「산업발전법 시행령」 제28조제3항의 규정에 의하여 품질인증을 받은 재활용제품을 제조하

부　칙 <기획재정부령 제58호, 2009.3.5>

제1조(시행일) 이 규칙은 공포한 날부터 시행한다.

제2조(천재지변 또는 원자재 가격급등 등의 경우 물가변동당시 가격산정방법에 관한 적용례) 제74조제7항 단서의 개정규정은 이 규칙 시행 후 계약금액 조정분부터 적용한다.

제3조(계약체결 등에 관한 경과조치) 이 규칙 시행 전에 입찰공고를 한 후 이 규칙 시행 후에 실시하는 입찰, 낙찰자의 결정 및 계약체결과 이 규칙 시행 전에 실시한 입찰에서 낙찰된 후 이 규칙 시행 후에 체결된 계약에 관하여는 종전의 규정에 따른다.

국가를 당사자로 하는 계약에 관한 법률	시 행 령	시 행 규 칙
	여"를 "「산업기술혁신 촉진법 시행령」 제17조제1항제3호에 따른 품질인증을 받은 재활용제품을 제조하여"로 한다. ④ 부터 ㉒ 까지 생략 **제3조** 생략 **부 칙 <대통령령 제21565호, 2009.6.26>** (한국농어촌공사 및 농지관리기금법 시행령) **제1조(시행일)** 이 영은 2009년 6월 30일부터 시행한다. 다만, ···<생략>··· 부칙 제3조는 공포한 날부터 시행한다. **제2조** 생략 **제3조(다른 법령의 개정)** ① 부터 ④ 까지 생략 ⑤ 국가를 당사자로 하는 계약에 관한 법률 시행령 일부를 다음과 같이 개정한다. 제37조제3항제4호 중 "「한국농촌공사 및 농지관리기금법」에 따른 한국농촌공사"를 "「한국농어촌공사 및 농지관리기금법」에 따른 한국농어촌공사"로 한다.	

⑥ 부터 ㊽ 까지 생략

제4조 생략

부 칙 <대통령령 제21578호, 2009.6.29>

제1조(시행일) 이 영은 공포한 날부터 시행한다.

제2조(유효기간) 제72조제3항제2호의 개정규정은 2013년 12월 31일까지 효력을 가진다. 다만, 2013년 12월 31일까지 입찰공고한 사업에 대해서는 그 사업이 종료될 때까지 제72조제3항제2호의 개정규정을 적용한다.

제3조(입찰보증금 납부대상 보증금의 범위에 관한 적용례) 제37조제2항의 개정규정은 이 영 시행 후 최초로 입찰보증금을 납부하는 분부터 적용한다.

제4조(지역의무 공동계약에 관한 적용례) 제72조제3항의 개정규정은 이 영 시행 후 최초로 입찰공고하는 분부터 적용한다.

제5조(대가지급 기한에 관한 경과조치) 이 영 시행 전에 종전의 규정에 따라 대가지급

국가를 당사자로 하는 계약에 관한 법률	시 행 령	시 행 규 칙
	을 청구한 분에 대해서는 제58조제1항 및 제4항의 개정규정에도 불구하고 종전의 규정에 따른다. **부 칙 <대통령령 제21692호, 2009.8.18>** (정보통신산업 진흥법 시행령) **제1조(시행일)** 이 영은 2009년 8월 23일부터 시행한다. **제2조부터 제4조까지** 생략 **제5조(다른 법령의 개정)** ① 국가를 당사자로 하는 계약에 관한 법률 시행령 일부를 다음과 같이 개정한다. 제43조의2제1항제2호를 다음과 같이 한다. 2. 「정보통신산업 진흥법」 제2조제2호에 따른 정보통신산업 ② 부터 ㉘ 까지 생략 **제6조** 생략	**부 칙 <기획재정부령 제95호, 2009.8.31>** **제1조(시행일)** 이 규칙은 2009년 9월 1일부터 시행한다. **제2조(적용례)** 이 규칙은 이 규칙 시행 후 최초로 제한사유가 발생하는 분부터 적용한다.

부　칙 <대통령령 제21698호, 2009.8.21>
(국가정보화 기본법 시행령)

제1조(시행일) 이 영은 2009년 8월 23일부터 시행한다.

제2조 생략

제3조(다른 법령의 개정) ① 및 ② 생략

③ 국가를 당사자로 하는 계약에 관한 법률 시행령 일부를 다음과 같이 개정한다.

제43조의2제1항제3호 중 "「정보화촉진기본법」 제2조제2호의 규정에 의한"을 "「국가정보화 기본법」 제3조제2호에 따른"으로 한다.

④ 부터 ⑲ 까지 생략

제4조 생략

부　칙 <대통령령 제21834호, 2009.11.20>
(중소기업제품 구매촉진 및 판로지원에 관한 법률 시행령)

제1조(시행일) 이 영은 2009년 11월 22일부터 시행한다.

제2조(다른 법령의 개정) ① 국가를 당사자로 하는 계약에 관한 법률 시행령 일부를 다음

국가를 당사자로 하는 계약에 관한 법률	시 행 령	시 행 규 칙
	과 같이 개정한다. 제21조제1항제8호 중 “「중소기업진흥 및 제품구매촉진에 관한 법률 시행령」 제5조의2”를 “「중소기업제품 구매촉진 및 판로지원에 관한 법률 시행령」 제6조”로 한다. 제23조제1항제10호 중 “「중소기업진흥 및 제품구매촉진에 관한 법률 시행령」 제5조의2”를 “「중소기업제품 구매촉진 및 판로지원에 관한 법률 시행령」 제6조”로 한다. 제26조제1항제6호가목 중 “「중소기업진흥 및 제품구매촉진에 관한 법률」 제11조의2의 규정에 의하여 품질인증을 받은”을 “「중소기업제품 구매촉진 및 판로지원에 관한 법률」 제15조에 따라 성능인증을 받은”으로 하고, 같은 호 바목 중 “「중소기업진흥 및 제품구매촉진에 관한 법률 시행령」 제14조제2항의 규정에 의하여”을 “「중소기업제품 구매촉진 및	

판로지원에 관한 법률」 제14조제1항에 따라"로 한다.

② 부터 ⑥ 까지 생략

제3조 생략

부 칙 <대통령령 제22282호, 2010.7.21>

제1조(시행일) 이 영은 공포 후 3개월이 경과한 날부터 시행한다. 다만, 제7조의2제2항(기본설계 기술제안입찰 부분에 한정한다), 제72조제3항제1호, 제97조부터 제100조까지, 제102조부터 제106조까지 및 제108조의 개정규정은 공포한 날부터 시행하고, 제52조(제1항 각 호 외의 부분은 제외한다) 및 부칙 제9조제4항의 개정규정은 2011년 1월 1일부터 시행하며, 제42조제4항의 개정규정은 2016년 1월 1일부터 시행한다. <개정 2011.12.31, 2013.12.30>

제2조(일반적 적용례) 이 영은 이 영 시행 후 최초로 입찰공고하는 계약부터 적용한다.

부 칙 <기획재정부령 제161호, 2010.7.21>

제1조(시행일) 이 규칙은 공포 후 3개월이 경과한 날부터 시행한다. 다만, 제81조의2의 개정규정은 공포한 날부터 시행하고, 제64조·제66조 및 별표 2 제8호나목의 개정규정은 2011년 1월 1일부터 시행한다.

제2조(부정당업자의 입찰참가자격제한에 관한 적용례) 별표 2 제7호다목의 개정규정은 이 규칙 시행 후 최초로 입찰참가자격 제한사유가 발생하는 분부터 적용한다.

제3조(현장설명 미참가업체에 대한 입찰무효에 관한 경과조치) 이 규칙 시행 당시 영 제14조의2제1항 및 제2항 본문에 따라 현장설명을 실시하는 공사로서 추정가격이 100억원 이상인 공사의 입찰에 참가

국가를 당사자로 하는 계약에 관한 법률	시 행 령	시 행 규 칙
	제3조(1인 견적에 의한 가격 결정의 적용례) 제30조제1항제3호의 개정규정은 이 영 시행 후 최초로 지정정보처리장치에 안내 공고하는 계약부터 적용한다. **제4조(계약보증금 추가납부에 관한 적용례)** 제75조제2항의 개정규정은 이 영 시행 후 최초로 지체상금의 금액이 제50조제1항에 따른 계약보증금상당액에 달하는 경우부터 적용한다. **제5조(부정당업자의 입찰참가자격 제한에 관한 적용례)** 제76조제1항의 개정규정은 이 영 시행 후 최초로 제한사유가 발생하는 자부터 적용한다. **제6조(산출내역서 작성에 관한 특례)** 제14조제7항제1호 및 제2호의 개정규정 중 "300억원"은 2010년 12월 31일까지는 각각 "1,000억원"으로 보고, 2011년 1월 1일부터 2011년 12월 31일까지는 각각 "500억원"으로 본다.	한 자 중 현장설명에 참가하지 아니한 자의 입찰무효 여부에 관하여는 제44조제6호의2의 개정규정에도 불구하고 종전의 규정에 따른다. **제4조(연대보증인의 보증이행 불이행에 관한 경과조치)** 이 규칙 시행 전에 체결한 공사계약의 연대보증인이었던 자가 보증이행(하자보수의무의 이행을 포함한다)을 요구받고도 이에 불응한 경우 입찰참가자격 제한에 관하여는 별표 2 제8호나목의 개정규정에도 불구하고 종전의 규정에 따른다.

	제7조(특별법으로 설립된 법인에 대한 수의계약 제도 폐지에 따른 경과조치) ① 각 중앙관서의 장 또는 계약담당공무원은 제26조의 개정규정에도 불구하고 종전의 제26조제1항제6호라목에 따른 새마을공장 또는 같은 항 제8호다목에 따라 수의계약을 체결할 수 있는 법인(이하 이 조에서 “새마을공장 또는 법인”이라 한다)과 다음 각 호의 구분에 따른 금액의 범위에서 수의계약을 체결할 수 있다. <개정 2013.12.30> 1. 2011년 1월 1일부터 2013년 12월 31일까지 : 해당 중앙관서의 장이 2008년 1월 1일부터 2010년 12월 31일까지 해당 새마을공장 또는 법인과 체결한 수의계약금액의 연평균금액 2. 2014년 1월 1일부터 2014년 12월 31일까지 : 새마을공장 또는 법인이 2008년 1월 1일부터 2010년 12월 31일까지 각 중앙관서의 장 또는 계약담당공무원과 체결한 수의계약금액 합산액의 80퍼센	

국가를 당사자로 하는 계약에 관한 법률	시 행 령	시 행 규 칙
	트에 해당하는 금액을 연평균으로 환산한 금액 3. 2015년 1월 1일부터 2015년 12월 31일까지 : 새마을 공장 또는 법인이 2008년 1월 1일부터 2010년 12월 31일까지 각 중앙관서의 장 또는 계약담당공무원과 체결한 수의계약금액 합산액의 50퍼센트에 해당하는 금액을 연평균으로 환산한 금액 ② 각 중앙관서의 장 또는 계약담당공무원은 종전의 제26조제1항제8호다목에 따라 수의계약을 체결할 수 있는 법인 중 「특수임무수행자 지원 및 단체설립에 관한 법률」 제54조에 따라 설립된 대한민국특수임무수행자회에 대해서는 제1항에도 불구하고 2015년 12월 31일까지 종전의 규정에 따라 수의계약을 체결할 수 있다. ③ 종전의 제26조제1항제8호다목에 따라 수의계약을 체결할 수 있는 법인이 제1항 또는 제2항에 따라 수의계약을 체결하는 경우에는 제26조제3항 · 제5항 및 제30조	

제1항의 개정규정에도 불구하고 종전의 제26조제2항 · 제4항 및 제30조제1항 단서를 적용한다.

④ 새마을공장 또는 법인을 지도 · 감독하는 주무부처의 장은 새마을공장 또는 법인이 제1항제2호 및 제3호에 따른 수의계약이 가능한 금액 한도를 준수하는지를 감독하고 조정하여야 하며, 이를 위하여 각 중앙관서의 장에게 필요한 협조를 요청할 수 있다. 이 경우 협조를 요청받은 각 중앙관서의 장은 특별한 사유가 없으면 이에 따라야 한다. <신설 2013.12.30>

제8조(기술개발제품 등에 대한 수의계약에 관한 경과조치) 제26조제1항제3호 및 제2항의 개정규정은 종전의 제26조제1항제6호바목 및 제7호자목의 적용을 받던 인증물품 또는 지정물품에 대해서도 적용한다. 이 경우 종전의 제26조제1항제6호바목 및 제7호자목의 적용을 받던 인증물품 또는 지정물품에 대해서 제26조제2항의 개정규정을 적용할 때에는 이 영 시행일

국가를 당사자로 하는 계약에 관한 법률	시 행 령	시 행 규 칙
	부터 기산한다. **제9조(다른 법령의 개정)** ① 건설기술관리법 시행령 일부를 다음과 같이 개정한다. 제9조제7호 중 "기술제안입찰"을 "실시설계 기술제안입찰"로, "설계공모·기술제안입찰"을 "기본설계 기술제안입찰"로 하고, 같은 항 제8호 중 "기술제안입찰 또는 설계공모·기술제안입찰"을 "실시설계 기술제안입찰 또는 기본설계 기술제안입찰"로 한다. 제21조제5항제2호 중 "기술제안입찰"을 "실시설계 기술제안입찰"로, "설계공모·기술제안입찰"을 "기본설계 기술제안입찰"로 한다. 제38조의8제1항제3호의2를 다음과 같이 한다. 3의2. 「국가를 당사자로 하는 계약에 관한 법률 시행령」 제98조제3호에 따른 기본설계 기술제안입찰방식 및 「지방자치단체를 당사자로 하는 계약에 관한 법률	

	시행령」 제127조제3호에 따른 설계공모·기술제안입찰방식 제38조의8제2항제1호의2를 다음과 같이 한다. 1의2. 「국가를 당사자로 하는 계약에 관한 법률 시행령」 제98조제2호에 따른 실시설계 기술제안입찰방식 및 「지방자치단체를 당사자로 하는 계약에 관한 법률 시행령」 제127조제2호에 따른 기술제안입찰방식 ② 교도작업의 운영 및 특별회계에 관한 법률 시행령 일부를 다음과 같이 개정한다. 제9조 각 호 외의 부분 중 "「국가를 당사자로 하는 계약에 관한 법률 시행령」 제26조제1항제5호"를 "「국가를 당사자로 하는 계약에 관한 법률 시행령」 제26조제1항제5호가목"으로 한다. ③ 국세징수법 시행령 일부를 다음과 같이 개정한다. 제5조제1항제1호를 다음과 같이 한다. 1. 「국가를 당사자로 하는 계약에 관한 법	

국가를 당사자로 하는 계약에 관한 법률	시 행 령	시 행 규 칙
	률 시행령」 제26조제1항 각 호의 규정(같은 항 제1호라목은 제외한다) 및 「지방자치단체를 당사자로 하는 계약에 관한 법률 시행령」 제25조제1항 각 호의 규정(같은 항 제7호나목은 제외한다)에 해당하는 수의계약과 관련하여 대금을 지급받는 때 ④ 법인세법 시행령 일부를 다음과 같이 개정한다. 제19조의2제6항제5호를 삭제한다. ⑤ 중소기업제품 구매촉진 및 판로지원에 관한 법률 시행령 일부를 다음과 같이 개정한다. 제8조제2항제1호를 다음과 같이 한다. 1. 「국가를 당사자로 하는 계약에 관한 법률 시행령」 제26조제1항제5호가목 제10조제2항제1호를 다음과 같이 한다. 1. 「국가를 당사자로 하는 계약에 관한 법률 시행령」 제26조제1항제5호가목에 따른 수의계약을 체결하는 경우	

제10조제3항제2호 중 “「국가를 당사자로 하는 계약에 관한 법률 시행령」 제26조제1항제6호라목 및 마목, 같은 항 제7호바목, 같은 항 제8호라목 · 바목 및 사목”을 “「국가를 당사자로 하는 계약에 관한 법률 시행령」 제26조제1항제4호가목 · 다목 및 라목”으로 한다.

제26조 중 “「국가를 당사자로 하는 계약에 관한 법률 시행령」 제26조제1항제6호라목, 같은 항 제7호바목, 같은 항 제8호라목 · 바목 및 사목”을 “「국가를 당사자로 하는 계약에 관한 법률 시행령」 제26조제1항제4호가목 · 다목 및 라목”으로 한다.

부 칙 <대통령령 제22493호, 2010.11.15>

(은행법 시행령)

제1조(시행일) 이 영은 2010년 11월 18일부터 시행한다.

제2조 및 제3조 생략

제4조(다른 법령의 개정) ① 부터 ⑰ 까지

국가를 당사자로 하는 계약에 관한 법률	시 행 령	시 행 규 칙
	생략 ⑱ 국가를 당사자로 하는 계약에 관한 법률 시행령 일부를 다음과 같이 개정한다. 제37조제2항 각 호 외의 부분 중 "금융기관"을 "은행"으로 하고, 같은 항 제1호 중 "외국금융기관"을 "외국은행"으로 한다. ⑲ 부터 <115>까지 생략 **제5조** 생략 **부 칙 <대통령령 제22525호, 2010.12.13>** (건설기술관리법 시행령) **제1조(시행일)** 이 영은 공포한 날부터 시행한다. <단서 생략> **제2조부터 제12조까지** 생략 **제13조(다른 법령의 개정)** ① 및 ② 생략 ③ 국가를 당사자로 하는 계약에 관한 법률 시행령 일부를 다음과 같이 개정한다. 제76조제1항제16호 중 "「건설기술관리법 시행령」 제52조"를 "「건설기술관리법 시행령」 제105조"로 한다.	

④ 부터 ⑭ 까지 생략

제14조 생략

부 칙 <대통령령 제22626호, 2011.1.17>
(엔지니어링산업 진흥법 시행령)

제1조(시행일) 이 영은 공포한 날부터 시행한다.

제2조부터 제4조까지 생략

제5조(다른 법령의 개정) ① 부터 ④ 까지 생략

⑤ 국가를 당사자로 하는 계약에 관한 법률 시행령 일부를 다음과 같이 개정한다.

제21조제1항제10호 중 "「엔지니어링기술 진흥법」 제2조제4호의 규정에 의한 엔지니어링사업"을 "「엔지니어링산업 진흥법」 제2조제3호에 따른 엔지니어링사업"으로 한다.

제37조제2항제4호바목 중 "「엔지니어링기술 진흥법」"을 "「엔지니어링산업 진흥법」"으로 한다.

제43조의2제1항제1호 본문 중 "「엔지니

국가를 당사자로 하는 계약에 관한 법률	시 행 령	시 행 규 칙
	어링기술 진흥법」 제2조제4호의 규정에 의한"을 "「엔지니어링산업 진흥법」 제2조제3호에 따른"으로 한다. ⑥ 부터 ㊴ 까지 생략 **제6조** 생략 **부 칙 <대통령령 제22637호, 2011.1.24>** (보험업법 시행령) **제1조(시행일)** 이 영은 2011년 1월 24일부터 시행한다. <단서 생략> **제2조부터 제21조까지** 생략 **제22조(다른 법령의 개정)** ① 생략 ② 국가를 당사자로 하는 계약에 관한 법률 시행령 일부를 다음과 같이 개정한다. 제37조제2항제3호 중 "보험사업자"를 "보험회사"로 한다. ③ 부터 ⑬ 까지 생략 **제23조** 생략	

부　칙 <대통령령 제22638호, 2011.1.26>
(문화재수리 등에 관한 법률 시행령)

제1조(시행일) 이 영은 2011년 2월 5일부터 시행한다. <단서 생략>

제2조 및 제3조 생략

제4조(다른 법률의 개정) ①「국가를 당사자로 하는 계약에 관한 법률 시행령」 일부를 다음과 같이 개정한다.

제37조제2항제4호에 더목을 다음과 같이 신설한다.

더.「문화재수리 등에 관한 법률」에 따른 문화재수리협회

제37조제3항제5호에 "「건설폐기물의 재활용촉진에 관한 법률」 또는 「골재채취법」"을 "「건설폐기물의 재활용촉진에 관한 법률」·「골재채취법」 또는 「문화재수리 등에 관한 법률」"로 한다.

② 생략

제5조 생략

국가를 당사자로 하는 계약에 관한 법률	시 행 령	시 행 규 칙
	부 칙 <대통령령 제22660호, 2011.2.9> **제1조(시행일)** 이 영은 공포한 날부터 시행한다. 다만, 제37조제3항제5호의2, 제50조제6항제1호 및 제85조의2제1항제1호의 개정규정은 공포 후 3개월이 경과한 날부터 시행한다. **제2조(유효기간)** 제72조제3항제2호의 개정규정은 2017년 12월 31일까지 효력을 가진다. 다만, 2017년 12월 31일까지 입찰공고한 사업에 대해서는 그 사업이 종료될 때까지 제72조제3항제2호의 개정규정을 적용한다. <개정 2011.12.31, 2013.12.30, 2015.12.31> **제3조(입찰보증금 납부에 관한 적용례)** 제37조제2항제4호더목의 개정규정은 이 영 시행 후 최초로 입찰보증금을 납부하는 분부터 적용한다. **제4조(녹색전문기업 등에 대한 입찰보증금 및 계약보증금 감면에 관한 적용례)** 제37조제3항제5호의2 및 제50조제6항제1호	

	의 개정규정은 부칙 제1조 단서에 따른 제37조제3항제5호의2 및 제50조제6항제1호의 개정규정의 시행 후 최초로 입찰공고하는 계약부터 적용한다. **제5조(부정당업자의 입찰참가자격 의무적 제한에 관한 적용례)** 제76조제8항 단서의 개정규정은 이 영 시행 후 최초로 제76조제1항제10호의 위반행위를 한 자부터 적용한다. **제6조(일괄입찰의 실시설계적격자 결정방법에 관한 적용례)** 제85조의2제1항제1호의 개정규정은 부칙 제1조에 따른 제85조의2제1항제1호의 개정규정의 시행 후 최초로 입찰공고하는 계약부터 적용한다. **제7조(지역의무 공동계약에 관한 특례)** 제72조제3항제2호에 따라 기획재정부장관이 고시한 사업 중 법률 제8238호 공공기관 지방이전에 따른 혁신도시 건설 및 지원에 관한 특별법 부칙 제2조에 따라 혁신도시 개발예정지구로 지정된 광주·전남공동 혁신도시를 개발하는 사업의 경우에는 제	

국가를 당사자로 하는 계약에 관한 법률	시 행 령	시 행 규 칙
	72조제3항 각 호 외의 부분에도 불구하고 주된 영업소 소재지에 대하여 광주광역시와 전라남도의 관할구역을 각각 분리하지 아니하고 동일한 소재지로 본다. **부 칙 <대통령령 제23267호, 2011.10.28>** (환경기술 및 환경산업 지원법 시행령) **제1조(시행일)** 이 영은 2011년 10월 29일부터 시행한다. **제2조(다른 법령의 개정)** ① 생략 ② 국가를 당사자로 하는 계약에 관한 법률 시행령 일부를 다음과 같이 개정한다. 제21조제1항제4호다목 중 "「환경기술개발 및 지원에 관한 법률」"을 "「환경기술 및 환경산업 지원법」"으로 하고, 제23조제1항제9호 중 "「환경기술개발 및 지원에 관한 법률」 제20조"를 "「환경기술 및 환경산업 지원법」 제17조"로 하며, 제26조제1항제2호마목 및 같은 항 제3호라목 중 "「환경기술개발 및 지원에 관한 법	

률」”을 각각 “「환경기술 및 환경산업 지원법」”으로 한다.

③ 부터 ⑱ 까지 생략

제3조 생략

부 칙 <대통령령 제23282호, 2011.11.1>
(건설산업기본법 시행령)

제1조(시행일) 이 영은 2011년 11월 25일부터 시행한다. <단서 생략>

제2조부터 제5조까지 생략

제6조(다른 법률의 개정) ① 및 ② 생략

③ 국가를 당사자로 하는 계약에 관한 법률 시행령 일부를 다음과 같이 개정한다.

제73조의2제1항 중 “「건설산업기본법」 제2조제6호”를 “「건설산업기본법」 제2조제8호”로 한다.

④ 부터 ⑧ 까지 생략

부 칙 <대통령령 제23313호, 2011.11.23>
(산업기술혁신 촉진법 시행령)

제1조(시행일) 이 영은 2011년 11월 25일부

국가를 당사자로 하는 계약에 관한 법률	시 행 령	시 행 규 칙
	터 시행한다. **제2조부터 제8조까지** 생략 **제9조(다른 법령의 개정)** ①「국가를 당사자로 하는 계약에 관한 법률 시행령」 일부를 다음과 같이 개정한다. 제26조제1항제3호라목 중 "「기술개발촉진법」제6조"를 "「산업기술혁신 촉진법」제15조의2"로 한다. ② 부터 ⑦ 까지 생략 **제10조** 생략 **부 칙 <대통령령 제23477호, 2011.12.31>** **제1조(시행일)** 이 영은 공포한 날부터 시행한다. 다만, 제89조제1항의 개정규정은 공포 후 3개월이 경과한 날부터 시행한다. **제2조(입찰서의 제출방법 등에 관한 적용례)** 제36조제12호·제12호의2, 제39조제1항 및 제2항, 제40조제3항, 제76조제1항제11호 및 제92조의2제1항 본문의 개정규정은 이 영 시행 후 최초로 입찰공고하는	

	계약부터 적용한다. **제3조(설계비 보상에 관한 적용례)** 제89조제1항의 개정규정은 부칙 제1조 단서에 따른 제89조제1항의 개정규정의 시행 후 최초로 입찰공고하는 계약부터 적용한다.	
부 칙 <법률 제11377호, 2012.3.21> 이 법은 공포한 날부터 시행한다.	**부 칙 <대통령령 제23778호, 2012.5.14>** **제1조(시행일)** 이 영은 공포한 날부터 시행한다. 다만, 제26조제1항제4호다목의 개정규정은 2012년 7월 27일부터 시행한다. **제2조(장애인복지시설 등의 수의계약에 관한 경과조치)** 2012년 7월 27일 전에 장애인복지시설 또는 장애인복지단체와 체결한 수의계약에 관하여는 제26조제1항제4호다목의 개정규정에도 불구하고 종전의 규정에 따른다. **부 칙 <대통령령 제24130호, 2012.10.8>** (지역균형개발 및 지방중소기업 육성에 관한 법률 시행령) **제1조(시행일)** 이 영은 공포한 날부터 시행한다.	**부 칙 <기획재정부령 제284호, 2012.5.18>** **제1조(시행일)** 이 규칙은 공포한 날부터 시행한다. 다만, 제25조제3항·제4항 및 제33조제2항의 개정규정은 2012년 7월 1일부터 시행한다. **제2조(주된 영업소의 소재지에 따른 제한경쟁입찰에 관한 적용례)** 제25조제3항 및 제4항의 개정규정은 2012년 7월 1일 이후 최초로 입찰공고를 하는 경우부터 적용한다. **제3조(주된 영업소의 소재지에 따른 수의계약 견적서 제출 제한에 관한 적용례)** 제33조제2항의 개정규정은 2012년 7월 1일 이후 최초로 수의계약을 체결하는 경우부터 적용한다.

<table>
<tr><th>국가를 당사자로 하는 계약에 관한 법률</th><th>시 행 령</th><th>시 행 규 칙</th></tr>
<tr><td></td><td>제2조(다른 법령의 개정) ① 국가를 당사자로 하는 계약에 관한 법률 시행령 일부를 다음과 같이 개정한다.
제21조제1항제11호가목 중 “지방중소기업특별지원지역”을 “지방중소기업 특별지원지역”으로 한다.
② 생략</td><td></td></tr>
<tr><td></td><td>부 칙 <대통령령 제24317호, 2013.1.16>
(민감정보 및 고유식별정보 처리 근거 정비를 위한 국가를 당사자로 하는 계약에 관한 법률 시행령 등 일부개정령)
이 영은 공포한 날부터 시행한다. <단서 생략></td><td></td></tr>
<tr><td>부 칙 <법률 제11547호, 2012.12.18>
제1조(시행일) 이 법은 공포한 날부터 시행한다. 다만, 제5조의2, 제5조의3, 제14조제3항·제4항, 제23조, 제27조의2부터 제27조의4까지, 제28조제1항·제4항 및 제29조제1항의 개정규정은 공포 후 6개월이 경과한 날부터 시행한다.
제2조(청렴계약에 관한 적용례) 제5조의2의 개정규정은 같은 개정규정 시행 후 최초로 입찰 공고 또는 통지되는 입찰부터 적용한다. 다만, 제7조제1항 단서의 개정규정에 따라 수의계약에 의하는 경우에는 최초로</td><td>부 칙 <대통령령 제24441호, 2013.3.23>
(기획재정부와 그 소속기관 직제)
제1조(시행일) 이 영은 공포한 날부터 시행한다.
제2조부터 제4조까지 생략
제5조(다른 법률의 개정) ① 부터 ⑧ 까지</td><td>부 칙 <기획재정부령 제342호, 2013.3.23>
(기획재정부와 그 소속기관 직제 시행규칙)
제1조(시행일) 이 규칙은 공포한 날부터 시행한다.
제2조 및 제3조 생략
제4조(다른 규칙의 개정) ① 부터 ③ 까지</td></tr>
</table>

체결되는 계약부터 적용한다.

제3조(부정당업자의 과징금 부과에 관한 적용례) 제27조의2의 개정규정은 같은 개정규정 시행 후 최초로 제27조의 개정규정에 따른 입찰 참가자격 제한사유가 발생하는 경우부터 적용한다.

제4조(하도급대금 직불조건부 입찰참가에 관한 적용례) 제27조의4제2항의 개정규정은 같은 개정규정 시행 후 최초의 통보부터 적용한다.

제5조(이의신청 등에 관한 적용례) 제28조제1항·제4항 및 제29조제1항의 개정규정은 같은 개정규정 시행 후 최초로 입찰공고되거나 체결된 계약부터 적용한다.

제6조(일반적 경과조치) 이 법 시행 전에 입찰공고되거나 체결된 계약에 대하여는 종전의 규정에 따른다.

생략

⑨ 국가를 당사자로 하는 계약에 관한 법률 시행령 일부를 다음과 같이 개정한다.

제37조제2항제4호자목 중 "지식경제부장관"을 "산업통상자원부장관"으로 한다.

제80조제2항 각 호 외의 부분, 같은 조 제3항 및 제99조제2항 각 호 외의 부분 중 "국토해양부장관"을 각각 "국토교통부장관"으로 한다.

⑩ 부터 ㊸ 까지 생략

부 칙 <대통령령 제24601호, 2013.6.17>

제1조(시행일) 이 영은 2013년 6월 19일부터 시행한다.

제2조(경쟁입찰의 참가자격에 관한 적용례) 제12조제2항의 개정규정은 이 영 시행 후 입찰공고하는 계약부터 적용한다.

제3조(검사 면제에 관한 적용례) 제56조의2의 개정규정은 이 영 시행 후 입찰공고하는 계약부터 적용한다.

제4조(부정당업자의 입찰참가자격 제한에

생략

④ 국가를 당사자로 하는 계약에 관한 법률 시행규칙 일부를 다음과 같이 개정한다.

제78조제1항 각 호 외의 부분 본문 및 단서, 같은 조 제3항, 제79조제1항 본문·제2항 각 호 외의 부분 및 제81조 중 "국토해양부장관"을 각각 "국토교통부장관"으로 한다.

⑤ 부터 ⑮ 까지 생략

부 칙 <기획재정부령 제352호, 2013.6.19>

제1조(시행일) 이 규칙은 2013년 6월 19일부터 시행한다.

제2조(계약이행의 성실도 항목에 관한 적용례) 제23조의 개정규정은 이 규칙 시행 후 입찰공고하는 계약부터 적용한다.

제3조(하자보수보증금률에 관한 적용례) 제72조제2항제1호 및 별표 1의 개정규정은 이 규칙 시행 후 입찰공고하는 계약부터 적용한다.

국가를 당사자로 하는 계약에 관한 법률	시 행 령	시 행 규 칙
	관한 적용례) 제76조제1항제7호의 개정규정은 이 영 시행 후 제한사유가 발생하는 분부터 적용한다.	**제4조(부정당업자의 입찰참가자격제한에 관한 적용례)** 제77조의2, 별표 2 제3호다목, 별표 3 및 별표 4의 개정규정은 이 규칙 시행 후 입찰참가자격 제한사유가 발생하는 경우부터 적용한다. **부 칙 <기획재정부령 제355호, 2013.6.28>** (부가가치세법 시행규칙) **제1조(시행일)** 이 규칙은 2013년 7월 1일부터 시행한다. **제2조부터 제9조까지** 생략 **제10조(다른 법령의 개정)** ① 생략 ② 국가를 당사자로 하는 계약에 관한 법률 시행규칙 일부를 다음과 같이 개정한다. 제10조제1호 중 "「부가가치세법」 제5조의 규정에 의하여"를 "「부가가치세법」 제8조에 따라"로 한다. 제11조제3항 중 "「부가가치세법」 제12조제1항"을 "「부가가치세법」 제26조제1항"으로 한다.

		제14조제1항 중 "「부가가치세법」 제5조"를 "「부가가치세법」 제8조"로 한다. ③ 부터 ⑨ 까지 생략 **제11조** 생략
부 칙 <법률 제12028호, 2013.8.13> 이 법은 공포 후 6개월이 경과한 날부터 시행한다.	**부 칙 <대통령령 제24728호, 2013.9.17>** (전자조달의 이용 및 촉진에 관한 법률 시행령) **제1조(시행일)** 이 영은 2013년 9월 23일부터 시행한다. **제2조** 생략 **제3조(다른 법령의 개정)** ① 국가를 당사자로 하는 계약에 관한 법률 시행령 일부를 다음과 같이 개정한다. 제13조제4항 각 호 외의 부분 단서 중 "기획재정부장관이 지정·고시하는 정보처리장치(이하 "지정정보처리장치'라 한다)"를 "「전자조달의 이용 및 촉진에 관한 법률」 제2조제4호에 따른 국가종합전자조달시스템(이하 "전자조달시스템"이라 한다)"으로 한다.	**부 칙 <기획재정부령 제360호, 2013.9.17>** (전자조달의 이용 및 촉진에 관한 법률 시행규칙) **제1조(시행일)** 이 규칙은 2013년 9월 23일부터 시행한다. **제2조(다른 법령의 개정)** ① 생략 ② 국가를 당사자로 하는 계약에 관한 법률 시행규칙 일부를 다음과 같이 개정한다. 제15조제2항제2호마목 중 "기획재정부장관이 지정·고시하는 정보처리장치(이하 "지정정보처리장치"라 한다)를"을 "국가종합전자조달시스템(이하 "전자조달시스템"이라 한다)을"로 하고, 같은 조 제5항 전단·후단 및 같은 조 제7항 각 호 외의 부분 중 "지정정보처리장치"를 각각 "전자조달시스템"으로 하며, 같은 조 제8항

국가를 당사자로 하는 계약에 관한 법률	시 행 령	시 행 규 칙
	제14조제3항, 제16조제2항, 제22조제1항, 제30조제1항제3호, 같은 조 제2항 본문 · 단서, 같은 조 제3항 · 제5항, 제33조제1항 본문, 제36조제12호, 제39조제1항 본문 · 단서, 같은 조 제2항제2호, 제40조제3항, 제43조제4항, 제76조제1항 각 호 외의 부분 본문, 같은 항 제8호 · 제11호, 같은 조 제6항 각 호 외의 부분, 같은 조 제8항 본문 및 제92조의2제1항 본문 중 "지정정보처리장치"를 각각 "전자조달시스템"으로 한다. 제96조제1항을 삭제하고, 같은 조 제2항 중 "제1항의 규정에 의하여 지정정보처리장치를 관리 · 운영하는 자는"을 "전자조달시스템을 관리 · 운영하는 조달청장은"으로 한다. ② 및 ③ 생략	중 "지정정보처리장치를"을 "전자조달시스템을"로, "지정정보처리장치에"를 "전자조달시스템에"로 한다. 제23조의2제4항, 제33조제1항 각 호 외의 부분, 같은 항 제3호, 제44조 제7호의2, 제45조 단서 및 제48조제1항 단서 중 "지정정보처리장치"를 각각 "전자조달시스템"으로 한다. 제77조제3항 중 "지정정보처리장치"를 "전자조달시스템"으로 하고, 같은 조 제4항 중 "지정정보처리장치를"을 "전자조달시스템을"로 한다. 제81조 중 "지정정보처리장치"를 "전자조달시스템"으로 한다. ③ 및 ④ 생략

부　칙 <대통령령 제25033호, 2013.12.30>

이 영은 2014년 1월 1일부터 시행한다. 다만, 제12조제3항부터 제6항까지의 개정규정은 2014년 2월 14일부터 시행한다.

부　칙 <대통령령 제25050호, 2013.12.30>

(행정규제기본법 개정에 따른 규제 재검토기한 설정을 위한 주택법 시행령 등 일부개정령)

이 영은 2014년 1월 1일부터 시행한다. <단서 생략>

부　칙 <대통령령 제25358호, 2014.5.22>

(건설기술 진흥법 시행령)

제1조(시행일) 이 영은 2014년 5월 23일부터 시행한다.

제2조부터 제12조까지 생략

제13조(다른 법령의 개정) ① 부터 ⑨ 까지 생략

⑩ 국가를 당사자로 하는 계약에 관한 법률 시행령 일부를 다음과 같이 개정한다.

제21조제1항제10호 중 "「건설기술관리

국가를 당사자로 하는 계약에 관한 법률	시 행 령	시 행 규 칙
	법」"을 "「건설기술 진흥법」"으로 한다. 제26조제1항제2호마목 및 같은 항 제3호마목 중 "「건설기술관리법」 제18조"를 각각 "「건설기술 진흥법」 제14조"로 한다. 제37조제2항제4호거목을 다음과 같이 한다. 거. 「건설기술 진흥법」에 따른 공제조합 제43조의2제1항제1호 단서 중 "「건설기술관리법」"을 "「건설기술 진흥법」"으로 한다. 제54조제1항제1호 중 "「건설기술관리법」 제27조"를 "「건설기술 진흥법」 제39조제2항"으로, "책임감리"를 "건설사업관리 또는 감리"로 하고, 같은 조 제2항 중 "「건설기술관리법」"을 "「건설기술 진흥법」"으로, "감리원의 수"를 "건설사업관리기술자 또는 감리원의 수"로 한다. 제65조제2항 중 "「건설기술관리법 시행령」 제21조의 규정에 의한 설계자문위원	

	회(이하 "설계자문위원회"라 한다)"를 "「건설기술 진흥법 시행령」 제19조에 따른 기술자문위원회(이하 "기술자문위원회"라 한다)"로 하고, 같은 조 제5항 전단 중 "설계자문위원회"를 각각 "기술자문위원회"로, "「건설기술관리법」"을 "「건설기술 진흥법」"으로 한다. 제76조제1항제4호의2 중 "「건설기술관리법」 제2조"를 "「건설기술 진흥법」 제47조"로 하고, 같은 항 제10호 중 "건설기술관리법에 의한 중앙건설기술심의위원회ㆍ특별건설기술심의위원회 및 설계자문위원회"를 "「건설기술 진흥법」에 따른 중앙건설기술심의위원회ㆍ특별건설기술심의위원회 및 기술자문위원회"로 하며, 같은 항 제16호를 다음과 같이 한다. 16. 시공 단계의 건설사업관리 용역계약에 있어서 「건설기술 진흥법 시헝령」 제60조 및 계약서 등에 따른 건설사업관리기술자 교체 사유 및 절차에 의하지 아니하고 건설사업관리기술자를 교체한 자	

국가를 당사자로 하는 계약에 관한 법률	시 행 령	시 행 규 칙
	제79조제2항 본문 중 "「건설기술관리법」"을 "「건설기술 진흥법」"으로 하고, 같은 항 단서 중 "설계자문위원회"를 각각 "기술자문위원회"로 한다. 제84조제1항제2호 중 "「건설기술관리법」 제20조의2에 따른 설계등 용역업자"를 "「건설기술 진흥법」 제26조에 따른 건설기술용역업자"로 한다. 제85조제2항제2호, 같은 조 제3항제1호나목 및 같은 항 제2호나목 중 "「건설기술관리법 시행령」 제13조"를 각각 "「건설기술 진흥법 시행령」 제11조"로 하고, 같은 조 제6항 본문 및 단서, 같은 조 제7항, 제86조제8항, 제87조제2항·제5항, 제91조제2항제3호 및 제103조제4항·제5항 중 "설계자문위원회"를 각각 "기술자문위원회"로 한다. 제105조제3항제2호 중 "「건설기술관리법 시행령」 제13조"를 "「건설기술 진흥법 시행령」 제11조"로 하고, 같은 조 제5	

<table>
<tr>
<td></td>
<td>항・제6항 및 제106조제2항 중 “설계자문위원회”를 각각 “기술자문위원회”로 한다.
⑪ 부터 ㊲ 까지 생략
제13조 생략

부 칙 <대통령령 제25679호, 2014.11.4>
제1조(시행일) 이 영은 공포한 날부터 시행한다. 다만, 제76조의2제1항제5호, 같은 조 제2항 단서 및 제107조의 개정규정은 2015년 1월 1일부터 시행하고, 제9조제1항제3호의 개정규정은 2015년 3월 1일부터 시행한다.
제2조(입찰보증금 보증서 등의 발행에 관한 적용례) ① 제37조제1항 및 같은 조 제2항제4호버목의 개정규정은 이 영 시행 이후 입찰공고를 하는 경우부터 적용한다.
② 제37조제2항제4호버목의 개정규정은 이 영 시행 이후 계약을 체결하는 경우로서 제50조제7항에 따라 계약보증금을 납부하는 경우부터 적용한다.</td>
<td>**부 칙 <기획재정부령 제443호, 2014.11.4>**
제1조(시행일) 이 규칙은 공포한 날부터 시행한다. 다만, 별표 4의 개정규정은 2015년 1월 1일부터 시행하고, 제5조제2항의 개정규정은 2015년 3월 1일부터 시행한다.
제2조(하자담보책임기간과 지체상금률에 관한 적용례) 제70조제1항 및 제75조제1항제2호의 개정규정은 이 규칙 시행 이후 계약을 체결하는 경우부터 적용한다.
제3조(과징금 부과의 대상과 기준에 관한 적용례) 별표 4의 개정규정은 2015년 1월 1일 전의 위반행위에 대해서도 적용한다.</td>
</tr>
</table>

국가를 당사자로 하는 계약에 관한 법률	시 행 령	시 행 규 칙
	③ 제37조제2항제4호버목의 개정규정은 이 영 시행 이후 제62조제5항에 따라 하자보수보증금을 납부하는 경우부터 적용한다. **제3조(공사계약의 하자담보책임기간에 관한 적용례)** 제60조제1항 본문의 개정규정은 이 영 시행 이후 계약을 체결하는 경우부터 적용한다. **제4조(정보시스템 구축사업 등의 장기계속계약에 관한 적용례)** 제69조제3항의 개정규정은 이 영 시행 이후 입찰공고를 하거나 수의계약을 체결하는 경우부터 적용한다. **제5조(과징금 부과의 대상과 기준에 관한 적용례)** 제76조의2제1항제5호 및 같은 조 제2항 단서의 개정규정은 2015년 1월 1일 전의 위반행위에 대해서도 적용한다. **제6조(기술제안입찰 제안서 작성비용의 보상에 관한 적용례)** 제107조의 개정규정은 2015년 1월 1일 이후 입찰공고를 하는 경우부터 적용한다.	

	부　칙 <대통령령 제25751호, 2014.11.19> (행정자치부와 그 소속기관 직제) **제1조(시행일)** 이 영은 공포한 날부터 시행한다. 다만, 부칙 제5조에 따라 개정되는 대통령령 중 이 영 시행 전에 공포되었으나 시행일이 도래하지 아니한 대통령령을 개정한 부분은 각각 해당 대통령령의 시행일부터 시행한다. **제2조부터 제4조까지** 생략 **제5조(다른 법령의 개정)** ① 부터 ④ 까지 생략 ⑤ 국가를 당사자로 하는 계약에 관한 법률 시행령 일부를 다음과 같이 개정한다. 제76조의5제2항제1호 본문 중 "안전행정부"를 "행정자치부"로 한다. ⑥ 부터 <418>까지 생략	**부　칙 <기획재정부령 제444호, 2014.11.19>** (기획재정부와 그 소속기관 직제 시행규칙) **제1조(시행일)** 이 규칙은 공포한 날부터 시행한다. **제2조(다른 규칙의 개정)** ① 국가를 당사자로 하는 계약에 관한 법률 시행규칙 일부를 다음과 같이 개정한다. 제85조제1항 중 "안전행정부"를 "행정자치부"로 한다. ② 부터 ⑨ 까지 생략
부　칙 <법률 제12860호, 2014.12.30> 이 법은 공포 후 6개월이 경과한 날부터 시행한다.	**부　칙 <대통령령 제26108호, 2015.2.23>** (농업협동조합법 시행령) **제1조(시행일)** 이 영은 공포한 날부터 시행한다.	

국가를 당사자로 하는 계약에 관한 법률	시 행 령	시 행 규 칙
	제2조(다른 법령의 개정) ① 국가를 당사자로 하는 계약에 관한 법률 시행령 일부를 다음과 같이 개정한다. 제37조제3항제4호 중 "조합 · 조합공동사업법인 및 그 중앙회"를 "조합 · 조합공동사업법인 및 그 중앙회(농협경제지주회사 및 그 자회사를 포함한다)"로 한다. ② 및 ③ 생략	
	부 칙 <대통령령 제26321호, 2015.6.22>	**부 칙 <기획재정부령 제487호, 2015.6.30>**
	제1조(시행일) 이 영은 공포한 날부터 시행한다. 다만, 제118조의 개정규정은 2015년 7월 1일부터 시행한다. **제2조(부정당업자의 입찰참가자격 제한에 관한 적용례)** 제76조제1항제10호의 개정규정은 이 영 시행 이후 제한사유가 발생하는 경우부터 적용한다. **제3조(물품을 제조하여 납품하는 소액입찰의 낙찰자 결정에 관한 경과조치)** 이 영	**제1조(시행일)** 이 규칙은 공포한 날부터 시행한다. **제2조(원가계산에 의한 예정가격 결정 시의 일반관리비율에 관한 적용례)** 제8조제1항의 개정규정은 이 규칙 시행 이후 입찰공고를 하거나 수의계약을 체결하는 경우부터 적용한다. **제3조(제한경쟁입찰의 제한기준에 관한 적용례)** 제25조제3항의 개정규정은 이 규

	시행 전에 입찰공고를 한 경우에는 제42조제2항의 개정규정에도 불구하고 종전의 규정에 따른다. **부 칙 <대통령령 제26829호, 2015.12.31>** **제1조(시행일)** 이 영은 2016년 1월 1일부터 시행한다. **제2조(소액수의계약에 대한 적용례)** 제26조제1항제5호가목의 개정규정은 이 영 시행 이후 각 중앙관서의 장 또는 계약담당공무원이 제30조에 따라 견적서의 제출을 요구하는 경우부터 적용한다. **제3조(경쟁입찰에서의 낙찰자 결정 등에 관한 경과조치)** 이 영 시행 전에 각 중앙관서의 장 또는 계약담당공무원이 입찰공고를 한 공사에 대해서는 제14조제1항ㆍ제6항ㆍ제7항, 제42조제4항ㆍ제6항ㆍ제7항, 제47조제1항, 제76조제1항제10호ㆍ제14호의2, 제86조제6항제1호 및 제118조제1호의 개정규정에도 불구하고 종전의 규정에 따른다.	칙 시행 이후 입찰공고를 하는 경우부터 적용한다.

국가를 당사자로 하는 계약에 관한 법률	시 행 령	시 행 규 칙
부 칙 <법률 제14038호, 2016.3.2> 이 법은 공포 후 6개월이 경과한 날부터 시행한다.	**부 칙 <대통령령 제26975호, 2016.2.11>** (건축사법 시행령) **제1조(시행일)** 이 영은 2016년 2월 12일부터 시행한다. **제2조** 생략 **제3조(다른 법령의 개정)** ① 국가를 당사자로 하는 계약에 관한 법률 시행령 일부를 다음과 같이 개정한다. 제37조제2항제4호러목을 다음과 같이 한다. 러. 「건축사법」에 따른 건축사공제조합 ② 생략 **부 칙 <대통령령 제27205호, 2016.5.31>** (기술보증기금법 시행령) **제1조(시행일)** 이 영은 2016년 9월 30일부터 시행한다. <단서 생략> **제2조(다른 법령의 개정)** ① 부터 ④ 까지 생략	**부 칙 <기획재정부령 제533호, 2016.2.1>** **제1조(시행일)** 이 규칙은 공포한 날부터 시행한다. **제2조(입찰무효에 관한 적용례)** 제44조의 개정규정은 이 규칙 시행 이후 입찰공고를 하는 계약부터 적용한다. **제3조(계약정보의 공개에 대한 경과규정)** 2016년 1월 1일 이전에 각 중앙관서의 장 또는 계약담당공무원이 입찰공고를 한 공사에 대해서는 제82조의 개정규정에도 불구하고 종전의 규정에 따른다. **제4조(입찰참가자격 제한에 관한 경과조치)** 이 규칙 시행 전의 위반행위에 대한 행정처분에 대해서는 별표 2 및 별표 4의 개정규정에도 불구하고 종전의 규정에 따른다.

⑤ 국가를 당사자로 하는 계약에 관한 법률 시행령 일부를 다음과 같이 개정한다.

제37조제2항제4호라목를 다음과 같이 한다.

라. 「기술보증기금법」에 따른 기술보증기금

⑥ 부터 <59>까지 생략

제3조 생략

부 칙 <대통령령 제27401호, 2016.7.28>

(조달사업에 관한 법률 시행령)

제1조(시행일) 이 영은 공포한 날부터 시행한다.

제2조(다른 법령의 개정) ① 국가를 당사자로 하는 계약에 관한 법률 시행령 일부를 다음과 같이 개정한다.

제56조의2제3호 중 "「조달사업에 관한 법률」 제3조의3"을 "「조달사업에 관한 법률」 제3조의4"로 한다.

② 생략

국가를 당사자로 하는 계약에 관한 법률	시 행 령	시 행 규 칙
	부 칙 <대통령령 제27475호, 2016.9.2> **제1조(시행일)** 이 영은 2016년 9월 3일부터 시행한다. 다만, 제80조제1항·제3항·제5항, 제85조의2제1항·제2항, 제94조제1항제3호, 제99조제1항 및 제102조제1항·제2항의 개정규정은 2017년 1월 1일부터 시행한다. **제2조(입찰공고의 내용에 관한 적용례)** 제36조제15호의2의 개정규정은 이 영 시행 이후 입찰공고를 하는 경우부터 적용한다. **제3조(부정당업자의 입찰참가자격 제한에 관한 적용례)** ① 제76조제1항제2호가목의 개정규정은 이 영 시행 이후 입찰공고를 하는 경우부터 적용한다. ② 제76조제1항제3호다목의 개정규정은 이 영 시행 전에 체결된 계약으로서 이 영 시행 당시 이행과정에 있는 계약에 대하여 제한사유가 발생하는 경우에도 적용한다.	부 칙 <기획재정부령 제573호, 2016.9.23> **제1조(시행일)** 이 규칙은 공포한 날부터 시행한다. 다만, 제15조제2항제1호마목, 제2호바목 및 제3호마목의 개정규정은 2017년 1월 1일부터 시행한다. **제2조(입찰참가자격의 등록에 관한 적용례)** 제15조제2항제1호마목·제2호바목·제3호마목, 별지 제3호서식, 별지 제5호서식, 별지 제6호서식 및 별지 제13호서식의 개정규정은 부칙 제1조 단서에 따른 시행일 이후 입찰참가자격을 등록하는 경우부터 적용한다. **제3조(입찰무효에 관한 적용례)** 제44조제2항의 개정규정은 이 규칙 시행 이후 입찰공고를 하는 경우부터 적용한다.

제4조(일괄입찰 등의 입찰절차에 관한 적용례) 제85조제5항제3호 및 제105조제4항의 개정규정은 이 영 시행 전에 일괄입찰 또는 기본설계 기술제안입찰로 발주된 공사에 대하여 이 영 시행 이후 제27조제1항에 따라 수의계약을 체결하려는 경우부터 적용한다.

제5조(일괄입찰 등의 실시설계적격자 등의 결정에 관한 적용례) 제85조의2제1항제1호의 개정규정은 부칙 제1조 단서에 따른 시행일 이후 감점사유가 발생하는 경우부터 적용한다.

제6조(계약관련 정보의 공개에 관한 적용례) 제92조의2제1항의 개정규정은 이 영 시행 이후 계약의 이행이 완료되는 경우부터 적용한다.

제7조(일괄입찰 등의 낙찰자 결정방법 등에 관한 경과조치) 부칙 제1조 단서에 따른 시행일 전에 제80조제2항 또는 제99조제2항에 따라 집행기본계획서를 제출한 공사에 대해서는 제80조제1항 · 제3항 · 제

국가를 당사자로 하는 계약에 관한 법률	시 행 령	시 행 규 칙
	5항, 제85조의2제1항 각 호 외의 부분 및 같은 조 제2항, 제94조제1항제3호, 제99조제1항 및 제102조제1항·제2항의 개정규정에도 불구하고 종전의 규정에 따른다. **부 칙 <대통령령 제27524호, 2016.9.29>** (중소기업진흥에 관한 법률 시행령) **제1조(시행일)** 이 영은 2016년 9월 30일부터 시행한다. **제2조** 생략 **제3조(다른 법령의 개정)** ① 국가를 당사자로 하는 계약에 관한 법률 시행령 일부를 다음과 같이 개정한다. 제21조제1항제11호가목 중 "「지역균형개발 및 지방중소기업 육성에 관한 법률」 제50조"를 "「중소기업진흥에 관한 법률」 제62조의23"으로 한다. ② 부터 ⑥ 까지 생략 **제4조** 생략	

부　칙 <대통령령 제27751호, 2016.12.30>
(규제 재검토기한 설정 등을 위한 가맹사업 거래의 공정화에 관한 법률 시행령 등 일부개정령)

제1조(시행일) 이 영은 2017년 1월 1일부터 시행한다. <단서 생략>

제2조부터 제12조까지 생략

부　칙 <대통령령 제27807호, 2017.1.26>
(산업표준화법 시행령)

제1조(시행일) 이 영은 2017년 1월 28일부터 시행한다.

제2조(다른 법령의 개정) ① 국가를 당사자로 하는 계약에 관한 법률 시행령 일부를 다음과 같이 개정한다.

제21조제1항제4호나목을 삭제한다.

제23조제1항제6호를 다음과 같이 한다.

6. 「산업표준화법」 제15조에 따른 인증을 받은 제품

제56조의2제2호를 다음과 같이 한다.

2. 「산업표준화법」 제31조의4제2항에 따라 수상자로 선정된 기업등 및

국가를 당사자로 하는 계약에 관한 법률	시 행 령	시 행 규 칙
	개인이 제조한 제품 ② 및 ③ 생략 **부 칙 <대통령령 제27958호, 2017.3.27>** (지방세기본법 시행령) **제1조(시행일)** 이 영은 2017년 3월 28일부터 시행한다. **제2조부터 제7조까지** 생략 **제8조(다른 법령의 개정)** ① 생략 ② 국가를 당사자로 하는 계약에 관한 법률 시행령 일부를 다음과 같이 개정한다. 제12조제3항제3호 중 "「지방세기본법」 제129조"를 "「지방세기본법」 제102조"로 한다. ③ 부터 ⑨ 까지 생략 **제9조** 생략	
부 칙 <법률 제14839호, 2017.7.26> (정부조직법) **제1조(시행일)** ① 이 법은 공포한 날부터 시행	**부 칙 <대통령령 제28211호, 2017.7.26>** (행정안전부와 그 소속기관 직제) **제1조(시행일)** 이 영은 공포한 날부터 시행한	

한다. 다만, 부칙 제5조에 따라 개정되는 법률 중 이 법 시행 전에 공포되었으나 시행일이 도래하지 아니한 법률을 개정한 부분은 각각 해당 법률의 시행일부터 시행한다. **제2조부터 제4조까지** 생략 **제5조(다른 법률의 개정)** ① 및 ② 생략 ③ 국가를 당사자로 하는 계약에 관한 법률 일부를 다음과 같이 개정한다. 제27조제1항제6호 중 "중소기업청장"을 "중소벤처기업부장관"으로 하고, 같은 조 제4항 본문 중 "공정거래위원회 또는 중소기업청장"을 "중소벤처기업부장관 또는 공정거래위원회"로 한다. ④ 부터 <382>까지 생략 **제6조** 생략	다. 다만, 부칙 제8조에 따라 개정되는 대통령령 중 이 영 시행 전에 공포되었으나 시행일이 도래하지 아니한 대통령령을 개정한 부분은 각각 해당 대통령령의 시행일부터 시행한다. **제2조부터 제7조까지** 생략 **제8조(다른 법령의 개정)** ① 부터 ⑤ 까지 생략 ⑥ 국가를 당사자로 하는 계약에 관한 법률 시행령 일부를 다음과 같이 개정한다 제21조제1항제8호 및 제23조제1항제10호 중 "중소기업청장"을 각각 "중소벤처기업부장관"으로 한다. 제76조의5제2항제1호 본문 중 "행정자치부"를 "행정안전부"로 한다. 제111조제1항 중 "미래창조과학부·국방부·행정자치부"를 "과학기술정보통신부·국방부·행정안전부"로 한다. ⑦ 부터 <388>까지 생략	

국가를 당사자로 하는 계약에 관한 법률	시 행 령	시 행 규 칙
부 칙 <법률 제15219호, 2017.12.19> 이 법은 공포 후 3개월이 경과한 날부터 시행한다. 다만, 제7조제3항의 개정규정은 공포한 날부터 시행한다.	**부 칙 <대통령령 제28586호, 2018.1.16>** (시설물의 안전 및 유지관리에 관한 특별법 시행령) **제1조(시행일)** 이 영은 2018년 1월 18일부터 시행한다. <단서 생략> **제2조부터 제6조까지** 생략 **제7조(다른 법령의 개정)** ① 부터 ④ 까지 생략 ⑤ 국가를 당사자로 하는 계약에 관한 법률 시행령 일부를 다음과 같이 개정한다. 제61조제2항 중 “「시설물의 안전관리에 관한 특별법」”을 “「시설물의 안전 및 유지관리에 관한 특별법」”으로 한다. ⑥ 부터 ㉔ 까지 생략 **제8조** 생략 **부 칙 <대통령령 제28690호, 2018.3.6>** **제1조(시행일)** 이 영은 공포한 날부터 시행한다. 다만, 제64조제8항 및 제66조제2항의 개정규정은 공포 후 3개월이 경과한 날부	**부 칙 <기획재정부령 제644호, 2017.12.28>** **제1조(시행일)** 이 규칙은 공포한 날부터 시행한다. **제2조(지체상금률에 대한 적용례)** 제75조의 개정규정은 이 규칙 시행 이후 입찰공고(재공고 또는 재입찰공고를 하는 경우는 제외한다)를 하거나 수의계약을 체결하는 경우부터 적용한다.

	터 시행한다. **제2조(물가변동 등으로 인한 계약금액의 조정에 관한 적용례)** 제64조제8항 및 제66조제2항의 개정규정은 부칙 제1조 단서에 따른 시행일에 예정가격이 작성되거나 계약금액이 정해진 경우에도 적용한다.	
	부 칙 <대통령령 제29318호, 2018.12.4> **제1조(시행일)** 이 영은 공포한 날부터 시행한다. 다만, 다음 각 호의 개정규정은 각 호의 구분에 따른 날부터 시행한다. 1. 제7조의2제2항, 제14조제1항, 제16조제4항, 제26조제1항제3호아목 및 같은 항 제5호가목5), 제30조제1항제2호 및 같은 조 제2항, 제35조제5항, 제36조제16호·제17호, 제40조제2항, 제42조제1항·제2항·제4항, 제43조의3, 제47조제1항, 제76조제1항제1호마목, 제76조의2제1항 및 제86조제6항제2호의 개정규정: 공포 후 3개월이 경과한 날	부 칙 <기획재정부령 제699호, 2018.12.4> **제1조(시행일)** 이 규칙은 공포한 날부터 시행한다. 다만, 제9조의 개정규정은 공포 후 3개월이 경과한 날부터 시행한다. **제2조(제한경쟁입찰의 대상에 관한 적용례)** 제24조제2항제1호나목의 개정규정은 이 규칙 시행 이후 입찰공고를 하는 경우부터 적용한다. **제3조(제한경쟁입찰의 제한기준에 관한 적용례)** 제25조제5항의 개정규정은 이 규칙 시행 이후 입찰공고를 하는 경우부터 적용한다. **제4조(입찰참가자격 제한에 관한 경과조치)** 이 규칙 시행 전의 위반행위에 대한 행정

국가를 당사자로 하는 계약에 관한 법률	시 행 령	시 행 규 칙
	2. 제54조제1항제1호의 개정규정: 2019년 2월 4일 제2조(일반적 적용례) 이 영은 부칙 제1조에 따른 시행일 이후 입찰공고하는 경우부터 적용한다. **제3조(지체상금 부과 및 계약보증금 추가 납부 한도에 관한 적용례)** 제74조제3항 및 제75조제2항제2호의 개정규정은 이 영 시행 이후에 계약기간이 만료되어 지체상금이 발생하는 경우부터 적용한다. **제4조(부정당업자에 대한 과징금 부과에 관한 적용례)** 제76조의2제1항의 개정규정은 부칙 제1조제1호에 따른 시행일 전에 체결된 계약으로서 같은 호에 따른 시행일 당시 이행과정에 있는 계약에 대하여 입찰참가자격 제한사유가 발생하는 경우에도 적용한다. **제5조(이의신청에 관한 적용례)** 제110조제1항제1호의 개정규정은 이 영 시행 전에 이의신청 사유가 발생하여 이 영 시행 당시	처분에 대해서는 별표 2, 별표 3 및 별표 4의 개정규정에도 불구하고 종전의 규정에 따른다.

법 제28조제2항에 따른 이의신청 기간이 지나지 아니한 경우에도 적용한다.

제6조(국가계약분쟁조정위원회의 조정 결과에 대한 이의제기 및 소송 관련 사실의 통지에 관한 적용례) 제113조제4항 및 제114조의2의 개정규정은 이 영 시행 이후 국가계약분쟁조정위원회에 심사·조정 청구된 분쟁부터 적용한다.

제7조(제한경쟁입찰의 제한사항 변경에 관한 경과조치) 이 영 시행 전에 입찰공고를 한 경우에는 제21조제1항제10호의 개정규정에도 불구하고 종전의 규정에 따른다.

제8조(최저가격 낙찰제 폐지에 관한 경과조치) 부칙 제1조제1호에 따른 시행일 전에 입찰공고를 한 경우에는 제42조제2항 및 제47조제1항제3호의 개정규정에도 불구하고 종전의 규정에 따른다.

부 칙 <대통령령 제29360호, 2018.12.11>

(건설기술 진흥법 시행령)

제1조(시행일) 이 영은 2018년 12월 13일부

<table>
<tr><th>국가를 당사자로 하는 계약에 관한 법률</th><th>시 행 령</th><th>시 행 규 칙</th></tr>
<tr><td></td><td>터 시행한다. <단서 생략>
제2조(다른 법령의 개정) ① 부터 ④ 까지 생략
⑤ 국가를 당사자로 하는 계약에 관한 법률 시행령 일부를 다음과 같이 개정한다.
제54조제2항 중 "건설사업관리기술자"를 "건설사업관리기술인"으로 한다.
제76조제1항제2호마목 중 "건설사업관리기술자 교체"를 "건설사업관리기술인 교체"로, "건설사업관리기술자를"을 "건설사업관리기술인을"로 한다.
⑥ 부터 ㉓ 까지 생략

부 칙 <대통령령 제30078호, 2019.9.17>
제1조(시행일) 이 영은 공포한 날부터 시행한다. 다만, 제4조의2제1항제1호, 제13조제1항, 제14조제2항, 제14조의2제2항, 제20조제1항, 제36조제3호·제3호의2, 제37조제3항제5호, 제42조제4항제1호, 제43조제6항, 제43조의3제6항, 제52조</td><td>

부 칙 <기획재정부령 제751호, 2019.9.17>
제1조(시행일) 이 규칙은 공포한 날부터 시행한다. 다만, 제25조제2항·제3항, 제41조의2 및 제44조제1항의 개정규정은 공포 후 3개월이 경과한 날부터 시행한다.
제2조(제한경쟁입찰의 제한기준에 관한 적용례) 제25조제3항의 개정규정은 부칙</td></tr>
</table>

	제1항, 제56조의2, 제86조제6항제1호 및 제110조제1항제1호의 개정규정은 공포 후 3개월이 경과한 날부터 시행한다. **제2조(청렴계약의 내용에 관한 적용례)** 제4조의2제1항제1호의 개정규정은 부칙 제1조 단서에 따른 시행일 이후 입찰공고하거나 수의계약을 체결하는 경우부터 적용한다. **제3조(이의신청에 관한 적용례)** 제110조제1항제1호의 개정규정은 부칙 제1조 단서에 따른 시행일 전에 이의신청 사유가 발생하여 부칙 제1조 단서에 따른 시행일 당시 법 제28조제2항에 따른 이의신청 기간이 지나지 않은 경우에도 적용한다. **제4조(입찰참가자격 사전심사 등에 관한 경과조치)** 부칙 제1조 단서에 따른 시행일 전에 입찰공고를 한 경우에는 제13조제1항, 제14조제2항, 제14조의2제2항, 제20조제1항, 제36조제3호 · 제3호의2, 제37조제3항제5호, 제42조제4항제1호, 제43조제6항, 제43조의3제6항 및 제86조제6	제1조 단서에 따른 시행일 이후 입찰공고하는 경우부터 적용한다. **제3조(제한경쟁입찰의 제한기준 등에 관한 경과조치)** 부칙 제1조 단서에 따른 시행일 전에 입찰공고한 경우에는 제25조제2항제2호 및 제44조제1항제7호의3의 개정규정에도 불구하고 종전의 규정에 따른다. **제4조(입찰참가자격 제한에 관한 경과조치)** 이 규칙 시행 전의 위반행위에 대한 행정처분에 대해서는 별표 2, 별표 3 및 별표 4의 개정규정에도 불구하고 종전의 규정에 따른다.

국가를 당사자로 하는 계약에 관한 법률	시 행 령	시 행 규 칙
	항제1호의 개정규정에도 불구하고 종전의 규정에 따른다. **제5조(계속공사의 입찰참가 제한에 관한 경과조치)** 이 영 시행 전에 입찰공고를 한 경우에는 제15조의 개정규정에도 불구하고 종전의 규정에 따른다. **제6조(검사를 면제할 수 있는 물품에 관한 경과조치)** 부칙 제1조 단서에 따른 시행일 전에 계약을 체결한 경우에는 제56조의2의 개정규정에도 불구하고 종전의 규정에 따른다. **제7조(부정당업자의 입찰참가자격 제한에 관한 경과조치)** ① 이 영 시행 전에 발생한 사항에 따른 입찰참가자격 제한에 관하여는 제76조제1항제1호의 개정규정에도 불구하고 종전의 규정에 따른다. ② 이 영 시행 전에 공정거래위원회 또는 중소벤처기업부장관으로부터 요청받은 입찰참가자격 제한에 관하여는 제76조제2항의 개정규정에도 불구하고 종전의	

부 칙 <법률 제16578호, 2019.11.26>

제1조(시행일) 이 법은 공포 후 6개월이 경과한 날부터 시행한다. 다만, 제19조의 개정규정은 공포 후 3개월이 경과한 날부터 시행한다.

제2조(낙찰자 결정 및 이의신청에 관한 적용례) ① 제10조제3항의 개정규정은 이 법 시행 후 최초로 공고 또는 통지되는 입찰부터 적용한다.

② 제28조제1항의 개정규정은 이 법 시행 후 최초로 공고 또는 통지되는 입찰부터 적용한다. 다만, 제7조제1항 단서에 따라 수의계약에 의하는 경우에는 최초로 체결되는 계약부터 적용한다.

규정에 따른다.

부 칙 <대통령령 제30337호, 2020.1.7>
(건설기술 진흥법 시행령)

제1조(시행일) 이 영은 공포한 날부터 시행한다.

제2조(다른 법령의 개정) ① 부터 ③ 까지 생략

④ 국가를 당사자로 하는 계약에 관한 법률 시행령 일부를 다음과 같이 개정한다.

제84조제1항제2호 중 "건설기술용역업자"를 "건설기술용역사업자"로 한다.

⑤ 부터 ⑯ 까지 생략

부 칙 <대통령령 제30423호, 2020.2.18>
(건설산업기본법 시행령)

제1조(시행일) 이 영은 공포한 날부터 시행한다.

제2조부터 제4조까지 생략

제5조(다른 법률의 개정) ① 부터 ⑥ 까지 생략

국가를 당사자로 하는 계약에 관한 법률	시 행 령	시 행 규 칙
	⑦ 국가를 당사자로 하는 계약에 관한 법률 시행령 일부를 다음과 같이 개정한다. 제19조제1항제3호 중 "전문건설업자"를 "전문건설사업자"로 하고, 제72조제3항제2호 단서 중 "외국건설업자"를 "외국건설사업자"로 한다. ⑧ 부터 ⑳ 까지 생략	
부 칙 <법률 제17133호, 2020.3.31> **제1조(시행일)** 이 법은 공포 후 6개월이 경과한 날부터 시행한다. **제2조(이의신청에 관한 적용례)** 제28조제2항부터 제4항까지의 개정규정은 이 법 시행 이후 이의신청을 하는 경우부터 적용한다. **제3조(심사·조정에 관한 적용례)** 제31조제2항의 개정규정은 이 법 시행 이후 심사·조정을 청구하는 경우부터 적용한다.	부 칙 <대통령령 제30597호, 2020.4.7> **제1조(시행일)** 이 영은 2020년 5월 27일부터 시행한다. 다만, 제72조제3항의 개정규정은 공포한 날부터 시행한다. **제2조(유효기간)** 제72조제3항제2호의 개정규정은 2029년 12월 31일까지 효력을 가진다. 다만, 2029년 12월 31일까지 입찰공고한 사업에 대해서는 그 사업이 종료될 때까지 제72조제3항제2호의 개정규정을 적용한다. **제3조(공동계약에 관한 적용례)** 제72조제3항제2호의 개정규정은 부칙 제1조 단서에	

따른 시행일 이후 입찰공고를 하는 경우(재입찰 또는 재공고입찰을 하는 경우는 제외한다)부터 적용한다.

부 칙 <대통령령 제30655호, 2020.5.1>

제1조(시행일) 이 영은 공포한 날부터 시행한다. 다만, 대통령령 제30597호 국가를 당사자로 하는 계약에 관한 법률 시행령 일부개정령 제7조의2제2항제2호의 개정규정은 2020년 5월 27일부터 시행하고, 제112조제3항의 개정규정은 2020년 10월 1일부터 시행한다.

제2조(수의계약에 의할 수 있는 경우 등에 관한 적용례) 제7조의2제2항, 제26조제1항제1호가목, 같은 조 제6항, 제30조제1항제2호, 같은 조 제2항 및 대통령령 제30597호 국가를 당사자로 하는 계약에 관한 법률 시행령 일부개정령 제7조의2제2항제2호의 개정규정은 이 영 시행 이후 수의계약을 체결하는 경우부터 적용한다.

제3조(재공고입찰과 수의계약에 관한 적용

국가를 당사자로 하는 계약에 관한 법률	시 행 령	시 행 규 칙
	례) 제27조제3항의 개정규정은 이 영 시행 전에 입찰공고를 한 경우로서 이 영 시행 이후 수의계약을 체결하려는 경우에도 적용한다. **제4조(입찰공고의 시기 및 입찰보증금에 관한 적용례)** 제35조제4항제1호의2(제34조 후단에 따라 준용되는 경우를 포함한다) 및 제37조제1항 단서의 개정규정은 이 영 시행 이후 입찰공고하는 경우부터 적용한다. **제5조(계약보증금 납부 및 이행보증에 관한 적용례)** 제50조제1항 단서 및 제52조제1항제2호의 개정규정은 이 영 시행 전에 입찰공고한 경우로서 이 영 시행 이후 계약보증금을 납부하는 경우에도 적용한다. **제6조(검사에 관한 경과조치)** 이 영 시행 전에 계약상대자로부터 해당 계약의 이행을 완료한 사실을 통지받은 경우에는 제55조제1항의 개정규정에도 불구하고 종전의 규정에 따른다.	

부　칙 <법률 제17339호, 2020.6.9> (법률용어 정비를 위한 기획재정위원회 소관 33개 법률 일부개정을 위한 법률) 이 법은 공포한 날부터 시행한다. <단서 생략> **부　칙 <법률 제17348호, 2020.6.9>** (소프트웨어 진흥법) **제1조(시행일)** 이 법은 공포 후 6개월이 경과한 날부터 시행한다. **제2조부터 제13조까지** 생략 **제14조(다른 법률의 개정)** ① 생략 ② 국가를 당사자로 하는 계약에 관한 법률 일부를 다음과 같이 개정한다.	**제7조(대가의 지급에 관한 경과조치)** 이 영 시행 전에 계약상대자로부터 계약 대가의 지급 청구를 받은 경우에는 제58조제1항 전단의 개정규정에도 불구하고 종전의 규정에 따른다. **부　칙 <대통령령 제31053호, 2020.9.29>** (조달사업에 관한 법률 시행령) **제1조(시행일)** 이 영은 2020년 10월 1일부터 시행한다. **제2조부터 제7조까지** 생략 **제8조(다른 법령의 개정)** ① 생략 ② 국가를 당사자로 하는 계약에 관한 법률 시행령 일부를 다음과 같이 개정한다. 제26조제1항제3호바목 중 "「조달사업에 관한 법률 시행령」 제18조"를 "「조달사업에 관한 법률 시행령」 제30조"로 하고, 같은 호 사목 중 "「조달사업에 관한 법률 시행령」 제18조의2"를 "「조달사업에 관한 법률 시행령」 제31조"로 한다.	

국가를 당사자로 하는 계약에 관한 법률	시 행 령	시 행 규 칙
제27조제1항제3호 중 "「소프트웨어산업 진흥법」"을 "「소프트웨어 진흥법」"으로 한다. ③ 부터 ⑩ 까지 생략 **제15조** 생략	제42조제8항 중 "「조달사업에 관한 법률 시행령」 제15조"를 "「조달사업에 관한 법률 시행령」 제11조"로 한다. 제56조의2제3호 중 "「조달사업에 관한 법률」 제3조의4"를 "「조달사업에 관한 법률」 제18조"로 한다. ③ 부터 ⑥ 까지 생략 **제9조** 생략 **부 칙 <대통령령 제31054호, 2020.9.29>** **제1조(시행일)** 이 영은 2020년 10월 1일부터 시행한다. **제2조(수의계약 체결에 관한 특례)** 이 영 시행 당시 종전의 제26조제1항제3호아목에 따른 기술의 혁신성이 인정된 제품 및 같은 항 제5호사목에 따른 시범구매 대상 시제품으로 지정되어 등록된 제품에 대해서는 제26조제1항제3호아목 및 같은 항 제5호사목의 개정규정에도 불구하고 2020년 10월 31일까지는 종전의 규정에 따라 수	

부　칙 <법률 제17555호, 2020.10.20>
(대·중소기업 상생협력 촉진에 관한 법률)

제1조(시행일) 이 법은 공포 후 6개월이 경과한 날부터 시행한다.

제2조 생략

제3조(다른 법률의 개정) ① 국가를 당사자로 하는 계약에 관한 법률 일부를 다음과 같이 개정한다.

제27조제1항제6호 중 "제5항"을 "제7항"으로 한다.

② 생략

의계약을 할 수 있다.

부　칙 <대통령령 제31220호, 2020.12.8>
(지능정보화 기본법 시행령)

제1조(시행일) 이 영은 2020년 12월 10일부터 시행한다.

제2조부터 제4조까지 생략

제5조(다른 법령의 개정) ① 부터 ⑤ 까지 생략

⑥ 국가를 당사자로 하는 계약에 관한 법률 시행령 일부를 다음과 같이 개정한다.

제26조제1항제3호자목 중 "「국가정보화 기본법」 제38조"를 "「지능정보화 기본법」 제58조"로 한다.

제43조의2제1항제3호 중 "「국가정보화 기본법」 제3조제2호"를 "「지능정보화 기본법」 제3조제2호"로 한다.

⑦ 부터 ㉑ 까지 생략

제6조 생략

부　칙 <대통령령 제31221호, 2020.12.8>
(소프트웨어 진흥법 시행령)

국가를 당사자로 하는 계약에 관한 법률	시 행 령	시 행 규 칙
	제1조(시행일) 이 영은 2020년 12월 10일부터 시행한다. **제2조부터 제7조까지** 생략 **제8조(다른 법령의 개정)** ① 생략 ② 국가를 당사자로 하는 계약에 관한 법률 시행령 일부를 다음과 같이 개정한다. 제16조제3항 중 "「소프트웨어산업 진흥법」 제2조제3호의 규정에 의한"을 "「소프트웨어 진흥법」 제2조제3호에 따른"으로 한다. 제26조제1항제3호나목 중 "「소프트웨어산업 진흥법」 제13조"를 "「소프트웨어 진흥법」 제20조"로 한다. 제37조제2항제4호아목 중 "「소프트웨어산업 진흥법」"을 "「소프트웨어 진흥법」"으로 한다. ③ 부터 ⑳ 까지 생략 **제9조** 생략	

부　칙 <대통령령 제31222호, 2020.12.8>
(전자서명법 시행령)

제1조(시행일) 이 영은 2020년 12월 10일부터 시행한다.

제2조(다른 법령의 개정) ① 부터 ⑤ 까지 생략

⑥ 국가를 당사자로 하는 계약에 관한 법률 시행령 일부를 다음과 같이 개정한다.

제76조제1항제1호가목 중 “서류(제39조에 따라 전자조달시스템을 통하여 입찰서를 제출하는 경우에 「전자서명법」 제2조제8호에 따른 공인인증서를 포함한다)”를 "서류[제39조에 따라 전자조달시스템을 통해 입찰서를 제출하는 경우 「전자서명법」 제2조제6호에 따른 인증서(서명자의 실지명의를 확인할 수 있는 것으로 한정한다)를 포함한다]"로 한다.

⑦ 부터 ㊲ 까지 생략

제3조 생략

국가를 당사자로 하는 계약에 관한 법률	시 행 령	시 행 규 칙
부 칙 <법률 제17816호, 2021.1.5> **제1조(시행일)** 이 법은 공포 후 6개월이 경과한 날부터 시행한다. **제2조(부정당업자의 입찰 참가자격 제한 등에 관한 적용례)** 제27조제1항제8호의 개정규정은 이 법 시행 후 최초로 입찰 참가자격을 제한하는 경우부터 적용한다.	**부 칙 <대통령령 제31380호, 2021.1.5>** (어려운 법령용어 정비를 위한 473개 법령의 일부개정에 관한 대통령령) 이 영은 공포한 날부터 시행한다. <단서 생략> **부 칙 <대통령령 제31429호, 2021.2.2>** (소상공인기본법 시행령) **제1조(시행일)** 이 영은 2021년 2월 5일부터 시행한다. **제2조(다른 법령의 개정)** ① 및 ② 생략 ③ 국가를 당사자로 하는 계약에 관한 법률 시행령 일부를 다음과 같이 개정한다. 제21조제1항제10호가목 중 "「소상공인 보호 및 지원에 관한 법률」 제2조에 따른 소상공인"을 "「소상공인기본법」 제2조에 따른 소상공인"으로 한다. 제26조제1항제5호가목3) 본문 및 같은 조 제6항제2호 본문 중 "「소상공인 보호 및 지원에 관한 법률」 제2조에 따른 소상공인"을 각각 "「소상공인기본법」 제	

2조에 따른 소상공인"으로 한다.

④ 부터 ⑭ 까지 생략

제3조 생략

부　칙 <대통령령 제31448호, 2021.2.17>
(국제조세조정에 관한 법률 시행령)

제1조(시행일) 이 영은 공포한 날부터 시행한다. <단서 생략>

제2조부터 제34조까지 생략

제35조(다른 법령의 개정) ① 국가를 당사자로 하는 계약에 관한 법률 시행령 일부를 다음과 같이 개정한다.

제12조제3항제4호 중 "「국제조세조정에 관한 법률」 제34조"를 "「국제조세조정에 관한 법률」 제53조"로 한다.

② 부터 ⑤ 까지 생략

제36조 생략

부　칙 <대통령령 제31557호, 2021.3.30>
(국방과학기술혁신 촉진법 시행령)

제1조(시행일) 이 영은 2021년 4월 1일부터

<table>
<tr><th>국가를 당사자로 하는 계약에 관한 법률</th><th>시 행 령</th><th>시 행 규 칙</th></tr>
<tr><td></td><td>시행한다.
제2조 생략
제3조(다른 법령의 개정) ① 국가를 당사자로 하는 계약에 관한 법률 시행령 일부를 다음과 같이 개정한다.
제43조제8항 단서 중 "같은 법 제18조제8항"을 "「국방과학기술혁신 촉진법 시행령」 제3조제6항"으로 한다.
② 부터 ④ 까지 생략
제4조 생략</td><td></td></tr>
<tr><td></td><td>**부 칙 <대통령령 제31864호, 2021.7.6>**
제1조(시행일) 이 영은 2021년 7월 6일부터 시행한다. 다만, 제76조제9항제2호의 개정규정은 2022년 1월 1일부터 시행한다.
제2조(중소기업협동조합 입찰참가제한 예외에 관한 적용례) 제76조제9항제2호의 개정규정은 부칙 제1조 단서에 따른 시행일 이후 제76조제9항에 따라 입찰참가자격을 제한하는 경우부터 적용한다.</td><td>**부 칙 <기획재정부령 제859호, 2021. 7.6>**
제1조(시행일) 이 규칙은 2021년 7월 6일부터 시행한다.
제2조(과징금 부과의 대상과 기준에 관한 적용례) 별표 3 비고 제4호·제5호 및 별표 4 비고 제4호·제5호의 개정규정은 이 규칙 시행 전의 위반행위에 대해 이 규칙 시행 이후 각 중앙관서의 장이 입찰참가자격 제한을 갈음하는 과징금 부과</td></tr>
</table>

제3조(이의신청에 관한 적용례) 제110조제1항 및 제2항의 개정규정은 이 영 시행 전에 이의신청 사유가 발생하여 이 영 시행 당시 법 제28조제2항에 따른 이의신청 기간이 지나지 않은 경우에도 적용한다.

제4조(다른 법령의 개정) 중소기업제품 구매촉진 및 판로지원에 관한 법률 시행령 일부를 다음과 같이 개정한다.

제8조제2항제1호를 다음과 같이 한다.

1. 「국가를 당사자로 하는 계약에 관한 법률 시행령」 제26조제1항제5호가목

제9조의2제1항제3호 중 "「국가를 당사자로 하는 계약에 관한 법률 시행령」 제76조제1항"을 "「국가를 당사자로 하는 계약에 관한 법률 시행령」 제76조제2항"으로 한다.

부　칙 <대통령령 제31986호, 2021.9.14>

(건설기술진흥법 시행령 일부개정정)

제1조(시행일) 이 영은 공포한 날부터 시행한다. <단서생략>

심의를 요청하는 경우에도 적용한다.

부　칙 <기획재정부령 제867호, 2021.10.28>

(어려운 법령용어 정비를 위한 개별소비세법 시행규칙 등 23개 기획재정부령 일부개정령)

이 규칙은 공포한 날부터 시행한다.

국가를 당사자로 하는 계약에 관한 법률	시 행 령	시 행 규 칙
	제2조 생략 **제3조(다른 법령의 개정)** ①부터 ⑦까지 생략 ⑧ 국가를 당사자로 하는 계약에 관한 법률 시행령 일부를 다음과 같이 개정한다. 제21조제1항제10호 각 목 외의 부분 및 제43조의2제1항제1호 단서 중 "건설기술용역"을 각각 "건설엔지니어링"으로 하고, 제84조제1항제2호 중 "건설기술용역사업자"를 "건설엔지니어링사업자"로 한다. ⑨ 부터 ㉖ 까지 생략 **부 칙 <대통령령 제32370호, 2022.1.25>** (지역중소기업육성 및 혁신촉진 등에 관한 법률 시행령) **제1조(시행일)** 이 영은 2022년 1월 28일부터 시행한다. **제2조** 생략 **제3조(다른 법령의 개정)** ① 국가를 당사자로 하는 계약에 관한 법률 시행령 일부를 다음	

과 같이 개정한다.

제21조제1항제11호가목 중 "「중소기업 진흥에 관한 법률」 제62조의23에 따른 지방중소기업 특별지원지역"을 "「지역중소기업 육성 및 혁신촉진에 관한 법률」에 따른 중소기업특별지원지역"으로 한다.

② 부터 ⑦ 까지 생략

제4조 생략

부 칙 <대통령령 제32557호, 2022.3.25>
(기후위기 대응을 위한 탄소중립·
녹색성장 기본법 시행령)

제1조(시행일) 이 영은 2022년 3월 25일부터 시행한다. <단서생략>

제2조부터 제11조까지 생략

제12조(다른 법령의 개정) ① 국가를 당사자로 하는 계약에 관한 법률 시행령 일부를 다음과 같이 개정한다.

제37조제3항제5호의2 중 "「저탄소 녹색성장 기본법」 제32조제2항에 따라 녹색

국가를 당사자로 하는 계약에 관한 법률	시 행 령	시 행 규 칙
	기술·녹색사업"을 "「기후위기 대응을 위한 탄소중립·녹색성장 기본법」 제60조제2항에 따라 녹색기술, 같은 법 제66조제4항에 따른 녹색제품 등"으로 한다. ② 부터 ⑬ 까지 생략 **제13조** 생략 **부 칙 <대통령령 제32690호, 2022.6.14>** **제1조(시행일)** 이 영은 공포한 날부터 시행한다. 다만, 제111조제1항의 개정규정은 공포 후 3개월이 경과한 날부터 시행한다. **제2조(계약보증금의 국고귀속에 관한 적용례)** 제51조제2항제1호의 개정규정은 이 영 시행 전에 계약을 체결한 경우로서 이 영 시행 이후 계약보증금의 국고귀속 사유가 발생하는 경우에도 적용한다. **부 칙 <대통령령 제32733호, 2022.6.28>** (중소기업창업 지원법 시행령 전부개정령) **제1조(시행일)** 이 영은 2022년 6월 29일부터	

시행한다.

제2조 생략

제3조(다른 법령의 개정) ① 및 ② 생략

③ 국가를 당사자로 하는 계약에 관한 법률 시행령 일부를 다음과 같이 개정한다.

제21조제1항제10호가목 중 "「중소기업창업 지원법」 제2조제2호에 따른 창업자"를 "「중소기업창업 지원법」에 따른 창업기업"으로 한다.

④ 부터 ㉚ 까지 생략

제4조 생략

부　칙 <대통령령 제33198호, 2023. 1. 3>
(재난안전산업 진흥법 시행령)

제1조(시행일) 이 영은 2023년 1월 5일부터 시행한다.

제2조(다른 법령의 개정) ① 및 ② 생략

③ 국가를 당사자로 하는 계약에 관한 법률 시행령 일부를 다음과 같이 개정한다.

제26조제1항제2호마목 중 "「자연재해대책법」 제61조에 따라 지정·고시된

국가를 당사자로 하는 계약에 관한 법률	시 행 령	시 행 규 칙
	방재신기술"을 "「재난안전산업 진흥법」 제14조에 따라 지정된 재난안전신기술"로 하고, 같은 항 제3호마목 중 "「자연재해대책법」 제61조"를 "「재난안전산업 진흥법」 제14조"로 하며, 같은 호 차목 중 "「재난 및 안전관리 기본법」 제73조의4제1항"을 "「재난안전산업 진흥법」 제16조제1항"으로 한다. ④ 생략	
부 칙 <법률 제19317호, 2023.3.28> (대·중소기업 상생협력 촉진에 관한 법률 일부개정법률) **제1조(시행일)** 이 법은 공포 후 6개월이 경과한 날부터 시행한다. <단서 생략> **제2조 및 제3조** 생략 **제4조(다른 법률의 개정)** ① 국가를 당사자로 하는 계약에 관한 법률일부를 다음과 같이 개정한다.	**부 칙 <대통령령 제33382호, 2023. 4.11>** (국가보훈부와 그 소속기관 직제) **제1조(시행일)** 이 영은 2023년 6월 5일부터 시행한다. **제2조 부터 제4조까지** 생략 **제5조(다른 법령의 개정)** ① 국가를 당사자로 하는 계약에 관한 법률 시행령 일부를 다음과 같이 개정한다. 제26조제1항제4호가목 중 "국가보훈처	

제27조제1항제6호 중 "「대ㆍ중소기업 상생협력 촉진에 관한 법률」 제27조제7항"을 "「대ㆍ중소기업 상생협력 촉진에 관한 법률」 제28조의2제2항"으로 한다.
② 생략

부 칙 <법률 제19544호, 2023.7.18>
(행정기관 소속 위원회 정비를 위한 국가를 당사자로 하는 계약에 관한 법률 등 4개 법률의 일부개정에 관한 법률)

제1조(시행일) 이 법은 공포 후 6개월이 경과한 날부터 시행한다. 다만, 제1조의 개정규정은 공포 후 3개월이 경과한 날부터 시행한다.

제2조(「국가를 당사자로 하는 계약에 관한 법률」의 개정에 관한 경과조치) ① 부칙 제1조 단서에 따른 시행일 전에 입찰ㆍ낙찰 또는 계약의 체결ㆍ이행과 관련하여 뇌물을 준 자에 대한 입찰 참가자격 제한에 관하여는 「국가를 당사자로 하는 계약에 관한 법률」 제27조제1항제7호의 개

장"을 "국가보훈부장관"으로 한다.
②부터 ⑬까지 생략

부 칙 <대통령령 제33861호, 2023.11.16>

제1조(시행일) 이 영은 공포한 날부터 시행한다. 다만, 제94조제1항의 개정규정은 공포 후 6개월이 경과한 날부터 시행한다.

제2조(물가변동으로 인한 계약금액의 조정에 관한 적용례) 제64조제6항의 개정규정은 이 영 시행 당시 이행이 완료되지 않은 공사계약에 대해서도 적용한다.

제3조(과징금 부과의 대상에 관한 적용례) 제76조의2제1항의 개정규정은 이 영 시행 전의 위반행위에 대하여 이 영 시행 이후 과징금을 부과하는 경우에도 적용한다.

제4조(입찰관련서류의 열람 등에 관한 경과조치) 이 영 시행 전에 입찰공고를 한 공사

부 칙 <기획재정부령 제1022호, 2023.11. 2.>

이 규칙은 공포한 날부터 시행한다.

국가를 당사자로 하는 계약에 관한 법률	시 행 령	시 행 규 칙
정규정에도 불구하고 종전의 규정에 따른다. ② 부칙 제1조 단서에 따른 시행일 전의 행위에 대하여 벌칙을 적용할 때 종전의 「국가를 당사자로 하는 계약에 관한 법률」 제27조의3제1항에 따른 과징금부과심의위원회의 위원 중 공무원이 아닌 위원의 공무원 의제에 관하여는 같은 법 제35조제1호의 개정규정에도 불구하고 종전의 규정에 따른다.	에 대한 입찰관련서류의 열람 등에 관하여는 제14조제2항 및 제3항의 개정규정에도 불구하고 종전의 규정에 따른다. **제5조(용역입찰에 대한 낙찰자 결정에 관한 경과조치)** 이 영 시행 전에 입찰공고를 한 용역에 대한 낙찰자 결정에 관하여는 제42조제4항의 개정규정에도 불구하고 종전의 규정에 따른다.	
부 칙 <법률 제20401호, 2024.3.26> **제1조(시행일)** 이 법은 공포 후 6개월이 경과한 날부터 시행한다. **제2조(부정당업자의 입찰 참가자격 제한에 관한 적용례)** 제27조제2항의 개정규정은 이 법 시행 이후 제27조제1항에 따라 부정당업자에 대한 입찰 참가자격을 제한하는 경우부터 적용한다.	**부 칙 <대통령령 제34491호, 2024. 5. 7.>** (매장유산 보호 및 조사에 관한 법률 시행령) **제1조(시행일)** 이 영은 2024년 5월 17일부터 시행한다. **제2조(다른 법령의 개정)** ①부터 ⑤까지 생략 ⑥ 국가를 당사자로 하는 계약에 관한 법률 시행령 일부를 다음과 같이 개정한다. 제26조제1항제2호타목 중 "「매장문화재 보호 및 조사에 관한 법률」 제11조	

에 따른 문화재"를 "「매장유산 보호 및 조사에 관한 법률」 제11조에 따른 매장유산"으로 한다.

⑦ 부터 ⑰까지 생략

제3조 생략

부 칙 <대통령령 제34494호, 2024. 5. 7.>

(국가유산수리 등에 관한 법률 시행령)

제1조(시행일) 이 영은 2024년 5월 17일부터 시행한다.

제2조(다른 법령의 개정) ①부터 ④까지 생략

⑤ 국가를 당사자로 하는 계약에 관한 법률 시행령 일부를 다음과 같이 개정한다.

제37조제2항제4호더목을 다음과 같이 하고, 같은 조 제3항제5호 각 목 외의 부분 본문 중 "「문화재수리 등에 관한 법률」"을 "「국가유산수리 등에 관한 법률」"로 한다.

더. 「국가유산수리 등에 관한 법률」에 따른 국가유산수리협회

제42조제4항제2호를 다음과 같이 한다.

국가를 당사자로 하는 계약에 관한 법률	시 행 령	시 행 규 칙
	2. 「국가유산수리 등에 관한 법률」 제2조제1호에 따른 국가유산수리로서 국가유산청장이 정하는 공사 제54조제1항제1호 중 "「문화재수리 등에 관한 법률」"을 "「국가유산수리 등에 관한 법률」"로 한다. ⑥ 부터 ⑬까지 생략 **제3조** 생략 **부 칙 <대통령령 제34657호, 2024. 7. 2.>** (벤처기업육성에 관한 특별법 시행령) **제1조(시행일)** 이 영은 2024년 7월 10일부터 시행한다. <단서 생략> **제2조(다른 법령의 개정)** ①부터 ③까지 생략 ④ 국가를 당사자로 하는 계약에 관한 법률 시행령 일부를 다음과 같이 개정한다. 제21조제1항제10호가목 중 "「벤처기업육성에 관한 특별조치법」"을 "「벤처기업육성에 관한 특별법」"으로 한다. ⑤부터 <55>까지 생략	

제3조 생략

부　칙 <대통령령 제34700호, 2024. 7. 16.>

제1조(시행일) 이 영은 공포한 날부터 시행한다.

제2조(예정가격을 작성하지 않는 계약에 관한 적용례) 제7조의2제2항제1호의 개정규정은 이 영 시행 이후 입찰공고를 하는 경우부터 적용한다.

제3조(실시설계 기술제안입찰의 낙찰자 결정에 관한 경과조치) 이 영 시행 전에 입찰공고를 한 실시설계 기술제안입찰의 낙찰자 결정에 관하여는 제104조의 개정규정에도 불구하고 종전의 규정에 따른다.

부　칙 <대통령령 제34900호, 2024. 9. 20.>

제1조(시행일) 이 영은 2024년 9월 27일부터 시행한다.

제2조(다른 법령의 개정) ① 국방·군사시설 사업에 관한 법률 시행령 일부를 다음과 같이 개정한다.

제8조의2제10항 후단 중 "「국가를 당사

국가를 당사자로 하는 계약에 관한 법률	시 행 령	시 행 규 칙
	자로 하는 계약에 관한 법률 시행령」 제76조제10항"을 "「국가를 당사자로 하는 계약에 관한 법률 시행령」 제76조제11항"으로 한다. ② 방위사업법 시행령 일부를 다음과 같이 개정한다. 제70조제3항 중 "「국가를 당사자로 하는 계약에 관한 법률 시행령」 제76조제10항부터 제13항까지"를 "「국가를 당사자로 하는 계약에 관한 법률 시행령」 제76조제11항부터 제14항까지"로 한다.	
	부 칙 <대통령령 제35088호, 2024.12. 24.> **제1조(시행일)** 이 영은 공포한 날부터 시행한다. **제2조(공사이행보증서 제출 시 계약이행보증금액에 관한 적용례)** 제52조제1항제3호 단서의 개정규정은 이 영 시행 전에 입찰공고한 경우로서 이 영 시행 이후 공사이행보증서를 제출하는 경우에도 적용한다.	**부 칙 <기획재정부령 제1102호, 2025. 1. 2.>** 이 규칙은 공포한 날부터 시행한다.

	제3조(물가변동으로 인한 계약금액의 조정에 관한 적용례) 제64조제1항제1호의 개정규정은 이 영 시행 전에 체결된 제28조제2항에 따라 준용되는 같은 조 제1항의 수의계약에 대해서도 적용한다. **제4조(부정당업자의 입찰참가자격 제한 면제에 관한 적용례)** 제76조제3항 각 호 외의 부분 단서의 개정규정은 이 영 시행 전의 위반행위에 대해 이 영 시행 이후 과징금을 부과하는 경우에도 적용한다. **제5조(국방조달계약과 관련된 분쟁의 심사·조정 사항에 관한 경과조치)** 국방·방산분야소위원회가 구성되는 날 당시 종전의 제111조의6제3항에 따라 물품·용역분야소위원회에 심사·조정청구되어 계류 중인 국방조달계약과 관련된 분쟁에 관한 사항은 물품·용역분야소위원회가 담당한다. **부　칙 <대통령령 제35453호, 2025. 4.22.>** **제1조(시행일)** 이 영은 공포한 날부터 시행한다.	**부　칙 <기획재정부령 제261호, 2025. 5. 1.>** **제1조(시행일)** 이 규칙은 공포한 날부터 시행한다.

국가를 당사자로 하는 계약에 관한 법률	시 행 령	시 행 규 칙
	제2조(일괄입찰 발주공사의 수의계약에 관한 적용례) 제27조제2항 단서의 개정규정은 이 영 시행 전에 일괄입찰로 발주한 공사의 경쟁입찰공고를 한 경우로서 이 영 시행 이후 수의계약을 체결하는 경우에도 적용한다.	**제2조(원가계산에 의한 예정가격 결정시의 일반관리비율에 관한 적용례)** 제8조제1항제1호의 개정규정은 이 규칙 시행 이후 입찰공고를 하거나 수의계약을 체결하는 경우부터 적용한다.
	부 칙 <대통령령 제35693호, 2025. 8. 5.>	
	제1조(시행일) 이 영은 공포한 날부터 시행한다. 다만, 제111조 및 제111조의6의 개정규정은 2025년 8월 23일부터 시행한다.	
	제2조(이의신청에 관한 적용례) 제110조제1항 및 제2항의 개정규정은 이 영 시행 전에 이의신청 사유가 발생하여 이 영 시행 당시 법 제28조제2항에 따른 이의신청 기간이 지나지 않은 경우에도 적용한다.	
부 칙 <법률 제21065호, 2025.10. 1> (정부조직법 일부개정법률)	**부 칙 <대통령령 제35811호, 2025.10. 1.>** (정부조직 개편 반영을 위한 306개 법령의 일부개정에 관한 대통령령)	
제1조(시행일) 이 법은 공포한 날부터 시행한		

다. 다만, 부칙 제7조에 따라 개정되는 법률 중 이 법 시행 전에 공포되었으나 시행일이 도래하지 아니한 법률을 개정한 부분은 각각 해당 법률의 시행일부터 시행하고, 다음 각 호의 개정규정은 해당 호에서 정하는 날부터 시행한다.

1. 다음 각 목의 개정규정은 2026년 1월 2일부터 시행한다. 다만, 부칙 제7조에 따라 개정되는 법률(가목 및 나목의 개정규정과 관련되는 부분으로 한정한다) 중 본문에 따른 시행일 전에 공포되었으나 본문에 따른 시행일이 도래하지 아니한 법률을 개정한 부분은 각각 해당 법률의 시행일부터 시행한다.
 가. 제19조제4항, 제23조, 제29조제1항제1호 및 제30조의 개정규정
 나. 제12조제2항, 제19조제3항, 제22조 및 제29조제2항 단서의 개정규정(재정경제부장관 및 재정경제부에 관한 부분으로 한정한다)
 다. 부칙 제7조에 따라 개정되는 법률(가

이 영은 공포한 날부터 시행한다. 다만, 이 영에 따라 개정되는 대통령령 중 이 영 시행 전에 공포되었으나 시행일이 도래하지 아니한 대통령령을 개정한 부분은 각각 해당 대통령령의 시행일부터 시행한다.

부 칙 <대통령령 제35947호, 2025.12.30.>
(재정경제부 직제)

제1조(시행일) 이 영은 2026년 1월 2일부터 시행한다. 다만, 부칙 제6조에 따라 개정되는 대통령령 중 이 영 시행 전에 공포되었으나 시행일이 도래하지 않은 대통령령을 개정한 부분은 각각 해당 대통령령의 시행일부터 시행한다.

제2조 부터 제5조까지 생략

제6조(다른 법령의 개정) ① 부터 ⑫ 까지 생략

⑬ 국가를 당사자로 하는 계약에 관한 법률 시행령 일부를 다음과 같이 개정한다.

제2조제3호, 제4조의3, 제6조제2항, 제9조제4항, 제13조제4항 각 호 외의 부분 단서, 제19조제3항, 제22조제3항, 제26조제1항제3호사목, 같은 항 제5호가목

부 칙 <재정경제부령 제1호, 2026. 1. 2.>
(재정경제브 직제 시행규칙)

제1조(시행일) 이 규칙은 2026년 1월 2일부터 시행한다.

제2조 및 제3조 생략

제4조(다른 법령의 개정) ①부터 ⑧까지 생략

⑨ 국가를 당사자로 하는 계약에 관한 법률 시행규칙 일부를 다음과 같이 개정한다.

제5조제1항제2호, 같은 조 제2항, 제6조제1항제5호, 같은 조 제4항, 제7조제1항제1호 단서, 제8조제2항 각 호 외의 부분 단서, 제9조제4항·제5항, 제23조의3제5호, 제33조제1항제3호, 제43조제1항 단서, 제44조제1항제6호·제11호, 제50조 단서, 제74조제4항제4호, 같은 조 제10항 및 제83조제2항 중 "기획재정

국가를 당사자로 하는 계약에 관한 법률	시 행 령	시 행 규 칙
목 및 나목의 개정규정과 관련되는 부분으로 한정한다) 2. 생략 **제2조부터 제6조까지** 생략 **제7조(다른 법률의 개정)** ①부터 ⑤⑤⓪까지 생략 ⑤⑤① 국가를 당사자로 하는 계약에 관한 법률 일부를 다음과 같이 개정한다. 제4조제1항 각 호 외의 부분 본문, 제29조제3항 각 호 외의 부분, 제33조 및 제34조 중 "기획재정부장관"을 각각 "재정경제부장관"으로 한다. 제29조제1항 중 "기획재정부"를 "재정경제부"로 한다. ⑤⑤②부터 ⑥②⑥까지 생략 **제8조** 생략	5)다), 제27조제3항, 제30조제5항, 제31조 단서, 제36조제16호, 제37조제1항 단서, 같은 조 제2항제4호자목, 같은 조 제3항제5호의2, 제39조제1항 단서, 같은 조 제3항 단서, 제42조제1항, 같은 조 제5항 본문·단서, 같은 조 제6항, 제43조제7항 본문, 제43조의2제2항, 제43조의3제7항, 제47조제1항제5호, 제47조의2제1항·제3항, 같은 조 제4항제6호, 같은 조 제5항 전단, 같은 조 제6항, 같은 조 제7항 전단, 같은 조 제8항 각 호 외의 부분, 같은 항 제4호, 같은 조 제9항, 제47조의3제5호 각 목 외의 부분, 제50조제1항 단서, 제52조제1항제2호, 같은 항 제3호 단서, 같은 조 제4항, 제53조제2항, 제55조제1항 본문·단서, 제58조제1항 전단, 제66조제2항, 제68조제1항 각 호 외의 부분 본문, 제71조, 제72조제1항, 같은 조 제3항제2호 본문, 제73조의2제2항, 제85조의2제1	부장관"을 각각 "재정경제부장관"으로 한다. 제14조제1항, 제23조의3 각 호 외의 부분, 제24조제1항 각 호 외의 부분, 같은 조 제2항 각 호 외의 부분, 제33조제1항 각 호 외의 부분, 같은 조 제3항 각 호 외의 부분, 제41조제1항 각 호 외의 부분, 같은 조 제2항 각 호 외의 부분, 제75조의2, 제82조 각 호 외의 부분 및 제82조의2 중 "기획재정부령"을 각각 "재정경제부령"으로 한다. ⑩부터 ⑤⑥까지 생략

	항제1호, 같은 조 제5항, 제89조제2항, 제93조 본문, 제107조제2항, 제111조제1항, 제111조의2제2항, 제114조의2 및 제117조 각 호 외의 부분 중 "기획재정부장관"을 각각 "재정경제부장관"으로 한다. 제12조제1항제4호, 제13조제5항, 제14조제1항제3호, 제16조제1항 본문, 같은 조 제5항, 제17조제3항, 제18조제1항, 같은 조 제3항 전단, 제19조제1항 각 호 외의 부분 본문, 제21조제1항 각 호 외의 부분 후단, 같은 항 제1호ㆍ제6호, 같은 조 제3항, 제24조제3항, 제30조제2항 단서, 같은 조 제4항 전단, 같은 조 제7항, 제34조 전단, 제38조제1항, 제39조제4항, 제48조제1항, 제60조제1항 본문ㆍ단서, 제62조제1항 본문ㆍ단서, 제63조제2항, 제64조제1항 각 호 외의 부분 전단, 같은 항 제1호ㆍ제2호, 같은 조 제3항ㆍ제8항, 제65조제6항, 제66조제2항, 제74조제1항 전단, 제76조제2	

국가를 당사자로 하는 계약에 관한 법률	시 행 령	시 행 규 칙
	항제1호나목 단서, 같은 조 제4항, 같은 조 제11항 각 호 외의 부분, 같은 조 제12항 각 호 외의 부분, 같은 조 제15항, 제76조의2제3항, 제80조제2항 각 호 외의 부분, 제92조의2제1항 본문, 제93조 본문, 제99조제2항 각 호 외의 부분 및 제115조제2항 중 "기획재정부령"을 각각 "재정경제부령"으로 한다. 제111조제1항 중 "기획재정부 · 국토교통부"를 "재정경제부 · 국토교통부"로 한다. ⑭ 부터 ㉛③ 까지 생략	

◈ 시행규칙 별표 및 서식 ◈

[별표1] 공사의 공종별 하자담보책임기간(제70조관련) 삭제 <2014.11.4>

[별표2] <개정 2019.9.17, 2023.11.2, 2025.1.2, 2025.5.1>

부정당업자의 입찰참가자격 제한기준(제76조 관련)

1. 일반기준

가. 각 중앙관서의 장은 입찰참가자격의 제한을 받은 자에게 그 처분일부터 입찰참가자격제한기간 종료 후 6개월이 경과하는 날까지의 기간 중 다시 부정당업자에 해당하는 사유가 발생한 경우에는 그 위반행위의 동기·내용 및 횟수 등을 고려하여 제2호에 따른 해당 제재기간의 2분의 1의 범위에서 자격제한기간을 늘릴 수 있다. 이 경우 가중한 기간을 합산한 기간은 2년을 넘을 수 없다.

나. 각 중앙관서의 장은 부정당업자가 위반한 여러 개의 행위에 대하여 입찰참가자격 제한을 하는 경우 입찰참가자격 제한기간은 제2호에 규정된 해당 위반행위에 대한 제한기준 중 제한기간을 가장 길게 규정한 제한기준에 따른다.

다. 각 중앙관서의 장은 부정당업자에 대한 입찰참가자격을 제한하는 경우 그 위반행위의 동기·내용 및 횟수 등을 고려하여 제2호에서 정한 제재기간을 2분의 1 범위에서 줄일 수 있으며, 위반의 정도가 현저히 경미한 경우에는 줄인 후의 제재기간을 2분의 1 범위에서 추가로 줄일 수 있다. 다만, 법 제27조제1항제7호에 해당하는 자에 대해서는 제재기간을 줄여서는 안 된다. <개정 2025.1.2.>

라. 다목에 따라 제재기간을 줄이는 경우 줄인 후의 제재기간은 1개월 이상이어야 한다. <신설 2025.1.2.>

마. 각 중앙관서의 장이 나목에 따라 입찰참가자격 제한을 한 후 그 처분 이전에 발생한 위반행위를 적발한 경우에는, 만일 그 처분 전에 해당 위반행위를 적발했더라면 당초의 입찰참가자격 제한기간보다 긴 기간으로 처분했을 것으로 판단되는 경우에 한정하여 당초의 입찰참가자격 제한기간을 초과하는 기간만큼 추가로 입찰참가자격을 제한할 수 있다. <개정 2025.1.2.>

2. 개별기준

입찰참가자격 제한사유	제재기간
1. 법 제27조제1항제1호에 해당하는 자 중 부실시공 또는 부실설계·감리를 한 자	
가. 부실벌점이 150점 이상인 자	2년
나. 부실벌점이 100점 이상 150점 미만인 자	1년
다. 부실벌점이 75점 이상 100점 미만인 자	8개월
라. 부실벌점이 50점 이상 75점 미만인 자	6개월
마. 부실벌점이 35점 이상 50점 미만인 자	4개월
바. 부실벌점이 20점 이상 35점 미만인 자	2개월
2. 법 제27조제1항제1호에 해당하는 자 중 계약의 이행을 조잡하게 한 자	
가. 공사	

입찰참가자격 제한사유	제재기간
1) 하자비율이 100분의 500 이상인 자	2년
2) 하자비율이 100분의 300 이상 100분의 500 미만인 자	1년
3) 하자비율이 100분의 200 이상 100분의 300 미만인 자	8개월
4) 하자비율이 100분의 100 이상 100분의 200 미만인 자	3개월
나. 물품	
1) 보수비율이 100분의 25 이상인 자	2년
2) 보수비율이 100분의 15 이상 100분의 25 미만인 자	1년
3) 보수비율이 100분의 10 이상 100분의 15 미만인 자	8개월
4) 보수비율이 100분의 6 이상 100분의 10 미만인 자	3개월
3. 법 제27조제1항제1호에 해당하는 자 중 계약의 이행을 부당하게 하거나 계약을 이행할 때에 부정한 행위를 한 자	
가. 설계서(물품제조의 경우에는 규격서를 말한다. 이하 같다)와 달리 구조물 내구성 연한의 단축, 안전도의 위해를 가져오는 등 부당한 시공(물품의 경우에는 제조를 말한다. 이하 같다)을 한 자	1년
나. 설계서상의 기준규격보다 낮은 다른 자재를 쓰는 등 부정한 시공을 한 자	6개월
다. 가목의 부당한 시공과 나목의 부정한 시공에 대하여 각각 감리업무를 성실하게 수행하지 아니한 자	3개월
4. 법 제27조제1항제2호에 해당하는 자	
가. 담합을 주도하여 낙찰을 받은 자	2년
나. 담합을 주도한 자	1년
다. 입찰자 또는 계약상대자 간에 서로 상의하여 미리 입찰가격, 수주 물량 또는 계약의 내용 등을 협정하거나 특정인의 낙찰 또는 납품대상자 선정을 위하여 담합한 자	6개월
5. 법 제27조제1항제3호에 해당하는 자	
가. 전부 또는 주요부분의 대부분을 1인에게 하도급한 자	1년
나. 전부 또는 주요부분의 대부분을 2인 이상에게 하도급한 자	8개월
다. 면허·등록 등 관련 자격이 없는 자에게 하도급한 자	8개월
라. 발주기관의 승인 없이 하도급한 자	6개월
마. 재하도급금지 규정에 위반하여 하도급한 자	4개월
바. 하도급조건을 하도급자에게 불리하게 변경한 자	4개월
6. 법 제27조제1항제4호에 해당하는 자(사기, 그 밖의 부정한 행위로 입찰·낙찰 또는 계약의 체결·이행 과정에서 국가에 손해를 끼친 자)	
가. 국가에 10억원 이상의 손해를 끼친 자	2년

입찰참가자격 제한사유	제재기간
나. 국가에 5억원 이상 10억원 미만의 손해를 끼친 자	1년
다. 국가에 1억원 이상 5억원 미만의 손해를 끼친 자	6개월
라. 국가에 1억원 미만의 손해를 끼친 자	3개월
7. 법 제27조제1항제5호 또는 제6호에 따라 공정거래위원회 또는 중소기업청장으로부터 입찰참가자격제한 요청이 있는 자	
가. 이 제한기준에서 정한 사유로 입찰참가자격제한 요청이 있는 자	해당 각 호의 기준에 의함
나. 이 제한기준에 해당하는 사항이 없는 경우로서 입찰참가자격 제한 요청이 있는 자	6개월
8. 법 제27조제1항제7호에 해당하는 자	
가. 2억원 이상의 뇌물을 준 자	2년
나. 1억원 이상 2억원 미만의 뇌물을 준 자	1년
다. 1천만원 이상 1억원 미만의 뇌물을 준 자	6개월
라. 1천만원 미만의 뇌물을 준 자	3개월
9. 영 제76조제1항에 해당하는자(계약을 이행할 때 「산업안전보건법」 제38조, 제39조 및 제63조를 위반하여 동시에 2명 이상의근로자가 사망한 재해를 발생시킨 자)	
가. 동시에 사망한 근로자수가 10명 이상	2년
나. 동시에 사망한 근로자수가 6명 이상 10명 미만	1년 6개월
다. 동시에 사망한 근로자수가 2명 이상 6명 미만	1년
10. 영 제76조제2항제1호가목에 해당하는 자	
가. 입찰에 관한 서류(제15조제2항에 따른 입찰참가자격 등록에관한 서류를 포함한다)를 위조·변조하거나 부정하게 행사하여낙찰을 받은 자 또는 허위서류를 제출하여 낙찰을 받은 자	1년
나. 입찰 또는 계약에 관한 서류(제15조제2항에 따른 입찰참가자격등록에 관한 서류를 포함한다)를 위조·변조하거나 부정하게 행사한 자 또는 허위서류를 제출한 자	6개월
11. 영 제76조제2항제1호나목에 해당하는 자(고의로 무효의 입찰을 한 자)	6개월
12. 영 제76조제1항제1호라목에 해당하는 자(입찰참가를 방해하거나 낙찰자의 계약체결 또는 그 이행을 방해한 자)	3개월
13. 영 제76조제2항제2호가목에 해당하는 자 <개정 2025.5.1>	
가. 계약을 체결 또는 이행(하자보수의무의 이행을 포함한다)하지 않은 자	6개월

입찰참가자격 제한사유	제재기간
나. 공동계약에서 정한 구성원 간의 출자비율 또는 분담내용에 따라 시공하지 않은 자	
1) 시공에 참여하지 않은 자	3개월
2) 시공에는 참여했으나 출자비율 또는 분담내용에 따라 시공하지 않은 자	
가) 공동수급협정에 따라 해당 구성원 외의 공동수급체 구성원 전부 및 발주자의 동의로 공동수급체에서 탈퇴된 자	2개월
나) 공동수급협정에 따라 해당 구성원 외의 공동수급체 구성원 전부 및 발주자의 동의를 받아 스스로 공동수급체에서 탈퇴한 자	1개월
다. 계약상의 주요조건을 위반한 자	3개월
라. 영 제52조제1항 단서에 따라 공사이행보증서를 제출해야 하는 자로서 해당 공사이행보증서 제출의무를 이행하지 않은 자	1개월
마. 영 제42조제5항에 따른 계약이행능력심사를 위하여 제출한 사항을 지키지 않은 자	
1) 외주근로자 근로조건 이행계획에 관한 사항을 지키지 않은 자	3개월
2) 하도급관리계획에 관한 사항을 지키지 않은 자	1개월
14. 영 제76조제2항제2호나목 또는 다목에 해당하는 자	
가. 고의에 의한 경우	6개월
나. 중대한 과실에 의한 경우	3개월
15. 영 제76조제2항제2호라목에 해당하는 자(감독 또는 검사에 있어서 그 직무의 수행을 방해한 자)	3개월
16. 영 제76조제2항제2호마목에 해당하는 자(시공 단계의 건설사업관리 용역계약 시 「건설기술 진흥법 시행령」 제60조 및 계약서등에 따른 건설사업관리기술자 교체 사유 및 절차에 따르지 않고 건설사업관리기술자를 교체한 자)	8개월
17. 영 제76조제2항제3호가목에 해당하는 자	
가. 안전대책을 소홀히 하여 사업장 근로자 외의 공중에게 생명·신체상의 위해를 가한 자	1년
나. 안전대책을 소홀히 하여 사업장 근로자 외의 공중에게 재산상의 위해를 가한 자	6개월
18. 영 제76조제2항제3호나목에 해당하는 자(「전자정부법」 제2조제13호에 따른 정보시스템의 구축 및 유지·보수 계약의 이행과정에서 알게 된 정보 중 각 중앙관서의 장 또는 계약담당공무	

입찰참가자격 제한사유	제재기간
원이 누출될 경우 국가에 피해가 발생할 것으로 판단하여 사전에 누출금지정보로 지정하고 계약서에 명시한 정보를 무단으로 누출한자)	
가. 정보 누출 횟수가 2회 이상인 경우	3개월
나. 정보 누출 횟수가 1회인 경우	1개월
19. 영 제76조제2항제3호다목에 해당하는 자(「전자정부법」 제2조제10호에 따른 정보통신망 또는 같은 조 제13호에 따른 정보시스템(이하 이 호에서 "정보시스템 등"이라 한다)의 구축 및 유지·보수 등 해당 계약의 이행과정에서 정보시스템 등에 허가 없이 접속하거나 무단으로 정보를 수집할 수 있는 비인가 프로그램을 설치하거나 그러한 행위에 악용될 수 있는 정보시스템 등의 약점을 고의로 생성 또는 방치한 자	2년

비고
1. 위 표에서 "부실벌점"이란 「건설기술진흥법」 제53조제1항 각 호 외의 부분에 따른 벌점을 말한다.
2. 위 표에서 "하자비율"이란 하자담보책임기간 중 하자검사결과 하자보수보증금에 대한 하자발생 누계금액비율을 말한다.
3. 위 표에서 "보수비율"이란 물품보증기간 중 계약금액에 대한 보수비용발생 누계금액비율을 말한다.

[별표3] <개정 2019.9.17, 2025.1.2, 2025.5.1>

부정당업자의 책임이 경미한 경우의 과징금 부과기준 (제77조의2제1항제1호 관련)

과징금 부과사유	과징금 부과율
1. 법 제27조제1항제1호에 해당하는 자 중 부실시공 또는 부실설계·감리를 한 자	
가. 부실벌점이 150점 이상인 자	10%
나. 부실벌점이 100점 이상 150점 미만인 자	5%
다. 부실벌점이 75점 이상 100점 미만인 자	4%
라. 부실벌점이 50점 이상 75점 미만인 자	3%
마. 부실벌점이 35점 이상 50점 미만인 자	2%
바. 부실벌점이 20점 이상 35점 미만인 자	1%
2. 법 제27조제1항제1호에 해당하는 자 중 계약의 이행을 조잡하게 한 자	
가. 공사	
1) 하자비율이 100분의 500 이상인 자	10%
2) 하자비율이 100분의 300 이상 100분의 500 미만인 자	5%
3) 하자비율이 100분의 200 이상 100분의 300 미만인 자	4%
4) 하자비율이 100분의 100 이상 100분의 200 미만인 자	1.5%
나. 물품	
1) 보수비율이 100분의 25 이상인 자	10%
2) 보수비율이 100분의 15 이상 100분의 25 미만인 자	5%
3) 보수비율이 100분의 10 이상 100분의 15 미만인 자	4%
4) 보수비율이 100분의 6 이상 100분의 10 미만인 자	1.5%
3. 법 제27조제1항제1호에 해당하는 자 중 계약 이행을 부당하게 하거나 계약을 이행할 때에 부정한 행위를 한 자	
가. 설계서(물품제조의 경우에는 규격서를 말한다. 이하 같다)와 달리 구조물 내구성 연한의 단축, 안전도의 위해를 가져오는 등 부당한 시공(물품의 경우에는 제조를 말한다. 이하 같다)을 한 자	5%
나. 설계서상의 기준규격보다 낮은 다른 자재를 쓰는 등 부정한 시공을 한 자	3%
다. 가목의 부당한 시공과 나목의 부정한 시공에 대하여 각각 감리업무를 성실하게 수행하지 아니한 자	1.5%
4. 법 제27조제1항제3호에 해당하는 자	
가. 전부 또는 주요부분의 대부분을 1인에게 하도급한 자	5%

나. 전부 또는 주요부분의 대부분을 2인 이상에게 하도급한 자	4%
다. 면허・등록 등 관련 자격이 없는 자에게 하도급한 자	4%
라. 발주기관의 승인 없이 하도급한 자	3%
마. 재하도급금지 규정에 위반하여 하도급한 자	2%
바. 하도급조건을 하도급자에게 불리하게 변경한 자	2%
5. 법 제27조제1항제4호에 해당하는 자(사기, 그 밖의 부정한 행위로 입찰・낙찰 또는 계약의 체결・이행 과정에서 국가에 손해를 끼친 자) <신설 2025.1.2.>	
가. 국가에 10억원 이상의 손해를 끼친 자	10%
나. 국가에 5억원 이상 10억원 미만의 손해를 끼친 자	5%
다. 국가에 1억원 이상 5억원 미만의 손해를 끼친 자	3%
라. 국가에 1억원 미만의 손해를 끼친 자	1.5%
6. 영 제76조제1항에 해당하는 자(계약을 이행할 때에 「산업안전보건법」 제38조, 제39조 및 제63조를 위반하여 동시에 2명 이상의 근로자가 사망한 재해를 발생시킨 자)	
1) 동시에 사망한 근로자수가 10명 이상	10%
2) 동시에 사망한 근로자수가 6명 이상 10명 미만	7.5%
3) 동시에 사망한 근로자수가 2명 이상 6명 미만	5%
7. 영 제76조제2항제1호가목에 해당하는 자 <신설 2025.1.2.>	
가. 입찰에 관한 서류(제15조제2항에 따른 입찰참가자격 등록에 관한 서류를 포함한다)를 위조・변조하거나 부정하게 행사하여 낙찰을 받은 자 또는 허위서류를 제출하여 낙찰을 받는 자	5%
나. 입찰 또는 계약에 관한 서류(제15조제2항에 따른 입찰참가자격 등록에 관한 서류를 포함한다)를 위조・변조하거나 부정하게 행사한 자 또는 허위서류를 제출한 자	3%
8. 영 제76조제2항제1호라목에 해당하는 자(입찰참가를 방해하거나 낙찰자의 계약체결 또는 그 이행을 방해한 자 <신설 2025.1.2.>	1.5%
9. 영 제76조제2항제2호가목에 해당하는 자	
가. 계약을 체결 또는 이행(하자보수의무의 이행을 포함한다)하지 않은 자	3%
나. 공동계약에서 정한 구성원 간의 출자비율 또는 분담내용에 따라 시공하지 않은 자	
1) 시공에 참여하지 않은 자	1.5%
2) 시공에는 참여하였으나 출자비율 또는 분담내용에 따라 시공하지 않은 자	
가) 공동수급협정에 따라 해당 구성원 외의 공동수급체 구성원 전부 및 발주자의 동의로 공동수급체에서 탈퇴된 자	1%
나) 공동수급협정에 따라 해당 구성원 외의 공동수급체 구성원	0.5%

전부 및 발주자의 동의를 받아 스스로 공동수급체에서 탈퇴한 자	
다. 계약상의 주요조건을 위반한 자	1.5%
라. 영 제52조제1항 단서에 따라 공사이행보증서를 제출하여야 하는 자로서 동 공사이행보증서 제출의무를 이행하지 않은 자	0.5%
마. 영 제42조제5항에 따른 계약이행능력심사를 위하여 제출한 사항을 지키지 않은 자	
1) 외주근로자 근로조건 이행계획에 관한 사항을 지키지 않은 자	1.5%
2) 하도급관리계획에 관한 사항을 지키지 않은 자	0.5%
10. 영 제76조제2항제2호라목에 해당하는 자(감독 또는 검사에 있어서 그 직무의 수행을 방해한 자)	1.5%
11. 영 제76조제2항제2호마목에 해당하는 자(시공 단계의 건설사업관리 용역계약 시 「건설기술 진흥법 시행령」 제60조 및 계약서 등에 따른 건설사업관리기술자 교체 사유 및 절차에 따르지 않고 건설사업관리기술자를 교체한 자)	4%
12. 영 제76조제2항제3호가목에 해당하는 자	
가. 안전대책을 소홀히 하여 사업장 근로자 외의 공중에게 생명·신체상의 위해를 가한 자	5%
나. 안전대책을 소홀히 하여 사업장 근로자 외의 공중에게 재산상의 위해를 가한 자	3%
13. 영 제76조제2항제3호나목에 해당하는 자(「전자정부법」 제2조제13호에 따른 정보시스템의 구축 및 유지·보수 계약의 이행과정에서 알게 된 정보 중 각 중앙관서의 장 또는 계약담당공무원이 누출될 경우 국가에 피해가 발생할 것으로 판단하여 사전에 누출금지정보로 지정하고 계약서에 명시한 정보를 무단으로 누출한 자)	
가. 정보 누출 횟수가 2회 이상이 경우	1.5%
나. 정보 누출 횟수가 1회인 경우	0.5%
14. 영 제76조제2항제3호다목에 해당하는 자[「전자정부법」 제2조제10호에 따른 정보통신망 또는 같은 조 제13호에 따른 정보시스템(이하 이 호에서 "정보시스템등"이라 한다)의 구축 및 유지·보수 등 해당 계약의 이행과정에서 정보시스템등에 허가 없이 접속하거나 무단으로 정보를 수집할 수 있는 비인가 프로그램을 설치하거나 그러한 행위에 악용될 수 있는 정보시스템등의 약점을 고의로 생성 또는 방치한 자]	10%

비 고

1. 위 표에서 "부실벌점"이란 「건설기술진흥법」 제53조제1항 각 호 외의 부분에 따른 벌점을 말한다.
2. 위 표에서 "하자비율"이란 하자담보책임기간 중 하자검사결과 하자보수보증금에 대한 하자발생 누계금액비율을 말한다.
3. 위 표에서 "보수비율"이란 물품보증기간 중 계약금액에 대한 보수비용발생 누계금액비율을 말한다.
4. 「조달사업에 관한 법률」 제12조에 따른 제3자를 위한 단가계약, 같은 법 제13조에 따른 다수공급자계약, 같은 법 제14조제1항 및 같은 법 시행령 제16조에 따른 카탈로그 계약의 경우 연평균 납품금액에 위 표의 과징금 부과율을 적용한다. 이 경우 계약기간이 1년 미만인 경우에는 월평균 납품금액에 계약기간의 총 개월수를 곱한 금액에 위 표의 과징금 부과율을 적용한다.
5. 비고 제4호 전단의 연평균 납품금액은 총 계약금액 중 이행 완료된 부분에 대한금액의 연평균액을 말하며, 이행 완료된 부분에 대한 금액의 총액을 계약을 이행한 총 개월 수로 나눈 후 12를 곱하여 산출한다. 이 경우 1개월이 되지 않는 잔여일수는 총 개월 수에 산입하지 않는다.
6. 비고 제4호 후단의 월평균 납품금액은 총 계약금액 중 이행 완료된 부분에 대한금액의 월평균액을 말하며, 이행 완료된 부분에 대한 금액의 총액을 계약을 이행한 총 개월 수로 나누어 산출한다. 이 경우 1개월이 되지 않는 잔여일수는 총 개월 수에 산입하지 않는다.
7. 비고 제4호에도 불구하고 계약을 체결하지 않은 경우에는 같은 호 전단에 따른'연평균 납품금액' 및 같은 호 후단에 따른 '월평균 납품금액에 계약기간의 총 개월 수를 곱한 금액'은 각각 '추정가격'으로 보며, 계약은 체결하였으나 이행 완료된 부분에 대한 금액이 없는 경우에는 같은 호 전단에 따른 '연평균 납품금액'은'연평균 계약금액'으로, 같은 호 후단에 따른 '월평균 납품금액에 계약기간의 총개월 수를 곱한 금액'은 '총 계약금액'으로 본다. 이 경우 연평균 계약금액은 총계약금액을 계약기간의 총 개월 수로 나눈 후 12를 곱하여 산출하며, 1개월이 되지 않는 잔여일수는 총 개월 수에 산입하지 않는다.

[별표4] <개정 2019.9.17, 2025.1.2,2025.5.1>

입찰참가자격 제한으로 유효한 경쟁입찰이 명백히 성립되지 아니하는 경우 과징금 부과기준 (제77조의2제1항제2호 관련)

과징금 부과사유	과징금 부과율
1. 법 제27조제1항제1호에 해당하는 자 중 부실시공 또는 부실설계・감리를 한 자	
가. 부실벌점이 150점 이상인 자	30%
나. 부실벌점이 100점 이상 150점 미만인 자	15%
다. 부실벌점이 75점 이상 100점 미만인 자	12%
라. 부실벌점이 50점 이상 75점 미만인 자	9%
마. 부실벌점이 35점 이상 50점 미만인 자	6%
바. 부실벌점이 20점 이상 35점 미만인 자	3%
2. 법 제27조제1항제1호에 해당하는 자 중 계약의 이행을 조잡하게 한 자	
가. 공사	30%
1) 하자비율이 100분의 500 이상인 자	15%
2) 하자비율이 100분의 300 이상 100분의 500 미만인 자	12%
3) 하자비율이 100분의 200 이상 100분의 300 미만인 자	4.5%
4) 하자비율이 100분의 100 이상 100분의 200 미만인 자	
나. 물품	30%
1) 보수비율이 100분의 25 이상인 자	15%
2) 보수비율이 100분의 15 이상 100분의 25 미만인 자	12%
3) 보수비율이 100분의 10 이상 100분의 15 미만인 자	4.5%
4) 보수비율이 100분의 6 이상 100분의 10 미만인 자	
3. 법 제27조제1항제1호에 해당하는 자 중 계약 이행을 부당하게 하거나 계약을 이행할 때에 부정한 행위를 한 자	15%
가. 설계서(물품제조의 경우에는 규격서를 말한다. 이하 같다)와 달리 구조물 내구성 연한의 단축, 안전도의 위해를 가져오는 등 부당한 시공(물품의 경우에는 제조를 말한다. 이하 같다)을 한 자	9%
나. 설계서상의 기준규격보다 낮은 다른 자재를 쓰는 등 부정한 시공을 한 자	4.5%
다. 가목의 부당한 시공 또는 나목의 부정한 시공에 대하여 감리업무를 성실하게 수행하지 아니한 자	
4. 법 제27조제1항제2호에 해당하는 자	
가. 담합을 주도하여 낙찰을 받은 자	30%
나. 담합을 주도한 자	15%
다. 입찰자 또는 계약상대자 간에 서로 상의하여 미리 입찰가격, 수주	9%

물량 또는 계약의 내용 등을 협정하거나 특정인의 낙찰 또는 납품대상자 선정을 위하여 담합한 자	
5. 법 제27조제1항제3호에 해당하는 자	
가. 전부 또는 주요부분의 대부분을 1명에게 하도급한 자	15%
나. 전부 또는 주요부분의 대부분을 2명 이상에게 하도급한 자	12%
다. 면허 · 등록 등 관련 자격이 없는 자에게 하도급한 자	12%
라. 발주기관의 승인 없이 하도급한 자	9%
마. 재하도급금지 규정에 위반하여 하도급한 자	6%
바. 하도급조건을 하도급자에게 불리하게 변경한 자	6%
6. 법 제27조제1항제4호에 해당하는 자(사기, 그 밖의 부정한 행위로 입찰 · 낙찰 또는 계약의 체결 · 이행 과정에서 국가에 손해를 끼친 자)	
가. 국가에 10억원 이상의 손해를 끼친 자	30%
나. 국가에 5억원 이상 10억원 미만의 손해를 끼친 자	15%
다. 국가에 1억원 이상 5억원 미만의 손해를 끼친 자	9%
라. 국가에 1억원 미만의 손해를 끼친 자	4.5%
7. 법 제27조제1항제5호 또는 제6호에 따라 공정거래위원회 또는 중소기업청장으로부터 입찰참가자격제한 요청이 있는 자	
가. 이 제한기준에서 정한 사유로 입찰참가자격제한 요청이 있는 자	해당 각 호의 기준에 의함
나. 이 제한기준에 해당하는 사항이 없는 경우로서 입찰참가자격제한 요청이 있는 자	9%
8. 법 제27조제1항제7호에 해당하는 자	
가. 2억원 이상의 뇌물을 준 자	30%
나. 1억원 이상 2억원 미만의 뇌물을 준 자	15%
다. 1천만원 이상 1억원 미만의 뇌물을 준 자	9%
라. 1천만원 미만의 뇌물을 준 자	4.5%
9. 영 제76조제1항에 해당하는 자(계약을 이행할 때에 「산업안전보건법」 제38조, 제39조 및 제63조를 위반하여 동시에 2명 이상의 근로자가 사망한 재해를 발생시킨 자)	
1) 동시에 사망한 근로자수가 10명 이상	30%
2) 동시에 사망한 근로자수가 6명 이상 10명 미만	22.5%
3) 동시에 사망한 근로자수가 2명 이상 6명 미만	15%
10. 영 제76조제2항제1호가목에 해당하는 자	
가. 입찰에 관한 서류(제15조제2항에 따른 입찰참가자격 등록에관한 서류를 포함한다)를 위조 · 변조하거나 부정하게 행사하여 낙찰을 받은 자 또는 허위서류를 제출하여 낙찰을 받은 자	15%
나. 입찰 또는 계약에 관한 서류(제15조제2항에 따른 입찰참가자격등록에 관한 서류를 포함한다)를 위조 · 변조하거나 부정하게행사한 자	9%

또는 허위서류를 제출한 자	
11. 영 제76조제2항제1호나목에 해당하는 자(고의로 무효의 입찰을 한 자)	9%
12. 영 제76조제2항제1호라목에 해당하는 자(입찰참가를 방해하거나 낙찰자의 계약체결 또는 그 이행을 방해한 자)	4.5%
13. 영 제76조제2항제2호가목에 해당하는 자	
가. 계약을 체결 또는 이행(하자보수의무의 이행을 포함한다)하지않은 자	9%
나. 공동계약에서 정한 구성원 간의 출자비율 또는 분담내용에 따라 시공하지 않은 자	
1) 시공에 참여하지 않은 자	4.5%
2) 시공에는 참여하였으나 출자비율 또는 분담내용에 따라 시공하지 않은 자	
가) 공동수급협정에 따라 해당 구성원 외의 공동수급체 구성원 전부 및 발주자의 동의로 공동수급체에서 탈퇴된 자	3%
나) 공동수급협정에 따라 해당 구성원 외의 공동수급체 구성원 전부 및 발주자의 동의를 받아 스스로 공동수급체에서 탈퇴한 자	1.5%
다. 계약상의 주요조건을 위반한 자	4.5%
라. 영 제52조제1항 단서에 따라 공사이행보증서를 제출해야 하는 자로서 해당 공사이행보증서 제출의무를 이행하지 않은 자	1.5%
마. 영 제42조제5항에 따른 계약이행능력심사를 위하여 제출한 사항을 지키지 않은 자	
1) 외주근로자 근로조건 이행계획에 관한 사항을 지키지 않은 자	4.5%
2) 하도급관리계획에 관한 사항을 지키지 않은 자	1.5%
14. 영 제76조제2항제2호나목 또는 다목에 해당하는 자	
가. 고의에 의한 경우	9%
나. 중대한 과실에 의한 경우	9%
15. 영 제76조제2항제2호라목에 해당하는 자(감독 또는 검사에 있어서 그 직무의 수행을 방해한 자)	4.5%
16. 영 제76조제2항제2호마목에 해당하는 자(시공 단계의 건설사업관리 용역계약 시 「건설기술 진흥법 시행령」 제60조 및 계약서등에 따른 건설사업관리기술자 교체 사유 및 절차에 따르지 않고 건설사업관리기술자를 교체한 자)	12%
17. 영 제76조제2항제3호가목 해당하는 자	
가. 안전대책을 소홀히 하여 사업장 근로자 외의 공중에게 생명ㆍ신체상의 위해를 가한 자	15%
나. 안전대책을 소홀히 하여 사업장 근로자 외의 공중에게 재산상의 위해를 가한 자	9%

18. 영 제76조제2항제3호나목에 해당하는 자(「전자정부법」 제2조제13호에 따른 정보시스템의 구축 및 유지·보수 계약의 이행과정에서 알게 된 정보 중 각 중앙관서의 장 또는 계약담당공무원이누출될 경우 국가에 피해가 발생할 것으로 판단하여 사전에 누출금지정보로 지정하고 계약서에 명시한 정보를 무단으로 누출한자)	
가. 정보 누출 횟수가 2회 이상인 경우	4.5%
나. 정보 누출 횟수가 1회인 경우	1.5%
19. 영 제76조제2항제3호다목에 해당하는 자(「전자정부법」 제2조제10호에 따른 정보통신망 또는 같은 조 제13호에 따른 정보시스템(이하 이 호에서 "정보시스템등"이라 한다)의 구축 및 유지·보수 등 해당 계약의 이행과정에서 정보시스템 등에 허가 없이 접속하거나 무단으로 정보를 수집할 수 있는 비인가 프로그램을 설치하거나 그러한 행위에 악용될 수 있는 정보시스템 등의 약점을 고의로 생성 또는 방치한 자)	30%

비 고

1. 위 표에서 "부실벌점"이란 「건설기술진흥법」 제53조제1항 각 호 외의 부분에 따른 벌점을 말한다.
2. 위 표에서 "하자비율"이란 하자담보책임기간 중 하자검사결과 하자보수보증금에 대한 하자발생 누계금액비율을 말한다.
3. 위 표에서 "보수비율"이란 물품보증기간 중 계약금액에 대한 보수비용발생 누계금액비율을 말한다.
4. 「조달사업에 관한 법률」 제12조에 따른 제3자를 위한 단가계약, 같은 법 제13조에 따른 다수공급자계약, 같은 법 제14조제1항 및 같은 법 시행령 제16조에따른 카탈로그 계약의 경우 연평균 납품금액에 위 표의 과징금 부과율을 적용한다. 이 경우 계약기간이 1년 미만인 경우에는 월평균 납품금액에 계약기간의총 개월 수를 곱한 금액에 위 표의 과징금 부과율을 적용한다.
5. 비고 제4호 전단의 연평균 납품금액은 총 계약금액 중 이행 완료된 부분에 대한 금액의 연평균액을 말하며, 이행 완료된 부분에 대한 금액의 총액을 계약을이행한 총 개월 수로 나눈 후 12를 곱하여 산출한다. 이 경우 1개월이 되지 않는 잔여일수는 총 개월 수에 산입하지 않는다.
6. 비고 제4호 후단의 월평균 납품금액은 총 계약금액 중 이행 완료된 부분에 대한 금액의 월평균액을 말하며, 이행 완료된 부분에 대한 금액의 총액을 계약을이행한 총 개월 수로 나누어 산출한다. 이 경우 1개월이 되지 않는 잔여일수는총 개월 수에 산입하지 않는다.
7. 비고 제4호에도 불구하고 계약을 체결하지 않은 경우에는 같은 호 전단에 따른 '연평균 납품금액' 및 같은 호 후단에 따른 '월평균 납품금액에 계약기간의총 개월 수를 곱한 금액'은 각각 '추정가격'으로 보며, 계약은 체결하였으나 이행 완료된 부분에 대한 금액이 없는 경우에는 같은 호 전단에 따른 '연평균 납품금액'은 '연평균 계약금액'으로, 같은 호 후단에 따른 '월평균 납품금액에 계약기간의 총 개월 수를 곱한 금액'은 '총 계약금액'으로 본다. 이 경우 연평균 계약금액은 총 계약금액을 계약기간의 총 개월 수로 나눈 후 12를 곱하여 산출하며, 1개월이 되지 않는 잔여일수는 총 개월 수에 산입하지 않는다.

[별지 제1호서식] <개정 2006.5.25>

<table>
<tr><td colspan="5" rowspan="2">경쟁입찰참가자격등록증</td><td>처리기간</td></tr>
<tr><td>즉시</td></tr>
<tr><td rowspan="3">신청인</td><td>상호또는법인명칭</td><td></td><td>법인등록번호</td><td colspan="2"></td></tr>
<tr><td>주소</td><td></td><td>전화번호</td><td colspan="2"></td></tr>
<tr><td>대표자</td><td></td><td>주민등록번호</td><td colspan="2"></td></tr>
<tr><td rowspan="3">등록사항</td><td>등록관서</td><td></td><td>등록일자</td><td colspan="2">. . .</td></tr>
<tr><td>유효기간</td><td colspan="4">. . .부터 . . .까지</td></tr>
<tr><td>등록종목(세부품목)</td><td colspan="4"></td></tr>
<tr><td colspan="6">상기인은 「국가를 당사자로 하는 계약에 관한 법률 시행규칙」 제15조의 규정에 의하여 경쟁입찰 유자격자로 귀부(처·청)에 등록되었음을 증명하여 주시기 바랍니다.

. . .

신청인 (인)

귀하</td></tr>
<tr><td colspan="6">위의 사실이 틀림없음을 증명합니다.

. . .

중앙관서의 장 (인)</td></tr>
<tr><td colspan="5" rowspan="2">구비서류 : 없음</td><td>수수료</td></tr>
<tr><td>없음</td></tr>
<tr><td colspan="6">※ 주의사항
1. 이 증서는 해당 등록종목(세부품목)에 대한 입찰에 관하여 교부관서 및 다른 중앙관서에서 통용됩니다.
2. 이 증서내용의 변경은 교부관서의 정정인이 없는 경우에는 무효입니다.
3. 기재사항중 추가 또는 정정을 필요로 할 때에는 교부관서에 신청하여야 합니다.</td></tr>
</table>

22221-20111일
95.6.30 승인

210mm×297mm
(신문용지 54g/㎡)

[별지 제2호서식]

(일반/제한/지명) 경쟁입찰참가통지서

입찰참가자	상호 또는 법인명칭		법인등록번호	
	주소		전화번호	
	대표자		주민등록번호	
입찰내용	입찰건명			
	현장설명	일시 :	장소 :	
	입찰	일시 :	장소 :	
	입찰등록마감일시	년 월 일 시 까지		
	서류제출처	(전화번호 :)		

우리부(처·청)에서 집행하는 위 입찰에 귀사를 입찰참가자격자로 선정하여 통보하오니 소정의 절차를 마친 후 입찰에 참가하시기 바랍니다.

. . .

○○관서

중앙관서의 장 또는 계약담당공무원 성명 (인)

귀하

22221-20211일
95.6.30 승인

210mm×297mm
(신문용지 54g/㎡)

[별지 제3호서식] <개정 2016.9.23>

<table>
<tr><td colspan="4">입찰참가신청서
※ 아래 사항 중 해당되는 경우에만 기재하시기 바랍니다.</td><td>처리기간
즉시</td></tr>
<tr><td rowspan="3">신청인</td><td>상호 또는 법인명칭</td><td></td><td>법인등록번호</td><td></td></tr>
<tr><td>주소</td><td></td><td>전화번호</td><td></td></tr>
<tr><td>대표자</td><td></td><td>주민등록번호</td><td></td></tr>
<tr><td rowspan="2">입찰개요</td><td>입찰공고(지명)번호</td><td>제 호</td><td>입찰일자</td><td>. . .</td></tr>
<tr><td>입찰건명</td><td colspan="3"></td></tr>
<tr><td rowspan="2">입찰보증금</td><td>납부</td><td colspan="3">· 보증금율 : %
· 보증액 : 금 원정(₩)
· 보증금납부방법 :</td></tr>
<tr><td>납부면제 및 지급확약</td><td colspan="3">· 사유 :
· 본인은 낙찰 후 계약미체결시 귀부(처·청)에 낙찰금액에 해당하는 소정의 입찰보증금을 현금으로 납부할 것을 확약합니다.</td></tr>
<tr><td>대리인 · 사용인감</td><td colspan="2">본 입찰에 관한 일체의 권한을 다음의 자에게 위임합니다.
성명 주민등록번호</td><td colspan="2">본 입찰에 사용할 인감을 다음과 같이 신고합니다.
사용인감 (인)</td></tr>
<tr><td colspan="5">본인은 위의 번호로 공고(지명통지)한 귀부(처·청)의 일반(제한·지명)경쟁입찰에 참가하고자 정부에서 정한 공사[물품구매(제조) · 용역]입찰유의서 및 입찰공고사항을 모두 승낙하고 별첨서류를 첨부하여 입찰참가신청을 합니다.

붙임서류 :1. 입찰참가자격을 증명하는 서류 사본 1통
2. 인감증명서 또는 본인서명사실확인서 1통
3. 그 밖에 공고로서 정한 서류

. . .
신청인 (인)

____________ 귀하</td></tr>
<tr><td colspan="5">세입세출외현금출납공무원 성명 : ㉐
유가증권취급공무원 성명 : ㉐</td></tr>
</table>

22221-20311일
95.6.30 승인

210mm×297mm
(신문용지 54g/㎡)

[별지 제4호서식]

<table>
<tr><td colspan="4" rowspan="2">입찰참가신청증</td><td>처리기간</td></tr>
<tr><td>즉 시</td></tr>
<tr><td rowspan="2">입찰개요</td><td>입찰공고(지명)번호</td><td></td><td>입찰일자</td><td>. . .</td></tr>
<tr><td>입 찰 건 명</td><td colspan="3"></td></tr>
<tr><td rowspan="3">신청인</td><td>상호 또는 법인명칭</td><td></td><td>법인등록번호</td><td></td></tr>
<tr><td>주 소</td><td></td><td>전 화 번 호</td><td></td></tr>
<tr><td>대 표 자</td><td></td><td>주민등록번호</td><td></td></tr>
<tr><td colspan="5">귀하는 이번에 위의 번호로 공고(지명통지)한 우리 부(처·청)의 일반(제한·지명)경쟁입찰에 참가신청을 마친 자임을 증명합니다.

. . .

○○관서

중앙관서의 장 또는 성명 (인)
계 약 담 당 공 무 원

________________ 귀하</td></tr>
</table>

22221-20411일
95.6.30 승인

210mm×297mm
(신문용지 54g/㎡)

[별지 제5호서식] <개정 2016.9.23>

입 찰 서

<table>
<tr><td rowspan="4">입찰내용</td><td>공고번호</td><td>제 호</td><td>입찰일자</td><td>. . .</td></tr>
<tr><td>건명</td><td colspan="3"></td></tr>
<tr><td>금액</td><td colspan="3">금 원정(₩)</td></tr>
<tr><td>준공(납품)연월일</td><td colspan="3"></td></tr>
<tr><td rowspan="3">입찰자</td><td>상호 또는 법인명칭</td><td></td><td>법인등록번호</td><td></td></tr>
<tr><td>주소</td><td></td><td>전화번호</td><td></td></tr>
<tr><td>대표자</td><td></td><td>주민등록번호</td><td></td></tr>
</table>

본인은 「국가를 당사자로 하는 계약에 관한 법률 시행규칙」 에 의한 공사[물품구매(제조) · 용역]입찰유의서에 따라 응찰하여 이 입찰이 귀 기관에 의하여 수락되면 공사[물품구매(제조) · 용역]계약일반조건·계약특수조건·설계서(물품규격서) 및 현장설명사항에 따라 위의 입찰금액으로 준공(납품·용역수행)기한 내에 공사(물품·용역)를 완성(제조·납품)할 것을 확약하며 입찰서를 제출합니다.

붙임 : 산출내역서(100억원 이상 공사의 경우) 1부

. . .

입찰자 (인)

귀하

22221-20511일
95.6.30 승인

210mm×297mm
(신문용지 54g/㎡)

[별지 제6호서식] <개정 2021.10.28>

입 찰 서

1. 공고번호 : 제　　　　　　호
2. 입찰건명 :
3. 준공(납품)연월일 :

본인은 「국가를 당사자로 하는 계약에 관한 법률 시행규칙」에 의한 공사[물품구매(제조)・용역]입찰유의서에 따라 응찰하여 이 입찰이 귀 기관에 의하여 수락되면 공사[물품구매(제조)・용역]계약일반조건·계약특수조건·설계서(물품규격서) 및 현장설명사항에 따라 우측에 표시된 입찰금액으로 준공(납품·용역수행)기한 내에 공사(물품·용역)을 완공(제조·납품)할 것을 확약하며 입찰서를 제출합니다.

첨부 : 산출내역서(100억원 이상 공사의 경우) 1부

상호 또는 법인명칭 :　　전화번호 :
주소:
대표자 :　　　　　　　　　　　　(인)
주민(법인)등록번호 :

입찰번호		
백	십	일
⓪	⓪	⓪
①	①	①
②	②	②
③	③	③
④	④	④
⑤	⑤	⑤
⑥	⑥	⑥
⑦	⑦	⑦
⑧	⑧	⑧
⑨	⑨	⑨

입찰금액											
천억	백억	십억	억	천만	백만	십만	만	천	백	십	일
⓪	⓪	⓪	⓪	⓪	⓪	⓪	⓪	⓪	⓪	⓪	⓪
①	①	①	①	①	①	①	①	①	①	①	①
②	②	②	②	②	②	②	②	②	②	②	②
③	③	③	③	③	③	③	③	③	③	③	③
④	④	④	④	④	④	④	④	④	④	④	④
⑤	⑤	⑤	⑤	⑤	⑤	⑤	⑤	⑤	⑤	⑤	⑤
⑥	⑥	⑥	⑥	⑥	⑥	⑥	⑥	⑥	⑥	⑥	⑥
⑦	⑦	⑦	⑦	⑦	⑦	⑦	⑦	⑦	⑦	⑦	⑦
⑧	⑧	⑧	⑧	⑧	⑧	⑧	⑧	⑧	⑧	⑧	⑧
⑨	⑨	⑨	⑨	⑨	⑨	⑨	⑨	⑨	⑨	⑨	⑨

작성시 유의사항

1. 사용필기구 : 컴퓨터용 수성싸인펜만을 사용합니다.
2. 정확하게 표기합니다.
   - 바르게 표기한 것 : ●
   - 틀리게 표기한 것 : ○◐⦶⊖⊗⊙
3. "입찰번호"란에는 입찰참가신청시 부여된 번호를 기입합니다.
4. 매 금액단위란에는 1개소만 표시합니다(빈칸으로 두거나 2개소 이상 표시하지 않습니다).

22221-20611일
95.6.30 승인

297mm×210mm
(백상지 80g/㎡)

[별지 제7호서식]

공사도급표준계약서		계약번호 제　　호 공고번호 제　　호
계약자	발주처	○○부(처, 청)중앙관서의 장 또는 계약담당공무원 성명
	계약상대자	·상호 또는 법인명칭　　　·법인등록번호 ·주소 ·전화번호　　　　　　　·대표자
	연대보증인	·상호 또는 법인명칭　　　·법인등록번호 ·주소 ·전화번호　　　　　　　·대표자
계약내용	공사명	
	계약금액	금　　　　　원정(₩　　　　　)
	총공사부기금액	금　　　　　원정(₩　　　　　)
	계약보증금	금　　　　　원정(₩　　　　　)
	현장	
	지체상금율	%
	물가변동계약 금액조정방법	.　.　.
	착공연월일	.　.　.
	준공연월일	
	기타사항	

하자담보책임(복합공종의 경우 공종별 구분 기재)

공종	공종별 계약 금액	하자보수보증금율(%) 및 금액	하자담보책임기간
		(　　)%　　금　　　원정	
		(　　)%　　금　　　원정	
		(　　)%　　금　　　원정	

중앙관서의 장(계약담당공무원)과 계약상대자는 상호 대등한 입장에서 붙임의 계약문서에 의하여 위의 공사에 대한 도급계약을 체결하고 신의에 따라 성실히 계약상의 의무를 이행할 것을 확약하며, 연대보증인은 계약자와 연대하여 계약상의 의무를 이행할 것을 확약한다. 이 계약의 증거로서 계약서를 작성하여 당사자가 기명날인한 후 각각 1통씩 보관한다.

붙임서류 : 1. 공사입찰유의서 1부
2. 공사계약일반조건 1부
3. 공사계약특수조건 1부
4. 설계서 1부
5. 산출내역서 1부

.　.　.

중앙관서의 장 또는
계약담당공무원　　　　(인)

계약상대자　　　(인)
연대보증인　　　(인)

22221-20711보
95.6.30 승인

257mm×297mm
(신문용지 54g/㎡)

[별지 제8호서식]

<table>
<tr><td colspan="2" rowspan="2">물품구매표준계약서</td><td>계약번호 제 호</td></tr>
<tr><td>공고번호 제 호</td></tr>
<tr><td rowspan="2">계약자</td><td>발주처</td><td>○○부(처, 청)중앙관서의 장 또는 계약담당공무원 성명</td></tr>
<tr><td>계약상대자</td><td>·상호 또는 법인명칭 ·법인등록번호
·주소 ·전화번호
·대표자</td></tr>
<tr><td rowspan="9">계약내용</td><td>물품명</td><td></td></tr>
<tr><td>계약금액</td><td>금 원정(₩)</td></tr>
<tr><td>총제조부기금액</td><td>금 원정(₩)</td></tr>
<tr><td>계약보증금</td><td>금 원정(₩)</td></tr>
<tr><td>지체상금율</td><td>%</td></tr>
<tr><td>물가변동계약
금액조정방법</td><td></td></tr>
<tr><td>납품일자</td><td>. . . ~ . . .</td></tr>
<tr><td>납품장소</td><td></td></tr>
<tr><td>기타사항</td><td></td></tr>
</table>

중앙관서의 장(계약담당공무원)과 계약상대자는 붙임의 계약문서에 의하여 위 물품에 대한 구매계약을 체결하고 신의에 따라 성실히 계약상의 의무를 이행할 것을 확약하며, 이 계약의 증거로서 계약서를 작성하여 당사자가 기명날인한 후 각각 1통씩 보관한다.

붙임서류 : 1. 물품구매입찰유의서 1부
2. 물품구매계약일반조건 1부
3. 물품구매계약특수조건 1부
4. 규격 및 내용서 1부
5. 산출내역서 1부

. . .

중앙관서의 장 또는
계약담당공무원 (인)

계약상대자 (인)

물품내역서

품명	규격	단위	수량	단가	금액

22221-20811보 257mm×297mm
95.6.30 승인 (신문용지 54g/㎡)

[별지 제9호서식] <개정 2016.9.23> (앞 쪽)

용역표준계약서		계약번호 제 호 공고번호 제 호
계약자	발주처	○○부(처, 청)중앙관서의 장 또는 계약담당공무원 성명
	계약상대자	·상호 또는 법인명칭 ·법인등록번호 ·주소 ·전화번호 ·대표자
계약내용	용역명	
	계약금액	금 원정(₩)
	총용역부기금액	금 원정(₩)
	계약보증금	금 원정(₩)
	지체상금율	%
	계약기간	. . . ~ . . .
	위치	
	기타사항	

중앙관서의 장(계약담당공무원)과 계약상대자는 상호 대등한 입장에서 붙임의 계약문서에 의하여 위 기술용역에 대한 도급계약을 체결하고 신의에 따라 성실히 계약상의 의무를 이행할 것을 확약하며, 이 계약의 증거로서 계약서를 작성하여 당사자가 기명날인한 후 각각 1통씩 보관한다.

붙임서류 : 1. 기술용역입찰유의서 1부
2. 기술용역계약일반조건 1부
3. 기술용역계약특수조건 1부
4. 과업내용서 1부
5. 산출내역서 1부

. . .

중앙관서의 장 또는
계약담당공무원 (인)

계약상대자 (인)

22221-20921보
95.6.30 승인

257mm×297mm
(신문용지 54g/㎡)

(뒤 쪽)

용 역 내 역 서

용 역 명	규격·단위 또는 세부사항	금 액

22221-20922일
95.6.30 승인

210mm×297mm
(신문용지 54g/㎡)

[별지 제10호서식]

계약보증금납부서

입찰번호	제 호	입찰연월일	. . .
계약건명			
계약번호	제 호	계약(예정)연월일	. . .
계약금액	금 원정(₩)		
계약보증금액	금 원정(₩)		
보증금납부방법			
계약이행기간	년 월 일부터 년 월 일까지(년 개월)		

위의 금액을 계약보증금으로 납부합니다.

. . .

상호 또는 법인명칭 : 전화번호 :
주소 :
대표자 : (인)
주민(법인)등록번호 :

귀하

세입세출 외 현금출납공무원 성명 : (인)
유가증권취급공무원 성명 : (인)

22221-21011일
95.6.30 승인

210mm×297mm
(신문용지 54g/㎡)

[별지 제11호서식]

입찰보증금의계약보증금대체납부신청서

입찰번호	제 호	입찰연월일	. . .
계약건명			
계약번호	제 호	계약(예정)연월일	. . .
계약금액	금 원정(₩)		
계약보증금액	금 원정(₩)		
보증금납부방법			
계약이행기간	년 월 일부터 년 월 일까지(년 개월)		

위의 금액을 계약보증금으로 납부합니다.

. . .

상호 또는 법인명칭 : 전화번호 :
주소 :
대표자 : (인)
주민(법인)등록번호 :

귀하

세입세출 외 현금출납공무원 성명 : (인)
유가증권취급공무원 성명 : (인)

22221-21111일
95.6.30 승인

210mm×297mm
(신문용지 54g/㎡)

[별지 제12호서식]

하자보수보증금납부서

입찰번호	제 호	입찰연월일	. . .
계약건명			
계약번호	제 호	준공연월일	. . .
계약금액	금 원정(₩)		

하자보수보증금 납부내역

공종	공종별 계약금액	하자보수보증금율(%) 및 금액	하자담보책임기간
	원정	( )% 금 원정	. . .~ . . .
	원정	( )% 금 원정	. . .~ . . .
	원정	( )% 금 원정	. . .~ . . .

보증금납부방법

위의 금액을 하자보수보증금으로 납부합니다.

. . .

상호 또는 법인명칭 : 전화번호 :
주소 :
대표자 : (인)
주민(법인)등록번호 :

귀하

세입세출 외 현금출납공무원 성명 : (인)
유가증권취급공무원 성명 : (인)

22221-21211일 210mm×297mm
95.6.30 승인 (신문용지 54g/㎡)

[별지 제13호서식] <개정 2016.9.23>

질권설정동의서

[□입찰 □계약 □하자보수] 보증금으로 납부한 [□등록국채 □정기예금증서 □수익증권] 를(을) 「국가를 당사자로 하는 계약에 관한 법률 시행규칙」 제54조제3항의 규정에 의하여 유가증권취급공무원이 질권을 설정하는 데에 동의합니다.

구분 (등록국채등)	증서번호 (기번호)	액면금액 (좌수등)	보증금명	보증금액

구비서류 : 1. 해당 금융기관의 질권설정신청서 서식 1부
2. 유가증권취급공무원을 대리인으로 하는 위임장 1부
3. 인감증명서 또는 본인서명사실확인서(질권설정용) 1부

. . .

상호 또는 법인명칭 : 전화번호 :
주소 :
대표자 : (인)
주민(법인)등록번호 :

(유가증권취급공무원) 귀하

22221-21311일
95.6.30 승인

210mm×297mm
(신문용지 54g/㎡)

[별지 제14호서식] <개정 2021.10.28>

각 서

「국가를 당사자로 하는 계약에 관한 법률 시행규칙」 제57조제1항에 따라 보증금으로 제출한 주식은 위조가 아니며, 만일 해당 주식의 진위에 관하여 앞으로 문제가 발생할 때에는 그에 관한 모든 책임을 본인이 지겠습니다.

. . .

상호 또는 법인명칭 : 전화번호 :
주소 :
대표자 : (인)
주민(법인)등록번호 :
기관명 : ____________

유가증권취급공무원 귀하

22221-21411일 210mm×297mm
95.6.30 승인 (신문용지 54g/㎡)

[별지 제15호서식] <개정 2006.5.25>

기관명

우편번호, 주소 : (전화번호) 담당자 :

문서번호 :
발신일 : . . .
수신 :
참조 :
제목 : **부정당업자제재확인서**

<table>
<tr><td rowspan="6">부
정
당
업
자</td><td rowspan="2">상호또는법인
명칭</td><td rowspan="2"></td><td>사업자등록번호</td><td></td></tr>
<tr><td>법인등록번호</td><td></td></tr>
<tr><td>주소</td><td colspan="3"></td></tr>
<tr><td>대표자</td><td></td><td>주민등록번호</td><td></td></tr>
<tr><td>주소</td><td colspan="3"></td></tr>
<tr><td>영업종목
(세부품목)</td><td></td><td>면허·등록번호등</td><td></td></tr>
<tr><td rowspan="4">제
재
내
용</td><td>제재근거</td><td colspan="3"></td></tr>
<tr><td>해약연월일</td><td colspan="3"></td></tr>
<tr><td>제재연월일</td><td></td><td>만료연월일</td><td></td></tr>
<tr><td>제재기간</td><td colspan="3">. . . ~ . . .</td></tr>
</table>

(제재에 대한 구체적인 사유 및 보증금의 처리결과)
(기타 참고사항)

중앙관서의 장 (인)

22221-21511일
95.6.30 승인

210mm×297mm
(신문용지 54g/㎡)

[별지 제16호서식] <개정 1996.12.31>

특정(물품등/조달) 관련 특례규정, 규칙

(2단 대조식)

◉ 특정물품등의 조달에 관한 국가를 당사자로 하는 계약에 관한 법률시행령 특례규정

◉ 특정물품등의 조달에 관한 국가를 당사자로 하는 계약에 관한 법률시행 특례규칙

◉ 특정조달을 위한 국가를 당사자로 하는 계약에 관한 법률시행령 특례규정

◉ 특정조달을 위한 국가를 당사자로 하는 계약에 관한 법률 시행 특례규칙

특정물품등의조달에관한 국가를당사자로하는계약에 관한법률시행령 특례규정	특정물품등의조달에관한 국가를당사자로하는계약에 관한법률시행 특례규칙
제1조【목적】 ········ 491	제1조【목적】 ········ 491
제2조【정의】 ········ 491	제2조【특정물품등의 범위등】 ········ 491
제3조【적용범위】 ········ 494	
제4조【추정가액 결정】 ········ 494	
제5조【계약의 원칙】 ········ 495	
제6조【입찰참가자격 및 심사등】 ········ 495	제3조【입찰참가자격】 ········ 495
	제4조【입찰참가자격의 등록 및 공고】 ········ 497
	제5조【인증공급자 명부작성의 공고등】 ········ 499
제7조【일반경쟁 및 제한경쟁의 공고】 ········ 499	
제8조【지명경쟁의 공고등】 ········ 501	제6조【지명경쟁의 통지 및 공고】 ········ 501
제9조【입찰설명서의 교부】 ········ 503	제7조【입찰설명서의 내용】 ········ 503
	제8조【우편입찰서의 보관등】 ········ 503

특정물품등의조달에관한국가를당사자로하는계약에관한법률시행령특례규정

[일부개정 2008. 2.29 대통령령 제20720호]
[일부개정 2013. 3.23 대통령령 제24441호]

제1조【목적】

이 영은 국제입찰에 의한 계약에 의하여 물품등을 조달함에 있어서의 계약사무처리등에 관하여 국가를당사자로하는계약에관한법률시행령에 대한 특례를 정함을 목적으로 한다. <개정 1995.7.6>

제2조【정의】

이 영에서 사용하는 용어의 정의는 다음과 같다. <개정 1994.12.23, 2008.2.29, 2013.3.23>

1. "특정물품등"이라 함은 현금 및 유가증권을 제외한 물품과 프로그램중 기획재정부령이 정하는 것을 말한다.

특정물품등의조달에관한국가를당사자로하는계약에관한법률시행특례규칙

[일부개정 2013. 3.23 기획재정부령 제 342호]
[일부개정 2013. 9.17 기획재정부령 제 360호]
[일부개정 2025.10.31 기획재정부령 제1146호]

제1조【목적】

이 특례규칙은 특정물품등의조달에관한국가를당사자로하는계약에관한법률시행령특례규정에서 위임된 사항과 그 시행에 관하여 필요한 사항을 규정함을 목적으로 한다. [전문개정 2003.12.29]

제2조【특정물품등의 범위등】

① 특정물품등의조달에관한국가를당사자로하는계약에관한법률시행령특례규정(이하 "특례령"이라 한다) 제2조제1호의 규정에 의한 특정물품등은 외국과의 상호합의에 의하여 양허되는 전기통신제품(통신망장비 기타 통신기자재를 포함한다), 이에 부수되는 서비스 및 이들과 관련되는

특정물품등의조달에관한국가를당사자로하는계약에관한법률시행령특례규정	특정물품등의조달에관한국가를당사자로하는계약에관한법률시행특례규칙
	소프트웨어(프로그램과 이를 작성하기 위하여 사용되는 설계서·기술서 기타 관련자료를 말한다)로 한다. 다만, 다음 각호의 것을 제외한다. <개정 2003.12.29> 1. 다른 법령에 의하여 특별한 절차에 의하여 조달할 수 있는 경우로서 당해 법령에 의하여 조달하는 것 2. 별표에 규정된 기관외의 기관에서 사용하기 위하여 조달청장이 조달하는 것 3. 유상으로 양도(가공 또는 수리하여 양도하는 경우를 포함한다. 이하 이 호에서 같다)하거나 유상으로 양도하는 제품의 원재료로 사용하기 위하여 조달하는 것 4. 남북교류협력에관한법률에 의한 남한과 북한간의 교역에 의하여 조달하는 것 5. 별도의 차관협정에 따라 조달하는 것 6. 중요한 국가정책목표에 반한다고 인정되어 관계 중앙행정기관장이 협의하여 결정한 것
2. "정부조달"이라 함은 기획재정부령이 정하는 국가기관(이하 "각 중앙관서"라 한다)이 특정물품등을 구매(할부구매를 포함한다) 또는 임차하거나 시설등을 대여받는 것을	② 특례령 제2조제2호에서 "기획재정부령이 정하는 국가기관"이라 함은 미래창조과학부 및 조달청을 말한다. <개정 2003.12.29, 2013.3.23>

말한다.

3. “프로그램”이라 함은 특정한 결과를 얻기 위하여 컴퓨터 등 정보처리능력을 가진 장치안에서 직접 또는 간접으로 사용되는 일련의 지시 및 명령으로 표현된 것을 말한다.
4. “특례조달계약”이라 함은 특정물품등의 조달을 위하여 체결한 계약(계약물품등의 조달에 부수하여 운송·하역·보험등의 용역의 제공을 수반하는 계약으로서 당해 용역의 가액이 당해 특정물품등의 가액을 초과하지 아니하는 것을 포함한다)으로서 그 추정가액이 기획재정부장관이 정하는 금액이상인 계약을 말한다.
5. “추정가액”이라 함은 특정물품등의 예정가격이 결정되기 전에 예산배정금액 및 예산산출기초자료등에 의하여 추산한 가액을 말한다.
6. “반복조달계약”이라 함은 특례조달계약중 동일 또는 동종물품의 조달을 위하여 동일 연도중 동일인과 두번 이상 체결하는 계약을 말한다.
7. “외국인”이라 함은 대한민국의 국적을 가지지 아니한 자와 대한민국의 국적과 대한민국외의 국적을 이중으로 가진 자 및 외국법인(외국의 법령에 의하여 설립된 법인

특정물품등의조달에관한국가를당사자로하는계약에관한법률시행령특례규정	특정물품등의조달에관한국가를당사자로하는계약에관한법률시행특례규칙
을 말한다)을 말한다. 8. “인증공급자명부”라 함은 물품등의 유형별로 입찰에 참가할 수 있는 자격을 미리 정한 후 그 자격을 갖춘 자중 입찰참가가 가능한 자를 기록한 명부를 말한다. 9. “공고”라 함은 일반경쟁 및 제한경쟁의 경우에는 입찰이 있음을 알리고 모든 유자격자의 입찰참가를 권유하는 것을 말하며, 지명경쟁의 경우에는 입찰권유와 관련없이 단지 입찰이 있음만을 알리는 것을 말한다. **제3조 【적용범위】** ① 이 영은 특례조달계약에 대하여 이를 적용한다. ② 외국인에 대하여는 당해 외국에서 대한민국 국민에 대하여 이 영에 규정하는 것과 동등한 대우를 보장하는 경우에 한하여 이 영을 적용한다. **제4조 【추정가액 결정】** 각 중앙관서의 장 또는 그 위임을 받은 공무원은 특례조달계약의 체결시 추정가액을 결정함에 있어서 다음 각호의 1에 해당하는 경우에는 그 각호의 규정에 따라 추정가액을 결정한다.	

1. 단가계약인 경우에는 당해 물품단가에 조달 예정수량을 곱한 금액
2. 반복조달계약인 경우에는 동일 연도내에 계약할 금액의 총액
3. 물품의 임차 또는 시설등의 대여를 위한 계약으로서 계약기간이 명시된 경우에는 총계약금액으로 하며, 계약기간이 명시되지 아니한 경우에는 1월분의 임차료 또는 대여료에 48을 곱한 금액

제5조 【계약의 원칙】

① 각 중앙관서의 장 또는 그 위임을 받은 공무원은 특례조달계약을 체결함에 있어서 계약상대자의 국적이나 제품의 생산지등을 이유로 계약상의 이익을 부당하게 제한하는 특약이나 조건등을 정하여서는 아니된다.

② 각 중앙관서의 장 또는 그 위임을 받은 공무원은 계약상대자를 공정하게 선정하여야 하며, 정부조달에 관한 계약과 관련된 정보를 차별적으로 제공하여서는 아니된다.

제6조 【입찰참가자격 및 심사등】

① 외국인의 입찰참가 자격과 그에 대한 공고등에 관하여

제3조 【입찰참가자격】

① 특례령 제6조제1항의 규정에 의하여 외국인의 입찰참가자

특정물품등의조달에관한국가를당사자로하는계약에관한법률시행령특례규정	특정물품등의조달에관한국가를당사자로하는계약에관한법률시행특례규칙
필요한 사항은 기획재정부령으로 정한다. <개정 1994.12.23, 2013.3.23> ② 각 중앙관서의 장 또는 그 위임을 받은 공무원은 입찰에 참가하고자 하는 자로부터 입찰참가자격심사신청을 받아 입찰참가자격의 유무를 심사하여 그 심사 결과를 당해 신청인에게 통지하여야 한다. ③ 각 중앙관서의 장 또는 그 위임을 받은 공무원은 제2항의 규정에 의한 입찰참가자격심사신청서가 늦게 접수되어 입찰전일까지 자격심사를 할 여유가 없는 경우에는 입찰참가자격을 충족시키는 것을 조건으로 입찰참가를 허용할 수 있다. ④ 제2항의 규정에 의한 입찰참가자격 심사에 있어서 각 중앙관서의 장 또는 그 위임을 받은 공무원은 동일 물품등에 대하여 다른 기관에서 행한 입찰참가 자격심사의 결과가 있는 경우에는 별도의 심사없이 이를 적용할 수 있다.	격을 다음과 같이 한다. <개정 2003.12.29> 1. 국가를당사자로하는계약에관한법률시행령 제12조의 요건을 갖춘 자일 것 2. 제1호외의 자로서 다음 각목의 요건을 갖춘자일 것 가. 본사의 소재국에 입찰대상물품에 필요한 시설 및 점포를 소유 또는 임차하고 있는 자 나. 다른 법령에 의하여 허가·인가·면허등을 요하거나 자격요건을 갖추어야 하는 경우에는 본사의 소재국에서 당해 허가·인가·면허등을 받았거나 당해 자격요건을 갖춘 자 다. 법인의 등기부등본(개인의 경우 신원증명서)및 본사 소재국에서의 국세완납증명서 또는 이들에 상응하는 서류를 갖춘 자 ② 계약담당공무원은 조달하고자 하는 물품의 특성에 따라 필요하다고 인정되는 경우에는 제1항의 규정에 의한 자격요건외에 경영상황·경영실적 및 기술능력등을 추가하여 입찰참가자격을 정할 수 있다. ③ 계약담당공무원은 제2항의 규정에 의한 입찰참가자격의

심사를 위하여 필요하다고 인정되는 경우에는 다음 각호의 서류를 제출하게 할 수 있다.

1. 경영상황 및 경영실적(입찰대상물품의 생산에 필요한 설비등을 포함한다)을 설명하는 서류
2. 최근 2년간의 대차대조표 및 손익계산서
3. 입찰대상물품의 기술명세 및 규격에 관한 설명서
4. 입찰대상물품의 생산에 관한 자격 및 등록증명서가 있는 경우에는 당해 증명서
5. 기타 물품에 따라 필요하다고 인정되는 서류

제4조 【입찰참가자격의 등록 및 공고】

① 제3조제1항제1호의 규정에 해당하는 자가 국가를당사자로하는계약에관한법률시행규칙 제15조의 규정에 의하여 입찰참가자격의 등록을 하고자 하는 때에는 동조제2항제2호 또는 제3호 각목의 서류를 제출하거나 이들에 갈음하는 증명서를 제출하여야 한다. <개정 2003.12.29>

② 제3조제1항제2호의 규정에 해당하는 자가 국가를당사자로하는계약에관한법률시행규칙 제15조의 규정에 의하여 입찰참가자격의 등록을 하고자 하는 때에는 등록신청서와

특정물품등의조달에관한국가를당사자로하는계약에관한법률시행령특례규정	특정물품등의조달에관한국가를당사자로하는계약에관한법률시행특례규칙
	제3조제1항제2호의 규정에 의한 자격이 있음을 증명하는 서류(본사 소재국의 대한민국공관장, 상공회의소 기타 이에 상응하는 기관의 장 또는 공증인의 확인을 받은 것에 한한다)를 함께 제출하여야 한다.<개정 1995.7.6> ③ 계약담당공무원은 제1항 및 제2항의 규정에 의하여 입찰참가자격의 등록을 하게 하고자 하는 때에는 다음 각호의 사항을 국가를당사자로하는계약에관한법률시행령 제22조제1항의 규정에 의한 국가종합전자조달시스템(이하 "전자조달시스템"이라 한다) 또는 간행물에 공고하여야 한다. <개정 2003.12.29, 2013.9.17> 1. 입찰참가자격 2. 구비서류 3. 등록장소 및 등록기간 4. 등록의 유효기간 5. 기타 필요하다고 인정되는 사항 ④ 등록신청서의 작성에 사용하는 언어는 한국어로 한다. 다만, 필요하다고 인정되는 경우에는 한국어외에 영어·불어·스페인어중 하나를 선택하여 사용하게 할 수 있다.

⑤ 각 중앙관서의 장 또는 그 위임을 받은 공무원은 자격요건의 증명절차를 간소화하기 위하여 인증공급자명부를 작성하여 운용할 수 있다.

제7조 【일반경쟁 및 제한경쟁의 공고】

① 각 중앙관서의 장 또는 그 위임을 받은 공무원은 특례조달계약에 있어서 일반경쟁 또는 제한경쟁에 붙이고자 하는 때에는 국가를당사자로하는계약에관한법률시행령에 따라 공고를 하여야 한다. 이 경우 국가를당사자로하는계약에관한법률시행령 제33조제1항중 “관보 또는 일간신문에 게재하거나 게시판에 게시하는 방법등”을 “관보 또는

제5조 【인증공급자 명부작성의 공고등】

특례령 제6조제5항의 규정에 의한 인증공급자명부를 작성하고자 하는 때에는 다음 각호의 사항을 매회계연도마다 전자조달시스템 또는 간행물에 공고하여야 하며, 인증공급자명부상의 등록유효기간이 만료되거나 공급자가 인증공급자명부에서 제외되게 된 때에는 그 내용을 해당 공급자에게 통보하여야 한다. <개정 2003.12.29, 2013.9.17>

1. 조달하고자 하는 물품 및 그 물품의 범위
2. 해당 인증공급자명부에의 등록조건 및 그 조건의 입증방법
3. 인증공급자명부의 유효기간 및 등록갱신절차

특정물품등의조달에관한국가를당사자로하는계약에관한법률시행령특례규정	특정물품등의조달에관한국가를당사자로하는계약에관한법률시행특례규칙
간행물에의 게재"로, 제35조제1항중 "10일이전"을 "40일이전(반복조달계약으로서 최초의 계약외의 경우에는 25일이전)"으로, 제35조제2항중 "5일까지"를 "10일까지"로 보고, 동령 제35조제2항중 재공고 입찰의 경우 "5일까지"를 "40일까지"로 본다.<개정 1995.7.6> ② 입찰공고내용을 수정하기 위하여 수정공고를 하는 경우와 입찰자 또는 낙찰자가 없거나 낙찰자가 계약을 체결하지 아니하여 재공고를 하는 경우에 있어서 적기에 특정물품등을 조달할 수 없다고 판단되는 때에는 제1항의 규정에 불구하고 입찰일 또는 개찰일전 10일까지 공고할 수 있다. ③ 입찰공고의 내용에는 국가를당사자로하는계약에관한법률시행령 제36조에 규정된 것외에 다음 각호의 사항을 포함하여야 한다.<개정 1995.7.6> 1. 경제적 · 기술적인 요구사항, 재정보증 및 공급자가 제공하여야 할 정보 2. 입찰설명서의 교부에 관한 사항 3. 국가를당사자로하는계약에관한법률시행령 제42조 내지 제47조의 규정에 의한 낙찰자의 결정방법	

④ 입찰공고에 있어서 특정의 상표·상호·디자인·생산지 또는 제작자등을 언급하지 아니하고는 조달하고자 하는 물품의 규격·품질등에 대하여 충분한 설명이 곤란한 경우에는 그 공고내용에 상표·상호·디자인·생산지 또는 제작자등을 특정하여 그 특정된 물품 또는 이와 규격·품질등이 동등한 물품에 대하여 입찰에 붙인다는 뜻을 기재할 수 있다. 이 경우 입찰 참가자는 공급하고자 하는 물품이 공고내용에 기재된 물품과 규격·품질등이 동등한 것임을 증명하여야 한다. ⑤ 제1항의 규정에 의한 공고에 사용하는 언어는 한국어로 함을 원칙으로 하되, 다음 각호의 사항은 영어·불어·스페인어중 하나를 선택하여 공고문 하단에 요약하여 게재하여야 한다. 1. 계약의 주대상 물품의 명칭 및 수량 2. 입찰서 제출마감일 및 입찰일 3. 발주관서의 명칭 및 주소	
제8조 【지명경쟁의 공고등】 ① 각 중앙관서의 장 또는 그 위임을 받은 공무원은 특례조달	**제6조 【지명경쟁의 통지 및 공고】** ① 특례령 제8조제1항의 규정에 따라 계약담당공무원이 특례

특정물품등의조달에관한국가를당사자로하는계약에관한법률시행령특례규정	특정물품등의조달에관한국가를당사자로하는계약에관한법률시행특례규칙
계약에 있어서 지명경쟁에 붙이고자 하는 때에는 제7조의 규정에 준하여 공고하되, 그 공고내용에는 지명경쟁에의 참가기준을 포함하여야 한다. ② 제1항의 규정에 의한 지명경쟁입찰에 있어서 제6조제5항의 규정에 의한 인증공급자명부가 작성되어 있지 아니하거나 기타의 사유로 입찰공고일 이전에 별도로 당해 입찰에 지명될 자를 결정할 필요가 있는 경우에는 입찰참가희망자로부터 당해 입찰에 관한 의견이나 참가요청서등을 미리 제출받아 입찰참가자격을 심사할 수 있다. ③ 지명경쟁의 공고 및 통지등에 관하여 필요한 사항은 기획재정부령으로 정한다.<개정 1994.12.23, 2013.3.23>	조달계약을 지명경쟁에 부치고자 하는 때에는 다음 각호의 사항을 입찰대상자에게 통지하고, 전자조달시스템 또는 간행물에 공고하여야 한다. <개정 2003.12.29, 2013.9.17> 1. 입찰참가자격기준 2. 입찰대상물품의 품명 및 수량, 조달계약의 이행기간 및 이행장소 3. 계약조건의 설명장소 4. 입찰서등의 접수장소 및 접수기간 5. 입찰 및 개찰의 일시와 장소 6. 입찰보증금에 관한 사항 7. 기타 입찰서 작성에 필요하다고 인정되는 사항 ② 제1항의 규정에 의한 통지 및 공고는 입찰일의 전일부터 기산하여 40일이전에 이를 행하여야 한다. ③ 제1항의 규정에 의한 통지를 받은 지명경쟁입찰대상자로서 당해 입찰에 참가하고자 하는 자는 지명경쟁입찰참가승낙서를 입찰일의 전일까지 제출하여야 한다.

제9조【입찰설명서의 교부】

① 중앙관서의 장 또는 그 위임을 받은 공무원은 특례조달계약에 있어서 경쟁입찰에 붙이고자 하는 경우에는 입찰에 참가하고자 하는 자에게 입찰설명서를 교부받을 수 있는 균등한 기회를 주어야 하며, 입찰설명서에 대한 설명등을 요청받은 때에는 즉시 이에 응하여야 한다.

② 입찰설명서의 내용 및 교부방법등에 관하여 필요한 사항은 기획재정부령으로 정한다. <개정 1994.12.23, 2013.3.23>

제7조【입찰설명서의 내용】

특례령 제9조의 규정에 의한 입찰설명서에는 다음 각호의 내용이 포함되어야 한다.

1. 특례령 제7조 또는 제8조에 규정된 사항
2. 입찰대상물품의 기술명세 및 규격에 관한 설명서
3. 계약담당공무원의 소속기관 및 그 기관의 주소
4. 계약서 작성에 사용하는 언어
5. 기타 필요하다고 인정되는 사항

제8조【우편입찰서의 보관등】

① 계약담당공무원은 우편입찰서를 접수한 때에는 당해 입찰서의 봉투표면에 접수일시를 기재하고 확인인을 날인하여 개찰시까지 개봉하지 아니하고 보관하여야 한다.

② 우편입찰서가 입찰서 접수마감일시이후에 도착된 경우에는 그 도착일시 및 당해 입찰서의 접수가 무효라는 뜻을 당해 입찰참가희망자에게 통지하여야 한다.

제9조【입찰서의 심사기준등】

① 계약담당공무원은 특례조달계약 입찰서를 심사하고 낙찰자를 결정함에 있어서는 당해 물품의 조달에 필요한 모든

특정물품등의조달에관한국가를당사자로하는계약에관한법률시행령특례규정	특정물품등의조달에관한국가를당사자로하는계약에관한법률시행특례규칙
	비용이 포함된 가격을 기준으로 하여야 한다. ② 입찰서를 심사함에 있어서 계약의 목적 및 성질상 제1항의 규정에 의한 가격만을 심사의 기준으로 하기가 곤란하다고 인정되는 경우에는 예정가격이하의 가격으로 입찰에 참가한 자중에서 가격을 포함한 모든 조건을 가장 유리하게 제시한 자를 낙찰자로 결정할 수 있다. 다만, 입찰공고 및 입찰설명서상에서 이러한 결정기준을 명확히 한 경우에 한한다. ③ 입찰서의 작성에 사용하는 언어에 관하여는 제4조제4항의 규정을 준용한다.
제10조 【낙찰자등의 고시 및 통지등】 ① 각 중앙관서의 장 또는 그 위임을 받은 공무원은 특례조달계약에 있어서 낙찰자 또는 수의계약의 상대자를 결정한 때에는 그 결정일의 다음날부터 60일이내에 기획재정부령이 정하는 사항을 관보에 고시하여야 한다. <개정 1994.12.23, 2013.3.23> ② 각 중앙관서의 장 또는 그 위임을 받은 공무원은 경쟁입찰	**제10조 【낙찰자등의 결정의 고시사항】** ① 특례령 제10조제1항의 규정에 의하여 낙찰자 또는 수의계약대상자의 결정에 관하여 고시할 사항은 다음 각호와 같다. 1. 낙찰되거나 수의계약한 물품의 품명 및 수량 2. 낙찰자 또는 수의계약 상대자의 성명 및 주소 3. 낙찰금액 또는 수의계약금액

에 의한 특례조달계약에 있어서 낙찰자를 결정한 때에는 특별한 사유가 없는 한 그 결정일의 다음날부터 7일이내에 낙찰자외의 모든 입찰자들에게 낙찰자를 결정한 사실, 낙찰자의 성명(상호) 및 주소, 낙찰금액등을 서면 또는 간행물등의 방법으로 통지하여야 한다.

③ 각 중앙관서의 장 또는 그 위임을 받은 공무원은 낙찰자로 결정되지 아니한 입찰자로부터 낙찰되지 아니한 이유 기타 당해 입찰과 관련된 자료등의 요청이 있는 때에는 특별한 사유가 없는 한 이에 응하여야 한다.

제11조【수의계약 사유】

특례조달계약에 있어서 국가를당사자로하는계약에관한법률시행령 제26조제1항제4호·제5호, 동항제6호 가목(품질경영촉진법 부칙 제4조의 규정에 의한 경우에 한한다), 동항제7호 가목 내지 마목, 동항제8호 가목 및 나목의 규정에 의한 사유는 수의계약 적용대상에서 제외한다.

[전문개정 1995.7.6]

4. 계약담당공무원의 소속기관 및 그 기관의 주소
5. 낙찰자 또는 수의계약상대자의 결정절차
6. 경쟁입찰의 경우에는 입찰의 공고일자
7. 수의계약의 경우에는 수의계약 사유
8. 기타 필요하다고 인정되는 사항

② 계약담당공무원은 제1항각호의 사항이 공개됨으로 인하여 법령의 집행을 저해하거나 공공의 이익에 반할 우려가 있다고 판단되는 경우 또는 공급자간의 공정한 경쟁을 저해하거나 특정인의 상업적 이익을 침해하는 등의 우려가 있다고 판단되는 경우에는 제1항각호의 고시사항중 일부를 생략할 수 있다.

제11조 삭제<1996.12.31>

제12조【계약실적보고】

각 중앙관서의 장은 특례조달계약을 체결한 경우에는 별지서식에 따라 작성한 매분기별 계약실적보고서를 당해 분기종료후 30일이내에 기획재정부장관에게 제출하여야 한다.

<개정 2003.12.29, 2013.3.23>

<table>
<tr><th>특정물품등의조달에관한국가를당사자로하는계약에관한법률시행령특례규정</th><th>특정물품등의조달에관한국가를당사자로하는계약에관한법률시행특례규칙</th></tr>
<tr><td>제12조 삭제 <1996.12.31>

제13조 【계약에 관한 기록】
① 각 중앙관서의 장 또는 그 위임을 받은 공무원은 특례조달계약에 있어서 경쟁에 의하여 낙찰자를 결정한 때에는 다음 각호의 사항을 기록하여 관리하여야 한다.
1. 입찰자 및 개찰에 참여한 자의 성명
2. 입찰자의 참가신청자격
3. 낙찰자의 성명, 낙찰금액 및 낙찰자 결정의 이유
4. 무효로 된 입찰이 있는 경우에는 당해 입찰의 내용 및 무효로 된 이유
5. 제10조제2항의 규정에 의한 통지를 한 경우에는 당해 통지에 관한 사항
6. 기타 필요하다고 인정되는 사항
② 각 중앙관서의 장 또는 그 위임을 받은 공무원은 특례조달계약에 있어서 수의계약을 체결한 때에는 다음 각호의 사항을 기록하여 관리하여야 한다.
1. 계약의 목적</td><td></td></tr>
</table>

2. 물품의 품명·규격·수량·단가·금액등
3. 적용법령조문 및 구체적인 적용사유
4. 계약상대자의 성명(상호) 및 주소
5. 물품원산지의 국가명
6. 기타 필요하다고 인정되는 사항

제14조 【이의처리】

① 각 중앙관서의 장은 특례조달계약에 있어서 낙찰자로 결정되지 아니한 입찰자로부터 이의제기가 있는 경우에는 이에 대한 적절한 조치를 하여야 한다.

② 제1항의 규정에 의한 각 중앙관서의 장의 조치에 이의가 있는 자는 그 조치가 있은 날 또는 그 조치가 있음을 안 날부터 15일이내에 특정조달을위한국가를당사자로하는계약에관한법률시행령특례규정 제28조의 규정에 의한 국제계약분쟁조정위원회에 조정을 위한 재심을 청구할 수 있다. <개정 1996.12.31>

제15조 삭제<1996.12.31>

제16조 삭제<1996.12.31>

특정물품등의조달에관한국가를당사자로하는계약에관한법률시행령특례규정	특정물품등의조달에관한국가를당사자로하는계약에관한법률시행특례규칙
제17조 【국가를당사자로하는계약에관한법률시행령과의 관계】 특례조달계약에 있어서 이 영에 특별한 규정이 없는 사항에 관하여는 국가를당사자로하는계약에관한법률시행령 및 특정조달을위한국가를당사자로하는계약에관한법률시행령특례규정을 적용한다. <개정 1995.7.6, 1996.12.31>	

부　칙<제13570호,1992.1.22>

①(시행일) 이 영은 공포한 날부터 시행한다.

②(적용례) 이 영은 이 영 시행후 최초로 입찰공고를 하는 특례조달계약분부터 적용한다.

③(적용범위의 특례) 이 영 시행전에 외국과의 합의에 의하여 당해 외국의 국민에 대하여 정부조달을 위한 입찰 및 조달계약에의 참가를 허용하기로 한 당해 외국의 물품으로서 재정경제원장관이 관계 중앙관서의 장과 협의하여 정한 것에 대하여는 제3조제2항의 규정을 적용하지 아니할 수 있다.
<신설 1992.7.3, 1994.12.23>

부　칙<제13690호,1992.7.3>

이 영은 공포한 날부터 시행한다.

부　칙<제13870호,1993.3.6>
(상공자원부와그소속기관직제)

제1조 【시행일】

이 영은 공포한 날부터 시행한다.

부　칙<제1876호, 1992. 3. 6>

이 규칙은 공포한 날부터 시행한다.

부　칙<제511호, 1995. 7. 6>
(국가를당사자로하는계약에관한법률시행규칙)

제1조 【시행일】

이 규칙은 1995년 7월 6일부터 시행한다.

제2조 생략

제3조 【다른법령의 폐지 및 개정】

① 및 ② 생략

③ 특정물품등의조달에관한계약사무처리특례규칙중 다음과 같이 개정한다.

제4조제1항 및 제2항중 "계약사무처리규칙 제16조"를 각각 "국가를당사자로하는계약에관한법률시행규칙 제15조"로 한다.

④ 내지 ⑦ 생략

제4조 【다른 법령과의 관계】

이 규칙 시행당시 다른 법령에서 계약사무처리규칙의 각

특정물품등의조달에관한국가를당사자로하는계약에관한법률시행령특례규정	특정물품등의조달에관한국가를당사자로하는계약에관한법률시행특례규칙
제2조 및 제3조 생략 **제4조 【다른 법령의 개정】** ① 내지 ㊿ 생략 (58) 특정물품등의조달에관한예산회계법시행령특례규정중 다음과 같이 개정한다. 제15조제3항제1호중 "상공부"를 "상공자원부"로 한다. (59) 내지 (188) 생략 **부 칙<제14438호,1994.12.23>** **(재정경제원과그소속기관직제)** **제1조 【시행일】** 이 영은 공포한 날부터 시행한다. **제2조 내지 제4조 생략** **제5조 【다른법령의 개정】** ① 내지 ㉚ 생략 ㉛ 특정물품등의조달에관한예산회계법시행령특례규정중 다음과 같이 개정한다.	조문을 인용한 경우에는 이 규칙의 해당조문을 인용한 것으로 본다. **부 칙<제603호, 1996.12.31>** **(특정조달을위한국가를당사자로하는계약에관한법률시행특례규칙)** **제1조 【시행일】** 이 규칙은 공포한 날부터 시행한다. **제2조 【다른 법령의 폐지 및 개정】** ① 및 ② 생략 ③ 특정물품등의조달에관한계약사무처리특례규칙중 다음과 같이 개정한다. 제11조를 생략한다. **제3조 생략** **부 칙<제336호, 2003.12.29>** 이 규칙은 공포한 날로부터 시행한다.

제2조제1호 · 제2호, 제6조제1항, 제8조제3항, 제9조제2항, 제10조제1항, 제12조 및 제16조제1항제3호중 '재무부령'을 각각 '총리령'으로 하고, 제15조제1항 본문 중 '재무부'를 '재정경제원'으로 하며, 제2조제4호, 제15조제3항 본문 · 제4호 · 제6항 및 부칙 제3항의 '재무부장관'을 '재정경제원장관'으로 하고, 제15조제3항의 '재무부차관'을 '재정경제원차관'으로 하며, 제15조제3항제1호의 '경제기획원'을 '재정경제원'으로 하고, "재무부"를 삭제하며, 제15조제5항의 '재무부 회계제도과장'을 '재정경제원 회계총괄과장'으로 한다.

㉜ 내지 ㉜㉗ 생략

부 칙 <제14447호,1994.12.23>
(건설교통부와그소속기관직제)

제1조 【시행일】

이 영은 공포한 날부터 시행한다. <단서 생략>

제2조 내지 제4조 생략

제5조 【다른법령의 개정】

① 내지 ㊶ 생략

부 칙 (제342호, 2013.3.23)

(기획재정부와 그 소속기관 직제 시행규칙 일부개정령)

제1조(시행일) 이 규칙은 공포한 날부터 시행한다.

제2조 및 **제3조** 생략

제4조(다른 규칙의 개정) ①부터 ⑬까지 생략

⑭ 특정물품등의조달에관한국가를당사자로하는계약에관한법률시행특례규칙 일부를 다음과 같이 개정한다.

제2조제2항 중 "재정경제부령"을 "기획재정부령"으로, "정보통신부"를 "미래창조과학부"로 한다.

제12조 중 "재정경제부장관"을 "기획재정부장관"으로 한다.

⑮ 생략

부 칙(제360호, 2013.9.17)

(전자조달의 이용 및 촉진에 관한 법률 시행규칙)

제1조(시행일) 이 규칙은 2013년 9월 23일부터 시행한다.

제2조(다른 법령의 개정) ① 및 ② 생략

<table>
<tr><th>특정물품등의조달에관한국가를당사자로하는계약에관한법률시행령특례규정</th><th>특정물품등의조달에관한국가를당사자로하는계약에관한법률시행특례규칙</th></tr>
<tr><td>㊷ 특정물품등의조달에관한예산회계법시행령특례규정중 다음과 같이 개정한다.
제15조제3항중 “건설부”를 “건설교통부”로 한다.
㊸ 내지 ⑳⑤ 생략

부 칙 <제14710호,1995.7.6>
(국가를당사자로하는계약에관한법률시행령)

제1조 【시행일】
이 영은 1995년 7월 6일부터 시행한다. <단서 생략>
제2조 및 제3조 생략
제4조 【다른 법령의 폐지 및 개정】
① 및 ② 생략
③ 특정물품등의조달에관한예산회계법시행령특례규정중 다음과 같이 개정한다.
제명을 “특정물품등의조달에관한국가를당사자로하는계약에관한법률시행령특례규정”으로 한다.
제1조 및 제7조제1항 전단중 “예산회계법시행령”을 각각 “국가를당사자로하는계약에관한법률시행령”으로 한다.</td><td>③ 특정물품등의조달에관한국가를당사자로하는계약에관한법률시행특례규칙 일부를 다음과 같이 개정한다.
제4조제3항 각 호 외의 부분 중 "지정정보처리장치(이하 "지정정보처리장치"라 한다)를 "국가종합전자조달시스템(이하 "전자조달시스템"이라 한다)"으로 한다.
제5조 각 호 외의 부분 및 제6조제1항 각 호 외의 부분 중 "지정정보처리장치"를 각각 "전자조달시스템"으로 한다.
④ 생략</td></tr>
</table>

제7조제1항 후단중 "예산회계법시행령 제82조제1항"을 "국가를당사자로하는계약에관한법률시행령 제33조제1항"으로, "게시판에의 게시등"을 "게시판에 게시하는 방법등"으로 "동조제3항중"을 "제35조제1항중"으로, "동조제4항중"을 "제35조제2항중"으로, "동령 제85조중"을 "동령 제35조제2항중 재공고 입찰의 경우"로 "개찰일전 5일까지"를 '개찰일 5일전까지'로 한다.

제7조제3항 본문중 "예산회계법시행령 제84조에"를 "국가를당사자로하는계약에관한법률시행령 제36조에"로 하고, 동항제3호중 "예산회계법시행령 제99조·제100조·제102조 및 제103조의 규정에"를 "국가를당사자로하는계약에관한법률시행령 제42조 내지 제47조의 규정에"로 한다.

제11조를 다음과 같이 한다.

제11조 (수의계약 사유) 특례조달계약에 있어서 국가를당사자로하는계약에관한법률시행령 제26조제1항제4호·제5호, 동항제6호 가목(품질경영촉진법 부칙 제4조의 규정에 의한 경우에 한한다), 동항제7호 가목 내지 마목, 동항제8호 가목 및 나목의 규정에 의한 사유는 수의계약

특정물품등의조달에관한국가를당사자로하는계약에관한법률시행령특례규정	특정물품등의조달에관한국가를당사자로하는계약에관한법률시행특례규칙
적용대상에서 제외한다. 제12조중 "예산회계법시행령 제117조의"를 "국가를당사자로하는계약에관한법률시행령 제58조의"로 한다. 제17조의 제목 및 본문중 "예산회계법시행령"을 각각 "국가를 당사자로하는계약에관한법률시행령"으로 한다. ④ 내지 ⑥ 생략 **제5조 생략** **부칙<제15187호,1996.12.31>** **(특정조달을위한국가를당사자로하는계약에관한법률시행령특례규정)** **제1조 【시행일】** 이 영은 1997년 1월 1일부터 시행한다. **제2조 생략** **제3조 【다른 법령의 폐지 및 개정】** ① 생략 ② 특정물품등의조달에관한국가를당사자로하는계약에관한법률시행령특례규정중 다음과 같이 개정한다. 제12조를 삭제한다.	

제14조제2항을 다음과 같이 한다.

② 제1항의 규정에 의한 각 중앙관서의 장의 조치에 이의가 있는 자는 그 조치가 있은 날 또는 그 조치가 있음을 안 날부터 15일이내에 특정조달을위한국가를당사자로하는계약에관한법률시행령특례규정 제28조의 규정에 의한 국제계약분쟁조정위원회에 조정을 위한 재심을 청구할 수 있다.

제15조 및 제16조를 각각 삭제한다.

제17조중 "외자구매계약규정"을 "특정조달을위한국가를당사자로하는계약에관한법률시행령특례규정"으로 한다.

제4조 생략

부　칙<제20720호,2008.2.29>
(기획재정부와 그 소속기관 직제)

제1조 【시행일】

이 영은 공포한 날부터 시행한다. 다만, 부칙 제8조에 따라 개정되는 대통령령 중 이 영의 시행 전에 공포되었으나 시행일이 도래하지 아니한 대통령령을 개정한 부분은 각각 해당 대통령령의 시행일부터 시행한다.

특정물품등의조달에관한국가를당사자로하는계약에관한법률시행령특례규정	특정물품등의조달에관한국가를당사자로하는계약에관한법률시행특례규칙
제2조부터 제7조까지 생략 **제8조 【다른 법령의 개정】** ①부터 ㉑까지 생략 62 특정물품등의조달에관한국가를당사자로하는계약에관한법률시행령특례규정 일부를 다음과 같이 개정한다. 제2조제4호 중 “재정경제원장관”을 “기획재정부장관”으로 한다. 63부터 68까지 생략	
부 칙(제24441호, 2013.3.23) (기획재정부와 그 소속기관 직제 일부개정령) **제1조(시행일)** 이 영은 공포한 날부터 시행한다. **제2조부터 제4조**까지 생략 **제5조(다른 법률의 개정)** ①부터 <39>까지 생략 <40>특정물품등의조달에관한국가를당사자로하는계약에관한법률시행령특례규정 일부를 다음과 같이 개정한다. 제2조제1호 · 제2호, 제6조제1항, 제8조제3항, 제9조제2항 및 제10조제1항 중 "총리령"을 각각 "기획재정부	**부 칙(기획재정부령 제1146호, 2025.10.31)** (정부조직 개편 반영을 위한 10개 법령의 일부개정에 관한 기획재정부령) 이 규칙은 공포한 날부터 시행한다.

령"으로 한다.

<41>부터 <43>까지 생략

【별표】 <개정 2025.10.31>

특례조달계약에 의하여 특정물품등을 조달받는 기관(제2조제1항제2호관련)

1. 감사원
2. 기획재정부
3. 과학기술정보통신부
4. 교육부
5. 외교부
6. 통일부
7. 법무부
8. 행정안전부
9. 국가보훈부
10. 문화체육관광부
11. 농림축산식품부
12. 산업통상부
13. 보건복지부
14. 기후에너지환경부
15. 고용노동부
16. 국토교통부
17. 해양수산부
18. 중소벤처기업부
19. 법제처
20. 지식재산처
21. 국세청
22. 관세청
23. 조달청
24. 대검찰청
25. 병무청
26. 농촌진흥청
27. 산림청
28. 한국토지주택공사

【별지서식】

계약실적[총]보고서

(제1면)

기 관 명

문서번호 : (전화번호 :) 년 월 일
시행일자 :
수 신 : 재무부장관 발신 : (인)

/분기 계약실적(총)보고서

1. 계약집행실적(규모별·형태별) (건수/금액, 단위:백만원)

<table>
<tr><th colspan="3">금액별
계약구분</th><th>3억 미만</th><th>3억 이상 5억 미만</th><th>5억 이상 10억 미만</th><th>10억 이상 30억 미만</th><th>30억 이상 50억 미만</th><th>50억 이상</th><th>계</th><th>평균 낙찰 비율</th><th>평균 입찰 참가 인원</th></tr>
<tr><td rowspan="4">일반 경쟁 계약</td><td colspan="2">구 매</td><td></td><td></td><td></td><td></td><td></td><td></td><td></td><td></td><td></td></tr>
<tr><td colspan="2">임 차</td><td></td><td></td><td></td><td></td><td></td><td></td><td></td><td></td><td></td></tr>
<tr><td colspan="2">리 스</td><td></td><td></td><td></td><td></td><td></td><td></td><td></td><td></td><td></td></tr>
<tr><td colspan="2">소 계</td><td></td><td></td><td></td><td></td><td></td><td></td><td></td><td></td><td></td></tr>
<tr><td rowspan="6">제한 경쟁 계약</td><td rowspan="3">구매</td><td>특수성능·품질</td><td></td><td></td><td></td><td></td><td></td><td></td><td></td><td></td><td></td></tr>
<tr><td>기 타</td><td></td><td></td><td></td><td></td><td></td><td></td><td></td><td></td><td></td></tr>
<tr><td>소 계</td><td></td><td></td><td></td><td></td><td></td><td></td><td></td><td></td><td></td></tr>
<tr><td colspan="2">임 차</td><td></td><td></td><td></td><td></td><td></td><td></td><td></td><td></td><td></td></tr>
<tr><td colspan="2">리 스</td><td></td><td></td><td></td><td></td><td></td><td></td><td></td><td></td><td></td></tr>
<tr><td colspan="2">소 계</td><td></td><td></td><td></td><td></td><td></td><td></td><td></td><td></td><td></td></tr>
<tr><td rowspan="7">지명 경쟁 계약</td><td rowspan="4">구매</td><td>특수자재·물품</td><td></td><td></td><td></td><td></td><td></td><td></td><td></td><td></td><td></td></tr>
<tr><td>K.S제품</td><td></td><td></td><td></td><td></td><td></td><td></td><td></td><td></td><td></td></tr>
<tr><td>기 타</td><td></td><td></td><td></td><td></td><td></td><td></td><td></td><td></td><td></td></tr>
<tr><td>소 계</td><td></td><td></td><td></td><td></td><td></td><td></td><td></td><td></td><td></td></tr>
<tr><td colspan="2">임 차</td><td></td><td></td><td></td><td></td><td></td><td></td><td></td><td></td><td></td></tr>
<tr><td colspan="2">리 스</td><td></td><td></td><td></td><td></td><td></td><td></td><td></td><td></td><td></td></tr>
<tr><td colspan="2">소 계</td><td></td><td></td><td></td><td></td><td></td><td></td><td></td><td></td><td></td></tr>
</table>

22221-19041보
'92.2.14 승인

257mm×364mm
신문용지 54g/m²

(제2면)

계약구분 \ 금액별			3억 미만	3억 이상 5억 미만	5억 이상 10억 미만	10억 이상 30억 미만	30억 이상 50억 미만	50억 이상	계	평균 낙찰 비율	평균 입찰 참가 인원
수의계약	구매	특허실용신안·의장등록품									
		단일생산품									
		K.S 제품									
		단체적수의계약									
		농공지구입주공장									
		자활집단촌복지공장									
		개발선정품등									
		특수법인									
		사회복지법인									
		기타									
	소계										
	임차										
	리스										
	소계										
합계											

※ 기재요령

1. 기재대상 : 이 실적보고서는 "특정물품등의 조달에관한 예산회계법시행령 특례규정" 제2조제4호의 특례조달계약에 해당할 경우에만 작성합니다.
2. 계약구분에 있어서 구매는 제조를 포함한 것으로 보며 리스는 동특례규정 동조 제2호의 시설 등을 대여받은 것을 말한다.
3. 평균낙찰비율과 평균입찰참가인원은 낙찰률 및 참가자수를 건수로 각각 나누어 계산합니다.
4. 장기계속계약의 경우 당해 연도 계약분을 기준으로 작성하되 계약방법은 최초 계약시의 계약방법으로 기재합니다.

(예 : 1차 계약이 제한경쟁계약인 경우 2차이후 계약도 제한경쟁계약으로 분류하여 기재합니다)

(제3면)

2. 수의계약집행실적내역

(금액단위 : 백만원)

구분	사업명(계약건명)	사업의 종류	수의계약사유	사업비(책정예산액)	계약 금액	계약 기간	계약자(국적)	비고

(제4면)

(금액단위 : 백만원)

구분	사업명(계약건명)	사업의 종류	수의계약사유	사업비(책정예산액)	계약 금액	계약 기간	계약자(국적)	비고

※ 기재요령

1. 기재대상 : 이 실적보고서는 "특정물품등의 조달에 관한 예산회계법시행령 특례규정" 제2조제4호의 특례조달계약에 해당할 경우에만 작성합니다.
2. 구분에는 구매·임차 및 리스를 기재하는데 여기에서 구매는 제조를 포함한 것으로 봅니다.
3. 사업의 종류는 주된 계약목적물(품명) 및 수량을 기재합니다.
4. 수의계약사유는 예산회계법시행령 제104조 내지 제106조 각항 각호 각목까지 기재합니다.
   (예 : 단체적수의계약의 경우에는 "§104.③.2"로 기재하고 특허나 실용신안등록에 의한 경우는 "§104.①.2 가"로 기재합니다.)
5. 사업비(책정예산액)는 예산회계법시행령 제40조 및 제41조의 규정에 의하여 재무관이 당해 사업비로서 배정받는 금액을 기재합니다.
6. 계약금액 및 계약기간은 당해 계약서상 기재된 계약금액 및 계약기간을 기재합니다.
7. 계약자는 회사명을 기재하고 괄호안에는 국적(원산지국가)을 기재합니다.
8. 비고란에는 추후에 재무부장관이 따로 정하는 사항을 기재합니다.

특정조달을 위한 국가를 당사자로 하는 계약에 관한 법률 시행령 특례규정 · 규칙

특정조달을위한국가를당사자로하는계약에관한법률시행령특례규정

특정조달을위한국가를당사자로하는계약에관한법률시행특례규칙

특정조달을 위한 국가를 당사자로 하는 계약에 관한 법률 시행령 특례규정

일부개정 2008. 2.29 대통령령 제20720호
2010. 3.15 대통령령 제22076호
2010. 7.12 대통령령 제22269호
2011. 6.30 대통령령 제23000호
2011. 7.28 대통령령 제23051호
2011.12. 2 대통령령 제23337호
2013. 3.23 대통령령 제24441호
2013. 7.15 대통령령 제24661호
2013. 9.17 대통령령 제24728호
2014,11,19 대통령령 제25751호
2014,12,11 대통령령 제25847호
2015, 7,13 대통령령 제26391호
2016, 6,30 대통령령 제27300호
2024, 5,14 대통령령 제34505호
2025,10, 1 대통령령 제35811호

제1조 【목적】

이 영은 1994년 4월 15일 마라케쉬에서 작성된 정부조달협정 등 정부가 가입하거나 체결한 다자간 또는 양자간 정부조달협정을 이행하기 위하여 국가를당사자로하는계약에관한법률(이하 "법"이라 한다) 제4조의 규정에 의한 국제입찰을 실시함에 있어서 국가를당사자로하는계약에관한법률시행령(이하 "시행령"

특정조달을 위한 국가를 당사자로 하는 계약에 관한 법률 시행 특례규칙

기획재정부령 제358호, 2013. 8. 7, 전부개정
기획재정부령 제360호, 2013. 9.17, 타법개정
기획재정부령 제492호, 2015. 7.20, 일부개정

제1조 【목적】

이 규칙은 「특정조달을 위한 국가를 당사자로 하는 계약에 관한 법률 시행령 특례규정」에서 위임된 사항과 그 시행에 필요한 사항을 규정함을 목적으로 한다.

특정조달을위한국가를당사자로하는계약에관한법률시행령특례규정	특정조달을위한국가를당사자로하는계약에관한법률시행특례규칙
이라 한다)에 대한 특례를 정함을 목적으로 한다. <개정 2003.8.27> **제2조 【정의】** 이 영에서 사용하는 용어의 정의는 다음과 같다. 1. "국제입찰"이라 함은 내·외국인 또는 외국인을 대상으로 하여 물품·공사 및 용역을 조달하기 위하여 행하는 입찰을 말하며 수의계약을 포함한다. 2. "특정조달계약"이라 함은 국가가 법 제4조제1항 및 제2항의 규정에 의한 국제입찰을 통하여 물품·공사 및 용역을 조달하기 위하여 법·시행령 및 이 영의 규정에 따라 체결하는 계약을 말한다. 3. "발주기관"이라 함은 법·시행령 및 이 영의 규정에 의하여 물품·공사 및 용역을 조달하기 위하여 계약을 체결하는 국가기관을 말한다. 4. "일반경쟁입찰"이라 함은 특정조달계약에 있어서 입찰에 참가하고자 하는 모든 자격자가 입찰서를 제출할 수 있는 입찰을 말한다. 5. "지명경쟁입찰"이라 함은 특정조달계약에 있어서 발주기관이 지명한 자가 입찰서를 제출할 수 있는 입찰을	

말한다.

6. “수의계약”이라 함은 특정조달계약에 있어서 발주기관이 경쟁입찰에 의하지 아니하고 계약상대자를 결정하는 계약을 말한다.

7. “유자격자명부”라 함은 특정조달계약에 있어서 물품·공사 및 용역의 입찰에 참가할 수 있는 자격을 미리 정한 후 그 자격을 갖춘 자를 기재한 명부를 말한다.

제3조【적용범위】

① 이 영은 국가가 체결하는 특정조달계약에 대하여 적용한다.

② 법 제4조제1항제4호에서 “대통령령으로 정한 경우”란 다음 각 호의 어느 하나에 해당하는 경우를 말한다. <개정 2014.12.11., 2015.7.13.>

1. 무기·탄약 또는 전쟁물자의 조달이나 국가안보 또는 국방목적수행과 관련된 조달로서 중대한 안보상의 이익을 보호하기 위하여 필요한 경우
2. 공공의 질서 및 안정을 유지하거나 인간 또는 동식물의 생명과 건강 및 지적소유권을 보호하기 위하여 필요한 경우

<table>
<tr><th>특정조달을위한국가를당사자로하는계약에관한법률시행령특례규정</th><th>특정조달을위한국가를당사자로하는계약에관한법률시행특례규칙</th></tr>
<tr><td>3. 자선단체 · 장애인 및 재소자가 생산한 물품과 용역 등을 조달하는 경우
4. 삭제 <2003.8.27.>
5. 삭제 <2015.7.13.>
6. 급식에 필요한 물품 등을 조달하는 경우
7. 재판매 또는 판매에 필요하거나 재판매 또는 판매를 위한 공급에 필요한 물품이나 용역을 조달하는 경우
8. 부동산을 취득하거나 임차하는 경우
9. 비계약적 합의 또는 지원을 위하여 조달하는 경우
10. 다음 각 목의 어느 하나를 위한 용역을 조달하는 경우
가. 재무대리 또는 예탁
나. 금융기관의 청산 · 관리
다. 공적 부채의 판매, 상환 및 유통
11. 개발원조 등 국제원조를 위하여 조달하는 경우
12. 합작 프로젝트 체결국의 공동 이행과 관련된 국제협약의 절차 또는 조건에 따라 조달하는 경우
13. 다음 각 목의 어느 하나에 해당하는 경우로서 그 절차</td><td></td></tr>
</table>

또는 조건이 1994년 4월 15일 마라케쉬에서 작성된 정부조달협정(2012년 3월 30일에 채택된 정부조달에 관한 협정 개정 의정서를 포함하며, 이하 "마라케쉬 정부조달협정"이라 한다)과 불합치하는 경우

가. 국제기구의 절차 또는 조건에 따라 조달하는 경우

나. 국제적 공여 또는 차관 등을 재원으로 조달하는 경우

③ 법 제4조제2항의 규정에 의한 정부기관과 물품·공사 및 용역의 범위는 각각 별표 1 및 별표 2와 같다. <개정 2003.8.27.>

④ 기획재정부장관은 마라케쉬 정부조달협정 등 정부가 가입하거나 체결한 다자간 또는 양자간 정부조달협정(국제협정에 포함된 정부조달부문을 포함하며, 이하 "협정"이라 한다)이 정하는 바에 의하여 제2항 및 제3항의 규정에 대한 특례를 정하고자 하는 경우에는 그 협정의 내용에 따라 협정가입국(협정체결국을 포함한다. 이하 같다), 특정조달계약의 체결이 제한되는 국가, 협정의 적용범위 및 특정조달계약의 적용범위 등에 관한 사항을 고시하여야 한다. <신설 2003.8.27., 2008.2.29., 2011.7.28., 2015.7.13.>

특정조달을위한국가를당사자로하는계약에관한법률시행령특례규정	특정조달을위한국가를당사자로하는계약에관한법률시행특례규칙
⑤ 「국가재정법」 제6조에 따른 중앙관서의 장(이하 "각 중앙관서의 장"이라 한다) 또는 법 제6조에 따른 위임·위탁 등을 받아 계약사무를 담당하는 공무원(이하 "계약담당공무원"이라 한다)이 법 제4조제3항에 따라 국제입찰에 의하여 조달할 수 있는 경우는 다음 각 호와 같다. <개정 2015.7.13.> 1. 부실공사방지를 위하여 필요하다고 인정되는 경우 2. 국내생산이 곤란하여 국내입찰로는 조달목적을 달성할 수 없는 경우 3. 그 밖에 국제입찰에 의하여 조달하는 것이 해당 계약의 목적·성질상 효율적이라고 인정되는 경우 ⑥ 제5항의 규정에 의한 국제입찰의 경우에는 그 성질에 반하지 아니하는 범위안에서 이 영의 규정을 준용한다. 이 경우 "특정조달계약"은 "제5항의 규정에 의한 국제입찰"로 본다. <개정 2003.8.27.>	

제4조 【특정조달계약의 원칙】

① 각 중앙관서의 장 또는 계약담당공무원은 특정조달계약에 있어서 계약상대자를 공정하게 선정하여야 하며, 정부조달과 관련된 정보를 차별적으로 제공하여서는 아니된다.

② 각 중앙관서의 장 또는 계약담당공무원은 특정조달계약에 있어서 다음 각 호의 사항을 준수하여야 한다. <개정 2015.7.13.>

1. 협정의 적용을 회피할 목적으로 추정가격의 산정방법을 선택하거나 분할발주를 하지 아니할 것
2. 협정가입국의 계약상대자로부터 조달되는 물품 · 공사 및 용역에 대하여 통상적인 무역과정에서 적용되는 「대외무역법」 및 「관세법」 의 규정과 다른 원산지 규정을 적용하지 아니할 것
3. 입찰참가자격의 심사과정이나 입찰서의 평가 및 낙찰자 결정과정 등에서 부품등의 국산화율지정, 기술이전 및 대응구매 등의 수단을 통하여 협정가입국 입찰참가자의 입찰참가 또는 조달조건 등을 제한하는 조치를 취하지 아니할 것

특정조달을위한국가를당사자로하는계약에관한법률시행령특례규정	특정조달을위한국가를당사자로하는계약에관한법률시행특례규칙
4. 입찰서를 접수, 개봉 및 취급하는 과정에서 그 비밀이 보장되도록 할 것 **제5조 【개발도상국에 대한 우대조치】** ① 각 중앙관서의 장 또는 계약담당공무원은 특정조달계약에 있어서 개발도상국의 공급자로부터 조달되는 물품·공사 및 용역에 대하여 협정의 내용에 따라 우대조치를 할 수 있다. ② 기획재정부장관은 제1항의 적용과 관련하여 대상국가 및 대상물품등을 정하여 고시할 수 있다. <개정 2003. 8.27., 2008.2.29.>	
제6조 【예정가격 작성의 예외】 각 중앙관서의 장 또는 계약담당공무원은 물품 및 용역에 대한 특정조달계약에 있어서 거래실례가격이 없어 예정가격을 작성하기 곤란한 경우등 기획재정부령이 정하는 사유에 해당하는 때에는 시행령 제7조의2제1항의 규정에 의한 예정가격을 작성하지 아니할 수 있다. <개정 2003.8.27., 2008.2.29.>	**제2조 【예정가격작성의 예외】** 「특정조달을 위한 국가를 당사자로 하는 계약에 관한 법률 시행령 특례규정」(이하 "특례규정"이라 한다) 제6조에서 "거래실례가격이 없어 예정가격을 작성하기 곤란한 경우 등"이란 용역과 기계·기재류(機材類), 철재류(鐵材類), 식료품류, 동물류, 화공품류(비료는 제외한다), 약품류, 종이 및 판지류, 유제품류 및 목재류 등의 물품이 다음 각 호의 어느

제7조 【계약방법】

특정조달계약의 계약방법은 일반경쟁입찰에 의한 계약·지명경쟁입찰에 의한 계약 및 수의계약으로 구분한다.

제8조 【사용언어】

① 특정조달계약에서 사용하는 언어는 한국어로 함을 원칙으로 한다. 다만, 조달대상인 물품등의 공급자가 특정지역에 한정되어 있는 등 외국어의 사용이 불가피하다고 인정되는 경우에는 그 특정국가의 언어 또는 영어·불어 및 스페인어중 하나를 사용할 수 있다.

② 각 중앙관서의 장 또는 계약담당공무원은 특정조달계약의 입찰공고를 하는 경우에는 다음 각 호의 사항을 영어·불어 및 스페인어중 하나를 선택하여 입찰공고문 하단에 기재하여야 한다.

1. 계약의 목적물
2. 입찰서 및 입찰참가신청서 제출마감일
3. 발주기관(입찰에 관한 서류를 교부하는 기관)의 명칭 및 주소

③ 각 중앙관서의 장 또는 계약담당공무원은 특정조달계약의 하나에 해당하는 경우를 말한다.

1. 지역 또는 시기에 따라 가격 차가 심한 경우
2. 특정 제작자만이 제작할 수 있는 경우
3. 국제 시세가 없는 경우
4. 제작자의 설계에 따라서 가격차가 심한 경우
5. 공급자가 제시한 규격에 따라 물품을 구매하는 경우
6. 긴급히 구매할 필요가 있어 예정가격을 작성할 시간적 여유가 없는 경우

특정조달을위한국가를당사자로하는계약에관한법률시행령특례규정	특정조달을위한국가를당사자로하는계약에관한법률시행특례규칙
입찰서 작성에 있어서 다수의 언어를 사용할 수 있도록 하는 경우에는 영어 · 불어 및 스페인어중 하나이상의 언어를 포함시켜야 한다. ④ 제2항 및 제3항의 규정에 의하여 외국어로 기재한 사항이 한국어로 기재한 사항과 상이할 때에는 한국어로 기재한 사항이 우선한다. **제9조 【일반경쟁입찰 참가자의 자격 및 심사】** ① 각 중앙관서의 장 또는 계약담당공무원은 특정조달계약에 있어서 필요하다고 인정하는 경우에는 시행령 제12조제1항제2호 및 제3호에 따른 자격요건 외에 계약의 종류 및 규모 등에 따라 해당 계약과 같은 종류의 계약실적, 도급한도액, 시공능력, 기술능력 및 경영상태 등 필요한 사항에 대하여 일반경쟁입찰에 참가하는 자에게 요구되는 자격을 정할 수 있다. 다만, 각 중앙관서의 장 또는 계약담당공무원이 계약의 적절한 이행을 위하여 필수적이라고 인정하는 경우 외에는 국내 수주실적을 입찰참가자격으로 정해서는 아니 된다. <개정 2011.6.30., 2015.7.13.>	

② 각 중앙관서의 장 또는 계약담당공무원은 일반경쟁입찰에 참가하려는 자가 신청하는 경우 제1항에 따른 입찰참가자격의 유무를 심사하고 그 결과를 신청자에게 통지하여야 한다. <개정 2015.7.13.> ③ 각 중앙관서의 장 또는 계약담당공무원은 제2항에 따라 입찰참가자격의 유무를 심사하는 경우에 입찰공고 및 제15조에 따른 입찰에 관한 서류에 명시한 사항에 따라 심사하여야 하며, 입찰참가자의 국내외 사업활동에 근거하여 기술능력 및 경영상태 등을 심사하여야 한다. <신설 2015.7.13.> ④ 각 중앙관서의 장 또는 계약담당공무원은 유자격자명부에 등록된 자에 대하여는 제2항의 규정에 의한 심사를 하지 아니할 수 있다. <개정 2015.7.13.> ⑤ 각 중앙관서의 장 또는 계약담당공무원은 제10조제1항의 규정에 의한 자격심사를 거치지 아니한 자가 입찰참가를 요청할 경우 신속하게 자격심사절차를 개시하여야 하며, 입찰서 제출마감일 전일까지 자격심사를 완료할 만한 충분한 시간이 있다고 인정되는 경우에는 입찰서를 제출할 수 있도록 하여야 한다. <개정 2015.7.13.>	

특정조달을위한국가를당사자로하는계약에관한법률시행령특례규정	특정조달을위한국가를당사자로하는계약에관한법률시행특례규칙
제10조 【유자격자명부】 ① 각 중앙관서의 장 또는 계약담당공무원은 제9조제1항의 규정에 의한 입찰참가자격 기준을 매회계연도초에 「전자조달의 이용 및 촉진에 관한 법률」 제2조제4호에 따른 국가종합전자조달시스템(이하 "전자조달시스템"이라 한다)에 공고하고 수시로 일반경쟁입찰에 참가하고자 하는 자의 신청을 받아 입찰참가자격을 심사할 수 있으며, 그 결과에 따라 유자격자명부를 작성·비치하여 입찰에 참가하고자 하는 자가 이를 열람하게 할 수 있다. <개정 2003.8.27., 2013.9.17.> ② 각 중앙관서의 장 또는 계약담당공무원은 입찰공고후 제1항의 규정에 의한 입찰참가자격유무의 심사결과를 신청자에게 통지하여야 하며, 유자격자명부의 유효기간이 만료되거나 유자격자명부상에 기재된 자가 동 명부에서 제외되게 되는 경우에는 그 내용을 해당자에게 통지하여야 한다.	

제11조 【입찰공고】

① 각 중앙관서의 장 또는 계약담당공무원은 특정조달계약에 있어서 일반경쟁입찰에 의하는 경우에는 제12조의 규정에 의한 사항을 전자조달시스템에 공고하여야 한다. <개정 2003.8.27., 2013.9.17.>

② 제1항에 따른 입찰공고는 입찰서 제출마감일 전날부터 기산하여 40일 이전에 하여야 한다. <개정 2015.7.13.>

③ 제2항에도 불구하고 다음 각 호의 어느 하나에 해당하는 경우로서 계약목적물을 적기에 조달할 수 없다고 판단되는 경우에는 입찰서 제출마감일 전날부터 기산하여 10일 이전에 입찰공고를 할 수 있다. <개정 2015.7.13.>

1. 긴급을 요하는 경우
2. 최근 12개월 이내에 40일 이상 제13조에 따른 조달계획공고를 한 경우
3. 개별적인 조달요구가 복수로 이루어지거나 분할되어 이루어지는 계약(이하 "반복계약"이라 한다)에서 최초공고 이후에 공고를 하는 경우
4. 유자격자명부를 사용하는 경우로서 발주기관과 유자격자명부에 등록된 자 사이에 상호 합의가 이루어진 경우

<table>
<tr><th>특정조달을위한국가를당사자로하는계약에관한법률시행령특례규정</th><th>특정조달을위한국가를당사자로하는계약에관한법률시행특례규칙</th></tr>
<tr><td>④ 각 중앙관서의 장 또는 계약담당공무원은 다음 각 호의 어느 하나에 해당하는 경우에는 각각 5일씩 공고기간을 단축할 수 있다. <개정 2015.7.13.>
1. 전자조달시스템을 이용하여 입찰공고를 하는 경우
2. 제15조에 따른 입찰에 관한 서류를 전자조달시스템에 게재하는 경우
3. 전자조달시스템을 이용하여 입찰서를 접수하는 경우
⑤ 제3항 및 제4항을 동시에 적용하는 경우에도 공고기간은 10일 미만으로 단축할 수 없다. <개정 2015.7.13.>
⑥ 제1항부터 제4항까지의 규정에 따라 입찰공고를 한 후 그 내용에 대하여 정정공고를 하는 경우 또는 시행령 제20조제2항에 따라 재공고를 하는 경우에는 각각 시행령 제33조제2항 및 시행령 제35조제4항 · 제5항을 적용한다. <신설 2015.7.13.>

제12조 【입찰공고의 내용】
각 중앙관서의 장 또는 계약담당공무원은 제11조의 규정에 의한 공고시 시행령 제36조에서 정한 내용외에 다음 각 호의</td><td></td></tr>
</table>

사항을 포함하여야 한다.

1. 당해 조달과 관련하여 추가될 조달의 조건에 관한 사항 및 반복계약의 경우에 있어서 후속입찰에 대하여는 그 입찰공고의 예정시기
2. 일반경쟁입찰 또는 지명경쟁입찰의 방법과 협상절차의 포함여부
3. 구매·임차 및 할부구매 등 발주기관이 사용할 조달형태
4. 입찰참가자격심사신청서·입찰참가신청서 및 입찰서의 제출등을 위한 주소와 제출마감일 및 사용언어
5. 협정의 적용대상 여부

제13조【조달계획공고】

① 각 중앙관서의 장 또는 계약담당공무원은 회계연도별로 특정조달계약으로 조달할 물품·공사 및 용역에 대한 조달계획을 전자조달시스템에 공고할 수 있다. <개정 2003.8.27., 2013.9.17.>

② 조달계획공고에는 제8조제2항 각 호의 사항과 입찰공고 예정일이 포함되어야 하며 제12조 각 호의 사항은 가능한 한 포함되도록 하여야 한다. <개정 2015.7.13.>

특정조달을위한국가를당사자로하는계약에관한법률시행령특례규정	특정조달을위한국가를당사자로하는계약에관한법률시행특례규칙
제14조 【기술규격】 ① 각 중앙관서의 장 또는 계약담당공무원은 품질 및 성능 등에 관한 기술규격을 성능 위주로 작성하여야 하며 불가피한 경우를 제외하고는 국제표준이 있는 경우에는 국제표준에 의하고, 국제표준이 없는 경우에는 국내 관련법령의 규정 또는 국내표준에 의하여 작성하여야 한다. ② 각 중앙관서의 장 또는 계약담당공무원은 제1항의 규정에 의한 국제표준등이 없는 경우에는 품질 또는 성능시험 등을 통하여 기술규격을 작성할 수 있다. ③ 각 중앙관서의 장 또는 계약담당공무원은 입찰에 참가하려는 자와 상호 협의하여 천연자원의 보존을 증진시키거나 환경을 보호하기 위한 목적의 기술규격을 작성할 수 있다. <신설 2015.7.13.> ④ 각 중앙관서의 장 또는 계약담당공무원은 특정한 상표·규격 등을 제시하지 아니하고는 조달하고자 하는 물품 또는 용역에 대한 충분한 설명이 곤란한 경우로서 제15조의 규정에 의한 입찰에 관한 서류에 상표·규격 등을 특정하	

는 때에는 그 특정된 상표·규격 등과 동등이상인 물품이나 용역에 대하여 입찰에 부친다는 뜻을 기재하여야 한다. <개정 2015.7.13.>

⑤ 제4항의 경우에 있어서 입찰참가자는 공급하고자 하는 물품 또는 용역의 규격·품질 등이 특정된 조건과 동등이상인 것임을 입증하여야 한다. <개정 2015.7.13.>

⑥ 각 중앙관서의 장 또는 계약담당공무원은 규격을 작성함에 있어서 경쟁이 제한될 우려가 있는 방법으로 사용될 수 있는 상업적 이해관계가 있는 자에게 조언을 요구하거나 받아들여서는 아니된다. <개정 2015.7.13.>

⑦ 각 중앙관서의 장 또는 계약담당공무원은 공정한 경쟁등을 위하여 필요하다고 인정되는 경우에는 기술규격을 입찰전에 공개·열람하도록 하여 입찰에 참가하고자 하는 자가 이에 대한 의견을 제시하게 할 수 있다. <개정 2015.7.13.>

제15조 【입찰에 관한 서류의 교부】

각 중앙관서의 장 또는 계약담당공무원은 특정조달계약에 있어서 일반경쟁입찰에 의하는 경우 해당 입찰에 참가하려는 자가 요청하는 때에는 시행령 제14조제1항 또는 제16조제1

특정조달을위한국가를당사자로하는계약에관한법률시행령특례규정	특정조달을위한국가를당사자로하는계약에관한법률시행특례규칙
항에 따른 입찰에 관한 서류(이하 "입찰에 관한 서류"라 한다)를 교부하여야 하며, 이에 대한 설명을 요청받은 때에는 지체없이 이에 응하여야 한다. <개정 2015.7.13.> **제16조 【입찰서의 제출 및 접수】** ① 각 중앙관서의 장 또는 계약담당공무원은 특정조달계약에 있어서 입찰서를 우편으로 제출하는 것을 금지하여서는 아니된다. ② 각 중앙관서의 장 또는 계약담당공무원은 필요한 경우 입찰서 및 이에 관련된 서류를 전신·전보 및 모사전송등에 의하여 제출하도록 할 수 있다. ③ 제2항의 규정에 의하여 입찰서등을 제출한 경우에는 입찰참가자로 하여금 즉시 서명본을 제출하게 하여 확인하여야 한다. 이 경우 제출된 전신등의 내용이 입찰서 제출마감일이후에 제출된 서명본과 차이가 있는 경우에는 먼저 제출된 전신등의 내용이 우선한다. ④ 각 중앙관서의 장 또는 계약담당공무원은 제1항의 규정에 의하여 우편입찰서를 접수한 때에는 당해 입찰서의 봉투	

표면에 접수일시를 기재하고 확인인을 날인하여 개찰시까지 개봉하지 아니하고 보관하여야 하며, 입찰서가 발주기관의 귀책사유로 인하여 입찰에 관한 서류에 명시된 일시 이후에 지정된 부서에 접수되었을 경우에는 당해 입찰자에게 불이익을 주어서는 아니된다.

제17조 【낙찰자등의 공고 및 정보의 공개】

① 각 중앙관서의 장 또는 계약담당공무원은 특정조달계약에 있어서 낙찰자를 결정하였거나 제23조의 규정에 의하여 수의계약대상자를 결정한 때에는 그 결정일의 다음날부터 72일이내에 기획재정부령이 정하는 사항을 전자조달시스템에 공고하여야 한다. <개정 2003.8.27., 2008.2.29., 2013.9.17.>

② 각 중앙관서의 장 또는 계약담당공무원은 입찰참가자등으로부터 당해 입찰과 관련된 정보제공 요청이 있는 경우에는 특별한 사유가 없는 한 이에 응하여야 한다.

③ 제1항 및 제2항의 규정과 관련하여 낙찰정보등의 공개범위 및 공개의 예외에 관한 사항은 기획재정부령으로 정한

제3조 【낙찰자등의 결정의 공고】

특례규정 제17조제1항에 따라 낙찰자 또는 수의계약대상자의 결정에 관하여 공고할 사항은 다음 각 호와 같다.

1. 낙찰되거나 수의계약한 조달 대상·수량 및 금액
2. 낙찰자 또는 수의계약상대자의 성명 및 주소
3. 조달기관의 주소
4. 낙찰자 또는 수의계약상대자의 결정절차
5. 경쟁입찰의 경우에는 입찰의 공고절차
6. 수의계약의 경우에는 수의계약 사유
7. 기타 낙찰자등의 결정에 관한 사항

제4조 【낙찰정보등의 공개범위와 공개의 예외】

① 특례규정 제17조제3항에 따른 낙찰정보 등의 공개범위는 다음 각 호와 같다.

특정조달을위한국가를당사자로하는계약에관한법률시행령특례규정	특정조달을위한국가를당사자로하는계약에관한법률시행특례규칙
다. <개정 2003.8.27., 2008.2.29.> **제18조 【지명경쟁입찰】** 각 중앙관서의 장 또는 계약담당공무원은 특정조달계약에	1. 발주기관의 조달관행 및 조달절차 2. 입찰참가자격 심사신청이 거부된 사유, 입찰 참가자격이 정지된 사유와 입찰참가자격이 있는 자로 선정되지 아니한 사유 3. 낙찰되지 아니한 사유, 낙찰자(법인인 경우에는 대표자)의 이름과 낙찰된 입찰서의 특징 및 장점 ② 특례규정 제17조제3항에 따라 낙찰정보 등을 공개하지 아니할 수 있는 경우는 제1항제3호 및 제3조에서 규정한 사항의 공개가 다음 각 호의 어느 하나에 해당하는 경우를 말한다. 1. 해당 정보의 공개로 법 집행이 방해되거나 공공의 이익이 침해될 경우가 있는 경우 2. 해당 정보의 공개로 특정기업의 정당한 상업적 이익이 침해되거나 그 밖에 공정한 경쟁을 방해할 우려가 있는 경우

있어서 법 제7조의 규정에 의한 지명경쟁입찰에 부칠 경우에는 제9조에 규정한 사항을 고려하여 지명경쟁입찰에 참가하는 자에게 필요한 자격 및 지명기준을 정하여야 한다.

제19조 【지명경쟁입찰 참가자의 지명 및 통지】

① 각 중앙관서의 장 또는 계약담당공무원은 특정조달계약을 지명경쟁입찰에 부치고자 하는 때에는 제18조에 규정한 자격을 갖춘 자로서 지명기준에 적합하다고 인정되는 자를 지명함과 동시에 그 지명한 자에 대하여 제12조 및 시행령 제36조에 규정한 입찰공고와 관련한 사항을 통지하여야 한다.

② 제1항의 규정에 의한 통지는 제20조제1항의 규정에 의한 공고일에 하여야 한다.

제20조 【지명경쟁입찰의 공고】

① 각 중앙관서의 장 또는 계약담당공무원은 특정조달계약에 있어서 지명경쟁입찰에 의하는 경우에는 제11조 및 제12조의 규정을 준용하여 이를 공고하여야 한다.

② 제1항의 규정에 불구하고 제10조의 규정에 의한 유자격자명부를 사용하지 아니하는 지명경쟁입찰의 경우에는 지명

특정조달을위한국가를당사자로하는계약에관한법률시행령특례규정	특정조달을위한국가를당사자로하는계약에관한법률시행특례규칙
경쟁입찰참가신청서의 제출기간을 제1항의 규정에 의한 공고일 전일부터 기산하여 25일이상이 되도록 지정하여야 한다. **제21조 【지명경쟁입찰 참가자의 자격심사등】** ① 각 중앙관서의 장 또는 계약담당공무원은 제20조의 규정에 의한 공고후 지명경쟁입찰 참가자격 심사신청이 있는 때에는 지체없이 제18조의 규정에 의한 자격에 대하여 심사를 개시하여야 한다. 다만, 입찰서 제출마감일까지 심사가 불가능하다고 판단되는 때에는 사전에 그 취지를 당해 신청자에게 통지하여야 한다. ② 각 중앙관서의 장 또는 계약담당공무원은 필요한 경우 제1항의 규정에 의한 참가자격 심사신청에 대한 심사기간을 정하여 제20조의 규정에 의한 공고시 이를 포함시킬 수 있다. ③ 각 중앙관서의 장 또는 계약담당공무원은 지명경쟁입찰을 위한 유자격자명부를 작성하는 경우에는 지명경쟁입찰 참가자격등에 관하여 기획재정부령이 정한 사항을 매년	**제5조 【지명경쟁 유자격자명부 작성의 공고】** 각 중앙관서의 장 또는 계약담당공무원은 특례규정 제21조제3항에 따라 지명경쟁 유자격자 명부를 작성하는 경우로서 지명경쟁입찰 참가자격 등에 관하여 관보에 공고할 경우에는

관보에 공고하여야 한다. <개정 2003.8.27., 2008.2.29.>

④ 제10조의 규정은 제3항의 규정에 의한 유자격자명부를 작성하는 경우에 이를 준용한다.

제22조 【일반경쟁입찰에 관한 규정의 준용】

제9조 내지 제17조의 규정은 지명경쟁입찰의 경우에 이를 준용한다.

제23조 【수의계약】

특정조달계약에 있어서 수의계약에 의할 수 있는 경우는 다음 각 호와 같다. <개정 2003.8.27., 2008.2.29., 2015.7.13.>

1. 경쟁입찰에 부쳤으나 응찰자가 없는 경우 또는 담합된 입찰서가 제출되었거나 입찰공고등에서 요구한 조건에 부합되는 입찰서가 없는 경우

다음 각 호의 사항을 포함하여야 한다.

1. 유자격자명부에 등록된 업체 일람표(유자격자명부를 통하여 조달하는 물품이나 서비스 또는 물품이나 서비스군의 품목분류번호를 포함하여야 한다)
2. 유자격자명부의 등록요건 및 심사방법
3. 유자격자명부의 유효기간 및 등록경신절차
4. 기타 유자격자명부의 등록에 관한 사항

특정조달을위한국가를당사자로하는계약에관한법률시행령특례규정	특정조달을위한국가를당사자로하는계약에관한법률시행특례규칙
2. 적절한 대용품이나 대체품이 없는 예술품・특허권 또는 출판권 등 독점적 권리와 관련되거나 기술적 이유로 특정공급자로부터 조달할 수 있는 경우 3. 긴급한 사유로 인하여 경쟁입찰에 의하여서는 필요한 기간내에 조달할 수 없는 경우 4. 이미 조달된 물품 등의 부품교환 또는 설비확충 등을 위하여 조달하는 경우 또는 이미 계약을 체결한 공사에 대하여 추가공사가 필요하게 된 경우(공급자를 변경하게 되면 호환성이 없게 되는 등 기술적 또는 경제적으로 곤란하고, 동시에 발주기관에 중대한 불편을 초래하는 경우로 한정한다) 5. 발주기관의 요구로 개발된 시제품등을 조달하는 경우(당해 계약의 이행이 완료된 후 당해 제품을 계속하여 조달하는 경우를 제외한다) 6. 삭제 <2015.7.13.> 7. 삭제 <2015.7.13.> 8. 원자재시장(상품거래소등)에서 물품을 구매하는 경우	

9. 파산 및 법정관리기업의 자산처분 등의 사유로 인하여 현저하게 유리한 조건으로 조달하는 경우 10. 기획재정부령이 정한 내용에 따른 디자인 공모에 당선된 자와 계약을 체결하는 경우 **제23조의2 【전자경매】** 각 중앙관서의 장 또는 계약담당공무원은 특정조달계약에 있어서 전자적 수단으로 입찰참가자의 순위를 정하는 방식(이하 이 조에서 "전자경매"라 한다)으로 낙찰자를 결정하는 때에는 전자경매 개시 전에 평가 기준 및 그에 따른 평가방법과 그 밖에 해당 전자경매의 수행에 관한 정보를 각 입찰참가자에게 제공하여야 한다. [본조신설 2015.7.13.]	**제6조 【수의계약에 의할 수 있는 경우와 관련한 디자인 공모】** 특례규정 제23조제10호에서 "기획재정부령이 정한 내용에 따른 디자인 공모"란 해당 공모에 당선된 자와 계약을 체결할 목적으로 발주기관과 별도의 독립적인 심사단이 심사하고 모든 유자격자가 참여할 수 있도록 관보나 「국가를 당사자로 하는 계약에 관한 법률 시행령」 제22조제1항에 따른 국가종합전자조달시스템에 공고한 것을 말한다. <개정 2013.9.17>

특정조달을위한국가를당사자로하는계약에관한법률시행령특례규정	특정조달을위한국가를당사자로하는계약에관한법률시행특례규칙
제24조 【계약에 관한 기록】 ① 각 중앙관서의 장 또는 계약담당공무원은 특정조달계약에 있어서 경쟁에 의하여 낙찰자를 결정한 때에는 입찰 및 계약관련 서류와 다음 각 호의 사항을 기록한 문서를 5년간 보존하여야 한다. <개정 2003.8.27., 2008.2.29.> 1. 입찰자 및 개찰에 참여한 자의 성명 2. 낙찰자의 성명, 낙찰금액 및 낙찰자 결정의 이유 3. 무효로 된 입찰이 있는 경우에는 당해 입찰의 내용 및 무효로 된 이유 4. 제9조제2항의 규정에 의한 통지를 한 경우에는 그 통지에 관한 사항 5. 물품원산지의 국가명 6. 기타 기획재정부령이 정하는 사항 ② 각 중앙관서의 장 또는 계약담당공무원은 특정조달계약에 있어서 수의계약을 체결한 때에는 계약관련 서류와 다음 각호의 사항을 기록한 문서를 5년간 보존하여야 한다. <개정 2003.8.27., 2008.2.29.>	**제7조 【계약에 관한 자료 등의 요구】** ① 기획재정부장관은 정부조달협정가입국으로부터 특정조달계약에 대한 자료의 요구를 받은 경우에는 해당 중앙관서의 장에게 관련 자료의 제출을 요구할 수 있다. ② 제1항에 따라 관련 자료의 제출을 요구받은 각 중앙관서의 장은 지체 없이 이를 기획재정부장관에게 제출하여야 한다.

1. 계약의 목적 2. 물품의 품명·규격·수량·단가·금액 등 3. 적용되는 법령조문 및 구체적인 적용사유 4. 계약상대자의 성명(상호) 및 주소 5. 계약금액 및 계약상대자 결정의 이유 6. 물품원산지의 국가명 7. 기타 기획재정부령이 정하는 사항	
제25조 【계약실적보고】 ① 각 중앙관서의 장은 기획재정부령으로 정하는 내용의 계약실적보고서를 작성하여 해당 연도 종료 후 60일 이내에 기획재정부장관에게 제출하여야 한다. <개정 2003.8.27, 2008.2.29, 2015.7.13>	**제8조 【계약실적보고】** ① 특례규정 제25조제1항에 따른 계약실적 보고서의 내용은 다음 각 호와 같다. 1. 특정조달계약의 대상이 되는 물품·공사 및 용역의 계약 건수와 계약 총액 2. 특정조달계약을 체결한 물품·공사 및 용역에 대하여 국제적으로 인정된 통일적인 분류체계에 따라 세분화한 계약 건수와 계약 총액 3. 특례규정 제23조에 따라 수의계약을 체결한 물품·공사 및 용역의 계약 건수 및 계약 총액
② 협정의 적용을 받는 공공기관에 대한 계약실적보고서는	② 특례규정 제25조제2항에 따른 계약실적보고서의 내용은

특정조달을위한국가를당사자로하는계약에관한법률시행령특례규정	특정조달을위한국가를당사자로하는계약에관한법률시행특례규칙
그 주무부장관이 제1항의 규정에 따라 제출한다. <개정 2015.7.13> **제26조【이의신청의 대상】** 법 제28조제1항제5호에서 "기타 대통령령이 정하는 사항"이라 함은 법 제28조제1항제1호 내지 제4호에 규정되지 아니한 사항으로서 협정에 위배된 사항을 말한다. **제27조【조정청구】** 삭제 <2013.7.15> **제28조【국제계약분쟁조정위원회의 구성】** 삭제 <2013.7.15> **제29조【위원회의 기능】** 삭제 <2013.7.15>	「공기업 · 준정부기관 계약사무규칙」 제4조제1항에 따라 국제입찰의 방법으로 계약을 체결한 물품 · 공사 및 용역의 계약 건수와 계약 총액으로 한다. [전문개정 2015.7.20]

제29조의2 【소위원회】

삭제 <2013.7.15>

제30조 【계약절차의 중지】

삭제 <2013.7.15>

제31조 【위원장의 직무】

삭제 <2013.7.15>

제32조 【위원회의 회의】

삭제 <2013.7.15>

제33조 【심사】

삭제 <2013.7.15>

제34조 【조정의 중지】

삭제 <2013.7.15>

제35조 【조정】

삭제 <2013.7.15>

특정조달을위한국가를당사자로하는계약에관한법률시행령특례규정	특정조달을위한국가를당사자로하는계약에관한법률시행특례규칙
제36조 【수당】 삭제 <2013.7.15> **제37조 【비용부담】** 삭제 <2013.7.15> **제38조 【위원회의 운영등】** 삭제 <2013.7.15>	

제39조【시행령과의 관계】

특정조달계약에 있어서 이 영에 특별히 규정되어 있지 아니한 사항에 관하여는 시행령의 규정을 적용한다. 다만, 시행령 제21조·제22조 및 제72조제3항의 규정은 특정조달계약에 관한 사무에는 이를 적용하지 아니한다.

제40조【국제상관례의 적용등】

① 각 중앙관서의 장 또는 계약담당공무원은 특정조달계약에 있어서 통화, 보증금납부의 형태 및 시기, 신용장등에 의한 대가지급 방법 및 검사 등 조달절차 수행과 관련하여 불가피한 경우에는 제39조의 규정에 불구하고 협정 및 이 영의 규정과 그 성질에 반하지 아니하는 범위안에서 국제상관례에 의할 수 있다.

② 각 중앙관서의 장 또는 계약담당공무원은 물품 및 용역의 특정조달계약에 있어서 물가변동으로 인한 계약금액 조정에 관하여 국제상관례에 따르지 아니하는 경우 조달절차 수행이 곤란하다고 판단되는 때에는 시행령 제64조제1항의 규정에 불구하고 협정 및 이 영의 규정과 그 성질에 반하지 아니하는 범위안에서 국제상관례에 의할 수 있다.

특정조달을위한국가를당사자로하는계약에관한법률시행령특례규정	특정조달을위한국가를당사자로하는계약에관한법률시행특례규칙
제41조 【대한민국정부와칠레공화국정부간의자유무역협정과 관련한 특례】 ① 제3조제3항의 규정에 불구하고 대한민국정부와칠레공화국정부간의자유무역협정(이하 "한·칠레자유무역협정"이라 한다)에 의하여 칠레공화국의 공급자에 대하여 적용되는 특정조달계약의 대상이 되는 용역 및 공사는 별표3과 같다. ② 제11조의 규정에 불구하고 한·칠레자유무역협정에 의하여 칠레공화국의 공급자가 참가할 수 있는 국제입찰에 대하여는 관보 또는 전자조달시스템에 입찰공고를 하게 할 수 있다. 이 경우 입찰공고는 입찰서 제출마감일 전일부터 기산하여 10일 이전에 하여야 한다. <개정 2013.9.17.> ③ 제16조의 규정에 불구하고 한·칠레자유무역협정에 의하여 칠레공화국의 공급자가 참가할 수 있는 국제입찰중 기획재정부장관이 정하여 고시하는 특정조달계약에 대하여는 전자조달시스템을 이용하여 입찰서를 제출하게 할 수 있다. <개정 2008.2.29., 2013.9.17.> [본조신설 2003.8.27.]	

제42조 【「대한민국과 유럽연합 및 그 회원국 간의 자유무역협정」과 관련한 특례】

「대한민국과 유럽연합 및 그 회원국 간의 자유무역협정」 제9.1조에 따라 각 중앙관서의 장 또는 계약담당공무원은 마라케쉬 정부조달협정의 협정가입국 또는 「자유무역협정의 이행을 위한 관세법의 특례에 관한 법률 시행령」 제2조제7항에 따른 유럽연합당사자의 공급자와 특정조달계약을 체결하려는 경우에는 다음 각 호의 사항을 낙찰자결정기준으로 정하거나 제1호의 사항을 입찰참가자격으로 정해서는 아니 된다. <개정 2011.7.28., 2013.3.23., 2014.11.19., 2015.7.13., 2016.6.30. 2025.10.1>

1. 다음 각 목의 어느 하나에 해당하는 기관이 발주한 계약의 수주실적
   가. 별표 1에 규정된 정부기관
   나. 「지방자치단체를 당사자로 하는 계약에 관한 법률」 제5조제1항 각 호 외의 부분 본문에 따라 행정안전부장관이 고시하는 지방자치단체
   다. 「공공기관의 운영에 관한 법률」 제39조제3항에 따라 입찰참가자격의 제한기준 등에 관하여 필요한 사

특정조달을위한국가를당사자로하는계약에관한법률시행령특례규정	특정조달을위한국가를당사자로하는계약에관한법률시행특례규칙
항을 정한 기획재정부령에서 정부가 가입하거나 체결한 정부조달에 관한 협정 및 이에 근거한 국제규범에 따라 국제입찰의 방법으로 조달계약을 체결하도록 하고 있는 공기업 또는 준정부기관 2. 제1호 외의 국내 수주실적. 다만, 각 중앙관서의 장 또는 계약담당공무원이 해당 계약의 적절한 이행을 위하여 국내 수주실적이 필수적이라고 인정하는 경우는 제외한다. [본조신설 2011.6.30.] **제43조 【「대한민국과 페루공화국 간의 자유무역협정」과 관련한 특례】** ① 삭제 <2015.7.13.> ② 제3조제3항에도 불구하고 「대한민국과 페루공화국 간의 자유무역협정」 (이하 “한 · 페루 자유무역협정”이라 한다)에 따라 페루공화국의 공급자를 대상으로 국제입찰을 실시하여야 하는 정부기관은 별표 4와 같다. <개정 2015.7.13.> ③ 한 · 페루 자유무역협정에 따라 각 중앙관서의 장 또는 계약담당공무원은 페루공화국의 공급자와 특정조달계약	

을 체결하려는 경우에는 다음 각 호의 어느 하나에 해당하는 기관이 발주한 계약의 수주실적(이하 이 항에서 "정부기관등과의 계약실적"이라 한다)을 낙찰자결정기준으로 정해서는 아니 된다. 다만, 각 중앙관서의 장 또는 계약담당공무원이 계약의 적절한 이행을 위하여 정부기관등과의 계약실적이 필수적이라고 인정하는 경우에는 그러하지 아니하다. <개정 2015.7.13.>

1. 별표 4에 따른 정부기관
2. 제42조제1호나목 및 다목에 따른 기관

[본조신설 2011.7.28.]

제44조 【「대한민국과 미합중국 간의 자유무역협정」과 관련한 특례】

① 삭제 <2015.7.13.>

② 제3조제3항에도 불구하고 「대한민국과 미합중국 간의 자유무역협정」(이하 "한·미 자유무역협정"이라 한다)에 따라 미합중국의 공급자를 대상으로 국제입찰을 실시하여야 하는 정부기관과 공사의 범위는 각각 별표 5 및 별표 6과 같다. <개정 2015.7.13.>

<table>
<tr><th>특정조달을위한국가를당사자로하는계약에관한법률시행령특례규정</th><th>특정조달을위한국가를당사자로하는계약에관한법률시행특례규칙</th></tr>
<tr><td>③ 제9조제1항에도 불구하고 한·미 자유무역협정 제17.5조에 따라 각 중앙관서의 장 또는 계약담당공무원은 미합중국의 공급자와 특정조달계약을 체결하려는 경우에는 다음 각 호의 사항을 입찰참가자격 또는 낙찰자결정기준으로 정해서는 아니 된다.
1. 별표 5에 따른 정부기관이 발주한 계약의 수주실적
2. 제1호 외의 국내 수주실적
[본조신설 2011.12.2.]

제45조 【「대한민국과 콜롬비아공화국 간의 자유무역협정」과 관련한 특례】
① 「대한민국과 콜롬비아공화국 간의 자유무역협정」(이하 “한·콜 자유무역협정”이라 한다)에 따라 콜롬비아공화국의 공급자에 대해서는 제3조제2항 각 호 외의 부분에 따른 “대통령령으로 정한 경우”에 급식에 필요한 물품 등을 조달하는 경우를 포함한다. <개정 2014.12.11.>
② 제3조제3항에도 불구하고 한·콜 자유무역협정에 따라 콜롬비아공화국의 공급자를 대상으로 국제입찰을 실시하</td><td></td></tr>
</table>

여야 하는 정부기관과 공사 및 용역의 범위는 각각 별표 7 및 별표 8과 같다.

③ 제9조제1항에도 불구하고 한·콜 자유무역협정 제14.6조에 따라 각 중앙관서의 장 또는 계약담당공무원은 콜롬비아공화국의 공급자와 특정조달계약을 체결하려는 경우에는 다음 각 호의 사항을 입찰참가자격 또는 낙찰자결정기준으로 정해서는 아니 된다. 다만, 각 중앙관서의 장 또는 계약담당공무원이 계약의 적절한 이행을 위하여 정부기관 등과의 계약실적이 필수적이라고 인정하는 경우에는 그러하지 아니하다.

1. 별표 7에 따른 정부기관이 발주한 계약의 수주실적
2. 제1호 외의 국내 수주실적

[본조신설 2013.7.15.]

제46조【「대한민국 정부와 호주 정부 간의 자유무역협정」과 관련한 특례】

① 「대한민국 정부와 호주 정부 간의 자유무역협정」(이하 "한·호주 자유무역협정"이라 한다)에 따라 호주의 공급자에 대해서는 제3조제2항 각 호 외의 부분에 따른 "대통령령으로 정한 경우"에 혈액과 혈액제품(혈장분획제제를

<table>
<tr><th>특정조달을위한국가를당사자로하는계약에관한법률시행령특례규정</th><th>특정조달을위한국가를당사자로하는계약에관한법률시행특례규칙</th></tr>
<tr><td>포함한다)을 조달하는 경우를 포함한다. <개정 2015.7.13.>
1. 삭제 <2015.7.13.>
2. 삭제 <2015.7.13.>
② 제3조제3항에도 불구하고 한·호주 자유무역협정에 따라 호주의 공급자를 대상으로 국제입찰을 실시하여야 하는 정부기관은 별표 9와 같고, 용역 및 공사의 범위는 별표 10과 같다.
③ 한·호주 자유무역협정 제12.6조에 따라 각 중앙관서의 장 또는 계약담당공무원은 호주의 공급자와 특정조달계약을 체결하려는 경우에는 다음 각 호의 사항을 낙찰자결정기준으로 정해서는 아니 된다. 다만, 각 중앙관서의 장 또는 계약담당공무원이 계약의 적절한 이행을 위하여 필수적이라고 인정하는 경우에는 그러하지 아니하다. <개정 2015.7.13.>
1. 별표 9에 따른 정부기관이 발주한 계약의 수주실적
2. 제1호 외의 국내 수주실적
[본조신설 2014.12.11.]</td><td></td></tr>
</table>

부　칙〈제15187호, 1996.12.31〉

제1조 【시행일】 이 영은 1997년 1월 1일부터 시행한다.

제2조 【인공위성 제조·구매계약에 대한 적용제외시한】 제3조제2항제4호의 규정은 2001년 12월 31일까지 그 효력을 가진다.

제3조 【다른 법령의 폐지 및 개정】 ① 외자구매계약규정은 이를 폐지한다.

② 특정물품등의조달에관한국가를당사자로하는계약에관한법률시행령특례규정중 다음과 같이 개정한다.

제12조를 삭제한다.

제14조제2항을 다음과 같이 한다.

② 제1항의 규정에 의한 각 중앙관서의 장의 조치에 이의가 있는 자는 그 조치가 있은 날 또는 그 조치가 있음을 안 날부터 15일이내에 특정조달을위한국가를당사자로하는계약에관한법률시행령특례규정 제28조의 규정에 의한 국제계약분쟁조정위원회에 조정을 위한 재심을 청구할 수 있다.

특정조달을위한국가를당사자로하는계약에관한법률시행령특례규정	특정조달을위한국가를당사자로하는계약에관한법률시행특례규칙
제15조 및 제16조를 각각 삭제한다. 제17조중 "외자구매계약규정"을 "특정조달을위한국가를당사자로하는계약에관한법률시행령특례규정"으로 한다. **제4조 【외자구매계약체결등에 관한 경과조치】** 이 영 시행전에 외자구매계약규정의 규정에 의하여 입찰공고를 한 후 이 영 시행후에 실시하는 입찰, 낙찰자의 결정 및 계약체결과 이 영 시행전에 실시한 입찰에서 낙찰된 후 이 영 시행후에 체결하는 계약에 관하여는 종전의 규정에 의한다. **부　　칙〈제18094호, 2003.8.27〉** ① **【시행일】** 이 영은 공포한 날부터 시행한다. 다만, 제41조의 개정규정은 한·칠레자유무역협정이 발효되는 날부터 시행한다. ② **【정부조달협정의 범위에 관한 적용례】** 제1조의 개정규정은 이 영 시행후 발효되는 정부조달협정부터 적용한다.	

③ **【한·칠레자유무역협정과 관련한 특례에 관한 적용례】** 제41조의 개정규정은 동조의 시행일 이후 입찰공고하는 분부터 적용한다.

부 칙<제18773호,2005.6.23>

제1조 【시행일】 이 영은 공포한 날부터 시행한다.

제2조 내지 제4조 생략

제5조 【다른 법령의 개정】 ① 내지 ㉜ 생략

㉝ 특정조달을위한국가를당사자로하는계약에관한법률시행령특례규정 일부를 다음과 같이 개정한다.

별표 1의 제1호중 "여성부"를 "여성가족부"로 한다.

㉞ 및 ㉟ 생략

부 칙<제20720호,2008.2.29>

제1조 【시행일】 이 영은 공포한 날부터 시행한다. 다만, 부칙 제8조에 따라 개정되는 대통령령 중 이 영의 시행 전에 공포되었으나 시행일이 도래하지 아니한 대통령령을 개정한 부분은 각각 해당 대통령령의 시행일부터 시행

특정조달을위한국가를당사자로하는계약에관한법률시행령특례규정	특정조달을위한국가를당사자로하는계약에관한법률시행특례규칙
한다. **제2조부터 제7조**까지 생략 **제8조 【다른 법령의 개정】** ①부터 ㉒까지 생략 63 특정조달을위한국가를당사자로하는계약에관한법률시행령특례규정 일부를 다음과 같이 개정한다. 제3조제4항, 제5조제2항, 제25조제1항, 제27조제1항·제2항, 제28조제2항 각 호 외의 부분, 제31조제2항 및 제41조제3항 중 "재정경제부장관"을 각각 "기획재정부장관"으로 한다. 제6조, 제17조제1항·제3항, 제21조제3항, 제23조제10호, 제24조제1항제6호, 같은 조 제2항제7호, 제25조제1항, 제28조제2항 각 호 외의 부분, 제37조제2항 및 제38조 중 "재정경제부령"을 각각 "기획재정부령"으로 한다. 제28조제2항 각 호 외의 부분 중 "재정경제부 기획관리실장"을 "기획재정부 기획조정실장"으로 한다. 별표 1 제1호를 다음과 같이 한다. 1. 감사원·기획재정부·교육과학기술부·통일부·외	

교통상부 · 법무부 · 국방부 · 행정안전부 · 문화체육관광부 · 농림수산식품부 · 지식경제부 · 보건복지가족부 · 환경부 · 노동부 · 여성부 · 국토해양부 · 국무총리실 · 공정거래위원회 · 금융위원회 · 법제처 · 국가보훈처 · 국세청 · 관세청 · 조달청(이 호에 규정된 정부기관의 구매 분에 한하며, 1994년 4월 15일 마라케쉬에서 작성된 정부조달협정 부속서 Ⅰ의 부속 2 및 부속 3에 규정된 기관의 경우 그 양허내용에 따른다) · 통계청 · 검찰청 · 병무청 · 경찰청(치안확보를 위한 물품구매의 경우는 제외한다) · 기상청 · 문화재청 · 농촌진흥청 · 산림청 · 중소기업청 · 특허청 · 식품의약품안정청 및 철도청

별표 3 제3호 중 "재정경제부장관"을 "기획재정부장관"으로 한다.

⑭부터 ⑱까지 생략

부　칙〈제22076호, 2010.3.15〉

제1조 【시행일】 이 영은 2010년 3월 19일부터 시행한다.

<table>
<tr><th>특정조달을위한국가를당사자로하는계약에관한법률시행령특례규정</th><th>특정조달을위한국가를당사자로하는계약에관한법률시행특례규칙</th></tr>
<tr><td>

제2조 생략

제3조 【다른 법령의 개정】 ①부터 ㉔까지 생략

㉕ 특정조달을위한국가를당사자로하는계약에관한법률시행령특례규정 일부를 다음과 같이 개정한다.

별표 1의 제1호 중 "보건복지가족부"를 "보건복지부"로, "여성부"를 "여성가족부"로 한다.

㉖ 생략

부 칙<제22269호, 2010.7.12>

제1조 【시행일】 이 영은 공포한 날부터 시행한다. <단서 생략>

제2조 【다른 법령의 개정】 ①부터 ⑫⑤까지 생략

⑫⑥ 특정조달을위한국가를당사자로하는계약에관한법률시행령특례규정 일부를 다음과 같이 개정한다.

별표 1 제1호 중 "노동부"를 "고용노동부"로 한다.

⑫⑦부터 ⑬⑥까지 생략

</td><td></td></tr>
</table>

부　칙〈제23000호, 2011.6.30〉

제1조 【시행일】 이 영은 「대한민국과 유럽연합 및 그 회원국 간의 자유무역협정」이 발효되는 날부터 시행한다.

제2조 【적용례】 이 영은 이 영 시행 후 최초로 입찰공고하는 특정조달계약부터 적용한다.

부　칙〈제23051호, 2011.7.28〉

제1조 【시행일】 이 영은 한·페루 자유무역협정이 발효되는 날부터 시행한다.

제2조 【적용례】 이 영은 이 영 시행 후 최초로 입찰공고하는 특정조달계약부터 적용한다.

제3조 【다른 법령의 개정】 지방자치단체를 당사자로 하는 계약에 관한 법률 시행령 일부를 다음과 같이 개정한다.

제5조 전단 중 "제39조부터 제41조까지의 규정"을 "제39조부터 제43조까지의 규정"으로 한다.

특정조달을위한국가를당사자로하는계약에관한법률시행령특례규정	특정조달을위한국가를당사자로하는계약에관한법률시행특례규칙
부　칙〈제23337호, 2011.12.2〉 **제1조 【시행일】** 이 영은 한·미 자유무역협정이 발효되는 날부터 시행한다. **제2조 【적용례】** 이 영은 이 영 시행 후 최초로 입찰공고하는 특정조달계약부터 적용한다. **제3조 【다른 법령의 개정】** 지방자치단체를 당사자로 하는 계약에 관한 법률 시행령 일부를 다음과 같이 개정한다. 제5조 전단 중 "제39조부터 제43조까지의 규정"을 "제39조부터 제44조까지의 규정"으로 한다. **부　칙(제24441호, 2013.3.23)** (기획재정부와 그 소속기관 직제 일부개정령) **제1조(시행일)** 이 영은 공포한 날부터 시행한다. **제2조부터 제4조**까지 생략 **제5조(다른 법률의 개정)** ①부터 <40>까지 생략	

<41> 특정조달을 위한 국가를 당사자로 하는 계약에 관한 법률 시행령 특례규정 일부를 다음과 같이 개정한다. 제42조제1호나목 중 "행정안전부장관"을 "안전행정부장관"으로 한다. <42> 및 <43> 생략	
부 칙(제24661호, 2013.7.15) **제1조(시행일)** 이 영은 공포한 날부터 시행한다. 다만, 제45조의 개정규정은 한·콜 자유무역협정이 발효되는 날부터 시행한다. **제2조(한·콜 자유무역협정의 특례에 관한 적용례)** 제45조의 개정규정은 이 영 시행 후 입찰공고하는 특정조달계약부터 적용한다.	**부 칙<제358호, 2013. 8. 7>** 이 규칙은 공포한 날부터 시행한다.
부 칙(제24728호, 2013.9.17) (전자조달의 이용 및 촉진에 관한 법률 시행령) **제1조(시행일)** 이 영은 2013년 9월 23일부터 시행한다. **제2조** 생략	**부 칙<제360호, 2013. 9.17>** (전자조달의 이용 및 촉진에 관한 법률 시행규칙) **제1조(시행일)** 이 규칙은 2013년 9월 23일부터 시행한다. **제2조(다른 법령의 개정)** ①부터 ③까지 생략

<table>
<tr><th>특정조달을위한국가를당사자로하는계약에관한법률시행령특례규정</th><th>특정조달을위한국가를당사자로하는계약에관한법률시행특례규칙</th></tr>
<tr><td>

제3조(다른 법령의 개정) ① 및 ② 생략
③ 특정조달을 위한 국가를 당사자로 하는 계약에 관한 법률 시행령 특례규정 일부를 다음과 같이 개정한다.
제10조제1항 중 "시행령 제22조제1항의 규정에 의한 지정정보처리장치(이하 "지정정보처리장치"라 한다)"를 "「전자조달의 이용 및 촉진에 관한 법률」 제2조제4호에 따른 국가종합전자조달시스템(이하 "전자조달시스템"이라 한다)"으로 한다.
제11조제1항, 제13조제1항, 제17조제1항, 제41조제2항 전단 및 같은 조 제3항 중 "지정정보처리장치"를 각각 "전자조달시스템"으로 한다.

부 칙<제25751호, 2014.11.19>
(행정자치부와 그 소속기관 직제)
제1조(시행일) 이 영은 공포한 날부터 시행한다. 다만, 부칙 제5조에 따라 개정되는 대통령령 중 이 영 시행 전에 공포되었으나 시행일이 도래하지 아니한 대통령령을 개정한 부분은 각각 해당 대통령령의 시행일부터 시행한다.

</td><td>

④ 특정조달을 위한 국가를 당사자로 하는 계약에 관한 법률 시행 특례규칙 일부를 다음과 같이 개정한다.
제6조 중 “지정정보처리장치”를 “국가종합전자조달시스템”으로 한다.

</td></tr>
</table>

제2조부터 제4조까지 생략

제5조(다른 법령의 개정) ①부터 <21>까지 생략

<22> 특정조달을 위한 국가를 당사자로 하는 계약에 관한 법률 시행령 특례규정 일부를 다음과 같이 개정한다.

제42조제1호나목 중 "안전행정부장관"을 "행정자치부장관"으로 한다.

별표 1 제1호 중 "미래창조과학부(방송통신진흥·융합과 전파관리를 위한 조달의 경우는 제외한다), 교육부"를 "교육부, 미래창조과학부(방송통신·융합과 전파관리를 위한 조달의 경우는 제외한다)"로, "안전행정부"를 "행정자치부"로, "법제처"를 "국민안전처, 인사혁신처, 법제처"로 한다.

별표 4 제1호 중 "미래창조과학부, 교육부"를 "교육부, 미래창조과학부"로, "안전행정부"를 "행정자치부"로, "법제처"를 "국민안전처, 인사혁신처, 법제처"로, "경찰청, 소방방재청"을 "경찰청"으로, "기상청, 해양경찰청"을 "기상청"으로 하고, 같은 표 [주3] 중 "경찰청 및 해양경찰청"을 "국민안전처와 경찰청"으로 한다.

특정조달을위한국가를당사자로하는계약에관한법률시행령특례규정	특정조달을위한국가를당사자로하는계약에관한법률시행특례규칙
별표 5 제1호 중 "미래창조과학부, 교육부"를 "교육부, 미래창조과학부"로, "안전행정부"를 "행정자치부"로, "법제처"를 "국민안전처, 인사혁신처, 법제처"로, "경찰청, 소방방재청"을 "경찰청"으로, "특허청, 기상청 및 해양경찰청"을 "특허청 및 기상청"으로 하고, 같은 표 [주3] 중 "경찰청 및 해양경찰청"을 "국민안전처와 경찰청"으로 한다. 별표 7 제1호 중 "미래창조과학부, 교육부"를 "교육부, 미래창조과학부"로, "안전행정부"를 "행정자치부"로, "법제처"를 "국민안전처, 인사혁신처, 법제처"로, "중소기업청, 해양경찰청, 소방방재청"을 "중소기업청"으로 하고, 같은 표 비고 제3호 중 "경찰청과 해양경찰청"을 "국민안전처와 경찰청"으로 한다. <23>부터 <418>까지 생략 **부 칙<제25847호, 2014.12.11>** **제1조(시행일)** 이 영은 공포한 날부터 시행한다. 다만, 제45조 제1항의 개정규정은 한·콜 자유무역협정이 발효되는 날부	

터 시행하고, 제46조, 별표 9 및 별표 10의 개정규정은 한·호주 자유무역협정이 발효되는 날부터 시행한다.

제2조(한·호주 자유무역협정의 특례에 관한 적용례) 제46조의 개정규정은 한·호주 자유무역협정이 발효되는 날 이후 입찰공고하는 특정조달계약부터 적용한다.

부 칙〈제26391호, 2015.7.13〉

제1조(시행일) 이 영은 공포한 날부터 시행한다. 다만, 제3조제2항 · 제4항, 제4조제2항제4호, 제9조제1항 단서 및 같은 조 제3항부터 제5항까지, 제11조제3항부터 제5항까지, 제13조, 제14조제3항부터 제7항까지, 제23조제4호 · 제6호 · 제7호, 제23조의2, 제25조제2항, 제42조부터 제44조까지, 제46조, 별표 1, 별표 2, 별표 4, 별표 5, 별표 7 및 별표 9의 개정규정은 정부조달에 관한 협정 개정 의정서가 우리나라에서 발효되는 날부터 시행한다.

제2조(일반적 적용례) 이 영은 이 영 시행 이후 입찰공고를 하거나 수의계약을 체결하는 특정조달계약부터 적용한다.

부 칙〈제492호, 2015.7.20〉

이 규칙은 정부조달에 관한 협정 개정 의정서가 우리나라에서 발효되는 날부터 시행한다.

특정조달을위한국가를당사자로하는계약에관한법률시행령특례규정	특정조달을위한국가를당사자로하는계약에관한법률시행특례규칙
제3조(입찰공고 후 재공고 및 정정공고에 관한 경과조치) ① 이 영 시행 전에 입찰공고를 한 경우로서 시행령 제20조제2항에 따라 재공고를 하려는 경우에는 제11조제3항제2호 및 같은 조 제6항의 개정규정에도 불구하고 종전의 규정에 따른다. ② 이 영 시행 전에 입찰공고를 한 경우로서 그 내용에 대하여 정정공고를 하려는 경우에는 제11조제4항 및 제6항의 개정규정에도 불구하고 종전의 규정에 따른다. **부 칙** <제27300, 2016.6.30> (자유무역협정의 이행을 위한 관세법의 특례에 관한 법률 시행령 전부개정령) **제1조(시행일)** 이 영은 2016년 7월 1일부터 시행한다. <단서 생략> **제2조**부터 **제8조**까지 생략 **제9조(다른 법령의 개정)** ① 생략 ② 특정조달을 위한 국가를 당사자로 하는 계약에 관한 법률	

시행령 일부를 다음과 같이 개정한다.

제42조 각 호 외의 부분 중 "「자유무역협정의 이행을 위한 관세법의 특례에 관한 법률 시행령」 제3조제7항"을 "「자유무역협정의 이행을 위한 관세법의 특례에 관한 법률 시행령」 제2조제7항"으로 한다.

제10조 생략

부 칙 <대통령령 제34505호, 2024.5.14.>

(국가유산청과 그 소속기관 직제)

제1조(시행일) 이 영은 2024년 5월 17일부터 시행한다.

제2조 생략

제3조(다른 법령의 개정) ①부터 ㉓까지 생략

㉔ 특정조달을 위한 국가를 당사자로 하는 계약에 관한 법률 시행령 특례규정 일부를 다음과 같이 개정한다.

별표 1 제1호, 별표 4 제1호, 별표 5 제1호, 별표 7 제1호 및 별표 9 제1호 중 "문화재청"을 각각 "국가유산청"으로 한다.

㉕부터 ㉙까지 생략

특정조달을위한국가를당사자로하는계약에관한법률시행령특례규정	특정조달을위한국가를당사자로하는계약에관한법률시행특례규칙
부 칙 〈제35811호, 2025.10.1〉 (정부조직 개편 반영을 위한 306개 법령의 일부개정에 관한 대통령령) 이 영은 공포한 날부터 시행한다. 다만, 이 영에 따라 개정되는 대통령령 중 이 영 시행 전에 공포되었으나 시행일이 도래하지 아니한 대통령령을 개정한 부분은 각각 해당 대통령령의 시행일부터 시행한다.	

[별표 1] <개정 2024.5.14, 2025.10.1>

특정조달계약 대상 정부기관(제3조제3항 관련)

1. 감사원, 국무조정실, 국무총리비서실, 기획재정부, 과학기술정보통신부, 교육부, 외교부, 통일부, 법무부, 국방부, 행정안전부, 국가보훈부, 문화체육관광부, 농림축산식품부, 산업통상부, 보건복지부, 기후에너지환경부, 고용노동부, 성평등가족부, 국토교통부, 해양수산부, 중소벤처기업부, 인사혁신처, 법제처, 식품의약품안전처, 국가데이터처, 지식재산처, 국세청, 관세청, 조달청, 대검찰청, 병무청, 방위사업청, 경찰청(공공질서 유지를 위한 물품구매의 경우는 제외한다), 국가유산청, 농촌진흥청, 산림청, 기상청, 행정중심복합도시건설청, 방송미디어통신위원회, 공정거래위원회, 국민권익위원회, 금융위원회 및 국가인권위원회
2. 제1호에 따른 기관의 하부조직·특별지방행정기관 및 부속기관

[주 1] 별도의 법인격을 갖는 기관으로서, 제1호 및 제2호에 해당하지 아니하는 기관은 적용대상에서 제외한다.

[주 2] 조달청이 2012년 3월 30일에 채택된 정부조달에 관한 협정 개정의정서의 부록 I의 부속서 2 및 부속서 3에 규정된 기관을 대신하여 조달을 수행하는 경우에는 해당 기관의 양허내용에 따른다.

[별표 2] <개정 2015.7.13.>

특정조달계약 대상 물품·공사 및 용역(제3조제3항 관련)

1. 특정조달계약 대상 물품

별도로 정한 경우를 제외하고 모든 물품을 적용 대상으로 한다. 다만, 국방부와 방위사업청의 경우(제3조제2항제1호에 해당하는 경우를 제외한다)에는 다음에 열거된 품목만을 적용 대상으로 한다.

군급번호	품목
2510	차량의 운전실, 몸체 및 프레임용 구조의 부품
2520	차량의 동력전달장치 부품
2540	차량용 가구 및 부속물
2590	잡종 차량 부품
2610	항공기용을 제외한 공기식 타이어 및 튜브
2910	항공기용이 아닌 엔진의 연료계통 부품
2920	항공기용이 아닌 엔진의 전기계통 부품
2930	항공기용이 아닌 엔진의 냉각계통 부품
2940	항공기용이 아닌 엔진의 공기 및 오일 필터, 여과기 및 정화기
2990	항공기용이 아닌 잡종 엔진 부속품
3020	기어, 활차, 톱니바퀴 및 전달 체인
3416	선반
3417	밀링 머신
3510	세탁 및 드라이크리닝 장비
4110	냉동 장비
4230	오염 제거 및 주입용 장비
4520	난방 및 온수 장비
4940	잡종 정비 및 수리 공장용 특수장비
5120	무동력이고 날이 없는 수공구
5410	조립식 및 이동식 건물
5530	합판 및 베니어판
5660	울타리 및 문 부품
5945	릴레이 및 솔레노이드
5965	헤드세트, 핸드세트, 마이크로폰 및 스피커
5985	안테나, 도파관 및 관련 장비
5995	케이블, 코드 및 와이어 조립체: 통신장비용
6505	약품 및 생물제제

6220	차량용 전기조명등 및 장치
6840	살충제 및 소독제
6850	잡종 화학 특수품
7310	음식 조리, 제빵 및 서빙 장비
7320	부엌용 장비 및 기구
7330	부엌용 손공구 및 기구
7350	식기류
7360	음식 조리 및 서빙용 세트, 키트, 의류 및 조립부품
7530	사무용품 및 기록양식
7920	비, 솔, 걸레 및 스폰지
7930	청소·광택용 화합물 및 조제품
8110	드럼 및 캔
9150	오일 및 그리스: 절삭, 윤활 및 유압용
9310	종이 및 판지

2. 특정조달계약 대상 공사

UN표준산품분류(CPC)	대상 공사
51	건설 공사

3. 특정조달계약 대상 용역

WTO서비스분류(GNS/W/120)	UN표준산품분류(CPC)	대상 용역
1.A.b.	862	회계, 감사 및 부기 서비스
1.A.c.	863	세무 서비스
1.A.d.	8671	건축 서비스
1.A.e.	8672	엔지니어링 서비스
1.A.f.	8673	종합 엔지니어링 서비스
1.A.g.	8674	도시계획 및 조경 서비스
1.B.	84	컴퓨터 서비스
1.B.a.	841	컴퓨터 하드웨어 설치 관련 자문 서비스
1.B.b.	842	소프트웨어 실행 서비스
1.B.c.	843	데이터 처리 서비스
1.B.d.	844	데이터베이스 서비스
1.B.e.	845	사무 기계 및 장비(컴퓨터 포함)의 정비 및 수리서비스
1.E.a.	83103	운전자 없는 선박 관련 임대/리스

		서비스
1.E.b.	83104	운전자 없는 항공기 관련 임대/리스 서비스
1.E.c.	83101, 83105*	운전자 없는 기타 운송장비 관련 임대/리스 서비스(승객 15명 미만 승용차로 한정한다)
1.E.d.	83106, 83108, 83109	운전자 없는 기타 기계 및 장비 관련 임대/리스 서비스
	83107	운전자 없는 건설 기계 및 장비 관련 임대/리스 서비스
1.F.a.	8711, 8719	광고대행 서비스
1.F.b.	864	시장조사 및 여론조사 서비스
1.F.c.	865	경영 자문 서비스
1.F.d.	86601	프로젝트 관리 서비스
1.F.e.	86761*	성분·순도 검사 및 분석 서비스(대기, 물, 소음 수준 및 진동 수준에 대한 진단, 검사 및 분석 서비스로 한정한다)
	86764	기술 점검 서비스
1.F.f.	8811*, 8812*	농업 및 축산업 관련 자문 서비스
	8814*	임업에 부수하는 서비스(항공 진화 및 소독은 제외한다)
1.F.g.	882*	어업 관련 자문 서비스
1.F.h.	883*	광업 관련 자문 서비스
1.F.m.	86751, 86752	관련 과학 및 기술 자문 서비스
1.F.n.	633, 8861, 8862, 8863, 8864, 8865, 8866	장비의 정비 및 수리
1.F.p.	875	사진 서비스
1.F.q.	876	포장 서비스
1.F.r.	88442*	인쇄(스크린 인쇄, 그라비어 인쇄 및 인쇄 관련 서비스)
1.F.s.	87909*	속기 서비스, 행사 대행 서비스
1.F.t.	87905	번역 및 통역 서비스
2.C.j.	7523*	온라인 정보 및 데이터베이스 검색
2.C.k.	7523*	전자적 데이터 교환
2.C.l.	7523*	저장·전송, 저장·검색을 포함하는 고도/부가가치 모사전송 서비스

2.C.m.	-	코드 및 프로토콜 변환
2.C.n.	843*	온라인 정보 및/또는 데이터 처리(거래처리를 포함한다)
2.D.a.	96112*, 96113*	영화 및 비디오 테이프 생산 및 배급 서비스(유선 TV 방송을 위한 서비스는 제외한다)
2.D.e.	-	음반 생산 및 배급 서비스(음향 녹음)
6.A.	9401*	폐수 처리 서비스(산업 폐수의 수집 및 처리 서비스로 한정한다)
6.B.	9402*	산업 폐기물 처리 서비스(산업 폐기물의 수집, 운반 및 처분 서비스로 한정한다)
6.D.	9404*, 9405*	배기가스 정화 서비스 및 소음저감 서비스(건설시공 서비스는 제외한다)
	9406*, 9409*	환경 검사 및 평가 서비스(환경영향평가 서비스로 한정한다)
9.A.	641	호텔 및 기타 숙박 서비스
9.A.	642	음식 수발 서비스
9.A.	6431	오락이 없는 음료 수발 서비스(CPC 6431의 철도 및 항공 운송 관련 시설은 제외한다)
9.B.	7471	여행 대리점 및 패키지 관광 전문 서비스(정부수송요청은 제외한다)
11.A.b.	7212*	국내 운송을 제외한 국제 운송
11.A.d.	8868*	선박의 정비 및 수리
11.F.b.	71233*	국내 운송을 제외한 컨테이너 화물의 운송
11.H.c.	748*	화물 운송 대행 서비스 - 해운 대행 서비스 - 해운 화물 주선 서비스 - 해송 중개 서비스 - 항공 화물 운송 대행 서비스 - 통관 서비스
11.I.	-	철도 운송을 위한 화물 주선

[주 1] UN표준산품분류란 중 별표(*)는 서비스 무역에 대한 최초의 양허에 관한 대한민국의 수정 조건부 양허안에 기술된 바에 따라 용역의 "일부"를 뜻한다.

[주 2] 특정조달계약 대상 용역은 특정 국가에 대하여 그 국가가 동일한 용역을 우리나라에 개방한 경우에만 적용한다.

[별표 3] <개정 2008.2.29>

대한민국정부와칠레공화국정부간의 자유무역협정에 따른 특정조달계약 대상용역 및 공사의 특례(제41조제1항관련)

1. 특정조달계약 대상용역
   세계무역기구의 일반서비스 목록(WTO/MTN.GNS/W/120)상의 모든 용역을 그 대상으로 한다.
2. 특정조달계약 대상공사
   UN표준산품분류(CPC)상의 모든 공사계약을 그 대상으로 한다.
3. 기타
   칠레공화국의 경우에만 적용되는 특정조달계약 대상용역 및 공사는 제3조제4항의 규정에 따라 기획재정부장관이 고시한다.

[별표 4] <개정 2024.5.14, 2025.10.1>

한・페루 자유무역협정에 따른 특정조달계약 대상 정부기관 (제43조제2항 관련)

1. 감사원, 국무조정실, 국무총리비서실, 기획재정부, 과학기술정보통신부, 교육부, 외교부, 통일부, 법무부, 국방부, 행정안전부, 국가보훈부, 문화체육관광부, 농림축산식품부, 산업통상부, 보건복지부, 기후에너지환경부, 고용노동부, 성평등가족부, 국토교통부, 해양수산부, 중소벤처기업부, 인사혁신처, 법제처, 식품의약품안전처, 국가데이터처, 지식재산처, 국세청, 관세청, 조달청, 대검찰청, 병무청, 방위사업청, 경찰청, 국가유산청, 농촌진흥청, 산림청, 기상청, 행정중심복합도시건설청, 방송미디어통신위원회, 공정거래위원회, 금융위원회 및 국가인권위원회
2. 제1호에 따른 기관의 하부조직, 특별지방행정기관 및 부속기관

[주1] 국방부 및 방위사업청의 조달에 대해서는 별표 2 제1호 단서를 적용한다.

[주2] 조달청의 경우에는 제1호 및 제2호에 따른 정부기관의 구매분으로 한정하며, 한、페루 자유무역협정 부속서 16가 제2절 및 제3절에 규정된 기관의 구매분에 대해서는 그 양허내용에 따른다.

[주3] 경찰청의 경우 마라케쉬 정부조달협정 제23조에 따른 공공질서 유지를 위한 조달은 특정조달계약의 대상에서 제외한다.

[별표 5] <개정 2024.5.14, 2025.10.1>

한·미 자유무역협정에 따른 특정조달계약 대상 정부기관(제44조제2항 관련)

1. 감사원, 국무조정실, 국무총리비서실, 기획재정부, 과학기술정보통신부, 교육부, 외교부, 통일부, 법무부, 국방부, 행정안전부, 국가보훈부, 문화체육관광부, 농림축산식품부, 산업통상부, 보건복지부, 기후에너지환경부, 고용노동부, 성평등가족부, 국토교통부, 해양수산부, 중소벤처기업부, 인사혁신처, 법제처, 식품의약품안전처, 국가데이터처, 지식재산처, 국세청, 관세청, 조달청, 대검찰청, 병무청, 방위사업청, 경찰청, 국가유산청, 농촌진흥청, 산림청, 기상청, 방송미디어통신위원회, 공정거래위원회, 국민권익위원회, 금융위원회 및 국가인권위원회
2. 제1호에 따른 기관의 하부조직, 특별지방행정기관 및 부속기관

[주1] 국방부 및 방위사업청의 경우 별표 2 제1호 단서에 따른 품목에 대해서는 제3조제2항제1호에 따를 것을 조건으로 일반적으로 적용되며, 별표 2 제3호의 용역과 별표 6의 공사에 대해서는 국가안보 및 국방목적 수행과 관련되지 않는 분야에만 적용된다.

[주2] 조달청의 경우에는 제1호 및 제2호에 따른 정부기관의 구매분으로 한정하며, 마라케쉬 정부조달협정 부속서 2 및 부속서 3에 규정된 기관을 위한 구매분의 경우에는 그 양허내용에 따른다.

[주3] 경찰청의 경우 마라케쉬 정부조달협정 제23조에 따른 공공질서 유지를 위한 조달은 특정조달계약의 대상에서 제외한다.

[별표 6] <신설 2011.12.2>

한・미 자유무역협정에 따른 특정조달계약 대상 공사
(제44조제2항 관련)

UN표준산품분류(CPC)	대상 공사
511	정지작업공사
512	건축공사
513	토목공사
514	조립건축공사
515	전문공사
516	설비공사
517	마감공사
518	건설기계 대여・수리

[별표 7] <개정 2024.5.14, 2025.10.1>

한・콜 자유무역협정에 따른 특정조달계약 대상 정부기관
(제45조제2항 관련)

1. 감사원, 국무조정실, 국무총리비서실, 기획재정부, 과학기술정보통신부, 교육부, 외교부, 통일부, 법무부, 국방부, 행정안전부, 국가보훈부, 문화체육관광부, 농림축산식품부, 산업통상부, 보건복지부, 기후에너지환경부, 고용노동부, 성평등가족부, 국토교통부, 해양수산부, 중소벤처기업부, 인사혁신처, 법제처, 식품의약품안전처, 국가데이터처, 지식재산처, 국세청, 관세청, 조달청, 대검찰청, 병무청, 방위사업청, 경찰청, 국가유산청, 농촌진흥청, 산림청, 기상청, 행정중심복합도시건설청, 방송미디어통신위원회, 공정거래위원회, 국민권익위원회, 금융위원회 및 국가인권위원회
2. 제1호에 따른 기관의 하부조직, 특별지방행정기관 및 부속기관

비고

1. 국방부와 방위사업청의 조달에 대해서는 제3조제2

항제1호에 따를 것을 조건으로 별표 2 제1호 단서에 따른 품목에 한정하여 일반적으로 적용되며, 별표 8 제1호 및 제2호의 공사와 용역에 대해서는 국가안보와 국방목적의 수행과 관련되지 않는 분야에만 적용된다.

2. 조달청의 경우에는 제1호와 제2호에 따른 정부기관의 구매분으로 한정하며, 한·콜 자유무역협정 부속서 14-가 제2절 및 제3절에 규정된 기관의 구매분에 대해서는 그 양허 내용에 따른다.
3. 경찰청의 경우 제3조제2항제2호에 따라 공공질서의 유지와 안정을 위한 조달은 특정조달계약의 대상에서 제외한다.

[별표 8] <신설 2013.7.15>

한·콜 자유무역협정에 따른 특정조달계약 대상 공사 및 용역 (제45조제2항 관련)

1. 특정조달계약 대상 공사

UN표준산품분류(CPC)	대상공사
511	정지작업공사
512	건축공사
513	토목공사
514	조립건축공사
515	전문공사
516	설비공사
517	마감공사
518	건설기계 대여·수리

2. 특정조달계약 대상 용역

   세계무역기구의 일반서비스목록(WTO/MTN,GNS/W/120)상의 모든 용역(금융서비스는 제외한다)을 그 대상으로 한다.

[별표 9] <개정 2024.5.14, 2025.10.1>

한·호주 자유무역협정에 따른 특정조달계약 대상 정부기관(제46조제2항 관련)

1. 감사원, 국무조정실, 국무총리비서실, 기획재정부, 과학기술정보통신부, 교육부, 외교부, 통일부, 법무부, 국방부, 행정안전부, 국가보훈부, 문화체육관광부, 농림축산식품부, 산업통상부, 보건복지부, 기후에너지환경부, 고용노동부, 성평등가족부, 국토교통부, 해양수산부, 중소벤처기업부, 인사혁신처, 법제처, 식품의약품안전처, 국가데이터처, 지식재산처, 국세청, 관세청, 조달청, 대검찰청, 병무청, 방위사업청, 경찰청, 국가유산청, 농촌진흥청, 산림청, 기상청, 행정중심복합도시건설청, 방송미디어통신위원회, 공정거래위원회, 국민권익위원회, 금융위원회 및 국가인권위원회
2. 제1호에 따른 기관의 보조기관, 특별지방행정기관 및 부속기관

[주 1] 국방부와 방위사업청의 조달에 대해서는 제3조제2항제1호에 따를 것을 조건으로 별표 2 제1호 단서에 따른 품목에 대해서만 일반적으로 적용되며, 별표 10 제1호 및 제2호의 용역과 공사에 대해서는 국가안보와 국방에 관련되지 않는 분야에만 적용된다.

[주 2] 조달청의 경우에는 제1호와 제2호에 따른 기관을 위하여 수행하는 조달만을 적용대상으로 하며, 한·호주 자유무역협정 부속서 12-가 제2절 및 제3절에 규정된 기관을 위한 조달에 대해서는 해당 기관에 대한 적용범위 및 기준가를 적용한다.

[주 3] 경찰청의 경우 제3조제2항제2호에 따라 공공질서를 유지하기 위한 목적의 조달은 적용대상에서 제외한다.

[별표 10] <신설 2014.12.11>

한·호주 자유무역협정에 따른 특정조달계약 대상 용역 및 공사 (제46조제2항 관련)

1. 특정조달계약 대상 용역

GATT서비스분류 (GNS/W/120)	UN표준산품분류 (CPC)	대상 용역
1.A.b	862	회계·감사 및 부기 서비스
1.A.c	863	세무서비스
1.A.d	8671	건축설계서비스
1.A.e	8672	엔지니어링서비스
1.A.f	8673	통합엔지니어링서비스
1.A.g	8674	도시계획 및 경관건축 서비스
1.B.a	841	컴퓨터 하드웨어 설치관련 자문서비스
1.B.b	842	소프트웨어 실행서비스
1.B.c	843	데이터 처리 서비스
1.B.d	844	데이터베이스 서비스
1.B.e	845	컴퓨터를 포함하는 사무기계류 및 기기에 대한 유지 및 보수 서비스
1.E.a	83103	선박 관련 운영자 미포함 임대/리스
1.E.b	83104	항공기 관련 운영자 미포함 임대/리스
1.E.c	83101, 83105*	그 밖의 운송기기 관련 운영자 미포함 임대/리스 서비스(15인승 미만의 승합차로 한정한다)
1.E.d	83106, 83108, 83109	그 밖의 기계류 및 기기 관련 운영자 미포함 임대/리스
	87107	건설 기계 및 기기 관련 운영자 미포함 임대/리스
1.F.a	8711, 8719	광고대행 서비스
1.F.b	864	시장조사 및 대중여론 조사 서비스

1.F.c	865	경영컨설팅서비스
1.F.d	86601	프로젝트 경영 서비스
1.F.e	86761*	성분 및 순도 검사 및 분석 서비스(대기, 수질, 소음 수준 및 진동 수준에 대한 검사, 시험 및 분석 서비스만을 포함한다)
	86764	기술적 진단서비스
1.F.f	8811*, 8812*	농업 및 축산업 관련 자문서비스
	8814*	임업 부수 서비스(항공에 의한 산불진화 및 병해충방제 서비스는 제외한다)
1.F.g	882*	어업 관련 컨설팅 서비스
1.F.h	883*	광업 관련 컨설팅 서비스
1.F.m	86751, 86752	과학 및 기술 관련 자문서비스
1.F.n	633, 8861, 8862, 8863, 8864, 8865, 8866	장비의 유지 및 보수
1.F.p	875	사진서비스
1.F.q	876	포장서비스
1.F.r	88442*	인쇄(스크린 인쇄, 그라비어 인쇄 및 인쇄 관련 서비스업)
1.F.s	87909*	속기서비스 국제회의 대행 서비스
1.F.t	87905	번역 및 통역 서비스
2.C.j	7523*	온라인 정보 및 데이터베이스 검색
2.C.k	7523*	전자적 데이터 교환
2.C.l	7523*	축적 및 전송, 축적 및 검색을 포함한 고도 부가가치 모사전송 서비스
2.C.m	-	코드 및 프로토콜 변환
2.C.n	843*	온라인 정보 및/또는 데이터처리(거래 처리를 포함한다)

2.D.a	96112*, 96113*	영화 및 비디오 테이프 제작 및 유통 서비스(케이블 텔레비전 방송을 위한 그러한 서비스는 제외한다)
2.D.e	-	음반 제작 및 유통 서비스(음성 녹음)
6.A	9401*	폐수 처리 서비스(산업폐수 수집 및 처리 서비스만 해당한다)
6.B	9402*	산업폐기물 처리 서비스(산업폐기물의 수집, 운반 및 처리 서비스만 해당한다)
6.D	9404*, 9405*	배기가스 정화 및 소음저감 서비스(건설업 서비스를 제외한 서비스)
	9406*, 9409*	환경분야 시험 및 평가 서비스(환경영향평가 서비스만 해당한다)
11.A.b	7212*	국제운송(연안운송은 제외한다)
11.A.d	8868*	선박의 유지 및 보수
11.F.b	71233*	컨테이너 화물운송(연안운송은 제외한다)
11.H.c	748*	화물운송대리업서비스 - 해운대리업서비스 - 해상화물운송주선서비스 - 해운중개서비스 - 항공화물운송대리업서비스 - 통관서비스
11.I	-	철도화물운송주선

2. 특정조달계약 대상 공사

UN표준산품분류(CPC)	대상 공사
51	건설 공사

[주] UN표준산품분류란 중 별표(*)는 서비스 무역에 관한 초기 약속에 대한 대한민국의 조건부 수정양허안에 기술된 세부사항의 "일부분"을 뜻한다.

국가를 당사자로 하는 계약법 관련
행정규칙 (기준, 규정, 지침)

< 목 차 >

공동계약 운용요령

기획재정부 계약예규 제715호, 2024. 9.13, 일부개정

제1조(목적) 이 예규는 국가를 당사자로 하는 계약에 관한 법률 시행령」(이하 "시행령"이라 한다) 제72조에 의한 공동계약의 체결방법과 기타 필요한 사항을 정함을 목적으로 한다.

제2조(정의) 이 예규에서 사용하는 용어의 정의는 다음과 같다.

1. "공동계약"이라 함은 공사·제조·기타의 계약에 있어서 발주기관과 공동수급체가 체결하는 계약을 말한다.
2. "공동수급체"라 함은 구성원을 2인 이상으로 하여 수급인이 해당계약을 공동으로 수행하기 위하여 잠정적으로 결성한 실체를 말한다.
3. “공동수급체 대표자”라 함은 공동수급체의 구성원 중에서 대표자로 선정된 자를 말한다.
4. “공동수급협정서”라 함은 공동계약에 있어서 공동수급체구성원 상호간의 권리·의무 등 공동계약의 수행에 관한 중요사항을 규정한 계약서를 말한다.
5. "주계약자"라 함은 주계약자관리방식의 공동계약에서 공동수급체 구성원 중 전체 건설공사의 이행에 관하여 종합적인 계획·관리·조정을 하는 자를 말한다. <신설 2009.4.8.>

제2조의2(공동계약의 유형) 공동계약은 공동수급체가 도급받아 이행하는 방식에 따라 다음 각 호와 같이 구분한다.

1. “공동이행방식”이라 함은 공동수급체 구성원이 일정 출자비율에 따라 연대하여 공동으로 계약을 이행하는 공동계약을 말한다.
2. “분담이행방식”이라 함은 공동수급체 구성원이 일정 분담내용에 따라 나누어 공동으로 계약을 이행하는 공동계약을 말한다.
3. "주계약자관리방식"이라 함은「건설산업기본법」에 따른 건설공사를 시행하기 위한 공동수급체의 구성원중 주계약자를 선정하고, 주계약자가 전체 건설공사 계약의 수행에 관하여 종합적인 계획·관리 및 조정을 하는 공동계약을 말한다. <개정 2020.12.28.>

제2조의3(주계약자관리방식에 의한 공동계약) <삭제 2020.12.28.>

제3조(권리행사 및 의무의 이행) 계약담당공무원(각 중앙관서의 장이 계약에 관한 사무를

그 소속공무원에게 위임하지 아니하고 직접 처리하는 경우에는 이를 계약담당공무원으로 본다. 이하 같다)은 공동수급체의 구성원으로 하여금 이 예규 및 공동수급협정서에서 정하는 바에 따라 신의와 성실의 원칙에 입각하여 이를 이행하게 하여야 한다.

제4조(공동수급체 대표자의 선임) ① 계약담당공무원은 공동수급체의 구성원으로 하여금 상호 협의하여 공동수급체 대표자를 선임하게 하되, 시행령 제36조에 의한 입찰공고 등에서 요구한 자격을 갖춘 업체를 우선적으로 선임하게 하여야 한다. 다만, 주계약자관리방식에 의한 공동계약의 경우에는 주계약자가 공동수급체의 대표자가 된다. <개정 2009.4.8.>

② 제1항에 의하여 선임된 공동수급체 대표자는 발주기관 및 제3자에 대하여 공동수급체를 대표한다.

③ 계약담당공무원은 주계약자관리방식에서 대표자로 하여금 공사시방서·설계도면·계약서·예정공정표·품질보증계획 또는 품질시험계획·안전 및 환경관리계획·산출내역서 등에 의하여 품질 및 시공을 확인하게 하고 적정하지 못하다고 인정되는 경우에는 재시공지시 등 필요한 조치를 하게 하여야 한다. <신설 2009.4.8.>

④ 계약담당공무원은 주계약자관리방식에서 대표자로 하여금 공사 진행의 경제성 및 효율성 등을 감안하여 공동수급체 구성원과의 협의를 거쳐 자재 및 장비 등의 조달을 일원화하여 관리하게 하여야 한다. <신설 2009.4.8.>

⑤ 계약담당공무원은 시행령 제42조제4항에 의한 종합심사 낙찰제 대상공사 입찰의 경우에 공동수급체 대표자의 출자비율 또는 분담내용이 100분의 50이상이 되도록 하여야 한다. 다만, 주계약자관리방식에 의한 공동계약의 경우에는 공사의 내용 및 특성에 따라 분담내용을 정한다. <개정 2009.4.8, 2016.1.1.>

제5조(공동수급협정서의 작성 및 제출) ① 계약담당공무원은 공동수급체 구성원으로 하여금 제8조에 의하여 입찰공고 내용에 명시된 공동계약의 이행방식에 따라 별첨 1(공동이행방식) 또는 별첨 2(분담이행방식) 또는 별첨 3(주계약자관리방식)의 공동수급표준협정서를 참고하여 공동수급협정서를 작성하게 하여야 한다. <개정 2009.4.8.>

② 계약담당공무원은 공동수급체 대표자로 하여금 제1항에 의하여 작성한 공동수급협정서를 「국가를 당사자로 하는 계약에 관한 법률 시행규칙」 제40조에 의한 입찰참가신청서류 제출시 함께 제출토록 하여 이를 보관하여야 한다.

제6조(계약의 체결) 계약담당공무원은 공동계약 체결시 공동수급체구성원 전원이 계약서에 연명으로 기명날인 또는 서명토록 하여야 한다. <개정 2009.9.21.>

제7조(책임) ① 계약담당공무원은 공동수급체 구성원으로 하여금 발주자에 대한 계약상의 시공, 제조, 용역의무이행에 대하여 다음 각호에 따라 책임을 지도록 하여야

한다. <개정 2009.4.8, 2014.1.10.>

1. 공동이행방식에 의한 경우에 구성원은 연대하여 책임을 지도록 하여야 한다. 다만, 공사이행보증서가 제출된 공사로서 계약이행요건을 충족하지 못하는 업체는 출자비율에 따라 책임을 지도록 하여야 한다. <신설 2014.1.10.>
2. 분담이행방식에 의한 경우에 구성원은 분담내용에 따라 각자 책임을 지도록 하여야 한다. <신설 2014.1.10.>
3. 주계약자관리방식에 의한 경우에 구성원은 각자 자신이 분담한 부분에 대해서만 책임을 지되, 불이행시 그 구성원의 보증기관이 책임을 지며, 주계약자는 최종적으로 전체계약에 대하여 책임을 지되, 불이행시 주계약자의 보증기관이 책임을 진다. 다만, 주계약자가 탈퇴한 후에 주계약자의 계약이행의무 대행이 이루어지지 않은 경우에는 주계약자 이외의 구성원은 자신의 분담부분에 대하여 계약이행이 이루어지지 아니한 것으로 본다. <신설 2009.4.8.>

② 시행령 제76조제1항은 입찰참가자격의 제한사유를 발생시킨 자에 대하여 적용하며, 출자비율 또는 분담내용과 다르게 시공한 경우에는 해당 구성원에 대하여 적용한다.

제8조(입찰공고) ① 계약담당공무원은 입찰공고시 시행령 제72조제2항에 의하여 동일현장에 2인이상의 수급인을 투입하기 곤란하거나 긴급한 이행이 필요한 경우등 계약의 목적·성질상 공동계약에 의함이 곤란하다고 인정되는 경우를 제외하고는 가능한 한 공동계약이 가능하다는 뜻을 명시하여야 한다.

② 계약담당공무원은 시행령 제72조제1항 또는 제3항에 따라 공동계약으로 발주하려는 경우에는 다음 각 호의 사항을 입찰공고에 명시하여야 한다. <개정 2020.12.28.>

1. 공동계약의 이행방식: 다음 각 방식 중 어느 하나로 한다. <신설 2020.12.28.>
   가. 공동이행방식
   나. 분담이행방식
   다. 공동이행방식과 분담이행방식이 혼합된 방식
2. 공동수급체 구성원의 자격제한 사항 <신설 2020.12.28.>

③ 입찰참가자는 제2항제1호 가목 또는 다목의 공동이행방식을 대신하여 주계약자관리방식으로 공동수급체를 구성하여 입찰에 참여할 수 있다. <신설 2020.12.28.>

제8조의2(설비공사의 공동계약) ① 계약담당공무원은 「건설산업기본법시행령」 제7조에 의한 설비공사를 발주할 경우에는 설비제조업체와 시공업체간 분담이행방식에 의한 공동계약방법으로 입찰에 참가하게 할 수 있다. 다만, 단일 설비제조업체의 설비부분이 전체 추정가격의 50%이상일 경우에 한한다.

② 계약담당공무원은 제1항의 공사를 시행령 제78조에 의하여 일괄입찰방식으로 발주할 경우에 설비제조업체, 시공업체 및 기술용역등록업체간 분담이행방식에 의한 공동계약방법으로 입찰에 참가하게 할 수 있다.

제9조(공동수급체의 구성) ① 계약담당공무원은 공동수급체 구성원으로 하여금 해당계약을 이행하는데 필요한 면허·허가·등록 등의 자격요건을 갖추게 하여야 하며, 계약이행에 필요한 자격요건은 다음 각 호에 따라 구비되어야 한다. <개정 2009.4.8.>

1. 분담이행방식의 경우 : 구성원 공동
2. 공동이행방식의 경우 : 구성원 각각
3. 주계약자관리방식의 경우
   가. 주계약자 : 전체공사를 이행하는데 필요한 자격요건
   나. 구성원 : 분담공사를 이행하는데 필요한 자격요건

② 계약담당공무원은 시행령 제21조제1항에 의한 시공능력, 공사실적, 기술보유상황 등은 「건설산업기본법」 등 관련법령에서 규정하고 있는 면허와 동일한 경우에는 공동수급체 구성원 모두의 것을 합산하여 적용한다. <개정 2016.12.30.>

③ 공동계약에 의하여 이행된 실적의 인정범위는 다음 각 호에 따라 배분한다.

1. 분담이행방식에 의한 경우 : 공동수급체의 구성원별 분담부분
2. 공동이행방식에 의한 경우
   가. 금액 : 공동수급체의 구성원별 출자비율에 해당되는 금액
   나. 규모 또는 양 : 실적증명 발급기관에서 공사의 성질상 공동수급체의 구성원별 실제 시공부분을 분리하여 구분할 수 있는 경우에는 실제 시공한 부분. 다만, 분리・구분할 수 없는 경우에는 출자비율에 따라 배분
3. 주계약자관리방식에 의한 경우 <신설 2009.4.8.>
   가. 구성원 : 분담부분
   나. 주계약자 : 건설산업기본법 시행규칙 제23조 제6항에 의함(제10항)

④ 계약담당공무원은 공동수급체구성원이 동일 입찰건에 대하여 공동수급체를 중복적으로 결성하여 입찰에 참가하게 하거나, 시행령 제72조제3항에 의한 공동계약의 경우와 주계약자관리방식에 의한 공동계약의 경우 「독점규제 및 공정거래에 관한 법률」에 의한 상호출자제한기업집단소속 계열회사간에 공동수급체를 구성하게 하여서는 아니된다. <개정 2009.4.8, 2014.1.10.>

⑤ 계약담당공무원은 공동계약의 유형별 구성원 수와 구성원별 계약참여 최소지분율을 다음 각 호에 따라 처리한다. 다만, 해당 계약의 특성 및 규모를 고려하여 계약담당공무원이 필요하다고 인정할 경우에는 공동계약의 유형별 구성원 수와 구성원별 계약참여 최소지분율을 각각 20% 범위내에서 가감할 수 있다. <개정 2008.11.1., 2009.4.8.> <단서신설 2014.1.10., 개정 2024.9.13.>

가. 분담이행방식에 의한 경우 : 5인 이하

나. 공동이행방식에 의한 경우 : 5인 이하, 10% 이상(단, 시행령 제6장 및 제8장에 따른 공사중 추정가격이 1,000억원 이상인 공사의 경우에는 10인 이하, 5% 이상)

<개정 2009.4.8, 2012.10.26.>

다. 주계약자관리방식에 의한 경우 : 10인 이하, 5% 이상

⑥ 제5항에도 불구하고 계약담당공무원은 시행령 제72조제3항에 따른 공동계약의 경우에 공사의 특성 등을 고려하여 지역업체의 최소지분율을 다음 각 호에 따라 정할 수 있으며, 이를 입찰공고에 명시하여야 한다.

1. 시행령 제72조제3항제1호에 따른 공동계약 : 30% 이상
2. 시행령 제72조제3항제2호에 따른 공동계약 <개정 2020.4.7.>

가. 기획재정부 고시「국가를 당사자로 하는 계약에 관한 법률 시행령 제72조제3항 제2호에 따른 공동계약 대상사업」(이하 이 예규에서 "고시"라 한다) 제1호에 따른 사업: 40% 이상(단, 시행령 제6장 및 제8장에 따른 공사의 경우에는 20% 이상)

나. 고시 제2호에 따른 사업: 20% 이상

⑦ 제6항제2호에 따른 공동수급체의 구성원이 되는 지역업체는 입찰공고일 현재 90일 이상 해당 공사현장을 관할하는 특별시·광역시 및 도에 법인등기부상 본점소재지가 소재한 업체이어야 한다. <개정 2018.12.31.>

제10조(보증금의 납부) 공동수급체 구성원은 각종 보증금 납부시 공동수급협정서에서 정한 구성원의 출자비율 또는 분담내용에 따라 분할 납부하여야 한다. 다만, 공동이행방식 또는 주계약자관리방식에 의한 공동계약일 경우에는 공동수급체대표자 또는 공동수급체구성원중 1인으로 하여금 일괄 납부하게 할 수 있다. <개정 2009.4.8.>

제11조(대가지급) ① 계약담당공무원은 선금 · 대가 등을 지급함에 있어서는 공동수급체 구성원별로 구분 기재된 신청서를 공동수급체 대표자가 제출하도록 하여야 한다. 다만, 공동수급체 대표자가 부도, 파산 등의 부득이한 사유로 신청서를 제출할 수 없는 경우에는 공동수급체의 다른 모든 구성원의 연명으로 이를 제출하게 할 수 있다.

② 계약담당공무원은 제1항에 의한 신청이 있을 경우에 신청된 금액을 공동수급체구성원 각자에게 지급하여야 한다. 다만, 선금은 주계약자관리방식에 의한 공동계약일 경우에는 제1항 단서의 경우를 제외하고는 공동수급체 대표자에게 지급하여야 한다. <개정 2009.4.8, 2010.1.4.>

③ 기성대가는 공동수급체의 대표자 및 각 구성원의 이행내용에 따라 지급하여야 한다. 이 경우에 준공대가 지급시에는 구성원별 총 지급금액이 준공당시 공동수급체 구성원의 출자비율 또는 분담내용과 일치하여야 한다.

제12조(공동도급내용의 변경) ① 계약담당공무원은 공동계약을 체결한 후 공동수급체구성원의 출자비율 또는 분담내용을 변경하게 할 수 없다. 다만, 시행령 제64조내지 제66조에 의한 계약내용의 변경이나 파산, 해산, 부도, 법정관리, 워크아웃(기업구조

조정촉진법에 따라 채권단이 구조조정 대상으로 결정하여 구조조정중인 업체), 중도탈퇴의 사유로 인하여 당초 협정서의 내용대로 계약이행이 곤란한 구성원이 발생하여 공동수급체구성원 연명으로 출자비율 또는 분담내용의 변경을 요청한 경우와 제12조 제4항의 경우에는 그러하지 아니하다. <개정 2014.1.10.>

② 계약담당공무원은 제1항 단서에 의하여 공동수급체 구성원의 출자비율 또는 분담내용의 변경을 승인함에 있어 구성원 각각의 출자지분 또는 분담내용 전부를 다른 구성원에게 이전하게 하여서는 아니된다. 다만, 주계약자관리방식에서 공동수급체 구성원중 일부가 파산, 해산, 부도 등으로 계약을 이행할 수 없는 사유 등으로 공동수급체 구성원의 출자비율 또는 분담내용의 변경을 승인하는 경우에는 그러하지 아니하다. <단서신설 2014.4.1.>

③ 계약담당공무원은 공동수급체 구성원을 추가하게 할 수 없다. 다만, 계약내용의 변경이나 공동수급체 구성원의 파산, 해산, 부도, 법정관리, 워크아웃(기업구조조정 촉진법에 따라 채권단이 구조조정 대상으로 결정하여 구조조정중인 업체), 중도탈퇴의 사유로 인하여 잔존구성원만으로는 면허, 시공능력 및 실적 등 계약이행에 필요한 요건을 갖추지 못할 경우로서 공동수급체구성원 연명으로 구성원의 추가를 요청한 경우에는 그러하지 아니한다. <개정 2010.9.8, 2014.1.10, 2015.1.1.>

④ 주계약자관리방식에서 주계약자는 구성원이 정당한 사유없이 계약을 이행하지 아니하거나 지체하여 이행하는 경우 또는 주계약자의 계획·관리 및 조정 등에 협조하지 않아 계약이행이 곤란하다고 판단되는 경우에는 구성원의 출자비율 또는 분담내용, 해당 구성원을 변경할 수 있다. 이 경우에 주계약자는 변경사유와 변경내용 등을 계약담당공무원에게 통보하여야 하며, 계약담당공무원은 주계약자의 변경내용이 계약의 원활한 이행을 저해하지 않는 한 승인해야 한다. <신설 2009.4.8.>

제13조(공동수급체 구성원의 제재) ① 계약담당공무원은 공사 착공시까지 공동수급체 구성원별 출자비율 또는 분담내용에 따른 다음 각 호의 내용이 포함된 공동계약이행계획서(이하 “계약이행계획서”라 한다)를 제출하게 하여 승인을 받도록 하여야 한다.

1. 구성원별 이행부분 및 내역서(이행부분을 구분하지 아니하는 경우에는 제외)
2. 구성원별 투입 인원·장비 등 목록 및 투입시기
3. 그 밖의 발주기관이 요구하는 사항

② 계약담당공무원은 공동수급체구성원이 연명으로 출자비율 또는 분담내용을 준수하는 범위내에서 제1항에 의한 계약이행계획서의 변경에 대한 승인을 요청하는 때에는 공사의 적정한 이행을 위하여 필요하다고 인정되는 경우에 한하여 이를 승인할 수 있다.

③ 계약담당공무원은 주계약자관리방식에 의한 공동계약의 경우에 주계약자 이외의 공동수급체의 구성원 자신이 분담한 부분을 직접 시공하게 하여야 한다. 다만, 공동수

급체 구성원이 종합건설업자인 경우에는 다른 법령이나 시공품질의 향상 및 현장사정 등 불가피한 사유가 있는 경우에는 주계약자와 합의하여 하도급을 승인할 수 있다. <신설 2009.4.8.>

④ 주계약자관리방식에 의한 경우로서 주계약자는 직접시공에는 참여하지 않더라도 시공관리, 품질관리, 하자관리, 공정관리, 안전관리, 환경관리 등 시공의 종합적인 계획·관리 및 조정에만 참여하는 경우에도 이를 계약이행으로 본다. <신설 2009.4.8.>

⑤ 각 중앙관서의 장은 공동수급체 구성원 중 정당한 이유없이 계약이행계획서에 따라 실제 계약이행에 참여하지 아니하는 구성원(단순히 자본참여만을 한 경우 등을 포함) 또는 출자비율 또는 분담내용과 다르게 시공하는 구성원 또는 주계약자관리방식에서 주계약자이외의 구성원이 발주기관의 사전서면 승인없이 직접 시공하지 않고 하도급한 경우에 법률 제27조제1항제3호 또는 시행령 제76조제1항제2호 가목에 의한 입찰참가자격제한조치를 하여야 한다. <개정 2009.4.8, 2018.12.31.>

제14조(재검토기한) 「훈령 · 예규 등의 발령 및 관리에 관한 규정」에 따라 이 예규에 대하여 2016년 1월 1일 기준으로 매3년이 되는 시점(매 3년째의 12월 31일까지를 말한다)마다 그 타당성을 검토하여 개선 등의 조치를 하여야 한다. <개정 2015.9.21.>

부　칙 (2008.11.1.)

제1조(시행일) 이 회계예규는 2008년 11월 1일부터 시행한다.

제2조(적용례) 이 예규 시행일 이후 입찰공고를 한 분부터 적용한다.

부　칙 (2009.4.8.)

제1조(시행일) 이 회계예규는 2009년 4월 8일부터 시행한다.

제2조(적용례) 이 예규 시행일 이후 입찰공고를 한 분부터 적용한다.

부　칙 (2009.6.29.)

제1조(시행일) 이 회계예규는 2009년 6월 29일부터 시행한다.

제2조(유효기간) 제9조제6항제2호및제7항의 개정규정은 2010년 12월 31일까지 효력을 가진다. 다만, 2010년 12월 31일까지 입찰공고한 사업에 대해서는 그 사업이 종료될 때까지 제9조제6항제2호및제7항의 개정규정을 적용한다.

제3조(공동수급체 구성원별 최소지분율에 관한 적용례) 제9조제6항제2호의 개정규정은 이 예규 시행일이후 입찰공고를 한 분부터 적용한다.

제4조(지역업체 소재기간에 관한 적용례) 제9조제7항의 개정규정은 이 예규 시행일이후

해당 공사현장을 관할하는 특별시·광역시 및 도로 주된 영업소를 이전하거나 신설한 업체부터 적용한다.

부　칙 (2009.9.21.)

이 회계예규는 2009년 9월 21일부터 시행한다.

부　칙 (2010.1.4.)

제1조(시행일) 이 회계예규는 2010년 1월 4일부터 시행한다.

제2조(대가지급에 관한 적용례) 제11조제2항 개정규정은 이 예규 시행일 이후 입찰공고를 한 분부터 적용한다.

부　칙 (2010.9.8.)

제1조(시행일) 이 회계예규는 2011년 1월 1일부터 시행한다.

제2조(적용례) 이 회계예규 시행 후 입찰공고를 한 분부터 적용한다.

부　칙 (2011.2.1.)

제1조(시행일) 이 회계예규는「국가를 당사자로 하는 계약에 관한 법률 시행령」제72조제3항제2호 관련 부칙의 유효기간이 2011년 12월 31일로 개정·시행된 날부터 시행한다.

제2조(유효기간) 제9조제6항제2호 및 제7항의 개정규정은 2011년 12월 31일까지 효력을 가진다. 다만, 2011년 12월 31일까지 입찰공고한 사업에 대해서는 그 사업이 종료될 때까지 제9조제6항제2호 및 제7항의 개정규정을 적용한다.

부　칙 (2012.1.1.)

제1조(시행일) 이 회계예규는 「국가를 당사자로 하는 계약에 관한 법률 시행령」제72조제3항제2호 관련 부칙의 유효기간이 2011년 12월 31일로 개정·시행된 날부터 시행한다.

제2조(유효기간) 제9조제6항제2호 및 제7항의 개정규정은 2013년 12월 31일까지 효력을 가진다. 다만, 2013년 12월 31일까지 입찰공고한 사업에 대해서는 그 사업이 종료될 때까지 제9조제6항제2호 및 제7항의 개정규정을 적용한다.

부　칙 (2012.4.2.)

제1조(시행일) 이 계약예규는 2012년 4월 2일부터 시행한다.

제2조(적용례) 이 예규 시행일 이후 입찰공고를 한 분부터 적용한다.

제3조(공동수급체 구성원 탈퇴에 관한 적용례) [별첨 1] 제10조의3의 신설규정은 이 예규 시행일 이후 계약체결을 한 분부터 적용한다.

[본조신설 2012.7.4, 시행 2012.7.9.]

부 칙 (2012.10.26.)

제1조(시행일) 이 계약예규는 2012년 10월 26일부터 시행한다.

제2조(적용례) 이 예규는 시행일 이후 입찰공고를 한 분부터 적용한다.

제3조(유효기한) 제9조 제5항 나목 괄호 안 "제8장"은 2014년 10월 25일까지 효력을 가진다.

부 칙 (2014.1.10.)

제1조(시행일) 이 계약예규는 2014년 1월 10일부터 시행한다.

제2조(적용례) 이 예규 시행일 이후 입찰공고를 한 분부터 적용한다.

부 칙 (2014.4.1.)

제1조(시행일) 이 계약예규는 2014년 4월 1일부터 시행한다.

제2조(적용례) 이 예규 시행일 이후 입찰공고를 한 분부터 적용한다.

부 칙 (2015.1.1.)

제1조(시행일) 이 계약예규는 2015년 1월 1일부터 시행한다.

제2조(적용례) 이 예규 시행일 이후 입찰공고를 한 분부터 적용한다.

부 칙 (2015.9.21.)

제1조(시행일) 이 계약예규는 2015년 9월 21일부터 시행한다.

부 칙 (2016.1.1.)

제1조(시행일) 이 계약예규는 2016년 1월1일부터 시행한다.

제2조(최저가낙찰제의 폐지에 따른 경과규정) 이 계약예규 시행일 이전에 최초로 입찰공고를 한 분에 대하여는 제2조의3 및 제4조의 개정규정에도 불구하고 종전 규정을 적용한다.

부 칙 (2016.12.30.)

제1조(시행일) 이 계약예규는 2016년 12월30일부터 시행한다.

부 칙 (2018.12.31.)

제1조(시행일) 이 계약예규는 2019년 1월 1일부터 시행한다.

부 칙 (2020.4.7.)

제1조(시행일) 이 계약예규는 2020년 4월 7일부터 시행한다.

제2조(적용례) 이 계약예규는 부칙 제1조에 따른 시행일 이후 입찰공고를 한 분부터 적용한다.

부 칙 (2020.12.28.)

제1조(시행일) 이 계약예규는 2021년 1월 1일부터 시행한다.

제2조(적용례) 이 계약예규는 부칙 제1조에 따른 시행일 이후 입찰공고하는 경우부터 적용한다.

부 칙 (2023.6.30.)

제1조(시행일) 이 계약예규는 2023년 6월 30일부터 시행한다.

부 칙 (2024.9.13.)

제1조(시행일) 이 계약예규는 2024년 9월 13일부터 시행한다.

제2조(적용례) 이 계약예규는 부칙 제1조에 따른 시행일 이후 입찰공고하는 경우부터 적용한다.

[별첨1]

공동수급표준협정서(공동이행방식) <개정 2023.6.30.>

제1조(목적) 이 협정서는 아래 계약을 공동수급체의 구성원이 재정, 경영 및 기술능력과 인원 및 기자재를 동원하여 공사·물품 또는 용역에 대한 계획·입찰·시공 등을 위하여 일정 출자비율에 따라 공동연대하여 계약을 이행할 것을 약속하는 협약을 정함에 있다.

1. 계약건명 :
2. 계약금액 :
3. 발주자명 :

제2조(공동수급체) 공동수급체의 명칭, 사업소의 소재지, 대표자는 다음과 같다.

1. 명　　　　칭 : ○○○
2. 주사무소소재지 :
3. 대 표 자 성 명 :

제3조(공동수급체의 구성원) ① 공동수급체의 구성원은 다음과 같다.

1. ○○○회사(대표자 :　　)
2. ○○○회사(대표자 :　　)

② 공동수급체의 대표자는 ○○○로 한다.

③ 대표자는 발주자 및 제3자에 대하여 공동수급체를 대표하며, 공동수급체의 재산의 관리 및 대금청구 등의 권한을 가진다.

제4조(효력기간) 본 협정서는 당사자간의 서명과 동시에 발효하며, 해당계약의 이행으로 종결된다. 다만, 발주자 또는 제3자에 대하여 공사와 관련한 권리·의무관계가 남아있는 한 본 협정서의 효력은 존속된다.

제5조(의무) 공동수급체구성원은 제1조에서 규정한 목적을 수행하기 위하여 성실·근면 및 신의를 바탕으로 하여 필요한 모든 지식과 기술을 활용할 것을 약속한다.

제6조(책임) 공동수급체의 구성원은 발주기관에 대한 계약상의 의무이행에 대하여 연대하여 책임을 진다. 다만, 공사이행보증서가 제출된 공사로서 계약이행요건을 충족하지 못하는 업체는 출자비율에 따라 책임을 진다. <단서신설 2014.1.10.>

제7조(하도급) 공동수급체 구성원 중 일부 구성원이 단독으로 하도급계약을 체결하고자 하는 경우에는 다른 구성원의 동의를 받아야 한다.

제8조(거래계좌) 계약예규 「공동계약운용요령」 제11조에 정한 바에 의한 선금, 기성대가 등은 다음계좌로 지급받는다.

1. ○○○회사(공동수급체대표자) : ○○은행, 계좌번호 ○○○, 예금주 ○○○
2. ○○○회사 : ○○은행, 계좌번호 ○○○, 예금주 ○○○

제9조(구성원의 출자비율) ① 당 공동수급체의 출자비율은 다음과 같이 정한다.

1. ○○○ : %
2. ○○○ : %

② 제1항의 비율은 다음 각호의 어느 하나에 해당하는 경우에 변경할 수 있다. 다만, 출자비율을 변경하는 경우에는 공동수급체 일부구성원의 출자비율 전부를 다른 구성원에게 이전할 수 없다.

1. 발주기관과의 계약내용 변경에 따라 계약금액이 증감되었을 경우
2. 공동수급체 구성원중 파산, 해산, 부도, 법정관리, 워크아웃(기업구조조정촉진법에 따라 채권단이 구조조정 대상으로 결정하여 구조조정중인 업체), 중도탈퇴의 사유로 인하여 당초 협정서의 내용대로 계약이행이 곤란한 구성원이 발생하여 공동수급체구성원 연명으로 출자비율의 변경을 요청한 경우

③ 현금이외의 출자는 시가를 고려, 구성원이 협의 평가하는 것으로 한다.

제10조(손익의 배분) 계약을 이행한 후에 이익 또는 손실이 발생하였을 경우에는 제9조에서 정한 비율에 따라 배당하거나 분담한다.

제10조의2(비용의 분담) ① 본 계약이행을 위하여 발생한 하도급대금, 재료비, 노무비, 경비 등에 대하여 출자비율에 따라 각 구성원이 분담한다.

② 공동수급체 구성원은 각 구성원이 분담할 비용의 납부시기, 납부방법 등을 상호 협의하여 별도로 정할 수 있다.

③ 공동수급체 구성원이 제1항에 따른 비용을 미납할 경우에 출자비율을 고려하여 산정한, 미납금에 상응하는 기성대가는 공동수급체 구성원 공동명의의 계좌에 보관하며, 납부를 완료하는 경우에는 해당 구성원에게 지급한다.

④ 분담금을 3회 이상 미납한 경우에 나머지 구성원은 발주기관의 동의를 얻어 해당 구성원을 탈퇴시킬 수 있다. 다만, 탈퇴시킬 수 있는 미납 횟수에 대해서는 분담금 납부주기 등에 따라 발주기관의 동의를 얻어 다르게 정할 수 있다.

[본조신설 2012.4.2.]

제11조(권리·의무의 양도제한) 구성원은 이 협정서에 의한 권리·의무를 제3자에게 양도할 수 없다.

제12조(중도탈퇴에 대한 조치) ① 공동수급체의 구성원은 다음 각호의 어느 하나에 해당하는 경우 외에는 입찰 및 해당계약의 이행을 완료하는 날까지 탈퇴할 수 없다. 다만, 제3호에 해당하는 경우에는 다른 구성원이 반드시 탈퇴조치를 하여야 한다.

1. 발주자 및 구성원 전원이 동의하는 경우

2. 파산, 해산, 부도 기타 정당한 이유없이 해당 계약을 이행하지 아니하거나 제10조의2에 따른 비용을 미납하여 해당구성원 외의 공동수급체의 구성원이 발주자의 동의를 얻어 탈퇴조치를 하는 경우 <신설 2012.4.2.>
3. 공동수급체 구성원중 파산, 해산, 부도 기타 정당한 이유없이 해당 계약을 이행하지 아니하여 시행령 제76조제2항제2호가목에 따라 입찰참가자격제한조치를 받은 경우 <개정 2023.6.30.>

② 제1항에 의하여 구성원중 일부가 탈퇴한 경우에는 잔존 구성원이 공동연대하여 해당계약을 이행한다. 다만, 잔존구성원만으로 면허, 실적, 시공능력공시액 등 남은 계약이행에 필요한 요건을 갖추지 못할 경우에는 잔존구성원이 발주기관의 승인을 얻어 새로운 구성원을 추가하는 등의 방법으로 해당 요건을 충족하여야 한다. <개정 2010.9.8.>

③ 제2항 본문의 경우에 출자비율은 탈퇴자의 출자비율을 잔존구성원의 출자비율에 따라 분할하여 제9조의 비율에 가산한다.

④ 탈퇴하는 자의 출자금은 계약이행 완료 후에 제10조의 손실을 공제한 잔액을 반환한다.

제13조(하자담보책임) 공동수급체는 공동수급체가 해산한 후 해당공사에 관하여 하자가 발생하였을 경우에는 연대하여 책임을 진다. 다만, 공사이행보증서가 제출된 공사로서 계약이행요건을 충족하지 못하는 업체는 출자비율에 따라 책임을 진다. <단서신설 2014.1.10.>

제14조(운영위원회) ① 공동수급체는 공동수급체구성원을 위원으로 하는 운영위원회를 설치하여 계약이행에 관한 제반사항을 협의한다.

② 이 협정서에 규정되지 아니한 사항은 운영위원회에서 정한다.

위와 같이 공동수급협정을 체결하고 그 증거로서 협정서 ○통을 작성하여 각 통에 공동수급체 구성원이 기명날인하여 각자 보관한다.

년　　월　　일

○○○ (인)

○○○ (인)

[별첨2]

공동수급표준협정서(분담이행방식)

제1조(목적) 이 협정서는 아래 계약을 공동수급체의 구성원이 재정, 경영 및 기술능력과 인원 및 기자재를 동원하여 공사물품 또는 용역에 대한 계획·시공 등을 위하여 일정 분담내용에 따라 나누어 공동으로 계약을 이행할 것을 약속하는 협약을 정함에 있다.

1. 계약건명 :
2. 계약금액 :
3. 발주자명 :

제2조(공동수급체) 공동수급체의 명칭, 사업소의 소재지, 대표자는 다음과 같다.

1. 명　　　　칭 : ○○○
2. 주사무소소재지 :
3. 대 표 자 성 명 :

제3조(공동수급체의 구성원) ① 공동수급체의 구성원은 다음과 같다.

1. ○○○회사(대표자:　　　)
2. ○○○회사(대표자:　　　)

② 공동수급체의 대표자는 ○○○로 한다.

③ 대표자는 발주자 및 제3자에 대하여 공동수급체를 대표하며, 공동수급체 재산의 관리 및 대금청구 등의 권한을 가진다.

제4조(효력기간) 본 협정서는 당사자간의 서명과 동시에 발효하며, 해당계약의 이행으로 종결된다. 다만, 발주자 또는 제3자에 대하여 공사와 관련한 권리의무관계가 남아 있는 한 본 협정서의 효력은 존속된다.

제5조(의무) 공동수급체구성원은 제1조에서 규정한 목적을 수행하기 위하여 성실·근면 및 신의를 바탕으로 하여 필요한 모든 지식과 기술을 활용할 것을 약속한다.

제6조(책임) 공동수급체의 구성원은 발주기관에 대한 계약상의 의무이행에 대하여 분담내용에 따라 각자 책임을 진다.

제7조(하도급) 공동수급체의 각 구성원은 자기 책임하에 분담부분의 일부를 하도급할 수 있다.

제8조(거래계좌) 계약예규「공동계약운용요령」제11조에 정한 바에 의한 선금, 기성대가 등은 다음 계좌로 지급받는다.

1. ○○○회사(공동수급체대표자) : ○○은행, 계좌번호 ○○○, 예금주 ○○○
2. ○○○회사 : ○○은행, 계좌번호 ○○○, 예금주 ○○○

제9조(구성원의 분담내용) ① 각 구성원의 분담내용은 다음 예시와 같이 정한다.

[예시]

1. 일반공사의 경우
   가) ○○○건설회사 : 토목공사
   나) ○○○건설회사 : 포장공사
2. 환경설비설치공사의 경우
   가) ○○○건설회사 : 설비설치공사
   나) ○○○제조회사 : 설비제작

② 제1항의 분담내용은 다음 각호의 어느 하나에 해당하는 경우 변경할 수 있다. 다만, 분담내용을 변경하는 경우 공동수급체 일부구성원의 분담내용 전부를 다른 구성원에게 이전할 수 없다.

1. 발주기관과의 계약내용 변경에 따라 계약금액이 증감되었을 경우
2. 공동수급체 구성원중 파산, 해산, 부도, 법정관리, 워크아웃(기업구조조정촉진법에 따라 채권단이 구조조정 대상으로 결정하여 구조조정중인 업체), 중도탈퇴의 사유로 인하여 당초 협정서의 내용대로 계약이행이 곤란한 구성원이 발생하여 공동수급체구성원 연명으로 분담내용의 변경을 요청한 경우

제10조(공동비용의 분담) 본 계약이행을 위하여 발생한 공동의 경비 등에 대하여 분담공사금액의 비율에 따라 각 구성원이 분담한다.

제11조(구성원 상호간의 책임) ① 구성원이 분담공사와 관련하여 제3자에게 끼친 손해는 해당 구성원이 분담한다.

② 구성원이 다른 구성원에게 손해를 끼친 경우에는 상호협의하여 처리하되, 협의가 성립되지 아니하는 경우에는 운영위원회의 결정에 따른다.

제12조(권리·의무의 양도제한) 구성원은 이 협정서에 의한 권리·의무를 제3자에게 양도할 수 없다.

제13조(중도탈퇴에 대한 조치) ① 공동수급체의 구성원은 각호의 어느 하나에 해당하는 경우 외에는 입찰 및 해당 계약의 이행을 완료하는 날까지 탈퇴할 수 없다.

1. 발주자 및 구성원 전원이 동의하는 경우
2. 파산, 해산, 부도 기타 정당한 이유없이 해당계약을 이행하지 아니하여 해당 구성원 외의 공동수급체의 구성원이 발주자의 동의를 얻어 탈퇴조치를 하는 경우

② 구성원중 일부가 파산 또는 해산, 부도 등으로 계약을 이행할 수 없는 경우에는 잔존구성원이 이를 이행한다. 다만, 잔존구성원만으로는 면허, 실적, 시공능력공시액 등 잔여계약이행에 필요한 요건을 갖추지 못할 경우에는 발주자의 승인을 얻어 새로운 구성원을 추가하는 등의 방법으로 해당요건을 충족하여야 한다. <개정

2010.9.8.>
③ 제2항 본문의 경우에는 제11조제2항을 준용한다.

제14조(하자담보책임) 공동수급체가 해산한 후 해당공사에 관하여 하자가 발행하였을 경우에는 분담내용에 따라 그 책임을 진다.

제15조(운영위원회) ① 공동수급체는 공동수급체구성원을 위원으로 하는 운영위원회를 설치하여 계약이행에 관한 제반사항을 협의한다.
② 이 협정서에 규정되지 아니한 사항은 운영위원회에서 정한다.

위와 같이 공동수급협정을 체결하고 그 증거로서 협정서 ㅇ통을 작성하여 각 통에 공동수급체 구성원이 기명날인하여 각자 보관한다.

년 월 일

ㅇㅇㅇ (인)

ㅇㅇㅇ (인)

[별첨3]

공동수급표준협정서(주계약자관리방식) <신설 2009.4.8.>

제1조(목적) 이 협정서는 아래 계약을 공동수급체의 구성원이 재정, 경영, 기술능력, 인원 및 기자재를 동원하여 아래의 공사, 물품 또는 용역에 대한 계획, 입찰, 시공 등을 위하여 주계약자가 전체사업의 수행에 관하여 계획·관리 및 조정을 하면서 공동으로 사업을 영위할 것을 약속하는 협약을 정함에 있다.

1. 계약건명 :
2. 계약금액 :
3. 발주자명 :

제2조(공동수급체) 공동수급체의 명칭, 주사무소의 소재지, 대표자는 다음과 같다.

1. 명 칭 :
2. 주사무소 소재지 :
3. 대표자 성명 :

제3조(공동수급체의 구성원) ① 공동수급체의 구성원은 다음과 같다.

1. ○○○ 회사(대표자 :)
2. ○○○ 회사(대표자 :)

② 공동수급체 대표자(주계약자)는 ○○○로 한다.

③ 대표자는 발주자 및 제3자에 대하여 공동수급체를 대표하며, 공동수급체의 재산관리 및 대금청구 등의 권한을 가진다.

제4조(효력기간) 본 협정서는 당사자간의 서명과 동시에 발효하며, 해당 계약의 이행으로 종결된다. 다만, 발주자 또는 제3자에 대하여 계약과 관련한 권리의무관계가 남아있는 한 본 협정서의 효력은 존속된다.

제5조(의무) 공동수급체의 구성원은 제1조에서 정한 목적을 수행하기 위하여 성실, 근면 및 신의를 바탕으로 하여 필요한 모든 지식과 기술을 활용할 것을 약속하며, 주계약자의 전체건설공사 수행을 위한 계획·관리 및 조정하는 사항에 적극 협조하여야 한다.

제6조 (책임) 공동수급체의 구성원은 발주자에 대한 계약상의 의무이행에 대하여 분담내용에 따라 각자 책임을 지며, 대표자는 발주자에 대해 전체계약이행의 책임을 진다.

제7조(계약이행) ① 공동수급체의 구성원(주계약자는 제외한다.)은 자신의 분담한 부분을 직접 시공하여야 한다. 다만, 공동수급체 구성원이 종합건설업자인 경우에는 다른 법령이나 시공품질의 향상 및 현장사정 등 불가피한 사유가 있는 경우에는 주계약자와 합의하고 계약담당공무원의 승인을 얻어 하도급할 수 있다.

② 주계약자는 공사시방서·설계도면·계약서·예정공정표·품질보증계획·또는 품질시

험계획·안전 및 환경관리계획·산출내역서 등에 의하여 품질 및 시공을 확인하고 적정하지 못하다고 인정되는 경우에는 재시공지시 등 필요한 조치를 할 수 있다.

③ 주계약자는 공사진행의 경제성 및 효율성 등을 감안하여 공동수급체 구성원과의 협의를 거쳐 자재 및 장비 등의 조달을 일원화하여 관리할 수 있다.

제8조(거래계좌) 계약예규「공동계약운용요령」제11조 대가지급 규정에 정한 바에 따라 선금, 기성대가 등은 다음 계좌로 지급받는다.

1. ○○○ 회사(공동수급체 대표자) : ○○은행, 계좌번호○○○, 예금주 ○○○
2. ○○○ 회사 : ○○은행, 계좌번호○○○, 예금주 ○○○

제9조(구성원의 분담내용) ① 각 구성원의 분담내용은 다음과 같이 정한다.

［예시］일반공사의 경우

가) ○○○ 건설회사 : 토목공사

나) ○○○ 건설회사 : 철강재설치공사

② 제1항의 분담내용은 다음 각 호의 어느 하나에 해당하는 경우에는 변경할 수 있다. <단서삭제 2014.4.1.>

1. 발주기관과의 계약내용 변경에 따라 계약금액이 증감되었을 경우
2. 공동수급체의 구성원중 파산, 해산, 부도, 법정관리, 워크아웃(기업구조조정촉진법에 따라 채권단이 구조조정 대상으로 결정하여 구조조정중인 업체), 중도탈퇴의 사유로 인하여 당초 협정서의 내용대로 계약이행이 곤란한 구성원이 발생하여 공동수급체의 구성원 연명으로 분담내용의 변경을 요청할 경우
3. 공동수급체 구성원이 정당한 이유없이 계약을 이행하지 아니하거나 지체하여 이행하는 경우 또는 주계약자의 계획·관리 및 조정 등에 협조하지 않아 계약이행이 곤란하다고 판단되는 경우

제10조(공동비용의 분담) ① 본 계약이행을 위하여 발생한 공동의 경비 등에 대하여 분담내용의 금액비율에 따라 각 구성원이 분담하는 것을 원칙으로 하되, 전체계약의 보증금등의 일괄납부에 소요되는 비용의 재원은 공동수급체 구성원간의 합의에 의하여 별도로 정할 수 있다.

② 공동수급체 구성원은 각 구성원이 분담할 주계약자의 계획·관리·조정업무에 대한 대가와 지급시기, 지급방법 등을 상호 협의하여 별도로 정할 수 있다.

제11조(구성원 상호간의 책임) ① 구성원이 분담공사와 관련하여 제3자에게 끼친 손해는 해당 구성원이 분담한다.

② 구성원이 다른 구성원에게 손해를 끼친 경우에는 상호 협의하여 처리하되, 협의가 성립되지 아니하는 경우에는 운영위원회의 결정에 따른다.

제12조(권리·의무의 양도제한) 구성원은 이 협정서에 의한 권리·의무를 제3자에게 양도할

수 없다.

제13조(중도탈퇴에 대한 조치) ① 공동수급체의 구성원은 다음 각 호의 어느 하나에 해당하는 경우 외에는 입찰 및 해당 계약의 이행을 완료하는 날까지 탈퇴할 수 없다.

1. 발주자 및 구성원 전원이 동의하는 경우
2. 파산, 해산, 부도 기타 정당한 이유없이 해당계약을 이행하지 아니하여 해당 구성원 외의 공동수급체의 구성원이 발주자의 동의를 얻어 탈퇴조치를 하는 경우
3. 공동수급체 구성원이 정당한 이유없이 계약을 이행하지 아니하거나 지체하여 이행하는 경우 또는 주계약자의 계획·관리 및 조정 등에 협조하지 않아 계약이행이 곤란하다고 판단되는 경우

② 공동수급체 구성원중 일부가 파산, 해산, 부도 등으로 계약을 이행할 수 없는 경우에는 해당 구성원의 분담부분을 주계약자가 이행할 수 있으며, 주계약자가 이행할 수 없는 경우에는 다른 구성원에게 재배분하거나 보증기관으로 하여금 이행하도록 하여야 한다. <개정 2014.4.1.>

③ 주계약자가 탈퇴한 경우에는 보증기관이 해당 계약을 이행하여야 한다.

제14조(하자담보책임) ① 공동수급체가 해산한 후 해당 공사에 관하여 하자가 발행하였을 경우에는 해당 구성원이 분담내용에 따라 그 책임을 진다.

② 해당 구성원이 하자담보책임을 이행하지 않은 경우(부도, 파산 등으로 이행할 수 없는 경우를 포함한다)에는 해당 구성원의 보증기관이 하자담보 책임을 이행하여야 한다.

③ 구성원간(주계약자를 포함)에 하자책임 구분이 곤란한 경우에는 주계약자가 하자책임 구분에 대한 조정을 할 수 있으며, 조정이 불가능한 경우에는 하자와 관련 있는 구성원이 공동으로 하자담보책임을 이행하여야 한다.

제15조(운영위원회) ① 공동수급체는 공동수급체구성원을 위원으로 하는 운영위원회를 설치하여 계약이행에 관한 제반사항을 협의한다.

② 이 협정서에 규정되지 아니한 사항은 운영위원회에서 정한다.

위와 같이 공동수급협정을 체결하고 그 증거로서 협정서 ○통을 작성하여 각 통에 공동수급체 구성원이 기명날인하여 각자 보관한다.

년 월 일

○ ○ ○ (인)

○ ○ ○ (인)

○ ○ ○ (인)

공사계약 일반조건

기획재정부 계약예규 제800호, 2025.10.30, 일부개정

제1조(총칙) 계약담당공무원과 계약상대자는 공사도급표준계약서(이하 "계약서"라 한다)에 기재한 공사의 도급계약에 관하여 제3조에 의한 계약문서에서 정하는 바에 따라 신의와 성실의 원칙에 입각하여 이를 이행한다.

제2조(정의) 이 조건에서 사용하는 용어의 정의는 다음과 같다.

1. "계약담당공무원"이라 함은「국가를 당사자로 하는 계약에 관한 법률 시행규칙」(이하 "시행규칙"이라 한다) 제2조에 의한 공무원을 말한다. 이 경우에 각 중앙관서의 장이 계약에 관한 사무를 그 소속공무원에게 위임하지 아니하고 직접 처리하는 경우에는 이를 계약담당공무원으로 본다.
2. "계약상대자"라 함은 정부와 공사계약을 체결한 자연인 또는 법인을 말한다.
3. "공사감독관"이라 함은 제16조에 규정된 임무를 수행하기 위하여 정부가 임명한 기술담당공무원 또는 그의 대리인을 말한다. 다만,「건설기술 진흥법」제39조제2항 또는「전력기술관리법」제12조 및 그 밖에 공사 관련 법령에 의하여 건설사업관리 또는 감리를 하는 공사에 있어서는 해당공사의 감리를 수행하는 건설산업관리기술자 또는 감리원을 말한다. <개정 2014.4.1., 2016.1.1., 2016.12.30.>
4. "설계서"라 함은 공사시방서, 설계도면, 현장설명서, 공사기간의 산정근거(「국가를 당사자로 하는 계약에 관한 법률 시행령」(이하 "시행령"이라 한다) 제6장 및 제8장의 계약 및 현장설명서를 작성하는 공사는 제외한다) 및 공종별 목적물 물량내역서(가설물의 설치에 소요되는 물량 포함하며, 이하 "물량내역서"라 한다)를 말하며, 다음 각 목의 내역서는 설계서에 포함하지 아니한다. <개정 2020.9.24.>
   가. <삭제 2010.9.8.>
   나. 시행령 제78조에 따라 일괄입찰을 실시하여 체결된 공사와 대안입찰을 실시하여 체결된 공사(대안이 채택된 부분에 한함)의 산출내역서
   다. 시행령 제98조에 따라 실시설계 기술제안 입찰을 실시하여 체결된 공사와 기본설계 기술제안입찰을 실시하여 체결된 공사의 산출내역서 <개정 2010.9.8.>
   라. 수의계약으로 체결된 공사의 산출내역서. 다만, 시행령 제30조제2항 본문에 따라 체결된 수의계약 공사의 물량내역서는 제외
5. "공사시방서"라 함은 공사에 쓰이는 재료, 설비, 시공체계, 시공기준 및 시공기술에

대한 기술설명서와 이에 적용되는 행정명세서로서, 설계도면에 대한 설명 또는 설계도면에 기재하기 어려운 기술적인 사항을 표시해 놓은 도서를 말한다.

6. "설계도면"이라 함은 시공될 공사의 성격과 범위를 표시하고 설계자의 의사를 일정한 약속에 근거하여 그림으로 표현한 도서로서 공사목적물의 내용을 구체적인 그림으로 표시해 놓은 도서를 말한다.
7. "현장설명서"라 함은 시행령 제14조의2에 의한 현장설명 시 교부하는 도서로서 시공에 필요한 현장상태 등에 관한 정보 또는 단가에 관한 설명서 등을 포함한 입찰가격 결정에 필요한 사항을 제공하는 도서를 말한다.
8. "물량내역서"라 함은 공종별 목적물을 구성하는 품목 또는 비목과 동 품목 또는 비목의 규격·수량·단위 등이 표시된 다음 각 목의 내역서를 말한다.
   가. 시행령 제14조제1항에 따라 계약담당공무원 또는 입찰에 참가하려는 자가 작성한 내역서 <개정 2010.9.8.>
   나. 시행령 제30조제2항 및 계약예규「정부입찰·계약 집행기준」제10조제3항에 따라 견적서제출 안내공고 후 견적서를 제출하려는 자에게 교부된 내역서
9. "산출내역서"라 함은 입찰금액 또는 계약금액을 구성하는 물량, 규격, 단위, 단가 등을 기재한 다음 각 목의 내역서를 말한다.
   가. 시행령 제14조제6항과 제7항에 따라 제출한 내역서
   나. 시행령 제85조제2항과 제3항에 따라 제출한 내역서
   다. 시행령 제103조제1항과 제105조제3항에 따라 제출한 내역서
   라. 수의계약으로 체결된 공사의 경우에는 착공신고서 제출 시까지 제출한 내역서
10. 이 조건에서 따로 정하는 경우를 제외하고는「국가를 당사자로 하는 계약에 관한 법률 시행령」,「특정조달을 위한 국가를 당사자로 하는 계약에 관한 법률 시행령 특례규정」(이하 각각 "시행령", "특례규정"이라 한다), 시행규칙 및 계약예규 공사입찰유의서(이하 "유의서"라 한다)에 정하는 바에 의한다.

제3조(계약문서) ① 계약문서는 계약서, 설계서, 유의서, 공사계약일반조건, 공사계약특수조건 및 산출내역서로 구성되며 상호보완의 효력을 가진다. 다만, 산출내역서는 이 조건에서 규정하는 계약금액의 조정 및 기성부분에 대한 대가의 지급시에 적용할 기준으로서 계약문서의 효력을 가진다. <개정 2008.12.29.>

② <신설 2011.5.13., 삭제 2016.1.1.>

③ 계약담당공무원은「국가를 당사자로 하는 계약에 관한 법령」, 공사관계 법령 및 이 조건에 정한 계약일반사항 외에 해당 계약의 적정한 이행을 위하여 필요한 경우 공사계약특수조건을 정하여 계약을 체결할 수 있다.

④ 제3항에 의하여 정한 공사계약특수조건에「국가를 당사자로 하는 계약에 관한 법령」, 공사 관계법령 및 이 조건에 의한 계약상대자의 계약상 이익을 제한하는

내용이 있는 경우에 특수조건의 해당 내용은 효력이 인정되지 아니한다.

⑤ 이 조건이 정하는 바에 의하여 계약당사자간에 행한 통지문서등은 계약문서로서의 효력을 가진다.

제4조(사용언어) ① 계약을 이행함에 있어서 사용하는 언어는 한국어로 함을 원칙으로 한다.

② 계약담당공무원은 계약체결시 제1항에도 불구하고 필요하다고 인정하는 경우에는 계약이행과 관련하여 계약상대자가 외국어를 사용하거나 외국어와 한국어를 병행하여 사용할 수 있도록 필요한 조치를 할 수 있다.

③ 제2항에 의하여 외국어와 한국어를 병행하여 사용한 경우에 외국어로 기재된 사항이 한국어와 상이할 때에는 한국어로 기재한 사항이 우선한다.

제5조(통지 등) ① 구두에 의한 통지·신청·청구·요구·회신·승인 또는 지시(이하 "통지 등"이라 한다)는 문서로 보완되어야 효력이 있다.

② 통지 등의 장소는 계약서에 기재된 주소로 하며, 주소를 변경하는 경우에는 이를 즉시 계약당사자에게 통지하여야 한다.

③ 통지 등의 효력은 계약문서에서 따로 정하는 경우를 제외하고는 계약당사자에게 도달한 날부터 발생한다. 이 경우 도달일이 공휴일인 경우에는 그 다음 날부터 효력이 발생한다.

④ 계약당사자는 계약이행중 이 조건 및 관계법령 등에서 정한 바에 따라 서면으로 정당한 요구를 받은 경우에는 이를 성실히 검토하여 회신하여야 한다.

제6조(채권양도) ① 계약상대자는 이 계약에 의하여 발생한 채권(공사대금 청구권)을 제3자(공동수급체 구성원 포함)에게 양도할 수 있다.

② 계약담당공무원은 제1항에 의한 채권양도와 관련하여 적정한 공사이행목적 등 필요한 경우에는 채권양도를 제한하는 특약을 정하여 운용할 수 있다.

제7조(계약보증금) ① 계약상대자는 이 조건에 의하여 계약금액이 증액된 경우에는 이에 상응하는 금액의 계약보증금을 시행령 제50조 및 제52조에 정한 바에 따라 추가로 납부하여야 하며 계약담당공무원은 계약금액이 감액된 경우에는 이에 상응하는 금액의 계약보증금을 반환해야 한다. <개정 2009.6.29.>

② 계약담당공무원은 시행령 제52조제1항 본문에 의하여 계약이행을 보증한 경우로서 계약상대자가 계약이행보증방법의 변경을 요청하는 경우에는 1회에 한하여 변경하게 할 수 있다. <개정 2010.9.8.>

1. <삭제 2010.9.8.>
2. <삭제 2010.9.8.>
3. <삭제 2010.9.8.>

③ 계약담당공무원은 시행령 제37조제2항제2호에 의한 유가증권이나 현금으로 납부된 계약보증금을 계약상대자가 특별한 사유로 시행령 제37조제2항제1호 내지 제5호에 규정된 보증서 등으로 대체납부할 것을 요청한 때에는 동가치 상당액 이상으로 대체 납부하게 할 수 있다.

제8조(계약보증금의 처리) ① 계약담당공무원은 계약상대자가 정당한 이유없이 계약상의 의무를 이행하지 아니할 때에는 계약보증금을 국고에 귀속한다.

② 시행령 제69조에 의한 장기계속공사계약에 있어서 계약상대자가 2차 이후의 공사계약을 체결하지 아니한 경우에는 제1항을 준용한다.

③ 시행령 제50조제10항에 의하여 계약보증금지급각서를 제출한 경우로서 계약보증금의 국고귀속사유가 발생하여 계약담당공무원의 납입요청이 있을 때에는 계약상대자는 해당 계약보증금을 지체없이 현금으로 납부하여야 한다.

④ 제1항 및 제2항에 의하여 계약보증금을 국고에 귀속함에 있어서 그 계약보증금은 이를 기성부분에 대한 미지급액과 상계 처리할 수 없다. 다만, 계약보증금의 전부 또는 일부를 면제받은 자의 경우에는 국고에 귀속되는 계약보증금과 기성부분에 대한 미지급액을 상계 처리할 수 있다.

⑤ 계약담당공무원은 계약상대자가 납부한 계약보증금을 계약이 이행된 후에 계약상대자에게 지체없이 반환한다.

제9조(보증이행업체의 자격) ① 시행령 제52조에 의한 보증이행업체는 다음 각호에 해당하는 자격을 갖추고 있어야 하며, 계약담당공무원은 보증이행업체의 적격여부를 심사하기 위하여 계약상대자에게 관련자료의 제출을 요구할 수 있다. <개정 2010.9.8.>

1. 「독점규제 및 공정거래에 관한 법률」에 의한 계열회사가 아닌 자
2. 시행령 제76조에 의한 입찰참가자격제한을 받고 그 제한기간 중에 있지 아니한 자
3. 시행령 제36조에 의한 입찰공고 등에서 정한 입찰참가자격과 동등이상의 자격을 갖춘 자
4. 시행령 제13조에 의한 입찰의 경우에는 입찰참가자격사전심사기준에 따른 입찰참가에 필요한 종합평점 이상이 되는 자

② 계약담당공무원은 제1항에 의하여 보증이행업체로된 자가 부적격하다고 인정되는 때에는 계약상대자에게 보증이행업체의 변경을 요구할 수 있다. <개정 2010.9.8.>

③ 시행령 제52조제1항제3호에 의한 공사이행보증서의 제출 등에 대하여는 제1항 및 제2항외에 계약예규 「정부 입찰·계약 집행기준」 제11장(공사의 이행보증제도 운용)에 정한 바에 의한다.

제10조(손해보험) ① 계약상대자는 해당 계약의 목적물 등에 대하여 손해보험(「건설산

업기본법」 제56조제1항제5호에 따른 손해공제를 포함한다. 이하 이 조에서 같다)에 가입할 수 있으며, 시행령 제78조, 제97조 및 추정가격이 200억원이상인 공사로서 계약예규「입찰참가자격사전심사요령」 제6조제5항제1호에 규정된 공사에 대하여는 특별한 사유가 없는 한 계약목적물 및 제3자 배상책임을 담보할 수 있는 손해보험에 가입하여야 한다. <개정 2010.9.8, 2014.1.10.>

② 계약상대자는 제1항에 의한 보험가입시에 발주기관, 계약상대자, 하수급인 및 해당공사의 이해관계인을 피보험자로 하여야 하며, 보험사고 발생으로 발주기관이외의 자가 보험금을 수령하게 될 경우에는 발주기관의 장의 사전 동의를 받아야 한다.

③ 계약목적물에 대한 보험가입금액은 공사의 보험가입 대상부분의 순계약금액(계약금액에서 부가가치세와 손해보험료를 제외한 금액을 말하며, 관급자재가 있을 경우에는 이를 포함한다. 이하 같다)을 기준으로 한다.

④ 계약상대자는 제1항에 의한 보험가입을 공사착공일(손해보험가입 비대상공사가 포함된 공사의 경우에는 손해보험가입대상공사 착공일을 말함) 이전까지 하고 그 증서를 착공신고서 제출시(손해보험가입 비대상공사가 포함된 공사의 경우에는 손해보험가입대상공사 착공시) 발주기관에 제출하여야 하며, 보험기간은 해당공사 착공시부터 발주기관의 인수시(시운전이 필요한 공사인 경우에는 시운전 시기까지 포함한다)까지로 하여야 한다.

⑤ 계약상대자는 손해보험가입시 제48조에 의하여 보증기관이 시공하게 될 경우에 계약상대자의 보험계약상의 권리와 의무가 보증기관에 승계되도록 하는 것을 포함하여야 하며, 제44조 내지 제46조에 의하여 계약이 해제 또는 해지된 후에 새로운 계약상대자가 선정될 경우에도 계약상대자의 보험계약상의 권리와 의무가 새로운 계약상대자에게 승계되는 내용이 포함되도록 하여야 한다. <개정 2010.9.8.>

⑥ 계약상대자는 발주기관이 작성한 예정가격조서상의 보험료 또는 계약상대자가 제출한 입찰금액 산출내역서상의 보험료와 계약상대자가 손해보험회사에 실제 납입한 보험료간의 차액발생을 이유로 보험가입을 거절하거나 동 차액의 정산을 요구하여서는 아니된다.

⑦ 계약상대자는 보험가입 목적물의 보험사고로 보험금이 지급되는 경우에는 동 보험금을 해당공사의 복구에 우선 사용하여야 하며, 보험금 지급이 지연되거나 부족하게 지급되는 경우에도 이를 이유로 피해복구를 지연하거나 거절하여서는 아니된다.

⑧ 제1항 내지 제7항의 사항이외에 손해보험과 관련된 기타 계약조건은 계약예규「정부 입찰·계약 집행기준」 제14장(공사의 손해보험가입 업무집행)에 정한 바에 의한다.

제11조(공사용지의 확보) ① 발주기관은 계약문서에 따로 정한 경우를 제외하고는 계약상대자가 공사의 수행에 필요로 하는 날까지 공사용지를 확보하여 계약상대자에게 인도하여야 한다.

② 계약상대자는 현장에 인력, 장비 또는 자재를 투입하기 전에 공사용지의 확보여부를 계약담당공무원으로부터 확인을 받아야 한다.

③ 발주기관은 공사용지 확보 및 민원 대응 등 공사용지 확보와 직접 관련되는 업무를 계약상대자에게 전가하여서는 아니된다. <신설 2019.12.18.>

제12조(공사자재의 검사) ① 공사에 사용할 자재는 신품이어야 하며 품질·규격 등은 반드시 설계서와 일치되어야 한다. 다만, 설계서에 명확히 규정되지 아니한 자재는 표준품 이상으로서 계약의 목적을 달성하는 데에 가장 적합한 것이어야 한다.

② 계약상대자는 공사자재를 사용하기 전에 공사감독관의 검사를 받아야 하며, 불합격된 자재는 즉시 대체하여 다시 검사를 받아야 한다.

③ 제2항에 의한 검사에 이의가 있을 경우에 계약상대자는 계약담당공무원에 대하여 재검사를 요청할 수 있으며, 재검사가 필요하다고 인정되는 경우에 계약담당공무원은 지체없이 재검사하도록 조치하여야 한다.

④ 계약담당공무원은 계약상대자로부터 공사에 사용할 자재의 검사를 요청받거나 제3항에 의한 재검사의 요청을 받은 때에는 정당한 이유없이 검사를 지체할 수 없다.

⑤ 계약상대자가 불합격된 자재를 즉시 이송하지 않거나 대체하지 아니하는 경우에는 계약담당공무원이 일방적으로 불합격 자재를 제거하거나 대체시킬 수 있다.

⑥ 계약상대자는 시험 또는 조합이 필요한 자재가 있는 경우 공사감독관의 참여하에 그 시험 또는 조합을 하여야 한다.

⑦ 수중 또는 지하에 매몰하는 공작물 기타 준공후 외부로부터 검사할 수 없는 공작물의 공사는 공사감독관의 참여하에 시공하여야 한다.

⑧ 계약상대자가 제1항 내지 제7항이 정한 조건에 위배하거나 또는 설계서에 합치되지 않는 시공을 하였을 때에는 계약담당공무원은 공작물의 대체 또는 개조를 명할 수 있다.

⑨ 제2항 내지 제8항의 경우에 계약금액을 증감하거나 계약기간을 연장할 수 없다. 다만, 제3항에 의하여 재검사 결과에서 적합한 자재인 것으로 판명될 경우에는 재검사에 소요된 기간에 대하여는 계약기간을 연장할 수 있다.

제13조(관급자재 및 대여품) ① 발주기관은 공사의 수행에 필요한 특정자재 또는 기계·기구 등을 계약상대자에게 공급하거나 대여할 수 있으며, 이 경우에 관급자재 등(관급자재 및 대여품을 말한다. 이하 같다)은 설계서에 명시되어 있어야 한다.

② 관급자재 등은 제17조제1항제2호의 공사공정예정표에 따라 적기에 공급되어야

하며, 인도일시 및 장소는 계약당사자간에 협의하여 결정한다.

③ 관급자재 등의 소유권은 발주기관에 있으며, 잉여분이 있을 경우에는 계약상대자는 이를 발주기관에 통지하여 계약담당공무원의 지시에 따라 이를 반환하여야 한다.

④ 제2항에 의한 인도후의 관급자재 등에 대한 관리상의 책임은 계약상대자에게 있으며, 계약상대자가 이를 멸실 또는 훼손하였을 경우에는 발주기관에 변상하여야 한다.

⑤ 계약상대자는 관급자재 등을 계약의 수행외의 목적으로 사용할 수 없으며, 공사감독관의 서면승인 없이는 현장외부로 반출하여서는 아니된다.

⑥ 계약상대자는 관급자재 등을 인수할 때에는 이를 검수하여야 하며 그 품질 또는 규격이 시공에 적당하지 아니하다고 인정될 경우에는 즉시 계약담당공무원에게 이를 통지하여 대체를 요구하여야 한다.

⑦ 계약담당공무원은 필요하다고 인정할 경우에는 관급자재 등의 수량·품질·규격·인도시기·인도장소 등을 변경할 수 있다. 이 경우에는 제20조 및 제23조를 적용한다.

제14조(공사현장대리인) ① 계약상대자는 계약된 공사에 적격한 공사현장대리인(건설산업기본법시행령 제35조 [별표5] 등 공사관련 법령에 따른 기술자 배치기준에 적합한 자를 말한다. 이하 같다)을 지명하여 계약담당공무원에게 통지하여야 한다. <개정 2012.7.4.>

② 공사현장대리인은 공사현장에 상주하여 계약문서와 공사감독관의 지시에 따라 공사현장의 관리 및 공사에 관한 모든 사항을 처리하여야 한다. 다만, 공사가 일정기간 중단된 경우로서 발주기관의 승인을 얻은 경우에는 그러하지 아니한다. <단서신설 2012.7.4.>

제15조(공사현장 근로자) ① 계약상대자는 해당계약의 시공 또는 관리에 필요한 기술과 경험을 가진 근로자를 채용하여야 하며 근로자의 행위에 대하여 책임을 져야 한다. 다만, 계약상대자가 근로자의 관리·감독에 상당한 주의와 의무를 다한 경우에는 그러하지 아니하다. <개정 2020.9.24.>

② 계약상대자는 계약담당공무원이 계약상대자가 채용한 근로자에 대하여 해당계약의 시공 또는 관리상 적당하지 아니하다고 인정하여 이의 교체를 요구한 때에는 즉시 교체하여야 하며 계약담당공무원의 승인없이는 교체된 근로자를 해당계약의 시공 또는 관리를 위하여 다시 채용할 수 없다.

제16조(공사감독관) ① 공사감독관은 계약된 공사의 수행과 품질의 확보 및 향상을 위하여 「건설기술 진흥법」 제39조제6항 및 동법 시행령 제59조, 「전력기술관리법」 제12조, 그 밖에 공사관련법령에 따른 건설사업관리기술자 또는 감리원의 업무범위에서 정한 내용 및 이 조건에서 규정한 업무를 수행한다. <개정 2016.1.1. 2016.12.30.>

② 공사감독관은 계약담당공무원의 승인없이 계약상대자의 의무와 책임을 면제시키거나 증감시킬 수 없다.

③ 계약상대자는 공사감독관의 지시 또는 결정이 이 조건에서 정한 사항에 위반되거나 계약의 이행에 적합하지 아니하다고 인정될 경우에는 즉시 계약담당공무원에게 이의 시정을 요구하여야 한다.

④ 계약담당공무원은 제3항에 의한 시정요구를 받은 날부터 7일이내에 필요한 조치를 하여야 한다.

⑤ 계약상대자는 발주기관에 제출하는 모든 문서에 대하여 그 사본을 공사감독관에게 제출하여야 한다.

⑥ 공사감독관은 계약상대자로부터 제43조의2 제1항에 따른 통보를 받은 경우에는 하수급인 및 계약상대자와 직접 계약을 체결한 건설공사용부품제작납품업자, 건설기계대여업자(이하 "하수급인 및 자재·장비업자"라 한다)로부터 대금 수령내역 및 증빙서류를 제출받아 대금 지급내역 및 수령내역의 일치 여부를 확인하여야 한다. <신설 2010.9.8.>

제17조(착공 및 공정보고) ① 계약상대자는 계약문서에서 정하는 바에 따라 공사를 착공하여야 하며 착공시에는 다음 각호의 서류가 포함된 착공신고서를 발주기관에 제출하여야 한다. 다만, 계약담당공무원은 공사기간이 30일 미만인 경우 등에는 착공신고서를 제출하지 아니하도록 할 수 있다. <단서 신설 2019.12.18.>

1. 「건설기술 진흥법령」등 관련법령에 의한 현장기술자지정신고서 <개정 2016.1.1.>
2. 공사공정예정표
3. 안전·환경 및 품질관리계획서
4. 공정별 인력 및 장비투입계획서
5. 착공전 현장사진
6. 기타 계약담당공무원이 지정한 사항

② 계약담당공무원은 공사의 규모 · 난이도 · 성격을 고려하여 착공일을 결정하되, 다음 각 호에서 정한 일자 이전의 날짜로 정하여서는 아니된다. 다만, 재해복구 등 긴급하게 착공하여야 할 필요가 있는 공사계약 및 장기계속공사의 1차 계약 이후 연차계약의 경우에는 계약상대자와의 협의를 거쳐 다음 각호에서 정한 일자 이전의 시점으로 착공일을 결정할 수 있다. <신설 2019.12.18.>

1. 추정가격이 10억원 미만인 경우: 계약체결일로부터 10일
2. 추정가격이 10억원 이상인 경우: 계약체결일로부터 20일

③ 계약상대자는 계약의 이행중에 설계변경 또는 기타 계약내용의 변경으로 인하여 제1항에 의하여 제출한 서류의 변경이 필요한 때에는 관련서류를 변경하여 제출하여

야 한다. <제2항에서 이동 2019.12.18.>

④ 계약담당공무원은 제1항 및 제3항에 의하여 제출된 서류의 내용을 조정할 필요가 있다고 인정하는 경우에는 계약상대자에게 이의 조정을 요구할 수 있다. <개정 2019.12.18.>

⑤ 계약담당공무원은 제1항에 따라 착공신고서를 제출한 공사인 경우 계약상대자로 하여금 월별로 수행한 공사에 대하여 다음 각호의 사항을 명백히 하여 다음 달 14일까지 발주기관에 제출(「전자조달의 이용에 및 촉진에 관한 법률」 제2조제4호 또는 동법 제14조에 의한 시스템을 통한 제출 포함)하게 할 수 있으며, 이 경우 계약상대자는 이에 응하여야 한다. <개정 2019.12.18.>

1. 월별 공정율 및 수행공사금액
2. 인력·장비 및 자재현황
3. 계약사항의 변경 및 계약금액의 조정내용
4. 공정상황을 나타내는 현장사진

⑥ 계약담당공무원은 공정이 지체되어 소정기한내에 공사가 준공될 수 없다고 인정할 경우에는 제5항에 의한 월별 현황과는 별도로 주간공정현황의 제출 등 공사추진에 필요한 조치를 계약상대자에게 지시할 수 있다. <개정 2019.12.18.>

제18조(휴일 및 야간작업) ① 계약상대자는 계약담당공무원의 공기단축지시 및 발주기관의 부득이한 사유로 인하여 휴일 또는 야간작업을 지시받았을 때에는 계약담당공무원에게 추가비용을 청구할 수 있다. <개정 2009.6.29.>

② 제1항의 경우에는 제23조를 준용한다. <개정 2009.6.29.>

제19조(설계변경 등) ① 설계변경은 다음 각호의 어느 하나에 해당하는 경우에 한다.

1. 설계서의 내용이 불분명하거나 누락·오류 또는 상호 모순되는 점이 있을 경우
2. 지질, 용수등 공사현장의 상태가 설계서와 다를 경우
3. 새로운 기술·공법사용으로 공사비의 절감 및 시공기간의 단축 등의 효과가 현저할 경우
4. 기타 발주기관이 설계서를 변경할 필요가 있다고 인정할 경우 등

② <삭제 2007.10.10.>

③ 제1항에 의한 설계변경은 그 설계변경이 필요한 부분의 시공전에 완료하여야 한다. 다만, 계약담당공무원은 공정이행의 지연으로 품질저하가 우려되는 등 긴급하게 공사를 수행할 필요가 있는 때에는 계약상대자와 협의하여 설계변경의 시기 등을 명확히 정하고, 설계변경을 완료하기 전에 우선시공을 하게 할 수 있다.

제19조의2(설계서의 불분명·누락·오류 및 설계서간의 상호모순 등에 의한 설계변경)

① 계약상대자는 공사계약의 이행중에 설계서의 내용이 불분명하거나 설계서에 누락·오류 및 설계서간에 상호모순 등이 있는 사실을 발견하였을 때에는 설계변경이

필요한 부분의 이행전에 해당사항을 분명히 한 서류를 작성하여 계약담당공무원과 공사감독관에게 동시에 이를 통지하여야 한다.

② 계약담당공무원은 제1항에 의한 통지를 받은 즉시 공사가 적절히 이행될 수 있도록 다음 각호의 어느 하나의 방법으로 설계변경 등 필요한 조치를 하여야 한다.

1. 설계서의 내용이 불분명한 경우(설계서만으로는 시공방법, 투입자재 등을 확정할 수 없는 경우)에는 설계자의 의견 및 발주기관이 작성한 단가산출서 또는 수량산출서 등의 검토를 통하여 당초 설계서에 의한 시공방법·투입자재 등을 확인한 후에 확인된 사항대로 시공하여야 하는 경우에는 설계서를 보완하되 제20조에 의한 계약금액조정은 하지 아니하며, 확인된 사항과 다르게 시공하여야 하는 경우에는 설계서를 보완하고 제20조에 의하여 계약금액을 조정하여야 함
2. 설계서에 누락·오류가 있는 경우에는 그 사실을 조사 확인하고 계약목적물의 기능 및 안전을 확보할 수 있도록 설계서를 보완
3. 설계도면과 공사시방서는 서로 일치하나 물량내역서와 상이한 경우에는 설계도면 및 공사시방서에 물량내역서를 일치
4. 설계도면과 공사시방서가 상이한 경우로서 물량내역서가 설계도면과 상이하거나 공사시방서와 상이한 경우에는 설계도면과 공사시방서중 최선의 공사시공을 위하여 우선되어야 할 내용으로 설계도면 또는 공사시방서를 확정한 후 그 확정된 내용에 따라 물량내역서를 일치

③ 제2항제3호 및 제4호는 제2조제4호에서 정한 공사의 경우에는 적용되지 아니한다. 다만, 제2조제4호에서 정한 공사의 경우로서 설계도면과 공사시방서가 상호 모순되는 경우에는 관련 법령 및 입찰에 관한 서류 등에 정한 내용에 따라 우선 여부를 결정하여야 한다. <개정 2008.12.29.>

제19조의3(현장상태와 설계서의 상이로 인한 설계변경) ① 계약상대자는 공사의 이행중에 지질, 용수, 지하매설물 등 공사현장의 상태가 설계서와 다른 사실을 발견하였을 때에는 지체없이 설계서에 명시된 현장상태와 상이하게 나타난 현장상태를 기재한 서류를 작성하여 계약담당공무원과 공사감독관에게 동시에 이를 통지하여야 한다.

② 계약담당공무원은 제1항에 의한 통지를 받은 즉시 현장을 확인하고 현장상태에 따라 설계서를 변경하여야 한다.

제19조의4(신기술 및 신공법에 의한 설계변경) ① 계약상대자는 새로운 기술·공법(발주기관의 설계와 동등이상의 기능·효과를 가진 기술·공법 및 기자재 등을 포함한다. 이하 같다)을 사용함으로써 공사비의 절감 및 시공기간의 단축 등에 효과가 현저할 것으로 인정하는 경우에는 다음 각호의 서류를 첨부하여 공사감독관을 경유하여 계약담당공무원에게 서면으로 설계변경을 요청할 수 있다.

1. 제안사항에 대한 구체적인 설명서

2. 제안사항에 대한 산출내역서
3. 제17조제1항제2호에 대한 수정공정예정표
4. 공사비의 절감 및 시공기간의 단축효과
5. 기타 참고사항

② 계약담당공무원은 제1항에 의하여 설계변경을 요청받은 경우에는 이를 검토하여 그 결과를 계약상대자에게 통지하여야 한다. 이 경우에 계약담당공무원은 설계변경 요청에 대하여 이의가 있을 때에는 「건설기술 진흥법 시행령」 제19조에 따른 기술자문위원회(이하 "기술자문위원회"라 한다)에 청구하여 심의를 받아야 한다. 다만, 기술자문위원회가 설치되어 있지 아니한 경우에는 「건설기술 진흥법」 제5조에 의한 건설기술심의위원회의 심의를 받아야 한다. <개정 2009.9.21, 2016.1.1.>

③ 계약상대자는 제1항에 의한 요청이 승인되었을 경우에는 지체없이 새로운 기술·공법으로 수행할 공사에 대한 시공상세도면을 공사감독관을 경유하여 계약담당공무원에게 제출하여야 한다.

④ 계약상대자는 제2항에 의한 심의를 거친 계약담당공무원의 결정에 대하여 이의를 제기할 수 없으며, 또한 새로운 기술·공법의 개발에 소요된 비용 및 새로운 기술·공법에 의한 설계변경 후에 해당 기술·공법에 의한 시공이 불가능한 것으로 판명된 경우에는 시공에 소요된 비용을 발주기관에 청구할 수 없다. <개정 2009.9.21.>

제19조의5(발주기관의 필요에 의한 설계변경) ① 계약담당공무원은 다음 각호의 어느 하나의 사유로 인하여 설계서를 변경할 필요가 있다고 인정할 경우에는 계약상대자에게 이를 서면으로 통보할 수 있다.

1. 해당공사의 일부변경이 수반되는 추가공사의 발생
2. 특정공종의 삭제
3. 공정계획의 변경
4. 시공방법의 변경
5. 기타 공사의 적정한 이행을 위한 변경

② 계약담당공무원은 제1항에 의한 설계변경을 통보할 경우에는 다음 각호의 서류를 첨부하여야 한다. 다만, 발주기관이 설계서를 변경 작성할 수 없을 때에는 설계변경 개요서만을 첨부하여 설계변경을 통보할 수 있다.

1. 설계변경개요서
2. 수정설계도면 및 공사시방서
3. 기타 필요한 서류

③ 계약상대자는 제1항에 의한 통보를 받은 즉시 공사이행상황 및 자재수급 상황 등을 검토하여 설계변경 통보내용의 이행가능 여부(이행이 불가능하다고 판단될 경우에는 그 사유와 근거자료를 첨부)를 계약담당공무원과 공사감독관에게 동시에

이를 서면으로 통지하여야 한다.

제19조의6(소요자재의 수급방법 변경) ① 계약담당공무원은 발주기관의 사정으로 인하여 당초 관급자재로 정한 품목을 계약상대자와 협의하여 계약상대자가 직접 구입하여 투입하는 자재(이하 "사급자재"라 한다)로 변경하고자 하는 경우 또는 관급자재 등의 공급지체로 공사가 상당기간 지연될 것이 예상되어 계약상대자가 대체사용 승인을 신청한 경우로서 이를 승인한 경우에는 이를 서면으로 계약상대자에게 통보하여야 한다. 이때 계약담당공무원은 계약상대자와 협의하여 변경된 방법으로 일괄하여 자재를 구입할 수 없는 경우에는 분할하여 구입하게 할 수 있으며, 분할 구입하게 할 경우에는 구입시기별로 이를 서면으로 계약상대자에게 통보하여야 한다.

② 계약담당공무원은 공사의 이행 중에 설계변경 등으로 인하여 당초 관급자재의 수량이 증가되는 경우로서 증가되는 수량을 적기에 지급할 수 없어 공사의 이행이 지연될 것으로 예상되는 등 필요하다고 인정되는 때에는 계약상대자와 협의한 후에 증가되는 수량을 계약상대자가 직접 구입하여 투입하도록 서면으로 계약상대자에게 통보할 수 있다.

③ 제1항에 의하여 자재의 수급방법을 변경한 경우에는 계약담당공무원은 통보당시의 가격에 의하여 그 대가(기성부분에 실제 투입된 자재에 대한 대가)를 제39조 내지 제40조에 의한 기성대가 또는 준공대가에 합산하여 지급하여야 한다. 다만, 계약상대자의 대체사용 승인신청에 따라 자재가 대체사용된 경우에는 계약상대자와 합의된 장소 및 일시에 현품으로 반환할 수도 있다.

④ 계약담당공무원은 당초계약시의 사급자재를 관급자재로 변경할 수 없다. 다만, 원자재의 수급 불균형에 따른 원자재가격 급등 등 사급자재를 관급자재로 변경하지 않으면 계약목적을 이행할 수 없다고 인정될 때에는 계약당사자간의 협의에 의하여 변경할 수 있다.

⑤ 제2항 및 제4항에 의하여 추가되는 관급자재를 사급자재로 변경하거나 사급자재를 관급자재로 변경한 경우에는 제20조에 정한 바에 따라 계약금액을 조정하여야 하며, 제3항 본문에 의하여 대가를 지급하는 경우에는 제20조제5항을 준용한다.

제19조의7(설계변경에 따른 추가조치 등) ① 계약담당공무원은 제19조제1항에 의하여 설계변경을 하는 경우에 그 변경사항이 목적물의 구조변경 등으로 인하여 안전과 관련이 있는 때에는 하자발생시 책임한계를 명확하게 하기 위하여 당초 설계자의 의견을 들어야 한다.

② 계약담당공무원은 제19조의2, 제19조의3 및 제19조의5에 의하여 설계변경을 하는 경우에 계약상대자로 하여금 다음 각호의 사항을 계약담당공무원과 공사감독관에게 동시에 제출하게 할 수 있으며, 계약상대자는 이에 응하여야 한다.

1. 해당공종의 수정공정예정표

2. 해당공종의 수정도면 및 수정상세도면
3. 조정이 요구되는 계약금액 및 기간
4. 그 밖의 공정에 미치는 영향

③ 계약담당공무원은 제2항제2호에 의하여 당초의 설계도면 및 시공상세도면을 계약상대자가 수정하여 제출하는 경우에는 그 수정에 소요된 비용을 제23조에 의하여 계약상대자에게 지급하여야 한다.

제20조(설계변경으로 인한 계약금액의 조정) ① 계약담당공무원은 설계변경으로 시공방법의 변경, 투입자재의 변경 등 공사량의 증감이 발생하는 경우에는 다음 각호의 어느 하나의 기준에 의하여 계약금액을 조정하여야 한다.

1. 증감된 공사량의 단가는 계약단가로 한다. 다만 계약단가가 예정가격단가보다 높은 경우로서 물량이 증가하게 되는 때에는 그 증가된 물량에 대한 적용단가는 예정가격단가로 한다.
2. 산출내역서에 없는 품목 또는 비목(동일한 품목이라도 성능, 규격 등이 다른 경우를 포함한다. 이하 "신규비목"이라 한다)의 단가는 설계변경당시(설계도면의 변경이 필요한 경우에는 변경도면을 발주기관이 확정한 때, 설계도면의 변경을 요하지 않는 경우에는 계약당사자간에 설계변경을 문서에 의하여 합의한 때, 제19조제3항에 의하여 우선시공을 한 경우에는 그 우선시공을 하게 한 때를 말한다. 이하 같다)를 기준으로 산정한 단가에 낙찰율(예정가격에 대한 낙찰금액 또는 계약금액의 비율을 말한다. 이하 같다)을 곱한 금액으로 한다.

② 발주기관이 설계변경을 요구한 경우(계약상대자의 책임없는 사유로 인한 경우를 포함한다. 이하 같다)에는 제1항에도 불구하고 증가된 물량 또는 신규비목의 단가는 설계변경당시를 기준으로 하여 산정한 단가와 동 단가에 낙찰율을 곱한 금액의 범위안에서 발주기관과 계약상대자가 서로 주장하는 각각의 단가기준에 대한 근거자료 제시 등을 통하여 성실히 협의(이하 "협의"라 한다) 하여 결정한다. 다만, 계약당사자간에 협의가 이루어지지 아니하는 경우에는 설계변경당시를 기준으로 하여 산정한 단가와 동 단가에 낙찰율을 곱한 금액을 합한 금액의 100분의 50으로 한다.

③ 제2항에도 불구하고 표준시장단가가 적용된 공사의 경우에는 다음 각호의 어느 하나의 기준에 의하여 계약금액을 조정하여야 한다. <신설 2012.7.4, 개정 2014.1.10, 2015.3.1.>

1. 증가된 공사량의 단가는 예정가격 산정시 표준시장단가가 적용된 경우에 설계변경당시를 기준으로 하여 산정한 표준시장단가로 한다.
2. 신규비목의 단가는 표준시장단가를 기준으로 산정하고자 하는 경우에 설계변경당시를 기준으로 산정한 표준시장단가로 한다.

④ 제19조의4에 의한 설계변경의 경우에는 해당 절감액의 100분의 30에 해당하는

금액을 감액한다. <제3항에서 이동 2012.7.4.>

⑤ 제1항 및 제2항에 의한 계약금액의 증감분에 대한 간접노무비, 산재보험료 및 산업안전보건관리비 등의 승율비용과 일반관리비 및 이윤은 산출내역서상의 간접노무비율, 산재보험료율 및 산업안전보건관리비율 등의 승율비용과 일반관리비율 및 이윤율에 의하되 설계변경당시의 관계법령 및 기획재정부장관 등이 정한 율을 초과할 수 없다. <개정 2008.12.29, 제4항에서 이동 2012.7.4>

⑥ 계약담당공무원은 예정가격의 100분의 86미만으로 낙찰된 공사계약의 계약금액을 제1항에 따라 증액조정하고자 하는 경우로서 해당 증액조정금액(2차 이후의 계약금액 조정에 있어서는 그 전에 설계변경으로 인하여 감액 또는 증액조정된 금액과 증액조정하려는 금액을 모두 합한 금액을 말한다)이 당초 계약서의 계약금액(장기계속공사의 경우에는 시행령 제69조제2항에 따라 부기된 총공사금액)의 100분의 10 이상인 경우에는 시행령 제94조에 따른 계약심의회, 「국가재정법 시행령」 제49조에 따른 예산집행심의회 또는 「건설기술 진흥법 시행령」 제19조에 따른 기술자문위원회의 심의를 거쳐 소속중앙관서의 장의 승인을 얻어야 한다. <제5항에서 이동 2012.7.4, 개정 2016.1.1.>

⑦ 일부 공종의 단가가 세부공종별로 분류되어 작성되지 아니하고 총계방식으로 작성(이하 "1식단가"라 한다)되어 있는 경우에도 설계도면 또는 공사시방서가 변경되어 1식단가의 구성내용이 변경되는 때에는 제1항 내지 제5항에 의하여 계약금액을 조정하여야 한다. <제6항에서 이동 2012.7.4.>

⑧ 발주기관은 제1항 내지 제7항에 의하여 계약금액을 조정하는 경우에는 계약상대자의 계약금액조정 청구를 받은 날부터 30일이내에 계약금액을 조정하여야 한다. 이 경우에 예산배정의 지연 등 불가피한 경우에는 계약상대자와 협의하여 그 조정기한을 연장할 수 있으며, 계약금액을 조정할 수 있는 예산이 없는 때에는 공사량 등을 조정하여 그 대가를 지급할 수 있다. <제7항에서 이동 2012.7.4.>

⑨ 계약담당공무원은 제8항에 의한 계약상대자의 계약금액조정 청구 내용이 부당함을 발견한 때에는 지체없이 필요한 보완요구 등의 조치를 하여야 한다. 이 경우 계약상대자가 보완요구 등의 조치를 통보받은 날부터 발주기관이 그 보완을 완료한 사실을 통지받은 날까지의 기간은 제8항에 의한 기간에 산입하지 아니한다. <제8항에서 이동 2012.7.4.>

⑩ 제8항 전단에 의한 계약상대자의 계약금액조정 청구는 제40조에 의한 준공대가(장기계속계약의 경우에는 각 차수별 준공대가) 수령전까지 조정신청을 하여야 한다. <제9항에서 이동 2012.7.4.>

제21조(설계변경으로 인한 계약금액조정의 제한 등) ① 다음 각 호의 어느 하나의 방법으로 체결된 공사계약에 있어서는 설계변경으로 계약내용을 변경하는 경우에도 정부에

책임있는 사유 또는 천재·지변 등 불가항력의 사유로 인한 경우를 제외하고는 그 계약금액을 증액할 수 없다.

1. <신설 2011.5.13, 삭제 2016.1.1.>
2. 시행령 제78조에 따른 일괄입찰 및 대안입찰(대안이 채택된 부분에 한함)을 실시하여 체결된 공사계약
3. 시행령 제98조에 따른 기본설계 기술제안입찰 및 실시설계 기술제안입찰(기술제안이 채택된 부분에 한함)을 실시하여 체결된 공사계약 <개정 2010.9.8.>

② 계약담당공무원은 시행령 제14조제1항 각 호 외의 부분 단서에 따라 물량내역서를 작성하는 경우에는 물량내역서의 누락사항이나 오류 등으로 설계를 변경하는 경우에도 그 계약금액을 변경할 수 없다. 다만, 입찰참가자가 교부받은 물량내역서의 물량을 수정하고 단가를 적은 산출내역서를 제출하는 경우에는 입찰참가자의 물량수정이 허용되지 않은 공종에 대하여는 그러하지 아니하다. <신설 2010.9.8. 개정 2016.1.1.>

③ 각 중앙관서의 장 또는 계약담당공무원은 시행령 제78조에 따른 일괄입찰과 제98조에 따른 기본설계 기술제안입찰의 경우 계약체결 이전에 실시설계적격자에게 책임이 없는 다음 각 호의 어느 하나에 해당하는 사유로 실시설계를 변경한 경우에는 계약체결 이후에 즉시 설계변경에 의한 계약금액 조정을 하여야 한다. <개정 2010.9.8.>

1. 민원이나 환경·교통영향평가 또는 관련 법령에 따른 인허가 조건 등과 관련하여 실시설계의 변경이 필요한 경우
2. 발주기관이 제시한 기본계획서·입찰안내서 또는 기본설계서에 명시 또는 반영되어 있지 아니한 사항에 대하여 해당 발주기관이 변경을 요구한 경우
3. 중앙건설기술심의위원회 또는 기술자문위원회가 실시설계 심의과정에서 변경을 요구한 경우 <개정 2016.1.1.>

④ 제1항 또는 제3항의 경우에서 계약금액을 조정하고자 할 때에는 다음 각호의 기준에 의한다. <제3항에서 이동 2010.9.8.>

1. 실시설계 기술제안입찰은 시행령 제65조 제3항에 의한다. <개정 2008.12.29, 2010.9.8.>
2. 제1항제2호의 경우와 기본설계 기술제안입찰은 시행령 제91조 제3항에 의한다. <개정 2008.12.29, 2010.9.8.>

⑤ 제1항에 정한 정부의 책임있는 사유 또는 불가항력의 사유란 다음 각호의 어느 하나의 경우를 말한다. 다만, 설계시 공사관련법령 등에 정한 바에 따라 설계서가 작성된 경우에 한한다. <제4항에서 이동 2010.9.8.>

1. 사업계획 변경 등 발주기관의 필요에 의한 경우
2. 발주기관 외에 해당공사와 관련된 인허가기관 등의 요구가 있어 이를 발주기관이

수용하는 경우

3. 공사관련법령(표준시방서, 전문시방서, 설계기준 및 지침 등 포함)의 제·개정으로 인한 경우
4. 공사관련법령에 정한 바에 따라 시공하였음에도 불구하고 발생되는 민원에 의한 경우
5. 발주기관 또는 공사 관련기관이 교부한 지하매설 지장물 도면과 현장 상태가 상이하거나 계약이후 신규로 매설된 지장물에 의한 경우
6. 토지·건물소유자의 반대, 지장물의 존치, 관련기관의 인허가 불허 등으로 지질조사가 불가능했던 부분의 경우
7. 제32조에 정한 사항 등 계약당사자 누구의 책임에도 속하지 않는 사유에 의한 경우

⑥ 제4항에 따라 계약금액을 증감조정하고자 하는 경우에 증감되는 공사물량은 수정전의 설계도면과 수정후의 설계도면을 비교하여 산출한다. <개정 2010.9.8.>

⑦ 제3항 각호의 사유 및 제5항 각호의 사유에 해당되지 않는 경우로서 현장상태와 설계서의 상이 등으로 인하여 설계변경을 하는 경우에는 전체공사에 대하여 증·감되는 금액을 합산하여 계약금액을 조정하되, 계약금액을 증액할 수는 없다. <개정 2010.9.8. 2016.12.30.>

⑧ 계약담당공무원은 제7항에 따른 계약금액 조정과 관련하여 연차계약별로 준공되는 장기계속공사의 경우에는 계약체결시 전체공사에 대한 증·감 금액의 합산처리 방법, 합산잔액의 다음 연차계약으로의 이월 등 필요한 사항을 정하여 운영하여야 한다. <개정 2010.9.8.>

⑨ 제1항 내지 제8항에 따른 계약금액조정의 경우에는 제20조제5항 및 제8항 내지 제10항을 준용한다. <개정 2010.9.8.>

제22조(물가변동으로 인한 계약금액의 조정) ① 물가변동으로 인한 계약금액의 조정은 시행령 제64조 및 시행규칙 제74조에 정한 바에 의한다.

② 계약담당공무원이 동일한 계약에 대한 계약금액을 조정할 때에는 품목조정율 및 지수조정율을 동시에 적용하여서는 아니되며, 계약을 체결할 때에 계약상대자가 지수조정율 방법을 원하는 경우외에는 품목조정율 방법으로 계약금액을 조정하도록 계약서에 명시하여야 한다. 이 경우 계약이행중 계약서에 명시된 계약금액 조정방법을 임의로 변경하여서는 아니된다. 다만, 시행령 제64조제6항에 따라 특정규격의 자재별 가격변동으로 계약금액을 조정할 경우에는 본문에도 불구하고 품목조정율에 의한다.

③ 제1항에 의하여 계약금액을 증액하는 경우에는 계약상대자의 청구에 의하여야 하고, 계약상대자는 제40조에 의한 준공대가(장기계속계약의 경우에는 각 차수별

준공대가) 수령전까지 조정신청을 하여야 조정금액을 지급받을 수 있으며, 조정된 계약금액은 직전의 물가변동으로 인한 계약금액조정기준일부터 90일이내에 이를 다시 조정할 수 없다. 다만, 천재·지변 또는 원자재의 가격급등으로 해당 기간내에 계약금액을 조정하지 아니하고는 계약이행이 곤란하다고 인정되는 경우에는 계약을 체결한 날 또는 직전 조정기준일로부터 90일이내에도 계약금액을 조정할 수 있다.

④ 계약상대자는 제3항에 의하여 계약금액의 증액을 청구하는 경우에 계약금액조정내역서를 첨부하여야 한다.

⑤ 발주기관은 제1항 내지 제4항에 의하여 계약금액을 증액하는 경우에는 계약상대자의 청구를 받은 날부터 30일 이내에 계약금액을 조정하여야 한다. 이 때 예산배정의 지연 등 불가피한 경우에는 계약상대자와 협의하여 그 조정기한을 연장할 수 있으며, 계약금액을 증액할 수 있는 예산이 없는 때에는 공사량 등을 조정하여 그 대가를 지급할 수 있다.

⑥ 계약담당공무원은 제4항 및 제5항에 의한 계약상대자의 계약금액조정 청구 내용이 일부 미비하거나 분명하지 아니한 경우에는 지체없이 필요한 보완요구를 하여야 하며, 이 경우 계약상대자가 보완요구를 통보받은 날부터 발주기관이 그 보완을 완료한 사실을 통지받은 날까지의 기간은 제5항에 의한 기간에 산입하지 아니한다. 다만, 계약상대자의 계약금액조정 청구내용이 계약금액 조정요건을 충족하지 않았거나 관련 증빙서류가 첨부되지 아니한 경우에는 그 사유를 명시하여 계약상대자에게 해당 청구서를 반송하여야 하며, 이 경우에 계약상대자는 그 반송사유를 충족하여 계약금액조정을 다시 청구하여야 한다.

⑦ 시행령 제64조제6항에 따른 계약금액 조정요건을 충족하였으나 계약상대자가 계약금액 조정신청을 하지 않을 경우에 하수급인은 이러한 사실을 계약담당공무원에게 통보할 수 있으며, 통보받은 계약담당공무원은 이를 확인한 후에 계약상대자에게 계약금액 조정신청과 관련된 필요한 조치 등을 하도록 하여야 한다.

제23조(기타 계약내용의 변경으로 인한 계약금액의 조정) ① 계약담당공무원은 공사계약에 있어서 제20조 및 제22조에 의한 경우 외에 공사기간·운반거리의 변경 등 계약내용의 변경으로 계약금액을 조정하여야 할 필요가 있는 경우에는 그 변경된 내용에 따라 실비를 초과하지 아니하는 범위안에서 이를 조정(하도급업체가 지출한 비용을 포함한다)하며, 계약예규「정부입찰·계약 집행기준」제16장(실비의 산정)을 적용한다. <개정 2014.1.10., 2018.12.31., 2019.12.18.>

② 제1항에 의한 계약내용의 변경은 변경되는 부분의 이행에 착수하기 전에 완료하여야 한다. 다만, 계약담당공무원은 계약이행의 지연으로 품질저하가 우려되는 등 긴급하게 계약을 이행하게 할 필요가 있는 때에는 계약상대자와 협의하여 계약내용 변경의 시기 등을 명확히 정하고, 계약내용을 변경하기 전에 계약을 이행하게 할 수 있다.

③ 제1항의 경우에는 제20조제5항을 준용한다.

④ 제1항에 의하여 계약금액이 증액될 때에는 계약상대자의 신청에 따라 조정하여야 한다.

⑤ 제1항 내지 제4항에 의한 계약금액조정의 경우에는 제20조제8항 내지 제10항을 준용한다.

제23조의2(설계변경 등에 따른 통보) 계약담당공무원은 다음 각 호에 따라 계약내용을 변경한 경우에는 그 사유와 내용을 하수급인에게 통보하여야 한다. <개정 2023.6.30.>

1. 제20조 내지 제23조에 따라 계약금액을 조정한 경우
2. 계약금액 조정을 하지 않고 계약내용을 변경한 경우

[본조 신설 2008.12.29.]

제23조의3(건설폐기물량의 초과발생에 따른 계약금액의 조정) 시행령 제78조에 따라 체결된 계약에 있어서 「건설폐기물의 재활용 촉진에 관한 법률」 제15조에 따라 건설공사와 건설폐기물처리용역을 분리발주한 경우로서 공사수행과정에서 건설폐기물이 계약상대자가 설계시 산출한 물량을 초과하여 발생한 때에는 해당 초과물량에 대하여 발주기관이 실제 폐기물처리업체에 지급한 처리비용만큼 계약금액에서 감액조정한다.

[본조 신설 2010.11.30.]

제24조(응급조치) ① 계약상대자는 시공기간중 재해방지를 위하여 필요하다고 인정할 때에는 미리 공사감독관의 의견을 들어 필요한 조치를 취하여야 한다.

② 공사감독관은 재해방지 기타 시공상 부득이할 때에는 계약상대자에게 필요한 응급조치를 취할 것을 구두 또는 서면으로 요구할 수 있다. 이 경우에 구두로 응급조치를 요구한 때에는 추후 서면으로 보완하여야 한다.

③ 계약상대자는 제2항에 의한 요구를 받은 때에는 즉시 이에 응하여야 한다. 다만 계약상대자가 요구에 응하지 아니할 때에는 계약담당공무원은 일방적으로 계약상대자 부담으로 제3자로 하여금 응급조치하게 할 수 있다.

④ 제1항 내지 제3항의 조치에 소요된 경비중에서 계약상대자가 계약금액의 범위내에서 부담하는 것이 부당하다고 인정되는 때에는 제23조에 의하여 실비의 범위안에서 계약금액을 조정할 수 있다.

제25조(지체상금) ① 계약상대자는 계약서에 정한 준공기한(계약서상 준공신고서 제출기일을 말한다. 이하 같다)내에 공사를 완성하지 아니한 때에는 매 지체일수마다 계약서에 정한 지체상금률을 계약금액(장기계속공사계약의 경우에는 연차별 계약금액)에 곱하여 산출한 금액(이하 "지체상금"이라 한다)을 현금으로 납부하여야 한다.

다만, 납부할 금액이 계약금액(제2항에 따라 기성부분 또는 기납부분에 대하여 검사를 거쳐 이를 인수한 경우에는 그 부분에 상당하는 금액을 계약금액에서 공제한 금액을 말한다)의 100분의 30을 초과하는 경우에는 100분의 30으로 한다. <단서신설 2018.12.31>

② 계약담당공무원은 제1항의 경우에 제29조에 의하여 기성부분에 대하여 검사를 거쳐 이를 인수(인수하지 아니하고 관리·사용하고 있는 경우를 포함한다. 이하 이 조에서 같다)한 때에는 그 부분에 상당하는 금액을 계약금액에서 공제한다. 이 경우에 기성부분의 인수는 그 성질상 분할할 수 있는 공사에 대한 완성부분으로 인수하는 것에 한한다.

③ 계약담당공무원은 다음 각호의 어느 하나에 해당되어 공사가 지체되었다고 인정할 때에는 그 해당일수를 제1항의 지체일수에 산입하지 아니한다.

1. 제32조에서 규정한 불가항력의 사유에 의한 경우
2. 계약상대자가 대체 사용할 수 없는 중요 관급자재 등의 공급이 지연되어 공사의 진행이 불가능하였을 경우
3. 발주기관의 책임으로 착공이 지연되거나 시공이 중단되었을 경우
4. <삭제 2010.9.8.>
5. 계약상대자의 부도 등으로 보증기관이 보증이행업체를 지정하여 보증시공할 경우
6. 제19조에 의한 설계변경(계약상대자의 책임없는 사유인 경우에 한한다)으로 인하여 준공기한내에 계약을 이행할 수 없을 경우 <개정 2015.9.21.>
7. 발주기관이 「조달사업에 관한 법률」 제27조 제1항에 따른 혁신제품을 자재로 사용토록 한 경우로서 혁신제품의 하자가 직접적인 원인이 되어 준공기한내에 계약을 이행할 수 없을 경우 <신설 2020.12.28.>
8. 원자재의 수급 불균형 또는 「정부 입찰 · 계약집행기준」 제70조의4제1항제1호에 따른 가격급등으로 인하여 해당 관급자재의 조달지연 또는 사급자재(관급자재에서 전환된 사급자재를 포함한다)의 구입곤란 등 기타 계약상대자의 책임에 속하지 아니하는 사유로 인하여 지체된 경우 <개정 2024.1.1.>

④ <삭제 2014.1.10>

⑤ 제3항제5호에 의하여 지체일수에 산입하지 아니하는 기간은 발주기관으로부터 보증채무 이행청구서를 접수한 날부터 보증이행개시일 전일까지(단, 30일 이내에 한한다)로 한다.

⑥ 계약담당공무원은 제1항에 의한 지체일수를 다음 각호에 따라 산정하여야 한다.

1. 준공기한내에 준공신고서를 제출한 때에는 제27조에 의한 준공검사에 소요된 기간은 지체일수에 산입하지 아니한다. 다만, 준공기한 이후에 제27조제3항에 의한 시정조치를 한 때에는 시정조치를 한 날부터 최종 준공검사에 합격한 날까지의

기간(검사기간이 제27조에 정한 기간을 초과한 경우에는 동조에 정한 기간에 한한다. 이하 같다)을 지체일수에 산입한다.

2. 준공기한을 경과하여 준공신고서를 제출한 때에는 준공기한 다음 날부터 준공검사(시정조치를 한 때에는 최종 준공검사)에 합격한 날까지의 기간을 지체일수에 산입한다.
3. 준공기한의 말일이 공휴일(관련 법령에 의하여 발주기관의 휴무일이거나 「근로자의 날 제정에 관한 법률」에 따른 근로자의 날(계약상대자가 실제 업무를 하지 아니한 경우에 한함)인 경우를 포함한다)인 경우에 지체일수는 공휴일의 다음 다음날부터 기산한다. <개정 2018.12.31.>

⑦ 계약담당공무원은 제1항 내지 제3항에 의한 지체상금은 계약상대자에게 지급될 대가, 대가지급지연에 대한 이자 또는 기타 예치금 등과 상계할 수 있다.

제26조(계약기간의 연장) ① 계약상대자는 제25조제3항 각호의 어느 하나의 사유가 계약기간(장기계속공사의 경우에는 연차별 계약기간을 말한다. 이하 이 조에서 같다.) 내에 발생한 경우에는 계약기간 종료전에 지체없이 제17조제1항제2호의 수정공정표를 첨부하여 계약담당공무원과 공사감독관에게 서면으로 계약기간의 연장신청을 하여야 한다. 다만, 연장사유가 계약기간내에 발생하여 계약기간 경과후 종료된 경우에는 동 사유가 종료된 후 즉시 계약기간의 연장신청을 하여야 한다. <개정 2010.11.30., 2020.6.19.>

② 계약담당공무원은 제1항에 의한 계약기간연장 신청이 접수된 때에는 즉시 그 사실을 조사 확인하고 공사가 적절히 이행될 수 있도록 계약기간의 연장 등 필요한 조치를 하여야 한다.

③ 계약담당공무원은 제1항에 의한 연장청구를 승인하였을 경우에는 동 연장기간에 대하여는 제25조에 의한 지체상금을 부과하여서는 아니된다.

④ 제2항에 의하여 계약기간을 연장한 경우에는 제23조에 의하여 그 변경된 내용에 따라 실비를 초과하지 아니하는 범위안에서 계약금액을 조정한다. 다만, 제25조제3항 제5호의 사유에 의한 경우에는 그러하지 아니하다. <개정 2016.12.30.>

⑤ 계약상대자는 제40조에 의한 준공대가(장기계속계약의 경우에는 각 차수별 준공대가) 수령전까지 제4항에 의한 계약금액 조정신청을 하여야 한다. <개정 2010.11.30.>

⑥ 계약담당공무원은 제1항 내지 제5항에도 불구하고 계약상대자의 의무불이행으로 인하여 발생한 지체상금이 시행령 제50조제1항에 의한 계약보증금상당액에 달한 경우로서 계약목적물이 국가정책사업 대상이거나 계약의 이행이 노사분규 등 불가피한 사유로 인하여 지연된 때에는 계약기간을 연장할 수 있다.

⑦ 제6항에 의한 계약기간의 연장은 지체상금이 계약보증금상당액에 달한 때에 하여야 하며, 연장된 계약기간에 대하여는 제25조에도 불구하고 지체상금을 부과하여서는

아니된다.

⑧ 계약담당공무원은 장기계속공사의 연차별 계약기간 중 제1항에 의한 계약기간 연장신청(제25조제3항 제1호부터 제3호까지 및 제6호·제7호에 따른 사유로 인한 경우에 한한다)이 있는 경우, 당해 연차별 계약기간의 연장을 회피하기 위한 목적으로 당해 차수계약을 해지하여서는 아니된다.<신설 2020.6.19.>

제27조(검사) ① 계약상대자는 공사를 완성하였을 때에는 그 사실을 준공신고서 등 서면으로 계약담당공무원(「건설기술 진흥법」 제39조제2항에 의하여 건설사업관리 또는 감리를 하는 공사에 있어서는 건설기술용역업자를 말한다. 이하 이조 제2항, 제3항 및 제6항에서 같다)에게 통지하고 필요한 검사를 받아야 한다. <개정 2016.1.1.>

② 계약담당공무원은 제1항의 통지를 받은 날로부터 14일 이내에 계약서, 설계서, 준공신고서 기타 관계 서류에 의하여 계약상대자의 입회하에 그 이행을 확인하기 위한 검사를 하여야 한다. 다만, 천재·지변 등 불가항력적인 사유로 인하여 검사를 완료하지 못한 경우에는 해당사유가 존속되는 기간과 해당사유가 소멸된 날로부터 3일까지는 이를 연장할 수 있으며, 공사계약금액(관급자재가 있는 경우에는 관급자재 대가를 포함한다)이 100억원이상이거나 기술적 특수성 등으로 인하여 14일이내에 검사를 완료할 수 없는 특별한 사유가 있는 경우에는 7일 범위내에서 검사기간을 연장할 수 있다.

③ 계약담당공무원은 제2항의 검사에서 계약상대자의 계약이행내용의 전부 또는 일부가 계약에 위반되거나 부당함을 발견한 때에는 계약상대자에게 필요한 시정조치를 요구하여야 한다. 이 경우에는 계약상대자로부터 그 시정을 완료한 사실을 통지받은 날로부터 제2항의 기간을 계산한다.

④ 제3항에 의하여 계약이행기간이 연장될 때에는 계약담당공무원은 제25조에 의한 지체상금을 부과하여야 한다.

⑤ 계약상대자는 제2항에 의한 검사에 입회·협력하여야 한다. 계약상대자가 입회를 거부하거나 검사에 협력하지 아니함으로써 발생하는 지체에 대하여는 제3항 및 제4항을 준용한다.

⑥ 계약담당공무원은 검사를 완료한 때에는 그 결과를 지체없이 계약상대자에게 통지하여야 한다. 이 경우에 계약상대자는 검사에 대한 이의가 있을 때에는 재검사를 요청할 수 있으며, 계약담당공무원은 필요한 조치를 하여야 한다.

⑦ 계약상대자는 제6항에 의한 검사완료통지를 받은 때에는 모든 공사시설, 잉여자재, 폐기물 및 가설물을 공사장으로부터 즉시 철거반출하여야 하며 공사장을 정돈하여야 한다.

⑧ 제39조에 의한 기성대가지급시의 기성검사는 공사감독관이 작성한 감독조서의

확인으로 갈음할 수 있다. 다만, 기성 검사 3회마다 1회는 제1항에 의한 검사를 실시하여야 한다.

⑨ 제8항에 의한 기성검사 시에 검사에 합격된 자재라도 단순히 공사현장에 반입된 것만으로는 기성부분으로 인정되지 아니한다. 다만, 다음 각 호의 경우에는 해당 자재의 특성, 용도 및 시장거래상황 등을 고려하여 반입(해당 자재를 계약목적물에 투입하는 과정의 특수성으로 인하여 가공·조립 또는 제작하는 공장에서 기성검사를 실시, 동 검사에 합격한 경우를 포함)된 자재를 기성부분으로 인정할 수 있다.<개정 2018.12.31.>

1. 강교 등 해당공사의 기술적·구조적 특성을 고려하여 가공·조립·제작된 자재로서, 다른 공사에 그대로 사용하기 곤란하다고 인정되는 자재: 자재의 100분의 100 범위내에서 기성부분으로 인정 가능<신설 2018.12.31.>
2. 기타 계약상대자가 직접 또는 제3자에게 위탁하여 가공·조립 또는 제작된 자재: 자재의 100분의 50 범위내에서 기성부분으로 인정 가능 <신설 2018.12.31.>

⑩ 제2항에도 불구하고 「재난 및 안전관리 기본법」 제3조제1호의 재난이나 경기침체, 대량실업 등으로 인한 국가의 경제위기를 극복하기 위해 기획재정부장관이 기간을 정하여 고시한 경우에는 제2항의 14일을 7일로 본다.<신설 2020.4.20.>

제28조(인수) ① 계약담당공무원은 제27조제6항에 의하여 검사완료통지를 한 후에 계약상대자가 서면으로 인수를 요청하였을 때에는 즉시 현장인수증명서를 발급하고 해당 공사목적물을 인수하여야 한다.

② 계약담당공무원은 제1항에 의하여 인수를 요청받은 경우에 공사규모 등을 고려하여 필요하다고 인정할 때에는 계약상대자로 하여금 다음 각호의 사항이 첨부된 준공명세서를 제출하게 하여야 한다.

1. 완성된 공사목적물의 전면·후면·측면사진(10"×15") 각 5매 및 사진원본파일
2. 제27조의 주요검사과정을 촬영한 동영상물(CD 등) 5본
3. 착공에서 준공까지의 행정처리과정, 참여기술자, 관련참여업체 등의 내용을 포함하는 「건설기술 진흥법 시행령」 제78조에 의한 준공보고서 <개정 2016.1.1.>

③ 계약담당공무원은 계약상대자가 검사완료통지를 받은 날부터 7일이내에 제1항에 의한 인수요청을 아니할 때에는 계약상대자에게 현장인수증명서를 발급하고 해당 공사목적물을 인수할 수 있다. 이 경우 계약상대자는 지체없이 제2항에 의한 준공명세서를 제출하여야 한다.

④ 계약담당공무원은 공사목적물을 인수한 때에는 다음 사항을 기재한 표지판을 부착하여 공시하여야 한다.

1. 공사명 및 발주기관(관리청)
2. 착공 및 준공년월일

3. 공사금액
4. 계약상대자
5. 공사감독관 및 검사관
6. 하자발생시 신고처
7. 기타 필요한 사항

⑤ 발주관서는 제3항에 의하여 인수된 공사목적물을 계약상대자에게 유지관리를 요구하는 경우에는 이에 필요한 비용을 지급하여야 한다.

제29조(기성부분의 인수) ① 계약담당공무원은 전체 공사목적물이 아닌 기성부분(성질상 분할할 수 있는 공사에 대한 완성부분에 한한다)에 대하여 이를 인수할 수 있다.

② 제1항의 경우에는 제28조를 준용한다.

제30조(부분사용 및 부가공사) ① 발주기관은 계약목적물의 인수전에 기성부분이나 미완성부분을 사용할 수 있으며, 이 경우에 사용부분에 대해서는 해당 구조물 안전에 지장을 주지 아니하는 부가공사를 할 수 있다.

② 제1항의 경우 계약상대자와 부가공사에 대한 계약상대자는 계약담당공무원의 지시에 따라 공사를 진행하여야 한다.

③ 계약담당공무원은 제1항에 의한 부분사용 또는 부가공사로 인하여 계약상대자에게 손해가 발생한 경우 또는 추가공사비가 필요한 경우로서 계약상대자의 청구가 있는 때에는 제23조에 의하여 실비의 범위안에서 보상하거나 계약금액을 조정하여야 한다.

제31조(일반적 손해) ①계약상대자는 계약의 이행중 공사목적물, 관급자재, 대여품 및 제3자에 대한 손해를 부담하여야 한다. 다만, 계약상대자의 책임없는 사유로 인하여 발생한 손해는 발주기관의 부담으로 한다.

② 제10조에 의하여 손해보험에 가입한 공사계약의 경우에는 제1항에 의한 계약상대자 및 발주기관의 부담은 보험에 의하여 보전되는 금액을 초과하는 부분으로 한다.

③ 제28조 및 제29조에 의하여 인수한 공사목적물에 대한 손해는 발주기관이 부담하여야 한다.

제32조(불가항력) ① 불가항력이라 함은 태풍·홍수 기타 악천후, 전쟁 또는 사변, 지진, 화재, 전염병, 폭동 기타 계약당사자의 통제범위를 벗어난 사태의 발생 등의 사유(이하 "불가항력의 사유"라 한다)로 인하여 공사이행에 직접적인 영향을 미친 경우로서 계약당사자 누구의 책임에도 속하지 아니하는 경우를 말한다. <개정 2019.12.18.>

② 불가항력의 사유로 인하여 다음 각호에 발생한 손해는 발주기관이 부담하여야 한다.

1. 제27조에 의하여 검사를 필한 기성부분
2. 검사를 필하지 아니한 부분중 객관적인 자료(감독일지, 사진 또는 동영상 등)에 의하여 이미 수행되었음이 판명된 부분
3. 제31조제1항 단서 및 동조제3항에 의한 손해

③ 계약상대자는 계약이행 기간 중에 제2항의 손해가 발생하였을 때에는 지체없이 그 사실을 계약담당공무원에게 통지하여야 하며, 계약담당공무원은 통지를 받았을 때에는 즉시 그 사실을 조사하고 그 손해의 상황을 확인한 후에 그 결과를 계약상대자에게 통지하여야 한다. 이 경우에 공사감독관의 의견을 고려할 수 있다.

④ 계약담당공무원은 제3항에 의하여 손해의 상황을 확인하였을 때에는 별도의 약정이 없는 한 공사금액의 변경 또는 손해액의 부담 등 필요한 조치에 대하여 계약상대자와 협의하여 이를 결정한다. 다만, 협의가 성립되지 않을 때에는 제51조에 의해서 처리한다.

제33조(하자보수) ① 계약상대자는 전체목적물을 인수한 날과 준공검사를 완료한 날 중에서 먼저 도래한 날(공사계약의 부분 완료로 관리·사용이 이루어지고 있는 경우에는 부분 목적물을 인수한 날과 공고에 따라 관리·사용을 개시한 날 중에서 먼저 도래한 날을 말한다)부터 시행령 제60조에 의하여 계약서에 정한 기간(이하 "하자담보책임기간"이라 한다)동안에 공사목적물의 하자(계약상대자의 시공상의 잘못으로 인하여 발생한 하자에 한함)에 대한 보수책임이 있다. <개정 2019.12.18.>

② 하자담보책임기간은 시행규칙 제70조에 정해진 바에 따라 공종을 구분(하자책임을 구분할 수 없는 복합공사의 경우에는 주된 공종)하여 설정하여야 한다. <개정 2016.12.30.>

③ 제2항에도 불구하고 하자담보책임기간을 공종 구분없이 일률적으로 정하였거나 시행규칙 제70조제1항각호에 정해진 기간과 다르게 정하여 계약이행중인 경우에는 시행규칙에서 정한 대로 계약서상 하자담보책임기간을 조정하여야 한다. <개정 2019.12.18.>

④ 계약상대자는 하자보수통지를 받은 때에는 즉시 보수작업을 하여야 하며 해당 하자의 발생원인 및 기타 조치사항을 명시하여 발주기관에 제출하여야 한다.

제34조(하자보수보증금) ① 계약상대자는 공사의 하자보수를 보증하기 위하여 계약서에서 정한 하자보수보증금율을 계약금액(당초 계약금액이 조정된 경우에는 조정된 계약금액을 말한다)에 곱하여 산출한 금액(이하 "하자보수보증금"이라 한다)을 시행령 제62조 및 시행규칙 제72조에서 정한 바에 따라 납부하여야 한다.

② 계약상대자가 제33조제1항에 의한 하자담보책임기간중 계약담당공무원으로부터 하자보수요구를 받고 이에 불응한 경우에 계약담당공무원은 제1항에 의한 하자보수보증금을 국고에 귀속한다.

③ 계약담당공무원은 제35조제2항에 의한 하자보수완료확인서의 발급일까지 하자보수보증금을 계약상대자에게 반환하여야 한다. 다만, 하자담보책임기간이 서로 다른 공종이 복합된 건설공사에 있어서는 시행규칙 제70조에 의한 공종별 하자담보책임기간이 만료되어 보증목적이 달성된 공종의 하자보수보증금은 계약상대자의 요청이 있을 경우 즉시 반환하여야 한다.

제35조(하자검사) ① 계약담당공무원은 제33조제1항의 하자담보책임기간중 연2회이상 정기적으로 하자발생 여부를 검사하여야 한다.

② 계약담당공무원은 하자담보책임기간이 만료되기 14일 전부터 만료일까지의 기간 중에 따로 최종검사를 하여야 하며, 최종검사를 완료하였을 때에는 즉시 하자보수완료확인서를 계약상대자에게 발급하여야 한다. 이 경우에 최종검사에서 발견되는 하자사항은 하자보수완료확인서가 발급되기 전까지 계약상대자가 자신의 부담으로 보수하여야 한다. <개정 2018.12.31.>

③ 계약상대자는 제1항 및 제2항의 검사에 입회하여야 한다. 다만, 계약상대자가 입회를 거부하는 경우에 계약담당공무원은 일방적으로 검사를 할 수 있으며 검사결과에 대하여 계약상대자가 동의한 것으로 간주한다.

④ 계약상대자의 책임과 의무는 제2항에 의한 하자보수완료확인서의 발급일부터 소멸한다.

제36조(특별책임) ① 계약담당공무원은 제35조제2항에 의한 하자보수완료확인서의 발급에도 불구하고 해당공사의 특성 및 관련법령에서 정한 바에 따라 건축물의 구조적 안정성 확보, 이용자 안전 제고 등을 위해 필요하다고 인정하는 경우에는 계약상대자와 협의하여 제27조 및 제35조에 의한 검사과정에서 발견되지 아니한 시공상의 하자에 대하여는 계약상대자의 책임으로 하는 특약을 정할 수 있다. 이 경우 계약상대자의 책임기간은 해당계약에 대한 하자담보책임의 2배를 초과하여서는 아니된다. <개정 2020.9.24.>

② 계약담당공무원은 제1항에 따른 특약을 설정하려는 경우, 특약 설정의 필요성 및 계약상대자의 책임기간 등에 대하여 시행령 제94조에 따른 계약심의위원회의 심의를 거쳐야 한다. <신설 2020.9.24.>

제37조(특허권 등의 사용) 공사의 이행에 특허권 기타 제3자의 권리의 대상으로 되어 있는 시공방법을 사용할 때에는 계약상대자는 그 사용에 관한 일체의 책임을 져야 한다. 그러나 발주기관이 제3조의 계약문서에 시공방법을 지정하지 아니하고 그 시공을 요구할 때에는 계약상대자에 대하여 제반편의를 제공·알선하거나 소요된 비용을 지급할 수 있다.

제38조(발굴물의 처리) ① 공사현장에서 발견한 모든 가치있는 화석·금전·보물 기타

지질학 및 고고학상의 유물 또는 물품은 관계법규에서 정하는 바에 의하여 처리한다.

② 계약상대자는 제1항의 물품이나 유물을 발견하였을 때에는 즉시 계약담당공무원에게 통지하고 그 지시에 따라야 하며 이를 취급할 때에는 파손이 없도록 적절한 예방조치를 하여야 한다.

제39조(기성대가의 지급) ① 계약상대자는 최소한 30일마다 제27조제8항에 의한 검사를 완료하는 날까지 기성부분에 대한 대가지급청구서[(하수급인 및 자재·장비업자에 대한 대금지급 계획과 하수급인과 직접 계약을 체결한 자재·장비업자(이하 '하수급인의 자재·장비업자'라 한다)에 대한 대금지급계획을 첨부하여야 한다)]를 계약담당공무원과 공사감독관에게 동시에 제출할 수 있다. <개정 2010.9.8, 2012.7.4.>

② 계약담당공무원은 검사완료일부터 5일이내에 검사된 내용에 따라 기성대가를 확정하여 계약상대자에게 지급(「전자조달의 이용 및 촉진에 관한 법률」 제9조의2 제1항에 따른 시스템을 통한 지급 포함. 이하 이 조에서 같다.)하여야 한다. 다만, 계약상대자가 검사완료일후에 대가의 지급을 청구한 때에는 그 청구를 받은 날부터 5일이내에 지급하여야 한다. <개정 2009.7.3., 2019.12.18.>

③ 계약담당공무원은 제2항에 따른 기성대가지급시에 제1항의 대금 지급 계획상의 하수급인, 자재·장비업자 및 하수급인의 자재·장비업자에게 기성대가지급 사실을 통보하고, 이들로 하여금 대금 수령내역(수령자, 수령액, 수령일 등) 및 증빙서류를 제출(「전자서명법」 제2조에 따른 전자문서에 의한 제출을 포함한다. 이하 제40조 제3항 및 제43조의2제1항에 따른 제출 및 통보에 있어 같다)하게 하여야 한다. <신설 2010.9.8, 2012.7.4.>

④ 계약담당공무원은 제27조제9항 단서에 의한 자재에 대하여 기성대가를 지급하는 경우에는 계약상대자로 하여금 그 지급대가에 상당하는 보증서(시행령 제37조제2항에 규정된 증권 또는 보증서 등을 말한다)를 제출하게 하여야 한다. <제3항에서 이동 2010.9.8.>

⑤ 계약담당공무원은 제1항에 의한 청구서의 기재사항이 검사된 내용과 일치하지 아니할 때에는 그 사유를 명시하여 계약상대자에게 이의 시정을 요구하여야 한다. 이 경우에 시정에 소요되는 기간은 제2항에서 규정한 기간에 산입하지 아니한다. <제4항에서 이동 2010.9.8.>

⑥ 기성대가는 계약단가에 의하여 산정·지급한다. 다만, 계약단가가 없을 경우에는 제20조제1항제2호 및 동조 제2항에 의하여 산정된 단가에 의한다. <제5항에서 이동 2010.9.8.>

⑦ 기성대가 지급의 경우에는 제40조제5항을 준용한다. <제6항에서 이동 2010.9.8.>

⑧ 제2항에도 불구하고 「재난 및 안전관리 기본법」 제3조제1호의 재난이나 경기침체, 대량실업 등으로 인한 국가의 경제위기를 극복하기 위해 기획재정부장관이 기간을

정하여 고시한 경우에는 제2항의 5일을 3일로 본다.<신설 2020.4.20.>

제39조의2(계약금액조정전의 기성대가지급) ① 계약담당공무원은 물가변동, 설계변경 및 기타계약내용의 변경으로 인하여 계약금액이 당초 계약금액보다 증감될 것이 예상되는 경우로서 기성대가를 지급하고자 하는 경우에는「국고금관리법 시행규칙」제72조에 의하여 당초 산출내역서를 기준으로 산출한 기성대가를 개산급으로 지급할 수 있다. 다만, 감액이 예상되는 경우에는 예상되는 감액금액을 제외하고 지급하여야 한다.

② 계약상대자는 제1항에 의하여 기성대가를 개산급으로 지급받고자 하는 경우에는 기성대가신청시 개산급신청사유를 서면으로 작성하여 첨부하여야 한다.

제40조(준공대가의 지급) ① 계약상대자는 공사를 완성한 후 제27조에 의한 검사에 합격한 때에는 대가지급청구서(하수급인, 자재·장비업자 및 하수급인의 자재·장비업자에 대한 대금지급계획을 첨부하여야 한다)를 제출하는 등 소정절차에 따라 대가지급을 청구할 수 있다. <개정 2010.9.8, 2012.7.4.>

② 계약담당공무원은 제1항의 청구를 받은 때에는 그 청구를 받은 날로부터 5일(공휴일 및 토요일은 제외한다. 이하 이조에서 같다)이내에 그 대가를 지급(「전자조달의 이용 및 촉진에 관한 법률」제9조의2제1항에 따른 시스템을 통한 지급 포함. 이하 이 조에서 같다)하여야 하며, 동 대가지급기한에도 불구하고 자금사정 등 불가피한 사유가 없는 한 최대한 신속히 대가를 지급하여야 한다. 다만, 계약당사자와의 합의에 의하여 5일을 초과하지 아니하는 범위안에서 대가의 지급기간을 연장할 수 있는 특약을 정할 수 있다. <개정 2009.7.3., 2019.12.18.>

③ 계약담당공무원은 제2항에 따른 대가지급시에 제1항의 대금 지급 계획상의 하수급인, 자재·장비업자 및 하수급인의 자재·장비업자에게 대가지급 사실을 통보하고, 이들로 하여금 대금 수령내역(수령자 ,수령액, 수령일 등) 및 증빙서류를 제출하게 하여야 한다. <신설 2010.9.8, 2012.7.4.>

④ 천재·지변 등 불가항력의 사유로 인하여 대가를 지급할 수 없게 된 경우에는 계약담당공무원은 해당사유가 존속되는 기간과 해당사유가 소멸된 날로부터 3일까지는 대가의 지급을 연장할 수 있다. <제3항에서 이동 2010.9.8.>

⑤ 계약담당공무원은 제1항의 청구를 받은 후 그 청구내용의 전부 또는 일부가 부당함을 발견한 때에는 그 사유를 명시하여 계약상대자에게 해당 청구서를 반송할 수 있다. 이 경우에는 반송한 날로부터 재청구를 받은 날까지의 기간은 제2항의 지급기간에 산입하지 아니한다. <제4항에서 이동 2010.9.8.>

⑥ 제2항에도 불구하고 「재난 및 안전관리 기본법」 제3조제1호의 재난이나 경기침체, 대량실업 등으로 인한 국가의 경제위기를 극복하기 위해 기획재정부장관이 기간을 정하여 고시한 경우에는 제2항의 5일을 3일로 본다.<신설 2020.4.20.>

제40조의2(국민건강보험료, 노인장기요양보험료 및 국민연금보험료의 사후정산) 계약담당공무원은「정부 입찰·계약 집행기준」제93조에 의하여 국민건강보험료, 노인장기요양보험료 및 국민연금보험료를 사후정산 하기로 한 계약에 대하여는 제39조 및 제40조에 의한 대가지급시 계약예규「정부 입찰·계약 집행기준」제94조에 정한 바에 따라 정산하여야 한다. <개정 2016.12.30.>

제41조(대가지급지연에 대한 이자) ① 계약담당공무원은 대가지급청구를 받은 경우에 제39조 및 제40조에 의한 대가지급기한(국고채무부담행위에 의한 계약의 경우에는 다음 회계년도 개시후 「국가재정법」에 의하여 해당 예산이 배정된 날부터 20일)까지 대가를 지급하지 못하는 경우에는 지급기한의 다음날부터 지급하는 날까지의 일수(이하 "대가지급지연일수"라 한다)에 해당 미지급금액에 대하여 지연발생 시점의 금융기관 대출평균금리(한국은행 통계월보상의 금융기관 대출평균금리를 말한다)를 곱하여 산출한 금액을 이자로 지급하여야 한다.

② 불가항력의 사유로 인하여 검사 또는 대가지급이 지연된 경우에 제27조제2항 단서 및 제40조제4항에 의한 연장기간은 대가지급 지연일수에 산입하지 아니한다.

제42조(하도급의 승인 등) ① 계약상대자가 계약된 공사의 일부를 제3자에게 하도급하고자 하는 경우에는「건설산업기본법」등 관련법령에 정한 바에 의하여야 한다.

② 계약담당공무원은 제1항에 의하여 계약상대자로부터 하도급계약을 통보받은 때에는 국토교통부장관이 고시한 건설공사하도급심사기준에 정한 바에 따라 하도급금액의 적정성을 심사하여야 한다. <개정 2015.9.21.>

제43조(하도급대가의 직접지급 등) ① 계약담당공무원은 계약상대자가 다음 각호의 어느 하나에 해당하는 경우에「건설산업기본법」등 관련법령에 의하여 체결한 하도급계약중 하수급인이 시공한 부분에 상당하는 금액에 대하여는 계약상대자가 하수급인에게 제39조 및 제40조에 의한 대가지급을 의뢰한 것으로 보아 해당 하수급인에게 직접 지급하여야 한다.

1. 하수급인이 계약상대자를 상대로 하여 받은 판결로서 그가 시공한 분에 대한 하도급대금지급을 명하는 확정판결이 있는 경우
2. 계약상대자가 파산, 부도, 영업정지 및 면허취소 등으로 하도급대금을 하수급인에게 지급할 수 없게 된 경우
3. 「하도급거래 공정화에 관한 법률」 또는「건설산업기본법」에 규정한 내용에 따라 계약상대자가 하수급인에 대한 하도급대금 지급보증서를 제출하여야 할 대상 중 그 지급보증서를 제출하지 아니한 경우

② 계약담당공무원은 제1항에도 불구하고 하수급인이 해당 하도급계약과 관련하여 노임, 중기사용료, 자재대 등을 체불한 사실을 계약상대자가 객관적으로 입증할

수 있는 서류를 첨부하여 해당 하도급대가의 직접지급 중지를 요청한 때에는 해당 하도급대가를 직접 지급하지 아니할 수 있다.

③ 계약상대자는 제27조제1항에 의한 준공신고 또는 제39조에 의한 기성대가의 지급청구를 위한 검사를 신청하고자 할 경우에는 하수급인이 시공한 부분에 대한 내역을 구분하여 신청하여야 하며, 제39조 및 제40조에 의하여 제1항의 하도급대가가 포함된 대가지급을 청구할 때에는 해당 하도급대가를 분리하여 청구하여야 한다.

제43조의2(하도급대금 등 지급 확인) ① 계약상대자는 제39조 및 제40조에 의한 대가를 지급받은 경우에 15일 이내에 하수급인 및 자재·장비업자가 시공·제작·대여한 분에 상당한 금액(이하 "하도급대금 등"이라 한다)을 하수급인 및 자재·장비업자에게 현금으로 지급(「전자조달의 이용 및 촉진에 관한 법률」 제9조의2제1항에 따른 시스템을 통한 지급 포함. 이하 이 조에서 같다.)하여야 하며, 하도급대금 등의 지급 내역(수령자, 지급액, 지급일 등)을 5일(공휴일 및 토요일은 제외한다) 이내에 발주기관 및 공사감독관에게 통보하여야 한다. <신설 2010.9.8., 개정 2019.12.18>

② 계약상대자는 제1항에 따라 하수급인에게 하도급대금 등을 지급한 경우에 하수급인으로 하여금 제1항을 준용하여 하수급인의 자재·장비업자가 제작·대여한 분에 상당한 금액을 하수급인의 자재·장비업자에게 지급하고, 이들로 하여금 그 내역(수령자, 지급액, 지급일 등)을 발주기관 및 공사감독관에게 통보하도록 하여야 한다. <신설 2010.9.8, 개정 2012.7.4.>

③ 계약담당공무원은 제1항 및 제2항에 의한 대금 지급내역을 제39조제3항 또는 제40조제3항에 따라 하수급인, 자재·장비업자 및 하수급인의 자재·장비업자로부터 제출받은 대금 수령내역과 비교·확인하여야 하며, 하수급인이 하수급인의 자재·장비업자에게 대금을 지급하지 않은 경우에는 계약상대자에게 즉시 통보하여야 한다. <신설 2012.7.4.>

제43조의3(노무비의 구분관리 및 지급확인) ① 계약상대자는 발주기관과 협의하여 정한 노무비 지급기일에 맞추어 매월 모든 근로자(직접노무비 대상에 한하며, 하수급인이 고용한 근로자를 포함)의 노무비 청구내역(근로자 개인별 성명, 임금 및 연락처 등)을 제출하여야 한다.

② 계약담당공무원은 현장인 명부 등을 통해 제1항에 따른 노무비 청구내역을 확인하고 청구를 받은 날부터 5일 이내에 계약상대자의 노무비 전용계좌로 해당 노무비를 지급(「전자조달의 이용 및 촉진에 관한 법률」 제9조의2제1항에 따른 시스템을 통한 지급 포함. 이하 이 조에서 같다.)하여야 한다. <개정 2019.12.18.>

③ 계약상대자는 제2항에 따라 노무비를 지급받은 날부터 2일(공휴일 및 토요일은 제외한다) 이내에 노무비 전용계좌에서 이체하는 방식으로 근로자에게 노무비를 지급하여야 하며, 동일한 방식으로 하수급인의 노무비 전용계좌로 노무비를 지급하여

야 한다. 다만, 근로자가 계좌를 개설할 수 없거나 다른 방식으로 지급을 원하는 경우 또는 계약상대자(하수급인 포함)가 근로자에게 노무비를 미리 지급하는 경우에는 그에 대한 발주기관의 승인을 받아 그러하지 아니할 수 있다.

④ 계약상대자는 제1항에 따라 노무비 지급을 청구할 때에 전월 노무비 지급내역(계약상대자 및 하수급인의 노무비 전용계좌 이체내역 등 증빙서류)을 제출하여야 하며, 계약담당공무원은 동 지급내역과 계약상대자가 이미 제출한 같은 달의 청구내역을 비교하여 임금 미지급이 확인된 경우에는 해당 사실을 지방 고용노동(지)청에 통보하여야 한다.

[본조신설 2012.1.1.]

제44조(계약상대자의 책임있는 사유로 인한 계약의 해제 및 해지) ① 계약담당공무원은 계약상대자가 다음 각호의 어느 하나에 해당하는 경우에는 해당 계약의 전부 또는 일부를 해제 또는 해지할 수 있다. 다만, 제3호의 경우에 계약상대자의 계약이행 가능성이 있고 계약을 유지할 필요가 있다고 인정되는 경우로서 계약상대자가 계약이행이 완료되지 아니한 부분에 상당하는 계약보증금(당초 계약보증금에 제25조제1항에 따른 지체상금의 최대금액을 더한 금액을 한도로 한다)을 추가납부하는 때에는 계약을 유지한다. <개정 2010.9.8, 2014.1.10, 2018.12.31>

1. 정당한 이유없이 약정한 착공시일을 경과하고도 공사에 착수하지 아니할 경우
2. 계약상대자의 책임있는 사유로 인하여 준공기한까지 공사를 완공하지 못하거나 완성할 가능성이 없다고 인정될 경우
3. 제25조제1항에 의한 지체상금이 시행령 제50조제1항에 의한 해당 계약(장기계속공사계약인 경우에는 차수별 계약)의 계약보증금상당액에 달한 경우
4. 장기계속공사의 계약에 있어서 제2차공사 이후의 계약을 체결하지 아니하는 경우
5. 계약의 수행중 뇌물수수 또는 정상적인 계약관리를 방해하는 불법·부정행위가 있는 경우
6. 제47조의3에 따른 시공계획서를 제출 또는 보완하지 않거나 정당한 이유 없이 계획서대로 이행하지 않을 경우 <신설 2012.4.2.>
7. 입찰에 관한 서류 등을 허위 또는 부정한 방법으로 제출하여 계약이 체결된 경우 <신설 2014.1.10.>
8. 기타 계약조건을 위반하고 그 위반으로 인하여 계약의 목적을 달성할 수 없다고 인정될 경우

② 계약담당공무원은 제1항에 의하여 계약을 해제 또는 해지한 때에는 그 사실을 계약상대자 및 제42조에 의한 하수급자에게 통지하여야 한다.

③ 제2항에 의한 통지를 받은 계약상대자는 다음 각호의 사항을 준수하여야 한다.

1. 해당 공사를 즉시 중지하고 모든 공사자재 및 기구 등을 공사장으로부터 철거하여야 한다.
2. 제13조에 의한 대여품이 있을 때에는 지체없이 발주기관에 반환하여야 한다. 이 경우에 해당 대여품이 계약상대자의 고의 또는 과실로 인하여 멸실 또는 파손되었을 때에는 원상회복 또는 그 손해를 배상하여야 한다.
3. 제13조에 의한 관급재료중 공사의 기성부분으로서 인수된 부분에 사용한 것을 제외한 나머지 재료는 발주기관에 반환하여야 한다. 이 경우에 해당 재료가 계약상대자의 고의 또는 과실로 인하여 멸실 또는 파손되었을 때, 또는 공사의 기성부분으로서 인수되지 아니하는 부분에 사용된 때에는 원상회복 하거나 그 손해를 배상하여야 한다.
4. 발주기관이 요구하는 공사장의 모든 재료, 정보 및 편의를 발주기관에 제공하여야 한다.

④ 계약담당공무원은 제1항에 의하여 계약을 해제 또는 해지한 경우 및 제48조에 의하여 보증기관이 보증이행을 하는 경우에 기성부분을 검사하여 인수한 때에는 해당부분에 상당하는 대가를 계약상대자에게 지급하여야 한다. <개정 2010.9.8.>

⑤ 제1항에 의하여 계약이 해제 또는 해지된 경우에 계약상대자는 지급받은 선금에 대하여 미정산잔액이 있는 경우에는 그 잔액에 대한 약정이자상당액[사유발생 시점의 금융기관 대출평균금리(한국은행 통계월보상의 대출평균금리를 말한다)에 의하여 산출한 금액을 가산하여 발주기관에 상환하여야 한다.

⑥ 제5항의 경우에 계약담당공무원은 선금잔액과 기성부분에 대한 미지급액을 상계하여야 한다. 다만, 「건설산업기본법」 및 「하도급 거래공정화에 관한 법률」 에 의하여 하도급대금 지급보증이 되어 있지 않은 경우로서 제43조제1항에 의하여 하도급대가를 직접 지급하여야 하는 때에는 우선적으로 하도급대가를 지급한 후에 기성부분에 대한 미지급액의 잔액이 있으면 선금잔액과 상계할 수 있다.

제45조(사정변경에 의한 계약의 해제 또는 해지) ① 발주기관은 제44조제1항 각호의 경우외에 다음 각 호의 사유와 같이 객관적으로 명백한 발주기관의 불가피한 사정이 발생한 때에는 계약을 해제 또는 해지할 수 있다. <개정 2021.12.1.>

1. 정부정책 변화 등에 따른 불가피한 사업취소
2. 관계 법령의 제·개정으로 인한 사업취소
3. 과다한 지역 민원 제기로 인한 사업취소
4. 기타 공공복리에 의한 사업의 변경 등에 따라 계약을 해제 또는 해지하는 경우

② 제1항에 의하여 계약을 해제 또는 해지하는 경우에는 제44조제2항 본문 및 제3항을 준용한다.

③ 발주기관은 제1항에 의하여 계약을 해제 또는 해지하는 경우에는 다음 각호에

해당하는 금액을 제44조제3항 각호의 수행을 완료한 날부터 14일이내에 계약상대자에게 지급하여야 한다. 이 경우에 제7조에 의한 계약보증금을 동시에 반환하여야 한다.

1. 제32조제2항제1호 및 제2호에 해당하는 시공부분의 대가중 지급하지 아니한 금액
2. 전체공사의 완성을 위하여 계약의 해제 또는 해지일 이전에 투입된 계약상대자의 인력·자재 및 장비의 철수비용

④ 계약상대자는 선금에 대한 미정산잔액이 있는 경우에는 이를 발주기관에 상환하여야 한다. 이 경우에 미정산잔액에 대한 이자는 가산하지 아니한다.

제46조(계약상대자에 의한 계약해제 또는 해지) ① 계약상대자는 다음 각호의 어느 하나에 해당하는 사유가 발생한 경우에는 해당계약을 해제 또는 해지할 수 있다.

1. 제19조에 의하여 공사내용을 변경함으로써 계약금액이 100분의 40이상 감소되었을 때
2. 제47조에 의한 공사정지기간이 공기의 100분의 50을 초과하였을 경우
3. 발주기관이 정당한 이유없이 계약내용을 이행하지 아니함으로써 공사의 적정이행이 불가능하다고 명백히 인정되는 때 <신설 2024.9.13.>

② 제1항에 의하여 계약이 해제 또는 해지되었을 경우에는 제45조제2항 내지 제4항을 준용한다.

제47조(공사의 일시정지) ① 공사감독관은 다음 각호의 경우에는 공사의 전부 또는 일부의 이행을 정지시킬 수 있다. 이 경우에 계약상대자는 정지기간중 선량한 관리자의 주의의무를 게을리 하여서는 아니된다.

1. 공사의 이행이 계약내용과 일치하지 아니하는 경우
2. 공사의 전부 또는 일부의 안전을 위하여 공사의 정지가 필요한 경우
3. 제24조에 의한 응급조치의 경우
4. 기타 발주기관의 필요에 의하여 계약담당공무원이 지시한 경우

② 공사감독관은 제1항에 의하여 공사를 정지시킨 경우에는 지체없이 계약상대자 및 계약담당공무원에게 정지사유 및 정지기간을 통지하여야 한다.

③ 제1항 각호의 사유가 발생한 경우로서 공사감독관이 제2항에 따른 통지를 하지 않는 경우 계약상대자는 서면으로 공사감독관 또는 계약담당공무원에게 공사 일시정지 여부에 대한 확인을 요청할 수 있다. <신설 2019.12.18.>

④ 공사감독관 또는 계약담당공무원은 제3항의 요청을 받은 날부터 10일 이내에 공사계약상대자에게 서면으로 회신을 발송하여야 한다. <신설 2019.12.18.>

⑤ 제1항 및 제4항에 의하여 공사가 정지된 경우에 계약상대자는 계약기간의 연장 또는 추가금액을 청구할 수 없다. 다만, 계약상대자의 책임있는 사유로 인한 정지가

아닌 때에는 그러하지 아니한다. <개정 2019.12.18.>

⑥ 발주기관의 책임있는 사유에 의한 공사정지기간(각각의 사유로 인한 정지기간을 합산하며, 장기계속계약의 경우에는 해당 차수내의 정지기간을 말함)이 60일을 초과한 경우에 발주기관은 그 초과된 기간에 대하여 잔여계약금액(공사중지기간이 60일을 초과하는 날 현재의 잔여계약금액을 말하며, 장기계속공사계약의 경우에는 차수별 계약금액을 기준으로 함)에 초과일수 매 1일마다 지연발생 시점의 금융기관 대출평균금리(한국은행 통계월보상의 금융기관 대출평균금리를 말한다)를 곱하여 산출한 금액을 준공대가 지급시 계약상대자에게 지급하여야 한다. <제4항에서 이동 2019.12.18.>

⑦ 제6항에서 정하는 발주기관의 책임있는 사유란, 부지제공·보상업무·지장물처리의 지연, 공사 이행에 필요한 인·허가 등 행정처리의 지연과 계약서 및 관련 법령에서 정한 발주기관의 명시적 의무사항을 정당한 이유없이 불이행하거나 위반하는 경우를 말하며, 그 외 계약상대자의 책임있는 사유나 천재·지변 등 불가항력에 의한 사유는 제외한다. <신설 2021.12.1.>

제47조의2(계약상대자의 공사정지 등) ① 계약상대자는 발주기관이 「국가를 당사자로 하는 계약에 관한 법률」과 계약문서 등에서 정하고 있는 계약상의 의무를 이행하지 아니하는 때에는 발주기관에 계약상의 의무이행을 서면으로 요청할 수 있다.

② 계약담당공무원은 계약상대자로부터 제1항에 의한 요청을 받은 날부터 14일이내에 이행계획을 서면으로 계약상대자에게 통지하여야 한다.

③ 계약상대자는 계약담당공무원이 제2항에 규정한 기한내에 통지를 하지 아니하거나 계약상의 의무이행을 거부하는 때에는 해당 기간이 경과한 날 또는 의무이행을 거부한 날부터 공사의 전부 또는 일부의 시공을 정지할 수 있다.

④ 계약상대자는 현장여건이 안전에 긴급한 위험 요소가 있다고 판단될 경우 발주기관에 작업의 중지를 서면으로 요청할 수 있다.

⑤ 계약담당공무원은 제4항에 의한 요청이 있는 경우 그 내용을 검토하여 작업의 중지 등 필요한 조치를 하여야 한다.

⑥ 계약담당공무원은 제3항 및 제5항에 의하여 정지된 기간에 대하여는 제26조에 의하여 공사기간을 연장하여야 한다.

제47조의3(공정지연에 대한 관리) ① 계약상대자는 자신의 책임 있는 사유로 다음 각호의 사례가 발생한 경우에는 즉시 이를 해소하기 위한 시공계획서를 제출하여야 한다.

1. 실행공정률이 계획공정률에 비해 10%p 이상 지연된 경우
2. 골조공사 등 주된 공사의 시공이 1개월 이상 중단된 경우

② 발주기관과 계약상대자는 상호 협의하여 공사의 규모나 종류·특성 등에 따라 제1항

각호의 내용을 조정하거나 새로운 내용을 추가할 수 있다.

③ 계약담당공무원은 제1항에 따라 계약상대방이 제출한 계획서를 검토하고 필요한 경우에 보완을 요구할 수 있다.

[본조신설 2012.4.2.]

제48조(공사계약의 이행보증) ① 계약담당공무원은 계약상대자가 제44조제1항 각호의 어느 하나에 해당하는 경우로서 시행령 제52조제1항제3호에 의한 공사이행보증서가 제출되어 있는 경우에는 계약을 해제 또는 해지하지 아니하고 제9조에 의한 보증기관에 대하여 공사를 완성할 것을 청구하여야 한다. <개정 2010.9.8.>

② 제1항의 청구가 있을 때에는 보증기관은 지체없이 그 보증의무를 이행하여야 한다. 이 경우에 보증의무를 이행한 보증기관은 계속공사에 있어서 계약상대자가 가지는 계약체결상의 이익을 가진다. 다만, 보증기관은 보증이행업체를 지정하여 보증의무를 이행하는 대신 공사이행보증서에 정한 금액을 현금으로 발주기관에 납부함으로써 보증의무이행에 갈음할 수 있다. <개정 2010.9.8.>

③ 제2항에 의하여 해당 계약을 이행하는 보증기관은 계약금액중 보증이행부분에 상당하는 금액을 발주기관에 직접 청구할 수 있는 권리를 가지며 계약상대자는 보증기관의 보증이행부분에 상당하는 금액을 청구할 수 있는 권리를 상실한다. <개정 2010.9.8.>

④ <삭제 2010.9.8.>

⑤ 보증기관은 공사진행 상황 및 계약상대자의 이행능력 등을 조사할 수 있으며, 제44조제1항 각호의 사유가 발생하는 경우 계약담당공무원에게 보증이행의 청구를 건의할 수 있다. <신설 2012.4.2.>

⑥ 제1항 내지 제3항 외에 공사이행보증서 제출에 따른 보증의무이행에 대하여는 계약예규「정부 입찰·계약 집행기준」제11장(공사의 이행보증제도 운용)에 정한 바에 의한다.

제49조(부정당업자의 입찰참가자격 제한) ① 계약상대자가 시행령 제76조에 해당하는 경우에는 1월 이상 2년 이하의 범위내에서 입찰참가자격 제한조치를 받게 된다. <개정 2010.9.8.>

② <삭제 2014.1.10>

제50조(기술지식의 이용 및 비밀엄수의무) ① 계약담당공무원은 사업목적 달성 또는 공공의 이익 등을 위해 필요하다고 인정되는 경우, 계약내용에 따라 계약상대자가 제출하는 각종 보고서, 정보 기타 자료 및 이에 의하여 얻은 기술지식(계약목적물의 내용에 포함되는 경우는 제외한다. 이하 이 조에서 “기술지식 등”이라 한다)의 전부 또는 일부를 계약상대자의 승인을 얻어 복사·이용 또는 공개할 수 있다.<개정 2020.6.19.>

② 계약상대자는 해당 계약을 통하여 얻은 정보 또는 국가의 비밀사항을 계약이행의 전후를 막론하고 외부에 누설할 수 없다.

③ 계약담당공무원은 시장에서 거래되는 등 재산적 가치가 있는 기술지식 등을 제1항에 따라 복사·이용 또는 공개하려는 경우에는 계약상대자에게 정당한 이용대가를 지급하여야 한다. 이 경우 기술지식 등의 이용대가는 시장거래가격 등을 기초로 계약상대자와 협의하여 결정한다. <신설 2020.6.19.>

제51조(분쟁의 해결) ① 계약의 수행중 계약당사자간에 발생하는 분쟁은 협의에 의하여 해결한다.

② 제1항에 의한 협의가 이루어지지 아니할 때에는 법원의 판결 또는 「중재법」에 의한 중재에 의하여 해결한다. 다만 「국가를 당사자로 하는 계약에 관한 법률」 제28조에서 정한 이의신청 대상에 해당하는 경우 국가계약분쟁조정위원회 조정결정에 따라 분쟁을 해결할 수 있다. <개정 2015.9.21.>

③ 제2항에도 불구하고 계약을 체결하는 때에 「국가를 당사자로 하는 계약에 관한 법률」 제28조의2에 따라 분쟁해결방법을 정한 경우에는 그에 따른다. <신설 2018.3.20.>

④ 계약상대자는 제1항부터 제3항까지의 분쟁처리절차 수행기간중 공사의 수행을 중지하여서는 아니된다. <신설 2018.3.20.>

제52조(공사관련자료의 제출) 계약담당공무원은 필요하다고 인정할 경우에 계약상대자에게 산출내역서의 기초가 되는 단가산출서 또는 일위대가표의 제출을 요구할 수 있으며 이 경우에 계약상대자는 이에 응하여야 한다.

제53조(적격·PQ심사·종합심사낙찰제 관련사항 이행) ① 계약상대자는 계약예규 「입찰참가자격사전심사요령」, 「적격심사기준」 및 「종합심사낙찰제 심사기준」 별표의 심사항목에 규정된 사항에 대하여 심사당시 제출한 내용대로 철저하게 이행하여야 한다. <개정 2012.1.1, 2016.1.1.>

② 계약담당공무원(「조달사업에 관한 법률」 제3조에 따라 조달청에 의뢰하여 계약한 공사로서 수요기관이 공사관리를 하는 경우에는 수요기관)은 제1항에 규정한 이행상황을 수시로 확인하여야 하며, 제출된 내용대로 이행이 되지 않고 있을 때에는 즉시 시정토록 조치하여야 한다. <개정 2008.12.29, 2015.9.21.>

③ 계약상대자는 제40조에 따른 대가지급을 청구할 때에 계약예규 「입찰참가자격사전심사요령」 제4조에 따른 표준계약서 사용계획의 이행결과로서 하도급 및 건설기계 임대차 계약서를 제출하여야 한다. <신설 2012.1.1.>

④ 계약상대자가 제3항에 따른 계약서를 제출하지 않거나 하수급인 등의 계약상 이익을 제한하는 내용으로 표준계약서의 일부를 수정·삭제한 경우 또는 이면계약을 체결한 경우에는 표준계약서를 사용하지 않은 것으로 본다. <신설 2012.1.1.>

⑤ 계약담당공무원은 계약상대자가 표준계약서를 사용하지 않은 경우에 해당 업체명, 부여한 가점과 그에 따른 감점, 표준계약서 사용계획 대비 미사용 비율(계약금액 기준)을 전자조달시스템에 게재하고 동 사실을 계약상대자에게 통보하여야 한다. <신설 2012.1.1.>

제54조(재검토기한) 「훈령・예규 등의 발령 및 관리에 관한 규정」에 따라 이 예규에 대하여 2016년 1월 1일 기준으로 매3년이 되는 시점(매 3년째의 12월 31일까지를 말한다)마다 그 타당성을 검토하여 개선 등의 조치를 하여야 한다. <개정 2015.9.21.>

부 칙 (2007.10.12.)

제1조(시행일) 이 회계예규는 2007년 10월 12일부터 시행한다. 다만, 제2조제4호가목 및 제21조제1항제1호의 개정규정은 2008년 1월 1일부터 시행한다.

제2조(일괄입찰 등의 설계변경으로 인한 계약금액 조정에 관한 적용례) 제21조제2항의 개정규정은 이 예규 시행 후 계약금액을 조정하는 분부터 적용한다.

제3조(특정규격의 자재별 가격변동으로 인한 계약금액 조정 등에 관한 경과조치) 제22조제2항단서 및 제7항의 개정규정은「국가를 당사자로 하는 계약에 관한 법률 시행령」(대통령령 제19782호, 2006.12.29.) 시행일 이후 입찰공고를 한 분부터 적용한다.

부 칙 (2008.12.29.)

제1조(시행일) 이 회계예규는 2009년 6월 29일부터 시행한다.

제2조(유효기간) 제9조제6항제2호및제7항의 개정규정은 2010년 12월 31일까지 효력을 가진다. 다만, 2010년 12월 31일까지 입찰공고한 사업에 대해서는 그 사업이 종료될 때까지 제9조제6항제2호및제7항의 개정규정을 적용한다.

제3조(공동수급체 구성원별 최소지분율에 관한 적용례) 제9조제6항제2호의 개정규정은 이 예규 시행일이후 입찰공고를 한 분부터 적용한다.

제4조(지역업체 소재기간에 관한 적용례) 제9조제7항의 개정규정은 이 예규 시행일이후 해당 공사현장을 관할하는 특별시·광역시 및 도로 주된 영업소를 이전하거나 신설한 업체부터 적용한다.

부 칙 (2009.6.29.)

제1조(시행일) 이 회계예규는 2009년 6월 29일부터 시행한다.

제2조(적용례) 제7조, 제18조 개정규정은 이 예규 시행후 입찰공고를 한 분부터 적용한다.

부 칙 (2009.7.3.)

① **(시행일)** 이 회계예규는 2009년 7월 3일부터 시행한다.

② **(대가지급에 관한 적용례)** 제39조제2항 및 제40조제2항의 개정 규정은 대통령령 제21578호 국가를 당사자로 하는 계약에 관한 법률 시행령 일부개정령의 시행일

(2009. 6.29)이후 대가지급을 청구하는 분부터 적용한다.

부　칙 (2009. 9.21.)

제1조(시행일) 이 회계예규는 2009년 9월 21일부터 시행한다.

제2조(적용례) 이 예규 시행후 입찰공고를 한 분부터 적용한다.

부　칙 (2010. 9. 8.)

제1조(시행일) 이 회계예규는 2010년 9월 8일부터 시행한다. 다만, 제2조 제4호 가목, 제2조 제8호, 제10조 제1항, 제21조(제1항 제3호, 제3항, 제4항 제2호 개정부분은 제외함), 제44조 제1항의 개정 규정은 2010년 10월 22일부터 시행하고, 제7조 제2항, 제9조, 제10조 제5항, 제25조, 제44조 제4항, 제48조, 제49조의 개정규정은 2011년 1월 1일부터 시행한다.

제2조(적용례) 이 회계예규 시행 후 입찰공고를 한 분부터 적용한다.

부　칙 (2010.11.30.)

제1조(시행일) 이 회계예규는 2010년 11월 30일부터 시행한다.

제2조(적용례) 이 예규 시행 후 입찰공고를 한 분부터 적용한다.

부　칙 (2011.5.13.)

제1조(시행일) 이 계약예규는 2011년 5월 13일부터 시행한다.

제2조(적용례) 이 예규 시행일 이후 입찰공고를 한 분부터 적용한다.

부　칙 (2012.1.1.)

제1조(시행일) 이 계약예규는 2012년 1월 1일부터 시행한다.

부　칙 (2012.7.4.)

제1조(시행일) 이 계약예규는 2012년 7월 9일부터 시행한다.

제2조(적용례) 이 예규 시행일 이후 입찰공고를 한 분부터 적용한다.

부　칙 (2012. 4. 2.)

제1조(시행일) 이 계약예규는 2012년 4월 2일부터 시행한다.

제2조(적용례) 이 예규 시행일 이후 입찰공고를 한 분부터 적용한다.

부　칙 (2014. 1.10.)

제1조(시행일) 이 계약예규는 2014년 1월 10일부터 시행한다.

제2조(적용례) 이 예규는 시행일 이후 입찰공고를 한 분부터 적용한다.

제3조(실적공사비가 적용된 공사의 설계변경에 관한 적용례) 제20조 제3항의 개정규정은 이 예규 시행일 이후 계약체결을 한 분부터 적용한다.

부　칙 (2014. 4. 1.)

제1조(시행일) 이 계약예규는 2014년 4월 1일부터 시행한다.

제2조(적용례) 이 예규 시행일 이후 입찰공고를 한 분부터 적용한다.

부 칙 (2015. 1. 1.)

제1조(시행일) 이 계약예규는 2015년 1월 1일부터 시행한다.

제2조(적용례) 이 예규 시행일 이후 입찰공고를 한 분부터 적용한다.

부 칙 (2015. 3. 1.)

제1조(시행일) 이 예규는 2015년 3월 1일부터 시행한다.

부 칙 (2015.9.21.)

제1조(시행일) 이 예규는 2015년 9월 21일부터 시행한다.

부 칙 (2016. 1. 1.)

제1조(시행일) 이 계약예규는 2016년 1월1일부터 시행한다.

제2조(최저가낙찰제의 폐지에 따른 경과규정) 이 계약예규 시행일 이전에 최초로 입찰공고를 한 분에 대하여는 제3조, 제21조 제1항 및 제2항의 개정규정에도 불구하고 종전 규정을 적용한다.

부 칙 (2016.12.30.)

제1조(시행일) 이 계약예규는 2016년 12월30일부터 시행한다.

제2조(적용례) 제26조의 개정규정은 이 계약예규 시행일 이후 최초로 입찰공고하는 분부터 적용한다.

부 칙 (2018.3.20.)

제1조(시행일) 이 계약예규는 2018년 3월 20일부터 시행한다.

제2조(적용례) 제51조의 개정규정은 이 예규 시행후 최초로 입찰공고를 하거나, 체결하는 계약부터 적용한다.

부 칙 (2018.12.31.)

제1조(시행일) 이 계약예규는 2019년 1월 1일부터 시행한다.

제2조(일반적 적용례) 이 계약예규는 부칙 제1조에 따른 시행일 이후 입찰공고 하거나 계약체결 하는 경우부터 적용한다.

제3조(지체상금 부과 및 계약보증금 추가 납부 한도에 관한 적용례) 제25조제1항 및 제44조제1항의 개정규정은 2018년 12월 4일 이후에 계약기간이 만료되어 지체상금이 발생하는 경우부터 적용한다.

부 칙 (2019.6.1.)

제1조(시행일) 이 계약예규는 2019년 6월 1일부터 시행한다.

제2조(적용례) 제26조의 개정규정은 이 예규 시행일 이후 입찰공고를 하거나 수의계약을 체결하는 분부터 적용한다.

부 칙 (2019.12.18.)

제1조(시행일) 이 계약예규는 2020년 3월18일부터 시행한다.

제2조(적용례) 이 계약예규는 부칙 제1조에 따른 시행일 이후 입찰공고를 하거나 수의계약을 체결하는 분부터 적용한다.

부 칙 (2020.4.20.)

제1조(시행일) 이 계약예규는 2020년 5월 6일부터 시행한다.

부 칙 (2020. 6.19.)

제1조(시행일) 이 계약예규는 2020년 9월 19일부터 시행한다.

부 칙 (2020. 9.24.)

제1조(시행일) 이 계약예규는 2020년 12월 24일부터 시행한다.

제2조(적용례) 이 계약예규는 시행일 이후 입찰공고하는 경우부터 적용한다.

부 칙 (2020.12.28.)

제1조(시행일) 이 계약예규는 2021년 3월 28일부터 시행한다.

제2조(적용례) 이 계약예규는 부칙 제1조에 따른 시행일 이후 입찰공고를 하거나 수의계약을 체결하는 경우부터 적용한다.

부 칙 (2021.12.1.)

제1조(시행일) 이 계약예규는 2021년 12월 1일부터 시행한다.

제2조(적용례) 이 계약예규는 부칙 제1조에 따른 시행일 이전에 입찰공고된 계약으로서 시행일 이후 제45조제1항에 따른 사정변경에 의해 계약을 해제 또는 해지하는 경우, 제47조제6항, 제7항에 따라 공사지연기간을 계산하는 경우에 적용한다.

부 칙 (2023.6.30.)

제1조(시행일) 이 계약예규는 2023년 6월 30일부터 시행한다.

제2조(적용례) 이 계약예규는 부칙 제1조에 따른 시행일 이후 입찰공고를 하거나 수의계약을 체결하는 경우부터 적용한다.

부 칙 (2024.1.1.)

제1조(시행일) 이 계약예규는 2024년 1월 1일부터 시행한다.

제2조(적용례) 이 계약예규는 부칙 제1조에 따른 시행일 이후 지체상금을 부과하거나 계약을 연장하는 분부터 적용한다.

부 칙 (2024.9.13.)

제1조(시행일) 이 계약예규는 2024년 9월 13일부터 시행한다.

제2조(적용례) 이 계약예규는 부칙 제1조에 따른 시행일 이후 입찰공고하는 경우부터 적용한다.

부 칙 (2025.10.30.)

제1조(시행일) 이 예규는 10월 30일부터 시행한다.

제2조(유효기간) 이 계약예규는 부칙 제1조에 따른 시행일 이후 입찰공고 하는 경우부터 적용한다.

공사입찰유의서

기획재정부 계약예규 제799호, 2025.10.30, 일부개정

제1조(목적) 이 유의서는 정부(이하 "발주기관"이라 한다)가 행하는 공사계약에 대한 입찰에서 해당 입찰에 참가하고자 하는 자가 유의하여야 할 사항을 정함을 목적으로 한다.

제2조(용어의 정의) 이 유의서에서 사용하는 용어의 정의는 이 유의서에서 따로 정하는 경우를 제외하고는「국가를 당사자로 하는 계약에 관한 법률 시행령」,「국가를 당사자로 하는 계약에 관한 법률 시행규칙」,「특정조달을 위한 국가를 당사자로 하는 계약에 관한 법률 시행령 특례규정」(이하 각각 "시행령", "시행규칙" 및 "특례규정"이라 한다) 및 계약예규「공사계약일반조건」(이하 "일반조건"이라 한다)에 정하는 바에 의한다.

제3조(입찰참가신청) ① 입찰에 참가하고자 하는 자는 입찰공고 또는 입찰참가통지서에 기재된 입찰참가신청마감일까지 다음 각호의 서류를 발주기관에 제출하여 입찰참가신청을 하여야 한다.

1. 입찰참가신청서(소정서식) 1통
2. 해당 공사에 해당하는 면허수첩 또는 자격등록증 서류 1통
3. 인감증명서 또는「본인서명사실 확인 등에 관한 법률」제2조제3호에 따른 본인서명사실확인서 1통. 다만,「전자조달의 이용 및 촉진에 관한 법률」제2조제4호에 따른 국가종합전자조달시스템(이하 “전자조달시스템”이라 한다)을 이용하여 등록하는 경우는 제외한다. <개정 2016.12.30., 2024.1.2.>
4. 기타 공고 또는 통지로 요구하는 서류

② 제1항제2호의 경우에는 원본을 제시하거나 사본에 "원본과 같음"을 명기하고 인감(인감증명서상의 인감 또는 입찰참가신청서상의 사용인감)으로 날인(본인서명사실확인서를 제출한 경우는 서명)하여 제출하여야 한다. <개정 2016.12.30.>

③ 시행령 제72조에 의하여 공동계약이 허용된 경우에는 공동수급체를 구성하여 입찰에 참가하고자 하는 자는 공동수급협정서를 제1항 각호의 서류와 함께 제출하여야 한다.

제3조의2(입찰참가자격의 판단기준일) ① 시행령 제12조 및 제21조에 따른 등록·시공능력·실적 등에 의한 입찰참가자격의 판단기준일은 시행규칙 제40조제4항에 의한

입찰참가신청서류의 접수마감일(이하 "입찰참가등록마감일"이라 한다)로 하며, 입찰참가자는 입찰서제출 마감일까지 해당 입찰참가자격을 계속 유지하여야 한다. <개정 2010.9.8, 2011.2.1>

1. <삭제 2010.9.8.>
2. <삭제 2010.9.8.>

② 제1항에도 불구하고 시행령 제21조제1항제6호 및 시행규칙 제24조에 따라 지역제한경쟁입찰에 부치는 경우 법인등기부상 본점소재지 기준일(본점소재지가 변경된 경우 법인등기부상 본점소재지 변경일을 말한다.)은 입찰공고일 전일(다만, 시행령 제72조제3항 제2호에 따른 사업의 경우에는 입찰공고일 전일 현재 해당업체의 전입일 다음 날부터 기산하여 90일 이상이 경과하고 있어야 한다)로 하며 계약체결일까지 계속 유지하여야 한다. <개정 2009.4.8., 2011.2.1., 2019.12.18.>

③ 입찰참가자가 영업정지처분을 받은 경우에는 「건설산업기본법」 등 관련법령에 의한 처리기준에 따라 입찰참가자격을 판단하고, 입찰참가자가 시행령 제76조에 의한 입찰참가자격제한을 받은 경우에는 입찰참가등록마감일 전일까지 입찰참가자격제한기간이 만료되어야 입찰참가가 가능하다. <개정 2010.9.8.>

1. <삭제 2010.9.8.>
2. <삭제 2010.9.8.>

④ 입찰전에 상호 또는 대표자의 변경(법인의 경우에는 법인 등기사항증명서를 기준으로 한다)이 있는 경우에는 변경신고를 한 후에 변경된 상호 또는 대표자 명의로 입찰에 참가하여야 한다. <개정 2015.9.21.>

제3조의3(특별재난 선포지역의 지역제한경쟁입찰시 입찰참가자격의 판단기준일 관련 특례) ①「재난 및 안전관리 기본법」 제60조에 따라 특별재난지역으로 선포된 지역의 재난복구를 위하여 발주하는 공사를 시행령 제21조제1항제6호 및 시행규칙 제24조에 의하여 지역제한 경쟁입찰에 부치는 경우에는 법인등기부상 본점소재지 기준일(본점소재지가 변경된 경우 법인등기부상 본점소재지 변경일을 말한다.)은 다음 각 호의 기준에 의하여야 한다. <개정 2019.12.18.>

1. 특별재난지역 선포의 원인이 된 재난의 발생일 전에 소재지를 이전한 업체의 경우에는 제3조의2제2항을 적용함
2. 특별재난지역 선포의 원인이 된 재난의 발생일 이후에 소재지를 이전한 업체의 경우에는 제3조의2제2항에 불구하고 입찰공고일 전일 현재 해당업체의 변경일 다음 날부터 기산하여 90일이상이 경과하고 있어야 하며 계약체결일까지 계속유지하여야 함

②「재난 및 안전관리 기본법」 제60조에 따라 특별재난지역으로 선포된 지역의 재난복구를 위하여 발주하는 공사를 시행령 제30조제4항 및 시행규칙 제33조제2항에

의하여 법인등기부상 본점소재지로 견적서의 제출을 제한하는 경우에도 제1항 각호를 준용한다. <개정 2019.12.18.>

③ 계약담당공무원은 제1항 및 제2항에 따라 특례를 적용하는 경우에는 이를 입찰공고 및 견적서제출 안내공고등에 명시하여야 한다.

제4조(입찰에 관한 서류) ① 계약담당공무원은 입찰공고 시 입찰에 참가하려는 자에게 다음 각 호의 서류(이하 "입찰관련서류"라 한다)를 열람하게 하고 교부하여야 한다. <개정 2010.9.8., 단서 삭제 2019.12.18. 개정 2023.6.30.>

1. 입찰공고문 또는 입찰참가통지서
2. 공사입찰유의서
3. 입찰참가신청서(소정서식)
4. 입찰서(소정서식)
5. 공사도급표준계약서(소정서식)
6. 공사계약일반조건
7. 공사계약특수조건
8. 설계서(설계도면, 공사시방서 및 현장설명서를 말한다. 이하같다), 물량내역서(시행령 제14조제1항 단서의 경우 교부하지 아니할 수 있다). <개정 2010.9.8.>
9. 시행령 제6장 및 제8장을 적용받는 공사의 경우 입찰안내서 <개정 2010.9.8.>
10. 시행령 제42조제5항·제6항에 따른 낙찰자 결정관련 심사기준(세부심사기준을 포함한다) <개정 2010.9.8., 2015.9.21.>
11. 국토교통부장관이 정하는 “공공 건설공사의 공사기간 산정기준” 등에 따라 산정한 공사기간의 산정근거(시행령 제6장 및 제8장의 계약은 제외한다) <신설 2020.9.24.>
12. 기타 참고사항을 기재한 서류 <신설 2010.9.8.>

② 발주기관은 제1항의 입찰에 관한 서류를 교부하는 경우에 입찰공고 등에서 정한 금액을 납부할 것을 요구할 수 있으며, 이 경우에는 입찰에 참가하고자 하는 자는 이에 따라야 한다.

③ 제1항의 설계서를 교부받은 자는 해당 입찰에 참가하거나 계약을 이행하는 용도 이외의 목적으로 설계서를 무단복제, 배포, 개작, 전송 등의 행위를 하여서는 아니된다. <개정 2016.12.30.>

제4조의2(국민건강보험료 및 국민연금보험료 사후정산 등에 관한 규정의 숙지 등) 계약담당공무원은 입찰공고 등에 계약예규「정부 입찰·계약 집행기준」제17장에 정한 국민건강보험료 및 국민연금보험료 사후정산 등에 관한 내용을 기재하여 입찰에 참가하고자 하는 자가 열람할 수 있도록 하여야 하며, 입찰에 참가하고자 하는 자는 동 내용을 숙지하여야 한다.

제4조의3(단가산출서 공개) 계약담당공무원은 예정가격 작성을 위한 단가(안전관리비를 포함한다)와 요율 및 항목의 세부 산출방법(또는 내용)이 기재된 서류(이하 이 항에서 "단가산출서 등"이라 한다)를 입찰서 제출마감일 7일 전까지 공개하여야한다. 다만 긴급 입찰 또는 공고기간이 10일 이내일 경우 등 부득이한 사유가 있는 경우에는 입찰서 제출마감일 5일 전까지 공개하여야 하며, 입찰서 제출기간이 7일을 초과하는 경우에는 입찰서 제출개시일 전일까지 공개하여야 한다. 다민, 다음 각 호의 공사는 단가산출서를 공개하지 아니 할 수 있다.<신설 2024.9.13., 개정 2025.10.30.>

1. 추정가격 4억원 이하 종합건설공사
2. 추정가격 2억원 이하 전문건설공사
3. 추정가격 1.6억원 이하 전기·정보통신·소방시설 등 기타 공사

제5조(관계법령의 숙지) ① 입찰에 참가하고자 하는 자는 시행령 등의 입찰에 관련된 법령 및 제4조제1항에 의한 입찰관련서류를 입찰전에 완전히 숙지하여야 하며 이를 숙지하지 못한 책임은 입찰참가자에게 있다. <개정 2010.9.8.>

② 입찰에 참가하고자 하는 자는 제1항에 의한 입찰관련서류의 검토과정에서 발견한 입찰에 관한 서류상의 착오, 누락사항 또는 기타 설명이 요구되는 사항에 대하여는 입찰서 제출마감일전일까지 발주기관에 그 설명을 요구할 수 있다. <개정 2010.9.8.>

제6조(현장설명) ① 현장설명에 참가하고자 하는 자는 소정의 국가기술자격을 취득하거나 「건설기술진흥법」 등 관련법령에 의하여 해당 기술자로 인정되고 있는 자이어야 하며 국가기술자격수첩 또는 건설기술자 경력수첩을 제시하여야 한다. 다만, 「건설산업기본법 시행령」 제8조, 「전기공사업법 시행령」 제5조 및 「정보통신공사업법 시행령」 제4조에 의한 경미한 공사의 경우에는 그러하지 아니하다. <개정 2015.9.21.>

② <삭제 2010.9.8.>

제7조(입찰보증금) ① 입찰에 참가하고자 하는 자는 입찰신청마감일(공휴일인 때에는 전일)까지 입찰금액의 100분의 5 이상의 입찰보증금을 시행령 제37조제2항에 규정된 현금 또는 보증서등으로 발주기관에 납부하여야 한다.

② 낙찰자가 정당한 이유없이 소정의 기한내에 계약을 체결하지 아니한 때(제21조제1항에 규정한 공사이행보증서 제출의무가 있는 경우에 동 보증서를 기한내에 제출하지 못하여 계약을 체결하지 못한 경우를 포함한다)에는 계약담당공무원은 해당 입찰보증금을 국고에 귀속한다. <개정 2018.12.31.>

③ 계약담당공무원(각 중앙관서의 장이 계약에 관한 사무를 그 소속공무원에게 위임하지 아니하고 직접 처리하는 경우에는 이를 계약담당공무원으로 본다. 이하 같다)은

낙찰되지 아니한 입찰자의 입찰보증금을 낙찰자가 결정된 후에 즉시 반환한다. 다만, 낙찰자의 입찰보증금은 계약체결 후에 즉시 반환한다.

④ 시행규칙 제43조제1항 단서에 의한 일괄보증의 경우에 입찰보증금 납부방법, 국고귀속 등 필요한 사항에 대하여는 계약예규「정부 입찰·계약 집행기준」제9장(일괄입찰보증제도의 운용)에 의한다. <개정 2018.12.31.>

⑤ 계약담당공무원은 다음 각호의 어느 하나에 해당하는 경우에는 입찰보증금 납부를 면제할 수 있다.

1. 시행령 제37조제3항제1호 내지 제4호 및 제6호에 정한 자가 입찰에 참가하는 경우
2. 「건설산업기본법」·「전기공사업법」·「정보통신공사업법」또는「소방시설공사업법」등에 의하여 국가 또는 지방자치단체(이하 "국가기관 등"이라 한다)로부터 등록 등을 받아 입찰신청마감일 현재 해당 공사관련법령에 의한 사업을 영위하고 있는 자가 입찰에 참가하는 경우 다만, 다음 각 목의 어느 하나에 해당하는 자는 제외한다. <단서 신설 2010.4.15., 개정 2018.12.31., 2019.12.18.>
  가. 입찰공고일 이전 1년 이내에 시행령 제76조제1항제2호가목의 사유로 입찰참가자격제한을 받은 자(입찰참가자격 제한 기간 중인 경우를 포함한다) <신설 2019.12.18.>
  나. 계약체결을 기피할 우려가 있어 각 중앙관서의 장 또는 계약담당공무원이 입찰공고에 명시한 요건에 해당하는 자 <신설 2019.12.18.>

⑥ 보증서 등에 의한 입찰보증금의 보증기간은 다음 각호를 충족하여야 한다.

1. 보증기간의 시작일 : 입찰서 제출마감일 이전일 것
2. 보증기간의 만료일 : 입찰서 제출마감일 다음날부터 30일 이후일 것. 다만, 시행령 제78조에 의한 공사입찰의 경우에는 입찰서 제출마감일 다음날부터 90일 이후일 것

제8조(입찰참가) ① 입찰참가신청을 한 자가 아니면 입찰에 참가할 수 없다.

② 입찰참가신청자가 입찰참가신청서 제출 시에 대리인을 지정한 경우에는 그 대리인도 입찰에 참가할 수 있다. 다만, 입찰참가신청서를 제출하는 때부터 입찰개시 시각전까지 입찰대리인을 지정하거나 입찰대리인을 변경하는 경우에는 그 대리인이 입찰에 참가할 수 있다.

③ 제2항에 의한 대리인의 자격은 입찰참가자가 법인인 경우에는 해당 법인의 임·직원에 한하며, 계약담당공무원은 재직증명서와 다음 각 호의 자료에 의해서 임·직원 여부를 확인하여야 한다. 다만 2개 이상 법인의 임직원인 자는 1개 법인의 대리인으로만 입찰에 참가할 수 있다. <개정 2009.9.21, 2010.1.4.>

1. 4대 보험 중 어느 하나의 가입 증명자료(최근 3개월 이내) <신설 2009.9.21.>

2. 소속 법인에서 받은 급여와 관련하여 해당 법인에서 발급받은 소득세 납부 증명자료 <신설 2009.9.21.>
3. 법인 등기사항증명서 <신설 2009.9.21, 개정 2015.9.21.>
4. 기타 임·직원 여부를 확인할 수 있는 자료 <신설 2009.9.21.>

④ 시행령 제76조에 의한 부정당업자로 입찰참가자격을 제한받고 있는 자는 제2항에 의한 대리인을 할 수 없다.

제9조(입찰서의 작성) ① 입찰자는 입찰서를 소정의 서식에 의하여 작성하여야 하며, 입찰자는 기명날인을 함에 있어 반드시 입찰자 성명(법인의 경우 대표자 성명)을 기재하고 입찰참가신청서 제출시 신고한 인감(서명을 포함한다. 이하 같다)으로 날인하여야 한다. <개정 2016.12.30.>

② 입찰자는 입찰서(추정가격이 100억원이상인 공사의 입찰에 있어서는 시행령 제14조 제6항에 따른 산출내역서를 포함한다)의 기재사항 중 삭제 또는 정정한 곳이 있을 때에는 입찰에 사용하는 인감으로 날인하여야 한다. <개정 2010.9.8, 2016.1.1.>

③ 입찰자는 입찰서를 입찰공고 또는 입찰참가통지서 등에 별도로 규정한 경우를 제외하고는 한글로 작성하여야 하고, 입찰금액은 원화로 표기하여야 한다.

④ 입찰자는 입찰서의 금액표시를 한글 또는 한자로 기재하여야 하며, 아라비아숫자를 함께 표기할 수 있다. 이 경우에 한글 또는 한자로 기재된 금액과 차이가 있을 때에는 한글 또는 한자로 기재한 금액에 의한다. 다만, 전산서식에 의한 입찰의 경우에는 지정된 표기방법으로 기재하여야 한다.

제10조(입찰서의 제출) ① 입찰자는 입찰서를 봉함하여 1인 1통만을 제출하여야 한다.

② 우편에 의한 입찰서는 입찰서 제출마감일전일까지 발주기관에 도착된 것에 한하여 효력이 있다. 이 경우에 우송중의 분실, 훼손 또는 지연에 대하여 발주기관은 책임을 지지 아니한다.

③ 계약담당공무원은 제2항에 의하여 우편으로 입찰서가 제출된 때에는 해당 입찰서의 봉투표면에 접수일시를 기재하고 확인인을 날인하여 개찰 시까지 개봉하지 아니하고 보관하여야 한다.

④ 입찰자는 제출한 입찰서를 교환·변경 또는 취소할 수 없다. 다만, 입찰서에 기재한 중요부분에 오기가 있음을 이유로 개찰현장에서 입찰자가 입찰의 취소의사를 표시한 것으로서 계약담당공무원이 이를 인정하는 경우에는 그러하지 아니하다.

제10조의2(경영상태 심사서류의 제출) ① 입찰에 참여하고자 하는 자는 「신용정보의 이용 및 보호에 관한 법률」 제4조제1항제1호 또는 「자본시장과 금융투자업에 관한 법률」 제9조제26항의 업무를 영위하는 신용정보업자로부터 평가받은 모든 공공기관 입찰용 신용평가등급을 해당 신용정보업자를 통해 평가완료 후 3일 이내에 조달청

나라장터에 전송하여야 한다. <개정 2015.9.21.>

② 조달청장은 분기별로 신용정보업자로부터 평가명세서를 제출받아 미전송 여부를 확인하여 해당 업체를 나라장터에 게재하고, 발주기관은 동 업체에 대해 「정부입찰계약집행기준」 제98조에 따라 처리하며, 향후 1년간 시행령 제13조에 따른 입찰참가자격사전심사 및 시행령 제42조제1항에 따른 적격심사시 감점할 수 있다.

[본조신설 2012.7.4.]

제10조의3(청렴계약서의 제출) 입찰자는 입찰서를 제출할 때 시행령 제4조의2 및 정부입찰·계약집행기준 제98조의3에 따른 청렴계약서를 같이 제출하여야 한다.

[본조신설 2016.1.1.]

제11조(산출내역서의 제출) ① 추정가격이 100억원이상인 공사의 입찰 시에는 입찰서에 산출내역서를 첨부하여야 한다.

② 제1항에 규정된 공사로서 제17조제1항에 의하여 재입찰에 부치는 공사 또는 추정가격이 100억원미만인 공사의 경우에 낙찰자는 착공신고서를 제출하는 때까지 산출내역서를 제출하여야 한다.

③ 제1항 및 제2항에 의하여 제출하는 산출내역서는 모든 면에 제9조제1항에 의한 인감으로 간인하거나, 모든 면의 하단에 약식서명 또는 천공하여야 한다. <개정 2019.12.18.>

제11조의2(일괄 및 대안입찰에서의 건설폐기물처리비) ① 시행령 제78조에 의한 입찰의 경우에 입찰에 참가하고자 하는 자는 발주기관이 「건설폐기물의 재활용 촉진에 관한 법률」 제15조에 따라 건설폐기물처리용역을 해당 건설공사와 분리발주 할 수 있도록 폐기물량을 적정하게 산출하여야 한다.

② 제1항에 따라 산출된 폐기물량이 분리발주의 대상이 되는 경우에 그 처리비용은 한국건설자원협회에서 산출한 최근연도 건설폐기물처리단가를 기준으로 산정하여 입찰금액에 계상하되, 계약 체결 시에는 해당 비용을 계약금액에서 공제한다.

③ 제1항에 따라 산출된 폐기물량 외에 추가로 발생하는 폐기물에 대해서는 계약상대자가 그 처리비용을 부담한다.

[본조신설 2010.11.30.]

제12조(장기계속공사의 입찰) 장기계속공사는 입찰 시 총공사를 대상으로 하여 입찰하여야 한다.

제13조(부대입찰) <삭제 2013.12.26.>

제14조(경쟁입찰의 성립) 경쟁입찰은 2인이상의 유효한 입찰로써 성립한다.

제15조(입찰의 무효) 시행규칙 제44조에서 무효로 규정한 입찰 및 다음 각 호의 어느

하나에 해당하는 입찰은 무효로 한다.

1. 입찰자(법인인 경우 대표자를 말한다. 이하 같다)가 직접 입찰을 하지 아니하고 대리인을 통하여 입찰을 할 경우에 제8조제2항에 의한 대리인이 아닌 자가 한 입찰 또는 대리권이 없는 자가 한 입찰
2. 동일사항에 대하여 타인의 대리를 겸하거나 2인 이상을 대리한 입찰
3. 입찰서의 입찰금액 등 중요한 부분이 불분명하거나, 정정한 후 정정날인을 누락한 입찰
4. 담합하거나 타인의 경쟁참가를 방해 또는 관계공무원의 공무집행을 방해한 자의 입찰
5. 입찰자의 기명날인이 없는 입찰(입찰자의 성명을 기재하지 아니하고 대리인 성명 또는 회사명을 기재한 경우 및 입찰참가신청서 제출시 신고한 인감과 다른 인감으로 날인된 경우도 포함한다)
6. 입찰서에 기재한 중요부분에 착오가 있음을 이유로 개찰현장에서 입찰자가 입찰의 취소의사를 표시한 것으로서 계약담당공무원이 이를 인정한 입찰
7. 시행령 제14조에 의한 내역입찰에 있어서 타인의 산출내역서와 복사 등의 방법으로 동일하게 작성한 산출내역서가 첨부된 입찰(동일한 내용의 산출내역서를 제출한 자 모두 해당) 또는 「정부입찰・계약집행기준」 제9장에서 무효입찰로 규정한 입찰 <개정 2023.6.30.>

7의2. 시행령 제14조에 의한 내역입찰에 있어서 정당한 권한이 없는 자의 명의로 기명날인된 산출내역서가 첨부된 입찰 <신설 2023.6.30.>

8. <삭제 2016.1.1.>
9. 「건설산업기본법령」에 의하여 종합공사를 시공하는 업종을 등록한 건설업자가 도급받아서는 아니되는 공사금액의 하한을 위반한 입찰

9의2. 「전기공사업법령」에 의하여 대기업인 전기공사업자가 도급받아서는 아니되는 공사금액의 하한을 위반한 입찰

9의3. 「정보통신공사업법령」에 의하여 대기업인 정보통신공사업자가 도급받아서는 아니되는 공사금액의 하한을 위반한 입찰 <신설 2023.6.30.>

10. 제9조제1항 및 제4항에 위반하여 소정의 입찰서를 사용하지 않거나 입찰서의 금액을 아라비아 숫자로만 기재한 입찰 또는 전산서식에 의한 입찰서를 훼손하거나 전산표기방법과 상이하게 작성·기재하여 전산처리가 되지 아니한 입찰
11. 공동계약의 공동수급체구성원이 동일 입찰건에 대하여 공동수급체를 중복적으로 결성하여 참여한 입찰, 입찰등록 시 공동수급표준협정서를 제출하지 아니한 입찰, 「공동계약운용요령」 제9조를 위반한 입찰 <개정 2008.11.1, 2014.1.10.>

제16조(입찰의 연기) ① 발주기관은 다음 각호의 경우에 입찰공고 또는 입찰참가통지서에

기재된 현장설명일시 및 입찰서 제출마감일시를 연기할 수 있다.

1. 제5조제2항에 의한 설명요구사항의 내용이 중대하여 연기가 불가피하다고 판단되는 경우
2. 기타 불가피한 사유로 인하여 지정된 일시에 현장설명 또는 입찰을 실시하지 못하는 경우

② 제1항에 의한 입찰연기의 경우에는 그 연기사유와 기간을 당초 방법과 동일한 방법으로 공고 또는 통지하여야 한다.

제17조(재입찰 및 재공고입찰) ① 계약담당공무원은 경쟁입찰에서 2인이상의 유효한 입찰자가 없거나 낙찰자가 없는 경우에는 재입찰에 부칠 수 있다. 이 경우에는 최초 입찰에의 참가유무 또는 입찰횟수의 제한을 받지 아니한다. <개정 2019.12.18.>

② 입찰자나 낙찰자가 없는 경우 또는 낙찰자가 계약을 체결하지 아니하는 경우에는 계약담당공무원은 재공고입찰에 부칠 수 있다.

③ 제1항 및 제2항에 의하여 재입찰 또는 재공고입찰시 기한을 제외하고는 최초의 입찰에 부칠 때 정한 가격 및 기타조건을 변경할 수 없다.

제18조(낙찰자의 결정) ① 제15조에 해당되는 사유가 없는 자로서 시행령 제42조등에 정한 낙찰자결정기준에 적합한 자를 낙찰자로 한다.

② 계약담당공무원은 개봉된 입찰서를 확인하고 유효한 입찰서의 입찰금액과 예정가격을 대조하여 지체없이 적격자를 낙찰자로 선정하여야 한다. 다만, 시행령 제42조제1항에 따라 계약이행능력을 심사하여 낙찰자를 결정하거나 시행령 제42조제4항에 따라 각 입찰자의 입찰가격과 공사수행능력, 사회적책임 등을 종합적으로 심사하여 낙찰자를 결정하는 등 낙찰자 결정에 장시간이 소요되는 경우에는 그러하지 아니할 수 있다. <개정 2016.1.1.>

③ 계약담당공무원은 제1항 및 제2항에 의하여 낙찰자를 결정하기 전에 해당 입찰자의 입찰서, 법인 등기사항증명서(본사, 대표자 및 상호등 변경여부 확인), 공동수급표준협정서 등 관계서류를 검토하여 해당 낙찰예정자의 입찰이 제15조에 따른 무효입찰에 해당하는지의 여부를 확인하여야 한다. 다만, 일괄입찰, 대안입찰 및 기술제안입찰의 경우에는 입찰자 전원에 대하여 무효입찰 여부를 확인하여야 한다. <개정 2015.9.21. 단서신설 2016.12.30.>

④ 계약담당공무원은 낙찰이 될 수 있는 동일가격으로 입찰한 자가 2인이상인 때에는 다음 각 호에 따라 낙찰자를 결정한다.

1. 시행령 제42조제1항에 따라 낙찰자를 결정하는 경우 : 이행능력 심사결과 최고점수인 자를 낙찰자로 결정하되, 이행능력 심사결과도 동일한 경우에는 추첨에 의하여 낙찰자를 결정
2. 시행령 제42조제4항에 따라 낙찰자를 결정하는 경우 : 종합심사점수가 최고점자인

자를 낙찰자로 결정하되, 최고점자가 2인이상인 경우에는 다음 순서에 의하여 낙찰자를 결정 <개정 2016.1.1.>

가. 공사수행능력점수와 사회적책임점수의 합산점수(사회적책임점수는 공사수행능력점수의 배점한도내에서 가산한다)가 높은 자

나. 입찰금액이 균형가격에 근접한 자. 다만, 균형가격이 예정가격의 100분의 88 이상인 경우 입찰금액이 낮은 자 <개정 2023.6.30.>

다. 공사수행능력점수가 높은 자 <신설 2023.6.30.>

라. 사회적책임점수가 높은 자 <신설 2023.6.30.>

마. 입찰공고일을 기준으로 최근 1년간 종합심사낙찰제로 낙찰받은 계약금액이 적은 자 <다목에서 이동 2023.6.30.>

바. 추첨 <라목에서 이동 2023.6.30.>

⑤ 제4항의 경우에 입찰자중 출석을 하지 아니한 자 또는 추첨을 하지 아니한 자가 있을 때에는 입찰사무에 관계없는 공무원으로 하여금 추첨을 대신하게 할 수 있다.

⑥ 계약담당공무원은 낙찰자로 결정된 자가 계약체결 이전에 입찰무효 등 부적격자로 판명되어 낙찰자 결정이 취소된 경우로서 동 부적격자를 제외하고 2인이상 유효한 입찰이 성립되어 있는 때에는 차순위자 순으로 필요한 심사 등을 실시하여 낙찰자를 결정한다.

제19조(계약의 체결) ① 낙찰자는 계약담당공무원으로부터 낙찰통지를 받은 후 10일이내에 소정서식의 계약서에 의하여 계약을 체결하여야 한다. 다만, 일반조건에 정한 불가항력의 사유로 인하여 계약을 체결할 수 없는 경우에는 불가항력의 사유가 존속하는 기간은 이를 산입하지 아니한다.

② 제1항에 의하여 발주기관과 계약을 체결하고자 하는 자는 관계법령에 의하여 필요한 관계서류를 계약담당공무원에게 제출하여야 한다.

③ 계약담당공무원은 낙찰자로 결정된 자가 정당한 이유없이 제1항에 의한 계약을 체결하지 아니한 때에는 낙찰을 취소할 수 있다.

④ 장기계속공사계약의 경우에 낙찰자는 총공사낙찰금액을 부기하고 해당연도 예산의 범위안에서 제1차공사에 대하여 계약을 체결하여야 한다. 이 경우에 제2차공사 이후의 계약은 총공사낙찰금액(시행령 제64조 내지 제66조에 의한 계약금액의 조정이 있는 경우에는 조정된 총공사금액을 말한다)에서 이미 계약된 금액을 공제한 금액의 범위안에서 계약을 체결할 것을 부관(附款)으로 약정하여야 한다.

⑤ 제4항에 의한 제1차공사 및 제2차공사 이후의 계약금액은 총공사의 계약단가에 의한다. 이 경우에 계약금액조정 등으로 인하여 산출내역서의 단가가 조정된 경우에는 조정된 계약단가에 의한다.

제20조(계약의 성립) 계약담당공무원과 낙찰자가 계약서에 기명·날인(외국인에 대하여

서명을 허용한 경우에는 서명을 포함한다)함으로써 계약은 확정된다.

제21조(계약의 이행보증) ① 낙찰자는 계약체결일까지 시행령 제50조 및 시행령 제52조가 정하는 바에 따라 계약이행보증을 하여야 한다.

② 제7조에 의한 입찰보증금은 계약보증금으로 대체할 수 있다. 다만, 입찰보증금과 계약보증금과의 금액에 차이가 있는 경우에 그 차액을 추가로 납부하여야 한다.

③ 시행령 제52조에 의한 보증이행업체는 다음 각호에 해당하는 자격을 갖추고 있어야 하며, 계약담당공무원은 보증이행업체의 적격여부를 심사하기 위하여 낙찰자에게 관련자료의 제출을 요구할 수 있다. <개정 2010.9.8.>

1. 「독점규제 및 공정거래에 관한 법률」에 의한 계열회사가 아닌 자
2. 시행령 제76조에 의한 입찰참가자격 제한을 받고 그 제한기간 중에 있지 아니한 자
3. 시행령 제36조에 의한 입찰공고등에서 정한 입찰참가자격과 동등이상의 자격을 갖춘자
4. 시행령 제13조에 의한 입찰의 경우에는 입찰참가자격 사전 심사기준에 따른 입찰참가에 필요한 종합평점이상이 되는 자

④ 계약담당공무원은 제1항에 의하여 보증이행업체의 적격여부심사 결과 부적격하다고 인정되는 때에는 낙찰자에게 보증이행업체의 변경을 요구할 수 있다. <개정 2010.9.8.>

⑤ 시행령 제52조제1항제3호에 의한 공사이행보증서의 제출 및 보증기관의 보증이행등에 대하여는 제1항 내지 제4항외에 계약예규「정부 입찰·계약 집행기준」제11장(공사의 이행보증제도 운용)에 정한 바에 의한다.

제22조(부정당업자의 입찰참가자격 제한) ① 입찰자 또는 낙찰자가「국가를 당사자로 하는 계약에 관한 법률」제27조 및 시행령 제76조 해당하는 경우에는 1월 이상 2년 이하의 범위 내에서 입찰참가자격 제한조치를 받게 된다. <개정 2018.12.31.>

② 낙찰자가 제21조제1항에 규정한 공사이행보증서 제출의무가 있는 경우 정당한 이유없이 기한내에 이를 제출하지 못하여 계약을 체결하지 못한 경우에도 제1항이 적용된다.

제23조(비밀유지의 의무) 입찰자는 발주기관으로부터 배부받은 입찰에 관한 사유 또는 각종 자료 및 입찰과정에서 얻은 정보를 해당 입찰외의 목적으로 사용하여서는 아니된다.

제24조(이의신청) 추정가격 30억원 이상인「건설산업기본법」에 따른 종합공사, 추정가격 3억원 이상인「건설산업기본법」에 따른 전문공사, 추정가격 3억원 이상인 그 밖의 공사의 입찰에 있어 다음 각호의 어느 하나의 사유로 인하여 불이익을

받았다고 인정되는 자는 「국가를 당사자로 하는 계약에 관한 법률」(이하 "법"이라 한다) 제28조제2항 및 제4항에서 정한 바에 따라 이의신청을 할 수 있다. <개정 2018.12.31., 2019.12.18>

1. 법 제28조제1항 각호의 어느 하나에 정한 사유
2. 특례규정 제26조에서 정한 사유

제25조(전자입찰 및 기타사항) 시행령 제39조제2항에 의한 전자입찰 및 기타 이 유의서에 규정되지 아니한 사항에 대하여는 발주기관이 별도로 정하는 바에 의한다.

제26조(재검토기한) 「훈령·예규 등의 발령 및 관리에 관한 규정」에 따라 이 예규에 대하여 2016년 1월 1일 기준으로 매3년이 되는 시점(매 3년째의 12월 31일까지를 말한다)마다 그 타당성을 검토하여 개선 등의 조치를 하여야 한다. <개정 2015.9.21.>

부 칙 (2008.11.1.)

제1조(시행일) 이 회계예규는 2008년 11월 1일부터 시행한다.

제2조(적용례) 이 예규 시행일 이후 입찰공고를 한 분부터 적용한다.

부 칙 (2009.4.8.)

제1조(시행일) 이 회계예규는 2009년 4월 8일부터 시행한다.

제2조(적용례) 이 예규 시행일 이후 입찰공고를 한 분부터 적용한다.

제3조(지역제한경쟁입찰시 입찰참가자격의 판단기준일 특례 적용례) 제3조의2의 개정규정은 이 예규 시행이후 입찰 등에 대하여 적용한다.

부 칙 (2009.9.21.)

제1조(시행일) 이 회계예규는 2009년 9월 21일부터 시행한다.

제2조(적용례) 이 예규 시행일 이후 입찰공고를 한 분부터 적용한다.

부 칙 (2010.1.4.)

이 회계예규는 2010년 1월 4일부터 시행한다.

부 칙 (2010.4.15.)

제1조(시행일) 이 회계예규는 2010년 4월 15일부터 시행한다.

제2조(적용례) 이 예규 시행일 이후 입찰공고를 한 분부터 적용한다.

부 칙 (2010.9.8.)

제1조(시행일) 이 회계예규는 2010년 10월 22일부터 시행한다. 다만, 제21조 제3항 및 제4항의 개정규정은 2011년 1월 1일부터 시행한다.

제2조(적용례) 이 회계예규 시행 후 입찰공고를 한 분부터 적용한다.

부 칙 (2010.11.30.)

제1조(시행일) 이 회계예규는 2010년 11월 30일부터 시행한다.

제2조(적용례) 이 예규 시행일 이후 입찰공고를 한 분부터 적용한다.

부 칙 (2011.2.1.)

제1조(시행일) 이 회계예규는「국가를 당사자로 하는 계약에 관한 법률 시행령」제72조 제3항제2호 관련 부칙의 유효기간이 2011년 12월 31일로 개정·시행된 날부터 시행한다.

제2조(유효기간) 제3조의2의 개정 규정은 2011년 12월 31일까지 효력을 가진다.

제3조(지역업체 소재기간에 관한 적용례) 제3조의2의 개정 규정은 이 예규 시행일 이후 해당 공사현장을 관할하는 특별시?광역시 및 도로 주된 영업소를 이전하거나 신설한 업체부터 적용한다.

부 칙 (2012.1.1.)

제1조(시행일) 이 회계예규는 「국가를 당사자로 하는 계약에 관한 법률 시행령」제72조 제3항제2호 관련 부칙의 유효기간이 2011년 12월 31일로 개정·시행된 날부터 시행한다.

제2조(유효기간) 제3조의2의 개정 규정은 2013년 12월 31일까지 효력을 가진다.

제3조(지역업체 소재기간에 관한 적용례) 제3조의2의 개정 규정은 이 예규 시행일 이후 해당 공사현장을 관할하는 특별시·광역시 및 도로 주된 영업소를 이전하거나 신설한 업체부터 적용한다.

부 칙 (2012.7.4.)

제1조(시행일) 이 계약예규는 2012년 7월 9일부터 시행한다.

제2조(적용례) 이 예규 시행일 이후 입찰공고를 한 분부터 적용한다.

부 칙 (2014.1.10.)

제1조(시행일) 이 계약예규는 2014년 1월 10일부터 시행한다.

제2조(적용례) 이 예규는 시행일 이후 입찰공고를 한 분부터 적용한다.

부 칙 (2015.9.21.)

제1조(시행일) 이 계약예규는 2015년 9월 21일부터 시행한다.

부 칙 (2016.1.1.)

제1조(시행일) 이 계약예규는 2016년 1월1일부터 시행한다.

제2조(최저가낙찰제의 폐지에 따른 경과규정) 이 계약예규 시행일 이전에 최초로 입찰공고를 한 분에 대하여는 제9조, 제15조, 제18조의 개정규정에도 불구하고 종전 규정을

적용한다.

부 칙 (2016.12.30.)

제1조(시행일) 이 계약예규는 2017년 1월1일부터 시행한다.

제2조(적용례) ①제3조의 개정규정은 이 계약예규 시행일 이후 최초로 입찰참가신청을 접수하는 분부터 적용한다.

② 제4조의 개정규정은 이 계약예규 시행일 이후 입찰공고(재공고 입찰을 포함한다)를 하는 분부터 적용한다.

③ 제18조의 개정규정은 이 계약예규 시행일 이후 최초로 실시설계적격자 또는 낙찰자를 결정하는 경우부터 적용한다.

부 칙 (2018.12.31.)

제1조(시행일) 이 계약예규는 2019년 1월 1일부터 시행한다.

제2조(일반적 적용례) 이 계약예규는 부칙 제1조에 따른 시행일 이후 입찰공고 하는 경우부터 적용한다.

제3조(이의신청에 관한 적용례) 제24조의 개정규정은 이 계약예규 시행 전에 이의신청 사유가 발생하여 이 계약예규 시행 당시 법 제28조제2항에 따른 이의신청 기간이 지나지 아니한 경우에도 적용한다.

부 칙 (2019.6.1.)

제1조(시행일) 이 계약예규는 2019년 7월9일부터 시행한다.

제2조(적용례) 이 예규 시행일 이후 입찰공고를 한 분부터 적용한다.

부 칙 (2019.12.18.)

제1조(시행일) 이 계약예규는 2020년 3월18일부터 시행한다. 다만, 제4조, 제7조, 제17조, 제24조의 개정규정은 2019년 12월 18일부터 시행한다.

제2조(적용례) 이 계약예규는 부칙 제1조에 따른 시행일 이후 입찰공고를 한 분부터 적용한다.

부 칙 (2020.9.24.)

제1조(시행일) 이 계약예규는 2020년 12월 24일부터 시행한다.

제2조(적용례) 이 계약예규는 시행일 이후 입찰공고하는 경우부터 적용한다.

부 칙 (2023.6.30.)

제1조(시행일) 이 계약예규는 2023년 6월 30일부터 시행한다.

제2조(적용례) 이 계약예규는 시행일 이후 입찰공고하는 경우부터 적용한다.

부 칙 (2024.9.13.)

제1조(시행일) 이 계약예규는 2024년 9월 13일부터 시행한다. 다만, 제4조의3의 개정규정은 2025년 1월 1일부터 시행한다.

제2조(적용례) 이 계약예규는 부칙 제1조에 따른 시행일 이후 입찰공고하는 경우부터 적용한다.

부　칙 (2024.12.27.)

제1조(시행일) 이 계약예규는 2025년 1월 2일부터 시행한다.

제2조(적용례) 이 계약예규는 부칙 제1조에 따른 시행일 이후 입찰공고를 하거나 수의계약을 체결하는 경우부터 적용한다.

부　칙 (2025.10.30.)

제1조(시행일) 이 예규는 10월 30일부터 시행한다.

제2조(유효기간) 이 계약예규는 부칙 제1조에 따른 시행일 이후 입찰공고 하는 경우부터 적용한다.

공정거래위원회 수의계약 운용지침

공정거래위원회 예규 제220호, 2015. 5. 1 제정

제1조(목적) 이 지침은 「국가를 당사자로 하는 계약에 관한 법률」 제7조제1항 단서 및 같은 법 시행령 제26조제1항제5호가목(소액수의계약)에 따른 수의계약 업무를 객관적이고 공정하게 처리하기 위한 지침을 제시함을 목적으로 한다.

제2조(수의계약의 요청) ① 각 부서는「국가를 당사자로 하는 계약에 관한 법률 시행령」(이하 "영"이라 한다) 제26조제1항제5호가목에 따른 수의계약(이하 "수의계약"이라 한다)을 체결하려는 때에는 별지 서식의 수의계약 요청 사유서를 작성하여 운영지원과에 제출하여야 한다. 다만, 「국가를 당사자로 하는 계약에 관한 법률 시행규칙」(이하 “규칙”이라 한다) 제33조 3항에 해당하는 경우에는 그러하지 아니한다.

②「국가를 당사자로 하는 계약에 관한 법률」(이하 "법"이라 한다) 제4조제3항에 따른 계약담당공무원(이하 "계약담당공무원"이라 한다)은 수의계약 요청 사유 등 해당 내용을 엄격히 검토하여야 한다.

제3조(수의계약의 공개) 계약담당공무원은 1천만원 이상인 수의계약을 체결하는 경우에는 이를 공정거래위원회 홈페이지에 분기별로 공개를 하여야 한다. 다만 소송 위탁, 연구용역 관련 수의 계약 공개는 사업수행부서와 협의를 하여야 한다.

제4조(안내공고의 방법 및 시기) ① 계약담당공무원은 영 제2조제1호에 따른 추정가격(이하 "추정가격"이라 한다)이 2천만원 이상인 수의계약의 경우에는 영 제36조 각 호의 사항 중 필요한 사항을 견적서 제출마감일 전 3일 전까지 영 제13조제4항에 따른 국가종합전자조달시스템(이하 "전자조달시스템"이라 한다)에 안내공고를 하여야 한다. 다만, 다음 각 호의 어느 하나에 해당하는 경우에는 그러하지 아니하다.

1. 규칙 제33조제1항제1호 및 제2호에 해당하는 경우

2. 제2항에 따른 재안내 공고를 실시한 결과 2인 이상으로부터 견적서를 받지 못한 경우
3. 그 밖에 계약의 목적이나 특성상 전자조달시스템을 이용하여 견적서를 제출받아 수의계약을 체결하는 경우 사실상 계약목적 달성이 어려운 경우

② 제1항에 따른 안내공고에도 불구하고 다음 각 호의 어느 하나에 해당하는 경우에는 재안내 공고를 하여야 한다.
1. 영 제12조제1항 각 호의 요건을 갖춘 견적서 제출자가 2인 미만인 경우
2. 영 제2조제2호에 따른 예정가격(이하 "예정가격"이라 한다) 이하로서 제4조 각 호의 구분에 따른 기준을 충족하는 견적서가 없는 경우
3. 견적서를 제출한 자가 2인 미만인 경우 등 계약상대자를 결정할 수 없는 경우. 다만, 재안내 공고를 실시하더라도 견적서 제출자가 1인밖에 없을 것으로 명백히 예상되는 경우는 제외한다.

제5조(계약상대자의 결정) 제3조에 따라 전자조달시스템을 이용하여 견적서를 제출받는 경우에는 다음 각 호의 구분에 따른 기준에 따라 계약상대자를 결정한다.
1. 공사: 영 제7조의2제1항에 따라 예정가격을 결정한 경우에는 「적격심사기준」(기획재정부 계약예규)에서 정한 추정가격이 10억원 미만인 공사의 낙찰하한율 이상으로 견적서를 제출한 자 중 최저가격으로 견적서를 제출한 자
2. 물품·용역: 예정가격의 88퍼센트(규칙 제23조의3 각 호에 따른 용역계약의 경우에는 90퍼센트) 이상으로 견적서를 제출한 자 중 최저가격으로 견적서를 제출한 자

제6조(그 밖의 사항) 수의계약의 체결과 관련하여 이 지침에서 규정한 사항 외에 필요한 사항은 법·영 또는 규칙 중 수의계약에 관한 규정과 「정부입찰·계약 집행기준」(기획재정부 계약예규) 제10조 및 제10조의2부터 제10조의4까지의 규정에 따른다.

부 칙 (제220호, 2015. 5. 1)

이 규정은 2015년 5월 1일부터 시행한다.

[별지 서식]

수 의 계 약 요 청 사 유 서

<table>
<tr><td>① 건 명</td><td></td><td>② 예 산</td><td colspan="2"></td></tr>
<tr><td rowspan="2">③ 요청부서</td><td rowspan="2"></td><td rowspan="2">④ 요청자</td><td>직급</td><td></td></tr>
<tr><td>성명</td><td></td></tr>
<tr><td>⑤ 수의계약 요청사유</td><td colspan="4">성질·목적 등에 비추어 경쟁에 따른 계약이 적합하지 않은 사유 작성</td></tr>
<tr><td>⑥ 그 밖의 참고사항
(산출내역 등)</td><td colspan="4">-참고-
1. 현재 거래 가격(유통물가)
2. 예정가격작성기준(기획재정부 예규)
- 학술연구용역 인건비 기준단가
3. 일상감사를 거친 경우 일상감사 의견서</td></tr>
<tr><td>⑦확인자</td><td colspan="4">o 소속:
o 직급:
o 성명: (서명/인)</td></tr>
</table>

국가계약분쟁조정위원회 운영규정

제정 기획재정부 훈령 제223호, 2015. 1.14

제1장 총 칙

제1조(목적) 이 규정은「국가를 당사자로 하는 계약에 관한 법률」(이하 "법" 이라 한다) 제29조,「국가를 당사자로 하는 계약에 관한 법률 시행령」(이하 "시행령" 이라 한다) 제111조 및「국가를 당사자로 하는 계약에 관한 법률 시행규칙」(이하 "시행규칙" 이라 한다) 제87조의 규정에 의하여 국가계약분쟁조정위원회(이하 "위원회" 라 한다)의 운영과 분쟁의 조정절차 등에 관하여 필요한 사항을 규정함을 목적으로 한다.

제2조(정의) 이 규정에서 사용하는 용어의 정의는 다음과 같다.

1. "청구인"이라 함은 위원회에 조정을 청구하고자 하는 자로서 분쟁이 발생한 해당 조달과 관련하여 다음 각목의 어느 하나에 해당하는 자를 말한다.
   가. 해당 입찰과 관련하여 입찰참가자격의 확인을 신청한 자
   나. 해당 입찰과 관련하여 특례규정 제10조의 규정에 의한 유자격자명부가 있는 경우 이에 등록된 자
   다. 해당 입찰을 행한 자
   라. 수의계약에 있어서는 해당 계약에 이해관계가 있는 자
   마. 기타 해당 조달과 관련하여 이해관계를 가진 것으로 위원회가 인정한 자
2. "피청구인"이라 함은 조정 청구된 분쟁과 관련된 해당 중앙관서의 장으로서 청구인의 상대방을 말한다.
3. "당사자"라 함은 제1호의 규정에 의한 청구인과 제2호의 규정에 의한 피청구인을 말한다.

제2장 위원회의 구성 및 운영

제3조(위원회의 구성) ① 위원회는 위원장 1명을 포함하여 15명의 위원으로 구성하되, 정부를 대표하는 정부위원 8명, 공익을 대표하는 민간위원 6명으로 구성한다.

② 위원장은 기획재정부 재정업무관리관으로 하며, 정부위원은 기획재정부 국고국장, 미래창조과학부 국제협력관, 국방부 계획예산관, 행정자치부 지방재정정책관, 산업통상자원부 무역정책관, 국토교통부 건설정책국장, 조달청 시설사업국장, 방위사업청 계획지원부장으로 한다.

제4조(위원회의 기능) 위원회는 다음 각 호의 사항을 심의·의결 내지 조정한다.

1. 국제입찰에 따른 정부조달계약의 범위와 관련된 사항
2. 입찰참가자격과 관련된 사항
3. 입찰공고 등과 관련된 사항
4. 낙찰자 결정과 관련된 사항
5. 계약금액 조정과 관련된 사항
6. 지체상금과 지체일수 산입범위와 관련한 사항
7. 위원회 운영규정의 제·개정에 관한 사항
8. 기타 위원장이 위원회에서 심의·의결할 필요가 있다고 판단하는 주요 분쟁조정 관련 사항 등

제5조(위원회의 회의) ① 위원회의 회의는 분쟁조정을 위한 재심청구가 있는 경우 매월 개최하는 것을 원칙으로 하되, 위원장이 필요하다고 인정하는 경우에는 별도로 소집할 수 있다.

② 위원회의 회의를 개최할 때에는 위원에게 회의 개최 7일 전까지 회의의 일시·장소, 심의사항 및 관련자료 등을 서면 또는 전자우편으로 통보하여야 한다. 다만, 부득이한 사유가 있는 때에는 회의개최 전일까지 통보할 수 있다.

③ 위원회의 회의는 공개하지 아니한다. 다만, 위원장이 필요하다고 인정하는 경우에는 공개할 수 있다.

④ 위원장은 「행정기관 소속 위원회의 설치·운영에 관한 법률」 제9조 및 같은 법 시행령 제5조에 따라 회의를 개최할 시간적 여유가 없거나 사안이 경미하다고 인정되는 경우 등에는 서면으로 의결할 수 있나.

⑤ 위원회의 간사는 기획재정부 계약제도과장이 되며, 위원회 및 소위원회의

회의진행과 관련한 실무를 담당한다.

제6조(위원회 의결방법과 절차) ① 위원회의 회의는 재적위원 과반수의 출석으로 개의하고, 출석의원 과반수의 찬성으로 의결한다. 다만, 가부동수인 경우에는 위원장이 결정하는 바에 따른다.

② 위원회의 의결은 거수를 통한 표결을 원칙으로 하되, 위원장의 제의 또는 출석위원 1/2이상의 요구가 있는 경우 무기명투표로 표결할 수 있다.

③ 제2항에도 불구하고 위원장은 안건에 대한 이의 유무를 물어서 이의가 없다고 인정한 때에는 가결되었음을 선포할 수 있다. 다만, 이의가 있을 때에는 제1항의 방법으로 표결하여야 한다.

④ 위원장이 사고 또는 부재로 직무를 수행할 수 없는 경우에는 「정부조직법」 제26조제1항에 규정된 순서에 따른 정부위원이 위원장의 직무를 대행한다.

⑤ 정부위원이 위원회에 출석하지 못할 때에는 하위직급의 공무원이 대리하여 출석할 수 있다.

⑥ 제5항에 따라 대리출석한 자는 위원회에서 발언하고 표결에 참여할 수 있다.

⑦ 민간위원이 위원회에 출석하지 못할 때에는 위원회 개최전까지 서면의결서를 제출할 수 있다.

⑧ 서면의결의 경우에도 제1항의 규정을 따른다.

제7조(소위원회의 구성 등) ① 위원회에 상정하는 안건심사, 쟁점정리 등의 업무를 효율적으로 수행하기 위하여 공사분야 소위원회와 물품·용역분야 소위원회를 둔다.

② 각 소위원회의 소위위원장과 소위위원은 위원장이 임명하되 10명 이내로 구성한다.

③ 소위원회 위원장이 소위원회를 개최할 때에는 회의 개최 3일전까지 회의 일시·장소 및 심의사항을 각 소위원회 위원에게 서면 또는 전자우편으로 통보하여야 한다. 다만, 부득이한 사유가 있는 때에는 회의 개최 전일까지 통보할 수 있다.

④ 위원회에 청구한 안건은 해당 소위원회에서 우선 심사하여 결정안을 작성하고, 이를 위원회에 상정하여야 한다.

⑤ 소위원회의 의결방법에 대하여는 제6조를 준용한다.

제8조(회의록) ① 위원장은 위원회 개최시마다 위원회 회의일시·장소, 참석자, 안건명, 참석자 발언요지, 의결결과 등이 기재된 회의록을 작성하여 보관하여야 한다.

② 위원장은 제1항에 따라 작성된 회의록을 차기 분쟁조정위원회 회의에 참석한 위원들에게 회람시켜야 한다.

제9조(자문단) 위원회는 영 제112조제3항에 따른 전문가로부터의 의견청취 및 자문 등을 위해 관계전문가로 구성된 자문단을 둘 수 있다.

제10조(성실의무) 위원은 회의안건을 심의함에 있어 그 업무를 성실히 수행하여야 한다.

제11조(비밀유지의무) ① 위원은 회의안건을 심의·결정함에 있어 알게 된 사항이나 비밀을 사적인 이익을 위하여 이용하거나 그 비밀을 누설하여서는 안되며, 비밀유지에 관한 서약서를 제출하여야 한다.

② 위원회는 조정과 관련하여 취득한 청구인 및 이해당사자의 지적재산권 및 영업상 비밀정보를 제3자에게 공개하지 아니한다. 다만, 청구인 및 이해당사자가 동의한 경우는 제외한다.

제3장 조정의 청구

제12조(조정 청구) ① 법 제28조에 따라 위원회에 재심청구를 하고자 하는 자는 다음 각 호의 사항을 기재한 분쟁조정 청구서를 작성하여 위원회에 제출하여야 한다.

1. 청구인의 성명(법인의 경우에는 법인명 및 대표자) 및 주소
2. 대리인을 선임한 경우에는 그 대리인의 성명 및 주소
3. 이의신청대상 발주기관명, 주소 및 소속된 중앙관서
4. 이의신청 내용, 중앙관서장의 조치결과, 조정 청구사유
5. 기타 증거자료 및 조정청구에 필요한 사항 등

제13조(조정청구의 수리) ① 위원장은 조정청구가 정당하게 이루어진 것으로 인정될 경우에는 그 청구서를 수리하고 청구서 접수후 7일 이내에 청구인과

피청구인인 중앙관서의 장에게 그 사실을 문서로 통지하여야 한다.

② 위원장은 조정청구서의 기재사항 및 첨부서류 등을 심사하고 보완이 필요하다고 판단되는 경우 10일 이내의 기간을 정하여 청구인에게 보완을 요청할 수 있다.

③ 제2항에 따른 보완 등을 위하여 소요된 기간은 법 제31조제1항의 처리기간에 산입하지 아니한다.

제14조(조정청구의 각하) ① 위원회는 다음 각 호에 해당하는 경우 조정청구를 각하할 수 있다.

1. 청구인적격 등 조정 청구의 형식적 요건을 갖추지 못한 경우
2. 제13조제2항에 따른 보완요청을 받은 날로부터 10일 이내에 청구서의 흠결을 보완하지 않는 경우
3. 조정의 실익이 없는 경우
4. 그 외 위원회에서 조정하는 것이 적합하지 아니하다고 인정되거나 부정한 목적으로 조정을 청구하였다고 인정되는 경우

② 위원회는 조정청구를 각하할 때는 그 이유를 명시하여 청구인에게 문서로 통보하여야 한다.

제4장 사건의 처리

제15조(사건번호의 부여) ① 위원장은 조정청구서를 접수한 경우 고유의 사건번호를 부여하여야 한다.

② 제1항의 사건번호는 당해 연도 접수순서에 따라 부여한다.

제16조(위원의 제척·기피·회피) ① 위원회의 위원은 다음 각 호의 어느 하나에 해당하는 경우 해당 사건에 대한 심사조정에서 제척된다.

1. 위원 또는 그 배우자나 배우자이었던 사람이 해당 사건의 당사자(법인·단체 등인 경우에는 그 임원을 포함한다.)이거나 당사자의 공동권리자 또는 공동의무자인 경우
2. 위원이 해당 사건의 당사자와 친족이거나 친족이었던 경우
3. 위원이나 위원이 속한 기관 또는 법인이 해당 사건에 관하여 증언, 진술, 자문, 연구, 용역 또는 감정을 한 경우
4. 위원이나 위원이 속한 중앙관서(조달청의 경우 위원이 속한 국을 말한다)

가 발주한 계약에 관련된 사건

5. 위원이 각 중앙관서의 소속 공무원으로서 해당 사건과 관련된 조사 또는 심사를 한 사건

② 당사자는 위원에게 공정한 심의를 기대하기 어려운 사정이 있는 경우에는 기피 신청을 할 수 있다. 이 경우 위원장은 이 기피 신청에 대하여 위원회의 의결을 거치지 아니하고 기피 여부를 결정한다.

③ 위원이 제1항 각 호의 제척 사유와 제2항의 기피 사유에 해당하는 경우에는 스스로 그 사건의 심의에서 회피하여야 한다.

④ 제2항 및 제3항에 따른 기피·회피 신청을 하고자 하는 때에는 별지 3호 서식에 따른 신청서를 작성하여 위원장에게 제출하여야 한다.

제17조(조정청구의 취하) ① 청구인은 별지 4호 서식에 따라 사건명, 당사자 및 취하사유가 표시된 조정청구 취하서를 제출함으로써 조정청구를 취하할 수 있다.

② 청구인이 조정청구 취하서를 제출한 경우 위원회는 조정절차 진행을 중지하고 해당 사건을 종결 처리한다.

③ 제2항에 따라 조정청구 사건을 종결 처리한 경우 위원장은 당사자에게 이 사실을 통보하여야 한다.

제18조(청구의 심사 및 조정 등) ① 위원회는 조정 청구받은 날부터 50일 이내에 심사 조정하여야 한다. 다만 부득이한 사정이 있는 경우 30일의 범위 내에서 그 기간을 연장 할 수 있다.

② 위원회는 청구인의 신청 또는 직권에 의하여 필요하다고 인정하면 조정이 완료될 때까지 해당 입찰 절차를 연기하거나 계약체결을 중지할 것을 명할 수 있다. 이 경우에는 피청구인의 의견을 고려해야 한다.

제19조(소위원회의 사전심사) ① 위원장은 필요하다고 판단하는 경우 소위원회에 조정신청 사건 안건의 사전심사를 요청할 수 있다.

② 제1항에 따라 사전심사 요청을 받은 경우 소위원회는 조정청구 사건에 대해 사건을 우선 심사하여 조정안을 작성하고 이를 위원회에 상정하여야 한다.

③ 제1항에 따른 조정안에는 다음 각 호의 사항을 기재하여야 한다.

1. 사건명 및 사건번호

2. 당사자의 성명 또는 명칭과 주소
3. 조정결정사항
4. 조정결정이유
5. 조정안 작성 일자

③ 소위원회는 조정안을 작성할 때 「국가를 당사자로 하는 계약에 관한 법률」 등 관계 법령과 청구인의 불이익 정도 및 기타 해당 조달과 관련한 제반사항을 고려하여야 한다.

④ 해당 조달의 특성상 소속 소위가 불명확한 경우에는 위원장이 결정한다.

제20조(의견청취의 절차) ① 위원회는 영 제112조제3항의 규정에 의하여 조정청구와 관련된 자의 의견을 청취하고자 할 경우에는 해당일로부터 5일전에 통지하여야 한다.

② 제1항의 통지를 받은 자가 출석할 수 없는 부득이한 사유가 있는 경우에는 미리 서면으로 의견을 제출할 수 있다.

③ 제1항의 통지를 받은 자가 정당한 사유없이 위원회에 출석하지 아니하고 서면으로도 의견을 제출하지 아니한 경우에는 의견진술 기회를 포기한 것으로 본다.

제21조(소 제기 등의 통보) ① 조정청구 후에 해당 사건에 대하여 소를 제기한 경우 당사자는 지체 없이 다음 각 호의 사항을 위원회에 통보하여야 한다.

1. 당사자의 성명 또는 명칭 및 주소
2. 사건 번호
3. 소 제기 일자
4. 해당 사건의 관할 법원

② 위원회는 조정청구 후 일방 당사자가 소를 제기하였을 때에는 조정 절차를 중지하고 사건을 종결처리 한다.

③ 제2항에 따라 조정청구 사건을 종결처리한 경우 위원장은 그 사실을 당사자에게 통보하여야 한다.

제22조(합의권고) ① 위원장은 다음 각 호의 어느 하나에 해당하는 조정청구 사건에 대하여는 당사자에게 사전 합의할 것을 권고할 수 있다.

1. 이미 확립된 법원의 판례 또는 위원회 조정례가 적용되는 것이 명백한 사건

2. 귀책사유 및 손해(손실) 범위가 명백한 사건
3. 그 밖에 위원회 또는 소위원회가 합의로 절차를 종결하는 것이 필요하다고 판단하는 사건

② 위원장은 당사자가 제1항에 따른 합의권고를 수락하면 조정 절차를 종료하고, 그 사실을 위원회에 보고하여야 한다.

③ 당사자가 합의권고를 수락하였을 때에는 위원장은 합의서를 3부 작성하여야 하며, 위원장 및 당사자는 이에 서명날인 하여야 한다.

④ 서명날인한 합의서는 당사자에게 각각 1부씩을 교부하고, 나머지 1부는 위원회가 보관한다.

제23조(조정의 성립 등) 조정안을 제시받은 당사자가 제시 받은 날부터 15일 이내에 위원회에 문서로서 이의를 제기하지 아니한 경우에는 재판상 화해와 같은 효력을 갖는다.

제24조(처리결과의 통보) ① 제23조에 따라 당사자가 조정안에 대하여 이의를 제기하는 경우 위원장은 그 사실을 상대 당사자에게 문서로 통보하여야 한다.

② 위원장은 조정이 성립되지 아니한 때에는 당사자에게 조정이 성립되지 아니한 사실 및 사유를 명시하여 통지한다.

제25조(비공개 및 참석의 제한) ① 조정절차 및 내용은 원칙적으로 이를 공개하지 않는다. 다만, 위원회에서 공개하기로 결정하고 당사자가 이에 동의한 경우 공개할 수 있다.

② 위원회 및 소위원회는 조정절차에 참석하는 자를 당사자 당 3명 이내로 제한할 수 있다.

③ 위원장 및 소위원회 위원장은 회의의 효율적인 진행을 방해하는 자 또는 그러한 우려가 있는 자를 퇴장하도록 할 수 있다.

제5장 보 칙

제26조(심사·조정 관련 비용의 부담 등) ① 청구인은 심사·조정과 관련된 비용을 부담하며, 그 부담 범위는 다음 각 호와 같다.

1. 감정·진단과 시험에 드는 비용

2. 증인과 증거 채택에 드는 비용
3. 검사와 조사에 드는 비용
4. 녹음 · 속기록과 통역 등 그 밖의 심사 · 조정에 드는 비용

② 위원회는 필요하다고 인정하는 경우에는 청구인으로 하여금 제1항에 따른 심사 · 조정 관련 비용을 미리 내게 할 수 있다.

③ 위원회는 제2항에 따라 심사 · 조정 관련 비용을 미리 받은 경우에는 심사 · 조정안이 당사자에게 제시된 날부터 30일 아내에 미리 받은 금액과 비용에 대한 정산서를 청구인에게 통지하여야 한다. 다만, 청구인과 해당 중앙관서의 장 간에 약정이 있는 경우에는 그 약정에 따라 정산서를 통지한다.

제27조(조정비용 미납에 따른 조정보류 등) ① 위원회는 청구인이 제26조제2항의 규정에 의한 조정비용을 기한 내에 납부하지 아니한 경우에 위원회는 해당 분쟁에 대한 조정을 보류할 수 있다.

② 위원회는 제26조제2항의 규정에 의해 미리 납부된 금액이 조정비용에 미달된다고 인정될 때에는 추가로 비용을 납부하게 할 수 있다.

제28조(세부사항 등) 이 규정에서 정하지 않은 사항 및 이 규정의 시행을 위하여 필요한 사항은 위원회의 의결을 거쳐 위원장이 정한다.

제29조(유효기한) 이 규정은 「훈령·예규 등의 발령 및 관리에 관한 규정」(대통령훈령 제248호)에 따라 이 규정 발령 후의 법령이나 현실여건의 변화 등을 검토하여 이 규정의 폐지, 개정 등의 조치를 하여야 하는 기한은 2017년 12월 18일까지 효력을 가진다.

부 칙

제1조(시행일) ① 이 규정은 공포일로부터 시행한다.

② 이 규정 시행과 동시에 기획재정부계약예규 제123호 「국제계약분쟁조정위원회에대한조정청구절차」는 폐지한다.

【별지 제1호 서식】

비밀유지에 관한 서약서

본인은 기획재정부「국가계약분쟁조정위원회」위원으로서 심의안건을 심의함에 있어 관련 규정과 양심에 따라 공정하게 심의하고,

본 심의와 관련하여 알게 된 사항이나 정보에 대하여는 타인에게 제공하거나 누설하지 않을 것을 서약합니다.

년 월 일

서약자 성명 : (서명)

주민등록번호 :

기획재정부장관 귀하

【별지 제2호서식】

조정 청구서

<table>
<tr><td colspan="3">사건번호</td><td>국 분</td><td>처리기간</td><td>50일</td></tr>
<tr><td colspan="3">사 건 명</td><td colspan="3"></td></tr>
<tr><td rowspan="5">청구인</td><td colspan="2">성 명
(대표자명)</td><td></td><td>주민(사업자)
등록번호</td><td></td></tr>
<tr><td colspan="2">상 호
(법인명)</td><td></td><td>전화번호</td><td></td></tr>
<tr><td colspan="2">주 소
(소재지)</td><td colspan="3"></td></tr>
<tr><td rowspan="2">대리인</td><td>성명</td><td></td><td>전화번호</td><td></td></tr>
<tr><td>주소</td><td colspan="3"></td></tr>
<tr><td rowspan="3">피청구인</td><td colspan="2">성 명
(대표자명)</td><td></td><td>발주기관명</td><td></td></tr>
<tr><td colspan="2">주 소</td><td colspan="3"></td></tr>
<tr><td colspan="2">담당자명
(전화번호)</td><td>○ ○ ○
(☎ :)</td><td>소관
중앙관서명</td><td></td></tr>
<tr><td colspan="3">①조정청구 취지</td><td colspan="3" rowspan="4">※ ①~④은 별지에 작성</td></tr>
<tr><td colspan="3">②조정청구 이유</td></tr>
<tr><td colspan="3">③분쟁사실 및
교섭경과 개요</td></tr>
<tr><td colspan="3">④기타 참고사항
(분쟁해결을 위한
요청사항 등)</td></tr>
<tr><td colspan="6">「국가를 당사자로 하는 계약에 관한 법률」 제28조제4항의 규정에 의하여 위와 같이 조정 청구합니다.

년 월 일

청구인(대리인) 0 0 0 (서명 또는 인)

국가계약분쟁조정위원회 위원장 귀하</td></tr>
<tr><td colspan="3">첨부서류</td><td colspan="3">법인등기부등본, 대리권 증명서류, 이의신청 자료, 해당 중앙관서장의 조치결과 자료, 청구인 주장이 사실임을 증명하는 자료, 그 밖에 심사에 필요한 증빙자료
※ 청구서 및 첨부서류는 각 3부씩 제출</td></tr>
</table>

【별지 제3호서식】

위원 □ 기피 □ 회피 신청서

<table>
<tr><td colspan="3">사건번호</td><td colspan="3"></td></tr>
<tr><td colspan="3">사 건 명</td><td colspan="3"></td></tr>
<tr><td rowspan="5">신
청
인</td><td colspan="2">성 명
(대표자명)</td><td></td><td>주민(사업자)
등록번호</td><td></td></tr>
<tr><td colspan="2">상 호
(법인명)</td><td></td><td>전화번호</td><td></td></tr>
<tr><td colspan="2">주 소
(소재지)</td><td colspan="3"></td></tr>
<tr><td rowspan="2">대
리
인</td><td>성명</td><td></td><td>전화번호</td><td></td></tr>
<tr><td>주소</td><td colspan="3"></td></tr>
<tr><td colspan="3">대상위원</td><td colspan="3"></td></tr>
<tr><td colspan="3">① 신청취지</td><td colspan="3" rowspan="3">※ ①~③은 별지에 작성 가능함</td></tr>
<tr><td colspan="3">② 신청원인</td></tr>
<tr><td colspan="3">③ 소명방법</td></tr>
<tr><td colspan="6">「국가계약분쟁조정위원회 운영규정」 제16조제4항의 규정에 의하여 □ 기피 □ 회피를 신청합니다.

년 월 일

신청인(대리인) 0 0 0 (서명 또는 인)

국가계약분쟁조정위원회 위원장 귀하</td></tr>
<tr><td colspan="6">※ 첨부서류 : 대리인의 경우 그 대리권을 증명하는 서류 1부(기 제출시에는 해당없음)</td></tr>
</table>

【별지 제4호서식】

조정청구 취하서

<table>
<tr><td colspan="3">사건번호</td><td colspan="3"></td></tr>
<tr><td colspan="3">사 건 명</td><td colspan="3"></td></tr>
<tr><td rowspan="5">청
구
인</td><td colspan="2">성 명
(대표자명)</td><td></td><td>주민(사업자)
등록번호</td><td></td></tr>
<tr><td colspan="2">상 호
(법인명)</td><td></td><td>전화번호</td><td></td></tr>
<tr><td colspan="2">주 소
(소재지)</td><td colspan="3"></td></tr>
<tr><td rowspan="2">대
리
인</td><td>성명</td><td></td><td>전화번호</td><td></td></tr>
<tr><td>주소</td><td colspan="3"></td></tr>
<tr><td rowspan="4">피
청
구
인</td><td colspan="2">발주기관명</td><td></td><td>대표자</td><td></td></tr>
<tr><td colspan="2">주 소</td><td colspan="3"></td></tr>
<tr><td rowspan="2">대
리
인</td><td>성명</td><td></td><td>전화번호</td><td></td></tr>
<tr><td>주소</td><td colspan="3"></td></tr>
<tr><td colspan="3">취하이유</td><td colspan="3"></td></tr>
<tr><td colspan="6">「국가계약분쟁조정위원회 운영규정」 제17조제1항의 규정에 의하여 위와 같이 제출합니다.

년 월 일

청구인(대리인) 0 0 0 (서명 또는 인)

국가계약분쟁조정위원회위원장 귀하</td></tr>
</table>

【별지 제5호서식】

조 정 안

<table>
<tr><td colspan="2">사건번호</td><td colspan="4"></td></tr>
<tr><td colspan="2">사 건 명</td><td colspan="4"></td></tr>
<tr><td rowspan="4">청구인</td><td>성 명
(대표자명)</td><td colspan="2"></td><td>주민(사업자)
등록번호</td><td></td></tr>
<tr><td>상 호
(법인명)</td><td colspan="2"></td><td>전화번호</td><td></td></tr>
<tr><td>주 소</td><td colspan="4"></td></tr>
<tr><td>대리인
성 명</td><td></td><td>주 소</td><td colspan="2"></td></tr>
<tr><td rowspan="3">피청구인</td><td>성 명</td><td colspan="2"></td><td>전화번호</td><td></td></tr>
<tr><td>주 소</td><td colspan="4"></td></tr>
<tr><td>대리인
성 명</td><td></td><td>주 소</td><td colspan="2"></td></tr>
<tr><td colspan="6">본건 별지와 같이 조정한다.

년 월 일

국가계약분쟁조정위원회 위원장</td></tr>
</table>

< ○○○○○○○○○(사건명) >

1 조정안

○

○

○

○

2 조정이유

○

○

○

○

【별지 제6호서식】

의 견 서

<table>
<tr><td colspan="3">사건번호</td><td colspan="3"></td></tr>
<tr><td colspan="3">사 건 명</td><td colspan="3"></td></tr>
<tr><td rowspan="5">피
청
구
인</td><td colspan="2">발주기관명</td><td></td><td>대표자</td><td></td></tr>
<tr><td colspan="2">주 소</td><td colspan="3"></td></tr>
<tr><td colspan="2">담당자명
(전화번호)</td><td>○ ○ ○
(☎ :)</td><td>소관
중앙관서명</td><td></td></tr>
<tr><td rowspan="2">대
리
인</td><td>성명</td><td></td><td>전화번호</td><td></td></tr>
<tr><td>주소</td><td colspan="3"></td></tr>
<tr><td colspan="3">의견내용</td><td colspan="3">※ 청구인의 청구취지와 이유에 대한 의견, 분쟁해결을 위한 피청구인의 요청사항 등을 기재할 수 있으며, 답변내용을 별지에 작성할 수 있음.</td></tr>
<tr><td colspan="6">「국가를 당사자로 하는 계약에 관한 법률 시행령」 제112조제1항의 규정에 의하여 위와 같이 의견서를 제출합니다.

년 월 일

제출인(대리인) 0 0 0 (서명 또는 인)

국가계약분쟁조정위원회 위원장 귀하</td></tr>
<tr><td colspan="6">※ 구비서류
1. 대리인의 경우 그 대리권을 증명하는 서류 1부(기제출시 해당없음)</td></tr>
</table>

국가를 당사자로 하는 계약에 관한 법률 등의 기획재정부 장관이 정하는 고시하는 금액

제정 기획재정부 고시 제2024-42호, 2024.12.24
기획재정부(계약제도과), 044-215-5215

1. 국가를 당사자로 하는 계약에 관한 법률 제4조제1항의 규정에 의한 기획재정부장관이 정하여 고시하는 금액

가. 세계무역기구의 정부조달협정상 개방대상금액(국가를 당사자로 하는 계약에 관한 법률 시행령 제2조제3호의 고시금액을 말한다.)

- ㅇ 물품 및 용역 : 2억 3천만 원
- ㅇ 공사 : 88억 원

나. 대한민국 정부와 칠레공화국 정부 간의 자유무역협정상 개방대상금액

- ㅇ 물품 및 용역 : 8천만 원
- ㅇ 공사 : 88억 3천만 원

다. 대한민국 정부와 싱가포르공화국 정부 간의 유무역협정상 개방대상금액

- ㅇ 물품 및 용역 : 1억 8천만 원
- ㅇ 공사 : 88억 원

라. 대한민국과 페루공화국 간의 자유무역협정상 개방대상금액

- ㅇ 물품 및 용역 : 1억 6천 7백만 원
- ㅇ 공사 : 88억 3천만 원

마. 대한민국과 미합중국 간의 자유무역협정상 개방대상금액

- ㅇ 물품 및 용역 : 1억 원
- ㅇ 공사 : 88억 원

바. 대한민국 정부와 호주 정부 간의 자유무역협정상 개방대상금액

- ㅇ 물품 및 용역 : 2억 3천만 원
- ㅇ 공사 : 88억 4천만 원

사. 대한민국과 캐나다 간의 자유무역협정상 개방대상금액
- ㅇ 물품 및 용역 : 1억 원
- ㅇ 공사 : 88억 원

아. 대한민국과 뉴질랜드 간의 자유무역협정상 개방대상금액
- ㅇ 물품 및 용역 : 2억 3천만 원
- ㅇ 공사 : 88억 원

자. 대한민국과 콜롬비아 공화국 간의 자유무역협정상 개방대상금액
- ㅇ 물품 및 용역 : 1억 2천 3백만 원
- ㅇ 공사 : 88억 3천만 원

차. 대한민국과 중미공화국들 간의 자유무역협정상 개방대상금액
- ㅇ 물품 및 용역 : 2억 3천만 원
- ㅇ 공사 : 88억 원

2. 공기업·준정부기관 계약사무규칙 제4조제1항의 규정에 의한 기획재정부장관이 정하여 고시하는 금액

가. 세계무역기구의 정부조달협정상 개방대상금액
- ㅇ 물품 및 용역: 7억 1천만 원
- ㅇ 공사: 265억 원

나. 대한민국 정부와 칠레공화국 정부 간의 자유무역협정상 개방대상금액
- ㅇ 물품: 7억 9천만 원
- ㅇ 공사: 265억 1천만 원

다. 대한민국 정부와 싱가포르공화국 정부 간의 자유무역협정상 개방대상금액
- ㅇ 물품: 7억 1천만 원
- ㅇ 공사: 265억 원

라. 대한민국 정부와 페루공화국 간의 자유무역협정상 개방대상금액
- ㅇ 물품 및 용역: 7억 7천만 원
- ㅇ 공사: 265억 1천만 원

마. 대한민국 정부와 호주 정부 간의 자유무역협정상 개방대상금액
- ㅇ 물품: 7억 9천 5백만 원
- ㅇ 공사: 265억 2천만 원

바. 대한민국과 콜롬비아 공화국 간의 자유무역협정상 개방대상금액
- ㅇ 물품 및 용역: 7억 7천만 원
- ㅇ 공사: 265억 1천만 원

사. 대한민국과 중미공화국들 간의 자유무역협정상 개방대상금액
- ㅇ 물품 및 용역: 7억 1천만 원
- ㅇ 공사: 265억 원

3. 특정물품등의 조달에 관한 국가를 당사자로 하는 계약에 관한 법률 시행령 특례규정 제2조제4호의 규정에 의한 기획재정부장관이 정하는 금액

가. 통신서비스 및 통신장비 부문 시장접근에 관한 양해록상 개방대상금액

- ㅇ 통신망장비 및 기타 통신기자재: 2억 3천만 원

부 칙 (2024.12.24)

① 이 고시는 2025년 1월 1일부터 시행한다.

② 이 고시 시행과 동시에 기획재정부고시 제2022-32호 “국가를 당사자로 하는 계약에 관한 법률 등의 기획재정부 장관이 정하는 고시금액” 은 폐지한다.

국가종합전자조달시스템 종합쇼핑몰 운영규정

조달청 고시 제2024-31호, 2024. 12. 26 일부개정

제1장 총 칙

제1조(목적) 이 규정은 조달청이 「국가를 당사자로 하는 계약에 관한 법률」 제22조, 「조달사업에 관한 법률 시행령」 제12조, 제13조 및 제14조에 따른 단가계약 등을 체결한 수요물자들을 수요기관에 공급하기 위해 "국가종합전자조달시스템 종합쇼핑몰"(이하 "종합쇼핑몰"이라 한다)에 등록 및 관리하는데 필요한 사항을 정하는 것을 목적으로 한다.

제2조(정의) ① 이 규정에서 사용하는 용어의 정의는 다음과 같다

1. "종합쇼핑몰"이란 「국가를 당사자로 하는 계약에 관한 법률」 (이하 "국가계약법"이라 한다) 제22조 또는 「조달사업법 시행령」 제12조, 제13조 및 제14조에 따라 조달청이 단가계약을 체결한 계약상대자의 수요물자를 수요기관이 전자적으로 구매할 수 있도록 「전자조달의 이용 및 촉진에 관한 법률」 제12조에 따른 국가종합전자조달시스템(이하 "나라장터"라 한다)에 개설한 온라인 쇼핑몰을 말한다.
2. "수요기관"이란 「조달사업에 관한 법률」 제2조제5호에서 규정하는 수요기관으로서 조달업무를 수행하기 위하여 나라장터에 등록한 기관을 말한다.
3. "계약상대자"란 「국가종합전자조달시스템 입찰참가자격등록규정」 및 「국가종합전자조달시스템 이용약관」 의 규정에 따라 나라장터에 이용자 등록을 한 자로서 조달청과 단가계약을 체결하고 종합쇼핑몰에 조달청과 계약체결 된 물품 및 용역을 등록한 자를 말한다.
4. "수요물자"란 「조달사업에 관한 법률」 제2조제2호에서 정하고 있는 범위의 물자로서 조달청장이 국내 및 국외에서 구매・공급하는 물품 및 용역(임차 및 대여를 포함한다)을 말한다.
5. "계약담당공무원"이란 「국가를 당사자로 하는 계약에 관한 법률 시행규칙」 제2조에서 규정하는 공무원으로서, 조달청장으로부터 구매계약업무의 위임을 받은 부서의 장 또는 부서의 장으로부터 계약사무의 일부를 위임받은 자를 말한다.
6. "상품정보"란 '상품일반정보(계약상대자가 계약상품에 대해 목록정보시스템에

등록한 정보)', '상품상세정보', '인증정보', '유의어정보', '원산지정보' 등 수요기관의 구매의사결정에 필요한 정보를 말한다.

7. "종합쇼핑몰 상품등록"이란 계약담당공무원이 계약상대자와 단가계약한 수요물자를 전자적으로 거래가 가능하도록 종합쇼핑몰에 등록하는 것을 말한다.
8. "품명"이란 「물품목록정보의 관리 및 이용에 관한 법률 시행령」 제9조에 따른 8자리의 물품목록번호에 해당하는 분류명이며, "세부품명"이란 「물품목록정보의 관리 및 이용에 관한 규정」 제12조에 따른 10자리 세부품명번호에 해당하는 분류명을 말한다.
9. "원산지"란 「자유무역협정의 이행을 위한 관세법의 특례에 관한 법률」 제2조제4호에 규정된 국가를 말한다.
10. "주요부품"이란 해당 상품의 제조원가에서 차지하는 구성비율이 높은 상위 2개의 부품을 말한다.
11. "핵심부품"이란 해당 상품의 기술적인 성능을 결정하는 부품 또는 중기부 고시 「중소기업자간 경쟁제품 직접생산확인기준」 제17조의2에 따른 부품으로 계약담당공무원이 지정 공고한 것을 말한다.
12. "디지털서비스몰"이란 클라우드 등 디지털서비스의 거래 활성화를 위하여 조달청이 나라장터에 종합쇼핑몰과 별개로 구축·운영하는 온라인쇼핑몰을 말한다.
13. '상품추천서비스'란 종합쇼핑몰의 구매이력, 사용자 행동정보(검색, 상품클릭, 장바구니 등) 등을 기반으로 상품정보를 제공하는 기능을 말한다.
14. "맞춤형 추천상품"이란, 수요기관의 최근 구매이력 및 행동정보를 기반으로 추천되는 상품을 의미한다.
15. "검색기반 추천상품"이란, 수요기관의 검색현황 등을 활용하여 추천된 상품을 의미한다.
16. "연관상품"이란, 동일카테고리(대분류 및 중분류) 내 다른 세부품명 중 제14조제3항의 인기상품 선정기준에 따라 추천된 상품을 의미한다.
17. "인기상품"이란, 납품요구건수, 상품클릭수, 상품정보 등록 등의 요소를 고려하여 추천된 상품을 의미한다.
18. "신상품"이란, 최근 30일 이내 종합쇼핑몰에 등록된 상품 중 계약상대자가 제14조의3에 따라 대표계약품목으로 선정한 제품을 의미한다.

② 제1항 각 호에 규정된 용어 이외에는 「국가를 당사자로 하는 계약에 관한 법률」, 「전자문서 및 전자거래기본법」, 「전자서명법」 등 관련법령에서 정하는 바에 따른다.

제3조(적용 범위) 수요물자의 종합쇼핑몰 등록 및 관리에 관한 사항은 다른 법령 등에서 별도로 정하고 있는 것을 제외하고는 이 규정이 정하는 바에 따른다.

제4조(서비스 범위) ① 종합쇼핑몰의 주요 서비스 범위는 다음 각 호와 같다.

1. 조달청과 단가계약이 체결된 수요물자에 대한 종합쇼핑몰 등록과 계약상대자의 요청에 따른 등록내용 변경, 상품판매 중지 등
2. 수요기관의 수요물자 납품요구, 납품요구 변경, 교환 및 사후관리 신청, 검사·검수, 대금지급 등에 따른 전자적 조달업무의 지원
3. 수요기관의 수요물자 구매 시 필요한 계약상품의 계약정보, 상품정보, 계약상대자 정보 등 제공
4. 종합쇼핑몰 운영에 필요한 관련사항의 공지 및 다수공급자계약 대상 수요물자에 대한 구매공고의 제공 등
5. 다수공급자계약 희망물품 신청
6. 계약상품 홍보를 위한 할인행사, 기획전 등 지원

제2장 종합쇼핑몰 상품등록 및 판매중지

제5조(상품등록) ① 계약담당공무원은 계약조건에 의해 해제·해지 또는 제7조에 따라 상품등록이 제한되는 경우 외에는 수요기관이 언제든지 주문할 수 있도록 상품등록을 유지하여야 한다. 다만, 계약품목의 단종 등으로 수정계약이 진행 중이거나 제7조에 따라 상품등록 유지여부를 심의 중인 품목에 대해서는 예외로 한다.

② 계약담당공무원은 제1항의 단서에 해당하는 품목의 경우 공공기관 구매담당자가 사전에 인지할 수 있도록 종합쇼핑몰 게시판 등에 단종모델의 예고와 공급중단품목 등에 대한 공지를 하여야 한다.

③ 계약담당공무원은 종합쇼핑몰을 통한 수요물자 공급에 있어 「국가를 당사자로 하는 계약에 관한 법률」 제4조제1항제2호에 해당되는 경우에는 WTO 정부조달협정 및 우리나라가 체결한 자유무역협정에 위배되지 않는 범위 내에서 「중소기업제품 구매촉진 및 판로지원에 관한 법률」 제9조에 의해 직접생산이 확인된 중소기업자의 상품에 한하여 등록할 수 있다. 다만, 중소벤처기업부장관이 중소기업자간 경쟁입찰의 예외로 인정한 상품은 「중소기업제품 구매촉진 및 판로지원에 관한 법률」 제2조에 의한 중소기업이 아닌 자가 생산한 상품도 등록할 수 있다.

④ 계약담당공무원은 제조자와 계약상대자가 다른 경우 계약상대자가 제조자 정보를 입력하게 할 수 있다.

⑤ 계약상대자는 목록화지침 제28조를 준수하여 상품 이미지를 등록하여야 한다.

⑥ 계약상대자는 수요기관의 구매편의 향상을 위해 계약상품의 브랜드명, 제조사, 모델명, 상품정보 등을 활용하여 판매상품명은 별도로 설정하여 운영할 수 있다.

제6조(계약상대자의 상품정보 등 제공 의무) ① 계약담당공무원은 수요기관의 구매의사

결정에 필요한 상품정보를 정할 수 있으며, 계약상대자는 해당 상품정보를 등록하여야 한다.

② 계약상대자는 최신의 '상품정보' 및 '상품이미지'를 유지해야 하며, 등록된 정보 및 이미지가 기재 오류, 누락 또는 사실과 다를 경우 지체 없이 계약담당공무원에게 상품정보의 수정 또는 변경을 요청하여야 한다.

③ 계약상대자는 제2항에 따른 상품정보의 변경사항 중 '상품일반정보'를 변경하는 경우 계약담당공무원과 사전에 목록정보 변경사항을 협의하여야 한다.

제6조의2(계약상대자의 미니숍 구성) ① 미니숍이란 계약상대자가 홍보를 위해 업체정보, 상품정보, 연계상품 등을 게시하는 영역을 의미한다.

② 계약상대자는 미니숍에 공지게시판을 운영할 수 있으며, 계약제품에 대한 재고정보, 공급상황, 문의처 등을 제공할 수 있다.

제7조(거래정지) ① 계약담당공무원은 다음 각 호의 어느 하나에 해당하는 경우에는 해당 계약상품을 종합쇼핑몰에서 거래정지 시킬 수 있다. 다만, 제9호에 대한 거래정지는 검사담당공무원이 조치할 수 있다.

1. 다수공급자계약 상품 : 「물품 다수공급자계약 특수조건」 제15조 제1항 각 호 또는 「용역 다수공급자계약 특수조건 제25조 제1항」 각 호에 해당되는 경우(단, 다수공급자계약된 상품 중 거래정지에 관한 별도 규정이 있는 경우 해당 규정을 우선적으로 따른다.)
2. 정부조달 문화상품 : 「정부조달 문화상품 업무처리 규정」 제16조 제1항 각 호에 해당되는 경우
3. 정부조달 전통주 : 「정부조달 전통주 업무처리 규정」 제18조 각 호에 해당되는 경우
4. 우수조달물품 : 「물품구매(제조)계약추가특수조건」 제37조 제1항 각 호에 해당되는 경우
5. 〈삭 제〉
6. 〈삭 제〉
7. 상용소프트웨어 제3자단가계약 상품 : 「상용소프트웨어 제3자단가계약 추가특수조건」 제13조 제1항 각 호에 해당되는 경우
8. 카탈로그 계약 상품 : 「용역 카탈로그계약 특수조건」 제18조 제1항 각 호에 해당되는 경우 또는 「디지털서비스 카탈로그계약 특수조건」 제15조 제1항 각 호에 해당되는 경우
9. 혁신제품 제3자단가계약 상품 : 「혁신제품 제3자단가계약 추가특수조건」 제19조 제1항 각 호에 해당되는 경우 <신설>
10. 제1호 내지 제9호에 해당하는 상품 : 「물품구매계약 품질관리 특수조건」 제14조

의2 및 제17조에 해당되는 경우

② 거래정지에 대한 세부적인 사항은 제1항 각 호의 해당 규정들을 따른다.

③ 제1항 및 제2항에 따라 거래정지가 된 경우에는 해당 계약이 종료되더라도 거래정지 등의 기간이 종료되기 전까지는 다음 각 호의 정지대상에 따라 종합쇼핑몰에서 연계적으로 거래정지를 적용한다.

1. 정지대상이 업체인 경우 해당 업체가 계약 체결한 모든 형태의 종합쇼핑몰 등록과 관련된 계약 품목
2. 정지대상이 계약인 경우 계약상대자의 해당 계약의 세부품명이 포함된 모든 형태의 종합쇼핑몰 등록과 관련된 계약 품목
3. 정지대상이 세부품명인 경우 계약상대자가 해당 세부품명으로 계약한 모든 형태의 종합쇼핑몰 등록과 관련된 계약 품목
4. 정지대상이 품목인 경우 해당 계약 품목

④ 종전 계약에 의한 제1항의 거래정지사유가 발생하거나 확인된 경우, 거래정지 등의 사유에 따른 조치사항을 당해 계약에 적용할 수 있다.

⑤ 계약담당공무원은 계약상대자의 종전 계약에 의한 거래정지 등의 사유가 발생된 경우, 거래정지 등의 사유에 따른 조치사항을 당해 계약에 적용할 수 있다.

⑥ 계약담당공무원은 계약상대자의 종전 계약에 대한 거래정지 등이 계약기간 만료로 인하여 그 기간이 남아있는 경우에는 종전계약의 남은 거래정지 등의 기간을 당해 계약에도 연속하여 적용하여야 한다. 다만, 제3항에 따라 종합쇼핑몰에서 연계적으로 거래정지를 한 경우에는 남은 거래정지 등의 기간에서 해당 연계 거래정지 기간을 제외할 수 있다.

⑦ 계약담당공무원은 제1항의 각 호의 사유로 종합쇼핑몰을 통한 상품거래를 정지시킨 경우에는 그 사유 및 제한 내용을 계약상대자에게 통지하고 종합쇼핑몰 상 상품상세정보 중 [종합쇼핑몰 거래정지현황]에 관련 내용을 등재한다.

제8조(판매중지) 계약담당공무원은 다음 각 호의 어느 하나에 해당하는 경우에는 해당 계약상품을 종합쇼핑몰에서 판매중지 시킬 수 있다.

1. 다수공급자계약 상품 : 「물품 다수공급자계약 특수조건」 제16조 각 호에 해당하는 경우 또는 「용역 다수공급자계약 특수조건」 제28조 각 호에 해당되는 경우
2. 우수조달물품: 「물품구매(제조)계약추가특수조건」 제36조 각 호 또는 제40조 제2항에 해당되는 경우
3. 상용소프트웨어 제3자단가계약 상품 : 「상용소프트웨어 제3자단가계약 추가특수조건」 제10조 제4항 각 호에 해당되는 경우
4. 일반단가계약 또는 기타 제3자단가계약 상품 : 「물품 다수공급자계약 특수조건」 제16조 제10호를 준용하여 이에 해당되는 경우

5. 카탈로그 계약 상품 : 「용역 카탈로그계약 특수조건」 제20조 각 호에 해당되는 경우 또는 「디지털서비스 카탈로그계약 특수조건」 제17조 각 호에 해당되는 경우
6. 혁신제품 제3자단가계약 상품 : 「혁신제품 제3자단가계약 추가특수조건」 제22조 각 호 또는 제21조 제2항에 해당하는 경우 <신설>

제3장 종합쇼핑몰 상품 원산지 정보 관리

제9조(원산지 입력 및 신고) ① 종합쇼핑몰에 상품등록을 원하는 계약상대자는 해당 상품의 원산지를 다음의 방법에 의하여 나라장터에 입력하거나 계약담당공무원에게 신고하여야 한다.

1. 다수공급자계약의 경우 협상품목등록 시 나라장터에 입력
2. 일반, 제3자 단가계약의 경우 계약서 작성 시 나라장터에 입력

② 원산지의 판정은 제10조의 기준을 따르며 판정된 원산지는 종합쇼핑몰에 다음 각 호와 같이 명시한다.

1. 제10조제1항제1호에 의한 국내 생산상품 : "원산지 : 대한민국"
2. 제10조제1항제2호의 수입상품 : "원산지 : 해당국명"
3. 제10조제1항제3호에 해당하는 수입원료를 사용하여 국내 생산·유통되거나 판매되는 상품 : "원산지 : 대한민국"
4. 제10조제2항에 해당하는 수입원료를 사용하여 국내 생산·유통되거나 판매되는 상품 : "가공국(또는 조립국) : 대한민국"

제10조(원산지 판정 기준) ① 종합쇼핑몰에 등록되는 상품의 원산지는 「대외무역법 시행령」 제61조, 「대외무역관리규정」 제85조 및 제86조에 의하여 다음 각 호와 같이 결정한다.

1. 해당 상품 전부가 우리나라에서 채취 또는 생산된 경우 : 대한민국
2. 수입 상품
   가. 해당상품 전부가 1개국에서 채취·생산된 경우 : 당해국가
   나. 생산·가공과정에 둘 이상의 국가가 관련된 경우 : 최종적으로 실질적 변형을 가한 국가
3. 수입원료를 사용하여 국내 생산·유통되거나 판매되는 상품으로서 다음 하나에 해당되는 경우 : 대한민국
   가. 우리나라에서 제조·가공과정을 통해 수입원료의 세번과 상이한 세번(HS 6단위 기준)의 상품을 생산하거나 세번 HS 4단위에 해당하는 상품의 세번이 HS 6단위에서 전혀 분류되지 아니한 상품으로, 해당 상품의 총 제조원가 중 수입원료의 수입가격(CIF가격 기준)을 공제한 금액이 총 제조원가의 100분의 51 이상인

경우

나. 우리나라에서 단순한 가공활동이 아닌 제조·가공과정을 통해 세번 변경이 안된 상품을 최종적으로 생산하고, 해당 상품의 총 제조원가 중 수입원료의 수입가격(CIF가격 기준)을 공제한 금액이 총 제조원가의 100분의 85 이상인 경우

② 수입원료를 사용한 국내 생산상품중 제1항제3호의 원산지 규정을 충족하지 아니하는 경우에는 우리나라를 “가공국“ 또는 “조립국“으로 한다.

③ 제1항 및 제2항에서 원산지 판정기준으로 원용한 대외무역법 시행령」 및「대외무역관리규정」 등이 개정된 경우에는 개정기준에 의한다.

제11조(원산지 명시 방법의 특례) ① 계약담당공무원은 수요물자의 품질관리 등을 위하여 필요한 경우 제10조 제1항 제3호 및 제2항에 해당하는 상품 중에서 해당 상품의 원산지 외에 주요부품 또는 핵심부품의 원산지를 명시할 상품을 WTO 정부조달협정 및 우리나라가 체결한 자유무역협정에 위배되지 않는 범위 내에서 지정할 수 있으며 구체적인 대상 상품은 [별표1]과 같다.

② 제1항에 의한 상품은 전년도 수입상품 공급현황, 공급상품의 품질 등을 종합적으로 고려하여 지정하며 구매업무심의회 심의를 거쳐서 정하여야 한다.

③ 계약담당공무원은 제1항에 의한 상품을 지정할 경우 해당상품의 품명, 특별히 관리하려고 하는 대상(주요부품 또는 핵심부품, 핵심부품인 경우 그 명칭 등)을 명확히 하여야 한다.

④ 제1항에 해당하는 상품의 원산지는 종합쇼핑몰에 다음 각 호와 같이 명시한다.

1. 제10조 제1항 제3호에 해당하는 수입원료를 사용하여 국내 생산·유통되거나 판매되는 상품 : “원산지 : 대한민국(주요부품 또는 핵심부품의 원산지 : ○○(국명), ○○(국명))”
2. 제10조 제2항에 해당하는 수입원료를 사용하여 국내 생산·유통되거나 판매되는 상품 : “가공국 또는 조립국 : 대한민국(주요부품 또는 핵심부품의 원산지 : ○○(국명), ○○(국명))”

⑤ 계약담당공무원은 종합쇼핑몰에 등록되는 상품의 입찰 또는 구매 공고 시 입찰에 참가하는 조달업체가 해당상품의 원산지 및 주요부품의 원산지를 신고하도록 공고하는 등 원산지 명시를 위해 필요한 조치를 하여야 한다.

제12조(원산지 규정 위반 시 조치) 계약담당공무원은 조달업체가 원산지를 허위로 명시한 경우 국가계약법령 및 관련 규정·조건 등에 따라 거래정지, 부정당제재 등의 조치를 할 수 있다.

제4장 종합쇼핑몰 운영·관리

제13조(구성) ① 종합쇼핑몰의 인터넷주소는 'https://shop.g2b.go.kr' 이다.

② 조달청장은 수요기관이 구매하기에 편리하도록 종합쇼핑몰의 상품카테고리(대분류-중분류 등)를 구성하여 운영하여야 한다.

③ 계약담당공무원은 종합쇼핑몰 화면 콘텐츠, 카테고리 등에 대한 신규게재, 변경 등에 대한 사항은 구매총괄과와 사전 협의를 거쳐야 한다.

④ 조달청장은 종합쇼핑몰 이용 편의성 제고를 위해 서비스 항목을 구성·운영할 수 있다.

제14조(상품 및 업체 정렬 기준) ① 종합쇼핑몰의 "상품리스트"에서 상품이 정렬되는 기준은 낮은 가격 순을 우선으로 한다. 다만, 상품 검색 시 정렬기준은 세부품명단위로 하되, 숫자(오름차순), 영문(알파벳순), 국문(가, 나, 다순) 순으로 하고, '기타+ 세부품명'은 각 정렬 기준의 마지막 순으로 한다.

② 종합쇼핑몰의 "업체리스트"에서 업체명이 정렬되는 기준은 우수조달물품, 일반상품, 기술품질 인증상품 등의 분류기준 내에서 매 3일마다 무작위로 변경하는 것을 우선으로 한다.

③ 인기상품은 종합쇼핑몰에 등록된 전체 상품들을 대상으로 납품요구건수, 상품클릭수, 상품상세정보, 상품이미지, 상품평등록 등을 기준으로 추천되며, 구체적인 기준은 조달청장이 별도로 정하여 공지한다.

④ 인기상품은 카테고리별로 중복되어 추천되지 않으며, 직전에 추천된 제품은 반복되어 노출되지 않는다.

⑤ 조달청장은 제1항부터 제3항에도 불구하고 필요한 경우 정렬 기준을 변경하여 운영할 수 있다.

제14조의2(수요기관 대상 추천상품) ① 조달청장은 수요기관별 종합쇼핑몰 구매이력 등을 활용하여 상품추천서비스를 제공할 수 있다.

② 맞춤형 추천상품은 수요기관의 최근 3년간 구매이력과 검색, 상품선택, 장바구니정보 등의 행동정보를 기반으로 추천된다. 단, 토목·건축·자재·조경 카테고리와 최근 1년간 구매되지 않은 상품은 추천상품에서 제외된다.

③ 제2항에서 추천하는 상품의 정렬기준은 제14조에 따른다.

④ 검색기반 추천상품은 수요기관별 종합쇼핑몰의 검색어·검색결과 등 검색현황을 활용하여 유사도가 가장 높은 세부품명 중에서 선택이 많이 이루어진 순으로 추천된다.

제14조의3(신상품) ① 계약상대자는 신상품 표출을 위해 계약번호를 기준으로 1개의 품목을 대표계약품목으로 선정할 수 있다.

② 신상품 추천 시 카테고리별로 업체가 중복되지 않으며, 표출되는 상품의 종류는 사용자가 메인화면에 접근할 때마다 무작위로 변경된다.

③ 조달청장은 제1항에도 불구하고 필요한 경우 신상품 선정기준을 변경하여 운영할 수 있다.

第15조(할인행사) 계약담당공무원은 다음 각 호의 규정에 따라 계약상대자가 계약상품에 대해 할인행사를 실시하도록 할 수 있다.

1. 다수공급자계약 상품: 「물품 다수공급자계약 특수조건」 제11조 제1항 또는 「용역 다수공급자계약 특수조건」 제14조 (단, 다수공급자계약된 상품 중 할인행사에 관한 별도 규정이 있는 경우 해당 규정을 우선적으로 따른다.)
2. 정부조달 문화상품: 「정부조달 문화상품 구매계약 특수조건」 제13조
3. 우수조달물품: 「물품구매(제조)계약추가특수조건」 제15조 제1항
4. 〈삭 제〉
5. 상용소프트웨어 제3자단가계약 상품: 「상용소프트웨어 제3자단가계약 추가특수조건」 제15조
6. 혁신제품 제3자단가계약 상품 : 「혁신제품 제3자단가계약 추가특수조건」 제8조 제1항 <신설>

第16조(기획전) ① 조달청장은 종합쇼핑몰에 등록된 상품에 대해 제15조의 할인행사 외에 조달청 주관으로 가격 할인, 상품 홍보 등의 내용이 포함된 기획전을 실시할 수 있다.

② 기획전 기간은 조달청장이 종합쇼핑몰 게시판 등에 공고하는 바에 따르며, 가격 할인이 포함된 기획전(이하 "할인상품기획전"이라 한다)을 실시할 경우 참여할 계약상대자의 신청을 받는 기간, 할인율 등 행사내용을 종합쇼핑몰 게시판 등에 별도로 공고한다.

③ 할인상품기획전에 참여한 것은 제15조의 할인행사 가능횟수에서 차감하지 않는다.

④ 계약담당공무원은 할인상품기획전 기간 중에는 계약상대자가 동일 세부품명에 대하여 중복하여 기획전 참여를 신청하는 것을 허용하지 아니하며, 기획전 참여를 취소하거나 참여내용을 변경하도록 할 수 없다. 다만 할인대상 수량이 소진될 경우 판매종료로 처리하거나 계약상대자의 요청이 있을 경우 할인대상 수량을 증가시킬 수 있다.

⑤ 할인상품기획전 기간 중에는 제15조에 따른 할인행사를 중복하여 실시할 수 없다.

⑥ 계약담당공무원은 할인상품기획전에 참가한 계약상품에 대해 각 수요물자별 계약규정에 따른 우대가격 유지의무를 적용하지 아니한다.

⑦ 계약담당공무원은 계약상대자가 할인행사 신청 후 수정계약을 체결하여 가격이 변경된 경우 변경된 가격이 할인행사 가격보다 낮거나 기획전 조건(할인율 등)을

충족하지 않을 경우에는 할인행사를 취소할 수 있다. <신설>

제17조(홍보물 및 콘텐츠 제작) 조달청장은 종합쇼핑몰에 등록된 이미지 등 상품정보를 종합쇼핑몰 내 화면콘텐츠 제작, 제16조에 따른 기획전 홍보물 제작 등에 사용할 수 있다.

제18조(시스템 관리) 기타 시스템 운영, 구성, 변경, 성능, 보안, 장애, 백업 등의 관리에 관한 사항은 「국가종합전자조달시스템 관리규정」을 따른다.

제19조(디지털서비스몰 운영·관리 등) ① 디지털서비스몰의 인터넷주소는 'http://digitalmall.g2b.go.kr'로 한다.

② 조달청장은 다음 각 호의 단가계약을 체결한 계약상대자의 수요물자를 수요기관이 전자적으로 구매할 수 있도록 디지털서비스몰을 운영할 수 있다.

1. 조달사업에 관한 법률 시행령 제16조제3항에 따른 카탈로그 계약상품
2. 상용소프트웨어 제3자단가계약 및 다수공급자계약 상품
3. 그 외 조달청장이 디지털서비스몰에 등록하는 것이 적합하다고 판단하는 단가계약 상품

③ 디지털서비스몰의 운영은 본조에서 달리 정하는 경우를 제외하고는 제2조부터 제18조까지를 동일하게 적용한다.

⑤ 계약담당공무원은 디지털서비스몰 화면 콘텐츠, 카테고리 등에 대한 신규게재, 변경 등에 대한 사항은 기술서비스총괄과와 사전 협의를 거쳐야 한다.

제20조(재검토 기한) 조달청장은 「훈령·예규 등의 발령 및 관리에 관한 규정」에 따라 이 고시에 대하여 2024년 6월 30일 기준으로 매 3년이 되는 시점(매 3년째의 12월 31일까지를 말한다)마다 그 타당성을 검토하여 개선 등의 조치를 하여야 한다.

부 칙 <2018.11.12.>

1. 이 규정은 2019.1.1.부터 시행한다.
2. 조달청 고시 제2017-21호의 국가종합전자조달시스템 종합쇼핑몰 운영규정(2017.7.14.), 조달청 훈령 제1732호의 조달물자의 종합쇼핑몰 등록 및 관리지침(2016.2.16.), 조달청 공고 제2016-111호의 원산지 명시방법의 특례 적용제품 추가지정내역 공고(2016.11.11.)는 이 규정 시행과 동시에 폐지한다.

부 칙 <2018.12.12.>

1. 이 규정은 2019.1.1.부터 시행한다.

부 칙 <2021.3.3.>

1. 이 규정은 2021.4.1.부터 시행한다.

부 칙 <2022.4.18.>

1. 이 규정은 2022.5.1.부터 시행한다.

부 칙 <2023.9.8.>

1. 이 규정은 고시한 날부터 시행한다.

부 칙 <2023.11.24.>

1. 이 규정은 2023.12.1.부터 시행한다.

부 칙 <2024.6.4.>

1. 이 규정은 고시한 날부터 시행한다.

부 칙 <제2024-21호, 2024.11.25.>

1. 이 규정은 고시한 날부터 시행한다.

부 칙 <제2024-31호, 2024.12.26.>

1. 이 규정은 차세대 국가종합전자조달시스템 개통일부터 시행한다.

[별표 1]

원산지 명시방법의 특례 적용상품 표

연번	세부품명 번 호	물품분류명(세부품명)	원산지 명시방법 특례대상
1	2110160201	이앙기	주요부품1, 주요부품2
2	2110160202	이식기	〃
3	2110170101	동력예취기	〃
4	2110170201	건초모우기	〃
5	2110170202	건초포장기	〃
6	2110170203	건초반전기	〃
7	2110170204	건초대	〃
8	2110170401	콤바인	〃
9	2110170901	목초결속기	〃
10	2210152601	궤도형굴착기	〃
11	2413150101	냉장고	〃
12	2510150101	경형승합차	〃
13	2510150102	소형승합차	〃
14	2510150103	중형승합차	〃
15	2510190101	농업용트랙터	
16	2510198001	다목적운반차	〃
17	2518160201	트럭섀시	〃
18	2522106401	전동차용차륜	〃
19	2611160401	가솔린발전기	〃
20	2611160402	가스발전기	〃
21	2611160403	바이오가스발전기	〃
22	2611160701	태양광발전장치	핵심부품: 셀 주요부품1: 모듈 주요부품2: 인버터
23	2611160702	건물일체형태양광발전장치	핵심부품: 셀 주요부품1: 모듈 주요부품2: 인버터
24	2612179901	통신케이블어셈블리	주요부품1, 주요부품2
25	2713160501	에어커튼	〃
26	3911210201	LED실내조명등*	주요부품1: 컨버터 주요부품2: LED패키지 · 모듈
27	4010189401	전기난방패널	주요부품1, 주요부품2
28	4010189402	온수난방패널	〃
29	4010170901	공기조화기	〃
30	4010171501	항온항습기	〃

31	4010178701	히트펌프용실내기	〃
32	4010178702	냉난방기	〃
33	4010180601	전기히트펌프	〃
34	4010180602	가스엔진히트펌프	〃
35	4010180603	지열히트펌프	〃
36	4010180604	히트펌프	〃
37	4010180701	태양열집열기	〃
38	4016160201	공기청정기	〃
39	4016160202	클린유닛	〃
40	4016160203	외기유입형공기청정기	〃
41	4016169901	공기살균기	〃
42	4110409801	시료채취기	〃
43	4111250101	유량계	〃
44	4220350101	부정맥발생기	〃
45	4220350102	이식용인공심장박동기	〃
46	4220350103	이식형심장충격기	〃
47	4220350104	이식형심장충격기용전극	〃
48	4220350105	인공심장박동기백	〃
49	4217210101	저출력심장충격기	〃
50	4217210103	고출력심장충격기	〃
51	4217210104	교육용심장충격기	〃
52	4319151001	무선송수신기	〃
53	4319151002	양방향라디오	〃
54	4320180201	디스크어레이	〃
55	4320180202	레이드저장장치	〃
56	4320182701	휴대용하드디스크저장장치	〃
57	4321150301	노트북컴퓨터	〃
58	4321150701	데스크톱컴퓨터	〃
59	4321150901	태블릿컴퓨터	〃
60	4321150902	펜컴퓨터	〃
61	4321171101	스캐너	〃
62	4321171101	터치패드	〃
63	4321179701	도서관리시스템	〃
64	4321190201	액정모니터	〃
65	4321210401	잉크젯프린터	〃
66	4321210402	버블젯프린터	〃
67	4321210501	레이저프린터	〃
68	4321210701	플로터프린터	〃

69	4321211601	무선인식태그발행기	〃
70	4322250101	방화벽장치	〃
71	4322261002	허브	〃
72	4322261201	네트워크스위치	〃
73	4322264001	무선랜액세스포인트	〃
74	4410150101	전자복사기	〃
75	4410150102	청사진기	〃
76	4410150301	다기능복사기	〃
77	4410159901	팩스기기	〃
78	4410160201	종이펀칭기 또는 바인딩기	〃
79	4410170501	급지대	〃
80	4410170502	자동원고이송장치	〃
81	4410210301	우편물봉합기	〃
82	4410280501	제본천공기	〃
83	4510150701	디지털인쇄기	〃
84	4510150702	명함인쇄기	〃
85	4510150703	수동식윤전등사기	〃
86	4511160201	영사용전구	〃
87	4511161601	비디오프로젝터	〃
88	4511170601	오디오믹서	〃
89	4511190201	영상회의시스템	〃
90	4512150401	디지털카메라	〃
91	4512151601	캠코더	〃
92	4512160101	플래시	〃
93	4512160102	라이트	〃
94	4512160103	섬광방전등	〃
95	4512160104	플래시동기기	〃
96	4512160105	플래쉬건	〃
97	4512160106	플래시밸브	〃
98	4512160301	카메라용렌즈	〃
99	4512160302	CCTV카메라용렌즈	〃
100	4512160303	사진촬영용필터	〃
101	4512160304	영화촬영용필터	〃
102	4617168501	무인교통감시장치	〃
103	4712160201	진공청소기	〃
104	4712160401	건습식진공청소기	〃
105	4712180501	고압세척기	〃
106	4712180502	증기세척기	〃
107	4712180503	벽보제거기	〃
108	5216151201	스피커	〃
109	5216151202	PA용스피커	〃
110	5216151203	호온스피커	〃
111	5216151204	드라이버유닛	〃
112	5216151401	헤드폰	〃

113	5216151501	CD녹음및플레이어	〃
114	5216151701	이퀄라이저	〃
115	5216153901	DVD플레이어	〃
116	5216154001	AV스위처	〃
117	5216154002	4화면분할기	〃
118	5216154003	영상선택기	〃
119	5216154004	비디오매트릭스	〃
120	5216154005	문자/시간발생기	〃
121	5216154701	오디오앰프	〃
122	5216155101	무선마이크장치	〃
123	3910161401	메탈할라이드램프	핵심부품: 발광관(아크튜브)
124	3910161701	고압나트륨램프	〃
125	3910169901	LED램프	핵심부품: LED Package * LED칩→LED Packzge
126	3911151502	LED다운라이트	〃
127	3911160302	LED가로등기구	핵심부품: LED Package * LED칩→LED Packzge 주요부품: 하우징(몸체)
128	3911160304	LED터널용등기구	〃
129	3911160802	LED보안등기구	〃
130	3911160301	가로등기구	주요부품: 하우징(몸체)
131	3911160303	터널용등기구	주요부품: 하우징(몸체)
132	3911160801	보안등기구	주요부품: 하우징(몸체)
133	4014218902	폴리에틸렌피복강관	핵심부품: 열간 압연강재(원관)
134	4411191101	인터랙티브 화이트보드*	주요부품: 패널(또는 관서모니터)
135	3010369901	합성목재	주요부품: 팰릿
136	3012189701	인조잔디	주요부품1: 파일(원사) 주요부품2: 충진재
137	3012999901	체육시설탄성포장재	핵심부품: 고무분말 주요부품1: 폴리우레탄수지 주요부품2: 바인더
138	3012999902	어린이놀이시설탄성포장재	핵심부품: 고무칩 주요부품: 우레탄바인더
139	3012999801	미끄럼방지포장재	주요부품: 도료(수지)
140	4010160201	공기순환기	중요부품1: 열교환유니트 주요부품2: 필터
141	1111169801	조경석	주요부품 : 원석
142	3012170301	알루미늄제교량난간	주요부품1: 지주 주요부품2: 레일
143	3012170302	철제교량난긴	주요부품1: 지주 주요부품2: 레일
144	3012999701	도막형바닥제	주요부품: 도료(수지)

145	3012179301	철제가드레일	주요부품1: 지주 주요부품2: 레일
146	3012179302	알루미늄제 가드레일	주요부품1: 지주 주요부품2: 레일
147	4810171401	온수제조기	주요부품: 히터
148	4810179901	정수기	주요부품: 필터
149	3012178801	낙석방지책	주요부품: 지주
150	4616159701	시선유도봉	핵심부품: 반사지
151	3013150301	자연석경계석	주요부품: 원석
152	3012178901	철제도로중앙분리대	주요부품1: 지주 주요부품2: 레일
153	3012178902	알루미늄제 도로중앙분리대	주요부품1: 지주 주요부품2: 레일
154	3012178903	콘크리트제 도로중앙분리대	주요부품1: 지주 주요부품2: 레일
155	3013170201	자연석판석	주요부품: 원석
156	3911169701	태양광가로등	핵심부품: 모듈 주요부품1: LED등기구 주요부품2: 축전지
157	3911169703	하이브리드 가로등	핵심부품: 모듈, 풍력발전기 주요부품1: LED등기구 주요부품2: 축전지
158	2326150701	3차원 프린터*	주요부품: 노즐
159	2513189901	드론*	핵심부품: 비행제어장치(FC)
160	4322173301	원격자동검침시스템*	주요부품: 통신모듈
161	4511189301	영상정보디스플레이장치*	핵심부품: SMPS
162	4616152604	보행신호음성 안내보조장치*	주요부품1: SMPS 주요부품2: 센서(레이저센서, 적외선센서)
163	4617162201	영상감시장치*	주요부품:카메라 (또는 녹화장치)
164	3015180212	타일단열패널	핵심부품: 심재
165	3015180211	석제단열패널	핵심부품: 심재
166	3012999101	코르크바닥포장재	핵심부품: 코르크칩
167	3023170101	PVDF막구조물	핵심부품: 막재
168	3023170102	PVF막구조물	핵심부품: 막재
169	3023170103	PTFE막구조물	핵심부품: 막재
170	3023170104	기타 막구조물	핵심부품: 막재
171	3023170105	ETFE막구조물	핵심부품: 막재
172	3015229901	목재데크	주요부품 1: 원목 주요부품 2: 제재목
173	3010360501	목재판재	주요부품 1: 원목 주요부품 2: 제재목
174	2510150901	전기승용차	핵심부품: 배터리
175	2510150903	전기초소형승용차	핵심부품: 배터리

176	2510151801	전기다목적승용차	핵심부품: 배터리
177	2510151901	전기밴	핵심부품: 배터리
178	2510152001	전기대형승합차	핵심부품: 배터리
179	2510152101	전기경형승합차	핵심부품: 배터리
180	2510152102	전기소형승합차	핵심부품: 배터리
181	2510152103	전기중형승합차	핵심부품: 배터리
182	2510161801	전기덤프트럭	핵심부품: 배터리
183	2510169801	전기화물트럭	핵심부품: 배터리
184	2501169802	전기초소형화물트럭	핵심부품: 배터리
185	2510189801	전기이륜차	핵심부품: 배터리
186	5512190301	안내전광판	핵심부품: smps

※ * 표기된 물품분류명(세부품명)의 핵심부품 또는 주요부품은 중기부 고시 「중소기업자간 경쟁제품 직접생산 확인기준」 17조의2에 따른 핵심부품에도 해당.

국가종합전자조달시스템 입찰참가자격등록규정

조달청고시 제2024-29호, 2024.12. 9 일부개정

제1장 총 칙

제1조(목적) 이 규정은 기획재정부장관이 지정정보처리장치로 고시한 국가종합전자조달시스템(이하 "시스템"이라 한다)의 관리·운용자인 조달청장(이하 "운영자"라 한다)이 「국가를 당사자로 하는 계약에 관한 법률 시행규칙」(이하 "시행규칙"이라 한다) 제15조 제1항에 따라 경쟁입찰참가자격의 등록(이하 "등록"이라 한다)에 관한 사항을 정함을 목적으로 한다.

제2조(용어의 정의) ① 이 규정에서 사용하는 용어의 정의는 다음 각 호와 같다.

1. "물품"이란 국내에서 생산 또는 공급되는 내자물품과 국외에서 생산 또는 공급되는 외자물품을 말한다.
2. "물품분류번호"란 「물품목록정보의 관리 및 이용에 관한 법률 시행령」 제9조 제1항에 따라 2자리씩 4단계 계층구조로 이루어진 8자리 숫자를 말하며, "세부품명번호"는 물품의 구매 등에 효과적으로 사용할 수 있도록 용도·재질·형태 등에 따라 물품분류번호 8자리 숫자 다음에 2자리를 추가한 총 10자리 숫자를 말한다.
3. "공사"란 「건설산업기본법」, 「전기공사업법」, 「정보통신공사업법」, 「소방시설공사업법」, 「국가유산수리 등에 관한 법률」, 기타 다른 법률의 규정에 의한 토목·건축·산업설비·환경시설·조경·구조물·소방시설·국가유산 등 시설물의 설치·유지·보수·해체·부지조성 등의 사업을 말한다.
4. "용역"이란 다음 각 목의 어느 하나에 해당하는 것을 말한다.
   가. 「건설기술진흥법」, 「엔지니어링산업진흥법」, 「건축사법」, 「기술사법」, 「전력기술관리법」, 「정보통신공사업법」, 「소방시설공사업법」, 「공간정보의 구축 및 관리 등에 관한 법률」, 기타 다른 법률의 규정에 의한 감리 또는 설계 등의 기술 용역
   나. 「「소프트웨어진흥법」, 「환경영향평가법」, 「폐기물관리법」, 「에너지이용합리화법」, 「시설물의 안전 및 유지관리에 관한 특별법」, 기타 다른 법률의 규정에 의한 전산용역·전산장비유지용역·환경영향평가업·청사관리용역·청소용역 등 일반 용역
5. "이용기관"이란 「조달사업에 관한 법률」 제2조 제5호에 따른 수요기관으로서 조달업무를 수행하기 위하여 시스템에 등록한 기관을 말한다.

6. "게재기관"이란 이용기관 중에서 자체적으로 경쟁입찰참가자격을 등록 받아 관리하고 있는 기관으로서 시행규칙 제15조 제5항에 따라 자체 등록정보를 시스템에 게재한 기관을 말한다.
7. "등록확인"이란 등록담당공무원이 등록신청서와 등록요건 구비서류를 검토하여 등록을 확인하는 것을 말한다.
8. "대표대표자"란 입찰 및 계약 등에 관한 법률적 행위에 대표권을 행사하기 위하여 법인등기부등본(법인 사업자)과 사업자등록증(개인 사업자)상의 유효한 대표자들이 대리인으로 선정한 자 또는 관리인을 말한다.
9. "업종코드"란 운영자가 업종DB분류체계에 의해 법령분야별로 업종을 분류하여 부여한 4자리 숫자로 이루어진 코드를 말하며, 업종DB분류코드 2자리 숫자와 업종일련번호 2자리 숫자를 차례로 배열하여 구성한다.
10. "행정처분기관"이란 행정처분 주체가 되는 국가기관, 지방자치단체, 교육기관을 말한다.
11. "신원확인 입찰"이란 개인인증 수단 중, 본인 소유의 스마트폰임을 인증하여 신원확인하는 방식인 간편인증, 금융인증서, 모바일 신분증, 나라장터 앱을 이용하여 전자입찰자(대표자 또는 입찰대리인)의 신원을 확인하는 입찰을 말한다.
12. <삭제>
13. "관리인"이란 「채무자회생 및 파산에 관한 법률」 제2편 회생절차 개시결정이 있는 업체의 관리인을 말한다.
14. "국외소재업체"란 국외에서 물품·공사·용역 등의 사업을 하는 자로서 국내에 사업자 등록을 하지 않은 업체를 말한다.
15. "안전관리물자"란 국민의 생활안전, 생명보호, 보건위생과 관련된 조달물자로서 조달청장이 지정하여 고시하는 물자를 말한다.
16. '개인인증 수단' 이란 간편인증, 공동인증서, 금융인증서, 모바일신분증, 나라장터 앱 등 「전자서명법」 제8조의 전자서명인증 사업자 또는 국가기관이 개인에 대하여 본인임을 전자적으로 확인해 주는 인증 수단을 통칭하며, 개인인증수단을 통해 로그인 후 전자문서 송수신이 필요 없는 조달업무를 처리할 수 있다.

② 제1항 각 호의 용어 이외에는 「국가를 당사자로 하는 계약에 관한 법률」 (이하 "법"이라 한다), 「조달사업에 관한 법률」 등 관련법령 및 계약예규에서 규정하는 바에 따른다.

제3조(다른 법령과의 관계) 등록에 관하여는 법, 「국가를 당사자로 하는 계약에 관한 법률 시행령」 (이하 "시행령"이라 한다), 시행규칙, 시행령특례규정 및 시행특례규칙 등에서 달리 규정하는 경우를 제외하고는 이 규정이 정하는 바에 따른다.

제4조(등록의 구분) ① 등록의 분야에 따라 물품입찰참가자격등록, 공사입찰 참가자격등

록, 용역입찰참가자격등록 및 외자물품입찰참가자격등록으로 구분한다.

② 등록의 시기 및 사유에 따라 처음 등록하는 신규등록, 1년마다 자신의 등록내용을 스스로 확인·정비하는 자기정보확인등록, 등록사항의 일제정비 또는 유효기간 경과에 따른 갱신등록, 등록내용을 변경 또는 추가·삭제하는 변경등록, 등록취소사유 발생에 따른 말소등록으로 구분한다.

③ 등록확인을 받은 자(이하 "등록자"라 한다)의 국내 사업자등록 여부에 따라 국내소재업체입찰참가자격등록과 국외소재업체입찰참가자격등록으로 구분한다.

제5조(등록의 요건) ① 국내소재업체로서 입찰참가자격 등록을 하고자 하는 자는 시행규칙 제18조의 예외규정을 제외하고 다음 각 호의 자격요건을 갖춘 자이어야 한다.

1. 다른 법령의 규정에 의하여 허가, 인가, 면허, 등록, 신고 등을 필요로 할 경우에는 해당 허가, 인가, 면허, 등록, 신고 등이 되어 있거나 기타 필요한 자격요건에 적합할 것
2. 보안측정 등의 조사가 필요한 경우에는 관계기관으로부터 적합판정을 받았을 것
3. 「소득세법」 제168조, 「법인세법」 제111조 또는 「부가가치세법」 제8조에 따라 해당 사업에 관한 사업자등록증을 교부받았거나, 「부가가치세법시행령」 제12조 제2항에 따라 고유번호증을 부여받았을 것

② 국외소재업체로서 입찰참가자격 등록을 하고자 하는 자는 다음 각 호의 자격요건을 갖추어야 한다.

1. 보안측정 등의 조사가 필요한 경우에는 관계기관으로부터 적합 판정을 받았을 것
2. 소속국가의 사업자등록증 또는 점포소유증명서를 교부받았을 것 (소속국가에서 두 개를 모두 취급하지 않을 경우, 이와 유사한 것으로서 소속국가로부터 적법한 사업자임을 증명하는 인증서를 교부받았을 것)

제6조(등록의 결격사유) ① <삭제>

② 등록에 필요한 제출서류내용(대표자의 성명, 상호 및 법인의 명칭 등)이 서로 다른 경우 등록을 할 수 없다. 단, 관련법령에 의해 불가피하게 다른 경우에는 적용하지 아니한다.

제7조(등록번호) 국외소재업체입찰참가자격등록을 제외한 등록에 대하여는 별도의 등록번호를 부여하지 아니하고 본사의 사업자등록번호로 관리한다. 다만, 법인의 경우에는 본사의 법인등록번호와 사업자등록번호로 관리하되, 지사는 법인의 입찰참가자격등록증에 지사의 사업자등록번호를 기재하여 관리한다.

제8조(등록정보의 이용) ① 이 규정 및 시행규칙 제15조 제5항에 따라 시스템에 게재된

등록정보는 각 이용기관의 장 또는 계약담당공무원에게도 등록한 것으로 본다. 각 이용기관의 장 또는 계약담당공무원은 시스템을 통하여 입찰참가자격을 확인할 수 있으며, 입찰참가자가 고의 또는 과실로 시스템에 변경등록 등을 하지 않은 경우에 대비하여 낙찰자 선정과정에서 낙찰대상자의 입찰참가자격을 별도 확인하여야 한다.

② 각 이용기관의 장 또는 계약담당공무원이 해당 기관의 경쟁입찰업무에만 활용하기 위하여 등록을 받는 경우에는 입찰참가희망자가 해당 기관에 별도로 등록하여야 한다.

제9조(등록의 시기 및 유효기간) ① 등록담당공무원은 연중 수시로 등록 신청을 접수처리하며 등록의 유효기간은 다음 각 호와 같다. 다만 각호에 따른 유효기간이 두 가지 이상 적용될 경우에는 그 중 먼저 도래하는 시점을 만료일로 한다.

1. 제조물품에 대한 입찰참가자격의 등록 유효기간은 등록일로부터 3년간으로 한다.
2. 제5조 제1항 제1호에 따른 허가, 인가, 면허, 등록, 신고 등에 유효기간이 있는 경우와 제22조 및 제25조에 따른 제출서류에 유효기간이 있는 경우에는 그 기간을 유효기간으로 한다.

② 해당 업체는 제1항 제1호에서 정한 유효기간이 경과하기 전에 갱신등록을 하여야 하며, 유효기간이 경과하면 등록의 효력은 소멸된다. 갱신등록은 유효기간 만료 20일전까지 신청을 완료하여야 한다.

③ 해당 업체는 제1항 제2호에서 정한 유효기간이 경과하기 전에 관련 법령에 따라 유효기간을 갱신하고 등록을 갱신하여야 한다. 다만, 등록을 갱신하지 않고 입찰에 참가하였더라도 관련법령에 따라 유효기간을 갱신한 경우에는 입찰서 제출마감일 이후 보완할 수 있다.

④ 등록된 제조물품 중 「중소기업제품 구매촉진 및 판로지원에 관한 법률 시행령」 제6조 제1항에 따른 중소기업자간 경쟁제품 지정공고에서 제외된 제품은 조달청장이 별도의 신청 없이 일반 제조물품으로 일괄 전환시킬 수 있으며, 이 경우 해당 물품의 등록 유효기간은 등록 시에 확인한 유효기간을 적용한다.

⑤ 운영자는 등록정보를 정비하기 위하여 필요한 경우에는 모든 등록자로 하여금 등록 내용의 전부 또는 일부에 대하여 갱신등록을 하게 할 수 있다.

⑥ 등록된 제조물품의 물품분류번호나 세부품명의 명칭 등이 단순 변경되는 경우로서 등록자의 입찰 편의 등을 위해 필요하다고 판단되는 경우에는 등록자의 신청이 없어도 조달청장이 나라장터(www.g2b.go.kr)에 사전 고지한 후 물품정보를 일괄 변경할 수 있다.

제9조의2(자기정보확인등록) ① 등록자는 신규등록, 변경등록, 갱신등록, 자기정보확인등록을 하여야 하고 입찰에 참가하고자 하는 자는 반드시 입찰서 제출 전까지 자기정보를 확인하고 입찰에 참가하여야 한다. 이를 따르지 않아 발생하는 불이익에 대한

책임은 등록자에게 있다.

② 등록자는 시스템에 등록된 자기정보가 사실과 다를 경우, 사실과 다른 정보를 제공한 기관에 증빙자료 등을 제출하여 해당 기관으로 하여금 시스템에 등록된 자기정보를 수정·보완할 수 있도록 조치를 취해야 한다.

제10조(등록증의 발급) ① 시행규칙 제15조 제1항의 규정에 의하여 입찰참가자격을 등록한 자에게 경쟁입찰참가자격등록증<별지 제7호 서식>(이하"등록증"이라 한다)을 발급하여야 하며, 등록증 발급은 등록자가 시스템에 접속하여 출력하는 방식으로 한다.

② 제1항에 따라 출력된 등록증은 계약담당공무원이 시스템을 통하여 입찰참가자격을 확인할 수 있는 경우에 한하여 등록증으로서의 효력을 갖는다.

제11조(입찰참가의 범위) ① 등록자가 참여할 수 있는 입찰의 범위는 다음 각 호와 같다.

1. 물품의 경우에는 등록증에 등재된 세부품명 또는 품명, 품류의 입찰
2. 용역의 경우에는 등록증에 등재된 업종의 입찰
3. 공사의 경우에는 등록증에 등재된 업종 또는 주력분야의 입찰

② '외자물품'으로 등재되어 있지 아니한 경우에도 물품입찰참가자격등록자는 외자물품입찰 대상과 동종의 물품이 등재되어 있고 국내에서 납품이 가능하면 해당 외자물품 입찰에 참가할 수 있다.

③ 입찰에 참가하려는 경우, 등록자는 자기정보가 입찰공고문에서 정한 자격요건과 일치하는지 미리 확인하여 필요한 경우 변경등록 등의 조치를 하여야 한다.

제2장 등록 절차 및 기준

제12조(등록안내) ① 운영자는 등록에 필요한 다음 각 호의 사항을 시스템에서 안내하여야 한다.

1. 등록신청자격
2. 등록신청에 따른 증빙서류
3. 등록방법 및 등록신청서 접수기간
4. 등록의 유효기간
5. 해당 등록공고가 정부조달협정의 적용을 받는다는 사실
6. 등록사항에 대한 문의처
7. 시행규칙 제15조 제6항에 따른 사항 등 기타 필요한 사항

② 운영자는 필요한 경우 제1항의 안내내용을 안내서로 발행하여 관련 업계에 배포할 수 있다.

제13조(국내소재업체의 입찰참가자격 등록신청) ① 등록을 하고자 하는 자는 운영자가 지정한 전자서명인증 사업자가 발급한 인증서를 이용하여 시스템에서 신청을 하여야 하며, 등록신청 증빙서류는 시스템에 첨부하여 신청업체 소재지 관할 지방 조달청 또는 조달청 본청으로 제출하여야 한다. 다만, 부득이한 경우, 우편 또는 직접 방문하여 제출할 수 있다.

② <삭제>

③ 등록을 하고자 하는 자는 본사의 사업자등록번호, 대표자의 성명(회생절차개시결정이 있는 업체의 경우는 관리인의 성명을 포함하여야 하며, 대표자 및 관리인이 여러 명인 경우는 모두를 포함), 주소로 등록을 신청하여야 한다.

④ 등록을 하고자 하는 자는 입찰 및 계약 등에 관한 법률적 행위에 대표권을 행사하기 위하여 제2조 제1항 8호에 따라 반드시 "대표대표자" 1인을 선정하여야 한다. 또한, 대표자가 여러 명인 경우에는 각자대표인지 공동대표인지 여부를 구분하여 등록하여야 한다.

⑤ 등록을 하고자 하는 자는 시스템에 해당 업체에 재직 중인 임·직원에 한하여 입찰대리인을 등록할 수 있고, 입찰대리인의 자격확인을 위하여 재직증명서와 다음 각 호 중 어느 하나에 해당하는 자료를 제출하거나 인터넷정보망을 통한 조달청 승인자의 관련 자료 열람에 동의하여야 한다. 법인이 지사의 입찰대리인을 등록하고자 할 경우에도 동일하다. 다만, 부정당업자로 입찰참가자격을 제한 받고 있는 자는 대리인으로 등록할 수 없으며, 또한 1인이 중복하여 2개 이상의 회사에 입찰대리인으로 등록 할 수 없다.

1. 4대 보험 중 어느 하나 가입 증명자료(최근 3개월 이내)
2. 소속사에서 받은 급여와 관련, 해당 소속사에서 발급받은 근로소득세 납부증명자료
3. 법인 등기사항증명서

⑥ 본사 외에 지사를 등록한 법인의 경우에 동일 입찰 건에 대하여는 본사 또는 지사 중 1개사만 입찰에 참가할 수 있다.

⑦ 신원확인 입찰이 적용되는 공고에 참가하고자 하는 전자입찰자는, 이 규정 제2조 제1항 제16호에 따른 개인인증 수단을 이용(공동인증서 제외)하여 신원을 확인받은 후 입찰에 참가하여야 한다.

1. <삭제>
2. <삭제>

⑧ 법인이 등록을 하고자 하는 경우 법인등기사항증명서에 표기된 상호로 등록신청하여야 한다. 다만, 괄호 안에 추가 등기된 영문 또는 한자 표기는 생략할 수 있다.

⑨ 법인의 경우 본사 이외에 지사를 등록하고자 하는 자는 법인등기사항증명서의 지점(분사무소)에 관한 사항에 해당 지사가 등재되어 있거나 또는 정관상에 지사에

대한 상호, 소재지가 등재되어 있어야 한다. 다만 비영리법인(대학 등)은 직제, 학칙 등의 규정에 따라 지사관계를 확인할 수 있다. 이 경우 본사 대표(회생절차개시결정이 있는 업체의 경우는 관리인)명의의 "지사등록이행각서"(별지 제1호 서식)를 제출하고 등록하여야 하며, 지사가 입찰 및 계약과 관련하여 입찰참가자격 제한사유에 해당될 경우에는 해당 법인에 대하여 입찰참가자격을 제한한다.

⑩ 개인사업자는 보유한 복수의 사업장을 등록할 수 있다. 다만, 사업종류가 동일(제23조에 따른 세부품명번호 또는 제25조의2에 따른 업종코드가 한 개 이상 중복되는 경우)한 복수의 사업장을 등록하려는 경우에는, 그 중 한 곳에 세부품명번호 또는 업종코드를 입력하여야 한다.

⑪ 개인사업자가 제10항의 세부품명번호 또는 업종코드를 입력한 경우, 입력된 사업장 소재지를 '정부 입찰·계약 집행기준' 제4조 제6항과 '지방자치단체 입찰 및 계약 집행기준' 제4장 제2절에 명시된 주된 영업소로 본다.

제13조의2(국외소재업체의 입찰참가자격 등록신청) ① 등록을 하고자 하는 자는 시스템에서 입찰참가자격등록신청을 하여야 하며, 등록신청내용을 확인할 수 있도록 한국어로 번역(상호, 대표자, 주소는 영문으로도 병기) 후 공증을 받은 아래 서류를 시스템에 첨부하여 조달청 본청 또는 지방 조달청으로 제출하여야 한다. 다만, 부득이한 경우, 우편 또는 직접 방문하여 제출할 수 있다.

1. <삭제>
2. 소속국가의 사업자등록증 또는 점포소유증명서(소속국가에서 두 개를 모두 취급하지 않을 경우, 이와 유사한 것으로서 소속국가로부터 적법한 사업자임을 증명하는 인증서)

② 외자·비축물자 입찰에 대하여 국외에서 전자입찰을 하고자 하는 자는, 시스템에서 인증서 발급 신청을 한 후, 조달청 본청 또는 지방 조달청으로 제출하여야 한다.

③ <삭제>

④ 제1항 제2호의 서류는 신청자 소속국가의 유관 사업당국 또는 관할 행정관서에서 발행한 것이어야 한다.

⑤ <삭제>

⑥ <삭제>

제14조(등록의 확인) ① 등록담당공무원은 등록신청서류가 접수되면 제5조, 제13조, 제13조의2, 제22조 또는 제25조 등의 검토를 거쳐 등록을 확인하여야 한다.

② 등록신청에 필요한 증빙서류 중 「전자정부법」 제36조 제1항에 따라 행정정보의 공동이용을 통하여 전자적으로 확인할 수 있는 서류는 등록담당공무원이 직접 확인한다. 다만, 등록신청자가 서류 확인에 동의하지 아니하는 경우에는 그 서류를 방문 또는 우편 등의 방법으로 제출하거나 직접 시스템에 게재하여 등록담당공무원의

확인을 받아야 한다.

③ 제2항에 따라 전자적으로 확인할 수 있는 서류도 등록담당공무원이 전산장애 등의 사유로 확인할 수 없을 때에는 등록신청자에게 관련 서류의 제출을 요청할 수 있으며, 원본을 제출해야 하는 서류는 방문 또는 우편으로 제출하여야 한다.

④ 등록담당공무원은 등록신청내용이나 증빙서류의 일부 또는 전부가 등록요건에 적합하지 아니할 경우에는 등록확인을 보류하고 전자우편, 우편, 전화 등으로 등록신청자에게 보완을 요청하거나 반려하고 다시 등록신청을 하도록 안내할 수 있다. 등록담당공무원의 보완요청 후 20일이 경과하여도 등록신청자로부터 회신이 없는 경우에는 등록의사가 없는 것으로 보고 반려 처리한다.

⑤ 등록담당공무원은 등록을 하고자 하는 자가 법인인 경우에는 법인등기사항증명서에 표기된 상호로 신청하였는지 여부를 확인하여야 한다.

제15조(등록의 효력발생) ① 등록의 효력은 등록담당공무원의 등록확인에 의하여 발생한다. 단, 정보 제공기관으로부터 자동으로 연계되어 제공받는 정보와 행정처분기관을 통하여 시스템에 직접 입력된 정보는 별도의 확인절차 없이 효력을 발생한다.

② 등록신청자는 시스템을 통하여 등록내용을 확인하여야 하며, 증빙서류가 미비하여 등록확인이 되지 않은 책임은 등록신청자에게 있다.

③ 신용정보기관 등으로부터 휴업 또는 폐업의 통보를 접수한 경우 운영자는 휴·폐업 업체 소속 입찰대리인의 등록을 취소할 수 있다.

제16조(변경등록) ① 등록자는 시스템에 등록된 대표자, 상호, 주소, 공장, 입찰대리인, 지사, 업종, 제조물품의 정보가 변경되면 즉시 필요한 증빙서류를 첨부하여 변경등록 신청을 하여야 하며, 변경등록에 대하여는 제13조부터 제15조를 준용한다.

1. 그 외의 등록정보 변경은 등록자가 시스템에서 직접 입력함으로써 완료된다.
2. 국외소재업체의 경우, 대표자, 상호, 주소 정보가 변경되면 즉시 필요한 증빙서류를 첨부하여 변경등록신청을 하여야 하며, 변경등록에 대하여는 제13조의2 제1항을 준용한다.

② 등록자가 다음 각 호의 어느 하나에 해당하는 사항이 변경되었음에도 변경등록을 하지 아니하고 입찰에 참가하면 해당 입찰은 시행규칙 제44조 제6호의3에 따라 무효가 된다.

1. 상호 또는 법인의 명칭
2. 대표자의 성명(대표자가 여러 명인 경우는 모두를 포함)

③ 등록자 중 개인에서 법인으로 전환되거나, 법인에서 개인으로 전환된 경우에는 해당 등록자는 등록을 말소하고 신규등록을 하여야 한다.

④ 등록자 중 다른 법인에 합병되거나 또는 타 법인을 합병한 경우에는 합병된 자는 말소등록을, 합병한 자는 변경등록을 하여야 한다.

⑤ 등록사항이 말소된 자가 재등록할 경우에는 제1항을 준용한다.

⑥ 행정처분 정보는 행정처분기관에서 시스템에 직접 입력함으로써 변경등록된 것으로 본다.

⑦ 등록자 중 「채무자회생 및 파산에 관한 법률」에 따라 회생절차개시결정이 있는 경우에는 관리인을 대표자 정보에 추가등록하고 대표대표자로 변경등록을 하여야 한다.

⑧ <삭제>

제17조(사용인감의 등록) ① 운영자는 전자적인 업무처리 이외에 수기로 이루어지는 입찰, 계약업무 등에 사용하기 위하여 등록자의 사용인감을 시스템에 등록받아 관리할 수 있다.

② 사용인감은 등록자가 직접 시스템을 통해 등록한다. 다만, 부득이한 경우, 우편 또는 직접 방문하여 사용인감계를 제출함으로써 등록신청을 할 수 있다.

③ 이용기관은 시스템에 사용인감을 등록한 자에 대하여는 입찰, 계약업무 등에 필요한 인감증명서 및 사용인감계를 제출한 것으로 본다.

제18조(등록신청의 처리기간) ① 등록담당공무원은 등록신청서류가 접수되면 8근무시간 이내에 처리하되, 등록신청내용의 보완 또는 확인이 필요하거나 전산장애 등 예상치 못한 사유로 등록업무의 지체가 불가피한 경우에는 그 사유와 등록 예정일자를 신청인에게 통보하여야 한다.

② 근무시간 이후에 신청된 등록서류는 다음 근무일 09:00에 접수된 것으로 본다.

제18조의2(등록자의 불공정행위 금지) ① 등록자는 다른 전자입찰자 또는 계약상대자로 결정된 자(이하 '계약상대자'라 한다)에 대하여 다음 각 호에 해당하는 불공정행위에 개입하거나 교사, 공모 등을 하여서는 아니 된다.

1. 낙찰에 따른 계약금액 일부 지급을 조건으로 입찰참여를 교사하는 행위
2. 특정 제조사·공급사와의 계약 또는 협약서 체결 등을 교사하여 계약상대자로 하여금 직접이행의무의 전부 또는 일부를 회피하게 하거나 제3자에게 전가하도록 하는 행위
3. 계약상대자로 하여금 조달청 사전 승인 없이 채권양도 승인규정(조달청 훈령)에 반하여 계약이행을 완료하지 않은 채권을 지정계좌 등에 지급하게 하거나 이를 위한 사전배분 약정을 체결하도록 하는 행위
4. 조달청장이 계약상대자에게 직접이행의무 준수 여부 등을 확인하기 위해 자료제출 등을 요구한 것에 대하여 허위서류 제출이나 허위진술, 조사 및 참석에 응하지 않도록 교사하는 등 계약상대자의 협조를 방해하는 행위
5. 그 밖에 계약상대자의 입찰·계약체결·계약이행 등의 과정에 부당하게 개입하여 공정한 조달질서를 저해하는 행위

② 제1항의 규정은 조달청이 입찰공고한 물품 공급입찰에 한정하여 적용한다.

제19조(등록말소) ① 다음 각 호의 어느 하나에 해당하는 경우에는 등록담당공무원은 등록을 말소할 수 있다.

1. <삭제>
2. 제9조에 따라 갱신등록, 변경등록을 하지 않은 경우
3. 등록신청내용이 사실과 다른 것으로 판명된 경우
4. 이중 등록된 경우
5. 등록요건의 유효기간이 경과한 경우
6. 사업자등록이 취소 또는 철회되거나, 폐업한 경우
7. 법인등록자 중 다른 법인으로 합병된 자의 경우
8. 삭 제
9. 등록된 제조물품에 대한 직접생산확인 결과, 제조등록을 위해 제출했던 제22조 제5항의 서류 중 어느 하나에 하자가 있는 것으로 판정한 경우
10. <삭제>
11. 계약담당공무원 또는 조사담당공무원이 등록자의 제18조의2 위반 여부를 조사하여 위반한 것으로 확인한 경우

② 등록담당공무원은 등록자가 제1항 제1호, 제4호, 제6호, 제7호, 제11호 중 어느 하나에 해당되는 경우에는 등록 전부를 말소할 수 있고, 같은 항 제2호, 제3호, 제5호, 제9호, 제10호 중 어느 하나에 해당되는 경우에는 해당 일부 등록을 말소할 수 있다.

③ 제1항 제2호부터 제5호, 제7호부터 제11호의 경우에는 사전에 등록말소 의사를 통지하여 의견제출 기회를 부여하여야 하며, 통지 후 15일 이내에 별도의 의사표시가 없으면 해당 등록을 말소할 수 있다.

④ 등록담당공무원은 제1항의 등록말소의 의사를 문서로 통지하고, 문서 확인이 곤란한 경우를 위하여 시스템에 공지할 수 있다.

제3장 물품등록

제20조(물품등록의 구분) 물품등록은 제조와 공급으로 구분하여 등록한다.

제21조(물품등록의 대상) 물품등록을 하고자 하는 자는 제5조의 등록자격을 갖춘 자로서 다음 각 호의 어느 하나에 해당하는 자이어야 한다.

1. 「소득세법」 제168조, 「법인세법」 제111조 또는 「부가가치세법」 제8조에 따라 세무서장이 발행한 「사업자등록증」을 발급 받은 자로서 등록하는 물품의 제조나 공급이 가능한 국내소재업체

2. 외국에서 사업자등록증(또는 점포소유증명서)으로 확인되는 물품의 제조 또는 도·소매업을 영위하는 국외소재업체

제22조(물품등록의 신청서류) ① 물품입찰참가자격등록(변경 및 갱신등록 포함) 신청자는 등록신청내용을 확인할 수 있도록 다음 각 호의 서류를 제출하여야 한다.

1. 사업자등록증, 고유번호를 확인하는 서류 또는 사업자등록증명원
2. 법인인 경우 법인등기사항증명서
3. <삭제>
4. 창업벤처기업인 경우 이 사실을 증명하는 서류
5. <삭제>
6. <삭제>
7. 인감증명서 또는 「본인서명사실 확인 등에 관한 법률」 제2조 제3호에 따른 본인서명사실확인서(이하 "본인서명사실확인서"라 한다)(우편 또는 직접 방문하여 제출하는 경우)
8. 국외소재업체인 경우 소속국가의 사업자등록증 또는 점포소유증명서
9. 고유번호증으로 등록하는 경우에는 등록하고자 하는 물품에 대한 증명서류(인가, 승인, 허가증 등)

② <삭제>

③ <삭제>

④ 「중소기업제품 구매촉진 및 판로지원에 관한 법률」에 따른 중소기업자간 경쟁제품을 제조로 등록하는 경우에는 같은 법 제9조 제4항에 따라 중소벤처기업부장관이 직접생산을 확인하여 증명한 서류를 추가로 제출(중소벤처기업부와 연계된 정보통신망으로 그 정보를 확인할 수 있는 경우에는 서류 제출 생략)하여야 한다.

⑤ 「조달청 제조물품 직접생산확인 기준」 제2조 제3호에 따른 일반제품을 제조로 등록하는 경우에는 다음 각 호의 서류를 추가로 제출하여야 한다.

1. <삭제>
2. 공장등록증명서(공장의 업종이 제조등록 물품과 관련된 분류번호로 등록되어 있어야 함) 또는 다음 각 목의 어느 하나에 해당하는 서류

가. 중증장애인 생산품 생산시설 지정서 등 공공기관의 장이 직접생산을 확인한 서류

나. 「중소기업진흥에 관한 법률」 제62조의10 제1항 및 같은 법 시행령 제54조의10에 해당하는 소기업의 경우 사업자등록증 및 건축물관리대장(해당 면적의 용도가 '공장(지식산업센터 포함)' 용도 또는 제1종, 제2종 근린생활시설 용도로 기재된 경우에 한하여 인정)

다. <삭제>

라. 「장애인복지법」 제58조 제1항 제3호에 따른 장애인 직업재활시설의 경우, 같은 법 시행규칙 제43조 제5항에 따른 장애인복지시설신고증(시설의 종류가 '장애인 직업재활시설') 및 건축물대장(당해 건축물이 '노유자시설' 용도로 허가 또는 신고 된 건축물)
마. 「형의 집행 및 수용자의 처우에 관한 법률」 제68조 제1항에 따른 외부 업체로서, 법무부 예규 「교도작업운영지침」 제3조 제4호의 개방지역작업장 입주 외부기업체에 해당하는 경우, 동 운영지침 제96조에 따른 개방지역작업장통근작업계약서
바. 「비료관리법」 제11조에 따라 비료생산업을 등록한 업체의 경우, 같은 법 시행규칙 제7조 제1항에 따른 토지 및 건물의 등기사항증명서
3. 자가 보유 제조공장이 아닌 임차공장인 경우에는 임대차계약서
4. 관련 법령에 따라 받아야 하는 생산(제조) 인가·허가·등록증
5. 대표자를 제외한 상시근로자가 최소 1명 이상임을 확인할 수 있는 4대 보험 중, 1개 이상의 보험가입자 명부(단, 소프트웨어 제조물품은 제23조의2 제2항 제3호의 서류로 대체 가능하며, 대표자의 가족으로만 운영되는 가족형 기업 등, 4대 보험 가입 여부로 확인이 불가능하다고 판단되는 영세 소상공인은, 가족관계증명서 등 그 가족이 종사자임을 확인할 수 있는 서류)

⑥ 「조달청 제조물품 직접생산확인기준」 제11조 제5항에 따라 조달품질원장으로부터 창업·벤처기업 협업 승인을 받은 경우 협업 승인 공문을 제출하면 제5항의 서류를 제출할 필요가 없다.

⑦ 제4항에도 불구하고 중소기업자간 경쟁제품을 등록하고자 하는 자가 「중소기업제품 구매촉진 및 판로지원에 관한 법률」 제9조 제1항 등 관련 법령에 따른 직접생산 확인이 필요한 경우가 아닌 입찰·계약에 참여하고자 하는 경우에는 제5항에 따라 제조등록을 할 수 있다.

제23조(세부품명의 등재) ① 제조 등록의 경우 등록담당공무원은 등록신청자가 제출한 제22조 제4항부터 제6항의 서류를 확인하여 제조물품의 세부품명을 등재하여야 하며, 공급 등록의 경우 등록신청자가 신청한 세부품명을 그대로 등재한다.

② 물품입찰참가자격등록 신청자는 등록신청서에 등재할 물품의 세부품명번호(즉, 제2조 제1항 제2호의 10자리 분류번호)를 시스템에서 검색·입력하여야 하며, 해당 세부품명번호가 시스템에 등록되어 있지 않을 경우에는 시스템 등을 이용하여 목록화를 요청하고 해당 세부품명번호를 부여받아 입력하여야 한다.

③ 사업자등록증의 종목란에 무역업, 수(출)입업, 무역대리업, 물품매도확약서 발행업, 오퍼업, 수입대행 등으로 기재된 자가 외자물품등록을 하고자 하는 경우에는 세부품명란에 "외자물품"으로 기재하여야 하며 외자물품의 세부품명번호는 0000000000

로 표기한다.

제23조의2(직접생산의 증명) ① 제조 등록신청자(등록한 자 포함)는 제22조 제5항의 서류 중, 정당한 서류를 제출함으로써 신청 물품을 직접생산하는 것을 등록담당공무원에게 증명하여야 한다.

1. <삭제>
2. <삭제>
3. <삭제>
4. <삭제>
5. <삭제>

② 등록신청자가 다음 각 호의 어느 하나에 해당하는 서류를 제출하는 경우에는 등록담당공무원은 서류 확인만으로 등록신청자가 직접생산하는 것을 인정할 수 있다.

1. 제22조 제4항에 따른 직접생산 확인 증명서
2. 제22조 제6항에 따른 협업승인 공문
3. 「소프트웨어 진흥법 시행규칙」 제17조 제4항에 따라 발급된 소프트웨어 사업자 일반 현황 관리확인서 또는 소프트웨어사업 수행 실적 증명서
4. <삭제>

③ <삭제>

④ <삭제>

⑤ <삭제>

⑥ <삭제>

제23조의3(제조공장의 등록) ① <삭제>

② 등록업체는, 이미 등록된 제조물품을 생산하는 제조공장을 추가하거나 이전하려는 경우, 제23조의2에 따라 해당 물품의 직접생산을 입증할 수 있는 서류를 제출하여야 하며, 이 경우 제9조 제2항에 따라 갱신등록을 한 것으로 본다.

③ <삭제>

④ 한 제조물품에 대하여 복수의 제조공장을 등록하는 경우, 제9조 제1항 제2호의 적용은 유효기간이 가장 긴 제조공장을 기준으로 한다.

⑤ 등록된 제조물품에 대한 제조공장 정보가 모두 삭제된 경우 해당 제조물품의 등록을 말소할 수 있다.

⑥ 제조공장에 대하여 다음 각 호의 정보를 등록하여야 하며, 이에 따른 증명서류를 제출하여야 한다. 다만 입력할 수 없는 불가피한 경우에는 그 사유와 증명하는 서류를 제출하여야 한다.

1. 한국전력공사의 고객번호

2. 한국산업단지공단의 공장관리번호
3. 4대 보험 관련 기관의 사업장관리번호

제4장 공사 또는 용역등록

제24조(공사 또는 용역의 등록대상) ① 공사등록을 하고자 하는 자는 제5조에 따른 등록요건을 갖추고, 제2조 제1항 제3호에 해당하는 업의 등록수첩 등을 소지하여야 한다.

② 용역등록을 하고자 하는 자는 제5조의 자격을 갖추고, 제2조 제1항 제4호 각 목의 어느 하나에 해당하는 업의 등록증 등을 소지하여야 한다.

제25조(공사 또는 용역의 등록신청서류) 공사 또는 용역등록(변경 및 갱신등록 포함)을 하고자 하는 자는 등록신청내용을 확인할 수 있도록 다음 각 호의 서류를 제출하여야 한다.

1. 사업자등록증, 고유번호를 확인하는 서류 또는 사업자등록증명원
2. 법인인 경우 법인등기사항증명서
3. 인감증명서 또는 본인서명사실확인서(우편 또는 직접 방문하여 제출하는 경우)
4. 제5조 제1항 제1호의 사실을 증명하는 해당 업종등록수첩 등(공사의 경우)
5. 제5조 제1항 제1호의 사실을 증명하는 허가, 인가, 면허, 등록, 신고증 또는 기타 필요한 자격의 해당 업 등록증(용역의 경우)
6. 고유번호증으로 등록하는 경우에는 등록하고자 하는 업종에 대한 증명서류(인가, 승인, 허가증 등)

제25조의2(업종 등의 등재) ① 공사분야 등록 신청자는 등록신청서에 등재할 업종의 업종코드(4자리)를 시스템에서 검색·입력하여야 하며, 업종 중 주력분야가 구분된 경우는 추가로 주력분야 코드(3자리)를 시스템에서 검색·입력하여야 한다.

② 용역분야 등록 신청자는 등록신청서에 등재할 업종의 업종코드(4자리)를 시스템에서 검색·입력하여야 한다.

③ 등록신청자는 업종 또는 주력분야에 대한 코드가 시스템에 등록되어 있지 않을 경우에는 운영자에게 해당 업종코드 또는 주력분야코드를 부여받아 입력하여야 한다.

제5장 보 칙

제26조(게재기관의 책임) 각 게재기관(조달청 포함)이 시스템에 게재한 등록내용에 대한 검증책임은 각 게재기관에게 있다.

제27조(수의계약대상자의 등록) 시스템을 이용하여 수의계약을 체결하는 경우에도 수의계약대상자는 제13조에 따라 시스템에 등록을 하여야 한다.

제28조(등록의 점검) ① 운영자는 공사입찰참가자격등록자의 시공능력평가액이 바뀔 때마다 해당 협회의 자료를 토대로 변경된 시공능력평가액을 시스템에 등록할 수 있다. 다만, 각 공사입찰참가자격등록자는 자신의 시공능력평가액이 사실대로 등록되어 있는지 확인하여야 하며, 동 확인을 소홀히 하여 발생하는 불이익에 대한 책임은 해당 등록자에게 있다.

② 운영자는 등록자의 변경등록신청이 없는 경우에도 공정거래위원회에서 정하는 대규모기업집단 및 계열회사의 업태구분내용을 반영하여 등록정보를 일제 점검·정리할 수 있다.

③ 운영자는 제1항과 제2항의 사항을 포함하여 기타 등록사항의 이상여부를 수시로 점검할 수 있으며, 점검계획을 시스템에 게재하는 방법 등으로 안내할 수 있다.

제29조(등록현황관리) 운영자는 다음 각 호의 등록현황을 전자매체기록의 형태로 관리하여야 한다.

1. 등록분야별 등록자현황
2. 지역별 등록자현황
3. 국외소재업체등록자현황

제30조(재검토기한) 조달청장은 「행정규제기본법」 및 「훈령 · 예규 등의 발령 및 관리에 관한 규정」에 따라 이 고시에 대하여 차세대 국가종합전자조달시스템 개통일을 기준으로 매3년이 되는 시점(매 3년째의 12월 31일까지를 말한다)마다 그 타당성을 검토하여 개선 등의 조치를 하여야 한다.

부 칙<제2003-1호, 2003.4.7>

1. 이 규정은 2003.4.15부터 시행한다.
2. 조달청 훈령 제1186호 조달청입찰참가자격등록규정에 의하여 시스템에 등록된 사항은 이 규정에 의하여 등록된 것으로 본다.
3. 이 규정의 시행으로 조달청 훈령 제1186호 조달청입찰참가자격등록규정은 폐지한다.

부 칙<제2006-7호, 2006.9.25>

1. 이 규정은 2006.9.25부터 시행한다.

부 칙<제2007-1호, 2007.1.9>

1. 이 규정은 2007.1.9부터 시행한다.

부 칙<제2007-11호, 2007.6.14>

1. 이 규정은 2007.6.14부터 시행한다.
2. 이 규정 시행 이전에 입찰대리인을 등록한 업체는 당해 업체의 임·직원이 아닌 입찰대리인의 등록사항을 말소하여야 한다.

부 칙<제2007-19호, 2007.11.14>

1. 이 규정은 2007.11.14부터 시행한다.
2. 종전 국가종합전자조달시스템입찰참가자격등록규정에 의하여 등록된 사항은 이 규정에 따라 등록된 것으로 본다.

부 칙<제2008-17호, 2008.11.20>

1. 이 규정은 2008.11.20부터 시행한다.
2. 종전 국가종합전자조달시스템입찰참가자격등록규정에 의하여 등록된 사항은 이 규정에 따라 등록된 것으로 본다.

부 칙<제2009- 9호, 2009. 10. 1>

제1조(시행일) 이 규정은 2009. 10. 1부터 시행한다. 다만, 제13조제5항1호에 의한 전산망을 통한 확인은 관련기관과의 정보제공협의가 완료된 이후부터 시행한다.

제2조(입찰대리인 중복 등록 관련 경과규정) 제13조 제5항 후단 중복 등록 관련 규정은 2010년 4월 1일부터 시행하며 종전 규정에 따라 중복 등록된 입찰대리인은 2010년 3월 31일까지 중복이 되지 않게 정리하여야 한다.

부 칙<제2010- 9호, 2010. 4. 1>

1. 이 규정은 2010. 4. 1부터 시행한다.

부 칙<제2010- 21호, 2010.07.01>

제1조(시행일) 이 규정은 2010.07.01부터 시행한다.

제2조(직접생산의 증명 관련 경과규정) 이 기준 시행일 이전에 종전의 규정에 따라 직접생산 확인을 신청한 경우에는 종전의 처리부서에서 처리토록 한다.

부 칙<제2012- 39호, 2012.08.23>

제1조(시행일) 이 규정은 2012.08.24부터 시행한다.

제2조 이 규정 시행과 동시에 조달청 고시 제 2010-21호(2010.7.1)는 폐지한다.

부 칙<제2013- 1호, 2013.01.14>

제1조(시행일) 이 규정은 2013.01.14부터 시행한다.

제2조 이 규정 시행과 동시에 조달청 고시 제 2012-39호(2012.8.23)는 폐지한다.

부 칙<제2014- 4호, 2014.3.5>

제1조(시행일) 이 규정은 2014.3.5.부터 시행한다.

제2조 이 규정 시행과 동시에 조달청 고시 제 2013-1호(2013.1.14)는 폐지한다.

부 칙<제2015-28호, 2015.10.07.>

제1조(시행일) 이 규정은 2015.10.07.부터 시행한다.

제2조 이 규정 시행과 동시에 조달청 고시 제 2014-4호(2014.3.5)는 폐지한다.

부 칙<제2016-24호, 2016.6.20>

제1조(시행일) 이 규정은 2016. 7. 15.부터 시행한다.

제2조 이 규정 시행과 동시에 조달청 고시 제 2015-28호(2015.10.7.)는 폐지한다.

부 칙<제2017-23호, 2017.9.13.>

제1조(시행일) 이 규정은 2017.11.3.부터 시행한다.

제2조 이 규정 시행과 동시에 조달청 고시 제 2016-24호(2016.6.20.)는 폐지한다.

부 칙<제2018-8호, 2018.7.12.>

제1조(시행일) 이 규정은 2018.9.21.부터 시행한다.

제2조 이 규정 시행과 동시에 조달청 고시 제 2017-23호(2017.9.13.)는 폐지한다.

부 칙<제2018-11호, 2018.8.31.>

제1조(시행일) 이 규정은 2018.9.21.부터 시행한다.

제2조 이 규정 시행과 동시에 조달청 고시 제 2018-8호(2018.7.12.)는 폐지한다.

부 칙<제2019- 5호, 2019.6.13.>

제1조(시행일) 이 규정은 2019.7. 1.부터 시행한다.

제2조 이 규정 시행과 동시에 조달청 고시 제 2018-11호(2018.8.31.)는 폐지한다.

부 칙<제2019- 24호, 2019.12.30.>

제1조(시행일) 이 규정은 2020. 2. 1.부터 시행한다.

부 칙<제2020-31호, 2020.7.28.>

제1조(시행일) 이 규정은 2020. 7. 31.부터 시행한다.

제2조 이 규정 시행과 동시에 조달청 고시 제 2019-24호(2019.12.30.)는 폐지한다.

부 칙<제2021- 호, 2021.5. >

제1조(시행일) 이 규정은 2021. 6. 1.부터 시행한다.

제2조 이 규정 시행과 동시에 조달청 고시 제 2020-31호(2020.7.28.)는 폐지한다.

부 칙<제2022-21호, 2022. 10. 04.>

제1조(시행일) 이 규정은 2022. 10. 05.부터 시행한다.

제2조 이 규정 시행과 동시에 조달청 고시 제 2021-11호(2021.6.1.)는 폐지한다.

제3조 종전 국가종합전자조달시스템 입찰참가자격등록규정에 의하여 등록된 사항은 이 규정에 따라 등록된 것으로 본다.

부 칙<제2023-16호, 2023. 6. 23.>

제1조(시행일) 이 규정은 2023. 7. 1.부터 시행한다.

제2조(기존 규정의 폐지) 이 규정 시행과 동시에 조달청 고시 제 2022-21호(2022.10.4.)는 폐지한다.

제3조(입찰참가자격 등록에 관한 경과조치) 종전 국가종합전자조달시스템 입찰참가자격등록규정에 의하여 등록된 사항은 이 규정에 따라 등록된 것으로 본다.

부 칙<제2024-1호, 2024. 1.19.>

제1조(시행일) 이 규정은 2024. 2. 1.부터 시행한다.

제2조(기존 규정의 폐지) 이 규정 시행과 동시에 조달청 고시 제 2023-16호(2023. 6. 23.)는 폐지한다.

제3조(입찰참가자격 등록에 관한 경과조치) 종전 국가종합전자조달시스템 입찰참가자격등록규정에 의하여 등록된 사항은 이 규정에 따라 등록된 것으로 본다.

부 칙<제2024-29호, 2024.12. 9.>

제1조(시행일) 이 규정은 2025. 1. 6.부터 시행한다.

제2조(기존 규정의 폐지) 이 규정 시행과 동시에 조달청 고시 제 2024-1호(2024. 1. 19.)는 폐지한다.

제3조(입찰참가자격 등록에 관한 경과조치) 종전 국가종합전자조달시스템 입찰참가자격등록규정에 의하여 등록된 사항은 이 규정에 따라 등록된 것으로 본다.

[별지 제1호서식(제13조 제9항)]

지사 등록 이행각서

본 법인은 본사 외 지사에 대해 입찰참가자격을 등록함에 있어서 본사 책임하에 신청할 것이며, 이에 따른 지사의 모든 입찰 및 계약 행위가 본사의 책임하에 이루어지는 것임을 확약합니다.

아울러, 만약 지사등록 이 후 지사의 원인 제공으로 인하여 부정당업자 제재처분을 받게 되는 경우 법인(본사·지사를 모두 포함)에 대하여 부정당업자로 입찰참가자격 제한을 받는 것을 인정하며 이의를 제기하지 않을 것임을 각서로서 확약합니다.

등 록 지 사 명 :
사업자등록번호 :

20 년 월 일

법인(본사)명 :
대표자 : (인)

첨부 1. 법인등기사항증명서 또는 정관 1부.
[비영리법인(대학 등)은 직제, 학칙 등 관련 규정 1부.]
2. 법인(본사)인감증명서 1부.

※ 등록신청자는 위 첨부1의 서류에 지사(지점)이 명시되어 있는 지 확인하고 등록을 신청하여야 합니다. 첨부서류 중 등록담당공무원이 「전자정부법」 제36조 제1항에 따라 행정정보 공동이용을 통하여 확인이 가능한 서류는 별도로 제출하지 않아도 되나, 전산장애 등의 사유로 확인할 수 없는 경우 제출을 요청할 수 있습니다.

[별지 제2호서식(제23조의2 제3항제1호)] <삭제>
[별지 제3호서식(제13조의2 제1항제1호)] <삭제>
[별지 제4호서식(제13조의2 제2항)] <삭제>
[별지 제5호서식(제16조 제1항)] <삭제>
[별지 제6호서식(제19조제1항제1호)] <삭제>

[별지 제7호서식(제10조제1항)]

(제1면)

<table>
<tr><td colspan="4">경쟁입찰참가자격등록증
(수익사업을 하지 않는 비영리법인 및 국가기관 등으로 등록된 자)
※업체정보확인용QR코드</td></tr>
<tr><td>등 록 분 야</td><td colspan="3">물 품 □　　공 사 □　　용 역 □　　외 자 □</td></tr>
<tr><td>한글상호
(영문상호)</td><td></td><td>협 업 구 분</td><td>해 당 □</td></tr>
<tr><td>사 업 자 등록번호</td><td></td><td>개 업 연 월 일</td><td></td></tr>
<tr><td>본 사 주 소</td><td colspan="3"></td></tr>
<tr><td>전 화 번 호</td><td></td><td>팩 스 번 호</td><td></td></tr>
<tr><td>법 인 등 록 번 호</td><td></td><td>법 인 등 록 일</td><td></td></tr>
<tr><td colspan="4">**「국가를 당사자로 하는 계약에 관한 법률 시행규칙」 제15조의 규정**에 의하여 공공기관 경쟁입찰 참가자로 등록된 자임을 증명합니다.(단, 입찰 집행기관에서 국가종합전자조달시스템을 통하여 위 등록내용을 확인할 수 있는 경우에 한하여 등록증으로서의 효력을 갖게 됩니다.)

※ 입찰에 참여할 시에는 등록된 자기정보를 확인하고 필요한 경우 변경·갱신한 후 입찰에 참여하여 불이익을 받지 않도록 주의해 주시기 바랍니다.

등 록 일 자　0000/00/00
갱 신 일 자　0000/00/00
자 기 정 보 확인일자　0000/00/00
출 력 일 자　0000/00/00

조 달 청 장

발행기관명　00지방조달청
전화번호　0000-0000</td></tr>
</table>

(제2면)

업체상태 정보

업체상태	시작일자	종료일자	업종명	비고

대표자 정보

성 명	주민등록번호	E-mail	대표자휴대폰	대표대표자여부	대표자구분	
					공동	각자

입찰참가 대리인

직 위	성 명	주민등록번호

입찰참가 등록물품

등록일	세부품명번호	세부품명	제조	제조생산증명서류	제조생산증명 유효기간		등록유효기간		제조공장
					시작일자	종료일자	시작일자	종료일자	

* 등록유효기간은 「국가종합전자조달시스템 입찰참가자격 등록규정」 제9조 제1항에 따른 유효기간이며, 이 기간이 경과하면 등록의 효력은 소멸되오니 경과 전에 갱신해주시기 바랍니다.

등록업종 및 시공능력

업종명	등록번호	면허 취득일자	유효기간 만료일자	시공능력평가액	업종상태

주력분야

주력분야명	시공능력평가액	특이사항	업종명

※ 각 업종별로 유효기간 만료일 전일까지 갱신(재등록)해야 입찰참여 가능

고유번호증 등록사업 내용

※ 고유번호증으로 등록된 비영리사업자인 경우 해당조항호에 기재된 사업분야에 한함
※ 고유번호증으로 등록된 비영리사업자가 계약체결 시 해당 계약내용은 국세청으로 통보됩니다.

공장정보

공장번호	공장명	공장주소	전화번호	임대여부	임대기간

(제3면)

협업정보

세부품명	세부품명 번호	사업자명	사업자 등록번호	공장주소	임대여부

지사정보

삭제 여부	사업자등록 번호	지사상호명	지사주소	지사 대표자	주민등록번호	고유번호증 여부

등록사항변경

연월일	변경항목	변경사항

20 . . .

조 달 청 장

(제4면)

사용인감계

사업자등록번호: 상호:

위 사용인감은「국가를 당사자로 하는 계약에 관한 법률 시행규칙」제15조의 규정 및 「조달청비축물자이용업체와 민간비축사업자등록·이용약관」 제4조에 의하여 국가종합전자조달시스템에 등록하기 위한 것으로 입찰·계약·수의시담 등 계약관련 및 비축물자 관련 모든 업무에 사용할 것임을 확인합니다.

조 달 청 장

군시설공사 적격심사기준에 관한 훈령

국방부 훈령 제3049호, 2025. 6.11, 일부개정

제1조(목적) 이 훈령은「국가를 당사자로 하는 계약에 관한 법률 시행령」제42조제5항에 의거 국방부 소속기관, 국직부대/기관, 합참 및 각군(이하 '국방관서'라 한다)에서 집행하는 시설공사 계약에 적용할 적격심사기준을 정함에 그 목적이 있다.

제2조(평가기준) ① 적격심사 세부평가는 당해공사의 수행능력, 입찰가격, 시공계획의 적정성, 기타 당해공사 수행관련 결격여부 등을 심사 평가하며 평가기준은 다음 각 호와 같다.

1. <삭제>
2. <삭제>
3. 추정가격 100억원 미만 50억원 이상인 공사의 평가기준 : 별지 3
4. 추정가격 50억원 미만 10억원 이상(전기·정보통신·소방공사·문화재공사 등은 50억원 미만 3억원 이상)인 공사의 평가기준 : 별지 4
5. 추정가격 10억원 미만 3억원 이상인 공사(건설산업기본법에 따른 건설공사에 해당)의 평가기준 : 별지 5
6. 추정가격 3억원 미만 2억원 이상(전기·정보통신·소방시설·문화재공사 등은 3억원 미만 8천만원 이상)인 공사의 평가기준 : 별지 6
7. 추정가격 2억원 미만(전기·정보통신·소방시설·문화재공사 등은 8천만원 미만)인 공사의 평가기준 : 별지 7

② 각 항목별 심사기준일은 입찰공고 등에 다르게 정한 경우를 제외하고는 입찰공고일로 한다.

③ 시공경험, 기술능력, 시공평가결과, 경영상태의 평가자료 제출 및 평가방법은 입찰공고에서 달리 정한 경우를 제외하고는 다음 각 호와 같다. 다만, 평가자료가 없거나 평가자료를 제출하지 않는 경우에는 당해 자료를 제외하고 평가한다.

1. 대한건설협회, 대한전문건설협회, 한국전기공사협회, 한국정보통신공사협회, 대한설비건설협회, 한국소방시설협회, 한국건설기술인협회, 대한시설물유지관리협회(이하 "관련협회"라 한다) 등으로부터 통보된 자료 또는 업체로부터 직접 제출(관련협회가 없어 실적관리를 하지 않거나, 관련협회에서 실적관리를 하지 않는 업체의 경우)되어 입찰서제출 마감일 전일까지 국방전자조달(D2B)시스템(이하 "시스템"이라 한다)에 등록된 자료(최근 5년간 시공경험, 기술능력, 시공평가

결과, 경영상태를 의미하며, "최근 5년간"이란 관련협회의 통계완료 최종년도를 기준으로 한다.) 다만 제2조 제1항 제3호에 따른 별지제3호의 평가기준에 근거한 경영상태 평가의 경우, 적격심사기준에 의한 감사보고서 또는 검사보고서를 제출받아 평가한다.

2. <삭제>
3. 제1호에 의하여 최근 5년간 시공경험에 관한 평가자료를 계약관서(부대)에 직접 제출하고자 하는 경우에는 시공능력공시액은 관련협회에서 증명한 자료에 의하며, 최근 5년간 시공경험에 관한 평가자료는 관련협회에서 증명한 연도별 시공실적을 제출하여야 한다. 다만, 관련협회가 없는 경우에는 입찰공고에서 정하는 바에 따른다.
4. 시공실적보유자를 대상으로 한 경쟁입찰공사의 실적평가는 입찰공고에서 정한 기한 내에 제출된 시공실적의 자료로 평가하며, 시공실적 인정방법은 [별표 8] 또는 입찰공고에 정한 바에 의한다.

4의2. 제1호에도 불구하고 제7항에 따라 입찰자가 상호시장에 진출하는 경우(종합건설사업자가 전문공사에 참가하거나 전문건설사업자가 종합공사에 참가하는 경우) 시공경험, 영업기간 등의 평가자료는 관련협회(입찰 시 참가하는 공사에 해당하는 업종 관련협회)로부터 입찰자가 직접 발급받은 자료(관련협회 증명 필요)를 제출받아 평가한다.

5. 경영상태 평가는 다음 각 목과 같다.

가. 경영상태 평가는 해당 공사규모별 평가기준표(별표)에 따른다.

나. 신용평가등급에 의한 평가는 「신용정보의 이용 및 보호에 관한 법률」 제4조제1항제1호 또는 「자본시장과 금융투자업에 관한 법률」 제9조제26항의 업무를 영위하는 신용정보회사가 심사기준일 이전에 평가한 유효기간내에 있는 <회사채에 대한 신용평가등급>, <기업어음에 대한 신용평가등급>, <기업신용평가등급> 중에서 가장 최근의 등급에 의하여 평가한다. 다만, 합병한 업체에 대하여는 입찰서 제출마감일 전일까지 발급받은 유효기간 내의 가장 최근 등급에 의하여 평가할 수 있다.

다. 나목의 단서에 따라 합병한 업체가 입찰서 제출마감일 전일까지 새로운 신용평가등급을 발급받은 경우에는 새로운 신용평가등급으로 평가할 수 있고, 그 전까지는 합병대상 업체 중 가장 낮은 신용평가등급을 적용한다.

라. 재무비율에 의한 평가시 경영상태의 항목별 평가요소에 적용하는 업계 전체 가중평균비율(평가항목별 건설업종의 분모합계액 대비 분자합계액의 백분율을 말하며, 이하 "평균비율"이라 한다)은 관련협회에서 조사 통보한 최근의 비율을 적용한다. 다만, 업종별 심사항목별 평균비율이 산출되지 않는 업종의 경우에는

최근년도 한국은행 "기업경영분석" 자료를 적용하여 평가한다.

마. 재무비율에 의한 평가시 업체별 경영상태 평가는 다음의 결산서에 따른다.

1) 부채비율 및 유동비율에 의한 평가는 직전 회계연도 정기결산서(비건설업 혹은 다른 건설업면허 보유여부와는 상관없이 세법 등 관련법령에 따라 제출된 정기결산서를 말함. 이하 같음)로 평가함.

2) 당해 회계연도에 새로 설립되거나 설립등기한 업체(합병 또는 분할합병으로 신설된 경우는 제외한다. 이하 "신설업체"라 한다)의 경우에는 최초결산서(신설업체가 설립일 또는 법인의 경우 등기일을 기준으로 작성한 결산서로서 외감법 규정을 준용하여 작성된 감사보고서상의 재무제표를 말함. 이하 같음)로 경영상태를 평가함.

3) 당해 회계연도에 합병한 경우에는 합병대상업체(합병으로 존속하거나 소멸하는 업체를 말함. 이하 같음)의 직전 회계연도 정기결산서 합으로 평가하며, 동 평가금액은 합병으로 존속하는 업체의 합병후 경영상태평가시 직전 회계연도 정기결산서로 보며, 이 경우 최초결산서는 합하지 아니한다. 다만, 합병대상업체가 모두 신설업체인 경우에는 최초결산서 합으로 평가하며, 동 평가금액은 합병으로 존속하는 업체의 합병 후 경영상태평가시 최초결산서로 봄.

4) 당해 회계연도에「상법」제530조의2제2항의 규정에 따라 분할합병한 경우에는 제4호의 규정에 불구하고 분할되는 업체를 제외한 합병대상업체의 직전 회계연도 정기결산서의 합으로 평가함. 다만, 합병대상업체가 모두 신설업체인 경우에는 분할되는 업체를 제외한 합병대상업체의 최초결산서 합으로 평가함.

바. 마목의 규정에 따른 결산서는 다음 경우에 한하여 평가자료로 인정하며, 자료의 누락·오류 등으로 인한 불이익에 대한 책임은 당해 업체에 있다.

1) 관련협회가 조사하여 문서 또는 통신망으로 통보하거나 제출한 자료

2) 결산서 또는 관련협회가 발급한 경영상태확인서 (별지 제2-1호 서식)를 계약관서에 직접 제출한 경우

사. 관련협회의 자료가 없는 경우로서 바목의 2)의 규정에 의하여 결산서를 계약관서에 직접 제출하는 경우에는 동 결산서에 대한 감사보고서는「주식회사 등의 외부감사에 관한 법률」(이하 "외감법"이라 한다.)의 규정에 의한 감사인의 회계감사를 받은 후 그 감사보고서(별지 제2-2호 서식 포함) 또는 한국공인회계사회의「재무제표 등에 대한 검토업무 기준」에 따라 작성한 검토보고서(별지 제2-2호 서식 준용)를 첨부하여야 한다.

아. 추정가격이 100억원 미만인 공사의 경우에는 마목, 사목의 규정에 의하여 제출된 감사보고서(정기결산에 대한 감사보고서 포함)상의 감사의견이 "한정의견"인 경우 경영상태평점에서 5/100를, "부적정의견" 또는 "의견거절"인 경우 10/100

을 감점하며 나목의 규정에 따라 합병 또는 분할합병한 업체는 합병대상업체 중 가장 낮은 감사의견을 적용하고 정당한 사유로 감사인 의견이 없는 합병대상업체는 적정의견으로 본다.

6. 당해 공사의 입찰참가에 필요한 복수의 업종 중 하나의 업종에만 등록하여도 입찰참가자격을 부여하는 공사(「건설산업기본법」에 따른 건설공사는 제외한다)의 경우 입찰공고에 따라 경영상태, 시공경험은 해당분야의 배점한도를 부여할 수 있다.
7. 관련협회가 심사분야별·항목별 평가자료를 관리하지 아니하거나 관련협회가 없는 등의 사유로 시스템에 등록된 자료 또는 국방부에 제출된 자료가 없는 업종은 입찰공고에 따라 해당 심사분야는 배점한도를 부여할 수 있다.

④ 신인도의 자료인정 및 평가방법은 「군시설공사 입찰참가자격 사전심사 세부운영기준에 관한 훈령」 (이하 'PQ심사기준훈령'이라고 한다)에 의한다. 다만, PQ심사기준훈령 제4조제3항의 적용은 이 훈령 제7조제2항에서 정한 이의신청기간까지 제출된 자료로 평가한다.

⑤ 추정가격 50억원 미만 공사에 대한 신인도의 평가 4. 기타는 국방통합재정정보시스템에 등록된 자료에 의하며, 평가방법은 <별지4> 내지 <별지7>에서 정한 바에 따른다.

⑥ 가산점 등으로 해당 심사분야별 평가점수가 배점한도를 초과하는 경우에는 배점한도를 적용한다.

⑦ 「건설산업기본법」에 따라 종합공사를 시공하는 업종(이하 “종합업종”이라 한다)을 등록한 건설사업자(이하 “종합건설사업자”라 한다)와 전문공사를 시공하는 업종(이하 “전문업종”이라 한다)을 등록한 건설사업자(이하 “전문건설사업자”라 한다)가 모두 참가할 수 있는 입찰(이하 “상호시장 진출을 허용한 입찰”이라 한다)의 시공경험, 경영상태(경영상태 심사방법 중 최근년도 부채비율 및 유동비율, 영업기간), 하도급관리계획의 적정성 평가는 다음 각 호 및 별지와 같으며, 그 외 심사항목은 별지를 따른다.

1. 시공경험 : 국토교통부고시 「종합·전문업종간 상호시장 진출을 위한 건설공사실적 인정기준」을 기준으로 한다.
   가. 전문건설사업자가 전문공사로 구성된 추정가격 10억원 이상인 종합공사에 참가하는 경우에는 입찰공고에 명시한 추정금액 기준 전문업종별 구성비율로 배점을 구분하고 각 전문업종별로 평가해 합산한다.
   나. 2023. 12. 31. 이전 입찰공고한 공사로서 전문건설사업자가 전문공사로 구성된 추정가격 10억원 미만 3억원 이상인 종합공사에 참가하는 경우에는 각 전문업종별 실적을 합산해 평가한다. 다만, 전문업종별 실적이 입찰공고에 명시한 각

전문업종별 추정금액(공동수급체 구성원은 추정금액에 전문업종의 공사참여 지분율을 곱한 값) 대비 1/5 미만인 업종이 있는 전문건설사업자는 입찰공고에 명시한 추정금액 기준 전문업종별 구성비율로 배점을 구분하고 각 전문업종별로 평가해 합산한다.

다. 2024. 1. 1. 이후 입찰공고한 공사로서 전문건설사업자가 전문공사로 구성된 추정가격 10억원 미만 3억원 이상인 종합공사에 참가하는 경우에는 입찰공고에 명시한 추정금액 기준 전문업종별 구성비율로 배점을 구분하고 각 전문업종별로 평가해 합산한다.

라. 전문건설사업자가 전문공사로 구성된 종합공사에 참여하는 경우로서 2021. 1. 1. 이후 전문건설사업자의 자격으로 취득한 종합공사 실적을 보유한 경우에는 해당 종합공사 실적을 우선 평가(종합건설사업자의 종합공사 평가방법과 동일)하고 배점한도를 충족하지 못할 경우 잔여 배점을 기준으로 "가"목 내지 "다"목에 의하여 전문업종별 실적을 평가하여 합산한다.

2. 경영상태(최근년도 부채비율 및 유동비율) : 관련협회가 조사·통보한 종합건설사업자 및 전문건설사업자의 가중평균비율을 기준으로 한다.

가. 종합건설사업자의 부채비율 및 유동비율은 종합건설사업자의 가중평균비율을 기준으로 등급을 정해 평가한다.

나. 전문건설사업자의 부채비율 및 유동비율은 전문건설사업자의 가중평균비율을 기준으로 등급을 정해 평가한다. 다만, 전문건설사업자가 전문공사에 참가하는 경우 전문건설사업자의 부채비율 및 유동비율은 해당 전문업종의 가중평균비율을 기준으로 등급을 정해 평가한다.

3. 경영상태(영업기간) : 다음 각목의 방법 및 별표에 따라 영업기간을 산정한다.

가. 종합공사에 전문건설사업자가 참여하는 경우에는 해당 종합공사를 구성하는 전문공사 참여 업종의 등록일 중 가장 빠른 날부터 심사기준일까지의 기간을 기준으로 한다.

나. 전문공사에 종합건설사업자가 참여하는 경우에는 입찰공고에 입찰참가자격으로 명시한 종합공사 참여 업종의 등록일 중 가장 빠른 날부터 심사기준일까지의 기간을 기준으로 한다.

4. 하도급관리계획의 적정성 : [별표5]에도 불구하고 직접 시공하는 경우에는 배점한도를 부여한다.

⑧「건설산업기본법」 및 국토교통부고시「건설공사 발주 세부기준」제8조의2에 따른 전문업종별 주력업무분야를 시공자격으로 하는 전문공사 입찰의 시공경험 평가는 다음 각 호와 같다.

1. 전문·종합건설사업자가 주력업무분야를 시공자격으로 하는 전문공사에 참가하

는 경우에는 해당 주력업무분야 실적을 기준으로 한다.

2. 주력업무분야를 시공자격으로 하는 전문공사 입찰의 경우 '전문업종'은 '주력업무분야'로 본다.

⑨ 제7항에도 불구하고「건설산업기본법」및 국토교통부고시「건설공사 발주 세부기준」제9조에 따른 시설물유지관리업의 업무내용에 해당하는 완성된 시설물에 대한 개량·보수·보강하는 공사로서 전문업종(시설물유지관리업을 제외한다. 이하 이 항에서 같다) 2개 이상 복합된 전문공사(이하 "복합 시설물유지관리업 전문공사"라 한다) 입찰의 시공경험, 경영상태(경영상태 심사방법 중 최근년도 부채비율 및 유동비율, 영업기간), 하도급관리계획의 적정성 평가는 다음 각 호와 같으며, 이 항에서 정하지 않은 심사항목은 별지를 따른다.

1. 시공경험 : 상호시장 진출을 허용한 입찰에서 종합건설사업자가 복합 시설물유지관리업 전문공사에 참가하는 경우에는 국토교통부 고시「종합・전문업종간 상호시장 진출을 위한 건설공사실적 인정기준」에 따라 인정받은 전문업종 실적을 기준으로 한다.

가. 시설물유지관리업을 등록한 건설사업자(이하 "시설물유지관리사업자"라 한다)가 복합 시설물유지관리업 전문공사에 참가하는 경우에는 시설물유지관리업 실적을 기준으로 한다.

나. 전문건설사업자(시설물유지관리사업자를 제외한다. 이하 이 항에서 같다) 및 종합건설사업자가 추정가격 10억원 이상인 복합 시설물유지관리업 전문공사에 참가하는 경우에는 입찰공고에 명시한 추정금액 기준 전문업종별 구성비율로 배점을 구분하고 각 전문업종별로 평가해 합산한다.

다. 2023. 12. 31. 이전 입찰공고한 공사로서 전문・종합건설사업자가 추정가격 10억원 미만 3억원 이상인 복합 시설물유지관리업 전문공사에 참가하는 경우에는 각 전문업종별 실적을 합산해 평가한다. 다만, 전문업종별 실적이 입찰공고에 명시한 각 전문업종별 추정금액(공동수급체 구성원은 추정금액에 전문업종의 공사참여 지분율을 곱한 값) 대비 1/5 미만인 업종이 있는 전문・종합건설사업자는 입찰공고에 명시한 추정금액 기준 전문업종별 구성비율로 배점을 구분하고 각 전문업종별로 평가해 합산한다.

라. 2024. 1. 1. 이후 입찰공고한 공사로서 전문・종합건설사업자가 추정가격 10억원 미만 3억원 이상인 복합 시설물유지관리업 전문공사에 참가하는 경우에는 입찰공고에 명시한 추정금액 기준 전문업종별 구성비율로 배점을 구분하고 각 전문업종별로 평가해 합산한다.

마.「종합・전문업종간 상호시장 진출을 위한 건설공사실적 인정기준」 제2조제2항제2호에 따른 업종전환 이후의 건설공사실적은 건설사업자가 상대시장에서 수행한 건설공사실적으로 평가한다.

2. 경영상태(최근년도 부채비율 및 유동비율) : 관련협회가 조사·통보한 시설물유지관리사업자 및 전문·종합건설사업자의 가중평균비율을 기준으로 한다.
   가. 시설물유지관리사업자의 부채비율 및 유동비율은 시설물유지관리업의 가중평균비율을 기준으로 등급을 정해 평가한다.
   나. 전문건설사업자의 부채비율 및 유동비율은 전문건설사업자의 가중평균비율을 기준으로 등급을 정해 평가한다.
   다. 종합건설사업자의 부채비율 및 유동비율은 종합건설사업자의 가중평균비율을 기준으로 등급을 정해 평가한다.
3. 경영상태(영업기간) : 종합건설사업자가 복합 시설물유지관리업 전문공사에 참가하는 경우에는 종합건설사업자가 입찰 참가하는 공사업종의 등록일 중 가장 빠른 날로부터 심사기준일까지의 기간을 기준으로 영업기간을 산정한다.
4. 하도급관리계획의 적정성 : [별표5]에도 불구하고 직접 시공하는 경우에는 배점한도를 부여한다.

제3조(공동수급체의 경우 분야별 평가방법) ① 공동수급체의 수행능력("시공경험, 기술능력, 시공평가결과, 경영상태, 신인도"를 말하며 이하 같다)의 평가는 다음 각 호와 같다.

1. PQ심사대상공사의 수행능력 평가는 PQ심사기준훈령에 의한다.
2. PQ심사대상공사 이외 공사의 시공경험, 기술능력, 시공평가결과, 경영상태 및 공사참여지분율(이하 "시공비율"이라 한다)은 다음 각목에 의한다.
   가. 시공경험, 기술능력은 공동수급체 구성원별 각각의 시공경험, 기술능력에 시공비율을 곱하여 산정한 후 이를 합산하여 평가한다.
   나. 경영상태, 기술능력 항목중 기술개발투자비율 및 신인도는 공동수급체 구성원별로 각각 산출한 점수에 시공비율을 곱한 후 합산평가한다. 다만, 제2조제7항제1호 가목, 나목 단서, 다목에 따라 평가하는 전문건설사업자의 경영상태, 신인도는 공동수급체 구성원별로 산출한 점수에 평가대상 업종 또는 주력업무분야의 시공비율(전문업종별로 시공비율에 입찰공고에 명시한 추정금액 기준 구성비율을 곱한 후 이를 합산)을 곱한 후 이를 합산해 평가한다.
   다. 제2조제3항제6호 및 제7호에 따라 수행능력 중 일부 또는 전부에 배점한도를 부여하는 공동수급체 구성원의 경우에도 시공비율을 적용해 평가한다.

② 공동수급체 각 구성원의 시공비율은 입찰공고에서 다르게 정한 경우를 제외하고는 다음 각 호와 같으며, 평가대상 업종을 기준으로 산정한다.

1. 평가대상 업종이 건설산업기본법령의 적용을 받는 공사로서 평가대상 업종의 추정가격이 50억원(전문공사는 5억원) 이상인 경우 공동수급체 각 구성원의 시공

비율은 다음 각 목에 따라 산정한다. 다만, 상호시장 진출을 허용한 입찰에서 시공비율 산정에 필요한 시공능력평가액이 공시되지 않는 등의 이유로 시공비율을 산정할 수 없는 경우에는 공동수급체 각 구성원의 평가대상 업종(제2조제6항제1호 가목, 나목 단서, 다목에 따라 평가하는 경우에는 전문업종)의 공사참여 지분율을 시공비율로 본다.

가. 공동수급체 각 구성원의 시공능력평가액을 평가대상 업종의 추정금액(도급자가 설치하지 아니하는 관급자재 금액을 제외하며, 이하 같다.)으로 나누어 산정한다. 다만, 산정한 시공비율이 평가대상 업종의 공사참여 지분율을 초과하는 경우 시공비율은 평가대상 업종의 공사참여 지분율로 하고, 잔여 시공비율을 다른 구성원에게 배분하지 아니한다.

나. 토목건축공사업을 등록한 건설사업자의 시공비율은 평가대상 업종에 해당하는 토목 또는 건축분야의 시공능력평가액을 기준으로 산정한다.

다. 입찰자가 평가대상 업종에 단독(1인)으로 참가하는 경우에는 시공능력평가액에 따른 시공비율을 산정하지 아니한다.

2. 평가대상 업종이 전기공사업법령, 정보통신공사업법령, 소방시설공사업법령 등의 적용을 받는 공사로서 평가대상 업종의 추정가격이 5억원 이상인 경우 공동수급체 각 구성원의 시공비율은 다음 각 목에 따라 산정한다.

가. 공동수급체 각 구성원의 시공능력평가액을 평가대상 업종의 입찰가격으로 나누어 산정한다. 다만, 산정한 시공비율이 평가대상 업종의 공사참여 지분율을 초과하는 경우 시공비율은 평가대상 업종의 공사참여 지분율로 하고, 잔여 시공비율을 다른 구성원에게 배분하지 아니한다.

나. 평가대상 업종의 입찰가격은 입찰자의 입찰가격(도급금액)에 입찰공고에 명시한 추정가격+부가가치세 대비 당해업종의 추정가격+부가가치세 구성비율을 곱하여 산정한 금액에 따른다.

다. 입찰자가 평가대상 업종에 단독(1인)으로 참가하는 경우에는 시공능력평가액에 따른 시공비율을 산정하지 아니한다.

3. 제1호 및 제2호에 해당하지 않는 경우에는 평가대상 업종(제2조제7항제1호가목, 나목 단서, 다목에 따라 평가하는 경우에는 전문업종)의 공사참여 지분율을 시공비율로 본다.

4. 제1호 내지 제3호에도 불구하고 관련협회가 시공능력평가액을 공시하지 않거나 관련협회가 없는 등의 사유로 시공능력평가액이 공시되지 않는 업종을 포함한 공사는 입찰공고에 따라 평가대상 업종의 공사참여 지분율을 시공비율로 본다.

③ 공동수급체 구성원 내에 당해 공사현장이 있는 특별시, 광역시, 도에 본사를 둔 지역업체의 가산평가는 별표 9에 따른다. 다만 다음 각 호의 경우는 가산평가를

적용하지 않는다.

1. 지역제한경쟁으로 공고된 공사
2. 지역의무 공동도급으로 공고된 공사
3. 당해 지역 안내 공사의 이행에 필요한 자격을 갖춘 자가 10인 미만인 경우
4. 입찰공고에서 가산평가를 제외한 공사
5. 단독으로 입찰에 참가한 경우
6. 「독점규제 및 공정거래에 관한 법률」에 의한 상호출자제한기업집단 소속 계열회사간 공동수급체 구성

④ 다음 각 호에 해당하는 경우에는 평가에서 제외한다. 이 경우 평가제외자의 시공비율은 다른 구성원에 배분하지 아니한다.

1. 공동수급체 구성원 중 평가대상 업종 이외의 업종만을 공동도급으로 입찰에 참여한 자
2. 공동수급체 구성원 중 제3조제2항에 의하여 산정한 평가대상 업종의 시공비율(제2조제7항제1호가목, 나목 단서, 다목에 따라 평가하는 전문건설사업자는 전문업종별로 시공비율에 입찰공고에 명시한 추정금액 기준 구성비율을 곱한 후 이를 합산)이 10% 미만인 자.
3. 공동수급체 구성원 중 부정 또는 허위로 작성된 심사서류를 제출한 자와 정당한 사유 없이 심사서류의 전부 또는 일부를 제출하지 아니한 자(대표자의 경우에는 공동수급체)

제4조(심사항목 및 배점한도) 발주관서의 장 또는 계약담당공무원은 계약의 특성·목적 및 내용 등을 종합고려하여 심사분야별 배점한도(입찰가격은 제외)를 20% 범위 내에서 가감 조정할 수 있으며, 항목별(신인도 제외) 세부사항을 추가하거나 제외할 수 있다. 이 때에는 입찰공고에 조정내용을 명시하거나 입찰등록일 전일까지 입찰참가자가 열람 또는 교부 등을 통해 그 내용을 알 수 있도록 조치하여야 한다.

제5조(적격심사위원회 구성) ① 추정가격 50억원 이상인 공사에 대해 발주관서의 장 또는 계약담당공무원이 필요하다고 인정되는 경우 적격심사위원회를 구성할 수 있다. 이 경우 적격심사위원회의 평가결과를 종합하여 적격업체를 선정하여야 한다.

② 제1항의 적격심사위원회를 구성하는 때에는 관련부서 각 2인 이상의 담당관으로 하며, 이 때 분야별 심사위원은 다음 각 호와 같이 구성한다.

1. 입찰가격, 경영상태 및 신인도 분야 : 회계(재정)부서 담당관
2. 시공경험, 기술능력, 시공평가결과, 시공계획의 적정성 및 기타 기술전문 분야 : 공사(시설)부서 담당관

제6조(낙찰자 결정) 계약담당공무원은 예정가격 이하로서 최저가 입찰자에 대한 심사결과 추정가격이 100억원 미만인 공사의 경우에는 종합평점이 95점 이상인 자를 낙찰자

로 결정한다.

제6조의2(순공사원가 기준 낙찰 배제 세부절차) ① 예정가격이 100억원 미만 공사에서 입찰가격을 예정가격 중 다음 각 호에 해당하는 금액의 합계액(이하 "순공사원가"라 한다)의 100분의 98 미만으로 입찰한 자는 심사대상에서 제외한다.

1. 재료비(완제품 포함)·노무비·경비
2. 제1호에 대한 부가가치세

② 예정가격 중 순공사원가는 다음 각 호와 같이 산정한다.

1. (기초예비가격 중 재료비, 노무비, 경비와 이에 대한 부가가치세를 합산한 금액) × (예정가격 / 기초예비가격)
2. 제1호에 따라 산정한 값의 소수점 첫째자리 이하는 절상한다.

③ 예정가격 중 순공사원가의 100분의 98은 다음 각 호와 같이 산정한다.

1. (제2항에 따라 산정한 예정가격 중 순공사원가) × (98 / 100)
2. 제1호에 따라 산정한 값의 소수점 첫째자리 이하는 절상한다.

제7조(적격심사 세부절차) ① 최저입찰가격 점수 이상인 최저가 입찰자 또는 최저가 입찰자로부터 낙찰이 가능하다고 판단되는 수개의 입찰자에게 예비적격심사서류의 제출을 요구할 수 있다.

② 계약관서(부대) 자체심사자료 또는 계약관서(부대)의 요구에 의해 제출한 예비적격심사자료에 의해 최저가 입찰자부터 당해공사 수행능력과 입찰가격, 자재 및 인력조달가격의 적정성(추정가격 100억원 미만 50억원 이상인 공사의 경우 [별표 6] 평가산식의 노무비와 제경비 적정성 평가는 배점한도를 적용하고 당해공사의 난이도계수를 곱하여 산출한 점수를 잠정 적용한다), 하도급관리계획의 적정성(배점한도를 잠정 적용한다)의 평가점수를 합산하여 예상종합평점이 공사규모별 적격통과점수에 미달되는 각 입찰자에게는 예상평가점수를 통보하고 3일 이내에 이의신청을 할 수 있도록 한다. 다만, 입찰가격점수와 다른 심사분야의 배점한도를 합산한 종합평점이 적격통과점수에 미달하는 입찰자에게는 평가점수를 통보하지 아니할 수 있다.

③ 제2항에 의한 예상종합평점이 적격통과점수 이상인 최저가 입찰자를 적격심사대상자로 선정하고, 추정가격 50억원 이상 공사에 대하여는 <별지 제6호서식>의 하도급관리계획서, 자재 및 인력조달가격 평가서류(추정가격이 100억원 미만 50억원 이상인 공사의 경우에 한함)를 제출하게 하여 평가하며, 동 계획서의 제출기한은 통보받은 날로부터 7일 이내로 한다.

④ 제3항에 의하여 제출된 하도급관리계획서는 [별표 5], 자재 및 인력조달가격의 적정성은 [별표 6]에 따라 평가한다.

⑤ 제3항에 의한 하도급관리계획서와 자재 및 인력조달가격 평가 서류의 제출요구를 받고 소정의 기일까지 서류를 제출하지 않은 경우에는 적격심사대상에서 제외하고

차순위 입찰자에 대하여 동일한 방법으로 심사하여 낙찰자를 결정한다.

⑥ 적격심사에 소요되는 행정소요일수를 감안하여 계약담당공무원이 필요하다고 인정하는 경우에는 예정가격 이내 입찰자를 대상으로 동시에 적격심사를 할 수 있다.

제8조(제출서류 등) ① 제7조제3항에 의한 적격심사대상자가 <별지1> 내지 <별지9>의 평가기준에 따른 자료 제출의 요구를 받은 경우에는 7일 이내에 다음 각 호의 서류를 제출하도록 한다.

1. 적격심사 신청서(별지 제1호서식)
2. 적격심사 자기평가 및 심사표 (별지 제2호서식)
3. 시설공사 시공실적증명서(별지 제3호서식)
4. 기타 입찰공고에 제출토록 명시된 서류

② 계약담당공무원은 제1항에 의하여 제출된 적격심사서류 중 첨부목록에 있는 서류가 첨부되어 있지 않거나 제출된 서류가 불명확하여 인지할 수 없는 경우에는 기한을 정하여 보완을 요구할 수 있다.

③ 제2항의 규정에 의해 정해진 기한까지 제출서류를 보완하지 아니한 때에는 기제출한 서류만으로 심사하되, 기제출된 서류가 불명확하여 심사하기가 곤란한 경우에는 심사에서 제외한다.

④ 법원의 법정관리 또는 화의 개시업체는 주거래은행의 당좌거래 재개 및 보증기관의 보증서 발급가능 확인서를 제1항 및 제3항의 규정에 불구하고 추가로 제출토록 한다.

제9조(적격심사 결격) ① 계약담당공무원은 「국가를 당사자로 하는 계약에 관한 법률 시행령」 제72조에 따라 공동계약을 허용한 경우로서, 공동수급체 구성원 중 대표자가 낙찰자 결정 이전에 부도(부도업체에 대한 법원의 회생절차 개시결정이 있는 경우에는 제외한다)·파산·해산·부정당업자 제재·영업정지·입찰무효 등(이하 "부도 등" 이라 한다)의 상태에 있는 경우에는 당해 공동수급체의 결격사유로 본다. 다만, 대표자 이외의 구성원이 부도 등의 상태에 있는 경우에는 해당 구성원을 제외하고 잔존구성원의 출자비율 또는 분담내용을 변경하게 하여 재심사한다.

② 적격심사대상자가 입찰공고일 현재 공사관련 법령이 정하는 업종 등록기준의 기술자 보유기준에 미달하는 경우에는 당해공사 수행능력 결격사유로 본다. 다만, 공사관련 법령에서 정한 일시적 등록기준 미달(4대보험 가입자격상실 확인서상 퇴사일 기준)로서 입찰서 제출 마감일 전일까지 4대보험 관련기관에 자격취득 사실을 신고하고 등록기준을 충족하는 경우에는 등록기준 미달로 보지 아니한다.

③ 복합업종 공사의 경우 전체 업종을 대상으로 각 업종 등록기준의 기술자 보유기준 미달여부를 확인하며, 공동수급체의 경우 전체 구성원(공동이행방식 및 분담이행방식)에 대하여 각 구성원이 참여한 업종을 대상으로 당해업종 등록기준의 기술자

보유기준 미달여부를 확인한다.

④ 기술자 보유기준 미달여부 확인은 입찰공고일 현재를 기준으로 공사관련 법령에 따라 기술자 정보를 관리하는 협회로부터 통보되어 시스템에 등록된 자료나 직접 발급받은 자료를 제출받아 확인한다. 다만, 협회에서 관리하는 자료로 확인할 수 없는 경우에는 적격심사대상자로부터 기술자 자격증 사본, 4대 보험 가입증명서류 등 필요한 자료를 제출받아 확인할 수 있다.

⑤ 상호시장 진출을 허용한 입찰에서 입찰자가 상호시장에 진출하는 경우(종합건설사업자가 전문공사에 참가하거나 전문건설사업자가 종합공사에 참가하는 경우) 입찰참가 등록마감일까지 당해 공사를 시공하는 업종의 등록기준을 갖추어야 하고, 등록기준에 미달하는 경우에는 낙찰자 결정 대상에서 제외된다.

제10조(부정한 방법으로 심사서류를 제출한 자 및 미제출자의 처리) ① 적격심사대상자가 이 기준의 규정에 따라 제출한 서류 중 부정 또는 허위로 작성된 서류가 포함된 것으로 판명된 때에는 다음 각 호에 따라 처리한다. 공동수급체 대표자의 경우에는 공동수급체에 대하여 적용한다.

1. 계약체결 이전인 경우에는 적격낙찰자 결정대상에서 제외 또는 결정 통보를 취소한다.
2. 계약체결 이후인 경우에는 당해 계약을 해제 또는 해지할 수 있다.

② 계약담당공무원은 제1항에 해당하는 자에 대하여 「국가를 당사자로 하는 계약에 관한 법률 시행령」 제76조에 따라 국방부장관(참조: 계획예산관)에게 입찰참가자격 제한을 건의하여야 한다.

제11조(세칙) 이 기준을 적용하는 기관의 장은 국방부장관의 승인을 얻어 이 기준의 시행을 위하여 필요한 세부사항을 정할 수 있다. 다만, 사업의 특성에 의하여 계약건별로 적용하는 세부사항에 대하여는 예외로 한다.

제12조(기타사항) ① 이 기준에 정하지 아니한 사항에 대하여는 관련 계약예규와 PQ심사기준 등을 적용하며, 공사의 특성에 따라 이 기준을 적용하기 곤란하다고 인정되는 사항에 대하여는 입찰공고에 별도로 반영하여 집행할 수 있다.

② 본 기준 내용 중 평가점수의 계산결과 소수점이하의 숫자가 있는 경우 규정에 별도로 정하지 아니한 때에는 다음 각 호에 따라 산정한다.

1. 시공비율의 소수점 여섯째 자리 이하는 버림 한다.
2. 시공경험, 기술능력, 시공평가결과, 경영상태, 신인도, 자재 및 인력조달가격의 적정성, 하도급 관리계획의 적정성 평가에 대해 해당분야별 평가 최종단계 점수의 소수점 셋째 자리 이하는 올림 한다.
3. 기타 평가 최종단계 점수의 소수점 셋째 자리 이하는 올림한다.

제13조(존속기한) 이 훈령은 「훈령·예규 등의 발령 및 관리에 관한 규정」에 따라 이 훈령을 발령한 후의 법령이나 현실 여건의 변화 등을 검토하여야 하는 2028년 6월 10일까지 효력을 가진다.

부 칙

1. 이 기준은 2008. 1. 14. 이후에 입찰공고를 한 후 실시하는 적격심사부터 적용한다.
2. 이 기준 시행과 동시에 회계관리팀-1386('07. 5. 1.)"군시설공사적격심사기준"은 폐지한다.

부 칙

1. 이 규정은 2008. 11. 1.부터 시행한다.
2. (경과조치)이 규정 시행일 전에 입찰공고한 공사계약에 대한 적격심사는 종전의 규정에 따른다.

부 칙(2009.6.12.)

1. 이 예규는 발령한 날부터 시행한다
2. (경과조치)이 예규 시행일 전에 입찰공고한 공사계약에 대한 적격심사는 종전의 예규에 따른다.

부 칙(2009.8.6.)

이 예규는 발령일부터 시행한다.

부 칙

제1조 이 규정은 2011. 1. 1.부터 시행한다.

제2조(경과조치)이 규정 시행일 전에 입찰공고한 공사계약에 대한 적격심사는 종전의 예규에 따른다.

부 칙(2012. 1. 9.)

제1조(시행일) 이 예규는 발령한 날부터 시행한다.

제2조(경과조치)이 규정 시행일 전에 입찰공고한 공사계약에 대한 적격심사는 종전의 예규에 따른다.

부 칙(2012. 5. 14.)

제1조(시행일) 이 예규는 발령한 날부터 시행한다.

제2조(경과조치)이 규정 시행일 전에 입찰공고한 공사계약에 대한 적격심사는 종전의 예규에 따른다.

부 칙(2012. 12. 31.)

제1조(시행일) 이 훈령은 2013년 1월 1일부터 시행한다.

제2조(경과조치)이 규정 시행일 전에 입찰공고한 공사계약에 대한 적격심사는 종전의 예규에 따른다.

부　칙(2013. 12. 31.)

제1조(시행일) 이 훈령은 2014년 1월 1일부터 시행한다.

부　칙(제1669호, 2014. 6.11.)

제1조(시행일) 이 훈령은 발령한 날부터 시행한다.

부　칙(제1757호, 2014.12.31.)

제1조(시행일) 이 훈령은 2015년 1월 1일부터 시행한다.

제2조(경과조치) 이 훈령 시행일 전에 입찰공고한 공사계약에 대한 적격심사는 종전의 훈령에 따른다.

부　칙(제1841호, 2015.11.12.)

제1조(시행일) 이 훈령은 2015년 11월 16일부터 시행한다.

제2조(경과조치) 이 훈령 시행일 전에 입찰공고한 공사계약에 대한 적격심사는 종전의 훈령에 따른다.

부　칙(제2056호, 2017. 8.1.)

제1조(시행일) 이 훈령은 발령한 날부터 시행한다.

제2조(경과조치) 이 훈령 시행일 전에 입찰공고한 공사계약에 대한 적격심사는 종전의 훈령에 따른다.

부　칙(제2383호, 2020. 1.10.)

제1조(시행일) 이 훈령은 발령한 날부터 시행한다.

제2조(경과조치) 이 훈령 시행일 전에 입찰공고한 공사계약에 대한 적격심사는 종전의 훈령에 따른다.

부　칙(제2431호, 2020. 5.27.)

제1조(시행일) 이 훈령은 2020년 5월 27일부터 시행한다. 다만, 추정가격 300억원 미만 100억원 이상인 공사계약에 대한 제2조의 개정규정은 2020년 6월 17일부터 시행한다.

제2조(경과조치) 이 훈령 시행 전에 입찰공고를 한 건은 종전의 훈령에 따른다.

부　칙(제2536호, 2021. 3.31.)

제1조(시행일) 이 훈령은 2021년 4월 1일부터 시행한다.

제2조(경과조치) 이 훈령 시행일 전에 입찰공고한 공사계약에 대한 적격심사는 종전의

훈령에 따른다.

부 칙(제2693호, 2022. 8.1.)

제1조(시행일) 이 훈령은 2022년 8월 1일부터 시행한다.

제2조(경과조치) 이 훈령 시행일 전에 입찰공고한 공사계약에 대한 적격심사는 종전의 훈령에 따른다.

부 칙(제2731호, 2022.11.30.)

제1조(시행일) 이 훈령은 발령한 날부터 시행한다.

제2조 (경과조치) 이 훈령 시행일 전에 입찰공고한 계약에 대한 적격심사는 종전의 훈령에 따른다.

부 칙(제2849호, 2023.10.24.)

제1조(시행일) 이 훈령은 발령한 날부터 시행한다.

제2조 (경과조치) 이 훈령 시행일 전에 입찰공고한 계약에 대한 적격심사는 종전의 훈령에 따른다.

부 칙(제3049호, 2025. 6.11.)

이 훈령은 발령한 날부터 시행한다.

작성관
기획조정실 계획예산관 재정회계담당관 계약관리담당 / 900-5367

국 방 부 장 관

별지 목차

별표 목차

별지서식 목차

<별지 1> 삭제 <2020.6.17>

<별지 2> 삭제 <2020.6.17>

<별지 3>

추정가격 100억원 미만 50억원 이상의 공사 평가기준

1. 수행능력 평가 (30점)

시공경험, 경영상태, 신인도의 심사항목 점수를 합산하여 평가하며 점수는 심사항목별로 각각 평가한다.

가. 시공경험(15점) : 입찰방법에 따라 선택 적용

입찰방법	실적사항	점 수 배 점	비 고
실적에 의한 경쟁입찰공사 (15점) [주)1. 참조]	최근 10년간 당해공사와 동일한 종류의 공사실적	평가기준 규모대비 A : 100%이상 : 15점 B : 75%이상 : 13.5점 C : 50%이상 : 12.0점 D : 30%이상 : 10.5점 E : 30%미만 : 9.0점	
실적에 의한 경쟁입찰 이외의 경쟁입찰공사(15점) [주]2)부터 5)참조	최근 5년간 당해공사의 업종별 또는 주력업무분야별 공사실적(금액)	점수 = 실적계수×15 (다만, 평점상한은 15점) * 실적계수 =업종별 또는 주력업무분야별 실적의 합계액÷(기초예비가격×2)	실적은 업종별(토목,건축, 전기, 소방, 정보통신, 문화재 등) 또는 주력업무분야별로 구분적용

※ 【주】

1) 입찰공고에서 특별히 규정한 경우를 제외하고 평가기준규모는 시공실적대상공사(종)의 단위구조물에 대한 규모를 기준으로 하며, 동일한 종류의 공사실적으로 인정하는 규모는 입찰참가자격에서 정한 규모로 한다.(평가기준규모와 공사실적 인정기준 규모는 입찰공고에 명시)

2) 공동수급체의 경우 평가대상 업종에 대한 각 구성원의 최근 5년간 실적금액의 합계액에 각 구성원(종합건설사업자가 종합공사에 참가하거나 전문건설사업자가 전문공사에 참가하는 경우)의 시공비율을 곱하여 산출한 금액을 합산한 금액으로 평가한다(평가대상업종 및 업종별 추정금액은 입찰공고에 명시).

- 업종별 실적금액은 관급자재대가를 제외한 금액을 기준으로 한다.

3) 주계약자관리방식으로 참가하는 공동수급체 구성원(주계약자 제외한 종합건설사업자)은 공사실적에 시공비율을 곱해 산정한 금액을 "기초예비가격×B×시공비율" 까지만 인정한다.

   * B=2

4) 종합건설사업자가 전문공사에 참가하거나 전문건설사업자가 종합공사에 참가하는 경우 시공경험(공사실적)은 제2조제7항제1호를 따른다.

4.1) 종합건설사업자(또는 2개 업종 이상의 전문공사를 시공하는 업종을 등록한 전문건설업자가)가 2개 이상의 전문공종으로 구성된 복합전문공사에 참가하는 경우 입찰공고에 명시한 추정금액 기준 전문업종별 구성비율로 배점을 구분하고 각 전문업종별로 평가해 합산한다. (전문업종별 기초예비가격 = 기초예비가격 × 입찰공고에 명시한 추정금액 기준 해당 전문업종 구성비율)

5) 공동수급체 구성원으로서 전문건설사업자가 종합공사에 참가(제2조제7항제1호가목에 따라 평가)하는 경우 시공경험(공사실적)은 전문업종별로 5.1)부터 5.3)을 따른다.

5.1) 주계약자관리방식으로 참가하는 공동수급체 구성원(주계약자 제외)은 전문업종별로 공사실적에 시공비율을 곱해 산정한 금액을 "전문업종 기초예비가격×B×시공비율" 까지만 인정한다.

5.2) 5.1) 이외의 공동수급체 구성원(공동이행방식 구성원, 주계약자)은 전문업종별로 공사실적에 시공비율을 곱해 산정한 금액을 기준으로 한다.

5.3) 5.1) 및 5.2)에 따라 전문업종별로 공사실적에 시공비율을 곱해 산정한 금액을 합산한 금액은 ① 또는 ② 중 큰 금액 까지만 인정한다.

① : (전문업종 기초예비가격×B)×{∑(각 전문건설사업자의 해당 전문업종 시공비율)}

② : (전문업종 기초예비가격×B)×(1-종합건설사업자의 실적계수)

* 전문업종 기초예비가격 = (기초예비가격)×(입찰공고에 명시한 추정금액 기준 해당 전문업종 구성비율)

* 종합건설사업자의 실적계수 = {∑(각 종합건설사업자의 (1)에 따른 금액)}÷(기초예비가격×B) (주 2. 내지 3. 적용, 소수점 셋째자리 이하는 버림)

  (1) 공사실적×시공비율

* B=2

나. 경영상태(15점)

- 점수 = [별표 1] 경영상태평가표에 의한 종합평점 × 15/16
- 신용평가에 의한 점수는 [별표 4]에 의한다.

다. 신인도(±0.9)

- 종합공사 신인도(±0.9) : 사전심사기준에 의한 신인도 평점 × 18/100
  - · 전문건설사업자가 종합공사에 참가하는 경우 「군시설공사 입찰참가자격 사전심사 세부운영기준에 관한 훈령」 [별표3] 4. 신인도 평가 심사항목 '나. 하도급 관련사항' 5) 당해계약에서의 표준계약서 사용여부는 배점한도 부여
  - · 시공경험, 경영상태, 신인도 평가점수의 합이 수행능력 배점한도를 초과할 수 없음
- 전문·전기·정보통신·소방시설·문화재공사 등 신인도(±0.9) : 다음과 같이 평가한 점수에 100분의 30을 곱해 산정
  - · 시공경험, 경영상태, 신인도 평가점수의 합이 수행능력 배점한도를 초과할 수 없음

〈신인도 평가항목별 평점〉

구분	심사항목	평점
1. 일자리창출 기업	종합건설업으로 발주하는 공사는 입찰자가 제출하는 다음 각 호의 자료 중 어느 하나로 평가하고 이 외에는 2호로 평가 1) 최근년도 건설고용자수(건설근로자공제회 발표) 평가에 따른 평가등급을 보유한 자 ① 1등급인 자 ② 2등급인 자 2) 일자리창출 실적(고용인력 증가 등)이 확인되는 자(①과 ②의 평가 점수를 합산) ① 근로내용 확인신고서(고용보험법 시행규칙 별지 제7호서식)로 신고한 최근 6개월 평균 고용인원과 급여지급액이 그 이전 6개월 평균보다 증가한 경우 ② 국세청 홈택스 또는 관할세무서에서 발급한 표준손익계산서, 「법인세법 시행규칙」 [별지 제3호의 3서식] 등에 따라 관할 세무서에 신고된 손익계산서(공인회계사 또는 세무사 증명필요, 「법인세법 시행규칙」 [별지 제3호의 3서식] 준용)상 전년도 급여액(퇴직급여액 제외)이 전전년도 급여액(퇴직급여액 제외)보다 증가한 경우	 +3.0 +2.0 +2.5 +0.5
2. 건설재해 및 제재처분	1) 최근 3년간 고용노동부장관이 산정한 사고사망만인율의 가중 평균이 평균사고사망만인율의 가중평균 이하인 자	

	또는 초과한 자 ① 평균사고사망만인율 0.2배 이하 ② 평균사고사망만인율 0.4배 이하 ③ 평균사고사망만인율 0.6배 이하 ④ 평균사고사망만인율 1.0배 이하 ⑤ 평균사고사망만인율 1.0배 초과 ⑥ 평균사고사망만인율 1.5배 초과	 +0.5 +0.3 +0.15 0.0 -0.25 -0.5
	2) 최근 1년간 건설업체의 산업재해 예방 활동 실적을 고용노동부장관이 평가한 결과 그 실적이 우수한자 ① 평점 95점 이상인 자 ② 평점 90점 이상 95점 미만인 자 ③ 평점 85점 이상 90점 미만인 자 ④ 평점 80점 이상 85점 미만인 자 ⑤ 평점 75점 이상 80점 미만인 자 ⑥ 평점 75점 미만인 자	 +0.5 +0.4 +0.3 +0.2 +0.1 0.0
	3) 최근 1년 동안 산업안전보건법 제72조제3항에 의한 사용명세서를 작성·보존하지 아니하거나 제5항에 의한 산업안전보건관리비 사용의무를 위반하여 목적 외 사용금액이 1,000만원을 초과한 자 ① 과태료 처분을 받은 사실이 있는 자 ② 과태료 처분을 2회 이상 받은 사실이 있는 자	 -0.15 -0.3
	4) 최근 1년 동안 산업안전보건법에 따라 산업재해발생 보고의무 위반(지연보고 제외)으로 벌금을 받은 자 ① 벌금 처분 1건당 -0.1점씩 부여하여 최대 -1.0까지 부여	 -0.1/건
	5) 최근 1년동안 산업안전보건법령 위반으로 동일현장에서 벌금이상의 행정형벌을 2회 이상 받은 자 ① 2회 받은 자 ② 3회 이상 받은 자	 -0.15 -0.3
	6) 최근 2년 이내에 「산업안전보건법」에 따라 고용노동부장관으로부터 원·하청 통합 사고사망만인율이 원청보다 높은 사업장으로 명단이 공개된 기업 * '22. 7. 1. 이후 명단이 공개된 기업부터 적용	-0.3
3. <삭제>		

※ 【주】

1) 업종에 구분없이 사업자별로 평가한다.
2) 합병 등의 경우 가점항목은 가장 높은 등급의 점수를, 감점 항목과 건설재해율은 가장 낮은 등급의 점수를 적용한다.
3) 가점과 감점항목이 있을 때에는 이를 상계하여 평가한다.
4) 일자리창출기업 신인도 평가
   가. 건설고용자수 평가는 입찰공고일 기준 최근년도 건설근로자공제회 발표자료로 평가한다.
   나. 평가등급은 건설고용지수에 의하되, 100점(환산점수 0.4점)은 1등급, 80점(환산점수 0.32점)은 2등급으로 평가한다.
   다. 근로내용 확인신고서는 입찰공고일 기준 전전월 귀속자료를 제출받되, 계약담당공무원이 입찰공고에 입찰공고일로부터 3개월 이내의 범위에서 기준시점을 별도로 명시한 경우에는 그에 의할 수 있다.
   라. 계약담당공무원은 입찰공고에 명시한 경우 근로내용 확인신고서에 갈음하여 한국고용정보원 등 관련법령에 따라 고용정보를 수집·관리하는 기관으로부터 제공받은 자료로 평가할 수 있다.
   마. 입찰공고일 전전월 기준으로 1년 이내에 설립한 업체에 대하여는 근로내용 확인신고서로 신고한 고용인원·급여지급액 평가에 대해 배점한도(+2.5점)를 부여하며, 설립일은 법인인 경우 법인등기부등본상 법인등기일을 기준으로 하며, 법인이 아닌 사업자는 사업자등록증명서 상 사업자등록일을 기준으로 한다.
   바. 표준손익계산서 등에 의한 평가의 경우 입찰공고일의 최근 결산일 기준 2년 이내 설립된 기업은 배점한도(+0.5점)를 부여한다. 설립일은 법인인 경우 법인등기부등본상 법인등기일을 기준으로 하며, 법인이 아닌 사업자는 사업자등록증명서 상 사업자등록일을 기준으로 한다.
   사. 표준손익계산서 등에 의한 평가의 경우 전년도 표준손익계산서는 입찰공고일 기준 최근 년도 자료를 기준으로 평가한다.
5) 건설재해 및 제재처분 신인도 평가
   가. '2' 산업안전보건법령 위반에 따른 행정형벌에 대한 감점은 2020.5.27. 이후 공공공사 현장에서 발생한 법령 위반사항에 한하며, 해당 공사의 발주기관의 입찰에서 감점한다.
   나. 세부 산정방법 및 건수는 고용노동부에서 정한 내용 및 통보건수에 의하며, 평점배분은 고용노동부 건수 산정방식에 따른다.
   다. 사고사망만인율 및 평균사고사망만인율의 가중평균은 다음 산식에 의하여 산정한다.
      - [최근년도 사고사망만인율×0.5+ 최근년도 1년전 사고사망만인율×0.3+ 최근년도

2년전 사고사망만인율×0.2(단, 최근년도 1년전 사고사망만인율 또는 최근년도 2년전 사고사망만인율을 산정하지 않은 경우에는 최근년도 사고사망만인율과 산정한 연도 사고사망만인율의 평균값으로 한다)]

라. 사고사망만인율의 가중평균은 다음과 같이 산정한다.

- 시행일로부터 1년 이내: 최근년도 사고사망만인율
- 시행일로부터 2년 이내: 최근년도 사고사망만인율과 최근년도 1년 전 사고사망만인율의 평균값(단, 최근년도 사고사망만인율 또는 최근년도 1년 전 사고사망만인율을 산정하지 않은 경우에는 산정한 연도 사고사망만인율로 한다.)

2. 자재 및 인력조달 가격의 적정성 평가(10점)

<별표 6> 자재 및 인력조달 가격의 적정성 평가방법에 의한다.

3. 하도급관리계획의 적정성 평가(10점)

<별지 제6호 서식>의 하도급관리계획서를 대상으로 [별표 5]의 평가방법에 의한다.

4. 입찰가격 평가 (50점)

가. 평가점수 산식

$$50 - 2\times \left| \left(\frac{88}{100} - \frac{\text{입찰가격} - A}{\text{예정가격} - A} \right)\times 100 \right| = \text{입찰가격점수}$$

* A : 국민연금, 건강보험, 퇴직공제부금비, 노인장기요양보험. 산업안전보건관리비, 안전관리비, 품질관리비의 합산액

- | |는 절대값 표시임
- (입찰가격-A)를 (예정가격-A)으로 나눈 결과 소수점이하의 숫자가 있는 경우에는 소수점 다섯째자리에서 반올림하여 평가한다.

나. (입찰가격-A)가 (예정가격-A) 이하로써 (예정가격-A)의 100분의 90.5 이상일 경우의 평점은 45점으로 한다.

다. 최저 평점은 2점으로 한다.

<별지 4>

추정가격 50억원 미만 10억원 이상의 공사 평가기준 (전기·정보통신·소방공사·문화재공사 등은 50억원 미만 3억원 이상)

1. 수행능력 평가(30점)

가. 시공경험(15점): 입찰방법에 따라 선택적용

입 찰 방 법	실 적 사 항	점 수 배 점	비 고
실적에 의한 경쟁입찰공사 (15점)	최근 10년간 당해공사와 동일한 종류의 공사실적	평가 기준 규모대비 A : 100% 이상: 15.0점 B : 75% 이상 : 13.5점 C : 50% 이상: 12.0점 D : 30% 이상: 10.5점 E : 30% 미만: 9.0점 ※ 단, 평가대상 업체가 공동수급체에 포함되어 참여하는 등록기간이 3년 미만인 신설업체인 경우 A : 50% 이상: 15.0점 B : 37.5% 이상 : 13.5점 C : 25% 이상: 12.0점 D : 15% 이상: 10.5점 E : 15% 미만: 9.0점	실적인정 등은 <별지3>의 주)1과 동일함
실적에 의한 경쟁입찰 이외의 경쟁입찰공사 (15점) [주] 1)부터 7) 참조	최근 5년간 당해공사의 업종별 또는 주력 업무분야별 공사실적(금액)	점수 = 실적계수×15.0 (단, 평점상한은 15.0점임) <삭 제> * 실적계수=당해공사 업종 또는 주력업무분야의 실적 합계액÷(기초예비가격×1) ※ 단, 평가대상 업체가 공동수급체에 포함되어 참여하는 등록기간이 3년 미만인 신설업체인 경우 * 실적계수 = 당해공사 업종 또는 주력업무분야의 실적 합계액÷(기초예비가격×1/2)	실적인정 등은 <별지3>의 주)2, 3과 동일함

※【주】

1) 추정가격 10억원 미만의 전기·정보통신·소방공사·문화재 공사 등의 실적계수 산정은

기초예비가격×1/2 대비 실적합계액으로 평가한다.

2) 공동수급체에 포함되어 참여하는 신설업체에 대해서는, 최근 5년간 당해 공사업종의 공사실적이 기초예비가격의 1/2배 이상 1배 미만인 경우 실적계수 산정을 위한 해당 신설업체의 공사실적은 기초예비가격의 1배로 본다. 다만, 추정가격 10억원 미만의 전기·정보통신·소방시설·문화재 공사 등의 공동수급체에 포함되어 참여하는 신설업체에 대해서는, 최근 5년간 당해공사 업종의 공사실적이 기초예비가격의 1/2배 미만인 경우 실적계수 산정을 위한 해당 신설업체의 공사실적은 기초예비가격의 1/2배로 본다.

3) 신설업체 각각의 공동수급체 내 지분율은 20%를 초과할 경우 해당 신설업체는 주2)의 적용에서 제외하며, 공동수급체 내 모든 신설업체의 지분율의 합이 40%를 초과할 때에는 공동수급체 내 모든 신설업체를 주2)의 적용에서 제외한다.

4) 주2)와 주3)의 신설업체는 등록기간(양수, 양도를 통한 영업기간 합산) 3년 미만인 업체를 말한다.

5) 주계약자관리방식으로 참가하는 공동수급체 구성원(주계약자 제외한 종합건설사업자)은 공사실적에 시공비율을 곱해 산정한 금액을 "기초예비가격×1×시공비율" 까지만 인정한다.

6) 종합건설사업자가 전문공사에 참가하거나 전문건설사업자가 종합공사에 참가하는 경우 시공경험(공사실적)은 제2조제7항제1호를 따른다.

6.1) 종합건설사업자(또는 2개 업종 이상의 전문공사를 시공하는 업종을 등록한 전문건설업자가)가 2개 이상의 전문공종으로 구성된 복합전문공사에 참가하는 경우 입찰공고에 명시한 추정금액 기준 전문업종별 구성비율로 배점을 구분하고 각 전문업종별로 평가해 합산한다.(전문업종별 기초예비가격 = 기초예비가격 × 입찰공고에 명시한 추정금액 기준 해당 전문업종 구성비율)

7) 공동수급체 구성원으로서 전문건설사업자가 종합공사에 참가(제2조제7항제1호가목에 따라 평가)하는 경우 시공경험(공사실적)은 전문업종별로 7.1)부터 7.3)을 따른다.

7.1) 주계약자관리방식으로 참가하는 공동수급체 구성원(주계약자 제외)은 전문업종별로 공사실적에 시공비율을 곱해 산정한 금액을 "전문업종 기초예비가격×1×시공비율" 까지만 인정한다.

7.2) 7.1) 이외의 공동수급체 구성원(공동이행방식 구성원, 주계약자)은 전문업종별로 공사실적에 시공비율을 곱해 산정한 금액을 기준으로 한다.

7.3) 7.1) 내지 7.2)에 따라 전문업종별로 공사실적에 시공비율을 곱해 산정한 금액(제3조제1항제1호에 따라 보유한 시공경험을 합산하는 경우에는 공사실적)을 합산한 금액은 ① 또는 ② 중 큰 금액 까지만 인정한다.

① : (전문업종 기초예비가격×1)×{∑(각 전문건설사업자의 해당 전문업종 시공비율)}

② : (전문업종 기초예비가격×1)×(1-종합건설사업자의 실적계수)

* 전문업종 기초예비가격 = (기초예비가격)×(입찰공고에 명시한 추정금액 기준 해당 전문업종 구성비율)

* 종합건설사업자의 실적계수 = {∑(각 종합건설사업자의 1)에 따른 금액)}÷(기초예비가격×1) (주 2) 내지 5) 적용, 소수점 셋째자리 이하는 버림)

(1) 공사실적×시공비율

나. 경영상태 평가(15점)

- 재무비율은 [별표 2]의 경영상태 평가방법에 의하고, 신용평가는 [별표 4]에 의한다. 다만, 50억원 미만 10억원 이상 토목 또는 건축공사(토건 포함), 10억원 미만 3억원 이상 전기·정보통신·소방시설·문화재공사 등의 경우 「여성기업지원에 관한 법률」 제2조제1호에 따른 여성기업(이하 "여성기업"이라 하며, 공공구매 종합정보망에 등록한 자에 한함), 「사회적기업 육성법」 제2조제1호에 따른 사회적기업(이하 "사회적기업"이라 하며, 사회적기업 인증을 받은 자에 한함), 「장애인기업활동 촉진법」 제2조제2호에 따른 장애인기업(이하 "장애인기업"이라 하며, 공공구매종합정보망에 등록된 자에 한함)의 시공비율이 30% 이상인 때에는 경영상태 취득점수(공동수급체 전체의 점수를 말한다)에 10%를 가산평가한다.

2. 입찰가격 평가(70점)

가. 건설산업기본법에 따른 건설공사 및 추정가격이 10억원 이상인 전기·정보통신·소방공사·문화재공사 등

1) 평가점수 산식

$$70 - 4\times \left| \left(\frac{88}{100} - \frac{\text{입찰가격}-A}{\text{예정가격}-A} \right)\times 100 \right| = \text{입찰가격점수}$$

* A : 국민연금, 건강보험, 퇴직공제부금비, 노인장기요양보험. 산업안전보건관리비, 안전관리비, 품질관리비의 합산액.

- | | 는 절대값 표시임

- (입찰가격-A)를 (예정가격-A)으로 나눈 결과 소수점이하의 숫자가 있는 경우에는 소수점 다섯째자리에서 반올림하여 평가한다.

2) (입찰가격-A)가 (예정가격-A) 이하로서 (예정가격-A)의 100분의 89.25이상인 경우의 평점은 65점으로 한다.

3) 최저 평점은 2점으로 한다.

나. 추정가격이 3억원 이상 10억원 미만인 전기·정보통신·소방공사·문화재공사 등

1) 평가점수 산식

$$70 - 20 \times \left| \left(\frac{88}{100} - \frac{\text{입찰가격-A}}{\text{예정가격-A}} \right) \times 100 \right| = \text{입찰가격점수}$$

* A : 국민연금, 건강보험, 퇴직공제부금비, 노인장기요양보험.
 산업안전보건관리비, 안전관리비, 품질관리비의 합산액.

- | | 는 절대값 표시임
- (입찰가격-A)를 (예정가격-A)으로 나눈 결과 소수점이하의 숫자가 있는 경우에는 소수점 다섯째자리에서 반올림하여 평가한다.

2) (입찰가격-A)가 (예정가격-A) 이하로서 (예정가격-A)의 100분의 88.25이상인 경우의 평점은 65점으로 한다.

3) 최저 평점은 2점으로 한다.

3. 신인도 평가(±2)

- 다음과 같이 평가하되, 시공경험, 경영상태, 신인도 평가점수의 합이 수행능력 배점한도를 초과할 수 없다.

구분	심사항목	배점한도
1. 일자리창출기업	종합건설업으로 발주하는 공사는 입찰자가 제출하는 다음 각 호의 자료 중 어느 하나로 평가하고 이 외에는 2호로 평가 1) 최근년도 건설고용자수(건설근로자공제회 발표) 평가에 따른 평가등급을 보유한 자 ① 1등급인 자 ② 2등급인 자 2) 일자리창출 실적(고용인력 증가 등)이 확인되는 자(①과 ②의 평가 점수를 합산) ① 근로내용 확인신고서(고용보험법 시행규칙 별지 제7호 서식)로 신고한 최근 6개월 평균 고용인원과 급여지급액이 그 이전 6개월 평균보다 증가한 경우 ② 국세청 홈택스 또는 관할세무서에서 발급한 표준손익계산서, 「법인세법 시행규칙」 [별지 제3호의 3서식] 등에 따라 관할 세무서에 신고된 손익계산서(공인회계사 또는 세무사 증명필요, 「법인세법 시행규칙」 [별지 제3호의 3서식] 준용)상 전년도 급여액(퇴직급여액 제외)이 전전년도 급여액(퇴직급여액 제외)보다 증가한 경우	 +3.0 +2.0 +2.5 +0.5
2. <삭제>		
3. 건설재해 및 제재처분	1) 최근 3년간 고용노동부장관이 산정한 사고사망만인율의 가중평균이 평균사고사망만인율의 가중평균 이하인 자 또는 초과한 자 ① 평균사고사망만인율 0.2배 이하 ② 평균사고사망만인율 0.4배 이하	+1.0 +0.6 +0.3

	③ 평균사고사망만인율 0.6배 이하 ④ 평균사고사망만인율 1.0배 이하 ⑤ 평균사고사망만인율 1.0배 초과 ⑥ 평균사고사망만인율 1.5배 초과	0.0 -0.5 -1.0
	2) 최근 1년간 건설업체의 산업재해 예방 활동 실적을 고용노동부장관이 평가한 결과 그 실적이 우수한 자 ① 평점 95점 이상인 자 ② 평점 90점 이상 95점 미만인 자 ③ 평점 85점 이상 90점 미만인 자 ④ 평점 80점 이상 85점 미만인 자 ⑤ 평점 75점 이상 80점 미만인 자 ⑥ 평점 75점 미만인 자	 +1.0 +0.8 +0.6 +0.4 +0.2 0.0
	3) 최근 1년 동안 산업안전보건법 제72조제3항에 의한 사용명세서를 작성·보존하지 아니하거나 제5항에 의한 산업안전보건관리비 사용의무를 위반하여 목적 외 사용금액이 1,000만원을 초과한 자 ① 과태료 처분을 받은 사실이 있는 자 ② 과태료 처분을 2회 이상 받은 사실이 있는 자	 -0.3 -0.5
	4) 최근 1년 동안 산업안전보건법에 따라 산업재해발생 보고의무 위반(지연보고 제외)으로 벌금을 받은 자 ① 벌금 처분 1건당 -0.2점씩 부여하여 최대 -2.0까지 부여	-0.2 / 건
	5) 최근 1년동안 산업안전보건법령 위반으로 동일현장에서 벌금 이상의 행정형벌을 2회 이상 받은 자 ① 2회 받은 자 ② 3회 이상 받은 자	 -0.3 -0.5
	6) 최근 2년 이내에 「산업안전보건법」에 따라 고용노동부장관으로부터 원·하청 통합 사고사망만인율이 원청보다 높은 사업장으로 명단이 공개된 기업 * '22. 7. 1. 이후 명단이 공개된 기업부터 적용	-0.5
4. 계약이행 성실도	1) 국방관서로부터 최근 1년 이내(입찰공고일 기준)에 지체상금을 부과받은 자 ① 지체상금 부과일수 10일 미만(계약 건별 부과일수 합계) ② 지체상금 부과일수 10일 이상(계약 건별 부과일수 합계) 2) 국방관서로부터 최근 1년 이내(입찰공고일 기준)에 하자보수 통보를 받고 15일 이내에 착수하지 아니한 자	 -0.5 -1.0 -0.5

※ 【주】

1) 일자리창출기업 및 건설재해 및 제재처분 신인도 평가
   〈별지 3〉 추정가격 100억원 미만 50억원 이상 공사의 경우와 동일
2) 4.는 국방통합재정정보시스템에 등록된 자료에 의한다.

4. <삭제>

<별지 5>

추정가격 10억원 미만 3억원 이상인 공사(건설산업기본법에 따른 건설공사에 해당)의 평가기준

1. 수행능력 평가(20점)

가. 시공경험 평가(10점)

입찰방법	실적사항	점 수 배 점	비 고
실적에 의한 경쟁입찰공사 (10점)	최근 10년간 당해 공사와 동일한 종류의 공사실적	평가기준 규모대비 A : 75% 이상 : 10점 B : 60% 이상 : 9점 C : 45% 이상 : 8점 D : 30% 이상 : 7점 E : 30% 미만 : 6점 ※ 단, 평가대상 업체가 공동수급체에 포함되어 참여하는 등록기간이 3년 미만인 신설업체인 경우에는 10점 부여	실적인정 등은 <별지3>의 주)1과 동일함
실적에 의한 경쟁입찰 이외의 경쟁입찰공사(10점) [주] 1) 및 2)참조	최근 5년간 당해공사의 업종별 또는 주력업무분야별 공사실적(금액)	점수 = 실적계수×10 (단, 평점상한은 10점임) **<삭 제>** * 실적계수=업종별 또는 주력업무분야별 실적의 합계액 ÷(기초예비가격×1/2) ※ 단, 평가대상 업체가 공동수급체에 포함되어 참여하는 등록기간이 3년 미만인 신설업체인 경우에는 10점 부여	실적인정 등은 <별지3>의 주)2, 3과 동일함

※ [주]

1) 종합건설사업자(또는 2개 업종 이상의 전문공사를 시공하는 업종을 등록한 전문건설업자가)가 2개 이상의 전문공종으로 구성된 복합전문공사에 참가하는 경우 입찰공고에 명시한 추정금액 기준 전문업종별 구성비율로 배점을 구분하고 각 전문업종별로 평가해 합산한다. (전문업종별 기초예비가격 = 기초예비가격 × 입찰공고에 명시한 추정금액 기준 해당 전문업종 구성비율)

2) 신설업체에 대한 시공실적 평가
   <별지4> 추정가격 50억원 미만 10억원 이상 공사의 경우와 동일

나. 경영상태 평가(10점)

- 재무비율은 [별표 3]의 경영상태 평가방법에 의하고, 신용평가는 [별표 4]에 의한다. 다만, 토목 또는 건축공사(토건 포함), 전문공사의 경우 여성기업(공공구매종합정보망에 등록한 자에 한함)의 시공비율이 30% 이상인 때에는 경영상태 취득점수(공동수급체 전체의 점수를 말한다)에 10%를 가산평가하고, 사회적기업(사회적기업 인증을 받은 자에 한함), 장애인기업(공공구매종합정보망에 등록된 자에 한함)의 시공비율이 30% 이상인 때에는 경영상태 취득점수(공동수급체 전체의 점수를 말한다)에 10%를 가산평가 한다.

2. 입찰가격 평가(80점)

가. 평가점수 산식

$$80 - 20 \times \left| \left(\frac{88}{100} - \frac{\text{입찰가격}-A}{\text{예정가격}-A} \right) \times 100 \right| = \text{입찰가격점수}$$

* A : 국민연금, 건강보험, 퇴직공제부금비, 노인장기요양보험. 산업안전보건관리비, 안전관리비, 품질관리비의 합산액.

- | | 는 절대값 표시임
- (입찰가격-A)를 (예정가격-A)으로 나눈 결과 소수점이하의 숫자가 있는 경우에는 소수점 다섯째자리에서 반올림하여 평가한다.

나. (입찰가격-A)가 (예정가격-A) 이하로써 (예정가격-A)의 100분의 88.25이상인 경우의 평점은 75점으로 한다.

다. 최저 평점은 2점으로 한다.

3. 신인도 평가(±2)

〈별지 4〉 에 따라 평가하되, 시공경험, 경영상태, 신인도 평가점수의 합이 수행능력 배점한도를 초과할 수 없다.

4. <삭제>

<별지 6>

추정가격 3억원 미만 2억원 이상인 공사 평가기준
(전기·정보통신·소방공사·문화재공사 등은 3억원 미만 8천만원 이상인 공사)

1. 수행능력 평가(10점)

가. 시공경험(5점)

입찰방법	실적사항	점수배점	비고
실적에 의한 경쟁입찰 이외의 경쟁입찰 공사	최근 5년간 공사실적	점수 = 실적계수×5점 (단, 평점상한은 5점임) *실적계수=공사실적 합계액 ÷(기초예비가격×1/2)	<삭제>

※ [주]

1) 공동수급체의 경우 각 구성원의 평가대상 업종에 대한 각 구성원의 최근 5년간 실적금액의 합계액에 각 구성원의 시공비율을 곱하여 산출한 금액을 합산한 금액으로 평가한다.
2) 종합공사 및 전기・정보통신・소방공사・문화재공사 등은 동일한 법령에 의하여 등록된 실적금액을 모두 합산해 평가하고, 전문공사는 해당 업종 실적금액을 평가한다.(2개 이상의 전문공종으로 구성된 복합전문공사에 참가하는 경우 입찰공고에 명시한 추정금액 기준 전문업종별 구성비율로 배점을 구분하고 각 전문업종별로 평가해 합산한다.)
   - 종합건설사업자가 전문공사에 참가하거나 전문건설사업자가 종합공사에 참가하는 경우 시공경험(공사실적)은 국토교통부고시 「종합・전문업종간 상호시장 진출을 위한 건설공사실적 인정기준」을 기준으로 한다.
   - 다만, 전문건설사업자가 종합공사에 참가하는 경우에는 「종합・전문업종간 상호시장 진출을 위한 건설공사실적 인정기준」에 따라 인정받은 종합공사 실적을 합산해 평가한다.
   - 실적금액은 관급자재대가를 제외한 금액을 기준으로 한다.
3) 공동수급체에 포함되어 참여하는 신설업체에 대해서는, 최근 5년간 당해공사 업종의 공사실적이 기초예비가격의 1/2배 미만인 경우 실적계수 산정을 위한 해당 신설업체의 공사실적은 기초예비가격의 1/2배로 본다.
4) 신설업체 각각의 공동수급체 내 지분율이 20%를 초과할 경우 해당 신설업체는 3)의 적용에서 제외하며, 공동수급체 내 모든 신설업체의 지분율의 합이 40%를 초과할 때에는 공동수급체 내 모든 신설업체를 3)의 적용에서 제외한다.
5) 3)과 4)의 신설업체는 등록기간(양수·도를 통한 영업기간 합산) 3년 미만인 업체를 말한다.
6) 전문업종별 기초예비가격은 기초예비가격에 입찰공고에서 명시한 추정금액 기준 해당 전문업종의 구성비율을 곱하여 산출한다.

나. 경영상태 평가(5점)

- 재무비율은 [별표 3-1]의 경영상태 평가방법에 의하고, 신용평가는 [별표 4]에 의한다. 다만, 토목 또는 건축공사(토건 포함), 전문공사 및 전기·정보통신·소방시설·문화재공사 등은 대표자가 여성인 업체(공공구매 종합정보망에 등록한 자에 한함), 사회적기업(사회적기업 인증을 받은 자에 한함), 장애인기업(공공구매종합정보망에 등록된 자에 한함)의 시공비율이 30% 이상인 때에는 경영상태 취득점수(공동수급체 전체의 점수를 말한다)에 10%를 가산평가 한다.

2. 입찰가격 평가(90점)

가. 평가점수 산식

$$90-20\times\left|\left(\frac{88}{100}-\frac{\text{입찰가격}-A}{\text{예정가격}-A}\right)\times100\right| = \text{입찰가격점수}$$

* A : 국민연금, 건강보험, 퇴직공제부금비, 노인장기요양보험, 산업안전보건관리비, 안전관리비, 품질관리비의 합산액.

- | |는 절대값 표시임
- (입찰가격-A)를 (예정가격-A)으로 나눈 결과 소수점이하의 숫자가 있는 경우에는 소수점 다섯째자리에서 반올림하여 평가한다.

나. (입찰가격-A)가 (예정가격-A) 이하로써 (예정가격-A)의 100분의 88.25 이상인 경우의 평점은 85점으로 한다.

다. 최저 평점은 2점으로 한다.

3. 신인도 평가(±2)

〈별지 4〉 에 따라 평가하되, 시공경험, 경영상태, 신인도 평가점수의 합이 수행능력 배점한도를 초과할 수 없다.

4. <삭제>

<별지 7>

추정가격 2억원 미만인 공사의 평가기준
(전기·정보통신·소방공사·문화재공사 등은 8천만원 미만인 공사)

1. 수행능력(경영상태) 평가(10점)

- 재무비율은 [별표 3]의 경영상태 평가방법에 의하고, 신용평가는 [별표 4]에 의한다. 다만, 토목 또는 건축공사(토건 포함), 전문공사 및 전기·정보통신·소방시설·문화재공사 등은 여성기업(공공구매 종합정보망에 등록한 자에 한함), 사회적기업(사회적기업 인증을 받은 자에 한함), 장애인기업(공공구매종합정보망에 등록된 자에 한함)의 시공비율이 30% 이상인 때에는 경영상태 취득점수(공동수급체 전체의 점수를 말한다)에 10%를 가산평가 한다.

가. 특별신인도 평가(+2점)

- 당해 업종별 최근 5년간 실적합계액이 당해 공사 기초예비가격 이상인 경우 가산 평가한다.(+2점)
- 종합건설사업자가 전문공사에 참가하거나 전문건설사업자가 종합공사에 참가하는 경우 시공경험(공사실적)은 국토교통부고시 「종합·전문업종간 상호시장 진출을 위한 건설공사실적 인정기준」을 기준으로 한다.
- 전문건설사업자가 종합공사에 참가하는 경우 특별신인도는 제2조제7항제1호나목 또는 다목을 준용해 평가한다.

2. 입찰가격 평가(90점)

가. 평가점수 산식

$$90 - 20\times\left|\left(\frac{88}{100} - \frac{\text{입찰가격}-A}{\text{예정가격}-A}\right)\times 100\right| = \text{입찰가격점수}$$

* A : 국민연금, 건강보험, 퇴직공제부금비, 노인장기요양보험. 산업안전보건관리비, 안전관리비, 품질관리비의 합산액.

- | | 는 절대값 표시임
- (입찰가격-A)를 (예정가격-A) 으로 나눈 결과 소수점이하의 숫자가 있는 경우에는 소수점 다섯째자리에서 반올림하여 평가한다.

나. (입찰가격-A)가 (예정가격-A) 이하로써 (예정가격-A)의 100분의 88.25이상인 경우의 평점은 85점으로 한다.

다. 최저 평점은 2점으로 한다.

3. 신인도 평가(±2)

〈별지 4〉 에 따라 평가하되, 시공경험, 경영상태, 신인도 평가점수의 합이 수행능력 배점한도를 초과할 수 없다.

4. <삭제>

<별표 1>

추정가격 100억원 미만 50억원 이상의 공사 경영상태평가기준(제2조제3항 관련)

심 사 항 목	평 가 요 소	배점	등 급	평점
가. 최근년도 부채비율 (부채총계/자기자본)	1)업체평균 부채비율에 대한 해당업체 비율	7.0	A. 50% 미만 B. 75% 미만 C. 100% 미만 D. 125% 미만 E. 125% 이상	7.0 6.2 5.4 4.6 3.8
나. 최근년도 유동비율 (유동자산/유동부채)	2)업체평균 유동비율에 대한 해당업체 비율	7.0	A.150% 이상 B.120% 이상 C.100% 이상 D. 70% 이상 E. 70% 미만	7.0 6.2 5.4 4.6 3.8
다. <삭제>	<삭제>	<삭제>	<삭제>	<삭제>
라. 영업기간		2.0	A. 5년 이상 B. 5년 미만~3년 이상 C. 3년 미만	2.0 1.8 1.5

※[주] :

1) 부채총계, 유동부채가 '0'이하인 경우에는 해당 수치를 '0'으로 본다.
   ① 평가결과 부(-)의 수치로 나타나는 경우 최저등급으로 평가하며, 업체평균비율이 부(-)의 수치인 심사항목은 해당업체의 비율이 (+) 수치인 업체는 A등급, (-)수치인 해당업체는 E등급으로 평가한다.

2) 평균비율이 없는 심사항목에 대하여는 배점한도를 적용한다.

3) 영업기간의 평가기준
   ① 영업기간은 건설업체가 심사기준일 현재 보유하고 있는 건설업면허 취득 또는 등록일로부터 심사기준일까지의 기간을 기준으로 하며, 관련협회로부터 통보되어 시스템에 등록된 자료에 의한다.
   ② 상호시장 진출을 허용한 입찰의 영업기간은 제2조제7항제3호에 따라 산정하고, 관련협회로부터 입찰자가 직접 발급받은 자료(관련협회 증명 필요)를 제출받아 평가한다.
   ③ 보유한 건설업면허 또는 등록의 변동이 있었던 경우(건설산업기본법 제8조제2항의 규정에 의한 동일한 종류의 건설업면허를 말함)에는 종전에 보유하였던 건설업면허 또는 등록의 보유기간을 합산하여 평가한다. 다만, 건설산업기본법 시행규칙 부칙 제3조제1항에 따라 새로 등록한 업종이 전문공사를 시공하는 업종인 경우에는 새로 등록한 업종으로 실적전환이 인정된 기간을 영업기간으로 인정함('07. 12. 31. 이전에 전문공사를 시공하는 업종을 보유하고 있는 경우에는 해당 업종을 보유한 기간을 영업기간으로 합산하되 중복되는 기간은 제외함)
   ④ 대통령령 제31328호 「건설산업기본법 시행령」 일부개정령 부칙 제7조(시설물유지관리업의 업종전환에 관한 특례) 및 국토교통부고시 「시설물유지관리업 업종전환 세부기준」에 따라 시설물유지관리업의 업종을 전환한 경우에는 종전에 보유했던 시설물유지관리업 면허 또는 등록의 보유기간을 영업기간으로 인정함

4) 평균부채비율 및 평균유동비율은 입찰공고에서 명시한 적격심사 평가대상 업종 또는 업계의 평균부채비율 및 평균 유동비율로 한다.

5) 심사항목의 분모나 분자에 '0'이 있는 경우에는 다음과 같이 적용한다.

심 사 항 목	분모 '0'	분자 '0'
최근년도 부채비율(부채총계/자기자본)	최저등급	배점한도
최근년도 유동비율(유동자산/유동부채)	배점한도	최저등급

6) 심사항목의 분모와 분자가 모두 '0'인 경우에는 최저등급을 적용한다.

<별표 2>

추정가격 50억원 미만 10억원 이상 공사의 경영상태 평가기준 (전기·정보통신·소방공사·문화재공사 등은 50억원 미만 3억원 이상)(제2조제3항 관련)

심 사 항 목	평 가 요 소	배점	평 가 등 급		평점
			A공사	B공사	
가. 최근년도 부채비율 (부채총계 /자기자본)	1) 업종별 평균 부채비율에 대한 해당업체의 비율	7.0	A. 50% 미만 B. 75% 미만 C. 100% 미만 D. 125% 미만 E. 125% 이상	A. 100% 미만 B. 130% 미만 C. 160% 미만 D. 190% 미만 E. 190% 이상	7.0 6.3 5.6 4.9 4.2
나. 최근년도 유동비율 (유동자산 /유동부채)	2) 업종별 평균 유동비율에 대한 해당업체 비율	7.0	A.150% 이상 B.120% 이상 C.100% 이상 D. 70% 이상 E. 70% 미만	A.100% 이상 B. 90% 이상 C. 80% 이상 D. 70% 이상 E. 70% 미만	7.0 6.3 5.6 4.9 4.2
다. 영업기간	-	1.0	A. 3년 이상 B. 3년 미만 ~ 1년 이상 C. 1년 미만		1.0 0.9 0.8

※ [주] :

1) 당해 회계연도에 새로 설립되거나 설립등기한 업체(합병 또는 분할합병으로 신설된 경우는 제외한다. 이하 "신설업체"라 한다.)의 경우 최초 결산서에 의한 평가시에는 이 예규 제2조제3항제5호에 의한 경영상태평가자료 또는 기업진단보고서에 의한 자료로 평가 가능함

2) 평가등급의 'A'공사는 추정가격 50억원 미만 10억원 이상인 공사에 적용함

3) 평가등급의 'B'공사는 추정가격 10억원 미만 3억원 이상인 전기·정보통신·소방시설·문화재공사등에 적용하며, 최저 평점은 E등급으로 평가함

4) 영업기간의 평가기준

- 영업기간은 건설업체가 심사기준일 현재 보유하고 있는 건설업면허 취득 또는 등록일로부터 심사기준일까지의 기간을 기준으로 평가하며, 관련협회로부터 통보되어 시스템에 등록된 자료에 의한다.
- 상호시장 진출을 허용한 입찰의 영업기간은 제2조제7항제3호에 따라 산정하고, 관련협회로부터 입찰자가 직접 발급받은 자료(관련협회 증명 필요)를 제출받아 평가한다.
- 보유한 건설업면허 또는 등록의 변동이 있었던 경우(건설산업기본법 제8조제2항에 따라 동일한 종류의 건설업면허를 말함)에는 종전에 보유하였던 건설업면허 또는 등록의 보유기간을 합산하여 평가한다. 단, 건설산업기본법 시행규칙(제598호, 2007.12.31.) 부칙 제3조제1항에 따라 종전 업종의 실적을 새로 등록한 업종의 실적으

로 전환한 경우에는 다음과 같이 영업기간을 인정한다.

가. 새로 등록한 업종이 전문공사를 시공하는 업종인 경우에는 새로 등록한 업종으로 실적전환이 인정된 기간을 영업기간으로 인정함('07. 12. 31. 이전에 전문공사를 시공하는 업종을 보유하고 있는 경우에는 해당 업종을 보유한 기간을 영업기간으로 합산하되, 중복되는 기간은 제외함)

나. 새로 등록한 업종이 종합공사를 시공하는 업종인 경우에는 추정가격이 30억원 미만인 공사의 적격심사시에 한하여 실적전환이 인정된 기간을 영업기간으로 인정함

다. 대통령령 제31328호 「건설산업기본법 시행령」 일부개정령 부칙 제7조(시설물유지관리업의 업종전환에 관한 특례) 및 국토교통부고시 「시설물유지관리업 업종전환 세부기준」에 따라 시설물유지관리업의 업종을 전환한 경우에는 종전에 보유했던 시설물유지관리업 면허 또는 등록의 보유기간을 영업기간으로 인정함

5) 평균부채비율 및 평균유동비율은 입찰공고에서 명시한 적격심사 평가대상 업종 또는 업체의 평균부채비율 및 평균 유동비율로 한다.

6) [별표1]의 주 1), 2), 5), 6)을 적용한다.

<별표 3>

추정가격 10억원 미만 3억원 이상인 공사(건설산업기본법에 따른 건설공사)와 2억원 미만(전기·정보통신·소방공사·문화재공사 등은 8천만원 미만)인 공사의 경영상태 평가기준(제2조제3항 관련)

심 사 항 목	평 가 요 소	배점	평가등급	평점
가. 최근년도 부채비율 (부채총계/자기자본)	1) 업종별 평균 부채비율에 대한 해당업체의 비율	5.0	A. 100% 미만 B. 130% 미만 C. 160% 미만 D. 190% 미만 E. 190% 이상	5.0 4.5 4.0 3.5 3.0
나. 최근년도 유동비 (유동자산 /유동부채)	2) 업종별 평균 유동비율에 대한 해당업체 비율	5.0	A.100% 이상 B. 90% 이상 C. 80% 이상 D. 70% 이상 E. 70% 미만	5.0 4.5 4.0 3.5 3.0

※ [주]

1) [별표2]의 주1) 및 주5)을 적용하며, 최저평점은 E등급으로 평가함.
다만, 추정가격 2억원 미만인 공사(전기·정보통신·소방공사·문화재공사 등은 8천만원 미만)의 경우 [별표 1] 주1)의 신설업체에 한해 관련법령에 의하여 업종등록시 제출된 재무제표로도 평가 가능함.

2) [별표1]의 주 1), 2), 5), 6)을 적용한다.

<별표 3-1>

추정가격 3억원 미만 2억원 이상(전기·정보통신·소방공사·문화재공사 등은 3억원 미만 8천만원 이상)인 공사의 경영상태 평가기준(제2조제3항 관련)

심사항목	평가요소	배점	평가등급	평점
가. 최근년도 부채비율 (부채총계/자기자본)	1) 업종별 평균 부채비율에 대한 해당업체의 비율	3.0	A. 100% 미만 B. 130% 미만 C. 160% 미만 D. 190% 미만 E. 190% 이상	3.0 2.7 2.4 2.1 1.8
나. 최근년도 유동비 (유동자산/유동부채)	2) 업종별 평균 유동비율에 대한 해당업체 비율	2.0	A. 100% 이상 B. 90% 이상 C. 80% 이상 D. 70% 이상 E. 70% 미만	2.0 1.8 1.6 1.4 1.2

※ [주]

1) [별표 1]의 주1) 및 주5)를 적용하며 최저평점은 E등급으로 평가함. 다만, 추정가격 3억원 미만인 공사(전기·정보통신·소방시설·문화재공사 등 포함)의 경우 [별표 1] 주1)의 신설업체에 한해 관련법령에 의하여 업종등록 시 제출된 재무제표로도 평가 가능함.

2) [별표1]의 주 1), 2), 5), 6)을 적용한다.

<별표 4>

신 용 평 가 등 급 표(제2조제3항 관련)

○「신용정보의 이용 및 보호에 관한 법률」 제4조제4항제1호 또는 자본시장과 금융투자업에 관한 법률」 제9조제26항의 업무를 영위하는 신용정보업자가 제2조제3항제5호나목에 따라 제출한 신용평가등급을 기준으로 경영상태를 평가하는 경우 다음의 표에 의하여 평가한다. 다만, 유효한 신용평가등급이 없는 경우에는 "0점"으로 처리한다.

회사채에 대한 신용평가 등급	기업어음에 대한 신용평가 등급	기업신용평가등급	등급별 점수		
			등급제한 이외 공사	등급제한공사	
				종합건설 사업자	전문건설 사업자
A+ 이상	A2+ 이상	회사채에 대한 신용평가등급 A+에 준하는 등급	35.0	35.0	35.0
A0	A20	회사채에 대한 신용평가등급 A0에 준하는 등급	35.0	35.0	35.0
A-	A2-	회사채에 대한 신용평가등급 A-에 준하는 등급	35.0	35.0	35.0
BBB+	A3+	회사채에 대한 신용평가등급 BBB+에 준하는 등급	35.0	35.0	35.0
BBB0	A30	회사채에 대한 신용평가등급 BBB0에 준하는 등급	35.0	35.0	35.0
BBB-	A3-	회사채에 대한 신용평가등급 BBB-에 준하는 등급	35.0	35.0	35.0
BB+, BB0	B+	회사채에 대한 신용평가등급 BB+, BB0에 준하는 등급	35.0	35.0	35.0
BB-	B0	회사채에 대한 신용평가등급 BB-에 준하는 등급	34.1	34.5	34.5
B+, B0, B-	B-	회사채에 대한 신용평가등급 B+, B0, B-에 준하는 등급	33.3	33.5	34.0
CCC+ 이하	C 이하	회사채에 대한 신용평가등급 CCC+에 준하는 등급 이하	30.0	30.0	30.0

※ 경영상태 평가를 신용평가로 선택하였을 경우 배점 적용기준

주)

1. '등급제한'이 함은 입찰참가자격을 시행령 제22조(공사의 성질별·규모별 제한에 의한 입찰)에 따라 제한하는 경우를 말함.
2. 등급별 점수에 비례해 3. 내지 7.에 따라 계산한 결과 소수점 이하 숫자가 있는 경우 소수점 둘째자리에서 반올림한다.
3. 추정가격 100억원 미만 50억원 이상인 공사의 경영상태 평가 점수 = 등급별 점수×15/35
4. 추정가격 50억원 미만 10억원 이상(전기 · 정보통신 · 소방시설 · 문화재공사 등은 50억원 미만 3억원 이상)인 공사의 경영상태 평가 점수 = 등급별 점수×15/35
5. 추정가격 10억원 미만 3억원 이상인 공사(건설산업기본법에 따른 건설공사에 해당)의 경영상태 평가 점수 = 등급별 점수×10/35
6. 추정가격 3억원 미만 2억원 이상(전기 · 정보통신 · 소방시설 · 문화재공사 등은 3억원 미만 8천만원 이상)인 공사의 경영상태 평가 점수 = 등급별 점수×5/35
7. 추정가격 2억원 미만(전기 · 정보통신 · 소방시설 · 문화재공사 등은 8천만원 미만)인 공사의 경영상태 평가 점수 = 등급별 점수×10/35

<별표 5>

하도급관리계획의 적정성 평가(제7조제4항 관련)

심사항목	등급별 평점		비　　고
	등 급	평 점	
단일 공종공사 등		10	전문·전기·정보통신·소방공사·문화재공사 등 단일공종 공사는 만점으로 평가함
하도급 금액비율	A. 77% 미만	5	주2)에 따라 평가
	B. 77% 이상 ~80% 미만	6	
	C. 80% 이상 ~82% 미만	7	
	D. 82% 이상	8	
하도급대금 직불계획	가: 30% 이상	2	직불비율=(수요기관이 하수급자에 직접지급할 금액/ 총 하도급 계약할 금액) × 100
	나: 20% 이상	1	
계		10	

※ [주]

1) '지역업체 하도급 비율'이 20% 이상인 경우 가점 1점 부여(다만, 배점범위 내에서 가점 부여)
   - 지역소재는 특별시,특별자치시, 광역시, 도를 기준으로 한다.

2) 하도급금액 비율 평가
   - 다음 두 가지 항목을 모두 평가하여 동시에 충족할 경우에는 만점(D등급)을 부여하고, 두 가지 항목을 동시에 충족하지 못하는 경우에는 ①에 의해 하도급금액비율을 평가하여 등급(C, B, A 중)을 부여한다.
   ① 하도급업체와 계약을 체결할 금액의 합계가 하도급할 부분에 대한 입찰금액(직·간접 노무비, 재료비, 경비를 기준으로 산출한 금액에 일반관리비, 이윤, 부가세를 포함한 금액, 지급자재 및 하도급대금 지급보증서 발급금액은 제외)의 합계의 100분의 82이상 일 것
   ② 하도급업체와 계약을 체결할 금액의 합계가 발주처 조사금액 합계의 100분의 64 이상일 것
   - 하도급업체와 계약을 체결할 금액의 합계가 하도급할 부분에 대한 입찰금액(직·간접 노무비, 재료비, 경비를 기준으로 산출한 금액에 일반관리비, 이윤, 부가세를 포함한 금액, 지급자재 및 하도급대금 지급보증서 발급금액은 제외)의 합계의 100분의 82이상이나 조달청 조사금액 합계의 100분의 64 미만인 경우 C등급을 부여한다.

3) 하도급관리 계획서를 제출하지 않은 경우 전체 공사를 직접시공 하는 것으로 간주하고 배점한도를 부여한다. 정당한 사유 없이 직접시공하지 않은 경우 국가계약법령, 입찰공고, 계약조건 등에서 정하는 바에 따라 입찰참가자격제한 처분 등 불이익을 받을 수 있다.

<별표 6>

자재 및 인력조달가격 적정성 평가기준(제7조제2항 관련)

1. 평가산식 : {노무비 평가점수 + 제경비(기타경비, 일반관리비, 이윤) 평가점수)} × 공사종류별 난이도계수(별표 7)

2. 노무비 평가
 ○ 노무비 적용기준율 대비 입찰서상의 노무비 반영비율에 따라 평가
 ○ 노무비율 = $\frac{\text{직접노무비} + \text{간접노무비}}{\text{입찰금액}} \times 100\ \%$
 ○ 배점 : 7점

입찰서상 노무비율	기준율의 100% 이상	기준율의 90% 이상	기준율의 90% 미만
점수(추정가격 100억원 미만인 공사)	7	6	5

3. 제경비의 적정성 평가
 ○ 기타경비, 일반관리비, 이윤에 대하여 적용기준율 대비 입찰서상의 반영비율에 따라 각각 평가한 후 합산

 - 기타경비율 = $\frac{\text{기타경비}}{\text{입찰금액}} \times 100\ \%$

 - 일반관리비율 = $\frac{\text{일반관리비}}{\text{입찰금액}} \times 100\ \%$

 - 이윤율 = $\frac{\text{이윤}}{\text{입찰금액}} \times 100\ \%$

 ○ 배점 : 3점(각 경비별 배점 1점)

입찰서상 기타경비, 일반관리비, 이윤 반영비율	기준율의 100% 이상	기준율의 85% 이상	기준율의 85% 미만
점 수	0.5	1	0.5

주) 1. 제경비 중 기타경비 반영비율 평가는 기준율의 100% 이상인 경우에도 배점한도를 적용한다.
 2. 노무비, 기타경비·일반관리비·이윤의 반영비율 산출은 (별지 제7호 서식)의 '산출내역서 집계표'에 의한다.
 3. 노무비 및 제경비의 적정성 평가에 적용하는 노무비 및 각 경비별 기준율은 기초예비가격 발표시 함께 발표한다.

<별표 7>

공사종류별 자재 및 인력조달가격의 난이도 계수표(제7조제2항 관련)

<table>
<tr><th>등급</th><th>공 사 종 류</th><th>기본
계수</th><th>적용 난이도계수</th><th>비 고</th></tr>
<tr><td>A</td><td>① 현수교, 사장교, 연육교, 연도교, 해상교량, 아치교, 트러스교가 포함된 교량공사
② 쓰레기 소각로 건설공사</td><td>0.80</td><td rowspan="5">ㅇ전체공사금액 대비 당해등급에 해당하는 공사의 공사금액 비율에 따라 아래와 같이 적용

-70% 이상은 당해 등급의 기본 계수적용

-70% 미만, 50% 이상은 당해 등급의 하위등급 기본계수 적용

-50% 미만, 30% 이상은 당해 등급의 차하위 등급 기본계수 적용

-30% 미만은 당해 등급의 차차 하위등급 기본 계수 적용

-최하 기본계수는 1.00 적용</td><td rowspan="5">-난이도 계수는 기초예비가격을 기준으로 산정함.

-A~D등급에 해당하는 공사가 복합된 공사는 주공종(금액이 큰 공종)을 기준으로 함</td></tr>
<tr><td>B</td><td>① 경간50m이상이 포함된 연장 500m이상의 교량공사
② 지하구간의 지하철공사
③ 터널공사
④ 공항(활주로, 유도로, 계류장, 청사)건설공사
⑤ 폐수종말처리장 건설공사
⑥ 하수종말처리장 건설공사
⑦ PQ대상 건축공사</td><td>0.85</td></tr>
<tr><td>C</td><td>① A 및 B등급이외의 교량공사
② 항만공사(준설,매립공사 제외)
③ B등급이외의 건축공사</td><td>0.90</td></tr>
<tr><td>D</td><td>① 철도공사(지상구간지하철 포함)
② 고속도로공사</td><td>0.95</td></tr>
<tr><td>E</td><td>① D등급 이상에 속하지 않는 일반공사
② 전문·전기·정보통신·소방시설 기타 공사</td><td>1.00</td></tr>
</table>

※ 적용 난이도 계수는 기초예비가격 발표시 함께 발표함

<별표 8>

시공실적 제출 및 심사기준(제2조제3항 관련)

1. 적용범위
   1) **제2조제3항4호**의 평가에 적용한다.
   2) 건설산업기본법시행규칙 제22조제2항제1호 '가 내지 마'목의 규정에 의한 공사실적 등의 제출방법은 다른 법령에 의하여 발주하는 공사에도 준용한다.

2. 시공실적의 증명방법
   1) 시공실적의 증명은**"별지 제3호 서식"**에 의한다.
   2) 전 1)의 내용을 관련협회에 등록하거나, 국가기관・지방자치단체・정부투자기관의 장이 전 1)의 내용을 공사관련 주무기관장에게 통보한 내용을 관련협회가 확인하는 경우 관련협회의 확인서도 가능하다.
   3) 공사지역별 소관 협회
      가) 국내공사 : 건설협회등 관련협회
      나) 국외공사 : 해외건설협회
   4) 외국인 건설업자가 외국에서 시공한 공사는 건설산업기본법시행규칙 제22조제2항 제1호 바목의 규정에 의한 방법으로 하며 다른 법령의 적용을 받는 공사의 경우에도 이를 준용한다
   5) 하도급공사 : 전 '1)' 내지 '2)'의 방법에 따라 증명하되, 원도급자의 증명이 추가되어야 한다

3. 시공실적 제출에 필요한 관련서류
   1) 발주자가 법인・개인이거나, 자체공사인 경우는 인・허가서류 및 공사가 준공되었다는 관계서류와 부가가치세 공급가액 증명서(도급계약서 포함)
   2) 건축공사 실적의 경우는 건축물의 용도에 따른 면적이 기재된 관계서류(국내공사인 경우 건축물대장)
   3) 시공실적증명서에 공사금액(준공 및 관급)이 기재되지 않는 경우는 투입된 공사금액을 입증할 수 있는 관계서류 사본(원본제시)
   4) 공동도급실적의 경우는 계약서와 공동수급협정서 사본(원본제시)
   5) 국외공사인 경우는 외국환은행에서 발행하는 준공일 기준 전신환매도율 증명서
   6) 시공실적증명서 및 관련서류가 외국어로 작성된 경우는 한국어번역 및 공증서류

4. 시공실적 심사기준
   1) 공통사항
      가) 심사의 대상 : 동일공사의 준공(기성)실적
      나) 실적심사는 증명서 발급기관에서 발급한 내용을 기준으로 심사함을 원칙으로 한다.

다) 제출된 실적증명서의 입증책임은 당해 업체에 있다.

2) 동일공사의 실적규모 인정

1건의 동일한 용도의 단위구조물(체)로서 동 공사의 인정기준규모에 해당되는 경우에 한하여 실적으로 인정하며, 이 경우 1건이라 함은 단위 계약건중 시공실적 심사기준에 부합되는 각 단위구조물(체)을 말한다.

3) 동일공사의 실적금액 인정

가) 전2)에 의한 실적인정 규모에 해당하는 공사금액을 실적금액으로 인정하며 수급인설치 관급(지급)자재 금액을 포함한다. 다만 준공금액 · 관급금액 미기재 및 불분명한 부분은 인정하지 아니한다.

나) 국외공사인 경우에는 준공일 기준 외국환은행에서 고시하는 전신환매도율로 환산 적용하고 그 이외의 화폐인 경우에는 $(USD)화를 기준으로 환산 적용한다.

4) 공동도급계약의 실적 인정

가) 공동이행방식으로 이행한 실적은 시공비율에 해당하는 규모(금액)를 실적으로 인정한다. 다만, 규모에 대한 인정은 당해회사가 실질적으로 시공한 부분에 한하며, 실적증명서에는 공동수급체별 시공내용 및 구성원 전원의 날인과 발주기관의 증명이 있어야 한다.

나) 공동이행방식으로 이행한 실적의 경우 기본요소(예 ; 경간 · 접안능력 · 높이등)는 공동수급체 구성원 각각 모두 인정하되, 시공비율에 의한 시공규모가 기본요소미만인 경우는 실적으로 불인정한다(예 ; 당해실적이 경간50m,길이200m의 교량이고 시공비율 20%일때 당해지분 실적이 40m이므로 경간50m실적은 불인정함).

다) 공동도급 또는 일반건설업(특수건설업)자간 하도급으로 시공한 공사가 **동일 공사**실적에 해당되어 공동으로 **적격심사** 신청한 경우는 1건 실적으로 인정하여 각각 시공한 비율만큼 인정하고, 인정된 실적을 당해공사의 **적격심사**에 적용하는 시공비율을 곱하여 산출된 실적만큼 인정한다.

5) 공사의 일부분을 하도급한 경우의 실적인정

가) 일반건설업자가 일반건설업자(특수건설업자 포함)에게 하도급한 경우 하도급을 준 원도급자의 실적인정은 하도급을 제외한 부분만 실적으로 인정하며 하수급자인 일반건설업자(특수건설업자 포함)의 실적은 하수급하여 시공한 부분에 대하여만 실적으로 인정한다.

나) 철강재설치공사업에 해당하는 공사를 '97년 7월 10일 이전에 철강재설치공사업자에게 하도급한 경우 원도급자의 실적인정은 철강재설치공사부분을 제외한 부분만 실적으로 인정하며 이 경우에 해당하는 실적은 동일공사 인정에서 제외한다.

다) 일반건설업자가 전문건설업자에게 하도급한 경우에는 원도급자와 하수급자(전문건설업자) 각각의 실적으로 인정한다.

6) 계속공사로 준공한 공사의 실적인정

단일구조물공사를 연차별로 분할 발주한 계속공사인 경우에는 최근 10년간 시공한 당해공사와 동일한 용도의 단위구조물(체)을 1건 실적으로 간주한다. 이 경우 각 단위구조물(체)별로 공사규모 및 준공금액이 명시된, '별지 제3호 서식의 '주) 6'에 의한 서류가 첨부되어야 한다.

7) 시공중인 장기계속공사(또는 계속비공사)의 실적인정

전체공사(총공사)가 준공되기 이전이라도 발주기관에서 인수하여 사용·관리중인 경우에는 이 부분에 대하여 실적으로 인정한다.

8) 업종별 실적인정

가) 건설산업기본법령(구 건설업법)등 관련법령에 의거 당해공사 시공에 필요한 업종에 등록하고 시공한 공사실적만 인정한다.

나) 관련법령의 제·개정으로 등록업종(면허) 분류가 변경된 경우에도 당해 공사의 시공당시를 기준으로 등록(면허)사항을 충족하고 시공된 경우에만 실적으로 인정한다.

9) 합병 등에 따른 실적인정

가) 건설산업기본법의 규정에 따른 합병등을 한 업체의 실적은 합병등에 따른 권리, 의무를 포괄적으로 승계하였다는 증빙서류를 발주관서에 제출한 경우에는 다음과 같이 평가한다.

(1) 합병의 경우에는 존속되거나 신설된 업체의 실적은 소멸된 자의 실적을 승계한 것으로 합산하여 평가한다.

(2) 분할의 경우에는 권리, 의무를 승계받은 업체의 실적으로 본다.

(3) 사업양수도의 경우에는 해당업종을 양수한 자의 실적으로 평가한다.

나) 다른 법령의 규정에 의한 합병 등에 따른 실적인정방법을 별도로 명시한 경우에는 당해 업종별 관련법령에 따라 처리한다.

10) 공동수급체 구성원의 부도등에 따른 실적인정

시공중 공동수급체 구성원의 부도 등으로 공동도급비율이 변경된 경우에는 변경된 공동도급비율을 적용하여 평가하고, 시공중에 부도 등으로 공동수급체 구성원의 일부가 잔여공사를 시공한 경우에는 아래와 같이 평가한다.

가) 단위구조물 전체에 대하여 하자보증서를 제출한 경우에는 하자보증서를 제출한 자의 실적으로 인정한다.

나) 단위구조물의 하자보증서를 차수별 등의 방법으로 구분하여 제출한 경우에는 각사별 하자보증비율에 따라 규모 및 금액을 인정하여 평가한다.

<별표 9>

지역업체 참여에 따른 가산점(제3조제3항 관련)

지역업체 지분율의 합	공사규모별			
	[별지 #1~2]	[별지 #3~4]	[별지 #5]	[별지 #6~7]
25% 이상 ~ 30% 미만	2.3	1.7	1.1	0.6
30% 이상 ~ 35% 미만	3.0	2.2	1.5	0.7
35% 이상 ~ 40% 미만	3.6	2.7	1.8	0.9
40% 이상 ~ 45% 미만	4.3	3.2	2.1	1.1
45% 이상 ~ 50% 미만	4.9	3.7	2.5	1.2
50% 이상	5.5	4.1	2.8	1.4

주)1. 가산점은 공사규모별로(제2조의 별지1 ~ 별지7) 각 지역업체 지분율(지역업체 지분율 산정은 주)5.에 따름)과 아래의 해당 지역소재기간 가중치(지역소재일 산정은 주)6.에 따름)를 곱하여 산정한 '조정 지분율의 합'에 해당하는 위 표의 점수를 해당 공동수급체의 수행능력 최종 평가점수에 합산하며, 수행능력 평점은 배점한도를 초과할 수 없다.

$$\text{지역소재기간 가중치} = \frac{\text{지역소재일}}{3650}$$

다만, 산출한 가중치가 1을 초과할 경우 가중치는 1로 한다.

2. 공사현장이 2개 이상의 시・도에 걸치는 경우에는 2개지역 각각의 가산점을 합산하여 평가하며, 이 경우 1개지역의 '조정 지분율의 합'과 '공사규모별 가산점'은 위 표 해당항목의 1/2로 한다.(소수점 셋째자리에서 반올림)

3. 해당공사가 복합업종으로 구성된 경우와 주계약자관리방식은 전체공사에 대한 지역업체 지분율로 평가한다.

3-1. 전체공사에 대한 지역업체 지분율은 공종별 지역업체 지분율의 합에 해당공종의 구성비율[입찰공고에서 명시한 전체공사의 추정가격(부가가치세 포함) 대비 해당공종의 추정가격(부가가치세 포함) 비율을 말한다]을 곱하여 합산한다.

3-2. 주계약자관리방식의 전체공사에 대한 지역업체 지분율 산정은 <별지 제8호 서식>을 준용한다.

4. 지역제한 경쟁입찰로 공고된 공사, 지역의무공동도급으로 공고된 공사와 당해 지역안에 공사의 이행에 필요한 자격을 갖춘 자가 10인 미만인 공사는 지역가산평가에서 제외한다.

5. '지역업체 지분율'은 제3조 제1항 제2호 '다'목 등의 규정에 따른 시공비율 평가를 적용한다. 다만, 주공종에 참여하지 않는 업체의 경우 공동수급협정서(공동수급체현황표)상의 지역업체 지분율을 적용한다.

6. 지역소재기간 가중치 산정에서 '지역소재일'은 해당 계약을 이행하는데 필요한 면허·허가·등록 등의 자격요건을 갖춘 날과 법인등기부상 본점을 해당 시·도에 최종 등기한 날(또는 입찰참가자격등록증상 본점을 해당 시·도에 최종 등록한 날) 중 최근일자로 부터 입찰공고일까지 일수로 한다.

7. 「건설산업기본법」 제85조의2제1항에 따라 건설업종을 말소하고 말소 전의 건설업종과 전부 또는 일부 중복되는 건설업종으로 6개월 이내에 등록한 경우에는 변경등록 전의 지역소재기간을 합산하여 지역소재일을 산정한다.

<별지 제1호 서식>

적 격 심 사 신 청 서

○ 공사관리번호 :
○ 공 사 명 :
○ 입 찰 일 시 : 20 . . .

위 건 공사입찰과 관련하여 적격심사서류를 신의성실의 원칙에 따라 작성, 붙임과 같이 제출하오니 우리회사(공동수급체구성원 포함)에 대하여 붙임 자료에 의거 적격심사(향후 적격심사 포함)하여 주시기 바라며, 만일 제출한 서류가 허위 또는 부정한 방법으로 작성된 사실이 확인될 경우에는 귀부 심사기준에 따라 조치하여도 아무런 이의를 제기하지 않겠음을 확약합니다.

20 . . .

제출자 (공동수급체 대표자) 주 소 :
회사명 :
대표자 :

OO 부 대 장 귀 하

........(절취선)........ (인)..............

접 수 증

1. 공사관리번호 : 2. 공 사 명 :
3. 제 출 자 :

위 건 공사의 적격심사신청서를 접수하였음을 확인합니다.

20 . . .

OO 부대 OO과장 (인)

〈별지 제2호 서식〉

적격심사 자기평가 및 심사표

1. 심사대상공사

관리번호	
공 사 명	
입찰일시	
추정가격	
입찰금액	

2. 심사대상입찰자

업 체 명	(전화)
대 표 자	
공 종	

3. 회사를 대표하는 연락책임자 인적사항

소 속	
직 위	
성 명	
전화번호	(FAX)

4. 종합평가 (예)

(1) 추정가격 50억원 미만 10억원 이상 공사의 경우

(단위 : 점)

구 분	배 점	자기평점	심사평점	비고
계	100			
시 공 경 험	15			
경 영 상 태	15			
입 찰 가 격	70			
신 인 도	0～ -1.5			
결격사유	0～ -10			

※ 위와 같이 공사입찰시 해당배점을 적용하여 위 심사표를 작성할 것.

<별지 제2-1호 서식>

경영상태 등의 확인서

등록번호			감사의견			
상호		대표자		영업소재지		전화번호
공사업종류, 등록번호	토목건축공사업(등록번호0000호)					
공사업별시공능력공시액 (금액단위 : 백만원)	토건공시액	토목공시액	건축공시액			

1. 경영상태 평가자료

구 분	경영비율	산출근거(단위 : 백만원)	
부채비율		부채총계	자기자본
유동비율		유동자산	유동부채
차입금 의존도		차입금	총자산
매출액 순이익율		순이익(법인세 차감전)	총매출액
매출액 영업이익율		당기영업이익	총매출액
자산회전율		매출액	(기초총자산+기말총자산) ÷2
건설부문기술개발 투자비율		건설부문기술개발투자비	건설부문 총매출액
기술개발 투자비율		기술개발투자액	총매출액
총자산 순이익율		순이익(법인세 차감전)	총자산
총자산 대비 영업현금흐름비율		영업활동으로 인한 현금흐름	총자산
영업이익 대비 이자보상배율		영업이익	이자비용

발급기준:1.경영항목: . . 일 기준 (년말결산서, 최초결산서)에 의거 발급

2. 시공여유율 평가자료 단위 : 백만원

구 분	금 액	산 출 근 거
최근년도 미기성총액		최근년도 국내공사 실적신고금액기준중 시공잔여공사금액의 합계액 적용
최근년도 시공능력공시액 (도급한도액)		건설관련법령 등에 의거 공시된 당해업체의 시공능력공시액(도급한도액)으로 가장 큰 공시액 적용

발급기준 :

3. 시공경험 평가자료 단위 : 백만원

업종별 \ 연도별 실적	년도	년도	년도	년도	년도
연도별 실질자본금					

상기 내용은 건설관련법령에 의거 우리협회에 위탁된 업무에 따라 작성하였음을 확인합니다.

20 년 월 일

0000 협회장(인)

<별지 제2-2호 서식>

(최초, 정기) 결산서 검토보고서

입찰참가 등록번호							
상 호		대표자		영 업 소재지		전 화 번 호	
업 종		토목,건축		토목			
면 번							

1. 경영상태 검토내용

구 분	경영비율(%)	산출근거(단위: 백만원)	
부채비율		부채총계	자기자본
유동비율		유동자산	유동부채
차입금 의존도		차입금	총자산
매출액순이익율		순이익(법인세 차감전)	총매출액
매출액 영업이익율		당기영업이익	총매출액
자산회전율		매출액	(기초총자산+기말총자산) ÷2
건설부문기술개발 투자비율		건설부문기술개발투자비	건설부문 총매출액
기술개발 투자비율		기술개발투자액	총매출액
총자산 순이익율		순이익(법인세 차감전)	총자산
총자산 대비 영업현금흐름비율		영업활동으로 인한 현금흐름	총자산
영업이익 대비 이자보상배율		영업이익	이자비용

2. 검토기준
   가. 결산서 작성사유 :
   나. 결산서의 종류 :
   다. 결산서 작성년월일 :
   라. 감사의견 :

상기 내용은 위 기재업체의 최근에 업계 전체 평균비율이 산정된 이후 최초결산서 또는 정기결산서에 따라 작성된 검토보고서로서 주식회사외부감사에관한법률규정에 따른 감사보고서 작성절차를 거쳐 작성하였음을 확인합니다.

20 년 월 일

사무소 :
주 소 :
연락처 :
공인회계사 : (인)

※ 입찰참가 등록을 하지 아니한 업체는 결산서 내용 등록이 불가하오니 입찰참가등록후 결산서를 제출하시기 바랍니다.

〈별지 제3호 서식〉

시설공사 시공실적증명서

Ⅰ. 일반적인 사항

<table>
<tr><td>1)공 사 명</td><td colspan="5"></td><td rowspan="2">2)발주기관
(발주자)</td><td rowspan="2"></td></tr>
<tr><td>1-1)
공사위치</td><td colspan="5"></td></tr>
<tr><td rowspan="2">3)시 공 자
(대 표)</td><td>3-1) 회 사 명</td><td></td><td>3-2)면허번호</td><td colspan="2"></td><td>3-3)대표자</td><td></td></tr>
<tr><td>3-4)영업소재지</td><td colspan="4"></td><td>3-5)전화번호</td><td></td></tr>
</table>

<table>
<tr><td rowspan="4">4)계약 및 준공
(장기계속 또는 계속비공사는 총공사 기준 작성)</td><td colspan="4">4) 총 공 사 기 준</td><td colspan="4">4) 년 차(금차) 공 사 기 준</td></tr>
<tr><td>4-1)
계약일자</td><td></td><td>4-4)
공사금액
(준공+관급)</td><td></td><td>4-1)
계약일자</td><td></td><td>4-4)
공사금액
(준공+관급)</td><td></td></tr>
<tr><td>4-2)
착공일자</td><td></td><td>4-5)
준공금액</td><td></td><td>4-2)
착공일자</td><td></td><td>4-5)
준공금액</td><td></td></tr>
<tr><td>4-3)
준공일자</td><td></td><td>4-6)
관급금액</td><td></td><td>4-3)
준공일자</td><td></td><td>4-6)
관급금액</td><td></td></tr>
</table>

<table>
<tr><td rowspan="2">5)
공 사
성질</td><td>건설공사</td><td>신규공사( ), 확장공사( ), 개·보수공사( ) ※해당란에 ○표</td></tr>
<tr><td>전기,통신</td><td>설치(신설, 증설, 이설, 개설)공사, 보수공사( ) ※해당란에 ○표</td></tr>
<tr><td colspan="2">6) 공동도급
여 부</td><td>공동이행방식( ), 분담이행방식( ), 단독도급( ) ※해당란에 ○표</td></tr>
<tr><td colspan="2">7)실적의 종류</td><td>개념설계( ), 기본설계( ), 실시설계( ), 시공( ), 감리( ),
품질, 공사관리( ), 시운전( ), 기자재제작설치( ), 기자재설치( ), 기타( )
※해당란에 ○표</td></tr>
</table>

Ⅱ.시공실적의 내용   * 공동수급체 구성원별로 구분 작성

<table>
<tr><td>구 분</td><td>시 공 자 (대표)</td><td>시 공 자</td><td>시 공 자</td></tr>
<tr><td>1) 회 사 명</td><td></td><td></td><td></td></tr>
<tr><td>2) 대 표</td><td>(인)</td><td>(인)</td><td>(인)</td></tr>
<tr><td>3) 공사 금액</td><td>지분율: %</td><td>지분율: %</td><td>지분율: %</td></tr>
<tr><td>3-1) 준공금액</td><td></td><td></td><td></td></tr>
<tr><td>3-2) 관급금액</td><td></td><td></td><td></td></tr>
<tr><td>4) 전체공사 시공규모
: 구체적인 시공물량 표시</td><td colspan="3"></td></tr>
<tr><td>5)시공회사별 실적공종 또는 PQ공종 시공규모, 방법(공법)</td><td colspan="3"></td></tr>
</table>

6)시공회사별 실적공종 또는 PQ공종의 금액			
6-1)시공회사별 실적공종 또는 PQ공종의 준공금액			
6-2)시공회사별 실적공종 또는 PQ공종의 관급금액			
7) 하도급 내용	* 하도급자별로 구분작성 (전문건설업자에게 하도급 한 경우는 해당 없음으로 표기)		
7-1) 하도급자			
7-2)하도급공사 규모 및 내용			
7-3)하도급금액 (준공+관급)			

Ⅲ. 붙 임

1) 기타 실적내용을 증명할 수 있는 서류

위와 같이 공사(총공사) 준공실적이 있음을 증명하여 주시기 바랍니다.

20 . . .

귀하

주 소 :
회 사 명 :
대 표 :

위 내용을 증명함

(발급기관명)

※ 【주】 :

1) 기재란이 부족한 경우 및 입찰설명서(공고) 요구내용의 기재란이 없는 경우는 별지 작성 가능함.
2) 당해공사 시공실적심사에 필요한 내용의 미기재, 불분명 등의 경우는 인정 가능한 범위내에서 인정하고 이외의 부분은 불인정함. (보완제출 불허)
3) 합병·분할·사업양수도를 한 업체와 시공중 부도·탈퇴등으로 시공비율이 달라진 업체는 그 사실과 내용을 본 실적증명서에 기재하고 관련 자료를 발주관서에 제출하여야 함.
4) 본 기재란에 대한 해당사항이 없으면 "해당없음"으로 표기하여야 함.
5) 시공실적증명서 및 첨부물마다 간인(서명)을 하여야 함.
6) 동일구조물 공사를 연차적으로 발주 및 시공한 경우는 최근 10년이내에 준공한 공사의 최초부터 최종공사의 단일용도의 단위구조물(체) 각각의 규모 및 금액을 기재하되, 차수별 공사내용(공사명, 공사규모, 공사금액, 준공일등 실적심사에 필요한 사항) 및 채색구분된 도면(평면도, 종.횡단면도)을 첨부하시기 바라며, 그 내용이 불분명하거나 누락되어 실적심사가 곤란한 경우는 불인정함.
7) 본 서식에 따라 시설공사 시공실적증명서를 발급할 경우에는 군시설공사입찰참가자격사전심사 세부운영기준에 관한 예규 별표 4에 의한 시공실적제출 및 심사기준을 참고하여 발급하시기 바람.

〈별지 제4호 서식〉 〈삭제〉
〈별지 제5호 서식〉 〈삭제〉

[별지 제6호 서식] <개정 2019. 00.00.>

하도급관리계획서

공사관리번호:
공 사 명:

(금액단위 : 천원)

<table>
<tr><th colspan="4">하도급할 공사</th><th rowspan="2">하도급예정자와 계약할 금액
(지급자재금액)</th><th rowspan="2">하도급대금
직불계획</th></tr>
<tr><th>공사
종류</th><th>규모
(물량)</th><th>조사
금액</th><th>입찰
금액</th></tr>
<tr><td>○○
공사</td><td>1식</td><td></td><td></td><td>(   )</td><td>%</td></tr>
<tr><td>○○
공사</td><td>1식</td><td></td><td></td><td>(   )</td><td>%</td></tr>
<tr><td colspan="2">합 계</td><td>(B)</td><td>(C)</td><td>(D)</td><td></td></tr>
<tr><td colspan="2">입찰가격(A)</td><td colspan="2">하도급비율(C/A)
: %
지역업체와의
하도급 비율 :
%</td><td>하도급 부분 조사금액 대비
하도급업체 계약금액(D/B) :
%
하도급 부분 입찰금액 대비
하도급업체 계약금액(D/C) :
%</td><td></td></tr>
</table>

위와 같이 0000 건설공사에 대한 하도급 관리계획서를 제출함에 있어 위의 하도급 관리계획서에 정한 하수급예정자와 하도급 조건대로 계약을 체결한 후 성실시공이 이루어지도록 최선을 다하겠으며, 위에 선정된 하도급업체는 부정당업자 제재기간 중이거나 영업정지중인 업체가 아님을 확약하오며, 만일 이와 같은 내용이 사실과 다르거나 정당한 사유없이 하도급관리계획대로 이행치 아니할 경우에는 어떠한 불이익을 받더라도 이의를 제기하지 아니할 것임을 확약하고 하도급관리계획서를 제출합니다.

20 년 월 일

입찰자(제출자) 대표회사 상 호:
대 표 자:
구성원(공동도급 구성원 모두 기재)
상 호:
대 표 자:

0 0 부 대 장 귀하

※ 첨부서류: 1. 하도급할 공사 및 하수급예정자와 계약할 내역서 각 1부.

210mm×297mm[백상지 80g/㎡ 또는 중질지80g/㎡]

[별지 제6호 서식]

※ **작성요령**(상기 작성예시내용 참조)

1. 하도급비율은 “입찰가격(A) 대비 하도급 할 공사의 합계금액(C)”으로 산정하고 하도급 할 공사금액에는 수급인의 지급자재 금액을 제외한다.

2. ‘하도급대금 직불계획’은 “하도급대금 직불금액(수요기관이 하수급자에게 직접 지급할 금액) / 하수급자와 계약할 총 금액”으로 산정하여 표기하여야 한다.

3. 하수급 금액비율은 반올림하지 않는다.

4. 지역업체 하도급 비율은 “입찰가격(A)대비 지역업체에 하도급하는 공사의 합계금액”을 말한다.

210mm×297mm[백상지 80g/㎡ 또는 중질지80g/㎡]

[별지 제7호 서식] <개정 2019. 00. 00.>

산출내역서집계표

ㅇ 공사원가계산서 기준

항 목 별	금 액	비 고
1. 순 공 사 원 가	000원	
1-1. 재 료 비	000원	
1-2. 노 무 비	000원	
(1) 직 접 노 무 비	000원	
(2) 간 접 노 무 비	000원	
1-3. 경 비	000원	
(1) 산 출 경 비	000원	
(2) 산 재 보 험 료	000원	
(3) 고 용 보 험 료	000원	
(4) 퇴 직 공 제 부 금	000원	
(5) 산 업 안 전 보 건 관 리 비	000원	
(6) 기 타 경 비	000원	
(7) 국 민 건 강 보 험 료	000원	
(8) 국 민 연 금 보 험 료	000원	
(9) 건 설 하 도 급 보 증 수 수 료	000원	
-	000원	
-	000원	
2. 일 반 관 리 비	000원	
3. 이 윤	000원	
4. 공 사 손 해 보 험 료	000원	
5. 부 가 가 치 세	000원	
6. 총 계	000원	

주) 1. 산출내역서의 작성·수정 및 입찰무효에 관하여는 계약예규 정부입찰·계약 집행기준 제9장「내역입찰의 집행」에 의한다.

2. 구조물이 2이상인 경우에는 각 구조물의 공종별(가설공사, 토공사··)금액을 합산하여 표기하여야 한다.(추정가격100억원 이상 공사는 공종별 산출내역서 집계표를 첨부하고, 추정가격 100억원 미만 50억원 이상 공사는 별도 요청시 제출 하여야 함)

3. 입찰공고에서 현장설명 시 배부한 전산내역디스켓을 이용하여 산출내역서를 작성토록 요구한 경우에는 이에 따라야 한다 이 경우 입찰자는 작성된 전산내역디스켓을 함께 제출하여야 하며 산출내역서와 전산내역디스켓 내용이 상이한 경우에는 산 출내역서를 기준으로 처리한다.

4. 산출내역서의 표지에는 동내역서의 작성에 참여한 자 전원의 소속, 직책 및 성명을 기재하고 날인하여야 한다.

210㎜×297㎜[백상지 80g/㎡ 또는 중질지80g/㎡]

[별지 제8호 서식]

공동수급체(또는 단독) 현황표

(주계약자관리방식)

가. 대상공사

관 리 번 호		발주기관	
공 사 명		입찰일시	

나. 공동수급체 구성현황

구 분		구성원(주계약자)	구성원(2)	구성원(3)	구성원(4)	구성원(5)
①회 사 명						
②대 표 자		(인)	(인)	(인)	(인)	(인)
③분 담 내 용		첨부양식에 별도 기재				
④사업자등록번호						
⑤시공능력평가액		천원	천원	천원	천원	천원
⑥업종등	토,건등 순위					
	보유업종, 번호					
⑦동일(또는 유사)공사실적(금액)		별첨 공종별 동일공사 및 유사공사 실적명세서에 따라 평가 회망	좌 동	좌 동	좌 동	좌 동
⑧최근 10년간 동일공종그룹 실적(금액)		조달청 등록내용으로 평가회망	좌 동	좌 동	좌 동	좌 동
⑨5년간 업종실적금액		조달청 등록내용으로 평가회망	좌 동	좌 동	좌 동	좌 동
⑩기술자보유 평가(경력,일반)						
⑪경영상태평가	등급평가일					
	등급구분(회사채,기업어음,신용평가)					
	평가받은 신용정보업체명					
	등급현황					
⑫최근 입찰공고일 기준 3개월이내 합병, 분할, 사업양수도 여부						
⑬신인도 등록내용						
⑭기타사항	전화번호					
	주 소					
	작 성 자					

주) :1. 분담내용은 구성원 각각의 보유업종·시공능력평가액 등을 감안하여 시공비율을 산정함.

2. 당해공사에 필요한 주공사의 업종(면허)을 보유하지 않은 업체간 분담은 불가함.

3. 정정개소에는 반드시 날인하시기 바람

4. ③분담내용은 첨부양식에 별도 기재하여 제출하여야 합니다.

[첨 부] 분 담 내 용(예 시)

○ 공동수급체 공사참여지분율(추정가격(부가가치세포함) 기준)

- 총 공사 참여지분율

<table>
<tr><th colspan="3">업종(업종비율)</th><th>구성원
(주계약자)</th><th>구성원
(종합)</th><th>구성원
(종합)</th><th>구성원
(전문)</th><th>계</th></tr>
<tr><td rowspan="3">①
종합
건설업</td><td>④토목공사업
(주공사)</td><td>(60%)</td><td>60%</td><td>30%</td><td>10%</td><td></td><td>100%</td></tr>
<tr><td>건축공사업</td><td>(10%)</td><td>100%</td><td>0%</td><td>0%</td><td></td><td>100%</td></tr>
<tr><td>조경공사업</td><td>(10%)</td><td>0%</td><td>100%</td><td>0%</td><td></td><td>100%</td></tr>
<tr><td rowspan="3">②
건산법
이외
업종</td><td>전기공사업</td><td>(5%)</td><td>0%</td><td>100%</td><td>0%</td><td>0%</td><td>100%</td></tr>
<tr><td>정보통신
공사업</td><td>(5%)</td><td>0%</td><td>0%</td><td>100%</td><td>0%</td><td>100%</td></tr>
<tr><td>소방공사업</td><td>(5%)</td><td>100%</td><td>0%</td><td>0%</td><td>0%</td><td>100%</td></tr>
<tr><td>③
전문
건설업</td><td>토공</td><td>(5%)</td><td></td><td></td><td></td><td>100%</td><td>100%</td></tr>
<tr><td colspan="3">구성원별 총공사 참여비율의 합계
①+②+③</td><td>51.00%</td><td>33.00%</td><td>11.00%</td><td>5.00%</td><td>100%</td></tr>
<tr><td colspan="3">주공사참여비율의 합계
④</td><td>60.00%</td><td>30.00%</td><td>10.00%</td><td>0%</td><td>100%</td></tr>
</table>

매장문화재 조사용역 적격심사 세부기준

문화재청고시, 제2021-33호, 2021.3.26 일부개정

제1조(목적) 이 기준의 목적은 「국가를 당사자로 하는 계약에 관한 법률 시행령」 제42조 제5항 및 기획재정부 계약예규 적격심사기준(이하 '계약예규'라 한다) 제6조에 따라 매장문화재 조사용역 입찰에서 낙찰자를 결정할 때에 적용할 적격심사 세부기준(이하 "세부기준"이라 한다)을 정하는 것이며, 「지방자치단체를 당사자로 하는 계약에 관한 법률 시행령」 제42조제4항에 따라 시·도지사가 행정자치부 장관과 협의할 경우의 심사 기준안을 제시한 것이다.

제2조(정의) 이 기준에서 사용하는 용어의 뜻은 다음 각 호와 같다.

1. "매장문화재"란 「매장문화재 보호 및 조사에 관한 법률」 제2조(정의) 제1호에서 제3호까지에 해당하는 문화재 등을 말한다.
2. "조사용역"이란 「매장문화재 보호 및 조사에 관한 법률」 제6조와 제11조에 따라 건설공사의 시행자가 해당 건설공사 지역에 대하여 실시하는 지표조사와 발굴조사(정밀발굴조사, 시굴조사, 표본조사)를 말한다.
3. "매장문화재 지표조사"란 「매장문화재 보호 및 조사에 관한 법률」 제6조에 따라 건설공사의 시행자가 해당 건설공사 지역에 문화재가 매장·분포되어 있는지를 확인하기 위하여 미리 실시하는 조사를 말한다.
4. "매장문화재 시굴조사(표본조사 포함)"란 「매장문화재 보호 및 조사에 관한 법률 시행규칙」 제5조제1항제4호 나목과 다목에 따라 건설공사 사업면적 중 매장문화재 유존지역 면적의 일부에 대해 실시하는 조사를 말한다.
5. "매장문화재 발굴조사"란 「매장문화재 보호 및 조사에 관한 법률」 제11조에 따라 건설공사 사업 면적 중 매장문화재 유존지역면적 전체에 대하여 매장문화재를 발굴하는 조사를 말한다.
6. "조사기관"이란 「매장문화재 보호 및 조사에 관한 법률」 제24조에 따라 문화재청장에게 등록한 기관을 말한다.
7. "사업시행자"란 「매장문화재 보호 및 조사에 관한 법률」에 따라 개발사업을 계획· 시행하기 위하여 「국가를 당사자로 하는 계약에 관한 법률」을 적용하거나 준용하여 매장문화재 조사용역을 입찰 공고하는 정부, 공공기관, 민간 사업자를 말한다.

제3조(심사대상) ① 이 세부기준에 따른 심사는 「국가를 당사자로 하는 계약에 관한

법률 시행령」(이하 "「국가계약법시행령」"이라 한다.) 제42조제1항, 「지방자치단체를 당사자로 하는 계약에 관한 법률 시행령」 제42조제4항(이하 "「지방자치단체계약법시행령」"이라 한다.)을 적용 받는 조사용역계약에서 계약이행능력을 심사하여 낙찰자를 결정하는 입찰에 적용한다.

② 「국가계약법시행령」의 적용을 받지 않지만, 「매장문화재 보호 및 조사에 관한 법률」 제6조와 제11조에 따라 지표조사 및 발굴조사 용역 계약을 추진할 경우 계약이행능력을 심사하여 낙찰자를 결정하는 입찰에 적용한다.

제4조(입찰 공고를 할 때의 공고사항) ① 사업시행자는 제3조에 따라 적격심사 대상 조사용역을 입찰 공고할 때에는 용역금액, 선행용역수행보고서(해당 용역 입찰의 원인이 된 선행조사용역이 있을 경우 해당 용역의 조사결과를 정리한 자료를 말한다.), 예정가격 산출근거자료, 용역 공종 등을 입찰공고에 분명하게 밝혀야 한다.

② 제1항에서 규정한 사항 외에 입찰공고에 포함하여야 할 사항에 관하여는 기획재정부 계약예규를 준용한다.

제5조(제출서류 및 심사자료 요구 등) ① 적격심사대상자로 통보 받은 입찰자는 통보서를 접수한 날부터 특별히 정한 기일이 없는 한 7일 이내에 다음 각 호의 관련서류를 첨부하여 적격심사신청서를 제출하여야 한다. 다만, 입찰가격점수와 다른 심사분야의 배점한도를 합산한 종합평점이 적격심사 통과점수에 미달하는 입찰자는 제출하지 않는다.

1. 적격심사신청서 1부 (별지 제2호 서식)
2. 적격심사 자기평가 및 심사표 1부 (별지 제3호 서식)
3. 매장문화재조사이행능력증명서 1부 (별지 제4호 서식)
4. 그 밖의 제출서류 각 1부 (별지 제5호서식 참조)

② 사업시행자는 제1항에 따라 제출된 심사서류의 첨부목록에 적혀 있는 서류가 누락되었거나 제출된 서류가 불명확하여 알아보기 어려운 경우에는 기한을 정하여 보완을 요구할 수 있다.

③ 제2항에 따른 보완요구 기한까지 보완된 서류가 제출되지 아니한 경우에는 처음 제출된 서류만으로 심사하되 처음 제출된 서류가 불명확하여 심사하기가 곤란한 경우에는 심사에서 제외한다.

④ 제1항과 제2항에 따라 제출될 서류로서 입찰공고일 다음날 이후에 발생하였거나 신고하였거나 수정된 자료는 심사에서 제외한다.

제6조(심사항목 및 배점기준) ① 입찰공고 되는 조사용역의 추정가격을 고려한 규모별 적격심사 항목과 배점기준은 다음 각 호에 따른다.

1. 추정가격 10억 원 이상인 매장문화재 조사용역의 적격심사 세부기준은 <별표 1>에 따른다.

2. 추정가격 10억 원 미만 5억 원 이상인 매장문화재 조사용역의 적격심사 세부기준은 <별표 2>에 따른다.
3. 추정가격 5억 원 미만 2.5억 원 이상인 매장문화재 조사용역의 적격심사 세부기준은 <별표 3>에 따른다.
4. 추정가격 2.5억 원 미만 1억 원 이상인 매장문화재 조사용역의 적격심사 세부기준은 <별표 4>에 따른다.
5. 추정가격 1억 원 미만의 매장문화재 조사용역의 적격심사 세부기준은 <별표 5>에 따른다.

② 용역의 특성, 사용목적, 내용 등에 따라 심사분야별(입찰가격은 제외)배점 한도를 20% 범위에서 가감 조정할 수 있으며, 심사항목별(신인도 제외) 세부사항을 추가하거나 제외할 수 있다. 이 경우 입찰공고에나 입찰설명서에 조정 내용을 분명하게 밝혀야 한다.

③ 신인도 평가의 가점은 적격심사대상자로 통보받은 입찰자 중 당해용역수행능력(조사이행능력 및 경영상태) 점수가 심사분야별 배점한도에 부족한 경우에만 배점한도 범위 내에서 부여한다.

제7조(적용기준) 심사의 적용기준은 다음 각 호에 따른다.

1. 기간계산 등 심사기준일 : 조사이행능력(연구조사실적, 연구조사능력, 연구조사평가, 연구조사기반), 경영상태, 신인도 등의 적격심사에 따른 기간 계산 등의 심사기준일은 매장문화재 보호 및 조사에 관한 법령 등 다른 규정에서 정한 것을 제외하고는 입찰공고일로 한다. 다만, 결격사유인 이행위험에 대하여는 낙찰자를 결정하는 날을 기준일로 한다.
2. 외화표시 금액의 적용 : 조사실적 등의 외화표시 금액은 원화로 환산하여 적용하며, 적용환율은 입찰공고일의 「외국환거래법」에 따른 기준환율이나 재정환율(매매기준율)로 적용한다. 다만, 외화와 원화가 함께 표시된 경우는 원화를 적용한다.
3. 계산결과 소수점 이하의 숫자처리 : 비율, 평점 등을 계산한 결과 소수점 이하의 숫자가 있는 경우에는 별도로 정하지 않으면 소수점 다섯째 자리에서 반올림한다.

제8조(평가방법) ① 사업시행자는 세부기준에 따라 예정가격 이하에서 최저가로 입찰한 기관의 순서로 심사한다.

② 조사이행능력 평가는 다음 각 호에 따르되, 세부적용 내용은 [별지 제 1-1]에서 [별지 제 1-5]까지를 따른다.

1. 적격심사대상자의 조사실적은 계약일자와 조사기한에 관계없이 조사가 끝난 시점이 최근 3년 이내이어야 하며 계약서에 적힌 용역금액(부가가치세 제외)을 합산하여 평가한다. 다만, 이행실적 적용기간을 조정하려는 경우에는 입찰공고에 조정내용을 밝혀야 한다.

2. 조사기관이 합병된 경우에는 존속되거나 신설된 조사기관의 실적은 소멸된 조사기관의 실적을 어어 받은 것으로 보아 합산하여 평가하며, 분할된 경우에는 권리·의무를 이어받은 조사기관의 실적으로 본다. 또한 사업 양수도의 경우에는 해당 업종을 넘겨받은 기관의 실적으로 평가하며 합병·분할·사업 양수도와 관련한 조사기관의 실적증빙서류를 제출하여야 한다. (다만, 분할이나 사업 양수도의 경우에는 실적 이행을 위하여 분할하거나 사업 양수도한 때에 권리 이외 시설, 매장문화재조사 참여인력 등의 요건이 필요할 때에는 이를 갖춘 경우에만 실적으로 인정한다.)
3. 이행실적의 평가는 매장문화재 조사용역 이행실적 증명서[별지 제4호 서식]에 따라 평가하되 공공기관 이외의 이행실적은 원본이 확인된 해당 용역의 계약서, 세금계산서, 거래명세표 등의 이행실적을 증명하는 서류를 첨부한 경우에 평가하고, 필요한 경우 공급받는자의 신분증 사본을 첨부한 거래사실확인서나 그 밖에 이행실적을 증명할 수 있는 서류를 제출하게 할 수 있으며, 적격심사대상자가 입증책임을 다하지 아니하여 이행실적의 확인이 어려운 경우에는 실적을 인정하지 아니한다.

③ 경영상태 평가는 '신용평가등급에 의한 평가방법'에 따르며 세부적용내용은 [별지 1-3]에서 정한 기준에 따라 평가한다.

④ 연구조사능력 평가는 [별지 1-2]에서 정한 기준에 따른다. 합병·분할·사업양수도의 경우에는 제2항제2호에 준하여 평가한다.

⑤ 신인도 평가는 [별지 1-4]에서 정한 기준에 따라 평가하되, 신인도 심사결과 총 평점은 각 항목의 가점 합계와 감점 합계를 상계한 점수로 한다. 다만, 신인도 총 평점이 음(-)인 경우에는 적격심사대상자가 취득한 당해용역수행능력(조사이행능력 및 경영상태) 점수에서 감점한다.

제9조(공동수급체 등에 대한 평가) 심사대상자가 공동수급체를 구성하고 있는 경우의 평가는 다음 각 호에 따르되, 세부 적용내용은 제8조에 따른다.

1. 조사실적 평가

   공동수급체 구성원별로 각각의 이행실적에 출자비율이나 분담비율을 곱하여 계산해낸 구성원 모두의 실적을 합산하여 해당되는 등급으로 평가한다.

2. 조사이행능력(조사실적 제외) 및 경영상태 평가

   공동수급체 구성원별로 각각 산출한 조사이행능력(조사실적 제외) 및 경영상태 평가점수에 출자비율이나 분담비율을 곱한 후 합산하여 평가한다.

3. 신인도 평가

   공동수급체 구성원별로 각각 계산해낸 신인도 평가점수에 각각의 출자비율이나 분담비율을 곱하고 이를 합산하여 평가한다. 감점대상 조사 기관이 공동수급체의 구성원으로 입찰에 참가하는 경우에는 해당 감점 점수에 해당 조사기관의 출자비율이나 분담비율을 곱한 점수를 감점한다.

제10조(결격사유의 심사) 결격사유의 심사는 [별지 1-5]에서 정한 기준에 따라 평가한다.

제11조(낙찰자 결정) ① 입찰결과 최저가 입찰자부터 적격심사를 실시하여 적용 기준별 적격통과점수(추정가격이 2.5억 원 이상인 경우 85점 이상, 추정가격이 2.5억 원 미만인 경우 88점 이상) 이상이면 낙찰자로 결정한다.

② 같은 가격의 최저가 입찰자가 2인 이상인 경우 적격통과점수 이상인 자 중에서 최고점수인 자를 낙찰자로 결정하며 적격통과점수도 같은 경우에는 추첨하여 낙찰자를 결정한다.

③ 최저가 입찰자에 대한 심사결과 적격통과점수 미만인 경우나 최저가낙찰자가 정당한 사유 없이 심사서류를 제출하지 아니하거나 심사서류를 제출한 후 낙찰자가 결정되기 전에 심사를 포기한 경우에는 다음 순위의 최저가 입찰자 순서로 심사하여 낙찰자를 결정한다.

④ 적격심사에 걸리는 행정 소요일수를 참작하여 필요하다고 인정되는 경우에는 예정가격 이내 입찰자를 대상으로 동시에 적격심사를 할 수 있다.

제12조(재심사) ① 제11조에 따라 부적격 통보를 받은 자가 통보한 날부터 3일 내에 심사결과에 대한 재심사를 요청하였을 때에는 특별한 사유가 없는 한 재심사요청서를 접수한 날부터 3일 이내에 재심사를 하여야 한다.

② 제1항에 따른 재심사 결과는 재심사를 요청한 자에게 곧바로 알려야 한다.

③ 제1항의 재심사 요청서를 접수할 때에는 적격심사에 필요한 추가서류는 접수하지 않는다.

제13조(부정한 방법에 의한 심사서류 제출자와 미제출자의 처리) ① 사업시행자는 제5조에 따라 제출된 서류가 부정 또는 거짓으로 작성된 것으로 판명된 때에는 다음 각 호와 같이 처리하여야 한다.

1. 계약체결 이전인 경우에는 적격낙찰자 결정대상에서 제외하거나 결정통보를 취소한다.
2. 계약체결 이후인 경우에는 해당 계약을 해제하거나 해지할 수 있다.

② 제1항에 해당하는 자, 정당한 사유 없이 심사서류의 전부나 일부를 제출하지 아니한 자 및 정당한 사유 없이 심사서류를 제출하고 낙찰자를 결정하기 전에 심사를 포기한 자에 대하여는 국가계약법 시행령 제76조에 따라 입찰참가자격제한조치를 하여야 한다.

제14조(그 밖의 사항) ① 이 심사기준에서 정하지 아니한 사항에 대하여는 적격심사기준 등 관련 계약예규와 그 밖의 문화재청 집행기준(매장문화재 조사용역 관련 법규 및 유권해석)을 적용하며, 용역의 특성에 따라 이 기준을 적용하기 곤란하다고 인정되

는 사항에 대하여는 입찰공고에 별도로 반영하여 집행할 수 있다.

제15조(재검토기한) 문화재청장은 「훈령·예규 등의 발령 및 관리에 관한 규정」에 따라 이 고시에 대하여 2016년 1월 1일 기준으로 매3년이 되는 시점(매 3년째의 12월 31일까지를 말한다)마다 그 타당성을 검토하여 개선 등의 조치를 하여야 한다.

부 칙 <제2014-7호, 2014.2.4>

이 적격심사세부기준은 고시 후 60일이 경과한 날부터 시행한다.

부 칙 <제2015-22호, 2015.3.3>

이 적격심사 세부기준은 고시한 날부터 시행한다.

부 칙 <제2015-96호, 2015.10.8>

이 적격심사 세부기준은 고시한 날부터 시행한다.

부 칙 <제2018-83호, 2018.6.25>

이 기준은 2018년 7월 1일부터 시행한다.

부 칙 <제2019-76호, 2019.5.31>

이 기준은 고시한 날부터 시행한다.

부 칙 <제2021-33호, 2021.3.26>

이 기준은 고시한 날부터 시행한다.

[별표 1]

< 매장문화재 조사용역 적격심사항목 및 배점기준 >
추정가격 10억원 이상

구 분	심사분야	심사항목	배점한도
Ⅰ. 조사이행 능력(전문성) (50점)	1. 연구조사실적 (10점)	가.조사실적(해당 용역금액 대비 최근 3년간 용역금액)	10
	2. 연구조사능력 (10점)	가.참여조사기관 보유 조사인력수	10
	3. 연구조사평가 (25점)	가.직전년도발굴조사보고서 평가점수	25
	4. 연구조사기반 (5점)	가.수장 및 보존처리시설 수준	5
Ⅱ. 경영상태 (20점)	1. 신용평가등급 (20점)	가.기업신용평가등급	20
Ⅲ. 입찰가격 (경제성) (30점)	1. 가격점수 (30점)	입찰가격 평점산식 참조	30
계	Ⅰ+Ⅱ+Ⅲ합산점수 85점 이상 최저가 입찰자		100
Ⅳ.신인도	1. 신인도	가. 용역전문성	+2
		나. 업무정지(경고)처분	-2,-1, -0.5
		다. 안전관리	-1, -0.5
		라. 공동수급체 구성	+1.0, +0.5
		마. 여성고용률	+0.5, +0.2
		바. 장애인고용률	가)+ 1.0, +0.5
Ⅴ.결격사유	1. 이행위험	가. 계약이행 불가능	-20
	2. 부정당업자제재	가. 적격심사 서류제출일 현재 부정당업자제재 기간 해당	-20

입찰가격 평점산

■ **평점(점) = 30 - 1.875 × |(88/100 - 입찰가격/예정가격)×100|**

-'|　|'은 절대값 표시임

- 입찰가격을 예정가격으로 나눈 결과 소수점 이하의 숫자가 있는 경우에는 소수점 다섯째 자리에서 반올림함
- 평점의 경우는 소수점 둘째 자리에서 반올림함
- 입찰가격이 예정가격이하로서 90/100이상인 경우에는 90/100인 경우의 점수로 함

■ **해당용역 규모란 입찰 공고 시 제시한 용역규모를 말함**

[별표 2]

추정가격 10억원 미만 5억원 이상

<table>
<tr><th>구 분</th><th>심사분야</th><th>심사항목</th><th>배점한도</th></tr>
<tr><td rowspan="4">Ⅰ.조사이행 능력(전문성) (50점)</td><td>1. 연구조사실적(10점)</td><td>가. 조사실적(해당 용역금액 대비 최근 3년간 용역금액)</td><td>10</td></tr>
<tr><td>2. 연구조사능력(10점)</td><td>가. 참여조사기관 보유 조사인력 수</td><td>10</td></tr>
<tr><td>3. 연구조사평가(25점)</td><td>가. 직전년도발굴조사보고서 평가점수</td><td>25</td></tr>
<tr><td>4. 연구조사기반(5점)</td><td>가. 수장 및 보존처리시설 수준</td><td>5</td></tr>
<tr><td>Ⅱ.경영상태 (20점)</td><td>1. 신용평가등급(20점)</td><td>가. 기업신용평가등급</td><td>20</td></tr>
<tr><td>Ⅲ.입찰가격 (경제성) (30점)</td><td>1. 가격점수(30점)</td><td>입찰가격 평점산식 참조</td><td>30</td></tr>
<tr><td>계</td><td colspan="2">Ⅰ+Ⅱ+Ⅲ합산점수 85점 이상 최저가 입찰자</td><td>100</td></tr>
<tr><td rowspan="6">Ⅳ.신인도</td><td rowspan="6">1. 신인도</td><td>가. 용역전문성</td><td>+2</td></tr>
<tr><td>나. 업무정지(경고)처분</td><td>-2,-1,-0.5</td></tr>
<tr><td>다. 안전관리</td><td>-1, -0.5</td></tr>
<tr><td>라. 공동수급체 구성</td><td>-</td></tr>
<tr><td>마. 여성고용률</td><td>+0.5,+0.2</td></tr>
<tr><td>바. 장애인고용률</td><td>+1.0,+0.5</td></tr>
<tr><td rowspan="2">Ⅴ.결격사유</td><td>1. 이행위험</td><td>가.계약이행 불가능</td><td>-20</td></tr>
<tr><td>2. 부정당업자제재</td><td>가. 적격심사 서류제출일 현재 부정당업자제재 기간 해당</td><td>-20</td></tr>
</table>

입찰가격 평점산식

■ 평점(점) = 30-2.5×|(88/100 - 입찰가격/예정가격)×100|

-'| |'은 절대값 표시임

- 입찰가격을 예정가격으로 나눈 결과 소수점 이하의 숫자가 있는 경우에는 소수점 다섯째 자리에서 반올림함
- 평점의 경우는 소수점 둘째 자리에서 반올림함
- 입찰가격이 예정가격이하로서 90/100이상인 경우에는 90/100인 경우의 점수로 함

■ 해당용역 규모란 입찰 공고 시 제시한 용역규모를 말함

[별표 3]

추정가격 5억원 미만 2.5억원 이상

구 분	심사분야	심사항목	배점한도
Ⅰ.조사이행 능력(전문성) (40점)	1.연구조사실적(10점)	가. 조사실적(해당 용역금액 대비 최근 3년간 용역금액)	10
	2.연구조사능력(10점)	가. 참여조사기관 보유 조사인력수	10
	3.연구조사평가(20점)	가. 직전년도발굴조사보고서 평가점수	20
Ⅱ.경영상태 (20점)	1.신용평가등급(20점)	가. 기업신용평가등급	20
Ⅲ.입찰가격 (경제성) (40점)	1.가격점수(40점)	입찰가격 평점산식 참조	40
계	Ⅰ+Ⅱ+Ⅲ합산점수 85점 이상 최저가 입찰자		100
Ⅳ.신인도	1.신인도	가. 용역전문성	+2
		나. 업무정지(경고)처분	-2,-1,-0.5
		다. 안전관리	-1,-0.5
		라. 공동수급체 구성	-
		마. 여성고용률	+0.5,+0.2
		바. 장애인고용률	+1.0,+0.5
Ⅴ.결격사유	1.이행위험	가. 계약이행 불가능	-20
	2.부정당업자제재	가. 적격심사 서류제출일 현재 부정당업자제재 기간 해당	-20

입찰가격 평점산식

■ 평점(점) = 40-3×|(88/100 - 입찰가격/예정가격)×100|

-'| |'은 절대값 표시임

- 입찰가격을 예정가격으로 나눈 결과 소수점 이하의 숫자가 있는 경우에는 소수점 다섯째 자리에서 반올림함
- 평점의 경우는 소수점 둘째 자리에서 반올림함
- 입찰가격이 예정가격이하로서 90/100이상인 경우에는 90/100인 경우의 점수로 함

■ 해당용역 규모란 입찰 공고 시 제시한 용역규모를 말함

[별표 4]

추정가격 2.5억원 미만 1억원 이상

구 분	심사분야	심사항목	배점한도
Ⅰ.조사이행 능력(전문성) (35점)	1.연구조사실적(5점)	가. 조사실적(해당 용역금액 대비 최근 3년간 용역금액)	5
	2.연구조사능력(10점)	가. 참여조사기관 보유조사 인력수	10
	3.연구조사평가(20점)	가. 직전년도발굴조사보고서 평가점수	20
Ⅱ.경영상태 (20점)	1.신용평가등급(20점)	가. 기업신용평가등급	20
Ⅲ.입찰가격 (경제성) (45점)	1.가격점수(45점)	입찰가격 평점산식 참조	45
계	Ⅰ+Ⅱ+Ⅲ합산점수 88점 이상 최저가 입찰자		100
Ⅳ.신인도	1.신인도	가. 용역전문성	+2
		나. 업무정지(경고)처분	-2,-1,-0.5
		다. 안전관리	-1,-0.5
		라. 공동수급체 구성	-
		마. 여성고용률	+0.5,+0.2
		바. 장애인고용률	+1.0,+0.5
Ⅴ.결격사유	1.이행위험	가. 계약이행 불가능	-20
	2.부정당업자제재	가. 적격심사 서류제출일 현재 부정당업자제재 기간 해당	-20

입찰가격 평점산식

■ 평점(점) = 45-9.6×|(88/100 - 입찰가격/예정가격)×100|
- '| |'은 절대값 표시임
- 입찰가격을 예정가격으로 나눈 결과 소수점 이하의 숫자가 있는 경우에는 소수점 다섯째 자리에서 반올림함
- 평점의 경우는 소수점 둘째 자리에서 반올림함
- 입찰가격이 예정가격이하로서 89.25/100이상인 경우에는 89.25/100인 경우의 점수로 함

■ 해당용역 규모란 입찰 공고 시 제시한 용역규모를 말함

[별표 5]

추정가격 1억원 미만

<table>
<tr><th>구 분</th><th>심사분야</th><th>심사항목</th><th>배점한도</th></tr>
<tr><td rowspan="3">Ⅰ.조사이행 능력(전문성) (30점)</td><td>1.연구조사실적(5점)</td><td>가. 조사실적(해당 용역금액 대비 최근 3년간 용역금액)</td><td>5</td></tr>
<tr><td>2.연구조사능력(10점)</td><td>가. 참여조사기관 보유 조사 인력수</td><td>10</td></tr>
<tr><td>3.연구조사평가(15점)</td><td>가. 직전년도발굴조사보고서 평가점수</td><td>15</td></tr>
<tr><td>Ⅱ.경영상태 (20점)</td><td>1.신용평가등급(20점)</td><td>가. 기업신용평가등급</td><td>20</td></tr>
<tr><td>Ⅲ.입찰가격 (경제성) (50점)</td><td>1.가격점수(50점)</td><td>입찰가격 평점산식 참조</td><td>50</td></tr>
<tr><td>계</td><td colspan="2">Ⅰ+Ⅱ+Ⅲ합산점수 88점 이상 최저가 입찰자</td><td>100</td></tr>
<tr><td rowspan="6">Ⅳ.신인도</td><td rowspan="6">1.신인도</td><td>가. 용역전문성</td><td>+2</td></tr>
<tr><td>나. 업무정지(경고)처분</td><td>-2,-1,-0.5</td></tr>
<tr><td>다. 안전관리</td><td>-1,-0.5</td></tr>
<tr><td>라. 공동수급체 구성</td><td>-</td></tr>
<tr><td>마. 여성고용률</td><td>+0.5,+0.2</td></tr>
<tr><td>바. 장애인고용률</td><td>+1.0,+0.5</td></tr>
<tr><td rowspan="2">Ⅴ.결격사유</td><td>1.이행위험</td><td>가. 계약이행 불가능</td><td>-20</td></tr>
<tr><td>2.부정당업자제재</td><td>가. 적격심사 서류제출일 현재 부정당업자제재 기간 해당</td><td>-20</td></tr>
</table>

입찰가격 평점산식

■ 평점(점) = 50-48×|(88/100 - 입찰가격/예정가격)×100|

-'| |'은 절대값 표시임

- 입찰가격을 예정가격으로 나눈 결과 소수점 이하의 숫자가 있는 경우에 는 소수점 다섯째 자리에서 반올림함
- 평점의 경우는 소수점 둘째 자리에서 반올림함
- 입찰가격이 예정가격이하로서 88.25/100이상인 경우에는 88.25/100인 경우의 점수로 함

■ 해당용역 규모란 입찰 공고 시 제시한 용역규모를 말함

[별지 제1-1서식]

모든 추정가격 적용

<table>
<tr><th>구 분</th><th>심사분야</th><th>심사항목</th><th>배 점</th><th colspan="2">평가기준</th></tr>
<tr><td rowspan="6">Ⅰ. 조사 이행 능력</td><td>1. 연구조사 실적</td><td>가. 해당 입찰공고 금액 대비 최근 3년간 조사실적 금액</td><td>10(5)</td><td colspan="2">A. 300% 이상: 10점(5)
B. 200% 이상: 9점(4)
C. 100% 이상: 8점(3)
D. 100% 미만: 7점(2)</td></tr>
<tr><td rowspan="3">2. 연구조사 능력</td><td rowspan="3">가. 해당용역에 참여한 조사기관의 보유 인력 수</td><td rowspan="3">10</td><td>책임조사원: 1.5점</td><td>A. 2명 이상: 1.5
B. 2명 미만: 0.5</td></tr>
<tr><td>조 사 원: 6점</td><td>A. 2명 이상: 6
B. 2명 미만: 5</td></tr>
<tr><td>준조사원: 2.5점</td><td>A. 2명 이상: 2.5
B. 2명 미만: 1.5</td></tr>
<tr><td>3. 연구조사 평가</td><td>가. 직전년도 발굴조사 보고서 평균 점수</td><td>25
(20)
[15]</td><td colspan="2">A. 90점 이상: 25점(20)[15]
B. 88점 이상: 24점(19)[14]
C. 85점 이상: 23점(18)[13]
D. 85점 미만: 22점(17)[12]</td></tr>
<tr><td>4. 연구조사 기반</td><td>가. 등록기준 대비 수장 및 보존처리 시설 비율</td><td>5</td><td colspan="2">A. 150% 이상: 5
B. 120% 이상: 4.7
C. 120% 미만: 4.4</td></tr>
<tr><td>Ⅱ. 경영 상태</td><td>1. 신용평가 등급</td><td>가.기업신용평가등급</td><td>20</td><td colspan="2"><table><tr><th>등 급</th><th>평 점</th></tr><tr><td>A- 이상</td><td>20.0</td></tr><tr><td>BBB+</td><td>19.8</td></tr><tr><td>BBB0</td><td>19.6</td></tr><tr><td>BBB-</td><td>19.4</td></tr><tr><td>BB+ , BB0</td><td>19.2</td></tr><tr><td>BB-</td><td>19.0</td></tr><tr><td>B+ , B0, B-</td><td>18.8</td></tr><tr><td>CCC+ 이하</td><td>18.0</td></tr></table>※ 회사채, 기업어음에 대한 신용평가등급 제외
※ 신용평가등급이 확인되지 않은 경우, 최저 등급으로 평가</td></tr>
</table>

[별지 제1-2서식]

Ⅰ. 조사이행능력분야

1. 연구조사실적

◦ 최근 3년간 조사실적

입찰방법	실적사항	산정방법	평점
공공 및 민간기관의 일반경쟁, 수의계약 등에 의한 모든 조사실적	최근 3년간 조사실적(해당용역의 선행용역 외 모든 문화재조사용역 실적 평가)	실적점수 = (최근 3년간 실적금액합계/해당용역 추정가격)*100	A. 300% 이상: 10점(5) B. 200% 이상: 9점(4) C. 100% 이상: 8점(3) D. 100% 미만: 7점(2)

1) <삭제>
2) 평가기준 규모 또는 금액 및 조사용역 실적 인정기준은 입찰공고시 명시한다.
3) "최근 3년간"이란 계약일자와 계약기간에 관계없이 해당용역이 준공된 시점이 입찰공고일로부터 3년 이내를 말한다.
4) "해당용역의 선행용역"이란 해당용역 입찰의 원인이 되는 조사용역을 말한다.
5) "모든 문화재조사용역실적"이란 용역공종을 구분하지 않음을 말한다.
6) 공동수급체의 경우 각 구성원의 최근 3년간 실적금액의 합계액에 각 구성원의 조사참여 비율을 곱하여 산출한 금액을 합산한 금액으로 평가한다.
7) 실적점수의 산정기준이 되는 실적금액은 문화재청에 신고한 허가금액이 아닌 발주기관에서 확인한 최종 준공금액으로 함, 다만 최종 준공되지 않았더라도 입찰공고일 이전 지급된 기성금액은 실적금액으로 인정함

2. 연구조사능력

◦ 조사인력 수

구 분	실적사항	산정방법	평 점
참여조사기관의 등급별 인력기준에 따른 조사인원 수 평가	참여조사기관의 인력으로서 입찰참가일 당시 현재 근무자	해당용역에 참여한 참여조사기관 보유인력 수 규모(명)	<별지 1-1> 참조

1) 조사인력 수 평가 시 책임조사원 2명, 조사원 2명, 준조사원 2명을 만점으로 평가하나 조사원 1명이 승급하여 책임조사원이 3명이 된 경우 조사원으로 간주하여 평점 할 수 있음. 동일하게 준조사원도 1명이 승급하여 조사원이 3명이 된 경우 준조사원으로 간주하여 평점할 수 있다.

3. 연구조사평가

◦ 발굴보고서점수

구 분	판단기준	산정방법	평 점
발굴보고서 평가를 통해 점수 부여	발굴보고서 점수 수준에 따라 평가	보고서점수=직전년도 발굴조사평가보고서점수 합계 / 직전년도 발굴조사보고서 평가건수	A. 90점 이상 : 25점(20)[15] B. 88점 이상 : 24점(19)[14] C. 85점 이상 : 23점(18)[13] D. 85점 미만 : 22점(17)[12]

1) 입찰참가자 중 직전년도 발굴보고서 평가점수가 없는 경우 평점은 88점으로 한다.
2) 발굴조사보고서 평가점수는 문화재청(문화재 협업포털)에서 발급한 '보고서 평점 내역서'로 확인한다.

4. 연구조사기반

◦ 시설확보수준

구 분	실적사항	산정방법	평 점
시설수준을 평가하여 점수부여	A*. 수장시설 (기준면적: 100㎡)	(해당 조사기관 수장시설보유면적/기준면적(100㎡)) *100	A. 150% 이상 ((A*+B*)/2): 5 B. 120% 이상 ((A*+B*)/2): 4.7 C. 120% 미만 ((A*+B*)/2): 4.4
	B*. 보존처리시설 (기준면적: 33㎡)	(해당 조사기관 보존처리시설보유면적/기준면적(33㎡)) *100	

1) 문화재청(문화재 협업포털)에서 발급한 '조사기관 등록기준 충족확인서'에 기재된 시설별 면적자료로 확인한다.

5. 기타사항

연구조사실적 및 연구조사평가와 관련하여 조사기관이 합병된 경우에는 존속되거나 신설된 조사기관의 실적은 소멸된 조사기관의 실적을 이어받은 것으로 보아 합산하여 평가하며, 분할된 경우에는 권리·의무를 이어받은 조사기관의 실적으로 본다. 또한 사업 양수도의 경우에는 해당 업종을 넘겨받은 기관의 실적으로 평가하며 합병·분할·사업 양수도와 관련한 조사기관의 실적증빙서류를 제출하여야 한다. (다만, 분할이나 사업 양수도의 경우에는 실적 이행을 위하여 분할하거나 사업 양수도 한 때에 권리 이외 시설, 매장문화재조사 참여인력 등의 요건이 필요할 때에는 이를 갖춘 경우에만 실적으로 인정한다.)

[별지 제1-3 서식]

Ⅱ. 경영상태분야

심사항목	평가요소	배점	등급	평점
1. 기업신용평가등급 (회사채, 기업어음에 대한 신용평가등급 제외)	신용평가등급	20.0	A.A- 이상 B.BBB+ C.BBB0 D.BBB- E.BB+, BB0 F.BB- G.B+, B0, B- H.CCC+ 이하	20.0 19.8 19.6 19.4 19.2 19.0 18.8 18.0

Ⅲ. 가격점수(경제성)분야

<table>
<tr><th>구 분</th><th>내 용</th><th>비 고</th></tr>
<tr><td>30점</td><td>30-1.875×|(88/100 - 입찰가격/예정가격)×100|</td><td><별표 1></td></tr>
<tr><td>30점</td><td>30-2.5×|(88/100 - 입찰가격/예정가격)×100|</td><td><별표 2></td></tr>
<tr><td>40점</td><td>40-3×|(88/100 - 입찰가격/예정가격)×100|</td><td><별표 3></td></tr>
<tr><td>45점</td><td>45-9.6×|(88/100 - 입찰가격/예정가격)×100|</td><td><별표 4></td></tr>
<tr><td>50점</td><td>50-48×|(88/100 - 입찰가격/예정가격)×100|</td><td><별표 5></td></tr>
</table>

1) | |는 절대값 표시임
2) 입찰가격을 예정가격으로 나눈 결과 소수점 이하의 숫자가 있는 경우에는 소수점 다섯째 자리에서 반올림함
3) 평점의 경우는 소수점 둘째 자리에서 반올림함
4) 최저평점은 5점으로 함
5) 2.5억원 이상 구간에서 입찰가격이 예정가격 이하로서 90/100 이상인 경우 가격점수는 90/100인 경우의 점수로 함
6) 1억원 이상 2.5억원 미만 구간에서 입찰가격이 예정가격 이하로서 89.25/100 이상인 경우 가격점수는 89.25/100인 경우의 점수로 함
7) 1억원 미만 구간에서 입찰가격이 예정가격 이하로서 88.25/100 이상인 경우 가격점수는 88.25/100인 경우의 점수로 함

[별지 제1-4 서식]

Ⅳ. 신인도 분야

1. 용역전문성

구 분	실적사항	산정방법	평 점
조사기관 소재지 동일 지역 내 동일 공종 조사실적 점수 부여	해당 용역 조사지역과 기관 소재지가 일치하고 해당 용역과 동일 공종 조사실적	해당 용역 조사지역과 조사기관 소재지가 동일 및 해당 용역과 동일 공종 조사실적 5건 이상	+1
해당 용역 발주 원인이 된 선행용역 수행실적 점수 부여	해당 용역의 선행 용역을 수행한 실적	해당 용역의 발주 원인이 된 선행용역 수행 여부	+1

1) 해당용역 조사지역 및 소재지의 기준은 광역자치단체를 기준으로 하며, 두개 이상의 광역자치단체에 걸쳐 있을 경우에는 하나의 광역자치단체와 일치하더라도 인정한다.
2) 입찰공고 시 동일지역 내 동일 공종 조사실적 판단기준이 되는 광역자치단체와 동일 공종(공종의 구분은 본문 제2조제3호부터 제5호까지를 따름)을 명시한다. 다만, 해당용역 조사지역에 조사기관이 없는 등 특별한 사정이 있는 경우, 조사실적 판단기준이 되는 광역자치단체를 조사지역과 달리 정할 수 있다.
3) 입찰공고 시 후행조사 여부 판단을 위해 해당 용역의 선행조사 존재여부와 선행조사(용역)가 있을 경우 해당 용역 입찰건의 정보(공고번호, 조사명 등)를 명시한다.
4) 해당용역의 공종이 두 개 이상일 경우, 해당공종이 하나라도 포함된 조사실적은 모두 인정한다.
5) 조사기관의 소재지는 사업자등록증 등으로, 선행용역 수행실적은 계약관련서류 또는 문화재청 허가서류 등으로 확인한다.
6) 선행조사는 해당 용역 입찰 이전에 선행 수행된 특정 조사용역(지표조사, 시굴조사, 발굴조사 등)의 결과(중간과정 포함)를 바탕으로 발주된 경우 그 선행 수행된 조사를 말한다(본문 제4조제2항).
7) 동일지역 내 동일공종 조사실적과 해당용역의 선행용역 수행실적에 대한 가점이 모두 해당될 경우 합산하여 평가한다.

2. 업무정지(경고)처분

구 분	실적사항	산정방법	평 점
문화재청이 부과한 조사기관에 대한 업무정지(경고) 처분기준에 따른 감점부여	최근 3년간 조사기관에 대한 업무정지 처분과 경고 처분 기준에 따른 행정적 제재조치를 1회 이상 받은 기관	최근 3년간 업무정지 처분 2회 이상 받은 기관	-2
		최근 3년간 업무정지 처분 1회 받은 기관	-1
		최근 3년간 경고 처분 1회 이상 받은 기관	-0.5

1) 업무정지 및 경고 처분의 기준 법규는 "매장문화재 보호 및 조사에 관한 법률(시행령, 시행규칙)"과 해당 법률을 인용한 매장문화재조사 관련 고시, 훈령을 모두 포함한다.
2) 업무정지 처분과 경고 처분을 둘 다 받은 경우 업무정지 처분만을 적용한다.
3) 업무정지 처분 및 경고 처분 사실이 있을 경우 관련 서류는 필히 제출한다.
4) 업무정지 처분 및 경고 처분에 대해 집행정지 결정이 있었던 경우, 해당 처분에 대해서는 산정기간을 최근 3년에 집행정지 기간을 더한 기간으로 한다.

3. 안전관리

구 분	실적사항	산정방법	평 점
안전관리 관련 산업재해율이 존재하는 경우 감점 부여	산업안전보건법에 근거한 안전관리 부실로 산업재해가 발생한 사실	산업안전보건법에 근거하여 최근 3년간 산업재해율이 3% 이상인 경우	-1
		산업안전보건법에 근거하여 최근 3년간 산업재해율이 1% 이상 3% 미만인 경우	-0.5

1) "산업안전보건법"상 안전·보건교육을 제외한 모든 법률을 포함하며 산업재해율 확인서를 통해 산업재해율이 있을 경우 감점한다.
2) 안전관리에 따른 감점은 입찰공고일 기준 최근 3년간 처분 내용에 대해서만 적용하며 해당 기간을 경과한 경우 감점하지 않는다.
3) 적격심사 대상 조사기관은 해당 용역 최근 3년간 안전보건공단 기업체 산업재해율 확인서를 발급받아 적격심사 시 제출한다.

4. 공동수급체 구성

구 분	실적사항	산정방법	평 점
공동수급체 구성	10억원 이상 구간의 용역에 참여하는 조사기관이 공동수급체를 구성하여 입찰에 참여한 경우 적용	3개 조사기관이 공동수급체(최소 개별 참여비율 30%이상)를 구성하는 경우	+1.0
		2개 조사기관이 공동수급체(최소 개별 참여비율 30%이상)를 구성하는 경우	+0.5

1) 공동수급체 구성 평가는 공동계약방식의 입찰로 10억원 이상 구간의 입찰에 참여한 경우에 한하여 평가한다.
2) 공동수급체 구성평가는 적격심사 대상자가 공동수급체를 최소 30% 이상 구성한 경우에 평가한다.
3) 공동수급체 구성평가에 대하여는 매장문화재 조사용역 적격심사세부기준 고시문 제9조 제3항의 규정에 따른 신인도 평가 시 구성원별 출자비율 또는 분담비율을 적용하지 아니하며, 공동수급체에 해당 평점을 부여한다.

5. 여성고용률

구 분	실적사항	산정방법	평 점
여성고용	입찰공고일 전월을 기준으로 하여 여성고용사실을 증명할 수 있는 서류에 기재된 “여성종업원수 및 여성종업원비율” 자료로서 최근 1년간의 고용률과 고용인원	최근 1년간 평균 여성고용률이 10%이상이면서, 최근 1년간 평균 여성보유인원이 10인 이상인 기관	+0.5
		최근 1년간 평균 여성고용률이 5%이상이면서, 최근 1년간 평균 여성보유인원이 5인 이상인 기관	+0.2

1) 고용인원 계산결과의 소수점 처리는 소수 첫째 자리에서 올림을 하고, 고용비율 계산결과 소수점 처리는 소수점 다섯째 자리에서 반올림한다.
2) 고용사실 증명은 「국민건강보험법」 에 따른 국민건강의료보험, 「국민연금법」 에 따른 국민연금 관련 증빙서류에 따른다.
3) 동일인물이 “A(여성)”, “C(장애인)”의 평가에 중복되는 경우에는 그 중 높

은 평점 한 가지만 평가한다.

4) 입찰공고일 전월을 기준으로 하여 여성고용사실을 증명할 수 있는 서류에 기재된 "여성종업원수(여성이 대표인 경우에는 대표자를 포함하여 산정) 및 여성종업원비율" 자료로서 최근 1년간의 자료를 제출받아 평가한다.(매월 고용하고 있는 인원을 기준으로 하며 신규고용인원이 아님)

5) 적용례: 1월 입찰공고건의 경우

구 분	전년도											
	1월	2월	3월	4월	5월	6월	7월	8월	9월	10월	11월	12월
월별 여성고용인원	3	3	5	6	5	5	5	7	10	9	9	9
월별 총 고용인원	6	6	8	10	9	9	9	12	12	13	13	12

* 최근 1년 평균 여성 고용률 = 월별 여성고용인원 합계 / 월별 총 고용인원 합계 = [(3+3+5+6+5+5+5+7+10+9+9+9)/(6+6+8+10+9+9+9+12+12+13+13+12)] = (76/119) = 0.638665 = 63.87%

** 최근 1년 평균 여성 보유인원 = 월별 여성 고용인원 합계 /12
= [3+3+5+6+5+5+5+7+10+9+9+9]/12 = 6.333 = 7명

6) 최근 1년의 자료가 없는 경우에는 평가에서 제외한다.

6. 장애인고용률

구 분	실적사항	산정방법	평 점
장애인 고용	입찰공고일 전월을 기준으로 장애인 고용사실을 증명할 수 있는 서류에 기재된 "장애인종업원비율"자료로서 최근 1년간의 고용률과 고용인원	최근 1년간 평균 장애인고용률이 10%이상이면서 최근 1년간 평균 장애인 보유인원이 5인 이상인 기관	+ 1.0
		최근 1년간 평균 장애인고용률이 5%이상이면서 최근 1년간 평균 장애인 보유인원이 3인 이상인 기관	+ 0.5

1) 고용인원 계산결과의 소수점 처리는 소수 첫째 자리에서 올림을 하고, 고용비율 계산결과 소수점 처리는 소수점 다섯째 자리에서 반올림한다.

2) 고용사실 증명은 「국민건강보험법」에 따른 국민건강의료보험, 「국민연금법」에 따른 국민연금 관련 증빙서류에 따른다.

3) 동일인물이"A(여성)", "C(장애인)"의 평가에 중복되는 경우에는 그 중 높

은 평점 한 가지만 평가한다.

4) 입찰공고일 전월을 기준으로 하여 장애인 고용사실을 증명할 수 있는 서류에 기재된 "장애인종업원비율(장애인이 대표인 경우에는 대표자를 포함하여 산정)"자료로서 최근 1년간의 자료를 제출받아서 평가한다.(매월 고용하고 있는 인원을 기준으로 하며 신규고용인원이 아님)

5) 적용례: 1월 입찰공고건의 경우,

구 분	전 년 도											
	1월	2월	3월	4월	5월	6월	7월	8월	9월	10월	11월	12월
월별 장애인고용인원	3	3	5	6	5	5	5	7	10	9	9	9
월별 총 고용인원	6	6	8	10	9	9	9	12	12	13	13	12

* 최근 1년 평균 장애인 고용률 = 월별 장애인 고용인원 합계 / 월별 총 고용인 원 합계 = [(3+3+5+6+5+5+5+7+10+9+9+9)/(6+6+8+10+9+9+12+13+13+12)] = (76/119) = 0.63865 = 63.87%

** 최근 1년 평균 장애인 보유인원 = 월별 장애인 고용인원 합계 / 12 = [3+3+5+6+5+5+5+7+10+9+9+9]/12 = 6.333 = 7명

6) 최근 1년의 자료가 없는 경우에는 평가에서 제외한다.

7) 전체 고용인원 수는 입찰 전월을 기준으로 한다.

[별지 제1-5 서식]

V. 결격사유 분야

1. 결격사유의 심사기준일은 낙찰자 결정일로 한다.

구 분	내 용	등 급	평 점
1.이행위험	가. 낙찰자 결정 통보시 계약보증증권을 제출하지 못하는 경우	낙찰자 결정 통보시 계약보증증권을 제출하지 못하는 조사기관	-20
2.부정당업자 제재	가. 국가를당사자로하는계약에관한 법률시행령 제76조에 따른 부정 행위로 부정당업자제재를 받은 경우	입찰일 현재 입찰 및 계약이행과정에서의 부정행위로 부정당업자 제재처분을 받고 그 기간 중에 있는 조사기관	-20

[별지 제2호서식]

적 격 심 사 신 청 서

ㅇ 관리번호 :
ㅇ 심사대상용역명 :
ㅇ 수 요 기 관 :
ㅇ 입 찰 일 시 :

위 건 매장문화재 조사용역 입찰의 적격심사와 관련하여 적격심사 자기평가 및 심사표와 제 증빙자료를 신의 성실의 원칙에 입각하여 붙임과 같이 작성 제출하며, 만일 제출한 서류가 허위 또는 부정한 방법으로 작성된 사실이 확인될 경우에는 적격심사기준(계약예규) 및 「국가를 당사자로 하는 계약에 관한 법률(시행령, 시행규칙)」 등에 따라 처리하여도 아무런 이의를 제기하지 않겠음을 확약합니다.

201 . . .

심사대상입찰자 주 소 :
기 관 명 :
대 표 자 : (인) 또는 (서명)

붙 임 1. 적격심사 자기평가서 1부
2. 매장문화재 조사용역 이행증명서 1부
3. 기타 첨부서류 (신인도 평가관련 증빙자료 등)

ㅇ ㅇ ㅇ 기관장 귀하

접 수 증

1. 관리번호 : 3. 수요기관 :
2. 용 역 명 : 4. 제 출 자 :

위 건 용역입찰 적격심사신청서 및 관련서류를 접수하였음을 확인합니다.

201 . . .

ㅇㅇㅇ기관 계약담당자 (인)

[별지 제3호서식]

자기평가서 (제5조제1항의각호 관련)

1. 심사대상용역

입찰일시	
용 역 명	
용역기간	-
입찰금액	
예정가격	
제출기한	

2. 심사대상입찰자

회 사 명	(전화)
대 표 자	
공종구분	

3. 회사를 대표하는 연락책임자 인적사항

소 속	
직 위	
성 명	
전화번호	(FAX)

4. 종합평가

(단위 : 점)

구 분			배점한도	자기평점	심사평점
조사이행능력	연구조사실적	조사실적			
	연구조사능력	조사인력수			
	연구조사평가	발굴보고서			
	연구조사기반	시설확보			
경영상태	신용평가등급				
입찰가격					
신인도	용역전문성				
	업무정지(경고)처분				
	안전관리				
	공동수급체 구성				
	여성고용률				
	장애인고용률				
결격사유	이행위험				
	부정당업자제재				
합 계			100		
결격사유					
총평정점			100		

[별지 제4호서식]

매장문화재조사이행능력증명서

구 분			조사용역 건수		조사용역 금액	비고
조사 실적	최근 3년간 실적					
조사 능력			인원 수			비고
	조사 인력수	책임조사원				
		조사원				
		준조사원				
			보고서 평가건수		평균	비고
	발굴 보고서 점수	직전연도				
조사 기반			면적	기준대비 비율(%)	평균(%)	비고
	시설 확보 수준	수장시설 ($100m^2$)				
		보존시설 ($33m^2$)				
신인도			사업장소재지		동일공종 실적	비고
	용역전문성					
			업무정지처분 횟수			경고 처분 횟수
	업무정지(경고)처분					
			산업재해율			
	안전관리					
			공동수급체 수			
	공동수급체구성					
			월별 여성고용인원		월별 총 고용인원	
	여성고용률					
			월별 장애인고용인원		월별 총 고용인원	
	장애인고용률					

위 내용을 증명합니다.

201 . . .

적격심사 대상 기관명 (인)

[별지 제5호 서식]

적격심사 관련 기타 증빙서류(제5조제1항의각호 관련)

제 출 서 류 목 록 표

<table>
<tr><th>심사항목</th><th>연번</th><th>내 용</th><th>발행기관</th><th>비 고
(증빙서류번호)</th></tr>
<tr><td rowspan="2">총 괄</td><td>1</td><td>적격심사신청서 (소정양식)</td><td>신청자</td><td>별지 제2호서식</td></tr>
<tr><td>2</td><td>적격심사 자기평가 및 심사표(소정양식)</td><td>신청자</td><td>별지 제3호서식</td></tr>
<tr><td>조사이행
능력증명
종 합</td><td>3</td><td>매장문화재조사이행능력증명서
(소정양식)</td><td>적격심사
대상기관</td><td>별지 제4호서식</td></tr>
<tr><td>조사실적</td><td>4</td><td>조사수행 사실 확인서</td><td>발주기관
(사업시행자)</td><td>증빙자료사본
(원본대조필)</td></tr>
<tr><td>연구조사
능력</td><td>5</td><td>조사기관 보유인력 확인서</td><td rowspan="3">문화재청
(문화재
협회포털)</td><td rowspan="3">문화재 협업포털
발급번호
(위변조방지)</td></tr>
<tr><td>연구조사
평가</td><td>6</td><td>조사보고서 평가결과 확인서</td></tr>
<tr><td>연구조사
기반</td><td>7</td><td>조사기관 시설보유 면적 확인서</td></tr>
<tr><td>경영상태</td><td>8</td><td>기업신용평가</td><td>평가기관</td><td>기업신용평가
등급확인서</td></tr>
<tr><td rowspan="5">신 인 도</td><td>9</td><td>용역전문성 확인서</td><td>발주기관
(사업시행자)</td><td>증빙자료사본
(원본대조필)</td></tr>
<tr><td>10</td><td>업무정지(경고) 처분 확인서</td><td>문화재청
(문화재
협업포털)</td><td>문화재 협업 포털
발급번호
(위변조방지)</td></tr>
<tr><td>11</td><td>산업재해율 확인서(안전보건공단, 필수)</td><td>안전보건공단</td><td rowspan="3">증빙자료사본
(원본대조필)</td></tr>
<tr><td>12</td><td>여성·장애인 국민건강의료보험 확인서(선택)</td><td>국민건강
보험공단</td></tr>
<tr><td>13</td><td>여성·장애인 국민연금 확인서(선택)</td><td>국민연금
공단</td></tr>
<tr><td>기타증명</td><td>14</td><td>공고서상 요구 또는 필요한 경우</td><td>-</td><td>-</td></tr>
</table>

※ 문화재 협업포털 : www.e-minwon.go.kr

문화재수리 종합심사낙찰제 심사기준

문화재청예규 제221호, 2020. 5.20 일부개정

제1조(목적) 이 기준은 「국가를 당사자로 하는 계약에 관한 법률 시행령」(이하 "시행령"이라 한다)제42조제4항제2호 및 기획재정부 계약예규 「종합심사낙찰제 심사기준」 제3조제2항에 따른 문화재수리의 낙찰자 결정 시 필요한 기준(이하 "기준"이라 한다)을 정함을 목적으로 한다.

제2조(정의) 이 기준에서 사용하는 용어의 정의는 다음 각 호와 같다.

1. "문화재수리"란 「문화재수리 등에 관한 법률」 제2조제1호에 해당하는 문화재수리를 말한다.
2. "입찰등급"이란 제4조에 따라 문화재수리를 대상으로 문화재의 중요도 및 문화재수리의 난이도 등을 평가하여 부여하는 등급을 말한다.
3. "심사위원회"란 제12조제5항에 따른 문화재수리계획을 심사하기 위하여 제21조에 따라 구성한 위원회를 말한다.
4. "기술자"란 「문화재수리 등에 관한 법률」 제2조제2호에 따른 문화재수리기술자를 말한다.
5. "기능자"란 「문화재수리 등에 관한 법률」 제2조제3호에 따른 문화재수리기능자를 말한다.
6. "수리업경력"이란 문화재수리업자가 입찰공고일 현재 보유하고 있는 문화재수리업의 등록일부터 입찰공고일까지의 기간을 말한다.
7. "균형가격"이란 입찰금액을 심사하기 위한 기준으로, 제9조에 따라 산정한 금액을 말한다.
8. "시공비율"이란 공동수급협정서상의 각 구성원의 참여지분율을 말한다. 다만, 제14조에 따른 문화재수리의 경우에는 입찰공고 내용에 따른 해당 업종의 추정가격을 기준으로 시공비율을 산정한다.
9. "예정가격"이란 「조달청 시설공사 계약업무 처리규정」에 의한 복수예비가격에 따른 예정가격을 말한다.

제2조의2(다른 법령과의 관계) 이 기준에서 따로 정하는 경우를 제외하고는 시행령 및 「국가를 당사자로 하는 계약에 관한 법률 시행규칙」(이하 "시행규칙"이라 한다), 「문화재수리 등에 관한 법률」에 정하는 바에 따른다.

제3조(적용대상) 이 기준은 문화재청장이 고시하는 문화재수리 공사의 입찰에 적용한다.

제4조(입찰등급의 결정) ① 문화재수리의 입찰등급은 문화재의 중요도 및 문화재수리의 난이도 등에 따라 3등급으로 구분하여 정한다.

② 제1항에 따른 입찰등급의 결정은 [별표 1]의 입찰등급 심사항목 및 결정기준을 따른다.

③ 제2항에도 불구하고 계약담당공무원은 다음 각 호에 따라 입찰등급을 정할 수 있다. 다만, 제1호에 따라 입찰등급을 상·하향하고자 하는 경우에는 시행령 제94조에 따른 계약심의위원회 심의를 받아야 한다.

1. 해당 문화재수리의 특수성과 문화재의 역사적·예술적·경관적 가치의 중요성을 고려하여 입찰등급을 한 단계 상·하향할 수 있다.
2. 해당 문화재수리의 대상이 관리사무소, 화장실 등 부수적인 시설물인 경우에는 3등급으로 할 수 있다.

제5조(입찰방식) ① 입찰등급이 1등급 또는 2등급인 경우에는 수리이행능력, 경영상태, 경제성 등을 종합심사하여 낙찰자를 결정하여야 한다.

② 입찰등급이 3등급인 경우에는 시행령 제42조 제1항 및 제2항에 따라 낙찰자를 결정한다.

③ 제1항에도 불구하고 입찰등급 1등급 중 문화재수리의 특수성으로 인해 문화재수리계획 심사가 필요하다고 인정되는 경우에는 문화재수리계획을 함께 심사하여 낙찰자를 결정할 수 있다. 이 경우 사전에 시행령 제94조에 따른 계약심의위원회 심의를 받아야 한다.

제6조(원가계산 기준) 기획재정부 계약예규 「예정가격작성기준」의 공사원가계산 규정에도 불구하고 문화재수리 원가계산은 「문화재수리 원가계산기준」(문화재청 예규)을 따른다.

제7조(입찰공고 및 현장설명) ① 계약담당공무원은 입찰공고에 다음 각 호의 사항을 명시하여야 한다.

1. 문화재수리 종합심사낙찰제 적용 대상 여부에 관한 사항
2. [별표 2]의 문화재수리 분류표에 따른 해당 문화재수리 코드번호
3. 입찰등급 및 입찰등급에 따른 심사기준
4. 심사기준 열람에 관한 사항
5. 심사에 필요한 서류와 제출기한 등
6. 기술자 및 기능자 배치계획서(별지 제5호 서식)에 따라 이행할 의무가 부여됨과 동시에 불이행 시 차기 입찰에서 받을 불이익에 관한 사항
7. 제6호의 계획서에 기재된 기술자를 「문화재수리 등에 관한 법률 시행령」 제18조 제3항에 따라 다른 문화재수리 현장에 중복하여 배치하는 것에 대한 승낙 여부

8. 문화재수리계획 심사와 관련된 사항 및 제25조제1항에 따라 사전접촉 시 받을 불이익(문화재수리계획 심사 대상 문화재수리에 한한다)
9. 기타 법령, 행정규칙 등에서 입찰공고에 명시하도록 정한 사항

② 계약담당공무원은 제5조제3항에 따라 문화재수리계획을 함께 심사하려는 경우 입찰에 참가하려는 자가 열람할 수 있도록 자신의 근무장소에 다음 각 호의 서류를 비치하여야 하며, 현장설명 시 입찰자에게 이를 교부하여야 한다.

1. 설계도면 등 설계서
2. 그 밖의 참고사항을 기재한 서류

③ 계약담당공무원은 현장설명을 실시하지 아니하는 경우 제2항에 따른 비치·교부에 갈음하여 시행령 제39조에 따른 전자조달시스템에 제2항 각 호의 서류를 게재할 수 있다. 현장설명을 실시하더라도 게재가 필요하다고 인정하는 경우에도 같다.

제8조(입찰서 등의 제출) ① 계약담당공무원은 입찰자로 하여금 입찰 시 다음 각 호의 서류를 제출하도록 하여야 한다.

1. 입찰서
2. 문화재수리 종합심사낙찰제 심사신청서(별지 제1호 서식)
3. 문화재수리 종합심사낙찰제 자기평가 기술서(별지 제2호 서식)
4. 문화재수리 종합심사낙찰제 자기평가 증명서(별지 제3호 서식)
5. 문화재수리 계획서(별지 제11호 서식, 문화재수리계획 심사대상 문화재수리에 한한다)
6. [별표 10]의 문화재수리 종합심사에 필요한 서류. 다만, 「문화재수리 등에 관한 법률 시행령」 제30조제3항에 따라 문화재청장이 지정한 기관(이하 "관련 협회"라 한다)으로부터 통보되어 전자조달시스템에 등록된 경우에는 자료의 제출을 생략할 수 있다.
7. 그 밖에 입찰공고에서 요구하는 자료

② 계약담당공무원은 입찰자로 하여금 제1항 각 호의 서류를 시행령 제39조에 따른 전자조달시스템을 통하여 입찰서 제출 마감일시까지 제출하게 하여야 하며, 필요한 경우 제출방법 및 제출기한에 대하여 입찰공고에서 정하는 바에 따르게 할 수 있다.

③ 제15조에 따라 최고점자로 심사된 입찰자는 통보를 받은 날부터 3일 이내에 [별표 10]의 증빙서류 원본을 계약담당공무원에게 제출하여야 한다.

④ 입찰자는 서류 제출 마감일시 이후에는 서류의 반환이나 변경제출을 요구할 수 없다. 다만, 계약담당공무원은 제1항에 따라 제출된 서류(입찰서 및 문화재수리 계획서는 제외한다)의 내용이 불명확하여 인지할 수 없는 경우 기한을 정하여 보완을 요구할 수 있다.

⑤ 계약담당공무원은 제4항 단서규정에 따른 기한까지 보완을 요구한 서류가 제출되지

아니한 경우 당초 제출된 서류만으로 심사하되, 당초 제출된 서류가 불명확하여 심사하기 곤란한 경우 해당 서류를 심사에서 제외할 수 있다.

第9조(균형가격 산정) ① 균형가격을 산정하는데 있어서 다음 각 호의 어느 하나에 해당하는 입찰금액을 제외한다.

1. 시행령 제39조제4항에 따른 무효입찰
2. 입찰금액이 예정가격보다 높거나 예정가격의 100분의 85미만인 경우

② 균형가격은 제1항에 해당하는 입찰서의 입찰금액을 제외하고 남은 입찰서의 입찰금액을 다음 각 호에 따라 산술평균하여 산정하며 소수점 이하는 절사한다. 다만, 남은 입찰서가 1개인 경우에는 그 입찰금액을 균형가격으로 한다.

1. 입찰서가 20개를 초과한 경우에는 입찰금액 순으로 상위 100분의 40이상과 하위 100분의 20이하에 해당하는 입찰서의 입찰금액을 제외한다.
2. 입찰서가 10개 이상 20개 이내인 경우에는 입찰금액 순으로 상위 100분의 40이상과 하위 100분의 10이하에 해당하는 입찰서의 입찰금액을 제외한다.
3. 입찰서가 10개 미만인 경우에는 입찰금액 순으로 상위 100분의 50이상과 최하위에 해당하는 입찰서의 입찰금액을 제외한다. 다만, 입찰서가 2개인 경우에는 제외없이 산술평균한다.
4. 입찰금액 순위 상위 또는 하위에 해당하는 입찰금액이 2개 이상 동일한 경우에는 제1호부터 제3호까지에서 정한 제외범위에 포함되는 개수만큼 각각 제외한다.

③ 제2항에 따라 제외하는 입찰서의 입찰금액 개수 산정 시 소수점 이하는 절사한다.

第10조(심사항목 및 배점기준) ① 제5조제1항 또는 제3항에 따라 낙찰자를 결정하는 경우의 심사항목 및 배점기준은 다음 각 호와 같다.

1. 입찰등급 1등급
   가. 제5조제1항에 따라 심사하는 경우 : [별표 3-1]
   나. 제5조제3항에 따라 문화재수리계획을 함께 심사하는 경우 : [별표 3-2]
2. 입찰등급 2등급 : [별표 4]

② 계약담당공무원은 해당 문화재수리에 심사할 수 없는 항목이 있거나 일부 항목을 심사하지 아니하는 경우에는 다른 규정이 없는 한 해당 심사항목은 배점한도를 부여할 수 있다.

③ 심사분야별 및 심사항목별 점수는 각각 부여된 배점한도를 초과할 수 없으며 심사분야별 점수를 합산한 종합점수는 100점을 초과할 수 없다.

第11조(심사기준일 등) ① 심사항목 별 심사기준일은 입찰공고 등에서 따로 정한 경우를 제외하고는 입찰공고일로 한다.

② 심사항목 별 평가점수 등의 계산 결과 소수점 이하가 있는 경우에는 별도 규정이 없는 한 소수점 아래 넷째자리에서 반올림한다.

제12조(세부심사방법) ① 수리이행능력은 수리실적, 배치 기술자 및 기능자 능력, 보유 기술자 및 기능자 능력, 수리업경력, 신인도를 종합심사하며, 세부심사방법은 [별표 5]에 따른다.

② 경영상태는 입찰공고일 기준 「법인세법」 제60조제2항제1호에 따라 가장 최근 결산회기의 일반기업회계기준 또는 중소기업회계기준으로 작성하여 국세청에 신고한 재무상태표 및 그 부속서류에 기재된 자료로 계산된 자기자본비율과 유동비율로 심사하며, 세부심사방법은 [별표 6]에 따른다.

③ 경제성은 예정가격과 제9조에 따른 균형가격으로 심사하며, 세부심사방법은 [별표 7]에 따른다.

④ 결격사유의 세부심사방법은 [별표 8]에 따른다.

⑤ 문화재수리계획 심사는 입찰자가 제출한 문화재수리 계획서(별지 제11호 서식)를 심사위원회에서 심사하며, 세부심사방법은 [별표 9]에 따른다. 다만, 수리이행능력 평가점수가 37점 이상인 경우에만 심사하며, 37점 이상인 자가 5인 이상인 경우에는 상위 5인에 대해서만 심사한다.

제13조(복합업종의 심사방법 등) ① 하나의 문화재수리가 「문화재수리 등에 관한 법률 시행령」 제13조에 따른 문화재수리업의 종류 중 두 개 이상의 업종을 필요로 하는 경우에는 입찰공고에 업종 간 시공비율 등을 반영하여 집행하여야 하며 심사방법은 제14조 공동수급체 심사방법을 따른다.

② 제1항에도 불구하고 문화재수리의 특성 및 규모, 업종의 비율 등을 고려하여 주된 문화재수리(추정가격을 기준으로 규모가 큰 문화재수리를 말한다)의 업종만을 심사대상으로 입찰공고에 반영하여 집행할 수 있다. 이 경우 입찰의 기준이 되는 추정가격은 전체 문화재수리 추정가격을 말한다.

제14조(공동수급체 심사방법) ① 계약담당공무원은 공동수급체 대표자로 하여금 그 이행내용 및 이행방법을 구체적으로 명시한 "공동수급협정서"를 전자조달시스템을 통하여 제출하도록 하여야 한다. 다만, 「문화재수리 등에 관한 법률 시행령」 제14조에 따른 부대 문화재수리만을 수행하는 구성원은 공동수급체 심사대상에서 제외한다.

② 공동수급체를 구성하여 입찰에 참여하는 경우의 심사방법은 다음 각 호와 같다.

1. 수리이행능력은 다음 각 목에 따라 심사한다.

가. 수리실적은 공동수급체 구성원 별 수리실적을 합산한다.

나. 배치 기술자 및 기능자 능력은 공동수급체가 공동으로 제출하는 기술자 및 기능자 배치계획서(별지 제5호 서식)를 대상으로 심사한다. 다만, 분담이행방식(복합업종으로 심사하는 경우를 포함한다)으로 공동수급체를 구성하여 입찰에 참가하는 경우에는 공동수급체 구성원별 배치 기술자 및 기능자 능력 평가점수에 각각의 시공비율을 곱하여 산정한 점수를 합산하여 심사한다.

다. 보유 기술자 및 기능자 능력은 공동수급체 구성원 별 보유 기술자 및 기능자 능력 평가점수에 각각의 시공비율을 곱하여 산정한 점수를 합산하여 심사한다.

라. 수리업경력은 공동수급체 구성원별 수리업경력 평가점수에 각각의 시공비율을 곱한 후 합산하여 심사한다. 다만, 다음 1)부터 3)까지의 어느 하나에 해당하는 경우에는 공동수급체 구성원 중 평점산정에 유리한 문화재수리업자의 수리업경력만을 반영할 수 있다.

1) 공동수급체 각 구성원의 개별 시공비율이 30%이상인 경우

2) 전문문화재수리업자가 공동수급체의 구성원인 경우로서 전문문화재수리업자가 해당 업무범위에 속하는 공종을 모두 수리하는 경우

3) 등록기간이 3년 미만인 신설업체가 공동수급체의 구성원인 경우

마. 신인도는 각각의 심사항목(수리지역 전문성 및 공동수급체 구성 항목은 제외한다)을 공동수급체 구성원 별로 각각 산출한 평가점수에 각각의 시공비율을 곱한 후 합산하여 심사한다.

2. 경영상태는 공동수급체 구성원 별로 각각 산출한 경영상태 평가점수에 각각의 시공비율을 곱한 후 합산하여 심사한다.

3. 문화재수리계획 심사는 공동수급체가 공동으로 제출하는 문화재수리 계획서로 심사한다.(문화재수리계획 심사 대상 문화재수리에 한한다)

③ 공동수급체 각 구성원의 시공비율(%)은 소수점 셋째자리에서 절사한다.

제15조(종합점수 산정) ① 수리이행능력 점수, 경영상태 점수, 경제성 점수, 문화재수리계획 점수(문화재수리계획 심사 대상 문화재수리에 한한다), 계약신뢰도 점수 등을 합산하여 종합점수를 산정한다.

② 제1항에 따른 종합점수 산정 시 신인도 점수는 수리이행능력점수에 가산하며, 가산된 점수가 배점한도를 초과할 경우에는 배점한도 까지만 가산한다.

③ 제1항에 따라 종합점수를 산정할 때 제9조제1항에 해당하는 입찰자는 종합점수를 산정하지 아니하며 종합심사 대상에서 배제한다.

제16조(낙찰자 결정) ① 계약담당공무원은 제15조에 따른 종합점수가 입찰등급 1등급은 93점 이상, 입찰등급 2등급은 90점 이상인 입찰자 중 최고인 자를 낙찰자로 결정한다.

② 종합점수가 최고점인 자가 2인 이상인 경우에는 다음 각 호의 순으로 낙찰자를 결정한다.

1. 문화재수리계획 평가점수가 높은 자(문화재수리계획 심사 대상 문화재수리에 한한다)

2. 수리이행능력 평가점수가 높은 자(배점한도를 초과하는 경우에는 배점한도까지만 적용한다)

3. 입찰금액이 낮은 자

4. 추첨

③ 제1항 및 제2항에도 불구하고 예정가격이 100억원 미만인 공사의 경우에는 입찰가격을 예정가격 중 다음 각 호에 해당하는 금액의 합계액의 100분의 98 미만으로 입찰한 자는 낙찰자에서 제외한다.

1. 재료비·노무비·경비
2. 제1호에 대한 부가가치세

④ 계약담당공무원은 제1항 및 제2항에 따라 낙찰자를 결정한 경우 해당자에게 지체없이 통보하여야 한다.

제17조(입찰결과의 공개 등) ① 계약담당공무원은 개찰 후 즉시 입찰참가업체별 입찰금액을 전자조달시스템을 통하여 공개하여야 한다.

② 해당 입찰건이 「독점규제 및 공정거래에 관한 법률」 제19조의2 규정 등에 해당되는 경우에는 관련 규정에 따라 입찰관련 정보를 공정거래위원회에 제출하여야 한다.

제18조(결격사유 등) ① 입찰자가 부도, 파산, 해산, 부정당업자 제재, 영업정지(문화재수리업의 등록말소 또는 등록취소 포함), 입찰무효 등의 상태에 있는 경우에는 심사대상에서 제외(이하 이 조에서 "결격사유"라 한다)한다.

② 공동수급체를 구성하여 입찰에 참가한 경우로서 공동수급체의 일부 구성원에 결격사유가 있는 경우에는 해당 구성원을 제외하고 잔존 구성원의 시공비율 또는 분담내용을 변경하게 하여 재심사한다. 다만, 공동수급체 대표자에게 결격사유가 있는 경우에는 해당 공동수급체 전체를 심사대상에서 제외한다.

③ 제1항 및 제2항의 해석에 있어 부도 및 파산의 경우로서 「채무자회생 및 파산에 관한 법률」에 따라 법원으로부터 기업회생절차개시결정을 받고 정상적인 금융거래의 재개를 확인할 수 있는 경우에는 결격사유로 보지 아니한다.

제19조(재심사) ① 계약담당공무원은 제15조에 따라 산정된 점수를 통보받은 자가 통보일로부터 3일 이내에 해당 입찰자의 삼사결과에 대한 재심사를 요청하였을 때에는 특별한 사유가 없는 한 재심사하여야 한다.

② 제1항에도 불구하고 제12조제5항에 따른 심사위원회의 심사결과에 대하여는 재심사를 요청할 수 없다.

제20조(부정한 방법으로 심사서류를 제출한 자 등에 대한 처리) ① 계약담당공무원은 제8조에 따라 제출된 서류가 위조, 변조, 부정 또는 허위로 작성된 것으로 판명된 때에는 다음 각 호와 같이 처리하여야 한다.

1. 계약체결 이전인 경우에는 낙찰자 결정대상에서 제외 또는 결정 통보를 취소한다.
2. 계약체결 이후인 경우에는 해당 계약을 해제 또는 해지할 수 있다.

② 계약담당공무원은 제1항에 해당하는 자에 대하여 시행령 제76조에 따른 입찰참가자

격 제한조치를 하여야 한다.

제21조(심사위원회 구성 등) ① 각 중앙관서의 장 또는 계약담당공무원은 제12조제5항에 따른 문화재수리계획 심사를 위해 계약건별로 심사위원회를 구성하여야 한다.

② 심사위원회는 위원장 1인을 두며 위원장은 문화재수리계획 심사를 주관하고 심사에 참여한다.

③ 심사위원회는 위원장을 포함하여 7인 이상의 위원으로 구성하며, 위원장은 심사위원 중에서 추첨으로 선정한다.

④ 심사위원회의 위원은 외부인원을 과반수로 한다.

⑤ 심사위원회는 심사 전일까지 구성하여야 한다.

⑥ 위원 위촉은 심사위원으로 선정되면 별도의 위촉절차 없이 심사위원으로 위촉된 것으로 보며, 위원 해촉은 심사가 완료되면 해촉된 것으로 간주한다.

⑦ 각 중앙관서의 장 또는 계약담당공무원은 예산의 범위 안에서 심사위원에게 수당과 여비를 지급할 수 있다.

제22조(심사위원의 자격) 심사위원은 다음 각 호의 어느 하나에 해당하는 자 중에서 선정한다.

1. 「고등교육법」에 따른 대학에서 문화재의 보존·관리 및 활용과 관련된 학과의 조교수 이상에 재직하거나 재직하였던 자
2. 문화재의 보존·관리 및 활용과 관련된 업무에 5년 이상 종사한 자
3. 기타 공정한 심사를 위하여 발주자가 필요하다고 인정하는 자

제23조(위원의 심사기피) ① 심사위원회를 구성하기 전에 다음 각 호의 어느 하나에 해당하는 경우에는 심사위원에 포함되지 않도록 하여야 한다.

1. 본인 또는 소속단체에서 심사대상 업체로부터 해당 문화재수리와 관련된 용역, 자문, 연구 등을 의뢰받아 수행한 경우
2. 해당 문화재수리의 시행으로 인하여 이해당사자가 되는 경우(대리관계 포함)
3. 심사일 기준 최근 3년 이내 해당 심사대상 업체에 재직한 경력이 있는 경우
4. 기타 공정한 심사를 할 수 없다고 판단될 경우

② 문화재수리계획 심사를 하기 전에 심사위원회의 위원에게 심사위원 유의사항과 제1항의 내용을 공지하기 위해 [별표 11]의 심사위원 유의사항 및 공지사항을 서면으로 고지하여야 한다.

③ 심사위원회 위원이 제1항에 해당하면 위원장에게 기피사유를 알리고 스스로 그 안건의 심사를 포기하여야 한다.

④ 심사위원회 위원이 심사위원 공지사항을 위반한 경우(심사 이후에 발견한 경우를 포함한다)에는 위반사실을 확인한 날부터 3년간 해당 중앙관서의 장이 주관하는 심사위원회의 위원에서 제외하여야 한다.

제24조(문화재수리계획 심사 결과 공개) ① 각 중앙관서의 장 또는 계약담당공무원은 입찰자의 정당한 요청이 있거나 필요하다고 인정되는 경우에는 개인정보, 영업비밀, 기타 다른 법령에 따라 공개가 제한되는 정보 등을 제외한 범위 내에서 심사결과를 공개할 수 있다.

② 제1항에 따라 심사결과를 공개하는 경우에는 문화재수리계획 심사결과(별지 제9호 서식)와 같이 심사위원 별, 심사부분 별 점수를 공개하되, 심사위원 실명은 비공개로 한다.

제25조(심사위원 사전접촉 입찰자에 대한 감점) ① 입찰공고일부터 문화재수리계획 심사일까지 입찰자(공동수급체 구성원 포함) 및 해당 입찰과 관련하여 입찰자와 이해관계를 같이 하는 자(문화재수리 계획서에 명시된 하도급자, 협력업체 등)의 소속 임·직원이 해당 입찰과 관련하여 심사위원을 사전 접촉('접촉'은 SNS, 문자, e-메일 등을 활용하여 의도적으로 심사위원에게 입찰자를 인식시키는 행위를 의미한다)한 것이 사실로 확인된 경우에는 시행령 제94조에 따른 계약심의위원회 심의를 통해 문화재수리계획심사 평가점수에서 8점을 감점한다.

② 각 중앙관서의 장 또는 계약담당공무원은 제1항에 따른 사전접촉 행위의 유무를 조사하기 위해 사전접촉여부 확인(신고)서(별지 제10호 서식)를 징구하고, 사전접촉 사실을 확인(신고)한 심사위원도 심사에 참여한다.

③ 각 중앙관서의 장 또는 계약담당공무원은 제2항에 따라 사전접촉 행위가 확인(신고)된 경우 사실관계를 지체없이 조사하여야 한다.

④ 감점은 해당 입찰에 한하여 적용하며, 사전접촉여부 확인(신고)서 접수 및 사실조사, 감점여부에 대한 결정 및 감점처리는 계약체결 전에 이루어져야 한다.

제26조(보안유지 및 서약서 징구) ① 누구든지 심사위원회 위원장 및 심사위원 전원의 동의없이 제12조제5항에 따른 문화재수리 심사 진행과정을 녹취하거나 촬영 또는 외부에 공개할 수 없다.

② 제12조제5항에 따른 문화재수리계획을 심사하기 전에 보안유지를 위하여 심사위원들에게 심사위원 보안서약서(별지 제7호 서식)를 심사 전 제출받아야 한다.

제27조(심사 실시) ① 심사위원회는 위원장을 포함하여 3분의 2 이상 출석으로 개의하며, 중앙관서의 장 또는 계약담당공무원 또는 사업부서의 장은 필요한 경우 심사위원에게 사업의 특성, 문화재수리의 개요, 중점 심사사항 등을 설명할 수 있다.

② 심사위원회는 필요한 경우 심사대상 업체로부터 문화재수리계획에 대한 설명, 질의 및 답변을 청취할 수 있다.

③ 심사대상 업체가 작성한 문화재수리 계획서는 심사 당일 심사위원에게 배부하는 것을 원칙으로 한다. 다만, 계획서의 심도있는 검토를 위하여 필요한 경우 사전에

심사위원에게 배부할 수 있다.

④ 제3항의 단서규정에 따라 문화재수리 계획서를 사전에 배부하는 경우에는 심사위원들로부터 보안유지를 위하여 심사위원 보안서약서(별지 제7호 서식)를 배부 전 제출받아야 한다.

제28조(평가점수 산출) ① 심사위원은 [별표 9]에 따라 입찰자 각각에 대하여 심사를 실시하고 문화재수리계획 심사표(별지 제8호 서식)에 서명·날인 한 후 제출한다.

② 문화재수리계획 평가점수는 각 심사위원의 평가점수 중에서 최저 및 최고 점수를 제외한 후 산술평균하여 산출한다. 다만, 최저 또는 최고 점수가 2개 이상일 때에는 이 중 하나만 제외한다.

③ 평가점수를 계산한 결과 소수점 이하의 숫자가 있는 경우에는 소수점 넷째자리에서 반올림 한다.

제29조(기타사항) ① 이 기준에서 정하지 아니한 사항은 「국가를 당사자로 하는 계약에 관한 법률」 등 관련 법규와 관련 예규에서 정하는 바에 따른다.

② 계약담당공무원은 문화재수리의 특성 등으로 인하여 이 기준을 적용하기 곤란하다고 인정되는 경우에는 문화재청장과 사전협의하여 동 기준과 달리 정하여 심사할 수 있다.

제30조(재검토기한) 「훈령·예규 등의 발령 및 관리에 관한 규정」에 따라 이 예규에 대하여 2019년 7월 1일을 기준으로 매 3년이 되는 시점(매 3년째의 6월 30일까지를 말한다)마다 그 타당성을 검토하여 개선 등의 조치를 취하여야 한다.

부 칙 <문화재청 예규 제169호, 2016.09.19>

제1조(시행일) 이 예규는 2016년 9월 21일부터 시행한다.

제2조(적용례) 이 예규는 시행일 이후에 입찰공고를 한 문화재수리 공사부터 적용한다.

부 칙 <문화재청 예규 제180호, 2017.7.05>

제1조(시행일) 이 예규는 2017년 7월 10일부터 시행한다.

제2조(적용례) 이 예규는 시행일 이후에 입찰공고를 한 문화재수리 공사부터 적용한다.

부 칙 <문화재청 예규 제204호, 2019.3.29>

제1조(시행일) 이 예규는 2019년 5월 1일부터 시행한다.

제2조(적용례) 이 예규는 2019년 5월 1일 이후 최초로 입찰공고를 한 계약부터 적용한다.

부 칙 <문화재청 예규 제221호, 2020.5.20>

제1조(시행일) 이 예규는 2020년 5월 27일부터 시행한다.
제2조(적용례) 이 예규는 2020년 5월 27일 이후 최초로 입찰공고를 한 계약부터 적용한다.

[별표 1]

입찰등급 심사항목 및 결정기준

입찰등급 산정 예시 1

- 문화재수리 명 : 신재효고택 안채 보수(국가민속문화재 제39호 고창 신재효고택)
- 공종 : 5개(목공사, 지붕공사, 미장공사, 온돌공사, 창호공사)
- 추정가격 : 0.8억원

		문화재 중요도				
		고	중	저		
수리규모	대	1	1	2	상	수리난이도 및 복잡성
		1	2	3	중	
		2	3	3	하	
	중	1	2	3	상	
		2	2	3	중	
		3	3	3	하	
	소	②	2	3	상	
		2	3	3	중	
		3	3	3	하	

- 국가지정문화재 문화재수리이며, 추정가격이 1억원 미만이고, 5개의 공종을 요구하는 문화재수리로 입찰등급은 2등급

<table>
<tr><th colspan="4">문화재수리 중요도 등급 평가</th></tr>
<tr><th>구분</th><th colspan="2">평가 내용</th><th>등급</th></tr>
<tr><td rowspan="12">Ⅰ. 문화재 중요도</td><td rowspan="6">국가지정문화재
(가지정문화재
포함)</td><td>국보</td><td rowspan="6">고</td></tr>
<tr><td>보물</td></tr>
<tr><td>사적</td></tr>
<tr><td>명승</td></tr>
<tr><td>천연기념물</td></tr>
<tr><td>국가민속문화재</td></tr>
<tr><td></td><td>국가지정문화재 주변정비※</td><td rowspan="4">중</td></tr>
<tr><td rowspan="4">시도지정문화재
(가지정문화재
포함)</td><td>유형문화재</td></tr>
<tr><td>기념물</td></tr>
<tr><td>민속문화재</td></tr>
<tr><td>지방지정문화재 주변정비※</td><td rowspan="2">저</td></tr>
<tr><td colspan="2">문화재자료</td></tr>
<tr><td rowspan="3">Ⅱ. 문화재수리 난이도 및 복잡성※※</td><td colspan="2">5개 이상의 공종</td><td>상</td></tr>
<tr><td colspan="2">3개 이상 4개 이하의 공종</td><td>중</td></tr>
<tr><td colspan="2">2개 이하의 공종</td><td>하</td></tr>
<tr><td rowspan="3">Ⅲ. 수리규모</td><td colspan="2">추정가격 3억원 이상</td><td>대</td></tr>
<tr><td colspan="2">추정가격 3억원 미만 – 1억원 이상</td><td>중</td></tr>
<tr><td colspan="2">추정가격 1억원 미만</td><td>소</td></tr>
</table>

<table>
<tr><th colspan="7">평가 체계</th></tr>
<tr><th colspan="2" rowspan="2"></th><th colspan="3">문화재 중요도</th><th colspan="2" rowspan="2"></th></tr>
<tr><th>고</th><th>중</th><th>저</th></tr>
<tr><td rowspan="9">수리규모</td><td rowspan="3">대</td><td>1</td><td>1</td><td>2</td><td>상</td><td rowspan="9">문화재수리 난이도 및 복잡성</td></tr>
<tr><td>1</td><td>2</td><td>3</td><td>중</td></tr>
<tr><td>2</td><td>3</td><td>3</td><td>하</td></tr>
<tr><td rowspan="3">중</td><td>1</td><td>2</td><td>3</td><td>상</td></tr>
<tr><td>2</td><td>2</td><td>3</td><td>중</td></tr>
<tr><td>3</td><td>3</td><td>3</td><td>하</td></tr>
<tr><td rowspan="3">소</td><td>2</td><td>2</td><td>3</td><td>상</td></tr>
<tr><td>2</td><td>3</td><td>3</td><td>중</td></tr>
<tr><td>3</td><td>3</td><td>3</td><td>하</td></tr>
</table>

※. '주변정비'라 함은 「문화재수리 등에 관한 법률」 제2조제1호다목에 따른 문화재수리를 말한다.

※※. 공종구분은 '문화재수리 표준품셈'을 기준으로 하며, 그 중 가설공사는 제외하고 조경공사는 포함한다. 단, 「문화재수리 등에 관한 법률」 제5조제2항에 따른 시설물에 대한 문화재수리의 공종구분은 '건설공사 표준품셈 중 건축부문'을 기준으로 하며 가설공사, 기타잡공사는 제외한다.

- '문화재수리 표준품셈에 따른 공종구분(16개) : 기초공사, 목공사, 지붕공사, 전돌공사, 미장공사, 창호공사, 온돌공사, 수장공사, 석공사, 석조물공사, 단청공사, 유구정비공사, 기타공사(담장공사에 한함), 보존처리공사, 식물보호공사, 조경공사
- '건설공사 표준품셈 중 건축부문'에 따른 공종구분(18개) : 토공사, 조경공사, 기초공사, 철근콘크리트공사, 철골공사, 벽돌공사, 블록공사, 돌공사, 타일공사, 목공사, 방수공사, 지붕 및 홈통공사, 금속공사, 미장공사, 창호공사, 유리공사, 칠공사, 수장공사

입찰등급 산정 예시 2
- 문화재수리 명 : 포항 용계정과 덕동숲 내 화장실 신축(명승 제81호 포항 용계정과 덕동숲) - 공종 : 12개(토공사, 기초공사, 철근콘크리트공사, 벽돌공사, 타일공사, 방수공사, 지붕 및 홈통공사, 미장공사, 창호공사, 유리공사, 칠공사, 수장공사) - 추정가격 : 0.9억원

		문화재 중요도				
		고	중	저		
수리규모	대	1	1	2	상	수리난이도 및 복잡성
		1	2	3	중	
		2	3	3	하	
	중	1	2	3	상	
		2	2	3	중	
		3	3	3	하	
	소	②	2	3	상	
		2	3	3	중	
		3	3	3	하	

- 국가지정문화재 문화재수리이며, 추정가격이 1억원 미만이고, 12개의 공종을 요구하는 문화재수리로 입찰등급은 2등급

⇒ 동 심사기준 제4조제3항 단서규정에 따라 입찰등급 한단계 하향 적용하여, 입찰등급 3등급

[별표 2]

문화재수리 분류표

1. 지정문화재수리

대분류	중분류	보수유형	수리코드
건조물	목조 선축물	· 보수 · 신축·복원 · 부대시설 보수 등 기타	111
	조적조(석조) 건축물	· 보수 · 신축·복원 · 부대시설 보수 등 기타	112
	철근콘크리트 건축물	· 보수 · 신축·복원 · 부대시설 보수 등 기타	113
	석조물	· 보수 · 신축·복원 · 부대시설 보수 등 기타	114
	단청	· 단청	115
	그 외 건조물	· 보수 · 신축·복원 · 부대시설 보수 등 기타	116
성곽·유적	유적지	· 분묘·발굴지 정비 · 부대시설 정비 등 기타	121
	성곽	· 성곽 정비 · 부대시설 정비 등 기타	122
보존처리	목부재	· 목부재 보존처리	131
	석부재	· 석부재 보존처리	132
	기타 보존처리	· 벽화 등 보존처리	133
조경	조경	· 조경정비	140
식물보호	식물보호	· 식물보호	150

※ 건조물 구분 : 주구조(기둥·보 등)로 구분

예) 철근콘크리트 기둥 위 목조지붕 : 철근콘크리트 건축물

※ 석조물 : 석탑, 전탑, 석불, 석굴, 승탑, 비갈, 석등, 석교, 계단, 석단, 석빙고, 첨성대, 당간지주 등 건축물이 아닌 석조물

※ 그 외 건조물 : 철골건축물, 움집, 목교, 철근콘크리트교 등

※ 유적지 : 유적 정비, 발굴지 정비, 탐방로 정비, 진입로 정비 등 토지의 정비 등

※ 부대시설 보수(정비) : 담장·울타리·배수로·석축 보수(설치), 담쟁이(지장목) 제거 등

2. 주변정비

대분류	중분류	보수유형	수리코드
건조물	목조 건축물	· 보수 · 신축·복원 · 부대시설 보수 등 기타	211
	조적조(석조) 건축물	· 보수 · 신축·복원 · 부대시설 보수 등 기타	212
	철근콘크리트 건축물	· 보수 · 신축·복원 · 부대시설 보수 등 기타	213
	석조물	· 보수 · 신축·복원 · 부대시설 보수 등 기타	214
	단청	· 단청	215
	그 외 건조물	· 보수 · 신축·복원 · 부대시설 보수 등 기타	216
성곽·유적	유적지	· 분묘·발굴지 정비 · 부대시설 정비 등 기타	221
	성곽	· 성곽 정비 · 부대시설 정비 등 기타	222
보존처리	목부재	· 목부재 보존처리	231
	석부재	· 석부재 보존처리	232
	기타 보존처리	· 벽화 등 보존처리	233
조경	조경	· 조경정비	240
식물보호	식물보호	· 식물보호	250

※ 건조물 구분 : 주구조(기둥·보 등)로 구분
예) 철근콘크리트 기둥 위 목조지붕 : 철근콘크리트 건축물
※ 석조물 : 석탑, 전탑, 석불, 석굴, 승탑, 비갈, 석등, 석교, 계단, 석단, 석빙고, 첨성대, 당간지주 등 건축물이 아닌 석조물
※ 그 외 건조물 : 철골건축물, 움집, 목교, 철근콘크리트교 등
※ 유적지 : 유적 정비, 발굴지 정비, 탐방로 정비, 진입로 정비 등 토지의 정비 등
※ 부대시설 보수(정비) : 담장·울타리·배수로·석축 보수(설치), 담쟁이(지장목) 제거 등

※ 주 :

가. 동일 문화재수리

1) 수리코드 중 대분류와 중분류 코드가 입찰공고서 상의 수리코드와 일치하는 문화재수리

2) 타 업종과 공동도급을 하거나 하도급을 한 경우 등으로서 수리코드가 없거나 상이한 경우 : 해당 수리업자가 수행한 문화재수리의 내용이 입찰공고서 상의 수리코드와 대분류 및 중분류가 일치하고 문화재수리 실적증명서(별지 제4호 서식)를 제출한 문화재수리

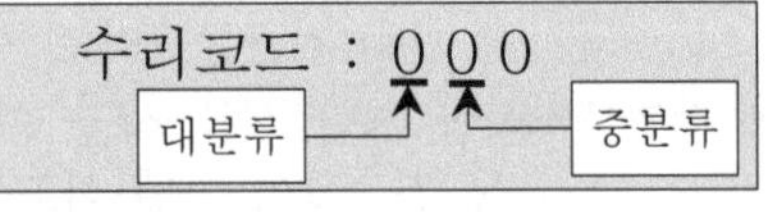

나. 1건의 계약으로 성립된 도급수리는 1건의 주된 공종(수리금액 기준)으로 인정하며, 이를 2개 이상의 공종으로 분리하는 것은 불가

다. 지정문화재수리 : 「문화재수리 등에 관한 법률」 제2조제1호 가목 및 나목에 해당하는 문화재수리

라. 주변정비 : 「문화재수리 등에 관한 법률」 제2조제1호다목에 해당하는 문화재수리

[별표 3-1]

입찰등급 1등급 심사항목 및 배점기준
(문화재수리계획 심사 대상에 해당되지 않는 문화재수리)

구분	심사분야	심사항목	배점 한도
수리이행 능력 (60점)	수리실적	최근 5년간 업체 문화재수리 실적	20
	배치 기술자 및 기능자 능력	최근5년간 해당 문화재수리와 동등이상의 문화재수리를 수행한 건수	20
	보유 기술자 및 기능자 능력	입찰자 소속 보유 기술인력 근무경력	15
	수리업경력	문화재수리업 영위기간	5
	신인도 (가·감점)	수리지역전문성	+0.3, +0.7
		영업정지 처분	△1,△0.5, △0.25
		안전관리	+0.3, +0.2, +0.1
		공동수급체 구성	+0.3, +0.3
		전문교육 이행실태	+0.3, +0.2, +0.1
경영상태 (10점)	자산 및 유동비율	자기자본 비율 및 유동비율	10
경제성 (30점)	당해수리 입찰가격	균형가격에 의한 심사	30
계			**100**
결격사유 (감점)	이행위험	계약이행 불가능	△20
계약 신뢰도	배치 기술자 및 기능자 투입계획 위반	2년간 종합점수에서 매 건당 감점	매 건당 △1.0
	문화재수리계획 위반	2년간 종합점수에서 매 건당 감점	매 건당 △1.0

[별표 3-2]

입찰등급 1등급 심사항목 및 배점기준
(문화재수리계획 심사 대상 문화재수리)

<table>
<tr><th>구분</th><th>심사분야</th><th>심사항목</th><th>배점
한도</th></tr>
<tr><td rowspan="9">수리이행
능력
(40점)</td><td>수리실적</td><td>최근 5년간 업체 문화재수리 실적</td><td>10</td></tr>
<tr><td>배치 기술자 및
기능자 능력</td><td>최근5년간 해당 문화재수리와 동등 이상의 문화재수리를 수행한 건수</td><td>15</td></tr>
<tr><td>보유 기술자 및
기능자 능력</td><td>입찰자 소속 보유 기술인력 근무경력</td><td>10</td></tr>
<tr><td>수리업경력</td><td>문화재수리업 영위기간</td><td>5</td></tr>
<tr><td rowspan="5">신인도
(가·감점)</td><td>수리지역전문성</td><td>+0.3, +0.7</td></tr>
<tr><td>영업정지 처분</td><td>△1,△0.5,
△0.25</td></tr>
<tr><td>안전관리</td><td>+0.3, +0.2,
+0.1</td></tr>
<tr><td>공동수급체 구성</td><td>+0.3, +0.3</td></tr>
<tr><td>전문교육 이행실태</td><td>+0.3, +0.2,
+0.1</td></tr>
<tr><td>문화재수리계
획(20점)</td><td>문화재수리계획능력</td><td>문화재수리계획</td><td>20</td></tr>
<tr><td>경영상태
(10점)</td><td>자산 및 유동비율</td><td>자기자본 비율 및 유동비율</td><td>10</td></tr>
<tr><td>경제성
(30점)</td><td>당해수리 입찰가격</td><td>균형가격에 의한 심사</td><td>30</td></tr>
<tr><td colspan="3">계</td><td>100</td></tr>
<tr><td>결격사유
(감점)</td><td>이행위험</td><td>계약이행 불가능</td><td>△20</td></tr>
<tr><td rowspan="2">계약 신뢰도</td><td>배치 기술자 및
기능자 투입계획
위반</td><td>2년간 종합점수에서 매 건당 감점</td><td>매 건당 △1.0</td></tr>
<tr><td>문화재수리계획 위반</td><td>2년간 종합점수에서 매 건당 감점</td><td>매 건당 △1.0</td></tr>
</table>

[별표 4]

입찰등급 2등급 심사항목 및 배점기준

<table>
<tr><th>구분</th><th>심사분야</th><th>심사항목</th><th>배점 한도</th></tr>
<tr><td rowspan="9">수리이행능력
(50점)</td><td>수리실적</td><td>최근 5년간 업체 문화재수리 실적</td><td>20</td></tr>
<tr><td>배치 기술자 및 기능자 능력</td><td>최근5년간 해당 문화재수리와 동등이상의 문화재수리를 수행한 건수</td><td>15</td></tr>
<tr><td>보유 기술자 및 기능자 능력</td><td>입찰자 소속 보유 기술인력 근무경력</td><td>10</td></tr>
<tr><td>수리업경력</td><td>문화재수리업 영위기간</td><td>5</td></tr>
<tr><td rowspan="5">신인도
(가·감점)</td><td>수리지역전문성</td><td>+0.3, +0.7</td></tr>
<tr><td>영업정지 처분</td><td>△1,△0.5, △0.25</td></tr>
<tr><td>안전관리</td><td>+0.3, +0.2, +0.1</td></tr>
<tr><td>공동수급체 구성</td><td>+0.3, +0.3</td></tr>
<tr><td>전문교육 이행실태</td><td>+0.3, +0.2, +0.1</td></tr>
<tr><td>경영상태
(10점)</td><td>자산 및 유동비율</td><td>자기자본 비율 및 유동비율</td><td>10</td></tr>
<tr><td>경제성
(40점)</td><td>당해수리 입찰가격</td><td>균형가격에 의한 심사</td><td>40</td></tr>
<tr><td colspan="3">계</td><td>100</td></tr>
<tr><td>결격사유
(감점)</td><td>이행위험</td><td>계약이행 불가능</td><td>△20</td></tr>
<tr><td rowspan="2">계약 신뢰도</td><td>배치 기술자 및 기능자 투입계획 위반</td><td>2년간 종합점수에서 매 건당 감점</td><td>매 건당 △1.0</td></tr>
<tr><td>문화재수리계획 위반</td><td>2년간 종합점수에서 매 건당 감점</td><td>매 건당 △1.0</td></tr>
</table>

[별표 5]

수리이행능력 세부심사방법

1. 수리실적 심사

심사 분야	심사요소	배점	평가기준	평가점수		
				1등급 (문화재수리계획심사 비대상)	1등급 (문화재수리계획심사 대상)	2등급
수리실적	최근 5년간 업체 문화재수리 실적	20 (10)	A. 200% 이상	20.0	10.0	20.0
			B. 150% 이상	19.3	9.65	19.5
			C. 100% 이상	18.6	9.30	19.0
			D. 100% 미만	17.9	8.95	18.5

※ 주 :

가. 수리실적 심사는 각각의 실적에 대하여 다음의 증빙서류를 제출받아 심사한다. 다만, 관련 협회에서 심사하여 발급한 증명서를 제출(관련 협회로부터 전자조달시스템으로 통보되는 경우를 포함한다)하는 경우에는 다음의 증빙서류 제출을 생략할 수 있다.

1) 국가, 지방자치단체, 「공공기관의 운영에 관한 법률」 제5조에 따른 공기업·준정부기관, 「지방공기업법」 제49조에 따라 설립된 지방공사나 같은 법 제76조에 따라 설립된 지방공단이 발주하는 문화재수리의 경우 : 발주자가 발급한 문화재수리 실적증명서(별지 제4호 서식)

2) "1)"외의 법인 또는 개인이 발주하는 경우로서 국가 또는 지방자치단체가 경비의 전부 또는 일부를 지원하는 문화재수리의 경우 : 경비를 지원한 국가 또는 지방자치단체가 발급한 문화재수리 실적증명서(별지 제4호 서식)

3) "1)" 및 "2)" 외의 경우로서 법인 또는 개인이 발주하거나 하도급한 문화재수리의 경우 : 다음의 서류 전부. 다만, "1)" 및 "2)"에 따른 문화재수리 중 일부를 하도급한 경우에는 "다)"에 따른 서류는 제외한다.

가) 문화재수리의 발주자 또는 수급인이 발급한 문화재수리 실적증명서(별지 제4호 서식) 다만, 문화재수리 실적증명서를 발급받을 수 없는 경우에는 그 사유서와 해당 문화재수리의 도급계약서 또는 하도급계약서 사본을 말한다.

나) 해당 문화재수리에 대한 「부가가치세법 시행규칙」 제49조에 따른 세금계산서(공급자 보관용) 사본 또는 「소득세법 시행규칙」 제100조제30호에 따른 계산서(공급자 보관용) 사본

다) 「문화재보호법」 제36조 및 제74조에 따른 현상변경 등의 허가서 사본 또는 허가사항의 변경허가서 사본

나. 수리실적 평가기준 산정방식은 다음과 같다.

□ 평가기준 비율 = (최근 5년간 문화재수리 실적 합산금액 / 해당 문화재수리 추정가격)×100

다. 50억 이상의 문화재수리 입찰 시에는 평가기준의 근거가 되는 추정가격을 해당 추정가격의

70%(단, 70%를 적용한 금액이 50억 미만인 경우에는 50억으로 한다)까지 하향조정할 수 있고, 이 경우에는 입찰공고에 명시해야 한다.

예) 문화재수리 추정가격 100억 입찰 공고 시 다음과 같이 명시

: 동 입찰건의 수리실적과 배치 기술자 및 기능자 능력, 수리지역 전문성 심사 시 평가기준 산정을 위한 '해당 문화재수리 추정가격'은 70억으로 한다

라. "최근 5년간"이란 계약일자와 계약기간에 관계없이 해당 수리가 준공된 시점이 입찰공고일로부터 5년 이내를 말한다.

마. 공동수급체의 경우에는 구성원별 시공실적에 시공비율을 반영하지 않고 합산한다.

바. 실적금액은 최종 준공금액으로 한다.

2. 배치 기술자 및 기능자 능력 심사

심사 분야	심사요소	배점	평가기준	평가점수		
				1등급 (문화재수리계획심사 비대상)	1등급 (문화재수리계획심사 대상)	2등급
배치 기술자 능력	최근 5년간 해당 문화재수리와 동등이상 수리를 수행한 환산건수	10 (7.5)	A. 3건 이상	10.0	7.5	7.5
			B. 2건 이상	9.5	7.0	7.0
			C. 1건 이상	9.0	6.5	6.5
			D. 1건 미만	8.5	6.0	6.0
배치 기능자 능력		10 (7.5)	A. 3건 이상	10.0	7.5	7.5
			B. 2건 이상	9.5	7.0	7.0
			C. 1건 이상	9.0	6.5	6.5
			D. 1건 미만	8.5	6.0	6.0

※ 주 :

가. 배치 기술자 및 기능자 능력 심사는 입찰자가 제출한 기술자 및 기능자 배치계획서(별지 제5호서식)의 기술자 및 기능자 능력을 각각 산출하여 합산한다. 다만, 배치 기능자 능력 심사의 경우에는 「문화재수리 등에 관한 법률」에 따른 학·경력관리제도 시행 후 별도 공지가 있기 전까지는 입찰등급 별 최고배점을 적용토록 한다.

나. "동등이상"이란 준공금액(최종 준공금액을 말한다)이 해당 문화재수리 추정가격 이상이면서 [별표 2]문화재수리 분류표에 의한 동일 문화재수리를 말하되, 50억 이상의 문화재수리 입찰 시에는 평가기준의 근거가 되는 추정가격을 해당 추정가격의 70%(단, 70%를 적용한 금액이 50억 미만인 경우에는 50억으로 한다)까지 하향조정할 수 있고, 이 경우에는 입찰공고에 명시해야 한다.

예) 문화재수리 추정가격 100억 입찰 공고 시 다음과 같이 명시

: 동 입찰건의 수리실적과 배치 기술자 및 기능자 능력, 수리지역 전문성 심사 시 평가기준

산정을 위한 '해당 문화재수리 추정가격'은 70억으로 한다

다. 배치 기술자 및 기능자 능력 평가기준 산정방식은 다음과 같다.

□ 동등이상 문화재수리 수행 환산건수

$$= \sum 보정계수 \times 등급계수 \times \frac{해당문화재수리 현장배치 기간}{해당문화재수리 기간}$$

* 보정계수 : 해당문화재수리기간 1년 미만 1.0, 1년 이상 2년 미만 2.0, 2년 이상 3년 미만 3.0, 3년 이상 4년 미만 4.0, 4년 이상 5.0

* 등급계수 : 지정 문화재수리 1.2, 주변정비 1.0

* 문화재수리기간은 착공일부터 준공일까지의 기간을 말하며, 공사중지 기간을 포함한다.

라. 문화재수리 수행 환산건수 산정은 다음의 증빙서류를 제출받아 심사한다. 다만, 관련 협회에서 심사하여 발급한 증명서를 제출(관련 협회로부터 전자조달시스템으로 통보되는 경우를 포함한다)하는 경우에는 "3)"의 증빙서류 제출을 생략할 수 있다.

1) 기술자 및 기능자 배치계획서(별지 제5호 서식)

2) 고용보험, 국민연금, 건강보험 또는 산재보험 가입을 증명할 수 있는 서류 중 1부. 다만, 자격취득일이 명기된 것에 한한다.

3) 문화재수리 실적을 증명하는 다음의 어느 하나에 해당하는 서류(실적별로 각각 제출)

가) 국가, 지방자치단체, 「공공기관의 운영에 관한 법률」 제5조에 따른 공기업·준정부기관, 「지방공기업법」 제49조에 따라 설립된 지방공사나 같은 법 제76조에 따라 설립된 지방공단이 발주하는 문화재수리의 경우

(1) 발주자가 발급한 문화재수리 실적증명서(별지 제4호 서식)

(2) 「문화재수리 등에 관한 법률 시행규칙」 제17조에 따른 현장배치확인표 사본 또는 현장대리인 선임계 사본

나) "가)"외의 법인 또는 개인이 발주하는 경우로서 국가 또는 지방자치단체가 경비의 전부 또는 일부를 지원하는 문화재수리의 경우

(1) 경비를 지원한 국가 또는 지방자치단체가 발급한 문화재수리 실적증명서(별지 제4호 서식)

(2) 「문화재수리 등에 관한 법률 시행규칙」 제17조에 따른 현장배치확인표 사본 또는 현장대리인 선임계 사본

다) "가)" 및 "나)" 외의 경우로서 법인 또는 개인이 발주하거나 하도급한 문화재수리의 경우 : 다음의 서류 전부. 다만, "가)" 및 "나)"에 따른 문화재수리 중 일부를 하도급한 경우에는 "(4)"에 따른 서류는 제외한다.

(1) 문화재수리의 발주자 또는 수급인이 발급한 문화재수리 실적증명서(별지 제4호 서식) 다만, 문화재수리 실적증명서를 발급받을 수 없는 경우에는 그 사유서와 해당 문화재수리의 도급계약서 또는 하도급계약서 사본을 말한다.

(2) 「문화재수리 등에 관한 법률 시행규칙」 제17조에 따른 현장배치확인표 사본 또는 현장대리인 선임계 사본

(3) 해당 문화재수리에 대한 「부가가치세법 시행규칙」 제49조에 따른 세금계산서(공급자 보관용) 사본 또는 「소득세법 시행규칙」 제100조제30호에 따른 계산서(공급자 보관용) 사본

(4) 「문화재보호법」 제36조 및 제74조에 따른 현상변경 등의 허가서 사본 또는 허가사항의 변경허가서 사본

마. 해당 수리에 배치 예정인 기술자 및 기능자에 대한 심사이므로 배치 기술자 및 기능자 소속 업체에서 수행한 실적 이외의 과거에 소속되었던 업체에서의 실적도 반영한다.
바. 해당 문화재수리에 동일 종류의 자격증을 가진 기술자 또는 기능자를 중복으로 참여한 경우에는 높은 경력의 1인을 기준으로 건수를 산정한다.
사. 한명의 배치 기술자 또는 기능자가 여러 종류의 문화재수리기술자 또는 문화재수리기능자 자격증을 보유하고 있으면 동일 수리실적에 대해서는 유리한 종류의 자격증 1건만 인정한다.
아. 배치 기술자 및 기능자가 입찰공고일까지 계속하여 6개월(180일) 이상 재직하지 아니한 자에 대하여는 환산건수의 80%(소수점 이하 넷째자리에서 반올림)만 인정하여 평가점수를 산정한다.
자. 배치 기술자 및 기능자는 입찰공고일 현재까지 입찰자 소속 임직원이어야 한다.
차. 공동수급체의 경우에는 공동수급체가 공동으로 제출하는 배치 기술자 및 기능자를 심사한다. 단, 제13조제1항에 따라 복합업종을 심사하는 경우 또는 분담이행 방식으로 입찰에 참여하는 자를 심사하는 경우에는 공동수급체 구성원별로 각각 산출한 평가점수에 각각의 시공비율을 곱한 후 합산하여 심사한다.
카. 배치 기술자 및 기능자는 원칙적으로 교체하지 못하며, 다음의 경우에 한하여 발주기관의 승인을 받아 당초 심사 시 취득한 평가점수 이상의 점수를 획득할 수 있는 기술자 또는 기능자(단, "아"에 따른 환산건수 산정 시 입찰공고일이 아니라 배치 기술자 및 기능자의 변경요청일을 기준으로 판단한다)로 대체할 수 있다.
  1) 배치 기술자 또는 기능자의 사망, 퇴직 등 근무관계가 종료된 경우
  2) 배치 기술자 또는 기능자의 질병, 출산 등으로 정상적인 근무가 곤란한 경우
  3) 배치 기술자 또는 기능자가 해당 현장에 배치된 때로부터 3년 이상이 경과되고 해당 문화재수리의 공정률이 50%를 초과하는 경우
  4) 두 개 이상의 문화재수리를 동시에 낙찰받아 「문화재수리 등에 관한 법률」 제33조에 따른 중복배치 기준을 초과하는 경우
  5) 기타 정당한 사유로 발주기관이 인정하여 승인한 경우
타. 문화재수리 담당 감독공무원은 배치 기술자 및 기능자의 투입계획 이행여부를 수시로 점검하여야 하고, 이를 위반한 경우 즉시 그 위반사실을 문화재청(수리기술과)에 통보하여야 한다. 계약담당공무원은 「문화재수리 종합심사낙찰제 심사기준」 및 「문화재수리 종합평가 낙찰자 결정기준」 대상 문화재수리에서 배치 기술자 및 기능자의 투입계획 위반여부를 문화재청에 확인하여 매 건당 1.0점을 감점하여야 한다. 단, 개찰일이 위반사항을 문화재청이 통보받은 날부터 2년 이내의 건에 한하여 감점한다.
파. 배치 기술자 및 기능자 위반 건수는 해당 기술자 또는 기능자 1인당 1건으로 산정하고, 감점 대상은 투입계획을 위반한 공동수급체 전체 구성원으로 하되 분담이행 구성원은 제외한다. 감점 시 위반한 문화재수리에서의 시공비율 및 배치 예정 문화재수리에서의 시공비율은 적용하지 아니한다.
하. "최근 5년간"이란 계약일자와 계약기간에 관계없이 해당 수리가 준공된 시점이 입찰공고일로부터 5년 이내를 말한다.

3. 보유 기술자 및 기능자 능력 심사

심사 분야	심사요소	배점	평가기준	평가점수		
				1등급 (문화재수리계획심사 비대상)	1등급 (문화재수리계획심사 대상)	2등급
보유기술자 능력	입찰자 소속 기술자 및 기능자로 입찰공고일 당시 6개월 이상 근무자의 경력	7.5 (5.0)	A. 40점 이상	7.50	5.00	5.00
			B. 30점 이상	7.25	4.75	4.75
			C. 20점 이상	7.00	4.50	4.50
			D. 20점 미만	6.75	4.25	4.25
보유기능자 능력		7.5 (5.0)	A. 40점 이상	7.50	5.00	5.00
			B. 30점 이상	7.25	4.75	4.75
			C. 20점 이상	7.00	4.50	4.50
			D. 20점 미만	6.75	4.25	4.25

※ 주 :

가. 보유 기술자 및 기능자 능력 심사는 입찰자가 제출한 보유 기술자 및 기능자 증명서(별지 제6호서식)의 기술자 및 기능자 능력을 각각 산출하여 합산한다.

나. 보유 기술자 및 기능자 능력 평가기준 산정방식은 다음과 같다.

□ 평가기준 점수 = ∑ 경력계수 × 등급계수

* 경력계수 : 해당 자격 취득 년수(15년 이상 2.0, 7년 이상 15년 미만 1.5, 7년 미만 1.0)

* 등급계수 : 각 경력별 인원수 가중치(2명 이상 10.0, 1명 8.0)

* 상위 경력 보유 기술자 또는 기능자 인원이 1인을 초과하는 경우, 하위 경력 인원수로 인정

예) 해당 자격 취득 년수 15년 이상 2명, 7년 이상 0명, 7년 미만 1명인 경우,
평가기준 점수가 28점(= 2.0×10 + 1.0×8.0)이나, 15년 이상 2명 중 1명을 하위경력 인원으로 인정하여, 평가기준 점수 36점(=2.0×8 + 1.5×8 + 1.0×8)으로 산정

다. 보유 기술자 및 기능자 능력 심사는 다음의 증빙서류를 제출받아 심사한다.

1) 보유 기술자 및 기능자 증명서 1부(별지 제6호 서식)

2) 고용보험, 국민연금, 건강보험 또는 산재보험 가입을 증명할 수 있는 서류 중 1부. 다만, 자격 취득일 및 상실일(단, 자격 상실일은 필요시에 한함)이 명기된 것에 한한다.

라. 해당 자격 취득 년수 산정은 입찰공고일을 기준으로 하며, 6개월(180일) 이상 근무자란 입찰공고일을 기준으로 연속해서 6개월(180일) 이상 근무한 자를 말한다. 다만, 동등이상의 경력계수를 가진 기술자 또는 기능자로 입사일이 퇴사일 전후 30일 이내이고 입찰공고일 전일을 기준으로 「문화재수리 등에 관한 법률」 제14조제2항에 따른 변경신고가 완료된 경우에는 근무기간을 합산(1회에 한하여 합산할 수 있다)하여 6개월(180일) 이상이면 평가대상에 포함하되, 퇴사한 기술자 또는 기능자의 경력계수로 평가한다.

마. 공동수급체의 경우 공동수급체 구성원별로 각각 산출한 평가점수에 각각의 시공비율을 곱한 후 합산하여 심사한다.

4. 수리업경력 심사

심사분야	심사요소	배점	평가기준	평가점수 (1~2등급)
수리업경력	문화재수리업 영위기간	5.0	A. 7년 이상	5.0
			B. 7년 미만 5년 이상	4.8
			C. 5년 미만 3년 이상	4.6
			D. 3년 미만 2년 이상	4.4
			E. 2년 미만 1년 이상	4.2
			F. 1년 미만	4.0

※ 주 :

가. 수리업경력은 문화재수리업자가 입찰공고일 현재 보유하고 있는 문화재수리업의 등록일로부터 입찰공고일까지의 기간을 기준으로 하되, 휴업 등으로 정상적인 문화재수리업 영위가 불가능했던 기간은 제외한다.

나. 공동수급체 구성원별로 각각 산출한 평가점수에 각각의 시공비율을 곱한 후 합산하여 심사한다. 다만, 공동수급체 개별 시공비율이 30% 이상(전문문화재수리업과 공동수급체를 구성하는 경우로 전문문화재수리업자가 해당 업무범위에 속하는 공종을 모두 수리하는 경우에는 그 시공비율이 30% 미만이어도 인정한다)이거나 또는 신설업체(등록기간이 3년 미만인 업체를 말한다)와 공동수급체를 구성하는 경우에는 공동수급체 구성원 중 평점산정에 유리한 업체의 경력만을 반영한다.

다. 수리업경력 심사는 다음의 증빙서류를 제출받아 심사한다.

1) 문화재수리업 등록증 사본 1부

5. 신인도 심사

가. 신인도 점수는 수리이행능력점수에 가산하여, 가산된 점수가 배점한도를 초과할 경우에는 배점한도 까지만 가산한다.

나. 수리지역 전문성 심사

심사분야	심사요소	평가기준	평가점수
수리지역 전문성	최근 5년간 해당 문화재수리의 소재지와 동일한 지역에서 동등이상 문화재수리 실적	3건 이상	0.3
		5건 이상	0.7

※ 주 :

1) 해당 문화재수리의 소재지 기준은 광역자치단체를 기준으로 하며, 해당 문화재수리 소재지가 둘 이상의 광역자치단체에 걸쳐 있을 경우에는 두 광역자치단체에서 행해진 문화재수리 실적을 모두 인정한다.

* 문화재수리 소재지와 동일한 지역 유무를 판단할 때의 광역자치단체 기준은 서울특별시를 제외한 6개 광역시와 1개 특별자치시의 경우는 인근 도(광역시 또는 특별자치시로 분리되기 전의 도를 말한다)에 편입하여 판단한다.

예) 인천광역시 소재 문화재수리의 경우 수리지역 전문성 심사 시에는 경기도 실적을 포함하여 평가하고, 그 반대의 경우도 동일하다.

2) 수리실적 심사는 각각의 실적에 대하여 다음의 증빙서류를 제출받아 심사한다. 다만, 관련 협회에서 심사하여 발급한 증명서를 제출(관련 협회로부터 전자조달시스템으로 통보되는 경우를 포함한다)하는 경우에는 다음의 증빙서류 제출을 생략할 수 있다.

가) 국가, 지방자치단체, 「공공기관의 운영에 관한 법률」 제5조에 따른 공기업·준정부기관, 「지방공기업법」 제49조에 따라 설립된 지방공사나 같은 법 제76조에 따라 설립된 지방공단이 발주하는 문화재수리의 경우 : 발주자가 발급한 문화재수리 실적증명서(별지 제4호 서식)

나) "가)"외의 법인 또는 개인이 발주하는 경우로서 국가 또는 지방자치단체가 경비의 전부 또는 일부를 지원하는 문화재수리의 경우 : 경비를 지원한 국가 또는 지방자치단체가 발급한 문화재수리 실적증명서(별지 제4호 서식)

다) "가)" 및 "나)" 외의 경우로서 법인 또는 개인이 발주하거나 하도급한 문화재수리의 경우 : 다음의 서류 전부. 다만, "가)" 및 "나)"에 따른 문화재수리 중 일부를 하도급한 경우에는 "(3)"에 따른 서류는 제외한다.

(1) 문화재수리의 발주자 또는 수급인이 발급한 문화재수리 실적증명서(별지 제4호 서식) 다만, 문화재수리 실적증명서를 발급받을 수 없는 경우에는 그 사유서와 해당 문화재수리의 도급계약서 또는 하도급계약서 사본을 말한다.

(2) 해당 문화재수리에 대한 「부가가치세법 시행규칙」 제49조에 따른 세금계산서(공급자 보관용) 사본 또는 「소득세법 시행규칙」 제100조제30호에 따른 계산서(공급자 보관용) 사본

(3) 「문화재보호법」 제36조 및 제74조에 따른 현상변경 등의 허가서 사본 또는 허가사항의 변경허가서 사본

3) 입찰공고 시 수리지역 전문성 평가기준이 되는 광역자치단체를 명시한다.

4) "동등이상"이란 준공금액이 해당 문화재수리 추정가격 이상이면서 [별표 2]문화재수리 분류표에 의한 동일 문화재수리를 말하되, 50억 이상의 문화재수리 입찰 시에는 평가기준의 근거가 되는 추정가격을 해당 추정가격의 70%(단, 70%를 적용한 금액이 50억 미만인 경우에는 50억으로 한다)까지 하향조정할 수 있고, 이 경우에는 입찰공고에 명시해야 한다.

예) 문화재수리 추정가격 100억 입찰 공고 시 다음과 같이 명시

: 동 입찰건의 수리실적과 배치 기술자 및 기능자 능력, 수리지역 전문성 심사 시 평가기준 산정을 위한 '해당 문화재수리 추정가격'은 70억으로 한다.

5) 공동수급체를 구성한 경우에는, 수리지역 전문성 평가점수가 높은 업체 1개소의 경력만을 인정한다.

다. 영업정지 처분 심사

심사분야	심사요소	평가기준	평가점수
영업정지 처분	최근 5년간「문화재수리 등에 관한 법률」에 따른 영업정지 처분 이력	영업정지 기간의 합이 1년 이상 이거나 영업정지 3회 이상 받은 경우	△1.0
		영업정지 기간의 합이 1년 미만 6개월(180일) 이상이거나 영업정지 2회 이상 받은 업체	△0.5
		영업정지 기간의 합이 1개월 이상 6개월(180일) 미만이거나 영업정지 1회 이상 받은 업체	△0.25

※ 주 :

1) 영업정지 처분 심사는 별지 제6호의2서식에 따른 영업정지 처분 확인서를 제출받아 심사한다.
2) 공동수급체의 경우 공동수급체 구성원별로 각각 산출한 평가점수에 각각의 시공비율을 곱한 후 합산하여 심사한다.
3) "최근 5년간"이란 해당 영업정지 처분 종료일이 입찰공고일로부터 5년 이내를 말한다.

라. 안전관리 심사

심사분야	심사요소	평가기준	평가점수
산업재해율	최근 3년간 고용노동부장관이 산정한 재해율의 가중평균이 '건설업'기준 재해율의 가중평균 이하인 자	40% 이하	0.30
		40% 초과 70% 이하	0.20
		70% 초과 100% 이하	0.10

※ 주 :

1) 산업재해율 평가기준 산정방식은 다음과 같다.

□ 평가기준 비율 = $\frac{\text{입찰자 재해율 가중평균}}{\text{건설업 재해율 가중평균}} \times 100$

2) 재해율 가중평균은 최근 3년간 고용노동부장관이 산정한 재해율의 가중평균으로 산출하며, 산정방식은 다음과 같다.

* 재해율 가중평균 = [최근년도 재해율×0.5 + 최근년도 1년전 재해율×0.3 + 최근년도 2년전 재해율×0.2]

단, 최근년도 1년전 재해율 또는 최근년도 2년전 재해율을 산정하지 않은 경우에는 평균값으로 한다.

3) 안전관리 가점을 인정받고자 하는 자에게 다음의 증빙서류를 제출받아 심사한다.

가) 최근 3년간 기업체 산업재해율확인서 1부(한국산업안전보건공단 발행)

4) '건설업 재해율 가중평균'은 한국산업안전보건공단이 발표한 '1000대 건설업체 평균 환산재해율'의 가중평균으로 한다.

5) 입찰공고 시 안전관리 심사의 평가기준이 되는 최근 3년간 건설업의 재해율을 제시한다.

6) 공동수급체의 경우 공동수급체 구성원별로 각각 산출한 평가점수에 각각의 시공비율을 곱한 후 합산하여 심사한다.

7) '최근 3년간'이란 입찰공고일 전일 기준 한국산업안전보건공단 홈페이지에 '1000대 건설업체 평균 환산재해율'이 발표된 최근연도를 기준으로 산정한다.

마. 공동수급체 구성 심사

심사분야	심사요소	평가기준	평가점수
공동수급체 구성	가. 추정가격 10억원 이상의 입찰에 문화재수리업자가 공동수급체를 구성하여 입찰에 참여한 경우	1개 이상의 문화재수리업과 공동수급체를 구성한 경우	0.3
	나. 추정가격 1억원 이상의 입찰에 문화재수리업자가 전문문화재수리업자와 공동수급체를 구성하여 입찰에 참여한 경우	1개 이상의 전문문화재수리업과 공동수급체를 구성한 경우	0.3

※ 주 :

1) 공동수급체 구성 심사는 공동계약방식으로 입찰에 참여하는 경우에 한하여 심사한다. 다만, 제13조제2항에 따라 주된 문화재수리의 업종만을 심사할 경우에는 심사대상 문화재수리의 업종 내 공동수급체 구성에 한하여 심사한다.

2) 공동수급체 구성원의 개별 시공비율이 30% 이상(전문문화재수리업과 공동수급체를 구성하는 경우로 전문문화재수리업자가 해당 업무범위에 속하는 공종을 모두 수리하는 경우에는 그 시공비율이 30% 미만이어도 인정한다)이거나 또는 신설업체(등록기간이 3년 미만인 업체를 말한다)와 공동수급체를 구성하는 경우에 한한다.

3) 심사요소 중 가목과 나목에 모두 해당하는 경우는 각각의 점수를 모두 인정한다.

바. 전문교육 이행실태 심사

심사분야	심사요소	평가기준	평가점수
전문교육 이행	입찰공고일 당시 6개월 이상 근무한 입찰자 소속 기술자의 최근 5년간 전문교육 이수 여부	전문교육 이수율 100% 이상	0.3
		전문교육 이수율 100% 미만 80% 이상	0.2
		전문교육 이수율 80% 미만 60% 이상	0.1

※ 주 :

1) 전문교육 이수율 평가기준 산정방식은 다음과 같다.

□ 평가기준 비율 =

$$\frac{\text{최근5년간 전문교육을 이수한 입찰자 소속 보유기술자 수}}{\text{입찰자 소속 보유기술자 수}} \times 100$$

2) 전문교육 이행실태 가점을 인정받고자 하는 자에게 다음의 증빙서류를 제출받아 심사한다.

가) 보유 기술자 및 기능자 증명서 1부(별지 제6호 서식)

나) 교육수료증 사본 1부(해당 기술자 각각 제출)

* 전문교육이란 「문화재수리 등에 관한 법률」 제53조에 따른 전문교육을 말한다.

* 교육수료증이란 동 법 시행규칙 별지 제25호서식에 따른 '교육수료증'을 말한다.

3) 공동수급체를 구성한 경우에는, 공동수급체 구성원별로 각각 산출한 평가점수에 각각의 시공비율 등을 곱한 후 합산하여 심사한다.

4) '최근 5년간'이란 해당 전문교육 종료일이 입찰공고일로부터 5년 이내를 말한다.

5) '보유기술자'란 입찰사 소속 기술자로 입찰공고일을 기준으로 연속해서 6개월(180일) 이상 근무한 자를 말한다.

[별표 6]

경영상태 세부심사방법

1. 자산 및 유동비율에 의한 심사

심사분야	심사요소	배점	평가기준	평가점수 (1~2등급)
자산 및 유동비율	자기자본 비율	3.0	A. 100% 이상	3.0
			B. 100% 미만 75% 이상	2.8
			C. 75% 미만 50% 이상	2.6
			D. 50% 미만 25% 이상	2.4
			E. 25% 미만	2.2
	유동비율	7.0	A. 100% 이상	7.0
			B. 100% 미만 75% 이상	6.8
			C. 75% 미만 50% 이상	6.6
			D. 50% 미만 25% 이상	6.4
			E. 25% 미만	6.2

※ 주 :

가. 경영상태 평가는 자기자본 비율에 따른 평가점수와 유동비율에 따른 평가점수를 각각 산출하여 합산한다.

나. 자기자본 및 유동비율 평가기준 산정방식은 다음과 같다.

□ 평가기준 비율 =

$$\frac{\text{입찰자 평균자기자본(유동)비율}}{\text{전문직별공사업 평균자기자본(유동)비율}} \times 100$$

* 전문직별공사업 평균자기자본(유동)비율은 최근년도 말기 기준 한국은행이 발행한 "기업경영분석"자료 중 업종 "F42. 전문직별 공사업"을 기준으로 한다

다. 해당 문화재수리의 입찰공고에 전문직별 공사업의 평균자기자본비율 및 평균유동비율을 제시한다.

라. 공동수급체를 구성한 경우에는, 공동수급체 구성원별로 각각 산출한 평가점수에 각각의 시공비율을 곱한 후 합산하여 심사한다.

[별표 7]

경제성 세부심사방법

1. 균형가격에 의한 심사

심사분야	심사요소	배점	평가기준	평가점수		
				1등급 (문화재수리계획심사 비대상)	1등급 (문화재수리계획 심사 대상)	2등급
입찰가격	균형가격에 의한 평가 (균형가격이 예정가격 대비 90% 미만 시)	30 (40)	A. 균형가격의 100.49% 이상	25.00	25.00	32.00
			B. 균형가격의 100.35% 이상 100.49% 미만	26.25	26.25	34.00
			C. 균형가격의 100.21% 이상 100.35% 미만	27.50	27.50	36.00
			D. 균형가격의 100.07% 이상 100.21% 미만	28.75	28.75	38.00
			E. 균형가격의 99.93% 이상 100.07% 미만	30.00	30.00	40.00
			F. 균형가격의 99.79% 이상 99.93% 미만	29.00	29.00	38.25
			G. 균형가격의 99.65% 이상 99.79% 미만	28.00	28.00	36.50
			H. 균형가격의 99.51% 이상 99.65% 미만	27.00	27.00	34.75
			I. 균형가격의 99.51% 미만	26.00	26.00	33.00
	균형가격에 의한 평가(균형가격이 예정가격 대비 90% 이상 시)	30 (40)	A. 균형가격의 100.1% 이상	21.00	22.00	28.00
			B. 균형가격의 99.9% 이상 100.1% 미만	22.00	22.50	29.00
			C. 균형가격의 98.5% 이상 99.9% 미만	23.00	23.00	30.00
			D. 균형가격의 97.5%이상 98.5% 미만	30.00	30.00	40.00
			E. 균형가격의 96.5% 이상 97.5% 미만	23.00	23.00	30.00
			F. 균형가격의 96.5% 미만	22.50	22.75	29.50

※ 주 :

가. 다음의 입찰가격 평가기준이 해당하는 구간의 평점을 적용한다.

□ 입찰가격 평가기준 =

$$\frac{\text{해당 투찰금액}}{\text{제9조제2항에 따른 균형가격}} \times 100$$

[별표 8]

결격사유 세부심사방법

1. 이행위험

심사분야	심사요소	평가기준	평가점수
이행위험	법정관리 또는 화의 결정 후 당좌거래가 재개되어도 동 재개일로부터 1년간 보증서 발급 가능 확인서를 제출하지 못하는 경우	입찰보증증권을 제출하지 못하는 문화재수리업자	△20

※ 주 :

가. 결격사유의 심사기준일은 낙찰자 결정일로 한다.

[별표 9]

문화재수리계획 세부심사방법

평가항목	평가내용	평가점수
수리대상 이해도 (5)	-수리 대상 문화재의 중요도 및 특성에 대한 이해도 -요구되는 수리기술, 공법에 대한 이해 및 적용범위에 대한 이해도 -실측설계 결과를 바탕으로 목적성, 방향성, 적합성, 타당성 제시 -수리 추진 계획 및 공종의 적정성 및 실행가능성	수(5),우(4.5),미(4.0),양(3.5),가(3.0)
수리방법의 적정성 (5)	-수리 공종별 과업수행방법의 명확성(현황, 조사 및 분석방법, 수행방법 등) -수리방법 및 기술 적용의 타당성	수(5),우(4.5),미(4.0),양(3.5),가(3.0)
전통기법 발굴 (4)	-해당 문화재수리에 적용 가능한 전통기법의 과거 문화재수리에 적용한 예 및 현황 -해당 문화재수리에 적용 예정인 전통기법 발굴 정도 -전통기법 적용 계획 및 활용 정도	수(4),우(3.6),미(3.2),양(2.8),가(2.4)
현장관리의 적정성 (4)	-자재, 인력, 장비관리 및 투입의 적정성 -품질관리계획 및 품질시험계획의 적정성 -안전점검계획 및 안전교육계획의 적정성 -환경관리계획의 적정성	수(4),우(3.6),미(3.2),양(2.8),가(2.4)
현장공개 계획(2)	-수리실명제 및 현장공개 계획의 적정성 -현장공개 운영 및 안전관리 계획의 적정성	수(2),우(1.8),미(1.6),양(1.4),가(1.2)
합계		20점

※ 주 :

가. 문화재수리 담당 감독공무원은 문화재수리계획서의 이행여부를 수시로 점검하여야 하고, 문화재수리계획의 불이행을 확인한 경우에는 즉시 그 위반사실을 문화재청(수리기술과)에 통보하여야 한다. 계약담당공무원은 「문화재수리 종합심사낙찰제 심사기준」 및 「문화재수

리 종합평가 낙찰자 결정기준」 대상 문화재수리에서 문화재수리계획의 불이행 여부를 문화재청에 확인하여 매 건당 1.0점을 감점하여야 한다. 단, 점검대상 항목은 정량적으로 평가가 가능한 부분에 한하며, 해당 입찰건의 개찰일이 위반사항을 문화재청이 통보받은 날부터 2년 이내의 건에 한하여 감점한다.

나. 감점대상은 문화재수리계획을 불이행한 공동수급체 전체 구성원으로 하되 분담이행 구성원은 제외한다. 감점 시 위반한 문화재수리에서의 시공비율 및 발주 예정 문화재수리에서의 시공비율은 적용하지 아니한다.

[별표 10]

문화재수리 종합심사 관련 제출서류 목록표

	연번	제출서류	발행기관	비 고
총 괄	1	문화재수리 종합심사낙찰제 심사신청서	신청자	별지 제1호서식
	2	문화재수리 종합심사낙찰제 자기평가 기술서	신청자	별지 제2호서식
	3	문화재수리 종합심사낙찰제 자기평가 증명서	신청자	별지 제3호서식
수리실적	4	가.문화재수리실적증명서 각 1부	발주기관 관련 협회	별지 제4호 서식
		나.「문화재보호법」 제36조 및 제74조에 따른 현상변경등의 허가서 사본 또는 허가사항의 변경허가서 사본 각 1부(해당되는 경우에 한함)	관할 기초자치 단체	
		다.「부가가치세법 시행규칙」 제49조에 따른 세금계산서(공급자 보관용) 사본 또는 「소득세법 시행규칙」 제100조제30호에 따른 계산서(공급자 보관용) 사본(해당되는 경우에 한함)	신청자	
배치 기술자 및 기능자 능력	5	가.기술자 및 기능자 배치계획서 1부.	신청자	별지 제5호 서식
		나. 고용보험, 국민연금, 건강보험 또는 산재보험 가입을 증명할 수 있는 서류 중 1부(자격취득일이 명기된 경우에 한함)	관련기관	
		다.문화재수리실적증명서 각 1부	발주기관 관련 협회	별지 제4호 서식
		라.「문화재수리 등에 관한 법률 시행규칙」 제17조에 따른 현장배치확인표 사본 또는 현장대리인 선임계 사본 각 1부(해당되는 경우에 한함)	신청자	
		마.「문화재보호법」 제36조 및 제74조에 따른 현상변경등의 허가서 사본 또는 허가사항의 변경허가서 사본 각 1부(해당되는 경우에 한함)	관할 기초자치 단체	
		바.「부가가치세법 시행규칙」 제49조에 따른 세금계산서(공급자 보관용) 사본 또는 「소득세	신청자	

	연번	제출서류	발행기관	비 고
		법 시행규칙」 제100조제30호에 따른 계산서(공급자 보관용) 사본(해당되는 경우에 한함)		
보유 기술자 및 기능자 능력	6	가.보유 기술자 및 기능자 증명서 각 1부	등록권자	별지 제6호 서식
		나. 고용보험, 국민연금, 건강보험 또는 산재보험 가입을 증명할 수 있는 서류 중 1부[자격 취득일 및 상실일(단, 자격 상실일은 필요시에 한함)이 명기된 경우에 한함]	관련기관	
수리업경력	7	문화재수리업 등록증 사본 각 1부	등록권자	
수리지역 전문성	8	가.문화재수리실적증명서 각 1부	발주기관 관련 협회	별지 제4호 서식
		나.「문화재보호법」 제36조 및 제74조에 따른 현상변경등의 허가서 사본 또는 허가사항의 변경허가서 사본 각 1부(해당되는 경우에 한함)	관할 기초자치 단체	
		다.「부가가치세법 시행규칙」 제49조에 따른 세금계산서(공급자 보관용) 사본 또는 「소득세법 시행규칙」 제100조제30호에 따른 계산서(공급자 보관용) 사본(해당되는 경우에 한함)	신청자	
영업정지 처분	9	영업정지 처분 확인서 1부	등록권자	별지 제6호의2 서식
안전관리	10	산업재해율 확인서	한국산업 안전보건 공단	
전문교육 이행실태	11	가.보유 기술자 및 기능자 증명서 각 1부	등록권자	별지 제6호 서식
		나.교육수료증 사본 각 1부	한국전통 문화대학교	
경영상태	12	최근년도 말 기준 재무제표	국세청	
문화재수리 계획	13	문화재수리계획서	신청자	별지 제11호 서식
기타	14	공고서상 요구 또는 필요한 경우	-	-

[별표 11]

문화재수리계획 심사위원 유의사항
0 심사장 분위기를 리드하려 하지 말아야 합니다.
0 심사종료 전에는 개인적 용무를 자제 하여야 합니다.
0 표정으로 찬성·반대 입장을 나타내지 말아야 합니다.
0 자신의 지식을 전달하거나 과시하려 하지 말아야 합니다.
0 가르치려 하거나 배우려 하지 말아야 합니다.
0 평가위원 상호간 상의나 협의하지 말아야 합니다.
0 옳고 그름을 언행으로 가리지 말고 심사점수로 합니다.
0 순수한 채점자가 되어야 합니다.
0 심사를 말이나 행동으로 하지 말아야 합니다.
0 정답이나 오답을 유도하지 말아야 합니다.
0 편가르기식 언행은 삼가야 합니다.
0 문화재수리 계획서의 잘못된 부분은 심사로 표현하고 지적하여 고치려 하지 말아야 합니다.
0 미루어 짐작하거나 축소·확대 해석하지 말아야 합니다.
0 심사 종료 후 본인의 심사내용을 밝히지 말아야 합니다.

문화재수리계획 심사위원 공지사항

0 오늘 참석하신 심사위원님 중 다음에 해당하는 경우에는 금번 심사에 참여하실 수 없습니다.

- · 본인 또는 소속단체에서 심사대상 업체로부터 해당 심사대상 문화재수리와 관련된 용역, 자문, 연구 등을 의뢰받아 수행한 경우
- · 해당 문화재수리의 시행으로 인하여 이해당사자가 되는 경우(대리관계 포함)
- · 심사일 기준 최근 3년 이내 해당 심사대상 업체에 재직한 경력이 있는 경우
- · 기타 공정한 심사를 할 수 없다고 판단될 경우

0 위 내용에 해당하는 심사위원이 계시면 지금 위원장님께 말씀하여 주시기 바랍니다.

[별지 제1호 서식]

문화재수리 종합심사낙찰제 심사신청서

공고번호	
문화재수리명	
수요기관	
입찰일시	

위 문화재수리에 대한 종합심사 서류를 붙임과 같이 제출하오니 우리 회사(공동수급체 구성원 포함)가 제출한 붙임 자료에 따라 심사하여 주시기 바라며, 제출한 서류에 포함된 법인 및 개인에 대한 정보를 문화재수리 종합심사낙찰제 심사기준 운영에 필요한 범위 내에서 수집과 활용 및 제공하는데 동의합니다. 또한 제출한 서류가 허위 또는 부정한 방법으로 작성된 사실이 확인될 경우에는 문화재수리 종합심사낙찰제 심사기준 및 「국가를 당사자로 하는 계약에 관한 법률」 등에 따라 처리하여도 아무런 이의를 제기하지 않겠음을 확약합니다.

년 월 일

주 소

신청인 회 사 명

대 표 자 (서명 또는 인)

○○○○ 귀하

첨부서류	1. 문화재수리 종합심사낙찰제 자기평가 기술서 1부. 2. 문화재수리 종합심사낙찰제 자기평가 증명서 1부. 3. 심사에 필요한 서류 각 1부

210㎜×297㎜[백상지 80g/㎡]

[별지 제2호 서식]

문화재수리 종합심사낙찰제 자기평가 기술서

1.대상 문화재수리

공고번호	000000000-00	입찰일시	0000-00-00
문화재수리명	0000 보수정비		

2. 종합점수(입찰가격, 문화재수리계획 제외)

구　분		배점한도	자기평점
수리이행능력	수리실적		
	배치 기술자 및 기능자 능력		
	보유 기술자 및 기능자 능력		
	수리업 경력		
신인도 (수리이행능력 점수에 가산)	수리지역 전문성		
	영업정지 처분		
	안전관리		
	공동수급체 구성		
	전문교육 이행실태		
수리이행능력+신인도 소계			
경영상태	자산 및 유동비율		
계약신뢰도	배치 기술자 및 기능자 투입계획 위반		
	문화재수리계획 위반		
결격사유	이행위험		
합　　계			

210mm×297mm[백상지 80g/㎡]

3. 공동수급체 구성현황

구 분	구성원 I (대표자)	구성원 II	구성원 III
회 사 명	0000	0000	해당없음
대 표 자	홍 길 동 (서명 또는 인)	홍 길 동 (서명 또는 인)	(서명 또는 인)
이행방식	공동이행	공동이행	
이행내용	대웅전 보수	목부재 보존처리	
시공비율	65%	35%	
문화재수리업 종류	보수단청	보존과학	
등록번호 및 등록일	00	00	
소 재 지	충청남도 공주시	충청북도 청주시	
전화번호	000-000-0000	000-000-0000	
FAX번호	000-000-0000	000-000-0000	
작 성 자	김 입 찰	박 입 찰	

4. 기타(전문문화재수리업과 공동수급체를 구성할 때 해당 시공비율 등을 구체적으로 명기)

210㎜×297㎜[백상지 80g/㎡]

[별지 제3호 서식]

문화재수리 종합심사낙찰제 자기평가 증명서

1. 수리실적 심사

구 분		구성원 I	구성원 II	구성원 III	합계
최근 5년간 업체 문화재수리 실적	수리건수	*25건*	*10건*		
	수리금액	*000,000* 천원	*000,000* 천원	천원	천원
평가기준		$\frac{\text{최근 5년간 문화재수리 실적 합산금액}}{\text{해당 문화재수리 추정가격}} \times 100$			%
평가점수		점			
증빙서류(실적건별 제출)		1. 문화재수리 실적증명서 각 1부. 2. 「문화재보호법」 제36조 및 제74조에 따른 현상변경 등의 허가서 사본 또는 허가사항의 변경허가서 사본 각 1부(해당되는 경우에 한함) 3. 「부가가치세법 시행규칙」 제49조에 따른 세금계산서(공급자 보관용) 사본 또는 「소득세법 시행규칙」 제100조제30호에 따른 계산서(공급자 보관용) 사본(해당되는 경우에 한함)			

210mm×297mm[백상지 80g/㎡]

2. 배치 기술자 및 기능자 능력 심사

1) 배치 기술자능력

<table>
<tr><td colspan="2">구분</td><td>연번</td><td>문화재 수리명</td><td>수리 코드</td><td>준공금액 (천원)</td><td>수리기간 (일)</td><td>현장배치 기간(일)</td></tr>
<tr><td rowspan="12">최근 5년간 해당 문화재 수리와 동등 이상인 문화재수리를 수행한 실적</td><td rowspan="6">보수 제000호 홍 길 동 2015.00.00</td><td>1</td><td>ㅇㅇㅇ 보수</td><td>1141</td><td>000,000</td><td>00</td><td>0</td></tr>
<tr><td>2</td><td>ㅇㅇㅇ 변정비</td><td>2142</td><td>00,000</td><td>00</td><td>00</td></tr>
<tr><td>3</td><td></td><td></td><td></td><td></td><td></td></tr>
<tr><td>4</td><td></td><td></td><td></td><td></td><td></td></tr>
<tr><td>5</td><td></td><td></td><td></td><td></td><td></td></tr>
<tr><td>6</td><td></td><td></td><td></td><td></td><td></td></tr>
<tr><td rowspan="6">자격종목 및 번호 배치기술자 이름 입사일</td><td>1</td><td></td><td></td><td></td><td></td><td></td></tr>
<tr><td>2</td><td></td><td></td><td></td><td></td><td></td></tr>
<tr><td>3</td><td></td><td></td><td></td><td></td><td></td></tr>
<tr><td>4</td><td></td><td></td><td></td><td></td><td></td></tr>
<tr><td>5</td><td></td><td></td><td></td><td></td><td></td></tr>
<tr><td>6</td><td></td><td></td><td></td><td></td><td></td></tr>
<tr><td colspan="2">평가기준</td><td colspan="5">$\sum$ 보정계수×등급계수× $\frac{\text{해당 문화재수리 현장배치기간}}{\text{해당 문화재수리 기간}}$</td><td>건</td></tr>
<tr><td colspan="2">평가점수</td><td colspan="6">점</td></tr>
<tr><td>증빙서류</td><td colspan="7">1. 기술자 및 기능자 배치 계획서(별지 제5호 서식) 1부.
2. 고용보험, 국민연금, 건강보험 또는 산재보험 가입을 증명할 수 있는 서류 중 1부(자격취득일이 명기된 것에 한함)
3. 문화재수리실적증명서 각 1부.
4. 「문화재수리 등에 관한 법률 시행규칙」 제17조에 따른 현장배치확인표 사본 또는 현장대리인 선임계 사본 각 1부.
5. 「문화재보호법」 제36조 및 제74조에 따른 현상변경 등의 허가서 사본 또는 허가사항의 변경허가서 사본 각 1부.(해당되는 경우에 한함)
6. 「부가가치세법 시행규칙」 제49조에 따른 세금계산서(공급자 보관용) 사본 또는 「소득세법 시행규칙」 제100조제30호에 따른 계산서(공급자 보관용) 사본 각 1부.(해당되는 경우에 한함)</td></tr>
</table>

2) 배치기능자 능력(향후 반영예정)

210mm×297mm[백상지 80g/㎡]

3. 보유 기술자 및 기능자 능력 심사

1) 보유 기술자 능력

<table>
<tr><th colspan="2">구 분</th><th>연번</th><th>기술자 명</th><th>자격종목</th><th>자격번호</th><th>자격취득일</th><th>경력계수</th></tr>
<tr><td rowspan="16">입찰자 소속 기능자로 입찰공고일 당시 6개월 이상 근무자</td><td rowspan="8">구성원 Ⅰ
(시공비율 %)</td><td>1</td><td></td><td></td><td></td><td></td><td></td></tr>
<tr><td>2</td><td></td><td></td><td></td><td></td><td></td></tr>
<tr><td>3</td><td></td><td></td><td></td><td></td><td></td></tr>
<tr><td>4</td><td></td><td></td><td></td><td></td><td></td></tr>
<tr><td>5</td><td></td><td></td><td></td><td></td><td></td></tr>
<tr><td>6</td><td></td><td></td><td></td><td></td><td></td></tr>
<tr><td colspan="4">평가기준 = ∑ 경력계수×등급계수</td><td colspan="2">점</td></tr>
<tr><td colspan="4">평가점수</td><td colspan="2">점</td></tr>
<tr><td rowspan="8">구성원 Ⅱ
(시공비율 %)</td><td>1</td><td></td><td></td><td></td><td></td><td></td></tr>
<tr><td>2</td><td></td><td></td><td></td><td></td><td></td></tr>
<tr><td>3</td><td></td><td></td><td></td><td></td><td></td></tr>
<tr><td>4</td><td></td><td></td><td></td><td></td><td></td></tr>
<tr><td>5</td><td></td><td></td><td></td><td></td><td></td></tr>
<tr><td>6</td><td></td><td></td><td></td><td></td><td></td></tr>
<tr><td colspan="4">평가기준 = ∑ 경력계수×등급계수</td><td colspan="2">점</td></tr>
<tr><td colspan="4">평가점수</td><td colspan="2">점</td></tr>
<tr><td colspan="2">∑ 평가점수</td><td colspan="4">∑ 구성원별 평가점수 × 시공비율</td><td colspan="2">점</td></tr>
<tr><td colspan="2">증빙서류
(문화재수리업자 별 제출)</td><td colspan="6">1. 보유 기술자 및 기능자 증명서 1부
2. 고용보험, 국민연금, 건강보험 또는 산재보험 가입을 증명할 수 있는 서류 중 1부(단, 자격 취득일 및 상실일(필요시)이 명기된 것에 한함)
3. 기타 필요한 서류</td></tr>
</table>

210mm×297mm[백상지 80g/㎡]

2) 보유 기능자 능력

<table>
<tr><th colspan="2">구 분</th><th>연번</th><th>기능자 명</th><th>자격종목</th><th>자격번호</th><th>자격취득일</th><th>경력계수</th></tr>
<tr><td rowspan="16">인찰자 소속 기술자로 입찰공고일 당시 6개월 이상 근무자</td><td rowspan="8">구성원 I
(시공비율 %)</td><td>1</td><td></td><td></td><td></td><td></td><td></td></tr>
<tr><td>2</td><td></td><td></td><td></td><td></td><td></td></tr>
<tr><td>3</td><td></td><td></td><td></td><td></td><td></td></tr>
<tr><td>4</td><td></td><td></td><td></td><td></td><td></td></tr>
<tr><td>5</td><td></td><td></td><td></td><td></td><td></td></tr>
<tr><td>6</td><td></td><td></td><td></td><td></td><td></td></tr>
<tr><td colspan="4">평가기준 = Σ 경력계수×등급계수</td><td colspan="2">점</td></tr>
<tr><td colspan="4">평가섬수</td><td colspan="2">점</td></tr>
<tr><td rowspan="8">구성원 II
(시공비율 %)</td><td>1</td><td></td><td></td><td></td><td></td><td></td></tr>
<tr><td>2</td><td></td><td></td><td></td><td></td><td></td></tr>
<tr><td>3</td><td></td><td></td><td></td><td></td><td></td></tr>
<tr><td>4</td><td></td><td></td><td></td><td></td><td></td></tr>
<tr><td>5</td><td></td><td></td><td></td><td></td><td></td></tr>
<tr><td>6</td><td></td><td></td><td></td><td></td><td></td></tr>
<tr><td colspan="4">평가기준 = Σ 경력계수×등급계수</td><td colspan="2">점</td></tr>
<tr><td colspan="4">평가점수</td><td colspan="2">점</td></tr>
<tr><td colspan="2">Σ 평가점수</td><td colspan="4">Σ 구성원별 평가점수 × 시공비율</td><td colspan="2">점</td></tr>
<tr><td colspan="2">증빙서류
(문화재수리업자 별 제출)</td><td colspan="6">1. 보유 기술자 및 기능자 증명서 1부
2. 고용보험, 국민연금, 건강보험 또는 산재보험 가입을 증명할 수 있는 서류 중 1부(단, 자격 취득일 및 상실일(필요시)이 명기된 것에 한함)
3. 기타 필요한 서류</td></tr>
</table>

210mm×297mm[백상지 80g/㎡]

4. 수리업경력 심사

구 분		구성원 I	구성원 II	구성원 III
문화재수리업 영위기간	등록일			
	시공비율			
평가점수	1.최소 참여비율 적합 시 유리한 업체 수리업경력 2.최소 참여비율 부적합 시 ∑ 평가점수 × 시공비율			점
증빙서류		1. 문화재수리업 등록증 사본 각 1부		

5. 신인도

1) 수리지역 전문성

구 분	연번	문화재수리명	수리코드	준공금액 (천원)	시공자	수리기간
최근 5년간 해당 문화재수리의 소재지와 동일한 지역에서 동등이상 문화재 수리 실적	1					
	2					
	3					
	4					
	5					
평가기준 = 동등이상 문화재수리 실적						건
평가점수						점
증빙서류 (실적건별 제출)	1. 문화재수리 실적증명서 각 1부 2. 「문화재보호법」 제36조 및 제74조에 따른 현상변경 등의 허가서 사본 또는 허가사항의 변경허가서 사본 각 1부(해당되는 경우에 한함) 3. 「부가가치세법 시행규칙」 제49조에 따른 세금계산서(공급자 보관용) 사본 또는 「소득세법 시행규칙」 제100조제30호에 따른 계산서(공급자 보관용) 사본(해당되는 경우에 한함)					

210mm×297mm[백상지 80g/㎡]

2) 영업정지 처분

구 분		구성원 Ⅰ	구성원 Ⅱ	구성원 Ⅲ
최근 5년간 영업정지 처분	횟수	건	건	건
	기간합계	개월	개월	개월
평가점수		점	점	점
Σ 평가점수		Σ 구성원별 평가점수 × 시공비율		점
증빙서류		1. 영업정지 처분 확인서 각 1부.		

3) 안전관리

구 분		구성원 Ⅰ	구성원 Ⅱ	구성원 Ⅲ
최근 3년간 산업재해율	최근년도			
	최근년도 1년전			
	최근년도 2년전			
입찰자 재해율 가중평균(A)				
건설업 재해율 가중평균(B)				
평가기준 = A / B		%	%	%
평가점수		점	점	점
Σ 평가점수		Σ 구성원별 평가점수 × 시공비율		점
증빙서류		1. 산업재해율 확인서 각 1부.		

4) 공동수급체 구성 : 문화재수리 종합심사낙찰제 자기평가 기술서(별지 제2호 서식)로 심사

210mm×297mm[백상지 80g/㎡]

5) 전문교육 이행실태

<table>
<tr><th colspan="2">구 분</th><th>연번</th><th>기술자 명</th><th>자격종목</th><th>자격번호</th><th>전문교육 이수일</th></tr>
<tr><td rowspan="16">입찰공고일 당시 6개월 이상 근무한 입찰자 소속 기술자의 최근 5년간 전문교육 이수 여부</td><td rowspan="8">구성원 I
(시공비율 %)</td><td>1</td><td>홍길동</td><td>보수</td><td>125</td><td>2016.02.16~20</td></tr>
<tr><td>2</td><td>홍이동</td><td>보수</td><td>135</td><td>해당없음</td></tr>
<tr><td>3</td><td></td><td></td><td></td><td></td></tr>
<tr><td>4</td><td></td><td></td><td></td><td></td></tr>
<tr><td>5</td><td></td><td></td><td></td><td></td></tr>
<tr><td>6</td><td></td><td></td><td></td><td></td></tr>
<tr><td colspan="4">평가기준 = 전문교육 이수율</td><td>%</td></tr>
<tr><td colspan="4">평가점수</td><td>점</td></tr>
<tr><td rowspan="8">구성원 II
(시공비율 %)</td><td>1</td><td></td><td></td><td></td><td></td></tr>
<tr><td>2</td><td></td><td></td><td></td><td></td></tr>
<tr><td>3</td><td></td><td></td><td></td><td></td></tr>
<tr><td>4</td><td></td><td></td><td></td><td></td></tr>
<tr><td>5</td><td></td><td></td><td></td><td></td></tr>
<tr><td>6</td><td></td><td></td><td></td><td></td></tr>
<tr><td colspan="4">평가기준 = 전문교육 이수율</td><td>%</td></tr>
<tr><td colspan="4">평가점수</td><td>점</td></tr>
<tr><td colspan="2">Σ 평가점수</td><td colspan="4">Σ 구성원별 평가점수 × 시공비율</td><td>점</td></tr>
<tr><td colspan="2">증빙서류</td><td colspan="5">1. 보유 기술자 및 기능자 증명서 각 1부
2. 교육수료증 사본 각 1부</td></tr>
</table>

210mm×297mm[백상지 80g/㎡]

6. 경영상태

<table>
<tr><td colspan="2">구 분</td><td>구성원 Ⅰ</td><td>구성원 Ⅱ</td><td>구성원 Ⅲ</td></tr>
<tr><td rowspan="5">자기자본
비율</td><td>입찰자
평균자기자본비율(A)</td><td></td><td></td><td></td></tr>
<tr><td>전문직별공사업
평균자기자본비율(B)</td><td colspan="3"></td></tr>
<tr><td>평가기준 = A/B</td><td>%</td><td>%</td><td>%</td></tr>
<tr><td>평가점수</td><td>점</td><td>점</td><td>점</td></tr>
<tr><td>Σ 평가점수</td><td colspan="2">Σ 구성원별 평가점수 × 시공비율</td><td>점</td></tr>
<tr><td rowspan="5">유동비율</td><td>입찰자
평균유동비율(C)</td><td></td><td></td><td></td></tr>
<tr><td>전문직별공사업
평균유동비율(D)</td><td colspan="3"></td></tr>
<tr><td>평가기준 = C/D</td><td></td><td></td><td></td></tr>
<tr><td>평가점수</td><td></td><td></td><td></td></tr>
<tr><td>Σ 평가점수</td><td colspan="2">Σ 구성원별 평가점수 × 시공비율</td><td>점</td></tr>
<tr><td colspan="2">증빙서류</td><td colspan="3">1. 최근년도말 기준 재무제표 각 1부</td></tr>
</table>

210mm×297mm[백상지 80g/㎡]

[별지 제4호 서식]

문화재수리 실적증명서

(앞 쪽)

Ⅰ. 일반적인 사항				수리 코드	
수리명				발주기관 (발 주 자)	
수리위치					
수리업체 (대 표)	업 체 명		수리업 종류 및 등록번호		
	대 표 자		전화번호		
	영업소재지				
계약 및 준공 (장기계속 또는 계속비 공사는 총 문화재수리 기준작성)	계약일자		수리금액 (준공금액)	천원	
	착공일자				
	준공일자		수리기간 (일)	일	
수리 구분	지정번호	*보물 제1호*	문화재명	*서울 흥인지문*	
	지정문화재 수리[ ], 주변정비[ ] ※해당란에 ○표				
공동도급여부	공동이행방식[ ], 분담이행방식[ ], 단독도급[ ] ※해당란에 ○표				

Ⅱ. 실적의 내용 * 공동수급체 구성원별로 구분 작성

구 분	구 성 원 Ⅰ(대표)	구 성 원 Ⅱ	구 성 원 Ⅲ
회 사 명			
대 표			
수리업 종류 및 등록번호			
공동도급 규모 및 내용			
수리금액	천원	천원	천원

Ⅲ. 배치 기술자 * 「문화재수리 등에 관한 법률 시행규칙」 제17조에 따른 현장배치확인표 또는 현장대리인 선임계가 있는 경우에 한해 작성

구 분	기 술 자 Ⅰ	기 술 자 Ⅱ	기 술 자 Ⅲ
배치 기술자명			
자격종목 및 번호			
배 치 기 간			
배 치 일 수	일	일	일

210mm×297mm[백상지 80g/㎡]

(뒷 쪽)

Ⅳ. 하도급 내용

* 하도급자별로 구분작성(「문화재수리 등에 관한 법률」에 따른 하도급에 한해 기재)

구 분	하도급자 Ⅰ	하도급자 Ⅱ	하도급자 Ⅲ
회 사 명			
수리업 종류 및 등록번호			
하도급공사 규모 및 내용			
하도급 금액	천원	천원	천원

※ 양식은 가급적 양면인쇄하고, 단면인쇄할 경우 반드시 발주기관의 관인으로 간인해야함

Ⅴ. 붙 임

1) 하도급받은 수리의 경우에는 발주자에 제출한 하도급통보서(「문화재수리 등에 관한 법률 시행규칙」 별지 제22호 서식) 사본 및 그에 따른 하도급계약서(변경계약서를 포함한다)와 당년도 수리금액에 대한 세금계산서 첨부
2) 현장배치확인표 사본(「문화재수리 등에 관한 법률 시행규칙」 별지 제23호 서시) 또는 현장대리인 선임계 사본
3) 기타 실적내용을 증명할 수 있는 서류

위와 같이 **문화재수리 준공실적**이 있음을 증명하여 주시기 바랍니다.

2016 . . .

영업 소재지(또는 신청 기술자 주소):

회 사 명(또는 당시 소속 업체명):

대 표 자 명 (또는 신청 기술자 명): (서명 또는 인)

(하도급받은 문화재수리의 경우에 한함) 위 내용을 증명함

원도급사 명 (서명 또는 인)

위 내용을 증명함

발급기관명 직 인

경유

감독관(감독부서): (인)

발급자명 :

연 락 처 :

※ 주 :
1) 수리코드는 문화재수리 분류표에 의함([별표 2] 참고)
2) 수리구분
   가. 지정문화재수리 : 「문화재수리 등에 관한 법률」 제2조제1호 가목 및 나목에 해당하는 문화재수리
   나. 주변정비 : 「문화재수리 등에 관한 법률」 제2조제1호 다목에 해당하는 문화재수리
3) 기재란이 부족한 경우 별지 작성이 가능하며 수리실적 심사에 필요한 내용이 불분명하여 심사할 수 없는 경우는 심사에서 제외할 수 있음
4) 하도급받은 문화재수리의 실적을 제출할 경우에는 원도급자 및 발주기관의 증명이 있어야 함.
5) 합병 등을 한 업체와 수리 중 부도·탈퇴등으로 시공비율이 달라진 업체는 그 사실과 내용을 본 실적증명서에 기재하고 관련 자료를 첨부하여야 함.
6) 본 기재란에 대한 해당사항이 없으면 "해당없음" 으로 표기하여야 함.
7) 문화재수리 실적증명서 및 첨부물마다 반드시 발주기관의 간인을 하여야 함.
8) 실적에 관련된 문화재수리업자 도장 날인 시, 조달청에 등록된 사용인감만 사용가능
   (등록된 인감이 없거나 인감이 다를 경우 사용인감계 및 인감증명서 제출)

210mm×297mm[백상지 80g/㎡]

[별지 제5호 서식]

기술자 및 기능자 배치계획서

구 분	소 속	자격종목	자격번호	성 명	비 고
문화재수리기술자	*갑을건설(주)*	*보수*	*00*	*홍길동*	

년 월 일

제출자(공동수급체 대표자) 주 소
신청인 회 사 명
대 표 자 (서명 또는 인)

제출자(공동수급체 구성원) 주 소
신청인 회 사 명
대 표 자 (서명 또는 인)

○○○○ 귀하

210mm×297mm[백상지 80g/㎡]

[별지 제6호 서식]

(업종별) 보유 기술자 및 기능자 증명서

1. 문화재수리기술자 보유 현황

발급기준일: 입찰공고일

연번	자격 종목	자격 번호	성명	생년월일	자격증 취득일	입사일	퇴사일 (필요시 기재)
1	*보수*	*251*	*홍 길 동*	*1970.02.08*	*2010.03.08*	*2012.01.01*	

2. 문화재수리기능자 보유 현황

연번	자격 종목	자격 번호	성명	생년월일	자격증 취득일	입사일	퇴사일 (필요시 기재)

「문화재수리 등에 관한 법률」 제14조에 따른 문화재수리기술자 및 문화재수리기능자 보유현황이 위와 같음을 증명하여 주시기 바랍니다.(발급기준일 : 년 월 일)

년 월 일

제 출 자 주 소 :

회사명(수리업 종류 및 등록번호) : *00문화재(보수단청업 제01-12-0001호)*

대 표 자 : (서명 또는 인)

위 내용을 증명함

발 급 기 관 명 직 인 6

※ 주 :

1) 입사일, 퇴사일은 '고용보험, 국민연금, 건강보험 또는 산재보험 가입을 증명할 수 있는 서류' 상의 일자를 명기

210㎜×297㎜[백상지 80g/㎡]

[별지 제6호의2 서식]

(최근 5년간)영업정지 처분 확인서

발급기준일: 입찰공고일

업 체 명		수리업 종류 및 등록번호	
대 표 자		전화번호	
영업소재지			

연번	처분내용	처분기간	처분일수	처분권자	비고
1	*영업정지*	*2015.05.01. ~ 2015.05.30*	*30일*	*서울특별시장*	

「문화재수리 등에 관한 법률」 제49조에 따른 문화재수리업자 등의 행정처분 사실이 위와 같음을 확인합니다.(발급기준일 : 년 월 일)

년 월 일

발 급 기 관 명 직인

※ 주 :

1) "최근 5년간" 이란 해당 영업정지 처분 종료일이 입찰공고일로부터 5년 이내를 말한다.

210㎜×297㎜[백상지 80g/㎡]

[별지 제7호 서식]

심사위원 보안서약서

본인은 년 월 일 " "의 심사위원으로서 다음 사항을 준수할 것을 서약합니다.

1. 본인은 " "의 심사를 함에 있어 모든 보안사항을 철저히 이행할 것입니다.
2. 본인은 문화재수리계획을 심사함에 있어 알게 된 사실을 외부에 누설시켜 중대한 문제점을 야기시켰을 경우에는 보안 관계 법령에 따라 처벌을 받을 것을 서약합니다. 다만, 부패행위 신고 및 공익신고 등의 경우에는 관련 법령에 따라 비밀준수 의무 제외 대상이 됨을 확인합니다.
3. 본인은 심사과정 중 공정성·성실성·객관성을 위반할 경우 동 기준 및 관계법령에 따라 책임질 것을 서약합니다.
4. 본인은 다음의 경우에 해당되지 않음을 확인합니다.

가. 본인 또는 소속단체에서 심사대상 업체로부터 해당 심사대상 문화재수리와 관련된 용역, 자문, 연구 등을 의뢰받아 수행한 경우

나. 해당 문화재수리의 시행으로 인하여 이해당사자가 되는 경우(대리관계 포함)

다. 심사일 기준 최근 3년 이내 해당 심사대상 업체에 재직한 경력이 있는 경우

라. 기타 공정한 심사를 할 수 없다고 판단될 경우

년 월 일

소 속:

직 위:

성 명: (서명 또는 인)

○○○○ 귀하

210mm×297mm[백상지 80g/㎡]

[별지 제8호 서식]

문화재수리계획 심사표

□ 문화재수리명 :

□ 업 체 명 :

□ 평 가 위 원 : (서명 또는 인)

평가항목		평가요소	배점한도	등급					평가점수
				수	우	미	양	가	
1	수리대상 이해도	ㅇ수리 대상 문화재의 중요도 및 특성에 대한 이해도 ㅇ요구되는 수리기술, 수리기법에 대한 이해 및 적용범위에 대한 이해도 ㅇ실측설계 결과를 바탕으로 목적성, 방향성, 적합성, 타당성 제시 ㅇ수리 추진 계획 및 공종의 적정성 및 실행가능성	5	5.0	4.5	4.0	3.5	3.0	
2	수리방법의 적정성	ㅇ수리 공종별 과업수행방법의 명확성(현황, 조사 및 분석방법, 수행방법 등) ㅇ수리방법 및 기술 적용의 타당성	5	5.0	4.5	4.0	3.5	3.0	
3	전통기법의 발굴	ㅇ해당 문화재수리에 적용 가능한 전통기법의 과거 문화재수리에 적용한 예 및 현황 ㅇ해당 문화재수리에 적용 예정인 전통기법 발굴 정도	4	4.0	3.6	3.2	2.8	2.4	
4	현장관리의 적정성	ㅇ자재, 인력, 장비관리 및 투입의 적정성 ㅇ품질관리계획 및 품질시험계획의 적정성 ㅇ안전점검계획 및 안전교육계획의 적정성 ㅇ환경관리계획의 적정성	4	4.0	3.6	3.2	2.8	2.4	
5	현장공개 계획	ㅇ수리실명제 및 현장공개 계획의 적정성 ㅇ현장공개 운영 및 안전관리 계획의 적정성	2	2.0	1.8	1.6	1.4	1.0	
합 계									

210mm×297mm[백상지 80g/㎡]

[별지 제9호 서식]

문화재수리계획 심사결과

☐ 입 찰 자 :

☐ 평가점수

평가부문	심사위원				비고
	A	B	C	....	
수리대상 이해도					
수리방법의 적정성					
전통기법의 발굴					
현장관리의 적정성					
현장공개 계획					
합계					

210mm×297mm[백상지 80g/㎡]

[별지 제10호 서식]

사전접촉여부 확인(신고)서

업 체 명	사전접촉자	일 시	세부내용

본인은 “ ”의 문화재수리계획 심사와 관련하여 입찰 참가업체의 사전접촉여부를 아래와 같이 확인(신고)합니다.

년 월 일

심사위원 또는 소속:
성 명: (서명 또는 인)

○○○○ 귀하

210mm×297mm[백상지 80g/㎡]

[별지 제11호 서식]

문화재수리 계획서

수 리 명					
입 찰 자		대표자		소재지	

문화재수리 종합심사낙찰제 심사기준 제12조제5항에 따라 문화재수리 계획서를 위와 같이 제출합니다.

년 월 일

세출자(공동수급체 대표자) 주 소
신청인 회 사 명
대 표 자 (서명 또는 인)

제출자(공동수급체 구성원) 주 소
신청인 회 사 명
대 표 자 (서명 또는 인)

○○○○ 귀하

※ 붙 임 : 문화재수리 계획서 1식

210mm×297mm[백상지 80g/㎡]

문화재수리 계획서(예시)

1. 문화재수리 개요
 1.1 문화재수리명
 1.2 사업개요
  1.2.1 사업목적
  1.2.2 사업내용
  1.2.3 사업위치
 1.3 공종
  1.3.1 문화재수리 위치(위치도 포함)
  1.3.2 문화재수리 내용(참고도면 등 첨부)

2. 수리대상 이해도에 관한 사항
 2.1
  2.1.1
  2.1.2
 2.2
 2.3

3. 수리방법의 적정성에 관한 사항
 3.1
  3.1.1
  3.1.2
 3.2
 3.3

4. 전통기법 발굴에 관한 사항
 4.1
  4.1.1
  4.1.2
 4.2
 4.3

5. 현장관리의 적정성에 관한 사항
 5.1
  5.1.1
  5.1.2
 5.2
 5.3

6. 현장공개 계획에 관한 사항
 6.1
 6.2

7. 기타

210mm×297mm[백상지 80g/㎡]

<문화재수리 계획서 작성요령>

1. 문화재수리 계획서의 분량은 50페이지 이내로 한다. 이 경우 표지 이외에 내지, 목차, 간지 등은 모두 쪽수에 포함한다.

2. 문서편집
 가. 각 심사요소별 분량은 배점한도를 고려하여 적절한 분량으로 작성한다.
 나. 번호 체계는 다음과 같이 한다.
  1) 1. 문화재수리의 개요
   (글씨크기 : 17~19, 글씨모양 : 견명조 진하게, 정렬 : 가운데, 문단 여백 없음)
  2) 1.1. 문화재수리명
   (글씨크기 : 13~15, 글씨모양 : 신명조 진하게, 정렬 : 양쪽, 문단 여백 없음)
  3) 1.2.1. 사업목적
   (글씨크기 : 11~13, 글씨모양 : 신명조 진하게, 정렬 : 양쪽, 문단 여백 없음)
  4) 본문내용(작성자 자율 구성) : 1)/ 가)/ (1)/ (가)
   (글씨크기 : 11~13, 글씨모양 : 신명조, 정렬 : 양쪽, 문단 여백 : 왼쪽 각 단계별로 두글자씩 여백 증가)
  5) 삽입된 도표 및 이미지(작성자 자율구성)
   (글씨크기 : 자율구성, 글씨모양 : 신명조, 정렬 : 양쪽)
 다. 문서 편집
  1) 편집용지 : A4(세로) 210㎜×297㎜
  2) 도면, 표 등에 한해 필요한 경우 A3규격으로 작성할 수 있으며, A3 규격 1페이지는 A4 규격 2페이지로 산정
  3) 줄간격 : 160%
  4) 글씨색상 : 흑색
  5) 표 제목셀 음영 : 회색 25%
  6) 색채의 사용을 금하며, 사진·그림 등은 회색조로 작성
  7) 쪽 번호는 중앙 하단에 "-1-"의 형태로 표기
 라. 표지 작성
  1) 평가용 문화재수리 계획서의 표지는 <예시 1>을 이용하며 측면 등에 일절 추가 표기를 하여서는 아니됨.
  2) 발주자 보관용 문화재수리 계획서의 표지는 <예시 2>를 이용하여 작성
 마. 제출서류의 목록
  1) 문화재수리 계획서(별지 제11호 서식)
  2) 문화재수리 계획서가 저장된 CD
  3) 기타 입찰공고서에 제출을 추가로 요구한 사항

3. 인쇄 및 제본
 가. 재질
  1) 표지 : 색상(흰색) 스노우지(무광택) 250g/㎡
  2) 본문 : 백상지 80g/㎡, 양면 인쇄
  3) 간지 : 본문과 같은 재질 사용(색깔이 있는 간지 사용 불가)
 나. 인쇄방법 : 공판타자, 컴퓨터조판 인쇄
 다. 제본방법 : 무선좌철(끈이나 철선을 사용하지 않고 좌단에 철함)

4. 문화재수리 계획서 작성 시에는 아래 지침을 참고하여 작성한다.
 가. 제출되는 문화재수리 계획서는 익명성을 기반으로 작성되는 것을 원칙으로 하며, 작성분량과 작성방법 등을 위반한 경우에는 감점할 수 있다.
 나. 평가용 문화재수리 계획서는 입찰자의 실명(업체명, 대표자명, 업체로고 등 식별 가능한 정보 일체를 포함)을 기입하지 않고, 공란으로 둔다.
 다. 문화재수리 계획서 발표 시 발표를 위한 자료는 별도로 작성하지 않으며, 표지를 제외한 원본을 사용하여 발표한다.
 라. 발표자료는 원본을 그림파일로 변환하여 작성되어야 하며, 상세한 설명을 위한 원본의 부분확대 외에는 어떠한 수정이나 편집은 허용하지 않는다.

예시 1. 평가용 문화재수리 계획서 표지

<------------------------ 210 mm --------------------->

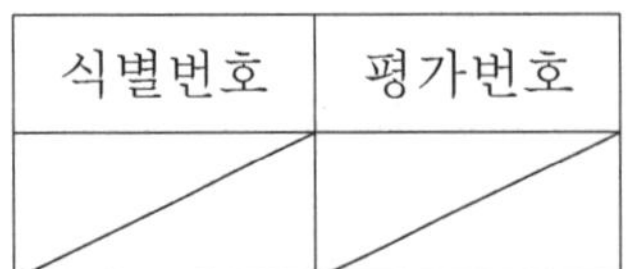

식별번호	평가번호

(크기 : 가로 40mm, 세로 윗열 10mm, 아랫열 20mm,
박스 좌상단 위치 : 종이기준 가로 20mm, 세로 20mm)

○○○ ○○○ 보수정비
문화재수리 계획서

(문단모양: 가운데, 크기: 24, 위치: 종이기준 위에서 100 mm)

297mm

20 . 00.

(문단모양 가운데, 크기 : 20, 종이기준 위에서 150 mm)

210mm×297mm[스노우지(무광택) 250g/㎡]

예시 2. 발주자 보관용 문화재수리 계획서 표지

<------------------------ 210 mm -------------------->

○○○ ○○○ 보수정비
문화재수리 계획서

(문단모양: 가운데, 크기: 24, 위치: 종이기준 위에서 100 mm)

20 . 00.

(문단모양 가운데, 크기 : 20, 종이기준 위에서 150 mm)

업체명 :
대표자 : (인)
주 소 :
전화번호 :
FAX번호 :

297 mm

210mm×297mm[스노우지(무광택) 250g/㎡]

물품구매(제조)계약 일반조건

기획재정부계약 예규 제500호, 2020. 6.19, 일부개정
기획재정부계약 예규 제583호, 2021.12. 1, 일부개정

제1조(총칙) 계약담당공무원과 계약상대자는 물품구매표준계약서(이하 "계약서"라 한다)에 기재한 물품의 구매("제조"를 포함한다. 이하 같다) 계약에 관하여 제3조에 의한 계약문서에서 정하는 바에 따라 신의와 성실의 원칙에 입각하여 이를 이행한다.

제2조(정의) 이 조건에서 사용하는 용어의 정의는 다음과 같다.

1. "계약담당공무원"이라 함은「국가를 당사자로 하는 계약에 관한 법률 시행규칙」(이하 "시행규칙"이라 한다) 제2조에 의한 공무원을 말한다. 이 경우 각 중앙관서의 장이 계약에 관한 사무를 그 소속공무원에게 위임하지 아니하거나 직접 처리하는 경우에는 이를 계약담당공무원으로 본다.
2. "계약상대자"라 함은 정부와 물품구매계약을 체결한 자연인 또는 법인을 말한다.
3. '규격서'라 함은 물품에 대한 기술적인 요구사항과 요구 필요조건의 일치성 여부를 판단하기 위한 절차와 방법을 포함하여 서술한 문서로, 제품의 성능, 재료형상, 치수, 용적, 색채, 제조, 포장 및 검사방법 등을 포함한다. <신설 2015.9.21>
4. '산출내역서'라 함은 입찰금액 또는 계약금액을 구성하는 물량, 규격, 단위, 단가 등을 기재한 명세서를 말한다. <신설 2015.9.21>
5. 이 조건에서 정한 용어를 제외하고는「국가를 당사자로 하는 계약에 관한 법률 시행령」,「특정조달을 위한 국가를 당사자로 하는 계약에 관한 법률 시행령 특례규정」(이하 각각 "시행령, 특례규정"이라 한다), 시행규칙 및 계약예규 물품구매입찰유의서(이하 "유의서"라 한다)에 정하는 바에 의한다. <개정 2015.9.21>

제3조(계약문서) ① 계약문서는 계약서, 규격서, 유의서, 물품구매계약일반조건, 물품구매계약특수조건 및 산출내역서 등으로 구성되며 상호보완의 효력을 갖는다. 다만, 이 경우 산출내역서는 계약금액의 조정 및 기성부분에 대한 대가의 지급시에 적용할 기준으로서 계약문서의 효력을 갖는다. <개정 2015.9.21>

② 계약담당공무원은「국가를 당사자로 하는 계약에 관한 법령」, 물품구매(제조)와 관련된 법령 및 이 조건에 정한 계약일반사항 외에 해당 계약의 적정한 이행을 위하여 필요한 경우 물품구매계약 특수조건을 정하여 계약을 체결할 수 있다.

③ 제2항에 따라 정한 물품구매계약 특수조건에「국가를 당사자로 하는 계약에 관한 법령」, 물품구매(제조)와 관련된 법령 및 이 조건에 반하여 계약상대자의 계약상

이익을 제한하는 내용이 있는 경우 특수조건의 동 내용은 효력이 인정되지 아니한다. <개정 2015.9.21>

④ 이 조건이 정하는 바에 의하여 계약당사자간에 행한 통지문서등은 계약문서로서의 효력을 가진다.

제4조(사용언어) ① 계약을 이행함에 있어서 사용하는 언어는 한국어를 원칙으로 한다. <개정 2015.9.21>

② 계약담당공무원은 계약체결시 제1항에도 불구하고 필요하다고 인정하는 경우에는 계약이행과 관련하여 계약상대자가 외국어를 사용하거나 외국어와 한국어를 병행하여 사용할 수 있도록 필요한 조치를 할 수 있다.

③ 제2항에 의하여 외국어와 한국어를 병행하여 사용한 경우에 외국어로 기재된 사항이 한국어와 상이한 경우에는 한국어로 기재한 사항이 우선한다.

제5조(통지 등) ① 구두에 의한 통지·신청·청구·요구·회신·승인 또는 지시 등(이하 "통지 등"이라 한다)은 문서로 보완되어야 효력이 있다.

② 통지 등의 장소는 계약서에 기재된 주소로 하며, 주소를 변경하는 경우에는 이를 즉시 계약당사자에게 통지하여야 한다.

③ 통지 등의 효력은 계약문서에서 따로 정하는 경우를 제외하고는 계약당사자에게 도달한 날부터 발생한다. 이 경우 도달일이 공휴일인 경우에는 그 익일부터 효력이 발생한다.

④ 계약상대자는 계약이행중 관계법령 및 이 조건 등에 정한 바에 따라 서면으로 정당한 요구를 받은 경우에는 이를 성실히 검토하여 회신하여야 한다.

제6조(채권양도) ① 계약상대자는 이 계약에 의하여 발생한 채권(대금청구권)을 제3자에게 양도할 수 있다.

② 계약담당공무원은 제1항에 의한 채권양도와 관련하여 적정한 계약이행목적 등 필요한 경우에는 채권양도를 제한하는 특약을 정하여 운용할 수 있다.

제7조(계약보증금) ① 계약을 체결하고자 하는 자는 계약체결일까지 시행령 제50조에 정한 바에 따라 시행령 제37조제2항에 규정된 현금 또는 보증서 등으로 계약보증금을 납부하여야 한다.

② 계약을 체결하고자 하는 자가 계약보증금의 전부 또는 일부의 납부를 면제받은 경우에는 제8조제1항 및 제2항에 의하여 국고귀속사유가 발생할 때에 계약보증금에 해당하는 금액을 현금으로 납입할 것을 보장하기 위하여 그 지급을 확약하는 내용의 문서(이하 "계약보증금지급각서"라 한다)를 제출하여야 한다.

③ 계약담당공무원은 단가계약에 의하는 경우로서 수회에 걸쳐 분할하여 계약을 이행하게 하는 때에는 매회별 이행예정량중 최대량에 계약단가를 곱한 금액의 100분

의 10 상당금액이상을 계약보증금으로 납부하게 할 수 있다.

④ 계약담당공무원은 시행령 제37조제2항제2호에 의한 유가증권이나 현금으로 납부된 계약보증금을 계약상대자가 특별한 사유로 시행령 제37조제2항제1호 내지 제5호에 규정된 보증서 등으로 대체납부할 것을 요청한 때에는 동가치 상당액 이상으로 대체납부하게 할 수 있다.

⑤ 계약상대자는 이 조건에 의하여 계약금액이 증액된 경우에는 이에 상응하는 금액의 계약보증금을 제1항에 따라 추가로 납부하여야 하며, 계약담당공무원은 계약금액이 감액된 경우에는 이에 상응하는 금액의 계약보증금을 반환해야 한다. <개정 2009.6.29>

제8조(계약보증금의 처리) ① 계약담당공무원은 계약상대자가 정당한 이유없이 계약상의 의무를 이행하지 아니할 때에는 계약보증금을 국고에 귀속한다.

② 시행령 제69조에 의한 장기물품제조계약에 있어서 계약상대자가 2차 이후의 물품제조계약을 체결하지 아니한 경우에 제1항을 준용한다.

③ 제7조제2항에 의하여 계약보증금지급각서를 제출한 경우로서 계약보증금의 국고귀속사유가 발생하여 계약담당공무원의 납입요청이 있을 때에는 계약상대자는 해당 계약보증금을 지체없이 현금으로 납부하여야 한다.

④ 제1항 및 제2항에 의하여 계약보증금을 국고에 귀속함에 있어서 그 계약보증금은 이를 기성 또는 기납부분에 대한 미지급액과 상계 처리할 수 없다. 다만, 계약보증금의 전부 또는 일부를 면제받은 자의 경우에는 국고에 귀속되는 계약보증금과 기납부분에 대한 미지급액을 상계 처리할 수 있다.

⑤ 계약상대자가 납부한 계약보증금은 계약이 이행된 후에 계약상대자의 청구에 의하여 반환한다.

제9조(수량변경) 계약담당공무원은 필요에 따라 계약된 물품의 수량을 100분의 10 범위내에서 변경할 수 있다. 다만, 계약담당공무원이 해당 물품의 수급상황 등을 고려하여 부득이하다고 판단하는 경우 계약상대자의 동의를 얻어 100분의 10 범위를 초과하여 계약수량을 변경시킬 수 있다. <개정 2015.9.21>

제10조(계약이행상의 감독) ① 계약담당공무원은 계약의 적정한 이행을 확보하기 위하여 필요하다고 인정하는 경우에는 물품의 제조를 위하여 사용하는 재료 및 기타 제조공정에 대하여 감독할 수 있으며 계약상대자에 대하여 필요한 조치를 요구할 수 있다.

② 계약상대자는 발주기관의 감독업무수행에 협력하여야 하며, 발주기관은 감독업무를 수행함에 있어서 계약상대자의 업무를 부당하게 방해하여서는 아니된다.

제11조(물가변동으로 인한 계약금액의 조정) ① 물가변동으로 인한 계약금액의 조정은 시행령 제64조 및 시행규칙 제74조에서 정한 바에 의한다.

② 동일한 계약에 대한 계약금액의 조정시 품목조정율 및 지수조정율을 동시에 적용하여서는 아니되며, 계약을 체결할 때에 계약상대자가 지수조정율 방법을 원하는 경우 외에는 품목조정율 방법으로 계약금액을 조정하도록 계약서에 명시하여야 한다. 이 경우 계약이행중 계약서에 명시된 계약금액 조정방법을 임의로 변경하여서는 아니된다.

③ 제1항에 의하여 계약금액을 증액하는 경우에는 계약상대자의 청구에 의하여야 하고, 계약상대자는 제22조에 의한 완납대가(장기계속계약의 경우에는 각 차수별 완납대가) 수령전까지 조정신청을 하여야 조정금액을 지급받을 수 있으며, 조정된 계약금액은 직전의 물가변동으로 인한 계약금액조정기준일부터 90일 이내에 이를 다시 조정할 수 없다. 다만, 천재·지변 또는 원자재의 가격급등으로 해당 기간내에 계약금액을 조정하지 아니하고는 계약이행이 곤란하다고 인정되는 경우에는 계약을 체결한 날 또는 직전 조정기준일로부터 90일이내에도 계약금액을 조정할 수 있다.

④ 계약상대자는 제3항에 의하여 계약금액의 증액을 청구하는 경우에는 계약금액조정 내역서를 첨부하여야 한다.

⑤ 발주기관은 제1항 내지 제4항에 의하여 계약금액을 증액하는 경우에는 계약상대자의 청구를 받은 날부터 20일 이내에 계약금액을 조정하여야 한다. 이 경우 예산배정의 지연 등 불가피한 사유가 있는 경우에는 계약상대자와 협의하여 그 조정기한을 연장할 수 있으며, 계약금액을 증액할 수 있는 예산이 없는 때에는 제조량 등을 조정하여 그 대가를 지급할 수 있다. <개정 2011.5.13>

⑥ 계약담당공무원은 제4항 및 제5항에 의한 계약상대자의 계약금액조정 청구내용이 일부 미비하거나 분명하지 아니한 경우에는 지체없이 필요한 보완요구를 하여야 하며, 이 경우에는 계약상대자가 보완요구를 통보받은 날부터 발주기관이 그 보완을 완료한 사실을 통지받은 날까지의 기간은 제5항에 의한 기간에 산입하지 아니한다. 다만, 계약상대자의 계약금액조정 청구내용이 계약금액 조정요건을 충족하지 않았거나 관련 증빙서류가 첨부되지 아니한 경우에는 그 사유를 명시하여 계약상대자에게 해당 청구서를 반송하여야 하며, 이 경우에 계약상대자는 그 반송사유를 충족하여 계약금액조정을 다시 청구하여야 한다.

제11조의2(기타 계약내용의 변경으로 인한 계약금액의 조정) ① 계약담당공무원은 물품구매(제조)계약에 있어서 제11조에 의한 경우 이외에 다음 각 호의 어느 하나의 사유로 인하여 계약금액을 조정할 필요가 있는 경우에는 그 변경된 내용에 따라 실비를 초과하지 아니하는 범위내에서 이를 조정한다.

1. 최저임금법에 따른 최저임금을 시간당 노무비 단가로 정한 경우에 최저임금이 변경된 경우
2. 기타 계약내용이 변경된 경우

② 제1항의 경우에는 시행령 제65조제6항을 준용한다.

③ 계약담당공무원은 제1항에 의하여 계약금액을 조정하는 경우에는 계약상대자의 계약금액조정 청구를 받은 날부터 30일이내에 계약금액을 조정하여야 한다. 이 경우 예산배정의 지연 등 불가피한 경우에는 계약상대자와 협의하여 그 조정기한을 연장할 수 있으며, 계약금액을 조정할 수 있는 예산이 없는 때에는 업무량 등을 조정하여 그 대가를 지급할 수 있다.

④ 계약담당공무원은 제3항에 의한 계약상대자의 계약금액조정 청구내용이 부당함을 발견한 때에는 지체없이 보완요구 등의 필요한 조치를 하여야 한다. 이 경우 계약상대자가 보완요구 등의 조치를 통보받은 날부터 발주기관이 그 보완을 완료한 사실을 통지받은 날까지의 기간은 제3항의 기간에 산입하지 아니한다.

⑤ 제3항에 의한 계약상대자의 계약금액조정 청구는 제22조에 의한 완료대가(장기계속계약의 경우에는 각 차수별 완료대가) 수령전까지 하여야 한다.

[본조신설 2014.4.1]

제12조(납품) ① 계약상대자는 계약서에 정한 납품기일까지 해당물품(검사에 필요한 서류 등을 포함한다)을 「산업표준화법」 제24조에 따른 한국산업표준(특별한 사유가 없는 한 「물류정책기본법」 제24조에 따른 물류표준을 포함한다)을 준수하여 계약담당공무원이 지정한 장소에 납품하여야 한다.

② 제1항에 의하여 납품된 물품을 검사·수령하기까지 발주기관의 책임없는 사유로 인하여 발생된 물품의 망실·파손 등은 계약상대자의 부담으로 한다.

③ 계약담당공무원이 필요에 따라 분할납품을 요구하거나, 계약상 분할납품이 허용된 경우를 제외하고는 분할납품을 할 수 없다.

제13조(규격) ① 모든 물품의 규격은 계약상 명시된 규격명세, 규격번호 및 발주기관이 제시한 견품의 규격을 충족하여야 하며, 구매목적에 맞는 신품이어야 한다.

② 계약상 규격이 명시되어 있지 아니한 경우에는 상관습과 기술적 타당성 및 구매규격 등에 부합하는 물품이어야 한다.

③ 예비부속품으로서 기계·기구를 완성하는데 필요한 조립비는 물품가격에 포함되어 있는 것으로 간주한다. 다만, 계약에 부속품으로 기계, 기구를 완성하는데 필요한 조립비가 별도로 표시되어 있는 경우에는 그러하지 아니하다.

제14조(포장 및 품목표시) ① 포장은 계약조건과 계약규격서에 규정된 포장조건에 따라야 하며 내용물의 보전에 충분하여야 한다.

② 기계의 모체와 분리하여 부속품 또는 예비부속품을 포장할 때에는 관련 참조번호 및 기호 등을 명기한 꼬리표를 붙여야 한다.

③ 계약상대자는 대한민국 외에서 제조된 계약물품을 납품하고자 할 때에는 관세청장이 고시한 원산지제도 운영에 관한 고시 및 산업통상자원부장관이 고시한 대외무역관리

규정에 의하여 원산지를 해당 물품에 표시하여야 한다.

제15조(포장면에 표기할 사항) 물품의 포장면에는 다음 각호의 사항을 명기하여야 한다.

1. 제작자 상호 및 계약상대자 상호
2. 계약번호
3. 품명 및 물품저장번호
4. 포장내용물의 일련번호 및 수량
5. 순무게, 총무게 및 부피
6. 취급시 주의사항
7. 기타 계약상 요구되는 표기

제16조(표기) ① 납품한 물품에는 계약상 규격서에 규정된 포장외에 제작자명 또는 상표와 발주기관이 정한 관수품 표시를 하여야 한다.

② 표지는 물품의 형태 또는 성질에 따라 인쇄, 금속판 첩찰, 꼬리표 또는 기타방법에 의하여 표시하여야 한다.

③ 물품에 표기하여야 할 표지는 그 물품의 지구성과 같아야 하며 포장의 표지는 목적된 장소에 도착할 때까지 선명하여야 한다.

제17조(포장명세서) ① 계약상대자는 납품할 때 포장내용물에 관하여 상세히 기재한 포장명세서를 제출하여야 한다.

② 포장명세서에는 포장번호, 포장수, 포장품명, 수량, 순무게, 부피 등을 기명하여야 한다.

③ 포장에는 포장명세서 1통을 첨부하여야 한다. 다만, 드럼통 등 명세서를 첨부하기 어려운 것에는 용기에 기명하여야 한다.

제18조(사용 및 취급주의서) 계약상대자는 사용 및 취급상의 주의가 필요하다고 생각될 때에는 그 물품의 사용, 보관, 수리 등의 요령과 주의사항을 명기한 주의서를 제출하여야 한다.

제19조(검사) ① 계약상대자는 계약이행을 완료한 때에는 그 사실을 서면으로 계약담당공무원에게 통지하고 필요한 검사를 받아야 한다. 기납부분에 대하여 완납전에 대가의 전부 또는 일부를 지급하고자 할 때에도 또한 같다.

②「산업표준화법」 제15조에 따라 인증을 받은 제품, 같은 법 제31조의4제2항에 따라 수상자로 선정된 기업 등이 제조한 물품,「조달사업에 관한 법률」 제3조의4에 따라 조달청장이 고시한 품질관리능력 평가기준에 적합한 자가 제조한 물품에 대하여는 제1항에도 불구하고 검사를 면제하여야 한다. 다만, 해당 물품이 국민의 생명보호, 안전, 보건위생 등을 위하여 검사가 필요하다고 인정되거나 불량 사재의 사용, 다수의 하자 발생, 관계 기관의 결함보상명령 등으로 품질의 확인이 필요한 것으로

인정되어 계약의 내용에 검사를 실시한다는 사항이 포함되도록 한 경우에는 그러하지 아니하다. <개정 2015.9.21, 2019.12.18>

③ 계약담당공무원은 제1항의 통지를 받은 때에는 검사와 관련된 규정 및 다음 각호의 요령에 따라 계약서 기타 관계서류에 의하여 그 날로부터 14일 이내에 계약상대자의 입회하에 그 이행을 확인하기 위한 검사를 하여야 한다. 다만, 천재·지변 등 불가항력인 사유로 인하여 검사를 완료하지 못한 경우에는 해당 사유가 존속되는 기간과 해당 사유가 소멸된 날로부터 3일까지는 이를 연장할 수 있다.

1. 검사는 계약담당공무원이 품질, 수량, 포장, 표기상태, 포장명세서, 품질식별기호 등에 관하여 행한다.
2. 계약담당공무원은 물품을 신규로 제조할 필요가 있거나 물품의 성질상 제조과정이 중요한 경우에는 제조과정에서 검사를 할 수 있다.
3. 계약상대자는 검사를 받기 위하여 발주기관이 지정하는 장소에 물품을 반입하였을 때에는 계약담당공무원에게 즉시 반입통지를 하여야 한다.
4. 검사에 필요한 일체의 비용과 검사를 하기 위한 변형, 소모, 파손 또는 변질로 생기는 손상은 계약상대자의 부담으로 한다.

④ 계약담당공무원은 제3항의 검사에 있어서 계약상대자의 계약이행 내용의 전부 또는 일부가 계약에 위반되거나 부당함을 발견한 때에는 필요한 시정조치를 할 수 있다. 이 경우에는 계약상대자로부터 그 시정을 완료한 사실을 통지받은 날로부터 제3항의 기간을 계산한다.

⑤ 제3항에 따른 검사에 합격하지 못하여 계약이행기간이 연장될 때에는 계약담당공무원은 제24조에 의한 지체상금을 부과한다.

⑥ 계약상대자는 제3항에 의한 검사에 입회·협력하여야 한다. 계약상대자가 입회를 거부하거나 검사에 협력하지 아니함으로써 발생하는 지체에 대하여는 제4항 및 제5항을 준용한다.

⑦ 계약상대자는 제3항 및 제4항에 의한 검사에 이의가 있을 때에는 재검사를 요청할 수 있다. 이 경우 계약담당공무원은 지체없이 검사를 하여야 한다.

⑧ 계약담당공무원은 검사를 완료한 때에는 그 결과를 서면으로 계약상대자에게 통지하여야 한다.

⑨ 제3항에도 불구하고「재난 및 안전관리 기본법」제3조제1호의 재난이나 경기침체, 대량실업 등으로 인한 국가의 경제위기를 극복하기 위해 기획재정부장관이 기간을 정하여 고시한 경우에는 제3항의 14일을 7일로 본다.<신설 2020.4.20>

제20조(특허권 등의 사용) 계약상대자는 해당 계약의 이행에 제3자의 권리의 대상으로 되어 있는 특허권 등을 사용할 때에는 그 사용에 관한 일체의 책임을 져야 한다. 다만, 계약문서에 지정되지 않은 특허권 등의 사용을 발주기관이 요구한 경우에는

발주기관은 소요된 비용을 계약상대자에게 지급하여야 한다.

제21조(보증) ① 계약상대자는 검수와는 별도로 납품후 1년간 납품한 물품의 규격과 품질이 계약내용과 동일함을 보증하여야 한다.

② 계약담당공무원은 납품후 1년이내 납품한 물품의 규격과 품질이 계약내용과 상이함을 발견한 때에는 그 사실을 계약상대자에게 통지하고 해당물품의 대체납품 또는 해당 물품대금을 반환하도록 청구할 수 있다.

③ 계약상대자는 제2항의 통지를 받으면 조속히 해당 물품을 계약조건에 따라 대체납품하여야 한다. 이 경우에 모든 대체물품가격과 이에 따르는 경비는 계약상대자의 부담으로 한다.

④ 제3항의 대체물품에 대하여는 제1항을 적용한다.

⑤ 계약상대자가 계약담당공무원이 요구한 물품의 대체를 거부하거나, 계약담당공무원이 통지를 한 후, 소정기일내에 물품의 대체납품을 하지 못할 때에는 계약상대자는 해당 물품가격을 발주기관에 반납하여야 한다.

제22조(대가의 지급) ① 계약상대자는 계약이행을 완료한 후 제19조에 의한 검사에 합격한 때에는 대가지급청구서(하수급인에 대한 대금지급 계획을 첨부하여야 한다)를 제출하는 등 소정절차에 따라 대가지급을 청구할 수 있다. <개정 2011.5.13>

② 계약담당공무원은 제1항에 따른 청구를 받은 때에는 그 청구를 받은 날로부터 5일(공휴일 및 토요일은 제외한다. 이하 이조에서 같다) 이내에 그 대가를 지급(「전자조달의 이용 및 촉진에 관한 법률」0제9조의2제1항에 따른 시스템을 통한 지급 포함. 이하 이 조에서 같다.)하여야 하며, 동 대가지급기한에도 불구하고 자금사정 등 불가피한 사유가 없는 한 최대한 신속히 대가를 지급하여야 한다. 다만, 계약상대자와의 합의에 의하여 5일을 초과하지 아니하는 범위안에서 대가의 지급기간을 연장하는 특약을 정할 수 있다. <개정 2009.7.3, 2019.12.18>

③ 천재·지변 등 불가항력의 사유로 인하여 대가를 지급할 수 없게 된 경우에는 계약담당공무원은 해당 사유가 존속되는 기간과 해당 사유가 소멸된 날로부터 3일까지는 대가의 지급을 연장할 수 있다.

④ 계약담당공무원은 기성부분 또는 기납부분에 대한 대가를 지급하는 경우에 제2항에도 불구하고 계약수량, 이행의 전망, 이행기간 등을 고려하여 최소한 매 30일마다 공평하게 지급하여야 하며 제19조제3항에 의한 검사를 한 후 계약상대자의 청구를 받은 날로부터 5일이내에 지급하여야 한다. <개정 2009.7.3>

⑤ 계약담당공무원은 제2항 및 제4항에 따른 대가지급시 제1항의 대금지급 계획상의 하수급인에게 대가지급 사실을 통보하고 대금 수령내역(수령자, 수령액, 수령일 등) 및 증빙서류를 제출(「전자시명법」 제2조에 따른 전자문서에 의한 제출을 포함한다. 이하 제22조의2제1항에 따른 제출 및 통보에 있어 같다)하게 하여야 한다.

<신설 2011.5.13>

⑥ 계약담당공무원은 제1항 또는 제4항의 청구를 받은 후에 그 청구내용의 전부 또는 일부가 부당함을 발견한 때에는 그 사유를 명시하여 계약상대자에게 해당 청구서를 반송할 수 있다. 이 경우에는 반송한 날로부터 재청구를 받은 날까지의 기간은 제2항 또는 제4항의 지급기간에 이를 산입하지 아니한다.

⑦ 제4항에 의하여 기성부분에 대한 대가를 지급하는 경우에는 제3조제1항 단서에 의한 산출내역서의 단가에 의하여 이를 계산한다.

⑧ 제2항에도 불구하고「재난 및 안전관리 기본법」제3조제1호의 재난이나 경기침체, 대량실업 등으로 인한 국가의 경제위기를 극복하기 위해 기획재정부장관이 기간을 정하여 고시한 경우에는 제2항의 5일을 3일로 본다.<신설 2020.4.20>

제22조의2(하도급대금 지급 확인) ①계약상대자는 제22조에 따른 대가를 지급받은 경우에는 15일 이내에 하도급대금을 하수급인에게 현금으로 지급(「전자조달의 이용 및 촉진에 관한 법률」제9조의2제1항에 따른 시스템을 통한 지급 포함. 이하 이 조에서 같다.)하여야 하며, 하도급대금의 지급 내역(수령자, 지급액, 지급일 등)을 5일(공휴일 및 토요일은 제외한다) 이내에 발주기관에게 통보하여야 한다. <개정 2019.12.18>

② 계약담당공무원은 제1항에 따른 대금 지급내역을 제22조제5항에 따라 하수급인으로부터 제출받은 대금 수령내역과 비교·확인하여야 한다.

③ 하도급거래 공정화에 관한 법률 제2조에 따라 동법의 적용을 받지 않는 하도급계약에 대해서는 제1항 및 제2항을 적용하지 아니한다.(제22조제5항의 경우에도 같다)

[본조신설 2011.5.13]

제22조의3(국민건강보험료 등의 사후정산) 계약담당공무원은「정부 입찰·계약 집행기준」제93조에 의하여 국민건강보험료 등을 사후정산 하기로 한 계약에 대하여는 제22조에 따른 대가 지급시 계약예규「정부 입찰·계약 집행기준」제94조에 따라 정산하여야 한다.

[본조신설 2012.1.1]

제23조(대가지급지연에 대한 이자) ① 계약담당공무원은 대가지급청구를 받은 경우에 제22조에 의한 대가지급기한(국고채무부담행위에 의한 계약의 경우에는 다음 회계년도 개시 후 「국가재정법」에 의하여 해당 예산이 배정된 날부터 20일)까지 대가를 지급하지 못하는 경우에는 지급기한의 다음날부터 지급하는 날까지의 일수(이하 "대가지급지연일수"라 한다)에 해당 미지급액에 대하여 지연발생 시점에 금융기관 대출평균금리(한국은행 통계월보상의 금융기관 대출평균금리를 말한다)를 곱하여 산출한 금액을 이자로 지급하여야 한다.

② 천재지변 등 불가항력적인 사유로 인하여 검사 또는 대가지급이 지연된 경우에

제19조제3항단서 및 제22조제3항에 의한 지연기간은 제1항의 대가지급지연일수에 산입하지 아니한다.

제24조(지체상금) ① 계약상대자는 계약서에서 정한 납품기한내에 물품을 납품하지 아니한 때에는 매 지체일수마다 계약서에서 정한 지체상금률을 계약금액(장기계속계약의 경우에는 연차별 계약금액)에 곱하여 산출한 금액(이하 "지체상금"이라 한다)을 현금으로 납부하여야 한다. 다만, 납부할 금액이 계약금액(제2항에 따라 기성부분 또는 기납부분에 대하여 검사를 거쳐 이를 인수한 경우에는 그 부분에 상당하는 금액을 계약금액에서 공제한 금액을 말한다)의 100분의 30을 초과하는 경우에는 100분의 30으로 한다. <단서신설 2018.12.31>

② 계약담당공무원은 제1항의 경우에 기납부분에 대한 검사를 거쳐 해당 부분을 인수(인수하지 아니하고 관리·사용하고 있는 경우를 포함한다. 이하 이조에서 같다)한 때에는 그 부분에 상당하는 금액을 계약금액에서 공제한다. 기납부분의 인수는 성질상 분할할 수 있는 물품에 대한 완성부분으로서 인수하는 것에 한한다.

③ 계약담당공무원은 다음 각 호의 어느 하나에 해당되어 납품이 지체되었다고 인정할 때에는 그 해당일수를 제1항의 지체일수에 산입하지 아니한다.

1. 천재·지변 등 불가항력의 사유에 의한 경우
2. 계약상대자가 대체사용할 수 없는 중요 관급재료의 공급이 지연되어 제조공정의 진행이 불가능하였을 경우
3. 계약상대자의 책임 없이 납품이 지연된 경우로서 다음 각 목의 어느 하나에 해당하는 경우 <개정 2015.1.1>
   가. 발주기관의 물품제작을 위한 설계도서 승인이 계획된 일정보다 지연된 경우(관련 서류의 누락 등 계약상대자의 잘못을 보완하는 기간은 제외한다)
   나. 계약상대자가 시험기관 및 검사기관의 시험 · 검사를 위해 필요한 준비를 완료하였으나 시험기관 및 검사기관의 책임으로 시험 · 검사가 지연된 경우
   다. 설계도서 승인 후 발주기관의 요구에 의한 설계변경으로 인하여 제작기간이 지연된 경우
   라. 발주기관의 책임으로 제조의 착수가 지연되었거나 중단되었을 경우
4. 기타 계약상대자의 책임에 속하지 않은 사유로 인하여 지체된 경우

④ 계약담당공무원은 제1항에 의한 지체일수를 다음 각호에 따라 산정하여야 한다.

1. 납품기한내에 제12조제1항에 의하여 물품(검사에 필요한 서류를 포함한다. 이하 이항에서 같다)을 납품한 때에는 제19조에 의한 검사에 소요된 기간은 지체일수에 산입하지 아니한다. 다만, 납품기한 이후에 제19조제4항에 의한 시정조치를 한 때에는 시정조치를 한 날부터 최종 검사에 합격한 날까지의 기간(검사기간이 제19조제3항에서 정한 기간을 초과한 경우에는 동조에 정한 기간에 한한다. 이하

같다)을 지체일수에 산입한다.

2. 납품기한을 경과하여 물품과 검사서류를 제출한 때에는 납품기한 익일부터 검사(시정조치를 한 때에는 최종 검사)에 합격한 날까지의 기간을 지체일수에 산입한다.
3. 납품기한의 말일이 공휴일(관련 법령에 의하여 발주기관의 휴무일이거나 「근로자의 날 제정에 관한 법률」에 따른 근로자의 날(계약상대자가 실제 업무를 하지 아니한 경우에 한함)인 경우를 포함한다)인 경우 지체일수는 공휴일의 익일 다음날부터 기산한다. <개정 2018.12.31>

⑤ 계약담당공무원은 제1항 내지 제4항에 의하여 산출된 지체상금을 계약상대자에게 지급될 대가, 대가지급지연에 대한 이자 또는 기타 예치금 등과 상계할 수 있다.

제25조(계약기간의 연장) ① 계약상대자는 제24조제3항 각 호의 어느 하나의 사유가 계약기간내에 발생한 경우에는 계약기간 종료전에 지체없이 계약담당공무원에게 서면으로 계약기간의 연장신청과 제4항에 의한 계약금액 조정신청을 함께 하여야 한다. 다만, 연장사유가 계약기간내에 발생하여 계약기간 경과후 종료된 경우에는 동 사유가 종료된 후 즉시 계약기간의 연장신청과 제4항에 의한 계약금액 조정신청을 함께 하여야 한다.

② 계약담당공무원은 제1항에 의한 계약기간연장 신청이 접수된 때에는 즉시 그 사실을 조사 확인하고 계약이 적절히 이행될 수 있도록 계약기간의 연장 등 필요한 조치를 하여야 한다.

③ 계약담당공무원은 제1항의 연장청구를 승인하였을 경우에는 제24조에 의한 지체상금을 부과하여서는 아니된다.

④ 제2항에 의하여 계약기간을 연장한 경우에는 그 변경된 내용에 따라 실비를 초과하지 아니하는 범위안에서 계약금액을 조정한다. <단서삭제, 2021.12.1>

⑤ 계약담당공무원은 제1항 내지 제4항에도 불구하고 계약상대자의 의무불이행으로 인하여 발생한 지체상금이 시행령 제50조제1항에 의한 계약보증금상당액에 달한 경우로서 계약목적물이 국가정책사업 대상이거나 계약의 이행이 노사분규 등 불가피한 사유로 인하여 지연된 때에는 계약기간을 연장할 수 있다.

⑥ 제4항에 의한 계약기간의 연장은 지체상금이 계약보증금상당액에 달한 때에 하여야 하며, 연장된 계약기간에 대하여는 제24조에도 불구하고 지체상금을 부과하여서는 아니된다.

제26조(계약상대자의 책임있는 사유로 인한 계약의 해제 또는 해지) ① 계약담당공무원은 계약상대자가 다음 각 호의 어느 하나에 해당하는 경우에는 해당 계약의 전부 또는 일부를 해제 또는 해지할 수 있다. 다만, 제3호의 경우 계약상대자의 계약이행 가능성이 있고 계약을 유지할 필요가 있다고 인정되는 경우로서 계약상대자가 계약이행이 완료되지 아니한 부분에 상당하는 계약보증금(당초 계약보증금에 제24조제1항에

따른 지체상금의 최대금액을 더한 금액을 한도로 한다)을 추가납부하는 때에는 계약을 유지한다. <개정 2010.9.8, 2018.12.31>

1. 계약서상의 납품기한(또는 연장된 납품기한)내에 계약상대자가 계약된 규격 등과 같은 물품납품을 거부하거나 완료하지 못한 때
2. 계약상대자의 귀책사유로 인하여 납품기일내에 납품할 가능성이 없음이 명백하다고 인정될 경우
3. 제24조제1항에 의한 지체상금이 시행령 제50조제1항에 의한 해당 계약의 계약보증금상당액에 달한 경우
4. 장기물품제조 등의 계약에 있어서 제2차이후의 계약을 체결하지 아니하는 경우
5. 계약의 수행중 뇌물수수 또는 정상적인 계약관리를 방해하는 불법·부정행위가 있는 경우
6. 입찰에 관한 서류 등을 허위 또는 부정한 방법으로 제출하여 계약이 체결된 경우
7. 기타 계약조건을 위반하고 그 위반으로 인하여 계약의 목적을 달성할 수 없다고 인정될 경우

② 계약담당공무원은 제1항에 의하여 계약을 해제 또는 해지할 때에는 그 사실을 해당 계약상대자에게 통지하고 기납부분 검사를 필한 물품을 기납부분으로서 인수한 경우에는 해당부분에 상당하는 대가를 계약상대자에게 지급한다.

③ 계약상대자는 계약상 기한내에 해당물품을 납품할 수 없다고 인정될 때에는 지체없이 계약담당공무원에게 통지하여야 한다.

④ 제1항에 의하여 계약이 해제 또는 해지된 경우에 계약상대자는 지급받은 선금에 대하여 미정산잔액이 있는 경우에는 그 잔액에 대한 약정이자상당액[사유발생 시점의 금융기관 대출평균금리(한국은행 통계월보상의 대출평균금리를 말한다)에 의하여 산출한 금액]을 가산하여 발주기관에 상환하여야 한다.

제27조(사정변경에 의한 계약의 해제 또는 해지) ① 발주기관은 제26조제1항 각호의 경우외에 다음 각 호의 사유와 같이 객관적으로 명백한 발주자의 불가피한 사정이 발생한 때에는 계약을 해제 또는 해지할 수 있다. <개정 2021.12.1>

1. 정부정책 변화 등에 따른 불가피한 사업취소
2. 관계 법령의 제·개정으로 인한 사업취소
3. 과다한 지역 민원 제기로 인한 사업취소
4. 기타 공공복리에 의한 사업의 변경 등에 따라 계약을 해제 또는 해지하는 경우

② 발주기관은 제1항에 의하여 계약을 해제 또는 해지하는 경우에는 다음 각호에 해당하는 금액을 해제 또는 해지한 날부터 14일이내에 계약상대자에게 지급하여야 한다. 이 경우에는 제7조에 의한 계약보증금을 동시에 반환하여야 한다.

1. 제22조제4항의 대가중 지급하지 아니한 금액

2. 전체 물품제조의 완성을 위하여 계약의 해제 또는 해지일 이전에 투입된 계약상대자의 인력·재료 및 장비의 철수비용

③ 계약상대자는 선금에 대한 미정산잔액이 있는 경우에는 이를 발주기관에 상환하여야 한다. 이 경우에 계약담당공무원은 미정산잔액에 대한 이자는 가산하지 아니한다.

제28조(부정당업자의 입찰참가자격제한) 계약상대자가 시행령 제76조에 해당하는 경우에는 1월이상 2년이하의 범위내에서 입찰참가자격 제한조치를 받게 된다.

제29조(기술지식의 이용 및 비밀엄수의무) ① 계약담당공무원은 사업목적 달성 또는 공공의 이익 등을 위해 필요하다고 인정되는 경우, 계약내용에 따라 계약상대자가 제출하는 각종 보고서, 정보, 기타자료 및 이에 의하여 얻은 기술지식(계약목적물의 내용에 포함되는 경우는 제외한다. 이하 이 조에서 "기술지식 등"이라 한다)의 전부 또는 일부를 계약상대자의 승인을 얻어 복사, 이용 또는 공개할 수 있다.<개정 2020.6.19>

② 계약상대자는 해당계약을 통하여 얻은 모든 정보 또는 국가의 기밀사항을 계약이행의 전후를 막론하고 외부에 누설할 수 없다.

③ 계약담당공무원은 시장에서 거래되는 등 재산적 가치가 있는 기술지식 등을 제1항에 따라 복사·이용 또는 공개하려는 경우에는 계약상대자에게 정당한 이용대가를 지급하여야 한다. 이 경우 기술지식 등의 이용대가는 시장거래가격 등을 기초로 계약상대자와 협의하여 결정한다.<신설 2020.6.19>

제29조의2(계약목적물의 지식재산권 귀속 등) 해당 계약에 따른 계약목적물에 대한 지식재산권은 발주기관과 계약상대자가 공동으로 소유하며, 별도의 정함이 없는 한 지분은 균등한 것으로 한다. 이와 관련한 자세한 사항은 계약예규 「용역계약일반조건」 제35조의2, 제35조의3 및 제35조의4를 준용한다.

[본조신설 2015.1.1]

제30조(적격심사관련사항 이행) ① 시행령 제42조제1항 본문에 의한 물품을 제조·구매함에 있어 계약상대자는 계약예규 「적격심사기준」(발주관서의 장이 직접 적격심사요령을 작성한 경우 동 심사요령) 심사항목에 규정된 사항에 대하여 적격심사당시 제출한 내용대로 이행하여야 한다.

② 계약담당공무원은 제1항에 규정한 이행상황을 수시로 확인하여야 하며, 제출된 내용대로 이행이 되지 않고 있을 때에는 즉시 시정토록 조치하여야 한다.

제31조(분쟁의 해결) ① 물품계약의 수행중 계약당사자간에 발생하는 분쟁은 협의에 의하여 해결한다.

② 제1항에 의한 협의가 이루어지지 아니할 때에는 법원의 판결 또는 「중재법」에 의한 중재에 의하여 해결한다. 다만, 「국가를 당사자로 하는 계약에 관한 법률」 제28

조에서 정한 이의신청 대상에 해당하는 경우 국가계약분쟁조정위원회 조정결정에 따라 분쟁을 해결할 수 있다. <개정 2015.9.21>

③ 제2항에도 불구하고 계약을 체결하는 때에 「국가를 당사자로 하는 계약에 관한 법률」 제28조의2에 따라 분쟁해결방법을 정한 경우에는 그에 따른다. <신설 2018.3.20>

④ 계약상대자는 제1항부터 제3항까지의 분쟁처리절차 수행기간중 물품계약의 수행을 중지하여서는 아니된다. <신설 2018.3.20>

제32조(재검토기한) 「훈령·예규 등의 발령 및 관리에 관한 규정」에 따라 이 예규에 대하여 2016년 1월 1일 기준으로 매3년이 되는 시점(매 3년째의 12월 31일까지를 말한다)마다 그 타당성을 검토하여 개선 등의 조치를 하여야 한다. <개정 2015.9.21>

부 칙 (2007.10.12)

이 회계예규는 2007년 10월 12일부터 시행한다.

부 칙 (2009.6.29)

제1조(시행일) 이 회계예규는 2009년 6월 29일부터 시행한다.

제2조(적용례) 제7조 개정규정은 이 예규 시행후 입찰공고를 한 분부터 적용한다.

부 칙 (2009.7.3)

① (시행일) 이 회계예규는 2009년 7월 3일부터 시행한다.

② (대가지급에 관한 적용례) 제22조제2항 및 제4항의 규정은 대통령령 제21578호 국가를 당사자로 하는 계약에 관한 법률 시행령 일부개정령의 시행일(2009. 6.29)이후 대가 지급을 청구하는 분부터 적용한다.

부 칙 (2009.9.21)

제1조(시행일) 이 회계예규는 2009년 9월 21일부터 시행한다.

부 칙 (2010.9.8)

제1조(시행일) 이 회계예규는 2010년 10월 22일부터 시행한다.

제2조(적용례) 이 회계예규 시행 후 입찰공고를 한 분부터 적용한다.

부 칙 (2011.5.13)

제1조(시행일) 이 계약예규는 2011년 5월 13일부터 시행한다.

제2조(적용례) 이 예규 시행일 이후 입찰공고를 한 분부터 적용한다.

부 칙 (2012.1.1)

제1조(시행일) 이 계약예규는 2012년 1월 1일부터 시행한다.
제2조(적용례) 이 예규 시행일 이후 입찰공고를 한 분부터 적용한다.

부 칙 (2012.7.4)

제1조(시행일) 이 계약예규는 2012년 7월 9일부터 시행한다.
제2조(적용례) 이 예규 시행일 이후 입찰공고를 한 분부터 적용한다.

부 칙 (2014.4.1)

제1조(시행일) 이 계약예규는 2014년 4월 1일부터 시행한다.
제2조(적용례) 이 예규 시행일 이후 입찰공고를 한 분부터 적용한다.

부 칙 (2015.1.1)

제1조(시행일) 이 계약예규는 2015년 1월 1일부터 시행한다.
제2조(적용례) 이 예규 시행일 이후 입찰공고를 한 분부터 적용한다.

부 칙 (2015.9.21)

제1조(시행일) 이 계약예규는 2015년 9월 21일부터 시행한다.

부 칙 (2016.12.30)

제1조(시행일) 이 계약예규는 2016년 12월30일부터 시행한다.
제2조(적용례) 제25조의 개정규정은 이 계약예규 시행일 이후 최초로 입찰공고하는 분부터 적용한다.

부 칙 (2018.3.20)

제1조(시행일) 이 계약예규는 2018년 3월 20일부터 시행한다.
제2조(적용례) 제31조의 개정규정은 이 예규 시행후 최초로 입찰공고를 하거나, 체결하는 계약부터 적용한다.

부 칙 (2018.12.31)

제1조(시행일) 이 계약예규는 2019년 1월 1일부터 시행한다.
제2조(일반적 적용례) 이 계약예규는 부칙 제1조에 따른 시행일 이후 입찰공고 하거나 계약체결 하는 경우부터 적용한다.
제3조(지체상금 부과 및 계약보증금 추가 납부 한도에 관한 적용례) 제24조제1항 및 제26조제1항의 개정규정은 2018년 12월 4일 이후에 계약기간이 만료되어 지체상금이 발생하는 경우부터 적용한다.

부 칙 (2019.12.18)

제1조(시행일) 이 계약예규는 2020년 3월18일부터 시행한다. 다만, 제19조의 개정규정

은 2019년 12월 18일부터 시행한다.

제2조(적용례) 이 계약예규는 부칙 제1조에 따른 시행일 이후 입찰공고를 하거나 수의계약을 체결하는 분부터 적용한다.

부 칙 (2020.4.20)

제1조(시행일) 이 계약예규는 2020년 5월 6일부터 시행한다.

부 칙 (2020. 6.19)

제1조(시행일) 이 계약예규는 2020년 9월 19일부터 시행한다.

부 칙 (2021.12.1)

제1조(시행일) 이 계약예규는 2021년 12월 1일부터 시행한다.

제2조(적용례) 이 계약예규는 부칙 제1조에 따른 시행일 이전에 입찰공고된 계약으로서 시행일 이후 제27조제1항에 따라 사정변경에 의해 계약을 해제 또는 해지하는 경우에 적용한다.

물품구매(제조) 입찰유의서

기획재정부계약 예규 제760호, 2024.12.27, 일부개정

제1조(목적) 이 유의서는 정부(이하 "발주기관"이라 한다)가 행하는 물품의 구매·제조 및 기타 계약(매각 등 세입의 원인이 되는 계약은 제외한다)에 대한 입찰에서 해당 입찰에 참가하고자 하는 자가 유의해야 할 사항을 정함을 목적으로 한다.

제2조(용어의 정의) 이 유의서에서 사용하는 용어의 정의는 이 유의서에서 따로 정하는 경우를 제외하고는「국가를 당사자로 하는 계약에 관한 법률 시행령」,「국가를 당사자로 하는 계약에 관한 법률 시행규칙」,「특정조달을위한국가를당사자로하는계약에관한법률시행령특례규정」(이하 각각 "시행령", "시행규칙" 및 "특례규정"이라 한다) 및 계약예규「물품구매(제조)계약일반조건」(이하 "일반조건"이라 한다)에 정하는 바에 의한다.

제3조(입찰참가신청) ① 입찰에 참가하고자 하는 자는 입찰공고 또는 입찰참가통지서에 기재된 입찰참가신청마감일까지 다음 각호의 서류를 발주기관에 제출하여 입찰참가신청을 하여야 한다.

1. 입찰참가신청서(소정양식) 1통
2. 입찰참가자격을 증명하는 서류 1통
3. 인감증명서 또는「본인서명사실 확인 등에 관한 법률」제2조제3호에 따른 본인서명사실확인서 1통. 다만,「전자조달의 이용 및 촉진에 관한 법률」제2조제4호에 따른 국가종합전자조달시스템(이하 "전자조달시스템"이라 한다)을 이용하여 등록하는 경우는 제외한다. <개정 2016.12.30, 2024.12.27>
4. 기타 공고 또는 통지로 요구하는 서류

② 제1항제2호의 경우에는 원본을 제시하거나 사본에 "원본과 같음"을 명기하고 인감(인감증명서상의 인감 또는 입찰참가신청서상의 사용인감)으로 날인(본인서명사실확인서를 제출한 경우는 서명)하여 제출하여야 한다. <개정 2016.12.30>

제3조의2(입찰참가자격의 판단기준일) ① 시행령 제12조 및 제21조에 따른 등록·실적 등에 의한 입찰참가자격의 판단기준일은 시행규칙 제40조제4항에 의한 입찰참가신청서류의 접수마감일(이하 "입찰참가등록마감일"이라 한다)로 하며, 입찰참가자는 입찰참가등록마감일 이후 입찰서제출 마감일까지 해당 입찰참가자격을 계속 유지하여야 한다.

② 제1항에도 불구하고 시행령 제21조제1항제6호 및 시행규칙 제24조에 따라 지역제한경쟁입찰을 부치는 경우 법인등기부상 본점소재지 기준일(본점소재지가 변경된 경우 법인등기부상 본점소재지 변경일을 말한다.)은 입찰공고일 전일로 하며 계약체결일까지 계속 유지하여야 한다. <개정 2019.12.18>

③ 입찰참가자가 시행령 제76조에 의한 입찰참가자격제한을 받은 경우에는 입찰참가등록마감일 전일까지 입찰참가자격제한기간이 만료되어야 입찰에 참가할 수 있다.

④ 입찰전에 상호 또는 대표자의 변경(법인의 경우에는 법인 등기사항증명서를 기준으로 한다)이 있는 경우에는 변경신고를 한 후 변경된 상호 또는 대표자 명의로 입찰에 참가하여야 한다. <개정 2015.9.21>

제4조(입찰에 관한 서류) ① 입찰에 참가하고자 하는 자는 다음 각호의 서류(이하 "입찰에 관한 서류"라 한다)를 열람할 수 있으며 추정가격이 고시금액이상인 물품의 경우에는 이를 교부받을 수 있다.

1. 입찰공고문 또는 입찰참가통지서
2. 물품구매(제조)입찰유의서
3. 입찰참가신청서(소정서식)
4. 입찰서(소정서식)
5. 물품구매(제조)표준계약서(소정서식)
6. 물품구매(제조)계약일반조건
7. 물품구매(제조)계약특수조건
8. 기타 참고사항을 기재한 서류

② 발주기관은 제1항의 입찰에 관한 서류를 교부하는 경우에는 입찰공고 등에서 정한 금액을 납부할 것을 요구할 수 있으며, 이 경우에는 입찰에 참가하고자 하는 자는 이에 따라야 한다.

제5조(관계법령 등의 숙지) ① 입찰에 참가하고자 하는 자는 시행령 등의 입찰에 관련된 법령 및 제4조제1항에 의한 입찰에 관한 서류를 입찰전에 완전히 숙지하여야 하며 이를 숙지하지 못한 책임은 입찰참가자에게 있다.

② 입찰에 참가하고자 하는 자는 제1항에 의한 입찰에 관한 서류의 검토과정에서 발견한 입찰에 관한 서류상의 착오, 누락사항 또는 기타설명이 요구되는 사항에 대하여는 입찰서제출마감일까지 발주기관에 그 설명을 요구할 수 있다.

제6조(입찰보증금) ① 입찰에 참가하고자 하는 자는 입찰신청마감일(공휴일인 때에는 전일)까지 입찰금액의 100분의 5이상의 입찰보증금을 시행령 제37조제2항에 규정된 현금 또는 보증서 등으로 발주기관에 납부하여야 한다.

② 낙찰자가 정당한 이유없이 소정의 기한내에 계약을 체결하지 아니할 때에는 계약담당공무원은 해당 입찰보증금을 국고에 귀속한다. <개정 2016.12.30>

③ 계약담당공무원(각 중앙관서의 장이 계약에 관한 사무를 그 소속공무원에게 위임하지 아니하고 직접 처리하는 경우에는 이를 계약담당공무원으로 본다. 이하 같다)은 낙찰되지 아니한 입찰자의 입찰보증금을 낙찰자가 결정된 후 즉시 반환한다. 다만, 낙찰자의 입찰보증금은 계약체결 후 즉시 반환한다.

④ 계약담당공무원은 다음 각 호의 어느 하나에 해당하는 경우에는 입찰보증금 납부를 면제할 수 있다.

1. 시행령 제37조제3항제1호 내지 제4호, 제5의2호 및 제6호에 정한 자가 입찰에 참가하는 경우
2. 「식품위생법」 또는 「약사법」 등 제조업관련 법령에 의하여 국가기관 등으로부터 면허·허가 등을 받았거나 등록·신고 등을 마친 자로서 입찰참가신청마감일 현재 해당 제조업을 영위하고 있는 법인이 입찰에 참가하는 경우. 다만, 다음 각 목의 어느 하나에 해당하는 자는 제외한다 <단서 신설 2010.4.15, 개정 2019.12.18>
   가. 입찰공고일 이전 1년 이내에 시행령 제76조제1항제2호가목의 사유로 입찰참가자격제한을 받은 자(입찰참가자격 제한 기간 중인 경우를 포함한다) <신설 2019.12.18>
   나. 계약체결을 기피할 우려가 있어 각 중앙관서의 장 또는 계약담당공무원이 입찰공고에 명시한 요건에 해당하는 자 <신설 2019.12.18>

⑤ 보증서 등에 의한 입찰보증금의 보증기간은 다음 각호를 충족하여야 한다.

1. 보증기간의 초일 : 입찰서 제출마감일 이전일 것
2. 보증기간의 만료일 : 입찰서 제출마감일 다음날부터 30일 이후일 것

제7조(입찰참가) ① 입찰참가신청을 한 자가 아니면 입찰에 참가할 수 없다.

② 입찰참가신청자가 입찰참가신청서 제출시 대리인을 지정한 경우에는 그 대리인도 입찰에 참가할 수 있다. 다만, 입찰참가신청서를 제출하는 때부터 입찰개시 시각전까지 입찰대리인을 지정하거나 입찰대리인을 변경하는 경우에는 그 대리인이 입찰에 참가할 수 있다.

③ 제2항에 의한 대리인의 자격은 입찰참가자가 법인인 경우에는 해당 법인의 임·직원에 한하며, 계약담당공무원은 재직증명서와 다음 각호의 자료에 의해서 임·직원 여부를 확인하여야 한다. 다만, 2개 이상 법인의 임·직원인 자는 1개 법인의 대리인만 입찰에 참가할 수 있다. <개정 2009.9.21, 2010.1.4, 2015.9.21>

1. 4대 보험 중 어느 하나의 가입 증명자료(최근 3개월 이내) <신설 2009.9.21>
2. 소속 법인에서 받은 급여와 관련하여 해당 법인에서 발급받은 소득세 납부 증명자료 <신설 2009.9.21>
3. 법인 등기사항증명서 <신설 2009.9.21, 개정 2015.9.21>
4. 기타 임·직원 여부를 확인할 수 있는 자료 <신설 2009.9.21>

④ 시행령 제76조에 의한 부정당업자로 입찰참가자격을 제한받고 있는 자는 제2항에 의한 대리인이 될 수 없다.

제8조(입찰서의 작성) ① 입찰자는 입찰서를 소정의 서식에 의하여 작성하여야 하며, 입찰금액은 총액입찰인 경우에는 총액을, 단가입찰인 경우에는 단가를 표기하여야 한다.

② 입찰자는 입찰서에 납품기한을 명기하여야 하며 견품을 제출할 때에는 그 사실을 기재하여야 한다.

③ 입찰자는 입찰서에 기명날인을 함에 있어 반드시 입찰자 성명(법인의 경우 대표자 성명)을 기재하고 입찰참가신청서 제출시 신고한 인감(서명을 포함한다. 이하 같다)으로 날인하여야 한다. <개정 2016.12.30>

④ 입찰자는 입찰서의 기재사항 중 삭제 또는 정정한 곳이 있을 때에는 입찰에 사용하는 인감으로 날인하여야 한다.

⑤ 입찰자는 입찰서를 입찰공고 또는 입찰참가통지서 등에 별도로 규정한 경우를 제외하고는 한글로 작성하여야 하며 입찰금액은 원화로 표기하여야 한다.

⑥ 입찰자는 입찰서의 금액표시를 한글 또는 한자로 기재하여야 하며 아라비아숫자로 병기할 수 있다. 이 경우에 아라비아숫자로 병기한 금액이 한글 또는 한자로 기재한 금액과 차이가 있을 때에는 한글 또는 한자로 기재한 금액에 의한다. 다만, 전산서식에 의한 입찰의 경우에는 지정된 표기방법으로 기재하여야 한다.

제9조(입찰서의 제출) ① 입찰자는 입찰서를 봉합하여 1인 1통만을 제출하여야 한다.

② 우편에 의한 입찰서는 입찰서 제출마감일전일까지 발주기관에 도착된 것에 한하여 효력이 있다. 이 경우에 우송중의 분실, 훼손 또는 지연에 대하여 발주기관은 책임을 지지 아니한다.

③ 계약담당공무원은 제2항에 의하여 우편으로 입찰서가 제출된 때에는 해당 입찰서의 봉투표면에 접수일시를 기재하고 확인인을 날인하여 개찰시까지 개봉하지 아니하고 보관하여야 한다.

④ 입찰자는 제출한 입찰서를 교환, 변경 또는 취소할 수 없다. 다만, 입찰서에 기재한 중요부분에 오기가 있음을 이유로 개찰현장에서 입찰자가 입찰의 취소의사를 표시한 것으로 계약담당공무원이 이를 인정하는 경우에는 취소가 가능하며, 시행령 제18조에 의한 2단계경쟁 등의 입찰에 있어 계약담당공무원은 규격입찰을 개찰한 결과 적격자가 없는 경우 또는 일부 경미한 사항의 규격보완을 조건으로 규격적합 판정을 하는 경우에는 규격입찰서를 변경하여 제출하게 할 수 있다.

제9조의2(경영상태 심사서류의 제출) ① 입찰에 참여하고자 하는 자는 「신용정보의 이용 및 보호에 관한 법률」 제4조제1항제1호 또는 「자본시장과 금융투자업에 관한 법률」 제9조제26항의 업무를 영위하는 신용정보업자로부터 평가받은 모든 공공기관

입찰용 신용평가등급을 해당 신용정보업자를 통해 평가완료 후 3일 이내에 조달청 나라장터에 전송하여야 한다. <개정 2015.9.21>

② 조달청장은 분기별로 신용정보업자로부터 평가명세서를 제출받아 미전송 여부를 확인하여 해당 업체를 나라장터에 게재하고, 발주기관은 동 업체에 대해 「정부입찰계약집행기준」 제98조에 따라 처리하며, 향후 1년간 시행령 제13조에 따른 입찰참가자격사전심사 및 시행령 제42조제1항에 따른 적격심사시 감점할 수 있다.

[본조신설 2012.7.4]

제9조의3(청렴계약서의 제출) 입찰자는 입찰서를 제출할 때 시행령 제4조의2 및 정부입찰·계약집행기준 제98조의3에 따른 청렴계약서를 같이 제출하여야 한다.

[본조신설 2016.1.1]

제10조(장기물품제조 등의 입찰) 장기물품제조 등의 경우에는 입찰자는 입찰시 총물품제조 등을 대상으로 하여 입찰하여야 한다.

제11조(경쟁입찰의 성립) ① 경쟁입찰은 2인이상의 유효한 입찰로써 성립한다.

② 계약담당공무원은 시행령 제18조제3항에 의하여 규격과 가격을 분리하여 입찰에 부치는 경우에는 시행령 제11조에 의하여 2인 이상의 유효한 입찰로 성립한 규격입찰의 개찰결과에서 규격적격자로 확정된 자가 1인인 경우에도 가격입찰서를 개봉할 수 있다.

제12조(입찰의 무효) 시행규칙 제44조에서 무효로 규정한 입찰 및 다음 각 호의 어느 하나에 해당하는 입찰은 무효로 한다.

1. 입찰자(법인의 경우 대표자를 말한다. 이하 같다)가 직접 입찰을 하지 아니하고 대리인을 통하여 입찰을 할 경우에는 제7조제2항에 의한 대리인이 아닌 자가 한 입찰 또는 대리권이 없는 자가 한 입찰
2. 동일사항에 대하여 타인의 대리를 겸하거나 2인 이상을 대리한 입찰
3. 입찰서의 입찰금액 등 중요한 부분이 불분명하거나 정정한 후 정정날인을 누락한 입찰
4. 담합하거나 타인의 경쟁참가를 방해 또는 관계공무원의 공무집행을 방해한 자의 입찰
5. 입찰자의 기명날인이 없는 입찰(입찰자의 성명을 기재하지 아니하고 대리인 성명 또는 회사명을 기재한 경우 및 입찰참가신청서 제출시 신고한 인감과 다른 인감으로 날인된 경우도 포함한다)
6. 입찰서에 기재한 중요부분에 착오가 있음을 이유로 개찰현장에서 입찰자가 입찰의 취소의사를 표시한 것으로서 계약담당공무원이 이를 인정한 입찰
7. 제16조제8항에 정한 해당 서류를 제출하지 아니한 입찰 <개정 2015.9.21>

8. 제8조제1항 및 제6항에 위반하여 소정의 입찰서를 사용하지 않거나 입찰서의 금액을 아라비아숫자로만 기재한 입찰 또는 전산서식에 의한 입찰서를 훼손하거나 전산표기방법과 상이하게 작성, 기재하여 전산처리가 되지 아니한 입찰
9. 공동계약의 공동수급체구성원이 동일 입찰건에 대하여 공동수급체를 중복적으로 결성하여 참여한 입찰, 입찰등록시 공동수급표준협정서를 제출하지 아니한 입찰 및 공동계약운용요령 제9조를 위반한 입찰

제13조(견품의 제출) ① 입찰자는 입찰공고 등에서 견품의 제출을 요구하였거나 이의 제출이 필요하다고 인정할 때에는 견품을 제출하여야 한다. 이 때에는 견품의 품명, 입찰자의 주소, 성명(또는 상호) 및 입찰공고번호 등 필요한 사항을 기재하여야 한다.

② 계약담당공무원은 낙찰자의 견품을 계약이행 후, 낙찰자이외의 입찰자의 견품은 낙찰자결정 후 각각 1개월 이내에 해당 낙찰자 또는 입찰자의 요구에 의하여 반환한다. 이 경우에 발주기관의 책임없는 사유로 인하여 발생된 견품의 멸실, 훼손에 대해서는 발주기관은 책임을 지지 아니하며, 반환에 따른 경비는 낙찰자 또는 입찰자의 부담으로 한다. <개정 2009.9.21>

제14조(입찰의 연기) ① 발주기관은 다음 각호의 경우 입찰공고 또는 입찰참가통지서에 기재된 입찰서 제출마감일시를 연기할 수 있다.

1. 제5조제2항에 의한 설명요구사항의 내용이 중내하여 연기가 불가피하다고 판단되는 경우
2. 기타 불가피한 사유로 인하여 지정된 일시에 입찰 또는 개찰을 실시하지 못하는 경우

② 제1항에 의하여 입찰을 연기한 경우에는 그 연기사유와 기간을 입찰공고의 방법과 동일한 방법으로 공고 또는 통지하여야 한다.

제15조(재입찰 및 재공고입찰) ① 계약담당공무원은 경쟁입찰에서 2인이상의 유효한 입찰자가 없거나 낙찰자가 없는 경우에는 재입찰에 부칠 수 있다. 이 경우에는 최초입찰에의 참가유무 또는 입찰횟수의 제한을 받지 아니한다. <개정 2019.12.18>

② 입찰자나 낙찰자가 없는 경우 또는 낙찰자가 계약을 체결하지 아니하는 경우에는 계약담당공무원은 재공고입찰에 부칠 수 있다.

③ 계약담당공무원은 시행령 제18조제3항에 의하여 규격과 가격을 분리하여 입찰에 부친 경우 가격입찰서를 개찰한 결과 낙찰자를 결정할 수 없는 경우로서 규격적격자가 2인 이상인 때에는 그 규격적격자에게 가격입찰서를 다시 제출하게 할 수 있다.

④ 제1항 내지 제3항에 의한 재입찰 또는 재공고입찰시에는 기한을 제외하고는 최초의 입찰에 부칠 때에 정한 가격 및 기타조건을 변경할 수 없다.

제16조(낙찰자의 결정) ① 계약담당공무원은 제12조에 해당하는 사유가 없는 자로서 시행령 제42조 등에 정한 낙찰자결정기준에 적합한 자를 낙찰자로 한다.

② 시행령 제17조에 따른 희망수량에 의한 일반경쟁입찰의 경우에는 유효한 입찰자중 예정가격이하의 최저단가 입찰자로부터 순차로 수요수량에 달할 때까지의 입찰자를 낙찰자로 한다. 다만, 최후순위의 낙찰의 수량이 다른 낙찰자의 수량과 합산하여 구매예정량을 초과할 때는 그 초과하는 수량에 대하여는 낙찰되지 아니한 것으로 본다.

③ 계약담당공무원은 개봉된 입찰서를 확인하고 유효한 입찰서의 입찰금액과 예정가격을 대조하여 지체없이 적격자를 낙찰자로 선정하여야 한다. 다만, 시행령 제42조제1항에 의하여 계약이행능력을 심사하여 낙찰자를 결정하는 등 낙찰자 결정에 장시간이 소요되는 경우에는 그러하지 아니할 수 있다.

④ 계약담당공무원은 제1항 내지 제3항에 의하여 낙찰자를 결정하기 전에 해당 입찰자의 입찰서, 법인 등기사항증명서(본사, 대표자 및 상호등 변경여부 확인), 공동수급표준협정서 등 관계서류를 검토하여 해당 낙찰예정자의 입찰이 제12조에 따른 무효입찰에 해당되는지의 여부를 확인하여야 한다. <개정 2015.9.21>

⑤ 계약담당공무원은 낙찰이 될 수 있는 동일가격으로 입찰한 자가 2인 이상인 때에는 다음 각 호에 따라 낙찰자를 결정한다.

1. 시행령 제17조에 따른 희망수량에 의한 경쟁입찰인 경우 : 입찰수량이 많은 입찰자를 낙찰자로 결정하되, 입찰수량도 동일한 때에는 추첨에 의하여 낙찰자를 결정
2. 시행령 제42조제1항에 따라 낙찰자를 결정하는 경우 : 이행능력 심사결과 최고점수인 자를 낙찰자로 결정하되, 이행능력 심사결과도 동일한 때에는 추첨에 의하여 낙찰자를 결정
3. 시행령 제42조제2항 본문에 따라 낙찰자를 결정하는 경우 : 추첨에 의하여 낙찰자를 결정
4. 시행령 제42조제3항에 따라 낙찰자를 결정하는 경우 : 규격 또는 기술우위자를 낙찰자로 결정하되, 규격 또는 기술평가 결과도 동일한 때에는 추첨에 의하여 낙찰자를 결정

⑥ 제5항에 의한 낙찰자 결정시에 입찰자중 출석하지 아니한 자 또는 추첨을 하지 아니한 자가 있을 때에는 입찰사무에 관계없는 공무원으로 하여금 추첨을 대신하게 할 수 있다.

⑦ 제1항에도 불구하고 시행령 제44조제1항에 의해 기획재정부장관이 지정·고시하는 물품의 제조 또는 구매입찰에 있어서는 해당물품의 입찰가격외에 품질, 성능, 효율 등(이하 "품질 등"이라 한다)을 종합적으로 고려하여 가장 경제성이 있는 가격의 입찰자를 낙찰자로 한다. 이 경우 계약담당공무원은 해당물품의 품질 등의 평가기준

을 기획재정부장관이 정하는 바에 따라 입찰전에 미리 결정하여 입찰자로 하여금 이를 열람하게 하여야 한다. <개정 2008.12.29>

⑧ 계약담당공무원은 제7항에 의한 입찰시에는 입찰자로 하여금 해당물품의 품질 등 표시서를 입찰서에 첨부하게 하여야 한다.

⑨ 계약담당공무원은 입찰서와 함께 품질 등 표시서의 제출을 받은 경우에 제7항에 따라 입찰전에 미리 결정한 평가기준에 의하여 평가하되 특별한 사유가 없는 한 입찰 또는 개찰(우편입찰일 경우에 한한다)일로부터 10일 이내에 낙찰자를 결정하여야 한다.

⑩ 계약담당공무원은 낙찰자로 결정된 자가 계약체결 이전에 입찰무효 등 부적격자로 판명되어 낙찰자 결정이 취소된 경우로서 동 부적격자를 제외하고 2인이상 유효한 입찰이 성립되어 있는 때에는 차순위자 순으로 필요한 심사 등을 실시하여 낙찰자를 결정한다.

제17조(계약의 체결) ① 낙찰자는 소정서식에 의한 구비서류 및 낙찰금액의 산출내역을 표시하는 내역서(이하 "산출내역서"라 한다)를 낙찰통지를 받은 후 7일 이내에 발주기관에 제출하고 10일 이내에 계약을 체결하여야 한다. 다만, 시행령 제9조제1항제2호에 의한 예정가격을 기준으로 계약을 체결하지 아니한 계약에 있어서는 계약담당공무원이 필요하다고 인정하는 경우에 그 산출내역서를 제출하게 할 수 있다.

② 제1항의 경우에 불가항력의 사유로 인하여 계약을 체결할 수 없는 경우에는 그 사유가 존속하는 기간은 이를 산입하지 아니한다.

③ 제1항에 의하여 발주기관과 계약을 체결하고자 하는 자는 관계법령 및 계약담당공무원이 요구하는 서류를 계약담당공무원에게 제출하여야 한다.

④ 계약담당공무원은 낙찰자가 정당한 이유없이 제1항에 의하여 계약을 체결하지 아니하는 때에는 낙찰을 취소할 수 있다.

⑤ 계약담당공무원은 장기물품제조의 경우에 낙찰자와의 계약은 총물품 제조낙찰금액을 부기하고 해당연도 예산의 범위안에서 제1차 물품제조에 대하여 계약을 체결하여야 한다. 이 경우에 제2차 물품제조이후의 계약은 총물품제조낙찰금액(시행령 제64조 내지 제66조에 의한 계약금액의 조정이 있는 경우에는 조정된 총물품제조금액을 말한다.)에서 이미 계약된 금액을 공제한 금액의 범위안에서 계약을 체결할 것을 부관으로 약정하여야 한다.

⑥ 제4항에 의하여 제1차 및 제2차 물품제조 이후의 계약금액은 총물품제조의 계약단가에 의한다. 이 경우 계약금액조정 등으로 인하여 산출내역서의 단가가 조정된 경우에는 조정된 계약단가에 의한다.

제18조(계약의 성립) 계약담당공무원과 낙찰자가 계약서에 기명·날인(외국인에 대하여 서명을 허용한 경우에는 서명을 포함한다)함으로써 계약은 확정된다.

제19조(입찰보증금의 계약보증금으로의 대체) ① 계약담당공무원은 낙찰자가 납부한 입찰보증금을 소정의 절차에 따라 계약보증금으로 대체할 수 있다.

② 제1항에 의한 대체는 계약이 성립한 때에 이루어진 것으로 본다.

제20조(부정당업자의 입찰참가자격제한) 입찰자 또는 낙찰자가 「국가를 당사자로 하는 계약에 관한 법률」 제27조 및 시행령 제76조에 해당하는 경우에는 1월이상 2년이하의 범위내에서 입찰참가자격 제한조치를 받게 된다. <개정 2018.12.31>

제21조(비밀유지 의무) 입찰자는 발주기관으로부터 배부받은 입찰에 관한 서류 또는 각종 자료 및 입찰과정에서 얻은 정보를 해당 입찰 이외의 목적으로 사용하여서는 아니된다.

제22조(이의신청) ① 추정가격이 1억 5천만원이상인 물품의 입찰에 있어 다음 각 호의 어느 하나의 사유로 인하여 불이익을 받았다고 인정되는 자는 「국가를 당사자로 하는 계약에 관한 법률」(이하 "법"이라 한다) 제28조제2항 및 제4항에서 정한 바에 따라 이의신청을 할 수 있다. <개정 2018.12.31>

1. 법 제28조제1항 각 호의 어느 하나에 정한 사유
2. 특례규정 제26조에서 정한 사유

제23조(기타사항) 입찰공고조건 및 이 유의서에 명시되지 아니한 기타의 사항에 대하여는 발주기관에서 정하는 바에 의한다.

제24조(재검토기한) 「훈령・예규 등의 발령 및 관리에 관한 규정」에 따라 이 예규에 대하여 2016년 1월 1일 기준으로 매3년이 되는 시점(매 3년째의 12월 31일까지를 말한다)마다 그 타당성을 검토하여 개선 등의 조치를 하여야 한다. <개정 2015.9.21>

부 칙 (2007.10.12)

제1조(시행일) 이 회계예규는 2007년 10월 12일부터 시행한다.

제2조(낙찰자의 결정에 관한 적용례) 제16조제10항의 개정규정은 이 예규 시행 후 입찰공고를 한 분부터 적용한다.

부 칙 (2008.12.29)

제1조(시행일) 이 회계예규는 2008년 12월 29일부터 시행한다.

부 칙 (2009.9.21)

제1조(시행일) 이 회계예규는 2009년 9월 21일부터 시행한다.

제2조(적용례) 이 예규 시행일 이후 입찰공고를 한 분부터 적용한다.

부 칙 (2010.1.4)

이 회계예규는 2010년 1월 4일부터 시행한다.

부 칙 (2010.4.15)

제1조(시행일) 이 회계예규는 2010년 4월 15일부터 시행한다.

제2조(적용례) 이 예규 시행일 이후 입찰공고를 한 분부터 적용한다.

부 칙 (2012.7.9)

제1조(시행일) 이 계약예규는 2012년 7월 9일부터 시행한다.

제2조(적용례) 이 예규 시행일 이후 입찰공고를 한 분부터 적용한다.

부 칙 (2012.9.22)

제1조(시행일) 이 계약예규는 2012년 9월 22일부터 시행한다.

부 칙 (2014.1.10)

제1조(시행일) 이 계약예규는 2014년 1월 10일부터 시행한다.

제2조(적용례) 이 예규 시행일 이후 입찰공고를 한 분부터 적용한다.

부 칙 (2015.9.21)

제1조(시행일) 이 계약예규는 2015년 9월 21일부터 시행한다.

부 칙 (2016.1.1)

제1조(시행일) 이 계약예규는 2016년 1월1일부터 시행한다.

부 칙 (2016.12.30)

제1조(시행일) 이 계약예규는 2017년 1월1일부터 시행한다.

제2조(적용례) 제3조의 개정규정은 이 계약예규 시행일 이후 최초로 입찰참가신청을 접수하는 분부터 적용한다.

부 칙 (2018.12.31)

제1조(시행일) 이 계약예규는 2019년 1월 1일부터 시행한다.

부 칙 (2019.12.18)

제1조(시행일) 이 계약예규는 2020년 3월18일부터 시행한다. 다만, 제6조, 제15조의 개정규정은 2019년 12월 18일부터 시행한다.

제2조(적용례) 이 계약예규는 부칙 제1조에 따른 시행일 이후 입찰공고를 한 분부터 적용한다.

부 칙 (2024.12.27)

제1조(시행일) 이 계약예규는 2025년 1월 2일부터 시행한다.

제2조(적용례) 이 계약예규는 부칙 제1조에 따른 시행일 이후 입찰공고를 하거나 수의계약을 체결하는 경우부터 적용한다.

물품적격심사기준에 관한 훈령

국방부 예규 제 297호, 2008. 1.23
일부 개정 국방부 예규 제 420호, 2008.11. 1
일부 개정 국방부 예규 제 445호, 2009. 8. 6
일부 개정 국방부 예규 제 487호, 2010.12.30
일부 개정 국방부 예규 제 503호, 2011.12.30
일부 개정 국방부 훈령 제1492호, 2012.12.31
일부 개정 국방부 훈령 제1608호, 2013.12.31
일부 개정 국방부 훈령 제1754호, 2014.12.31
일부 개정 국방부 훈령 제1838호, 2015.11.12
일부 개정 국방부 훈령 제2004호, 2017. 1.23
일부 개정 국방부 훈령 제2097호, 2017.12.21
일부 개정 국방부 훈령 제2212호, 2018.10.31
일부 개정 국방부 훈령 제2346호, 2019.12. 2
일부 개정 국방부 훈령 제2557호, 2021. 6. 2
일부 개정 국방부 훈령 제2692호, 2022. 8. 1
일부 개정 국방부 훈령 제2811호, 2023. 7. 3
일부 개정 국방부 훈령 제3035호, 2025. 4. 1

제1조(목적) 이 훈령은「국가를 당사자로 하는 계약에 관한 법률 시행령」제42조제5항 및 계약예규「적격심사기준」(이하 "적격심사기준"이라 한다) 제5조 및 제6조에 따라 국방부 본부와 국방부 소속기관, 국직부대·국직기관, 합참 및 각 군(이하 "국방관서"라 한다)에서 물품 제조·구매계약의 낙찰자 결정에 적용할 적격심사세부기준(이하 "세부기준"이라 한다)을 정함을 목적으로 한다.

제2조(적용대상) 이 훈령은「국가를 당사자로 하는 계약에 관한 법률 시행령」(이하 "「국가계약법 시행령」"이라 한다)제42조제1항의 규정에 해당하는 물품계약 중 계약이행능력을 심사하여 낙찰자를 결정하는 입찰을 대상으로 한다. 다만,「중소기업제품 구매촉진 및 판로지원에 관한 법률」제7조에 의거 중소기업자간 경쟁제품을 구매할 경우에는 중소벤처기업부 장관이 고시한「중소기업자간 경쟁제품 중 물품의 구매에 관한 계약이행능력심사 세부기준」을 적용한다.

제3조(적용기준) ① 심사분야별[납품실적, 기술능력, 경영상태, 신인도(품질관리 등 신뢰정도) 등] 기간계산 등의 심사 평가기준일은 다른 규정에서 정한 것에도 불구하고 입찰공고일로 하고, 입찰공고일 다음날 이후에 발생 또는 신고하였거나 수정된 자료는 평가에서 제외한다. 다만, 「중소기업 범위 및 확인에 관한 규정」(중소벤처기업부 고시) 제6조에 따른 중소기업 확인서는 적격심사서류제출 마감일까지 발급된 자료도 심사에 포함하며, 제8조에 따른 결격사유의 심사에 대하여는 낙찰자결정일을 기준으

로 한다.

② 심사서류의 외화표시금액은 입찰공고일의 「외국환거래법」에 의한 기준환율 또는 재정환율(매매기준율)을 적용하여 원화로 환산한다. 단, 외화와 원화가 같이 표시된 경우에는 원화를 적용한다.

③ 비율, 평점(입찰가격 포함) 등을 계산한 결과 소수점 이하의 숫자가 있는 경우에는 소수점 다섯째 자리에서 반올림한다. 이때 비율은 백분율(%)단위로 전환 이전단계의 수치를 의미한다.

제4조(심사항목 및 배점한도) ① 적격심사의 심사항목 및 배점한도는 [별표]에서 정한 바에 의한다.

② 계약담당공무원(발주기관의 장이 계약에 관한 사무를 그 소속공무원에게 위임하지 아니하고 직접 처리하는 경우에는 이를 계약담당공무원으로 본다. 이하 같다)은 계약의 특성, 목적 및 내용 등을 종합 고려하여 심사분야별 배점한도(입찰가격은 제외)를 20% 범위 내에서 가감 조정할 수 있으며, 항목별(신인도 제외) 세부사항을 추가하거나 제외할 수 있다. 이 때에는 입찰공고 또는 입찰설명서에 조정내용을 명시하여 입찰참가자가 열람 또는 교부 등을 통해 그 내용을 알 수 있도록 조치하여야 한다.

제5조(평가방법) ① 계약담당공무원은 세부기준에 따라 예정가격 이하로서 최저가로 입찰한 자의 순으로 심사한다.

② 납품실적, 기술능력, 경영상태의 평가방법은 입찰공고에서 달리 정한 경우를 제외하고는 다음 각 호에 따른다.

1. 납품실적평가는 다음 각 목에 따르되, 세부적용내용은 [별표]의 '납품실적'에 따른다. 다만, 추정가격 10억원 미만의 구매 적격심사시에는 적용하지 않는다.

가. 계약담당공무원은 적격심사시 적용할 납품실적 평가기준(계약목적물과 동등이상 또는 유사물품, 금액 또는 수량)을 입찰공고에 명시하여야 한다.

나. 적격심사대상자의 납품실적은 계약일자와 납품기한에 관계없이 납품완료된 시점이 최근 5년 이내로서 입찰공고에 정하여 명시한 계약목적물과 동등이상 또는 유사물품을 납품한 금액(부가가치세 제외) 또는 수량으로 합산하여 평가한다. 다만, 납품실적 적용기간을 조정하고자 하는 경우에는 입찰공고에 명시하여야 한다.

다. 합병의 경우 존속되거나 신설된 업체의 실적은 소멸된 자의 실적을 승계한 것으로 합산하여 평가하며, 분할의 경우에는 권리·의무를 승계받은 업체의 실적으로 보며, 합병·분할과 관련된 업체의 실적증빙서류를 제출하여야 한다. 다만, 분할 관련 실적은 시설, 기술자 등의 요건이 필요한 때에는 이를 갖춘 경우에만 실적으로 인정한다.

라. 사업양도(양수)의 경우에는 해당 업종을 양수한 자의 실적으로 평가하며, 사업양도(양수)와 관련된 업체의 실적증빙서류를 제출하여야 한다. 다만, 실적은

시설, 기술자 등의 요건이 필요한 때에는 이를 갖춘 경우에만 실적으로 인정한다.

2. 기술능력평가는 제조 적격심사시 적용하며, [별표]의 '기술능력'에 따른다. 합병·분할 및 사업양도(양수)의 경우에는 제1호 다목과 라목에 준하여 평가한다.
3. 경영상태평가는 '신용평가등급에 따른 평가방법'에 의하며, 이의 세부적용사항은 별표의 '경영상태'에 따른다.

③ 신인도 평가는 다음 각 호에 의하되, 세부적용내용은 별표의 '신인도 평가'에 따른다.

1. 각 심사항목별로 심사한 평점의 합계는 총 배점한도를 초과할 수 없으며, 신인도 심사결과 총 평점은 각 항목의 가점 합계와 감점 합계를 상계한 점수로 한다.
2. 당해물품 납품이행능력 취득점수가 당해물품 납품이행능력 배점한도에 미달한 경우에만 배점한도 내에서 신인도 총평점을 더하고, 신인도 총평점이 음인 경우에는 적격심사대상자가 취득한 납품이행능력(납품실적, 기술능력 및 경영상태)의 취득한 점수에서 감점한다.

제6조(공동수급체 등에 대한 평가) ① 공동계약이 가능함을 입찰공고에 명시한 경우로서, 공동수급체로 참여하는 경우에는 구성원별 출자비율 또는 분담부분을 입찰참가 등록 시까지 확정하여 제출하여야 한다.

② 심사대상자가 공동수급체를 구성하고 있는 경우의 평가는 다음 각 호에 따르되, 세부내용은 제5조에 따른다. 다만, 면허 보완을 위한 전기·정보통신공사 등 공사업을 분담이행하는 경우에는 공사업 분담이행업체를 제외한 나머지 공동수급체를 기준으로 평가한다.

1. 납품실적 평가
   공동수급체 구성원별로 각각 납품실적(금액 또는 수량)에 출자비율 또는 분담비율을 곱하여 구성원 모두의 실적을 합산하여 해당되는 등급으로 평가한다.
2. 기술능력 및 경영상태 평가
   공동수급체 구성원별로 각각 산출한 기술능력 및 경영상태 평가점수에 출자비율 또는 분담비율을 곱한 후 합산하여 평가한다.
3. 신인도 평가
   공동수급체 구성원별로 각각 산출한 신인도 평가점수에 각각의 출자비율 또는 분담비율을 곱하여 이를 합산하여 평가한다(제5조제3항의 규정은 공동수급체 구성원 점수 합산 후 적용). 감점대상 업체가 공동수급체 구성원으로 입찰에 참가하는 경우에는 해당 감점점수에 해당업체의 출자비율 또는 분담비율을 곱한 점수를 감점한다.

③ 「중소기업협동조합법」에 따른 중소기업협동조합이 물품의 제조 및 구매에 관한 경쟁입찰에 참가하는 경우(배정받을 조합원은 해당 입찰참가자격 조건을 구비하여야 한다)에는 해당계약을 이행할 조합원 및 그 분담내용에 따른 "출자비율 또는 분담비

율"을 입찰서 제출 마감일 전일까지 확정 제출하여야 한다.

④ 조합이 확정한 계약이행 예정업체는 부도·파산 등 특별한 사유로 해당업체의 계약이행이 불가능한 경우 외에는 계약이행 완료시까지 다른 조합원으로 변경할 수 없다.

⑤ 중소기업협동조합의 적격심사는 해당계약을 이행할 출자 또는 분담업체에 대하여 제2항의 평가방법에 따라 평가한다.

제7조(제출서류 등) ① 계약담당공무원은 입찰을 집행한 후 예정가격 이하로서 최저가입찰자 순위별 대상자를 선정하여 국방전자조달(D2B)시스템, 공공급식통합플랫폼(www.ns.eat.co.kr) 등(이하 "전자조달시스템"이라 한다)을 통해 적격심사 대상자에게 통보하고 적격심사에 필요한 서류를 제출하도록 하여야한다. 다만, 입찰가격점수와 다른 심사분야의 배점한도를 합산한 종합평점이 적격심사 통과점수에 미달하는 입찰자에 대해서는 적격심사서류 제출 요구를 생략한다.

② 제1항의 경우를 제외한 심사대상자에게 적격심사에 필요한 서류를 제출하도록 요구하되 그 제출기한을 분명히 해야 하며, 제출기한은 입찰자가 통보 받은 날부터 5일 이내(토요일 및 공휴일 제외)로 하여야 한다.

③ 제1항에 따라 적격심사서류 제출을 통보 받은 입찰자는 제2항의 기한 내에 다음 각 호의 서류를 첨부한 적격심사신청서를 전자조달시스템을 통하여 제출하여야 한다. 다만, 제3호부터 제4호까지의 서류는 제4조 제1항에 따른 심사항목의 평가에 필요한 경우에 한하여 제출한다.

1. 적격심사 신청서 (별지 제1호 서식)
2. 적격심사 자기평가 및 심사표(별지 제2호 서식)와 항목별 평점 세부내역 1부(별지 제2호의2 서식)
3. 납품실적 증명서(별지 제3호 서식)
4. 기타 제출서류 각 1부(별지 제4~5호 참조)

④ 제1항에 따라 적격심사서류 제출을 통보 받은 입찰자가 제3항에도 불구하고 전자조달시스템으로 제출할 수 없는 경우 해당 입찰자가 제3항 각 호의 서류를 첨부한 적격심사신청서를 직접 제출 등의 방법으로 제2항의 기한 내에 제출하여야 하며, 전자조달시스템으로 제출하는 경우에도 원본확인 등이 필요한 서류에 대하여는 계약담당공무원의 요청에 따라 별도로 제출하여야 한다.

⑤ 계약담당공무원은 제3항 및 제4항에 의하여 제출된 적격심사서류가 다음 각 호 중 어느 하나에 해당하는 경우에는 기한을 정하여 해당 입찰자에게 보완을 요구할 수 있으며, 보완기간은 해당 입찰자가 통보를 받은 날로부터 3일 이상(토요일 및 공휴일 제외)으로 하여야 한다.

1. 적격심사서류 중 첨부 목록에 있는 서류가 첨부되어 있지 아니한 경우
2. 제출받은 서류만으로는 심사항목의 충족여부 확인이 불가한 경우

3. 제출된 서류 중 모순되는 내용이 있거나, 오류가 있는 경우
4. 제출된 서류가 [별표]평가기준표에서 정하고 있는 입증자료에 해당하지 않거나 서류발급기관의 확인 등이 없어 객관적인 입증자료에 해당하지 않는 경우

⑥ 제5항에 따라 보완요구한 서류가 기한까지 제출되지 아니한 경우에는 당초 제출된 서류만으로 심사하되, 당초 제출된 서류가 불명확하여 심사하기가 곤란한 경우에는 심사에서 제외한다. 단, 심사서류를 보완한 후에도 종합평점이 낙찰자 결정에 필요한 점수에 미달하는 경우에는 낙찰대상에서 제외하고 차순위 입찰자에 대하여 동일한 방법으로 심사하여 낙찰자를 결정한다.

제8조(결격사유의 심사) ① 심사대상자가 부도·파산·해산·영업정지(이하 '부도 등'이라 한다) 및 부정당업자제재 상태인 경우에는 결격사유로 평가하며, 부도 등의 우려가 있어 계약이행이 어렵다고 판단되는 경우에는 적격심사위원회의 심사결과에 따라 결격여부를 결정한다. 이 경우 적격심사위원회는 심사대상자에게 자료제출을 요구하거나 관계자 또는 전문가의 의견을 청취 또는 자문을 받을 수 있다.

② 공동계약을 허용한 경우로서, 공동수급체 일부 구성원이 입찰서제출마감일 이후 낙찰자결정 이전에 부도, 영업정지, 입찰무효, 부정당업자제재 상태 등의 결격사유가 발생한 경우에는 해당 구성원을 제외하고 잔존구성원의 출자비율 또는 분담내용을 변경하게 하여 재심사를 하여야 한다. 다만, 공동수급체 대표자가 부도, 영업정지, 입찰무효, 부정당업자제재 상태 등의 결격사유가 발생한 경우에는 공동수급체를 낙찰자 결정대상에서 제외한다.

제9조(낙찰자 결정) ① 예정가격 이하로서 최저가 입찰자에 대한 심사결과 종합평점이 95점 이상이면 낙찰자로 결정하며, 동일가격의 최저가 입찰자가 2인 이상인 경우에는 종합평점이 95점 이상인 자 중에서 최고점수인 자를 낙찰자로 결정한다. 다만, 이외의 경우에는 추첨에 따라 낙찰자를 결정한다.

② 예정가격을 작성할 수 없는 경우 또는 계약의 특성상 평가가 곤란한 항목이 있는 경우에는 입찰공고시 그 내용을 명시하여 그 항목을 제외한 나머지 심사항목만으로 심사하고, 심사결과 종합평점이 나머지 심사항목 배점한도의 100분의 95 이상인 자를 낙찰자로 결정할 수 있으며, 동일가격의 최저가 입찰자가 2인 이상인 경우의 낙찰자 결정방법은 제1항과 같다.

③ 최저가 입찰자에 대한 심사결과 종합평점이 95점 미만인 경우 또는 최저가 입찰자가 정당한 사유 없이 심사서류를 제출하지 아니하거나 심사서류 제출 후 낙찰자 결정 이전에 심사를 포기한 경우에는 차순위 최저가 입찰자 순서로 심사하여 낙찰자를 결정한다.

④ 적격심사에 소요되는 행성소요일수를 감안하여 계약담당공무원이 필요하다고 인정하는 경우에는 예정가격 이내 입찰자를 대상으로 동시에 적격심사를 할 수 있다.

⑤ 제8조제2항에 따라 결격 구성원을 포함한 공동수급체가 낙찰자로 결정된 경우에는 계약체결 전까지 기존 적격심사 점수가 하향되지 않는 범위내에서 공동수급 협정내용을 변경하게 할 수 있다.

제10조(재심사) ① 제8조의 규정에 의하여 부적격통보를 받은 자가 통보일로부터 3일 이내에 심사결과에 대한 재심사를 요청하였을 때에는 특별한 사유가 없는 한 재심사요청서 접수일로부터 3일 이내에 재심사를 하여야 한다. 다만, 재심사는 1회에 한한다.

② 제1항에 의한 재심사결과는 해당자에게 지체없이 통보하여야 한다.

③ 제1항의 재심사요청서를 접수할 때에는 적격심사에 필요한 추가서류는 접수할 수 없다.

제11조(적격심사위원회 운영) ① 발주기관의 장(또는 계약담당공무원)은 가능한 공정하고 합리적인 심사를 위해 적격심사위원회를 구성하여 심사할 수 있다.

② 제1항의 적격심사위원회 심사위원은 관계부서의 3인 이상 담당관으로 구성한다.

제12조(생산능력의 확인) ① 계약담당공무원은 업체의 생산능력을 확인할 필요가 있는 품목에 대해서는 그 내용을 입찰공고 조건에 명시하여야 한다.

② 제1항의 규정에 의한 생산능력 확인대상은 입찰결과 예정가격 이내의 입찰업체에 한하여 적용하며, 생산능력판단 세부기준은 발주기관의 장이 정한다.

제13조(부정한 방법에 의한 심사서류 제출자 및 미제출자 처리) ① 계약담당공무원은 제7조에 따라 제출한 서류가 부정 또는 허위로 작성된 것으로 판명된 때에는 다음 각 호와 같이 처리하여야 한다.

1. 계약체결 이전인 경우에는 적격낙찰자 결정대상에서 제외 또는 결정 통보를 취소한다.
2. 계약체결 이후인 경우에는 당해 계약을 해제 또는 해지할 수 있다.

② 계약담당공무원은 제1항에 해당하는 자에 대하여 『국가를 당사자로 하는 계약에 관한 법률 시행령』 제76조에 따라 국방부장관(참조: 계획예산관)에게 입찰참가자격 제한을 건의하여야 한다.

제14조(세칙) 이 훈령을 적용하는 기관의 장은 국방부장관의 승인을 얻어 이 훈령의 시행을 위하여 필요한 세부사항을 정할 수 있다. 다만, 사업의 특성에 의하여 계약건별로 적용하는 세부사항에 대하여는 예외로 한다.

제15조(기타사항) ① 이 훈령에서 정하지 아니한 사항에 대하여는 계약예규 「적격심사기준」 등 관련 계약예규와 기타 국방부 계약 관련 훈령을 적용하며, 물품의 특성에 따라 이 훈령을 적용하기 곤란하다고 인정되는 사항에 대하여는 입찰공고에 별도로 반영하여 집행할 수 있다.

② 국방전자조달(D2B)시스템에서 조회·확인된 자료의 오류 누락 등의 경우에는 사실확

인을 통하여 평가할 수 있다.

제16조(존속기한) 이 훈령은 「훈령·예규 등의 발령 및 관리에 관한 규정」에 따라 발령 후의 법령이나 현실여건의 변화 등을 검토하여 폐지, 개정 등의 조치를 하여야 하는 기한은 2028년 3월 31일까지로 한다.

부 칙(제297호, 2008.1.23)

1. 이 기준은 2007.8.13. 이후의 입찰공고분부터 적용한다.
2. 이 기준 시행과 동시에 국방부 물품적격심사기준(회계관리팀-3499호, 2006.10.30)을 폐지한다.

부 칙(제420호, 2008.11.1)

1. 이 예규는 2008.11.1부터 시행한다.
2. (경과조치)이 예규 시행일 전에 입찰공고한 물품계약에 대한 적격심사는 종전의 규정에 따른다.

부 칙 (제445호, 2009.8.6)

이 예규는 발령일부터 시행한다.

부 칙 (제487호, 2010.12.30)

제1조(시행일) 이 예규는 2011.1.1부터 시행한다.

제2조(경과조치) 이 예규 시행일 전에 입찰공고한 물품계약에 대한 적격심사는 종전의 규정에 따른다.

부 칙 (제503호, 2011.12.30)

제1조(시행일) 이 예규는 2012.1.1부터 시행한다.

제2조(경과조치) 이 예규 시행일 전에 입찰공고한 물품계약에 대한 적격심사는 종전의 규정에 따른다.

부 칙 (제1492호, 2012.12.31)

제1조(시행일) 이 훈령은 2013년 1월 1일부터 시행한다.

제2조(경과조치) 이 훈령 시행일 전에 입찰공고한 물품계약에 대한 적격심사는 종전의 규정에 따른다.

부 칙 (제1608호, 2013.12.31)

이 훈령은 2014년 1월 1일부터 시행한다.

부 칙 (제1754호, 2014.12.31)

제1조(시행일) 이 훈령은 2015년 1월 1일부터 시행한다.

제2조 (경과조치) 이 훈령 시행일 전에 입찰공고한 계약에 대한 적격심사는 종전의 훈령에 따른다.

부　칙 (제1838호, 2015.11.12)

제1조(시행일) 이 훈령은 2015년 11월 16일부터 시행한다.

제2조 (경과조치) 이 훈령 시행일 전에 입찰공고한 계약에 대한 적격심사는 종전의 훈령에 따른다.

부　칙 (제2004호, 2017.1.23)

제1조(시행일) 이 훈령은 2017년 2월 1일부터 시행한다.

제2조 (경과조치) 이 훈령 시행일 전에 입찰공고한 계약에 대한 적격심사는 종전의 훈령에 따른다.

부　칙 (제2097호, 2017.12.21)

제1조(시행일) 이 훈령은 2018년 1월 1일부터 시행한다.

제2조 (경과조치) 이 훈령 시행일 전에 입찰공고한 계약에 대한 적격심사는 종전의 훈령에 따른다.

부　칙 (제2212호, 2018.10.31)

제1조(시행일) 이 훈령은 발령한 날로부터 시행한다.

제2조 (경과조치) 이 훈령 시행일 전에 입찰공고한 계약에 대한 적격심사는 종전의 훈령에 따른다.

부　칙 (제2346호, 2019.12.2)

제1조(시행일) 이 훈령은 발령한 날로부터 시행한다.

제2조 (경과조치) 이 훈령 시행일 전에 입찰공고한 계약에 대한 적격심사는 종전의 훈령에 따른다.

부　칙 (제2557호, 2021.6.2)

제1조(시행일) 이 훈령은 발령한 날부터 시행한다.

제2조 (경과조치) 이 훈령 시행일 전에 입찰공고한 계약에 대한 적격심사는 종전의 훈령에 따른다.

부　칙 (제2692호, 2022. 8.1)

제1조(시행일) 이 훈령은 발령한 날부터 시행한다.

제2조 (경과조치) 이 훈령 시행일 전에 입찰공고한 계약에 대한 적격심사는 종전의 훈령에 따른다.

부　칙 (제2811호, 2023.07.03)

제1조(시행일) 이 훈령은 발령한 날부터 시행한다.

제2조 (경과조치) 이 훈령 시행일 전에 입찰공고한 계약에 대한 적격심사는 종전의 훈령에 따른다.

부 칙(제3035호, 2025. 4. 1.)

제1조(시행일) 이 훈령은 발령한 날부터 시행한다.

제2조(경과조치) 이 훈령 시행일 전에 입찰공고한 계약에 대한 적격심사는 종전의 훈령에 따른다.

작성관
기획조정실 계획예산관 재정회계담당관 계약관리담당 / 900-5367

국 방 부 장 관

[별표]

평 가 기 준 표(제4조제1항 관련)

1. 적격심사항목 및 배점한도

(단위 : 점)

<table>
<tr><th rowspan="3">구분</th><th rowspan="3">심사분야</th><th rowspan="3">심사항목</th><th colspan="3">배점한도</th></tr>
<tr><th rowspan="2">제조</th><th colspan="2">구매</th></tr>
<tr><th>10억원 이상</th><th>10억원 미만</th></tr>
<tr><td>계</td><td></td><td></td><td>100</td><td>100</td><td>100</td></tr>
<tr><td rowspan="4">1) 당해물품 납품이행 능 력</td><td>소 계</td><td></td><td>50</td><td>50</td><td>30</td></tr>
<tr><td>납품실적</td><td>①계약목적물과 동등 이상 물품
②계약목적물과 유사물품</td><td>10</td><td>10</td><td>미적용</td></tr>
<tr><td>기술능력</td><td>①기술인력 보유
②생산기술 축적정도</td><td>10</td><td>미적용</td><td>미적용</td></tr>
<tr><td>경영상태</td><td>신용평가등급</td><td>30</td><td>40</td><td>30</td></tr>
<tr><td>2)입찰가격</td><td></td><td>평점산식 참조</td><td>50</td><td>50</td><td>70</td></tr>
<tr><td rowspan="5">3)신인도</td><td>품질정도</td><td>①품질관리
②기술보유
③환경관리</td><td rowspan="5">+3
~
-7.2
/
(급식류)
+3
~
-10.0</td><td>미적용</td><td>미적용</td></tr>
<tr><td>계약이행 성실도</td><td>①품질하자
②불공정 계약행위
③부당노동행위
④식품위생법 및 축산물 위생관리법 위반(급식류)
⑤경고장(급식류)
⑥농수산물의 원산지 표시 등에 관한 법률 위반(급식류)</td><td rowspan="4">+1.15
~
-7.2
/
(급식류)
+1.15
~
-10.0
(⑤정책지원의 경우, 급식류 미적용)</td><td rowspan="4">+1.15
~
-7.2
/
(급식류)
+1.15
~
-10.0
(⑤정책지원의 경우, 급식류 미적용)</td></tr>
<tr><td rowspan="3">사회적 책임 등 신뢰정도</td><td>①고용창출
②혁신형 중소기업
③장애인기업
④여성기업 지원 등</td></tr>
<tr><td>⑤정책지원</td></tr>
<tr><td>⑥산업안전</td></tr>
<tr><td rowspan="2">4)결격사유</td><td rowspan="2">당해물품 납품이행 결격여부</td><td>부도 등 및 부정당업자제재 상태인 경우 또는 부도 등의 우려가 있어 해당 계약이행이 어렵다고 판단되는 경우(단, 법정관리, 화의인가 결정 등 법원의 경영정상화 판결을 받은 경우는 제외)</td><td>-10</td><td>-10</td><td>-10</td></tr>
<tr><td>②생산능력 부족으로 당해 계약 이행이 어렵다고 판단되는 경우</td><td>-10</td><td>미적용</td><td>미적용</td></tr>
</table>

※ [주]

1. 물품구매 적격심사시, ‘기술능력’과 ‘신인도의 품질정도’는 적용하지 아니하고, 10억원 미만의 물품구매 적격심사시에는 ‘납품실적’ 또한 적용하지 않는다.
2. 신인도 평가시, 물품제조 적격심사의 경우 ‘품질정도’와 ‘계약이행 성실도’, ‘사회적 책임 등 신뢰정도’ 평가점수를 합산하여 계산하며, 물품구매 적격심사의 경우는 신인도의 품질정

도는 적용하지 아니하고, '계약이행 성실도'와 '사회적 책임 등 신뢰정도'만 반영하여 평가한다.

3. 결격사유의 심사항목 ②는 입찰공고조건에 명시된 품목에 한하여 적용하며, 그 생산능력 판단은 발주기관의 장이 정한 기준에 의한다.

2. 심사항목별 평가방법

가. 당해물품 납품이행능력

1) 납품실적 : 배점한도 10점 (단위 : 점)

심사항목	평가요소	등급	평점
①최근 7년 이내 납품실적 (계약목적물과 동등 이상 물품) * 중기업 또는 대기업은 최근 5년 이내의 납품실적만 인정	금액[납품실적(부가가치세 제외)/추정가격]	A. 100% 이상 B. 70% 이상~100% 미만 C. 50% 이상~ 70% 미만 D. 20% 이상~ 50% 미만 E. 5% 이상~ 20% 미만	10.0 9.0 8.0 7.0 5.0
	수량[납품수량/입찰수량]		
②최근 7년 이내 납품실적 (계약목적물과 유사물품) * 중기업 또는 대기업은 최근 5년 이내의 납품실적만 인정	금액[납품실적(부가가치세 제외)/추정가격]	A. 100% 이상 B. 70% 이상~100% 미만 C. 50% 이상~ 70% 미만 D. 20% 이상~ 50% 미만 E. 5% 이상~ 20% 미만	5.0 3.5 2.0 1.0 0.5
	수량[납품수량/입찰수량]		

※ [주]

1. 납품실적 평가는 "①"심사항목과 "②"심사항목의 평점을 합산하여 평가하되, 배점한도를 초과할 수 없다. 창업기업(입찰공고일 기준 최근 7년 이내 사업을 개시한 중소기업)은 배점한도 내에서 가산점 3점을 부여하며, 다음과 같이 평가한다.
   1) 개인사업자인 경우, 사업자등록증명서상 사업자등록일을 기준으로 7년 경과 여부를 평가한다.
   2) 법인인 경우, 법인등기부등본상 법인설립등기일을 기준으로 평가한다. (법인 중 지사를 보유하는 기업은 본사 기준 사업자등록증명서상 사업자등록일을 기준으로 평가한다.)
2. ①의 동등 이상 물품이란 성능・품질 등이 당해 입찰대상 물품 이상인 것으로서 입찰공고에서 명시한 성능, 품질 등의 조건에 부합되는 경우에 평가하고, ②의 유사물품이란 당해 입찰대상 물품과 동일종류로 성능・품질 등이 동등 미만인 것으로 입찰공고에서 명시한 성능・품질 등의 조건에 부합된 경우에만 평가한다.
3. 유사물품선정 기준의 적용이 곤란하다고 판단될 경우에는 ①항으로만 평가하되 동등 이상 납품실적이 5% 미만인 업체는 ②항의 최저점을 적용한다. 이 경우 입찰공고에 명시하여야 한다.

4. 국내 소재 업체의 납품실적은 해당물품을 「중소기업제품 구매촉진 및 판로지원에 관한 법률」 제2조제2호의 공공기관(이하 "공공기관이라 한다)에 납품한 실적증명서(별지 제3호 서식)로 제출하여야 한다. 다만, 공공기관 이외의 납품실적은 원본 확인된 당해 물품의 계약서, 세금계산서, 거래명세표 등을 실적증명서(별지 제3호 서식)에 첨부한 경우에 한하여 평가한다. 특히 필요한 경우 공급받는 자의 인감증명(법인 또는 개인 / 본인서명사실확인서 또는 전자본인서명확인서로 갈음 가능)을 첨부한 거래사실 확인서를 제출하게 할 수 있다. 또한, 기업구분이 확인되지 않는 경우에는 "중기업 또는 대기업"기준으로 평가한다.
5. 국외 소재 업체의 납품실적도 국내 소재 업체에 준하여 실적증명서(별지 제3호 서식)를 제출하여야 한다. 다만, 공공기관 이외의 납품실적은 이를 공증하거나 해당국가의 상공회의소 또는 해당국가에 주재하는 대한민국 공관의 확인을 받은 경우에는 세금계산서 등 증빙자료 첨부를 생략할 수 있다.
6. 합병의 경우 존속하거나 신설된 업체의 실적은 소멸된 자의 실적을 승계한 것으로 합산하여 평가하며, 분할의 경우에는 권리·의무를 승계받은 업체의 실적으로 본다. 또한, 사업 양수·도의 경우에는 해당 업종을 양수한 자의 실적으로 평가하며 합병·분할·사업 양수·도와 관련한 업체의 실적증빙서류를 제출하여야 한다.(단, 분할 및 사업양수·도의 경우 실적 이행을 위하여 분할 및 사업양수·도시에 권리 및 시설, 기술자 등의 요건이 필요할 때에는 이를 갖춘 경우에만 실적으로 인정한다.)
7. 적격심사 대상자의 납품실적은 계약일자와 관계없이 납품완료된 시점이 최근 7년 이내(중기업 또는 대기업은 최근 5년 이내)로서 입찰공고에 명시한 동등 이상 물품 및 유사물품을 납품한 금액 또는 규모를 기준으로 평가하되, 입찰공고에 납품실적 적용기간을 달리 정한 경우에는 그 내용에 따라 평가한다.
8. 제조계약을 위한 적격심사의 경우 제조 납품실적만을 인정하고, 구매계약을 위한 적격심사의 경우 제조·구매 납품실적 모두 인정한다. 또한, 실적에 대한 입증책임은 적격심사대상자가 부담하며, 의무를 다하지 아니하여 실적확인이 어려운 경우에는 실적을 인정하지 아니한다.

2) 기술능력 : 배점한도 10점 (단위 : 점)

심사항목	평가요소	배점한도	등급	평점
① 기술인력 보 유	기술인력 보유정도	6.0	A. 기술사 또는 기능장 보유 ① 3인 이상 ② 2인 ③ 1인 B. 기사 또는 산업기사 보유 ① 3인 이상 ② 2인 ③ 1인 C. 기능사 보유 ① 3인 이상 ② 2인 ③ 1인 D. 미보유	 3.0 2.0 1.0 1.5 1.0 0.5 0.75 0.5 0.25 3.0
② 생산기술 축적정도	공장등록 연수평가	4.0	A. 5년 이상 B. 3년 이상 5년 미만 C. 1년 이상 3년 미만 D. 1년 미만	4.0 3.5 3.0 2.5

※ [주]

1. 기술능력 평가는 "①"심사항목과 "②"심사항목의 평점을 합산하여 평가한다.
2. "①"심사항목의 평가는 다음 각 호에 따른다.
   1) 「국가기술자격법」에 따른 기술・기능분야의 기술사, 기능장, 기사, 산업기사 또는 기능사(이하 "기술사 등"이라 함)에 대해 평가한다. 이 경우 적격심사 대상자는 기술사 등(동 자격을 갖추고 최근 6개월 이상 연속하여 근무한 자)에 대한 자격증 사본과 해당 자격자의 최근 6개월 이상 고용사실을 입증하는 자료(고용보험, 국민건강의료보험, 국민연금, 산재보험 관련 증빙서류 포함)를 제출하는 경우에 평가한다. 심사대상자가 단일기업내 다수의 사업을 겸영하는 경우에는 해당 기술인력을 고용하는 사업장에 한정하여 평가한다. 다만, 대표자가 "기술사 등"의 자격증을 보유한 경우에는 근무기간에 상관없이 평가에 포함한다.
   2) 기술인력 미보유업체는 D등급으로 평가하고, 기술인력 보유업체는 D등급과 해당되는 A, B, C등급을 합산하여 평가하며, 기술 상위등급에 해당되는 기술인력이 평가 최대인원(3명)을 초과하는 경우에는 기술 하위등급 인력으로 평가한다. 다만, 1인이 다수의 기술자격 보유시 하나의 기술자격만 인정한다.
   3) 외국업체의 경우에는 해당국의 관계기관에서 인정하는 기술・기능자격 관련자료를 제출하는 경우에 평가한다.
   4) 기술인력보유 평가는 「국가기술자격법」에 따른 국가기술자격 중 입찰공고에서 정한 분야(직무분야 등)에 한하여 평가한다. 다만, 입찰공고에 이를 명시하지 않은 경우에는 계약목적물과 관련된 기술인력만 평가하며 이에 대한 입증책임은 적격심사대상자에게 있다.
3. "②"심사항목의 평가는 다음 각 호에 따른다.
   1) 공장등록 연수는 당해 입찰대상 업종(산업분류표 중 소분류) 공장등록일자를 기준으로 기산하되, 공장등록기간은 연속되어 있어야 한다. 다만, 공장 이전으로 인한 단절은 연속된 것으로 보되, 단절기간은 등록기간 산정에서 제외한다.
   2) 국내 소재 제조자의 경우 산업집적 활성화 및 공장설립에 관한 법령에 따라 지방자치단체장이나 공업단지관리공단이 발행한 공장등록증명원에 따르며, 국외 소재 제조자의 경우 소재국의 유관사업 당국이나 관할행정관서 또는 단체에서 발행한 증명서류에 따른다.
   3) 적격심사대상자는 공장등록증명원 등 증명서류 제출 시, 계약담당공무원의 요청이 있는 경우, 평가등급에 따른 해당 기간의 소득세 또는 법인세 납부 증명자료와 해당 입찰공고일 이후 촬영한 공장 내・외부 정면・측면사진 각 2매(4×6크기, 총 4매)를 제출하여야 한다.
   4) 다만, 「중소기업기본법」 제2조제2항에 따른 소기업으로서 사업자등록증명원에 제조업으로 등록되고, 「산업집적활성화 및 공장설립에 관한 법률」 제2조제1항에 따른 공장의 건축면적 또는 이에 준하는 사업장의 면적이 500제곱미터 미만인 경우에는 공장등록연수과 관계없이 사업자등록일을 기준으로 평가한다. 이 경우 사업자등록증명원과 공장건축면적 또는 사업장의 면적이 500제곱미터 미만임을 입증할 수 있는 증명자료를 제출받아 이를 확인한다.

3) 경영상태 (단위 : 점)

신 용 평 가 등 급				
회사채	기업어음	기업신용평가	평 점	
			제조 및 10억원 미만 구매	10억원 이상 구매
AA+, AA0, AA-	A1	AA+, AA0, AA-	30.0	40.0
A+	A2+	A+		
A0	A20	A0		
A-	A2-	A-		
BBB+	A3+	BBB+	29.8	39.7
BBB0	A30	BBB0	29.6	39.4
BBB-	A3-	BBB-	29.4	39.1
BB+, BB0	B+	BB+, BB0	29.2	38.8
BB-	B0	BB-	29.0	38.5
B+, B0, B-	B-	B+, B0, B-	28.8	38.2
CCC+ 이하	C 이하	CCC+ 이하	25.0	35.0

※ [주]

1. 「신용정보의 이용 및 보호에 관한 법률」 제4조에 따른 신용정보업 또는 「자본시장과 금융투자업에 관한 법률」 제335조의3에 따른 신용평가업의 업무를 영위하는 자로부터 입찰공고일 이전에 평가받아 부대조달정보체계에 전송된 유효기간 내에 있는 회사채, 기업어음, 기업신용평가등급으로 평가하되, 가장 최근의 신용평가등급으로 평가한다. 다만, 가장 최근의 신용평가등급이 같은 날 다수가 있어 그 결과가 상이한 경우 가장 낮은 등급으로 평가한다.

2. 부대조달정보체계에서 '신용평가등급 확인서'가 확인되지 않은 경우에는 적격심사대상자로부터 제출받은 '신용평가등급 확인서'로 평가한다. 적격심사대상자로부터 제출받은 '신용평가등급 확인서'로도 확인되지 않는 경우에는 최저등급으로 평가하며, 유효기간 만료일이 입찰공고일인 경우에도 유효한 것으로 평가한다.

3. 합병한 업체에 대하여는 합병 후 새로운 신용평가등급으로 심사하여야 하며 합병 후의 새로운 신용평가등급이 없는 경우에는 합병 대상업체 중 가장 낮은 신용평가등급을 받은 업체의 신용평가등급으로 심사한다.

4. 추정가격이 고시금액 미만인 물품구매 입찰에서 적격심사대상자가 입찰공고일 기준 최근 7년 이내 사업을 개시한 창업기업인 경우와 소기업·소상공인(중소기업 확인서 및 중소기업 간주 확인서를 "소기업" 또는 "소상공인"으로 발급받은 비영리법인을 포함)인 경우에는 신용평가등급을 만점으로 평가한다. 이는 창업기업, 소기업·소상공인이 신용평가를 받지 않아 신용평가등급이 확인되지 않는 경우에도 동일하고, 이 경우 창업기업의 확인은 법인의 경우 법인등기부등본상 법인설립등기일, 개인사업자인 경우

사업자 등록증명서상 사업자등록일을 기준으로 평가한다.(법인 중 지사를 보유하는 기업은 본사 기준 사업자등록증명서상 사업자등록일을 기준으로 평가한다)

나. 입찰가격 (단위 : 점)

심사항목	평가요소	배점한도		평점
		제조 및 10억원 이상 구매	10억원 미만 구매	
입찰가격	투찰률	50	70	※ 평점산식 : 아래 참조

○ 입찰가격 평점산식

$$평점(점) = 배점한도 - \left|\left(\frac{88}{100} - \frac{입찰가격}{예정가격}\right) \times 100\right|$$

- | |는 절대값 표시임.
- 입찰가격을 예정가격으로 나눈 결과 소수점이하의 숫자가 있는 경우에는 소수점 다섯째자리에서 반올림한다.
- 입찰가격이 예정가격 이하로서 예정가격의 100분의 93이상인 경우 평점은 제조 및 10억원 이상 구매의 경우 45점, 10억원 미만 구매의 경우 65점으로 각각 적용한다.
- 최저평점은 2점으로 한다.

다. 신인도

1) 물품 품질정도 (단위 :)

심사항목	평가요소	배점한도	등 급	평점
① 품질관리	품질보증	1.0	A. KS, CE, UL 및 KS에 상응하는 해당국의 국가산업표준규격인증, 국방품질경영시스템 인증 및 당해품목 HACCP 인증 보유자	1.0
			B. 우수 단체표준제품, 한국공인제품인증(KAS), 싱글PPM, 자가품질 보증물품 지정, 세계일류상품인증, “건”자 마크·K마크·Q마크 보유자	0.7
			C. 산업통상자원부장관이 선정한 “세계일류상품생산기업”	0.6
② 기술보유	기술인증	1.0	A. 주무부 장관 등이 인증한 신기술(NET, NEP, 전력신기술)인증, 중소기업기술개발제품 성능인증, 조달우수제품인증	1.0
			B. 특허, GD인증, GS(국산 우수 S/W)마크 보유자	0.5
③ 환경관리	오염억제	0.5	A. 환경표지 인증, 우수재활용제품(GR) 인증, 저탄소제품, 녹색기업 지정 중 1개 이상 자격을 갖춘 자	0.5
			B. 녹색기술(녹색사업) 인증 및 녹색전문기업 확인서 보유자	0.5
			C. 고효율에너지기자재 인증보유자	0.5

※ [주]

1. 물품 품질정도는 물품제조 적격심사시에만 적용한다.
2. 당해입찰 대상물품에 해당되는 경우만 평가하며, 취득한 자격이나 인증이 당해입찰 대상물품의 일부 구성품인 경우에는 평가하지 아니하고, 계약품목 중 일부 품목에만 해당되는 경우에는 당해 입찰 대상물품의 금액비율만큼 적용한다.
3. 인증서 평가는 입찰공고에서 정한 계약목적물과 관련된 인증인 경우에 한하여 직접 인증을 받은 자(권리취득자, 특허 전용실시권자 포함)을 평가한다. 다만, 공동권리자의 경우에는 각각의 권리권자 모두를 해당배점으로 평가한다.
   1) 계약목적물과의 관련성은 해당 계약목적물에 직접 적용·활용·포함된 경우에 한하여 인정한다. 또한, 관련성에 대한 증빙은 적격심사 대상자의 책임으로 하며, 필요시에는 관련기관 등이 확인한 자료의 제출을 요청할 수 있다.
4. 적격심사대상자가 동일 심사항목 내 해당 인증서를 2개 이상 보유한 경우에는 그 중 한 가지만 평가한다. 이 경우 평가는 반드시 유효기간(최초인증 후, 사후관리 등을 통해 계속 인증의 효력이 연장된 인증서인 경우 그 기간까지를 유효기간으로 본다)내의 것으로 평가한다. 다만, GD 등 유효기간이 정해지지 않은 경우의 유효기간은 입찰공고일 전일부터 기산하여 2년 이내에 인증 또는 마크를 받은 것에 한하여 적용한다.
5. 인증서 평가는 관계기관(위임한 경우 포함)의 증명서류를 제출한 경우에 한하며, 국방품질경영시스템 인증은 국방기술품질원에서 직접 품질보증활동을 실시하는 대상품목의 경우에만 인정한다.
6. ①항 관련하여 다음과 같이 적용한다.
   1) 모듈 A(자기적합선언;DoC) 방식과 직접 생산자가 아닌 판매자 CE 인증서는 제외한다.
   2) KS에 상응하는 해당국 국가산업표준규격 인증평가는 관계기관(위임한 경우 포함)의 증명서류를 제출한 경우에 한하며, KS에 상응하는 해당국 국가산업표준규격인증 여부는 입찰자가 해당국의 국가표준을 관장하는 정당한 권한을 가진 기관으로부터 확인서류를 제출받아 입증하여야 한다.
   3) 우수 단체표준제품은 국가기술표준원 고시에 따라 우수 단체표준제품 확인서로 확인한다.
7. ②항 특허의 경우, 다음 각 호의 경우는 평가하지 아니한다.
   1) 전용실시권이 설정된 경우 전용실시권자가 아닌 특허권자
   2) 통상실시권자

2) 계약이행 성실도 (단위 : 점)

심사항목	평가요소	배점한도	등 급	평점
① 품질 하자	하자 발생 유무	△1.2 / 급식류 △3.0	A. 국방관서와 체결한 당해물품(급식류는 전물품) 계약 중최근 1년(급식류는 2년) 이내 하자가 발생한 계약(단가계약시 납품 요구)의 종결계약 금액 대비 하자 금액 비율에 따라	( )점수는 급식류
			- 5% 이상	△0.6(△1.2)
			- 3% 이상 ~ 5% 미만	△0.5(△0.8)
			- 1% 이상 ~ 3% 미만	△0.4(△0.5)
			- 0.1% 이상 ~ 1% 미만	△0.3(△0.3)

			- 0.1% 미만 하자 1건 당(급식류만 적용)	(△0.2)
			B. 최근 1년 이내 국방관서와의 계약이행과정에서 감액 사실이 있는 자로서 감액이 발생한 계약(단가계약시 납품요구)의 종결계약금액 대비 감액비율에 따라 - 20% 이상 - 10% 이상 ~ 20% 미만 - 1% 이상 ~ 10% 미만 - 0.1% 이상 ~ 1% 미만	 △0.6 △0.5 △0.4 △0.3
② 불공정 계약행위	지체 상금	△2	A. 최근 1년 이내 국방관서와의 계약이행과정에서 지체상금 부과대상자로서 지체상금이 발생한 계약(단가계약시 납품요구)의 종결계약금액 대비 지체상금 부과율에 따라 - 10% 이상 - 8% 이상 ~ 10% 미만 - 6% 이상 ~ 8% 미만 - 4% 이상 ~ 6% 미만 - 2% 이상 ~ 4% 미만 - 2% 미만	 △2.0 △1.75 △1.5 △1.0 △0.5 △0.25
③ 부당 노동행위	고용노동 관련법령 위반	△4.0	A. 「근로기준법」에 따라 고용노동부장관으로부터 체불사업주로 명단이 공개중인 자	△2.0
	고용개선 조치 미이행 정도		A. 최근 2년 이내에 고용노동부장관으로부터 적극적 고용개선 조치 미이행 사업주로 명단이 공개된 자 * '17. 5. 22. 이후 명단이 공개된 자부터 적용	△2.0
④ 식품위생법 또는 축산물 위생관리법 위반 (급식류)	식품위생법 또는 축산물 위생관리법 위반으로 행정처분을 받은 사실이 있는 자	△5.0	A. 최근 3년 이내 식품위생법 또는 축산물 위생관리법 위반으로 아래와 같은 행정처분을 받은 사실이 있는 자 - 최근 2개년 연속 영업정지 - 영업정지 1회 당 - 품목제조 정지, 압류 · 폐기 · 회수 1회 당 - 과태료 부과 1회 당 - 시정명령 1회 당 ※ 행정처분의 전체를 합산하여 적용	 △5.0 △1.5 △1.0 △0.4 △0.2
⑤ 경고장 (급식류)	경고장을 발부받은 사실이 있는 자	△4.0	A. 국방관서에 납품한 전물품과 관련하여 최근 2년 이내 하자발생 또는 계약조건 위반으로 국방관서로부터 경고장을 발부받은 사실이 있는 자 - 경고장 1회 당	△0.2
⑥ 농수산물의 원산지 표시 등에 관한 법률 위반 (급식류)	원산지 표시법 위반으로 행정처분을 받은 사실이 있는 자	△3.0	A. 최근 2년 이내 농수산물의 원산지 표시 등에 관한 법률 위반으로 아래와 같은 행정처분을 받은 사실이 있는 자 - 품목 거래행위금지 1회 당 - 과태료 부과 1회 당 - 시정명령 1회 당 ※ 행정처분 전체를 합산하여 적용	 △1.0 △0.4 △0.2

※ [주]

1. ①의 품질하자와 ②의 불공정 계약행위 평가는 물품・일반용역·기술용역 계약건을 모두 포함한다.
2. ①의 품질하자 평가시 하자발생유무와 감액유무는 각각 계약건별로 합산하여 평가하며, 하자발생일은 검사관으로부터 하자로 판정되어 업체에 통보한 날짜를 기준으로 하고, 감액발생일은 면제승인된 후 품질 보증기관의 납품조서발행일을 기준으로 한다. 또한, 하자금액은 품질검사기관에서 통보된 하자발생 내역별로 산정한다. 다만, 하자발생 유무 평가에 있어 A/S 기간이 경과된 경우에는 적용하지 아니한다.

2-1. ①의 하자발생 평가는 0.1% 이상 하자가 발생한 경우를 원칙으로 하되, 급식류는 0.1% 미만의 하자가 발생한 경우에도 0.2점을 감점하고, 하자가 여러 차례 발생한 경우에는 각 하자별 해당되는 감점을 합산하여 평가한다.

※ 예시) 급식류 하자발생으로 인한 감점 적용방법(하자발생 횟수 당)

- 최근 2년간 급식류 0.1% 미만 하자 1건 발생시 : 0.2점(0.2점×1건) 감점
- 최근 2년간 급식류 0.1% 미만 하자 5건 발생시 : 1점(0.2점×5건) 감점
- 최근 2년간 급식류 0.1% 미만 하자 1건 및 0.1% 이상 ~ 1% 미만 하자 1건 발생시 : 0.5점(0.2점+0.3점) 감점

3. ②의 불공정 계약행위 평가는 다음 각 호에 따른다.
   1) 계약금액 지급(종결)일자를 기준으로 입찰공고일로부터 최근 1년 이내에 지체상금을 부과받은 자인 경우에 감점한다.
   2) 지체상금 부과율은 지체상금이 발생된 계약(단가계약의 경우 납품요구)의 종결 계약금액 대비 지체상금 부과액의 비율로 산정한다.

※ 적용례 : 최근 1년 이내 3건의 지급(종결)건이 있을 경우

계약번호 (납품요구 번호)	계약 (납품요구) 종결계약액	지체상금	지체발생계약 (납품요구) 종결계약액	지체상금 부과액	지체상금 부과율 (비고)
A	7,000,000	350,000	7,000,000	350,000	"A"는 분할납품
	3,000,000	0	0	0	
B	20,000,000	0	0	0	
C	15,000,000	420,000	15,000,000	420,000	
계			22,000,000	770,000	3.5%

* 지체상금 부과율 = 지체상금 부과액/지체발생 계약(납품요구) 종결계약금액
= 770,000/22,000,000 = 0.035 = 3.5%

4. 중복평가
   1) "③부당 노동행위" 심사항목내에 각 항목은 중복하여 평가한다.
5. ④식품위생법 위반 또는 축산물 위생관리법 위반에 따른 감점은 급식 분야에만 적용하고, 과징금으로 납부한 경우 사전통지된 처분사항을 기준으로 적용하며, 사전통지된 처분사항별

로 해당되는 감점을 합산하여 평가한다.

※ 예시) 품목제조 정지 1회, 시정명령 3회인 경우 : 1.6점{1.0점+(0.2점×3회)} 감점

- 영업정지 평가 적용범위 : 영업정지 행정처분의 원인이 된 품목이 속하는 산업분류 부호의 전 품목. 단, 원인이 된 품목이 없을 경우에는 해당 영업장의 생산품목
- 품목제조 정지, 압류 · 폐기 · 회수 평가 적용범위 : 해당품목 및 각 군과 계약한 전 급식품목
- 시정명령 평가 적용범위 : 해당품목 및 각 군과 계약한 전 급식품목
- 과태료 부과 평가 적용범위 : 해당품목 및 국방관서와 계약한 전 급식품목에 한하여 적용하되, 식품위생법 및 축산물 위생관리법 상 과태료 부과 공통사항인 위생상태, 종업원 위생진단 미실시, 기타 사항 등은 모든 품목에서 발생한 과태료를 포함한다. 다만, 공통사항 적용시 위탁급식사업장 등 제조와 관련이 없는 사업장에서 발생한 과태료 부과 건은 제외한다.

6. ⑤급식류의 경고장 심사는 '통합확인시스템' 구축 이후부터 적용한다.
7. ⑥농수산물의 원산지 표시 등에 관한 법률 위반에 따른 감점은 급식분야에만 적용하고, 처분사항별로 해당되는 감점을 합산하여 평가한다.

   ※ 예시) 거래행위금지 1회, 시정명령 3회인 경우 : 1.6점{1.0점+(0.2점×3회)} 감점
8. ④ 또는 ⑥ 항목 심사대상업체는 [별지 제5호] 서식의 "식품위생법(축산물 위생관리법, 농수산물의 원산지 표시 등에 관한 법률) 위반사실 관련 확인서"를 제출(행정처분 관련 증빙자료 첨부(업체 소재 지방자치단체 공문 등))하여야 하며, 계약담당공무원은 식품의약품안전처 공공급식통합플랫폼(www.ns.eat.co.kr), 업체 소재 지방자치단체 등을 통해 법 위반사실을 확인하여야 한다.

3) 사회적 책임 등 신뢰정도

<table>
<tr><th>심사
항목</th><th>평가
요소</th><th>배점
한도</th><th colspan="3">등 급</th><th>평점</th></tr>
<tr><td rowspan="7">①
고용
창출</td><td rowspan="7">고용
창출
우수</td><td rowspan="7">1.0</td><td colspan="3">A. 신규고용 우수기업 (설립 18개월 이상)
- 전년도 6개월간 평균고용인원 대비 해당연도 최근 6개월간 평균고용인원 증가율이 기업규모에 따라 다음의 증가율 이상인 기업</td><td></td></tr>
<tr><td>대기업</td><td>중기업</td><td>소기업 및 소상공인</td><td></td></tr>
<tr><td>7% 이상</td><td>8% 이상</td><td>11% 이상</td><td>1.0</td></tr>
<tr><td>6% 이상</td><td>7% 이상</td><td>9% 이상</td><td>0.8</td></tr>
<tr><td>5% 이상</td><td>5% 이상</td><td>5% 이상</td><td>0.6</td></tr>
<tr><td colspan="3">- 신설기업 (설립 18개월 미만)
· 총 고용인원(대표자 제외) 6인 이상
· 총 고용인원(대표자 제외) 3~5인</td><td>
0.5
0.4</td></tr>
<tr><td colspan="3">B. 청년고용 우수기업

- 「중소기업기본법」 제2조에 의한 중소기업자의 경우</td><td></td></tr>
</table>

			· 최근 6개월 평균 청년고용률이 30% 이상이면서 최근 6개월 평균 청년고용인원이 15인 이상인 기업	0.5
			· 최근 6개월 평균 청년고용률이 10% 이상이면서 최근 6개월 평균 청년고용인원이 10인 이상인 기업	0.4
			· 최근 6개월 평균 청년고용률이 5% 이상이면서 최근 6개월 평균 청년고용인원이 5인 이상인 기업	0.25
			- 「중소기업기본법」 제2조에 의한 중소기업자에 해당하지 않는 경우	
			· 최근 6개월 평균 청년고용률이 40% 이상인 기업	0.4
② 중소 기업	중소 기업	0.8	A. 중소벤처기업부장관(또는 수임권자)으로부터 혁신형(벤처,기술혁신형, 경영혁신형, 우수그린비즈) 중소기업으로 지정받은 자로서 - 혁신형기업이면서 제조기업 - 혁신형기업	 0.8 0.6
			B. 중기업, 소기업, 소상공인이면서 제조기업 C. 중기업, 소기업, 소상공인	0.6 0.4
③ 장애인 기업	장애인 기업 지원	0.5	A. 「장애인고용촉진 및 직업재활법」에 따른 장애인 고용우수사업주 또는 장애인 표준사업장 B. 「장애인기업활동 촉진법」에서 정한 기업으로서 중소벤처기업부 장관이 확인한 장애인기업 C. 장애인고용 우수기업 - 최근 6개월 평균 장애인고용률이 3% 이상이면서 최근 6개월 평균 장애인종업원이 6인 이상인 기업	0.5 0.4 0.3
④ 여성 기업 지원 등	여성 기업 지원 및 고용 촉진	0.4	A. 「여성기업지원에 관한 법률」에서 정한 기업으로서 중소벤처기업부장관(수임권자 포함)에 의해 확인서를 받은 여성기업으로서 그 존속기간에 따라 - 10년 이상 - 5년 이상 ~ 10년 미만 - 3년 이상 ~ 5년 미만 - 3년 미만 B. 고용노동부장관에 의해 남녀고용평등 우수기업으로 지정받은 자 C. 여성고용 우수기업 - 「중소기업기본법」 제2조에 의한 중소기업자의 경우 · 최근 6개월 평균 여성고용률이 30% 이상이면서 최근 6개월 평균 여성고용인원이 15인 이상인 기업 · 최근 6개월 평균 여성고용률이 10% 이상이면서 최근 6개월 평균 여성고용인원이 10인 이상인 기업 · 최근 6개월 평균 여성고용률이 5% 이상이면서 최근 6개월 평균 여성고용인원이 5인 이상인 기업	 0.40 0.35 0.30 0.25 0.4 0.4 0.25 0.15

			- 「중소기업기본법」 제2조에 의한 중소기업자에 해당하지 않는 경우 · 최근 6개월 평균 여성고용률이 40% 이상인 기업	0.25
⑤ 정책 지원	부처별 정책 지원	1.0	A. 고용노동부장관으로부터 「노사문화우수기업」(대상기업 포함)으로 선정된 업체 (유효기간 내에 한함) ＊ 다만, 급식분야는 0.25점	0.5
			B. 「비상대비자원 관리법」에 따른 주무부장관이 확인한 비상대비 중점관리대상업체	0.5
			C. 「사회적기업 육성법」 제7조에 따른 고용노동부장관의 인증을 받은 기업	0.4
			D. 「가족친화 사회환경의 조성촉진에 관한 법률」 제15조에 따른 가족친화인증을 받은 기업	0.4
			E. 「모범납세자관리규정」(국세청훈령) 제5조제5항에 따른 국세청장 표창 이상의 모범납세자	0.25
			F. 「협동조합 기본법」 제2조제3호에 따른 사회적협동조합	0.4
			G. 「국민기초생활보장법」 제18조에 따른 자활기업	0.4
			H. 「도시재생 활성화 및 지원에 관한 특별법」 제2조제1항제9호에 따른 마을기업	0.4
			I. 고용노동부장관으로부터 노동시간 '조기 단축 사업장'으로 확인된 기업으로, 「근로기준법」에 따른 법정시행일보다 3개월 이상 조기 단축한 기업	0.4
			J. 「소비자생활협동조합법」 제21조에 따라 설립인가를 받은 소비자협동조합	0.4
			K. (급식류) 「접경지역 생산 농·축·수산물 군납품목 지정 및 원품사용업체 인증·관리에 관한 고시」에 따라 접경지역 광역시·도 단체장이 인증한 원품사용업체 - 접경지역에 소재하는 국방관서에 해당 인증에 표기된 계약 목적물을 납품하는 입찰건 • 인증 업체 제조공장이 접경지역 소재 • 인증 업체 제조공장이 접경지역 미소재 - 접경지역에 소재하지 않는 국방관서에 해당 인증에 표기된 계약 목적물을 납품하는 입찰 건(인증 업체 제조공장 소재지 불문)	0.2 0.1 0.1
			L. (급식류) 국가보훈부장관이 지정하는 국가유공자 자활용사촌의 복지공장이거나 「국가유공자 등 단체 설립에 관한 법률」, 「고엽제후유의증 등 환자지원 및 단체설립에 관한 법률」, 「특수임무유공자 예우 및 단체설립에 관한 법률」, 「5·18민주유공자예우 및 단체설립에 관한 법	0.5

			률」에 따라 설립된 상이 보훈단체 - 단, 보훈단체 수의계약 납품품목인 조미김, 햄슬라이스, 치킨너겟, 김치류에 한정하여 가점을 적용하고, 입찰 대상 품목 중 일부 품목만 이에 해당되는 경우에는 그 일부 품목의 금액 비율에 비례하여 가점을 적용 ※ 계약 대상품목이 국가보훈부의 수익사업승인서에 승인된 품목과 동일한 경우에 한함.	
⑥ 산업 안전	산업안전 관련 법령 위반	-2.0	A. 최근 3년간 고용노동부장관이 산정한 사고사망만인율의 가중평균이 평균사고사망만인율의 가중평균을 초과한 자	-1.0
			B. 최근 2년 이내에 「산업안전보건법」에 따라 고용노동부 장관으로부터 사망재해자가 연간 2명 이상 발생한 사업장으로 명단이 공개된 기업 * '22. 8. 1. 이후 명단이 공개된 기업부터 적용	-1.0
			C. 최근 2년 이내에 「산업안전보건법」에 따라 고용노동부 장관으로부터 원·하청 통합 사고사망만인율이 원청보다 높은 사업장으로 명단이 공개된 기업 * '22. 8. 1. 이후 명단이 공개된 기업부터 적용	-1.0

※ [주]

1. 심사항목의 평가 관련 증빙자료는 주무부처(청)의 장(위임, 위탁한 경우 포함)이 서명(날인)하거나 관인(직인 또는 청인)이 포함된 자료로 제출하여야 하며, 유효기간 내에 한하여 평가한다. (단, 유효기간이 정해지지 않은 경우에는 입찰공고일 전일부터 기산하여 최근 2년 이내로 한하여 평가한다)
2. 심사항목 내 각 항목은 중복하여 평가할 수 없고, 그 중 높은 평점 한 가지만 인정한다. 다만, ⑤정책지원은 배점한도 내에서 중복하여 평가할 수 있다.
3. 신규고용 우수기업, 청년고용 우수기업, 장애인고용 우수기업 및 여성고용 우수기업의 평가기준은 다음과 같이 정한다.
   1) 동일 입찰자가 신규고용 우수기업, 청년고용 우수기업, 장애인고용 우수기업, 여성고용 우수기업의 평가에 중복되는 경우에는 그 중 높은 평점 한 가지만 평가한다.
   2) 고용인원 계산결과의 소수점 처리는 소수 첫째 자리에서 올림을 하고, 고용비율 계산결과 소수점 처리는 소수점 다섯째 자리에서 반올림한다.
   3) 고용사실 증명은 「국민건강보험법」에 따른 국민건강의료보험, 「국민연금법」에 따른 국민연금 관련 증빙서류에 따른다. 다만, 국민연금 가입제외 대상(18세 미만 또는 60세 이상인 자, 국민기초생활수급자, 타공적 연금가입자·수급자)과 건강보험 가입제외 대상(유공자 등 의료보호대상자, 의료급여수급자)은 「고용보험법」, 「산업재해보상보험법」에 따른 증빙서류에 의할 수 있다.
   4) 고용사실 증빙서류 확인결과, 평가대상기간에 고용 및 퇴직한 자는 근로일수가 연속하여 1개월 이상인 경우에만 해당 월의 고용인원으로 산정하되 자격취득일로부터 해당 월 말까지 15일 미만이거나 해당 월 1일로부터 자격상실일까지가 15일 미만인 경우, 해당

월은 제외한다. 이 경우 가입자명부 등 증빙서류에서 자격취득일은 근로일수에 포함하고, 자격상실일은 근로일수에 포함하지 않는다. 증빙서류는 해당 월별 평균고용인원(전체 고용인원, 해당(신규, 장애인, 여성) 고용인원, 퇴직자)이 모두 확인 가능한 서류여야 한다.

4. 고용창출의 설립기간은 입찰공고일 전월부터 기산하며, 신규고용 우수기업은 다음과 같이 평가한다.
   1) 해당연도 입찰공고일 전월 기산 평가기간에 해당하는 고용사실을 증명할 수 있는 서류에 따라 평가한다.
   2) 해당연도 최근 6개월간 평균고용인원은 입찰공고일 전월 기산 최근 6개월의 고용인원을 합산평균하며, 직전연도 6개월간 평균고용인원은 해당연도 고용인원 산출 시작시점부터 그 직전연도 동일 기간의 고용인원을 합산평균한다. 이 경우 대표자는 고용인원에서 제외한다.
   3) 해당연도 입찰공고일 전월까지의 신규고용인원 증가율은 해당연도 최근 6개월간 평균고용인원을 직전연도 동 기간 평균고용인원으로 나누어 계산한다.
   4) 기업구분에 따른 평가시, 중기업·소기업·소상공인 확인은 중소기업공공구매종합정보망에 등재된 자료로 평가하되, 기업확인이 되지 않는 경우에는 소기업 및 소상공인으로 평가한다.
   5) 적용례 : '17년 2월 입찰공고 건의 경우

<직전연도 6개월간 평균고용인원>

기간(월)	'15. 8	'15. 9	'15. 10	'15. 11	'15. 12	'16. 1
인원(명)	100	100	100	100	102	101

<해당연도 최근 6개월간 평균고용인원>

기간(월)	'16. 8	'16. 9	'16. 10	'16. 11	'16. 12	'17. 1
인원(명)	103	104	103	104	104	105

* 직전연도 6개월간 평균고용인원 = 해당연도 고용인원 산출 시작시점부터 = 그 직전연도의 동 기간 고용인원의 평균 = (100+ 100+ 100+ 100+ 102+ 101)/6 = 100.5 = 101명

* 해당연도 최근 6개월간 평균고용인원 = 입찰공고일 전월기산 최근 6개월간 고용인원의 평균 = (103+ 104+ 103+ 104+ 104+ 105)/6 = 103.8333.. = 104명

* 해당연도 입찰공고일 전월까지의 신규고용인원 증가율 = 104/101 = 1.02970297... = 2.9703%

5. 청년고용우수기업은 입찰공고일 전월 기준으로 하여 최근 6개월간 청년(15세 이상 34세 이하인 사람) 고용인원수 및 비율로 평가한다. 최근 6개월의 자료가 없는 경우에는 평가에서 제외한다. (기업설립 기간과 상관없이 6개월 모두 청년고용이 있어야만 평가)

(적용례) 12월 입찰공고건의 경우

구분	6월	7월	8월	9월	10월	11월
월별 청년고용인원	12	12	11	8	11	15
월별 총 고용인원	100	103	104	100	104	102

* 최근 6개월 평균 청년 고용률 =

[(12+12+11+8+11+15)/(100+103+104+100+104+102)]=(69/613) = 0.11256 = 11.26%

** 최근 6개월 평균 청년 고용인원 = [12+12+11+8+11+15]/6 = 11.5 = 12명

*** 청년 15세 이상 34세 이하 적용 기준(2019년 12월 공고시) :

청년 나이 산정기준일은 2019. 11. 30.이며, 청년에 해당하는 사람의 생년월일은 2004. 11. 30.부터 1984. 12. 1.까지이다.

6. 혁신형 중소기업(벤처·기술혁신형·경영혁신형) 및 그 외 중소기업 해당 여부의 평가는 중소기업제품 공공구매종합정보망에 등재된 자료로 평가하되, 구매 또는 제조계약의 계약목적물과 관련된 제조기업은 다음과 같이 평가한다. 단, 「중소기업제품 구매촉진 및 판로지원에 관한 법률」 제8조의2에 해당하는 중소기업(중소기업자간 경쟁입찰 참여제한 대상 중소기업)에 대해서는 동 신인도 평가를 적용하지 아니한다.
   1) 제조기업의 평가는 계약목적물과 관련된 제조(공장등록증 또는 「중소기업기본법」 및 「소상공인 보호 및 지원에 관한 법률」에 따른 소기업 및 소상공인은 사업자등록증명원에 명시)인 경우에 한하여 평가한다. 다만, 「중소기업기본법」 및 「소상공인 보호 및 지원에 관한 법률」에 따른 소기업 및 소상공인은 공장등록증이 없을 경우 사업자등록증명원과 건축물관리대장 및 임대차계약서 등 제조를 증명할 수 있는 서류일체를 반드시 제출하여야 한다.
7. ④장애인기업은 중소기업벤처부 장관(수임권자 포함)에 의해 확인서를 발급받은 장애인 기업으로서 중소기업제품 공공구매종합 정보망에 등재된 자료로 평가한다.
8. 장애인 고용 우수기업 평가는 다음과 같다.
   1) 장애인이란 「장애인복지법」 제32조에 따른 장애인 또는 「국가유공자 등 예우 및 지원에 관한 법률 시행령」 제14조제3항에 따른 상이등급에 해당하는 자를 말한다.
   2) 장애인 고용우수사업주는 『장애인 고용촉진 및 직업재활법』 제24조에 따라 해당부처에서 인증 또는 확인한 자료를 제출한 경우 평가하되, 유효기간 이내인 것에 한하여 평가한다. 다만, 유효기간이 정해지지 아니한 경우에는 입찰공고일 전일부터 기산하여 2년 이내에 받은 것에 한하여 평가한다.
   3) 입찰공고일 전월을 기준으로 장애인 고용사실을 증명할 수 있는 서류에 기재된 “장애인고용인원비율(대표인 장애인은 제외하여 산정)‘ 자료로서 최근 6개월 매월 말 고용인원 자료를 제출받아서 평가한다.

(적용례) 12월 입찰공고건의 경우

구분	6월	7월	8월	9월	10월	11월
월별 장애인고용인원	12	12	11	8	11	15
월별 총 고용인원	100	103	104	100	104	102

* 최근 6개월 평균 장애인 고용률 =

[(12+ 12+ 11+ 8+ 11+ 15)/(100+ 103+ 104+ 100+ 104+ 102)]=(69/613)

= 0.11256 = 11.26%

4) 최근 6개월의 자료가 없는 경우에는 평가에서 제외한다.

(기업설립기간과 무관하게 6개월 모두 장애인 고용이 존재해야 평가 가능)

5) 「장애인고용촉진 및 직업재활법 시행령」 제4조 각 호에서 정한 중증장애인의 고용은 그 인원의 2배에 해당하는 장애인의 고용으로 본다.

9. 여성기업은 중소기업제품 공공구매종합 정보망에 등재된 자료로 확인하며, 존속기간은 법인인 경우 법인등기부등본, 개인사업자인 경우 사업자등록증상 여성대표자로서 그 유지기간(연속되어 있어야 함)을 확인한다.

10. 남녀고용평등 우수기업은 고용노동부장관에 의해 확인된 자료를 제출한 경우에 평가하되, 유효기간 이내인 것에 한하여 평가한다. 다만, 유효기간이 정해지지 아니한 경우에는 입찰공고일 전일부터 기산하여 2년 이내에 받은 것에 한하여 평가한다.

11. 여성고용 우수기업 평가는 입찰공고일 전월을 기준으로 여성고용사실을 증명할 수 있는 서류에 기재된 '여성종업원비율(대표인 여성은 제외하여 산정)' 자료로서 최근 6개월간 여성 고용인원수 및 비율로 평가하며, 최근 6개월의 자료가 없는 경우에는 평가에서 제외한다.(기업설립기간과 상관없이 6개월 모두 여성고용이 있어야만 평가)

(적용례) 12월 입찰공고건의 경우

구분	6월	7월	8월	9월	10월	11월
월별 여성고용인원	12	12	11	8	11	15
월별 총 고용인원	100	103	104	100	104	102

* 최근 6개월 평균 여성 고용률 =

[(12+ 12+ 11+ 8+ 11+ 15)/(100+ 103+ 104+ 100+ 104+ 102)]=(69/613)

= 0.11256 = 11.26%

** 최근 6개월 평균 여성 고용인원 = [12+ 12+ 11+ 8+ 11+ 15]/6 = 11.5 = 12명

12. 비상대비 중점관리대상업체 확인은 「비상대비자원 관리법」 에 따른 주무부장관(권한이 위임된 자 포함)이 발행한 비상대비 중점관리대상업체 확인서(임무고지서 사본 포함)로 한다.

13. K 접경지역지원(급식류)에서 접경지역의 범위는 「접경지역 지원 특별법」 제2조, 동법 시행령 제2조에서 정한 지역을 말한다. "해당 인증에 표기된 계약 목적물"은 해당 인증에 표기된 품목과 계약목적물의 동일 여부를 기준으로 판단한다. 다만, 접경지역 원품 판로 확대 취지를 고려하여 계약목적물과 동일한 품목으로 볼 수 있는 경우를 폭넓게 인정하고, 동일 여부 판단이 어려운 경우 통계청 한국표준산업분류 등을 기초로 판단하여 적용한다.

[별지 제1호 서식]

적 격 심 사 신 청 서

◦ 입찰대상물품명 :
◦ 입 찰 일 시 :

위 건 물품 제조·구매입찰의 적격심사와 관련하여 적격심사 자기평가 및 심사표와 제증빙자료를 신의성실의 원칙에 입각하여 붙임과 같이 작성 제출하며, 만일 제출한 서류가 허위 또는 부정한 방법으로 작성된 사실이 확인될 경우에는 계약예규「적격심사기준」 및 국가를 당사자로 하는 계약에 관한 법령 등에 따라 처리하여도 아무런 이의를 제기하지 않겠음을 확약합니다.

20 . . .

입 찰 자 주 소 :
회사명 :
대표자 : (인)

붙임 : 제출서류 목록 및 관련서류 1부

0 0 부 대 장 귀 하

접 수 증

1. 입찰대상 물품명 : 2. 제출자 :

위건 물품 제조·구매입찰 적격심사신청서 및 관련서류를 접수하였음을 확인합니다.

20 . . .

0 0 부대 0 0과장 (인)

[별지 제2호 서식]

적격심사 자기평가 및 심사표

1. 심사대상물품

입 찰 일 시	
품 명	
수 량	
입 찰 금 액	
추 정 가 격	

2. 심사대상입찰자

업 체 명	(전화)
대 표 자	
업종구분	제조( ), 구매( )

3. 회사를 대표하는 연락책임자 인적사항

소 속	
직 위	
성 명	
전화번호	(FAX)

4. 종합평가 (예시)

(단위 : 점)

구 분	배점한도	자기평점	심사평점	비 고
계	100			
납품실적				10억원 미만 구매시 미적용
기술능력				제조시에만 적용
경영상태				
입찰가격				
신 인 도				
결격사유				

* 물품 제조·구매 입찰시 해당배점을 적용하여 위 심사표를 작성할 것.
* 항목별 평점 세부내역 (별지 제2-1호)

[별지 제2호의2 서식]

항목별 평점 세부내역

종 합 평 점	점

평가대상업종	

Ⅰ. 당해물품 납품능력 : (   )점

1. 납품실적 : (   )점

가. 최근 5년 이내 납품실적(계약목적물과 동등이상 물품)(부가가치세 제외)

납품실적(a)	추정가격(b)	계산 : (a/b)x100	등급	평점

또는

납품수량(a)	입찰수량(b)	계산 : (a/b)x100	등 급	평 점

나. 최근 5년 이내 납품실적(계약목적물과 유사물품)(부가가치세 제외)

납품실적(a)	추정가격(b)	계산 : (a/b)x100	등 급	평 점

또는

납품수량(a)	입찰수량(b)	계산 : (a/b)x100	등 급	평 점

2. 기술능력 : (   )점

가. 기술인력 보유

당해업체 기술인력 보유내역	등급내용	등급	평점

나. 생산기술 축적정도

당해업체 공장등록(사업자등록) 일자	등급내용	등급	평점

3. 경영상태 : (   )점

가. 신용평가등급 : (“등급표시”)

Ⅱ. 입찰가격 : (　　)점

입찰가격(a)	예정가격(b)	계 산 평점(점) = 배점한도 $-\left\|\left(\frac{88}{100}-\frac{\text{입찰가격}}{\text{예정가격}}\right)\times 100\right\|$	평점

* 배점한도는 [별표 1]의 입찰가격에 따라 제조 및 10억원 이상 구매의 경우 50점, 10억원 미만 구매의 경우 70점으로 한다.
* 예정가격의 100분의 93인 경우 평점은 제조 및 10억원 이상 구매의 경우 45점, 10억원 미만 구매의 경우 65점으로 각각 적용한다.
* 최저평점은 2점으로 한다.
* 단, 입찰가격에 대한 평가는 계약담당공무원이 작성한다.

Ⅲ. 신인도 : (　　)점

심사항목	평가요소	배점한도	등급내용	평　점

[별지 제3호 서식]

납품실적증명서

<table>
<tr><td rowspan="5">신청인</td><td>업체명(상호)</td><td colspan="3"></td><td colspan="2">대 표 자</td><td></td></tr>
<tr><td>영업소재지</td><td colspan="3"></td><td colspan="2">전 화 번 호</td><td></td></tr>
<tr><td>사업자번호</td><td colspan="3"></td><td colspan="2">FAX 번호</td><td></td></tr>
<tr><td>증명서용도</td><td colspan="3">물품적격심사 신청용</td><td colspan="2">제 출 처</td><td>0 0 부대</td></tr>
<tr><td>사업의종류</td><td colspan="6">제조 ( ), 구매 ( )</td></tr>
<tr><td rowspan="4">계약 및 납품내용</td><td>품 명</td><td colspan="2"></td><td>실적 구분</td><td colspan="3">계약목적물과 동등이상물품( )
계약목적물과 유사물품( )</td></tr>
<tr><td>규 격
(품질, 성능등)</td><td colspan="6"></td></tr>
<tr><td>계 약 일 자</td><td>납품일자</td><td>단위</td><td>수량</td><td colspan="2">납품금액
(단위 : 천원)</td><td>비 고</td></tr>
<tr><td></td><td></td><td></td><td></td><td colspan="2"></td><td></td></tr>
<tr><td rowspan="4">증명서 발급기관 (회사)</td><td colspan="7">위 사실을 증명함.
년 월 일</td></tr>
<tr><td colspan="7">기관(회사)명 (인) (전화번호 :)</td></tr>
<tr><td colspan="7">주 소 (FAX번호 :)</td></tr>
<tr><td colspan="3">발 급 부 서:</td><td colspan="4">담당자 :</td></tr>
</table>

※ 【주】

① 민간거래실적은 세금계산서, 계약서, 거래명세표 등 증빙자료를 첨부하여야 함.

② 실적평가는 입찰공고시에 제시한 성능, 품질 등의 조건에 부합되는 실적에 한하여 "규격"난에 동 납품규격 내용을 구체적으로 명시하여야 하고, 공동계약으로 이행하였을 경우 비율과 이행실적을 기재하여야 함.

③ "계약 및 납품내용"란은 기재후 투명접착테이프를 붙여 증명을 받아야 함.

[별지 제4호 서식]

제 출 서 류 목 록 표

심사분야	연번	내 용	발급기관 (확인기관)	비 고
총 괄	1	적격심사신청서	신청자	[별지 제1호 서식]
	2	적격심사 자기평가 및 심사표		[별지 제2호 서식]
	3	항목별 평점 세부내역		[별지 제2호의2 서식]
경영상태	4	신용평가등급 확인서	신용평가업자	
납품실적	5	실적증명서 (실적 평가 건에 한함)	납품받은 기관 (수요기관) 또는 조달청	[별지 제3호 서식]
기술능력	6	적격심사기준표 상 필요한 증빙서류 (기술능력 평가 건에 한함)	관계기관	
근로조건	7	근로조건 이행확약서 (용역 중 평가대상 사업에 한함)	신청자	
(급식류) 행정처분 등확인서	8	식품위생법(축산물 위생관리법, 농수산물의 원산지 표시 등에 관한 법률) 위반사실 관련 확인서	신청자	[별지 제5호 서식]
신인도	9	품질관리, 기술보유, 환경관리 (물품 제조 적격심사의 건에 한함), 고용창출, 혁신형 중소기업, 장애인기업, 여성기업 지원 등, 정책지원 (해당사항 있는 항목에 한함)	관계기관	
기 타	10	사업자등록증	신청자	
	11	금융거래확인서	주거래은행	

※ 제출서류 중 사본을 제출하는 경우, 원본을 제시하여야 하며 동 사본에는 "사실과 다름없음"을 대표자가 확인·날인하여야 한다.

위 제출서류 목록에 기재된 서류 이외에 추가로 제출할 서류가 없음을 확인합니다.

20 . . .

입찰자 주 소:

회사명:

대표자: (인)

210mm×297mm[백상지 80g/㎡ 또는 중질지80g/㎡]

[별지 제5호 서식]

식품위생법(축산물 위생관리법, 농수산물의 원산지 표시 등에 관한 법률) 위반사실 관련 확인서

신청 업체명		대 표 자	
사업장소재지		전화번호	
사업자 번호		제 출 처	

위반 사실 관련 행정처분 이력

	행정처분의 주체	위반 사실	해당 행정처분	비 고
1				
2				
3				
4				

※ 첨부 : 행정처분 관련 증빙자료(업체 소재 지방자치단체 공문 등)

상기 기술내용이 틀림 없음을 확인함.

년　월　일

(업체명 및 대표자)　　(인)

210mm×297mm[백상지 80g/㎡ 또는 중질지 80g/㎡]

네트워크 장비 구축 · 운영사업 추가특수조건

조달청지침(정보기술계약과)제8258호, 2021. 6.15 일부개정

제1조(적용) 이 네트워크 장비 구축·운영사업 추가특수조건(이하 "추가특수조건"이라 한다)은 조달청 계약담당공무원과 계약상대자가 체결하는 네트워크 장비 구축·운영 과업이 포함된 물품구매 및 용역 계약에 적용한다.

제2조(정의) 이 추가특수조건에서 사용하는 용어의 정의는 다음과 같다.

1. '네트워크 장비'란 다양한 네트워크시스템을 구축하는데 기반이 되는 네트워크장비, 네트워크 보안장비 등을 말한다.
2. '제안요청서'란 수요기관이 네트워크장비 구축·운영 사업을 성공적으로 수행할 수 있도록 입찰에 참가하려는 자들에게 수요기관의 요구사항을 알리는 규격서, 제안서, 내역서, 도면, 시방서 등을 말한다.
3. '운영'이란 네트워크 장비의 구축 완료 후 수요기관에게 인도된 네트워크 장비들에 대한 관리·유지보수 등의 행위를 말한다.
4. '백도어(Back Door)'란 계약상대자가 정당한 권한 있는 자로부터 승인, 인가 등을 받지 않고 네트워크 장비에 접근하여 서버 등에 저장된 정보를 외부에 유출하거나 훼손 및 위·변조하는 행위 또는 이와 관련된 모든 프로그램을 말한다.
5. '수요기관'이란 「조달사업에 관한 법률」 제2조 제5호에서 정한 기관을 말한다.

제3조(계약상대자 정보보안 준수 의무) 네트워크 장비 구축 또는 네트워크 장비 운영사업의 계약상대자는 다음 각 호를 따라야 한다.

1. 국가정보원 「국가 정보보안 기본지침」, 「수요기관 보안업무규정 및 세부 지침」 등을 준수해야 한다.
2. 네트워크 장비에 대해 제안요청서에서 요구된 세부 보안요구사항을 충족하기 위해 필요한 모든 조치를 취해야 한다.
3. 네트워크 장비에 대해 계약기간(하자보증기간 포함) 내에 백도어 등 모든 기능상 보안취약점 등의 결점에 대해서는 개선 조치하여야 한다.
4. 네트워크 장비내에 백도어 등이 설치 및 운영되지 않도록 보안대책을 마련하여 주기적으로 점검하여야 하며, 점검결과 결점이 발견될 경우에는 계약담당공무원 또는 수요기관에 즉시 신고하고 신속히 개선 조치하여야 한다.

제4조(위반자에 대한 벌칙) 제4조를 위반할 경우 민사상 손해배상 외에 「국가를 당사자로 하는 계약에 관한 법률」 제27조 등 관계 법령에 따라 부정당업자로 입찰참가자격

제한처분을 받을 수 있고, 용역계약일반조건 제29조 및 물품구매(제조)계약일반조건 제26조에 따라 당해 계약을 해제 또는 해지할 수 있다.

제5조(타법령의 준용 등) 이 추가특수조건에서 명기하지 아니한 사항에 대하여는 계약상대자와 수요기관간의 협의에 의한 당해 개별계약에 의하거나, 「국가(지방자치단체)를 당사자로 하는 계약에 관한법률」, 동 시행령과 기타 계약에 관한 법령, 예규 및 용역계약일반조건·물품구매(제조)계약일반조건 등 관계법령과 일반 상거래관례에 따른다.

제6조(재검토기한) 「훈령·예규 등의 발령 및 관리에 관한 규정」에 따라 이 지침에 대하여 2021년 7월 1일 기준으로 매 3년이 되는 시점(매 3년째의 6월 30일 까지를 말한다)마다 그 타당성을 검토하여 개선 등의 조치를 하여야 한다.

부 칙 <제527호, 2016.1.22>

제1조(시행일) 이 추가특수조건은 2016년 1월 25일부터 시행한다.

부 칙 <제5538호, 2018.6.20>

제1조(시행일) 이 추가특수조건은 발령한 날부터 시행한다.

부 칙 <제8258호, 2021.6.15>

제1조(시행일) 이 추가특수조건은 발령한 날부터 시행한다.

보훈·복지단체 수의계약업무 처리지침

방위사업청 예규 제820호, 2022.12.12 일부개정

제1장 총 칙

제1조(목적) 이 지침은「국가를 당사자로 하는 계약에 관한 법률 시행령」(이하'영'이라 한다.) 제26조 및 다른 법령에 따라 보훈·복지단체와 수의계약을 체결함에 있어 필요한 사항을 규정함에 목적이 있다.

제2조(용어의 정의) 이 지침에서 사용하는 용어의 정의는 다음과 같다.

1. "단체"란 영 제26조제1항제4호 가목부터 라목까지의 규정 및 다른 법령에 따라 수의계약의 자격을 갖춘 보훈단체 또는 복지단체로서, 단체설립허가기관(그 위임을 받은 기관을 포함한다 이하 같다)으로부터 법인설립을 허가 받은 주된 법인을 말한다.
2. "보훈단체"라 제1호의 단체중 국가보훈처로부터 설립허가 받은 단체를 말한다.
3. "복지단체"란 제1호의 단체중 보훈단체를 제외한 단체를 말한다.
4. "기존단체"라 함은 단체 중 수의계약 근거에 따라 직전년도에 방위사업청과 계약하여 당해물품을 정상 납품한 실적이 있는 단체를 말한다.
5. "신규단체"라 함은 단체 중 수의계약 근거에 따라 직전년도에 방위사업청과 계약하여 당해물품을 정상 납품한 실적이 없는 단체를 말한다.
6. "직접 생산"이라 함은 당해 단체의 공장에서 최종 계약목적물을 직접 조립·가공(실질적인 변형을 가져오는 공정)등 제조행위를 하는 것으로, 중소벤처기업부 고시「중소기업자간 경쟁제품 직접생산 확인기준」에 의한 직접생산 정의 및 직접생산 확인 항목으로 규정된 생산공장, 생산시설, 생산인력, 생산공정의 내용에 따라 해당 물품을 생산하는 것을 말한다. 다만, 중증장애인생산품생산시설은 보건복지부「중증장애인생산품 생산시설 지정 관련 심사기준」에 따른다.
7. "명의대여"라 함은 단체가 해당품목의 직접생산시설을 보유하지 아니하거나, 보유하고 있는 경우라도 다른 사람에게 단체의 명의를 사용하여 공공기관과 계약을 체결하게 하여, 그 계약물품의 생산·납품 등 일체의 계약행위를 이행하게 하며, 그 대가로 계약금액에서 일정 비율(금액)의 수수료를 징수하는 행위를 말한다.
8. "중증장애인 생산품"이라 함은「중증장애인생산품 우선구매특별법」제9조와 같은 법 시행령 제16조에 따라 보건복지부장관으로부터 지정을 받은 생산시설에서 직접 생산된 제품을 말한다.

제3조(기본원칙) 단체 수의계약의 기본원칙은 다음과 같다.

1. 단체 수의계약은 군수물자의 품질과 안정성 확보가 보장되는 범위내에서 국가유공자에 대한 보훈, 사회적 약자 보호 등의 국가정책을 실현하는데 근본취지가 있다.
2. 방위사업청과 수의계약을 체결하는 단체는 당해 단체의 공장에서 직접생산을 하여야 하며, 제2조의 4에 따른 직접생산 관련 기준을 충족하여야 한다.
3. <삭제, 2017. 3. 17>
4. 단체의 중앙회가 존재할 경우에는 중앙회와 수의계약을 체결하는 것을 원칙으로 한다. 중앙회 예하의 타 사업소에서 제12조제1항 각 호에 해당하는 문제 발생시 대상 단체 선정을 취소한다.
5. 삭제 <2022.12.12>
6. 단체와 수의계약시 예정가격은 국가를 당사자로 하는 계약에 관한 법률 시행령 제9조에 따라 계약담당공무원이 계약수량, 이행기간, 수급상황, 계약조건 기타 제반여건을 참작하여 결정한다.
7. 수의계약 추진을 위한 물량배정, 물품추가, 선정취소 등은 방위사업기획·관리실무위원회의 심의를 통해 결정한다. 다만, 연간 총 조달금액(전 품목 합산)이 100억 미만인 경우에는 기반(미래)전력사업지원부장이 결정할 수 있다. <신설 2022.12.12>

제2장 물량배정에 의한 수의계약

제4조(물량배정 대상물품) ① 물량배정 대상물품은 군에서 사용하는 주요물자 중 조달의 안정성이 필요하여 수의계약으로 조달할 필요가 있는 물품을 대상으로 하되 다음 각 호의 요건을 충족하여야 한다.

1. 직전년도에 단체 수의 계약한 실적이 있는 물품
2. 「중증장애인생산품 우선구매 특별법」 제2조제2항에 해당하는 중증장애인 생산품
3. 중소기업자간 경쟁제품(중소벤처기업부 고시)

② 물품은 독립된 완성품으로 독자 기능을 가진 제품을 말하는 것으로 재고번호 기준으로 구분하되, 수리부속류 등은 수개의 재고번호로 1개의 물품을 구성할 수 있다. 대상물품은 전년도 기준으로 하되, 대상물품의 추가가 필요한 경우 방위사업기획・관리실무위원회의 심의를 통해 추가여부를 결정한다.

③ 국방부 또는 소요군이 관련문서에 의해 조달원을 명시하여 조달요구하는 계획생산품목은 물량배정에 의한 수의계약에서 제외한다.

제5조(단체별 물량배정 대상물품 수 제한) ① 제4조에 의하여 단체에 배정하는 대상물품

수는 제13조제1항 각 호에 따라 취소된 물품을 포함하며 단체별 3개 물품을 초과할 수 없다. 다만, 기존단체에 대하여는 기존 수의계약 물품 수를 인정한다.

② 신규 수의계약 요청 단체에 대한 물량배정 대상 물품 수는 제1항에 따라 단체별 3개 물품의 범위 내에서 연도별 1개로 제한한다.

③ 단체별 수의계약 대상물품의 변경 및 교체 요청은 인정하지 아니한다. 다만, 주무부서장은 신규수의계약요청서 접수일정과 동일한 일정으로 단체간 협의에 의한 물품요청에 대해 「별표7서식」 물량배정 대상물품 교체요청서(이하 "물품교체요청서"라 한다)를 방위사업청 홈페이지에 공고하여 접수 받을 수 있으며 접수된 사항은 방위사업기획·관리실무위원회의 심의에 따라 변경할 수 있다.

④ 소요군이 보급기준 변경으로 대체품 조달을 요청 시는 방위사업기획·관리실무위원회의 심의를 거쳐 물품을 대체하여 수의계약 할 수 있으나, 대체품 조달 요청이 없는 경우에는 타물품으로 배정하지 않는다.

⑤ 소요군이 조달기관 변경 등으로 방위사업청에 조달요구를 하지 않은 물품은 타물품으로 대체 배정하지 않는다.

제6조(신규 수의계약요청서 접수) ① 계약담당공무원은 매년 12월 1일부터 다음 연도 1월 31일까지 제2조제1호의 단체로부터 제4조의 물품에 대하여 [별표2] 수의계약요청서를 접수할 수 있으며, 단체가 수의계약요청서를 제출하는데 필요한 사항을 명시한 '수의계약요청서 접수 안내서'를 방위사업청 홈페이지에 공고하여야 한다.

② 제1항의 수의계약요청서에는 다음 각 호의 수의계약 자격을 입증하는 서류가 첨부되어야 한다.

1. 단체설립 허가증 또는 국가유공자 자활용사촌 지정서
2. 법인등기부등본(계약담당공무원이 직접 확인으로 대체)
3. 관할세무서 발행 사업자등록증
4. 법인정관(감독부서의 인가를 받아야하는 경우에는 인가된 정관). 단, 국가유공자 자활용사촌은 자활용사촌 운영규약 및 공동투자내역서 등 「국가유공자 자활용사촌 지원규정」에 적합하게 공동투자·공동분배를 하고 있음을 입증하는 서류
5. 단체설립 허가기관에서 발행한 수익사업(물품제조를 말한다) 승인서 또는 관보게재 근거. 단, 수익사업 승인대상이 아닌 단체의 경우에는 당해 단체의 수익사업을 확인할 수 있는 서류
6. 중증장애인생산품생산시설의 경우에는 보건복지부장관이 「중증장애인생산품 우선구매 특별법 시행령」 제17조제3항에 따라 발급한 「중증장애인생산품생산시설 지정서」
7. 중소벤처기업부 또는 단체설립허가기관(그 위임을 받은 기관을 포함한다)이 발행한 직접생산확인(증명)서. 다만, 제6호에 따라 수의계약 자격요건 확인서류(보건복

지부장관이 발급한 서류에 한한다)를 제출한 경우에는 직접생산증명서를 제출한 것으로 본다.

8. 공장등록증명서(임차인 경우 인감증명원이 첨부된 임대차계약서 및 소유자의 등기부등본), 생산시설・장비보유현황(공장 및 시설을 확인할 수 있는 사진 첨부), 생산(기술)인력 및 임직원 현황
9. 공공기관(중소기업제품 구매촉진 및 판로지원에 관한 법률(이하 '판로지원법'이라 한다) 제2조 제2호 및 같은 법 시행령 제2조 제2항에 따른 기관을 말한다)의 장이 발급한 납품실적증명서[별표3], 계약서 사본
10. 제9호의 납품실적증명서 상의 물품을 생산하는데 투입된 자재의 구입대장 사본 및 세금계산서(주요자재) 사본
11. 수의계약요청서 접수마감일 1년 전부터 생산에 참여한 인력의 명단(임금지급대장 사본 및 직장건강보험 납입증명서 첨부), 법인통장사본, 거래은행과의 통장거래실적

③ 계약담당공무원은 신규 수의계약요청서가 다음 각 호의 어느 하나에 해당되는 경우에는 신규단체 수의계약 대상에서 제외한다.

1. 수의계약대상 물품 수가 3개 물품(취소, 포기물품 포함) 이상인 기존단체가 타 물품에 대하여 신규 수의계약요청서를 제출하는 경우
2. 1개 물품을 60억원 이상 수의계약 하는 기존단체
3. 수의계약요청 물품이 제4조에 해당하는 물품이 아닌 경우
4. 제출된 서류가 제2항에서 정한 요건을 갖추지 못한 경우
5. 신규 수의계약요청서 접수기간이 아닌 경우

④ 계약담당공무원은 제1항에 의하여 접수한 서류 중 일부 보완이 필요한 경우에는 15근무일 이내의 기간을 정하여 서류를 보완하여 제출할 것을 요청하여야 하며, 기한 내 보완 제출 되지 아니한 때에는 신규단체 수의계약 대상에서 제외한다.

⑤ 제2항제9호의 납품실적증명서는 제1항의 수의계약요청서 접수마감일로부터 2년 이내에 공공기관에 1건당 1천만원 이상 납품 완료한 3건 이상의 요청품목 납품실적증명서(요청하는 품목과 동등이상 물품 또는 유사물품에 해당되는 실적이어야 한다. 동등이상물품 또는 유사물품인지 여부는 매년 경쟁계약에 적용하는 품목별「동등이상 물품 및 유사물품기준」에 의한다)를 말하며, 이중 1건은 수의계약요청서 접수마감일로부터 최근 1년 이내에 납품 완료한 실적이 포함되어야 한다.

⑥ 제2항제8호의 공장보유 여부는 접수일 기준으로 최근 1개월 이내에 발급한 공장등록증명서에 의하여 확인하며, 임차공장의 경우 부분임차는 인정하지 아니한다.

⑦ 제2항에 규정된 구비서류 중 전자정부법 제36조제1항에 따라 행정정보의 공동이용을 통하여 구비서류에 대한 정보를 확인 할 수 있는 경우에는 그 확인으로 구비서류에 갈음할 수 있다.

제7조(신규 수의계약요청서 검토) ① 계약담당공무원은 제6조에 의하여 신규 수의계약요청서를 접수한 때에는 다음 각 호의 기준에 적합한지 여부를 검토하여야 한다.

1. 제2조제1호에 해당하는 수의계약 대상 단체
2. 영 제12조, 제32조 및 시행규칙 제14조의 규정에 의한 경쟁입찰 참가자격이 있는 단체
3. 제4조에 의한 물량배정대상 물품
4. 제5조에 의한 단체별 수의계약물품 수 제한에 저촉되지 아니할 것
5. 신규 수의계약 요청 단체가 관할시·도에 등록한 공장에서 직접 생산할 수 있는 시설을 갖추고 있을 것

② 수의계약을 요청한 단체의 직접생산확인서는 발행기관 및 공장등록증 등에 의하여 사실 확인이 가능하여야 하며, 사실 확인이 곤란한(생산시설 및 제조 인력 미흡으로 직접생산 곤란)경우 계약담당공무원은 다음 각 호의 방법으로 직접생산여부를 관련기관에 의뢰하여 확인할 수 있다.

1. 판로지원법 제9조에 의하여 중소벤처기업부에서 직접생산을 확인하는 물품에 대해서는 중소벤처기업부장관에게 확인 요청
2. 제1호에 해당되지 아니하는 물품에 대하여는 영 제26조제3항의 규정에 의하여 당해 단체 설립허가기관에 확인 요청

③ 계약담당공무원은 제1항 및 제2항에 의한 검토결과 부적합한 경우에는 그 내용을 명시하여 당해 단체에 통지한다.

제8조(직접생산 현장확인 등) ① 계약담당공무원은 (신규)수의계약을 요청한 단체에 대해 직접생산증명서 등 관련서류를 검토하여야 하며, 영 제26조 제3항에 따라 관계기관에 직접생산여부 등을 조회하여야 하고, 다음 각 호의 어느 하나에 해당하는 경우에는 생산공장 방문 점검을 할 수 있다.

1. 제6조에 따라 신규 수의계약요청서를 접수한 때
2. 제5조 ③항에 따라 단체간 협의에 의한 수의계약 대상물품의 교체를 방위사업청 홈페이지에 공고 후 접수시
3. 주무부서장이 필요하다고 판단한 경우

② 계약담당공무원은 중증장애인생산품생산시설에 대하여는 「중증장애인생산품 우선구매 특별법 시행령」 제16조에 따라 다음 각 호의 수의계약 자격요건을 모두 충족하면서 생산하고 있는지를 확인하여야 한다.

1. 중증장애인 생산품의 직접생산에 참여하는 장애인이 7인('15년 부터는 10인) 이상이어야 한다.
2. 중증장애인 생산품의 직접생산에 참여하는 장애인이 상시적으로 전체 근로자의 100분의 70 이상이고, 장애인중 중증장애인이 100분의 60 이상이어야 한다.

3. 중증장애인 생산품의 직접생산 과정에 걸리는 총 근로시간 중 장애인의 근로시간이 차지하는 비율이 상시적으로 100분의 50 이상이어야 한다.
4. 근로장애인 참여 근로시간은 [(장애인근로자 근로시간 ÷ 전체근로자 근로시간)×100%]이며, 일용직 근로자도 근로시간에 포함하되 일용직 근로자의 업무내용, 근로시간, 급여지급내용 등 관련 증빙서류를 반드시 확인하고 관련 자료 미제출 시에는 부적합으로 간주 처리한다.

제9조(물량배정 기준) ① 계약담당공무원은 제2항과 제3항의 물량배정기준을 적용하고 방위사업기획·관리실무위원회 심의를 거쳐 단체별 물량을 배정 한다. 다만, 배정된 물량은 단체의 연간생산능력(수량) 이내여야 한다.

② 신규단체의 물량배정은 다음 각 호의 기준으로 한다.

1. 각 신규단체에 배정할 수 있는 물량은 당해 물품의 연간 조달계획물량의 100분의 5에 해당하는 금액 이하로 한다.
2. 동일물품에 대해 2개 이상의 신규단체가 물량배정 요구시 연간조달계획물량의 100분의 10에 해당하는 금액 이하로 배정한다.
3. 제1호에 의하여 배정된 물량은 기존단체의 배정물량에서 기 배정비율과 동일한 비율로 삭감한다. 단, 당해물품 물량배정비율이 100분의 10이하인 기존단체의 물량은 삭감에서 제외한다.

③ 기존단체의 물량배정은 다음 각 호의 기준으로 한다.

1. 기존단체 물량배정은 전년도 배정비율을 기초로 하며, 기존단체와의 당해연도 수의계약 대상물량이 전년도 소요군 조달물량보다 100분의 50을 초과하여 증가한 경우에는 다음 산식에 따라 계산한 물량에 대하여 경쟁으로 전환할 수 있으며, 경쟁 전환 비율은 증가원인, 요구도 충족, 기존단체의 생산능력 및 계약금액 등을 종합적으로 고려하여 방위사업기획·관리실무위원회 심의를 거쳐 정한다.

경쟁전환 대상물량 = 당해연도 수의계약 대상물량 − 전년도 소요군 조달물량 x 1.5

2. 기존단체간 물량배정 비율에 분쟁이 있는 경우 방위사업기획·관리실무위원회 심의를 거쳐 물량을 배정하며, 이에 불복하여 정상적인 계약업무 추진이 어려운 경우에는 해당 단체 설립허가 기관에 관련사실을 통보하고, 분쟁하고 있는 기존단체를 대상으로 영 제23조제1항제8호에 의거 지명경쟁입찰에 의한 방법으로 집행한다.
3. 기존단체에 추가하여 새로운 물품을 배정할 경우에는 제9조 제2항 신규단체의 물량배정 기준에 의한다.

④ 소요군으로부터 추가 조달요청이 있을 경우에는 기존단체별 물량배정비율에 의하여 조정한다.

⑤ 제2항제3호 또는 제3항제2호에 의해 삭감된 물량을 보충하기 위해 타 물품을 추가로 배정할 수 없다.

제3장 소요군 요청에 의한 계약

제10조(단체 지정 조달요청 시 처리) ① 소요군에서 수의계약사유서를 첨부하여 특정한 단체와 수의계약을 요청할 경우 방위사업기획·관리실무위원회 심의를 거쳐 해당 단체와 수의계약 할 수 있다.

② 제1항의 수의계약사유서는 조달요구 시마다 [별표4] 서식에 의하여 제출하여야 한다.

③ 제1항에 따라 수의계약하는 대상물품은 제4조에 따르며, 당해 단체의 물량배정에 의한 수의계약 실적에 포함시키지 아니한다.

제11조(단체의 수의계약 자격 확인) 계약담당공무원은 제10조제1항에 따라 소요군에서 지정한 단체 및 물품에 대하여 제6조제2항 및 제6항, 제7조제1항과 제2항 및 제8조를 준용하여 수의계약 지격 및 직접생산여부를 확인하여야 한다.

제4장 사후관리

제12조(수의계약 대상단체 선정취소) ① 계약담당공무원은 수의계약 대상단체가 다음 각 호의 어느 하나에 해당될 경우에는 방위사업기획·관리실무위원회의 심의를 거쳐 수의계약 대상단체를 취소할 수 있다.

1. 수의계약대상 단체 자격이 없는 것이 확인된 경우
2. 단체의 성격이 변질되어 시정 요구(확약서 등)한 이후 이행하지 아니한 경우
3. 단체가 조세범처벌법 제3조의 조세포탈 등의 불법행위를 한 경우
4. 중소벤처기업부, 당해단체 설립허가기관 또는 기타 관련기관 계약담당관 등의 직접생산 현장실사에 의해 직접생산위반(명의대여, 불법하청생산 등)으로 확인된 경우
5. 영 제76조의 규정에 의하여 부정당업자 제재를 받은 경우

② 제1항에 의해 선정 취소된 단체에 배정된 물량은 경쟁계약으로 전환을 원칙으로 한다.

③ 제1항에 따라 수의계약 대상 단체에서 취소된 단체는 취소일로부터 2년 이내에는 영 제26조제1항제4호에 의한 수의계약 참여를 제한하며, 기간경과 후 신규단체 자격으로 수의계약에 참여할 수 있다.

④ 계약담당공무원은 제1항에 따라 수의계약 대상단체 선정이 취소된 경우에는 그 결과를 당해 단체 및 당해 단체 설립허가기관 등에 통지하여야 한다.

제13조(수의계약 대상물품 선정취소) ① 계약담당공무원은 수의계약 대상단체가 다음 각 호의 어느 하나에 해당될 경우에는 방위사업기획·관리실무위원회의 심의를 거쳐 단체에 대한 대상물품을 취소 할 수 있다.

1. 수의계약 대상물품을 포기한 경우
2. 지체상금이 계약보증금을 초과하는 경우
3. 하자처리기간 내 하자처리를 이행하지 못하는 경우
4. 생산시설의 일부를 부분임차 하거나, 단일주소 내(아파트형 공장일 경우 동일호수) 부분임차를 한 경우 시정요구일로부터 6개월 이내에 시정을 완료하지 않은 경우
5. 기타 수의계약대상물품 선정을 취소할 만한 사유가 있는 경우

② 제1항에 의해 선정 취소된 물품은 경쟁계약으로 전환을 원칙으로 한다.

③ 제1항에 따라 수의계약 대상물품이 취소된 단체는 당해물품에 대하여 취소일로부터 1년간 영 제26조제1항에 의한 수의계약 참여가 불가하며, 기간경과 후 신규단체 자격으로 수의계약에 참여할 수 있다.

④ 계약담당공무원은 제1항에 따라 수의계약 대상물품 선정이 취소된 경우에는 그 결과를 당해 단체 및 당해 단체 설립허가기관 등에 통지하여야 한다.

제14조(수의계약 물량배정 감소) ① 계약담당공무원은 단체에게 수의계약물량을 배정함에 있어 다음 각 호의 어느 하나에 해당하는 사유가 발생한 경우에는 방위사업기획·관리실무위원회의 심의를 거쳐 당해물품에 대하여 배정물량을 감소할 수 있다.

1. 당해물품의 지체 또는 하자 등이 발생하는 경우
2. 계약담당공무원에게 공갈·협박·위협적인 행위를 하거나, 다수인이 사무실내에서 집단행동을 함으로써 정상적인 공무수행을 어렵게 한 경우
3. 삭제 <2017.3.17>
4. 기타 검찰기소 등 물량배정 감소가 필요하다고 인정되는 경우

② 제1항제1호의 지체 또는 하자 발생 등 단체 계약이행 성실도에 따른 물량 감소비율은 [별표6]을 적용한다.

③ 제1항제2호의 사유에 의한 물량배정 감소비율은 최초 발생 시 100분의 50으로 하며, 사유에 대한 시정조치 요구이후 1개월 이내에 시정이 완료되지 않았을 경우에는 완전 삭감한다.

④ 제1항에 따라 감소 결정한 물량은 경쟁계약으로 전환을 원칙으로 한다.

제15조(수의계약 단체 관리) ① 계약담당공무원은 방위사업청과 수의계약을 체결하는 단체의 수의계약 자격요건 및 수의계약 대상물품의 직접생산 여부를 물량배정 심의전 확인하고, 필요가 있을 경우에는 주무관청 또는 단체설립허가기관에 확인에 필요한 협조를 요청할 수 있으며 수의계약 대상 단체는 수의계약시 필요한 자격을 취득 및 유지 하여야 한다.

② 삭제 <2017.3.17>
③ 삭제 <2017.3.17>
④ 계약담당공무원은 당해 단체의 직접 생산여부, 회원운영 현황, 임대차 현황, 생산인력, 불법하도급 여부 등이 사실과 다른 경우 당해 단체에게 기한을 정하여 소명하도록 하고, 기한 내에 소명하지 못할 경우 관련기관에 확인을 의뢰하여 수의계약대상 자격 요건 및 직접생산여부를 재판단할 수 있다.
⑤ 계약담당공무원은 제4항에 의거 수의계약대상 자격 요건 및 직접생산여부 확인결과 부적격으로 확인된 경우에는 방위사업기획·관리실무위원회의 심의를 거쳐 수의계약 대상 단체 선정취소 등의 필요한 조치를 하여야 하며, 그 결과를 당해 단체 및 당해 단체 설립허가기관 등에 통지하여야 한다.
⑥ 계약담당공무원은 매년 우수한 군수품 조달 및 성실한 계약이행 등을 유도하기 위하여 우수단체를 선정하여 표창하고 적격심사 시 가점을 받도록 하는 등 인센티브를 부여할 수 있다. 이를 위해 매년 1월 31일까지 최근 2개년간의 매출액, 수익금, 가구당 월 배당금액과 지체, 하자, 부정당업자 제재(조달청 등 타 정부기관 포함), 표창 및 기타 평가에 관련된 사안을 제출하도록 요구할 수 있다. 이때 평가요소는 지체, 하자 및 사용자불만 등 객관적 사실 위주로 별도 우수단체 선정계획을 수립, 위원회를 구성하여 평가하여야 한다.

제16조(계약해제 또는 해지) ① 계약담당공무원은 제12조 또는 제13조에 해당되는 경우 당해 단체와 체결한 계약의 전부 또는 일부를 해제 또는 해지하여야 한다. 다만, 계약물품의 특성, 계약이행 진도, 구매 일정 및 소요군 의견 등 특별한 사유로 계약상대자의 변경이 제한되는 경우에는 방위사업기획·관리실무위원회의 심의를 거쳐 계약의 해제 또는 해지를 아니 할 수 있다.
② 제1항에도 불구하고 관급재산을 사용하여 제조된 물품의 경우에는 방위사업기획·관리실무위원회의 심의를 거쳐 납품 여부를 결정할 수 있다.

제17조(기준이 불명확한 경우 등의 처리) 단체 수의계약 물량배정과 관련하여 이 지침 및 관련규정에 명확한 기준이 없거나, 용어 해석의 차이, 요청 품목에 대한 분쟁발생, 조달집행이 어려운 경우 등은 방위사업기획·관리실무위원회 심의를 거쳐 처리한다.

제18조(물량 감소 상황 발생시 처리) 계약담당공무원은 제12조 수의계약 대상단체 선정취소, 제13조 수의계약 대상물품 선정취소, 제14조 수의계약 물량배정 감소 및 기타 사유 등으로 물량을 감소시킬 사유가 발생하여 감소 결정된 물량은 경쟁계약으로 전환을 원칙으로 한다.

제19조(재검토기한) 방위사업청장은 이 예규에 대하여 「훈령·예규 등의 발령 및 관리에 관한 규정」에 따라 2020년 1월 1일 기준으로 매3년이 되는 시점(매 3년째의 12월

31일까지를 말한다)마다 그 타당성을 검토하여 개선 등의 조치를 하여야 한다.

부 칙 <제107호, 2012.12.18>

제1조(시행일) 삭제 <2017.3.17>

제2조(수의계약 품목의 경쟁 전환) 삭제 <2015.9.1>

① 삭제 <2015.9.1>

② 삭제 <2015.9.1>

③ 삭제 <2015.9.1>

제3조(특별법으로 설립된 법인에 대한 수의계약제도 폐지에 따른 경과조치) 삭제 <2017.3.17>

부 칙 <제167호, 2014.1.3>

제1조(시행일) 이 지침은 발령한 날부터 시행한다. 다만, 2014년도 조달집행계획에 대한 제6조 제1항의 접수기간은 2013년 12월 1일부터 2014년 1월 31일까지로 한다. 또한, [별표6]은 이 지침 시행 이후에 발생한 것부터 적용한다.

부 칙 <제365호, 2017.3.17>

제1조(시행일) 이 지침은 2017년 3월 17일부터 시행한다.

제2조(수의계약 품목의 경쟁전환 경과규정) 제9조 제3항 제1호는 본 지침 시행 후 다음 연도 1월 1일부터 적용한다.

부 칙 <제433호, 2018.7.1>

제1조(시행일) 이 지침은 2018년 7월 1일부터 시행한다.

부 칙 <제560호, 2019.9.18>

제1조(시행일) 이 예규는 발령한 날로부터 시행한다.

부 칙 <제820호, 2022.12.12>

제1조(시행일) 이 예규는 발령한 날로부터 시행한다.

[별표1] 삭제 <2022.12.12>

[별표2]

수의계약 요청서

<table>
<tr><td rowspan="5">신
청
인</td><td>단 체 명</td><td></td><td>대 표 자</td><td></td></tr>
<tr><td>업 태 구 분</td><td>제 조</td><td>전 화 번 호</td><td></td></tr>
<tr><td>사업자등록번호</td><td></td><td>공장등록번호
및 일자</td><td></td></tr>
<tr><td>설 립 근 거</td><td colspan="3"></td></tr>
<tr><td>사업장소재지</td><td colspan="3"></td></tr>
</table>

<table>
<tr><td colspan="2">직원현황</td><td rowspan="2">원호대상자 또는
장애인
근로자 수</td><td rowspan="2">자 본 금</td><td rowspan="2">최근 년간
매출실적</td><td rowspan="2">공장등록
평수</td></tr>
<tr><td>사무직</td><td>생산직</td></tr>
<tr><td></td><td></td><td></td><td></td><td></td><td></td></tr>
<tr><td colspan="2">주요 생산품</td><td colspan="4"></td></tr>
<tr><td colspan="2">주요 납품처</td><td colspan="4"></td></tr>
</table>

<table>
<tr><td rowspan="6">신청
내용</td><td>품 명</td><td>일일생산능력</td><td>배정요청 수량</td><td>비 고</td></tr>
<tr><td></td><td></td><td></td><td></td></tr>
<tr><td></td><td></td><td></td><td></td></tr>
<tr><td></td><td></td><td></td><td></td></tr>
<tr><td></td><td></td><td></td><td></td></tr>
<tr><td></td><td></td><td></td><td></td></tr>
</table>

※ 붙임 : 제6조에 의한 증빙서류 각 1부

20 . 0 . .

업체명 대표 성명 ☎

작성자 직위 성명 ☎

[별표3]

제조·납품실적 증명원

<table>
<tr><td rowspan="5">신
청
인</td><td>단 체 명</td><td></td><td>대 표 자</td><td></td></tr>
<tr><td>업 태 구 분</td><td>제조</td><td>전 화 번 호</td><td></td></tr>
<tr><td>사업자등록번호</td><td></td><td>제 출 처</td><td>방위사업청</td></tr>
<tr><td>용 도</td><td colspan="3">직접생산물품 수의계약 요청용</td></tr>
<tr><td>사업장소재지</td><td colspan="3"></td></tr>
</table>

<table>
<tr><td colspan="6">제 조·납 품 실 적</td></tr>
<tr><td colspan="2" rowspan="2">품 명</td><td colspan="4">납 품 내 용</td></tr>
<tr><td>일 자</td><td>수 량</td><td>금 액</td><td>비 고</td></tr>
<tr><td colspan="2"></td><td></td><td></td><td></td><td></td></tr>
<tr><td>규 격</td><td colspan="5"></td></tr>
<tr><td rowspan="4">증
명
원
발
급</td><td colspan="5">위와 같이 직접생산하여 이상없이 납품한 사실을 증명합니다
년 월 일</td></tr>
<tr><td colspan="5">기관명 : (관인) (☎ : - -)</td></tr>
<tr><td colspan="5">주 소 : (Fax 번호 : - -)</td></tr>
<tr><td colspan="3">담당부서 :</td><td colspan="2">담당자 :</td></tr>
</table>

※ 【주】 ① 납품금액란은 기재 후 투명 접착테이프를 붙여 증명을 받아야 한다.

[별표4]

수의계약 요청 사유서

<table>
<tr><td rowspan="3">수의계약
대상단체</td><td>단 체 명</td><td></td><td>대 표 자</td><td></td></tr>
<tr><td>주 소</td><td colspan="3"></td></tr>
<tr><td>전화번호</td><td></td><td>FAX번호</td><td></td></tr>
<tr><td rowspan="6">대상물품</td><td>품 명</td><td colspan="3"></td></tr>
<tr><td>규 격</td><td colspan="3"></td></tr>
<tr><td>단 위</td><td colspan="3"></td></tr>
<tr><td>수 량</td><td colspan="3"></td></tr>
<tr><td>예 산 액</td><td colspan="3"></td></tr>
<tr><td>납품기한</td><td colspan="3"></td></tr>
<tr><td>수의계약
요청근거</td><td colspan="4"></td></tr>
<tr><td>수의계약
요청사유</td><td colspan="4"></td></tr>
<tr><td>비 고</td><td colspan="4"></td></tr>
</table>

기 관 명

[별표5] 삭제 <2015.9.1>

[별표6]

계약이행 성실도에 따른 물량 감소 기준

구 분	내 용	감소 비율
①하자유무	○방위사업청에 납품한 당해물품 중에서 최근 1년 이내 아래와 같은 하자 발생 사실이 있는 단체 (계약건별 합산하여 적용) A. 계약금액의 5%이상 B. 계약금액의 3%이상 ~ 5%미만 C. 계약금액의 1%이상 ~ 3%미만 D. 계약금액의 0.1%이상 ~ 1%미만	 20% 15% 10% 5%
②감액유무	○방위사업청에 납품한 당해물품 중에서 최근 1년 이내 아래와 같은 감액 사실이 있는 단체 (계약건별 합산하여 적용) A. 계약금액의 20%이상 B. 계약금액의 10%이상 ~ 20%미만 C. 계약금액의 1%이상 ~ 10% 미만 D. 계약금액의 0.1%이상 ~ 1% 미만	 20% 15% 10% 5%
③지체상금	○방위사업청과 계약한 전 물품 중에서 최근 1년 이내 아래와 같이 지체상금을 부과 받은 사실이 있는 단체 (계약건별 합산하여 적용) A. 계약금액의 7%이상 B. 계약금액의 5%이상 7%미만 C. 계약금액의 3%이상 5%미만 D. 계약금액의 1%이상 3%미만 E. 계약금액의 0.1%이상 1%미만	 25% 20% 15% 10% 5%

[주]

1. ①의 하자유무 평가시 하자발생일은 검사기관으로부터 하자로 판정되어 업체에 통보한 날짜를 기준으로 하고 하자금액은 품질검사기관에서 통보된 하자발생 내역별로 산정한다. 다만, 하자발생 유무 평가에 있어 A/S기간이 경과된 경우에는 적용하지 아니한다.
2. ②의 감액유무 평가시 감액발생일은 면제 승인된 후 품질 보증기관의 납품조서 발행일을 기준으로 한다.
3. ③의 지체상금 평가는 최근 1년 이내에 발생한 지체발생 계약건별 해당하는 감소비율을 합산한다.
4. 삭제 <2022.12.12>
5. 계약이행성실도는 전체 감소비율을 합산하여 적용하며, 당해연도 물량을 배정받기를 희망하는 모든 단체는 매년 1월 31일까지 계약이행성실도 관련 자료를 계약담당공무원에게 제출하여야 한다.

[별표7]

단체간 물량배정대상 물품 교체요청서

단 체 명						대표자	
설립허가기관				설립일자		법인등록 번 호	
주 소							
수의자격등록		등록구분	제조( )	등록번호		등록일자	
교체요청	현 배정 물품명	배정금액	배정일자	교체 단체명	교체요청 물품명	교체요청 금액	교체사유

교체요청물품 현황			
	물 품 명		
	품명		
	물품분류번호		
	생산규격		
	입찰참가 등록여부		
	공장소재지		
	공장소유구분		
	전체근로자수		
	생산참여 상이자수		
	생산참여 장애인수		
	연간생산능력		
	연간 납품 실적 년		
	연간 납품 실적 년		
	납품실적증명서 첨부유무		

위와 같이 물량배정 대상물품 교체요청하며, 이 내용 및 붙임 증명서류는 사실과 상위없습니다.

년 월 일

단체명 : 대표자: (날인)

붙임 : 자격요건 입증서류 각 1부.

복수견적 업무처리규정

조달청 훈령 제1433호, 2008. 8.25 개정
조달청 훈령 제1467호, 2009. 8.21 개정
조달청 훈령 제1550호, 2012. 8.23 개정
조달청 훈령 제1707호, 2015. 8.20 개정
조달청 훈령 제2039호, 2022. 4.18 개정
조달청 훈령 제2287호, 2025. 7.28 개정

제1조(목적) 이 기준은 물품의 제조·구매를 위하여 실시하는 전자복수견적(이하 "복수견적"이라 한다)에 관한 업무처리 기준을 규정함을 목적으로 한다.

제2조(적용범위) 복수견적에 관한 업무처리는 따로 정한 것을 제외하고는 이 규정에 따른다.

제3조(정의) ① 이 규정에 사용되는 용어의 정의는 다음과 같다.

1. "시스템"이란「국가종합전자조달시스템」(나라장터)를 말한다.
2. "견적서"란「국가를 당사자로 하는 계약에 관한 법률 시행령」(이하 "시행령"이라 한다) 제30조에 따라 수의계약을 체결하기 위해 제출받는 견적서를 말한다.
3. "복수견적"이란 시스템을 통해 1인이 복수의 견적서를 제출할 수 있도록 하여 견적마감일시까지 제출된 견적서 중 최저가격의 견적서 제출자를 낙찰자로 결정할 수 있는 방식을 말한다.
4. "복수견적서 제출자"란 복수견적에 참가하는 자를 말한다.
5. "견적마감일시"란 입찰공고에서 정한 복수견적 제출마감일시를 말한다. 다만, 견적마감일시 직전에 새로운 견적제출자가 있는 경우에는 연장된 마감일시를 말한다.
6. "최저견적금액(마감전)"이란 복수견적서 제출기간내에 제출된 견적서 중 최저견적금액을 말한다.
7. "투찰가능금액"이란 새로운 견적이 가능한 최대견적금액을 말한다.
8. "인하비율"이란 최저견적금액(마감전)에서 인하하여 투찰할 수 있는 비율을 말한다.

9. "시작가격"이란 계약담당자가 공개하는 최대견적가격을 말한다.

② 이 규정에서 따로 정의하는 용어를 제외하고는「국가를 당사자로 하는 계약에 관한 법률」,「동법 시행령」,「동법 시행규칙」(이하 "국가계약법령"이라 한다), 회계예규 및 조달청내자구매업무처리규정(이하 "처리규정"이라 한다) 등 관련규정에서 정한 바에 따른다.

제4조(복수견적 대상품목) ① 계약담당과장은 조달요청서를 접수하면 구매의 품목의 특성·목적 및 내용 등을 검토하여 복수견적이 가능할 경우 복수견적에 따라 구매할 수 있다.

② 구매총괄과장은 다음과 같은 기준에 따라 복수견적이 가능한 품명을 지정하여 계약담당과장에게 통보할 수 있다.

1. 구매빈도가 높고 규격화가 가능한 품명
2. 공급자가 많아 경쟁이 활성화되어 있는 품명
3. 품질관리 및 사후관리가 가능한 품명

제5조(구매결의서 작성) ① 계약담당과장은 복수견적에 따라 나라장터를 통하여 구매결의서를 작성한다.

② 구매결의서에 포함될 사항은 다음과 같다.

1. 구매관리번호
2. 수요기관명
3. 품명, 규격, 수량
4. 계약방법 : 견적서 제출에 따른 가격결정
   * 근거 : 국가계약법시행령 제30조
5. 예산금액 또는 추정가격
6. 견적서 제출일시
   ○ 시작일시 :
   ○ 마감일시 :
   * 마감일시 ( )분전 이내에 견적서가 제출된 경우에는 마감일시가 10분간 자동 연장됨
7. 견적서 제출횟수 : 횟수를 제한시
8. 개찰일시
9. 인하비율
10. 납품기한 또는 계약기간
11. 납품장소

12. 인도조건
13. 검사 및 검수기관
14. 물품구매입찰권유서(처리규정 별지 4호 서식)
15. 국가종합전자조달시스템전자복수견적특별유의서(이하 "유의서"라 한다)
16. 복수견적 물품구매계약 추가특수조건
17. 물품구매(제조)계약특수조건
18. 물품구매(제조)계약일반조건

제6조(복수견적 공고) ① 계약담당과장은 복수견적 공고서를 나라장터에 공고하여야 한다.

② 복수견적 공고에는 다음 각 호의 사항을 명시하여야 한다

1. 공고에 부치는 사항
2. 견적서 제출일시
   ○ 시작일시 :
   ○ 마감일시 :
   * 마감일시 ( )분전 이내에 견적서가 제출된 경우에는 마감일시가 10분간 자동 연장됨
3. 견적서 제출횟수 : 횟수를 제한시
4. 개찰일시
5. 복수견적 참가자의 자격에 관한 사항
6. 낙찰자 결정방법
7. 인하비율
8. 공동계약의 허용여부
9. 청렴계약제 시행에 관한 사항
10. 기타 복수견적 집행에 필요한 사항

제7조(시작가격 작성 및 공개) 계약담당공무원은 시작가격을 작성하여 견적서 제출 시작일시 전까지 공개하여야 한다.

제8조(복수견적 집행) ① 계약담당공무원은 견적서를 공고서에 지정된 기간내에 나라장터를 통하여 전자적으로만 제출받아야 한다. 다만, 공고서에 정하는 바에 따라 마감일시가 연장된 경우에는 연장된 마감일시까지 제출받을 수 있다.

② 계약담당공무원은 견적서 제출자로부터 최초 견적서를 제출한 이후에도

견적서 제출횟수와 관계없이 투찰가능금액 이하의 가격으로 견적서를 제출받을 수 있다. 다만, 공고서에서 전자견적서 제출 횟수를 제한한 경우에는 이를 초과하여 제출받을 수 없다.

제9조(견적서의 취소) ① 계약담당공무원은 전자견적서의 견적금액 등 중요부분의 기재오류를 이유로 복수견적 제출자가 모든 견적서의 취소 의사를 표시하면 복수견적 제출자가 제출한 모든 견적서를 무효처리 할 수 있다. 이 경우 취소의사를 표시한 복수견적 제출자는 당해 복수견적에 참가할 수 없으나 재복수견적에 부치는 경우에는 그러하지 아니하다.

② 제1항에 따라 복수견적의 취소에 대한 의사표시는 붙임 양식에 따라 복수견적 마감일시까지 서면으로 직접 제출받아야 한다. 다만, 직접 제출이 곤란한 경우에는 복수견적 마감일시까지 우편 또는 팩스로 제출(팩스로 제출 시 추후 원본 제출)받을 수 있다.

제10조(개찰) ① 계약담당공무원은 복수견적 공고에 명시된 장소에서 지정된 일시에 개찰을 집행하며, 복수견적자 또는 그 대리인은 개찰에 참관할 수 있다. 이 경우 계약담당공무원은 개찰에 참관하고자 하는 자에게 신분증 및 입찰참가등록증의 제시를 요구할 수 있다.

② 복수견적의 개찰은 계약담당공무원이 개찰용 컴퓨터를 통해 지정공인인증기관에서 발급한 전자인증서로 시스템에 접속하여 집행한다.

제11조(낙찰자 결정방법) 계약담당공무원은 견적마감일시까지 견적서를 제출하게 하여 최저가격의 견적서 제출자를 낙찰자로 결정한다.

제12조(재복수견적) ① 계약담당공무원은 2인 이상의 유효한 복수견적자가 없거나 낙찰자가 없을 경우 복수견적일시를 다시 정하여 복수견적에 부칠 수 있다.

② 재복수견적의 시작가격은 제7조에 따른 최초의 시작가격과 같아야 한다.

제13조(복수견적의 연기공고) ① 계약담당공무원이 복수견적을 연기하고자 할 경우 나라장터의 "연기공고게시판"에 게재하여야 한다. 필요에 따라 전자공동수급협정서 등의 제출기한, 견적마감일시, 개찰일시 등의 일부 또는 전부를 연기할 수 있다.

② 제1항에 따라 복수견적을 연기할 경우 이미 유효하게 제출된 견적서 및 전자공동수급협정서 등은 연기된 복수견적에 유효하게 접수된 것으로 보며

다시 제출받을 수 없다.

제14조(복수견적의 취소) ① 낙찰자 선정통보 이전에 수요기관의 예산사정, 공공사업계획의 변경 등 불가피한 사유가 있을 때에는 당해 복수견적을 취소할 수 있다.

② 복수견적 집행자는 복수견적 제출자가 정상적으로 전자견적서를 제출하였으나 PC나 시스템의 오류 등으로 인하여 공정한 복수견적의 집행이 곤란하다고 판단될 경우 해당 복수견적 전체를 취소할 수 있다.

제15조(낙찰통보 등) 낙찰통보 및 계약관리 등은 처리규정에 따른다.

제16조(정보안내) 계약담당공무원은 복수견적의 공고 및 결과에 대한 정보를 나라장터에 제공하여야 한다.

제17조(재검토기한) 조달청장은 「훈령ㆍ예규 등의 발령 및 관리에 관한 규정」에 따라 이 훈령에 대하여 2025년 8월 1일 기준으로 매 3년이 되는 시점(매 3년째의 7월 31일까지를 말한다)마다 그 타당성을 검토하여 개선 등의 조치를 하여야 한다.

부 칙 <제1433호, 2008.8.25>

이 규정은 2008. 09. 01 부터 시행한다.

부 칙 <제1467호, 2009.8.21>

이 규정은 2009. 08. 24 부터 시행한다.

부 칙 <제1550호, 2012.8.23>

(구매업무 관련 훈령 및 예규 등 일괄개정)

이 규정은 2012. 08. 25 부터 시행한다.

부 칙 <제1707호, 2015.8.20>

이 규정은 2015. 08. 25. 부터 시행한다.

부 칙 <제2039호, 2022.04.18>

이 규정은 2022. 5. 1. 부터 시행한다.

부 칙(2025.7.28.)

이 규정은 2025. 8. 1. 부터 시행한다.

[별지 제1호 서식]

조달물자(내자) 구매계약 안내공고

(역경매 방식에 의한 전자복수견적)

1. 복수견적에 부치는 사항

○ 구매관리번호 :

○ 수요기관 :

○ 계약방법 : 수의계약(복수견적)

○ 품　　명 :

○ 수　　량 :

○ 단　　위 :

○ 입찰(개찰)일시 :

○ 납품기한 :

○ 추정가격 :

○ 건　　명 :

○ 견적방식 : 전자복수견적

○ 복수견적서 접수 개시일시 :

○ 복수견적서 접수 마감일시 :

* 마감일시 ( )분 전 이내에 견적서가 제출된 경우에는 마감일시가 ( )분간 자동 연장됩니다. 다만, 개찰일시 30분 이내인 경우에는 연장되지 않습니다.

○ 업체별 견적서 제출 횟수 : ( )회를 초과할 수 없습니다.

○ 인하비율 : 　%

* "최저견적금액(마감전)"에서 인하하여 투찰할 수 있는 비율

◐ 복수견적 참가자격

◐ 복수견적(입찰)참가자격 등록장소 : 조달청 고객지원센터 또는 서울지방조달청 고객지원센터 또는 각 지방조달청 경영지원팀

◐ 낙 찰 자 선 정 방 법

- 복수견적에 의한 최저견적 제출자

◐ 참 고 사 항

- 상세내용은 수요기관 요청에 의합니다.

2. 세부 품명 및 수량

3. 주요 공지사항

3-1 복수견적참가자격 관련사항

○ 본 견적서의 제출은 전자견적으로만 가능합니다.

○ 견적서 제출을 위한 시작가격은 복수견적 제출화면에 공지합니다.

○ 중소기업협동조합법에 의한 중소기업협동조합은 견적서 제출에 참여할 수 없습니다. (필요시)

○ 직접생산증명서 : 중소기업청의 중소기업자간 경쟁제품 직접생산확인 기준에 따릅니다. (중소기업간 경쟁제품일 경우)
(직접생산 관련 문의처 : 중소기업청 공공구매사업단)

3-2 공동도급 (공동이행방식 허용시)

○ 공동이행방식이 가능하며, 공동수급체 구성원 전체는 복수견적참가자격을 갖추어야 합니다.

○ 공동수급체를 중복 결성하여 참여할 수 없습니다.

○ 견적서를 제출한 후에는 공동수급협정서를 제출할 수 없습니다.

4. 제출서류

4-1 공동수급협정서 1부 (해당자에 한함)

○ 제출기한

○ 나라장터를 이용하여 국가종합전자조달시스템전자입찰특별유의서 제9조에 따라 제출하여야 합니다.
- 대표사가 나라장터에서 승인하여야 제출이 가능합니다.

5. 개찰장소 : 국가종합전자조달시스템(나라장터)

6. 복수견적서의 무효

○「국가를 당사자로 하는 계약에 관한 법률 시행령」 제39조 제4항, 동법 시행규칙 제44조 및 물품구매(제조)입찰유의서 제12조에 해당되는 견적서는 무효입니다.

7. 계약상대자의 결정

○ 시작가격 이내로서 최저견적서 제출자를 계약상대자로 결정합니다.

8. 기타사항

○ 조달청의 경쟁입찰참가자격등록은 수시로 가능하며, 복수견적에 참가하

기 위하여는 입찰(복수견적참가)전일까지 등록을 하여야 합니다. 등록절차와 G2B(나라장터) 이용안내, 복수견적 참가 및 계약에 관한 일반사항(국가종합전자조달시스템전자복수견적특별유의서, 계약일반조건, 계약특수조건 등)은 정부 조달콜센터(☎ 지역번호없이 1588-0800)로 문의하시기 바랍니다.

○ 본건의 규격 및 가격 관련 사항은 구매담당팀 (담당자 : ☎ (070)4056-, FAX 0505-480-)로 문의하시기 바랍니다.

○ 복수견적 참가에 제출되는 서류가 사본일 경우에는 "사실과 상위없음"을 확인 ·날인하여 제출하시기 바랍니다.

○ 본 복수견적은 전자입찰 입찰자 신원확인제도가 적용됨에 따라 개인인증서를 보유한 대표자(또는 사전에 등록된 입찰대리인)만이 견적서 제출이 가능합니다.

○ 복수견적 참가희망업체가 전산장비 준비 부족 등의 사유로 전자입찰등록 및 견적서 제출이 곤란한 경우에는 복수견적서 마감 24시간 이전에 조달청 정부조달콜센터(1588-0800)로 장애해결을 위해 문의하시기 바라며 장애발생에도 불구하고 조달청 콜센터로 문의하지 않아 발생되는 모든 책임은 복수견적참가자에 있습니다.

○ 전자복수견적특별유의서 및 전자입찰 입찰자등록에 관련된 내용은 국가종합전자조달시스템 (http://www.g2b.go.kr)을 참고하시기 바랍니다.

9. 본 안내공고의 설명서 구성은 다음과 같으며 복수견적에 참가하고자 하는 자는 반드시 설명서를 열람하여 그 내용을 숙지하여야 하며, 숙지하지 못함에 따른 책임은 복수견적제출자에게 있습니다.

9-1 조달물자(내자)구매계약 안내공고서

9-2 국가종합전자조달시스템전자복수견적특별유의서

9-3 국가종합전자조달시스템전자입찰특별유의서

9-4 물품구매(제조)입찰유의서

9-5 공동계약운용요령

9-6 복수견적 물품구매계약 추가특수조건

9-7 물품구매

9-8 물품구매(제조)계약일반조건

경쟁촉진을 위한 공사의 수의계약사유 평가기준

조달청지침 제4091호, 2025. 9. 1. 일부개정

제1조(목적) 이 기준은 계약예규「정부입찰 · 계약 집행기준」(기획재정부계약예규)(이하 '집행기준'이라 한다)에서 규정하고 있는 수의계약사유에 대하여 객관적인 세부평가기준을 수립, 집행함으로서 계약행정의 공정성 및 투명성을 제고하는데 있다.

제2조(용어의 정의) 이 기준에서 사용하는 용어의 정의는 다음과 같다.

1. '금차공사'라 함은 이 기준에 따른 수의계약 평가대상 공사를 말하며, 예산 확보와 복합공사 여부를 불문하고 계약 요청한 전체 공사금액을 기준으로 한다.
2. '전차공사'라 함은 금차공사와 동일체구조물을 형성하여 장래 하자발생 시 그 책임구분이 불분명한 사유(이하 '하자사유'라 한다)가 발생될 수 있는 하자보수보증기간 내 또는 시공 중에 있는 전차구조물이거나 금차공사기간 대비 시공 중인 공사의 잔여공사기간의 비율(이하 '시간적중복도'라 한다)이 40%이상이고 공간적으로 중복되어 작업상 혼잡을 야기(이하 '혼잡사유'라 한다)할 수 있는 공사를 말한다.
3. '중복금액' 또는 '접합금액'은 전차공사 구조물과 기능이 상호 연결되어 동일체구조물을 형성하여 하자사유가 발생되고 동일인이 계속하여 시공함이 적합하다고 판단되는 금차공사금액 중 하자계류잔여기간 내에 시공하는 금차공사금액으로서 '중복금액'은 수직적 분할(상 · 하)로 접합시공되는 금액, '접합금액'은 횡 또는 종 방향으로 접합시공되는 금액을 말하며, 제16조제1항 각 호의 공종을 제외한 공사를 기준으로 하자계류잔여기간 내에 당해 구조물을 시공하는데 필요로 하는 재료비(도급자설치 관급금액 포함), 노무비, 산출경비, 제경비 등을 합한 완성공사비를 기준으로 계산한다.
4. '혼잡금액'이라 함은 금차공사금액 중 시공 중인 전차공사와 시간적 · 공간적으로 중복되어 제14조의 유형에 의한 작업상 혼잡사유로 시공하는 금차공사금액을 말하며, 제16조제2항의 공종을 제외한 공사를 기준으로 시공 중복기간 내에 당해 구조물 시공에 필요한 재료비, 노무비, 산출경비, 제경비 등을 합한 완성 공사비를 기준으로 계산한다.
5. '공사금액'이란 시설부대비(용역비, 보상비 등)를 제외한 공사 예정금액(추정 가격 + 부가가치세 + 도급자설치 관급금액)을 말하며, 전차공사가 설계변경 등으로 계약금액이 증감된 경우에는 증감된 금액을 당초 공사예정금액에 가감한 금액을 말한다.

제3조(수의계약 요청) ① 수요기관의 장은 수의계약으로 추진하고자 하는 공사가 집행기

준 제8조 본문의 사실상 경쟁불가에 해당하는 경우에 한하여 평가자료 (별첨양식1, 2, 3, 4, 5에 수요기관에서 판단하여 기재한 자료를 말함)를 첨부하여 수의계약으로 요청하여야 하며, 이러한 요건을 구비하지 않은 계약요청은 경쟁 입찰로 처리한다.

② 경쟁 입찰로 진행 중인 공사에 대하여 이해 당사자가 수의계약으로 검토 요청한 경우에는 관련서류를 수요기관에 이첩하고 수요기관에서 경쟁 입찰공고의 현장설명일 기준 4일 이전에 제1항에 따른 평가 자료를 구비하여 수의계약으로 요청하면 검토하여 조치할 수 있다.

③ 신기술등의 사유로 수의계약을 추진하는 경우에는 입찰참여 기회균등과 공정한 경쟁을 유도하기 위하여 수의계약요청서를 접수일로부터 5일이상 국가종합전자조달시스템에 사전공개하여야 한다.

④ 제3항에 따라 업계의 의견이 있는 경우 수요기관의 장과 협의 후 재검토 할 수 있다.

제4조(평가 및 계약방법) ① 수의계약요청서에 의한 수의계약사유 평가는 <별첨 양식 2, 3, 4>에 따라 일반사항(만점 30점)과 기술사항(만점 70점)으로 구분 평기헌다.

② 별첨양식2의 내용 중 제11조에 관한 사항과 별첨양식3, 4는 해당기술과에서, 그 외는 시설총괄과에서 각각 평가한다.

③ 수의계약사유 종합평점이 90점 이상에 해당하는 공사는 수의계약으로 추진할 수 있다.

④ 종합평점 80점 이상인 공사 중 예산절감 등 불가피한 사유로 사실상 경쟁이 불가능하다고 판단되는 공사는 계약심사협의회의에 부의할 수 있으며 그 결과에 따라 수의계약으로 추진할 수 있다.

⑤ 금차공사에 신규공사('전차공사와 다른 위치에서 신규로 시공하는 공사', 이하 같다.)가 포함된 경우에는 신규공사부분을 분리하여 계약추진 할 수 있다.

⑥ 금차공사가 복합공종으로 구성된 공사는 주 공사(공사금액이 많은 공사)에 의한 평점(이 경우도 금차공사는 전체공사를 기준으로 평가한 점수를 말함)으로 계약방법을 추진하는 것을 원칙으로 하되 부대공사의 비율이 40%이상이고 평점이 만점인 경우는 주공사의 평점과 가중 평균한 평점으로 계약방법을 추진한다.

제5조(평가자료) 이 기준에 따른 수의계약사유 평가 시의 중복·접합금액, 혼잡금액, 마감금액, 신기술이나 특허공법(이하 '신기술등'이라 함)금액과 제11조 관련(품질, 가격, 공사기간 등)의 평가를 위한 공사금액 등의 계량적 수치는 제3조의 규정에 따라 수요기관에서 제출한 자료를 기준으로 평가하는 것을 원칙으로 한다.

제6조(기간계산) ① 금차공사의 착공예정일은 특별한 사유가 없는 한 수의계약 요청서의 발송일로 부디 30일후로 한다. 나난, 계약협의 등으로 30일을 경과한 경우에는 수의계약사유 평가일(최초 결재 상신한 날)을 착공예정일로 본다.

② 하자계류 잔여기간은 금차공사의 착공예정일로부터 전차공사의 하자보수보증기한(시공 중인 전차공사는 준공예정일로부터 공종별 하자담보책임기간을 환산한 기한)까지의 기간으로 한다.

③ 작업상혼잡의 시공 중복기간은 금차공사의 착공예정일로부터 작업상 혼잡 사유가 발생하는 전차공사의 계약서에 명기된 준공예정일까지의 기간으로 계산 한다. 이 경우 공사계약서의 공사기한보다 설계서에 의한 준공예정일이 나중인 경우에는 설계서의 절대공사기간을 기준으로 계산한다. 다만, 설계변경 등으로 공사기간이 연장 또는 단축된 경우에는 변경된 기한을 기준으로 하되 시공자의 귀책사유에 의한 연장은 인정하지 않는다.

제7조(일반사항 평가) ① 일반사항 심사항목의 평가기준일은 별도로 정한 경우를 제외하고는 수의계약요청서의 발송일로 한다.

② 경영상태의 평가는 '조달청 시설공사 적격심사세부기준'(조달청 시설총괄과-1034, 2015. 1. 29)(이하 "적격심사기준"이라 한다)에 의하여 다음 각호에 따라 평가한다.

1. 추정가격 100억원 이상인 공사는 적격심사세부기준의 <별표7>에 따라 "신용평가등급에 의한 경우"로 평가 한다
2. 추정가격 100억원 미만인 공사는 적격심사세부기준 <별지3> 내지 <별지7>에서 정한 공사종류별 추정가격에 해당하는 경영상태 평가기준 및 방법으로 평가한다. (단, <별지3>내지<별지7>단서에 의한 가산평가는 적용하지 않는다)

③ 「국가를 당사자로 하는 계약에 관한 법률」(이하 '국가계약법'이라 한다)시행령 제76조의 규정에서 정한 부정당업자 제재처분을 받은 자는 별첨양식2에 의한다.

④ 신인도 평가는 조달청 입찰참가자격 사전심사기준(이하 "사전심사"이라 한다)에 의하여 다음 각 호에 따라 평가하며 별첨양식2에 의한다.

1. 추정가격 50억원 이상인 공사는 사전심사기준에 따라 평가한다.
2. 추정가격 50억원 미만인 공사는 평가를 생략 한다.

⑤ 수의계약 대상자가 공동수급체인 경우 제2항의 평가는 적격심사세부기준, 제4항의 평가는 사전심사기준에 의한다.

제8조(기술사항 평가) ① 기술사항 평점은 다음 각호의 기준에 따라 평가한 점수를 적용한다.

1. 별첨양식 3 또는 4에 의한 하자사유의 기술사항평가는 1)의 공사규모비 평점과 ㉮ 내지 ㉰의 규모비 평점을 비교하여 낮은 평점을 기술사항 평점으로 한다. 이 경우 ㉮ 내지 ㉰ 평점은 가장 높은 점수를 기준으로 한다.
2. 별첨양식 3에 의한 작업상 혼잡사유(이하 '혼잡사유'라 한다)의 기술사항 평가는 1)의 공사규모비 평점과 ㉮의 규모비 평점을 비교하여 낮은 평점을 기술사항 평점으로 한다.

3. 별첨양식 3 또는 4에 의한 기술사항 평가사유(하자, 혼잡, 마감, 신기술등 보유)가 2개이상 중복되는 공사는 기술사항 평가점수중 높은 사유의 평점과 하위 평가점수의 1/2에 해당하는 점수를 합산한 점수를 적용하되 70점을 초과할 수 없다.

② 별첨양식 3또는 4에 의한 기술사항 평가표의 평가구분 중 Ⅱ항의 평가는 Ⅰ항의 표기비율과 Ⅲ항의 표기비율 사이에 해당하는 비율을 계산식의( )에 넣어서 계산하여 평점을 하되, 소숫점 첫째자리에서 절사한다.

제9조(공사규모비 평가) ① 별첨양식3 또는 4의 기술사항 평가표중 하자 및 혼잡 사유의 공사규모비 평가방법은 다음 각 호와 같다

1. 하자사유 1)의 공사규모비 평가는 금차공사금액 대비 제2조제2호의 하자사유에 해당하는 전차공사를 합산한 공사금액을 백분율로 계산하여 평가한다.
2. 혼잡사유 1)의 공사규모비 평가는 금차공사금액 대비 제2조제2호의 혼잡사유에 해당하는 전차공사의 전체공사금액을 백분율로 계산하여 평가한다.

② 전차공사가 장기계속공사인 경우 공사예정금액은 다음 각 호와 같이 적용하되 수요기관의 판단에 따라 각 차수별 수의계약사유에 해당하는 규모 및 구체적 중복내용 산출이 가능한 경우에는 예외로 한다.

1. 하자사유의 전차공사금액은 전차공사가 하나의 동일체구조물인 경우에는 전체공사금액을 적용하고, 전차공사가 2개 이상의 동일체 구조물인 경우에는 금차 공사와 동일체구조물을 형성하는 부분의 전차공사금액을 합산한다.
2. 혼잡사유의 전차공사금액은 혼잡사유가 있는 차수별 전차공사 중 준공예정일이 가장 나중인 것을 적용하여 시간적중복도가 40%이상에 해당하면 혼잡관련 차수별 공사의 전체 공사금액을 모두 합산한다.

③ 계속공사로서 연차별로 발주하여 계약한 전차공사금액은 금차공사와 직접적으로 접합 또는 중복시공 되거나 수직적 기초를 공통으로 하는 부분에 해당하는 하자보수보증기간 내 연차별 전차공사 부분의 공사금액을 모두 합산한다.

제10조(중복 · 접합 및 혼잡규모비 평가) ① 별첨양식 3, 4의 기술사항 평가표 중 하자사유 ㉮ 내지 ㉰의 규모비평가와 혼잡사유 ㉮의 규모비평가는 다음 각 호와 같이 평가한다.

1. 하자사유 ㉮의 중복, ㉯의 접합, ㉰의 접합 · 중복시공 규모비 평가는 금차 공사금액 대비 제2조제3호에 해당하는 공사금액을 백분율로 계산하여 평가한다.
2. 중복 또는 접합시공이 동시에 이루어지는 하자사유의 공사는 중복부분 규모로 평가한 점수와 중복 · 접합금액을 합산한 공사금액을 접합규모로 평가한 점수를 비교하여 높은 점수를 적용한다.
3. 혼잡사유 ㉮의 혼잡공사 규모비 평가는 금차 공사금액 대비 제2조제4호에 해당하는 공사금액을 백분율로 계산하여 평가한다.

② 별첨양식 4의 기술사항 평가표 중 하자사유 ㉮ 내지 ㉰의 규모비평가는 접합시공으로

평가하며 금차 공사금액 대비 제2조제3호에 해당하는 공사금액을 백분율로 계산하여 평가한다.

제11조(품질, 가격, 공사기간 등의 평가) 금차공사의 일부 또는 전부가 다음 각호의 사유에 해당하는 내용으로서 전차 또는 금차시공자가 시공하는 것이 국가에 유리하다고 판단되는 경우에는 금차 공사금액 대비 각호의 사유에 해당하는 금차 공사금액을 합산한 금액을 백분율로 계산하여 별첨양식 2에 따라 평가한다.

1. 천재・지변 또는 비상재해 긴급복구 공사부분이 포함된 공사
2. 전차 또는 금차시공자의 보유기술(특허・신기술)에 해당하는 공사부분이 포함되어 품질확보 및 예산절감이 가능한 공사 단, 공사금액은 제13조제2항에 따라 산정한다.
3. 전차시공자가 확보(소유, 임대)하고 있는 특수자재, 특수장비(대선, 예선등) 또는 부대시설(자재운반로, 아스팔트플랜트, 콘크리트플랜트, 크랏샤, 작업장, 야적장, 하치장, 적출장, 석산, 토취장, 가시설물, 기타)등의 이용으로 경쟁입찰로 집행하는 것 보다 전차시공자가 시공하는 것이 품질확보, 예산절감, 공사기간 단축 등 국가에 유리한 공사부분이 포함된 공사. 단, 계약방법에 따른 행정소요일수 차이로 조기착공・준공 가능하여 국가에 유리한 공사는 제외한다.
4. 공사위치 또는 재료 구득장소가 관련법에 따라 개발이 제한되어 추가적인 자연환경을 훼손할 수 없고 인근에서 재료를 구득하는 것 보다 예산이 절감되거나 전차시공자소유의 부대시설 등의 이용으로 예산절감이 가능한 공사부분이 포함된 공사
5. 중앙집중제어장치 등이 시스템적으로 작동되도록 상호연결 시공되어야 하는 전기・정보통신 공사부분이 포함된 공사
6. 금차공사에 필요한 부대시설(자재 운반로, 아스팔트 플랜트, 콘크리트 플랜트, 크랏샤, 작업장, 야적장, 하치장, 적출장, 석산, 제작장, 토취장 등)의 일부 또는 전부를 확보(소유, 임대)한 것을 사용하므로 환경훼손을 경감, 예산절감 또는 공사기간 단축이 가능한 공사
7. 기타 수요기관이 인정하는 사유(안전관리, 품질관리, 공정관리, 원가관리)로 전차시공자가 시공하는 것이 경쟁입찰로 집행하는 것보다 유리한 공사부분이 포함된 공사

제12조(마감공사 평가) 금차공사가 집행기준 제8조제1항제3호에 해당하는 공사로서 수의계약으로 추진코자 하는 경우에는 기 시공한 공사와 시공 중인 공사를 합산한 전체 전차공사금액 대비 금차 공사금액을 백분율로 계산하여 평가한다.

제13조(신기술등 보유 평가) ① 금차공사에 집행기준 제8조제1항제4호에 해당하는 신기술등의 기술사용료의 지급에 의한 기술지원만으로는 계약목적 달성이 어려워 기술보유자가 직접시공하여야 하는 공사로서 사실상 경쟁이 불가하다고 판단되어

수의계약으로 추진코자 하는 경우에는 금차공사금액대비 신기술등에 해당하는 공사금액을 백분율로 계산하여 별첨양식 3 또는 4에 따라 평가한다.

② 금차공사에 다수의 신기술등이 포함된 경우에도 제1항에 따라 하나의 신기술등으로 보아 평가할 수 있으며, 수의계약대상이 되는 경우에는 금차공사에 포함된 기술보유자 전체를 구성원으로 하는 공동수급체와 공동계약 형식으로 수의 계약을 체결할 수 있다.

③ 신기술등에 해당하는 공사금액은 신기술등과 직접 관련 있는 재료비, 제작 · 설치비를 포함하여 산정한다. 재료비의 경우 신기술등의 기술범위를 구현하는데 필요한 재료에 한하여 인정한다.

제14조(작업상 혼잡의 유형) 시공 중인 전차공사와 금차공사가 작업상 혼잡을 초래할 수 있는 유형은 다음 각 호와 같다.

1. 두개이상 공사의 중복 시공으로 혼잡이 예상되는 경우
2. 시공 중인 공사구간을 다른 공사의 자재운반로, 작업장, 하치장으로 사용하여 혼잡이 예상되는 경우
3. 공사용 자재의 상호유용으로 혼잡이 예상되는 경우
4. 석산, 토취장, 작업장(아스팔트 플랜트, 콘크리트 플랜트, 크랏샤 등), 단일 진입로(폭4m이하), 기타 부수적인 장소를 공동으로 사용하여 혼잡이 예상되는 경우
5. 기타 사유로 혼잡이 예상되는 경우

제15조(수의계약 배제 등) ① 제4조제3항 내지 제4항에 해당하는 공사라도 계약 요청일로부터 계약 일까지의 기간 내에 수의계약대상자가 다음 각 호에 해당 하면 수의계약 대상에서 제외한다.

1. 관계법규에 의한 부정당업자 재제기간 중 또는 영업정지기간 중에 있는 자
2. 부도 · 파산 등의 상태에 있어 계약이행이 어렵다고 판단되는 자 다만, 수요기관에서 정상적인 시공이 가능하다는 의견서를 첨부하여 계약 요청한 경우에는 예외로 한다.

② 수의계약 대상자가 공동수급체로서 제1항제1호 내지 제2호의 본문에 해당하는 자가 포함된 경우에는 해당자를 제외하고 잔존구성원으로 수의계약 사유를 평가하여 제4조제3항 내지 제4항에 따라 수의계약으로 추진할 수 있다.

제16조(경쟁 입찰의 대상) ① 다음 각 호에 해당하는 공사는 하자사유가 경미 하거나 하자보수가 용이한 공사로 보아 수의계약사유 평가대상에서 제외하며 특별한 사유가 없는 한 경쟁 입찰로 추진한다.

1. 하천축제, 하천호안, 도로포장, 상 · 하수도접합, 조경, 준설, 토공 등 이와 유사한 토목공사
2. 동일체구조물을 형성하지 아니하는 횡 섭합에 의한 건축공사
3. 전차공사에서 시공되었거나 시공 중인 동일구조물이외에서 이루어지는 전기 · 정

보통신공사 다만, 별첨양식4의 ㉯ 내지 ㉰에 의한 평가대상이 되는 전기· 정보통신 공사는 예외로 한다.

② 작업선·후에 따라 시공하거나 작업현장이 넓은 지역 또는 소형장비·인력으로 시공하여 작업상 혼잡사유가 경미하다고 판단되는 조경·준설공사 및 전기·정보통신·기계설비공사 등은 작업상 혼잡사유에 의한 수의계약 평가대상에서 제외하며 특별한 사유가 없는 한 경쟁 입찰로 집행한다.

제17조(수의계약사유 평가양식) ① 이 기준에서 사용하는 수의계약사유의 평가양식은 다음 각 호와 같다.

1. 수의계약 요청사유 및 평점 산출근거<별첨양식1>
2. 일반사항 평가표<별첨양식2>
3. 토목 및 건축공사 기술사항 평가표<별첨양식3>
4. 전기·정보통신·기계설비공사 기술사항 평가표<별첨양식4>
5. 신기술·특허공법 선정사유서<별첨양식5>

② 수의계약요청 대상공사가 제1항제3호 내지 제4호의 공사에 해당되지 않는 경우에는 공사의 특성을 고려하여 별첨양식3 또는 별첨양식4를 준용할 수 있다.

제18조(재검토기한) 「훈령·예규 등의 발령 및 관리에 관한 규정」에 따라 이 기준에 대하여 2025년 1월 1일 기준으로 매3년이 되는 시점(매 3년째의 12월 31일까지를 말한다)마다 그 타당성을 검토하여 개선 등의 조치를 하여야 한다.

부　칙 <제3547호, 2016.11.4.>

1. 이 지침은 2016년 11월 5일 공사계약요청분부터 시행한다.
2. 이 지침 시행과 동시에 「경쟁촉진을 위한 공사의 수의계약사유 평가기준」(조달청 토목환경과-2014호, 2015.7.20.)은 폐지한다.

부　칙 <제4997호, 2019.12.20.>

이 지침은 발령한 날부터 시행한다.

부　칙 <제3206호, 2024.07.01.>

이 지침은 발령한 날부터 시행한다.

부　칙 <제4091호, 2025. 09. 01.>

이 지침은 발령한 날부터 시행한다.

[별첨양식 1]

<table>
<tr><th colspan="9">수의계약 요청사유 및 평점 산출근거</th></tr>
<tr><td colspan="2">구 분</td><td colspan="7">내 용</td></tr>
<tr><td rowspan="11">관련공사현황</td><td rowspan="6">전차공사</td><td>공 사 명</td><td colspan="6"></td></tr>
<tr><td>공사개요</td><td colspan="6"></td></tr>
<tr><td>예정금액</td><td colspan="3">원</td><td>추정가격</td><td colspan="2">원</td></tr>
<tr><td>부 가 세</td><td colspan="3">원</td><td>관급금액</td><td colspan="2">원</td></tr>
<tr><td>계약방법</td><td></td><td>낙찰율</td><td>%</td><td>제1차공사</td><td>낙 찰 율
입찰일자</td><td>%</td></tr>
<tr><td>공사기간</td><td colspan="3"></td><td>하자보증기간</td><td colspan="2"></td></tr>
<tr><td rowspan="5">금차공사</td><td>공 사 명</td><td colspan="6"></td></tr>
<tr><td>공사개요</td><td colspan="6"></td></tr>
<tr><td>예정금액</td><td colspan="3"></td><td>추정가격</td><td colspan="2"></td></tr>
<tr><td>부 가 세</td><td colspan="3"></td><td>관급금액</td><td colspan="2"></td></tr>
<tr><td>발송일자</td><td colspan="3"></td><td>공사기간</td><td colspan="2"></td></tr>
<tr><td rowspan="2">수의계약사유</td><td colspan="2">정부입찰·계약집행기준 제8조제1항 본문의 경쟁이 불가능한 사유</td><td colspan="6"></td></tr>
<tr><td colspan="2">정부입찰·계약집행기준 제8조제1항 각 호 해당사유</td><td colspan="6"></td></tr>
<tr><td rowspan="7">수의사유별 기술사항 평가자료</td><td rowspan="2">하자사유</td><td colspan="7">공사규모비 = (금차공사와 동일체 구조물을 형성하는 전차공사 금액) / (금차공사 금액) × 100= %</td></tr>
<tr><td colspan="7">중복접합 규모비 = (전차공사와 동일체 구조물을 형성하는 금차중복(접합)금액) / (금차공사 금액) × 100= %</td></tr>
<tr><td rowspan="3">혼잡사유</td><td colspan="7">시간적중복도 = (시공 중복기간) / (금차 공사기간) × 100= %</td></tr>
<tr><td colspan="7">공사규모비 = (시간적중복도 40%이상인 전차공사의 전체금액) / (금차공사 금액) × 100= %</td></tr>
<tr><td colspan="7">혼잡금액규모비 = (금차혼잡금액) / (금차공사 금액) × 100= %</td></tr>
<tr><td>마감공사</td><td colspan="7">뒷마무리 또는 부대시설 공사 규모비 = (금차공사 금액) / (전차금액(시공중, 기시공포함 금액)) × 100= %</td></tr>
<tr><td>신기술등 보유</td><td colspan="7">신기술등 부분규모비 = (신기술등 부분에 해당하는 금차공사 금액) / (금차공사 금액) × 100= %</td></tr>
<tr><td colspan="2">제11조의 품질, 가격, 공사기간 등의 평가자료</td><td colspan="7"></td></tr>
<tr><td colspan="9">◦ 수의계약 요청시 첨부하여야 하는 서류 :
1. 전차공사와 금차공사가 채색 구분된 도면(평면도, 종단면도, 횡단면면도)
2. 별첨양식 2 내지 4에 의한 일반 및 기술사항 평가표 각 1부.
3. 수의사유별 일반 및 기술사항 평가자료(근거)</td></tr>
</table>

[별첨양식 2]

일 반 사 항 평 가 표

(전차공사관리번호 :　　　　　)

◦ 관리번호 :

◦ 공 사 명 :

<table>
<tr><td>담당</td><td></td><td>인</td></tr>
<tr><td>확인</td><td></td><td>인</td></tr>
</table>

<table>
<tr><th>구 분</th><th>심 사 항 목</th><th>등 급</th><th>평 점</th></tr>
<tr><td rowspan="2">경영상태
(10점)</td><td>◦ 재무제표등에 의한 경우
- 적격심사세부기준 <별지3> 내지 <별지7>적용</td><td>공사규모별평가 기준에 따라 평가</td><td>평가기준에 의한 종합평점÷배점한도 × 10점</td></tr>
<tr><td>◦ 신용평가등급에 의한 경우
- 적격심사세부기준<별표7>적용</td><td>신용평가등급에 따라 평가</td><td>평가기준에 의한 신용평가점수÷최고등급배점 ×10점</td></tr>
<tr><td rowspan="2">제7조3항과 관련한 제재처분 (-10점)</td><td rowspan="2">국가계약법에 의한 부정당업자 제재처분 사실이 있는 자

* 처분기간 만료 후 1년간 적용</td><td>6월미만의 제재처분</td><td>-5점</td></tr>
<tr><td>6월이상의 제재처분</td><td>-10점</td></tr>
<tr><td>제7조4항과 관련한 신인도평점</td><td>○추정가격이 50억원 이상인 공사
-「사전심사세부기준」에 의한 신인도 평가 <단서 삭제>
○추정가격이 50억원 미만인 공사
- 평가생략</td><td>「사전심사기준」에 의한 평점</td><td>± 점</td></tr>
<tr><td rowspan="4">제11조와 관련한 품질, 가격, 공사기간등의 평가(20점)</td><td rowspan="4">◦금차 공사금액 대비 제11조 각호의 사유에 해당하는 공사부분을 합산한 금액 비율로 평가
(금차 공사금액 중 제11조 각호의 사유에 해당하는 공사의 합산금액 ÷ 금차공사금액) × 100 =　　%</td><td>㉮ 5%이상</td><td>5점</td></tr>
<tr><td>㉯ 10%이상</td><td>10점</td></tr>
<tr><td>㉰ 20%이상</td><td>15점</td></tr>
<tr><td>㉱ 30%이상</td><td>20점</td></tr>
</table>

<table>
<tr><td rowspan="3">점 수 집 계</td><td>일반사항 평점 :　　　　점</td><td>◦ 경쟁계약 추진대상(　)</td></tr>
<tr><td>기술사항 평점 :　　　　점</td><td>◦ 수의계약 심사대상(　)
- 심사대상 사유 :</td></tr>
<tr><td>평가점수 합계 :　　　　점</td><td>◦ 수의계약 추진대상(　)</td></tr>
</table>

[별첨양식 3]

기 술 사 항 평 가 표

(토목 및 건축공사)

◦ 관리번호 :	작성	담당		인
◦ 공 사 명 :		확인		인

사유별	평 가 항 목	평 가 구 분		
		I	II	III
하 자 사 유	1) 제9조1항1호의 하자관련 전차공사 규모비 평가 (전차 공사금액/금차 공사금액)	10%미만	$25+45\times\frac{(\ )-10}{40}=$ 점	50%이상
	㉮ 제10조1항1호의 중복시공 규모비 평가 (금차중복금액/금차 공사금액)	10%미만	$25+45\times\frac{(\ )-10}{40}=$ 점	50%이상
	㉯ 제10조1항1호 내지 2호의 접합시공 규모비 평가 (금차접합금액/금차 공사금액)	20%미만	$25+45\times\frac{(\ )-20}{55}=$ 점	75%이상
	㉰ 제10조1항1호의 보수·보강공사의 접합·중복시공 규모비 평가 (금차중복·접합금액/금차 공사금액)	50%미만	$25+45\times\frac{(\ )-50}{30}=$ 점	80%이상
혼 잡 사 유	1) 제9조1항2호의 혼잡관련 전차공사 (전차 공사금액/금차 공사금액)	20%미만	$25+45\times\frac{(\ )-20}{30}=$ 점	50%이상
	㉮ 제10조1항3호의 혼잡공사 규모비 평가 (금차혼잡금액/금차 공사금액)	15%미만	$25+45\times\frac{(\ )-15}{20}=$ 점	35%이상
마 감 공 사	1) 제12조의 마감공사 평가 (금차 공사금액/전차 공사금액)	25%이상	$25+45\times\frac{25-(\ )}{20}=$ 점	5%미만
신기술 등 보 유	1) 제13조의 신기술등 보유 평가 (금차 신기술등 부분 금액/금차 공사금액)	50%이상	$25+45\times\frac{(\ )-50}{45}=$ 점	95%이상
평 점		25점	점	70점
비 고				

[별첨양식 4]

기 술 사 항 평 가 표

(전기·정보통신·기계설비공사)

	작성	담당		인
◦ 관리번호 :				
◦ 공 사 명 :		확인		인

사유별	평 가 항 목	평 가 구 분		
		I	II	III
하 자 사 유	1) 제9조1항1호의 하자관련 전차공사 규모비 (전차 공사금액/금차 공사금액)	10%미만	25+45× ( )-10 / 40 = 점	50%이상
	㉮ 제10조2항의 접합시공 규모비 평가 (금차접합금액/금차 공사금액)	20%미만	25+45× ( )-20 / 55 = 점	75%이상
	㉯ 제10조2항(중앙집중제어장치 또는 단말기의 상호 연결시공시)의 접합시공 규모비평가 (금차접합금액/금차 공사금액)	10%미만	25+45× ( )-10 / 40 = 점	50%이상
	㉰ 제10조2항(운행구간에서 철도·전철 등 특수시설이 상호 연결시공시)의 접합시공 규모비 평가 (금차접합금액/금차 공사금액)	10%미만	25+45× ( )-10 / 40 = 점	50%이상
신기술등 보 유	1) 제13조의 신기술등 보유 평가 (금차 신기술등 부분 금액/금차 공사금액)	50%%이상	25+45× ( )-50 / 45 = 점	95%이상
평 점		25점	점	70점
비고 (평가 근거)				

[별첨양식 5]

신기술·특허공법 선정사유서

공 사 명	
수요기관	
예산액	
공사개요	
수의계약 요청사유	
신기술· 특허공법 선정사유서	

예정가격작성기준

기획재정부 계약예규 제785호, 2025. 5. 1. 일부개정

제1장 총 칙

제1조(목적) 이 예규는「국가를 당사자로 하는 계약에 관한 법률 시행령」(이하 "시행령"이라 한다) 제9조제1항제2호 및 「국가를 당사자로 하는 계약에 관한 법률 시행규칙」(이하 "시행규칙"이라 한다) 제6조에 의한 원가계산에 의한 예정가격 작성, 시행령 제9조제1항제3호 및 시행규칙 제5조제2항에 의한 표준시장단가에 의한 예정가격 작성 및 시행규칙 제5조에 의한 전문가격조사기관(이하 "조사기관"이라 한다.)의 등록 등에 있어 적용하여야 할 기준을 정함을 목적으로 한다.<개정 2015.3.1.>

제2조(계약담당공무원의 주의사항) ① 계약담당공무원(각 중앙관서의 장이 계약에 관한 사무를 그 소속공무원에게 위임하지 아니하고 직접 처리하는 경우에는 이를 계약담당공무원으로 본다. 이하 같다)은 예정가격 작성등과 관련하여 이 예규에 정한 사항에 따라 업무를 처리한다.

② 계약담당공무원은 이 예규에 따라 예정가격 작성시에 표준품셈에 정해진 물량, 관련 법령에 따른 기준가격 및 비용 등을 부당하게 감액하거나 과잉 계상되지 않도록 하여야 하며, 불가피한 사유로 가격을 조정한 경우에는 조정사유를 예정가격조서에 명시하여야 한다. <개정 2014.1.10., 2015.9.21.>

③ 계약담당공무원은「부가가치세법」에 따른 면세사업자와 수의계약을 체결하려는 경우에는 부가가치세를 제외하고 예정가격을 작성할 수 있으며, 이 경우 예정가격조서에 그 사유를 명시하여야 한다.

④ 계약담당공무원은 공사원가계산에 있어서 공종의 단가를 세부내역별로 분류하여 작성하기 어려운 경우 이외에는 총계방식(이하 "1식단가"라 한다)으로 특정공종의 예정가격을 작성하여서는 아니된다. <신설 2019.12.18.>

제2장 원가계산에 의한 예정가격 작성

제1절 총칙

제3조(원가계산의 구분) 원가계산은 제조원가계산과 공사원가계산 및 용역원가계산으로 구분하되, 용역원가계산에 관하여는 제4절 및 제5절에 의한다.

제4조(원가계산의 비목) 원가는 재료비, 노무비, 경비, 일반관리비 및 이윤으로 구분하여 작성한다.

제5조(비목별 가격결정의 원칙) ① 재료비, 노무비, 경비는 각각 아래에서 정한 산식에 따른다.

○ 재료비 = 재료량 × 단위당가격

○ 노무비 = 노무량 × 단위당가격

○ 경 비 = 소요(소비)량 × 단위당 가격

② 재료비, 노무비, 경비의 각 세비목별 단위당가격은 시행규칙 제7조에 따라 계산한다.

③ 계약담당공무원은 재료비, 노무비, 경비의 각 세비목 및 그 물량(재료량, 노무량, 소요량) 산출은 계약목적물에 대한 규격서, 설계서 등에 의하거나 제34조에 의한 원가계산자료를 근거로 하여 산정하여야 하며, 일정률로 계상하는 일반관리비, 간접노무비 등에 대해서는 사전 공고한 공사원가 제비율을 준수하여야 한다. <개정 2014.1.10.>

④ 계약담당공무원은 제3항의 각 세비목 및 그 물량산출은 계약목적물의 내용 및 특성 등을 고려하여 그 완성에 적합하다고 인정되는 합리적인 방법으로 작성하여야 한다.

⑤ 공사계약의 원가계산에 있어 기 체결한 물품제조·구매계약(국가기관·지방자치단체·공공기관이 발주한 계약을 말한다. 이하 이조에서 같다.)의 내역을 재료비의 단위당 가격으로 활용하려는 경우에는 해당물품의 예정가격 또는 계약예규 「예정가격작성기준」 제44조의3에 따른 기초가격을 재료비의 단위당 가격으로 적용하며, 물품제조·구매계약의 계약금액은 시행규칙 제7조에 따른 거래실례가격으로 보지 아니한다. <신설 2020.6.19.>

제6조(원가계산에 의한 예정가격 작성시 주의사항) ① 계약담당공무원은 원가계산방법으로 예정가격을 작성할 때에는 계약수량, 이행의 전망, 이행기간, 수급상황, 계약조건 기타 제반여건을 고려하여야 한다.

② 계약담당공무원은 표준품셈을 이용하여 원가계산을 하는 경우에는 가장 최근의 표준품셈을 이용하여야 한다. <신설 2012.4.2.>

③ 계약담당공무원은 원가계산의 단위당 가격을 산정함에 있어 소요물량·거래조건 등 제반사정을 고려하여 객관적으로 단가를 산정하여야 한다.

제2절 제조원가계산

제7조(제조원가) 제조원가라 함은 제조과정에서 발생한 재료비, 노무비, 경비의 합계액을 말한다.

제8조(작성방법) 계약담당공무원은 제조원가를 계산 하고자 할 때에는 별표1의 제조원가계산서를 작성하고 비목별 산출근거를 명시한 기초계산서를 첨부하여야 한다. 이

경우에 재료비, 노무비, 경비 중 일부를 별표1의 제조원가계산서상 일반관리비 또는 이윤 다음 비목으로 계상하여서는 아니된다.

제9조(재료비) 재료비는 제조원가를 구성하는 다음 내용의 직접재료비, 간접재료비로 한다.

① 직접재료비는 계약목적물의 실체를 형성하는 물품의 가치로서 다음 각 호를 말한다. <개정 2015.9.21.>

1. 주요재료비
   계약목적물의 기본적 구성형태를 이루는 물품의 가치
2. 부분품비
   계약목적물에 원형대로 부착되어 그 조성부분이 되는 매입부품·수입부품·외장재료 및 제11조제3항제13호 규정에 의한 경비로 계상되는 것을 제외한 외주품의 가치

② 간접재료비는 계약목적물의 실체를 형성하지는 않으나 제조에 보조적으로 소비되는 물품의 가치로서 다음 각 호를 말한다.

1. 소모재료비
   기계오일, 접착제, 용접가스, 장갑, 연마재등 소모성 물품의 가치
2. 소모공구·기구·비품비
   내용년수 1년미만으로서 구입단가가 「법인세법」 또는 「소득세법」 규정에 의한 상당금액이하인 감가상각대상에서 제외되는 소모성 공구·기구·비품의 가치
3. 포장재료비
   제품포장에 소요되는 재료의 가치

③ 재료의 구입과정에서 해당재료에 직접 관련되어 발생하는 운임, 보험료, 보관비 등의 부대비용은 재료비에 계상한다. 다만, 재료구입 후 발생되는 부대비용은 경비의 각 비목으로 계상한다.

④ 계약목적물의 제조 중에 발생되는 작업설, 부산품, 연산품 등은 그 매각액 또는 이용가치를 추산하여 재료비에서 공제하여야 한다.

제10조(노무비) 노무비는 제조원가를 구성하는 다음 내용의 직접노무비, 간접노무비를 말한다.

① 직접노무비는 제조현장에서 계약목적물을 완성하기 위하여 직접작업에 종사하는 종업원 및 노무자에 의하여 제공되는 노동력의 대가로서 다음 각호의 합계액으로 한다. 다만, 상여금은 기본급의 년 400%, 제수당, 퇴직급여충당금은 「근로기준법」상 인정되는 범위를 초과하여 계상할 수 없다.

1. 기본급(「통계법」 제15조의 규정에 의한 지정기관이 조사·공표한 단위당가격 또는 기획재정부장관이 결정·고시하는 단위당가격으로서 동단가에는 기본급의

성격을 갖는 정근수당·가족수당·위험수당 등이 포함된다)

2. 제수당(기본급의 성격을 가지지 않는 시간외 수당·야간수당·휴일수당·주휴수당 등 작업상 통상적으로 지급되는 금액을 말한다) <개정 2015.9.21.>

3. 상여금

4. 퇴직급여충당금

② 간접노무비는 직접 제조작업에 종사하지는 않으나, 작업현장에서 보조작업에 종사하는 노무자, 종업원과 현장감독자 등의 기본급과 제수당, 상여금, 퇴직급여충당금의 합계액으로 한다. 이 경우에는 제1항 각호 및 단서를 준용한다.

③ 제1항의 직접노무비는 제조공정별로 작업인원, 작업시간, 제조수량을 기준으로 계약목적물의 제조에 소요되는 노무량을 산정하고 노무비 단가를 곱하여 계산한다.

④ 제2항의 간접노무비는 제34조에 의한 원가계산자료를 활용하여 직접노무비에 대하여 간접노무비율(간접노무비/직접노무비)을 곱하여 계산한다.

⑤ 제4항의 간접노무비는 제3항의 직접노무비를 초과하여 계상할 수 없다. 다만, 작업현장의 기계화, 자동화 등으로 인하여 불가피하게 간접노무비가 직접노무비를 초과하는 경우에는 증빙자료에 의하여 초과 계상할 수 있다.

제11조(경비) ① 경비는 제품의 제조를 위하여 소비된 제조원가중 재료비, 노무비를 제외한 원가를 말하며 기업의 유지를 위한 관리활동부문에서 발생하는 일반관리비와 구분된다.

② 경비는 해당 계약목적물 제조기간의 소요(소비)량을 측정하거나 제34조에 의한 원가계산자료나 계약서, 영수증 등을 근거로 하여 산출하여야 한다. <개정 2015.9.21.>

③ 경비의 세비목은 다음 각호의 것으로 한다.

1. 전력비, 수도광열비는 계약목적물을 제조하는데 직접 소요되는 해당 비용을 말한다. <개정 2015.9.21.>

2. 운반비는 재료비에 포함되지 않는 운반비로서 원재료 또는 완제품의 운송비, 하역비, 상하차비, 조작비등을 말한다.

3. 감가상각비는 제품생산에 직접 사용되는 건물, 기계장치 등 유형고정자산에 대하여 세법에서 정한 감가상각방식에 따라 계산한다. 다만, 세법에서 정한 내용년수의 적용이 불합리하다고 인정된 때에는 해당 계약목적물에 직접 사용되는 전용기기에 한하여 그 내용년수를 별도로 정하거나 특별상각할 수 있다.

4. 수리수선비는 계약목적물을 제조하는데 직접 사용되거나 제공되고 있는 건물, 기계장치, 구축물, 선박차량 등 운반구, 내구성공구, 기구제품의 수리수선비로서 해당 목적물의 제조과정에서 그 원인이 발생될 것으로 예견되는 것에 한한다. 다만, 자본적 지출에 해당하는 대수리 수선비는 제외한다.

5. 특허권사용료는 계약목적물이 특허품이거나 또는 그 제조과정의 일부가 특허의 대상이 되어 특허권 사용계약에 의하여 제조하고 있는 경우의 사용료로서 그 사용비례에 따라 계산한다.
6. 기술료는 해당 계약목적물을 제조하는데 직접 필요한 노하우(Know-how) 및 동 부대비용으로서 외부에 지급하는 비용을 말하며 「법인세법」 상의 시험연구비 등에서 정한 바에 따라 계상하여 사업년도로부터 이연상각하되 그 적용비례를 기준하여 배분 계산한다.
7. 연구개발비는 해당 계약목적물을 제조하는데 직접 필요한 기술개발 및 연구비로서 시험 및 시범제작에 소요된 비용 또는 연구기관에 의뢰한 기술개발용역비와 법령에 의한 기술개발촉진비 및 직업훈련비를 말하며 「법인세법」 상의 시험연구비 등에서 정한 바에 따라 이연상각하되 그 생산수량에 비례하여 배분 계산한다. 다만, 연구개발비중 장래 계속생산으로의 연결이 불확실하여 미래수익의 증가와 관련이 없는 비용은 특별상각할 수 있다.
8. 시험검사비는 해당 계약의 이행을 위한 직접적인 시험검사비로서 외부에 이를 의뢰하는 경우의 비용을 말한다. 다만, 자체시험검사비는 법령이나 계약조건에 의하여 내부검사가 요구되는 경우에 계상할 수 있다.
9. 지급임차료는 계약목적물을 제조하는데 직접 사용되거나 제공되는 토지, 건물, 기술, 기구 등의 사용료로서 해당 계약 물품의 생산기간에 따라 계산한다.
10. 보험료는 산업재해보험, 고용보험, 국민건강보험 및 국민연금보험 등 법령이나 계약조건에 의하여 의무적으로 가입이 요구되는 보험의 보험료를 말하며 재료비에 계상되는 것은 제외한다.
11. 복리후생비는 계약목적물의 제조작업에 종사하고 있는 노무자, 종업원등의 의료위생약품대, 공상치료비, 지급피복비, 건강진단비, 급식비("중식 및 간식제공을 위한 비용을 말한다."이하 같다)등 작업조건유지에 직접 관련되는 복리후생비를 말한다.
12. 보관비는 계약목적물의 제조에 소요되는 재료, 기자재 등의 창고 사용료로서 외부에 지급되는 경우의 비용만을 계상하여야 하며 이중에서 재료비에 계상되는 것은 제외한다.
13. 외주가공비는 재료를 외부에 가공시키는 실가공비용을 말하며 부분품의 가치로서 재료비에 계상되는 것은 제외한다.
14. 산업안전보건관리비는 작업현장에서 산업재해 및 건강장해예방을 위하여 법령에 따라 요구되는 비용을 말한다.
15. 소모품비는 작업현장에서 발생되는 문방구, 장부대 등 소모품 구입비용을 말하며 보조재료로서 재료비에 계상되는 것은 제외한다.
16. 여비・교통비・통신비는 작업현장에서 직접 소요되는 여비 및 차량유지비와

전신전화사용료, 우편료를 말한다.

17. 세금과 공과는 해당 제조와 직접 관련되어 부담하여야 할 재산세, 차량세 등의 세금 및 공공단체에 납부하는 공과금을 말한다.
18. 폐기물처리비는 계약목적물의 제조와 관련하여 발생되는 오물, 잔재물, 폐유, 폐알칼리, 폐고무, 폐합성수지등 공해유발물질을 법령에 따라 처리하기 위하여 소요되는 비용을 말한다.
19. 도서인쇄비는 계약목적물의 제조를 위한 참고서적구입비, 각종 인쇄비, 사진제작비(VTR제작비를 포함한다)등을 말한다
20. 지급수수료는 법령에 규정되어 있거나 의무지워진 수수료에 한하며, 다른 비목에 계상되지 않는 수수료를 말한다.
21. 법정부담금은 관련법령에 따라 해당 제조와 직접 관련하여 의무적으로 부담하여야 할 부담금을 말한다. <신설 2019.12.18.>
22. 기타 법정경비는 위에서 열거한 이외의 것으로서 법령에 규정되어 있거나 의무지워진 경비를 말한다.
23. 품질관리비는 해당 계약목적물의 품질관리를 위하여 관련 법령 및 계약조건에 의하여 요구되는 비용(품질시험 인건비를 포함한다)을 말하며, 간접노무비에 계상되는 것은 제외한다. <신설 2021.12.1.>
24. 안전관리비는 제조현장의 안전관리를 위하여 관계법령에 의하여 요구되는 비용을 말한다. <신설 2021.12.1.>

제12조(일반관리비의 내용) 일반관리비는 기업의 유지를 위한 관리활동부문에서 발생하는 제비용으로서 제조원가에 속하지 아니하는 모든 영업비용중 판매비 등을 제외한 다음의 비용, 즉, 임원급료, 사무실직원의 급료, 제수당, 퇴직급여충당금, 복리후생비, 여비, 교통・통신비, 수도광열비, 세금과 공과, 지급임차료, 감가상각비, 운반비, 차량비, 경상시험연구개발비, 보험료 등을 말하며 기업손익계산서를 기준하여 산정한다.

제13조(일반관리비의 계상방법) 제12조에 의한 일반관리비는 제조원가에 별표3에서 정한 일반관리비율(일반관리비가 매출원가에서 차지하는 비율)을 초과하여 계상할 수 없다.

제14조(이윤) 이윤은 영업이익(비영리법인의 경우에는 목적사업이외의 수익사업에서 발생하는 이익을 말한다. 이하 같다.)을 말하며 제조원가중 노무비, 경비와 일반관리비의 합계액(이 경우에 기술료 및 외주가공비는 제외한다)의 25%를 초과하여 계상할 수 없다.<개정 2008.12.29.>

제3절 공사원가계산

제15조(공사원가) 공사원가라 함은 공사시공과정에서 발생한 재료비, 노무비, 경비의 합계액을 말한다.

제16조(작성방법) 계약담당공무원은 공사원가계산을 하고자 할 때에는 별표2의 공사원가계산서를 작성하고 비목별 산출근거를 명시한 기초계산서를 첨부하여야 한다. 이 경우에 재료비, 노무비, 경비 중 일부를 별표2의 공사원가계산서상 일반관리비 또는 이윤 다음 비목으로 계상하여서는 아니된다.

제17조(재료비) 재료비는 공사원가를 구성하는 다음 내용의 직접재료비 및 간접재료비로 한다.

① 직접재료비는 공사목적물의 실체를 형성하는 물품의 가치로서 다음 각호를 말한다.

1. 주요재료비
   공사목적물의 기본적 구성형태를 이루는 물품의 가치
2. 부분품비
   공사목적물에 원형대로 부착되어 그 조성부분이 되는 매입부품, 수입부품, 외장재료 및 제19조제3항제13호에 의해 경비로 계상되는 것을 제외한 외주품의 가치

② 간접재료비는 공사목적물의 실체를 형성하지는 않으나 공사에 보조적으로 소비되는 물품의 가치로서 다음 각호를 말한다.

1. 소모재료비
   기계오일·접착제·용접가스·장갑등 소모성물품의 가치
2. 소모공구·기구·비품비
   내용년수 1년미만으로서 구입단가가 「법인세법」 또는 「소득세법」 규정에 의한 상당금액이하인 감가상각대상에서 제외되는 소모성 공구·기구·비품의 가치
3. 가설재료비
   비계, 거푸집, 동바리 등 공사목적물의 실체를 형성하는 것은 아니나 동 시공을 위하여 필요한 가설재의 가치

③ 재료의 구입과정에서 해당재료에 직접 관련되어 발생하는 운임, 보험료, 보관비등의 부대비용은 재료비에 계상한다. 다만 재료구입 후 발생되는 부대비용은 경비의 각 비목으로 계상한다.

④ 계약목적물의 시공중에 발생하는 작업설, 부산물 등은 그 매각액 또는 이용가치를 추산하여 재료비에서 공제하여야 한다. 다만, 기존 시설물의 철거, 해체, 이설 등으로 발생되는 작업설, 부산물 등은 재료비에서 공제하지 아니하고, 매각비용 등에 대해 별도 계상한다. <단서 신설 2021.12.1.>

제18조(노무비) 노무비의 내용 및 산정방식은 제5조와 제10조를 준용하며, 간접노무비의

구체적 계산방법 등에 대하여는 별표2-1을 참고하여 계산한다.

제19조(경비) ① 경비는 공사의 시공을 위하여 소요되는 공사원가중 재료비, 노무비를 제외한 원가를 말하며, 기업의 유지를 위한 관리활동부문에서 발생하는 일반관리비와 구분된다.

② 경비는 해당 계약목적물 시공기간의 소요(소비)량을 측정하거나 제34조에 의한 원가계산 자료나 계약서, 영수증 등을 근거로 산정하여야 한다.

③ 경비의 세비목은 다음 각 호의 것으로 한다.

1. 전력비, 수도광열비는 계약목적물을 시공하는데 소요되는 해당 비용을 말한다.
2. 운반비는 재료비에 포함되지 않은 운반비로서 원재료, 반재료 또는 기계기구의 운송비, 하역비, 상하차비, 조작비등을 말한다.
3. 기계경비는 각 중앙관서의 장 또는 그가 지정하는 단체에서 제정한 "표준품셈상의 건설기계의 경비산정기준에 의한 비용을 말한다.
4. 특허권사용료는 타인 소유의 특허권을 사용한 경우에 지급되는 사용료로서 그 사용비례에 따라 계산한다.
5. 기술료는 해당 계약목적물을 시공하는데 직접 필요한 노하우(Know-how) 및 동 부대비용으로서 외부에 지급되는 비용을 말하며「법인세법」상의 시험연구비 등에서 정한 바에 따라 계상하여 사업초년도부터 이연상각하되 그 사용비례를 기준으로 배분계산한다.
6. 연구개발비는 해당 계약목적물을 시공하는데 직접 필요한 기술개발 및 연구비로서 시험 및 시범제작에 소요된 비용 또는 연구기관에 의뢰한 기술개발 용역비와 법령에 의한 기술개발촉진비 및 직업훈련비를 말하며 「법인세법」상의 시험연구비 등에서 정한 바에 따라 이연상각하되 그 사용비례를 기준하여 배분계산한다. 다만, 연구개발비중 장래 계속시공으로서의 연결이 불확실하여 미래 수익의 증가와 관련이 없는 비용은 특별상각할 수 있다.
7. 품질관리비는 해당 계약목적물의 품질관리를 위하여 관련법령 및 계약조건에 의하여 요구되는 비용(품질시험 인건비를 포함한다)을 말하며, 간접노무비에 계상(시험관리인)되는 것은 제외한다.
8. 가설비는 공사목적물의 실체를 형성하는 것은 아니나 현장사무소, 창고, 식당, 숙사, 화장실 등 동 시공을 위하여 필요한 가설물의 설치에 소요되는 비용(노무비, 재료비를 포함한다)을 말한다.
9. 지급임차료는 계약목적물을 시공하는데 직접 사용되거나 제공되는 토지, 건물, 기계기구(건설기계를 제외한다)의 사용료를 말한다.
10. 보험료는 산업재해보험, 고용보험, 국민건강보험 및 국민연금보험 등 법령이나 계약조건 에 의하여 의무적으로 가입이 요구되는 보험의 보험료를 말하고, 동

보험료는「건설산업기본법」제22조제7항 등 관련법령에 정한 바에 따라 계상하며, 재료비에 계상되는 보험료는 제외한다. 다만 공사손해보험료는 제22조에서 정한 바에 따라 별도로 계상된다. <개정 2015.9.21.>

11. 복리후생비는 계약목적물을 시공하는데 종사하는 노무자・종업원・현장사무소 직원 등의 의료위생약품대, 공상치료비, 지급피복비, 건강진단비, 급식비등 작업조건 유지에 직접 관련되는 복리후생비를 말한다.
12. 보관비는 계약목적물의 시공에 소요되는 재료, 기자재 등의 창고사용료로서 외부에 지급되는 비용만을 계상하여야 하며 이중에서 재료비에 계상되는 것은 제외한다.
13. 외주가공비는 재료를 외부에 가공시키는 실가공비용을 말하며 외주가공품의 가치로서 재료비에 계상되는 것은 제외한다.
14. 산업안전보건관리비는 작업현장에서 산업재해 및 건강장해예방을 위하여 법령에 따라 요구되는 비용을 말한다.
15. 소모품비는 작업현장에서 발생되는 문방구, 장부대등 소모용품 구입비용을 말하며, 보조재료로서 재료비에 계상되는 것은 제외한다.
16. 여비・교통비・통신비는 시공현장에서 직접 소요되는 여비 및 차량유지비와 전신전화사용료, 우편료를 말한다.
17. 세금과 공과는 시공현장에서 해당공사와 직접 관련되어 부담하여야 할 재산세, 차량세, 사업소세 등의 세금 및 공공단체에 납부하는 공과금을 말한다.
18. 폐기물처리비는 계약목적물의 시공과 관련하여 발생되는 오물, 잔재물, 폐유, 폐알칼리, 폐고무, 폐합성수지등 공해유발물질을 법령에 의거 처리하기 위하여 소요되는 비용을 말한다.
19. 도서인쇄비는 계약목적물의 시공을 위한 참고서적구입비, 각종 인쇄비, 사진제작비(VTR제작비를 포함한다) 및 공사시공기록책자 제작비등을 말한다.
20. 지급수수료는 시행령 제52조제1항 단서에 의한 공사이행보증서 발급수수료,「건설산업기본법」제34조 및「하도급거래 공정화에 관한 법률」제13조의2의 규정에 의한 건설하도급대금 지급보증서 발급수수료,「건설산업기본법」제68조의3에 의한 건설기계 대여대금 지급보증 수수료 등 법령으로서 지급이 의무화된 수수료를 말한다. 이경우 보증서 발급수수료는 보증서 발급기관이 최고 등급업체에 대해 적용하는 보증요율중 최저요율을 적용하여 계상한다. <개정 2015.9.21.>
21. 환경보전비는 계약목적물의 시공을 위한 제반환경오염 방지시설을 위한 것으로서, 관련법령에 의하여 규정되어 있거나 의무 지워진 비용을 말한다.
22. 보상비는 해당 공사로 인해 공사현장에 인접한 도로 하천・기타 재산에 훼손을 가하거나 지장물을 철거함에 따라 발생하는 보상・보수비를 말한다. 다만, 해당공사를 위한 용지보상비는 제외한다.

23. 안전관리비는 건설공사의 안전관리를 위하여 관계법령에 의하여 요구되는 비용을 말한다.
24. 건설근로자퇴직공제부금비는 「건설근로자의 고용개선 등에 관한 법률」에 의하여 건설근로자퇴직공제에 가입하는데 소요되는 비용을 말한다. 다만, 제10조 제1항제4호 및 제18조에 의하여 퇴직급여충당금을 산정하여 계상한 경우에는 동 금액을 제외한다.
25. 관급자재 관리비는 공사현장에서 사용될 관급자재에 대한 보관 및 관리 등에 소요되는 비용을 말한다. <신설 2015.1.1.>
26. 법정부담금은 관련법령에 따라 해당 공사와 직접 관련하여 의무적으로 부담하여야 할 부담금을 말한다. <신설 2019.12.18.>
27. 기타 법정경비는 위에서 열거한 이외의 것으로서 법령에 규정되어 있거나 의무 지워진 경비를 말한다.

제20조(일반관리비) 일반관리비의 내용은 제12조와 같고 별표3에서 정한 일반관리비율을 초과하여 계상할 수 없으며, 아래와 같이 공사규모별로 체감 적용한다. <개정 2011.5.13, 2015.9.21.,2025.5.1.>

종합공사		전문·전기·정보통신·소방 및 기타공사	
공사원가	일반관리비율(%)	공사원가	일반관리비율(%)
50억원미만	8.0	5억원미만	8.0
50억원~300억원미만	6.5	5억~30억원미만	6.5
300억원이상	5.0	30억원이상	5.0

제21조(이윤) 이윤은 영업이익을 말하며 공사원가중 노무비, 경비와 일반관리비의 합계액(이 경우에 기술료 및 외주가공비는 제외한다)의 15%를 초과하여 계상할 수 없다. <개정 2008.12.29.>

제22조(공사손해보험료) ① 공사손해보험료는 계약예규「공사계약일반조건」제10조에 의하여 공사손해보험에 가입할 때에 지급하는 보험료를 말하며, 보험가입대상 공사부분의 총공사원가(재료비, 노무비, 경비, 일반관리비 및 이윤의 합계액을 말한다. 이하 같다)에 공사손해 보험료율을 곱하여 계상한다.

② 발주기관이 지급하는 관급자재가 있을 경우에는 보험가입 대상 공사부분의 총공사원가와 관급자재를 합한 금액에 공사손해보험료율을 곱하여 계상한다.

③ 제1항에 의한 공사손해보험료를 계상하기 위한 공사손해보험료율은 계약담당공무원이 설계서와 보험개발원, 손해보험회사 등으로부터 제공받은 자료를 기초로 하여 정한다.

제4절 학술연구용역 원가계산

제23조(용어의 정의) 이 절에서 사용하는 용어의 정의는 다음 각호와 같다.

1. "학술연구용역"이라 함은 "학문분야의 기초과학과 응용과학에 관한 연구용역 및 이에 준하는 용역"을 말하며, 그 이행방식에 따라 다음 각목과 같이 구분할 수 있다.
   가. 위탁형 용역 : 용역계약을 체결한 계약상대자가 자기책임하에 연구를 수행하여 연구결과물을 용역결과보고서 형태로 제출하는 방식
   나. 공동연구형 용역 : 용역계약을 체결한 계약상대자와 발주기관이 공동으로 연구를 수행하는 방식
   다. 자문형 용역 : 용역계약을 체결한 계약상대자가 발주기관의 특정 현안에 대한 의견을 서면으로 제시하는 방식
2. "책임연구원"이라 함은 해당 용역수행을 지휘・감독하며 결론을 도출하는 역할을 수행하는 자를 말하며, 대학 부교수 수준의 기능을 보유하고 있어야 한다. 이 경우에 책임연구원은 1인을 원칙으로 하되, 해당 용역의 성격상 다수의 책임자가 필요한 경우에는 그러하지 아니하다.
3. "연구원"이라 함은 책임연구원을 보조하는 자로서 대학 조교수 수준의 기능을 보유하고 있어야 한다.
4. "연구보조원"이라 함은 통계처리・번역 등의 역할을 수행하는 자로서 해당 연구분야에 대해 조교정도의 전문지식을 가진 자를 말한다.
5. "보조원"이라 함은 타자, 계산, 원고정리등 단순한 업무처리를 수행하는 자를 말한다. <신설 2015.9.21.>

제24조(원가계산비목) 원가계산은 노무비(이하 "인건비"라 한다), 경비, 일반관리비등으로 구분하여 작성한다. 다만, 제23조제1호나목 및 다목에 의한 공동연구형 용역 및 자문형 용역의 경우에는 경비항목 중 최소한의 필요항목만 계상하고 일반관리비는 계상하지 아니한다.<개정 2015.9.21.>

제25조(작성방법) 학술연구용역에 대한 원가계산을 하고자 할 때에는 별표4에서 정한 학술연구용역원가계산서를 작성하고 비목별 산출근거를 명시한 기초계산서를 첨부하여야 한다.

제26조(인건비) ① 인건비는 해당 계약목적에 직접 종사하는 연구요원의 급료를 말하며, 별표5에서 정한 기준단가에 의하되,「근로기준법」에서 규정하고 있는 상여금, 퇴직급여충당금의 합계액으로 한다. 다만, 상여금은 기준단가의 연 400%를 초과하여 계상할 수 없다. <개정 2018.12.31.>

② 이 예규 시행일이 속하는 년도의 다음 년도부터는 매년 전년도 소비자물가 상승률만큼 인상한 단가를 기준으로 한다.

제27조(경비) 경비는 계약목적을 달성하기 위하여 필요한 다음 내용의 여비, 유인물비, 전산처리비, 시약 및 연구용 재료비, 회의비, 임차료, 교통통신비 및 감가상각비를 말한다.

1. 여비는 다음 각호의 기준에 따라 계상한다.
  가. 여비는 「공무원여비규정」에 의한 국내여비와 국외여비로 구분하여 계상하되 이를 인정하지 아니하고는 계약목적을 달성하기 곤란한 경우에 한하며 관계공무원의 여비는 계상할 수 없다.
  나. 국내여비는 시외여비만을 계상하되 연구상 필요불가피한 경우외에는 월15일을 초과할 수 없으며, 책임연구원은 「공무원여비규정」 제3조관련 별표1(여비지급구분표) 제1호등급, 연구원, 연구보조원 및 보조원은 동표 제2호등급을 기준으로 한다. <개정 2008.12.29, 2015.9.21.>
2. 유인물비는 계약목적을 위하여 직접 소요되는 프린트, 인쇄, 문헌복사비(지대포함)를 말한다.
3. 전산처리비는 해당 연구내용과 관련된 자료처리를 위한 컴퓨터사용료 및 그 부대비용을 말한다.
4. 시약 및 연구용 재료비는 실험실습에 필요한 비용을 말한다.
5. 회의비는 해당 연구내용과 관련하여 자문회의, 토론회, 공청회 등을 위해 소요되는 경비를 말하며, 참석자의 수당은 해당 연도 예산안 작성 세부지침상 위원회 참석비를 기준으로 한다. <개정 2010.4.15. 2016.12.30.>
6. 임차료는 연구내용에 따라 특수실험실습기구를 외부로부터 임차하거나 혹은 공청회 등을 위한 회의장사용을 하지 아니하고는 계약목적을 달성할 수 없는 경우에 한하여 계상할 수 있다.
7. 교통통신비는 해당 연구내용과 직접 관련된 시내교통비, 전신전화사용료, 우편료를 말한다.
8. 감가상각비는 해당 연구내용과 직접 관련된 특수실험 실습기구・기계장치에 대하여 제11조제3항제3호의 규정을 준용하여 계산한다. 단 임차료에 계상되는 것은 제외한다.

제28조(일반관리비 등) ① 일반관리비는 시행규칙 제8조에 규정된 일반관리비율을 초과하여 계상할 수 없다. <개정 2015.9.21.>
② 이윤은 영업이익을 말하며, 인건비, 경비 및 일반관리비의 합계액에 시행규칙 제8조에서 정한 이윤율을 초과하여 계상할 수 없다. <개정 2008.12.29.>

제29조(회계직공무원의 주의의무) ① 계약담당공무원은 학술연구용역 의뢰시에는 해당 연구에 대한 전문기관 또는 전문가를 엄선하여 연구목적을 달성할 수 있도록 그 주의의무를 다하여야 한다.

② 각 중앙관서의 장은 학술연구용역을 수의계약으로 체결하고자 할 경우에는 해당 계약상대자의 최근년도 원가계산자료(급여명세서, 손익계산서등)을 활용하여 제26조의 상여금, 퇴직금 및 제28조제1항의 일반관리비 산정시 과다 계상되지 않도록 주의하여야 한다. <개정 2008.12.29.>

제5절 기타용역의 원가계산

제30조(기타용역의 원가계산) ① 엔지니어링사업, 측량용역, 소프트웨어 개발용역 등 다른 법령에서 그 대가기준(원가계산기준)을 규정하고 있는 경우에는 해당 법령이 정하는 기준에 따라 원가계산을 할 수 있다.

② 원가계산기준이 정해지지 않은 기타의 용역에 대하여는 제1항 및 제23조 내지 제29조에 규정된 원가계산기준에 준하여 원가계산할 수 있다. 이 경우 시행규칙 제23조의3 각호의 용역계약에 대한 인건비의 기준단가는 다음 각호의 어느 하나에 따른 노임에 의하되, 「근로기준법」에서 정하고 있는 제수당, 상여금(기준단가의 연 400%를 초과하여 계상할 수 없다), 퇴직급여충당금의 합계액으로 한다. <개정 2015.9.21., 2017.12.28.>

1. 시설물관리용역: 「통계법」 제17조의 규정에 따라 중소기업중앙회가 발표하는 '중소제조업 직종별 임금조사 보고서'(최저임금 상승 효과 등 적용시점의 임금상승 예측치를 반영한 통계가 있을 경우 동 통계를 적용한다. 이하 이 조에서 '임금조사 보고서'라 한다)의 단순노무종사원 노임(다만, 임금조사 보고서상 해당직종의 노임이 있는 종사원에 대하여는 해당직종의 노임을 적용한다) <신설 2017.12.28.><개정 2018.12.31.>
2. 그 밖의 용역: 임금조사 보고서의 단순노무종사원 노임 <신설 2017.12.28.>

③ 제2항에도 불구하고 제2항 후단에 따른 인건비 기준단가에 0.87995를 곱한 금액이 최저임금에 미치지 못하는 경우에는 최저임금에 0.87995를 나눈 금액을 인건비 기준단가로 한다. <신설 2023.6.30.>

제6절 원가계산용역기관

제31조(원가계산용역기관의 요건) ① 시행규칙 제9조제3항제2호의 "전문인력 10명 이상"은 다음의 요건을 갖춘 인원을 말한다. <개정 2018.12.31.>

1. 국가공인 원가분석사 자격증 소지자 6인 또는 원가계산업무에 종사(연구기간 포함)한 경력이 3년 이상인자 4인, 5년 이상인자 2인 <신설 2018.12.31.>
2. 이공계대학 학위소지자 또는 「국가기술자격법」에 의한 기술・기능분야의 기사 이상인 자 2인 <신설 2018.12.31.>
3. 상경대학 학위소지자 2인 <신설 2018.12.31.>

② 시행규칙 제9조제2항제2호 및 제3호의 기관의 경우에는 제1항 각호의 인원이 대학(교) 직원 또는 대학(교) 부설연구소 직원이어야 하며, 각 분야별 상시고용인원 중에 교수(부교수, 조교수, 전임강사 포함)는 1인 이하로 하여야 한다. <신설 2018.12.31.>

③ 계약담당공무원은 제9조제5항제3호의 기본재산 요건 구비 여부를 판단함에 있어 자본금은 최근연도 결산재무제표(또는 결산재무상태표)상의 자산총액에서 부채총액을 차감한 금액을 적용하여야 한다. <신설 2018.12.31.>

④ 용역기관은 본부 외에 별도로 지사·지부 또는 출장소, 연락사무소 등을 설치하여 원가계산용역업무를 수행할 수 없다. <제2항에서 이동 2018.12.31.>

제31조의2(용역기관에 대한 제재) 계약담당공무원은 원가계산용역기관이 자격요건 심사 시에 허위서류를 제출하는 등 관련 규정을 위반하거나 원가계산용역을 부실하게 한 경우에는 국가기관의 원가계산용역업무를 수행할 수 없도록 해당 용역기관의 주무관청 등 감독기관에 요청할 수 있다.<신설 2010.4.15.>

제32조(원가계산용역 의뢰시 주의사항) ① 계약담당공무원은 제31조의 요건을 갖춘 기관에 한하여 원가계산내용에 따른 전문성이 있는 기관에 용역의뢰를 하여야 한다. 다만, 제31조의 요건을 갖춘 용역기관들의 단체로서 「민법」 제32조의 규정에 의하여 설립된 법인이 동 요건 충족여부를 확인한 경우에는 별도의 요건심사를 면제할 수 있다.

② 계약담당공무원은 용역의뢰시에 제1항 단서에서 규정한 용역기관들의 단체에게 용역기관의 자격요건 심사를 의뢰하여 그 충족여부를 확인하여야 한다. (제1항 단서에 따라 심사가 면제된 용역기관은 제외) <신설 2010.4.15. 개정 2015.9.21.>

③ 계약담당공무원은 제1항의 경우에 해당 용역기관의 장과 다음 각호의 사항을 명백히 한 계약서를 작성하여야 한다. 다만, 시행령 제49조에 의한 계약서 작성을 생략할 경우에도 다음 각호의 사항을 준용하여 각서 등을 징구하여야 한다. <제2항에서 이동 2010.4.15.>

1. 부실원가계산시 그 책임에 관한 사항
2. 계약의 해제 또는 해지에 관한 사항
3. 원가계산내용의 보안유지에 관한 사항
4. 기타 원가계산 수행에 필요하다고 인정되는 사항

④ 계약담당공무원은 최종원가계산서에 해당 용역기관의 장[대학(교) 연구소의 경우에는 연구소장] 및 책임연구원이 직접 확인·서명하였음을 확인하여야 한다. <제3항에서 이동 2010.4.15.>

⑤ 계약담당공무원은 용역기관에서 제출된 최종원가계산서의 내용이 「국가를 당사자로 하는 계약에 관한 법률」, 동법 시행령, 시행규칙, 이 예규 및 계약서 등의 용역조건

에 부합되는지 여부를 검토하여 해당 원가계산의 적정을 기하여야 한다. 이 경우에 원가계산의 적정성을 기하기 위해 필요하다고 판단되는 때에는 해당 원가계산서를 작성하지 아니한 다른 용역기관에 검토를 의뢰할 수 있다. <제2항에서 이동 2010.4.15. 개정 2010.10.22. 2016.12.30>

⑥ 계약담당공무원은 제1항에 따라 원가계산용역기관에 용역의뢰를 하려는 경우 시행규칙 제9조제2항부터 제4항까지의 요건을 확인하기 위해 원가계산용역기관으로 하여금 다음 각 호의 서류를 제출하게 하여야 한다. <신설 2018.12.31.>

1. 정관(학교의 연구소 또는 산학협력단의 경우 학칙이나 연구소 규정)
2. 삭제 <2020.12.28.>
3. 설립허가서 등 시행규칙 제9조제2항각호의 기관임을 증명하는 서류
4. 제1항 각호의 인력에 대한 학위, 자격증명서, 재직증명서 등 자격 및 재직여부를 증명하는 서류
5. 재무제표 등 시행규칙 제9조제3항제3호에 따른 기본재산을 증명할 수 있는 서류
6. 기타 자격요건 등 확인을 위해 필요하다고 인정되는 서류

⑦ 계약담당공무원은 제6항의 요건을 확인하는 경우 「전자정부법」 제36조제1항에 따른 행정정보의 공동이용을 통하여 원가계산용역기관의 법인등기부 등본 서류를 확인하여야 한다. <신설 2020.12.28.>

제7절 보 칙

제33조(특례설정 등) ① 각 중앙관서의 장은 특수한 사유로 인하여 동 기준에 따른 원가계산이 곤란하다고 인정될 때에는 특례를 설정할 수 있다. <개정 2015.9.21.>

② 각 중앙관서의 장은 반복적 또는 계속적으로 발주되는 공사에 있어서는 최근의 발주된 동종의 공사에 대한 원가계산서에 따라 예정가격을 작성할 수 있다.

제34조(원가계산자료의 비치 및 활용) ① 계약담당공무원은 원가계산에 의한 예정가격을 작성함에 있어서 계약상대방으로 적당하다고 예상되는 2개 업체 이상의 최근년도 원가계산자료에 의거하여 계약목적물에 관계되는 수치를 활용하거나(수의계약대상 업체에 대하여는 해당업체의 최근년도 원가계산자료), 동 업체의 제조(공정)확인 결과를 활용하여 제7조, 제15조의 비목별 가격결정 및 제12조, 제20조의 일반관리비 계상을 위한 기초자료로 활용할 수 있다.

② 계약담당공무원은 공사원가계산을 위하여 각 중앙관서의 장 또는 그가 지정하는 단체에서 제정한 "표준품셈"에 따라 제15조의 비목별 가격을 산출할 수 있으며, 동 품셈적용대상공사가 아닌 경우와 동 품셈적용을 할 수 없는 비목계상의 경우에는 제1항을 준용한다.

제35조(외국통화로 표시된 재료비의 환율적용) 예정가격을 산출함에 있어서 외국통화로

표시된 재료비는 원가계산시 외국환거래법에 의한 기준환율 또는 재정환율을 적용하여 환산한다.

제36조(세부시행기준) 이 예규를 운용함에 있어 필요한 세부사항에 관하여는 기획재정부장관이 그 기준을 정할 수 있다.

제3장 표준시장단가에 의한 예정가격작성

제37조(표준시장단가에 의한 예정가격의 산정) ① 표준시장단가에 의한 예정가격은 직접공사비, 간접공사비, 일반관리비, 이윤, 공사손해보험료 및 부가가치세의 합계액으로 한다. <개정 2015.3.1.>

② 시행령 제42조제1항에 따라 낙찰자를 결정하는 경우로서 추정가격이 100억원 미만인 공사에는 표준시장단가를 적용하지 아니한다. <신설 2015.3.1.>

제38조(직접공사비) ① 직접공사비란 계약목적물의 시공에 직접적으로 소요되는 비용을 말하며, 계약목적물을 세부 공종(계약예규 「정부 입찰・계약 집행기준」 제19조 등 관련 규정에 따른 수량산출기준에 따라 공사를 작업단계별로 구분한 것을 말한다)별로 구분하여 공종별 단가에 수량(계약목적물의 설계서 등에 의해 그 완성에 적합하다고 인정되는 합리적인 단위와 방법으로 산출된 공사량을 말한다)을 곱하여 산정한다.

② 직접공사비는 다음 각 호의 비용을 포함한다.

1. 재료비

   재료비는 계약목적물의 실체를 형성하거나 보조적으로 소비되는 물품의 가치를 말한다.

2. 직접노무비

   공사현장에서 계약목적물을 완성하기 위하여 직접작업에 종사하는 종업원과 노무자의 기본급과 제수당, 상여금 및 퇴직급여충당금의 합계액으로 한다.

3. 직접공사경비

   공사의 시공을 위하여 소요되는 기계경비, 운반비, 전력비, 가설비, 지급임차료, 보관비, 외주가공비, 특허권 사용료, 기술료, 보상비, 연구개발비, 품질관리비, 폐기물처리비 및 안전관리비를 말하며, 비용에 대한 구체적인 정의는 제19조를 준용한다.

③ 제1항의 공종별 단가를 산정함에 있어 재료비 또는 직접공사경비중의 일부를 제외할 수 있다. 이 경우에는 해당 계약목적물 시공 기간의 소요(소비)량을 측정하거나 계약서, 영수증 등을 근거로 금액을 산정하여야 한다.

④ 각 중앙관서의 장 또는 각 중앙관서의 장이 지정하는 기관은 직접공사비를 공종별로 직접조사・집계하여 산정할 수 있다.

제39조(간접공사비) ① 간접공사비란 공사의 시공을 위하여 공통적으로 소요되는 법정경

비 및 기타 부수적인 비용을 말하며, 직접공사비 총액에 비용별로 일정요율을 곱하여 산정한다.

② 간접공사비는 다음 각호의 비용을 포함하며, 비용에 대한 구체적인 정의는 제10조제2항 및 제19조를 준용한다.

1. 간접노무비
2. 산재보험료
3. 고용보험료
4. 국민건강보험료
5. 국민연금보험료
6. 건설근로자퇴직공제부금비
7. 산업안전보건관리비
8. 환경보전비
9. 기타 관련법령에 규정되어 있거나 의무지워진 경비로서 공사원가계산에 반영토록 명시된 법정경비
10. 기타간접공사경비(수도광열비, 복리후생비, 소모품비, 여비, 교통비, 통신비, 세금과 공과, 도서인쇄비 및 지급수수료를 말한다.)

③ 제1항의 일정요율이란 관련법령에 의해 각 중앙관서의 장이 정하는 법정요율을 말한다. 다만 법정요율이 없는 경우에는 다수기업의 평균치를 나타내는 공신력이 있는 기관의 통계자료를 토대로 각 중앙관서의 장 또는 계약담당공무원이 정한다.

④ 제38조에 따라 산정되지 아니한 공종에 대하여도 간접공사비 산정은 제1항 내지 제3항을 적용한다.

제40조(일반관리비) ① 일반관리비는 기업의 유지를 위한 관리활동부문에서 발생하는 제비용으로서, 비용에 대한 구체적인 정의와 종류에 대하여는 제12조의 규정을 준용한다.

② 일반관리비는 직접공사비와 간접공사비의 합계액에 일반관리비율을 곱하여 계산한다. 다만, 일반관리비율은 공사규모별로 아래에서 정한 비율을 초과할 수 없다. <개정 2011.5.13, 2015.9.21.,2025.5.1.>

종합공사		전문·전기·정보통신·소방 및 기타공사	
직접공사비+ 간접공사비	일반관리비율(%)	직접공사비+ 간접공사비	일반관리비율(%)
50억원미만 50억원~300억원미만 300억원이상	8.0 6.5 5.0	5억원미만 5억~30억원미만 30억원이상	8.0 6.5 5.0

제41조(이윤) 이윤은 영업이익을 말하며 직접공사비, 간접공사비 및 일반관리비의 합계

액에 이윤율을 곱하여 계산한다. 이윤율은 시행규칙에서 정한 기준에 따른다.

제42조(공사손해보험료) 계약예규「정부 입찰・계약 집행기준」제12장에 따른 공사손해보험가입 비용을 말한다.

제43조(총괄집계표의 작성) 계약담당공무원이 표준시장단가에 따라 예정가격을 작성하는 경우, 예정가격을 직접공사비, 간접공사비, 일반관리비, 이윤, 공사손해보험료 및 부가가치세로 구분하여 별표6의 총괄집계표를 작성하여야 한다. <개정 2015.3.1.>

제44조(세부시행기준) 계약담당공무원은 이 장을 운용함에 있어 필요한 세부사항을 정할 수 있다.

제4장 복수예비가격에 의한 예정가격의 결정

제44조의2(복수예비가격 방식에 의한 예정가격의 결정) 각 중앙관서의 장 또는 계약담당공무원은 예정가격의 유출이 우려되는 등 필요하다고 인정되는 경우 복수예비가격 방식에 의해 예정가격을 결정할 수 있으며, 이 경우에는 이 장에서 정한 절차와 기준을 따라야 한다.

[본조신설 2018.12.31.]

제44조의3(예정가격 결정 절차) ① 계약담당공무원은 입찰서 제출 마감일 5일 전까지 기초금액(계약담당공무원이 시행령 제9조제1항의 방식으로 조사한 가격으로서 예정가격으로 확정되기 전 단계의 가격을 말하며,「출판문화산업 진흥법」제22조에 해당하는 간행물을 구매하는 경우에는 간행물의 정가를 말한다)을 작성하여야 한다.

② 계약담당공무원은 제1항 따라 작성된 기초금액의 ±2% 금액 범위 내에서 서로 다른 15개의 가격(이하 "복수예비가격"이라 한다)을 작성하고 밀봉하여 보관하여야 한다.

③ 계약담당공무원은 입찰을 실시한 후 참가자 중에서 4인(우편입찰 등으로 인하여 개찰장소에 출석한 입찰자가 없는 때에는 입찰사무에 관계없는 자 2인)을 선정하여 복수예비가격 중에서 4개를 추첨토록 한 후 이들의 산술평균가격을 예정가격으로 결정한다.

④ 유찰 등으로 재공고 입찰에 부치려는 경우에는 복수예비가격을 다시 작성하여야 한다.

[본조신설 2018.12.31.]

제44조의4(세부기준・절차의 작성) ① 각 중앙관서의 장은 이 장에서 정하지 아니한 사항으로서 복수예비가격에 의한 예정가격의 작성과 관련하여 필요한 사항에 대하여는 세부기준 및 절차를 정하여 운용할 수 있다.

② 제44조의3의 규정에도 불구하고 「전자조달의 이용 및 촉진에 관한 법률」 제2조제4호에 따른 국가종합전자조달시스템 또는 동법 제14조에 따른 자체전자조달시스템을 통해 전자입찰을 실시하는 경우에는 제44의3의 규정을 적용하지 아니하고 해당 기관이 정하는 기준에 따라 예정가격을 결정할 수 있다.

[본조신설 2018.12.31.]

제5장 전문가격조사기관의 등록 및 조사업무

제45조(전문가격조사기관 등록) 이 장은 시행규칙 제5조제1항제2호에 의한 전문가격조사기관의 등록에 관하여 필요한 사항을 정함으로써, 공신력 있는 조사기관에 의한 조사가격의 객관성과 신뢰성을 확보하여 예정가격의 합리적 결정과 이에 따른 예산의 효율적 집행을 도모함을 목적으로 한다.<개정 2016.12.30.>

제46조(등록자격요건) 전문가격조사기관으로 등록하고자하는 자는 다음 각호의 자격요건을 갖추어야 한다.

1. 정관상 사업목적에 가격조사업무가 포함되어있는 비영리법인
2. 별첨 "표준가격조사요령"에 의하여 조사한 가격의 정보에 관한 정기간행물을 월1회이상 발행한 실적이 있는 자

제47조(등록신청) 제46조의 자격요건을 갖춘 자가 전문가격조사기관으로 등록하고자할 경우에는 별표7의 등록 신청서에 다음 각호의 서류를 첨부하여 기획재정부장관에게 제출하여야 한다.

1. 비영리법인의 설립허가서, 등기부등본 및 정관사본 1부
2. 제46조제2호에 규정한 사항을 증명할 수 있는 자료 1부
3. 조사요원 재직증명서 1부
4. 「국가기술자격법 시행규칙」 제4조관련 별표5(기술·기능분야)에 의한 기계, 전기, 통신, 토목, 건축 직무분야 중 3개이상 직무분야의 산업기사 이상인 자의 재직증명서 1부

제48조(등록증의 교부) 기획재정부장관은 제47조에 의한 전문가격조사기관등록신청자가 제46조의 자격요건을 갖춘 경우에는 조사기관등록대장에 등재하고, 그 신청인에게 별표 8의 전문가격조사기관등록증을 교부한다.

제49조(가격정보에 관한 간행물) ① 전문가격조사기관으로 등록한 기관은 매월 1회이상 별첨 표준가격조사요령에 의하여 조사한 가격의 정보에 관한 정기간행물을 발행하여야 한다.

② 제1항에 의한 가격의 정보에 관한 정기간행물에는 조사기관의 등록번호와 등록 년월일을 기재하여야 한다.

第50조(등록사항의 변경신청) ① 전문가격조사기관으로 등록한 자가 제46조의 등록요건과 법인명, 대표자, 주소 등이 변경된 때에는 별표 9의 등록사항변경신고서를 작성하여 기획재정부장관에게 60일이내에 신고하여야 한다.

② 기획재정부장관은 제1항의 등록사항 변경신고서의 내용에 따라 조사기관등록증을 재발급한다. 단, 등록번호 및 등록년월일은 변경하지 아니한다.

제51조(등록의 취소) 기획재정부장관은 다음 각호의 어느 하나에 해당될 경우에는 전문가격조사기관의 등록을 취소할 수 있다.

1. 제46조에 의한 자격요건에 미달될 때
2. 정당한 조사방법에 의하지 아니하고 담합 등 허위로 가격을 게재하는 경우
3. 기획재정부장관의 자료제출의 요구를 받고도 정당한 사유 없이 이를 제출하지 아니하는 경우
4. 기획재정부장관에 의한 3회이상 시정조치를 받고도 이에 응하지 않은 경우
5. 조사원이 윤리강령 등에 위배되는 행동으로 인하여 사회적 물의를 야기한 경우

제52조(등록기관의 지도감독) ① 기획재정부장관은 제45조에 규정한 목적을 달성하기 위하여 필요하다고 인정될 때에는 조사기관에 대하여 가격조사에 관한 필요한 지시 및 시정조치를 명할 수 있다.

② 기획재정부장관은 년 1회이상 조사기관에 대하여 감사를 할 수 있다.

제6장 보 칙

제53조(재검토기한) 「훈령·예규 등의 발령 및 관리에 관한 규정」에 따라 이 예규에 대하여 2016년 1월 1일 기준으로 매3년이 되는 시점(매 3년째의 12월 31일까지를 말한다)마다 그 타당성을 검토하여 개선 등의 조치를 하여야 한다.<개정 2015.9.21.>

부 칙 <제109호, 2012.9.22.>

제1조(시행일) 이 계약예규는 2012년 9월 22일부터 시행한다.

부 칙 <제157호, 2014.1.10.>

제1조(시행일) 이 계약예규는 2014년 1월 10일부터 시행한다.

제2조(적용례) 이 예규 시행일 이후 입찰공고를 한 분부터 적용한다.

부 칙 <제213호, 2015.1.1.>

제1조(시행일) 이 계약예규는 2015년 1월 1일부터 시행한다.

제2조(적용례) 이 예규 시행일 이후 입찰공고를 한 분부터 적용한다.

부 칙 <제229호, 2015.3.1.>

제1조(시행일) 이 예규는 2015년 3월 1일부터 시행한다.

제2조(적용례) 제37조 및 제43조의 개정규정은 이 예규 시행 후 최초로 이 예규에 따라 예정가격을 작성하는 사업부터 적용한다.

제3조(표준시장단가 적용에 관한 특례) 제37조 제2항의 개정규정 중 "100억원"은 2016년 12월 31일까지는 "300억원"으로 본다.

부 칙 <제242호, 2015.9.21.>

제1조(시행일) 이 예규는 2015년 9월 21일부터 시행한다.

부 칙 <제281호, 2016.1.1.>

제1조(시행일) 이 계약예규는 2016년 1월1일부터 시행한다.

제2조(적용례) 제31조의 개정규정은 이 계약예규 시행 후 제31조에 따라 원가계산용역을 의뢰하는 경우부터 적용한다.

부 칙 <제319호, 2016.12.30.>

제1조(시행일) 이 계약예규는 2017년 1월1일부터 시행한다.

부 칙 <제354호, 2017.12.28.>

제1조(시행일) 이 계약예규는 2017년 12월28일부터 시행한다.

부 칙 <제380호, 2018.6.4.>

제1조(시행일) 이 계약예규는 2018년 6월 7일부터 시행한다.

부 칙 <제405호, 2018.12.31.>

제1조(시행일) 이 계약예규는 2019년 1월 1일부터 시행한다. 다만, 제31조 및 제32조의 개정규정은 2019년 3월 5일부터 시행한다.

제2조(적용례) 이 계약예규는 부칙 제1조에 따른 시행일 이후 입찰공고하거나 계약체결하는 경우부터 적용한다.

부 칙 <제444호, 2019.6.1.>

제1조(시행일) 이 계약예규는 2019년 6월 1일부터 시행한다.

제2조(적용례) 제6조의 개정규정은 이 예규 시행일 이후 예정가격을 작성하는 분부터 적용한다.

부 칙 <제464호, 2019.12.18.>

제1조(시행일) 이 계약예규는 2019년 12월18일부터 시행한다.

제2조(적용례) 이 계약예규는 부칙 제1조에 따른 시행일 이후 예정가격을 작성하는

분부터 적용한다.

부 칙 <제503호, 2020.6.19.>

제1조(시행일) 이 계약예규는 2020년 12월 19일부터 시행한다.

제2조(적용례) 이 계약예규는 시행일 이후 예정가격 또는 제44조의3에 따른 기초금액을 작성하려는 경우부터 적용한다.

부 칙 <제534호, 2021.3.28.>

제1조(시행일) 이 계약예규는 2021년 3월 28일부터 시행한다.

제2조(적용례) 이 계약예규는 부칙 제1조에 따른 시행일 이후 예정가격을 작성하는 경우부터 적용한다.

부 칙 <제577호, 2021.12.01.>

제1조(시행일) 이 계약예규는 2021년 12월 1일부터 시행한다.

제2조(적용례) 이 계약예규는 부칙 제1조에 따른 시행일 이후 예정가격을 작성하는 경우부터 적용한다.

부 칙 <제653호, 2023.06.16.>

제1조(시행일) 이 계약예규는 2023년 6월 30일부터 시행한다.

제2조(적용례) 이 계약예규는 부칙 제1조에 따른 시행일 이후 예정가격을 작성하는 경우부터 적용한다.

부 칙 <제785호, 2025.05.01.>

제1조(시행일) 이 계약예규는 2025년 5월 1일부터 시행한다.

제2조(적용례) 이 계약예규는 부칙 제1조에 따른 시행일 이후 예정가격을 작성하는 경우부터 적용한다.

(별표1)

제조원가계산서

품명: 생산량:

규격: 단위: 제조기간:

<table>
<tr><th colspan="3">구분
비목</th><th>금액</th><th>구성비</th><th>비고</th></tr>
<tr><td rowspan="6">제조
원가</td><td rowspan="2">재료비</td><td>직접재료비
간접재료비
작업설·부산물 등(△)</td><td></td><td></td><td></td></tr>
<tr><td>소계</td><td></td><td></td><td></td></tr>
<tr><td rowspan="2">노무비</td><td>직접노무비
간접노무비</td><td></td><td></td><td></td></tr>
<tr><td>소계</td><td></td><td></td><td></td></tr>
<tr><td rowspan="2">경비</td><td>전력비
수도광열비
운반비
감가상각비
수리수선비
특허권사용료
기술료
연구개발비
시험검사비
지급임차료
보험료
복리후생비
보관비
외주가공비
산업안전보건관리비
소모품비
여비·교통비·통신비
세금과공과
폐기물처리비
도서인쇄비
지급수수료
기타법정경비</td><td></td><td></td><td></td></tr>
<tr><td>소 계</td><td></td><td></td><td></td></tr>
<tr><td colspan="3">일반관리비( )%</td><td></td><td></td><td></td></tr>
<tr><td colspan="3">이윤( )%</td><td></td><td></td><td></td></tr>
<tr><td colspan="3">총원가</td><td></td><td></td><td></td></tr>
</table>

(별표2)

공사원가계산서

공사명: 공사기간:

<table>
<tr><th colspan="3">구분
비목</th><th>금액</th><th>구성비</th><th>비고</th></tr>
<tr><td rowspan="6">순공사
원가</td><td rowspan="2">재료비</td><td>직접재료비
간접재료비</td><td></td><td></td><td></td></tr>
<tr><td>소계</td><td></td><td></td><td></td></tr>
<tr><td rowspan="2">노무비</td><td>직접노무비
간접노무비</td><td></td><td></td><td></td></tr>
<tr><td>소 계</td><td></td><td></td><td></td></tr>
<tr><td rowspan="2">경비</td><td>전력비
수도광열비
운반비
기계경비
특허권사용료
기술료
연구개발비
품질관리비
가설비
지급임차료
보험료
복리후생비
보관비
외주가공비
산업안전보건관리비
소모품비
여비·교통비·통신비
세금과공과
폐기물처리비
도서인쇄비
지급수수료
환경보전비
보상비
안전관리비
건설근로자퇴직공제부금비
기타법정경비</td><td></td><td></td><td></td></tr>
<tr><td>소 계</td><td></td><td></td><td></td></tr>
<tr><td colspan="3">일반관리비[(재료비+ 노무비+ 경비)×( )%]</td><td></td><td></td><td></td></tr>
<tr><td colspan="3">이윤[(노무비+ 경비+ 일반관리비)×( )%]</td><td></td><td></td><td></td></tr>
<tr><td colspan="3">총원가</td><td></td><td></td><td></td></tr>
<tr><td colspan="3">공사손해보험료[보험가입대상공사부분의총원가×()%]</td><td></td><td></td><td></td></tr>
</table>

(별표2-1) <개정 2011.5.13.>

공사원가계산시 간접노무비 계산방법

1. 직접계상방법

가. 계상기준

발주목적물의 노무량을 예정하고 노무비단가를 적용하여 계산함.

〈 공 식 〉

간접노무비 = 노무량 × 노무비단가

나. 계상방법

(가) 노무비단가는 「통계법」 제15조의 규정에 의한 지정기관이 조사·공표한 시중노임단가를 기준으로 하며 제수당, 상여금, 퇴직급여충당금은 「근로기준법」에 의거 일정기간이상 근로하는 상시근로자에 대하여 계상한다. <개정 2015.9.21.>

(나) 노무량은 표준품셈에 따라 계상되는 노무량을 제외한 현장시공과 관련하여 현장관리사무소에 종사하는 자의 노무량을 계상한다.

(다) 간접노무비(현장관리인건비)의 대상으로 볼 수 있는 배치인원은 현장소장, 현장사무원(총무, 경리, 급사 등), 기획·설계부문종사자, 노무관리원, 자재·구매관리원, 공구담당원, 시험관리원, 교육·산재담당원, 복지후생부문종사자, 경비원, 청소원 등을 들 수 있음.

(라) 노무량은 공사의 규모·내용·공종·기간 등을 고려하여 설계서(설계도면, 시방서, 현장설명서 등) 상의 특성에 따라 적정인원을 설계반영 처리한다.

2. 비율분석방법

가. 계상기준

발주목적물에 대한 직접노무비를 표준품셈에 따라 계상함.

〈 공 식 〉

간접노무비 = 직접노무비 × 간접노무비율

나. 계상방법

(가) 발주목적물의 특성 등(규모·내용·공종·기간 등)을 고려하여 이와 유사한 실적이 있는 업체의 원가계산자료, 즉 개별(현장별) 공사원가명세서, 노무비명세서(임금대장) 또는 직·간접노무비 명세서를 확보한다.

(나) 노무비 명세서(임금대장)를 이용하는 방법

① 개별(현장별) 공사원가명세서에 대한 임금대장을 확보한다.

② 확보된 임금대장상의 직·간접노무비를 구분하되, 구분할 자료가 많은 경우에는 간접노무비율을 객관성있게 산정할 수 있는 기간에 해당하는 자료를 분석한다.

③ 동 임금대장에서 표준품셈에 따라 계상되는 노무량을 제외한 현장시공과 관련하여 현장관리사무소에 종사하는 자의 노무비(간접노무비)를 계상한다.

④ 계상된 간접노무비를 직접노무비로 나누어서 간접노무비율을 계산한다.

(다) 업체로부터 직·간접노무비가 구분된 「직·간접노무비 명세서」를 확보한 경우에는 위 임금대장을 이용하는 방법에 의하여 자료 및 내용을 검토하여 간접노무비율을 계산한다.

3. 기타 보완적 계상방법

직접계산방법 또는 비율분석방법에 의하여 간접노무비를 계산하는 것을 원칙으로 하되, 계약목적물의 내용·특성 등으로 인하여 원가계산자료를 확보하기가 곤란하거나, 확보된 자료가 신빙성이 없어 원가계산자료로서 활용하기 곤란한 경우에는 아래의 원가계산자료(공사종류 등에 따른 간접노무비율)를 참고로 동비율을 해당 계약목적물의 규모·내용·공종·기간등의 특성에 따라 활용하여 간접노무비(품셈에 의한 직접노무비×간접노무비율)를 계상할 수 있다. <개정 2011.5.13.>

구 분	공사종류별	간접노무비율
공사 종류별	건 축 공 사	14.5
	토 목 공 사	15
	특수공사(포장, 준설 등)	15.5
	기타(전문, 전기, 통신 등)	15
공사 규모별	50억원 미만	14
	50~300억원 미만	15
	300억원 이상	16
공사 기간별	6개월 미만	13
	6~12개월 미만	15
	12개월 이상	17

* 공사규모가 100억원이고 공사기간이 15개월인 건축공사의 경우 예시
  - 간접노무비율 = (15%+ 17%+ 14.5%)/3 = 15.5%

(별표3)

일반관리비율

업 종	일반관리비율(%)
◦ 제조업	
음·식료품의 제조·구매	14
섬유·의복·가죽제품의 제조·구매	8
나무·나무제품의 제조·구매	9
종이·종이제품·인쇄출판물의 제조·구매	14
화학·석유·석타·고무·플라스틱제품의 제조·구매	8
비금속광물제품의 제조·구매	12
제1차 금속제품의 제조·구매	6
조립금속제품·기계·장비의 제조·구매	7
기타물품의 제조·구매	11
◦ 시설공사업	8

주1) 업종분류 : 한국표준산업분류에 의함.

(별표4)

학술연구용역원가계산서

구분 비목	금액	구성비	비고
인건비 책임연구원 연구원 연구보조원 보조원			
경비 여비 유인물비 전산처리비 시약및연구용역재료비 회의비 임차료 교통통신비 감가상각비 일반관리비( )% 이윤( )% 총원가			

(별표 5)

학술연구용역인건비기준단가('23년)

등 급	월 임 금
책임연구원	월 3,496,704원
연구원	월 2,681,226원
연구보조원	월 1,792,309원
보조원	월 1,344,277원

주1) 본 인건비 기준단가는 1개월을 22일로 하여 용역 참여율 50%로 산정한 것이며, 용역 참여율을 달리하는 경우에는 기준단가를 증감시킬 수 있다.

※ 상기단가는 2023년도 기준단가로 계약예규「예정가격 작성기준」제26조 제2항에 따라 소비자물가 상승률(2022년 5.1%)을 반영한 단가이며, 소수점 첫째자리에서 반올림한 금액임

(별표 6)

총 괄 집 계 표

공사명 : 　　　　　　　　　　　　　공사기간 :

구 분		금 액	구 성 비	비 고
직접공사비				
간접공사비	간접노무비 산재보험료 고용보험료 안전관리비 환경보전비 퇴직공제부금비 수도광열비 복리후생비 소모품비 여비·교통비·통신비 세금과공과 도서인쇄비 지급수수료 기타법정경비			
일반관리비				
이 윤				
공사손해보험료				
부가가치세				
합 계				

(별표 7)

전문가격조사기관 등록신청서

①법인명	
②대표자성명	
③주 소	
④법인설립허가관청	

예정가격 작성기준 제47조의 규정에 의하여 위와 같이 신청합니다.

년 월 일

신청인 (인)
(전화 :)

기획재정부장관 귀하

구비서류
1. 비영리법인의 설립허가서, 등기부등본 및 정관사본 1부.
2. 예정가격 작성기준 제46조제2항에 규정한 사항을 증명할 수 있는 자료 1부.
3. 조사요원재직증명서 1부.
4. 품셈분야별 기술자재직증명서 1부.

22451-01511일
'93.5.18 승인

201㎜×297㎜
인쇄용지(특급) 70g/㎡

(별표 8)

전문가격조사기관등록증

등록번호 제 호(년 월 일)

1. 법 인 명 :

2. 대표자성명 :

3. 주 소 :

예정가격 작성기준 제48조의 규정에 의하여 위와 같이 등록하였음을 증명함.

년 월 일

기 획 재 정 부 장 관

22451-01611일 201㎜×297㎜
'93.5.18 승인 인쇄용지(특급) 70g/㎡

(별표 9)

전문가격조사기관 등록사항 변경신고서		
① 등록번호	제 호(년 월 일)	
② 법인명		
③ 대표자성명		
④ 주소		
변경내용	변경전의 사항	변경후의 사항

예정가격 작성기준 제50조의 규정에 의하여 위와 같이 등록사항중 변경내용을 신고합니다.

년 월 일

신청인 (인)

기획재정부장관 귀하

22451-01611일 201㎜×297㎜

'93.5.18 승인 인쇄용지(특급) 70g/㎡

(별표 10)

조사상품기본조사표

① 상 품 명		② 통상명칭		③ 코 오 드 번 호		④ 수록단위 품 종 명	

상 품 내 용		품 질·규 격		단 위 품 목 수		생산자별취급구분			
⑤주요용도		⑧공인규격 유무및종류		⑪단위품목 구분기준		⑭생산자별 구분여부		⑰기본단위	
⑥주 재 질		⑨공인형식 또는성능		⑫규격품목과 유통품목수		⑮총생산자수		⑱포장단위 및그수량	
⑦상품형상		⑩규격유무별 유통비중		⑬주종품목과 거래비중		⑯조사대상 생산자의범위		⑲거래단위	

조 사 가 격 의 종 류

조사조건별 \ 연도별	년	년	년
⑳ 가 격 성 격			
㉑ 조 사 지 역			
㉒ 조 사 단 계			
㉓ 단 위 거 래 량 의 구 분 여 부			

＊1 수급사정(수량 또는 금액)

수급구분 \ 연도별		년	년	년
공급	㉔년간능력			
	㉕국 산			
	㉖수 입			
수요	㉗년간능력			
	㉘내 수			
	㉙수 출			
㉚ 계 절 성				

＊2 원가구성내용(구성비 : %)

요소비목 \ 연도별		년	년	년
㉛ 재 료 비				
㉛ -1 재료비 내 역				
	기 타			
㉜ 노 무 비				
㉝ 경 비				
㉞ 일반관리비및이윤				

참고사항

㉟ 관련단체				㊱ 전 문 가		
단 체 성 격	단 체 (기관)명	관련부서명 및 담당자	전화번호	성 명	소 속직 위	전 화 번 호
종 목 별 단 체						
연 구 단 체						
정 부 기 관						

※ 조사상품기본조사표의 기재요령 (별표 10 서식)

(1) 상품학상의 상품명으로서 공인된 정식명칭
(2) 공식명칭이외에 시중거래에서 일반적으로 통용되는 상품명칭
(3) 코오드번호 부여 후에 기입
(4) 수록단위품종 편성 후에 기입
(5) 용도를 기입하되, 용도가 다양할 시에는 용도비중 60%내의 그용도
(6) 성분35%이상시는 ①, 성분 35%미만시는 60%내중 다성분②
(7) 상품의 외관상의 형태, 형상
(8) 산업통상자원부에서 공인된 KS규격 또는 국제규격의 종류 <개정 2018.12.31.>
(9) 형식승인된 공인된 시험성능
(10) 규격품과 비규격품의 유통비중
(11) 단위품목을 구분하는 기준의 종류
(12) 규격상에 있는 총 품목수와 시중에서 유통되는 품목수
(13) 단위품목중 시중거래비중이 가장높은 품목과 그거래비중
(14) 품질, 규격, 형식, 성능 등에서 생산자간의 차이로 구분취급의 필요성 유무
(15) 총생산자수
(16) 총생산자중 그 생산량이 상위 60%이내에 드는 생산자수
(17) 상품의 수량을 계산하는 기초단위
(18) 상품의 포장단위와 포장단위의 수량
(19) 시중에 유통되는 거래단위
(20) 가격이 형성되는 유형에 따라 시장거래, 생산자공표, 행정지도로 구분
(21) 조사대상도시수에 따라 서울(전국), 2대도시, 5대도시, 9대도시등
(22) 유통단계 중 조사대상 단계를 표시하되, 필요시에는 2개단계도 표시
(23) 동일조사단계에서도 단위거래량의 과다에 따라 가격의 차이에 따른 구분여부 표시
(24) 국산과 수입을 합한 연간공급능력을 합산표시
(25) ~ (26) 생략
(27) 내수와 수출을 합한 연간수요능력을 합산표시
(28) ~ (29) 생략
(30) 상품수급에 있어서 계절적인변화시기를 성수기와 비수기간을 표시
(31) 기업회계상 각상품의 생산비에서 재료비가 차지하는 비중을 100분율로 표시
(32) 기업회계상 각 상품의 생산비에서 노무비가 차지하는 비중을 100분율로 표시
(33) 기업회계상 각 상품의 생산비에서 경비가 차지하는 비중을 100분율로 표시
(34) 기업회계상 각상품의 생산비이외에 판매비, 일반관리비 및 이윤이 차지하는 비율
(35) 조사상품에 관계가 있는 단체등에서 자문을 구할 기관
(36) 조사상품에 관해 업계, 학계의 전문자중 자문을 구할 수 있는 자

(별표 11)

조사처 대장

1. 업체개요

상 호	대 표 자	형 태
소 재 지	창 립 년 월 일	취 급 종 목
소 속 업 종 별 단 체	경 쟁 업 체 수	

2. 면접담당자

위 촉 년 월 일	성 명	부서, 직위	전 화

(별표 12)

품목별조사처대장

조사품목		조사처			면접담당자			등록	
코드번호	품종별	업체별	업태	소재지	성명	부서직위	직통전화	접수	말소

Ⅲ-5-2. 임의 국제입찰 외국업체 낙찰실적 [18)]

(단위:건, 백만원)

국가별		국제입찰 대상계약						계	
		물 품		용 역		공 사			
		건수	계약금액	건수	계약금액	건수	계약금액	건수	계약금액
정부조달협정가입국	미 국								
	일 본								
	대 만								
	아르메니아								
	캐 나 다								
	스 위 스								
	홍 콩								
	리히텐슈타인								
	아 루 바								
	노 르 웨 이								
	싱 가 폴								
	이 스 라 엘								
	아 이 슬 랜 드								
	E U								
정부조달협정 비가입국									
계									

18) 임의 국제입찰을 실시하여 외국업체에 낙찰된 계약실적을 기재

[별첨 6]

정보통신망을 이용한 입찰공고실적보고서[19)]

(단위:건, 백만원)

유형	일반경쟁		제한경쟁		지명경쟁		수의계약		계	
	건수	계약금액	건수	계약금액	건수	계약금액	건수	계약금액	건수	계약금액
물품										
용역										
공사										
소계										

19) 법 시행령 제33조제1항에 따라 정보통신사업자의 통신망을 이용한 공고를 한 입찰실적을 기재(국제입찰 대상·비대상 계약 모두 포함)

용역계약일반조건

기획재정부계약예규 제798호, 2025.10.30 일부개정

제1장 총 칙

제1조(목적) 이 예규는 계약당사자간에 이행하여야 할 용역에 관한 계약조건을 정함을 목적으로 하며, 계약당사자는 이 예규에 정한 계약문서에 따라 신의와 성실의 원칙에 입각하여 계약을 이행하여야 한다.

제2조(적용방법) ① 계약담당공무원은 계약체결시 제1장 총칙과 제2장에 정한 일반용역계약조건에 제3장 이하의 세부용역별 계약조건 중 해당 용역조건을 조합하여 계약서에 첨부하여야 한다. 이 경우 일반용역계약조건과 세부용역별 계약조건 중 상충되는 사항이 있는 때에는 세부용역별 계약조건을 우선적으로 적용한다.

② 각 장에 정하지 아니한 용역의 경우에는 각 장의 용역중 유사한 용역의 계약조건을 준용할 수 있으며, 해당 용역의 특성상 다르게 정할 필요가 있는 경우에는 기획재정부장관과 협의하여 해당 용역의 이행을 위한 계약조건을 따로 정할 수 있다.

제2장 일반용역계약조건(공통)

제3조(정의) 이 장에서 사용하는 용어의 정의는 다음과 같다.

1. “계약담당공무원”이라 함은 「국가를 당사자로 하는 계약에 관한 법률 시행규칙」(이하 “시행규칙”이라 한다) 제2조에 의한 공무원을 말한다. 이 경우 각 중앙관서의 장이 계약에 관한 사무를 그 소속공무원에게 위임하지 아니하고 직접 처리하는 경우에는 이를 계약담당공무원으로 본다.
2. "계약상대자"라 함은 정부(이하 "발주기관"이라 한다)와 용역계약을 체결한 자연인 또는 법인을 말한다.
3. “기본업무”라 함은 계약상대자가 수행하여야 하는 업무로서 과업내용서에 기재된 업무를 말한다.
4. “추가업무”라 함은 계약목적의 달성을 위해 기본업무 외에 계약담당공무원이 추가하여 지시 또는 승인한 업무를 말한다.
5. “특별업무”라 함은 계약목적외의 목적을 위해 계약특수조건 등에 특별업무항목으로 기재되거나 계약담당공무원이 그 수행을 지시 또는 승인한 용역항목으로서 제3호 및 제4호에 속하지 아니하는 업무를 말한다.

6. 이 조건에서 따로 정하는 용어를 제외하고는 「국가를 당사자로 하는 계약에 관한 법률 시행령」, 「특정조달을 위한 국가를 당사자로 하는 계약에 관한 법률 시행령 특례규정」 (이하 각각 "시행령" 및 "특례규정"이라 한다), 「시행규칙」, 계약예규 「용역입찰유의서」(이하 "유의서"라 한다)에 정하는 바에 의한다.

제4조(계약문서) ① 계약문서는 계약서, 유의서, 일반조건, 용역계약특수조건, 과업내용서 및 산출내역서로 구성되며 상호보완의 효력을 가진다. 다만, 이 경우 산출내역서는 이 조건에서 규정하는 계약금액의 조정 및 기성부분에 대한 대가의 지급시에 적용할 기준으로서 계약문서로서의 효력을 갖는다.

② 계약담당공무원은 「국가를 당사자로 하는 계약에 관한 법률」 (이하 "법률"이라 한다.), 시행령, 시행규칙, 특례규정, 관계법령 및 이 조건에 정한 계약일반사항외에 해당 계약의 적정한 이행을 위하여 필요한 경우 용역계약특수조건을 정하여 계약을 체결할 수 있다.

③ 제2항에 의하여 정한 용역계약특수조건에 법률, 시행령, 시행규칙, 특례규정, 관계법령 및 이 조건에 의한 계약상대자의 계약상 이익을 제한하는 특수조건의 해당내용은 효력이 인정되지 아니한다.

④ 이 조건에서 정하는 바에 의하여 계약당사자간에 행한 통지문서등은 계약문서로서의 효력을 가진다.

제5조(사용언어) ① 계약을 이행함에 있어서 사용하는 언어는 한국어를 원칙으로 한다.

② 계약담당공무원은 계약체결시 제1항에도 불구하고 필요하다고 인정하는 경우에는 계약이행과 관련하여 계약상대자가 외국어를 사용하거나 외국어와 한국어를 병행하여 사용할 수 있도록 필요한 조치를 할 수 있다.

③ 제2항에 의하여 외국어와 한국어를 병행하여 사용한 경우에 외국어로 기재된 사항이 한국어와 상이한 경우에는 한국어로 기재한 사항이 우선한다.

제6조(통지 등) ① 구두에 의한 통지·신청·청구·요구·회신·승인 또는 지시 등(이하 "통지 등"이라 한다)은 문서로 보완되어야 효력이 있다.

② 통지 등의 장소는 계약서에 기재된 주소로 하며, 주소를 변경하는 경우에는 이를 즉시 계약당사자에게 통지하여야 한다.

③ 통지 등의 효력은 계약문서에서 따로 정하는 경우를 제외하고는 계약당사자에게 도달한 날부터 발생한다. 이 경우 도달일이 공휴일인 경우에는 그 익일부터 효력이 발생한다.

④ 계약당사자는 계약이행중 이 조건 및 관계법령 등에서 정한 바에 따라 서면으로 정당한 요구를 받은 경우에는 이를 성실히 검토하여 회신하여야 한다.

제7조(채권양도) ① 계약상대자는 이 계약에 의하여 발생한 채권(대금 청구권)을 제3자에

게 양도할 수 있다.

② 계약담당공무원은 제1항에 의한 채권양도와 관련하여 적정한 용역이행목적 등 필요한 경우에는 채권양도를 제한하는 특약을 정하여 운용할 수 있다.

제8조(계약보증금) ① 계약을 체결하고자 하는 자는 계약체결일까지 시행령 제50조에 정한 바에 따라 시행령 제37조제2항에 규정된 현금 또는 보증서 등으로 계약보증금을 납부하여야 한다.

② 계약을 체결하려고 하는 자가 계약보증금의 전부 또는 일부의 납부를 면제받은 경우에는 제9조제1항에 의하여 국고귀속사유가 발생할 때에 계약보증금에 해당하는 금액을 현금으로 납입할 것을 보장하기 위하여 그 지급을 확약하는 내용의 문서(이하 "계약보증금지급각서"라 한다)를 제출하여야 한다.

③ 계약상대자는 이 조건에 의하여 계약금액이 증액된 경우에는 이에 상응하는 금액의 계약보증금을 제1항에 따라 추가로 납부하여야 하며, 계약담당공무원은 계약금액이 감액된 경우에는 이에 상응하는 금액의 계약보증금을 반환해야 한다. <개정 2009.6.29>

④ 계약담당공무원은 시행령 제37조제2항제2호에 의한 유가증권이나 현금으로 납부된 계약보증금을 계약상대자가 특별한 사유로 시행령 제37조제2항제1호 내지 제5호에 규정된 보증서 등으로 대체납부할 것을 요청한 때에는 동가치 상당액 이상으로 대체 납부하게 할 수 있다.

제9조(계약보증금의 처리) ① 계약담당공무원은 계약상대자가 정당한 이유없이 계약상의 의무를 이행하지 아니한 때에는 계약보증금을 국고에 귀속한다.

② 시행령 제69조에 의한 장기계속용역계약에 있어서 계약상대자가 2차 이후의 용역계약을 체결하지 아니한 경우에는 제1항을 준용한다

③ 제8조제2항에 의하여 계약보증금지급각서를 제출한 경우로서 계약보증금의 국고귀속사유가 발생하여 계약담당공무원의 납입요청이 있을 때에는 계약상대자는 해당 계약보증금을 지체없이 현금으로 납부하여야 한다.

④ 제1항 및 제2항에 의하여 계약보증금을 국고에 귀속함에 있어서 그 계약보증금은 이를 기성부분에 대한 미지급액과 상계 처리할 수 없다. 다만, 계약보증금의 전부 또는 일부를 면제받은 자의 경우에는 국고에 귀속되는 계약보증금과 기성부분에 대한 미지급액을 상계 처리할 수 있다.

⑤ 계약상대자가 납부한 계약보증금은 계약이 이행된 후에 계약상대자에게 지체없이 반환한다.

제10조(용역계약에 있어서의 이행보증) ① 계약담당공무원이 시행령 제52조제5항에 의하여 계약이행보증을 요구한 경우 계약상대자는 계약체결시 다음 각호의 방법 중 하나를 선택하여 계약의 이행을 보증하여야 한다. <개정 2018.12.31>

1. <삭제 2010.9.8>
2. 계약보증금을 계약금액의 100분의 15이상으로 납부하는 방법 <개정 2010.9.8>
3. 시행령 제50조제1항 내지 제3항에 의한 계약보증금을 납부하지 아니하고 용역이행보증서(해당 계약상의 의무를 이행할 것을 보증한 기관이 계약상대자를 대신하여 계약상의 의무를 이행하지 아니하는 경우에는 계약금액의 100분의 40이상을 납부할 것을 보증하는 것이어야 한다)를 제출하는 방법

② 계약담당공무원은 제1항에 따라 계약이행을 보증한 경우로서 계약상대자가 계약이행보증방법의 변경을 요청하는 때에는 1회에 한하여 계약이행 보증방법을 변경하게 할 수 있다. <개정 2010.9.8>

1. <삭제 2010.9.8>
2. <삭제 2010.9.8>
3. <삭제 2010.9.8>

③ <삭제 2010.9.8>

1. <삭제 2010.9.8>
2. <삭제 2010.9.8>
3. <삭제 2010.9.8>
4. <삭제 2010.9.8>

④ <삭제 2010.9.8>

⑤ 제1항에 의한 용역이행보증서의 제출에 따른 보증이행 등에 대하여는 계약예규 「정부 입찰·계약 집행기준」 제10장(공사의 이행보증제도 운용)을 준용한다.

제11조(계약상대자의 근로자) ① 계약상대자는 해당 계약의 수행에 필요한 기술과 경험을 가진 근로자를 채용하여야 하며 근로자의 행위에 대하여 책임을 져야 한다. 다만, 계약상대자가 근로자의 관리·감독에 상당한 주의와 의무를 다한 경우에는 그러하지 아니하다. <개정 2020.9.24>

② 계약담당공무원은 계약상대자가 채용한 근로자가 다음 각호의 사유에 해당한다고 판단될 경우 해당 근로자의 교체를 요청할 수 있다. <개정 2020.6.19>

1. 입찰공고 및 계약문서에서 특정한 기준을 갖춘 근로자를 배치할 것을 조건으로 명시한 계약에서 해당기준을 미달하는 근로자를 배치한 경우
2. 고의 또는 중과실로 업무수행시 준수하여야 할 법령 또는 기준을 위반한 경우
3. 뇌물·사기 등 부정행위를 한 경우
4. 기타 제1호부터 제3호까지에 준하는 사유로서 계약의 적정성·공정성을 저해한 경우

③ 계약상대자가 전항의 요청을 받은 경우 발주기관과 협의하여 해당 근로자의 교체여부를 결정하여야 한다.<신설 2020.6.19>

④ 계약상대자는 해당 계약의 이행을 위하여 채용한 근로자에 대하여 「최저임금법」 제6조제1항 및 제2항과 「근로기준법」 제43조를 준수하여야 한다.

제12조(계약이행상황의 감독) ① 계약담당공무원은 해당 계약의 적정한 이행을 확보하기 위하여 필요하다고 인정할 때에는 계약문서에 의하여 스스로 감독하거나 소속공무원에게 그 사무를 위임하여 감독을 하여야 한다. 다만, 시행령 제54조 제1항 제2호의 전문적인 지식 또는 기술을 필요로 하거나 기타 부득이한 사유로 인하여 감독을 할 수 없는 경우에는 전문기관을 따로 지정하여 필요한 감독을 할 수 있다.

② 제1항 단서에 의하여 전문기관이 감독을 하도록 할 경우에는 시행규칙 제67조, 제69조에 의하여 감독조서의 작성 및 그 결과를 문서로써 제출하도록 하여야 한다.

제13조(용역의 착수 및 보고) ① 계약상대자는 계약문서에서 정하는 바에 따라 용역을 착수하여야 하며, 발주기관이 관련법령에서 정한 서류 및 다음 각 호의 사항이 포함된 착수신고서의 제출을 요구하는 경우에는 이를 제출하여야 한다.

1. 용역공정예정표
2. 인력 및 장비투입계획시
3. 기타 계약담당공무원이 지정한 사항

② 계약상대자는 계약의 이행중에 과업내용의 변경 등으로 인하여 제1항에 의하여 제출한 서류의 변경이 필요한 때에는 관련서류를 변경하여 제출하여야 한다.

③ 계약담당공무원은 제1항 및 제2항에 의하여 제출된 서류의 내용을 조정할 필요가 있다고 인정될 경우에는 계약상대자에게 이의 조정을 요구할 수 있다.

④ 계약담당공무원은 용역의 전부 또는 일부의 진행이 지연되어 소정의 기간내에 수행이 불가능하다고 인정되는 경우에는 주간공정현황을 제출토록 하는 등 계약상대자에게 필요한 조치를 할 수 있다.

제14조(휴일 및 야간작업) ① 계약상대자는 계약담당공무원의 계약기간 단축지시 및 발주기관의 부득이한 사유로 인하여 휴일 또는 야간작업을 지시하였을 때에는 추가비용을 청구할 수 있다. <개정 2009.6.29>

② 제1항의 경우는 제17조를 준용한다. <개정 2009.6.29>

제15조(물가변동으로 인한 계약금액의 조정) ① 물가변동으로 인한 계약금액의 조정은 시행령 제64조 및 시행규칙 제74조에서 정한 바에 의한다.

② 동일한 계약에 대한 계약금액의 조정시 품목조정율 및 지수조정율을 동시에 적용하여서는 아니되며, 계약을 체결할 때에 계약상대자가 지수조정율 방법을 원하는 경우 외에는 품목조정율 방법으로 계약금액을 조정하도록 계약서에 명시하여야 한다. 이 경우 계약이행중 계약서에 명시된 계약금액 조정방법을 임의로 변경하여서는 아니된다.

③ 제1항에 의하여 계약금액을 증액하는 경우에는 계약상대자의 청구에 의하여야 하고, 계약상대자는 제27조에 의한 완료대가(장기계속계약의 경우에는 각 차수별 완료대가) 수령전까지 조정신청을 하여야 하며, 조정된 계약금액은 직전의 물가변동으로 인한 계약금액조정기준일부터 90일이내에 다시 조정할 수 없다. 다만, 천재·지변 또는 원자재의 가격급등으로 해당 기간내에 계약금액을 조정하지 아니하고는 계약이행이 곤란하다고 인정되는 경우에는 계약을 체결한 날 또는 직전 조정기준일로부터 90일 이내에도 계약금액을 조정할 수 있다.

④ 계약상대자는 제3항에 의하여 계약금액의 증액을 청구하는 경우에는 계약금액조정내역서를 첨부하여야 한다.

⑤ 계약담당공무원은 제1항 내지 제4항에 의하여 계약금액을 증액하는 경우에는 계약상대자의 청구를 받은 날부터 20일 이내에 계약금액을 조정하여야 한다. 이때 예산배정의 지연 등 불가피한 경우에는 계약상대자와 협의하여 그 조정기한을 연장할 수 있으며, 계약금액을 증액할 수 있는 예산이 없는 때에는 업무량 등을 조정하여 그 대가를 지급할 수 있다. <개정 2011.5.13>

⑥ 계약담당공무원은 제4항 및 제5항에 의한 계약상대자의 계약금액조정 청구내용이 일부 미비하거나 분명하지 아니한 경우에는 지체없이 필요한 보완요구를 하여야 하며, 이 경우 계약상대자가 보완요구를 통보받은 날부터 발주기관이 그 보완을 완료한 사실을 통지받은 날까지의 기간은 제5항에 의한 기간에 산입하지 아니한다. 다만, 계약상대자의 계약금액조정 청구내용이 계약금액 조정요건을 충족하지 않았거나 관련 증빙서류가 첨부되지 아니한 경우에는 그 사유를 명시하여 계약상대자에게 해당 청구서를 반송하여야 하며, 이 경우 계약상대자는 그 반송사유를 충족하여 계약금액조정을 다시 청구하여야 한다.

第15조의2(기준 노임단가 변동 등에 따른 계약금액 조정) ① 제15조제1항부터 제3항까지의 규정에도 불구하고 시행규칙 제23조의3 각호의 용역계약에 있어 기준 노임단가 또는 최저임금이 변동된 경우 시행령 제64조제8항 및 제66조제2항에 따라 계약금액조정을 한다.

② 제1항에 따라 계약금액을 증액하는 경우에는 계약상대자의 청구에 의하여야 한다.

③ 계약상대자는 제1항에 따라 계약금액이 증액된 경우 계약금액 중 노무비 증액분에 대하여는 근로자의 임금으로 지급하여야 한다.

④ 제1항의 계약금액 조정의 경우 제15조 제4항부터 제6항까지의 규정을 준용한다.

第16조(과업내용의 변경) ① 계약담당공무원은 계약의 목적상 필요하다고 인정될 경우에는 다음 각호의 과업내용을 계약상대자에게 지시할 수 있다. 다만, 계약담당공무원은 과업내용을 추가할 경우에는 계약상대자와 사전에 협의하여야 한다. <단서신설 2015.1.1>

1. 추가업무 및 특별업무의 수행
2. 용역공정계획의 변경
3. 특정용역항목의 삭제 또는 감소

② 제1항에 의한 과업내용의 변경은 그 변경이 필요한 부분의 이행 전에 완료하여야 한다. 다만, 계약담당공무원은 계약이행의 지연으로 품질저하가 우려되는 등 긴급하게 용역을 수행하여야 할 필요가 있는 때에는 계약상대자와 협의하여 그 변경시기 등을 명확히 정하고, 과업내용의 변경을 완료하기 전에 우선 과업내용을 이행하게 할 수 있다.

③ 계약상대자는 계약의 기본방침에 대한 변동없이 과업내용서상의 용역항목을 변경하는 것이 발주기관에 유리하다고 판단될 경우에는 제1항 각호에 해당하는 제안을 할 수 있다. 이 경우 계약담당공무원은 제안요청을 받은 날부터 14일이내에 그에 대한 승인여부를 계약상대자에게 통지하여야 한다.

④ 제1항 및 제3항에 의하여 과업내용의 변경을 지시하거나 승인한 경우에 계약금액조정은 시행령 제65조제1항 내지 제6항을 준용한다. 다만, 계약담당공무원은 과업내용에 없는 과업을 추가 요구할 경우에는 정당한 대가를 지급하여야 한다. <단서신설 2015.1.1>

⑤ 계약담당공무원은 제1항 내지 제4항에 의하여 계약금액을 조정하는 경우에는 계약상대자의 계약금액조정 청구를 받은 날부터 30일이내에 계약금액을 조정하여야 한다. 이 경우 예산배정의 지연 등 불가피한 경우에는 계약상대자와 협의하여 그 조정기한을 연장할 수 있으며, 계약금액을 조정할 수 있는 예산이 없는 때에는 업무량 등을 조정하여 그 대가를 지급할 수 있다.

⑥ 계약담당공무원은 제5항에 의한 계약상대자의 계약금액조정 청구내용이 부당함을 발견한 때에는 지체없이 보완요구 등의 필요한 조치를 하여야 한다. 이 경우 계약상대자가 보완요구 등의 조치를 통보받은 날부터 발주기관이 그 보완을 완료한 사실을 통지받은 날까지의 기간은 제5항의 기간에 산입하지 아니한다.

⑦ 제5항에 의한 계약상대자의 계약금액조정 청구는 제27조에 의한 완료대가(장기계속계약의 경우에는 각 차수별 완료대가) 수령전까지 하여야 한다.

제17조(기타 계약내용의 변경으로 인한 계약금액의 조정) ① 계약담당공무원은 용역계약에 있어서 제15조 및 제16조에 의한 경우 이외에 다음 각 호의 어느 하나의 사유로 인하여 계약금액을 조정할 필요가 있는 경우에는 그 변경된 내용에 따라 실비를 초과하지 아니하는 범위 내에서 이를 조정한다. <개정 2014.4.1>

1. 최저임금법에 따른 최저임금을 시간당 노무비 단가로 정한 경우에 최저임금이 변경된 경우 <신설 2014.4.1>
2. 기타 계약내용이 변경된 경우 <신설 2014.4.1>

② 제1항의 경우에는 시행령 제65조제6항을 준용한다.

③ 제1항 및 제2항에 의한 계약금액조정의 경우에는 제16조제5항 내지 제7항을 준용한다.

제18조(지체상금) ① 계약상대자는 계약서에서 정한 용역수행기한내에 용역을 완성하지 아니한 때에는 매 지체일수마다 계약서에서 정한 지체상금율을 계약금액(장기계속용역계약의 경우에는 연차별 계약금액)에 곱하여 산출한 금액(이하 "지체상금"이라 한다.)을 현금으로 납부하여야 한다. 다만, 납부할 금액이 계약금액(제2항에 따라 기성부분 또는 기납부분에 대하여 검사를 거쳐 이를 인수한 경우에는 그 부분에 상당하는 금액을 계약금액에서 공제한 금액을 말한다)의 100분의 30을 초과하는 경우에는 100분의 30으로 한다. <단서신설 2018.12.31>

② 계약담당공무원은 제1항의 경우에 제22조에 의하여 기성부분에 대한 검사를 거쳐 이를 인수(인수하지 아니하고 관리·사용하고 있는 경우를 포함한다. 이하 이조에서 같다)한 때에는 그 부분에 상당하는 금액을 계약금액에서 공제한다. 이 경우 기성부분의 인수는 그 성질상 분할할 수 있는 용역에 대한 완성부분으로 인수하는 것에 한한다.

③ 계약담당공무원은 다음 각호의 어느 하나에 해당되어 용역수행이 지체되었다고 인정할 때에는 그 해당일수(제5호에 해당하는 경우에는 해당 일수의 1/2)를 제1항의 지체일수에 산입하지 아니한다. <개정 2011.5.13>

1. 제24조에서 규정하는 불가항력의 사유에 의한 경우
2. 발주기관의 책임으로 용역착수가 지연되거나 용역수행이 중단되었을 경우
3. <삭제 2021.12.1>
4. 계약상대자의 부도 등으로 보증기관이 보증이행업체를 지정하여 보증이행할 경우
5. 제49조에 따른 소프트웨어사업으로서 구현하고자 하는 기능의 범위에 대해 계약이행기간 내에 발주기관과 계약상대자간의 이견이 발생하여 과업내용을 조정함으로 인한 경우 <신설 2011.5.13>
6. 기타 계약상대자의 책임에 속하지 않는 사유로 인하여 지체된 경우

④ <삭제 2021.12.1>

⑤ 제3항제4호에 의하여 지체일수에 산입하지 아니하는 기간은 발주기관으로부터 보증채무이행청구서를 접수한 날부터 보증이행개시일 전일까지(단, 30일이내에 한한다)로 한다.

⑥ 제3항제5호에 따라 과업내용을 조정하고자 하는 경우에는 그에 따른 소요기간을 산정하고, 동 기간을 초과하는 일수에 대해서는 지체일수에 모두 산입한다. <신설 2011.5.13>

⑦ 계약담당공무원은 제1항에 의한 지체일수를 다음 각호에 따라 산정하여야 한다.

1. 용역수행기한내에 용역목적물 또는 용역완료보고서를 제출한 때에는 제20조에 의한 검사에 소요된 기간은 지체일수에 산입하지 아니한다. 다만, 용역수행기한 이후에 제20조제3항에 의한 시정조치를 한 때에는 시정조치를 한 날부터 최종 검사에 합격한 날까지의 기간(검사기간이 제20조에 정한 기간을 초과한 경우에는 동조에 정한 기간에 한한다. 이하 같다)을 지체일수에 산입한다.
2. 용역수행기한을 경과하여 용역목적물 또는 용역완료보고서를 제출한 때에는 용역수행기한 익일부터 검사(시정조치를 한 때에는 최종 검사)에 합격한 날까지의 기간을 지체일수에 산입한다.
3. 용역수행기한의 말일이 공휴일(관련 법령에 의하여 발주기관의 휴무일이거나 「근로자의 날 제정에 관한 법률」에 따른 근로자의 날(계약상대자가 실제 업무를 하지 아니한 경우에 한함)인 경우를 포함한다)인 경우 지체일수는 공휴일의 익일 다음날부터 기산한다. <개정 2018.12.31>

⑧ 계약담당공무원은 제1항 내지 제5항에 의하여 산출된 지체상금을 계약상대자에게 지급될 대가, 대가지급지연에 대한 이자 또는 기타 예치금 등과 상계할 수 있다.

제19조(계약기간의 연장) ① 계약상대자는 제18조제3항 각호의 사유(제5호 제외)가 계약기간내에 발생한 경우에는 계약기간 종료전에 지체없이 계약담당공무원에게 서면으로 계약기간의 연장신청과 동 연장으로 인하여 추가비용이 발생하는 경우에는 제4항에 의한 계약금액 조정신청을 함께 하여야 한다. 다만, 연장사유가 계약기간내에 발생하여 계약기간 경과후 종료된 경우에는 동 사유가 종료된 후 즉시 계약기간의 연장신청과 제4항에 의한 계약금액 조정신청을 함께 하여야 한다.

② 계약담당공무원은 제1항에 의한 계약기간연장 신청이 접수된 때에는 즉시 그 사실을 조사 확인하고 해당 용역이 적절히 이행될 수 있도록 계약기간의 연장 등 필요한 조치를 하여야 한다.

③ 계약담당공무원은 제1항의 연장청구를 승인하였을 경우 동 연장기간에 대하여는 제18조에 의한 지체상금을 부과하여서는 아니된다.

④ 제2항에 의하여 계약기간을 연장한 경우에는 제17조에 의하여 그 변경된 내용에 따라 실비를 초과하지 아니하는 범위안에서 계약금액을 조정한다. 다만, 제18조제3항제4호의 사유에 의한 경우에는 그러하지 아니하다. <개정 2021.12.1>

⑤ 계약담당공무원은 제1항 내지 제4항에도 불구하고 계약상대자의 의무불이행으로 인하여 발생한 지체상금이 시행령 제50조제1항에 의한 계약보증금상당액에 달한 경우라고 하더라도 계약목적물이 국가정책사업 대상이거나 계약의 이행이 노사분규 등 불가피한 사유로 인하여 지연된 때에는 계약기간을 연장할 수 있다.

⑥ 제5항에 의한 계약기간의 연장은 지체상금이 계약보증금상당액에 달한 때에 하여야 하며, 연장된 계약기간에 대하여는 제18조에도 불구하고 지체상금을 부과하여서는

아니된다.

⑦ 제2항 및 제5항에 따라 계약기간을 연장하는 경우 계약상대자는 계약기간 연장계약 체결전까지 계약기간 연장이 표시된 보증서 등을 발주기관에 제출하여야 한다. 다만, 보증서 등의 보증기간이 해당 계약의 실제 완료일 까지 유효한 것으로 약정된 경우에는 그러하지 아니한다.

제20조(검사) ① 계약상대자는 용역을 완성하였을 때에는 그 사실을 계약담당공무원에게 서면으로 통지하고 필요한 검사를 받아야 한다. 기성부분에 대하여 완성 전에 대가의 전부 또는 일부를 지급받고자 할 때에도 또한 같다.

② 계약담당공무원은 제1항의 통지를 받은 때에는 계약서 기타 관계서류에 의하여 통지를 받은 날부터 14일 이내에 그 이행을 확인하기 위한 검사(관련법령 또는 특수조건으로 정한 경우 및 필요하다고 인정하여 미리 서면으로 요청한 경우에는 계약상대자의 입회하에 실시한다)를 하여야 한다. 다만, 천재·지변 등 불가항력적인 사유로 인하여 검사를 완료하지 못한 경우에는 해당 사유가 존속되는 기간과 소멸된 날로부터 3일까지는 이를 연장할 수 있다.

③ 계약담당공무원은 제2항의 검사에 있어서 계약상대자의 계약이행내용의 전부 또는 일부가 계약에 위반되거나 부당함을 발견한 때에는 필요한 시정조치를 하여야 한다. 이 경우에는 계약상대자로부터 그 시정을 완료한 사실을 통지받은 날로부터 제2항의 기간을 계산한다.

④ 제3항에 의해 계약이행기간이 연장될 때에는 계약담당공무원은 제18조에 의한 지체상금을 부과하여야 한다.

⑤ 계약상대자는 제2항에 의하여 검사에 입회하여야 하는 경우에는 이에 따라야 한다. 계약상대자가 입회를 거부하거나 검사에 협력하지 아니함으로써 발생하는 지체에 대하여는 제3항 및 제4항을 준용한다.

⑥ 계약담당공무원은 검사를 완료한 때에는 그 결과를 계약상대자에게 서면으로 통지하여야 한다. 이 경우 계약상대자는 검사에 대한 이의가 있을 때에는 재검사를 요청할 수 있으며 계약담당공무원은 필요한 조치를 하여야 한다.

⑦ 제2항에도 불구하고 「재난 및 안전관리 기본법」 제3조제1호의 재난이나 경기침체, 대량실업 등으로 인한 국가의 경제위기를 극복하기 위해 기획재정부장관이 기간을 정하여 고시한 경우에는 제2항의 14일을 7일로 본다.<신설 2020.4.20>

제21조(인수) ① 계약담당공무원은 해당 용역의 특성상 계약목적물의 인수가 필요한 경우에는 계약상대자가 서면으로 인수를 요청하였을 때에는 제20조에 의한 검사를 실시하여 용역의 완성을 확인하고, 계약상대자가 서면으로 인수를 요청하였을 때에는 즉시 해당 용역목적물을 인수하여야 한다.

② 계약담당공무원은 계약상대자가 제1항의 요청을 아니한 때에는 용역대가의 지급과

동시에 해당 용역목적물의 인도를 요구할 수 있다. 이 경우에 계약상대자는 지체없이 해당 목적물을 인도하여야 한다.

제22조(기성부분의 인수) ① 계약담당공무원은 전체 계약목적물이 아닌 기성부분(성질상 분할할 수 있는 용역의 완성부분에 한한다)에 대하여 이를 인수할 수 있다.
② 제1항의 경우에는 제21조를 준용한다.

제23조(일반적 손해) ① 계약상대자는 계약의 수행 중 용역목적물 및 제3자에 대한 손해를 부담하여야 한다. 다만, 그 손해가 계약상대자의 책임없는 사유로 인하여 발생한 경우에는 발주기관의 부담으로 한다.
② 제21조 및 제22조에 의하여 인수한 계약목적물에 대한 손해는 발주기관이 부담하여야 한다.

제24조(불가항력) ① 불가항력이라 함은 태풍·홍수 기타 악천후, 전쟁 또는 사변, 지진, 화재, 전염병, 폭동 기타 계약당사자의 통제범위를 벗어나는 사태(이하 "불가항력의 사유"라 한다)가 발생하여 용역수행에 직접적인 영향을 미친 경우로서 계약당사자 누구의 책임에도 속하지 아니하는 경우를 말한다. <개성 2019.12.18>
② 제1항의 불가항력의 사유로 인하여 다음 각호에 발생한 손해는 발주기관이 부담하여야 한다.
1. 제20조에 의한 검사를 완료한 기성부분
2. 검사를 완료하지 아니한 부분 중 객관적인 자료(감독일지, 사진 또는 비디오테잎 등)에 의하여 이미 수행되었음이 판명된 부분
3. 제23조제1항 단서 및 동조제2항에 의한 손해
③ 계약상대자는 제1항 및 제2항의 사유가 발생하였을 경우에는 지체없이 그 사실을 계약담당공무원에게 통지하여야 하며, 계약담당공무원은 즉시 그 사실을 조사하고 그 손해의 상황을 확인한 후 그 결과를 계약상대자에게 통지하여야 한다.
④ 계약담당공무원은 제3항에 의하여 손해의 상황을 확인하였을 때에는 별도의 약정이 없는 한 용역금액의 변경 또는 손해액의 부담 등에 대하여 계약상대자와 협의하여야 한다. 다만, 협의가 성립되지 않을 때에는 제36조에 따라 처리한다.

제25조(특허권 등의 사용) 용역을 수행함에 있어 제3자의 권리의 대상으로 되어 있는 특허권 등을 사용할 때에는 계약상대자는 그 사용에 관한 일체의 책임을 져야 한다. 그러나 발주기관이 계약문서에 수행방법을 지정하지 아니하고 그 수행 또는 적용을 요구할 때에는 계약상대자에게 제반편의를 제공·알선하거나 소요된 비용을 지급할 수 있다.

제26조(기성대가의 지급) ① 계약상대자는 최소한 30일마다 검사를 완료하는 날까지 기성부분에 대한 대가지급청구서(하수급인에 대한 대금지급 계획을 첨부하여야 한다)

를 발주기관에 제출할 수 있다. <개정 2011.5.13>

② 계약담당공무원은 검사완료일부터 5일이내에 검사된 내용에 따라 기성대가를 확정하여 계약상대자에게 지급(「전자조달의 이용 및 촉진에 관한 법률」 제9조의2 제1항에 따른 시스템을 통한 지급 포함. 이하 이 조에서 같다.)하여야 한다. 다만, 계약상대자가 검사완료일후에 대가의 지급을 청구한 때에는 그 청구를 받은 날부터 5일이내에 지급하여야 한다. <개정 2009.7.3, 2019.12.18>

③ 계약담당공무원은 제2항에 따른 기성대가지급시 제1항의 대금지급 계획상의 하수급인에게 기성대가지급 사실을 통보하고 대금 수령내역(수령자, 수령액, 수령일 등) 및 증빙서류를 제출(「전자서명법」 제2조에 따른 전자문서에 의한 제출을 포함한다)하게 하여야 한다. <신설 2011.5.13>

④ 계약담당공무원은 제1항에 의한 청구서의 기재사항이 검사된 내용과 일치하지 아니할 때에는 그 사유를 명시하여 계약상대자에게 이의 시정을 요구하여야 한다. 이 경우 시정에 소요되는 기간은 제2항에서 규정한 기간에 산입하지 아니한다.

⑤ 기성대가는 계약단가에 의하여 산정·지급한다.

⑥ 기성대가 지급의 경우에는 제27조제4항을 준용한다.

제27조(대가의 지급) ① 계약상대자는 용역을 완성한 후 제20조에 의한 검사에 합격한 때에는 대가지급청구서(하수급인에 대한 대금지급 계획을 첨부하여야 한다)를 제출하는 등 소정의 절차에 따라 대가지급을 청구할 수 있다. <개정 2011.5.13>

② 계약담당공무원은 제1항의 청구를 받은 때에는 그 청구를 받은 날로부터 5일(공휴일 및 토요일은 제외한다. 이하 이조에서 같다) 이내에 그 대가를 지급(「전자조달의 이용 및 촉진에 관한 법률」 제9조의2제1항에 따른 시스템을 통한 지급 포함. 이하 이 조에서 같다.)하여야 하며, 동 대가지급기한에도 불구하고 자금사정 등 불가피한 사유가 없는 한 최대한 신속히 대가를 지급하여야 한다. 다만, 계약상대자와의 합의에 의하여 5일을 초과하지 아니하는 범위내에서 대가의 지급기간을 연장할 수 있는 특약을 정할 수 있다. <개정 2009.7.3, 2019.12.18>

③ 계약담당공무원은 제2항에 따른 대가지급시 제1항의 대금지급 계획상의 하수급인에게 대가지급 사실을 통보하고 대금 수령내역(수령자, 수령액, 수령일 등) 및 증빙서류를 제출하게 하여야 한다. <신설 2011.5.13>

④ 천재·지변 등 불가항력의 사유로 인하여 대가를 지급할 수 없게 된 경우에는 해당 사유가 존속되는 기간과 해당 사유가 소멸된 날로부터 3일까지는 대가의 지급을 연장할 수 있다.

⑤ 계약담당공무원은 제1항의 청구를 받은 후 그 청구내용의 전부 또는 일부가 부당함을 발견한 때에는 그 사유를 명시하여 계약상대자에게 해당 청구서를 반송할 수 있다. 이 경우에는 반송한 날로부터 재청구를 받은 날까지의 기간은 제2항의 지급기간에

이를 산입하지 아니한다.

⑥ 제3항에 따라 통보 및 제출하는 경우에는 제26조제3항을 준용한다.

⑦ 제2항에도 불구하고 「재난 및 안전관리 기본법」 제3조제1호의 재난이나 경기침체, 대량실업 등으로 인한 국가의 경제위기를 극복하기 위해 기획재정부장관이 기간을 정하여 고시한 경우에는 제2항의 5일을 3일로 본다.<신설 2020.4.20>

제27조의2(하도급대금 지급 확인) ① 계약상대자는 제26조 및 제27조에 따른 대가를 지급받은 경우 15일 이내에 하도급대금을 하수급인에게 현금으로 지급(「전자조달의 이용 및 촉진에 관한 법률」 제9조의2제1항에 따른 시스템을 통한 지급 포함. 이하 이 조에서 같다.)하여야 하며, 하도급대금의 지급 내역(수령자, 지급액, 지급일 등)을 5일(공휴일 및 토요일은 제외한다) 이내에 계약담당공무원에게 통보하여야 한다. <개정 2019.12.18>

② 계약담당공무원은 제1항에 따른 대금지급내역을 제26조제3항 또는 제27조제3항에 따라 하수급인으로부터 제출받은 대금 수령내역과 비교·확인하여야 한다.

③ 하도급거래 공정화에 관한 법률 제2조에 따라 동법의 적용을 받지 않는 하도급계약에 대해서는 제1항 및 제2항을 적용하지 아니한다.(제26조제3항 및 제27조제3항의 경우에도 같다)

④ 제1항에 따라 통보하는 경우에는 제26조제3항을 준용한다. <신설 2014.1.10>

[동조신설 2011.5.13]

제27조의3(국민건강보험료 등의 사후정산) 계약담당공무원은 「정부입찰·계약집행기준」 제93조에 의하여 국민건강보험료 등을 사후정산하기로 한 계약에 대하여는 제26조 및 제27조에 따른 대가 지급시 계약예규 「정부 입찰·계약 집행기준」 제94조에 따라 정산하여야 한다.

[본조신설 2012.1.1]

제27조의4(노무비의 구분관리 및 지급확인) ① 시행규칙 제23조의3 각호의 용역계약의 경우 계약상대자는 발주기관과 협의하여 정한 노무비 지급기일에 맞추어 매월 모든 근로자(직접노무비 대상에 한하며, 하수급인이 고용한 근로자를 포함)의 노무비 청구내역(근로자 개인별 성명, 임금 및 연락처 등)을 제출하여야 한다.

② 계약담당공무원은 제1항에 따른 노무비 청구내역을 확인하고 청구를 받은 날부터 5일 이내에 계약상대자의 노무비 전용계좌로 해당 노무비를 지급(「전자조달의 이용 및 촉진에 관한 법률」 제9조의2제1항에 따른 시스템을 통한 지급 포함. 이하 이 조에서 같다.)하여야 한다. <개정 2019.12.18>

③ 계약상대자는 제2항에 따라 노무비를 지급받은 날부터 2일(공휴일 및 토요일은 제외한다) 이내에 노무비 전용계좌에서 이체하는 방식으로 근로자에게 노무비를 지급하여야 하며, 동일한 방식으로 하수급인의 노무비 전용계좌로 노무비를 지급하여

야 한다. 다만, 근로자가 계좌를 개설할 수 없거나 다른 방식으로 지급을 원하는 경우 또는 계약상대자(하수급인 포함)가 근로자에게 노무비를 미리 지급하는 경우에는 그에 대한 발주기관의 승인을 받아 그러하지 아니할 수 있다.

④ 계약상대자는 제1항에 따라 노무비 지급을 청구할 때에 전월 노무비 지급내역(계약상대자 및 하수급인의 노무비 전용계좌 이체내역 등 증빙서류)을 제출하여야 하며, 계약담당공무원은 동 지급내역과 계약상대자가 이미 제출한 같은 달의 청구내역을 비교하여 임금 미지급이 확인된 경우에는 해당 사실을 지방 고용노동(지)청에 통보하여야 한다.

[본조신설 2017.12.28]

제28조(대가지급지연에 대한 이자) ① 계약담당공무원은 대가지급청구를 받은 경우에 제26조 및 제27조에 따른 대가지급기한(국고채무부담행위에 의한 계약의 경우에는 다음 회계연도 개시 후에 「국가재정법」에 의하여 해당 예산이 배정된 날부터 20일)까지 대가를 지급하지 못하는 경우에는 지급기한의 다음날부터 지급하는 날까지의 일수(이하 "대가지급지연일수"라 한다)에 해당 미지급금액에 지연발생 시점의 금융기관 대출평균금리(한국은행 통계월보상의 금융기관 대출평균금리를 말한다)를 곱하여 산출한 금액을 이자로 지급하여야 한다.

② 천재·지변 등 불가항력의 사유로 인하여 검사 또는 대가지급이 지연된 경우에는 제20조제2항 단서 및 제27조제4항에 의한 연장기간은 제1항의 대가지급지연일수에 산입하지 아니한다.

제29조(계약상대자의 책임있는 사유로 인한 계약의 해제 또는 해지) ① 계약담당공무원은 계약상대자가 다음 각호의 어느 하나에 해당하는 경우에는 해당 계약의 전부 또는 일부를 해제 또는 해지할 수 있다. 다만, 제3호의 경우에는 계약상대자의 계약이행 가능성이 있고 계약을 유지할 필요가 있다고 인정되는 경우로서 계약상대자가 계약이행이 완료되지 아니한 부분에 상당하는 계약보증금(당초 계약보증금에 제18조제1항에 따른 지체상금의 최대금액을 더한 금액을 한도로 한다)을 추가납부하는 때에는 계약을 유지한다. <개정 2009.6.29, 2010.9.8, 2018.12.31>

1. 정당한 이유없이 약정한 착수기일을 경과하고도 용역수행에 착수하지 아니할 경우
2. 계약상대자의 귀책사유로 인하여 용역수행기한까지 해당 용역을 완료하지 못하거나 완료할 가능성이 없다고 인정될 경우
3. 제18조제1항에 의한 지체상금이 시행령 제50조제1항에 의한 해당 계약(장기계속용역계약인 경우에는 차수별 계약)의 계약보증금상당액에 달한 경우
4. 장기계속용역의 계약에 있어서 제2차 용역이후의 계약을 체결하지 아니하는 경우

5. 계약의 수행중 뇌물수수 또는 정상적인 계약관리를 방해하는 불법·부정행위가 있는 경우
6. 해당 계약이행과 관련하여 계약상대자가 「최저임금법」제6조제1항 및 제2항 또는 「근로기준법」 제43조를 위반하여 「최저임금법」 제28조 또는 「근로기준법」 제109조에 따라 처벌을 받은 경우(다만, 지체없이 시정된 경우에는 그러하지 아니한다)
7. 입찰에 관한 서류 등을 허위 또는 부정한 방법으로 제출하여 계약이 체결된 경우
8. 기타 계약조건을 위반하고 그 위반으로 인하여 계약의 목적을 달성할 수 없다고 인정될 경우

② 계약담당공무원은 제1항에 의하여 계약을 해제 또는 해지한 때에는 그 사실을 즉시 계약상대자에게 통지하여야 한다.

③ 계약담당공무원은 제1항에 의하여 계약을 해제 또는 해지한 경우 및 제33조에 의하여 보증기관이 보증이행을 하는 경우에 기성부분을 검사하여 인수하는 때에는 인수한 날로부터 14일 이내에 해당 부분에 상당하는 대가를 계약상대자에게 지급하여야 한다. <개정 2021.12.1>

④ 계약상대자는 제1항에 의하여 계약이 해제 또는 해지되는 경우에는 지급받은 선금에 대하여 미정산잔액이 있는 경우에는 그 잔액에 대한 약정이자상당액[사유발생 시점의 금융기관 대출평균금리(한국은행 통계월보상의 금융기관 대출평균금리를 말한다)에 의하여 산출한 금액]을 가산하여 발주기관에 상환하여야 한다. 이 경우 계약담당공무원은 상환할 금액과 기성부분의 대가를 상계할 수 있다.

제30조(사정변경에 의한 계약의 해제 또는 해지) ① 계약담당공무원은 제29조제1항 각호의 경우외에 다음 각 호의 사유와 같이 객관적으로 명백한 발주자의 불가피한 사정이 발생한 때에는 계약을 해제 또는 해지할 수 있다. <개정 2021.12.1>

1. 정부정책 변화 등에 따른 불가피한 사업취소
2. 관계 법령의 제·개정으로 인한 사업취소
3. 과다한 지역 민원 제기로 인한 사업취소
4. 기타 공공복리에 의한 사업의 변경 등에 따라 계약을 해제 또는 해지하는 경우

② 제1항에 의하여 계약을 해제 또는 해지한 경우에는 제29조제2항을 준용한다.

③ 계약담당공무원은 제1항에 의하여 계약을 해제 또는 해지할 경우에는 다음 각 호에 해당하는 금액을 해제 또는 해지한 날부터 14일이내에 계약상대자에게 지급하여야 한다. 이 경우 제8조에 의한 계약보증금을 동시에 반환하여야 한다.

1. 제24조제2항제1호 및 제2호에 해당하는 부분 중 대가를 지급하지 아니한 금액
2. 전체용역의 완성을 위하여 계약의 해제 또는 해지일 이전에 투입된 계약상대자의 인력·자재 및 장비의 철수비용

④ 계약상대자는 선금에 대한 미정산잔액이 있는 경우에는 이를 발주기관에 상환하여야

한다. 이 경우에는 미정산잔액에 대한 이자는 가산하지 아니한다.

제31조(계약상대자에 의한 계약의 해제 또는 해지) ① 계약상대자는 다음 각 호의 어느 하나에 해당하는 사유가 발생한 경우에는 해당 계약을 해제 또는 해지할 수 있다.

1. 제16조에 의한 계약내용의 변경으로 계약금액이 100분의 40이상 감소되었을 때
2. 제32조에 의한 용역수행정지기간이 계약기간의 100분의 50을 초과하였을 경우

② 제1항에 의하여 계약이 해제 또는 해지되었을 경우에는 제30조제3항 및 4항을 준용한다.

제32조(용역의 일시정지) ① 계약담당공무원은 다음 각호의 경우에는 용역의 전부 또는 일부의 수행을 정지시킬 수 있다. 이 경우 계약상대자는 정지기간중 선량한 관리자의 주의의무를 해태하여서는 아니된다. <개정 2015.9.21>

1. 용역의 수행이 계약내용과 일치하지 아니하는 경우
2. 안전을 위해 용역의 전부 또는 일부의 정지가 필요한 경우
3. 기타 발주기관의 필요에 의하여 계약담당공무원이 지시한 경우

② 계약담당공무원은 제1항에 의하여 용역을 정시시킨 경우에는 계약상대자에게 정지사유 및 정지기간을 지체없이 통지하여야 한다.

③ 제1항에 의하여 용역이 정지된 경우에는 계약상대자는 계약기간의 연장 또는 추가금액을 청구할 수 없다. 다만, 계약상대자의 책임있는 사유로 인한 정지가 아닌 때에는 그러하지 아니한다.

④ 발주기관의 책임있는 사유에 의한 용역정지기간(각각의 사유로 인한 정지기간을 합산하며, 장기계속계약의 경우에는 해당 차수내의 정지기간을 말함)이 60일을 초과한 경우 계약담당공무원은 그 초과된 기간에 대하여 잔여계약금액(용역중지기간이 60일을 초과하는 날 현재의 잔여계약금액을 말하며, 장기계속계약의 경우에는 차수별 계약금액을 기준으로 함)에 초과일수 매 1일마다 지연발생시점의 금융기관 대출평균금리(한국은행 통계월보상의 금융기관 대출평균금리를 말한다)를 곱하여 산출한 금액을 준공대가 지급시 계약상대자에게 지급하여야 한다.

제32조의2(계약상대자의 용역정지 등) ① 계약상대자는 발주기관이 「국가를 당사자로 하는 계약에 관한 법령」과 계약문서 등에서 정하고 있는 계약상의 의무를 이행하지 아니하는 때에는 발주기관에 계약상의 의무이행을 서면으로 요청할 수 있다.

② 계약담당공무원은 제1항에 의하여 계약상대자의 통지를 받은 날로부터 14일이내에 이행계획을 계약상대자에게 서면으로 통지하여야 한다.

③ 계약상대자는 계약담당공무원이 제2항에 의한 기간내에 통지를 하지 않거나 계약상의 의무이행을 거부하는 때에는 해당 기간이 경과한 날 또는 의무이행을 거부한 날부터 용역의 전부 또는 일부의 이행을 정지할 수 있다.

④ 계약상대자는 현장여건이 안전에 긴급한 위험 요소가 있다고 판단될 경우 발주기관에 작업의 중지를 서면으로 요청할 수 있다.

⑤ 계약담당공무원은 제4항에 의한 요청이 있는 경우 그 내용을 검토하여 작업의 중지 등 필요한 조치를 하여야 한다.

⑥ 계약담당공무원은 제3항 및 제5항에 의하여 정지된 기간에 대하여는 제19조에 따라 계약기간을 연장하여야 한다.

제33조(용역계약에 있어서의 이행보증) ① 계약담당공무원은 계약상대자가 제10조제1항 또는 제5항에 의하여 계약이행보증을 한 경우로서 계약상대자가 제29조제1항 각호의 어느 하나에 해당하는 때에는 계약을 해제 또는 해지하지 아니하고 제10조에 의한 보증기관에게 해당 용역을 이행할 것을 청구하여야 한다. <개정 2010.9.8>

② 제1항의 청구가 있을 때에는 보증기관은 지체없이 그 보증의무를 이행하여야 한다. 다만, 보증기관은 보증이행업체를 지정하여 보증의무를 이행하는 대신 용역이행보증서에 정한 금액을 현금으로 발주기관에 납부함으로써 보증의무이행에 갈음할 수 있다. <개정 2010.9.8>

③ 제2항에 의하여 해당 계약을 이행하는 보증기관은 계약금액 중 보증이행부분에 상당하는 금액을 계약담당공무원에게 직접 청구할 수 있으며, 계약상대자는 보증기관의 보증이행부분에 상당하는 금액을 청구할 수 없다. <개정 2010.9.8>

④ <삭제 2010.9.8>

⑤ 제1항 내지 제3항 외에 용역이행보증서 제출에 따른 보증의무이행에 대하여는 계약예규 「정부 입찰·계약 집행기준」 제11장(공사의 이행보증제도 운용)을 준용한다. <개정 2015.9.21>

제34조(부정당업자의 입찰참가자격제한) ① 계약상대자가 시행령 제76조에 해당하는 경우에는 일정기간 동안 입찰참가자격 제한 조치를 받게 된다.

② <삭제 2014.1.10>

제35조(기술지식의 이용 및 비밀엄수 의무) ① 계약담당공무원은 사업목적 달성 또는 공공의 이익 등을 위해 필요하다고 인정되는 경우, 계약내용에 따라 계약상대자가 제출하는 각종 보고서, 정보, 기타 자료 및 이에 의하여 얻은 기술지식(계약목적물의 내용에 포함되는 경우는 제외한다. 이하 이 조에서 "기술지식 등"이라 한다)의 전부 또는 일부를 계약상대자의 승인을 얻어 복사, 이용 또는 공개할 수 있다.<개정 2020.6.19>

② 계약상대자는 해당 계약을 통하여 얻은 정보 또는 국가의 기밀사항을 계약이행의 전후를 막론하고 외부에 누설할 수 없다.

③ 계약상대자는 용역을 수행함에 있어 발생한 제반 문제점 및 개선방안 등을 문서로 작성·비치하고, 발주기관의 제출요구가 있을 경우에는 이에 따라야 한다.

④ 계약담당공무원은 시장에서 거래되는 등 재산적 가치가 있는 기술지식 등을 제1항에 따라 복사·이용 또는 공개하려는 경우에는 계약상대자에게 정당한 이용대가를 지급하여야 한다. 이 경우 기술지식 등의 이용대가는 시장거래가격 등을 기초로 계약상대자와 협의하여 결정한다.<신설 2020.6.19>

제35조의2(계약목적물의 지식재산권 귀속 등) ① 해당 계약에 따른 계약목적물에 대한 지식재산권은 발주기관과 계약상대자가 공동으로 소유한다.

② 지식재산권과 관련한 기타사항은 제56조를 준용한다.

[본조신설 2014.1.10]

제35조의3(계약목적물의 특허권 등의 귀속 등에 대한 특례) ① 해당 계약에 따른 계약목적물에 대한 지식재산권 중 특허권, 실용신안권, 디자인권(이하 "특허권 등"이라 한다. 특허권 등을 받을 수 있는 권리를 포함한다. 이하 같다)은 계약의 목적, 개발의 기여도(발주기관과 계약상대자의 공동 개발 등), 기술개발 결과물의 활용 및 사업화를 고려하여 계약당사자간 협의를 통해 특허권 등에 대한 귀속주체, 지분 등을 정할 수 있다. 다만, 계약의 특수성(국가안전보장, 국방, 외교관계, 정보보안, 계약상대자의 소재지 등)을 고려하여 계약당사자간의 협의를 통해 발주기관 단독으로 소유할 수 있다.

② 제1항에 의하여 특허권 등을 계약상대자가 단독으로 소유하거나 발주기관과 계약상대자가 공동으로 소유하고 계약상대자가 공동수급체인 경우에는 해당 특허권 등에 대한 소유권, 지분 등은 공동수급체 구성원간의 협의를 통해 지분 등을 정할 수 있다.

③ 제1항에 의하여 계약상대자가 특허권 등을 소유하는 경우에는 다음 각 호의 조치를 하여야 한다.

1. 국내 또는 국외에서 출원하거나 등록하는 특허권 등의 경우에는 특허권 등 출원서 또는 등록신청서와 그 사실을 증명할 수 있는 서류를 출원 또는 등록 후 6개월 이내에 발주기관에 제출할 것
2. 국내 또는 국외에서 등록된 특허권 등의 포기로 권리가 소멸되는 경우에는 그 권리 소멸일 전에 그 사실을 발주기관에 통보할 것

④ 특허권 등과 관련한 기타사항은 제56조를 준용한다.

[본조신설 2015.1.1]

제35조의4(계약목적물의 직무발명에 대한 권리의 승계) 계약상대자는 해당 계약체결 후에 그 계약에 따른 직무발명에 대한 권리를 계약상대자의 임직원으로부터 계약상대자에게 귀속시키고 정당한 보상을 실시한다는 취지의 근무규정 또는 직무발명계약(이하 '직무발명규정 등'이라 한다)을 신속히 정하여 발주기관에 제출하여야 한다. 다만, 계약상대자가 이미 그 직무발명규정 등이 있는 경우에는 그 내용을 발주기관에

제출하여야 한다.
[본조신설 2015.1.1]

제36조(분쟁의 해결) ① 계약의 수행중 계약당사자간에 발생하는 분쟁은 협의에 의하여 해결한다.
② 제1항에 의한 협의가 이루어지지 아니할 때에는 법원의 판결 또는 「중재법」에 의한 중재에 의하여 해결한다. 다만 「국가를 당사자로 하는 계약에 관한 법률」 제28조에서 정한 이의신청 대상에 해당하는 경우 국가계약분쟁조정위원회 조정결정에 따라 분쟁을 해결할 수 있다. <개정 2015.9.21>
③ 제2항에도 불구하고 계약을 체결하는 때에 「국가를 당사자로 하는 계약에 관한 법률」 제28조의2에 따라 분쟁해결방법을 정한 경우에는 그에 따른다. <신설 2018.3.20>
④ 계약상대자는 제1항부터 제3항까지의 분쟁처리절차 수행기간중 용역의 수행을 중지하여서는 아니된다. <신설 2018.3.20>

제37조(용역관련자료의 제출 등) 계약담당공무원은 필요하다고 인정하는 경우 계약상대자에게 산출내역서의 기초가 되는 단가산출서 등의 제출을 요구할 수 있으며 이 경우 계약상대자는 이에 따라야 한다.

제38조(적격심사관련사항 이행) ① 계약상대자는 시행령 제42조제1항에 따라 낙찰된 용역을 수행함에 있어 계약예규 「적격심사기준」(발주기관의 장이 직접 적격심사기준을 작성한 경우에는 동 심사기준) 별표의 심사항목에 규정된 사항에 대하여 적격심사시 제출한 내용대로 이행하여야 한다.
② 계약담당공무원은 제1항에 따른 이행사항의 준수여부를 수시로 확인하여야 하며, 제출된 내용대로 이행이 되지 않고 있을 때에는 즉시 시정토록 조치하여야 한다.
③ 계약상대자는 계약예규 「적격심사기준」 제5조제3항 및 「협상에 의한 계약체결기준」 제7조제1항에 따른 외주근로자 근로조건의 이행여부 확인에 필요한 임금지급명세서, 보험료 납입증명서 등 관련 서류를 매 분기별로 제출하여야 한다. <신설 2012.4.2>
④ 계약담당공무원은 계약상대자가 정당한 사유없이 제3항의 서류를 제출하지 않거나 외주근로자 근로조건을 이행하지 않은 경우에는 계약상대자를 전자조달시스템에 게재하고 동 사실을 계약상대자에게 통보하여야 한다. 다만, 계약담당공무원이 시정을 요구한 날로부터 10일 이내에 해당 근로조건을 이행하고 관련 서류를 제출한 경우에는 그러하지 아니하다. <신설 2012.4.2>

제3장 시공 단계의 건설사업관리용역 계약조건

제39조(정의) 이 장에서 사용하는 용어의 정의는 다음과 같다.

1. "시공 단계의 건설사업관리용역"이라 함은「건설기술 진흥법」제39조제2항에 의한 건설사업관리 또는 감리용역을 말한다. <개정 2016.1.1>
2. "감독 권한대행 등 건설사업관리"라 함은「건설기술 진흥법」제2조제5호에 의한 발주기관이 발주하는 일정한 건설공사에 대하여「건설기술 진흥법」제26조에 의한 건설사업관리용역업자가 해당 공사의 설계도서, 기타 관계서류의 내용대로 시공되는지의 여부를 확인하고 품질관리, 시공관리, 공정관리, 안전 및 환경관리 등에 대한 기술지도를 하며, 발주기관의 위탁에 의하여 관계법령에 따라 발주기관의 감독 권한을 대행하는 것을 말하며, 감독 권한대행 등 건설사업관리는 총공사비가 200억원 이상인 건설사업관리 대상공사 전부에 대하여 시행하는 감독 권한대행 등 건설사업관리 외에 계약단위별 건설공사중 교량, 터널, 배수문 등 건설공사중 부분적으로 감독 권한대행 업무를 포함하는 건설사업관리로 구분한다. <개정 2016.1.1>
3. "건설사업관리용역업자"라 함은「건설기술 진흥법 시행령」[별표5]에 따른 건설사업관리를 업으로 하고자「건설기술 진흥법」제26조에 따라 건설공사에 대한 특별시장·광역시장·특별자치시장·도지사 또는 특별자치도지사에게 건설기술용역업자로 등록한 자를 말한다. <개정 2016.1.1>
4. "건설사업관리기술자"라 함은 일정한 자격을 갖추고「건설기술 진흥법」제26조에 따른 건설사업관리용역업자에 소속되어 건설사업관리 업무를 수행하는 자를 말한다. <개정 2016.1.1>
5. "책임건설사업관리기술자"라 함은 발주기관과 체결된 건설사업관리 용역계약에 의하여 건설사업관리용역업자를 대표하며 해당공사의 현장에 상주하면서 해당공사의 건설사업관리업무를 총괄하는 자를 말한다. <개정 2016.1.1>
6. "분야별 건설사업관리기술자"라 함은 소관 분야별로 책임건설사업관리기술자를 보좌하여 건설사업관리 업무를 수행하는 자로서, 담당 건설사업관리업무에 대하여 책임건설사업관리기술자와 연대하여 책임지는 자를 말한다. <개정 2016.1.1>
7. "상주 건설사업관리기술자"라 함은「건설기술 진흥법 시행규칙」제34조제1항에 규장된 바에 따라 현장에 상주하면서 건설사업관리업무를 수행하는 자를 말한다. <개정 2016.1.1>
8. "기술지원 건설사업관리기술자"이라 함은「건설기술 진흥법 시행규칙」제34조제1항에 규정된 바에 따라 상주 건설사업관리기술자의 업무를 지원하는 자를 말한다. <개정 2016.1.1>
9. "공사감독자"이라 함은 기획재정부 계약예규「공사계약일반조건」제16조의 업무를 수행하기 위하여 발주기관이 임명한 기술직원 또는 그의 대리인으로 해당공사 전반에 관한 감독업무를 수행하고 건설사업관리업무를 총괄하는 사람을 말한다. <개정 2016.1.1>

10. “공사관리관”이라 함은 감독 권한대행 등 건설사업관리를 시행하는 건설공사에 대하여「건설기술 진흥법 시행령」제56조제1항제1호부터 제4호까지의 업무를 수행하는 발주기관의 소속 직원을 말한다. <개정 2016.1.1>
11. “설계자”라 함은 설계용역계약의 계약상대자를 말한다.
12. “시공자”라 함은 공사계약의 계약상대자를 말한다.
13. “건설사업관리 업무수행지침”이라 함은「건설기술 진흥법 시행령」제59조제제1항 각 호의 건설사업관리 업무범위 중 계약으로 정한 업무범위에 해당하는 단계의 업무내용을 효율적으로 수행하게 하기 위하여 국토교통부장관이 정하여 고시한「건설공사 사업관리방식 검토기준 및 업무수행지침」제3장 ‘건설사업관리 업무’를 말한다. <개정 2016.1.1>
14. 이 장에 따로 정하는 경우를 제외하고는「건설기술 진흥법」및「건설사업관리 업무수행지침」에 정하는 바에 의한다. <개정 2016.1.1>

제40조(계약문서) ① 시공 단계의 건설사업관리용역계약에 있어서는 제4조에 의한 계약문서외에「건설사업관리 업무지침」이 계약문서에 포함되며 다른 계약문서와 상호보완의 효력을 가진다. <개정 2016.1.1>

② 시공 단계의 건설사업관리용역계약의 대상이 되는 공사의 계약문서는 제1항의 계약문서와 보완적인 효력을 가진다. 계약담당공무원은 계약예규「공사계약일반조건」제3조에 정한 공사계약문서 일체를 계약상대자에게 제공하여야 한다. <개정 2016.1.1>

제41조(계약상대자의 손해배상책임) ① 계약상대자는 이 조건에서 규정하는 책임과 의무의 위반, 법령의 위반, 부주위한 행위 또는 과실로 인하여 발주기관, 시공자, 제3자 등에게 손해를 끼친 경우에는 그 손해를 배상하여야 한다.

② 계약상대자는 제1항에 규정된 배상책임을 담보할 수 있는 손해보험 또는 공제에 가입하여야 한다. 이 경우 보험료는 발주기관이 부담하되, 시중의 일반적인 요율을 초과하는 금액에 대하여는 계약상대자가 부담하여야 한다.

③ 제2항의 보험에는 발주기관과 계약상대자를 공동피보험자로 기명하여야 한다.

④ 보험가입기간 및 가입금액은「건설기술진흥법시행령」제50조에 정한 바에 따라야 한다. <개정 2015.9.21>

⑤ 제1항에 의한 계약상대자의 배상책임은 제4항에서 규정한 보험가입금액을 상한으로 한다.

제42조(계약담당공무원 및 감리원의 기본임무) ① 계약담당공무원은 시공 단계의 건설사업관리용역 수행과 관련하여 다음 각호의 기본임무를 수행하여야 한다. <개정 2016.1.1>

1. 계약담당공무원은 건설공사의 계획·설계·발주·건설사업관리·시공·사후평가 전반을

총괄하고, 건설사업관리 및 시공계약 이행에 필요한 다음 각호의 사항을 지원, 협력하여야 하며 시공 단계의 건설사업관리용역 계약에 규정된 바에 따라 건설사업관리가 성실히 수행되고 있는지에 대한 지도·점검을 실시하여야 한다. <개정 2016.1.1>

가. 건설사업관리 및 시공에 필요한 설계도면, 문서, 참고자료와 건설사업관리 용역계약문서에 명기한 자재·장비·비품·설비의 제공 <개정 2016.1.1>

나. 건설공사 시행에 따른 업무연락, 문제점 파악 및 민원해결

다. 건설공사 시행에 필요한 용지 및 지장물 보상과 국가, 지방자치단체, 기타 공공기관의 허가·인가 등의 처분을 얻을 수 있도록 조치 또는 협력

라. 건설사업관리기술자가 시공 단계의 건설사업관리계약 이행에 필요한 시공자의 문서, 도면, 자재, 장비, 설비, 직원 등에 대한 자료제출 및 조사의 보장 <개정 2016.1.1>

마. 건설사업관리기술자가 보고한 설계변경, 준공기한 연기요청, 그 밖에 현장 실정보고 등에 대하여 건설사업관리업무 수행에 지장이 없도록 의사를 결정하여 통보 <개정 2016.1.1>

바. 특수공법 등 주요공종에 대해 외부 전문가의 자문·건설사업관리가 필요하다고 인정되는 경우에는 별도 조치 <개정 2016.1.1>

사. 기타 건설사업관리용역업자와 계약으로 정한 사항 등 시공 단계의 건설사업관리 용역 발주자로서의 감독업무 <개정 2016.1.1>

2. 계약담당공무원은 관계법령에서 별도로 정하는 사항 및 제1호에서 정하는 사항 외에는 정당한 사유 없이 건설사업관리기술자의 업무에 개입 또는 간섭하거나 건설사업관리기술자의 권한을 침해할 수 없다. <개정 2016.1.1>

3. 계약담당공무원은 특별한 사유가 없는 한 건설공사를 착공하기 전에 설계도서 검토 등의 건설사업관리업무를 수행하기 위하여 필요한 기간을 확보하여야 하며, 공사 준공처리, 사후관리 등을 위하여 공사준공 후 일정기간 건설사업관리업무를 수행하게 하여야 한다. <개정 2016.1.1>

② 건설사업관리기술자는 다음 각 호의 기본임무를 수행하여야 한다.

1. 「건설기술 진흥법 시행령」 제59조의 업무와 「건설기술 진흥법 시행규칙」 제34조에 의한 건설사업관리기술자의 업무를 성실히 수행하여야 한다. <개정 2016.1.1>

2. 발주기관과 건설사업관리용역업자간에 체결된 시공 단계의 건설사업관리용역 계약의 내용에 따라 건설사업관리기술자는 해당 공사가 설계도서 및 기타 관계서류의 내용대로 시공되는지의 여부를 확인하고 품질관리, 시공관리, 공정관리, 안전 및 환경관리 등에 대한 기술지도를 하며, 발주기관의 위탁에 의하여 관계법령에 따라 발주기관의 감독 권한을 대행하여야 한다. <개정 2016.1.1>

3. 검측업무를 수행하는 건설사업관리기술자는 감리원의 지시에 따라 해당 공사의

특성, 공사의 규모 및 현장조건을 감안하여 현장별로 수립한 검측체크리스트에 따라 관련법령, 설계도서 및 계약서 등의 내용대로 시공되는지 시설물의 각 공종마다 육안검사·측량·입회·승인·시험 등의 방법으로 검측업무를 수행하여야 한다. <개정 2016.1.1>

4. 시공자가 검측업무를 요청할 경우에는 즉시 검측업무를 수행하고 그 결과를 시공자에게 통보하여야 한다.
5. 계약예규 「공동계약운용요령」 제13조제1항에 따라 제출된 계약이행계획서에 따라 공동수급체 구성원이 실제 계약이행에 참여하고 있는지를 확인·감독하여야 한다.
6. 하도급대금, 건설기계대여금, 건설공사용 부품 대금이 「건설산업기본법」 제34조 제1항 등에 따라 적정하게 지급 되는지를 확인·감독하여야 한다. <신설 2010.9.8>
7. 건설사업관리기술자는 해당 공사의 규모와 현장조건을 해당 공사의 규모와 현장조건을 감안한 『검측업무지침』을 현장별로 작성·수립하여 발주청의 승인을 득한 후 이를 근거로 검측업무를 수행하여야 하며. 다만, 「검측업무지침」은 검측하여야 할 세부공종, 검측절차, 검측시기 또는 검측빈도, 검측체크리스트 등의 내용을 포함하여야 한다. <신설 2016.1.1>

제43조(건설사업관리기술자의 근무수칙) ① 건설사업관리업무에 종사하는 자는 다음 각 호의 업무를 성실히 수행하고, 건설공사의 품질향상을 위해 노력하며, 건설사업관리기술자로서의 품위를 유지하여야 한다. <개정 2016.1.1>

1. 건설사업관리기술자는 관계법령과 이에 따른 명령 및 공공복리에 어긋나는 어떠한 행위도 하지 않으며 용역계약문서에서 정하는 바에 따라 신의와 성실로서 업무를 수행하여야 하며, 품위를 손상하는 행위를 하여서는 안된다. <개정 2016.1.1>
2. 건설사업관리기술자는 담당업무와 관련하여 제3자로부터 금품, 이권 또는 향응을 받아서는 아니된다. <개정 2016.1.1>
3. 건설사업관리기술자는 건설공사의 품질향상을 위하여 기술개발 및 활용·보급에 전력을 다하여야 한다. <개정 2016.1.1>
4. 건설사업관리기술자는 건설사업관리업무를 수행함에 있어서 해당 설계용역계약문서, 공사계약문서, 건설사업관리과업내용서, 그 밖의 관계규정 등의 내용을 숙지하고 해당 공사의 특수성을 파악한 후 건설사업관리업무를 수행하여야 한다. <개정 2016.1.1>
5. 건설사업관리기술자는 설계자 및 시공자의 의무와 책임을 면제시킬 수 없으며, 임의로 설계를 변경시키거나, 기일연장 등 설계용역계약조건 및 공사계약조건과 다른 지시나 결정을 하여서는 안된다. <개정 2016.1.1>
6. 건설사업관리기술자는 문제점이 발생되거나 설계 또는 시공에 관련한 중요한

변경 및 예산과 관련되는 사항에 대하여는 수시로 발주기관에 보고하고 지시를 받아 업무를 수행하여야 한다. 다만, 인명손실이나 시설물의 안전에 위험이 예상되는 사태가 발생할 시에는 먼저 적절한 조치를 취한 후 즉시 발주기관에 보고하여야 한다. <개정 2016.1.1>

7. 건설사업관리용역업자 및 건설사업관리기술자는 해당 용역시행 중은 물론 용역이 종료된 후라도 감사기관의 수감요구 및 문제발생으로 인한 발주기관의 출석요구가 있으면 이에 응하여야 하며, 건설사업관리업무 수행과 관련하여 발생된 사고 또는 피해로 피해자가 소송제기시 국가지정 소송업무에 적극 협력하여야 한다. <개정 2016.1.1>

제44조(계약담당공무원의 지도감독) ① 계약담당공무원은 시공 단계의 건설사업관리용역계약문서에 규정된 바에 따라 다음 각호의 사항에 대하여 건설사업관리기술자를 지도·감독하며 모든 지시는 건설사업관리용역업자 또는 책임건설사업관리기술자를 통하여 하도록 한다. <개정 2016.1.1>

1. 건설사업관리기술자의 적정자격 보유 여부 및 상주 이행상태 <개정 2016.1.1>
2. 품위손상 여부 및 근무자세
3. 발주기관 지시사항의 이행상태 <개정 2016.1.1>
4. 행정서류 및 비치서류 처리상태
5. 각종 보고서의 처리상태

② 계약담당공무원은 건설사업관리기술자가 계약담당공무원의 지시에 위반된다고 판단되는 업무를 수행할 경우 이에 대하여 해명토록 하거나 시정하도록 서면으로 지시할 수 있다. <개정 2016.1.1>

제45조(건설사업관리용역의 착수 및 보고) ① 건설사업관리용역업자는 계약체결 즉시 상주 및 기술지원 기술자 투입 등 건설사업관리업무 수행준비에 대하여 발주기관과 협의하여야 하며, 계약서상 착수일에 건설사업관리용역을 착수하여야 한다. 다만, 건설사업관리 대상 건설공사의 전부 또는 일부의 용지매수 지연 등으로 계약서상 착수일에 건설사업관리용역을 착수할 수 없는 경우에는 발주기관은 실제 착수 시점 및 상주기술자 투입시기 등을 조정, 통보하여야 한다. <개정 2016.1.1>

② 건설사업관리용역업자는 건설사업관리용역 착수 시 다음 각 호의 서류를 첨부한 착수신고서를 제출하여 발주기관의 승인을 받아야 한다. <개정 2016.1.1>

1. 건설사업관리업무수행계획서 <개정 2016.1.1>
2. 건설사업관리비 산출내역서 <개정 2016.1.1>
3. 상주, 기술지원 기술자 지정신고서(총괄책임자 선임계를 포함한다)와 건설사업관리기술자 경력확인서 <개정 2016.1.1>
4. 건설사업관리기술자 조직 구성내용과 건설사업관리기술자별 투입기간 및 담당업

무 <개정 2016.1.1>

③ 입찰참가자격사전심사에 의해 건설사업관리용역업자로 선정된 경우에 있어 제2항제4호의 건설사업관리기술자는 입찰참가제안서에 명시된 자로 하여야 한다. 다만, 부득이한 사유로 교체가 필요한 경우에는 기술자격, 학·경력 등을 종합적으로 검토하여 건설사업관리업무수행 능력이 저하되지 않는 범위 내에서 발주기관의 사전승인을 받아야 한다. <개정 2016.1.1>

④ 발주기관은 제2항제3호 및 제4호의 내용을 검토하여 건설사업관리기술자 또는 건설사업관리조직 구성내용이 해당 공사현장의 공종 및 공사 성격에 적합하지 않다고 인정할 때에는 그 사유를 명시하여 서면으로 건설사업관리용역업자에 변경을 요구할 수 있으며, 변경요구를 받은 건설사업관리용역업자는 특별한 사유가 없으면 요구에 따라야 한다. <개정 2016.1.1>

⑤ 건설사업관리기술자는 공사시공과 관련된 각종 인·허가 사항을 포함한 제반법규 등을 시공자로 하여금 준수토록 지도·감독하여야 하며, 발주기관이 득하여야 하는 인·허가 사항은 발주기관에 협조·요청하여야 한다. <개정 2016.1.1>

⑥ 승인된 건설사업관리기술자는 업무의 연속성, 효율성 등을 고려하여 특별한 사유가 없으면 건설사업관리용역 완료시 까지 근무토록 하여야 하며 교체가 필요한 경우에는 시행규칙 제35조제5항에 따라 교체인정 사유를 명시하여 발주기관의 사전승인을 받아야 한다. <개정 2015.9.21, 2016.1.1>

⑦ 건설사업관리기술자의 구성은 계약문서에 기술된 과업내용에 따라 관련분야 기술자격 또는 학력·경력을 갖춘자로 구성되어야 한다. <개정 2016.1.1>

⑧ 건설사업관리단의 조직은 공사담당, 품질담당 및 안전담당 등으로 현장여건에 따라 구성토록 함으로서 건설사업관리업무를 효율적으로 수행할 수 있도록 하여야 한다. 또한 공사의 원활한 추진을 위하여 필요한 경우 발주기관의 승인을 받아 한시적으로 검측을 담당하도록 건설사업관리기술자를 투입할 수 있다. <개정 2016.1.1>

⑨ 책임건설사업관리기술자는 분야별 건설사업관리기술자의 개인별 업무를 분담하고 그 분담 내용에 따라 업무수행계획을 수립하여 과업을 수행토록 하여야 한다. <개정 2016.1.1>

⑩ 건설사업관리기술자는 현장에 부임하는 즉시 사무소, 숙소, 사고발생 및 복구시 응급대처 할 수 있는 비상연락체계, 전화번호 및 FAX 등을 발주기관에 보고하여 업무연락에 차질이 없도록 하여야 하며 변경 되었을 경우에도 보고하여야 한다. <개정 2016.1.1>

제46조(휴일 및 야간작업) 상주 건설사업관리기술자는 시공자가 발주기관의 승인을 얻어 휴일 또는 야간작업을 하는 경우에는 휴일 또는 야간작업을 하여야 한다. 이

경우 제17조를 준용한다. <개정 2016.1.1>

제47조(지체상금) 시공 단계의 건설사업관리용역계약에 있어서는 제18조제3항 각호에 정한 사유외에도 시공사의 책임으로 시공 단계의 건설사업관리용역의 착수 또는 완성이 지연되었거나 시공 단계의 건설사업관리용역 수행이 중단되었을 경우 그 해당일수를 지체일수에 산입하지 아니한다. <개정 2016.1.1>

제48조(감리용역의 일시정지) 계약담당공무원은 제32조제1항 각호에 정한 사유외에도 공사계약이 해제 또는 해지되거나 공사의 수행이 일시 정지된 경우 시공 단계의 건설사업관리용역의 전부 또는 일부의 수행을 정지시킬 수 있다. <개정 2016.1.1>

제4장 소프트웨어용역 계약조건

제49조(정의) 이 장에서 사용하는 용어의 정의는 다음과 같다.

1. "소프트웨어사업"이라 함은「소프트웨어산업진흥법」제2조제3호에 의한 소프트웨어의 개발·제작·생산·유통 등과 이에 관련된 서비스, 「국가정보화기본법」 제3조제2호에 의한 정보화에 관한 사업 및「전자정부법」제2조제13호에 의한 정보시스템에 관한 사업과 관련된 경제활동을 말한다.
2. "계약목적물"이라 함은 제1호의 소프트웨어사업 수행을 통해 산출되는 소프트웨어, 정보시스템 및 이와 관련된 서비스, 기타 부수하는 조작 설명서 등으로 계약에 의하여 발주기관이 최종적으로 인수하는 계약의 목적물을 말한다.
3. "과업내용서"란 발주기관과 계약상대자가 최종적으로 합의한 소프트웨어사업의 범위를 구체적으로 기재한 문서로서, 계약당사자의 업무범위를 설정하고, 과업내용 변경의 기준서로서의 역할을 한다.
4. "하자보수"라 함은 하자보수기간 중에 발견한 소프트웨어 또는 정보시스템 등의 결함 등을 수정하는 것을 말한다.
5. 이 장에서 따로 정하는 경우를 제외하고는 제1호에 정한 소프트웨어사업 관련법령에 정하는 바에 따른다.

제50조(계약이행의 관리·감독 및 사업의 품질 확보) ① 계약담당공무원은 해당 계약의 적정한 수행여부와 산출물 등의 품질을 확보하기 위하여 「소프트웨어산업진흥법」 제20조제5항에 의하여 사업의 수행과정이나 계약이행상황을 관리·감독하여야 한다. 다만, 시행령 제54조 제1항 제2호의 전문적인 지식 또는 기술을 필요로 하거나 기타 부득이한 사유로 인하여 감독을 할 수 없는 경우에는 전문기관을 따로 지정하여 필요한 감독을 하게 할 수 있다.

② 계약담당공무원은 해당 계약의 원활한 이행과 사업 완료 후의 원활한 유지보수를 위하여 부품·기기에 대한 공급과 기술지원 확약에 관한 서류의 제출을 요구할 수

있으며, 계약상대자는 특별한 사유가 없는 한 이에 따라야 한다.

③ 제1항 단서에 의하여 전문기관이 감독을 하도록 할 경우에는 시행규칙 제67조 및 제69조에 의하여 감독조서의 작성 및 그 결과를 문서로서 제출하도록 하여야 한다.

제51조(소프트웨어 용역의 착수 및 보고) ① 계약상대자는 계약문서에서 정하는 바에 따라 소프트웨어사업을 착수하여야 하며, 발주기관이 관련법령에서 정한 서류 및 다음 각 호의 사항이 포함된 착수신고서의 제출을 요구하는 경우에는 이를 제출하여야 한다.

1. 사업수행계획서(사업범위, 사업추진일정계획, 인력 및 장비 투입계획, 표준화 및 보안대책 등)
2. 사업품질보증계획서
3. 역할 분담에 따른 발주기관 협조사항

② 과업내용의 변경 등에 따른 조치는 제13조제2항 내지 제4항에 정한 바에 의한다.

제52조(작업장소 등) ① 계약당사자는 소프트웨어사업수행을 위하여 필요한 장소 및 설비 기타 작업환경(이하 "작업장소 등"이라고 한다)을 상호 협의하여 정한다. 다만, 핵심 개발인력이 아닌 지원인력의 근무장소는 보안 등 특별한 사유가 있는 경우를 제외하고는 계약상대자가 달리 정할 수 있다. <개정 2010.10.22, 단서신설 2014.1.10>

② 발주기관이 작업장소 등에 관한 비용을 사업예산 또는 예정가격에 계상하지 아니한 경우에는 발주기관이 작업장소 등을 제공한다. <신설 2010.10.22>

③ 계약상대자는 해당 계약의 이행을 위하여 필요한 경우 그 사유 및 기간 등을 정하여 계약담당공무원의 승인을 얻은 후 해당 사업에 투입되는 인력을 제1항의 작업장소 이외에서도 근무하게 할 수 있다. <제2항에서 이동 2010.10.22>

제53조(과업내용의 변경) 소프트웨어사업의 경우에 과업내용의 변경 및 계약금액조정은 제16조에 정한 바에 의하되 계약당사자는 다음 각 호의 사항을 준수하여야 한다.

1. 제16조제1항 및 제3항에 의한 과업내용의 변경지시 및 변경제안시 에는 별지 제1호서식「과업내용변경요청서」에 의하여야 한다.
2. 계약담당공무원은 제1호에 따른 과업내용 변경의 적정성 여부를 심의하기 위하여 계약당사자 및 외부 전문가가 참여하는 과업변경심의위원회(이하 "위원회"라 한다)를 설치할 수 있다. 다만, 과업내용 변경에 따른 계약금액의 조정액이 당초 계약금액의 100분의 10이상으로 추정될 경우에는 위원회를 설치하여 과업변경 심의를 하여야 한다.
3. 계약담당공무원은 과업내용 변경에 따라 계약금액을 조정하는 경우 그 결과를 별지 제2호서식「과업내용변경관리내역서」를 작성하여 관리하여야 한다.

4. 계약금액의 조정은 「소프트웨어사업대가의 기준」을 준용하여 산정한다.

제54조(인력투입의 종료) 용역을 완성(계약기간내에 용역을 완성한 경우를 포함한다)한 후 제20조에 따른 검사가 완료된 때에는 인력의 투입도 종료된다.

제55조(지체상금률) 제18조에 따른 지체상금을 부과할 때에는 소프트웨어 사업에 적용하는 지체상금률은 다음 각 호와 같다. <개정 2015.1.1, 2018.12.31>

1. 시행령 제16조제3항에 의하여 소프트웨어 사업시 물품과 용역을 일괄하여 입찰에 부치는 경우: 물품계약의 성질에 따라 다음 각목을 적용한다.
   가. 계약 이후 물품에 대한 설계와 제조가 일괄하여 이루어지고, 그 설계에 대하여 발주한 중앙관서의 장의 승인이 필요한 경우: 시행규칙 제75조제1호에 따른 지체상금률 <개정 2018.12.31>
   나. 그 외의 경우 : 시행규칙 제75조제2호에 따른 지체상금률 <개정 2018.12.31>
2. 제1호 이외의 경우 : 시행규칙 제75조제3호에 따른 지체상금률 <개정 2018.12.31>

제56조(계약목적물의 지식재산권 귀속 등) ①해당 계약에 따른 계약목적물에 대한 지식재산권은 발주기관과 계약상대자가 공동으로 소유하며, 별도의 정함이 없는 한 지분은 균등한 것으로 한다. 다만, 개발의 기여도 및 계약목적물의 특수성(국가안전보장, 국방, 외교관계 등)을 고려하여 계약당사자간의 협의를 통해 지식재산권 귀속주체 등에 대해 공동소유와 달리 정할 수 있다. <개정 2009.9.21.>

② 제1항에 따라 지식재산권을 공동으로 소유하는 경우에는 국가안전보장, 국가의 방위계획 및 정보활동, 외교관계 등의 사유에 의해 지식재산권의 상업적 활용을 제한할 수 있는 경우를 당사자간에 별도로 협의하여 정하지 않는 한 공유자 일방은 지식재산권의 복제, 배포, 개작, 전송 등의 사용·수익을 할 수 있다. <신설 2009.9.21>

③ 제2항에 의한 지식재산권의 사용·수익 등에 따른 이익은 별도의 정함이 없는 한 지식재산권을 행사한 당사자에게 귀속하는 것으로 한다. <신설 2009.9.21>

④ 제1항 및 제2항에도 불구하고, 발주기관이 개발된 소프트웨어를 타기관과 공동으로 활용하는 경우에 계약담당공무원은 그 대상기관의 범위 등을 입찰 공고에 명시하고 이를 계약서에 반영하여야 한다. <신설 2009.9.21, 개정 2012.1.1>

⑤ 공유자 일방이 지분을 제3자에게 양도하는 등 지식재산권을 처분 · 배포하고자 하는 경우에는 반드시 타공유자의 동의를 받아야 한다. <신설 2009.9.21, 개정 2015.1.1>

⑥ 제1항에 의하여 지식재산권이 발주기관에 귀속된 경우 발주기관은 국가안전보장, 국가의 방위계획 및 정보활동, 외교관계 그 밖에 이에 준하는 경우로서 국가기관의 행위를 비밀리에 할 필요가 있을 경우 등 특별한 사유가 없는 한 계약상대자에게

계약목적물을 개작할 수 있는 권리를 부여하여야 하며, 계약상대자는 이를 상업적으로 활용할 수 있다. 이 경우 개작권을 부여받은 계약상대자는 발주기관의 승인을 받아 제3자에게 개작권을 양도할 수 있다.

⑦ 제1항에 의하여 지식재산권이 계약상대자에게 귀속된 경우라 하더라도 계약상대자는 발주기관이 계약목적과 관련되어 해당 계약목적물을 사용(기능개선, 재개발, 유지보수를 포함한다. 이하 "계약목적물의 사용“이라 한다)함에 있어서는 어떠한 제한을 하여서도 아니된다.

제56조의2(계약목적물의 특허권 등의 귀속 등에 대한 특례) 해당 계약에 따른 계약목적물에 대한 특허권 등에 대해서는 제35조의3을 준용한다.

[본조신설 2015.1.1]

제56조의3(계약목적물의 직무발명에 대한 권리의 승계) 해당 계약에 따른 직무발명에 대해서는 제35조의4를 준용한다.

[본조신설 2015.1.1]

제57조(계약목적물의 기술자료 임치 등) ① 계약상대자는 제56조제3항에 따른 계약목적물의 사용을 보장하고, 지식재산권을 보호하기 위해서 계약상대자의 사업수행에 따른 계약목적물의 ”기술자료“를 제3의 기관(이하 “임치기관”이라 한다)에 임치하여야 한다. 이 경우 발주기관은 계약상대자에게 기술자료의 제출을 요구할 수 없다. <개정 2012.1.1>

② 제1항에서 “기술자료”라 함은 아래의 각호의 것을 의미하고, 계약상대자는 계약목적물의 기능수행에 있어 중요한 변경사항이 발생한 경우 발생일로부터 30일 이내에 추가 임치하여야 하고 임치기관은 이를 발주기관에게 즉시 통보하여야 한다.

1. 소스코드 및 오브젝트 코드의 복제물
2. 기술정보(매뉴얼, 설계서, 사양서, 플로우차트, 유지보수자료 등)

③ 임치기관은 「저작권법시행령」 제39조의2 및 「대중소기업 상생협력 촉진에 관한 법률 시행령」 제15조의2에 의한 기관 중에서 계약상대자가 선정하며, 임치수수료는 계약상대자가 부담한다. <개정 2010.1.4>

④ 계약담당공무원은 계약목적물의 사용을 위하여 필요한 경우 그 사유를 명시하여 계약상대자에게 통지한 후 임치기관에 기술자료의 교부를 요청할 수 있다. 다만, 다음 각 호의 경우에는 계약상대자에게 통지없이 기술자료의 교부를 요청할 수 있다.

1. 계약상대자가 파산선고를 받거나 해산결의를 하여 그 권리가 민법 또는 기타 다른 법률에 의하여 소멸된 경우
2. 그 밖에 계약당사자가 협의하여 정한 경우

⑤ 제4항과 관련하여 계약당사자간 다르게 정한 사항이 있는 경우에는 그에 따른다.

제58조(하자보수 등) ① 계약상대자는 계약담당공무원이 제21조 및 제22조의 인수에 의하여 사업의 종료를 확인한 후 1년간(별도의 관련 법률에서 따로 정하고 있는 경우는 제외) 계약목적물의 하자에 대한 보수책임이 있다.

② 제1항에서 정한 기간내에 하자가 발생하여 계약담당공무원이 하자보수를 요청한 경우 계약상대자는 요청을 받은 즉시 그 하자를 보수하여야 하며 해당 하자의 발생원인 및 기타 조치사항을 명시하여 계약담당공무원에게 제출하여야 한다. 다만, 다음 각 호의 경우는 유상 유지관리 또는 재개발로 본다. <개정 2014.1.10, 2021.12.1>

1. 무상 하자보수기간 경과 후 발생된 하자에 대한 보수 <개정 2021.12.1>
2. 이미 구매한 물품 또는 이와 연동된 제품을 기초로 추가되는 개발·구축(사용방법 및 환경개선을 위한 요구사항 추가를 포함한다)
3. 계약서에 명시되지 않은 예방을 위한 현장방문, 상시 근무에 소요되는 인력투입 등
4. 계약서에 명시되지 않은 사용자에 대한 교육 및 기술지원 <신설 2014.1.10>

③ 계약상대자는 다음 각호의 어느 하나의 사유로 인하여 발생한 하자에 대해서는 제1항에도 불구하고 하자보수책임이 없다. 다만, 계약상대자가 그 물품 또는 지시의 부적당함을 알고 발주기관에게 고지하지 아니한 경우에는 그러하지 아니하다.

1. 발주기관의 유지·관리소홀이나 사용상 부주의로 인한 경우
2. 발주기관이 제공한 시스템, 장비, 프로그램 등의 하자로 인한 경우
3. 발수기관이 임의로 산출물 등을 변경한 경우
4. 발주기관의 지시에 따라 구축한 경우
5. 천재지변 등 불가항력에 의한 경우

④ 제2항 각호에 해당하는 유상 유지 관리 또는 재개발에 대해서는 발주기관이 계약목적물을 인수한 직후부터 계약을 체결하여 시행하여야 한다. 다만, 당초 소프트웨어사업 내용에 유지 관리 또는 재개발이 이미 포함된 경우에는 그러하지 아니한다. <신설 2012.7.4, 개정 2021.12.1>

제59조(하자보수보증금) ① 계약상대자는 제58조의 하자보수를 보증하기 위하여 계약서에서 정한 하자보수보증금율(100분의 2, 별도의 관련 법률에서 따로 정하고 있는 경우는 제외)과 계약금액(당초 계약금액이 조정된 경우에는 조정된 계약금액을 말한다)을 곱하여 산출한 금액(이하 "하자보수보증금"이라 한다)을 시행령 제37조제2항에 따른 보증서 또는 증권 등으로 발주기관에 납부하여야 한다.

② 계약담당공무원은 계약상대자가 제58조제1항에 의한 하자담보책임기간중 발주기관으로부터 하자보수요구를 받고 이에 불응한 경우에는 제1항에 의한 하자보수보증금을 국고에 귀속하여야 한다.

③ 계약담당공무원은 하자담보책임기간이 만료된 경우 하자보수보증금을 지체없이

계약상대자에게 반환하여야 한다.

제60조(하도급 관리 등) ① 계약상대자는 해당 소프트웨어사업의 일부를 제3자에게 하도급하거나, 승인을 받은 하도급 조건을 변경하고자 하는 경우에는 「하도급거래 공정화에 관한 법률」 제3조의2에 의한 소프트웨어사업표준하도급계약서 등 관련 자료를 첨부하여 계약담당공무원에게 사전승인을 요청하여야 한다.

② 제1항의 요청을 받은 계약담당공무원은 계약의 품질확보 등 적정성 여부를 판단하여 14일이내에 그 승인 여부를 계약상대자에게 통지하여야 한다. 다만, 계약담당공무원은 정당한 사유에 의하여 통지기간을 연장하고자 할 경우에는 그 연장사유와 통지예정기한을 지체없이 계약상대자에게 통지하여야 한다.

③ 계약담당공무원이 계약당사자에게 제2항의 하도급 승인여부를 기간내에 통지하지 아니하거나 통지기간연장을 통지하지 아니한 경우에는 제1항의 하도급을 승인한 것으로 본다.

④ 계약상대자는 하도급계약과 관련 「하도급거래 공정화에 관한 법률」을 준수하여야 하며, 계약담당공무원의 요청이 있는 경우에는 하도급계약의 준수실태 등을 확인할 수 있도록 표준하도급계약서상의 주요내용을 계약담당공무원에게 보고하여야 한다.

⑤ 계약담당공무원은 제2항에 따른 하도급 승인시 제4항에 따른 하도급계약의 준수여부에 대한 보고주기를 정할 수 있다.

제61조(소프트웨어사업의 계약정보 공개) ① 계약담당공무원은 소프트웨어사업의 경우에 다음 각 호의 사항을 발주기관의 인터넷 홈페이지에 공개하여야 한다.

1. 발주계획(사업명, 발주물량 또는 그 규모, 예산액을 포함한다)
2. 입찰공고(국가를 당사자로 하는 계약에 관한 법률 시행령 제30조제2항에 따라 2인 이상으로부터 견적서를 제출받은 수의계약의 공고를 포함한다)
3. 개찰의 결과
4. 계약체결의 현황(하도급 현황을 포함한다)
5. 과업내용 등 계약내용의 변경(입찰공고와 다른 조건으로 계약이 체결된 경우를 포함한다)에 관한 사항
6. 감리·감독·검사의 현황
7. 대가의 지급현황

② 제1항에 따른 계약정보의 공개는 계약이행 완료일로부터 5년 이상 하여야 한다.
[본조신설 2014.4.1]

제5장 보 칙

제62조(재검토기한) 「훈령 · 예규 등의 발령 및 관리에 관한 규정」에 따라 이 예규에

대하여 2016년 1월 1일 기준으로 매3년이 되는 시점(매 3년째의 12월 31일까지를 말한다)마다 그 타당성을 검토하여 개선 등의 조치를 하여야 한다. <개정 2015.9.21>

부 칙 (2007.10.12)

이 회계예규는 2007년 10월 12일부터 시행한다.

부 칙 (2009.6.29)

제1조(시행일) 이 회계예규는 2009년 6월 29일부터 시행한다.

제2조(적용례) 제8조 제3항, 제14조개정규정은 예규 시행후 입찰공고를 한 분부터 적용한다.

제3조(계약상대자의 책임있는 사유로 인한 계약의 해제 또는 해지 적용례) 제29조제1항 단서 개정규정은 현재 진행중인 계약에도 적용한다.

부 칙 (2009.7.3)

① 이 회계예규는 2009년 7월 3일부터 시행한다.

② 제26조제2항 및 제27조제2항의 개정 규정은 대통령령 제21578호 국가를 당사자로 하는 계약에 관한 법률 시행령 일부개정령의 시행일(2009. 6.29)이후 대가 지급을 청구하는 분부터 적용한다.

부 칙 (2009.9.21)

제1조(시행일) 이 회계예규는 2009년 9월 21일부터 시행한다.

제2조(적용례) 이 예규 시행일 이후 입찰공고를 한 분부터 적용한다.

부 칙 (2010.1.4)

이 회계예규는 2010년 1월 4일부터 시행한다.

부 칙 (2010.9.8)

제1조(시행일) 이 회계예규는 2010년 9월 8일부터 시행한다. 다만, 제29조의 개정 규정은 2010년 10월 22일부터 시행하고, 제10조, 제33조의 개정 규정은 2011년 1월 1일부터 시행한다.

제2조(적용례) 이 회계예규 시행 후 입찰공고를 한 분부터 적용한다.

부 칙 (2010.10.22)

제1조(시행일) 이 회계예규는 2010년 10월 22일부터 시행한다.

부 칙 (2011.5.13)

제1조(시행일) 이 계약예규는 2011년 5월 13일부터 시행한다.

제2조(적용례) 이 예규 시행일 이후 입찰공고를 한 분부터 적용한다.

부 칙 (2012.1.1)

제1조(시행일) 이 계약예규는 2012년 1월 1일부터 시행한다.

제2조(적용례) 제27조의3의 신설규정과 제56조의 개정규정은 이 예규 시행일 이후 입찰공고를 한 분부터 적용한다.

부 칙 (2012.4.2)

제1조(시행일) 이 계약예규는 2012년 5월 1일부터 시행한다.

제2조(적용례) 이 예규 시행일 이후 입찰공고를 한 분부터 적용한다.

부 칙 (2012.7.4)

제1조(시행일) 이 계약예규는 2012년 7월 9일부터 시행한다.

제2조(적용례) 이 예규 시행일 이후 입찰공고를 한 분부터 적용한다.

부 칙 (2014.1.10)

제1조(시행일) 이 계약예규는 2014년 1월 10일부터 시행한다.

제2조(적용례) 이 계약예규 시행일 이후 입찰공고를 한 분부터 적용한다.

부 칙 (2014.4.1)

제1조(시행일) 이 계약예규는 2014년 4월 1일부터 시행한다.

제2조(적용례) 이 예규 시행일 이후 입찰공고를 한 분부터 적용한다.

부 칙 (2015.1.1)

제1조(시행일) 이 계약예규는 2015년 1월 1일부터 시행한다.

제2조(적용례) 이 예규 시행일 이후 입찰공고를 한 분부터 적용한다.

부 칙 (2015.9.21)

제1조(시행일) 이 계약예규는 2015년 9월 21일부터 시행한다.

부 칙 (2016.1.1)

제1조(시행일) 이 계약예규는 2016년 1월1일부터 시행한다.

부 칙 (2016.12.30)

제1조(시행일) 이 계약예규는 2016년 12월30일부터 시행한다.

제2조(적용례) 제19조의 개정규정은 이 계약예규 시행일 이후 최초로 입찰공고하는 분부터 적용한다.

부 칙 (2017.12.28)

제1조(시행일) 이 계약예규는 2017년 12월28일부터 시행한다.

제2조(적용례) 이 예규 시행후 최초로 입찰공고를 하거나, 수의계약을 체결한 계약분부터 적용한다.

부 칙 (2018.3.20)

제1조(시행일) 이 계약예규는 2018년 3월20일부터 시행한다.

제2조(적용례) 제36조의 개정규정은 이 예규 시행후 최초로 입찰공고를 하거나, 체결하는 계약부터 적용한다.

부 칙 (2018.6.7)

제1조(시행일) 이 계약예규는 2018년 6월7일부터 시행한다.

제2조(적용례) 제15조의2의 개정규정은 시행일 현재 이행중인 계약에 대하여도 적용한다.

부 칙 (2018.12.31)

제1조(시행일) 이 계약예규는 2019년 1월 1일부터 시행한다.

제2조(일반적 적용례) 이 계약예규는 부칙 제1조에 따른 시행일 이후 입찰공고 하거나 계약체결 하는 경우부터 적용한다.

제3조(지체상금 부과 및 계약보증금 추가 납부 한도에 관한 적용례) 제18조제1항 및 제29조제1항의 개정규정은 2018년 12월 4일 이후에 계약기간이 만료되어 지체상금이 발생하는 경우부터 적용한다.

제4조(지체상금률에 대한 적용례) 제55조의 개정규정은 2017년 12월 28일 이후 입찰공고(재공고 또는 재입찰공고를 하는 경우는 제외한다)를 하거나 수의계약을 체결하는 경우부터 적용한다.

부 칙 (2019.12.18)

제1조(시행일) 이 계약예규는 2020년 3월18일부터 시행한다.

제2조(적용례) 이 계약예규는 부칙 제1조에 따른 시행일 이후 입찰공고를 하거나 수의계약을 체결하는 분부터 적용한다.

부 칙 (2020.4.20)

제1조(시행일) 이 계약예규는 2020년 5월 6일부터 시행한다.

부 칙 (2020.6.19)

제1조(시행일) 이 계약예규는 2020년 9월 19일부터 시행한다.

부 칙 (2020.9.24)

제1조(시행일) 이 계약예규는 2020년 12월 24일부터 시행한다.

제2조(적용례) 이 계약예규는 시행일 이후 입찰공고하는 경우부터 적용한다.

부 칙 (2021.12.1)

제1조(시행일) 이 계약예규는 2021년 12월 1일부터 시행한다.

제2조(적용례) 이 계약예규는 부칙 제1조에 따른 시행일 이전에 입찰공고된 계약으로서 시행일 이후 제30조제1항에 따라 사정변경에 의해 계약을 해제 또는 해지하는 경우, 제58조제1항에 따라 기성인수하는 경우에 적용한다.

부 칙(2025.10.30.)

제1조(시행일) 이 예규는 10월 30일부터 시행한다.

제2조(유효기간) 이 계약예규는 부칙 제1조에 따른 시행일 이후 입찰공고 하는 경우부터 적용한다.

[별지1호서식]

과업내용 변경요청서

<table>
<tr><td>사업명
(추진단계)</td><td colspan="2"></td><td>변경요청일자
및 처리기한</td><td></td></tr>
<tr><td>변경요청 번호</td><td colspan="2"></td><td>변경요청자</td><td>인</td></tr>
<tr><td>요구사항 유형</td><td colspan="4">☐ 기능요구 ☐ 성능요구 ☐ 품질요구 ☐ 기타 제약사항</td></tr>
<tr><td rowspan="2">과업내용서
관련 사항</td><td colspan="2">기존</td><td colspan="2">변경</td></tr>
<tr><td colspan="2"></td><td colspan="2"></td></tr>
<tr><td>변경요청 내용</td><td colspan="4"></td></tr>
<tr><td>변경요청 사유</td><td colspan="4"></td></tr>
<tr><td>변경 영향평가</td><td colspan="4"></td></tr>
<tr><td rowspan="2">변경 소요비용</td><td>소요비용</td><td></td><td>변경규모</td><td></td></tr>
<tr><td>산출근거</td><td colspan="3"></td></tr>
<tr><td>변경 요청 결과</td><td colspan="3">사업담당자
사업책임자</td><td>인
인</td></tr>
<tr><td>의사결정</td><td colspan="4">☐ 승 인 ☐ 기 각</td></tr>
<tr><td>검토의견</td><td colspan="4"></td></tr>
</table>

[별지서식 제2호]

과업내용관리내역서

사업명								
요청 번호	추진 단계	변경 요청자	요구사항 유형	변경 규모	소요 비용	변경요청 일자	처리 기한	처리일

용역입찰유의서

기획재정부계약예규 제759호, 2024.12.27 일부개정

제1조(목적) 이 유의서는 정부(이하 "발주기관"이라 한다)가 행하는 용역계약에 대한 입찰에서 해당 입찰에 참가하고자 하는 자가 유의하여야 사항을 정함을 목적으로 한다.

제2조(용어의 정의) 이 유의서에서 사용하는 용어의 정의는 이 유의서에서 따로 정하는 경우를 제외하고는 「국가를 당사자로 하는 계약에 관한 법률 시행령」, 「국가를 당사자로 하는 계약에 관한 법률 시행규칙」, 「특정조달을 위한 국가를 당사자로 하는 계약에 관한 법률 시행령 특례규정」(이하 각각 "시행령", "시행규칙" 및 "특례규정"이라 한다) 및 계약예규 「용역계약일반조건」(이하 "일반조건"이라 한다)에 정하는 바에 의한다.

제3조(입찰참가신청) ① 입찰에 참가하고자 하는 자는 입찰공고 또는 입찰참가통지서에 기재된 입찰참가신청마감일까지 다음 각호의 서류를 발주기관에 제출하여 입찰참가신청을 하여야 한다.

1. 입찰참가신청서(소정양식) 1통
2. 입찰참가자격을 증명하는 사본 1통
3. 인감증명서 또는 「본인서명사실 확인 등에 관한 법률」 제2조제3호에 따른 본인서명사실확인서 1통. 다만, 「전자조달의 이용 및 촉진에 관한 법률」 제2조제4호에 따른 국가종합전자조달시스템(이하 "전자조달시스템"이라 한다)을 이용하여 등록하는 경우는 제외한다. <개정 2016.12.30., 2024.1.2.>
4. 기타 공고 또는 통지로 요구하는 서류

② 제1항제2호의 경우에는 원본을 제시하거나 사본에 "원본과 같음"을 명기하고 인감(인감증명서상의 인감 또는 입찰참가신청서상의 사용인감)으로 날인(본인서명사실확인서를 제출한 경우는 서명)하여 제출하여야 한다. <개정 2016.12.30>

③ 시행령 제72조에 의하여 공동계약이 허용된 경우에는 공동수급체를 구성하여 입찰에 참가하고자 하는 자는 공동수급협정서를 제1항 각호의 서류와 함께 제출하여야 한다.

제3조의2(입찰참가자격의 판단기준일) ① 시행령 제12조 및 제21조에 따른 등록·실적 등에 의한 입찰참가자격의 판단기준일은 시행규칙 제40조제4항에 의한 입찰참가신청서류의 접수마감일(이하 "입찰참가등록마감일"이라 한다)로 하며, 입찰참가자는 입찰참가등록마감일 이후 입찰서제출 마감일까지 해당 입찰참가자격을 계속 유지하

여야 한다.

② 제1항에도 불구하고 시행령 제21조제1항제6호 및 시행규칙 제24조에 따라 지역제한경쟁입찰을 부치는 경우 법인등기부상 본점소재지 기준일(본점소재지가 변경된 경우 법인등기부상 본점소재지 변경일을 말한다.)은 입찰공고일 전일로 하며 계약체결일까지 계속 유지하여야 한다. <개정 2019.12.18>

③ 입찰참가자가 시행령 제76조에 의한 입찰참가자격제한을 받은 경우에는 입찰참가등록마감일 전일까지 입찰참가자격제한기간이 만료되어야 입찰에 참가할 수 있다.

④ 입찰전에 상호 또는 대표자의 변경(법인의 경우에는 법인등기부를 기준으로 한다)이 있는 경우에는 변경신고를 한 후 변경된 상호 또는 대표자 명의로 입찰에 참가하여야 한다.

제4조(입찰에 관한 서류) ① 입찰에 참가하고자 하는 자는 다음 각호의 서류(이하 "입찰에 관한 서류"라 한다)를 열람할 수 있으며 추정가격이 고시금액 이상인 용역의 경우에는 이를 교부받을 수 있다.

1. 입찰공고문 또는 입찰참가통지서
2. 용역입찰유의서
3. 입찰참가신청서(소정서식)
4. 입찰서(소정서식)
5. 용역표준계약서(소정서식)
6. 용역계약일반조건
7. 용역계약특수조건
8. 과업내용서
9. 기타 참고사항을 기재한 서류

② 발주기관은 제1항의 입찰에 관한 서류를 교부하는 경우에는 입찰공고 등에서 정한 금액을 납부할 것을 요구할 수 있으며, 이 경우에는 입찰에 참가하고자 하는 자는 이에 따라야 한다.

제5조(관계법령 등의 숙지) ① 입찰에 참가하고자 하는 자는 시행령 등의 입찰관련 법령 및 제4조제1항에 의한 입찰에 관한 서류를 입찰전에 완전히 숙지하여야 하며 이를 숙지하지 못한 책임은 입찰참가자에게 있다.

② 입찰에 참가하고자 하는 자는 제1항에 의한 입찰에 관한 서류의 검토과정에서 발견한 입찰에 관한 서류상의 착오, 누락사항 또는 기타 설명이 요구되는 사항에 대하여는 입찰서 제출마감일전일까지 발주기관에 그 설명을 요구할 수 있다.

제6조(입찰보증금) ① 입찰에 참가하고자 하는 자는 입찰참가신청마감일(공휴일인 때에는 전일)까지 입찰금액의 100분의 5이상의 입찰보증금을 시행령 제37조제2항에 규정된 현금 또는 보증서 등으로 발주기관에 납부하여야 한다.

② 낙찰자가 정당한 이유없이 소정의 기한내에 계약을 체결하지 아니할 때에는 계약담당공무원은 해당 입찰보증금은 국고에 귀속한다. <개정 2016.12.30>

③ 계약담당공무원(각 중앙관서의 장이 계약에 관한 사무를 그 소속공무원에게 위임하지 아니하고 직접 처리하는 경우에는 이를 계약담당공무원으로 본다. 이하 같다)은 낙찰되지 아니한 입찰자의 입찰보증금을 낙찰자가 결정된 후 즉시 반환한다. 다만, 낙찰자의 입찰보증금은 계약체결 후 즉시 반환한다.

④ 계약담당공무원은 다음 각호의 어느 하나에 해당하는 경우에는 입찰보증금 납부를 면제할 수 있다.

1. 시행령 제37조제3항제1호 내지 제4호, 제5호의2 및 제6호에 정한 자가 입찰에 참가하는 경우
2. 「건설기술관리법」·「엔지니어링기술진흥법」 또는 「건설폐기물의 재활용촉진에 관한 법률」 등 해당 용역관련법령에 의하여 국가기관 등으로부터 면허·허가 등을 받았거나 등록·신고 등을 하고 해당 용역관련법령상의 사업(해당 용역과 관계없는 면허·허가·등록·신고 등도 해당 용역관련법령상의 면허·허가·등록·신고 등은 포함)을 입찰참가신청마감일 현재 영위하고 있는 법인이 입찰에 참가하는 경우. 다만, 다음 각 목의 어느 하나에 해당하는 자는 제외한다. <단서 신설 2010.4.15, 개정 2019.12.18>

   가. 입찰공고일 이전 1년 이내에 시행령 제76조제1항제2호가목의 사유로 입찰참가자격 제한을 받은 자(입찰참가자격 제한 기간 중인 경우를 포함한다) <신설 2019.12.18>

   나. 계약체결을 기피할 우려가 있어 각 중앙관서의 장 또는 계약담당공무원이 입찰공고에 명시한 요건에 해당하는 자 <신설 2019.12.18>

⑤ 보증서 등에 의한 입찰보증금의 보증기간은 다음 각호를 충족하여야 한다.

1. 보증기간의 시작일 : 입찰서 제출마감일 이전일 것
2. 보증기간의 만료일 : 입찰서 제출마감일 다음날부터 30일 이후일 것

제7조(입찰참가) ① 입찰참가신청을 한 자가 아니면 입찰에 참가할 수 없다.

② 입찰참가신청자가 입찰참가신청서 제출 시에 대리인을 지정한 경우에는 그 대리인도 입찰에 참가할 수 있다. 다만, 입찰참가신청서를 제출하는 때부터 입찰개시 시각전까지 입찰대리인을 지정하거나 입찰대리인을 변경하는 경우에는 그 대리인이 입찰에 참가할 수 있다.

③ 제2항에 의한 대리인의 자격은 입찰참가자가 법인인 경우에는 해당 법인의 임·직원(다만, 「산업교육진흥 및 산학연협력촉진에 관한 법률」에 따라 설립한 산학협력단의 경우에는 해당 법인의 임·직원 및 연구원(대학의 장 또는 산학협력단장이 임명한 자에 한함)으로 한다)에 한하며, 계약담당공무원은 재직증명서와 다음 각 호의 자료에 의해서 임·직원 여부를 확인하여야 한다. 다만, 2개 이상 법인의 임·직원인 자는 1개 법인의 대리인으로만

입찰에 참가할 수 있다. <개정 2009.9.21, 2010.1.4, 2016.1.1>
1. 4대 보험 중 어느 하나 가입 증명자료(최근 3개월 이내) <신설 2009.9.21>
2. 소속 법인에서 받은 급여와 관련하여 해당 법인에서 발급받은 소득세 납부 증명자료 <신설 2009.9.21>
3. 법인 등기사항증명서 <신설 2009.9.21, 개정 2015.9.21>
4. 기타 임·직원 여부를 확인할 수 있는 자료 <신설 2009.9.21>

④ 시행령 제76조에 의한 부정당업자로 입찰참가자격을 제한받고 있는 자는 제2항에 의한 대리인이 될 수 없다.

제8조(입찰서의 작성) ① 입찰자는 입찰서를 소정의 서식에 의하여 작성하여야 하며, 입찰금액은 총액을 표기하여야 한다.

② 입찰자는 입찰서에 기명날인을 함에 있어 반드시 입찰자 성명(법인의 경우 대표자 성명)을 기재하고 입찰참가신청서 제출시 신고한 인감(서명을 포함한다. 이하 같다)으로 날인하여야 한다. <개정 2016.12.30>

③ 입찰자는 입찰서의 기재사항 중 삭제 또는 정정한 곳이 있을 때에는 입찰에 사용하는 인감으로 날인하여야 한다.

④ 입찰자는 입찰서를 입찰공고 또는 입찰참가통지서 등에 별도로 규정한 경우를 제외하고는 한글로 작성하여야 하며 입찰금액은 원화로 표기하여야 한다.

⑤ 입찰자는 입찰서의 금액표시를 한글 또는 한자로 기재하여야 하며 아라비아숫자로 병기할 수 있다. 이 경우에 아라비아숫자로 병기한 금액이 한글 또는 한자로 기재한 금액과 차이가 있을 때에는 한글 또는 한자로 기재한 금액에 의한다. 다만, 전산서식에 의한 입찰의 경우에는 지정된 표기방법으로 기재하여야 한다.

제9조(입찰서의 제출) ① 입찰자는 입찰서를 봉함하여 1인 1통만 제출하여야 한다.

② 우편에 의한 입찰서는 입찰서 제출마감일전일까지 발주기관에 도착된 것에 한하여 효력이 있다. 이 경우에 우송중의 분실, 훼손 또는 지연에 대하여 발주기관은 책임을 지지 아니한다.

③ 계약담당공무원은 제2항에 의하여 우편으로 입찰서가 제출된 때에는 해당 입찰서의 봉투표면에 접수일시를 기재하고 확인인을 날인하여 개찰시까지 개봉하지 아니하고 보관하여야 한다.

④ 입찰자는 제출한 입찰서를 교환, 변경 또는 취소할 수 없다. 다만, 입찰서에 기재한 중요부분에 오기가 있음을 이유로 개찰현장에서 입찰자가 입찰의 취소의사를 표시한 것으로서 계약담당공무원이 이를 인정하는 경우에는 취소가 가능하며, 시행령 제18조에 의한 2단계 경쟁 등의 입찰의 경우에 있어 계약담당공무원은 기술입찰을 개찰한 결과 적격자가 없는 경우 또는 일부 경미한 사항의 기술보완을 조건으로 기술적합 판정을 하는 경우에는 기술입찰서를 변경하여 제출하게 할 수 있다.

제9조의2(경영상태 심사서류의 제출) ① 입찰에 참여하고자 하는 자는「신용정보의 이용 및 보호에 관한 법률」제4조제1항제1호 또는「자본시장과 금융투자업에 관한 법률」제9조제26항의 업무를 영위하는 신용정보업자로부터 평가받은 모든 공공기관 입찰용 신용평가등급을 해당 신용정보업자를 통해 평가완료 후 3일 이내에 조달청 나라장터에 전송하여야 한다. <개정 2015.9.21>

② 조달청장은 분기별로 신용정보업자로부터 평가명세서를 제출받아 미전송 여부를 확인하여 해당 업체를 나라장터에 게재하고, 발주기관은 동 업체에 대해「정부입찰계약집행기준」제98조에 따라 처리하며, 향후 1년간 시행령 제13조에 따른 입찰참가자격사전심사 및 시행령 제42조제1항에 따른 적격심사시 감점할 수 있다.

[본조신설 2012.7.4]

제9조의3(청렴계약서의 제출) 입찰자는 입찰서를 제출할 때 시행령 제4조의2 및 정부입찰·계약집행기준 제98조의3에 따른 청렴계약서를 같이 제출하여야 한다.

[본조신설 2016.1.1]

제10조(장기계속기술용역의 입찰) 장기계속용역의 경우에는 입찰자는 입찰시 총용역을 대상으로하여 입찰하여야 한다.

제11조(경쟁입찰의 성립) ① 경쟁입찰은 2인이상의 유효한 입찰로써 성립한다.

② 계약담당공무원은 시행령 제18조제3항에 의하여 기술과 가격을 분리하여 입찰에 부치는 경우에는 시행령 제11조에 의하여 2인 이상의 유효한 입찰로 성립한 기술입찰의 개찰결과에서 기술적격자로 확정된 자가 1인인 경우에도 가격입찰서를 개봉할 수 있다.

제12조(입찰의 무효) 시행규칙 제44조에서 무효로 규정한 입찰 및 다음 각호 어느 하나에 해당하는 입찰은 무효로 한다.

1. 입찰자(법인의 경우 대표자를 말한다. 이하 같다)가 직접 입찰을 하지 아니하고 대리인을 통하여 입찰을 할 경우에는 제7조제2항에 의한 대리인이 아닌 자가 한 입찰 또는 대리권이 없는 자가 한 입찰
2. 동일사항에 대하여 타인의 대리를 겸하거나 2인 이상을 대리한 입찰
3. 입찰서의 입찰금액 등 중요한 부분이 불분명하거나 정정한 후 정정날인을 누락한 입찰
4. 담합하거나 타인의 경쟁참가를 방해 또는 관계공무원의 공무집행을 방해한 자의 입찰
5. 입찰자의 기명날인이 없는 입찰(입찰자의 성명을 기재하지 아니하고 대리인 성명 또는 회사명을 기재한 경우 및 입찰참가신청서 제출시 신고한 인감과 다른 인감으로 날인된 경우도 포함한다)
6. 입찰서에 기재한 중요부분에 착오가 있음을 이유로 개찰현장에서 입찰자가 입찰의

취소의사를 표시하여 계약담당공무원이 이를 인정한 입찰

7. 제8조제1항 및 제6항에 위반하여 소정의 입찰서를 사용하지 않거나 입찰서의 금액을 아라비아숫자로만 기재한 입찰 또는 전산서식에 의한 입찰서를 훼손하거나 전산표기방법과 상이하게 작성, 기재하여 전산처리가 되지 아니한 입찰
8. 공동계약의 공동수급체구성원이 동일 입찰건에 대하여 공동수급체를 중복적으로 결성하여 참여한 입찰, 입찰등록시 공동수급표준협정서를 제출하지 아니한 입찰 및 공동계약운용요령 제9조를 위반한 입찰

제13조(입찰의 연기) ① 발주기관은 다음 각호의 경우에 입찰공고 또는 입찰참가통지서에 기재된 입찰서 제출마감일시를 연기할 수 있다.

1. 제5조제2항에 의한 설명요구사항의 내용이 중대하여 연기가 불가피하다고 판단되는 경우
2. 기타 불가피한 사유로 인하여 지정된 일시에 입찰 또는 개찰을 실시하지 못한 경우

② 제1항에 의하여 입찰을 연기한 경우에는 연기사유와 기간를 입찰공고의 방법과 동일한 방법으로 공고 또는 통지하여야 한다.

제14조(재입찰 및 재공고입찰) ① 계약담당공무원은 경쟁입찰에서 2인 이상의 유효한 입찰자가 없거나 낙찰자가 없는 경우에는 재입찰에 부칠 수 있다. 이 경우에는 최초 입찰에의 참가유무 또는 입찰횟수의 제한을 받지 아니한다. <개정 2019.12.18>

② 입찰자나 낙찰자가 없는 경우 또는 낙찰자가 계약을 체결하지 아니하는 경우에는 계약담당공무원은 재공고입찰에 부칠 수 있다.

③ 계약담당공무원은 시행령 제18조제3항에 의하여 기술과 가격을 분리하여 입찰에 부친 경우 가격입찰서를 개찰한 결과 낙찰자를 결정할 수 없는 경우로서 기술적격자가 2인 이상인 때에는 그 기술적격자에게 가격입찰서를 다시 제출하게 할 수 있다.

④ 제1항 내지 제3항에 의한 재입찰 또는 재공고입찰시에는 기한을 제외하고는 최초의 입찰에 부칠 때에 정한 가격 및 기타조건을 변경할 수 없다.

제15조(낙찰자의 결정) ① 계약담당공무원은 제12조에 해당되는 사유가 없는 자로서 시행령 제42조 등에서 정한 낙찰자결정기준에 적합한 자를 낙찰자로 한다.

② 계약담당공무원은 개봉된 입찰서를 확인하고 유효한 입찰서의 입찰금액과 예정가격을 대조하여 지체없이 적격자를 낙찰자로 선정하여야 한다. 다만, 시행령 제42조제1항에 의하여 계약이행능력을 심사하여 낙찰자를 결정하는 등 낙찰자 결정에 장시간이 소요되는 경우에는 그러하지 아니할 수 있다.

③ 계약담당공무원은 제1항 및 제2항에 의하여 낙찰자를 결정하기 전에 해당 입찰자의 입찰서, 법인 등기사항증명서(본사, 대표자 및 상호등 변경여부 확인), 공동수급표준협정서 등 관계서류를 검토하여 해당 낙찰예정자의 입찰이 제12조에 따른 무효입찰에 해당되는지의 여부를 확인하여야 한다. <개정 2015.9.21>

④ 계약담당공무원은 낙찰이 될 수 있는 동일가격으로 입찰한 자가 2인 이상인 때에는 다음 각 호에 따라 낙찰자를 결정한다.

1. 시행령 제42조제1항에 따라 낙찰자를 결정하는 경우 : 이행능력 심사결과 최고점수인 자를 낙찰자로 결정하되, 이행능력 심사결과도 동일한 경우에는 추첨에 의하여 낙찰자를 결정
2. 시행령 제42조제3항에 따라 낙찰자를 결정하는 경우 : 규격 또는 기술우위자를 낙찰자로 결정하되, 규격 또는 기술평가 결과도 동일한 때에는 추첨에 의하여 낙찰자를 결정

⑤ 제4항에 의한 낙찰자 결정시 입찰자중 출석하지 아니한 자 또는 추첨을 하지 아니한 자가 있을 때에는 입찰사무에 관계없는 공무원으로 하여금 추첨을 대신하게 할 수 있다.

⑥ 계약담당공무원은 낙찰자로 결정된 자가 계약체결 이전에 입찰무효 등 부적격자로 판명되어 낙찰자 결정이 취소된 경우로서 동 부적격자를 제외하고 2인이상 유효한 입찰이 성립되어 있는 때에는 차순위자 순으로 필요한 심사 등을 실시하여 낙찰자를 결정한다.

제16조(계약의 체결) ① 낙찰자는 계약담당공무원으로부터 낙찰통지를 받은 후 10일 이내에 소정의 서식에 의한 계약서에 의하여 계약을 체결하여야 하고 그 낙찰금액에 대한 산출내역서를 착수신고서 제출시까지 계약담당공무원에게 제출하여야 한다.

② 제1항의 경우에 불가항력의 사유로 인하여 계약을 체결할 수 없는 경우에는 그 사유가 존속하는 기간은 이를 산입하지 아니한다..

③ 제1항에 의하여 발주기관과 계약을 체결하고자 하는 자는 관계법령 및 계약담당공무원이 요구하는 서류를 계약담당공무원에게 제출하여야 한다.

④ 계약담당공무원은 낙찰자가 정당한 이유없이 제1항에 의한 계약을 체결하지 아니하는 때에는 낙찰을 취소할 수 있다.

⑤ 계약담당공무원은 장기계속용역의 경우 낙찰자와의 계약은 총용역 낙찰금액을 부기하고 해당연도 예산의 범위안에서 제1차 용역에 대하여 계약을 체결하여야 한다. 이 경우에 제2차 기술용역이후의 계약은 총용역낙찰금액(시행령 제64조 내지 제66조에 의한 계약금액의 조정이 있는 경우에는 조정된 총용역금액을 말한다)에서 이미 계약된 금액을 공제한 금액의 범위안에서 계약을 체결할 것을 부관으로 약정하여야 한다.

⑥ 제5항에 의하여 제1차 및 제2차 용역이후의 계약금액은 총용역의 계약단가에 의한다. 이 경우 계약금액조정 등으로 인하여 산출내역서의 단가가 조정된 때에는 조정된 계약단가에 의한다.

제17조(계약의 성립) 계약담당공무원과 낙찰자가 계약서에 기명·날인(외국인에 대하여 서명을 허용한 경우에는 서명을 포함한다)함으로써 계약은 확정된다.

제18조(입찰보증금의 계약보증금으로의 대체) ① 계약담당공무원은 낙찰자가 납부한 입찰보증금을 소정의 절차에 따라 계약보증금으로 대체할 수 있다. 다만, 입찰보증금과 계약보증금과의 차이가 있으면 계약상대자는 그 차액을 추가로 납부하여야 한다.

② 제1항에 의한 대체는 계약이 성립한 때에 이루어진 것으로 본다.

제19조(부정당업자의 입찰참가자격제한) 입찰자 또는 낙찰자가 「국가를 당사자로 하는 계약에 관한 법률」 제27조 및 시행령 제76조에 해당하는 경우에는 1월이상 2년이하의 범위내에서 입찰참가자격 제한 조치를 받게 된다. <개정 2018.12.31>

제20조(비밀유지의 의무) 입찰자는 발주기관으로부터 배부받은 입찰에 관한 서류 또는 각종 자료 및 입찰과정에서 얻은 정보를 해당 입찰 이외의 목적으로 사용하여서는 아니된다.

제21조(이의신청) ① 추정가격이 1억 5천만원이상인 용역의 입찰에 있어 다음 각호의 어느 하나의 사유로 인하여 불이익을 받았다고 인정되는 자는 「국가를 당사자로 하는 계약에 관한 법률」(이하 "법"이라 한다) 제28조제2항 및 제4항에서 정한 바에 따라 이의신청을 할 수 있다. <개정 2018.12.31>

1. 법 제28조제1항 각호의 어느 하나에 정한 사유
2. 특례규정 제26조에서 정한 사유

제22조(기타사항) 입찰공고조건 및 이 유의서에 명시되지 아니한 기타 사항은 발주기관에서 정하는 바에 의한다.

제23조(재검토기한) 「훈령ㆍ예규 등의 발령 및 관리에 관한 규정」에 따라 이 예규에 대하여 2016년 1월 1일 기준으로 매3년이 되는 시점(매 3년째의 12월 31일까지를 말한다)마다 그 타당성을 검토하여 개선 등의 조치를 하여야 한다. <개정 2015.9.21>

부 칙 (2007.10.12)

제1조(시행일) 이 회계예규는 2007년 10월 12일부터 시행한다.
제2조(낙찰자의 결정에 관한 적용례) 제15조제6항의 개정규정은 이 예규 시행 후 입찰공고를 한 분부터 적용한다.

부 칙 (2009.9.21)

제1조(시행일) 이 회계예규는 2009년 9월 21일부터 시행한다.
제2조(적용례) 이 예규 시행일 이후 입찰공고를 한 분부터 적용한다.

부 칙 (2010.1.4)

이 회계예규는 2010년 1월 4일부터 시행한다.

부 칙 (2010.4.15)

제1조(시행일) 이 회계예규는 2010년 4월 15일부터 시행한다.
제2조(적용례) 이 예규 시행일 이후 입찰공고를 한 분부터 적용한다.

부 칙 (2012.7.4)

제1조(시행일) 이 계약예규는 2012년 7월 9일부터 시행한다.
제2조(적용례) 이 예규 시행일 이후 입찰공고를 한 분부터 적용한다.

부 칙 (2012.9.21)

제1조(시행일) 이 계약예규는 2012년 9월 22일부터 시행한다.

부 칙 (2014.1.10)

제1조(시행일) 이 계약예규는 2014년 1월 10일부터 시행한다.
제2조(적용례) 이 예규 시행일 이후 입찰공고를 한 분부터 적용한다.

부 칙 (2015.9.21)

제1조(시행일) 이 계약예규는 2015년 9월 21일부터 시행한다.

부 칙 (2016.1.1)

제1조(시행일) 이 계약예규는 2016년 1월1일부터 시행한다.
제2조(적용례) 제7조의 개정규정은 이 계약예규 시행 후 최초로 입찰공고를 하는 분부터 적용한다.

부 칙 (2016.12.30)

제1조(시행일) 이 계약예규는 2017년 1월1일부터 시행한다.
제2조(적용례) 제3조의 개정규정은 이 계약예규 시행일 이후 최초로 입찰참가신청을 접수하는 분부터 적용한다.

부 칙 (2018.12.31)

제1조(시행일) 이 계약예규는 2019년 1월 1일부터 시행한다.

부 칙 (2019.12.18)

제1조(시행일) 이 계약예규는2020년 3월18일부터 시행한다. 다만, 제6조, 제14조의 개정규정은 2019년 12월 18일부터 시행한다.
제2조(적용례) 이 계약예규는 부칙 제1조에 따른 시행일 이후 입찰공고를 한 분부터 적용한다.

부 칙(2024.12.27.)

제1조(시행일) 이 계약예규는 2025년 1월 2일부터 시행한다.
제2조(적용례) 이 계약예규는 부칙 제1조에 따른 시행일 이후 입찰공고를 하거나 수의계약을 체결하는 경우부터 적용한다.

조달청 일괄입찰 등에 의한 낙찰자 결정 세부기준

조달청지침 제8744호, 2024. 9.30 일부개정

제1장 총 칙

제1조(목적) 이 기준은 계약예규「일괄입찰 등에 의한 낙찰자 결정기준」에 따라 조달청에서 일괄입찰 또는 대안입찰로 집행하는 시설공사(이하 '일괄입찰 등'이라 한다)의 낙찰자 결정을 위한 세부기준을 정함을 목적으로 한다.

제2조(정의) 이 세부기준에서 사용하는 용어의 정의는 다음과 같다.

1. "수요기관"이라 함은「조달사업에 관한 법률」제2조 제5호에서 정한 기관을 말한다.
2. "계약담당공무원"이라 함은 일괄입찰·대안입찰 공사를 계약하는 중앙관서의 장(그 위임을 받은 공무원을 포함한다. 이하 같다)을 말한다. 다만, 설계도서 심의 및 그 관련업무와 공사의 착공·감독·하도급관리·대가의 지급·검사·재해방지조치·인수·하자관리 등 공사현장에서 계약이행과 관련된 사항에 대해서는 달리 규정한 경우를 제외하고는 수요기관의 장(그 위임을 받은 공무원을 포함한다. 이하 같다)을 계약담당공무원으로 본다.

제3조(입찰참가자격 사전심사) ① 계약담당공무원은 일괄입찰 등에 대한 입찰참가자격 사전심사를 실시하는 경우「조달청 입찰참가자격 사전심사기준」에 따라 실시한다.

제4조(일괄입찰 등의 실시설계적격자 또는 낙찰자 결정방법 등 공고) ① 계약담당공무원은 중앙·지방건설기술심의위원회에서 다음 각호의 방법 중 당해 공사에 적합하다고 심의한 실시설계적격자 또는 낙찰자 결정방법과 수요기관의 장이 정한 제11조제2항 및 제20조제2항에 따른 설계점수 가중치 및 입찰가격 점수의 가중치를 입찰공고시 명시하여야 한다.

1. 최저가격으로 입찰한 자를 실시설계적격자 또는 낙찰자로 결정하는 방법(이하 "설계적합최저가방식"이라 한다)
2. 입찰가격을 설계점수로 나누어 조정된 수치가 가장 낮은 자를 실시설계적격자 또는 낙찰자로 결정하는 방법(이하 "입찰가격조정방식"이라 한다)
3. 설계점수를 입찰가격으로 나누어 조정된 점수가 가장 높은 자를 실시설계적격자 또는 낙찰자로 결정하는 방법(이하 "설계점수조정방식"이라 한다)

4. 설계점수와 가격점수에 가중치를 부여하여 각각 평가한 결과를 합산한 점수가 가장 높은 자를 실시설계적격자 또는 낙찰자로 결정하는 방법(이하 "가중치기준방식"이라 한다)
5. 계약금액을 확정하고 기본설계서만 제출하도록 한 경우 설계점수가 가장 높은 자를 실시설계적격자로 결정하는 방법(이하 "확정가격최상설계방식" 이라 한다)

② 수요기관의 장은 제1항에 따른 설계점수 가중치 및 입찰가격 점수의 가중치를 정하는 경우 조달청장과 협의하여야 한다.

③ 조달청장은 제2항에 따른 협의기준을 정할 수 있다.

④ 삭제

⑤ 설계점수는 중앙·지방건설기술심의위원회, 조달청 또는 수요기관의 기술자문위원회 등에서 통보한 점수에 의한다.

제5조(입찰에 관한 서류의 열람·교부 등) 계약담당공무원이 현장설명참가자에게 열람 또는 교부할 서류는 다음 각호와 같으며, 지정정보처리장치(국가종합전자조달시스템) 또는 수요기관의 홈페이지에 게재함으로써 입찰에 참가하고자 하는 자에 대한 열람 또는 교부로 갈음할 수 있다. 다만, 입찰에 참가하고자 하는 자가 전자문서 등으로 요구하는 경우에는 전자문서 등으로 교부하여야 하며, 이 경우 소정의 금액을 납부토록 할 수 있다.

1. 입찰안내서
2. 실시설계서(대안입찰에 한함)
3. 설계평가를 위한 세부기준
4. 낙찰자결정방법 등에 관한사항(설계점수, 입찰가격점수의 산출방법 등)
5. 기타 필요한 사항

제2장 일괄입찰의 실시설계적격자 결정

제6조(일괄입찰의 실시설계적격자 결정) 계약담당공무원은 제4조에 따라 일괄입찰의 실시설계적격자를 결정함에 있어서는 이 장에서 정한 바에 따라야 한다.

제7조(실시설계적격자 결정대상자 선정) ① 계약담당공무원은 일괄입찰에 참가한 자에 대하여 국가를 당사자로 하는 계약에 관한 법률 시행령(이하 "시행령"이라 한다.) 제85조제5항 또는 제6항에 따라 입찰시 제출한 기본설계의 적격여부 및 설계점수를 중앙·지방건설기술심의위원회 또는 기술자문위원회로부터 통보 받은 때에는 기본설계적격자(제8조에 따라 낙찰자를 결정하는 경우에는 60점 이상 85점 이하에서 계약담당공무원이 정한 설계점수 이상을 받은 자) 중 설계점수가 높은 순으로 최대 6인(적격으로 통지된 입찰자가 6인 미만인 경우에는 적격으로 통지된 모든 입찰자)을

실시설계적격자 결정대상자로 선정하여야 한다.

② 삭제〉

③ 계약담당공무원은 제1항에 불구하고 시행령 제85조제5항 또는 제6항에 따른 기본설계적격자가 1인 이하인 경우에는 시행령 제87조제1항 단서에 정한 바에 따라 재공고입찰에 의하여야 한다.

제8조(설계적합최저가방식) ① 계약담당공무원은 설계적합최저가방식으로 실시설계적격자를 선정하는 경우 제7조에 따라 선정된 실시설계적격자 결정대상자(이하 "실시설계적격자 결정대상자"라 한다) 중에서 최저가격으로 입찰한 자를 실시설계적격자로 결정하여야 한다.

② 제1항에 따라 실시설계적격자를 결정할 수 있는 공사는 선형공사, 단순반복 축조공사 등 정형화된 설계기준에 따라 비용절감이 필요한 시설물을 설계·시공하는 공사를 말한다.

제9조(입찰가격조정방식) ① 계약담당공무원은 입찰가격조정방식으로 실시설계적격자를 선정하는 경우에는 실시설계적격자 결정대상자 중에서 입찰가격을 설계점수로 나누어 조정된 가격이 가장 낮은 자를 실시설계적격자로 결정하여야 한다.

조정가격 = 입찰가격/(설계점수/100)

② 제1항에 따라 실시설계적격자를 결정할 수 있는 공사는 비용절감 뿐만 아니라 고품질의 우수한 목적물을 얻고자 하는 일부 정형화된 설계기준에 따라 시설물을 설계·시공하는 공사를 말한다.

제10조(설계점수조정방식) ① 계약담당공무원은 설계점수조정방식으로 실시설계적격자를 선정하는 경우에는 실시설계적격자 결정대상자 중에서 설계점수를 입찰가격으로 나누어 조정된 수치가 가장 높은 자를 실시설계적격자로 결정하여야 한다.

조정점수 = (설계점수 × 추정금액)/입찰가격

② 제1항에 따라 실시설계적격자를 결정할 수 있는 공사는 제9조제2항에 정한 바와 같다.

제11조(가중치기준방식) ① 계약담당공무원은 가중치기준방식으로 실시설계적격자를 선정하는 경우에는 실시설계적격자 결정대상자 중에서 설계점수와 입찰가격점수에 가중치를 부여하여 각각 평가한 결과를 합산한 점수가 가장 높은 자를 실시설계적격자로 결정하여야 한다.

② 제1항에 적용할 설계점수와 가격점수의 가중치는 공사의 기술난이도 등을 고려하여 별표에 따라 그 합계가 100이 되도록 수요기관의 장이 조달청장과 협의하여 정한다.

③ 가격점수는 다음의 계산식을 적용하여 산정한다. 이 경우 최저입찰가격은 실시설계

적격자 결정 대상자의 입찰가격 중 최저입찰가격을 말한다.

가격점수 = 가격점수가중치 × (최저입찰가격/당해입찰가격)

④ 제1항에 따라 실시설계적격자를 결정할 수 있는 공사는 시설물의 사용 목적상 창의적인 설계가 필요하거나 난이도가 높은 기술을 필요로 하는 공사로써 비용절감뿐만 아니라 고품질의 목적물을 얻고자 하는 공사를 말한다.

제12조(확정가격최상설계방식) ① 계약담당공무원은 확정가격최상설계방식으로 실시설계적격자를 선정하는 경우에는 실시설계적격자 결정대상자 중에서 설계점수가 가장 높은 자를 실시설계적격자로 결정한다.

② 제1항에 따라 실시설계적격자를 결정할 수 있는 공사는 시설물의 사용 목적상 상징성, 기념성, 예술성 등의 창의적인 설계가 필요하거나 고난이도 기술을 필요로 하는 공사로써 정해진 예산범위 내에서 최상의 시설물을 얻고자 하는 공사를 말한다.

제12조의2(일괄입찰의 일부 입찰무효시 설계점수의 조정) 계약담당공무원은 제7조 내지 제12조에도 불구하고 기본설계적격자 및 실시설계적격자를 선정함에 있어 시행령 제84조제1항제2호의 자(이하 이 기준에서 "설계업체"라 한다)의 일부에 입찰무효 사유가 있는 입찰참가자에 대하여는 중앙·지방건설기술심의위원회 또는 기술자문위원회로부터 통지받은 설계점수를 다음과 같이 조정한 설계점수를 적용한다.

설계점수= 설계평가총점수 - [(입찰무효사유가 있는 설계업체의 참여분야 지분율 × 해당분야 취득점수)+(입찰무효사유가 있는 설계업체의 참여분야 지분율 × 해당분야 취득점수)+ ......]

제13조(일괄입찰의 낙찰자 결정) ① 계약담당공무원은 제4조제1항 각호의 실시설계적격자 결정방법에 따라 실시설계적격자를 결정한 경우에는 중앙·지방건설기술심의위원회 또는 기술자문위원회에 실시설계의 적격여부에 대한 심의를 의뢰하여야 하며, 당해 실시설계의 적격 통지를 받은 때에는 동 실시설계적격자를 낙찰자로 결정한다.

② 제1항에 따른 낙찰자결정은 부득이한 사유가 없는 한 실시설계서가 제출된 날부터 60일 이내에 하여야 한다.

제3장 대안입찰의 낙찰자 결정

제14조(대안입찰의 낙찰자 결정) 계약담당공무원은 제4조에 따라 대안입찰의 낙찰자를 결정함에 있어서는 이 장에서 정한 바에 따라야 한다.

제15조(낙찰적격입찰 선정 등) ① 계약담당공무원은 입찰자가 제출한 대안입찰서의 대안입찰가격이 다음 각호의 요건을 모두 충족하는 경우에 이를 낙찰적격입찰로 선정한다.

1. 대안입찰 가격이 입찰자 자신의 원안입찰 가격보다 낮을 것
2. 대안입찰 가격이 총공사 예정가격 이하로서 대안공종에 대한 입찰가격이 대안공종에 대한 예정가격 이하일 것

② 수요기관의 장은 제1항에 따라 선정된 낙찰적격입찰의 대안설계서를 원안설계서와 함께 설계의 적격여부에 대한 심의 및 설계평가를 중앙건설심의위원회 또는 기술자문위원회에 의뢰하여야 한다.

③ 계약담당공무원은 대안입찰에 부친 결과 시행령 제86조 제6항에 해당하는 때에는, 추정가격이 100억원 미만인 공사는 「적격심사기준」에 따라 적격심사를 거쳐 낙찰자를 결정 하며, 추정가격이 100억원 이상인 공사인 경우에는 「조달청 종합심사낙찰제 심사세부기준」에 따라 각 입찰자의 입찰가격, 공사수행능력 및 사회적 책임 등을 종합 심사하여 낙찰자를 결정한다.

④ 제1항 내지 제3항에 따른 낙찰자 결정은 부득이한 사유가 없는 한 입찰일로부터 80일 이내에 하여야 한다.

제16조(낙찰자 결정대상자 선정) ① 계약담당공무원은 다음 각 호에 해당하는 자를 낙찰자 결정대상자로 선정하여야 한다.

1. 원안입찰자(대안입찰서를 제출하였으나 제15조에 따라 낙찰적격 입찰에서 제외되었거나, 낙찰적격입찰 중 제2호에 포함되지 않은 입찰자를 포함한다. 이하 같다)
2. 시행령 제85조제5항 또는 제6항에 따라 중앙·지방건설기술심의위원회 또는 기술자문위원회로부터 적격으로 통지된 대안입찰서(제17조에 따라 낙찰자를 결정하는 경우에는 60점 이상 85점 이하에서 계약담당공무원이 정한 설계점수 이상을 받은) 중 설계점수가 높은 순으로 최대 6개의 대안(적격으로 통지된 대안이 6개 미만인 경우에는 적격으로 통지된 모든 대안)을 선정한 후, 선정된 대안의 설계점수와 원안설계점수를 비교하여 대안설계점수가 원안설계점수 보다 낮지 아니한 대안입찰서를 제출한 자

② 삭제〉

제17조(설계적합최저가방식) ① 계약담당공무원은 설계적합최저가방식에 따라 낙찰자를 결정하고자 하는 경우 제16조에 따라 선정된 낙찰자 결정대상자(이하 "낙찰자 결정대상자"라 한다) 중에서 최저가격으로 입찰한 자를 낙찰자로 결정하여야 한다.

② 제1항에 따라 낙찰자를 결정할 수 있는 공사는 선형공사, 단순반복 축조공사 등 정형화된 설계기준에 따라 비용절감이 필요한 시설물을 설계·시공하는 공사를 말한다.

제18조(입찰가격조정방식) ① 계약담당공무원은 입찰가격조정방식에 따라 낙찰자를 결정하는 경우에는 낙찰자 결정 대상자 중에서 입찰가격을 설계점수로 나누어 조정된 수치가 가장 낮은 자를 낙찰자로 결정하여야 한다.

조정가격 = 입찰가격/(설계점수/100)

② 제1항에 따라 실시설계적격자를 결정할 수 있는 공사는 비용절감뿐만 아니라 고품질의 우수한 목적물을 얻고자 하는 일부 정형화된 설계기준에 따라 시설물을 설계·시공하는 공사를 말한다.

제19조(설계점수조정방식) ① 계약담당공무원은 설계점수조정방식에 따라 낙찰자를 결정하는 경우에는 낙찰자 결정 대상자 중 설계점수를 입찰가격으로 나누어 조정된 수치가 가장 높은 자를 낙찰자로 결정하여야 한다.

조정점수 = (설계점수× 예정가격)/입찰가격

② 제1항에 따라 실시설계적격자를 결정할 수 있는 공사는 제18조제2항에 정한 바와 같다.

제20조(가중치기준방식) ① 계약담당공무원은 가중치기준방식에 따라 낙찰자를 결정하는 경우에는 낙찰자 결정대상자 중 설계점수와 가격점수에 가중치를 부여하여 각각 평가한 결과를 합산한 점수가 가장 높은 자를 낙찰자로 결정하여야 한다.

② 제1항에 적용할 설계섬수와 가격점수의 가중치는 공사의 기술난이도 등을 고려하여 별표에 따라 그 합계가 100이 되도록 수요기관의 장이 조달청장과 협의하여 정한다.

③ 가격점수는 다음의 계산식을 적용하여 산정한다. 이 경우 최저입찰가격은 낙찰자 결정대상자의 입찰가격 중 최저입찰가격을 말한다.

가격점수 = 가격점수가중치 × (최저입찰가격/당해입찰가격)

④ 제1항에 따라 낙찰자를 결정할 수 있는 공사는 시설물의 사용 목적상 창의적인 설계가 필요하거나 난이도가 높은 기술을 필요로 하는 공사로써 비용절감뿐만 아니라 고품질의 목적물을 얻고자 하는 공사를 말한다.

제20조의2(대안입찰의 일부 입찰무효시 설계점수의 조정) 계약담당공무원은 제16조 내지 제20조에도 불구하고 설계업체의 일부에 입찰무효 사유가 있는 입찰참가자가 있을 경우에는 낙찰자 결정대상자 및 낙찰자를 선정함에 있어 제12조의2를 준용한다.

제4장 보 칙

제21조(기타사항) 이 세부기준에 정하지 아니한 사항에 대하여는 입찰공고에 별도로 정하여 집행할 수 있다.

제22조(재검토기한) 「훈령·예규 등의 발령 및 관리에 관한 규정」에 따라 이 지침에 대하여 2024년 10월 2일 기준으로 매3년이 되는 시점(매 3년째의 12월 31일까지를 말한다)마다 그 다당성을 김토하여 개선 등의 조치를 하여야 한다.

부 칙 <제4585호, 2009.8.21.>

(「훈령·예규 등의 발령 및 관리에 관한 규정」에 따른 외자구매 기술 (제안서) 평가규정 등 일부개정지침)

이 지침은 2009년 8월 24일부터 시행한다.

부 칙 <제4253호, 2012.8.23.>

이 지침은 2012년 8월 25일부터 시행한다.

부 칙 <제184호, 2014.1.13.>

이 지침은 2014년 1월 14일부터 시행한다.

부 칙 <제10731호, 2015.12.10.>

이 지침은 2015년 12월 14일부터 시행한다.

부 칙 <제2615호, 2016.3.22.>

이 지침은 2016년 4월 1일 입찰공고 하는 공사부터 적용한다.

부 칙 <제616호, 2017.1.16.>

이 지침은 2017년 1월 16일 입찰공고 하는 공사부터 적용한다.

부 칙 <제5899호, 2020.6.29.>

이 지침은 2020년 7월 1일 입찰공고 하는 공사부터 적용한다.

부 칙 <제8744호, 2024.09.30.>

이 지침은 2024년 10월 2일 입찰공고 하는 공사부터 적용한다.

[별 표]

공사등급(유형)별 설계가중치 적용기준 (제11조 및 제20조 관련)

등급(유형)	기술적 난이도	설계가중치
A 기술 강조형	① 고난도·고기술이 필요한 특수교량 - 현수교, 사장교(cable stayedbridge), 아치교, 트러스교(truss bridge) 등 이에 준하는 공사 ② 공사여건이 극히 열악하여 시공자의 기술 및 경험이 요구되고 하자책임 보증이 중요한 공사 - 연륙교, 연도교, 해상교량, 해저·하저터널, 평균 높이30m이상 항만구조물(단, 잔교(구름다리)식은 제외) 등 이에 준하는 공사 ③ 설계부실에 따른 안전사고 시 재산 및 인명피해가 커서 설계의 기술비중을 특히 중요시해야 할 필요가 있는 공사 - 댐(본체 및 여수로(여분의 수량 배수로) 공사에 한함), 철도(환승·복합역사 포함), 공항(활주로, 여객터미널) 등 이에 준하는 공사 ④ 기자재 공급자가 직접 설계와 시공을 하는 공사로서 성능보장이 특히 필요한 공사 - 폐기물(쓰레기, 침전물(슬러지) 등) 소각시설, 철도차량기지, 열병합발전설비, 집단에너지시설 등 이에 준하는 공사	50초과 ~ 80%이하
B 균등 평가형	① 경간(기둥 사이)100m이상이 포함된 연장 500m이상의 교량, 장대터널(3,000m 이상, 방재 1등급 터널에 한함) ② 지하 10m이상의 복개식 도시철도 (지하철) 등 이에 준하는 공사 ③ 평균 높이 20m이상인 항만구조물(방파제, 안벽(부두벽), 단, 잔교(구름다리)식은 제외), 배수갑문(2,000㎥/sec이상) ④ 관람집회시설(공연장, 집회장, 관람장, 운동장, 체육관), 전시시설(전시장) ⑤ 고도처리방식에 의한 정수장 ⑥ 폐수·하수종말처리장(차집관로 제외), 생활폐기물 자동집하시설, 침전물(슬러지) 건조 시설 ⑦ 지능형교통체계시설, 공동주택, 학교, 병원, 공용청사 ⑧ 가스공급시설	40%이상 ~ 60%이하
C 가격 강조형	①A 및 B등급 이외의 공사	20%이상 ~ 50%미만

주) 등급별 설계가중치 세부 적용방법

1. A등급의 설계가중치에도 불구하고, 설계가중치의 상한은 추정가격 500억원 미만인 공사는 70%를, 추정가격 500억원 이상인 공사는 80%를 초과할 수 없다.

2. 기술적난이도에 따른 등급 적용은 해당공종의 공사비가 전체 공사비의 50%를 넘는 공종을 기준으로 한다.

3. 동일 등급 내에서의 설계가중치 결정은 전체 공사규모, 전체 공사규모 대비 해당공종 공사비의 비율, 공사의 기술적 난이도 및 발주 목적 등(이하 '공사규모 및 난이도 등'이라 한다)을 고려하여 결정하여야 한다.

4. 단일공종 금액이 전체 공사비의 30%이상~50%미만일 경우에는 하위등급(예, A등급 공사비율이 40%인 경우는 B등급 적용), 30%미만인 경우에는 차하위등급을 적용(예, A등급 공사비율이 25%인 경우 C등급 적용)하여야 한다.

5. 공사규모 및 난이도 등을 감안하여 등급을 달리 적용할 수 있다. 다만, 공사 목적물의 상징성·기념성 등 발주목적 및 공사특성 등의 불가피한 사유로 상위 등급의 설계가중치를 적용하려는 경우에는 중앙(지방, 특별)건설기술심의위원회 또는 기술자문위원회의 자문을 거쳐 상위등급을 적용할 수 있다.

6. 시행령 제80조에 따라 일괄·대안입찰로 발주하는 공사로서, 공사명칭 등의 상이로 인하여 위의 A~C 등급에 해당공사가 명시되지 않은 경우, 발주하려는 공사의 내용·성격 등을 감안하여 가장 유사한 공사의 등급에 따른다.

일괄입찰 등에 의한 낙찰자 결정기준

기획재정부계약예규 제703호, 2024. 7.16. 일부개정

제1장 총 칙

제1조(목적) 이 예규는「국가를 당사자로 하는 계약에 관한 법률 시행령」(이하 "시행령"이라 한다) 제79조에 따른 일괄입찰 또는 대안입찰, 제98조에 따른 실시설계 기술제안입찰 또는 기본설계 기술제안입찰(이하 "일괄입찰 등"이라 한다)과 관련하여 시행령 제85조의2, 제86조, 제87조, 제102조, 제104조 및 제106조에 따른 낙찰자결정 및 그 밖에 필요한 사항을 정함을 목적으로 한다.<개정 2010.9.8., 2023.6.30.>

제2조(입찰참가자격사전심사) 계약담당공무원(각 중앙관서의 장이 계약에 관한 사무를 그 소속공무원에게 위임하지 아니하고 직접 처리하는 경우에는 이를 계약담당공무원으로 본다. 이하 같다)은 일괄입찰 등에 있어 시행령 제13조에 따라 입찰참가자격을 미리 심사하여 적격자를 선정 하고자 하는 경우 사전심사 기준・방법 그 밖에 필요한 사항은 계약예규「입찰참가자격사전심사요령」을 참고하여 정할 수 있다.<개정 2010.9.8.>

제3조(일괄입찰 등의 실시설계적격자 또는 낙찰자 결정방법 공고) 계약담당공무원은 시행령 제85조의2 또는 제102조에 따라 선택된 실시설계적격자 또는 낙찰자 결정방법을 입찰공고시 명시하여야 한다<개정 2016.12.30., 2023.6.30.>

제4조(입찰 및 설계심의 의뢰 등) ① 계약담당공무원은 입찰참가자로 하여금 가격입찰서와 함께 일괄입찰의 경우에는 시행령 제85조제3항제1호에 정한 서류를, 대안입찰의 경우로서 대안을 제출하는 경우에는 동조 제2항에 정한 서류를, 실시설계 및 기본설계 기술제안입찰의 경우에는 시행령 제103조제1항 또는 시행령 제105조제1항의 기술제안서를 각각 제출하게 하여야 한다. 다만, 일괄입찰에 있어 시행령 제85조의2제1항제4호의 방법에 따라 실시설계적격자를 결정하는 경우에는 가격입찰서는 제출하게 하지 아니한다. <개정 2023.6.30.>

② 계약담당공무원은 입찰시 제출된 기본설계입찰서, 대안입찰서, 기술제안서 등에 대하여 시행령 제85조제5항 또는 제6항, 시행령 제103조제3항 또는 제4항, 시행령 제105조제4항 또는 제5항에 따라 중앙건설기술심의위원회 또는 기술자문위원회에 설계 또는 기술제안의 적격여부에 대한 심의 및 설계점수평가 또는 기술제안점

수평가를 의뢰하여야 한다. <개정 2016.1.1., 2023.6.30.>

제5조(세부심사기준) ① 계약담당공무원은 필요한 경우에는 이 예규에 정한 바에 따라 실시설계적격자 또는 낙찰자가 결정될 수 있도록 세부심사기준을 정할 수 있다.

② 계약담당공무원은 제1항에 따라 세부심사기준을 정한 때에는 입찰에 참가하고자 하는 자가 열람할 수 있도록 비치하여야 하며, 입찰에 참가하고자 하는 자의 신청이 있을 경우 「국가를 당사자로 하는 계약에 관한 법률 시행규칙」 제41조에 정한 입찰관련서류와 함께 교부하여야 한다.

③ 제2항에 따른 열람・교부기간은 입찰공고일부터 입찰등록마감일까지 이어야 한다.

④ 계약담당공무원은 시행령 제14조에 따른 전자조달시스템에 제2항의 서류를 게재함으로써 입찰에 참가하고자 하는 자에 대한 열람 또는 교부에 갈음할 수 있다. 다만, 입찰에 참가하고자 하는 자가 서류로 제2항의 서류를 교부토록 요구하는 경우에는 서류로 교부하여야 한다. <개정・단서신설 2014.1.10.>

제2장 일괄입찰의 실시설계적격자 및 낙찰자 결정

제6조(일괄입찰의 실시설계적격자 및 낙찰자 결정) 계약담당공무원은 시행령 제87조에 따라 일괄입찰의 실시설계적격자 및 낙찰자를 결정함에 있어서는 이 장에 정한 바에 따라야 한다.

제7조(실시설계적격자 결정대상자 선정) ① 계약담당공무원은 일괄입찰에 참가한 자에 대하여 시행령 제85조제5항 또는 제6항에 따라 입찰시 제출한 기본설계의 적격여부 및 설계점수를 중앙건설기술심의위원회 또는 기술자문위원회로부터 통지 받은 때에는 기본설계적격자(제8조에 따라 낙찰자를 결정하는 경우에는 60점 이상 85점 이하에서 계약담당공무원이 정한 설계점수 이상을 받은 자) 중 설계점수가 높은 순으로 최대 6인(적격으로 통지된 입찰자가 6인미만인 경우에는 적격으로 통지된 모든 입찰자)을 실시설계적격자 결정대상자로 선정하여야 한다. <개정 2011.5.13, 2016.1.1.>

② 계약담당공무원은 제1항에 불구하고 시행령 제85조제5항 또는 제6항에 따른 기본설계적격자가 1인 이하인 경우에는 시행령 제87조제1항 단서에 정한 바에 따라 재공고입찰에 의하여야 한다.

제8조(설계적합최저가방식) 계약담당공무원은 시행령 제85조의2제1항제1호의 방법으로 실시설계적격자를 선정하는 경우에는 제7조에 따라 선정된 실시설계적격자 결정대상자(이하 "실시설계적격자 결정대상자"라 한다) 중 최저가격으로 입찰한 자를 실시설계적격자로 결정하여야 한다.<개정 2016.12.30.>

제9조(입찰가격조정방식) 계약담당공무원은 시행령 제85조의2제1항제2호 전단의 방법으로 실시설계적격자를 선정하는 경우에는 실시설계적격자 결정대상자 중 다음 계산식에 따라 조정된 가격이 가장 낮은 자를 실시설계적격자로 결정하여야 한다.

조정가격 = 입찰가격/(설계점수/100)<개정 2016.12.30.>

제10조(설계점수조정방식) 계약담당공무원은 시행령 제85조의2제1항제2호 후단의 방법으로 실시설계적격자를 선정하는 경우에는 실시설계적격자 결정대상자 중 다음 계산식에 따라 조정된 점수가 가장 높은 자를 실시설계적격자로 결정하여야 한다.

조정점수 = [(설계점수× 추정금액)]/입찰가격<개정 2016.12.30., 2024.7.16>

제11조(가중치기준방식) ① 계약담당공무원은 시행령 제85조의2제1항제3호의 방법으로 실시설계적격자를 선정하는 경우에는 실시설계적격자 결정대상자 중 가중치가 반영된 설계점수와 가격점수를 합산한 종합점수가 가장 높은 자를 실시설계적격자로 결정하여야 한다. <개정 2016.12.30.>

② 계약담당공무원은 제1항에 적용할 설계점수와 가격점수의 가중치는 공사의 기술난이도 등을 고려하여 별표에 따라 그 합계가 100이 되도록 정하여야 하며, 동 내용을 입찰공고시 실시설계적격자 결정방법과 함께 명시하여야 한다. <개정 2010.9.8.>

③ 가격점수는 다음 계산식을 적용하여 산정한다. 이 경우에 최저입찰가격은 실시설계적격자 결정대상자의 입찰가격 중 최저입찰가격을 말한다.

가격점수 = 가격점수가중치 × (최저입찰가격/해당입찰가격)

제12조(확정가격최상설계방식) 계약담당공무원은 시행령 제85조의2제1항제4호의 방법으로 실시설계적격자를 선정하는 경우에는 실시설계적격자 결정대상자 중 설계점수가 가장 높은 자를 실시설계적격자로 결정하여야 한다.<개정 2016.12.30.>

제12조의2(일괄입찰의 일부 입찰무효시 설계점수의 조정) 계약담당공무원은 제7조 내지 제12조에도 불구하고 기본설계적격자 및 실시설계적격자를 선정함에 있어 시행령 제84조제1항제2호의 자(이하 이 예규에서 설계업체라 한다)의 일부에 입찰무효 사유가 있는 입찰참가자에 대하여는 중앙건설기술심의위원회 또는 기술자문위원회로부터 통지받은 설계점수를 다음과 같이 조정한 설계점수를 적용한다.

설계점수= 설계평가총점수 - [(입찰무효사유가 있는 설계업체의 참여분야 지분율 × 해당분야 취득점수)+ (입찰무효사유가 있는 설계업체의 참여분야 지분율 × 해당분야 취득점수)+ ......]

[본조신설 2016.12.30.]

제13조(일괄입찰의 낙찰자 결정) ① 계약담당공무원은 제8조 내지 제12조에 따라 실시설계적격자를 결정한 경우에는 시행령 제85조제3항제2호에 따라 실시설계적격자로부터 실시설계서 등을 제출받아 동조 제5항 또는 제6항에 따라 중앙건설기술심의위원회 또는 기술자문위원회에 실시설계서의 적격여부에 대한 심의를 의뢰하여야 한다. <개정 2016.1.1.>

② 계약담당공무원은 시행령 제85조제5항 또는 제6항에 따라 중앙건설기술심의위원회 또는 기술자문위원회로부터 해당 실시설계의 적격통지를 받은 때에는 동 실시설계적격자를 낙찰자로 결정한다. <개정 2016.1.1., 2023.6.30.>

③ 계약담당공무원은 실시설계적격자의 입찰금액이 계속비대형공사에 있어서는 계속비예산, 일반대형공사에 있어서는 총 공사 예산을 각각 초과하는 경우에는 실시설계 제출요구 전에 예산의 범위안으로 가격을 조정하기 위하여 그 입찰자와 협의하여야 하며 협의가 성립되지 아니할 때에는 재공고입찰에 의하여야 한다.

④ 제1항 및 제2항에 따른 낙찰자의 결정은 부득이한 사유가 없는 한 실시설계서가 제출된 날부터 60일이내에 하여야 한다.

제3장 대안입찰의 낙찰자 결정

제14조(대안입찰의 낙찰자 결정) 계약담당공무원은 시행령 제86조에 따라 대안입찰의 낙찰자를 결정함에 있어서는 이 장에 정한 바에 따라야 한다.

제15조(낙찰적격입찰 선정 등) ① 계약담당공무원은 시행령 제85조제2항에 따라 제출된 대안입찰서의 대안입찰가격(제86조제3항 또는 제4항에 따른 조정을 거친 후의 대안입찰가격을 포함한다)이 다음 각 호의 요건을 모두 충족하는 경우에는 이를 낙찰적격입찰로 선정한다.

1. 대안입찰가격이 입찰자 자신의 원안입찰가격보다 낮을 것
2. 대안입찰가격이 총공사 예정가격 이하로서 대안공종에 대한 입찰가격이 대안공종에 대한 예정가격 이하일 것

② 계약담당공무원은 제1항에 따라 선정된 낙찰적격입찰의 대안설계서를 원안설계서와 함께 시행령 제85조제5항 또는 제6항에 따라 중앙건설기술심의위원회 또는 기술자문위원회에 설계의 적격여부에 대한 심의 및 설계점수평가를 의뢰하여야 한다. <개정 2016.1.1.>

제16조(낙찰자 결정대상자 선정) 계약담당공무원은 다음 각 호에 해당하는 자를 낙찰자 결정대상자로 선정하여야 한다.

1. 원안입찰자(대안입찰서를 제출하였으나 제15조에 따라 낙찰적격입찰에서 제외되었거나, 낙찰적격입찰 중 제2호에 포함되지 않은 입찰자를 포함한다. 이하

갈다)

2. 시행령 제85조제5항 또는 제6항에 따라 중앙건설기술심의위원회 또는 기술자문위원회로부터 적격으로 통지된(제17조에 따라 낙찰자를 결정하는 경우에는 60점 이상 85점 이하에서 계약담당공무원이 정한 설계점수 이상을 받은) 대안입찰서 중 설계점수가 높은 순으로 최대 6개의 대안(적격으로 통지된 대안이 6개미만인 경우에는 적격으로 통지된 모든 대안)을 선정한 후, 선정된 대안의 설계점수와 원안설계점수를 비교하여 대안설계점수가 원안설계점수보다 보다 낮지 아니한 대안입찰서를 제출한 자 <개정 2011.5.13. 2016.1.1.>

제17조(설계적합최저가방식) 계약담당공무원은 시행령 제85조의2제2항제1호의 방법으로 낙찰자를 결정하는 경우에는 제16조에 따라 선정된 낙찰자 결정대상자(이하 "낙찰자 결정대상자"라 한다) 중 최저가격으로 입찰한 자를 낙찰자로 결정하여야 한다.<개정 2016.12.30., 2023.6.30.>

제18조(입찰가격조정방식) 계약담당공무원은 시행령 제85조의2제2항제2호 전단의 방법으로 낙찰자를 결정하는 경우에는 낙찰자 결정대상자 중 다음 계산식에 따라 조정된 가격이 가장 낮은 자를 낙찰자로 결정하여야 한다.

- 조정가격 = 입찰가격/(설계점수/100)<개정 2016.12.30., 2023.6.30.>

제19조(설계점수조정방식) 계약담당공무원은 시행령 제85조의2제2항제2호 후단의 방법으로 낙찰자를 결정하는 경우에는 낙찰자 결정대상자 중 다음 계산식에 따라 조정된 점수가 가장 높은 자를 낙찰자로 결정하여야 한다.

- 조정점수 = (설계점수 × 예정가격)/입찰가격<개정 2016.12.30., 2023.6.30.>

제20조(가중치기준방식) ① 계약담당공무원은 시행령 제85조의2제2항제3호의 방법으로 낙찰자를 결정하는 경우에는 낙찰자 결정대상자 중 가중치가 반영된 설계점수와 가격점수를 합산한 종합점수가 가장 높은 자를 낙찰자로 결정하여야 한다. <개정 2016.12.30., 2023.6.30.>

② 계약담당공무원은 제1항에 적용할 설계점수와 가격점수의 가중치는 공사의 기술난이도 등을 고려하여 별표에 따라 그 합계가 100이 되도록 정하여야 하며, 동 내용을 입찰공고시 낙찰자 결정방법과 함께 명시하여야 한다. <개정 2010.9.8.>

③ 가격점수는 다음 계산식을 적용하여 산정한다. 이 경우 최저입찰가격은 낙찰자 결정대상자의 입찰가격 중 최저입찰가격을 말한다.

- 가격점수 = 가격점수가중치 × (최저입찰가격/해당입찰가격)

제20조의2(대안입찰의 일부 입찰무효시 설계점수의 조정) 계약담당공무원은 제16조 내지 제20조에도 불구하고 설계업체의 일부에 입찰무효 사유가 있는 입찰참가자가 있을 경우에는 낙찰자 결정대상자 및 낙찰자를 선정함에 있어 제12조의2를 준용한

다.

[본조신설 2016.12.30.]

제4장 기술제안입찰자의 낙찰자 결정

제21조(기술제안입찰의 낙찰자 결정) 계약담당공무원은 시행령 제104조에 따라 실시설계 기술제안입찰의 낙찰자를 결정하거나 시행령 제106조에 따라 기본설계 기술제안입찰의 실시설계적격자 및 낙찰자를 결정함에 있어서는 이 장에 정한 바에 따라야 한다.

[본조신설 2023.6.30.]

[종전 제21조는 제27조로 이동 2023.6.30.]

제22조(실시설계 기술제안입찰의 낙찰자 결정 대상자 선정) 계약담당공무원은 실시설계 기술제안입찰에 참가한 자에 대하여 시행령 제103조제3항 또는 제4항에 따라 입찰시 제출한 기술제안서의 적격여부 및 기술제안점수를 중앙건설기술심의위원회 또는 기술자문위원회로부터 통지받은 때에는 기술제안적격자 중 다음 각 호의 구분에 따른 예산을 초과하지 않는 금액으로 입찰한 자로서 기술제안점수가 높은 순으로 최대 6명(적격으로 통지된 입찰자가 6명 미만인 경우 적격으로 통지된 모든 입찰자)을 낙찰자 결정대상자로 선정하여야 한다.<개정 2024.7.16.>

1. 공사비가 계속비 예산으로 계상된 공사: 계속비 예산 <신설 2024.7.16.>
2. 공사비가 계속비 예산으로 계상되지 않은 공사: 총공사 예산 <신설 2024.7.16.>

[본조신설 2023.6.30.]

[종전 제22조는 제28조로 이동 2023.6.30.]

제23조(실시설계 기술제안입찰의 낙찰자 결정 방법) ① 계약담당공무원은 시행령 제102조제1항 각 호의 방법으로 낙찰자를 결정하는 경우에는 제17조 내지 제20조의 낙찰자 결정방법을 준용한다. 이 경우 "설계점수"는 "기술제안점수"로 "예정가격"은 "추정금액"으로 본다.

[본조신설 2023.6.30.]

제24조(기본설계 기술제안입찰의 실시설계적격자 결정대상자 결정) 계약담당공무원은 시행령 제105조제4항 또는 제5항에 따라 입찰시 제출한 기술제안서의 적격여부 및 기술제안점수를 중앙건설기술심의위원회 또는 기술자문위원회로부터 통지받은 때에는 기술제안적격자 중 기술제안점수가 높은 순으로 최대 6명(적격으로 통지된 입찰자가 6명 미만인 경우 적격으로 통지된 모든 입찰자)을 실시설계적격자 결정대상자로 선정하여야 한다.

[본조신설 2023.6.30.]

제25조(기본설계 기술제안입찰의 실시설계적격자 결정 방법) 계약담당공무원은 시행

령 제102조제2항 각 호의 방법으로 실시설계적격자를 선정하는 경우에는 제9조 내지 제11조의 실시설계적격자 결정방법을 준용한다. 이 경우 "설계점수"는 "기술제안점수"로 본다.

[본조신설 2023.6.30.]

제26조(기본설계 기술제안입찰의 낙찰자 결정) ① 계약담당공무원은 제25조에 따라 실시설계적격자를 결정한 경우에는 시행령 제105조제3항에 따라 실시설계적격자로부터 실시설계서 등을 제출받아 동조 제4항 또는 제5항에 따라 중앙건설기술심의위원회 또는 기술자문위원회에 실시설계서의 적격여부에 대한 심의를 의뢰하여야 한다.

② 계약담당공무원은 시행령 제105조제4항 또는 제5항에 따라 중앙건설기술심의위원회 또는 기술자문위원회로부터 해당 실시설계의 적격통지를 받은 때에는 동 실시설계적격자를 낙찰자로 결정한다.

③ 제13조제3항 및 제4항은 기본설계 기술제안입찰의 낙찰자결정에 관하여 준용한다.

[본조신설 2023.6.30.]

제5장 보 칙

제27조(입찰결과의 공개 등) 계약담당공무원은 개찰 후 즉시 입찰참가업체별 설계점수와 입찰가격을 전자조달시스템 또는 발주기관의 정보처리장치를 통하여 공개하여야 하며, 「독점규제 및 공정거래에 관한 법령」에 따라 입찰관련정보를 공정거래위원회에 제출하여야 한다.

[제21조에서 이동 2023.6.30.]

제28조(재검토기한) 「훈령・예규 등의 발령 및 관리에 관한 규정」에 따라 이 예규에 대하여 2016년 1월 1일 기준으로 매3년이 되는 시점(매 3년째의 12월 31일까지를 말한다)마다 그 타당성을 검토하여 개선 등의 조치를 하여야 한다.

[제22조에서 이동 2023.6.30.]

부 칙 <제113호, 2012.9.22.>

제1조(시행일) 이 계약예규는 2012년 9월 22일부터 시행한다.

부 칙 <제161호, 2014.1.10.>

제1조(시행일) 이 계약예규는 2014년 1월 10일부터 시행한다.

제2조(적용례) 이 예규 시행일 이후 입찰공고를 한 분부터 적용한다.

부 칙 <제246호, 2015.9.21.>

제1조(시행일) 이 계약예규는 2015년 9월 21일부터 시행한다.

부 칙 <제284호, 2016.1.1.>

제1조(시행일) 이 계약예규는 2016년 1월1일부터 시행한다.

부 칙 <제322호, 2016.12.30.>

제1조(시행일) 이 계약예규는 2017년 1월1일부터 시행한다.

제2조(적용례) ①이 계약예규는 시행일 이후 시행령 제85조의2의 규정에 따라 중앙건설기술심의위원회가 실시설계적격자 또는 낙찰자 결정방법을 심의한 분부터 적용한다.

②제1항에도 불구하고 제12의2 및 제20조의2의 개정규정은 이 계약예규 시행일 이후 감점사유가 발생하는 분부터 적용한다.

부 칙 <제655호, 2023.06.16.>

제1조(시행일) 이 계약예규는 2023년 6월30일부터 시행한다.

제2조(적용례) 이 계약예규는 부칙 제1조에 따른 시행일 이후 입찰공고 하는 경우부터 적용한다.

부 칙 <제703호, 2024.07.16.>

제1조(시행일) 이 계약예규는 2024년 7월16일부터 시행한다.

제2조(적용례) 이 계약예규는 부칙 제1조에 따른 시행일 이후 입찰공고 하는 경우부터 적용한다.

[별표]

공사등급(유형)별 설계가중치 적용기준 (제11조, 제20조, 제22조 및 제25조) <신설 2010.9.8. 개정 2023.6.30.>

등급(유형)	기술적 난이도	설계가중치
A 기술강조형	① 고난도·고기술이 필요한 특수교량 - 현수교, 사장교, 아치교, 트러스교 등 이에 준하는 공사 ② 공사여건이 극히 열악하여 시공자의 기술 및 경험이 요구되고 하자책임 보증이 중요한 공사 - 연육교, 연도교, 해상교량, 해저·하저터널, 평균 높이 30m 이상 항만구조물(단, 잔교식은 제외) 등 이에 준하는 공사 ③ 설계부실에 따른 안전사고시 재산 및 인명피해가 커서 설계의 기술비중을 특히 중요시해야 할 필요가 있는 공사 - 댐(본체 및 여수로 공사에 한함), 철도(환승·복합역사 포함), 공항(활주로, 여객터미널) 등 이에 준하는 공사 ④ 기자재 공급자가 직접 설계와 시공을 하는 공사로서 성능보장이 특히 필요한 공사 - 폐기물(쓰레기, 슬러지 등) 소각시설, 철도차량기지, 열병합발전설비, 집단에너지시설 등 이에 준하는 공사	50초과~ 80%이하
B 균등평가형	① 경간100m이상이 포함된 연장 500m이상의 교량, 장대터널(3,000m이상, 방재1등급터널에 한함) ② 지하 10m이상의 복개식 도시철도(지하철) 등 이에 준하는 공사 ③ 평균 높이 20m이상인 항만구조물(방파제, 안벽, 단, 잔교식은 제외), 배수갑문(2,000㎥/sec이상) ④ 관람집회시설(공연장, 집회장, 관람장, 운동장, 체육관), 전시시설(전시장) ⑤ 고도처리방식에 의한 정수장 ⑥ 폐수하수종말처리장(차집관로 제외), 생활폐기물 자동집하시설, 슬러지 건조 시설 ⑦ 지능형교통체계시설, 공동주택, 학교, 병원, 공용청사 ⑧ 가스공급시설	40%이상~ 60%이하
C 가격강조형	① A 및 B등급 이외의 공사	50%미만~ 20%이상

주) 등급별 설계가중치 세부 적용방법

1. A등급의 설계가중치에도 불구하고, 설계가중치의 상한은 추정가격 500억원 미만인 공사는 70%를, 추정가격 500억원 이상인 공사는 80%를 초과할 수 없다.
2. 기술적난이도에 따른 등급 적용은 해당공종의 공사비가 전체 공사비의 50%를 넘는 공종을 기준으로 한다.
3. 동일 등급 내에서의 설계가중치 결정은 전체 공사규모, 전체 공사규모 대비 해당공종 공사비의 비율, 공사의 기술적 난이도 및 발주 목적 등(이하 '공사규모 및 난이도 등'이라 한다)을 고려하여 결정하여야 한다.
4. 단일공종 금액이 전체 공사비의 50%미만 ~ 30%이상일 경우에는 하위등급(예, A등급 공사비율이 40%인 경우는 B등급 적용), 30%미만인 경우에는 차하위등급을 적용(예, A등급 공사비율이 25%인 경우 C등급 적용)하여야 한다.
5. 공사규모 및 난이도 등을 감안하여 등급을 달리 적용할 수 있다. 다만, 공사 목적물의 상징성・기념성 등 발주목적 및 공사특성 등의 불가피한 사유로 상위 등급의 설계가중치를 적용하려는 경우에는 중앙(지방,특별)건설기술심의위원회 또는 기술자문위원회의 자문을 거쳐 상위등급을 적용할 수 있다. <개정 2016.1.1.>
6. 시행령 제80조에 따라 일괄・대안입찰로 발주하거나 시행령 제99조에 따라 실시설계・기본설계 기술제안입찰로 발주하는 공사로서, 공사명칭 등의 상이로 인하여 상기 A~C 등급에 해당공사가 명시되지 않은 경우, 발주하려는 공사의 내용・성격 등을 감안하여 가장 유사한 공사의 등급에 따른다. <개정 2023.6.30>

입찰참가자격사전심사요령

기획재정부계약예규 제797호, 2025.10.30 일부개정

제1조(목적) 이 예규는 「국가를 당사자로 하는 계약에 관한 법률 시행령」 (이하 "시행령"이라 한다) 제13조 및 「국가를 당사자로 하는 계약에 관한 법률 시행규칙」 (이하 "시행규칙"이라 한다) 제23조 및 제23조의2에 의한 입찰참가자격사전심사(이하 "사전심사"라 한다)를 위하여 중앙관서의 장 또는 계약담당공무원(이하 계약담당공무원)이 심사기준을 정하는 경우 고려하여야 하는 사항과 사전심사를 실시하는 경우 따라야 할 절차, 방법 및 기타 필요한 사항을 정함을 목적으로 한다. <개정 2010.9.8.>

제2조(입찰공고) ① 계약담당공무원이 사전심사를 집행하는 때에는 시행령 제36조제16호에 의하여 심사기준의 열람·교부에 관한 사항, 심사에 필요한 서류 및 제출기한 등을 공고하여야 한다. <개정 2010.9.8.>

1. <삭제 2010.9.8.>
2. <삭제 2010.9.8.>
3. <삭제 2010.9.8.>

②제1항에 의한 공고는 시행령 제35조제2항에 정한 바와 같이 현장설명일의 전일부터 기산하여 최소한 30일전에 하여야 한다.

제3조(심사기준 등의 열람·교부) ① 계약담당공무원은 제6조에 따라 작성한 심사기준 등을 사전심사에 참가하고자 하는 자가 열람할 수 있도록 다음 각호의 서류 등을 비치하여야 하며, 사전심사에 참가하고자 하는 자의 신청이 있는 경우 이를 교부하여야 한다. <개정 2010.9.8.>

1. 심사기준 <개정 2010.9.8.>
2. 심사에 필요한 증빙서류의 작성요령 및 제출방법
3. 기타 필요한 사항

② 제1항에 의한 열람·교부기간은 입찰공고일로부터 입찰참가자격 사전심사 신청 마감일까지로 한다. <개정 2010.9.8.>

③ 계약담당공무원은 필요하다고 인정되는 때에는 전자조달시스템에 제1항 각 호의 서류를 게재함으로써 입찰에 참가하고자 하는 자에 대한 교부에 갈음할 수 있다. 다만, 입찰에 참가하고자 하는 자가 서류로 제1항 각 호의 서류를 교부토록 신청하는 경우에는 서류로 교부하여야 한다.

제4조(사전심사 신청) ① 계약담당공무원은 사전심사를 신청하고자 하는 자로 하여금

입찰공고일부터 7일 이상이 지난 날부터 사전심사에 필요한 증빙서류 등을 갖추어 신청하게 하여야 한다. 단, 사전심사를 신청하고자 하는 자가 공정거래위원회에서 보급한 표준계약서를 사용하고자 하는 경우에는 그 사용계획을 포함하여야 한다. <개정 2010.9.8, 2011.5.13.>

② 제1항에 따른 신청기간은 10일 이상으로 하되, 입찰공고시 그 신청기간을 명시하여야 한다. 다만, 계약담당공무원은 제출된 서류 등이 미비하거나 불명확하다고 인정되는 경우에는 사전심사를 신청한 자에게 3일 이내의 기간을 정하여 보완을 요구할 수 있다. <개정 2011.5.13.>

제5조(사전심사신청 자격제한) 계약담당공무원은 사전심사 신청자의 자격을 시행령 제21조 또는 제22조에 의거 제한할 수 있다. 다만, 시행령 제22조의 경우 추정가격이 200억원이상인 공사로서 제6조 제5항 제1호에 규정한 공사 중 다음 각 호의 공사는 제외한다. <개정 2010.9.8.>

1. 교량건설공사
2. 공항건설공사
3. 댐축조공사
4. 철도공사
5. 지하철공사
6. 터널공사가 포함된 공사
7. 발전소 건설공사
8. <삭제 2006.12.29.>
9. 쓰레기 소각로 건설공사
10. 폐수처리장 건설공사
11. 하수종말처리공사
12. 관람집회시설공사

제6조(심사기준등) ① 계약담당공무원은 시행령 제13조 제2항에 따른 심사기준을 정할 때에는 제6조 및 제7조, 별표 2 및 3을 고려하여 해당공사의 성질·내용 등에 따라 적격업체가 선정될 수 있도록 하여야 한다. <신설 2010.9.8.>

② 사전심사는 경영상태부문과 기술적 공사이행능력부문으로 구분하여 심사하며, 경영상태부문의 적격요건을 충족한 자를 대상으로 기술적 공사이행능력부문을 심사한다. <제1항에서 이동 2010.9.8.>

③ 경영상태부문은 「신용정보의 이용 및 보호에 관한 법률」 제4조제1항제1호 또는 「자본시장과 금융투자업에 관한 법률」 제9조제26항의 업무를 영위하는 신용정보업자가 평가한 회사채(또는 기업어음) 또는 기업신용평가등급(이하 "신용평가등급"이라 한다)으로 심사하며, 적격요건은 다음 각호와 같다. <제2항에서 이동 2010.9.8.,

개정 15.9.21.>

1. 신용평가등급에 의한 적격요건

가. 추정가격이 500억원 이상인 공사

1) 회사채에 대한 신용평가등급의 경우 BB+(단, 공동이행방식에서 공동수급체 대표자이외의 구성원은 BB0) 이상 <개정 2009.4.8.>

2) 기업어음에 대한 신용평가등급의 경우 B+ 이상 <개정 2009.4.8.>

3) 기업신용평가등급의 경우 회사채에 대한 신용평가등급 BB+(단, 공동이행방식에서 공동수급체 대표자이외의 구성원은 BB0)에 준하는 등급 이상 <개정 2009.4.8.>

나. 추정가격이 500억원 미만인 공사

1) 회사채에 대한 신용평가등급의 경우 BB-(단, 공동이행방식에서 공동수급체 대표자이외의 구성원은 B+) 이상 <개정 2009.4.8.>

2) 기업어음에 대한 신용평가등급의 경우 B0(단, 공동이행방식에서 공동수급체 대표자이외의 구성원은 B-) 이상 <개정 2009.4.8.>

3) 기업신용평가등급의 경우 회사채에 대한 신용평가등급 BB-(단, 공동이행방식에서 공동수급체 대표자이외의 구성원은 B+)에 준하는 등급 이상 <개정 2009.4.8.>

2. <삭제 2007.7.4.>

④ 기술적 공사이행능력부문은 시공경험분야, 기술능력분야, 시공평가결과분야, 지역업체참여도분야, 신인도분야를 종합적으로 심사하며, 적격요건은 평점 90점이상으로 한다. <개정 2010.9.8.>

⑤ 제4항에 따른 기술적 공사이행능력부문 심사시의 분야별 심사항목 및 배점에 대한 기준은 다음과 같다. <개정 2010.9.8, 2015.9.21.><단서삭제 2018.12.31.>

1. 추정가격이 200억원 이상인 공사로서 다음 각 목의 어느 하나에 해당하는 공사는 별표2를 적용

가. 다음 중 어느 하나에 해당하는 교량건설공사

가-1. 기둥 사이의 거리가 50미터 이상이거나 길이 500미터 이상인 교량건설공사

가-2. 교량건설공사와 교량 외의 건설공사가 복합된 공사의 경우에는 교량건설공사(기둥 사이의 거리가 50미터 이상이거나 길이 500미터 이상인 것에 한한다)부분의 추정가격이 200억원 이상인 교량건설공사

나. 공항건설공사

다. 댐축조공사

라. 에너지저장시설공사

마. 간척공사

바. 준설공사

사. 항만공사
아. 철도공사
자. 지하철공사
차. 터널건설공사(단, 터널건설공사와 터널 외의 건설공사가 복합된 공사의 경우에는 터널건설공사부분의 추정가격이 200억원 이상인 것에 한함)
카. 발전소건설공사
타. 쓰레기소각로건설공사
파. 폐수처리장건설공사
하. 하수종말처리장건설공사
거. 관람집회시설공사
너. 전시시설공사
더. 송전공사
러. 변전공사

2. 제1호 이외의 공사는 별표3을 적용

⑥ 제3항에 의한 신용평가등급은 입찰공고일 이전 가장 최근에 평가한 유효기간내 신용평가등급으로 하며, 제3항 및 제4항의 심사항목에 대한 심사기준일은 입찰공고일로 한다. <개정 2010.9.8.>

⑦ 계약담당공무원은 제4항에 따른 기술적 공사이행능력부문 심사시에는 계약이행의 성실도 평가를 위하여 다음 각호의 사항은 분야별 심사항목에 반드시 포함하여야 한다. <신설 2018.12.31.>

1. 「건설기술진흥법」 제53조에 따른 부실벌점 <신설 2018.12.31.>
2. 「건설기술진흥법」 제50조에 따른 평가결과 <신설 2018.12.31.>
3. 일자리창출을 평가하기 위한 일자리창출 실적 <신설 2018.12.31.>

제7조(심사기준의 조정) ① <삭제 2010.9.8.>

② 계약담당공무원은 제6조에 따라 심사기준을 정하는 경우 해당공사의 성질, 내용 등을 고려하여 필요하다고 인정될 때에는 제6조제3항 및 제4항의 적격요건을 상향조정할 수 있다. <개정 2010.9.8.>

③ 계약담당공무원은 제6조를 적용함에 있어 해당공사의 성질·내용 등을 고려하여 필요하다고 인정되는 경우에는 별표 2 및 3의 분야별·항목별 배점한도를 가·감 조정하거나, 항목별 세부사항을 추가 또는 제외할 수 있다. 다만, 신인도 항목을 추가 또는 제외하려는 경우에는 기획재정부장관과 협의를 거쳐야 한다. <개정 2010.9.8., 2019.12.18.>

④ 계약담당공무원은 「건설산업기본법」에 의한 건설공사외의 공사의 경우에는 신인도분야의 각 항목을 해당공사 관련법령에 규정된 내용에 따라 조정한다.

제8조(심사방법) ① 계약담당공무원은 제4조에 따라 신청한 자의 제출서류를 제6조의 심사기준에 따라 신청마감일 또는 보완일로부터 10일이내에 심사하여야 한다. 다만, 부득이한 경우에는 3일의 범위내에서 그 기간을 연장할 수 있다. <개정 2010.9.8.>

② <삭제 2007.7.4.>

③ 경영상태의 평가는 심사기준일 이전에 평가한 유효기간내에 있는 회사채, 기업어음, 기업의 신용평가등급중에서 가장 최근의 등급으로 심사하고, 합병한 업체에 대하여는 합병후 새로운 신용평가등급으로 심사하여야 하며 그 전까지는 합병대상업체중 가장 낮은 신용평가등급을 받은 업체의 신용평가등급으로 심사한다. <개정 2008.12.29.>

④ 제1항의 심사결과 제6조제3항에 따른 경영상태부문에 대한 적격요건과 제6조제4항에 따른 기술적 공사이행능력부문에 대한 적격요건을 모두 충족하는 자를 입찰적격자로 선정한다. <개정 2010.9.8.>

⑤ 계약담당공무원은 제1항의 심사를 위하여 필요하다고 인정할 때에는 시행령 제94조에 의한 계약심의회의 심의를 거쳐 심사할 수 있다.

제9조(심사결과의 통보) ①계약담당공무원은 제8조제4항에 의하여 입찰적격자를 선정한 때에는 지체없이 해당자에게 통보하고 해당사실을 시행령 제13조 제4항 단서에 의한 전자조달시스템(이하 "전자조달시스템"이라 한다), 게시판 또는 일간건설지등에 게재하여야 하며, 공사종류별로 입찰적격자명부를 작성·비치하여야 한다. <개정 2010.9.8.>

② 계약담당공무원은 제4조에 의한 신청자가 제8조에 규정한 심사관련서류의 열람을 신청한 때에는 제1항의 게재일로부터 3일까지는 이를 허용하여야 한다.

③ <신설 2011.5.13., 삭제 2012.1.1. 공사계약일반조건 제53조제5항으로 이동>

제10조(재심사) ① 계약담당공무원은 제9조에 의한 통보를 받은 자가 시행령 제14조의2에 의한 현장설명일부터 3일이전까지 심사결과에 대하여 이의가 있어 재심사를 요청한 때에는 재심사를 실시하고, 재심사 요청을 받은 날부터 3일 이내에 그 결과를 통지하여야 한다. <개정 2010.9.8.>

② 계약담당공무원은 시행령 제72조의 규정에 의하여 공동계약을 허용한 경우로서 공동수급체를 구성하여 입찰에 참가하고자 하는 자가 제8조의 규정에 의한 입찰적격자 선정이후 낙찰자 결정이전에 공동수급체구성원중 일부 구성원이 부도, 부정당업자제재, 영업정지, 입찰무효 등의 결격사유가 발생한 경우(결격사유가 입찰참가등록마감일 이전에 소멸되는 경우는 제외, 이하 이항에서 같음)에는 잔존구성원의 출자비율 또는 분담내용을 변경하거나 결격사유가 발생한 구성원을 대신할 새로운 구성원을 추가하도록 하여 제8조제4항의 규정에 의한 입찰적격자 선정범위에 해당되는지의 여부를 재심사하여야 하며, 잔존구성원만으로 또는 새로운 구성원을 추가하도록

하여 입찰적격자 선정범위에 해당되는 때에는 해당 공동수급체를 입찰에 참가하게 하여야 한다. 다만, 공동수급체대표자가 부도, 부정당업자제재, 영업정지, 입찰무효 등의 결격사유가 발생한 경우에는 해당 공동수급체를 입찰에 참가하게 하여서는 아니되며, 입찰이후에는 낙찰자 결정대상에서 제외하여야 한다. <개정 2009.6.29, 2011.5.13, 2012.4.2., 2014.1.10., 2021.12.1.>

③ 재심사결과의 통보에 대하여는 제9조의 규정을 준용한다.

제11조(부정한 방법으로 신청한 자의 처리) 계약담당공무원은 제4조의 규정에 따라 신청자가 제출한 서류가 부정하게 작성된 것으로 판명된 때에는 다음 각호의 기준에 의거 처리하여야 한다.

1. 제8조제4항의 적격자를 선정하기 이전일 경우에는 입찰적격자선정대상에서 제외
2. 입찰실시이전일 경우에는 입찰참가자격을 박탈

제12조(현장설명참가자격) 계약담당공무원은 제9조 또는 제10조의 규정에 의거 입찰적격자로 통보한 자에 한하여 시행령 제14조의2의 규정에 의한 현장설명에 참가하게 할 수 있다. <개정 2010.9.8.>

제13조(사전심사의 면제 등) ① 계약담당공무원은 해당공사와 동일한 종류의 공사를 이미 심사한 경우로서 신청자중 제8조제4항의 규정에 따라 입찰적격자로 선정된 자(제7조제2항의 규정에 의하여 적격요건을 상향조정한 경우에는 상향조정된 요건에 해당하는 자)에 대하여는 공사의 특성 등을 고려하여 1년 범위 내에서 사전심사를 면제할 수 있다. <개정 2010.4.15.>

② 계약담당공무원은 매건 자격심사마다 제9조제1항의 규정에 의거 작성된 명부에 등재된 자에 대한 사전심사를 면제할 것인지의 여부를 결정하여 제3조의 규정에 의거 열람하게 하여야 한다.

제14조(공동계약의 운용) ① 계약담당공무원은 사전심사방법으로 발주하는 공사의 경우에도 시행령 제72조의 규정에 따라 가능한 한 공동계약에 의하여 한다.

② 제1항의 규정에 의한 공동계약의 경우 공동수급체에 대한 심사는 제6조 제2항 및 제5항을 고려하여 분야별·항목별로 다음 각호와 같이 실시하되, 공동수급체 구성원간의 시공능력, 실적, 기술보유상황 등의 보완을 위하여 공동계약을 하는 경우에는 이를 우대하여 제6조의 규정에 따른 심사기준을 작성할 수 있다. <개정 2010.9.8.>

1. 경영상태부문 : 공동수급체의 구성원별로 각각 신용평가등급으로 심사
2. 기술적 공사이행능력부문

가. 시공경험, 기술능력, 시공평가결과: 공동수급체 구성원별로 각각 시공경험, 기술능력 및 시공평가결과에 공사참여 지분율(이하 "시공비율"이라 한다)을

곱하여 산정한 후 이를 합산하여 산정한 평점으로 심사 <개정 2009.4.8.> <단서삭제 2020.12.28.>

나. 신인도 : 공동수급체 구성원별로 각각 산출한 점수에 시공비율을 곱하여 이를 합산

③ 제2항1호에 의한 경영상태부문 평가시 구성원별로 각각 심사 후 적격요건을 충족시키지 못하는 구성원이 있는 공동수급체는 제8조제4항에 따른 입찰적격자 선정에서 제외한다.

④ 계약담당공무원은 해당 공사의 성질, 내용 등을 고려하여 필요하다고 인정되는 경우에는 제2항제2호의 규정에도 불구하고 공동수급체의 구성원에 대한 기술적 공사이행능력부문 심사방법을 따로 정할 수 있다. <개정 2010.9.8.>

제15조(입찰가격공개 및 관리) 계약담당공무원은 사전심사방법으로 발주하는 공사중 시행령 제42조제4항의 규정에 의한 종합심사낙찰제 대상공사에 대하여는 입찰실시 후 입찰자의 입찰가격을 전자조달시스템에 등재하고, 입찰자별 입찰가격 및 낙찰상황 등을 지속적으로 관리하여야 한다. <개정 2016.1.1.>

제16조(기타사항) 계약담당공무원은 사전심사를 함에 있어 이 예규에 규정되지 아니한 사항과 예규시행에 필요한 사항에 대하여는 세부기준을 작성하여 집행할 수 있다.

제17조(재검토기한) 「훈령·예규 등의 발령 및 관리에 관한 규정」에 따라 이 예규에 대하여 2016년 1월 1일 기준으로 매3년이 되는 시점(매 3년째의 12월 31일까지를 말한다)마다 그 타당성을 검토하여 개선 등의 조치를 하여야 한다. <개정 2015.9.21.>

부 칙 (2007.10.12)

제1조(시행일) 이 회계예규는 2007년 10월 12일부터 시행한다.

제2조(적용례) 이 예규 시행 후 입찰공고를 한 후 실시하는 입찰참가자격사전심사부터 적용한다.

부 칙 (2008.12.29)

제1조(시행일) 이 회계예규는 2008년 12월 29일부터 시행한다.

제2조(적용례) 이 예규 시행후 입찰공고를 한 분부터 적용한다.

제3조(경영상태 평가의 적용례) 제8조제3항은 2009년 1월 2일 이후 입찰공고분부터 적용한다.

부 칙 (2009.4.8)

제1조(시행일) 이 회계예규는 2009년 4월 8일부터 시행한다.

세2조(적용례) 이 예규 시행일 이후 입찰공고를 한 후 실시하는 입찰참가자격사전심사부터 적용한다.

부　칙 (2009.6.29)

제1조(시행일) 이 회계예규는 2009년 6월 29일부터 시행한다.

제2조(재심사의 적용례) 제10조 개정규정은 이 예규 시행후 입찰공고를 한 분부터 적용한다.

부　칙 (2009.9.21)

제1조(시행일) 이 회계예규는 2009년 9월 21일부터 시행한다.

부　칙 (2010.4.15)

제1조(시행일) 이 회계예규는 2010년 4월 15일부터 시행한다.

제2조(적용례) 이 예규 시행일 이후 입찰공고를 한 분부터 적용한다.

부　칙 (2010.9.8)

제1조(시행일) 이 회계예규는 2010년 10월 22일부터 시행한다.

제2조(적용례) 이 회계예규 시행 후 입찰공고를 한 분부터 적용한다.

부　칙 (2010.10.22)

제1조(시행일) 이 회계예규는 2010년 10월 22일부터 시행한다.

부　칙 (2011.5.13)

제1조(시행일) 이 계약예규는 2011년 5월 13일부터 시행한다. 다만 제4조, 제9조 및 별표2, 별표3의 개정규정은 2011년 6월 1일부터 시행한다.

제2조(신인도 가점에 관한 적용례) 제4조, 제9조 및 별표2, 별표3의 개정규정은 시행일 이후 입찰공고를 한 분부터 적용한다.

부　칙 (2012.1.1)

제1조(시행일) 이 계약예규는 2012년 1월 1일부터 시행한다.

제2조(적용례) 이 예규 시행일 이후 입찰공고를 한 분부터 적용한다.

부　칙 (2012.4.2)

제1조(시행일) 이 계약예규는 2012년 4월 2일부터 시행한다. 다만 별표 2, 별표 3의 개정 규정은 2012년 5월 1일부터 시행한다.

제2조(적용례) 이 예규 시행일 이후 입찰공고를 한 분부터 적용한다.

제3조(신인도 감점에 관한 적용례) 별표 2, 별표 3의 개정 규정은 이 예규 시행일 이후 국가를 당사자로 하는 계약에 관한 법률에 따라 입찰참가자격 제한을 받은 자부터 적용한다.

부　칙 (2012.7.4)

제1조(시행일) 이 계약예규는 2012년 8월 9일부터 시행한다.
제2조(적용례) 이 예규 시행일 이후 입찰공고를 한 분부터 적용한다.

부 칙 (2014.1.10)

제1조(시행일) 이 계약예규는 2014년 1월 10일부터 시행한다.
제2조(적용례) 이 예규 시행일 이후 입찰공고를 한 분부터 적용한다.

부 칙 (2015.1.1)

제1조(시행일) 이 계약예규는 2015년 1월 1일부터 시행한다.
제2조(적용례) 이 예규 시행일 이후 입찰공고를 한 분부터 적용한다.

부 칙 (2015.9.21)

제1조(시행일) 이 계약예규는 2015년 9월 21일부터 시행한다.
제2조(건설업체의 산업재해예방활동 실적에 관한 적용례) [별표2] 및 [별표3]의 개정규정은 2015년 10월 1일부터 최초로 입찰공고하는 입찰분부터 적용한다.

부 칙 (2016.1.1)

제1조(시행일) 이 계약예규는 2016년 1월1일부터 시행한다. 다만, [별표2]의 개정규정은 2016년 5월1일부터 시행한다.
제2조(적용례) [별표2]의 개정규정은 이 계약예규 시행 후 최초로 입찰공고하는 분부터 적용한다.
제3조(최저가낙찰제의 폐지에 따른 경과규정) 이 계약예규 시행일 이전에 최초로 입찰공고를 한 분에 대하여는 제15조의 개정규정에도 불구하고 종전 규정을 적용한다.

부 칙 (2018.12.31)

제1조(시행일) 이 계약예규는 2019년 1월 1일부터 시행한다. 다만, 제6조제7항, [별표2] 및 [별표3]의 일자리창출 심사와 관련한 개정규정은 2019년 3월 5일부터 시행한다.
제2조(적용례) 이 계약예규는 부칙 제1조에 따른 시행일 이후 입찰공고 하는 경우부터 적용한다.

부 칙 (2019.6.1)

제1조(시행일) 이 계약예규는 2019년 6월15일부터 시행한다.
제2조(적용례) 이 예규 시행일 이후 입찰공고를 한 분부터 적용한다.

부 칙 (2019.12.18)

제1조(시행일) 이 계약예규는 2020년 3월18일부터 시행한다. 다만, [별표2]5.다.1) 및 주5)7.과 [별표3]5.다.1)의 개정규정은 2020년7월1일부터 시행한다.
제2조(일반적 적용례) 이 계약예규는 부칙 제1조에 따른 시행일 이후 입찰공고 하는 분부터 적용한다

제3조(신인도분야 평가방법에 관한 적용례) [별표2]5.다.1) 및 주5)7.과 [별표3] 5.다.1)의 가중평균은 다음 각 호에 따라 산정한다.

1. 시행일로부터 1년 이내: 최근년도 사고사망만인율
2. 시행일로부터 2년 이내: 최근년도 사고사망만인율과 최근년도 1년전 사고사망만인율의 평균값(단, 최근년도 사고사망만인율 또는 최근년도 1년전 사고사망만인율을 산정하지 않은 경우에는 산정한 연도 사고사망만인율로 한다)

제4조(산업안전보건법령 위반에 따른 행정형벌에 대한 신인도 감점 관련 경과규정) [별표2] 5.다.5) 및 [별표3] 5.다.5)에 따른 감점은 이 계약예규 시행일 이후 발생한 위반행위에 대해 행정형벌을 부과받은 분부터 산정한다.

부 칙 (2020.12.28)

제1조(시행일) 이 계약예규는 2021년 1월 1일부터 시행한다.

제2조(적용례) 이 계약예규는 부칙 제1조에 따른 시행일 이후 입찰공고하는 경우부터 적용한다.

부 칙 (2021.3.19)

제1조(시행일) 이 계약예규는 2021년 3월 28일부터 시행한다.

제2조(적용례) 이 계약예규는 부칙 제1조에 따른 시행일 이후 입찰공고하는 경우부터 적용한다.

부 칙 (2021.12.1)

제1조(시행일) 이 계약예규는 2022년 1월 1일부터 시행한다.

제2조(적용례) 이 계약예규는 부칙 제1조에 따른 시행일 이후 입찰공고하는 경우부터 적용한다.

부 칙 (2022.6.1)

제1조(시행일) 이 계약예규는 2022년 6월 1일부터 시행한다.

제2조(적용례) 이 계약예규는 부칙 제1조에 따른 시행일 이후 입찰공고하는 경우부터 적용한다.

부 칙 (2024.9.13.)

제1조(시행일) 이 계약예규는 2024년 9월 13일부터 시행한다.

제2조(적용례) 이 계약예규는 부칙 제1조에 따른 시행일 이후 입찰공고하는 경우부터 적용한다.

부 칙 (2025.10.30.)

제1조(시행일) 이 예규는 10월 30일부터 시행한다.

제2조(유효기간) 이 계약예규는 부칙 제1조에 따른 시행일 이후 입찰공고 하는 경우부터

적용한다.

第3조(중대재해 관련 감점 적용례) [별표 2] 심사항목 중 5. 건설안전 "바" 및 [별표3] 심사항목 중 5. 건설안전 "바"는 시행일 이후 발생하는 중대재해부터 적용하며, 고용노동부가 공표(또는 통지)한 자료를 기준으로 평가한다.

[별표1] 삭제 <2007.7.4>

[별표2]

기술적 공사이행능력부문 분야별 심사항목 및 배점기준(제6조제5항 제1호의 경우에 적용) <개정 2008.12.29, 2010.9.8, 2011.5.13, 2012.1.1, 2012.4.2, 2012.7.4, 2015.1.1, 2015.9.21, 2021.12.1, 2025.10.30>

심사분야		심 사 항 목	
분야별	배점 한도	항 목 별	배점 한도
계	100		100
1. 시공경험	40 (45)	가. 최근10년간 해당공사와 동일한 종류의 공사실적 나. 최근10년간 해당공사와 유사한 종류의 공사실적 (시공 중인 동종공사실적 포함) 다. 최근5년간 토목·건축·전기·정보통신공사 또는 플랜트공사의 실적합계	30 (34) 20 (22) 10 (11)
2. 기술 능력	40	가. 해당공사의 시공에 필요한 기술자 보유현황(해당공종 경험기술자 우대) 나. 신기술 개발·활용실적 다. 최근년도 건설부문 매출액에 대한 건설부문 기술개발 투자비율 라. 기타 해당공사 시공에 필요한 사항	25 4 8 3
3. 시공평가결과	10		10
4. 지역업체참여도	5		5
5. 건설안전	5	가. 최근 3년간 고용노동부장관이 산정한 평균사고사망만인율의 가중평균 대비 사고사망만인율의 가중평균 비율 나. 최근 1년간 건설업체의 산업재해예방활동 실적을 고용노동부장관이 평가한 결과 그 실적이 우수한 자 다. 최근 1년동안 「산업안전보건법」 제30조제3항에 의한 산업안전보건관리비 사용의무를 위반하여 목적외 사용금액이 1,000만원을 초과하거나 사용내역서를 작성ㆍ보존하지 아니하여 과태료 처분을 받은 자 ㆍ1회 받은 자 ㆍ2회 이상 받은 자 라. 최근 1년동안 「산업안전보건법 시행규칙」 별표1 제1호 및 제6호에 따른 산업재해발생 보고의무 위반건수가 배분된 자	3 2 -0.5 -1

		·과태료처분을 받은 산업재해발생 보고의무 위반 1건당 -0.5점씩 부여 마. 최근 1년동안 산업안전보건법령 위반으로 동일 현장에서 벌금이상의 행정형벌을 2회 이상 받은 자 · 2회 받은 자 · 3회 이상 받은 자 바. 최근 1년동안 산업안전보건법을 위반하여 중대재해를 발생시킨 자로 고용노동부장관이 공표(또는 통보)한 자 ·사망자 1명 ·사망자 2명 ·사망자 3명 이상 사. 안전보건경영시스템(ISO-45001, KOSHA-MS) 인증을 받은 자	-2 -0.5 -1 -2 -3.5 -5 1
6. 신인도	+3 -7 <개정 2012.7.4., 2019.12.18., 2025.10.30.>	가. 시공업체로서의 성실성 1) 최근1년동안 「건설산업기본법」에 정한 벌금이상의 행정형벌, 영업정지, 영업·면허·등록취소 처분 또는 과징금 부과를 받은 자 2) <삭제 2019.12.18.> 3) 그 밖에 국토교통부장관이 정한 「건설업체의 부실벌점 기준」 에 해당되는 자 <2012.7.4. 라목에서 이동, 개정 2015.9.21> 나. 하도급관련사항 1) 최근 국토교통부장관이 협력업자와의 협력관계를 평가한 결과 그 실적이 우수한 자 <개정 2015.9.21.> 2) 해당 계약에서의 표준계약서 사용여부<신설 2011.5.13.> · 표준하도급 계약서 사용 · 건설기계임대차 표준계약서 사용 3) 최근 2년 동안 불공정하도급거래로 과징금 부과를 받은 자 <개정 2012.7.4.> 4) 최근 2년 이내에 공정거래위원장으로부터 하도급 상습법위반자로 통보 받은자 <신설 2008.12.29, 개정 2012.7.4.> 5) 동반성장위원회가 동반성장지수를 평가한 결과 그 실적이 우수한 자 <신설 2012.7.4.> 6) 공정거래위원회가 공정거래협약 이행실적을 평가한 결과 그 실적이 우수한 자 <신설 2012.7.4.> 다. 건설재해 및 제재처분사항 1)~5) <삭제 2025.10.30.>	 -2 <삭제> -5 +2 +2 +1 -7 -7 +2 +1

		6) 최근 1년동안 환경관련법령에 의한 벌금이상의 행정형벌, 영업정지·영업취소 처분 또는 과징금 부과를 받은 자	<삭제>
		· 1회 받은 자	-0.5
		· 2회이상 받은 자	-1
		라. 녹색기술 관련사항 <신설 2012.7.4.>	
		1) 녹색기술이나 녹색사업 인증서 또는 녹색전문기업 확인서를 보유한 자	+2
		2) 녹색건축 인증 또는 제로에너지건축물 인증 실적을 보유한 자 <개정 2021.12.1.>	+2
		마. 일자리창출 관련사항 <신설 2018.12.31.>	
		1) 최근년도 건설고용지수(건설근로자공제회 발표) 평가에 따른 평가등급을 보유한 자	
		· 1등급인 자	+3
		· 2등급인 자	+2
		2) 일자리창출 실적(고용인력 증가 등)이 확인되는 자	
		· 근로내용 확인신고서(고용보험법 시행규칙 별지 제7호 서식)로 신고한 최근 6개월 평균 고용인원·급여지급액이 그 이전 6개월 평균보다 증가한 경우	+2.5
		· 국세청 홈택스 또는 관할세무서에서 발급한 표준손익계산서(법인세법 시행규칙 별지 제3호의3서식), 「법인세법」 등에 따라 관할세무서에 신고된 손익계산서(공인회계사 또는 세무사 증명필요, 법인세법 시행규칙 별지 제3호의3서식 준용)상 전년도 급여액(퇴직급여액 제외)이 전전년도 급여액(퇴직급여액 제외)보다 증가한 경우 <개정 2020.12.28.>	+0.5

주1) 시공경험분야 평가방법

1. "가"항목과 "나"항목은 택일 적용함
2. 시공중인 동종공사의 실적은 해당공사의 예정공정표상 50%이상에 해당하는 부분에 대하여 기성검사를 필한 후 발주관서장으로부터 기성실적증명서를 발급받은 것에 한함.
3. (　)의 점수는 시행령 제42조 제1항에 따른 공사, 시행령 제72조 제3항에 따른 공사, 시행령 제6장과 제8장에 따른 공사, 회계예규 「공동계약 운용요령」 제2조의3에 따른 공사, 해당 지역에 공사의 이행에 필요한 자격을 갖춘 자가 10인 미만인 경우에 대해 적용함 <신설 2010.9.8>
4. 외국건설업자(「건설산업기본법」 제9조에 따라 건설업 등록을 한 외국인 또는 외국법인을 말하며 공동수급체 구성원인 경우도 포함)에 대해서는 ( )의 점수를 적용함 <신설 2010.9.8>

5. 국토교통부 고시「건설공사 발주 세부기준」제6조 및 제7조에 따라 시공자격을 갖춘 건설사업자의 입찰참가를 허용하는 공사(이하 "상호시장 진출 허용 공사"라 한다)는 다음과 같이 평가한다. <신설 2021.3.19, 개정 2022.6.1>
   가. 국토교통부 고시「종합·전문업종간 상호시장 진출을 위한 건설공사실적 인정기준」에 따라 평가
   나. 전문건설사업자가 종합공사에 참여하는 경우 "다" 항목으로 평가하며, 해당 종합공사를 추정금액 기준 전문업종별 구성비율로 배점을 구분하고 각 전문업종별로 평가하여 합산 다만, 2021.1.1.이후 전문건설사업자의 자격으로 취득한 종합공사 실적을 보유한 경우에는 해당 종합공사 실적을 우선 평가(종합건설사업자의 종합공사 평가방법과 동일)하고 배점한도를 충족하지 못할 경우 잔여 배점을 기준으로 본문에 따라 전문업종별 실적을 평가하여 합산.
6. 국토교통부 고시「건실공사 발주 세부기준」제8조의2에 따라 (주력)업무분야를 시공자격으로 발주한 전문공사의 경우 "다" 항목은 (주력)업무분야 실적으로 평가한다. <신설 2021.12.1>

주2) 기술능력분야 평가방법 <신설 2010.9.8>

1. "나"항목의 신기술 개발실적은「건설기술진흥법」제14조,「환경기술 및 환경산업 지원법」제7조,「국가통합교통체계효율화법」제102조,「자연재해대책법」제61조의 규정에 의거 신기술로 지정 · 고시된 기술건수를 합산하여 평가하되, 해당 신기술의 개발자가 다수인 경우에는 개발자 수로 나누어 평가함 <개정 2010.10.22, 2012.7.4, 2015.9.21, 2016.1.1>

1-1. "나"항목의 신기술 활용실적은「건설기술진흥법」제14조,「환경기술 및 환경산업 지원법」제7조,「국가통합교통체계효율화법」제102조 ,「자연재해대책법」제61조의 규정에 의거 지정된 신기술을 활용한 실적으로 평가함 <개정 2010.10.22, 2012.7.4, 2015.9.21, 2016.1.1>

2. 기술개발투자비는 건설산업기본법 등 관련법령에 따라 신고한 서류를「공인회계사법」등에 의한 공인회계사의 증명을 받은 것에 한함 <개정 2016.1.1>
3. 전기 · 정보통신 · 소방공사 등의 업체인 경우는 전기 · 정보통신 · 소방부문 등의 매출액 및 기술개발투자비율을 의미함.
4. 기술개발투자비율 산정 관련 결산서는 계약예규「적격심사기준」제5조관련 [별표] 2. 추정가격이 100억원미만 50억원이상인 공사의 주2) 제3호 내지 제5호의 규정에 의한 결산서에 의한다. <개정 2015.9.21>

주3) 시공평가결과분야 평가방법

해당 입찰참가자가 제출한 시공경험평가자료("가" 및 "나"항목에 한함)에 대한 「건설기술진흥법」 제50조의 규정에 의한 평가결과에 의하되, 해당 시공경험이 공동수급체 구성원(공동이행방식)으로 참여하였을 경우에는 공동수급체대표자가 받은 시공평가결과를 적용함. 상호시장 진출 허용 공사로서 종합공사에 전문건설사업자가 참여하는 경우 시공평가결과는 기본점수를 부여할 수 있음. <개정 2021.3.19>

주4) 지역업체참여도분야 평가방법 <신설 2010.9.8>

1. 공동수급체 구성원 중 해당 공사현장을 관할하는 특별시, 광역시 및 도에 법인등기부상 본점소재지가 소재한 업체(이하 '지역업체'라 한다)의 지분율을 기준으로 평가 <개정 2018.12.31>
2. 지역업체는 입찰공고일 현재 90일이상 해당 공사현장을 관할하는 특별시·광역시 및 도에 주된 영업소가 소재한 업체이어야 한다.

3. 단, 해당공사가 시행령 제42조 제1항에 따른 공사, 시행령 제72조 제3항에 따른 공사, 시행령 제6장과 제8장에 따른 공사, 계약예규 「공동계약 운용요령」 제2조의3에 따른 공사, 해당 지역에 공사의 이행에 필요한 자격을 갖춘 자가 10인 미만인 경우 지역업체참여도분야는 심사에서 제외함 <개정 2015.9.21>

주5) 신인도분야 평가방법 <주4)에서 이동 2010.9.8>

1. 가점과 감점항목이 있을 때에는 이를 상계하여 평가함.
2. 항목별 특성・규모・내용・기간 등의 경중을 고려하여 차등적용 가능함.
3. 환경관련 벌점은 동 처벌사실을 통보받은 날을 기준으로 함.
4. 종전 규정에 의하여 받은 감점은 동 감점의 효력이 소멸될 때 까지는 종전의 규정에 의함.
5. 표준계약서 사용을 이유로 가점을 받았으나 실제 계약 이행시에 동 계약서를 사용하지 않은 업체에 대해서는 입찰공고일 기준으로 향후 3년 내에 실시하는 입찰에 참가할 경우 받은 가점의 2배 범위 내에서 감점하며, 입찰에 참가하는 업체가 다른 발주기관에서 표준계약서를 사용하지 않아 감점을 받은 건수가 2회 이상인 경우에는 자체기준에 따른 감점의 2배 범위 내에서 감점할 수 있다. <신설 2011.5.13, 개정 2012.1.1>
6. 동반성장지수와 공정거래협약 평가에 따른 가점은 1개 업체에 1개만을 적용하며, 대기업과 「중소기업기본법」에 따른 중소기업(공동수급체의 경우 대표자 기준)이 모두 참여하는 입찰에는 적용하지 않음 <개정 2012.7.4>
7. 사고사망만인율 및 평균사고사망만인율의 가중평균은 다음 산식에 의하여 산정한다 <개정 2019.12.18>
   - [최근년도 사고사망만인율×0.5+ 최근년도 1년전 사고사망만인율×0.3+ 최근년도 2년전 사고사망만인율×0.2(단, 최근년도 1년전 사고사망만인율 또는 최근년도 2년전 사고사망만인율을 산정하지 않은 경우에는 최근년도 사고사망만인율과 산정한 연도사고사망만인율의 평균값으로 한다)]
8. 친환경 건축물 인증실적과 건축물 에너지효율 인증실적 보유에 따른 가점은 건축공사에 한해 적용한다. <신설 2012.7.4>
9. 계약담당공무원이 입찰참가자의 「하도급거래 공정화에 관한 법률」 위반 여부를 공정거래위원회 또는 전자조달시스템에서 확인할 수 있는 경우에는 관련 증빙자료 제출을 생략한다. <신설 2015.1.1>
10. "마"항목과 관련하여 종합공사로 발주하는 공사는 1)과 2) 중 입찰자가 택일하여 제출한 자료를 기준으로 평가하며 이 외에는 2)로 평가한다. 2)로 평가하는 경우 근로내용 확인신고서에 의한 평가점수와 표준손익계산서 등에 의한 평가점수를 합산한다. <개정 2020.12.28>

10-1. 근로내용 확인신고서는 입찰공고일 기준 전전월 귀속자료를 제출받되, 계약담당공무원이 입찰공고에 입찰공고일로부터 3개월 이내의 범위에서 기준시점을 별도로 명시한 경우에는 그에 의할 수 있다.

10-2. 계약담당공무원은 입찰공고에 명시한 경우 근로내용 확인신고서에 갈음하여 한국고용정보원 등 관련법령에 따라 고용정보를 수집·관리하는 기관으로부터 제공받은 자료로 평가할 수 있다.

10-3. 입찰공고일의 전전월 기준으로 1년 이내에 설립한 업체에 대하여는 근로내용 확인신고서로 신고한 고용인원·급여지급액 평가에 대해 배점한도(+2.5점)를 부여하며, 설립일은 법인인 경우 법인등기부등본상 법인등기일을 기준으로 하며, 법인이 아닌 사업자는 사업자등록증명서 상 사업자등록일을 기준으로 한다.

10-4. 표준손익계산서 등에 의한 평가의 경우 입찰공고일의 최근 결산일 기준 2년 이내 설립된 기업은 배점한도(+0.5점)를 부여한다. 설립일은 법인인 경우 법인등기부등본상

법인등기일을 기준으로 하며, 법인이 아닌 사업자는 사업자등록증명서 상 사업자등록일을 기준으로 한다.

10-5. 표준손익계산서 등에 의한 평가의 경우 「법인세법 시행규칙」 별지 제3호의3서식을 기준으로 하고, 급여는 「법인세법 시행규칙」 별지 제3호의3서식(1) 표준손익계산서 상 급여(퇴직급여 제외) 및 「법인세법 시행규칙」 별지 제3호의3서식(3) 부속명세서 상 2. 공사원가명세서 급여(일용급여 및 퇴직급여 제외)를 합산해 산정한다. <신설 2020.12.28>

11. 산업안전보건법령 위반에 따른 행정형벌에 대한 감점은 공공공사 현장에서 발생한 법령 위반사항에 한하며, 해당공사의 발주기관(「조달사업에 관한 법률」 제5조의2에 따라 조달청장에게 계약을 의뢰하는 공사에 대하여는 수요기관을 말한다)의 입찰에서 감점한다. <신설 2019.12.18>

12. 상호시장 진출 허용 공사로서 종합공사에 전문건설사업자가 참여하는 경우 "나. 2)" 항목은 배점한도를 부여할 수 있다 <신설 2021.3.19>

주6) 삭제 <2021.3.19>

주7) 건설안전 분야 평가방법 <신설 2025.10.30.>

1. 사고사망만인율 및 평균사고사망만인율의 가중평균은 다음 계산식에 의하여 산정한다.
   - [최근년도 사고사망만인율×0.5+ 최근년도 1년전 사고사망만인율×0.3+ 최근년도 2년전 사고사망만인율×0.2(단, 최근년도 1년전 사고사망만인율 또는 최근년도 2년전 사고사망만인율을 산정하지 않은 경우에는 최근년도 사고사망만인율과 산정한 연도사고사망만인율의 평균값으로 한다)]
2. 산업안전보건법령 위반에 따른 행정형벌에 대한 감점은 공공공사 현장에서 발생한 법령 위반사항에 한하며, 해당공사의 발주기관(「조달사업에 관한 법률」 제5조의2에 따라 조달청장에게 계약을 의뢰하는 공사에 대하여는 수요기관을 말한다)의 입찰에서 감점한다.
3. 중대재해 발생으로 산업안전보건법령 위반사실이 확인된 자는 최근 1년동안 「산업안전보건법」 제38조, 제39조 또는 제63조를 위반한 사실이 확인된 경우에 적용한다.

[별표3]

기술적 공사이행능력부문 분야별 심사항목 및 배점기준 (제6조제5항제2호의 경우에 적용)

<개정 2008.12.29, 2010.9.8, 2011.5.13, 2012.4.2, 2012.7.4, 2015.9.21, 2021.12.1, 2025.10.30>

<table>
<tr><th colspan="2">심사분야</th><th colspan="3">심 사 항 목</th></tr>
<tr><th>분야별</th><th>배점
한도</th><th colspan="2">항 목 별</th><th>배점
한도</th></tr>
<tr><td>계</td><td>100</td><td colspan="2"></td><td>100</td></tr>
<tr><td rowspan="2">1. 시공경험</td><td rowspan="2">40
(45)</td><td>실적보유자로 입찰자격을 제한하는공사</td><td>가. 최근10년간 해당공사와 동일한 종류의 공사실적
나. 최근5년간 토목·건축·산업설비·전기·정보통신·문화재공사 등의 업종별 실적합계</td><td>30
(34)
10
(11)</td></tr>
<tr><td>기타방법으로 입찰자격을 제한하는 공사</td><td>가. 최근5년간 토목·건축·산업설비·전기·정보통신·문화재공사 등의 업종별 실적합계</td><td>40
(45)</td></tr>
<tr><td rowspan="2">2. 기술능력</td><td rowspan="2">40</td><td>실적보유자로 입찰자격을 제한하는 공사</td><td>가. 해당공사의 시공에 필요한 기술자 보유현황(해당공종 경험기술자 우대)
나. 최근년도 건설부문 매출액에 대한 건설부문 기술개발 투자비율</td><td>25
10</td></tr>
<tr><td>기타방법으로 입찰자격을 제한하는 공사</td><td>가. 해당공사의 시공에 필요한 기술자 보유현황
나. 최근년도 건설부문 매출액에 대한 건설부문 기술개발 투자비율</td><td>35
10</td></tr>
<tr><td>3. 시공평가결과</td><td>10</td><td colspan="2">가. 시공평가결과</td><td>10</td></tr>
<tr><td>4. 지역업체 참여도</td><td>5</td><td colspan="2"></td><td>5</td></tr>
<tr><td>5. 건설안전</td><td>5</td><td colspan="2">가. 최근 3년간 고용노동부장관이 산정한 평균사고사망만인율의 가중평균 대비 사고사망만인율의 가중평균비율 자
나. 최근 1년간 건설업체의 산업재해예방활동 실적을 고용노동부장관이 평가한 결과 그 실적이 우수한 자
다. 최근 1년동안 「산업안전보건법」 제30조제3항에 의한 산업안전보건관리비 사용의무를 위반하여 목적외 사용금액이 1,000만원을 초과하거나 사용내역서를 작성 · 보존하지 아니하여 과태료 처분을 받은 자
· 1회 받은 자
· 2회 이상 받은 자</td><td>3
2
-0.5
-1</td></tr>
</table>

		라. 최근 1년동안 「산업안전보건법 시행규칙」 별표1 제1호 및 제6호에 따른 산업재해발생 보고의무 위반 건수가 배분된 자	
		·과태료처분을 받은 산업재해발생 보고의무 위반 1건당 -0.5점씩 부여	-2
		마. 최근 1년동안 산업안전보건법령 위반으로 동일현장에서 벌금이상의 행정형벌을 2회 이상 받은 자	
		· 2회 받은 자	-0.5
		· 3회 이상 받은 자	-1
		바. 최근 1년동안 중대재해 발생으로 산업안전보건법령 위반사실이 확인된 자	
		·사망자 1명	-2
		·사망자 2명	-3.5
		·사망자 3명 이상	-5
		사. 안전보건경영시스템(ISO-45001, KOSHA-MS)인증을 받은 자	1
6.신인도	+3 -7 <개정 2019.12.18., 2025.10.30.>	가. 시공업체로서의 성실성	
		1) 최근1년동안 「건설산업기본법」에 정한 벌금이상의 행정형벌, 영업정지, 영업·면허·등록취소 처분 또는 과징금 부과를 받은 자	-2
		2)<삭제 2019.12.18.>	<삭제>
		3) 그 밖에 국토교통부장관이 정한 「건설업체의 부실벌점 기준」에 해당되는 자 <개정 2015.9.21.>	-5
		나. 하도급관련사항	
		1) 최근 국토교통부장관이 협력업자와의 협력관계를 평가한 결과 그 실적이 우수한 자 <개정 2015.9.21.>	+2
		2) 해당 계약에서의 표준계약서 사용여부 <신설 2011.5.13.>	
		· 표준하도급 계약서 사용	+2
		· 건설기계임대차 표준계약서 사용	+1
		3) 최근 2년 동안 불공정하도급거래로 과징금 부과를 받은 자 <개정 2012.7.4.>	-7
		4) 최근 2년 이내에 공정거래위원장으로부터 하도급상습법위반자로 통보 받은자 <신설 2008.12.29, 개정 2012.7.4.>	-7
		5) 동반성장위원회가 동반성장지수를 평가한 결과 그 실적이 우수한 자 <신설 2012.7.4.>	+2
		6) 공정거래위원회가 공정거래협약 이행실적을 평가한 결과 그 실적이 우수한 자 <신설 2012.7.4.>	+1
		다. 건설재해 및 제재처분사항	
		1)~5) <삭제 2025.10.30.>	<삭제>
		6) 최근 1년동안 환경관련법령에 의한 벌금이상의 행정형벌, 영업정지·영업취소 처분 또는 과징금 부과를	

		받은 자	
		· 1회 받은 자	-0.5
		· 2회이상 받은 자	-1
		라. 녹색기술 관련사항	
		1) 녹색기술이나 녹색사업 인증서 또는 녹색전문기업 확인서를 보유한 자 <신설 2012.7.4.>	+2
		2) 녹색건축 인증 또는 제로에너지건축물 인증 실적을 보유한 자 <신설 2012.7.4. 개정 2021.12.1.>	+2
		마. 일자리창출 관련사항 <신설 2018.12.31.>	
		1) 최근년도 건설고용지수(건설근로자공제회 발표) 평가에 따른 평가등급을 보유한 자	
		· 1등급인 자	+3
		· 2등급인 자	+2
		2) 일자리창출 실적(고용인력 증가 등)이 확인되는 자	
		· 근로내용 확인신고서(고용보험법 시행규칙 별지 제7호 서식)로 신고한 최근 6개월 평균 고용인원·급여지급액이 그 이전 6개월 평균보다 증가한 경우	+2.5
		· 국세청 홈택스 또는 관할세무서에서 발급한 표준손익계산서(법인세법 시행규칙 별지 제3호의3서식), 「법인세법」 등에 따라 관할세무서에 신고된 손익계산서(공인회계사 또는 세무사 증명필요, 법인세법 시행규칙 별지 제3호의3서식 준용)상 전년도 급여액(퇴직급여액 제외)이 전전년도 급여액(퇴직급여액 제외)보다 증가한 경우 <개정 2021.12.1.>	+0.5

주1) 시공경험평가는 해당공사의 입찰방법에 따라 택일 적용

주2) 시공경험·기술능력·시공평가결과·지역업체참여도·신인도분야 평가방법은 별표2의 평가방법과 동일하게 적용 <개정 2010.9.8>

적격심사기준

기획재정부계약예규 제796호, 2025.10.30. 일부개정

제1조(목적) 이 예규는 「국가를 당사자로 하는 계약에 관한 법률 시행령」(이하 "시행령"이라 한다) 제42조제1항에 의한 낙찰사 결성시의 계약이행능력 심사(이하 "적격심사"라 한다) 방법·항목·배점한도액 기타 필요한 사항을 정함을 목적으로 한다.

제2조(낙찰자결정방법 등의 공고) 계약담당공무원(각 중앙관서의 장이 계약에 관한 사무를 그 소속공무원에게 위임하지 아니하고 직접 처리하는 경우에는 이를 계약담당공무원으로 본다. 이하 같다)은 시행령 제42조제1항에 의한 공사, 물품 및 용역을 집행하고자 할 때에는 시행령 제36조제6호 및 제16호에 의하여 낙찰자 결정방법, 적격심사기준 열람에 관한 사항, 심사에 필요한 서류, 제출기한 및 낙찰자통보 예정일 등을 입찰공고시 함께 공고하여야 한다.

제3조(세부심사기준 등의 열람) ① 계약담당공무원은 입찰에 참가하고자 하는 자가 열람할 수 있도록 다음 각호의 서류를 비치하여야 하며, 입찰에 참가하고자 하는 자의 요구가 있을 경우에는 「국가를 당사자로 하는 계약에 관한 법률 시행규칙」(이하 "시행규칙"이라 한다) 제41조에서 정한 입찰관련서류와 함께 교부하여야 한다.

1. 세부심사기준
2. 심사에 필요한 증빙서류의 작성요령 및 제출방법
3. 기타 심사에 필요하다고 인정되는 사항

② 제1항에 의한 열람·교부기간은 입찰공고일부터 입찰등록마감일까지로 한다. <개정 2010.9.8.>

③ 계약담당공무원은 필요하다고 인정되는 때에는 전자조달시스템에 제1항 각호의 서류를 게재함으로써 입찰에 참가하고자 하는 자에 대한 교부에 갈음할 수 있다. 다만, 입찰에 참가하고자 하는 자가 문서로 요구하는 경우에는 제1항 각 호의 서류를 교부하여야 한다.

제4조(심사자료요구) ① 계약담당공무원은 입찰을 집행한 후 예정가격 이하로서 최저가 입찰자에게 적격심사에 필요한 서류를 제출하도록 요구하되, 그 제출기한을 분명히 하여야 하며 제출기한은 통보를 받은 날로부터 5일 이상으로 하여야 한다. <개정 2010.4.15.>

② 계약담당공무원은 제1항에 의하여 제출된 적격심사서류 중 첨부목록에 있는 서류가 첨부되어 있지 않거나 제출된 서류가 불명확하여 인지할 수 없는 경우에는 기한을 정하여 보완을 요구할 수 있으며, 보완기간은 통보를 받은 날로부터 3일 이상으로

하여야 한다. <개정 2010.4.15.>

③ 계약담당공무원은 제2항에 따라 보완요구한 서류가 기한까지 제출되지 아니한 경우에는 당초 제출된 서류만으로 심사하되, 당초 제출된 서류가 불명확하여 심사하기가 곤란한 경우에는 심사에서 제외한다.

제5조(심사항목 및 배점한도) ① 시행령 제42조제1항 및 제5항 본문중 공사에 대한 적격심사의 항목 및 배점한도는 별표와 같고, 물품 및 용역에 대한 적격심사의 항목 및 배점한도는 각 중앙관서의 장이 직접 별표에 정한 공사에 대한 적격심사 항목 및 배점한도를 준용하여 기획재정부장관의 협의를 거쳐 정한다. <개정 2008.12.29. 2018.12.31.>

② 각 중앙관서의 장은 제1항에도 불구하고 시행령 제42조제5항 단서에 의하여 기획재정부장관과 협의하여 직접 공사, 물품 및 용역 등에 대한 적격심사기준을 정할 수 있다. <개정 2008.12.29.>

③ 각 중앙관서의 장은 제1항 및 제2항에 따른 심사기준을 정함에 있어 다음 각호의 사항을 심사항목으로 포함하여야 한다. 다만, 가점항목으로 포함하는 경우에는 이행(수행)능력의 배점한도 범위 내에서 가산점을 부여한다. <개정 2010.9.8., 2017.12.28. 2018.12.31.>

1. 물품 제조·구매, 용역계약 : 「사회적기업 육성법」 제2조제1호에 따른 사회적기업, 「협동조합 기본법」 제2조제3호에 따른 사회적협동조합, 「국민기초생활보장법」 제18조에 따른 자활기업, 「도시재생 활성화 및 지원에 관한 특별법」 제2조제1항 제9호에 따른 마을기업에 대한 신인도 평가시 가점 <신설 2017.12.28.>
2. 시행규칙 제23조의3 각 호의 어느 하나에 해당하는 용역 : 시행령 제42조제5항에 따른 외주근로자 근로조건 이행계획에 관한 사항 <신설 2017.12.28.>
3. 공사, 물품 제조·구매, 용역계약 : 일자리창출에 대한 우대 가점 <신설 2018.12.31.>
4. 개정 근로기준법(법률 제15513호) 제2조에 따른 근로시간 단축의 시행시기가 도래하기 이전에 자발적으로 1주당 최대 근로시간을 52시간으로 단축하여 시행한 업체로서 고용노동부로부터 근로시간 단축 확인을 받은 업체에 대한 신인도 평가시 가점 <신설 2018.12.31.>
5. 공사계약 <개정 2020.9.24.>

가. 최근 1년간 산업재해예방활동 실적이 우수한 자에 대한 신인도 가점 및 최근 1년동안 산업안전보건법령 위반으로 동일 공공공사 현장에서 벌금이상의 행정형벌을 2회 이상 받은 자에 대한 신인도 감점

나. 최근 3년간 고용노동부장관이 산정한 사고사망만인율의 가중평균이 평균사고사망만인율의 가중평균 이하인 자에 대한 가점

다. 입찰공고일 기준 최근 1년간 산업안전보건법 위반으로 중대재해를 발생시킨

자에 대한 감점 <신설 2025.10.30.>

④ 각 중앙관서의 장은 「용역계약일반조건」 제38조제4항에 따라 전자조달시스템에 게재된 업체에 대해 게재일로부터 1년간 신인도 평가 시 감점할 수 있으며, 입찰공고일 기준으로 과거 1년 이내에 미이행 횟수가 2건 이상인 경우에는 추가로 감점할 수 있다. <신설 2012.4.2.>

⑤ 제1항 및 제2항에 의한 심사항목별 심사기준일은 입찰공고일로 한다.

제6조(세부심사기준) ① 계약담당공무원은 제5조에 의한 세부심사기준(이하 "세부심사기준"이라 한다)을 정할 때에는 이 예규에 규정된 바에 따라 적격업체가 선정될 수 있도록 작성하여야 한다. <개정 2018.12.31.>

② 공사의 경우에는 제1항을 적용함에 있어서 교량, 터널, 지하철, 전기, 정보통신 등 각 공사종류별로 그 공사의 특성·목적 및 내용 등을 종합 고려하여 별표의 분야별 배점한도(입찰가격은 제외한다)를 20% 범위내에서 가·감 조정할 수 있으며, 항목별(신인도 제외) 세부사항을 추가하거나 제외할 수 있다.

제7조(심사방법) ① 계약담당공무원은 제5조 및 제6조에 따라 예정가격 이하로서 최저가로 입찰한 자 순으로 심사하여야 한다. 다만, 예정가격이 100억원 미만인 공사인 경우에는 입찰가격을 예정가격 중 다음 각 호에 해당하는 금액의 합계액의 100분의 98 미만으로 입찰한 자는 심사대상에서 제외한다.<단서신설 2020.4.7.>

1. 재료비·노무비·경비
2. 제1호에 대한 부가가치세

② 계약담당공무원은 제1항에 의한 심사를 하는 때에는 제4조에 의하여 제출된 서류를 그 제출마감일 또는 보완일부터 7일이내에 심사하여야 한다. 다만, 불가피한 경우에는 3일의 범위내에서 그 기간을 연장할 수 있다.

③ 공동계약의 경우에는 공동수급체에 대한 심사는 제5조 별표의 분야별·항목별로 다음 각 호와 같이 실시하되, 공동수급체 구성원간의 시공능력공시액, 실적, 기술보유상황 등의 보완을 위하여 공동계약을 하는 경우에는 세부심사기준 작성시 이를 우대할 수 있다.

1. 시공경험·기술능력 : 공동수급체 구성원별로 각각 시공경험 및 기술능력에 공사참여 지분율(이하 "시공비율"이라 한다)을 곱하여 산정한 후 이를 합산하여 산정
2. 경영상태·신인도 : 공동수급체 구성원별로 각각 산출한 점수에 시공비율을 곱하여 이를 합산

④ 계약담당공무원은 시행령 제22조에 따라 입찰참가자격을 제한하는 경우에는 제3항 제1호에도 불구하고 공동수급체 구성원에 대한 해당 공사수행능력 심사방법을 세부심사기준에 따로 정할 수 있다.

⑤ 제2항에도 불구하고 「재난 및 안전관리 기본법」 제3조제1호의 재난이나 경기침체,

대량실업 등으로 인한 국가의 경제위기를 극복하기 위해 기획재정부장관이 기간을 정하여 고시한 경우에는 다음 각 호의 계약에 대하여는 심사서류의 제출마감일 또는 보완일로부터 4일 이내에 심사하여야 한다. 다만, 불가피한 경우에는 2일의 범위내에서 그 기간을 연장할 수 있다.<신설 2020.4.20.>

1. 추정가격이 10억원 미만인 공사계약
2. 추정가격이 2억원 미만인 물품 및 용역계약

⑥ 「건설산업기본법」에 따라 종합공사의 건설업종을 등록한 건설사업자(이하 "종합건설사업자"라 한다)와 전문공사의 건설업종을 등록한 건설사업자(이하 "전문건설사업자"라 한다)가 모두 참여하는 입찰의 시공경험, 경영상태(경영상태 심사방법 중 최근년도 부채비율 및 유동비율, 영업기간), 하도급관리계획의 적정성 심사는 다음 각 호 및 별표와 같으며, 그 외 심사분야 및 심사항목은 별표를 따른다. <신설 2020.12.28. 개정 2022.6.1.>

1. 시공경험 : 국토교통부고시 「종합・전문업종간 상호시장 진출을 위한 건설공사실적 인정기준」을 기준으로 한다.
   가. 전문건설사업자가 전문공사로 구성된 추정가격 10억원 이상인 종합공사에 참여하는 경우에는 입찰공고에 명시한 추정금액 기준 전문업종별 구성비율로 배점을 구분하고 각 전문업종별로 평가해 합산한다.
   나. 2026.12.31. 까지 입찰공고한 공사로서 전문건설사업자가 전문공사로 구성된 추정가격 10억원 미만 3억원 이상인 종합공사에 참여하는 경우에는 각 전문업종별 실적을 합산해 평가한다. 다만, 입찰공고에 명시한 각 전문업종별 추정금액(공동수급체 구성원은 추정금액에 공사참여 지분율을 곱한 값) 대비 1/5 미만인 업종이 있는 경우에는 입찰공고에 명시한 추정금액 기준 전문업종별 구성비율로 배점을 구분하고 각 전문업종별로 평가해 합산한다. <개정 2024.1.1.>
   다. 전문건설사업자가 전문공사로 구성된 종합공사에 참여하는 경우로서 2021.1.1. 이후 전문건설사업자의 자격으로 취득한 종합공사 실적을 보유한 경우에는 해당 종합공사 실적을 우선 평가(종합건설사업자의 종합공사 평가방법과 동일)하고 배점한도를 충족하지 못할 경우 잔여 배점을 기준으로 "가"목 내지 "나"목에 의하여 전문업종별 실적을 평가하여 합산한다. <개정 2024.1.1.>
2. 경영상태(최근년도 부채비율 및 유동비율) : 관련 협회가 조사・통보한 종합건설사업자 및 전문건설사업자 가중평균비율을 기준으로 한다.
   가. 종합건설사업자의 부채비율 및 유동비율은 종합건설사업자 가중평균비율을 기준으로 등급을 정해 평가한다.
   나. 전문건설사업자의 부채비율 및 유동비율은 전문건설사업자 가중평균비율을 기준으로 등급을 정해 평가한다.(다만, 전문건설사업자가 전문공사에 참여하는 경우 전문건설사업자의 부채비율과 유동비율은 해당 전문공사 업종의 가중평균

비율을 기준으로 등급 평가)

3. 경영상태(영업기간) : 다음 각목의 방법 및 별표에 따라 영업기간을 산정한다.

가. 종합공사에 전문건설사업자가 참여하는 경우에는 해당 종합공사를 구성하는 전문공사 참여 업종의 등록일 중 가장 빠른 날부터 심사기준일까지의 기간을 기준으로 한다.

나. 전문공사에 종합건설사업자가 참여하는 경우에는 입찰공고에 입찰참가자격으로 명시한 종합공사 참여 업종의 등록일 중 가장 빠른 날부터 심사기준일까지의 기간을 기준으로 한다.

4. 하도급관리계획의 적정성 : 별표에도 불구하고 직접 시공하는 경우에는 배점한도를 부여한다.

⑦ 계약담당공무원은 국토교통부 고시「건설공사 발주 세부기준」제8조의2에 따라 (주력)업무분야를 시공자격으로 발주한 전문공사 입찰의 시공경험은 (주력)업무분야 실적으로 평가하며, 그 외 심사분야 및 심사항목은 별표를 따른다. <신설 2021.12.1.>

제8조(낙찰자 결정) ① 계약담당공무원은 제7조제1항에 의한 심사의 경우에는 종합평점이 95점이상이면 이를 낙찰자로 결정하여야 한다. <개정 2021.12.1.>

② 제1항에 의한 심사에서 최저가 입찰자의 종합평점이 낙찰자로 결정될 수 있는 점수미만일 때에는 차순위 최저가 입찰자 순으로 심사하여 제1항의 낙찰자 결정에 필요한 점수이상이 되면 낙찰자로 결정한다.

③ 물품 및 용역의 경우에는 낙찰자 결정방법을 제1항 및 제2항에도 불구하고 각 중앙관서의 장이 별도로 정할 수 있다.

④ 계약담당공무원은 제1항 내지 제3항에 의한 낙찰자 결정결과를 해당자에게 지체없이 통보하여야 한다.

제9조(재심사) ① 계약담당공무원은 제8조에 의하여 부적격 통보를 받은 자가 통보일부터 3일이내에 심사결과에 대한 재심사를 요청하였을 때에는 특별한 사유가 없는 한 재심사요청서 접수일부터 3일이내에 재심사하여야 한다.

② 재심사결과를 통보하는 경우에는 제8조제4항의 규정을 준용한다. <개정 2008.12.29.>

③ 계약담당공무원은 제1항의 재심사요청서를 접수할 때에는 적격심사에 필요한 추가서류를 접수할 수 없다

제9조의2(적격심사의 결격 및 재심사) 계약담당공무원은 시행령 제72조의 규정에 따라 공동계약을 허용한 경우로서, 공동수급체 일부 구성원이 입찰서제출마감일 이후 낙찰자결정 이전에 부도, 부정당업자제재, 영업정지, 입찰무효 등의 결격사유가 발생한 경우에는 해당 구성원을 제외하고 잔존구성원의 출자비율 또는 분담내용을 변경하게 하여 재심사 하여야 한다. 다만, 공동수급체 대표자가 부도, 부정당업자제재,

영업정지, 입찰무효 등의 결격사유가 발생한 경우에는 공동수급체를 낙찰자 결정대상에서 제외하여야 한다.

[본조신설 2014.1.10.]

제10조(부정한 방법으로 심사서류를 제출한 자의 처리) ① 계약담당공무원은 제4조에 따라 제출된 서류가 부정 또는 허위로 작성된 것으로 판명된 때에는 다음 각호에 따라 처리하여야 한다.

1. 계약체결 이전인 경우에는 적격낙찰자 결정대상에서 제외 또는 결정통보를 취소한다.
2. 계약체결 이후인 경우에는 해당 계약을 해제 또는 해지할 수 있다.

② 각 중앙관서의 장은 제1항에 해당하는 자에 대하여는 시행령 제76조에 의한 입찰참가자격제한조치를 하여야 한다. <개정 2019.12.18.>

제11조(기타사항) 계약담당공무원은 적격심사를 함에 있어 이 예규에 규정되지 아니한 사항과 이 예규시행에 필요한 세부사항을 작성하여 집행할 수 있다.

제12조(재검토기한) 「훈령·예규 등의 발령 및 관리에 관한 규정」에 따라 이 예규에 대하여 2016년 1월 1일 기준으로 매3년이 되는 시점(매 3년째의 12월 31일까지를 말한다)마다 그 타당성을 검토하여 개선 등의 조치를 하여야 한다. <개정 2015.9.21.>

부 칙 <제517호, 2020.9.24.>

제1조(시행일) 이 계약예규는 2021년 1월 1일부터 시행한다.

제2조(적용례) 이 계약예규는 시행일 이후 입찰공고하는 경우부터 적용한다.

부 칙 <제536호, 2020.12.28.>

제1조(시행일) 이 계약예규는 2021년 1월 1일부터 시행한다. 다만, [별표] 2. 주2) "가."는 2021년 가중평균비율 발표 시부터 시행하며, [별표] 1. 주2) 3. 및 [별표] 1. 주1), 2. 주1), 3. 주1), 4. 주1), 5. 주1), 6. 주1)의 개정규정은 2021년 3월 28일부터 시행한다.

제2조(적용례) 이 계약예규는 부칙 제1조에 따른 시행일 이후 입찰공고하는 경우부터 적용한다.

부 칙 <제579호, 2021.12.01.>

제1조(시행일) 이 계약예규는 2022년 1월 1일부터 시행한다.

제2조(적용례) 이 계약예규는 부칙 제1조에 따른 시행일 이후 입찰공고하는 경우부터

적용한다.

부 칙 <제601호, 2022.06.01.>

제1조(시행일) 이 계약예규는 2022년 6월 1일부터 시행한다.

제2조(적용례) 이 계약예규는 부칙 제1조에 따른 시행일 이후 입찰공고하는 경우부터 적용한다.

부 칙 <제654호, 2023.06.16.>

제1조(시행일) 이 계약예규는 2023년 6월 30일부터 시행한다.

제2조(적용례) 이 계약예규는 부칙 제1조에 따른 시행일 이후 입찰공고하는 경우부터 적용한다.

부 칙 <제679호, 2024.01.01.>

제1조(시행일) 이 계약예규는 2024년 1월 1일부터 시행한다.

제2조(적용례) 이 계약예규는 부칙 제1조에 따른 시행일 이후 입찰공고하는 경우부터 적용한다.

부 칙 <제720호, 2024.09.13.>

제1조(시행일) 이 계약예규는 2024년 9월 13일부터 시행한다.

제2조(적용례) 이 계약예규는 부칙 제1조에 따른 시행일 이후 입찰공고하는 경우부터 적용한다.

부 칙 <제796호, 2025.10.30.>

제1조(시행일) 이 예규는 10월 30일부터 시행한다. 단, [별표] 2. 주1), 3. 주1), 4. 주1), 5. 주1), 6. 주1)의 개정규정은 2026년 1월 30일부터 시행한다.

제2조(유효기간) 이 계약예규는 부칙 제1조에 따른 시행일 이후 입찰공고 하는 경우부터 적용한다.

제3조(중대재해 관련 감점 적용례) 본문 제5조제3항제5호다목은 시행일 이후 발생하는 중대재해부터 적용하며, 고용노동부가 공표(또는 통지)한 자료를 기준으로 평가한다.

[별표] <개정 2012.4.2, 2014.1.10, 2015.1.1, 2020.12.28, 2023.6.30, 2025.10.30>

적격심사항목 및 배점한도(제5조 관련)

1. 삭제 <2021.12.1.>

2. 추정가격이 100억원 미만 50억원 이상인 공사

구분	심사분야	심사항목	배점한도	비고
계			100	
해당공사 수행능력			50	
	· 시공경험 · 경영상태 · 신인도	· PQ심사항목을 이용 · 경영상태의 경우에는 입찰자가 제출하는 다음 각 호의 자료 중 어느 하나로 평가 1. 최근년도 부채비율, 유동비율 및 영업기간 2. 회사채, 기업어음, 기업의 신용평가등급 <개정 2015.1.1.>	(30)	
	· 하도급관리계획의 적정성	· 하도급금액의 적정성	(10)	
	· 자재 및 인력조달 가격의 적정성	· 재료비 및 노무비의 적정성	(10)	
입찰가격			50	*평점 계산식 : 아래

주1) 입찰가격 평점 계산식 <개정 2025.10.30>

○ 평점(점) = $50 - 2\times\left|\frac{90}{100}-\frac{\text{입찰가격}-A}{\text{예정가격}-A}\right|\times 100$

* A : 국민연금, 건강보험, 퇴직공제부금비, 노인장기요양보험, 산업안전보건관리비, 안전관리비, 품질관리비의 합산액 <개정 2020.12.28.>

· | | 는 절대값 표시임

· (입찰가격-A)을 (예정가격-A)으로 나눈 결과 소수점이하의 숫자가 있는 경우에는 소수점 다섯째자리에서 반올림

○ (입찰가격-A)이 (예정가격-A)이하로서 (예정가격-A)의 100분의 92.5이상인 경우의 평점은 45점으로 한다.

○ 최저평점은 2점으로 한다.

주2) 경영상태 평가방법

가. 부채비율, 유동비율 및 영업기간을 심사하는 방법

1. 부채비율 및 유동비율은 건설업체의 가중평균비율(직전년도 내의 정기결산서 기준 심사항목별 건설업체의 분모합계액 대비 분자합계액의 백분율)을 기준으로 등급을 정하여 평가함. <개정 2020.12.28.>
2. 부채비율 및 유동비율에 의한 평가는 건설업체의 가중평균비율 산정시 기준이 된 정기결산서(비건설업 혹은 다른 건설업면허 보유여부와는 상관없이 세법 등 관련법령에 따라 제출된 정기결산서에 대하여 「주식회사의 외부감사에 관한 법률」에 따라 작성한 감사보고서 또는 한국공인회계사회의 「재무제표 등에 대한 검토업무 기준」에 따라 작성한 검토보고서상의 재무제표를 말함. 이하 같음)로 평가하며, 감사 및 검토의견에 따라 제6호를 준용하여 감점처리함. <개정 2020.12.28.>
3. 해당 회계연도에 새로 설립되거나 설립등기한 업체(합병 또는 분할합병으로 신설된 경우는 제외한다. 이하 "신설업체"라 한다)의 경우에는 최초결산서(신설업체가 설립일 또는 법인의 경우 등기일을 기준으로 작성한 결산서로서 외감법 규정을 준용하여 작성된 감사보고서상의 재무제표를 말함. 이하 같음)로 경영상태를 평가함.
4. 해당 회계연도에 합병한 경우에는 합병대상업체(합병으로 존속하거나 소멸하는 업체를 말함. 이하 같음)의 직전 회계연도 정기결산서 합으로 평가하며, 동 평가금액은 합병으로 존속하는 업체의 합병후 경영상태평가시 직전 회계연도 정기결산서로 봄. 이 경우 최초결산서는 합하지 아니한다. 다만, 합병대상업체가 모두 신설업체인 경우에는 최초결산서 합으로 평가하며, 동 평가금액은 합병으로 존속하는 업체의 합병후 경영상태평가시 최초결산서로 봄.
5. 해당 회계연도에 「상법」 제530조의2제2항의 규정에 따라 분할합병한 경우에는 제4호의 규정에 불구하고 분할되는 업체를 제외한 합병대상업체의 직전 회계연도 정기결산서의 합으로 평가함. 다만, 합병대상업체가 모두 신설업체인 경우에는 분할되는 업체를 제외한 합병대상업체의 최초결산서 합으로 평가함.
6. 제3호의 규정에 의하여 제출된 감사보고서(회계연도말결산서에 대한 감사보고서 포함)상의 감사의견이 "한정의견"인 경우 경영상태 평점에서 5/100를, "부적정의견" 또는 "의견거절"인 경우 10/100을 감점처리하며, 제4호 및 제5호의 규정에 따라 합병한 업체는 합병대상업체중 가장 낮은 감사의견을 적용하고 정당한 사유로 감사인 의견이 없는 합병대상업체는 적정의견으로 봄.
7. 영업기간은 건설업체가 심사기준일 현재 보유하고 있는 건설업면허 취득 또는 등록일로부터 심사기준일까지의 기간을 기준으로 하되, 보유한 건설업면허 또는 등록의 변동이 있었던 경우(「건설산업기본법」 제8조제1항의 규정에 의한 동일한 종류의 건설업 면허를 말함)에는 종전에 보유하였던 건설업 면허 또는 등록의 보유기간을 합산함.(건설산업기본법 제2조제2호 및 제4호에 따른 건설업에 포함되지 않는 공사업에도 준용) <개정 2008.11.1., 2009.9.21., 2020.12.28., 2022.6.1.>
   - 5년이상 : 2.0점
   - 5년미만 3년이상 : 1.8점
   - 3년미만 : 1.5점

   단, 건설산업기본법 시행규칙 부칙 제3조제1항에 따라 새로이 등록한 업종이 전문공사를 시공하는 업종인 경우에는 새로이 등록한 업종으로 실적전환이 인정된 기간을 영업기간으로 인정함('07.12.31이전에 전문공사를 시공하는 업종을 보유하고 있는 경우에는 해당 업종을 보유한 기간을 영업기간을 합산하되, 중복되는 기간은 제외함)

8. 대통령령 제31328호 「건설산업기본법 시행령」 일부개정령 부칙 제7조(시설물유지관리업의 업종전환에 관한 특례) 및 국토교통부고시 「시설물유지관리업 업종전환 세부기준」에 따라 시설물유지관리업의 업종을 전환한 경우에는 종전에 보유했던 시설물유지관리업 면허 또는 등록의 보유기간을 영업기간으로 인정함

나. 회사채, 기업어음, 기업의 신용평가등급을 심사하는 방법 <신설 2005.1.1. 개정 2021.12.1.>

1. 「신용정보의 이용 및 보호에 관한 법률」 제2조제8호의2, 제2조제8호의3 또는 「자본시장과 금융투자업에 관한 법률」 제9조제26항의 업무를 영위하는 신용정보업자가 심사기준일 이전에 평가한 유효기간내에 있는 회사채, 기업어음, 기업의 신용평가등급중에서 가장 최근의 등급에 의하되 다음의 표에 따라 점수를 부여함.

회사채에 대한 신용 평가등급	기업어음에 대한 신용 평가등급	기업신용평가등급	배점한도		
			등급제한 이외 공사	[1]등급제한공사	
				종합공사 업체	[2]전문공사 업체 등
A+ 이상	A2+ 이상	회사채에 대한 신용평가등급 A+에 준하는 등급	35.0	35.0	35.0
A0	A20	회사채에 대한 신용평가등급 A0에 준하는 등급	35.0	35.0	35.0
A-	A2-	회사채에 대한 신용평가등급 A-에 준하는 등급	35.0	35.0	35.0
BBB+	A3+	회사채에 대한 신용평가등급 BBB+에 준하는 등급	35.0	35.0	35.0
BBB0	A30	회사채에 대한 신용평가등급 BBB0에 준하는 등급	35.0	35.0	35.0
BBB-	A3-	회사채에 대한 신용평가등급 BBB-에 준하는 등급	35.0	35.0	35.0
BB+, BB0	B+	회사채에 대한 신용평가등급 BB+, BB0에 준하는 등급	35.0	35.0	35.0
BB-	B0	회사채에 대한 신용평가등급 BB-에 준하는 등급	34.1	34.5	34.5
B+, B0, B-	B-	회사채에 대한 신용평가등급 B+, B0, B-에 준하는 등급	33.3	33.5	34.0
CCC+ 이하	C 이하	회사채에 대한 신용평가등급 CCC+에 준하는 등급 이하	30.0	30.0	30.0

※ 1) '등급제한'이라 함은 입찰참가자격을 시행령 제22조(공사의 성질별·규모별 제한에 의한 입찰)에 따라 제한하는 경우를 말함

2) 전문공사업체 및 전기·정보통신·소방공사·국가유산공사업체에 적용

2. <삭제 2021.12.1.>

2-1. 등급별 점수에 비례하여 계산한 결과 소수점이하의 숫자가 있는 경우 소수점 둘째자리에서 반올림

주3) 하도급관리계획의 적정성 평가방법 <신설 2018.12.31., 개정 2021.12.1.>

ㅇ 세부 평점기준의 작성: 각 중앙관서의 장은 공사의 내용・특성을 고려하여 세부 평점기준을 작성할 수 있음, 다만, "하도급 금액의 적정성" 평가기준을 작성함에 있어 다음 사항을 반영하여야 함

ㅇ "하도급 금액의 적정성" 만점기준: 입찰자별로 다음 2가지 항목을 모두 평가하여 기준을 동시에 충족할 경우 만점으로 함

- 하도급업체와 계약을 체결할 금액의 합계가 하도급할 부분에 대한 입찰금액(직・간접 노무비, 재료비, 경비를 기준으로 산출한 금액에 일반관리비, 이윤, 부가세를 포함한 금액, 지급자재 및 하도급대금 지급보증서 발급금액은 제외)의 합계의 100분의 82 이상일 것
- 하도급업체와 계약을 체결할 금액의 합계가 하도급할 부분에 대한 발주기관 내역서상 금액 합계의 100분의 64 이상일 것

주4) 신인도 평가 <신설 2020.12.28.>

가. 종합공사 평가방법

1. 계약예규 입찰참가자격사전심사요령[별표2] 5. 건설안전 항목 및 6. 신인도 심사항목(이하 "PQ 심사항목"이라 한다.)을 이용함. <개정 2025.10.30.>
2. PQ 신인도 심사항목별 배점한도 및 배점은 조정 가능함
3. 제5조제3항제4호에 따라 평가함
4. PQ 신인도 심사항목 중 6. 나. 2)를 평가하는 경우 전문건설사업자는 배점한도를 부여함

나. 전문공사 및 전기・정보통신・소방공사・국가유산공사 평가방법

1. PQ 심사항목을 이용함
2. PQ 심사항목 중 "가. 1)・ 3)", "나. 3)・4)", "다. 6)", "마. 2)"를 평가함
3. PQ 신인도 심사항목별 배점한도 및 배점은 조정 가능함.
4. 제5조제3항제4호에 따라 평가함
5. PQ 심사항목 중 5. 건설안전평가항목의 “가”, “나”, “다”, “라”, “마”, “바”, “사”를 평가함. 단, 5. 건설안전평가 “가” 항목 평가는 전문공사에 한정한다.

3. 추정가격이 50억원 미만 10억원 이상인 공사(전기・정보통신・소방공사・국가유산공사 등은 50억원 미만 3억원 이상) <개정 2020.12.28.>

구분	심사분야	심사항목	배점한도	비고
계			100	
해당 공사 수행능력			30	

			(15)	
	시공경험	·해당공사 추정금액대비 최근 5년간 해당업종 실적누계액 비율 <개정 2014.1.10.>	(15)	·1배 이상을 만점으로 함 – 다만, 신설업체에 대해서는 공동수급체에 포함되어 참여하는 경우 1/2배 이상 실적 보유 시 만점에 해당하는 실적으로 인정함 <개정 2016.12.30., 단서신설 2012.4.2.>
			(15)	
	경영상태	·입찰자가 제출하는 다음 각 호의 자료 중 어느 하나로 평가 1. 최근년도 부채비율, 최근년도 유동비율 영업기간 2. 회사채, 기업어음, 기업의 신용평가등급 <개정 2015.1.1.>	 (7) (7) (1) (15)	
	신인도			※ 평가항목: 아래 <신설 2021.12.1.>
입찰가격			70	※ 평점 계산식: 아래
<삭제 2021.12.1.>				
기타 해당공사 수행 관련 결격여부	해당공사 수행능력 결격여부	·관계법령에 의한 해당 업종등록기준상 기술자 보유 미달여부	△10	

주1) 입찰가격 평점 계산식 <개정 2023.6.30., 2025.10.30>

가. 건설산업기본법에 따른 건설공사 및 추정가격이 10억원 이상인 전기·정보통신·소방공사·국가유산공사 등

ㅇ 평점(점) = 70 – 4× $\left|\dfrac{90}{100}-\dfrac{\text{입찰가격}-A}{\text{예정가격}-A}\right|\times 100$

* A : 국민연금, 건강보험, 퇴직공제부금비, 노인장기요양보험, 산업안전보건관리비, 안전관리비, 품질관리비의 합산액

· | |는 절대값 표시임

· (입찰가격-A)을 (예정가격-A)으로 나눈 결과 소수점이하의 숫자가 있는 경우에는

소수점 다섯째자리에서 반올림

ㅇ (입찰가격-A)이 (예정가격-A)이하로서 (예정가격-A)의 100분의 91.25이상인 경우의 평점은 65점으로 한다.

ㅇ 최저평점은 2점으로 한다.

나. 추정가격이 3억원 이상 10억원 미만인 전기・정보통신・소방공사・국가유산공사 등

ㅇ 평점(점) = 70 - 20× $\left| \frac{90}{100} - \frac{\text{입찰가격} - A}{\text{예정가격} - A} \right| \times 100$

* A : 국민연금, 건강보험, 퇴직공제부금비, 노인장기요양보험, 산업안전보건관리비, 안전관리비, 품질관리비의 합산액

・| |는 절대값 표시임

・(입찰가격-A)을 (예정가격-A)으로 나눈 결과 소수점이하의 숫자가 있는 경우에는 소수점 다섯째자리에서 반올림

ㅇ (입찰가격-A)이 (예정가격-A)이하로서 (예정가격-A)의 100분의 90.25이상인 경우의 평점은 65점으로 한다.

주2) 경영상태평가방법

가. 부채비율, 유동비율 및 영업기간을 심사하는 방법

1. 추정가격 100억원 미만 50억원이상 공사의 경우와 동일하게 적용하되, 신설업체의 경우 최초결산서에 의한 평가시 기업진단보고서로 평가가능하며, 정기결산서에 의한 평가시 감사보고서 또는 검토보고서상의 재무제표로 평가하는 부분은 적용하지 않음
2. 영업기간은 건설업체가 심사기준일 현재 보유하고 있는 건설업면허 취득 또는 등록일로부터 심사기준일까지의 기간을 기준으로 하되, 보유한 건설업면허 또는 등록의 변동이 있었던 경우(「건설산업기본법」 제8조제2항의 규정에 의한 동일한 종류의 건설업면허를 말함)에는 종전에 보유하였던 건설업 면허 또는 등록의 보유기간을 합산함.(건설산업기본법 제2조제2호 및 제4호에 따른 건설업에 포함되지 않는 공사업에도 준용) <개정 2008.11.1, 2009.9.21.>

・3년이상 : 1.0점

・3년미만 1년이상 : 0.9점

・1년미만 : 0.8점

단, 건설산업기본법 시행규칙 부칙 제3조제1항에 따라 종전 업종의 실적을 새로이 등록한 업종의 실적으로 전환한 경우에는 다음과 같이 영업기간을 인정한다.

가. 새로이 등록한 업종이 전문공사를 시공하는 업종인 경우에는 새로이 등록한 업종으로 실적전환이 인정된 기간을 영업기간으로 인정함('07.12.31 이전에 전문공사를 시공하는 업종을 보유하고 있는 경우에는 해당 업종을 보유한 기간을 영업기간을 합산하되, 중복되는 기간은 제외함)

나. 새로이 등록한 업종이 종합공사를 시공하는 업종인 경우에는 추정가격이 30억원미만인 공사의 적격심사시에 한하여 실적전환이 인정된 기간을 영업기간으로 인정함

나. 회사채, 기업어음, 기업의 신용평가등급을 심사하는 방법 <신설 2015.1.1.>

ㅇ 추정가격이 100억원 미만 50억원 이상 공사의 경우와 동일하게 적용

3. 대통령령 제31328호 「건설산업기본법 시행령」 일부개정령 부칙 제7조(시설물유지관리업의 업종전환에 관한 특례) 및 국토교통부고시 「시설물유지관리업 업종전환 세부기준」에 따라 시설물유지관리업의 업종을 전환한 경우에는 종전에 보유했던 시설물유지관리업 면허 또는 등록의 보유기간을 영업기간으로 인정함 <신설 2022.6.1.>

주3) 기술자 보유미달 여부 확인방법

1. <삭제 2010.4.15.>
2. 기술자 보유미달 여부 확인 및 감점처리는 다음 각호와 같이 한다. <개정 2008.12.29.>

가. 입찰공고일 현재를 기준으로 공사관련 법령에 따라 공사업체의 기술자정보를 관리하는 협회 등에서 직접 발급받거나 발주기관이 동 협회의 전산망을 통하여 제공받은 기술자 보유 확인서에 의한다.(공동도급계약의 경우 구성원 각자의 기술자 보유현황을 확인) <개정 2008.12.29, 2010.4.15.>

나. 입찰 공고일 현재 기술자 보유현황이 업종등록 기준에 미달하나 입찰서 제출 마감일까지 업종등록기준을 충족하는 경우에는 감점대상에서 제외한다. 다만, 다음 각 호에 해당하는 경우에 한한다. <신설 2008.12.29., 개정 2024.9.13.>

1. 기술능력에 해당하는 자의 사망・실종 또는 퇴직으로 인하여 등록기준에 미달되는 기간이 50일 이내인 경우
2. 기술능력에 해당하는 자의 육아휴직(「남녀고용평등과 일・가정 양립 지원에 관한 법률」 제19조에 따른 육아휴직을 말한다)으로 인하여 등록기준에 미달하는 경우. 다만, 기술능력 기준이 2명 이상인 업종에 한정하며, 1명에 대해서만 인정한다.
3. 기술능력에 해당하는 사람의 육아기 근로시간 단축(「남녀고용평등과 일・가정 양립 지원에 관한 법률」 제19조의2에 따른 육아기 근로시간 단축을 말한다)으로 인하여 등록기준에 미달하는 경우

3. 제2호에 따른 방법으로 확인이 불가능한 경우에는 업체로부터 직접 제출받은 기술자 자격증 사본과 고용여부를 확인할 수 있는 4대 보험 가입증명서류 등에 의한다. <신설 2010.4.15.>

주4) 신설업체에 대한 시공경험 평가 <신설 2012.4.2. 개정 2024.9.13>

1. 신설업체는 등록기간(양수・도를 통한 영업기간 합산) 5년 미만인 업체임
2. 신설업체 각각의 공동수급체 내 지분율은 20% 이하여야 하며, 공동수급체 내 모든 신설업체의 지분율의 합은 40% 이하여야 함

주5) <삭제 2021.12.1.>

주6) 신인도 평가 <신설 2020.12.28.>

가. 종합공사 평가방법

1. PQ 심사항목을 이용함
2. PQ 심사항목 중 "마. 1)・2)"를 평가함. <개정 2025.10.30>
3. PQ 신인도 심사항목별 배점한도 및 배점은 조정 가능함
4. 제5조제3항제4호에 따라 평가함
5. PQ 심사항목 중 5. 건설안전평가항목의 “가”, “나”, “마”, “바”, “사”를 평가함 <신설

2025.10.30.>

나. 전문공사 평가방법

1. PQ 심사항목을 이용함
2. PQ 심사항목 중 "6. 마. 2)"를 평가함
3. PQ 신인도 심사항목별 배점한도 및 배점은 조정 가능함
4. 제5조제3항제4호에 따라 평가함
5. PQ 심사항목 중 5. 건설안전평가항목의 “가”, “나”, “마”, “바”, “사” 항목을 평가함. 단, 5. 건설안전평가 “가” 항목 평가는 전문공사에 한정한다. <신설 2025.10.30.>

4. 추정가격이 10억원미만 3억원이상인 공사(건설산업기본법에 따른 건설공사에 해당)
<개정 2020.12.28., 2021.12.1., 2025.10.30.>

구분	심사분야	심사항목	배점한도	비고
계			100	
해당공사 수행능력			20	
	시공경험	· 해당공사 추정금액대비 최근 5년간 해당업종 실적누계액 비율 <개정 2014.1.10.>	(10)	· 1/2배이상을 만점으로 함 -다만, 신설업체에 대해서는 공동수급체에 포함되어 참여하는 경우 만점에 해당하는 시공실적을 인정함 <단서신설 2012.4.2.>
	경영상태		(10)	
		· 입찰자가 제출하는 다음 각 호의 자료 중 어느 하나로 평가 <개정 2021.12.1.> 1. 최근년도 부채비율 최근년도 유동비율 2. 회사채, 기업어음, 기업의 신용평가등급	 (5) (5) (10)	
	신인도			※ 평가항목: 아래 <신설 2021.12.1.>
입찰가격			80	※ 평점 계산식: 아래
<삭제 2021.12.1.>				
기타 해당공사 수행 관련	해당공사 수행능력	· 관계법령에 의한 해당업종등록기준상 기술자 보	△10	

결격 여부	결격여부	유 미달 여부		

주1) 입찰가격 평점 계산식 <개정 2025.10.30>

ㅇ 평점(점) = 80 - 20× $\left|\frac{90}{100}-\frac{입찰가격-A}{예정가격-A}\right|\times 100$

＊A : 국민연금, 건강보험, 퇴직공제부금비, 노인장기요양보험, 산업안전보건관리비, 안전관리비, 품질관리비의 합산액 <개정 2020.12.28.>

· | | 는 절대값 표시임

· (입찰가격-A)을 (예정가격-A)으로 나눈 결과 소수점이하의 숫자가 있는 경우에는 소수점 다섯째자리에서 반올림

ㅇ (입찰가격-A)이 (예정가격-A)이하로서 (예정가격-A)의 100분의 90.25이상인 경우의 평점은 75점으로 한다.

ㅇ 최저평점은 2점으로 한다.

주2) 경영상태 평가방법

가. 부채비율, 유동비율을 심사하는 방법 <신설 2021.12.1.>

1. 경영상태는 등급을 정하여 평가하되 업종평균비율이상(부채비율인 경우에는 이하)인 업체에 대하여 만점을 부여하고 최저등급의 배점은 최고등급 배점의 60%이상이 되도록 함
2. 추정가격 100억원미만 50억원이상 공사의 경우와 동일하게 적용하되, 신설업체의 경우 최초결산서에 의한 평가시 기업진단보고서로 평가가능하며, 정기결산서에 의한 평가시 감사보고서 또는 검토보고서상의 재무제표로 평가하는 부분은 적용하지 않음

나. 회사채, 기업어음, 기업의 신용평가등급을 심사하는 방법 <신설 2021.12.1.>

ㅇ 추정가격이 100억원 미만 50억원 이상 공사의 경우와 동일하게 적용

주3) 기술자 보유미달 여부 확인방법

ㅇ 추정가격 50억원미만 10억원이상 공사의 경우와 동일

주4) 신설업체에 대한 시공경험 평가 <신설 2012.4.2.>

ㅇ 추정가격 50억원미만 10억원이상 공사의 경우와 동일

주5) <삭제 2021.12.1.>

주6) 신인도 평가 <신설 2020.12.28.>

ㅇ 추정가격 50억원미만 10억원이상 공사의 경우와 동일

5. 추정가격이 3억원미만 2억원이상인 공사(전기·정보통신·소방공사·국가유산공사 등은 3억원미만 8천만원 이상) <개정 2020.12.28., 2021.12.1., 2025.10.30>

구분	심사분야	심사항목	배점한도	비고
계			100	
해당공사			10	

수행능력	시공경험		(5)	
		·해당공사 추정금액 대비 최근 5년간 실적누계액 비율 <개정 2014.1.10.> <개정 2020.12.28.>	(5)	·1/2배이상을 만점으로 함 -다만, 신설업체에 대해서는 공동수급체에 포함되어 참여하는 경우 만점에 해당하는 시공실적을 인정함 <단서신설 2012.4.2.>
	경영상태		(5)	
		·입찰자가 제출하는 다음 각 호의 자료 중 어느 하나로 평가 <개정 2021.12.1.> 1. 최근년도 부채비율 최근년도 유동비율 2. 회사채, 기업어음, 기업의 신용평가등급	 (3) (2) (5)	
	신인도			※ 평가항목: 아래 <신설 2021.12.1.>
입찰가격			90	※ 평점 계산식: 아래
<삭제 2021.12.1.>				
기타 해당공사 수행관련 결격여부	해당공사 수행능력 결격여부	·관계법령에 의한 해당 업종 등록기준상 기술자보유 미달 여부	△10	※ 평점 계산식: 아래

주1) 입찰가격 평점 계산식

○ 평점(점) = $90 - 20 \times \left| \frac{90}{100} - \frac{입찰가격 - A}{예정가격 - A} \right| \times 100$

* A : 국민연금, 건강보험, 퇴직공제부금비, 노인장기요양보험, 산업안전보건관리비, 안전관리비, 품질관리비의 합산액 <개정 2020.12.28.>

· | | 는 절대값 표시임

· (입찰가격-A)을 (예정가격-A)으로 나눈 결과 소수점이하의 숫자가 있는 경우에는 소수점 다섯째자리에서 반올림

○ (입찰가격-A)이 (예정가격-A)이하로서 (예정가격-A)의 100분의 90.25이상인 경우의 평점은 85점으로 한다.

○ 최저평점은 2점으로 한다.

주2) 경영상태 평가방법

○ 추정가격 10억원미만 3억원이상 공사의 경우와 동일하게 적용하되, 신설업체의 경우 기업진단보고서 이외에 관련법령에 의하여 업종등록시 제출된 재무제표로도 평가가능

주3) 기술자 보유미달 여부 확인방법

○ 추정가격 50억원미만 10억원이상 공사의 경우와 동일

주4) 신설업체에 대한 시공경험 평가 <신설 2012.4.2.>

○ 추정가격 50억원미만 10억원이상 공사의 경우와 동일

주5) <삭제 2021.12.1.>

주6) 신인도 평가 <신설 2020.12.28.>

○ 추정가격 50억원미만 10억원이상 공사의 경우와 동일

주7) 시공경험 평가 <신설 2020.12.28.>

가. 종합공사 및 전기・정보통신・소방공사・국가유산공사 등은 해당업종 구분없이 평가함

나. 전문공사는 해당업종을 평가함

6. 추정가격이 2억원미만인 공사(전기・정보통신・ 소방공사・국가유산공사 등은 8천만 원 미만) <개정 2020.12.28., 2021.12.1.2025.10.30>

구분	심사분야	심사항목	배점한도	비고
계			100	
해당공사 수행능력			10	
	경영상태	• 입찰자가 제출하는 다음 각 호의 자료 중 어느 하나로 평가 <개정 2021.12.1.> 1. 최근년도 부채비율 최근년도 유동비율 2. 회사채, 기업어음, 기업의 신용평가등급	 (5) (5) (10)	
	신인도			※ 평가항목: 아래 <신설:2021.12.1.>
	특별신인도	• 해당공사 추정금액대비 최근 5년간 해당업종 실적누계액 비율이 1배 이상인 자 <개정 2014.1.10.>	+2	
입찰가격			90	※ 평점 계산식: 아래

<삭제 2021.12.1.>				
기타 해당공사 수행관련 결격여부	해당공사 수행능력 결격여부	·관계법령에 의한 해당 업종 등록기준상 기술자보유 미달 여부	△10	※ 평점 계산식: 아래

주1) 입찰가격 평점 계산식 <개정 2025.10.30>

○ 평점(점) = 90 - 20× $\left|\frac{90}{100}-\frac{\text{입찰가격}-A}{\text{예정가격}-A}\right|\times 100$

＊A : 국민연금, 건강보험, 퇴직공제부금비, 노인장기요양보험, 산업안전보건관리비, 안전관리비, 품질관리비의 합산액 <개정 2020.12.28.>

· | | 는 절대값 표시임

·(입찰가격-A)을 (예정가격-A)으로 나눈 결과 소수점이하의 숫자가 있는 경우에는 소수점 다섯째자리에서 반올림

○ (입찰가격-A)이 (예정가격-A)이하로서 (예정가격-A)의 100분의 90.25이상인 경우의 평점은 85점으로 한다.

○ 최저평점은 2점으로 한다.

주2) 경영상태 평가방법

○ 추정가격 10억원미만 3억원이상 공사의 경우와 동일하게 적용하되, 신설업체의 경우 기업진단보고서 이외에 관련법령에 의하여 업종등록시 제출된 재무제표로도 평가가능

주3) 기술자 보유미달 여부 확인방법

○ 추정가격 50억원미만 10억원이상 공사의 경우와 동일

주4) <삭제 2021.12.1.>

주5) 신인도 평가 <신설 2020.12.28.>

○ 추정가격 50억원미만 10억원이상 공사의 경우와 동일

주6) 특별신인도 평가 <신설 2020.12.28.>

○ 종합건설사업자와 전문건설사업자가 모두 참여하는 입찰의 특별신인도는 제7조제6항제1호나목 또는 다목을 준용해 평가

7. 추정가격 500억원이상인 일괄입찰·대안입찰공사 <삭제 2007.10.10.>

8. 추정가격 500억원미만인 일괄입찰·대안입찰공사 <삭제 2007.10.10.>

정부 입찰 · 계약 집행기준

기획재정부계약예규 제802호, 2025.10.30. 일부개정

제1장 총　칙

제1조(목적) 이 예규는 공사 등의 입찰·계약의 집행과 관련하여 「국가를 당사자로 하는 계약에 관한 법률 시행령」(이하 "시행령"이라 한다), 「국가를 당사자로 하는 계약에 관한 법률 시행규칙」(이하 "시행규칙"이라 한다) 및 「특정조달을 위한 국가를 당사자로 하는 계약에 관한 법률 시행령 특례규정」(이하 "특례규정"이라 한다)에서 위임된 사항과 그 시행에 관하여 필요한 사항을 규정함을 목적으로 한다.

제2조(정의) 이 예규에서 사용하는 용어의 정의는 다음과 같다.

1. "계약담당공무원"이라 함은 시행규칙 제2조에 의한 공무원을 말한다. 이 경우 각 중앙관서의 장이 계약에 관한 사무를 그 소속공무원에게 위임하지 아니하고 직접 처리하는 경우에는 이를 계약담당공무원으로 본다.
2. "계약상대자"라 함은 정부와 계약을 체결한 자연인 또는 법인을 말한다.

제2조의2(물품, 용역, 공사가 혼재된 계약의 집행) ① 계약담당공무원은 물품, 용역, 공사 중 2개 이상이 혼재된 계약을 발주하려는 경우에는 사업계획 단계부터 다음의 사항을 고려하여 일괄 또는 분리발주 여부를 검토하여야 한다.

1. 물품·용역·공사 등 각 목적물 유형별 독립성·가분성
2. 계약목적물의 일부에 공사가 포함된 계약을 발주함에 있어서 「건설산업기본법」, 「전기공사업법」, 「정보통신공사업법」 등 공사관련 법령의 준수 여부
3. 계약이행 및 관리의 효율성에 미치는 영향
4. 하자 등 책임구분의 용이성
5. 각 발주방식에 따른 해당시장의 경쟁제한효과

② 계약담당공무원은 제1항에 따라 계약을 일괄하여 발주하려는 경우 예정가격에 작성함에 있어 다음 사항을 유의하여 집행하여야 한다.

1. 예정가격 산정에 있어 설치비용 등 부수적인 목적물에 대한 비용(설치에 수반되는 재료비, 노무비, 경비, 일반관리비 및 이윤 등)이 누락되었는지 여부 <개정 2020.12.28.>
2. 공사가 혼재된 계약의 예정가격 산정에 있어서 공사부분에 대한 산업재해보험, 고용보험 등 법령이나 계약조건에 의하여 의무적으로 가입이 요구되는 보험의

보험료를 「건설산업기본법」 제22조제7항 등 관련법령에서 정한 바에 따라 계상하였는지 여부 [본조신설 2016.12.30.]

③ 계약담당공무원은 제1항에 따라 계약을 일괄하여 발주하려는 경우 역무내용 중「건설기술진흥법」,「전력기술관리법」,「정보통신공사업법」등 공사 관련 법령에 따른 의무적 설계 또는 감리 대상이 포함되어 있는 경우에는 용역계약의 발주 등 관련 법령에 따른 조치를 취하여야 한다. <신설 2020.12.28.>

제2조의3(하도급 관련사항의 공고) ① 각 중앙관서의 장 또는 계약담당공무원은 입찰공고시 하도급과 관련하여 계약상대자가 숙지하여야 할 다음의 사항 등을 공고하여야 한다.

1. 건설산업기본법 등 개별법령상 하도급 관련규정의 준수
2. 해당 계약에 있어서 하도급이 가능한지 여부
3. 관련법령상 하도급규정을 위반하여 하도급을 하거나, 발주기관의 승인없이 하도급을 하는 경우 입찰참가자격 제한을 받을 수 있다는 취지
4. 하도급이 가능한 계약의 이행에 있어 하도급 승인 절차

② 각 중앙관서의 장 또는 계약담당공무원은 제1항 제4호의 하도급 승인을 함에 있어서 하도급을 받을 자의 실적부족을 이유로 승인을 거부하여서는 아니된다. 다만, 입찰공고시 사전에 하도급 받을 자의 요건을 명시한 경우는 그러하지 아니하다.

③ 각 중앙관서의 장 또는 계약담당공무원은 제1항 제4호의 하도급 승인절차와 관련하여 과업의 내용 및 계약의 난이도 등을 고려하여 필요하다고 인정하는 경우 계약체결시에 구체적인 업무범위를 정하여 하도급을 사전적으로 승인할 수 있다.

④ 제1항 내지 제3항에도 불구하고 하도급의 가부, 하도급 승인 등에 대해「건설산업기본법」,「중소기업제품 구매촉진 및 판로지원에 관한 법률」등 다른 법령에서 정하고 있는 경우에는 그 규정에 따른다.

[본조신설 2017.12.28.]

제2조의4(예정가격 결정과 관련한 책정기준 등의 공고) ① 각 중앙관서의 장 또는 계약담당공무원은 시행령 제9조제1항제2호 또는 제3호의 방식으로 예정가격을 결정한 경우에는 제36조제16호에 따라 입찰공고에 다음 각 호의 사항을 명시하여야 한다.

1. 시행규칙 제7조제1항에서 정한 단위당 가격 및 적용기준 공표기관, 공표시기 또는 적용대상기간
2. 다른 법령 등에서 계상하도록 규정한 비용(국민건강보험료 등)의 적용 기준
3. 시행규칙 제8조제1항에 따른 일반관리비율 및 이윤율

4. 그 밖에 각 중앙관서의 장 또는 계약담당공무원이 공개가 필요하다고 인정하는 정보

② 각 중앙관서의 장 또는 계약담당공무원은 제1항의 공고사항이 입찰의 공정성을 훼손할 우려가 있다고 판단되는 경우에는 입찰공고 시 제외할 수 있다. 이 경우 제외 사유를 입찰공고에 명시하여야 한다.

[본조신설 2018.12.31.]

제2조의5(순공사원가 기준 등의 공고) 각 중앙관서의 장 또는 계약담당공무원은 영 제42조제1항 및 제4항에 따라 공사를 입찰공고할 때에는 다음 각 호의 사항을 명시하여야 한다.

1. 예정가격이 100억원 미만인 공사의 경우 예정가격 중 재료비 · 노무비 · 경비 및 이에 대한 부가가치세를 합산한 금액의 100분의 98 미만으로 입찰한 자는 낙찰자로 결정하지 않는다는 사항
2. 「예정가격작성기준」 제44조의3에 의한 기초금액 중 재료비, 노무비, 경비와 이에 대한 부가가치세를 합산한 금액(다만, 복수예비가격에 의하여 예정가격을 결정하는 경우에 한함)

[본조신설 2020.4.7.]

제2조의6(계약담당공무원 유의사항) 계약담당공무원은 공사·용역 및 물품제조(구매) 계약 등의 입찰 • 계약의 집행과 관하여 이 예규에서 정한 바에 따라 업무를 처리하여야 하며 다음 각 호의 사례가 발생하지 않도록 유의하여야 한다.<신설 2018.12.31. 개정 2020.6.19.>

1. 입찰공고·특수조건에 특정업체에게 하도급하게 하거나 자재를 납품하게 하는 등 부당한 요구를 하는 사례
2. 납품실적 등의 평가와 관련하여 제5조제4항 각호에 따른 제한사유를 평가기준으로 적용하는 사례
3. 신기술·특허공법 보유자 또는 물품공급·기술지원사와 발주 전에 기술사용(지원) 협약 등을 체결하지 아니하고 낙찰자로 하여금 직접 신기술·특허 보유자 또는 물품공급·기술지원사와 체결한 사용협약서 또는 물품공급·기술지원협약서를 제출하게 하거나 이로 인해 낙찰자가 계약을 체결할 수 없는 경우에도 부정당업자로 입찰참가자격을 제한하고 입찰보증금을 귀속하는 사례
4. 신기술·특허공법 보유자 또는 물품공급·기술지원사와 발주기관이 사전에 체결한 기술사용(지원)협약 등과 다르게 부당한 요구를 하여 낙찰자와 신기술·특허 보유자 또는 물품공급·기술지원사가 간 협약이 체결되지 않게 하는 사례
5. 신기술·특허공법이 사용되는 공사의 전부 또는 일부가 기술보유자의 기술력을 활용하지 아니하면 시공과 품질 확보가 불가능하거나, 기술보유자가 보유한

특수 장비 등을 직접 사용하지 아니하면 시공과 품질 확보가 불가능한 경우를 제외하고 계약상대자에게 신기술·특허공법 보유자와 하도급계약 등을 체결하도록 강요·유도하는 사례

6. 전문성, 기술성, 창의성, 예술성, 안정성 등이 요구되지 않는 물품, 용역을 협상에 의한 계약체결로 집행하는 사례
7. 협상에 의한 계약체결시 특정 항목에 대해 과다하게 배점을 부여하거나 기술과 가격의 평가비중을 자의적으로 설정하는 사례
8. 시행령 제18조에 따른 2단계 경쟁 등의 입찰, 시행령 제43조에 따른 협상에 의한 계약체결 및 시행령 제43조의3에 따른 경쟁적 대화에 의한 계약체결 등의 경우 평가기준 및 절차(외부전문가를 위원으로 선정하여 평가하는 경우를 포함한다)등을 정함에 있어 특정업체에 유리한 평가기준을 적용하는 등 공정성, 객관성, 적합성 등이 결여되는 사례
9. 수의계약 시에도 규격서나 시방서 등에 특별한 이유가 없는 한 표준시방서를 명시하여 수의계약 대상제품을 효율성・안전성・경제성을 고려하여 최종 선택해야 함에도 부득이하게 특별히 필요한 경우를 제외하고 특정제품 규격이나 인증번호 등을 명시하여 수의계약 체결을 요구하는 사례
10. 법 제19조 등에 따른 계약 내용의 변경에 따른 계약금액 조정과 관련하여 계약금액의 조정 없이 추가 과업을 요구하거나 일방적으로 과업을 변경하며 정당한 이유 없이 계약금액 조정신청을 거부 또는 인정하지 아니하는 사례
11. 발주기관이 계약체결 이후 과업을 변경 시 계약 목적달성을 위해 필요한 최소한의 과업만을 변경하지 않고 빈번하게 과업변경을 계약상대자에게 요구하는 사례 또는 계약금액 감액 시 기준, 대상, 방식에 대한 협의 없이 자의적으로 업체의 적정대가를 보장하지 않는 사례
12. 장기계속계약의 연차별 계약기간 중 계약예규「공사계약일반조건」제25조제3항 제1호부터 제3호까지 및 제6호·제7호에 따른 사유가 발생한 이후, 해당 연차계약을 해지하고 남은 공사부분을 차년도 연차계약으로 이월하는 사례
13. 계약체결 부대비용 등 계약체결 및 이행 과정에서 발생하는 비용 중 발주기관이 부담할 부분을 계약상대자에게 전가하거나, 공사용지 확보, 사업관련 민원대응 등 발주기관의 업무를 계약상대자에게 전가하는 행위
14. 계약상대자에 대해 계약의 이행 및 관리과정의 통지·신청·청구·요구·회신·승인 또는 지시를 서면으로 시행하지 않고 구두로 하는 행위
15. 발주기관이 「조달사업에 관한 법률」 제27조 제1항에 따른 혁신제품을 자재로 사용토록한 공사계약의 경우로서 혁신제품의 하자가 직접적인 원인이 되어 전체 계약의 이행이 불가능하게 되거나 목적물에 하자가 발생한 경우, 계약상대자에 대해 계약불이행 또는 하자보수에 대한 책임을 묻는 행위 <신설

2020.12.28.>

16. 발주기관이 일괄・기술제안입찰사업 등 입찰안내서 작성 시 관행적인 사유 등으로 국가계약법 시행령, 국가계약법 시행규칙, 국가계약법 특례규정 및 계약예규 등에 위배되거나 계약상대자간의 불공정한 계약내용을 포함하는 행위 <신설 2024.4.30.>
17. 발주기관이 일괄・기술제안입찰에 있어서 「공사계약 일반조건」 제21조제3항 또는 제5항에 해당하는 경우에도 계약상대방에게 설계변경으로 인한 계약금액 조정을 하지 않는 행위 <신설 2024.4.30.>

제2장 제한경쟁입찰의 운용

제3조(제한경쟁입찰의 집행) 계약담당공무원은 시행령 제21조 및 시행규칙 제24조 및 제25조에 의한 제한경쟁입찰시에 이 장에 정한 바에 따라 집행하여야 한다.

제4조(제한경쟁입찰의 대상) ① 시행령 제21조제1항제2호에서 정한 "특수한 기술 또는 공법이 요구되는 공사"는 다음 각호와 같다.

1. 특수기술이 필요한 공사
 (1) 터널을 수반하는 공사
 (2) 활주로 공사
 (3) 지하철 공사
 (4) 저수·유조하천공사 또는 수중작업을 수반하는 공사
 (5) 댐 축조공사
 (6) 취수장, 정수장, 유수지(遊水池) 또는 오수처리장 공사로서 수중 작업을 수반하는 공사
 (7) 송·배수관공사
 (8) 수중관·사이폰·저수지 또는 제방공사
 (9) 매립지등 연약지반에서 파일 또는 우물통공사를 수반하는 공사
 (10) 독크 축조공사
 (11) 간척(방조제포함) 또는 매립공사
 (12) 「항만법」 제2조제5호에 의한 항만시설공사 및 「어촌·어항법」 제2조제3호에 의한 어항시설공사
 (13) 장대교(길이 100m 이상인 교량을 말한다) 제작 또는 가설공사
 (14) 철도 및 철도궤도공사
 (15) 정밀한 시공이 필요하거나 위험을 수반하는 기계설치공사
 (16) 발전·변전·송전 또는 배전설비공사

(17) 전기철도 또는 전차시설공사

(18) 정밀시공·고위험 전기기계 설치공사 <개정 2014.1.10.>

(19) 신호집중제어 또는 특수제어장치설치공사

(20) 자동신호 또는 연동장치공사

(21) 원형차량 감지기 설치공사

(22) 국가유산 보수공사

(23) 차선도색공사

(24) 도로봉합제를 사용한 신축이음 및 균열 보수공사

(25) 상수도관 세척갱생공사

(26) 하수도 흡입 준설공사

(27) 심정공사(深井工事)

(28) 산간벽지등 특수지역에서 시공하여야 하는 군사시설공사

(29) 하천환경정비사업

(30) 기타 특수한 기술이 요구되는 공사로 각 중앙관서의 장이 특별히 인정하는 공사

2. 특수공법이 필요한 공사

(1) 스폼공법 또는 철골공법에 의한 공사

(2) 피·시공법등 중앙관서장이 특수공법으로 지정·고시한 공법에 의한 공사

(3) 특수설계 또는 특수사양에 의한 선박 공사

② 시행령 제21조제1항제3호에서 정한 "특수한 설비 또는 기술이 요구되는 물품제조계약"은 다음 각호와 같다.

1. 특수한 품질 또는 성능의 보장을 위하여 특수한 설비와 기술을 필요로 하는 경우

2. 시행령 제23조제1항제6호에 의한 물품을 제조하는 경우

③ <삭제 2010.9.8>

④ 시행령 제21조제1항제6호에 따른 제한기준은 다음 각 호와 같다.<개정 2016.12.30.>

1. 공사 : 공사의 현장이 소재하는 특별시·광역시·도・특별자치시 및 특별자치도(이하 "시·도"라 한다)의 관할구역 안에 법인등기부상 본점(개인사업자인 경우에는 해당 사업에 관한 사업자등록증 또는 관련법령에 의한 허가·인가·면허·등록·신고 등 관련서류상의 사업장 소재지를 말한다. 이하 이 예규에서 본점이라 한다)이 있는 자 <개정 2016.12.30.>

2. 물품 : 물품제조에 있어서는 납품지가 소재하는 시・ 도의 관할구역 안에 주된 영업소가 있는 자, 물품구매에 있어서는 납품지가 소재하는 시・도의 관할구역 안에 본점이 있는 자 <개정 2016.12.30.>

3. 용역 : 용역 결과물의 납품지(시공단계의 건설사업관리 용역 등 현장과 밀접한 관련이 있는 경우에는 해당 용역의 현장)가 소재하는 시·도의 관할구역 안에 본점이 있는 자 <개정 2016.1.1. 2016.12.30>

⑤ 제4항을 적용함에 있어 광역시 또는 도의 관할구역내에서 특별시 또는 광역시가 신설(편입된 경우는 제외)되는 경우에는 그 신설된 날로부터 3년간은 종전의 광역시 또는 도의 관할구역과 신설된 특별시 또는 광역시의 관할구역은 이를 분리하지 아니한 것으로 본다.

⑥ 제4항을 적용함에 있어 입찰참가자가 개인사업자인 경우로서 사업장 소재지는 다르지만 사업종류가 동일한 복수의 사업자등록증 등을 보유하고 있는 경우에는 해당 개인사업자가 그 중 한곳을 지정한 사업장 소재지를 주된 영업소로 본다. <개정 2015.9.21. 2016.12.30.>

제5조(제한기준) ① 시행령 제21조제1항 및 시행규칙 제25조제2항의 "실적"이라 함은 현재 발주하려는 계약과 계약내용이 실질적으로 동일한 것은 물론, 이와 유사하여 계약목적달성이 가능하다고 인정되는 과거 1건의 공사·제조 또는 용역 등의 실적(장기계속공사·제조 또는 용역 등에 있어서는 총공사·제조 또는 용역 등의 실적으로 한다)에 해당되는 금액 또는 규모(양)를 말하며, 제조 또는 용역의 경우에는 해당 계약목적물의 3분의 1배 이내에서 실적을 요구하되, 계약담당공무원이 계약의 특성 및 난이도 등을 감안하여 필요하다고 인정하는 경우에는 계약목적물의 최대 1배까지 실적을 요구할 수 있다. 다만, 추정가격이 고시금액 미만인 제조 또는 용역계약의 경우에는 실적으로 경쟁참가자의 자격을 제한하여서는 아니된다.<개정 2015.9.21., 단서신설 2017.12.28.>

② 시행령 제21조제1항의 "기술보유상황"이라 함은 다음 각호의 경우를 말한다.

1. 「엔지니어링 산업진흥법」에 의한 엔지니어링 활동주체 또는 「기술사법」에 의한 기술사사무소로 개설등록을 한 기술사의 경우
2. 기술도입 또는 외국업체와의 기술제휴의 방법으로 해당 공사수행 또는 물품제조에 필요한 기술을 보유하고 있음이 객관적으로 인정되는 경우
3. 기타 해당 공사수행 또는 물품제조에 필요한 기술·공법을 개발 또는 보유하고 있음이 객관적으로 인정되는 경우

③ 시행령 제21조제1항제9호의 "재무상태"라 함은 현재 부도상태에 있거나 파산등으로 정상적인 영업활동이 곤란하다고 인정되지 아니하는 경우를 말한다.

④ 계약담당공무원은 시행령 제21조제1항에 의하여 제한경쟁입찰에 참가할 자의 자격을 제한하는 경우에 이행의 난이도, 규모의 대소, 수급상황 등을 적정하게 고려하여야 한다. 다만, 다음 각호와 같이 경쟁참가자의 자격을 제한하여서는 아니 된다.

1. 시행령 제21조제1항 각호 또는 각호내의 사항을 중복적으로 제한하는 경우. 다만, 시행령 제21조제1항제6호에 규정된 사항에 의하여 제한하는 경우에는 동항 제2호에 규정된 사항과 중복하여 제한할 수 있음
2. 특정한 명칭의 실적으로 제한함으로써 유사한 실적이 있는 자의 입찰참가기회를 제한하는 경우
  가. 농공단지 조성공사에 있어 농공단지 조성실적이 있는 업체만으로 제한함으로써 사실상 공사내용이 동일한 공업난지나 주택단지 등의 조성실적이 있는 자의 입찰참가를 배제
  나. 종합문화예술회관 공사에 있어 종합문화회관 건립 단일공사 관람석 000석이상 준공실적이 있는 업체로 제한함으로서 시민회관, 강당 등 사실상 내용이 같은 공사실적이 있는 자의 입찰참가를 배제
3. 특정기관이 발주한 준공실적만을 요구하고 다른 기관 및 민간의 실적을 인정하지 않는 경우(예:국가기관, 지방자치단체 및 공기업・준정부기관 등의 실적만을 인정함으로써 다른 공공기관 및 민간실적을 배제)
4. 해당 공사이행에 필요한 수준 이상의 준공실적을 요구하는 경우(예:동일공사에서 교량이 2개 이상 있을 경우 합산한 규모의 실적업체로 제한하여 1개 규모의 실적보유업체를 배제)
5. 물품의 제조·구매입찰시 부당하게 특정상표 또는 특정규격 또는 모델을 지정하여 입찰에 부치는 경우와 입찰조건, 시방서 및 규격서 등에서 정한 규격·품질·성능과 동등이상의 물품을 납품한 경우에 특정상표 또는 모델이 아니라는 이유로 납품을 거부하는 경우(예:특정 수입품목의 모델을 내역서에 명기하여 품질 및 성능면에서 동등이상인 국산품목의 납품을 거부)
6. 지역제한경쟁입찰을 하는 경우에 본점이 공사의 현장·납품지 등이 소재하는 시·도의 관할구역안에 있는 자로 제한하여야 함에도 시·군·자치구의 관할구역안에 있는 자로 제한하는 경우 <개정 2016.12.30.>
7. 일반경쟁입찰이 가능함에도 과도하게 실적 등으로 제한하는 경우[예:빗물 펌프장(유수지) 공사에서 펌프 용량으로 실적제한]
8. 관련법령 등에 의해 1개의 등록만으로 시공이 가능함에도 2개이상의 등록을 요구하는 등 등록요건을 강화하는 경우
9. 교량이나 도로공사 발주시 공사의 실적을 평가하는데 주요한 기준의 규모(또는 양)로 제한하지 아니하고, 폭 등 독특한 실적만으로 제한하는 경우 및 폭, 연장, 경간장(徑間長), 공법 등을 모두 제한하는 경우
10. 창의성이 요구되는 건축설계 등 문화예술관련 용역에 대해서 용역수행실적으로 제한하는 경우
11. 시행령 제73조의2에 의한 건설사업관리용역을 발주함에 있어 시공 단계의

건설사업관리 용역이 해당용역의 주요부분임에도 불구하고 건설사업관리 실적만을 요구하는 등 시공 단계의 건설사업관리 용역실적을 인정하지 않는 경우 <개정 2016.1.1.>

제5조의2(신기술 또는 특허공법이 요구되는 공사 적용기준) ① 계약담당공무원은 공사계약을 함에 있어 해당 공사에 신기술이나 특허공법(이하 "신기술 등"이라 한다)이 포함된 경우에는 다음 각 호에 따라야 한다.

1. 해당 공사를 신기술 등을 보유한 자(이하 "기술보유자"라 한다)가 계약을 이행하는 것이 객관적으로 타당한 경우에는 수의계약 또는 지명경쟁에 의할 수 있다. 다만, 기술보유자가 다수 존재하는 경우로서 경쟁성이 확보되는 경우에는 제한경쟁에 의할 수 있다. 이 경우에 입찰공고에 입찰참가자격제한 사유를 명시하여야 한다.
2. 해당 공사에서 신기술 등이 일부 포함되어 있는 경우에는 일반경쟁에 의하는 것을 원칙으로 하고, 일반경쟁에 의하지 않더라도 시행령 제21조제1항 제2호의 사항으로 입찰참가자격을 제한할 수 없다.

② 동일한 공종에 적용될 수 있는 신기술 등이 다수 존재하는 경우로서 제1항에 따라 신기술 등을 설계에 포함하여 수의계약 체결 내지 경쟁입찰을 실시하고자 하는 때에는 시행령 제94조에 의한 계약심의회의 심의를 거쳐야 한다. 다만, 시행령 제26조제1항제5호 가목(「재난 및 안전관리 기본법」 제3조제1호의 재난이나 경기침체, 대량실업 등으로 인한 국가의 경제위기를 극복하기 위해 기획재정부장관이 기간을 정하여 고시한 경우에는 같은 조제6항을 포함한다. 이하 같다.)에 따른 공사에는 그러하지 아니한다. <신설 2012.7.4., 개정 2020.4.20.>

③ 제1항제2호에 따른 공사에서 신기술 등을 설계에 포함하고자 하는 경우에 설계반영단계에서 계약담당공무원은 별지 제2호의 예시를 참조하여 입찰공고 전에 기술보유자와 기술사용협약을 체결하여야 한다. 다만, 기술사용협약이 이루어지지 않은 경우에는 분리발주하거나 다른 기술 등을 사용할 수 있다. <제2항에서 이동 2012.7.4.>

④ 계약담당공무원은 제3항에 의한 내용을 입찰공고에 명시하여야 하고, 낙찰자 결정 후에 낙찰자에게 그 사본을 제공하여 낙찰자가 기술보유자로부터 기술사용협약에 따라 해당 기술을 원활히 제공받을 수 있도록 하여야 하며, 하도급대금의 결정은 하도급부분에 해당하는 예정가격(단, 발주자로부터 계약금액 조정을 받은 경우 조정분 포함)에 원도급공사의 낙찰률 및 「건설산업기본법 시행령」 제34조에 따른 비율을 곱한 금액과 동 금액에 「건설기술진흥법」 제14조에 의한 기술사용료를 더한 금액의 범위 내에서 낙찰자와 기술보유자 간 합의한

금액으로 한다. <개정 2012.7.4, 2014.1.10., 2015.9.21., 2025.1.24.>

⑤ 제3항의 기술사용협약에 따라 기술을 제공하거나 시공에 참여하는 경우 기술사용료 지급은 「건설기술진흥법」 시행령 제34조에 따라 국토교통부 장관이 정하는 "건설신기술 기술사용료 적용기준"을 적용하여야 한다. <개정 2012.7.4, 2015.9.21.>

⑥ 계약담당공무원은 용역계약 및 물품제조계약을 함에 있어 특수한 설비 또는 기술이 요구되는 경우에 제1항 내지 제4항을 준용한다. <개정 2010.4.15, 2012.7.4.>

⑦ 계약담당공무원은 원가계산에 반영된 기술사용료에서 제4항에 따라 지급한 기술사용료의 차액을 감액한다. <신설 2012.7.4, 개정 2014.1.10.>

[본조신설 2008.12.29.]

제5조의3(특수한 성능·품질 등의 납품능력이 요구되는 물품) ① 계약담당공무원은 물품구매계약을 함에 있어 해당 물품에 특수한 성능 또는 품질(이하 "특수한 성능 등"이라 한다)이 요구되는 경우에는 다음 각 호에 따라야 한다.

1. 특수한 성능 등의 납품능력을 가진 자가 공급하는 것이 적합하다고 인정되는 경우에는 수의계약 또는 지명경쟁에 의할 수 있다. 다만, 특수한 성능 등의 납품능력을 가진 자가 다수 존재하는 경우로서 경쟁성이 확보되는 경우에는 제한경쟁에 의할 수 있다. 이 경우 입찰공고에 입찰참가자격제한 사유를 명시하여야 한다.
2. 해당 물품구매에서 특수한 성능 등이 일부만 포함되어 있는 경우에는 일반경쟁에 의하는 것을 원칙으로 하고, 일반경쟁에 의하지 않더라도 시행령 제21조제1항제4호에 의한 사유로 제한경쟁을 실시할 수 없다.

② 제1항제2호에 따른 물품구매에 있어 특수한 성능 등을 규격서(시방서)에 반영하고자 하는 경우에는 규격서 작성단계에서 계약담당공무원은 별지 제3호의 예시를 참조하여 입찰공고전에 제조사 또는 기술지원사(이하 "제조사 등"이라 한다)와 물품공급 또는 기술지원협약을 체결하여야 하며, 협약금액은 해당 물품 또는 기술부분에 대한 예정가격에 물품구매계약의 예상낙찰률을 곱한 금액을 기초로 하여 제조사 등과 합의한 금액으로 한다. 다만, 물품공급 또는 기술지원협약이 이루어지지 않은 경우에는 다른 물품으로 발주할 수 있다. <개정 2023.6.30.>

③ 계약담당공무원은 제2항에 의한 협약내용을 입찰공고에 명시하여야 하며, 낙찰자 결정후 낙찰자에게 그 사본을 제공하여 낙찰자가 제조사 등으로부터 물품공급 또는 기술지원확약서를 발급받을 수 있도록 하여야 한다.

[본조신설 2008.12.29.]

제3장 공사의 지명경쟁입찰시 지명업체 선정기준

제6조(선정기준) 계약담당공무원은 시행규칙 제27조에 따라 공사를 지명경쟁입찰로 집행하고자 하는 경우에는 다음 각 호의 기준에 의하여 지명업체를 선정하여야 한다.

1. 시공능력을 기준으로 지명하고자 할 때에는 시공능력 일련순위에 따라 지명할 것
2. 특수기술을 필요로 하는 공사로서 전문적인 기술의 보유자가 아니면 계약목적의 달성이 곤란한 때에는 그 기술보유자중에서 시공능력 순위에 따라 지명할 것
3. 특수공법을 필요로 하는 공사의 경우에 동종공사의 시공실적의 보유자가 아니면 계약목적의 달성이 곤란한 때에는 그 실적보유자중에서 시공능력 순위에 따라 지명할 것
4. 시행령 제23조제1항제2호에 따른 공사의 경우에 시·도업체만을 지명하고자 할 때에는 해당 시·도업체의 시공능력 순위에 따라 지명할 것 <개정 2023.6.30.>

가. 삭제 <2023.6.30.>

나. 삭제 <2023.6.30.>

제4장 긴급에 따른 수의계약 및 소액수의계약 등의 집행

제7조(수의계약의 집행) 계약담당공무원은 시행령 제26조제1항제1호 가목, 제2호 가목 내지 바목 및 제5호 가목에 의하여 수의계약으로 집행하는 경우에 이 장에 정한 바에 따라야 한다. <개정 2010.9.8.>

제7조의2(긴급에 따른 수의계약) 시행령 제26조제1항제1호 가목에 의한 긴급한 행사, 감염병 예방 및 확산방지, 긴급복구가 필요한 수해 등 비상재해 그 밖에 이에 준하는 경우로서 경쟁에 부칠 여유가 없을 경우라 함은 시행령 제35조제4항 등에 따라 긴급 입찰공고에 의한 경쟁입찰에 의하더라도 계약목적의 달성이 곤란한 경우를 말한다. <개정 2010.9.8., 개정 2020.4.20>

제8조(집행기준) ① 계약담당공무원은 시행령 제26조제1항제2호 가목 내지 바목에 의한 수의계약을 할 때에는 다음 각 호의 기준에 해당하는 경우로서 경쟁이 성립할 수 없는 경우에 한하여 체결하여야 한다. <개정 2010.9.8.>

1. 시행령 제26조제1항제2호 "가"목에서 규정하고 있는 하자책임구분이 곤란한 경우라 함은 금차공사가 시공 중에 있는 전차공사 또는 하자담보책임기간내에 있는 전차공사와 그 수직적 기초를 공통으로 할 경우와 전차시공물의 일부를 해체 또는 변경하여 이에 접합시키는 경우를 말한다. <개정 2010.9.8.>

2. 시행령 제26조제1항제2호 “나”목에서 규정 하고 있는 동일현장에 2인 이상의 업자를 투입할 수 없는 경우라 함은 금차공사가 시공 중에 있는 전차공사와 시공 과정상 시간적, 공간적으로 중복되는 경우를 말한다. <개정 2010.9.8.>
3. 시행령 제26조제1항제2호 “다”목에서 규정 하고 있는 마감공사라 함은 시공중에 있는 전차공사 또는 하자담보책임기간내에 있는 전차공사에 대한 뒷마무리공사와 성토(흙쌓기), 옹벽, 포장등의 부대시설공사를 말한다. <개정 2010.9.8.>
4. 시행령 제26조제1항제2호 "라" 및 "마"목에서 규정하고 있는 사실상 경쟁이 불가능한 경우라 함은 금차공사가 접적지역, 도서지역(연륙교로 육지와 연결된 지역은 제외한다.), 고산벽지 또는 이에 준하는 특수지역의 공사이거나 특허공법에 의한 공사 및 「건설기술진흥법」 제14조에 따라 지정·고시된 신기술, 「환경기술 및 환경산업지원법」 제7조에 따라 인증 내지 검증받은 기술 또는 「전력기술관리법」(법률제13741호로 개정되기 전의 것을 말한다)제6조의2에 따라 지정·고시된 새로운 전력기술 또는「재난안전산업진흥법」 제14조에 따라 지정된 방재신기술(각 해당 법률에 따라 지정된 보호기간 또는 유효기간 내의 경우로 한정한다)을 적용하는 공사로서 입찰적격자가 한정되어 경쟁이 실질적으로 곤란한 경우를 말한다. <개정 2010.9.8., 2015.9.21., 2019.12.18.>
5. 시행령 제26조제1항제2호 "바"목에서 규정하고 있는 해당물품을 제조·공급한 자가 직접 물품을 설치·조립 또는 정비하는 경우라 함은 해당 물품을 설치·조립 또는 정비하는 공사를 제조·공급과 분리하여 시행하는 경우에 해당물품을 제조·공급한자가 직접 설치·조립 또는 정비하는 것이 공사비 및 공사기간에 있어서 국가기관에 유리한 경우를 말한다. <개정 2010.9.8.>

② 계약담당공무원은 조달청장이 정한 세부평가기준에 따라 발주하고자 하는 공사가 제1항에 정한 수의계약 사유에 해당하는 지의 여부를 결정할 수 있다.

제8조의2(설계용역 등에 대한 수의계약의 집행) 계약담당공무원은 시행령 제26조제1항제2호차목에 따라「건축서비스산업진흥법」 제21조에 따른 공모의 당선자와 수의계약을 체결하려는 경우 공모의 공고문에서 결정된 대가를 감액하여 수의계약을 체결하여서는 아니된다.

[본조신설 2018.12.31.]

제9조(계속공사의 계약금액 결정) ① 계약담당공무원은 시행령 제31조 본문에서 정한 바와 같이 수의계약 상대방이 제출한 견적금액이 해당 예정가격에 제1차공사의 낙찰율을 곱한 금액의 범위이내일 경우에 한하여 그 금액으로 계약을 체결할 수 있다.

② 시행령 제31조 단서에서 기획재정부장관이 정하는 경우라 함은 다음 각 호의 어느 하나에 해당하는 것을 말한다. <개정 2008.12.29.>

1. 제1차공사의 낙찰율이 100분의 87.75미만인 경우로서 계속공사의 추정가격이 10억원(전문공사 및 전기·정보통신·소방·국가유산공사 등은 3억원) 미만인 공사는 해당 예정가격에 100분의 87.75를 곱한 금액으로 한다.
2. 제1차공사의 낙찰율이 100분의 86.75미만인 경우로서 계속공사의 추정가격이 50억원미만 10억원(전문공사 및 전기·정보통신·소방·국가유산공사 등은 3억원) 이상인 공사는 해당 예정가격에 100분의 86.75를 곱한 금액으로 한다.
3. 제1차공사의 낙찰율이 100분의 85.5미만인 경우로서 계속공사의 추정가격이 100억원 미만 50억원이상인 공사는 해당 예정가격에 100분의 85.5를 곱한 금액으로 한다.

제10조(소액수의계약 체결절차 등) ① 계약담당공무원은 시행령 제26조제1항제5호 가목에 따라 수의계약을 체결함에 있어 추정가격이 2천만원(같은 목 5)가)부터 다)까지의 어느 하나에 해당하는 자와 계약을 체결하는 경우에는 5천만원)을 초과하는 경우에는 시행령 제14조제3항에 따라 「전자조달의 이용 및 촉진에 관한 법률」 제2조제4호에 따른 국가종합전자조달시스템(이하 "전자조달시스템"이라 한다)을 이용하여 견적서를 제출하도록 하여야 하고, 시행령 제36조 각 호에 정한 사항 중 필요한 사항을 견적서제출마감일 전일부터 기산하여 3일(공휴일과 토요일은 제외하고 산정한다)전까지 전자조달시스템을 이용하여 안내공고를 하여야 한다. 다만, 다음 각 호의 어느 하나에 해당하는 경우에는 그러하지 아니하다. <개정 2008.12.29., 2010.9.8., 2015.9.21., 2017.12.28., 2019.12.18>

1. 시행규칙 제33조제1항제1호 및 제2호에 해당하는 경우
2. 기존 시설물을 계속적으로 유지·보수하는 경우로서 전자조달시스템을 이용하여 견적서를 제출받는 경우에는 호환이 되지 않는 등 사실상 유지·보수가 곤란하거나 예산낭비가 우려되는 경우 <개정 2015.9.21.>
3. 「건설기술진흥법」에 따른 설계용역 및 타당성조사용역과 그 밖에 다른 법령에 따른 설계용역의 경우(지역경제활성화를 위하여 예산을 조기집행할 필요가 있는 경우만 해당한다). 다만, 계약담당공무원은 추정가격 2천만원이상인 수의계약을 같은 사업체와 3회 이상 체결할 수 없다. <신설 2009.4.8, 개정 2015.9.21.>
4. 제2항에 따른 재안내 공고를 실시한 결과 2인 이상으로부터 견적서를 받지 못한 경우, 그 밖에 계약의 목적이나 특성상 전자조달시스템에 의한 견적서를 제출받아 수의계약을 체결하는 경우에는 사실상 계약목적 달성이 어려운 경우 <제3호에서 이동 2009.4.8, 개정 2015.9.21.>

② 제1항에 따른 안내공고에 불구하고 다음 각 호의 어느 하나에 해당하는 때에는 재안내공고를 하여야 한다. <개정 2009.9.21, 2010.1.4.>

1. 시행령 제12조제1항의 요건을 갖춘 견적서 제출자가 2인 미만인 경우 <개정 2010.1.4.>
2. 예정가격 이하로서 제10조의2제1항 각호의 기준을 충족하는 견적서가 없는 경우 <개정 2010.1.4.>
3. <삭제 2009.9.21>
4. 견적서를 제출한 자가 1인이하인 경우 등 계약상대자를 결정할 수 없는 경우(단, 재안내 공고를 실시하더라도 견적서 제출자가 1인 밖에 없을 것으로 명백히 예상되는 경우는 제외) <개정 2010.9.8.>

③ 계약담당공무원은 제1항 본문에 따라 전자조달시스템을 이용하여 견적서를 제출하게 하는 공사의 경우에는 설계서, 공종별 목적물 물량내역서(이하 "물량내역서"라 한다), 기타 견적서 제출에 필요한 서류를 작성·비치하여야 하고, 견적서제출마감일까지 견적서를 제출하려는 자에게 열람하게 하고 교부하여야 한다. 다만, 계약담당공무원은 물량내역서 및 견적서 제출에 필요한 서류를 전자조달시스템에 게재함으로써 열람 또는 교부에 갈음할 수 있다. <개정 2015.9.21., 2019.12.18.>

④ 제1항 본문에 따라 전자조달시스템을 이용하여 견적서를 제출하게 하는 공사의 경우에 있어 계약담당공무원은 견적서를 제출하려는 자에게 견적금액을 적은 견적서를 제출하게 하고, 계약상대자로 결정된 자에게 제3항에 따라 교부된 물량내역서에 단가를 적은 산출내역서를 착공신고서의 제출 시까지 제출하게 하여야 한다. <개정 2015.9.21.>

⑤ 시행령 제26조제1항제5호 "가목" 4)의 "특수한 지식·기술 또는 자격을 요구하는 계약"이란 다음 각 호와 같다. <신설 2016.1.1.>
1. 학술연구, 원가계산, 타당성조사, 여론조사 용역
2. 「건설기술진흥법」에 따른 건설기술용역
3. 「시설물의 안전관리에 관한 특별법」에 따른 안전점검 및 정밀안전진단 용역
4. 「엔지니어링산업진흥법」에 따른 엔지니어링활동을 목적으로 하는 용역
5. 「건설폐기물의 재활용촉진에 관한 법률」 및 「폐기물관리법」에 따른 폐기물처리 용역
6. 법률자문·회계·감정평가 등 특정자격을 필요로 하는 용역
7. 기타 전문적인 지식이나 인력·설비 등이 필요한 용역

⑥ 시행령 제26조제1항제5호 가목5)다)에 따른 "기획재정부 장관이 정하는 요건을 충족하는 자"란 「사회적기업 육성법」 제2조 제2호의 취약계층을 전체 근로자의 100분의 30 이상 고용한 자를 말한다. <신설 2018.12.31.>

⑦ 계약담당공무원은 시행령 제26조제1항5호가목5)다)의 자(이하 이 조에서 "사회적기업등"이라 한다)와 수의계약을 체결하려는 경우에는, 수의계약을 체결하려는 자로 하여금 다음 각 호에서 정하는 자로부터 제6항의 요건을 충족하였음을

증명하는 확인서 등(계약체결일로부터 6개월 이내에 발급한 서류에 한한다)을 제출하게 하여야 한다. <신설 2018.12.31.>

1. 「사회적기업 육성법」 제2조제1호에 따른 사회적기업 및 「협동조합 기본법」 제2조제3호에 따른 사회적협동조합 : 「사회적기업 육성법」 제20조에 따른 한국사회적기업진흥원 <신설 2018.12.31.>
2. 「국민기초생활 보장법」 제18조에 따른 자활기업 : 「국민기초생활 보장법」 제15조의2에 따른 중앙자활센터 <신설 2018.12.31.>
3. 「도시재생 활성화 및 지원에 관한 특별법」 제2조제1항제9호에 따른 마을기업: 관할 지방자치단체 <신설 2018.12.31.>

제10조의2(소액수의계약의 계약상대자 결정) ① 계약담당공무원은 제10조제1항 본문에 의하여 전자조달시스템을 이용하여 견적서를 제출받는 경우에는 다음 각 호의 기준에 따라 계약상대자를 결정한다. <개정 2016.12.30.>

1. 공사 : 시행령 제7조의2제1항에 의하여 예정가격을 결정한 경우에는 계약예규 「적격심사기준」에서 정한 추정가격이 10억원미만인 공사의 낙찰하한율 이상으로 견적서를 제출한 자 중 최저가격으로 견적서를 제출한 자. 단, 예정가격과 견적금액은 국민연금, 건강보험, 퇴직공제부금비, 노인장기요양보험, 산업안전보건관리비, 안전관리비, 품질관리비를 제외한 금액을 기준으로 한다. <개정 2025.10.30.>
2. 물품 • 용역 : 예정가격의 88%(시행규칙 제23조의3 각 호에 따른 용역계약의 경우에는 90%)이상으로 견적서를 제출한 자 중 최저가격으로 견적서를 제출한 자

② 제1항에 따라 선정된 자가 다음 각 호에 어느 하나에 해당되는 경우에는 차순위자를 계약상대자로 결정한다.

1. 견적서 제출마감일 현재 부도·파산·해산·영업정지 등이 확정된 경우
2. 견적서 제출마감일 현재 「건설산업기본법」 등 공사관련 법령에 정한 기술자 보유 현황이 해당공사 시공에 필요한 업종등록 기준에 미달하는 자
3. 「국가를 당사자로 하는 계약에 관한 법률」 제27조 및 시행령 제76조에 따라 입찰참가자격 제한 기간 중에 있는 자 <개정 2018.12.31.>
4. 수의계약 안내공고일 기준 최근 6개월 이내에 시행령 「국가를 당사자로 하는 계약에 관한 법률」 제27조 및 시행령 제76조 또는 다른 법령에 의하여 부실시공, 담합행위, 입찰 및 계약서류 위조 또는 허위제출, 입·낙찰 또는 계약이행 관련 뇌물제공자로서 부정당업자 제재처분을 받은 사실이 있는 자 <개정 2018.12.31.>
5. 계약상대자로 결정된 자가 계약체결 이전에 경쟁입찰의 입찰무효 사유에 준하는

등 부적격자로 판명되어 계약상대자 결정이 취소된 경우로서 동 부적격자를 제외하고 비교 가능한 2개 이상의 견적서가 확보되어 있는 경우

6. 계약상대자로 결정된 자가 스스로 계약체결을 포기한 경우로서 포기한 자를 제외하고 비교 가능한 2개 이상의 견적서가 확보되어 있는 경우<신설 2012.7.4.>
7. 견적서 제출 마감일 기준 최근 3개월 이내에 해당 중앙관서와의 계약 및 그 이행과 관련하여 정당한 이유 없이 계약에 응하지 아니하거나 포기서를 제출한 사실이 있는 자 <신설 2018.12.31.>

제10조의3(소액수의계약시 유의사항) ① 계약담당공무원은 제15조에 의한 동일구조물공사 및 단일공사로서 설계서 등에 의하여 전체사업내용이 확정된 공사를 시기적으로 분할하거나 공사량을 구조별, 공종별로 분할하여 시행령 제26조제1항제5호 가목에 의한 공사를 수의계약으로 체결할 수 없다. 다만, 제16조제2항 각 호의 어느 하나에 해당하는 경우에는 그러하지 아니하다. <개정 2010.9.8.>

② 「건설산업기본법」에 따른 공사를 발주하는 경우에 종합공사와 전문공사의 구분은 동 법 제16조 및 동법 시행령 제21조에 정한 바에 따른다.

제10조의4(소액수의계약 절차 등의 준용) 계약담당공무원은 시행령 제26조제1항제5호가목에 따라 추정가격이 2천만원미만인 계약에 대하여 수의계약을 체결함에 있어 필요하다고 인정하는 경우에는 제10조 내지 제10조의3을 준용할 수 있다. <개정 2010.9.8.>

제10조의5(소기업·소상공인 제품 우선구매) 계약담당공무원은 시행령 제21조제1항 제10호에 해당하는 계약으로서 추정가격이 시행령 제30조제1항제2호에 해당하는 경우에는 「중소기업기본법」과 「소기업 및 소상공인 지원을 위한 특별조치법」에 따른 소기업 또는 소상공인과 우선하여 계약을 체결할 수 있다.

[본조신설 2012.1.1.]

제5장 일괄입찰 및 기술제안입찰로 발주된 공사의 수의계약 집행

제10조의6(일괄입찰 및 기본설계 기술제안입찰로 발주된 공사의 수의계약) 시행령 제79조제1항제5호에 따른 일괄입찰과 시행령 제98조제3호에 따른 기본설계 기술제안입찰로 발주된 공사를 시행령 제27조제1항에 따라 수의계약으로 집행하는 경우에는 이 장에 정한 바에 따라야 한다.

[본조신설 2016.12.30.]

제10조의7(정의) 이 장에서 사용하는 용어의 정의는 다음과 같다.

1. "예비계약"이라 함은 수의계약 상대방(이하 이 장에서 "상대방"이라 한다)과 본 계약 체결시까지 임시적으로 체결하는 계약으로서 상대방이 실시설계용역을 수행함과 동시에 양 당사자간 가격협상이 성립할 것을 조건으로 본 계약을 체결할 것을 약정하는 계약을 말한다.
2. "발주기관 검토가격"이라 함은 실시설계서, 산출내역서 및 제10조의10제1항에 따른 물량 등 적정성 검토결과를 기초로 계약예규「예정가격 작성기준」에 따라 산출한 공사비를 말한다.
3. "설계대가"라 함은 국토교통부 고시「공공건축사업에 대한 건축사의 업무범위 및 대가기준」, 산업통상자원부 고시「엔지니어링사업대가의 기준」 등 관련 규정에 따라 산정한 설계용역의 대가를 말한다.
4. "협상 기초가격"이라 함은 해당 공사의 설계대가 및 발주기관 검토가격을 합산하여 산출한 가격으로서 발주기관이 제시할 수 있는 최대 가격을 말한다.
5. "최소 협상가격"이라 함은 공사품질 및 시공의 적정성을 담보하기 위해 발주기관이 수의시담시 제시할 수 있는 최소 수준의 금액을 말한다.
6. "설계 보정율"이라 함은 최소 협상가격의 산정 과정에서 설계 평가점수, 표준시장단가 적용공종의 비중 등 설계상 특수성을 반영하기 위해 적용하는 비율을 말한다.
7. "본 계약"이라 함은 각 중앙관서의 장과 상대방 사이에 가격협상이 성립되어 시공과 계약을 일괄하여 종국적으로 체결되는 계약을 말한다.

[본조신설 2016.12.30.]

제10조의8(수의계약 절차) ① 계약담당공무원은 제10조의7제1호에 따른 예비계약을 체결하여 실시설계 용역을 먼저 실시하고 실시설계서가 적격통지를 받은 경우에 한하여 같은 조 제7호에 따른 본 계약을 체결할 수 있다.

② 계약담당공무원은 일괄입찰 및 기본설계기술제안입찰의 입찰공고시 재공고입찰이 유찰될 경우 최종 공고의 단독입찰자와 이 장에 따른 절차에 따라 수의계약을 체결할 수 있다는 취지를 공고문에 명시하여야 한다.

③ 각 중앙관서의 장은 이 장에 따른 수의계약의 집행을 위해 다음의 사항에 대한 세부적인 기준을 정할 수 있다.

1. 제10조의11제2항제3호에 따른 유사공사의 범위
2. 제10조의11제2항제4호에 따른 설계 보정율
3. 제10조의11제3항에 따라 가격협상시 고려할 사항

[본조신설 2016.12.30.]

제10조의9(예비계약의 체결) ① 계약담당공무원은 상대방이 제출하는 기본설계의 설계점수 또는 기술제안점수가 계약담당공무원이 정한 설계점수(60점 이상 85점

이하의 범위에서 결정)를 초과하는 경우에는 해당 상대방과 실시설계 용역과 가격협상 성립을 조건으로 하는 공사계약을 일괄하여 체결할 수 있다.

② 계약담당공무원은 제1항의 계약을 체결함에 있어 다음 각 호의 사항을 부관(附款)으로 약정하여야 한다.

1. 계약금액은 실시설계가 확정된 이후 협의에 의해 결정한다는 취지
2. 협의과정에서 계약금액에 이견이 있을 경우 발주기관은 시공부분의 계약을 해지할 수 있으나 이 경우 국가계약법 제27조에 따른 입찰참가자격 제한을 하지 아니한다는 취지
3. 제2호의 경우에 발주기관은 상대방에 대하여 다음의 금액을 지급하고 설계서의 이용권리를 취득하며 시공부분을 별도로 발주 할 수 있다는 취지
   가. 일괄입찰로 발주된 공사: 기본설계서 및 실시설계서에 대한 설계대가를 기초로 각 설계용역에 대한 평균낙찰율을 감안하여 산정한 금액
   나. 기본설계 기술제안입찰로 발주된 공사: 실시설계서에 대한 설계대가를 기초로 설계용역 평균낙찰율을 감안하여 산정한 금액과 제87조의3에 따른 제안서 보상비를 합산한 금액
4. 상대방은 제3호에 따라 별도로 발주되는 입찰에 참여할 수 없다는 취지
5. 본계약을 체결함에 있어 제10조의12 제2항에 따라 계약금액 조정이 가능하다는 취지 <신설 2019.12.18.>

③ 계약담당공무원은 제1항의 계약을 체결함에 있어서는 법 제12조에 따른 계약보증금을 제출요구하지 아니하며, 시행령 제89조 및 제107조에 따른 설계비 등의 보상대상이 아님을 명시하여야 한다.

④ 계약담당공무원은 예비계약의 체결 이전에 다음의 사항을 상대방에게 고지 또는 열람토록 하여야 한다.

1. 제2항제3호에 따라 산정된 금액
2. 제10조의8제3항제1호 및 제2호에 따른 세부기준을 정하였을 경우 그 기준

[본조신설 2016.12.30.]

제10조의10(발주기관 검토가격 작성) ① 계약담당공무원(「조달사업에 관한 법률」 제5조의2에 따라 조달청장에게 계약을 의뢰하는 공사에 대하여는 수요기관 담당공무원을 말한다. 이하 이 조에서 같다)은 실시설계서에 대하여 시행령 제85조제5항, 제6항 또는 제105조제4항, 제5항에 따라 적격통지를 받은 경우 발주기관 검토가격을 작성하여야 한다. 이 경우 실시설계서와 산출내역서를 검토하여 물량 및 산출내역서에 반영된 자재비, 노무비, 장비조합, 작업 여건 및 물가 등(이하 이 조에서 "물량 등"이라 한다)이 적정하게 반영되도록 하여야 한다. <개정 2025.5.1.>

② 제1항 단서에 따른 물량 등의 적정성 검토에 전문적인 지식이 요구되어 계약담당공

무원이 직접 검토하기 곤란한 경우에는 시행규칙 제9조제2항에 따른 원가계산용역기관에 물량 등의 적정성 검토를 의뢰할 수 있다.

③ 계약담당공무원은 발주기관 검토가격 작성업무를 조달청에 의뢰할 수 있다.

④ 계약담당공무원은 제1항에 따라 발주기관 검토가격을 작성함에 있어서, 당초 산출내역서상의 물량·단가를 조정 반영하는 경우에는 그 내역 및 사유를 상대방에게 고지하여야 한다. <신설 2019.12.18.>

[본조신설 2016.12.30.]

제10조의11(가격협상) ① 계약담당공무원은 수의시담(隨義示談: 가격 및 업무 협의) 전 다음과 같이 협상 기초가격과 최소 협상가격을 작성하여야 한다.

1. 협상 기초가격= 발주기관 검토가격 + 설계대가(기본설계 기술제안입찰의 경우 제87조의3에 따른 제안서 보상비를 포함한다. 이하 같다)
2. 최소 협상가격= 발주기관 검토가격 x (최근 1년 유사공사 평균 낙찰률+ 설계보정율) + 설계대가

② 계약담당공무원은 제1항의 집행에 있어 다음의 사항을 유의하여야 한다.

1. 협상 기초가격은 예산금액을 초과하지 못한다.
2. "최근 1년간 유사공사"는 해당 발주기관에서 종합심사낙찰제로 발주한 공사로서 수의계약 대상 공사의 최종 입찰공고일로부터 1년 이내에 낙찰된 공사를 대상으로 선정한다.
3. 제2호의 경우 유사공사는 계약예규「종합심사낙찰제 심사기준」에 따른 같은 동일공종그룹에 속하는 공사 중 공사의 내용 및 기술적 특성이 유사한 공사를 선정하여야 하며, 같은 동일공종그룹에 속하는 공사가 2건 이하인 경우에는 다음과 같은 순서에 따라 유사공사의 범위를 확대하여 적용할 수 있다.
   가. 다른 발주기관에서 발주된 공사
   나. 최근 3년간 낙찰된 공사
   다. 같은 동일 또는 유사업종(건축·토목 등)에 속하는 공사
4. 설계 보정율은 다음의 사항을 고려하여 산출하여야 한다.
   가. 시행령 제85조제5항, 제6항 또는 제105조제4항, 제5항에 따른 평가점수
   나. 표준시장단가 적용공종의 비중
   다. 공사의 구조적·기술적 특성

③ 계약담당공무원은 협상 기초가격과 최소 협상가격 사이에서 계약을 체결하되, 시공의 난이도 및 지역적 특성 등을 감안하여 계약금액이 결정되도록 하여야 한다.

④ 계약담당공무원(조달사업에 관한 법률 제5조의2에 따라 조달청장에게 계약을 의뢰하는 공사에 대하여는 수요기관 담당공무원을 말한다)은 최소 협상가격이

예산금액을 초과하는 등 예산금액의 범위 내에서 가격협상이 곤란하다고 판단되는 경우에는 설계서 변경 등을 통해 공사물량을 감축할 수 있다. 다만, 당초 입찰안내서 등에서 명시 또는 반영하도록 되어 있는 사항을 제외하여서는 아니된다. <신설 2019.12.18.>

⑤ 계약담당공무원은 제4항 후단에 따른 공사물량 감축이 어려운 경우 예산금액을 조정할 수 있다. <신설 2025.5.1.>

[본조신설 2016.12.30.]

제10조의12(본계약의 체결) ① 계약담당공무원은 가격협상이 성립되면 최종적인 산출내역서를 제출받고 지체없이 본계약을 체결하여야 한다.

② 계약담당공무원은 제1항에 따라 본계약을 체결함에 있어 설계변경으로 인한 계약금액의 조정은 시행령 제91조, 제108조를 따르도록 하여야 한다.

③ 가격협상이 이루어지지 않을 경우 계약담당공무원은 상대방에게 제10조의9제2항제3호의 금액을 지급하고 시공부분을 분리하여 발주할 수 있다.

[본조신설 2016.12.30.]

제6장 우수연구개발 혁신제품에 대한 수의계약 절차 <삭제 2020.9.24.>

제10조의13 <삭제 2020.9.24.>

제10조의14 <삭제 2020.9.24.>

제10조의15 <삭제 2020.9.24.>

제10조의16 <삭제 2020.9.24.>

제10조의17 <삭제 2020.9.24.>

제7장 지명경쟁계약, 수의계약 및 개산계약 집행시 서류구비

제11조(지명경쟁계약 등의 경우 서류구비 및 통지) 각 중앙관서의 장은 시행령 제23조제2항, 제26조제5항 및 제70조제3항에 의한 감사원 통지시 이 장에 정한 바에

따라 서류를 구비하여 통지하여야 한다. <개정 2010.9.8.>

제12조(구비서류) 계약담당공무원은 다음 각호의 내용에 따라 서류를 구비하여야 한다.

1. 시행령 제23조제2항에 의하여 감사원에 통지하는 경우에는 시행규칙 제29조에 정한 서류
2. 시행령 제26조제5항에 의하여 감사원에 통지하는 경우에는 시행규칙 제35조에 정한 서류 <개정 2010.9.8.>
3. 시행령 제70조제3항에 의하여 감사원에 통지하는 경우에는 시행규칙 제29조제1항 각목에 정한 서류

제13조(적용조문과 사유 기재요령) ① 제12조 각호에 의한 적용조문과 사유는 관계법령(시행령 및 시행규칙)의 적용조문을 명시하고 그 적용사유를 구체적으로 기재하여야 한다.

② 제12조제1호 및 제2호의 경우에는 시행령 제26조제1항제2호, 시행규칙 제27조 각 항목에 해당하는 사실과 피지명업체 또는 수의계약당사자가 동 항목에 각각 해당되는 사실을 구체적으로 명백히 하여야 한다. <개정 2010.9.8.>

제8장 동일구조물공사 및 단일공사의 집행

제14조(동일구조물공사 및 단일공사의 집행) 계약담당공무원은 시행령 제68조에 의한 동일구조물공사 및 단일공사를 발주하고자 하는 경우에는 이 장에 정한 바에 따라 집행하여야 한다.

제15조(정의) 시행령 제68조 및 이 장에서 사용하는 동일구조물공사 및 단일공사의 정의는 다음과 같다.

1. “동일구조물공사”라 함은 천연 또는 인조의 재료를 사용하여 그 사용목적에 적합하도록 만들어진 기능이 상호 연결되는 일체식 구조물(그 부대공작물을 포함)로서 동일인이 계속하여 시공함이 적합한 시설물을 말한다.
2. "단일공사"라 함은 다음의 경우를 말한다.

가. "단일공사"라 함은 해당년도 예산상 특정단일사업으로 책정된 공사와 그 시공지역에서 이와 관련하여 시공되는 부대공사를 말한다.

나. 예산상 특정되지 아니한 경우에는 예산집행과정에서 특정되는 공사에 대하여는 가목을 준용한다.

다. 면허나 자격요건 등으로 법령에 의하여 공사를 분할 발주하여야 하는 경우에는 그 분할 발주하는 공사를 각각 단일공사로 본다. 다만, 관계법령에서 정하고

있는 경미한 공사의 경우에는 그러하지 아니하다.

제16조(분할계약의 금지) ① 계약담당공무원은 시행령 제68조에 의하여 동일구조물 공사 및 단일공사로서 설계서등에 의하여 전체사업내용이 확정된 공사는 이를 시기적으로 분할 하거나 공사량을 구조별, 공종별로 분할함이 없이 일괄하여 계약을 체결하여야 한다.

② 제1항에도 불구하고 다음 각호의 1에 해당하는 경우에는 분할하여 발주할 수 있다.

1. 다른 법률에 의하여 다른 업종의 공사와 분리 발주할 수 있도록 규정된 공사
2. 공사의 성질이나 규모 등에 비추어 분할시공함이 효율적인 공사
3. 하자책임구분이 용이하고 공정관리에 지장이 없는 다음 각 목의 어느 하나에 해당하는 공사로서 분리 시공하는 것이 효율적이라고 인정되는 공사
   가. 설계서가 별도로 작성되는 공사
   나. 공사의 성격상 공종(工種)간 시공 목적물, 시공 시기, 시공 장소 등이 명확히 구분되는 공사

③ 각 중앙관서의 장은 공사의 예산 편성과 기본 설계 등 사업의 계획단계부터 제2항에 따른 분할·분리 계약 가능 여부를 검토하여야 한다.

제9장 내역입찰의 집행

제17조(내역입찰의 집행) 계약담당공무원은 시행령 제14조 및 시행규칙 제44조에 의하여 내역입찰을 실시하는 경우에는 이 장에 정한 바에 따라 집행하여야 한다.

제18조(내역입찰의 대상) 계약담당공무원은 시행령 제14조제6항에 의하여 추정가격이 100억원 이상인 공사에 대하여는 내역입찰로 집행하여야 한다.

제19조(산출내역서의 작성·제출) 계약담당공무원은 시행령 제14조제6항에 따라 내역입찰을 실시할 때에는 입찰자로 하여금 별지 제1호 서식에 단가 등 필요한 사항을 기입한 산출내역서를 제출하게 하여야 한다. 이 경우 계약담당공무원은 각 중앙관서의 장이 제정한 수량산출기준을 물량내역서 작성의 기초자료로 할 수 있다. <개정 2010.9.8., 2016.1.1.>

제20조(입찰무효의 범위) 시행규칙 제44조제6호에 의한 입찰무효의 범위는 다음 각호와 같다.

1. 입찰서금액과 산출내역서상의 총계금액이 일치하지 아니한 입찰, 다만, 10원미만의 차이가 있는 경우에는 차상위 입찰자의 입찰금액이 10원이상 높은 경우에 한하여 유효한 입찰로 한다. 이 경우에 입찰서상 금액을 입찰금액으로 하며,

차상위자와 10원 미만의 차이가 있어 입찰무효가 될 때에는 상위금액 입찰자중 입찰서의 금액과 산출내역서상의 총계금액이 일치한 입찰자를 낙찰자로 한다.

2. 산출내역서의 각 항목(각 공종, 경비, 일반관리비, 이윤, 부가가치세 등을 포함한다)별로 금액을 합산한 금액이 총계금액과 일치하지 아니한 입찰, 이 경우 제1호의 단서규정을 준용한다.
   가. "공종"이란 공사의 특성에 따라 작업단계(예:가설공사, 기초공사, 토공, 철근콘크리트, 마감공사 등)별로 구분되는 것을 의미하며, 공종별 합계금액을 표기하지 아니한 경우에는 공종내의 세부비목의 가격을 합산한 금액을 해당 공종의 금액으로 한다.
   나. "공종"에 대한 금액을 재료비, 노무비, 경비를 구분하여 명기한 때에는 재료비, 노무비, 경비를 합산한 금액이 공종의 금액과 일치하지 아니한 경우에는 공종의 금액을 기준으로 한다.
3. 발주관서가 배부한 내역서상의 공종별 목적물물량 중 누락 또는 변경된 공종 혹은 수량에 대한 예정가격 조서상의 금액이 예정가격의 100분의 5이상인 경우
4. 입찰서 금액, 산출내역서의 총계금액, 항목(각 공종, 경비, 일반관리비, 이윤, 부가가치세 등을 포함한다)별 금액을 정정하고 정정인을 누락한 입찰

제21조(낙찰자의 산출내역서 조정) ① 제20조에 의한 무효입찰에는 해당되지 아니하나 입찰시에 제출한 산출내역서의 세부비목이나 「부가가치세법」 등 다른 법령에서 요구되는 비용의 금액산정에 착오가 있는 경우에는 바르게 정정하여 이에 따라 비목별 또는 항목별 금액을 수정한다.

② 증감된 차액부분에 대하여는 간접노무비, 일반관리비, 이윤에 우선적으로 균등배분하되, 동 비목의 금액이 관련규정상의 기준 한도율을 초과하는 경우에 초과되는 금액에 대하여는 다른 비목에 균등배분한다.

③ 산출내역서상의 단가표기금액이 재료비, 노무비, 경비, 합계금액 등으로 구분작성되어 단가 및 합계금액 등을 고려할 때 단가가 잘못 표기된 것이 명백한 경우에는 입찰금액 범위안에서 단가를 수정할 수 있다.

④ 제1항 내지 제3항에 따라 산출내역서를 수정할 경우에는 계약담당공무원과 낙찰자가 각각 정정인을 날인하여야 한다.

⑤ 제20조제3호에 해당되지 아니한 입찰로서 일부공종 또는 수량이 누락된 산출내역서의 경우에는 누락된 공종 또는 수량을 표기하고 이에 대한 금액은 "0"으로 표기한다.

제22조(기타사항) ① 제18조 내지 제21조는 시행령 제6장의 대안입찰(대안부분중 일부분에 대한 대안을 채택할 경우에 원안부분을 포함)에 있어 원안입찰로서

낙찰자를 결정할 경우에 준용한다.

② 계약담당공무원은 입찰참가자로 하여금 산출내역서에 동 산출내역서 작성에 참여한 자 전원의 직책 및 성명을 기재하고 날인토록 하여야 한다.

③ 계약담당공무원은 제2항에 의하여 제출된 산출내역서에 직책 및 성명기재 사실과 날인여부를 확인하여야 하며, 낙찰자로 하여금 준공후 1년까지 동 산출내역서 부본을 보관토록 하여야 한다.

제10장 일괄입찰보증제도의 운용

제23조(일괄입찰보증의 운용) 계약담당공무원은 시행규칙 제43조제1항 단서에 의하여 일괄입찰보증을 운용하고자 하는 경우에 이 장에 정한 바에 따라야 한다.

제24조(정의) 이 장에서 사용하는 "일괄입찰보증서"(이하 이장에서 "보증서"라 한다)라 함은 시행령 제37조제2항제4호에 규정된 보증서중 1회계연도내의 모든 입찰(공사의 경우에 한한다)에 대한 입찰보증금을 납부할 수 있는 보증시를 말한다.

제25조(보증서의 납부) 계약담당공무원은 보증서의 납부를 희망하는 자로 하여금 매 회계연도초 또는 시행규칙 제15조에 의한 최초의 등록마감일까지 소정의 절차에 따라 이를 납부하게 하여야 한다.

제26조(입찰참가신청) 계약담당공무원은 보증서를 납부한 자 중 시행규칙 제15조에 의한 등록을 한 자가 입찰에 참가하고자 할 경우에는 해당 입찰신청마감일까지 시행규칙 별지 제3호서식의 입찰참가신청서(다만, 첨부서류는 제외한다)를 제출하게 하여야 한다.

제27조(보증서의 기재사항) 보증서에는 일괄입찰보증금액, 보증기간, 피보증기관, 입찰참가자, 발급일자 및 보증기관등이 기재되어야 한다.

제28조(보증기간) 보증서의 보증기간의 종료일은 다음 연도 1월 30일 이후이어야 한다.

제29조(납부등 확인) 계약담당공무원은 제25조에 의하여 보증서를 납부한 자가 입찰참가신청을 한 때에는 그 보증서의 납부 및 적정여부 등을 확인하여야 한다.

제30조(국고귀속) 시행령 제38조에 의한 국고귀속의 경우에 그 금액은 시행령 제37조제1항에서 규정한 입찰보증금의 최저금액으로 한다.

제31조(입찰참가상황 통보) 계약담당공무원은 보증기관의 요청이 있는 경우에 매월별로 입찰참가자, 공사명, 입찰금액, 입찰일자등의 사항을 다음 달 10일까지 통보하여야 한다.

제11장 계약보증금의 감면

제32조(계약보증금의 감면) ① 계약담당공무원은 「저탄소 녹색성장 기본법」 제32조제2항에 따라 녹색기술 및 녹색사업에 대한 적합성 인증을 받거나 녹색전문기업으로 확인받은 업체에 대해서는 다음 각 호에서 정한 금액만큼 계약보증금 또는 계약이행보증서상의 보증금액(이하 계약보증금 등)을 감면할 수 있다.

1. 시행령 제50조 및 제52조제1항제2호에 따라 계약보증금을 납부하는 경우 계약금액의 5/100
2. 시행령 제52조제1항제3호에 따라 계약이행보증서를 제출하는 경우 계약금액의 10/100

② 계약담당공무원은 제1항정에도 불구하고 다음 각 호의 어느 하나에 해당하는 자에 대해서는 계약보증금 등을 감면하지 아니한다.

1. 계약예규 입찰참가자격사전심사요령 제6조제2항에 따른 경영상태부문의 적격요건을 충족하지 못한 자(단, 100억 미만 공사의 경우에는 업체 평균 유동·부채비율 수준 미만인 자)
2. 입찰참가등록 마감일(수의계약의 경우에는 계약체결일) 기준으로 시행령 제76조에 따라 입찰참가자격제한을 받고 해당 제한기간이 종료된 날로부터 1년이 경과하지 않은 자

[본조신설 2011.5.13.]

제12장 선금의 지급 등

제33조(선금의 지급 등) 계약담당공무원은 「국고금관리법 시행령」 제40조제1항제15호에 의하여 선금을 지급하고자 할 때에는 이 장에 정한 바에 따라야 한다. 다만, 각 중앙관서의 장은 특수한 사유로 인하여 이 예규에 의하기 곤란하다고 인정할 때에는 기획재정부장관과 협의하여 특례를 정할 수 있다. <개정 2008.12.29.>

제34조(적용범위) ① 계약담당공무원은 다음 각호의 요건을 충족하는 경우로서 계약상대자가 선금의 지급을 요청할 때에는 계약금액의 100분의 70을 초과하지 아니하는 범위 내에서 선금을 지급할 수 있다. 다만, 계약상대자가 선금의무지급률 이하로 신청하는 경우에는 신청한 바에 따라 지급한다. <단서신설 2014.1.10.>

1. 공사, 물품 제조 또는 용역 계약(발주기관이 시스템 특성 등에 맞게 소프트웨어의 일부에 대하여 수정·변경을 요구하여 체결한 소프트웨어사업을 포함) <개정

2014.8.6.>
2. 시행령 제76조에 의한 입찰참가자격제한을 받고 그 제한기간 중에 있지 아니한 경우

② 계약담당공무원은 계약상대자가 제1항에 따라 선금지급을 요청하는 경우에 하수급인에 대한 선금지급계획을 제출하도록 하여야 한다. <신설 2011.5.13.>

③ 계약담당공무원은 다음 각호에 해당되는 선금에 대하여는 계약상대자의 청구를 받은 날로부터 14일 이내에 지급하여야 한다. <개정 2008.11.1, 단서삭제 2011.5.13.>

1. 공사
   가. 계약금액이 100억원이상인 경우 : 100분의 30 <개정 2008.12.29.>
   나. 계약금액이 20억원이상 100억원 미만인 경우 : 100분의 40 <개정 2008.12.29.>
   다. 계약금액이 20억원 미만인 경우 : 100분의 50
2. 물품의 제조 및 용역
   가. 계약금액이 10억원이상인 경우 : 100분의 30 <개정 2008.12.29.>
   나. 계약금액이 3억원이상 10억원 미만인 경우 : 100분의 40 <개정 2008.12.29.>
   다. 계약금액이 3억원 미만인 경우 : 100분의 50
3. 수해복구공사
   가. 계약금액이 20억원미만인 경우 : 100분의 70
   나. 계약금액이 20억원이상인 경우 : 100분의 50

④ 계약담당공무원은 다음 각호의 어느 하나에 해당하는 경우에는 계약상대자의 청구에 의해 제3항제1호 또는 제2호에 해당하는 금액 이외에 해당 계약금액의 100분의 10범위 내에서 추가로 지급하여야 한다. <신설 2011.5.13.>

1. 제70조4제1항 각호에 따른 원자재 가격이 급등한 경우
2. 신기술을 사용하는 물품 및 용역계약에 있어서 기술개발투자를 위한 자금이 계약이행초기에 집중적으로 소요되는 경우
3. 계약상대방이 「저탄소 녹색성장 기본법」 제32조제2항에 따라 녹색기술·녹색사업에 대한 적합성 인증을 받거나 녹색전문기업으로 확인받은 경우(제32조제2항 각호에 해당하는 자 제외)

⑤ 제1항, 제3항 및 제4항의 경우에서 「국가를 당사자로 하는 계약에 관한 법률」 제15조에 의하여 기성부분 또는 기납부분에 대하여 대가를 지급한 때에는 계약금액(단가계약의 경우에는 발주금액)에서 그 대가를 공제한 금액을 기준으로 한다.

⑥ 계약담당공무원은 계속비와 명시이월비 예산에 의한 계약에 대하여 선금을 지급하는 경우에 계약금액중 해당년도 이행금액을 기준으로 하며, 장기계속계약의 경우에는 각 연차계약금액을 기준으로 한다.

⑦ 계약담당공무원은 국고채무부담행위예산에 의한 계약에 대하여 선금을 지급하는 경우에 국고채무부담행위액 상환을 위한 세출예산이 계상된 년도에만 할 수 있다.
⑧ 제1항 내지 제7항의 경우에 계약담당공무원은 자금사정등 불가피한 사유에 의하여 선금 지급이 불가능한 때에는 지체 없이 소속 중앙관서의 장의 승인을 얻어 계약상대자에게 그 사유를 서면으로 통지하여야 한다.
⑨ 제8항에 의한 "선금지급이 불가능한 경우"라 함은 다음 각호의 경우를 말한다.
 1. 자금배정이 지연될 경우. 단, 자금배정이 있을 경우에는 즉시 선금지급을 하여야 함
 2. 계약체결후 불가피한 사유로 이행착수가 상당기간 지연될 것이 명백한 경우. 단, 동 사유 해제시 즉시 선금지급을 하여야 함
 3. 계약상대자로부터 선금지급 요청이 없거나 유예신청이 있는 경우
⑩ <삭제 2019.12.18.>
⑪ 계약담당공무원은 계약이행에 필요한 기간등에 비추어 계약을 체결한 연도내에 해당 예산을 전액 집행할 수 없는 경우로서 해당 예산의 사고이월이 불가피하다고 인정되는 때에는 제3항 및 제4항에도 불구하고 계약을 체결한 연도내에 집행할 수 있는 금액을 한도로 선금을 지급하여야 하며, 제3항 및 제4항에 의하여 지급하여야 할 선금중 미지급된 금액은 예산이 이월된 연도에 지급하여야 한다.
⑫ 계약담당공무원은 계약상대자로 하여금 제1항에 따른 선금을 지급받은 날로부터 5일 이내에 하수급인에게 선금수령 사실을 서면으로 통지하도록 하여야 한다. <신설 2011.5.13.>

제35조(채권확보) ① 계약담당공무원은 선금을 지급하고자 할 경우에는 계약상대자로 하여금 시행령 제37조제2항에 의한 증권 또는 보증서를 제출하게 하여야 한다. 다만, 국가, 지방자치단체, 「공공기관의 운영에 관한 법률」에 따른 공공기관 중 공기업과 준정부기관, 특별법에 의하여 정부가 보호 육성하는 법인으로서 정부가 출연한 법인, 「농업협동조합법」에 의한 조합 및 그 중앙회, 「수산업협동조합법」에 의한 어촌계·수산업협동조합 및 그 중앙회, 「산림조합법」에 의한 조합 및 그 중앙회 또는 「중소기업협동조합법」에 의한 중소기업협동조합 및 그 중앙회와 계약을 체결한 경우에는 그러하지 아니하다. 이 경우에 제38조에 의하여 반환사유가 발생한 때에는 계약상대자로 하여금 선금잔액에 해당하는 금액을 현금(체신관서 또는 「은행법」의 적용을 받는 금융기관이 발행한 자기앞수표를 포함한다)으로 반납할 것을 보장받기 위하여 그 지급을 확약하는 내용의 문서를 제출하게 하여야 한다. <개정 2018.12.31.>
② 계약담당공무원은 제1항에 의하여 채권확보조치를 하는 경우에 보증 또는 보험금액은 선금액에 그 금액에 대한 보증 또는 보험기간에 해당하는 약정이자상당액[사

유발생 시점의 금융기관 대출평균금리(한국은행 통계월보상의 대출평균금리)에 의하여 산출한 금액을 말한다]을 가산한 금액 이상으로 하여야 한다.

③ 제2항의 경우에 제37조에 의하여 정산하였을 때에는 계약상대자의 요청에 의하여 해당 선금잔액(선금액에서 제37조에 의한 선금정산액을 공제한 금액을 말한다. 이하 같다)에 해당 약정이자상당액을 가산한 금액을 기준으로 제2항의 채권확보조치를 할 수 있다.

④ 제1항 내지 제3항의 경우에 보증 또는 보험기간의 개시일은 선금지급일 이전이어야 하며 그 종료일은 이행기간의 종료일 다음날부터 60일이상(계약의 이행기간이 60일 이내인 경우는 30일 이상)으로 하여야 한다. 다만, 계약담당공무원이 그 이행기간을 연장하고자 할 경우에는 계약상대자로 하여금 당초의 보증 또는 보험기간에 그 연장하고자 하는 기간을 가산한 기간을 보증 또는 보험기간으로 하는 증권 또는 보증서를 제출하게 하여야 한다. <개정 2010.1.4.>

⑤ 계약담당공무원은 제38조제3항에 따라 하수급인에게 선금을 지급하고자 하는 경우로서 계약상대자가 요구할 경우에는 해당 하수급인으로 하여금 계약상대자에게 보증서를 제출하노록 하여야 한다. <신설 2011.5.13.>

⑥ 계약담당공무원은 제38조제3항에 따라 하수급인에게 선금을 지급하는 경우는 제1항에 따라 계약상대자가 제출한 보증서의 보증금액을 감액하지 아니한다. <신설 2011.5.13.>

제36조(선금의 사용) ① 계약담당공무원은 선금을 지급하고자 할 때에 해당 선금을 계약목적달성을 위한 용도와 수급인의 하수급인에 대한 선금배분이외의 다른 목적에 사용하게 할 수 없으며, 노임지급(공사계약 및 시행규칙 제23조의3 각호의 용역계약은 제외) 및 자재확보에 우선 사용하도록 하여야 한다. <개정 2008.11.1., 2010.1.4., 2012.1.1., 2017.12.28.>

② <삭제 2019.12.18.>

③ 계약담당공무원은 계약상대방이 선금을 전액 정산하기 이전에는 계약에 의하여 발생한 권리의무를 제3자에게 양도하게 할 수 없다. 다만, 제35조에 따라 선금지급을 보증한 기관의 동의를 얻어 공사대금청구권을 양도하고자 하는 경우에는 선금을 전액 정산하기 이전이라도 공사대금청구권을 제3자에게 양도하게 할 수 있다. <개정 2008.12.29.>

④ 계약담당공무원은 수급인에게 선금을 지급한 경우에는 선금지급일로부터 20일 이내에 계약상대자와 하수급인으로부터 증빙서류를 제출받아 선금배분 및 수령내역을 비교·확인하여야 한다. <신설 2008.11.1, 개정 2010.1.4, 2011.5.13.>

⑤ 계약담당공무원은 계약상대자가 하수급인에게 선금을 현금으로 지급하도록 하여야 한다. <신설 2012.1.1.>

제37조(선금의 정산) ① 선금은 기성부분 또는 기납부분의 대가 지급시마다 다음 방식에 의하여 산출한 선금정산액 이상을 정산하여야 한다.

선금정산액 = 선금액 × [기성(또는기납) 부분의 대가상당액 / 계약금액]

② 계약담당공무원은 계약 이행기간의 종료일 이전에 제1항에 따라 선금 전액의 정산이 완료된 경우로서, 계약상대자의 신청이 있는 경우에는 선금의 정산이 완료되었음을 증명하는 서류를 발급하여야 한다. <신설 2019.12.18.>

제38조(반환청구) ① 계약담당공무원은 선금을 지급한 후 다음 각호의 1에 해당하는 경우에는 해당 선금잔액에 대해서 계약상대자에게 지체 없이 그 반환을 청구하여야 한다. 다만, 계약상대자의 귀책사유에 의하여 반환하는 경우에는 해당 선금잔액에 대한 약정이자상당액을 가산하여 청구하여야 한다. 이 경우에 약정이자율은 선금을 지급한 시점을 기준으로 한다. <개정 2014.1.10.>

1. 계약을 해제 또는 해지하는 경우
2. 선금지급조건을 위배한 경우
3. <삭제 2014.1.10>
4. 정당한 사유 없이 선금 수령일로부터 15일 이내에 하수급인에게 선금을 배분하지 않은 경우 <신설 2011.5.13.>
5. 계약변경으로 인해 계약금액이 감액되었을 경우 <신설 2014.1.10.>

② 제1항에 의한 이자상당액의 계산방법은 매일의 선금잔액에 대한 일변계산(日邊計算)에 의하며, 계산기간은 반환시까지로 한다.

③ 계약담당공무원은 계약상대자가 하수급인에게 정당한 사유 없이 선금을 적정하게 배분하지 않은 경우에는 제1항에 따라 반환받은 선금을 하수급인에게 직접 지급할 수 있다. <신설 2011.5.13.>

④ 제1항 및 제2항에 의한 반환청구시 기성부분에 대한 미지급액이 있는 경우에는 선금잔액을 그 미지급액에 우선적으로 충당하여야 한다. 다만, 「건설산업기본법」 및 「하도급 거래공정화에 관한 법률」 에 의하여 하도급대금 지급보증이 되어 있지 않은 경우로서 계약예규 「공사계약일반조건」 제43조제1항에 의하여 하도급대가를 직접 지급하는 때에는 우선적으로 하도급대가를 지급한 후에 기성부분에 대한 미지급액의 잔액이 있으면 선금잔액과 상계할 수 있다.

⑤ 제1항제5호의 경우 계약금액이 감액되는 비율 만큼 선금을 반환청구 해야한다. 다만, 계약상대자에게 지급된 선금이 제34조제1항에서 정하고 있는 최대 선금지급율을 초과하지 아니하였을 경우에는 계약상대자로부터 변경계약에 따른 배서증권 제출요구 등 채권확보를 안전하게 하는 것으로 이를 갈음할 수 있다. <신설 2014.1.10.>

第39조 (선금지급조건) 계약담당공무원은 선금을 지급하고자 하는 경우에는 계약체결시에 제35조 내지 제38조에 의한 채권확보조치, 선금의 사용, 정산 및 반환청구등 기타 필요한 사항을 선금지급 조건으로 명시하여야 한다.

제13장 공사의 이행보증제도 운용

제40조(공사의 이행보증 운용) 계약담당공무원은 시행령 제52조제1항제3호 및 시행규칙 제66조에 의한 공사이행보증서의 제출 등에 대해서는 이 장에 정한 바에 따라야 한다.

제41조(정의) 이 장에서 사용하는 용어의 정의는 다음과 같다.

1. "공사이행보증서"라 함은 시행령 제2조제4호에 의한 보증서를 말한다.
2. "보증이행업체"라 함은 공사이행보증서 발급기관(이하 "보증기관"이라 한다)이 해당 공사의 보증시공을 위하여 지정한 업체를 말한다.
3. "보증채무"라 함은 계약상대자가 정당한 이유 없이 계약상의 의무를 이행하지 아니한 경우에 보증기관이 발주기관에 대하여 보증하여야 할 의무를 말한다.

제42조(공사이행보증서의 제출) ① 계약담당공무원은 공사계약에 있어서 계약상대자가 시행령 제50조제1항 내지 제3항에 의한 계약보증금을 납부하지 아니하고 공사이행보증서를 제출하고자 하는 경우에는 시행령 제52조제1항제3호에서 정한 금액을 납부할 것을 보증하는 것이어야 한다.

② 보증기관은 시행령 제37조제2항제1호, 제3호 및 제4호에서 규정한 보증서등의 발급기관 이어야 한다.

제43조(보증채무의 범위) ① 계약담당공무원은 계약상대자가 정당한 이유 없이 계약상의 의무를 이행하지 아니한 경우에는 보증기관으로 하여금 보증서에 기재된 사항에 따라 발주기관에 보증채무를 이행하게 하여야 한다.

② 제1항에 의한 보증채무에는 하자담보채무와 선금반환채무를 포함하지 아니한다. 다만, 계약체결시 하자담보채무에 대하여 별도의 특약을 체결한 때에는 이를 포함한다.

제44조(보증채무의 이행방법) 계약상대자가 정당한 이유없이 계약상의 의무를 이행하지 아니한 경우에 보증기관은 보증이행업체를 지정하여 해당계약을 이행하게 하되 새로운 보증이행업체를 지정하기 곤란한 경우 발주기관의 승인을 거쳐 기존 계약상대자로 하여금 해당계약을 이행하게 할 수 있다. 다만, 공사이행보증서상의 보증금을 현금으로 납부하는 경우에는 그러하지 아니하다. <개정 2025.1.24.>

제45조(보증이행업체의 지정) ① 제44조에 의한 보증이행업체 지정시에 계약담당공

무원은 보증기관으로 하여금 다음 각 호의 자격을 갖추고 있는 자를 보증이행업체로 지정하게 하여야 하며, 보증이행업체지정에 관련된 서류를 계약담당공무원에게 제출하여 승인을 얻도록 하여야 한다. 지정된 보증이행업체를 변경하는 경우에도 또한 같다.

1. 「독점규제 및 공정거래에 관한 법률」에 의한 계열회사가 아닌 자
2. 시행령 제76조에 의한 입찰참가자격제한을 받고 그 제한 기간 중에 있지 아니한 자
3. 시행령 제36조에 의한 입찰공고에서 정한 입찰참가자격과 동등이상의 자격을 갖춘 자
4. 시행령 제13조에 의한 입찰의 경우에는 입찰참가자격사전심사기준에 따른 심사 종합평점이 입찰적격 기준점수 이상이 되는 자

② 계약담당공무원은 제1항에 의하여 보증이행업체로 지명된 자가 부적격하다고 인정되는 경우에는 보증기관에 보증이행업체의 변경을 요구할 수 있으며, 보증기관이 지정된 보증이행업체의 변경을 요구하는 경우에는 이를 승인할 수 있다.

제46조(보증이행업체의 보증이행) ① 계약담당공무원은 계약상대자가 계약상의 의무를 이행하지 아니한 경우에는 지체없이 보증기관에 보증채무의무를 이행할 것을 청구하여야 한다. 이때 계약담당공무원은 공사현장(기성부분, 가설물, 기계·기구, 자재 등)의 보존과 손해의 발생을 방지하여야 하며 보증기관이 보증이행업체를 지정하여 보증채무를 이행하게 한 경우에는 그 보증이행업체에게 이를 인도하여야 한다.

② 제1항의 청구에 의하여 계약상의 공사보증이행의무를 완수한 보증기관은 계속공사에 있어 계약상대자가 가지는 계약체결상의 이익을 가진다.

③ 보증기관은 계약금액중 보증이행부분에 상당하는 금액을 발주기관에 직접 청구할 수 있는 권리를 가지며, 계약상대자는 보증이행업체의 보증이행부분에 상당하는 금액을 청구할 수 있는 권리를 상실한다.

④ 계약담당공무원은 보증기관이 정당한 이유없이 계약상의 보증채무를 이행하지 아니한 경우에는 보증기관으로 하여금 공사이행보증서상의 보증금을 현금으로 납부하게 하여야 한다.

제47조(보증채무의 소멸시기) 계약담당공무원은 제46조에 의한 보증채무의 이행을 공사이행보증서상의 보증기간 말일 다음날부터 기산하여 6월이내에 보증기관에 청구하여야 하며, 보증기관은 그 청구기간이 경과된 후에는 보증책임을 지지 아니한다.

제48조(보증기관에 대한 통지등) ① 계약담당공무원은 다음 각 호의 어느 하나의 경우에는 지체없이 그 사실을 보증기관에 서면으로 통지하여야 한다.

1. 공사의 전부 또는 일부의 시공을 중지하였을 경우
2. 시행령 제64조 내지 제66조에 의하여 물가변동, 설계변경, 기타 계약내용변경에 따라 계약금액을 조정하였을 경우
3. 공사계약기간을 연장 또는 단축하고자 할 경우
4. 계약상대자의 공사계약에 의하여 발생한 채권(이하 "공사대금청구권"이라 한다)에 대하여 타인으로부터 발주기관에 압류·가압류 또는 가처분 등의 강제집행이 있는 경우

② 계약담당공무원은 다음 각 호의 어느 하나에 대하여 보증기관의 요청이 있는 경우 이에 협조하여야 한다.

1. 보증기관이 보증채무의 이행을 위하여 설계도서나 이미 공급한 지급자재내역에 대한 자료요청을 하는 경우
2. 보증기관이 공사진행 상황을 조사하고자 하는 경우
3. 하도급내용에 대한 자료요청을 하는 경우

제49조(공사대금청구권의 양도) 계약담당공무원은 계약상대자가 공사대금청구권을 보증기관의 동의 없이 제3자에게 양도하고자 할 때에는 이를 승인하여서는 아니된다. 다만, 「사회기반시설에 대한 민간투자법」 제2조제5호 단서에서 정한 초과시공을 수행한 자가 해당 초과시공 부분 공사대금청구권(「국가를 당사자로 하는 계약에 관한 법률」 제14조 및 시행령 제55조에서 정한 기성검사를 완료한 경우에 한함)을 제3자에게 양도함에 있어 「사회기반시설에 대한 민간투자법」 제34조제1항에 의한 신용보증을 받고자 하는 경우에는 계약담당공무원은 보증기관의 동의 없이 이를 승인할 수 있다. <개정 2009.4.8.>

제50조(공동계약에 있어서의 보증채무의 이행) ① 계약담당공무원은 공동이행방식으로 체결된 공동계약에 있어 공동수급체 구성원중 일부가 부도·파산 또는 해산 등의 사유로 계약을 이행할 수 없는 경우로서 잔존구성원이 면허, 시공능력평가액 등 해당 계약이행요건을 갖추지 못한 경우로서 새로운 구성원을 추가하지 않은 때 또는 해당 계약이행요건을 갖추었더라도 계약을 이행하지 아니하는 때에는 보증기관에 보증채무의 이행을 청구하여야 한다. <개정 2015.1.1.>

② 계약담당공무원은 분담이행방식으로 체결된 공동계약에 있어 공동수급체 구성원중 일부가 부도·파산 또는 해산등의 사유로 계약을 이행할 수 없는 경우에는 제1항에도 불구하고 잔존구성원의 자격요건 구비여부와 관계없이 보증기관에 보증채무의 이행을 청구하여야 한다.

제51조(보증채무이행개시 기한) 계약담당공무원은 보증기관으로 하여금 이행청구서가 접수된 날부터 30일이내에 보증채무의 이행을 개시하게 하여야 한다. 다만, 보증기관의 보증이행업체 선정 지연등 불가피한 사유가 인정되는 때에는 30일의

범위내에서 보증채무의 이행개시일을 연장할 수 있다.

제52조(지체상금) 계약담당공무원은 보증기관이 제51조에 의한 보증채무이행개시기한(동 기한이 연장된 때에는 연장된 기한)내에 보증채무의 이행을 개시하는 경우에 그 이행청구서가 접수된 날부터 보증채무이행개시일 전일까지의 기간에 대하여는 지체상금을 부과하여서는 아니 된다.

제53조(기타 사항) ① 시행령 제52조제5항에 따라 시행령 제52조제1항 내지 제4항을 준용할 수 있는 용역계약은 다음 각 호와 같다. <신설 2015.9.21.>

1. 건설기술진흥법 제2조제3호에 따른 건설기술용역
2. 건축사법 제2조제3호에 따른 설계용역
3. 기타 각 중앙관서의 장이 공익상 이행확보의 필요성이 크다고 인정하는 용역

② 제1항에도 불구하고 시행규칙 제23조의3 각호에 해당하는 용역계약의 경우에는 시행령 제52조제1항 내지 제4항을 준용하지 아니한다. <신설 2015.9.21.>

③ 이 장에 정한 사항외의 공사이행보증과 관련된 기타계약조건은 공사이행보증약관과 해당 공사의 특성 등을 고려하여 발주기관·계약상대자 및 보증기관간의 협의에 의하여 정할 수 있다.

제14장 공사의 손해보험가입 업무집행

제54조(공사의 손해보험 가입) 계약담당공무원은 시행령 제53조제2항에 따른 공사손해보험(「건설산업기본법」 제56조제1항제5호에 따른 손해공제를 포함한다. 이하 이 장에서 같다)의 규정에 의한 공사손해보험 가입 업무수행은 이 장에 정한 바에 따라야 한다.

제55조(보험의 가입) ① 계약담당공무원은 시행령 제78조, 제97조 및 추정가격 200억원이상인 공사로서 계약예규「입찰참가자격사전심사요령」 제6조제5항제1호에 규정된 공사에 대하여 공사손해보험에 가입하거나 계약상대자에게 공사손해보험에 가입하도록 하여야 하며 필요한 경우 보험가입 등과 관련하여 전문가로부터 자문을 받을 수 있다. <개정 2010.9.8, 2014.1.10., 2015.9.21., 2023.6.30.>

② 계약담당공무원은 제1항에 해당하는 공사로서 하나의 사업을 수 개의 공구로 분할하여 발주하거나, 유사한 유형의 수 개의 공사를 인접한 시기에 발주하는 경우 경제성·효율성 등을 감안하여 공사손해보험에 가입하는 것을 우선 고려하여야 한다. <신설 2023.6.30.>

제56조(보험가입의 범위) 제55조에 의하여 가입하는 보험은 계약목적물에 대한 손해담보와 제3자 손해배상책임을 담보할 수 있는 보험이어야 한다. 다만, 계약상대자가

필요하다고 인정할 경우에는 계약상대자의 부담으로 추가적으로 담보하는 보험에 가입하게 할 수 있다.

제57조(보험가입금액) ① 계약목적물에 대한 손해보험가입금액은 공사의 보험가입대상부분의 계약금액에서 부가가치세와 손해보험료를 제외한 금액(이하 "순계약금액"이라 한다)을 기준으로 한다.

② 제1항에 규정한 순 계약금액에 관급자재가 있을 경우에는 이를 포함하며, 장기계속공사계약인 경우에는 총 공사 부기금액을 기준으로 순계약금액을 산정한다.

③ 제3자 손해배상책임에 대한 매 사고당 보상한도는 제1항 및 제2항에서 규정한 보험가입 금액의 100분의 1과 5억원중 많은 금액으로 한다.

④ 계약담당공무원은 계약금액이 증감(시행령 제64조 내지 제66조에 의한 계약금액의 증감)된 경우에는 증감된 순계약금액만큼 공사손해보험가입금액을 증액 또는 감액하거나 계약상대자에게 증액 또는 감액하게 하여야 한다. 다만, 계약금액이 증가되는 경우로서 증가된 순계약금액이 당초 보험가입금액의 100분의 10을 초과하지 아니하는 경우에는 그러하지 아니하다. <개정 2015.9.21.>

제58조(피보험자) 계약담당공무원 이나 계약상대자는 공사손해보험가입시에 발주기관, 계약상대자, 하수급인 및 해당공사의 이해관계인을 피보험자로 하여야 하며, 계약상대자가 가입하는 경우로서 보험사고 발생으로 발주기관이외의 자가 보험금을 수령하게 될 경우에는 발주기관의 장의 사전동의를 받도록 약정하여야 한다. <개정 2015.9.21.>

제59조(보험의 가입시기 및 기간) ① 계약담당공무원은 제55조에 의한 보험가입을 공사착공일 이전까지 가입하거나 계약상대자에게 가입하게 하여야 하고 그 증서를 착공신고서 제출시에 발주기관에게 제출하게 하여야 한다. <개정 2015.9.21.>

② 제1항에 따른 보험기간은 해당공사 착공시(손해보험가입 비대상공사가 포함된 공사의 경우에는 손해보험가입대상공사 착공일을 말함)부터 발주기관의 인수시(시운전이 필요한 공사인 경우에는 시운전 시기까지 포함한다)까지로 하여야 한다. <개정 2015.9.21.>

제60조(보험료 계상 및 보험료율 산정) ① 계약담당공무원은 제55조에 의한 보험가입 대상 공사로서 계약상대자가 가입하게 하는 경우에는 예정가격 작성시에 계약예규 「예정가격 작성기준」 제2장(원가계산에 의한 예정가격 작성)에 정한 내용에 따라 예정가격에 보험료를 계상하여야 한다. 다만, 시행령 제7조의2제2항에 의하여 예정가격을 작성하지 아니하는 경우에는 공사예산에 보험료를 계상하여야 한다. <개정 2015.9.21.>

② 계약담당공무원은 제1항에 의한 보험료 계상을 위한 보험료율은 보험개발원,

손해보험회사등으로부터 제공받아 이를 기초로 하여 산정한다.

③ 계약담당공무원은 공사손해보험료 산정의 근거가 되는 보험가입대상 공사부분의 항목 등을 설계서에 명시하여야 한다. <신설 2014.1.10.>

④ 계약담당공무원은 계약상대자에게 예정가격조서상의 보험료 또는 계약상대자가 제출한 입찰금액 산출내역서상의 보험료와 손해보험회사에 실제 납입한 보험료간의 차액발생을 이유로 보험가입을 거절하거나 동 차액의 정산을 요구하지 아니하도록 하여야 한다.

제61조(보험약관) 계약담당공무원은 제55조에 의한 보험가입대상 공사에서 계약상대자가 가입하는 경우에는 보험약관의 형식(독일식 약관 또는 영국식 약관)을 정하여 계약상대자에게 통보하여야 한다. <개정 2015.9.21.>

제62조(계약상대자의 의무등) 계약담당공무원은 공사손해보험에 가입하거나 계약상대자에게 가입하게 하는 경우에 계약상대자로 하여금 다음 각호의 사항을 성실히 이행하게 하여야 한다. <개정 2015.9.21.>

1. 보험에 가입한 공사의 손해방지를 위한 위험관리에 있어 신의와 성실의 원칙에 입각한 선량한 관리자로서의 주의의무
2. 보험가입과 관련하여 피보험자가 이행하여야 할 보험회사에 대한 고지 또는 통지의무
3. 보험에 가입한 공사의 시공기간중 보험회사의 위험도 조사에 대한 협조 및 보험회사로부터 제출된 위험도 조사 보고서(Risk Survey Report)에 따른 적절한 위험방지 조치
4. 보험사고 발생시에 구체적인 사고경위 등을 지체없이 계약담당공무원에게 통보할 의무

제63조(보험계약상의 권리의무 승계) 계약담당공무원은 제55조에 의한 보험계약의 체결에 있어 시행령 제52조에 의한 공사이행보증서 발급기관이 보증시공을 하게 될 경우에는 계약상대자의 보험계약상의 권리와 의무가 공사이행보증서 발급기관에 승계될 수 있게 하여야 한다. 보험가입공사계약이 해제 또는 해지되어 새로운 계약상대자가 선정되는 경우에도 또한 같다. <개정 2010.9.8, 2015.9.21.>

제64조(보험계약상의 권리양도 등의 제한) 계약담당공무원은 계약 상대자가 보험과 관련한 일체의 보험계약상의 권리를 제3자에게 양도·이전·질권의 설정·기타 담보를 제공하게 하여서는 아니되며, 어떠한 형태로든지 피보험자의 권리를 제한하는 행위를 하게 하여서는 아니 된다.

제65조(보험금의 사용) ① 계약담당공무원은 보험가입 목적물의 보험사고로 보험금이 지급되는 경우에 계약상대자로 하여금 동 보험금을 해당 공사의 복구에 우선

사용하게 하여야 한다.

② 계약담당공무원은 제1항에 의한 보험금 지급의 지연 또는 부족을 이유로 계약상대자가 피해복구를 지연하거나 거절할 수 없게 하여야 한다.

제66조(기타사항) 계약담당공무원은 보험가입등과 관련하여 이 예규에 규정되지 아니한 사항에 대하여는 보험약관에 정하거나 계약상대자 및 손해보험회사와의 협의 또는 중재기관에 의한 조정 등에 의할 수 있다.

제15장 물가변동 조정율 산출

제67조(품목조정율) ① 계약담당공무원은 시행령 제64조제1항제1호에 의한 품목조정율 산출시에는 시행규칙 제74조제1항 내지 제3항에 정한 바에 의하되, 표준시장단가가 적용된 공종의 경우에는 입찰당시(또는 직전조정기준일당시)의 표준시장단가와 물가변동당시의 표준시장단가를 비교하여 등락율을 산출한다. <개정 2015.3.1.>

② 제1항에도 불구하고 각 중앙관서의 장 또는 그가 지정하는 단체에서 제정한 "표준품셈"상의 건설기계는 입찰당시의 건설기계 시간당 손료(損料)와 물가변동당시의 건설기계 시간당 손료를 비교하여 등락율을 산출한다.

제68조(지수조정율 및 용어의 정의) 시행령 제64조제1항제2호에 의한 지수조정율 산출시에는 이 장에서 정한 바에 따라야 하며, 이 장에서 사용하는 용어의 정의는 다음과 같다. <개정 2015.3.1. 2020.4.7.>

1. “비목군”이라 함은 계약금액의 산출내역중 재료비, 노무비 및 경비를 구성하는 제비목을 노무비, 기계경비, 표준시장단가 또는 한국은행이 조사 발표하는 생산자물가기본분류지수 및 수입물가지수표상의 품류에 따라 입찰시점(수의계약의 경우에는 계약체결시점. 단, 시행령 제28조제2항에 따라 준용되는 같은 조 제1항의 수의계약의 경우 당초계약의 입찰시점을 말한다. 이하 같다)에 계약담당공무원이 다음 각목의 예와 같이 분류한 비목을 말하며 이하 “A, B, C, D, E, F, G, H, I, J, K, L, M, ·····Z”로 한다. <개정 2024.12.24.>

가. A : 노무비(공사와 제조로 구분하며 간접노무비 포함)

나. B : 기계경비(공사에 한함)

다. C : 광산품

라. D : 공산품

마. E : 전력·수도· 도시가스 및 폐기물

바. F : 농림·수산품

사. G : 표준시장단가(공사에 한하며, G1 : 토목부문, G2 : 건축부문, G3 : 기계설비

부문, G4 : 전기부문, G5 : 정보통신부문으로 구분하며, 일부공종에 대하여 재료비·노무비·경비중 2개이상 비목의 합계액을 견적받아 공사비에 반영한 경우에는 이를 해당 부분(G1, G2, G3, G4, G5)의 표준시장단가에 포함한다. 이하 같다.) <개정 2010.10.22.>

아. H : 산재보험료

자. I : 산업안전보건관리비

차. J : 고용보험료

카. K : 건설근로자 퇴직공제부금비

타. L : 국민건강보험료

파. M : 국민연금보험료

하. N : 노인장기요양보험료

거. Z : 기타 비목군

2. "계수"라 함은 "A, B, C, D, E, F, G, H, J, J, K, L, M, ····· Z"의 각 비목군에 해당하는 산출내역서상의 금액(예정조정기준일전에 이행이 완료되어야 할 부분에 해당되는 금액은 제외한다)이 동 내역서상의 재료비, 노무비 및 경비의 합계액(예정조정기준일전에 이행이 완료되어야 할 부분에 해당되는 금액은 제외한다)에서 각각 차지하는 비율(이하 "가중치"라 한다)로서 이하 "a, b, c, d, e, f, g, h, i, j, k, l, m, ····· z"로 표시한다.

3. "지수 등"이라 함은 다음 각목을 말한다.

가. A에 대하여는 시행규칙 제7조제1항에 의하여 조사·공표된 해당직종의 평균치를, B에 대하여는 각 중앙관서의 장 또는 그가 지정하는 단체에서 제정한 "표준품셈"의 건설기계 가격표상의 전체기종에 대한 시간당 손료의 평균치(해당공사에 투입된 기종을 의미하는 것은 아님)를, "C, D, E, F"에 대하여는 생산자물가기본분류지수표 및 수입물가지수표상 해당 품류에 해당하는 지수를, G에 대하여는 시행령 제9조제1항제3호에 의하여 각 중앙관서의 장이 발표한 공종별(G1, G2, G3, G4, G5) 표준시장단가의 전체 평균치를 말하며, 이하 기준시점인 입찰시점의 지수 등은 각각 "A0, B0, C0, D0, E0, F0, G0"로, 비교시점인 물가변동시점의 지수 등은 각각 "A1, B1, C1, D1, E1, F1, G1"으로 표시하되 통계월보상의 지수는 매월말에 해당하는 것으로 보고 각 비목군의 지수상승율을 산출한다. <개정 2010.10.22, 2015.3.1.>

나. "H, I"에 대하여는 다음 공식에 의하여 산출하며, "J, K, L, M, N"에 대하여는 "H" 산출방식을 준용한다.

H0=A0×입찰시 산재보험료율

H1=A1×조정기준일 당시 산재보험료율

I0=변동전(직접노무비계수+ 재료비계수+ 표준시장단가계수)×입찰시

산업안전보건관리비율

* 변동전 재료비계수=c+ d+ e+ f

I1=변동후(직접노무비계수+ 재료비계수+ 표준시장단가계수)×조정기준일당시 산업안전보건관리비율

* 변동후 계수=변동전계수×지수변동율

다. Z0 또는 Z1의 경우에는 A0부터 G0까지 또는 A1부터 G1까지 각 비목의 지수를 해당비목의 가중치에 곱하여 산출한 수치의 합계를 비목군수로 나눈 수치로 하여 아래 공식에 의하여 산출한다. 단, 노무비(A)는 지수화(100%)하여 적용한다.

Z0=(aA0+ cC0+ dD0+ eE0+ fF0+ gG0)/비목군수

Z1=(aA1+ cC1+ dD1+ eE1+ fF1+ gG1)/비목군수

제69조(조정율의 산출) ① 지수조정율(이하 "K"라 표시한다)은 다음의 계산식에 의하여 산출한다.

$$K=\left(a\frac{A_1}{A_0}+b\frac{B_1}{B_0}+c\frac{C_1}{C_0}+d\frac{D_1}{D_0}+e\frac{E_1}{E_0}+f\frac{F_1}{F_0}+g\frac{G_1}{G_0}+h\frac{H_1}{H_0}+i\frac{I_1}{I_0}+j\frac{J_1}{J_0}+k\frac{K_1}{K_0}+l\frac{L_1}{L_0}+m\frac{M_1}{M_0}\cdots\cdots\cdots+z\frac{Z_1}{Z_0}\right)-1$$

단, $z = 1-(a+b+c+d+e+f+g+h+i+j+k+l+m\ \cdots)$

② 각 비목군의 지수는 입찰시점과 조정기준일 시점의 지수("C, D, E, F"에 대하여는 각각의 전월지수, 다만, 월말인 경우에는 해당 월의 지수를 말한다)를 각각 적용한다.

③ 제68조에 의한 비목군은 계약이행기간중 설계변경, 비목군 분류기준의 변경 및 비목군 분류과정에서 착오나 고의 등으로 비목군 분류가 잘못 적용된 경우를 제외하고는 변경하지 못한다.

제70조(계약금액의 조정) ① 계약담당공무원은 계약체결후 90일 이상이 경과(계약체결일을 불산입하고 그 다음 날부터 기산하여 91일이 되는 날을 의미한다. 이하 같다)되고 제69조제1항에 의하여 산출한 K가 100분의 3이상인 경우로서 계약상대자의 청구가 있는 때에는 계약금액을 조정하되, 청구금액의 적정성에 대하여 직접 심사하기 곤란한 경우에는 「예정가격작성기준」 제31조에 따른 원가계산용역기관에 위탁할 수 있다. <개정 2012.1.1.>

② 제1항에 의한 계약금액의 조정은 조정기준일 이후에 이행되는 부분의 대가(이하 "물가변동 적용대가"라 한다)에 적용하되, 시공 또는 제조개시전에 제출된 공정예

정표상 조정기준일전에 이행이 완료되어야 할 부분은 물가변동 적용대가에서 제외한다. 다만, 정부에 책임 있는 사유 또는 천재·지변 등 불가항력적인 요인으로 공정 또는 납품이 지연된 경우에는 그러하지 아니하다.

③ 제1항에 의하여 계약금액조정에 사용된 K는 90일간 변동하지 못한다.

④ 제2차 이후의 계약금액조정율은 제69조제1항의 계산식중 “A0, B0, C0, D0, E0, F0, G0, H0, I0, J0, K0, L0, M0, ·····Z0”에는 직전조정시의 “A1, B1, C1, D1, E1, F1, G1, H1, I1, J1, K1, L1, M1, … Z1”을, “A1, B1, C1, D1, E1, F1, G1, H1, I1, J1, K1, L1, M1, …Z1”에는 비교시점인 물가변동시점의 지수 등을 각각 대입하여 산출한다.

⑤ 계약담당공무원은 제68조제3호에 의한 "표준품셈"(이하 품셈이라 한다. 이하 같다)상의 건설기계 시간당 손료의 평균치를 다음 각호에 따라 산정하여야 한다.

1. 입찰시점 또는 직전조정기준일 시점의 기계경비 지수는 당시 품셈의 건설기계 가격표상의 기종에 대한 시간당 손료의 평균치<개정 2020.4.7.>
2. 물가변동시점의 기계경비 지수는 조정기준일 당시 품셈의 건설기계 가격표상의 기종 중 입찰시점 또는 직전조정기준일 시점 당시 품셈의 건설기계 가격표상의 기종만의 시간당 손료의 평균치<개정 2020.4.7.>
3. 입찰시점 또는 직전조정기준일 당시 품셈의 건설기계 가격표상의 기종이 물가변동시점에 삭제된 경우에는 입찰시점 또는 직전조정기준일 시점 당시 품셈의 건설기계 가격표상의 기종에 대한 시간당 손료의 평균치 산정시 물가변동시점에 삭제된 기종을 제외함 <신설 2020.4.7.>

⑥ 계약담당공무원은 제68조제3호에 의한 각 중앙관서의 장이 발표한 공종별(G1, G2, G3, G4, G5) 표준시장단가의 전체 평균치를 다음 각 호에 따라 산정하여야 한다. <개정 2010.10.22, 2015.3.1.>

1. 입찰시점 또는 직전조정기준일 시점의 표준시장단가 지수는 입찰시점 또는 직전조정기준일 시점 당시 각 중앙관서의 장이 발표한 공종별 표준시장단가의 전체 평균치
2. 물가변동시점의 표준시장단가 지수는 조정기준일 중 입찰시점 또는 직전조정기준일 시점 당시 공종별 표준시장단가에 해당하는 표준시장단가만의 전체 평균치
3. 입찰시점 또는 직전조정기준일 시점에 발표되어 있던 표준시장단가 적용 공종이 물가변동시점에 삭제된 경우에는 입찰시점 또는 직전조정기준일 시점 당시 공종별 표준시장단가의 전체 평균치 산정시 물가변동시점에 삭제된 공종을 제외함

⑦ 제6항에도 불구하고 건축부문 표준시장단가(G2)의 전체평균치 산정시 국토교통부장관이 발표한 표준시장단가 공종 중 타워크레인 운반비(8ton, 10ton, 12ton)와 타워크레인 임대료(8ton, 10ton, 12ton)는 발표된 단가를 다음 각 호에 따라

단위를 보정하여 산정한 단가를 반영한다. <개정 2015.3.1.>

1. 타워크레인 운반비는 대당 단가를 규격별 권상(卷上)능력으로 나누어 톤당 단가로 반영
2. 타워크레인 임대료는 월당 단가를 25일로 나누어 일당 단가로 반영

⑧시행규칙 제74조 제7항의 불가피한 사유는 다음 각 호의 사유를 말한다.

1. 예측하기 힘든 태풍·홍수 기타 악천후, 전쟁 또는 사변, 지진, 화재, 전염병, 폭동 등에 따라 계약금액 조정이 필요한 경우
2. 원자재의 급격한 가격 급등에 따라 계약금액 조정이 필요한 경우
3. 장기계속 물품·용역계약으로서 시행령 제9조제1항제1호에 따라 예정가격을 결정하여 입찰당시의 원가자료가 존재하지 아니하는 경우

제70조의2(지수조정율 등 산정시 소수점 처리) 계약담당공무원은 지수조정율 등 산정시 소수점 이하의 숫자가 있는 경우에 다음 각호에 따라 산정한다.

1. 지수, 지수변동율(입찰시점의 지수대비 물가변동시점의 지수) 및 지수조정율(K)은 소수점 다섯째자리 이하는 절사하고 소수점 넷째자리까지 산정함
2. 각 비목군의 계수는 계수의 합이 1이 되어야 함을 고려하여 계약당사자간에 협의(예 : 일부는 절상하고 일부는 절사하여 계수의 합이 1이 되도록 하는 방법)하여 결정함

제70조의3(특정규격 자재의 가격변동으로 인한 계약금액조정) ① 계약담당공무원은 시행령 제64조제6항에 따라 특정규격의 자재별 가격변동에 따른 계약금액을 조정하는 경우에 품목조정률에 의하며, 시행규칙 제74조를 준용한다.

② 계약담당공무원은 제1항에 따른 계약금액을 조정 후에 시행령 제64조제1항 및 시행규칙 제74조에 따라 물가변동으로 인한 계약금액을 조정하는 경우에는 다음 각 호의 기준에 따른다. 다만, 2차 이후의 계약금액 조정에 있어서는 다음 각 호에도 불구하고 시행령 제64조제1항 및 시행규칙 제74조에 따른다.

1. 시행령 제64조제1항제1호에 따라 계약금액을 조정하는 경우에는 품목조정률 산출시에 제1항에 따라 산출한 특정규격자재의 가격상승률을 감산(하락률은 합산)한다.
2. 시행령제64조제1항제2호에 따라 계약금액을 조정하는 경우에 지수조정률은 다음 각목과 같이 산출한다.
   가. 제68조제1호에 따른 비목군 분류시에는 특정자재가 속해 있는 비목군에서 특정자재 비목군을 따로 분류한다.
   나. 제68조제2호에 따른 계수산출시에는 제1항에 따라 조정된 금액을 제외하고 산출하며, 특정자재 비목군과 특정자재를 제외한 비목군에 해당하는 금액이 차지하는 비율에 따라 각각 계수를 산출한다.

다. 제69조에 따른 조정률 산출시에 특정자재 비목군의 지수변동률은 특정규격자재의 등락폭에 해당하는 지수상승률을 감산(하락률일 경우에는 합산)하고, 특정규격자재의 조정기준일부터 물가변동으로 인한 계약금액 조정기준일까지 지수상승률은 합산하여 산출한다.

③ 계약담당공무원은 총액증액조정요건과 단품증액조정요건이 동시에 충족되는 경우에는 총액증액조정을 적용하여야 한다. 다만, 다음 각 호의 경우에는 단품증액조정을 우선 적용할 수 있다. <신설 2010.10.22.>

1. 단품증액조정이 총액증액조정보다 하수급업체에 유리한 경우
2. 기타 발주기관의 계약관리 효율성 제고 등을 위해 단품증액조정을 적용할 필요성이 있다고 인정되는 경우

[본조신설 2008.5.1.]

제70조의4(원자재 가격급등 등으로 계약이행이 곤란한 경우 계약금액조정) ① 시행령 제64조제5항에서 원자재의 가격급등 등으로 인하여 90일내에 계약금액을 조정하지 아니하고는 계약이행이 곤란하다고 인정되는 경우란 계약체결일 또는 직전 조정기준일 이후 원자재가격 급등과 관련하여 다음 각 호에 해당하는 경우를 말한다.

1. 공사, 용역, 물품제조계약에서 품목조정률이나 지수조정률이 5%이상 상승한 경우
2. 물품구매 계약에서 품목조정률이나 지수조정률이 10%이상 상승한 경우
3. 공사, 용역 및 물품제조계약에서 품목조정률이나 지수조정률이 3%(물품구매계약에서는 6%)이상 상승하고, 기타 객관적 사유로 조정제한기간 내에 계약금액을 조정하지 아니하고는 계약이행이 곤란하다고 계약담당공무원이 인정하는 경우

② 조정기준일은 제1항의 조건이 충족된 최초의 날을 말한다.

③ 계약상대자는 제1항제1호 및 제2호에 따라 물가변동으로 인한 계약금액 조정을 하는 경우에는 원자재 가격급등 및 이에 따라 계약금액에 미치는 영향 등에 대한 증빙서류를 계약담당공무원에게 제출하여야 한다.

④ 계약상대자는 제1항제3호에 따라 물가변동으로 인한 계약금액 조정을 하는 경우에 원자재가격급등 및 이에 따라 계약금액에 미치는 영향, 계약이행이 곤란한 객관적 사유 등에 대한 증빙서류를 계약담당공무원에게 제출하여야 한다.

⑤ 제4항에서 계약이행이 곤란한 객관적 사유에 대한 증빙서류에는 다음과 같은 내용이 포함될 수 있다.

1. 계약가격과 시중거래가격의 현저한 차이 존재
2. 환율급등, 하도급자의 파업등 입찰시 또는 계약체결시 예상할 수 없었던 사유에 의해 계약금액을 조정하지 아니하고는 계약수행이 곤란한 상황

3. 계약을 이행하는 것보다 납품지연, 납품거부, 계약포기로 제재조치를 받는 것이 비용상 더 유리한 상황
4. 주요 원자재의 가격급등으로 인한 조달곤란으로 계약목적물을 적기에 이행할 수 없어 과도한 추가비용이 소요되는 상황
5. 기타 계약상대자의 책임없는 사유로 계약금액을 조정하지 아니하고는 계약이행이 곤란한 상황

⑥ 각 중앙관서의 장은 동조에 따라 계약금액을 조정할 필요가 있는 경우는 시행령 제94조의 계약심의회 심의를 거쳐 결정할 수 있으며, 동조 시행에 필요한 세부기준을 운용할 수 있다.

[본조신설 2008.11.1.]

제70조의5(계약금액 감액조정 등) ① 계약담당공무원은 시행령 제64조 제1항 또는 제6항의 감액조정요건이 충족되는 경우에는 계약상대자에게 통보하여 계약금액을 감액 조정하되, 계약금액 조정요건의 충족여부 등을 자체적으로 확인할 수 없는 경우에는 「예정가격작성기준」 제31조에 따른 원가계산용역기관에 위탁하여 확인할 수 있다. 다만, 계약금액의 감액조정금액이 원가계산기관 위탁수수료보다 낮을 것으로 예상되는 경우 감액조정을 생략할 수 있다. <개정 2012.1.1.>

② 계약담당공무원은 총액감액조정과 단품감액조정 요건이 동시에 충족되는 경우에는 원칙적으로 총액감액조정을 우선 적용한다.

③ 계약담당공무원은 직전 계약금액조정시에 단품증액조정을 한 경우에 단품감액조정요건이 충족되면 원칙적으로 단품감액조정을 하여야 한다. 다만, 계약담당공무원은 단품감액조정을 적용함으로써 총액증액조정의 등락요건이 입찰일 또는 직전조정기준일로부터 조기에 충족되어 추가적인 계약금액 조정이 예상되는 경우에는 동 단품감액조정을 생략할 수 있다.

④ 계약담당공무원은 직전 계약금액조정시에 단품증액조정요건과 총액증액조정요건이 동시에 충족하여 단품증액조정을 적용하지 못한 경우에는 단품감액조정을 적용하지 아니한다.

⑤ 계약담당공무원은 단품감액 조정을 할 경우에 그 대상인 특정규격의 자재(부산물 또는 작업설은 제외한다)는 산출내역서상 재료비 항목의 자재로 한다. 다만, 산출내역서만으로 재료비 항목을 구분하기 어려운 경우에는 산출내역서 작성시 제출한 기초자료[(일위대가:一位代價) 등]를 활용하여 재료비 항목으로 구분하여 단품감액조정을 적용할 수 있다.

⑥ 계약담당공무원은 계약금액을 감액조정할 경우에 시행규칙 제74조제6항에 따른 선금공제를 적용하지 않는다.

⑦ 계약담당공무원은 해당 조정기준일 이후에 이행된 부분에 대해 조정통보 전에

지급된 기성대가(준공대가 포함)는 물가변동적용대가에서 공제한다. 다만, 계약담당공무원이 계약상대자에게 감액조정 통보 후에 지급한 기성대가(준공대가 포함) 또는 개산급으로 지급한 기성대가는 물가변동적용대가에 포함한다.

⑧ 계약담당공무원은 단품감액조정 또는 총액감액조정을 할 경우에 계약상대자가 직전 계약금액 조정시에 단품증액조정이나 총액증액조정으로 인하여 조정받은 금액을 하수급인 등에게 배분한 것과 동일한 방식으로 회수·관리하도록 하여야 한다.

⑨ 계약담당공무원은 2006.12.29 이전 계약으로서 계약상대자가 단품증액조정을 받지 않은 경우에는 단품감액조정을 적용하지 아니하되, 단품증액조정을 받은 경우 단품증액조정된 증액범위를 초과하여 단품감액조정을 할 수 없다.

[본조신설 2009.5.4.]

제16장 실비의 산정

제71조(실비의 산정) 계약담당공무원은 시행령 제66조에 의한 실비 산정(하도급업체가 지출한 비용을 포함한다)시에는 이 장에 정한 바에 따라야 한다.

제72조(실비산정기준) ① 계약담당공무원은 기타 계약내용의 변경으로 계약금액을 조정함에 있어서는 실제 사용된 비용등 객관적으로 인정될 수 있는 자료와 시행규칙 제7조에 의한 가격을 활용하여 실비를 산출하여야 한다.

② 계약담당공무원은 간접노무비 산출을 위하여 계약상대자로 하여금 급여 연말정산서류, 임금지급대장 및 공사감독의 현장확인복명서등 간접노무비 지급 관련서류를 제출케하여 이를 활용할 수 있다.

③ 계약담당공무원은 경비의 산출을 위하여 계약상대자로부터 경비지출 관련 계약서, 요금고지서, 영수증등 객관적인 자료를 제출하게 하여 활용할 수 있다.

제73조(공사이행기간의 변경에 따른 실비산정) ① 간접노무비는 연장 또는 단축된 기간중 해당현장에서 계약예규「예정가격 작성기준」제10조제2항 및 제18조에 해당하는 자가 수행하여야 할 노무량을 산출하고, 동 노무량에 급여 연말정산서, 임금지급대장 및 공사감독의 현장확인복명서 등 객관적인 자료에 의하여 지급이 확인된 임금을 곱하여 산정하되, 정상적인 공사기간 중에 실제 지급된 임금수준을 초과할 수 없다. <개정 2010.11.30.>

② 제1항에 따라 노무량을 산출하는 경우 계약담당공무원은 계약상대자로 하여금 공사이행기간의 변경사유가 발생하는 즉시 현장유지·관리에 소요되는 인력투입계획을 제출하도록 하고, 공사의 규모, 내용, 기간 등을 고려하여 해당 인력투입계획을 조정할 필요가 있다고 인정되는 경우에는 계약상대자와 협의하여 이를 조정하여야

한다. <신설 2010.11.30.><개정 2019.12.18..>

③ 경비중 지급임차료, 보관비, 가설비, 유휴장비비 등 직접계상이 가능한 비목의 실비는 계약상대자로부터 제출받은 경비지출관련 계약서, 요금고지서, 영수증 등 객관적인 자료에 의하여 확인된 금액을 기준으로 변경되는 공사기간에 상당하는 금액을 산출하며, 수도광열비, 복리후생비, 소모품비, 여비·교통비·통신비, 세금과공과, 도서인쇄비, 지급수수료(7개 항목을 "기타경비"라 한다)와 산재보험료, 고용보험료 등은 그 기준이 되는 비목의 합계액에 계약상대자의 산출내역서상 해당비목의 비율을 곱하여 산출된 금액과 당초 산출내역서상의 금액과의 차액으로 한다. <개정 2010.11.30.>

④ 계약상대자의 책임 없는 사유로 공사기간이 연장되어 당초 제출한 계약보증서·공사이행보증서·하도급대금지급보증서 및 공사손해보험 등의 보증기간을 연장함에 따라 소요되는 추가비용은 계약상대자로부터 제출받은 보증수수료의 영수증 등 객관적인 자료에 의하여 확인된 금액을 기준으로 금액을 산출한다. <신설 2010.11.30.>

⑤ 계약상대자는 건설장비의 유휴가 발생하게 되는 경우 즉시 발생사유 등 사실관계를 계약담당공무원과 공사감독관에게 통지하여야 하며, 계약담당공무원은 장비의 유휴가 계약의 이행 여건상 타당하다고 인정될 경우에는 유휴비용을 다음 각 호의 기준에 따라 계산한다.

1. 임대장비: 유휴 기간 중 실제로 부담한 장비임대료
2. 보유장비: (장비가격×시간당 장비손료계수) × (연간표준가동기간÷365일) × (유휴일수) × 1/2

제74조(설계서 작성시 주의사항 및 운반거리 변경에 따른 실비의 산정) ① 계약담당공무원은 시행령 제14조에 의한 해당 공사의 설계서를 작성함에 있어 운반비 산정의 기준이 되는 다음 각호의 사항을 구체적으로 명기하여 불가피한 경우를 제외하고는 계약체결 후 운반거리 변경이 발생하지 아니하도록 하여야 한다.

1. 토사(土砂)채취, 사토(捨土) 및 폐기물처리 등을 위한 위치
2. 공사현장과 제1호에 의한 위치간의 운반거리, 운반로, 및 운반속도 등
3. 기타 운반비 산정에 필요한 사항

② 계약담당공무원은 토사채취 사토 및 폐기물처리등과 관련하여 당초 설계서에 정한 운반거리가 증·감되는 경우에 다음 각호의 기준에 의하여 계약금액을 조정한다.

1. 당초 운반로 전부가 남아 있는 경우로서 운반거리가 변경되는 경우
   - 조정금액 = 당초 계약단가 + 추가된 운반거리를 변경당시의 품셈을 기준으로 하여 산정한 단가와 동 단가에 낙찰율을 곱한 단가의 범위내에서 계약당사자간에 서로 주장하는 각각의 단가기준에 대한 근거자료 제시 등을 통하여 성실히 협의(이하 이 장에서 "협의"라 한다)하여 결정한 단가

2. 당초 운반로 일부가 남아 있는 경우로서 운반거리가 변경되는 경우
   · 조정금액 = (당초 계약단가 - 당초 운반로중 축소되는 부분의 계약단가) + 대체된 운반거리를 변경당시 품셈을 기준으로 산정한 단가와 동 단가에 낙찰율을 곱한 단가의 범위내에서 계약당사자간에 협의하여 결정한 단가
3. 당초 운반로 전부가 변경되는 경우
   · 조정금액 = (계약단가 + 변경된 운반거리를 변경당시 품셈을 기준으로 산정한 단가와 동단가에 낙찰율을 곱한 단가의 범위내에서 계약당사자간에 협의하여 결정한 단가) - 계약단가

③ 제2항 각호에 의한 계산식 중 협의단가를 결정함에 있어 계약당사자간의 협의가 이루어지지 아니하는 경우에는 그 중간금액으로 한다.

제75조(기타 실비의 산정) 제73조 및 제74조 규정이외의 경우에 실비의 산정은 변경된 내용을 기준으로 하여 산정한 단가와 당초 단가와의 차액범위안에서 계약당사자간에 협의하여 결정한다. 다만, 계약당사자간에 협의가 이루어지지 아니하는 경우에는 변경된 내용을 기준으로 하여 산정한 단가와 당초 단가를 합한 금액의 100분의 50으로 한다.

제76조(일반관리비 및 이윤) 일반관리비 및 이윤은 제73조 내지 제75조 규정에 의하여 산출된 금액에 대하여 계약문서상의 일반관리비율 및 이윤율에 의하며 시행규칙 제8조에서 정하는 율의 범위내에서 결정하여야 한다. <개정 2015.9.21.>

제16장의2 시행규칙 제23조의3 각호의 용역계약의 집행

제76조의2(노무용역계약의 집행) 시행규칙 제23조의3 각호의 용역계약의 집행과 관련하여서는 이 장에 정한 바에 따라야 한다.

[본조신설 2017.12.28.]

제76조의3(노무비의 계상) ① 계약담당공무원은 예정가격 작성시 인건비의 기준단가는 다음 각호의 어느 하나에 따른 노임에 의하되, 「근로기준법」에서 정하고 있는 제수당, 상여금(기준단가의 연 400%를 초과하여 계상할 수 없다), 퇴직급여충당금의 합계액으로 한다. <개정 2023.6.30.>

1. 시설물관리용역 : 「통계법」 제17조의 규정에 따라 중소기업중앙회가 발표하는 '중소제조업 직종별 임금조사 보고서'(최저임금 상승 효과 등 적용시점의 임금상승 예측치를 반영한 통계가 있을 경우 동 통계를 적용한다. 이하 이 조에서 '임금조사 보고서'라 한다)의 단순노무종사원 노임(다만, 임금조사 보고서상 해당직종의 노임이 있는 종사원에 대하여는 해당직종의 노임을 적용한다) <개정

2018.12.31.>

2. 그 밖의 용역 : 임금조사 보고서의 단순노무종사원 노임

② 제1항에도 불구하고 제1항에 따른 인건비 기준단가에 0.87995를 곱한 금액이 최저임금에 미치지 못하는 경우에는 최저임금에 0.87995를 나눈 금액을 인건비 기준단가로 한다. <신설 2023.6.30.>

[본조신설 2017.12.28.]

제76조의4(근로조건 등의 명시) 계약담당공무원은 용역계약의 입찰에 있어 시행령 제42조제5항에 따른 외주근로자 근로조건 이행계획에 다음의 사항을 포함하고, 계약체결시 계약서에 명시하여 계약상대자가 이행토록 하여야 한다.

1. 제76조의3 각호에 따른 인건비 기준단가(이하 이장에서 "기준 노임단가"라 한다)에 낙찰률을 곱한 금액 이상의 임금을 지급할 것
2. 퇴직금, 국민건강보험료 등 법정부담금을 지급할 것
3. 포괄적 재하도급을 하지 아니할 것
4. 「근로기준법」, 「최저임금법」 및 「남녀고용평등과 일·가정 양립 지원에 관한 법률」을 준수할 것

[본조신설 2017.12.28.]

제76조의5(기준 노임단가 변동에 따른 계약금액 조정) ① 계약담당공무원은 시행령 제64조제8항에 따라 기준노임단가의 변동에 따른 계약금액 조정을 하는 경우에는 품목조정률에 의한다.

② 제1항에 따른 품목조정률은 다음 각호의 품목 또는 비목에 한하여 다음과 같이 산정한다.

1. 노무비(기본급)의 등락률 : $\text{등락률} = \dfrac{\text{변동된 기준 노임단가} - \text{직전 기준 노임단가}}{\text{직전 기준 노임단가}}$
2. 제수당, 상여금, 퇴직급여충당금, 보험료, 일반관리비, 이윤 등 노무비에 연동되는 항목의 등락률: 노무비(기본급)의 등락률과 동일

③ 계약담당공무원은 총액증액조정요건과 기준 노임단가 변동에 따른 증액조정요건이 동시에 충족되는 경우에는 계약상대자가 신청한 조정방식을 우선 적용하여야 한다.

④ 계약담당공무원은 제1항에 따른 계약금액을 조정한 후에 시행령 제64조제1항 및 시행규칙 제74조에 따라 계약금액을 조정하는 경우에는 제70조의3 제2항을 준용하여 계약금액을 조정한다. 이 경우 "특정규격자재"는 "노무비"로 본다.

⑤ 계약담당공무원은 증액된 노무비가 근로자의 임금으로 지급되도록 하여야 한다.

⑥ 기준 노임단가 변동에 따른 계약금액을 조정함에 있어 이 장에서 정하지 않은 사항은 시행규칙 제74조를 준용한다.

제76조의6(최저임금 인상에 따른 계약금액 조정) ① 시행령 제66조제2항의 "기획재정

부장관이 정하는 요건"이란 기준 노임단가에 해당 계약의 낙찰률을 곱한 금액(이하 "내역서상 노임단가"라 한다)이 최저임금에 미치지 못하는 경우를 말한다.

② 시행령 제66조제2항에 따른 계약금액 조정은 최저임금을 하회하는 내역서상 노임단가에 대하여 최저임금을 적용하는 방식으로 한다.

제16장의3 디지털서비스 계약의 집행

제76조의7(디지털서비스 계약의 집행) 「클라우드컴퓨팅 발전 및 이용자 보호에 관한 법률 시행령」 제8조의2 제1항 각호의 서비스(이하 이 장에서 "디지털서비스"라 한다) 계약의 집행에 관하여는 이 장에서 정한 바에 따라야 한다. <신설 2020.9.24.>

제76조의8(디지털서비스의 계약방법) 계약담당공무원은 신속한 디지털서비스의 구매를 위해 다음 각호의 방법으로 계약을 체결할 수 있다. <신설 2020.9.24.>

1. 시행령 제26조제1항제5호아목에 따른 수의계약
2. 조달사업에 관한 법률 시행령 제16조에 따른 카탈로그 계약

제76조의9(공동계약) 계약담당공무원은 수 개의 전문분야가 요구되는 복합사업에 해당한다고 판단되는 계약에 대하여는 공동계약을 허용하여야 한다. 다만, 공동계약으로 발주할 경우 품질 저하, 사업일정 지연 등 불가피한 사유가 있는 경우에는 그러하지 아니하다. <신설 2020.9.24.>

제76조의10(장기계속계약) 계약담당공무원은 수년간 존속할 필요가 있는 디지털서비스 계약에 대하여 장기계속계약을 체결할 수 있다. <신설 2020.9.24.>

제76조의11(서비스 이용대가) 계약담당공무원은 서비스의 이용량에 대하여 대가를 지급하고자 하는 경우 단가계약을 체결할 수 있다. 장기계속계약으로 집행하는 디지털서비스 계약에 대하여도 이와 같다. <신설 2020.9.24.>

제17장 계약정보의 공개 등

제77조(구매규격 사전공개) ① 계약담당공무원은 물품 및 용역을 경쟁입찰에 부치고자 할 때에는 다음에 정하는 구매규격을 사전에 공개하여야 한다. 다만, 해당연도에 1회 이상 규격을 사전에 공개한 물품 및 용역에 대하여는 사전공개절차를 생략할 수 있다. <개정 2020.9.24.>

1. 물품제조·구매계약: 규격서, 사양서, 시방서 등 계약목적물의 성능, 제원, 재질 등을 기재한 서류, 협상에 의한 계약으로 집행할 경우 실적평가 여부와 그 기준
2. 용역계약: 과업지시서, 제안요청서 등 계약상대자가 이행하여야 할 구체적인

과업의 내용을 기재한 서류 및 협상에 의한 계약으로 집행할 경우 실적평가 여부와 그 기준

② 구매규격 사전공개는 5일간으로 하고, 전자조달시스템을 통해 공개한다. 다만, 긴급한 경우에는 3일간 공개할 수 있다.

③ 계약담당공무원은 제1항에 따라 구매규격을 사전공개하려는 경우 이의제기 절차, 소명서류 등 이의제기의 방법을 명시하여야 하며, 사전공개와 관련한 의견이 제기될 경우 이를 수요녹적 범위내에서 적극 수렴되도록 검토하여야 한다. <개정 2020.9.24.>

④ 계약담당공무원은 구매규격 관련 이의사항의 조정이 필요한 경우 계약심의회에 자문을 요청할 수 있다.

[본조 신설 2016.1.1.]

제77조의2(계약실적의 보고) 계약담당공무원은 시행령 제93조 및 특례규정 제25조에 의하여 계약실적보고서를 작성·제출하는 경우에는 이 장에 정한 바에 따라야 한다. <제77조에서 이동 2016.1.1.>

제77조의3(계약실적 등의 관리) ① 각 중앙관서의 장 또는 계약담당공무원은 계약이행이 완료된 후 30일 이내에 시행규칙 제82조의 계약정보 등 계약내용과 관련된 주요사항을 전자조달시스템 또는 「전자조달의 이용 및 촉진에 관한 법률」 제14조에 따른 자체 전자조달시스템(이하 이 조에서 "전자조달시스템 등"이라 한다)에 등록하여야 한다.

② 각 중앙관서의 장 또는 계약담당공무원은 계약상대자가 제1항에 따른 전자조달시스템등을 통하여 이행이 완료된 계약의 금액, 규모, 계약기간 및 계약내용 등(이하 '계약실적'이라 한다)을 증명하는 서류의 발급을 요청하는 경우 동 전자조달시스템 등을 통하여 계약실적에 대한 증명서를 발급하여야 한다.

제77조의4(협상에 의한 계약의 실적평가에 대한 검토) ①계약담당공무원은 협상에 의한 계약에 대해 실적평가 제외 의견을 제기하려는 자에 대하여 다음 각 호의 사항을 명백히 한 서류를 제출하도록 하여야 한다. <신설 2020.9.24.>

1. 실적평가 제외대상에 해당하는 부분 및 근거조항(계약예규 「협상에 의한 계약체결기준」 [별표] 주2) 나)의 2.또는 3.에 따른 적용법령(이하 이 조에서 "제외기준"이라 한다)을 명시)
2. 소관부처의 승인·지정서류 등 입찰에 참여하려는 제품의 제외기준 해당여부를 입증하는 서류
3. 기타 계약담당공무원이 실적평가 제외 여부를 판단하기 위해 필요하다고 인정하는 서류

② 계약담당공무원은 제1항에 따른 의견이 제기된 경우로서 해당 계약중 제외기준에

해당하는 부분에 대하여는 실적평가를 배제하여야 한다(지정 또는 승인시로부터 3년을 초과하지 않는 경우에 한한다). 다만, 국민안전·보건·국가안보 등을 위해 실적평가가 불가피하다고 판단되는 경우는 그러하지 아니하다.

제77조의5(입찰안내서의 사전공개) ① 계약담당공무원은 중앙건설기술위원회 또는 기술자문위원회의 심의를 받기 전에 입찰안내서를 사전에 공개하여야 한다.

② 입찰안내서 사전공개는 5일 이상으로 하고, 전자조달시스템을 통해 공개한다. 다만, 긴급한 경우에는 3일 이상 공개할 수 있다.

③ 계약담당공무원은 제1항에 따라 입찰안내서를 사전공개하려는 경우 의견제출 방법을 명시하여야 하며, 의견수렴 결과 입찰안내서가 제2조의6제16호에 해당된다고 인정되는 경우 입찰안내서를 수정하여야 한다.

④ 계약담당공무원은 입찰안내서를 작성하기 전에 공개설명회를 개최하여 입찰안내서 작성 방향 등에 대한 의견을 입찰참가희망자로부터 들을 수 있다.

[본조 신설 2024.4.30.]

제1절 시행령 제93조에 의한 계약실적보고

제78조(계약실적보고서 작성·제출) 계약담당공무원은 시행령 제93조에 의하여 다음 각호의 사항이 포함된 계약실적보고서를 계약체결 또는 계약변경 후 30일 이내에 별첨 1 및 2서식에 따라 작성하여 기획재정부장관에게 제출하여야 한다. 다만, 시행령 제92조의2에 의하여 지정정보처리장치등에 계약관련 정보를 공개한 경우에는 계약실적보고서를 기획재정부장관에게 제출한 것으로 본다. <개정 2008.12.29.>

1. 계약체결에 관한 사항
 가. 계약의 목적
 나. 입찰일 및 계약체결일
 다. 추정가격 또는 예정가격
 라. 계약체결방법(일반경쟁·제한경쟁·지명경쟁·수의계약, 지역제한여부, 시행령 제72조제3항의 적용여부)
 마. 계약상대자의 성명(법인인 경우에는 법인명)
 바. 계약 물량 또는 규모
 사. 계약금액(장기계속공사의 경우 총공사금액. 이하 같다)
 아. 지명경쟁 또는 수의계약의 경우에는 그 사유
2. 계약변경에 관한 사항
 가. 계약의 목적
 나. 계약변경 전의 계약내용(계약 물량 또는 규모, 계약금액)

다. 계약의 변경내용
라. 계약변경의 사유

제79조(조달청 위탁계약의 계약실적보고 작성) 조달청장에게 위탁하여 대행계약을 체결하게 한 경우에도 그 위탁관서의 계약담당공무원은 제78조에 의한 계약실적보고서를 작성하여 제출하여야 한다. 이 경우에는 계약실적보고서에 조달청에 위탁하여 체결한 계약임을 표시하여야 한다.

제2절 특례규정 제25조에 의한 계약실적보고

제80조(계약담당공무원의 계약실적보고서 작성) 계약담당공무원은 특례규정 제25조 및「특정조달을 위한 국가를 당사자로 하는 계약에 관한 법률 시행특례규칙」(이하 "특례규칙"이라 한다) 제8조제1항에 의한 계약실적보고서를 다음 각호의 기준에 따라 회계연도별로 작성하여 이를 해당연도 종료후 30일이내에 소속중앙관서의 장에게 제출하여야 한다.

1. 계약실적보고서는 별첨 3 내지 6서식에 의하여 회계별(또는 기금별)로 구분하여 작성하여야 한다.
2. 공사를 조달청장에게 위탁하여 대행계약을 체결하게 한 경우에 그 위탁관서는 제1호의 계약실적보고서에 이를 합산하여 작성하여야 한다.

제81조(각 중앙관서의 장의 계약실적보고) 각 중앙관서의 장은 특례규칙 제8조제1항에 의한 계약실적보고서를 다음 각호의 기준에 따라 작성하여 이를 해당연도 종료후 60일이내에 기획재정부장관에게 제출하여야 한다. <개정 2008.12.29.>

1. 각 중앙관서의 장은 해당관서 소관의 회계별 계약실적보고서를 집계하여 별표 각호 서식의 계약실적보고서를 작성하여야 한다.
2. 지방자치단체에 위임하여 계약을 집행하게 한 경우에는 지방자치단체로부터 제1항에 의하여 계약실적보고서를 제출받아 제1호의 계약실적보고서에 합산하여야 한다.
3. 공기업·준정부기관 등에 대한 계약실적보고서는 그 주무부장관이 제1호에 준하여 작성하여야 한다.

제82조(조달청장의 계약실적보고) 조달청장은 정부수요물자와 비축물자의 구매계약, 용역 및 공사대행계약을 체결한 때에는 다음 각호의 기준에 의하여 별표 각호 서식에 계약실적보고서를 소관별·회계별(또는 기금별)로 작성하여 제81조에 의하여 기획재정부장관에게 제출하여야 한다. <개정 2008.12.29.>

1. 비축물자와 정부수요물자중 저장품의 구매실적은 이를 별지로 작성하여 계약실적보고서에 첨부하여야 한다.

2. 국가기관외의 기관(지방자치단체, 공기업·준정부기관 등)으로부터 의뢰를 받아 공사·물품 및 용역의 조달계약을 체결한 경우에는 이를 구분하여 별지로 작성한 후 계약실적보고서에 첨부하여야 한다.

제3절 보 칙

제83조(실적보고대상계약) 각 중앙관서의 장 또는 계약담당공무원은 제78조 및 제80조에 의하여 계약실적보고서를 작성함에 있어서 시행령 제49조에 의한 계약서 작성을 생략하는 경우를 제외하고는 모든 실적을 계상하여야 한다.

제18장 대형공사 및 기술제안입찰의 설계비 등 보상

제84조(대형공사 및 기술제안입찰의 설계비 등 보상) 계약담당공무원은 시행령 제89조에 의한 대형공사의 설계비 및 시행령 제107조에 의한 기술제안입찰의 제안서 작성비용(이하 "설계비 등"이라 한다) 보상 시 이 장에 정한 보상기준 및 절차 등에 따라 집행하여야 한다. <개정 2015.1.1.>

제85조(설계비 등 보상대상) 시행령 제89조 및 제107조에 따라 설계비 등을 보상받을 수 있는 자는 다음 각호에 해당하는 자로 한다. <개정 2012.4.2, 2015.1.1.>

1. 시행령 제86조제2항, 제87조, 제104조 및 제106조제1항에 따라 선정된 자중 낙찰자로 결정되지 아니한 자(이하 "낙찰탈락자"라 한다)
2. 발주기관의 귀책사유로 취소된 대안입찰, 일괄입찰 및 기술제안입찰에 참여한 자(계약예규「정부 입찰·계약 집행기준」제10조의9에 따른 예비계약을 체결한 자는 제외한다) <개정 2016.12.30.>

제86조(설계비 등 보상예산) 계약담당공무원은 제85조 각호에 규정한 자에게 설계비 등을 보상하기 위하여 다음 각 호에 따라 설계비 등의 보상예산을 확보하여야 한다. <개정 2010.9.8, 2012.4.2., 2015.1.1. 2016.12.30.>

1. 시행령 제89조에 따른 대형공사의 설계비 보상예산: 해당 공사예산의 20/1000
2. 시행령 제107조에 따른 기술제안입찰의 제안서 작성비용 보상예산: 해당 공사예산의 10/1000 <신설 2015.1.1.>

제87조(대안입찰의 설계비 보상기준) ① 계약담당공무원은 낙찰탈락자에 대해 해당 공사의 설계보상비로 책정된 해당 공사예산의 20/1000에 해당하는 금액을 다음 각호와 같이 지급하여야 한다.

1. 낙찰탈락자가 5명인 경우 : 공사예산의 20/1000에 해당하는 금액을 설계점수가 높은 자 순으로 20분의 7, 20분의 5, 20분의 4, 20분의 2, 20분의 2를 지급

2. 낙찰탈락자가 4명인 경우 : 공사예산의 20/1000에 해당하는 금액을 설계점수가 높은 자 순으로 20분의 7, 20분의 5, 20분의 4, 20분의 2를 지급
3. 낙찰탈락자가 3명인 경우 : 공사예산의 20/1000에 해당하는 금액을 설계점수가 높은 자 순으로 20분의 7, 20분의 5, 20분의 4를 지급
4. 낙찰탈락자가 2명인 경우 : 공사예산의 20/1000에 해당하는 금액을 설계점수가 높은 자 순으로 20분의 7, 20분의 5를 지급
5. 낙찰탈락자가 1명인 경우 : 공사예산의 20/1000에 해당하는 금액의 1/4를 지급

② 계약담당공무원은 제85조제2호에 해당하는 자에 대해 해당 공사의 설계보상비로 책정된 해당 공사예산의 20/1000에 해당하는 금액을 다음 각호와 같이 지급하여야 한다. <신설 2012.4.2.>

1. 시행령 제86조제2항에 따라 선정된 자가 6인인 경우 : 공사예산의 20/1000에 해당하는 금액을 설계점수가 높은 자 순으로 20분의 7, 20분의 5, 20분의 4, 20분의 2, 20분의 1, 20분의 1을 지급
2. 시행령 제86조제2항에 따라 선정된 자가 5인 이하인 경우 : 제87조제1항을 준용하여 지급

③ 계약담당공무원은 제2항에도 불구하고 시행령 제86조제2항에 따라 낙찰자가 선정되기 전에 발주기관의 귀책사유로 입찰이 취소된 경우에는 모든 입찰참여자에 대해 해당 공사의 설계보상비로 책정된 해당 공사예산의 20/1000에 해당하는 금액을 균분하여 지급한다. 다만, 입찰참여 1인당 동 금액의 1/4를 초과하여 지급하지 못한다. <신설 2012.4.2.>

제87조의2(일괄입찰의 설계비 보상기준) ① 계약담당공무원은 낙찰탈락자 중 설계점수가 입찰공고에 명시한 일정점수를 초과하는 자(이하 이 조에서 보상대상자라 한다)에 대하여 시행령 제87조제2항에 따라 낙찰자를 결정한 때 다음의 계산식에 따라 설계보상비를 지급한다. <신설 2010.9.8. 개정 2016.12.30., 2023.6.30.>

$$2\% \times \frac{\text{설계점수}}{\text{보상대상자 점수합계}}$$

② 제1항에도 불구하고 낙찰탈락자 중 시행령 제87조제1항에 따라 실시설계적격자로 결정되지 않은 자에 대하여는 실시설계적격자를 결정한 때 제1호에 따른 설계보상비를 지급하며, 시행령 제87조제2항에 따라 낙찰자를 결정한 때 제2호와 제1호의 차액을 추가로 지급한다. 다만, 시행령 제87조제1항에 따라 실시설계적격자로 결정된 자가 시행령 제87조제2항에 따라 낙찰자로 결정되지 아니한 때는 제2호와 제1호의 차액을 추가로 지급하지 아니한다. <신설 2023.6.30.>

1. $2\% \times \frac{\text{설계점수}}{\text{보상대상자점수합계} + \text{실시설계적격자 설계점수}}$

2. $2\% \times \frac{\text{설계점수}}{\text{보상대상자점수합계}}$

③ 계약담당공무원은 제85조제2호에 해당하는 자중 보상대상자에 해당하는 자에 대하여 제1항의 계산식에 따라 설계보상비를 지급한다. <신설 2010.9.8, 개정 2012.4.2. 2016.12.30.> <종전 제3항은 제4항으로 이동 2023. 6.30.>

④ 계약담당공무원은 제1항 내지 제3항에도 불구하고, 보상대상자 1인에게 공사예산에서 다음 각호의 요율을 곱한 금액을 초과하여 설계보상비를 지급하여서는 아니된다. <신설 2012.4.2. 개정 2016.12.30., 2023.6.30.> <제3항에서 이동 2023.6.30.> <개정 2024.4.30.>

1. 토목의 경우 실시설계적격자 결정일의 「엔지니어링사업대가의 기준」의 기본설계 요율
2. 건축의 경우 실시설계적격자 결정일의 「공공발주사업에 대한 건축사의 업무범위와 대가 기준」의 건축설계 대가요율 각 종별 중급의 40/100

⑤ 계약담당공무원은 제3항에도 불구하고 시행령 제87조에 따라 선정되기 전에 발주기관의 귀책사유로 입찰이 취소된 경우에 제87조제3항에 따라 지급한다. <신설 2012.4.2. 개정 2023.6.30.> <제4항에서 이동 2023.6.30.>

⑥ 계약담당공무원은 제1항 내지 제5항에도 불구하고 보상대상자 중 가장 높은 설계점수를 받은 자에게 지급하는 것으로 산정된 설계보상비가 실시설계적격자 또는 낙찰자의 기본설계비(계약담당공무원이 「건설엔지니어링 대가 등에 관한 기준」, 「공공발주사업에 대한 건축사의 업무범위와 대가 기준」 등에 따라 산정한 기본설계비를 말한다.) 보다 큰 경우, 실시설계 적격자 또는 낙찰자의 기본설계비를 한도로 설계보상비를 지급하며, 보상대상자가 2인 이상인 경우에는 다음 계산식에 따라 보상비를 지급한다. <신설 2024.4.30.>

$$\text{가장 높은 설계점수 보상자의 설계보상비} \times \frac{\text{설계점수}}{\text{가장 높은 설계점수}}$$

⑦ 계약담당공무원은 실시설계적격자에게도 낙찰탈락자 설계보상비에 준하는 금액을 지급할 수 있으며, 이 경우 계약 체결시 기본설계비에서 정산한다. <신설 2025.1.24.>

제87조의3(기술제안입찰의 제안서 작성비용 보상기준) ① 계약담당공무원은 낙찰탈락자 중 제안서점수가 입찰공고에 명시한 일정점수를 초과하는 자(이하 이 조에서 보상대상자라 한다)에 대하여 다음 계산식에 따라 제안서 보상비를 지급한다. 이 경우 기본설계 기술제안입찰의 낙찰탈락자에 대하여는 시행령 제106조제2항에 따라 낙찰자를 결정한 때 제안서 보상비를 지급한다. <개정 2016.12.30., 2023.6.30.>

$$1\% \times \frac{\text{제안서점수}}{\text{보상대상자 점수합계}}$$

② 제1항에도 불구하고 기본설계 기술제안입찰에 있어 낙찰탈락자 중 시행령 제106조제1항에 따라 실시설계적격자로 결정되지 않은 자에 대하여는 실시설계적격자를 결정한 때 제1호에 따른 제안서 보상비를 지급하며, 시행령 제106조제2항에 따라 낙찰자를 결정한 때 제2호와 제1호의 차액을 추가로 지급한다. 다만, 시행령 제106조제1항에 따라 실시설계적격자로 결정된 자가 시행령 제106조제2항에 따라 낙찰자로 결정되지 아니한 때는 제2호와 제1호의 차액을 추가로 지급하지 아니한다. <신설 2023.6.30.>

1. $1\% \times \frac{\text{제안서점수}}{\text{보상대상자 점수합계} + \text{실시설계적격자 제안서 점수}}$

2. $1\% \times \frac{\text{제안서점수}}{\text{보상대상자 점수합계}}$

③ 계약담당공무원은 제85조제2호에 해당하는 자 중 보상대상자에 해당하는 자에 대하여 제1항의 산식에 따라 제안서 보상비를 지급한다. <개정 2016.12.30.> <종전 제3항은 제4항으로 이동 2023.6.30.>

④ 계약담당공무원은 제1항 내지 제3항에도 불구하고, 보상대상자 1인에게 공사예산에서 다음 각호의 요율을 곱한 금액을 초과하여 제안서 보상비를 지급하여서는 아니된다. <개정 2016.12.30., 2023.6.30.> <제3항에서 이동 2023.6.30.> <개정 2024.4.30.>

1. 토목의 경우 실시설계적격자 결정일의 「엔지니어링사업대가의 기준」의 기본설계 요율의 2분의 1
2. 건축의 경우 실시설계적격자 결정일의 「공공발주사업에 대한 건축사의 업무범위와 대가 기준」의 건축설계 대가요율 각 종별 중급의 20/100

⑤ 계약담당공무원은 제3항에도 불구하고 시행령 제104조 또는 제106조제1항에 따라 선정되기 전에 발주기관의 귀책사유로 입찰이 취소된 경우에 제87조제3항을 준용하여 지급한다. <개정 2023.6.30.> <제4항에서 이동 2023.6.30.>
[본조신설 2015.1.1.]

⑥ 계약담당공무원은 기본설계 기술제안입찰에 있어 실시설계적격자에게도 낙찰탈락자 설계보상비에 준하는 금액을 지급할 수 있으며, 이 경우 계약 체결시 기본설계비에서 정산한다. <신설 2025.1.24.>

제88조(공동입찰시의 설계비 등 보상) 계약담당공무원은 2인이상이 공동으로 입찰하여 낙찰탈락자가 된 경우에는 제87조 내지 제87조의3에 의해 산출된 금액을 공동입찰의 대표자에게 지급하여야 하며, 대표자는 대금을 받은 날로부터 14일 이내에 설계분야 참가자들에게 설계비용을 지급하고 지급 증빙서류를 제출하여야

한다. <개정 2015.1.1., 2025.1.24>

제89조(보상통지) ① 계약담당공무원은 낙찰탈락자가 확정되면 즉시 낙찰탈락자에게 설계비 등 보상과 관련된 내용을 통지하여야 한다. <개정 2015.1.1.>

② 제1항의 통지에는 특별한 사유가 없는 한 통지일로부터 30일 이내에 낙찰탈락자의 설계비 등의 보상요청이 없으면 설계비 등 보상금에 대한 권리를 포기한 것으로 간주한다는 내용이 포함되어야 한다. <개정 2015.1.1.>

제90조(입찰공고시 공고사항) 계약담당공무원은 시행령 제79조 및 제98조에 규정한 대안입찰, 일괄입찰 또는 기술제안입찰 공사의 입찰공고를 하는 경우에 입찰공고에 제87조 내지 제89조의 내용을 포함시켜야 한다. <개정 2015.1.1.>

제19장 국민건강보험료 및 국민연금보험료 사후정산 등

제91조(국민건강보험료, 노인장기요양보험료, 국민연금보험료, 퇴직급여충당금 및 퇴직공제부금 사후정산 등) 계약담당공무원은 공사·용역 및 물품제조계약에 있어 국민건강보험료, 노인장기요양보험료, 국민연금보험료, 퇴직급여충당금 및 「건설근로자의 고용개선 등에 관한 법률」 제10조에 따른 퇴직공제부금(이하 국민건강보험료 등 이라 한다)의 계상, 입찰 및 대가지급과 관련하여서는 이 장에 정한 바에 따라야한다(단, 퇴직급여충당금의 경우 시행규칙 제23조의3 각호에 해당하는 용역계약에 한하여 적용하며 퇴직공제부금은 「건설근로자의 고용개선 등에 관한 법률」 제10조에서 규정한 건설공사에 한하여 적용한다). <개정 2010.9.8, 2012.1.1, 2016.12.30, 2018.12.31.>

제92조(국민건강보험료 등의 계상) 계약담당공무원은 예정가격 작성시 국민건강보험료 등을 관련법령에서 정하는 기준에 따라 각각 계상한다. <개정 2012.1.1.>

제93조(입찰공고시 안내 등) 계약담당공무원은 국민건강보험료 등의 사후정산과 관련하여 다음 각 호의 사항을 입찰공고 등에 명시하여 입찰에 참가하고자 하는 자가 미리 열람할 수 있도록 하여야 한다.

1. 국민건강보험료 등은 시행령 제73조에 따라 사후정산을 하게 된다는 사항
2. 예정가격 작성시 계상된 국민건강보험료 등
3. 입찰참가자가 입찰금액 산정시(내역입찰의 경우 산출내역서 포함) 국민건강보험료 등은 제2호에 따른 금액을 조정 없이 반영하여야 한다는 사항. 다만, 시행규칙 제23조의3 각호에 해당하는 용역계약의 경우에는 예정가격상의 보험료에 낙찰률을 곱한 금액을 반영하게 할 수 있다. <개정 2015.9.21.>
4. 기성대가 및 준공대가 지급시 이 장에 정한 바에 따라 정산을 하게 된다는

사항

제94조(대가지급시 정산절차 등) ① 계약담당공무원은 계약상대자의 기성부분에 대한 대가지급 청구시 국민건강보험료 등의 청구와 관련하여 다음 각 호의 서류를 첨부하게 하여야 한다. <개정 2016.12.30.>

1. 국민건강보험료 등의 납입확인서(하수급인의 보험료 납입확인서를 포함한다)
2. 전회분 기성대가에 포함하여 지급된 국민건강보험료 등의 지급액 중 해당부분을 하수급인에게 지급하였음을 증빙하는 서류

② 계약담당공무원은 계약대가의 지급청구를 받은 때에는 하도급계약을 포함하여 해당 계약 전체에 대한 보험료 납부여부를 최종 확인하여야 하며, 이를 확인 후 제93조제2호에 따라 입찰공고 등에 고지된 국민건강보험료 등의 범위 내에서 최종 정산하여야 한다. 다만, 최종보험료 납입확인서가 준공대가 신청 이후에 발급이 가능한 경우에는 해당보험료를 준공대가와 별도로 정산해야 한다. <개정 2012.1.1, 단서신설 2014.1.10.>

③ 계약담당공무원은 제1항 내지 제2항 절차에 따라 사업자 부담분의 국민건강보험료 등에 대한 납입확인서의 금액을 정산하되, 다음 각호와 같이 정산한다. <신설 2008.11.1, 개정 2010.9.8. 2016.12.30.>

1. 일용근로자는 해당 사업장단위로 기재된 납입확인서의 납입금액으로 정산한다.
2. 생산직 상용근로자(직접노무비 대상에 한함)는 소속회사에서 납부한 납입확인서에 의하여 정산하되 현장인 명부 등을 확인하여 해당 사업장 계약이행기간 대비 해당 사업장에 실제로 투입된 일자를 계산(현장명부 등 발주기관이나 감리가 확인한 서류에 의함)하여 보험료를 일할 정산한다. 다만, 해당 사업장단위로 보험료를 별도 분리하여 납부한 경우에는 제1호를 준용한다. <개정 2012.1.1.>
3. 퇴직급여충당금은 계약체결 후 발주기관이 승인한 산출내역서 금액과 계약상대자가 실제 지급한 금액을 비교하여 정산한다. <신설 2016.12.30.>

제95조(선금의 사용) 계약담당공무원은 선금을 지급하는 경우에 국민건강보험료 등의 납부를 위하여 선금을 우선 사용할 수 있도록 할 수 있다.

제96조(장기계속계약의 관리·운용) ① 계약담당공무원은 시행령 제69조에 따라 장기계속계약을 체결하는 경우에는 해당 연도 예산 범위 내에서 체결하여야 한다.

② 계약담당공무원은 발주기관의 동의없이 계약내용과 다르게 선시공이 이루어지지 않도록 관리하여야 한다.

③ 계약담당공무원은 차년도 계약을 체결함에 있어 계약상대자의 해당 연도 공사의 완성도 및 이행능력 등을 검토하여야 한다.

[본조신설 2010.10.22.]

제20장 입찰 관련 서류의 진위 여부 검증

제97조(입찰 관련 서류에 대한 확인) ① 계약담당공무원은 시설공사에 있어 낙찰자를 결정하기 전 낙찰예정자가 제출한 입찰에 관한 서류가 위·변조되었거나 허위 제출 또는 부정하게 작성되었는지 여부를 확인하여야 한다.

② 계약담당공무원은 제1항에도 불구하고 여러 건의 입찰이 동시에 진행되거나 1건의 입찰에서 확인 분량이 과다하여 낙찰이 지연될 우려가 있는 경우에 확인대상 서류를 선택하여 선별적으로 확인을 할 수 있다.

③ 제1항 및 제2항에 따라 계약담당공무원이 관련 기관에 입찰서류의 위·변조 등에 대한 확인을 요청하였으나 요청기한 내 회신이 없는 경우에는 낙찰예정자를 낙찰자로 결정하며, 낙찰자 결정 이후 위·변조 등이 확인된 경우에는 제98조에 따라 처리한다.

[본조신설 2012.4.2.]

제98조(부정한 방법으로 심사서류를 제출한 자에 대한 처리) 계약담당공무원은 입찰에 관한 서류가 부정 또는 허위로 작성된 것으로 판명된 때에는 다음 각 호와 같이 처리하여야 한다.

1. 계약체결 이전인 경우에는 낙찰자 결정대상에서 제외하거나 결정통보를 취소한다.
2. 계약체결 이후인 경우에는 해당 계약을 해제 또는 해지할 수 있다.

[본조신설 2012.4.2.]

제21장 청렴·공정계약의 집행

제98조의2(청렴·공정계약의 집행) ① 계약담당공무원은 입찰자가 입찰서를 제출할 때 시행령 제4조의2에 따른 청렴계약서를 제출하도록 하여야 한다.

② 계약담당공무원은 계약을 체결할 때 계약상대자가 제출한 청렴계약서의 내용과 발주기관이 작성한 공정계약 서약서의 내용이 계약서에 포함되도록 하여야 한다.

<본조신설 2016.1.1., 개정 2020.6.19.>

제98조의3(청렴계약서의 내용) ① 계약담당공무원은 청렴계약서에 다음의 사항이 포함되도록 하여야 한다.

1. 입찰자 또는 계약상대자가 준수하여야 할 시행령 제4조의2 제1항 각호의 사항
2. 시행령 제4조의2 제1항 각호의 위반시 해당 입찰·낙찰을 취소하거나 계약을 해제·해지할 수 있다는 내용

② 계약담당공무원은 계약목적물의 특성, 공급자의 수 등을 고려할 때 담합행위의

개연성이 있다고 판단될 경우 청렴계약서에 시행령 제4조의2제1항제2호 위반시에 입찰자 또는 계약상대자가 배상하여야 할 손해배상액의 예정을 포함할 수 있다.

③ 계약담당공무원은 제2항에 따른 손해배상액의 예정에 있어 해당 계약의 발주방식, 난이도 및 예상되는 입찰자의 수 등을 고려하여 적정한 손해배상액을 산정토록 하되 다음 각호의 금액을 초과하여서는 아니된다. <개정 2016.12.30.>

1. 입찰자 : 입찰금액의 100분의5
2. 계약상대자 : 계약금액의 100분의10

[본조신설 2016.1.1.]

제98조의4(공정계약 서약서의 내용) 공정계약 서약서에는 다음의 사항이 포함되어야 한다.

1. 계약상대자 금품, 향응, 취업제공 등 요구행위의 금지
2. 계약상대자에 대한 경영·인사 및 계약상대자와 제3자간 계약내용에 대한 개입행위의 금지
3. 계약과 직접적인 관련이 없는 의무를 부과하거나 발주기관의 부담을 전가하는 행위의 금지
4. 기타 국가계약법령 및 계약예규를 위반하여 계약상대자의 권리를 제한하거나 의무를 부과하는 행위의 금지

[본조신설 2020.6.19.]

제98조의5(계약담당공무원의 책임) 국가계약법령 및 계약예규를 위반하여 고의 또는 중과실로 불공정한 계약을 체결·집행한 계약담당공무원에게는 다음 각호에 따른 제재 또는 책임을 부과한다.

1. 국가공무원법 제78조에 따른 징계
2. 회계관계 직원 등의 책임에 관한 법률 제4조에 따른 변상책임

[본조신설 2020.6.19.]

제22장 분쟁해결방법의 합의

제99조(입찰공고시 안내 등) ① 계약담당공무원은 「국가를 당사자로 하는 계약에 관한 법률」(이하 이 장에서 "법"이라 한다)제28조의2에 따라 계약을 체결하는 때에 분쟁의 해결방법을 미리 정하고자 하는 경우에는 다음 각 호의 사항을 입찰공고 등에 명시하여 입찰에 참가하고자 하는 자가 미리 열람할 수 있도록 하여야 한다.

1. 국가를 당사자로 하는 계약에서 발생하는 분쟁을 효율적으로 해결하기 위하여 계약을 체결하는 때에 계약당사자 간 분쟁의 해결방법을 정할 수 있다는 사항

2. 제1호에 따른 분쟁의 해결방법은 다음 각 목의 어느 하나 중 계약당사자 간 합의로 정한다는 사항

가. 법 제29조에 따른 국가계약분쟁조정위원회의 조정(법 제28조에서 정한 이의 신청 대상에 해당하는 경우에 한정한다)

나. 「중재법」에 따른 중재(「중재법」 제40조의 상사중재기관을 통한 중재를 포함한다)

3. 그 밖에 분쟁해결방법의 합의와 관련하여 필요한 사항

② 계약체결시 합의한 바에 따라 제1항제2호가목의 조정을 청구하고자 하는 자는 법 제28조의 이의신청 절차를 거쳐야 한다.

③ 시행령 제26조부터 제30조까지에 따라 체결하는 수의계약의 경우에도 제1항 및 제2항의 사항을 준용하여야 한다.

[본조신설 2018.3.20.]

[종전 제99조는 제100조로 이동 <2018.3.20.>]

제23장 보 칙

제100조(재검토기한) 「훈령·예규 등의 발령 및 관리에 관한 규정」에 따라 이 예규에 대하여 2016년 1월 1일 기준으로 매3년이 되는 시점(매 3년째의 12월 31일까지를 말한다)마다 그 타당성을 검토하여 개선 등의 조치를 하여야 한다. <개정 2015.9.21.>

[제99조에서 이동 <2018.3.20.>]

부 칙(2008.5.1.)

제1조(시행일) 이 회계예규는 2008년 5월 1일부터 시행한다.

제2조(특정규격의 자재별 가격변동으로 인한 계약금액 조정 등에 관한 경과조치) 제70조의3의 규정은 「국가를 당사자로 하는 계약에 관한 법률 시행령」(대통령령 제19782호, 2006.12.29.) 시행일 이후 입찰공고를 한 분부터 적용하며 이 예규 시행일 이전에 특정자재의 자재별 가격변동으로 인한 조정기준일이 도래한 경우 물가변동적용대가에서 기성금을 공제하지 않는다. 다만, 시행령 제64조제1항에 의해 이미 계약금액이 조정되었거나, 이 예규 시행일 이전에 계약이 종료되어 계약상대자의 신청에 의해 준공대가를 지급한 경우는 제외한다.

부 칙(2008.11.1.)

제1조(시행일) 이 회계예규는 2008년 11월 1일부터 시행한다.

제2조(적용례) 이 예규 시행일 이후 입찰공고를 한 분부터 적용한다.

제3조(원자재 가격급등 등으로 계약이행이 곤란한 경우 계약금액 조정관련 적용례)

제70조의4는 시행일 이후 계약금액 조정분부터 적용한다.

제4조(국민건강보험 및 국민연금보험료 정산대상 및 방법관련 적용례) 제94조제3항은 2006년도 12월 29일 이후 입찰공고를 한 분부터 적용한다.

부 칙(2008.12.29.)

제1조(시행일) 이 회계예규는 2008년 12월 29일부터 시행한다.

제2조(적용례) 이 예규 시행후 입찰공고를 한 분부터 적용한다.

제3조(선금 적용범위에 관한 적용례) 제33조제2항은 시행일 현재 진행중인 계약에도 적용한다.

제4조(선금의 사용에 관한 적용례) 제35조제3항 단서는 시행일 현재 진행중인 계약에도 적용한다.

부 칙(2009.4.8.)

제1조(시행일) 이 회계예규는 2009년 4월 8일부터 시행한다.

제2조(적용례) 이 예규 시행일 이후 입찰공고를 한 분부터 적용한다.

제3조(유효기간) 제10조제1항제3호의 개정규정은 2009년 9월 30일까지 효력을 가진다.

부 칙(2009.5.8.)

제1조(시행일) 이 회계예규는 2009년 5월 8일부터 시행한다.

제2조(계약금액 감액조정의 적용례) 제70조의5는 시행일 이후 계약금액 조정분부터 적용한다.

부 칙(2009.6.29.)

제1조(시행일) 이 회계예규는 2009년 6월 29일부터 시행한다.

제2조(적용례) 이 예규 시행후 입찰공고를 한 분부터 적용한다.

부 칙(2009.9.21.)

제1조(시행일) 이 회계예규는 2009년 9월 21일부터 시행한다.

제2조(적용례) 이 예규 시행후 입찰공고를 한 분부터 적용한다.

제3조(소액수의계약 체결절차에 관한 적용례) 제10조제2항 개정규정은 이 예규 시행후 안내공고를 한 분부터 적용한다.

부 칙(2010.1.4.)

제1조(시행일) 이 회계예규는 2010년 1월 4일부터 시행한다.

제2조(적용례) 이 회계예규 시행 후 입찰공고를 한 분부터 적용한다.

제3조(소액수의계약 체결절차에 관한 적용례) 제10조제2항 개정규정은 이 예규 시행후 안내공고를 한 분부터 적용한다.

부　칙(2010.4.15.)

제1조(시행일) 이 회계예규는 2010년 4월 15일부터 시행한다.
제2조(적용례) 이 회계예규 시행 후 입찰공고를 한 분부터 적용한다.

부　칙(2010.9.8.)

제1조(시행일) 이 회계예규는 2010년 9월 8일부터 시행한다. 다만, 제4조, 제7조, 제7조의2, 제8조, 제10조, 제10조의3, 제10조의4, 제11조 내지 제13조, 제19조, 제55조 및 별첨5의 개정 규정은 2010년 10월 22일부터 시행하고, 제63조의 개정규정은 2011년 1월 1일부터 시행한다.
제2조(적용례) 이 회계예규 시행 후 입찰공고를 한 분부터 적용한다.

부　칙(2010.11.30.)

제1조(시행일) 이 회계예규는 2010년 11월 30일부터 시행한다.
제2조(적용례) 제73조제1항, 제2항, 제5항의 개정규정은 이 예규 시행 후 입찰공고를 한 분부터 적용한다.

부　칙(2011.5.13.)

제1조(시행일) 이 계약예규는 2011년 5월 13일부터 시행한다.
제2조(적용례) 이 예규 시행일 이후 입찰공고를 한 분부터 적용한다.

부　칙(2012.1.1.)

제1조(시행일) 이 계약예규는 2012년 1월 1일부터 시행한다.
제2조(선금의 사용에 관한 적용례) 제36조제1항의 개정 규정은 이 예규 시행일 이후 계약체결을 한 분부터 적용한다.
제3조(국민건강보험료 등의 정산에 관한 적용례) 제91조, 제92조, 제94조의 개정 규정은 이 예규 시행일 이후 입찰공고를 한 분부터 적용한다.

부　칙(2012.4.2.)

제1조(시행일) 이 계약예규는 2012년 4월 2일부터 시행한다.
제2조(설계비 보상에 관한 적용례) 제85조 내지 제87조의 2의 개정규정은 2012년 4월 1일 이후 입찰공고를 한 분부터 적용한다.

부　칙(2012.7.4.)

제1조(시행일) 이 계약예규는 2012년 7월 9일부터 시행한다.
제2조(적용례) 이 예규 시행일 이후 입찰공고를 한 분부터 적용한다.

부 칙 <제108호, 2012.9.21.>

제1조(시행일) 이 계약예규는 2012년 9월 22일부터 시행한다.

부 칙 <제156호, 2014.1.10.>

제1조(시행일) 이 계약예규는 2014년 1월 10일부터 시행한다.

제2조(적용례) 이 예규는 시행일 이후 입찰공고를 한 분부터 적용한다.

부 칙 <제183호, 2014.8.6.>

제1조(시행일) 이 계약예규는 2014년 8월 6일부터 시행한다.

부 칙 <제212호, 2015.1.1.>

제1조(시행일) 이 계약예규는 2015년 1월 1일부터 시행한다.

제2조(적용례) 이 예규는 시행일 이후 입찰공고를 한 분부터 적용한다.

부 칙 <제228호, 2015.3.1.>

제1조(시행일) 이 예규는 2015년 3월 1일부터 시행한다.

부 칙 <제241호, 2015.9.21.>

제1조(시행일) 이 예규는 2015년 9월 21일부터 시행한다.

제2조(물품·용역입찰의 실적제한 완화에 관한 적용례) 제5조의 개정규정은 2015.10.1.부터 최초로 입찰공고를 한 분부터 적용한다.

제3조(이행보증이 준용되는 용역의 범위에 관한 적용례) 제53조의 개정규정은 2015.10.1.부터 최초로 입찰공고를 한 분부터 적용한다.

제4조(단순용역의 보험료 계상방식에 관한 적용례) 제93조의 개정규정은 2015.10.1.부터 최초로 입찰공고를 한 분부터 적용한다.

부 칙 <제280호, 2016.1.1.>

제1조(시행일) 이 계약예규는 2016년 1월1일부터 시행한다.

제2조(적용례) ① 제10조의 개정규정은 이 계약예규 시행 후 최초로 시행령 제30조에 따라 견적서의 제출을 요구하는 경우부터 적용한다.

② 제77조의 개정규정은 이 계약예규 시행 후 최초로 입찰공고를 하려는 분부터 적용한다.

③ 제98조의2 내지 제98조의3의 개정규정은 이 계약예규 시행 후 최초로 입찰공고를 하는 분부터 적용한다.

제3조(최저가낙찰제의 폐지에 따른 경과규정) 이 계약예규 시행일 이전에 최초로 입찰공고를 한 분에 대하여는 제19조 및 [별첨1 계약실적보고서]의 개정규정에도 불구하고 종전 규정을 적용한다.

부 칙 <제318호, 2016.12.30.>

제1조(시행일) 이 계약예규는 2016년 12월30일부터 시행한다.

제2조(적용례) ① 제5장의 개정규정은 이 계약예규 시행일 이후 시행령 제27조제1항에 따라 수의계약을 체결하려는 경우부터 적용한다. 다만, 제10조의8제2항의 개정규정은 이 계약예규 시행일 이후에 입찰공고(재공고를 포함한다)를 하는 분부터 적용한다.

② 제77조, 제91조 및 제94조의 개정규정은 이 계약예규 시행일 이후 최초로 입찰공고하는 분부터 적용한다.

③ 제87조의2 및 제87조의3의 개정규정은 이 계약예규 시행일 이후에 입찰공고(재공고를 포함한다)를 하는 분부터 적용한다.

부 칙 <제350호, 2017.12.28.>

제1조(시행일) 이 계약예규는 2017년 12월28일부터 시행한다. 다만, 제2조의3 및 제10조의 개정규정은 2018년 4월1일부터 시행한다.

제2조(적용례) ① 제34조의 개정규정은 이 예규 시행 이후 선금지급 신청을 받은 경우부터 적용한다.

② 제36조의 개정규정 및 제15장의2의 개정규정은 이 예규 시행후 최초로 입찰공고를 하거나, 수의계약을 체결한 계약분부터 적용한다.

부 칙 <제364호, 2018.3.20.>

제1조(시행일) 이 계약예규는 2018년 3월20일부터 시행한다.

제2조(적용례) 제99조의 개정규정은 이 예규 시행후 최초로 입찰공고를 하거나, 체결하는 계약부터 적용한다.

부 칙 <제383호, 2018.6.4.>

제1조(시행일) 이 계약예규는 2018년 6월7일부터 시행한다. 다만, 제77조의3의 개정규정은 2018년 9월7일부터 시행한다.

제2조(적용례) ① 제76조의5 및 제76조의6의 개정조항은 2018.1.1. 이후 기간의 기준노임단가 또는 최저임금 변동분에 대하여 적용하며, 시행일 현재 이행중인 계약에 대하여도 적용한다.

② 제76조의5 및 제76조의6의 개정조항에 따라 계약금액을 조정함에 있어 2018.1.1.부터 2018.8.31.까지의 기간에 대하여는 기성대가가 지급된 경우에도 물가변동적용대가에 포함한다.

부 칙 <제404호, 2018.12.31.>

제1조(시행일) 이 계약예규는 2019년 1월 1일부터 시행한다. 다만, 제2조의4, 제10조제6항 및 제7항, 제10조의13부터 제10조의17까지의 개정규정은 2019년 3월 5일부터 시행한다.

제2조(일반적 적용례) 이 계약예규는 부칙 제1조에 따른 시행일 이후 입찰공고하거나 계약체결 하는 경우부터 적용한다.

제3조(소액수의계약의 계약상대자 결정에 관한 적용례) 제10조의2제2항제7호의 개정규정은 부칙 제1조의 시행일 이후에 제10조에 따른 안내공고를 하고 계약상대자를 결정하는 경우부터 적용한다.

부 칙 <제446호, 2019.6.1.>

제1조(시행일) 이 계약예규는 2019년 6월 1일부터 시행한다.

제2조(적용례) 제68조제1호마목의 개정규정은 2019년 3월 생산자물가지수가 적용되는 물가변동부터 기준시점 및 비교시점의 지수로 적용한다.

부 칙 <제475호, 2019.12.18.>

제1조(시행일) 이 계약예규는 2019년 12월18일부터 시행한다.

제2조(적용례) 이 계약예규는 부칙 제1조에 따른 시행일 이후 입찰공고하거나 수의계약체결 하는 경우부터 적용한다.

부 칙 <제487호, 2020.4.7.>

제1조(시행일) 이 계약예규는 2020년 4월 7일부터 시행한다. 다만, 제2조의5의 개정규정은 2020년 5월 27일부터 시행한다.

제2조(적용례) ① 이 계약예규는 부칙 제1조에 따른 시행일 이후 입찰공고하거나 계약체결 하는 경우부터 적용한다.

② 제68조제1호나목, 제70조제5항의 개정규정은 물가변동 기준시점이 2020년 1월 1일 이후인 경우부터 적용한다.

부 칙 <제495호, 2020.4.20.>

제1조(시행일) 이 계약예규는 2020년 5월 6일부터 시행한다.

제2조(적용례) 이 계약예규는 부칙 제1조에 따른 시행일 이후 입찰공고하거나 계약체결 하는 경우부터 적용한다.

부 칙 <제504호, 2020.6.19.>

제1조(시행일) 이 계약예규는 2020년 6월 19일부터 시행한다.

제2조(적용례) 제98조의2제2항, 제98조의4는 2020년 9월 19일 이후 입찰공고하거나 수의계약체결 하는 경우부터 적용한다.

부 칙 <제516호, 2020.9.24.>

제1조(시행일) 이 계약예규는 2020년 10월 1일부터 시행한다. 다만, 제10조의13부터 제10조의17까지의 개정규정은 2020.11.1.일부터, 제77조, 제77조의4의 개정규정은 2020년 12월 24일부터 시행한다.

제2조(적용례) 제77조, 제77조의4의 개정규정은 시행일 이후 입찰공고하는 경우부터 적용한다.

부 칙 <제533호, 2020.12.28.>

제1조(시행일) 이 계약예규는 2021년 1월 1일부터 시행한다. 다만, 제2조의6의 개정규정은 2021년 3월 28일부터 시행한다.
제2조(적용례) 이 계약예규는 부칙 제1조에 따른 시행일 이후 입찰공고를 하거나 수의계약을 체결하는 경우부터 적용한다.

부 칙 <제647호, 2023.06.16.>

제1조(시행일) 이 계약예규는 2023년 6월 30일부터 시행한다.
제2조(적용례) 이 계약예규는 부칙 제1조에 따른 시행일 이후 입찰공고를 하거나 수의계약을 체결하는 경우부터 적용한다.

부 칙 <제695호, 2024.04.30.>

제1조(시행일) 이 계약예규는 2024년 4월 30일부터 시행한다. 다만 제4조제1항제1호(22) 및 제9조제2항의 개정규정은 2024년 5월 17일부터 시행한다.
제2조(설계보상비 및 제안서 보상비 지급기준에 관한 적용례) 제87조의2 및 제87조의3의 개정규정은 이 계약예규 시행 후 최초로 설계보상비 또는 제안서 보상비를 지급하는 분부터 적용한다.

부 칙(2024. 12. 24.)

제1조(시행일) 이 계약예규는 2024년 12월 24일부터 시행한다.
제2조(적용례) 이 계약예규는 부칙 제1조에 따른 시행일 이후 입찰공고를 하거나 수의계약을 체결하는 경우부터 적용한다.

부 칙(2025. 1. 24.)

제1조(시행일) 이 계약예규는 2025년 1월 24일부터 시행한다.
제2조(적용례) 이 계약예규는 부칙 제1조에 따른 시행일 이후 입찰공고를 하거나 수의계약을 체결하는 경우부터 적용한다.

부 칙(2025. 5. 1.)

제1조(시행일) 이 계약예규는 2025년 5월 1일부터 시행한다.
제2조(적용례) 이 계약예규는 부칙 제1조에 따른 시행일 이후 입찰공고를 하거나 수의계약을 체결하는 경우부터 적용한다.

부 칙(제802호, 2025.10.30.)

제1조(시행일) 이 계약예규는 2026년 1월 30일부터 시행한다.
제2조(유효기간) 이 계약예규는 부칙 제1조에 따른 시행일 이후 입찰공고 하는 경우부터 적용한다.

[별지 제1호]

산출내역서

(작성자 직책 및 성명 : ㉠)

○ 공사명 :

항목별	규 격	수 량	단 위	금 액		비 고
				단 가	금 액	
1. 공 종 별 합 계						
- ○○○ 공 종						
… 세 부 공 종						
〃						
〃						
〃						
- ○○○ 공 종						
… 세 부 공 종						
〃						
〃						
〃						
2. 경 비 등 합 계						
- 산 재 보 험 료						
- 안 전 관 리 비						
〃						
〃						
3. 일 반 관 리 비						
4. 이 윤						
5. 부 가 가 치 세						
총 계						

[별지 제2호]

신기술(특허공법) 사용협약서<예시> <신설 2008.12.29>

ㅇ 신기술(특허공법)명 :
- 신기술(특허공법) 번호 :

ㅇ 발주자 :
- 신기술(특허공법) 적용 공사명 :

ㅇ 신기술(특허공법)보유자 :

제1조(목적) 이 협약은 (000000공사)에 대하여 발주자는 발주자로서 신기술(특허공법) 보유자는 신기술(특허공법) 보유자로서 위 신기술(특허공법)을 위 공사의 낙찰자가 위 공사에 사용할 수 있도록 사용협약을 체결하는 것을 목적으로 한다.

제2조(사용범위) ① 위 공사중 신기술(특허공법)이 사용되는 범위는 설계서(설계내역서 포함)에 의한다.

② 제1항에 의한 신기술(특허공법)이 사용되는 범위에 대하여 이견이 있는 경우에는 “발주자”의 해석 및 판단에 따른다.

제3조(기술사용료 등) ① 제2조에 따른 신기술(특허공법)이 사용되는 공사범위에 대한 기술사용료로 “신기술(특허공법)보유자”는 신기술(특허공법)이 사용되는 부분에 대한 설계금액을 기준으로 발주기관과 기술보유자간 협의한 요율(%)을 공사원가계산시 반영하는 것에 동의한다.

② “신기술(특허공법)보유자”는 제1항에 따라 계상된 기술사용료를 공사 진척에 따라 분할하여 낙찰자로부터 지급받고 “신기술(특허공법)보유자”가 보유한 기술적 노하우를 낙찰자에게 제공하여 공사품질이 확보되도록 최선을 다하여야 한다.

③ 기술사용료에 대하여는「건설기술 진흥법 시행령」제34조에 따라 국토교통부장관이 정하는 "건설신기술 기술사용료 적용기준"에 따라 처리한다. <개정 2016.1.1>

제4조(하도급 등) ① 제2조에 따른 신기술(특허공법)이 사용되는 공사의 전부 또는 일부가 기술보유자의 기술적 노하우를 사용하지 않거나 기술보유자가 보유한 특별한 장비 등을 사용(낙찰자가 사용가능한 경우는 제외)하지 않으면 시공 및 품질확보가 불가능한 경우에는 “신기술(특허공법)보유자”는 "낙찰자"와 해당 부분에 대하여 하도급계약을 체결하여 시공에 참여하여야 한다.

② 제1항에 따라 “신기술(특허공법)보유자”가 "낙찰자"로부터 하도급 받는 경우 하도

급부분에 해당하는 예정가격에 원도급공사의 낙찰률(낙찰률이 80% 미만인 경우에는 80%) 및 「건설산업기본법 시행령」 제34조에 따른 비율을 곱한 금액과 동 금액에 「건설기술 진흥법」 제14조에 의한 기술사용료를 더한 금액의 범위 내에서 낙찰자와 기술보유자 간 합의한 금액으로 하도급대금을 정한다. <개정 2016.1.1>

③ 삭제 <2014.1.10>

[본조신설 2012.7.4]

제5조(설계변경 등) 위 공사에 포함된 신기술(특허공법)과 관련하여 "신기술(특허공법)보유자"가 계약상의 선량한 권리 의무를 다하지 못하여 계약이행에 차질을 빚거나, 공사품질 확보에 지장을 초래하는 경우 "발주자"는 다른 신기술 또는 일반적인 시공방법으로 설계변경을 할 수 있으며, 이에 대하여 "신기술(특허공법)보유자"는 이의를 제기하지 아니한다.

년 월 일

"발주자" (발주기관명) (인)

"신기술(특허공법)보유자" [신기술(특허)보유자명] (인)

「참고사항」 : 기술사용료를 지급받으면서 하도급을 받는 조건으로 기술사용협약을 체결하는 것은 과도한 협약이므로 주의하시기 바랍니다.

[별지 제3호]

물품공급 또는 기술지원협약서<예시> <신설 2008.12.29, 2023.6.30>

ㅇ 사 업 명 :
ㅇ 발주기관 :
ㅇ 제조사 또는 공급사 :

제1조(목적) 이 협약은 (해당물품명)에 대하여 발주기관은 발주자로서 제조사 또는 공급사는 특수한 능력·품질의 납품능력을 보유하거나 제조할 수 있는 제조사(또는 공급사)로서 위 사업의 낙찰자에게 물품공급 또는 기술지원을 원활히 제공토록 하는 것을 목적으로 한다.

제2조(사용 및 협약의 범위) ① 이 협약은 위 사업의 물품공급 또는 기술지원에 한해 사용범위를 제한한다.

② 위 물품 중 제조사 또는 공급사가 낙찰자에게 물품공급 또는 기술지원을 해야하는 범위는 규격서(시방서)에 반영된 특수한 능력·품질의 납품능력이 요구되는 부분으로 한다. <신설 2009.9.21.>

③ 제2항에 의한 특수한 능력·품질 등의 납품능력이 요구되는 범위에 대하여 이견이 있는 경우에는 발주기관의 해석 및 판단에 따른다. <신설 2009.9.21.>

제3조(협약금액) 제2조에 따른 제조사 또는 공급사의 물품공급 또는 기술지원 범위에 대한 협약금액은 특수능력·품질 부분의 비중, 예상낙찰률 등을 고려하여 발주기관과 제조사 또는 공급사가 협의하는 금액 (원)으로 한다. <신설 2009.9.21.>

제4조(물품공급 또는 기술지원확약서 발급) 위 사업의 낙찰자와 제조사 또는 공급사는 이 약정의 범위 및 공정한 거래질서 등에 반하지 아니하는 범위 내에서 물품공급 또는 기술지원을 하기로 협의하고, 제조사 또는 공급사는 물품공급 또는 기술지원확약서를 낙찰자에게 발급하여야 한다. <제3조에서 이동 2009.9.21.>

년 월 일

발주기관 (발주기관명) (인)

제조사 또는 공급사 (제조사 또는 공급사명) (인)

[별첨1] 계약실적보고서 I (계약체결에 관한 사항) <개정 2016.1.1>

<앞 면>

기 관 명

우편번호·주소 (전화번호) 담당자 :

계약담당공무원 ㊞

계약실적보고서 I (계약체결에 관한 사항)

입찰내용	입 찰 건 명	
	입 찰 일	. . .
	가 격	· 추정가격 : 금 원(₩) · 예정가격 : 금 원(₩)
	입 찰 방 법	· · · ·
	사 유	
	조달청위탁여부	
계약내용	계 약 상 대 자	· 상호 또는 법인명칭 ·대표자 · 주 소
	계 약 금 액	금 원(₩)
	계 약 기 간	
	계약물량 및 규모	

255mm×297mm
(신문용지 54g/㎡)

<뒷 면>

<작성시 유의사항>

1. 입찰건명 : 계약목적물을 자세히 명기

2. 입찰일 : 수의계약의 경우 계약체결일, 협상에 의한 계약체결의 경우 제안서제출일

3. 가　　격 : 추정가격은 예산등을 기준으로 산출하되 부가가치세 제외(공사의 경우 관급자재도 제외)
   - · 일괄입찰등 예정가격을 작성하지 아니하는 경우에는 예산
   - · 개산계약(시행령 §70)의 경우에는 개산가격

4. 입찰방법 : 일반경쟁, 제한경쟁, 지명경쟁, 수의계약중 택일
   - · 제한경쟁입찰의 경우 제한내용(실적, 지역 등)
   - · 지역업체와의 공동도급(시행령 §72③) 적용여부
   - · 입찰참가자격사전심사 실시여부(공사, 용역)
   - · 공사입찰의 경우 총액·내역·일괄·대안입찰 중 택일
   - · 공사입찰의 경우 적격심사, 종합심사낙찰제 중 택일
   - · 물품입찰의 경우 최저가, 적격심사, 협상, 2단계, 희망수량, 유사물품복수경쟁, 종합낙찰제중 택일
   - · 용역입찰의 경우 적격심사, 협상, 2단계 중 택일

5. 사　　유 : 지명경쟁입찰 또는 수의계약의 경우 그 사유

6. 계약금액(기간) : 장기계속공사의 경우 총 계약금액(기간)

7. 계약물량 및 규모 : 산출내역서 첨부

[별첨 2] 계약실적보고서Ⅱ(계약변경에 관한 사항)

<앞 면>

기 관 명

우편번호·주소 (전화번호) 담당자 :

계약담당공무원 ㊞

계약실적보고서Ⅱ(계약변경에 관한 사항)

변경전계약내용	계 약 목 적 물	
	계 약 상 대 자	· 상호 또는 법인명칭 ·대표자 · 주 소
	계 약 금 액	금 원(₩)
	계 약 기 간	
	계약물량 및 규모	
	계약실적보고내용	
변경후계약내용	계 약 금 액	· 금 원(₩) · 조정금액 : 금 원(₩)
	계 약 기 간	
	계약물량 및 규모	
	변 경 사 유	
	추가예산확보방법	

255mm×297mm
(신문용지 54g/㎡)

<뒷 면>

<작성시 유의사항>

Ⅰ. 변경전 계약내용 : 변경전 직전 계약내용을 근거로 작성

1 계약목적물 : 계약목적물을 자세히 명기

2. 계약금액(기간) : 장기계속공사의 경우 총 계약금액(기간)

3. 계약물량 및 규모 : 산출내역서 첨부

4. 계약실적보고내용 : 동일건 기존 계약실적(체결, 변경)보고일, 횟수

Ⅱ. 변경후 계약내용

1. 계약금액 : 변경된 총 계약금액과 조정금액을 표기

2. 계약기간 : 변경계약기간, 연장일수, 연장사유

3. 계약물량 및 규모 : 변경 총 산출내역서와 조정금액 산출내역서 첨부

4. 변경사유 : 물가변동, 설계변경, 기타계약내용변경, 공기연장 사유 등 계약변경사유를 구체적으로 명기

5.추가예산확보방법 : 계약금액 증액 조정시 추가예산 확보방법을 추경, 전용, 낙찰차액 사용 등 구체적으로 명기

[별첨 3] 계약실적 총보고서

I. 계약실적 총보고서(1)

(단위:건, 백만원)

		유형	일반경쟁		제한경쟁[1]		지명경쟁		수의계약		계	
			건수	계약금액 추정가격	건수	계약금액 추정가격	건수	계약금액 추정가격	건수	계약금액 추정가격	건수	계약금액 추정가격
국제입찰 대상계약	고시금액 이상	물품										
		용역										
		공사										
		계										
국제입찰 비대상 계약[3]	고시금액 이상[2]	물품										
		용역										
		공사										
		계										
	고시금액 미만	물품										
		용역										
		공사										
		계										
	소계	물품										
		용역										
		공사										
		계										
계		물품										
		용역										
		공사										
		계										

1) 국제입찰 대상계약은 제한경쟁을 별도구분하지 않고 일반경쟁에 포함(제한경쟁은 "0"으로 기재)

2) 고시금액이상 계약중 협정, 법, 특례규정, 지방재정법 및 회계규칙에 따라 국제입찰 대상에서 제외되는 계약실적을 기재(국제입찰 제외사유별 상세내역은 <표 Ⅲ-1>에 기재)

3) 임의 국제입찰(협정에 따른 국제입찰 대상은 아니나, 발주기관의 필요에 따라 법 제4조제3항, 특례규정 제3조제5항, 회계규칙 제11조제4항 및 지방재정법시행령 제70조제1항제1호에 의거 실시한 국제입찰) 포함(상세내역은 <표 Ⅲ-5>에 기재)

I. **계약실적 총보고서(2)** [4] : 공사계약의 금액에 따른 구분

(금액단위 : 백만원)

유형	금 액 구 분	일반경쟁		제한경쟁		지명경쟁		수의계약		합 계	
		건수	금액	건수	금액	건수	금액	건수	금액	건수	금액
중앙행정기관	10억원미만 10억원이상~50억원미만 50억원이상~81억원미만 81억원이상~100억원미만 100억원이상~1000억원미만 1000억원이상										
	소 계										
광역지방자치단체	10억원미만 10억원이상~50억원미만 50억원이상~244억원미만 244억원이상~1000억원미만 1000억원이상										
	소 계										
공기업	10억원미만 10억원이상~50억원미만 50억원이상~100억원미만 100억원이상~244억원미만 244억원이상~1000억원미만 1000억원이상										
	소 계										
총 계											

4) 공사계약에 대하여 추정가격을 기준으로 한 금액구분에 따라 실제 계약실적을 해당되는 부분에 기재한다.

I. 계약실적 총보고서(2-1) [4-1] : 입찰에 의한 공사계약 구분

(금액단위:백만원)

유형	구분			일반경쟁		제한경쟁		지명경쟁		합 계	
				건수	금액	건수	금액	건수	금액	건수	금액
중앙행정기관	턴키·대안입찰	1000억이상									
		1000억미만~500억이상									
		500억미만~100억이상									
		100억미만									
	내역입찰	PQ	1000억이상								
			1000억미만~500억이상								
			500억미만~100억이상								
		비PQ	1000억이상								
			1000억미만~500억이상								
			500억미만~100억이상								
			100억미만								
	총액입찰										
	소 계										
광역지방자치단체	턴키·대안입찰	1000억이상									
		1000억미만~500억이상									
		500억미만~100억이상									
		100억미만									
	내역입찰	PQ	1000억이상								
			1000억미만~500억이상								
			500억미만~100억이상								
		비PQ	1000억이상								
			1000억미만~500억이상								
			500억미만~100억이상								
			100억미만								
	총액입찰										
	소 계										
공기업	턴키·대안입찰	1000억이상									
		1000억미만~500억이상									
		500억미만~100억이상									
		100억미만									
	내역입찰	PQ	1000억이상								
			1000억미만~500억이상								
			500억미만~100억이상								
		비PQ	1000억이상								
			1000억미만~500억이상								
			500억미만~100억이상								
			100억미만								
	총액입찰										
	소 계										
총 계											

4-1) 공사계약에 대하여 추정가격을 기준으로 한 금액구분에 따라 실제 계약실적을 해당되는 부분에 기재한다.

I. 계약실적 총보고서(3)[5)]

(단위:건, 백만원)

		유형	일반경쟁		제한경쟁		지명경쟁		수의계약		계	
			건수	계약금액 추정가격	건수	계약금액 추정가격	건수	계약금액 추정가격	건수	계약금액 추정가격	건수	계약금액 추정가격
국제입찰 대상계약	고시금액 이상	물품										
		용역										
		공사										
		계										
국제입찰 비대상계약	고시금액 이상	물품										
		용역										
		공사										
		계										
	고시금액 미만	물품										
		용역										
		공사										
		계										
	소계	물품										
		용역										
		공사										
		계										
계		물품										
		용역										
		공사										
		계										

5) 계약실적 총보고서(3)에는 설계변경 등이 반영된 해당연도 말 계약실적(장기계속계약의 경우는 계약금액이 조정된 총 계약금액)을 기재.
- 단, 총보고서(1)과 건수, 추정가격은 같아야 함.
- 기타사항은 총보고서(1)의 작성 방법과 동일함.

[별첨 4] 국제입찰 대상계약 실적보고서

Ⅱ. 국제입찰 대상계약 실적보고서

Ⅱ-1. 물품·공사·용역 유형별 계약실적

Ⅱ-1-1. 물품

(단위:건, 백만원)

품목번호[7-1]	일반경쟁		지명경쟁		수의계약[6]		계	
	건수	계약금액	건수	계약금액	건수	계약금액	건수	계약금액
1								
2								
3								
4								
5								
6								
7								
8								
9								
10								
11								
12								
13								
14								
15								
16								
17								
18								
19								
20								
21								
계								

6) 협정 제15조 및 특례규정 제23조에 의한 수의계약(Limited Tendering)으로 집행된 국제입찰을 말하며 <표 I> 및 <표 Ⅱ-2>의 굵은 선태 통계와 일치해야 함.

7-1)품목번호는 HS(관세통계통합품목분류료)에 따른 품목을 의미하여, 내용은 다음과 같음.

품목번호	HS Chapter	내 용[7-2]
1	01-05	산 동물 및 동물성 생산품
2	06-14	식물성 생산품
3	15	동물성 유지 및 이들의 분해생산물 조제 식용지와 동식물성의 왁스
4	16-24	조제식료품과 음료·알콜·식초 및 담배와 제조한 담배 내용물
5	25-27	광물성 생산품
6	28-38	화학공업 또는 연관 공업의 생산품
7	39-40	플라스틱과 그 제품 및 고무와 그 제품
8	41-43	원피·가죽·모피 및 이들의 제품·마구·여행용구·핸드백 및 이와 유사한 용기와 동물거트(누에의 거트를 제외한다)의 제품
9	44-46	"목재와 그 제품, 목탄, 코르크와 그 제품, 짚·에스파르토 또는 기타의 조물(組物)재료의 제품, 농(籠) 세공물 및 지조(枝條) 세공물"
10	47-49	"목재 또는 기타 섬유질 셀룰로스 재료의 펄프, 회수한 지 또는 판지(웨이스트와 스크랩), 지와 판지 및 이들의 제품"
11	50-53	방직용 섬유와 방직용 섬유의 제품
12	64-67	신발류·모자류·산류·지팡이·시트스틱·채찍 및 이들의 부분품, 조제우모와 그 제품, 조화, 인모제품
13	68-70	석·플라스틱·시멘트·석면·운모 또는 이와 유사한 재료의 제품, 도자기제품, 유리와 유리제품
14	71	천연 또는 양식진주·귀석 또는 반귀석·귀금속·귀금속을 입힌 금속 및 이들의 제품, 모조 신변 장식용품과 주화
15	72-83	비(卑) 금속과 그 제품
16	84-85	"기계류와 전기기기 및 이들의 부분품, 녹음기와 음성재생기·텔레비젼의 영상 및 음향의 기록기와 재생기 및 이들의 부분품과 그 부속품"
17	86-89	차량·항공기·선박과 수송기기 관련품
18	90-92	광학기기·사진용기기·영화용기기·측정기기·검사기기·정밀기기와 의료용기기, 시계와 악기 및 이들의 부분품과 부속품
19	93	무기·총포탄 및 이들의 부분품과 부속품
20	94-96	잡품
21	97	예술품·수집품과 골동품

7-2) HS(관세통계통합품목분류표)에 따른 품목 상세 구분

품목 번호	HS Chapter	내　　용
1	01-05	산 동물, 육과 식용설육, 어류·갑각류·연체동물 및 기타 수생무척추동물, 낙농품·조란·천연꿀 및 다른 류에 분류되지 아니한 식용의 동물성 생산품, 다른 류에 분류되지 아니한 동물성 생산품
2	06-14	산 수목과 기타의 식물, 인경·뿌리와 이와 유사한 물품 및 절화와 장식용의 잎, 식용의 채소·뿌리 및 괴경, 식용의 과실 및 견과류와 감귤류 또는 멜론의 껍질, 커피·차·마태 및 향신료, 곡물, 제분공업의 생산품과 맥아, 전분, 이눌린 및 밀의 글루텐, 채유용에 적합한 종자와 과실, 각종의 종자와 과실, 공업용 또는 의약품의 식물, 짚과 사료용 식물, 락·검·수지 및 기타의 식물성 액즙과 엑스, 식물성 편조물용 재료와 다른 류에 분류되지 아니한 식물성 생산품
3	15	동식물성 유지 및 이들의 분해생산물, 조제식용지와 동식물성의 왁스
4	16-24	육류·어류·갑각류·연체동물 또는 기타 수생무척추동물의 조제품, 당류와 설탕과자, 코코아와 그 조제품, 곡물·분·전분 또는 밀크의 조제품과 베이커리 제품, 채소·과실·견과류 또는 식물의 기타 부분의 조제품, 각종의 조제식료품, 음료·알콜 및 식초, 식품 공업에서 생기는 잔재물 및 웨이스트와 조제사료, 담배와 제조한 담배대용물
5	25-27	소금, 황, 토석류 및 석고·석회와 시멘트, 광·슬랙 및 회, 광물성 연료, 광물류와 이들의 증류물, 역청물질 및 광물성 왁스
6	28-38	무기화학품 및 귀금속·희토류금속·방사성원소 또는 동위원소의 유기 또는 무기화합물, 유기화학품, 의료용품, 비료, 유연 또는 염색엑스, 탄닌과 그들의 유도체, 염료·안료와 기타 착색제, 페인트와 바니쉬, 퍼티와 기타 매스틱 및 잉크, 정유와 레지노이드 및 조제향료와 화장품류 또는 화장용품류, 비누·유기계면활성제·조제세제·조제윤활제·인조왁스·조제왁스·광택 또는 연마조제품·양초와 이와 유사한 물품·조형용 페이스트·치과용왁스와 플라스터를 기제로 한 치과용 조제품, 단백질계 물질, 변성전분, 글루 및 효소, 화약류·화공품·성냥·발화성 합금 및 특정 가연성 조제품, 사진용 또는 영화용 재료, 각종 화학공업 생산품
7	39-40	플라스틱과 그 제품, 고무와 그 제품
8	41-43	원피(모피를 제외)와 가죽, 가죽제품·마구·여행용구·핸드백 및 이와 유사한 용기와 동물의 거트(누에의 거트를 제외)의 제품, 모피와 인조모피 및 이들의 제품
9	44-46	목재와 그 제품 및 목탄, 코르크와 그 제품, 짚·에스파르토 또는 기타 조물재료의 제품과 농세공물 및 지조세공물
10	47-49	목재 또는 기타 섬유질 셀룰로스 재료의 펄프, 회수한 지 또는 판지(웨이스트와 스크랩), 지와 판지, 제지용 펄프, 지 또는 판지의 제품, 인쇄서적·신문·회화 및 기타의 인쇄물, 수제문서·타이프 문서 및 도면
11	50-53	견, 양모·섬수모 또는 조수모·마모사 및 이들의 직물, 면, 기타 식물성 방직용 섬유와 지사 및 지사의 직물, 인조필라멘트, 인조스테이플섬유, 워딩·펠트 및 부직포·특수사·끈·코디지·로프 및 케이블과 이들의 제품, 양탄자류와 기타 방직용 섬유제의 바닥깔개, 특수직물, 터프한 섬유직물, 레이스, 태피스트리, 트리밍과 자수포, 침투·도포·피복 또는 적층한 방직용 섬유의 직물: 공업용의 방직용 섬유제품, 메리야스 편물과 뜨개질 편물, 의류와 그 부속품(메리야스 편물 또는 뜨개질 편물의 것에 한한다), 의류와 그 부속품(메리야스 또는 편물 또는 뜨개질 편물의 것은 제외), 제품으로 된 방직용 섬유의 기타 물품, 세트, 사용하던 의류·사용하던 의류·사용하던 방직용 섬유제품 및 넝마
12	64-67	신발류·각반 및 이와 유사한 것과 이들의 부분품, 모자류와 그 부분품. 산류·지팡이·시트스틱·채찍 및 이들의 부분품. 조제우모와 솜털 및 그 제품, 조화, 인모제품
13	68-70	석·플라스터·시멘트·석면·운모 또는 이와 유사한 재료의 제품, 도자기제품, 유리와 유리제품
14	71	천연 또는 양식진주·귀석 또는 반귀석·귀금속·귀금속을 입힌 금속 및 이들의 제품, 모조 신변장식용품과 주화
15	72-83	철강, 철강의 제품, 동과 그 제품, 니켈과 그 제품, 알루미늄과 그 제품, 납과 그 제품, 아연과 그 제품, 주석과 그 제품, 기타 비금속, 서메트, 이들의 제품, 비금속제의 공구·도구·칼붙이·스푼과 포크 및 이들의 부분품, 비금속제의 각종 제품,
16	84-85	원자로·보일러와 기계류 및 이들의 부분품, 전기기기와 그 부분품, 녹음기와 음성재생기·텔레비젼의 영상 및 음성의 기록기와 재생기 및 이들의 부분품과 부속품
17	86-89	철도 또는 궤도용의 기관차·차량과 이들의 부분품, 철도 또는 궤도용의 장비품과 그 부분품 및 기계식(전기기계식 포함)의 각종 교통신호용 기기, 철도 또는 궤도용 외의 차량 및 그 부분품과 부속품, 항공기와 우주선 및 이들의 부분품, 선박과 수상 구조물
18	90-92	광학기기·사진용기기·영화용기기·측정기기·검사기기·정밀기기와 의료용기기 및 이들의 부분품과 부속품, 시계와 그 부분품, 악기 및 그 부분품과 부속품
19	93	무기·총포탄 및 이들의 부분품과 부속품
20	94-96	가구와 침구·매트리스·매트리스서포트·쿠션과 이와 유사한 물품, 다른 류에 분류되지 아니한 램프와 조명기구, 조명용 사인·네임플레이트와 이와 유사한 물품 및 조립식 건축물, 완구·유희용구·운동용구 및 이들의 부분품과 부속품, 잡품
21	97	예술품·수집품·골동품

Ⅱ-1-2. 공사 및 용역

(단위:건, 백만원)

품목번호[9]	일반경쟁		지명경쟁		수의계약[8]		계	
	건수	계약금액	건수	계약금액	건수	계약금액	건수	계약금액
1								
2								
3								
4								
5								
6								
7								
8								
9								
10								
11								
12								
13								
14								
15								
16								
17								
18								
19								
20								
21								
22								
23								
24								
25								
26								
27								
28								
계								

8) 협정 제15조 및 특례규정 제23조에 의한 수의계약(Limited Tendering) 으로 집행된 국제입찰을 말하며 <표 I> 및 <표 Ⅱ-2>의 굵은 선태 통계와 일치해야 함.

9) 품목번호는 UNCPC(국제연합표준산품분류)에 따른 품목을 의미하여, 내용은 다음과 같음.

품목번호	HS Chapter	내 용
1	51	건설공사
2	61	"모터차량·모터사이클 판매 및 유지보수"
3	62	중개·도매(모터차량·모터사이클 중개·도매 제외)
4	63	소매, 개인·가정용품수리
5	64	호텔·식당
6	71, 73	육상·항공 운송
7	72	해상운송
8	74	보조운송
9	75	우편·통신
10	81	금융중개
11	82	부동산
12	83	중개인 없는 리스·임대
13	84	컴퓨터관련
14	85	연구·개발
15	86	법률·회계·감사·장부기장·세무, 시장조사·여론조사, 경영컨설팅, 설계·엔지니어링·기타 기술용역
16	87	기타 경영용역
17	88(a)	농업, 광업, 제조업(인쇄·출판 제외)
18	88(b)	인쇄·출판
19	89	무형자산
20	91	행정, 치안
21	92	교육
22	93	보건·사회복지
23	94	오물·쓰레기 처리, 공중위생 기타 환경보호
24	95	회원제조직용역
25	96	레크리에이션·문화·스포츠
26	97	기타용역
27	98	고용인 있는 주거용역
28	99	국외조직에 의한 용역

※ 2, 3, 5, 10, 11, 14, 19, 20, 21, 22, 24, 26, 27, 28번 품목은 국제입찰 대상품목이 아니므로 0으로 기재

Ⅱ-2. 수의계약 사유별 계약실적

Ⅱ-2-1. 물품

(단위:건, 백만원)

품목번호	특례규정 제23조																					
	제1호		제2호		제3호		제4호		제5호		제6호		제7호		제8조		제9조		제10호		계	
	건수	계약금액	긴수	계약금액	선수	계약금액	건수	계약금액	건수	계약금액	건수	계약금액	건수	계약금액	건수	계약금액	건수	계약금액	건수	계약금액	건수	계약금액
1																						
2																						
3																						
4																						
5																						
6																						
7																						
8																						
9																						
10																						
11																						
12																						
13																						
14																						
15																						
16																						
17																						
18																						
19																						
20																						
21																						
계																						

Ⅱ-2-2. 공사 및 용역

(단위:건, 백만원)

품목번호	특례규정 제23조																				계	
	제1호		제2호		제3호		제4호		제5호		제6호		제7호		제8조		제9조		제10호			
	건수	계약금액	건수	계약금액	건수	계약금액	건수	계약금액	건수	계약금액	건수	계약금액	건수	계약금액	건수	계약금액	건수	계약금액	건수	계약금액	건수	계약금액
1																						
2																						
3																						
4																						
5																						
6																						
7																						
8																						
9																						
10																						
11																						
12																						
13																						
14																						
15																						
16																						
17																						
18																						
19																						
20																						
21																						
22																						
23																						
24																						
25																						
26																						
27																						
28																						
계																						

※ 2, 3, 5, 10, 11, 14, 19, 20, 21, 22, 24, 26, 27, 28번 품목은 국제입찰 대상품목이 아니므로 0으로 기재

Ⅱ-3. 물품 원산지국별 계약실적

(단위:백만원)

국 가 별		계 약 금 액
정부조달협정 가입국	미 국	
	일 본	
	대 만	
	아 르 메 니 아	
	캐 나 다	
	스 위 스	
	홍 콩	
	리 히 텐 슈 타 인	
	아 루 바	
	노 르 웨 이	
	싱 가 폴	
	이 스 라 엘	
	아 이 슬 랜 드	
	E U	
	소 계	
정부조달협정 비가입국		
계		

Ⅱ-4. 외국업체 낙찰실적

(단위:건, 백만원)

국가별		국제입찰 대상계약						계	
		물 품		용 역		공 사			
		건수	계약금액	건수	계약금액	건수	계약금액	건수	계약금액
정부조달협정가입국	미 국								
	일 본								
	대 만								
	아르메니아								
	캐 나 다								
	스 위 스								
	홍 콩								
	리히텐슈타인								
	아 루 바								
	노 르 웨 이								
	싱 가 폴								
	이 스 라 엘								
	아이슬랜드								
	E U								
	소계								
정부조달협정 비가입국									
계									

[별첨 5] 국제입찰 비대상계약 실적보고서

Ⅲ. 국제입찰 비대상계약 실적보고서

Ⅲ-1. 국제입찰 제외사유별 계약실적(고시금액이상 국제입찰비대상계약)

(단위:건, 백만원)

국제입찰 제외사유	물품		공사		용역		계	
	건수	계약금액	건수	계약금액	건수	계약금액	건수	계약금액
법 제4조제1항제1호 /계약사무규칙 제4조제1항제1호								
법 제4조제1항제2호 /계약사무규칙 제4조제1항제2호								
법 제4조제1항제3호 /계약사무규칙 제4조제1항제3호								
특례규정 제3조제2항제1호								
특례규정 제3조제2항제2호								
특례규정 제3조제2항제3호								
특례규정 제3조제2항제4호								
특례규정 제3조제2항제5호 /계약사무규칙 제4조제1항제5호								
기타 국제입찰대상 제외품목[10)								
계								

10) 특례규정 제3조제3항 [별표2]에 따른 특정조달계약 대상용역 및 공사가 아닌 용역 및 공사계약, 특례규정 제3조제3항 [별표 1]에 따른 경찰청의 치안의 확보를 위하여 필요한 물품 구매계약 및 계약사무규칙 제4조제1항제4호에 의한 한국전력공사의 일부 중전기품목 (HS 8504·8535·8537·8544) 구매계약, 정부조달협정 대한민국 양허표 부속서3에 따른 한국통신의 일반통신제품 및 통신망장비 구매계약을 말함.

Ⅲ-2. 물품·공사·용역 유형별 계약실적

Ⅲ-2-1-1) 물품(고시금액이상)

(단위:건, 백만원)

품목번호[11]	일반경쟁		지명경쟁		수의계약		계	
	건수	계약금액	건수	계약금액	건수	계약금액	건수	계약금액
1								
2								
3								
4								
5								
6								
7								
8								
9								
10								
11								
12								
13								
14								
15								
16								
17								
18								
19								
20								
21								
계								

11) 품목번호별 내용은 주 7-1)과 동일

Ⅲ-2-1-2) 물품(고시금액미만)

(단위:건, 백만원)

품목번호[12]	일반경쟁		지명경쟁		수의계약		계	
	건수	계약금액	건수	계약금액	건수	계약금액	건수	계약금액
1								
2								
3								
4								
5								
6								
7								
8								
9								
10								
11								
12								
13								
14								
15								
16								
17								
18								
19								
20								
21								
계								

12) 품목번호별 내용은 주 7-1)과 동일

Ⅲ-2-2-1) 공사 및 용역(고시금액이상)

(단위:건, 백만원)

품목번호[13]	일반경쟁		지명경쟁		수의계약		계	
	건수	계약금액	건수	계약금액	건수	계약금액	건수	계약금액
1								
2								
3								
4								
5								
6								
7								
8								
9								
10								
11								
12								
13								
14								
15								
16								
17								
18								
19								
20								
21								
22								
23								
24								
25								
26								
27								
28								
계								

13) 품목번호별 내용은 주 9)과 동일

Ⅲ-2-2-2) 공사 및 용역(고시금액미만)

(단위:건, 백만원)

품목번호[14]	일반경쟁		지명경쟁		수의계약		계	
	건수	계약금액	건수	계약금액	건수	계약금액	건수	계약금액
1								
2								
3								
4								
5								
6								
7								
8								
9								
10								
11								
12								
13								
14								
15								
16								
17								
18								
19								
20								
21								
22								
23								
24								
25								
26								
27								
28								
계								

14) 품목번호별 내용은 주 9)과 동일

Ⅲ-3. 수의계약 사유별 계약실적

Ⅲ-3-1. 물품 <개정 2010.9.8>

(단위:건, 백만원)

품목번호[15]	국가계약법시행령 제26조 제1항										시행령		시행령			
	제1호		제2호		제3호		제4호		제5호		제27조		제28조		계	
	건수	계약금액	건수	계약금액	건수	계약금액	건수	계약금액	건수	계약금액	건수	계약금액	건수	계약금액	건수	계약금액
1																
2																
3																
4																
5																
6																
7																
8																
9																
10																
11																
12																
13																
14																
15																
16																
17																
18																
19																
20																
21																
계																

15) 품목번호별 내용은 주 7-1)과 동일

Ⅲ-3-2. 공사 및 용역 <개정 2010.9.8>

(단위:건, 백만원)

품목번호16)	국가계약법시행령 제26조 제1항										시행령		시행령			
	제1호		제2호		제3호		제4호		제5호		제27조		제28조		계	
	건수	계약금액	건수	계약금액	건수	계약금액	건수	계약금액	건수	계약금액	건수	계약금액	건수	계약금액	건수	계약금액
1																
2																
3																
4																
5																
6																
7																
8																
9																
10																
11																
12																
13																
14																
15																
16																
17																
18																
19																
20																
21																
계																

16) 품목번호별 내용은 주 9)과 동일

Ⅲ-4. 물품 원산지국별 계약실적

(단위:백만원)

국 가 별		계 약 금 액
정부조달협정 가입국	미 국	
	일 본	
	대 만	
	아 르 메 니 아	
	캐 나 다	
	스 위 스	
	홍 콩	
	리 히 텐 슈 타 인	
	아 루 바	
	노 르 웨 이	
	싱 가 폴	
	이 스 라 엘	
	아 이 슬 랜 드	
	E U	
	소 계	
정부조달협정 비가입국		
계		

Ⅲ-5. 임의 국제입찰 실적 [17)]

Ⅲ-5-1. 총괄

(단위:건, 백만원)

유형	일반경쟁		제한경쟁		지명경쟁		수의계약		계	
	건수	계약금액	건수	계약금액	건수	계약금액	건수	계약금액	건수	계약금액
물품										
용역										
공사										
소계										

17) 협정에 따른 국제입찰 대상계약은 아니나, 발주기관의 필요에 따라 법 제4조 제3항, 특례규정 제3조 제4항, 회계규칙 제11조 제4항 및 지방재정법시행령 제70조 제1항 제1호에 의거 국제입찰을 실시하여 체결한 계약실적을 기재

Ⅲ-5-2. 임의 국제입찰 외국업체 낙찰실적 [18)]

(단위:건, 백만원)

국가별		국제입찰 대상계약						계	
		물 품		용 역		공 사			
		건수	계약금액	건수	계약금액	건수	계약금액	건수	계약금액
정부조달협정 가입국	미 국								
	일 본								
	대 만								
	아르메니아								
	캐 나 다								
	스 위 스								
	홍 콩								
	리히텐슈타인								
	아 루 바								
	노 르 웨 이								
	싱 가 폴								
	이 스 라 엘								
	아이슬랜드								
	E U								
정부조달협정 비가입국									
계									

18) 임의 국제입찰을 실시하여 외국업체에 낙찰된 계약실적을 기재

[별첨 6] 정보통신망을 이용한 입찰공고실적보고서[19)]

(단위:건, 백만원)

유형	일반경쟁		제한경쟁		지명경쟁		수의계약		계	
	건수	계약금액	건수	계약금액	건수	계약금액	건수	계약금액	건수	계약금액
물품										
용역										
공사										
소계										

19) 법 시행령 제33조제1항에 따라 정보통신사업자의 통신망을 이용한 공고를 한 입찰실적을 기재(국제입찰 대상·비대상 계약 모두 포함)

조달청 물품구매적격심사 세부기준

조달청지침 제3468호, 2025. 6. 9. 일부개정
구매총괄과, 070-4056-7302

제1조(목적) 이 기준은 계약예규「적격심사기준」(이하 "적격심사기준"이라 한다) 제6조에 따라 조달청에서 집행하는 물품제조·구매 입찰의 낙찰자 결정에 적용할 적격심사 세부기준(이하 "세부기준"이라 한다)을 정함을 목적으로 한다.

제2조(심사대상) 이 세부기준에 따른 심사는「국가를 당사자로 하는 계약에 관한 법률 시행령」(이하 "「국가계약법 시행령」"이라 한다) 제42조제1항의 규정에 해당하는 물품계약 중 계약이행능력을 심사하여 낙찰자를 결정하는 입찰을 대상으로 한다.

제3조(제출서류 및 심사자료 요구 등) ① 입찰자는 국가종합전자조달(G2B)시스템(받은 문서함 등 확인)을 통하여 적격심사 대상자로 통보받는다. 적격심사 대상자로 통보받은 입찰자는 통보서를 수신한 날로부터 특별히 정한 기일이 없는 한 5일 이내에 다음 각 호의 서류를 국가종합전자조달(G2B)시스템을 통하여 제출하여야 한다.「전자조달의 이용 및 촉진에 관한 법률」제11조제2항에 따라 통보서는 국가종합전자조달(G2B)시스템에 입력된 때 송신 및 수신된 것으로 간주하며, 원본확인 등이 필요한 서류에 대하여는 계약담당공무원의 요청에 따라 별도로 제출하여야 한다. 다만, 입찰가격점수와 다른 심사분야의 배점한도를 합산한 종합평점이 적격심사 통과점수에 미달하는 입찰자에 대해서는 적격심사서류 제출을 생략한다.

1. <삭제>
2. <삭제>
3. <삭제>
4. <삭제>
5. 적격심사신청서 1부 (별지 제1호)
6. 적격심사 자기평가 및 심사표 1부 (별지 제2호)와 항목별 평점 세부내역 1부 (별지 제2-1호 또는 제2-2호)
7. 물품납품(판매)실적증명원 또는 내자납품실적증명서 1부 (별지 제3호 또는 별지 제4호)
8. 기타 제출서류 각 1부 (별지 제5호 참조)

② 적격심사대상자는 제1항의 규정에도 불구하고 국가종합전자조달(G2B)시스템으로 제출할 수 없는 경우에는 제1항 각 호의 서류를 제1항의 기한 내에 제출하여야 한다.

1. <삭제>
2. <삭제>
3. <삭제>
4. <삭제>

③ 계약담당공무원은 제1항과 제2항에 따라 제출 또는 확인된 심사서류상 첨부목록에 기재되어 있는 서류가 누락되었거나 제출 또는 확인된 서류가 불명확하여 인지할 수 없는 경우에는 1회에 한하여 3일 이상 7일 이내(공휴일제외)에 심사서류의 보완을 요구할 수 있다.

④ 제3항의 보완요구 기한까지 보완된 서류가 제출되지 아니한 경우에는 당초 제출된 서류만으로 심사하되 당초 제출된 서류가 불명확하여 심사하기가 곤란한 경우에는 심사에서 제외한다. 단, 심사서류를 보완한 후에도 종합평점이 낙찰자 결정에 필요한 점수에 미달하는 경우에는 낙찰대상에서 제외하고 차순위 입찰자에 대하여 동일한 방법으로 심사하여 낙찰자를 결정한다.

⑤ <삭제>

⑥ <삭제>

제4조(배점기준 및 평가기준) ① 적격심사의 배점기준 및 평가기준은 다음 각 호에 따른다. 다만, 공기업·준정부기관이 수요기관인 조달물자에 대하여는 「공기업·준정부기관 계약사무규칙」 제4조제1항에도 불구하고 다음 각 호의 고시금액은 「국가를 당사자로 하는 계약에 관한 법률」 제4조제1항의 규정에 의해 기획재정부장관이 고시하는 금액으로 한다.

1. 추정가격이 10억원 이상인 물품 제조입찰 : [별표 1]
2. 추정가격이 고시금액 이상 10억원 미만인 물품 제조입찰, 추정가격이 고시금액 이상인 물품 구매입찰 : [별표 2]
3. 추정가격이 고시금액 미만인 물품 제조 또는 구매 입찰 : [별표 3]
4. 제1호부터 제3호까지의 규정에도 불구하고 소방청, 경찰청, 해양경찰청, 국방부, 방위사업청(5개 기관의 소속기관 포함) 수요 물자로서, 동 기관에서 국민안전 등을 위해 납품실적 평가가 필요한 것으로 판단한 경우에는 추정가격 5억원 이상 10억원 미만 물품 제조입찰 또는 추정가격 5억원 이상 구매입찰의 경우에도 [별표1]을 적용하여 심사할 수 있다.

② 계약담당공무원은 물품의 특성·사용목적 및 내용 등에 따라 심사분야별(입찰가격은 제외) 배점 한도를 20%범위 내에서 가·감 조정할 수 있으며, 심사항목별(신인도 제외) 세부 사항을 추가하거나 제외할 수 있다. 이 경우 입찰공고에 조정 내용을 명시하여야 한다.

③ 신인도평가는 적격심사대상자의 납품이행능력(납품실적, 기술능력 및 경영상태)

취득점수가 심사분야별 배점한도에 부족한 경우에만 배점한도 범위 내에서 가산점을 부여한다.

제4조의2 (신인도 평가요소 적정성 검토기준) ①신인도 평가에 대해 매년 다음 각 호의 사항을 종합적으로 고려하여 신설 및 삭제 여부를 결정한다.

1. 법적 근거
2. 확인(지정) 기업의 수 또는 활용빈도
3. 산업과 시장의 반응
4. 정책의 중요도, 시급성
5. 관련 부처 및 기관 의견 등

② 제1항에 따라 신설되는 신인도의 적용기간은 도입일로부터 3년으로 한다. 다만, 3년이 도래하기 전에 확인(지정) 기관이 연장을 요청하는 경우에는 제1항에 따라 연장 여부를 결정한다.

제5조(적용기준) 심사의 적용기준은 다음 각 호에 따른다.

1. 기간계산 등 심사기준일

가. 적격심사분야별[납품실적, 기술능력, 경영상태, 신인도(품질관리 등 신뢰정도) 등] 기간계산 등의 심사기준일은 법령 등 다른 규정에서 정한 것에도 불구하고 입찰공고일로 하고, 입찰공고일 다음날 이후에 발생 또는 신고하였거나 수정된 자료는 평가에서 제외한다. 다만, 「중소기업 범위 및 확인에 관한 규정」제6조에 따른 중소기업 확인서는 적격심사서류제출 마감일 까지 발급된 자료도 심사에 포함한다.

나. 납품이행능력의 결격여부에 대하여는 낙찰자결정일을 기준으로 한다.

2. 외화표시 금액의 적용

납품(판매)실적 등의 외화표시 금액은 원화로 환산하여 적용하며, 적용환율은 입찰공고일의「외국환거래법」에 따른 기준환율 또는 재정환율(매매기준율)을 적용한다. 단 외화와 원화가 동시 표시된 경우는 원화를 적용한다.

3. 계산결과 소수점이하의 숫자 처리

비율, 평점 등을 계산한 결과 소수점 이하의 숫자가 있는 경우 별도로 정하지 않으면 소수점 다섯째 자리에서 반올림한다.

제6조(평가방법) ① 계약담당공무원은 세부기준에 따라 예정가격 이하로서 최저가로 입찰한 자의 순으로 심사한다.

② 납품실적, 기술능력, 경영상태의 평가방법은 다음 각 호에 따른다.

1. 납품실적평가는 다음 각 목에 따르되, 세부적용내용은 '[별표1]의 Ⅰ-1 납품실적 [주]' 에 따른다.

가. 계약담당공무원은 적격심사 시 적용할 납품실적 평가기준(계약목적물과 동등이

상 또는 유사물품, 금액 또는 수량)을 입찰공고에 명시하여야 한다.

나. 적격심사대상자의 납품실적은 계약일자와 납품기한에 관계없이 납품완료 된 시점이 최근 5년 이내로서 입찰공고에 정하여 명시한 계약목적물과 동등이상 또는 유사 물품을 납품한 금액(부가가치세 제외) 또는 수량으로 합산하여 평가한다. 다만, 납품실적 적용기간을 조정하고자 하는 경우에는 입찰공고에 조정내용을 명시하여야 한다.

다. 합병의 경우 존속되거나 신설된 업체의 실적은 소멸된 자의 실적을 승계한 것으로 합산하여 평가하며, 분할의 경우에는 권리·의무를 승계 받은 업체의 실적으로 본다. 또한 사업양수도의 경우에는 해당 업종을 양수한 자의 실적으로 평가하며, 합병·분할·사업양수도와 관련한 업체의 실적증빙서류를 제출하여야 한다. 다만, 분할 또는 사업양수도 관련 실적은 시설, 기술자 등의 요건이 필요할 때에는 이를 갖춘 경우에만 실적으로 인정한다.

2. 기술능력평가는 '[별표1]의 I -2. 가. 기술등급 [주]'에 따른다.
3. 경영상태평가는 '신용평가등급에 따른 평가방법'에 의하며, 이의 세부적용내용은 '[별표1]의 I -3. 경영상태 [주]'에 따른다.

③ 신인도 평가는 다음 각 호에 의하되, 세부적용내용은 '[별표4] 신인도 평가[주]'에 따른다.

1. 각 심사항목별로 심사한 평점의 합계는 총 배점한도 (+3 ~ -2)를 초과할 수 없다. 단, 제4소 제1항 제1호 [별표1]의 총 배점한도는 +5~-5점을 적용한다.
2. 신인도 심사결과 총 평점은 각 항목의 가점 합계와 감점 합계를 상계한 점수로 하여야 한다. 다만, 신인도 총평점이 음인 경우에는 적격심사대상자가 취득한 납품이행능력(납품실적, 기술능력 및 경영상태)의 취득점수에서 감점한다.
3. 제1호 및 제2호에도 불구하고 제4조 제1항 제1호[별표1]의 일자리창출우수기업의 경우 심사 평점은 기타 심사항목별 평점 합계(배점한도 +5~-5)와 합산하여 평가하고 총 배점한도는 +7~-5점을 적용한다.
4. 제1호 및 제2호에도 불구하고 고용관련법령위반행위 심사항목 감점이 있는 경우 가점 총 배점한도를 해당 감점만큼 차감 적용한다.

제7조(공동수급체 등에 대한 평가) ① 공동계약이 가능함을 입찰공고에 명시한 경우로서, 심사대상자가 공동수급체를 구성하고 있는 경우의 평가는 다음 각 호에 따르되, 세부적용내용은 제6조에 따른다. 다만, 면허 보완을 위한 전기·정보통신공사 등 공사업을 분담이행 하는 경우에는 공사업 분담이행업체를 제외한 나머지 공동수급체를 기준으로 평가한다.

1. 납품실적 평가

공동수급체 구성원별로 각각 납품실적(금액 또는 수량)에 출자비율 또는 분담비율을 곱하여 구성원 모두의 실적을 합산하여 해당되는 등급으로 평가한다.

2. 기술능력 및 경영상태 평가

공동수급체 구성원별로 각각 산출한 기술능력 및 경영상태 평가점수에 출자비율 또는 분담비율을 곱한 후 합산하여 평가한다.

3. 신인도 평가

공동수급체 구성원별로 각각 산출한 신인도 평가점수에 각각의 출자비율 또는 분담 비율을 곱하여 이를 합산하여 평가한다(제4조 제3항의 규정은 공동수급체 구성원 점수 합산 후 적용). 감점대상 업체가 공동수급체의 구성원으로 입찰에 참가하는 경우에는 해당 감점점수에 해당업체의 출자비율 또는 분담비율을 곱한 점수를 감점한다.

②「중소기업협동조합법」에 따른 중소기업협동조합이 물품의 제조 또는 구매에 관한 경쟁입찰에 참가하는 경우(배정받을 조합원은 해당 입찰참가자격 조건을 구비하여야 한다)에는 해당계약을 이행할 조합원 및 그 분담 내용에 따른 "출자비율 또는 분담 비율"을 입찰서 제출 마감일 전일까지 확정 제출하여야 한다.

③ 조합이 확정한 계약이행업체는 부도·파산 등 특별한 사유로 해당업체의 계약이행이 불가능한 경우 외에는 계약이행 완료시까지 다른 조합원으로 변경할 수 없다.

④ 중소기업협동조합의 적격심사는 해당계약을 이행할 출자 또는 분담업체에 대하여 심사하며 제1항의 평가방법에 따라 평가한다.

제8조(결격사유의 심사) ① 심사대상자가부도·파산·해산·영업정지 등(이하 "부도 등"이라 한다)의 상태인 경우에는 결격사유로 평가하며, 부도 등의 우려가 있어 계약이행이 어렵다고 판단되는 경우에는 조달청계약심사협의회의 심사결과에 따라 결격여부를 결정한다. 이 경우 계약심사협의회는 운영규정에 따라 심사대상자에게 자료의 제출을 요구하거나 관계자 또는 전문가의 의견을 청취 또는 자문 받을 수 있다.

② 공동계약을 허용한 경우로서, 공동수급체 일부 구성원이 입찰서제출마감일 이후 낙찰자결정 이전에 부도, 부정당업자제재, 영업정지, 입찰무효 등의 결격사유가 발생한 경우에는 해당 구성원을 제외하고 잔존구성원의 출자비율 또는 분담내용을 변경하게 하여 재심사 하여야 한다. 다만, 공동수급체 대표자가 부도, 부정당업자제재, 영업정지, 입찰무효 등의 결격사유가 발생한 경우에는 공동수급체를 낙찰자 결정대상에서 제외 한다.

제9조(낙찰자 결정) ① 최저가 입찰자에 대한 심사결과 종합평점이 85점 이상이면 낙찰자로 결정한다.

② 제1항에 해당하는 자가 2인 이상인 경우 종합평점이 가장 높은 자를 낙찰자로 결정한다. 다만, 이외의 경우에는 추첨에 따라 낙찰자를 결정한다.

③ 최저가 입찰자에 대한 심사결과 종합평점이 85점 미만인 경우 또는 최저가 입찰자가

정당한 사유 없이 심사서류를 제출하지 아니하거나 심사서류 제출 후 낙찰자 결정전에 심사를 포기한 경우에는 차순위 최저가 입찰자 순서로 심사하여 낙찰자를 결정한다.

④ 적격심사에 소요되는 행정소요일수를 감안하여 계약담당공무원이 필요하다고 인정하는 경우에는 예정가격 이내 입찰자를 대상으로 동시에 적격심사를 할 수 있다.

⑤ 제8조제2항에 따라 결격 구성원을 포함한 공동수급체가 낙찰자로 결정된 경우에는 계약체결 전까지 공동수급 협정 내용을 변경하게 할 수 있다.

제10조(재심사) ① 제9조의 규정에 따라 부적격 통보를 받은 자가 통보일로부터 3일 이내에 심사결과에 대한 재심사를 요청하였을 때에는 특별한 사유가 없는 한 재심사요청서 접수일로부터 3일 이내에 재심사를 하여야 한다.

② 제1항에 따른 재심사결과는 재심사를 요청한 자에게 지체 없이 통보하여야 한다.

③ 제1항의 재심사요청서를 접수할 때에는 적격심사에 필요한 추가서류는 접수할 수 없다.

제11조(부정한 방법으로 심사서류를 제출한 자의 처리) ① 계약담당공무원은 제3조에 따라 제출된 서류가 부정 또는 허위로 작성된 것으로 판명된 때에는 다음 각 호와 같이 처리하여야 한다.

1. 계약체결 이전인 경우에는 적격낙찰자 결정대상에서 제외 또는 결정통보를 취소한다.
2. 계약체결 이후인 경우에는 해당계약을 해제 또는 해지할 수 있다.

② 조달청장은 제1항에 해당하는 자에 대하여는「국가계약법 시행령」제76조에 따라 입찰참가자격 제한조치를 하여야 한다.

제12조(기타사항) ①이 심사기준에서 정하지 아니한 사항에 대하여는 적격심사기준 등 관련 계약예규와 기타 조달청 집행기준을 적용하며, 물품의 특성에 따라 이 기준을 적용하기 곤란하다고 인정되는 사항에 대하여는 입찰 공고에 별도로 반영하여 집행할 수 있다.

② 국가종합전자조달(G2B)시스템에서 조회·확인된 자료의 오류 누락 등의 경우에는 사실 확인을 통하여 평가할 수 있다.

제13조(재검토기한) 조달청장은 「훈령 · 예규 등의 발령 및 관리에 관한 규정」에 따라 이 지침에 대하여 2025년 7월 1일 기준으로 매 3년이 되는 시점(매 3년째의 6월 30일 까지를 말한다)마다 그 타당성을 검토하여 개선 등의 조치를 하여야 한다.

부 칙 <2009. 3.13.>

1. 이 세부기준은 2009년 3월 15일 이후 입찰공고 하는 적격심사 대상 물품부터 적용한다.
2. 조달청 물품구매적격심사세부기준(구매총괄과-818호, 2008. 12. 22)은 이 세부기준

시행과 동시에 폐지한다.

부 칙 <2009. 8.21.>

이 지침은 2009년 8월 24일부터 시행한다.

부 칙 <2009. 9. 1.>

1. 이 세부기준은 2009년 9월 10일 이후 입찰공고 하는 적격심사 대상 물품부터 적용한다.
2. 조달청 물품구매적격심사세부기준(규제개혁법무담당관-4585(2009.08.21))은 이 세부기준 시행과 동시에 폐지한다.
3. 제3조 제6항은 그 적용기간을 '09.12.31까지로 한다.
4. [별표 4-1] [주] 제6항 제10호 가목의 제조기업 평가에서 공장등록증에 명시된 경우에 한하여 평가는 2009년 12월 10일 이후부터 적용한다.

부 칙 <2010. 8.25.>

1. 이 세부기준은 2010년 9월 1일 이후 입찰공고 하는 적격심사 대상 물품부터 적용한다.
2. 조달청 물품구매적격심사세부기준(구매총괄과-2154(2009.9.1))은 이 세부기준 시행과 동시에 폐지한다.

부 칙 <2010. 9. 7.>

1. 이 세부기준은 2010년 9월 13일 이후 입찰공고 하는 적격심사 대상 물품부터 적용한다.
2. 조달청 물품구매적격심사세부기준(구매총괄과-2330(2010.8.25))은 이 세부기준 시행과 동시에 폐지한다.
3. 2010년 9월 1일 이후 입찰공고분의 [주]⑤항에 대하여는 이 세부기준에 따른다.

부 칙 <2011.12.19.>

1. 이 세부기준은 2012년 1월 1일 이후 입찰공고 하는 적격심사 대상 물품부터 적용한다.
2. 조달청 물품구매적격심사세부기준(구매총괄과-2420(2010.9.7))은 이 세부기준 시행과 동시에 폐지한다.

부 칙 <2013. 2.18.>

1. 이 세부기준은 2013년 3월 1일 이후 입찰공고 하는 적격심사 대상 물품부터 적용한다.
2. 조달청 물품구매적격심사세부기준(구매총괄과-3440(2011.12.19.)은 이 세부기준 시행과 동시에 폐지한다.

부 칙 <2013. 2.27.>

부칙 <2013.2.18.>의 조달청 물품구매적격심사세부기준(구매총괄과-454호(2013.2.18.)) 시행시기를 '2013년 3월 1일'에서 '2013년 5월1일'로 변경한다.

부 칙 <2013.10.31.>

1. 이 세부기준은 2014년 1월 1일 이후 입찰공고 하는 적격심사 대상 물품부터 적용한다.
2. 조달청 물품구매적격심사세부기준(구매총괄과-547(2013.2.27.)은 이 세부기준 시

행과 동시에 폐지한다.

부 칙 <2014.10.20.>

1. 이 세부기준은 2014년 11월 1일 이후 입찰공고 하는 적격심사 대상 물품부터 적용한다.
2. 조달청 물품구매적격심사세부기준(구매총괄과-3177(2013.10.31.)은 이 세부기준 시행과 동시에 폐지한다.

부 칙 <2015. 5. 6.>

1. 이 세부기준은 2015년 5월 18일 이후 입찰공고 하는 적격심사 대상 물품부터 적용한다.
2. 조달청 물품구매적격심사세부기준(구매총괄과-4223(2014.10.20.)은 이 세부기준 시행과 동시에 폐지한다.

부 칙 <2015. 9.25.>

1. 이 세부기준은 2015년 11월 2일 이후 입찰공고 하는 적격심사 대상 물품부터 적용한다.

부 칙 <2015.11.19.>

1. 이 세부기준은 2015년 12월 7일 이후 입찰공고 하는 적격심사 대상 물품부터 적용한다.

부 칙 <2016. 2.24.>

1. 이 세부기준은 2016년 3월 2일 이후 입찰공고 하는 적격심사 대상 물품부터 적용한다.

부 칙 <2016. 8.31.>

1. 이 세부기준은 2016년 9월 12일 이후 입찰공고 하는 적격심사 대상 물품부터 적용한다.
2. '[별표 2]의 Ⅰ. 당해 물품 납품이행능력 1. 경영상태(배점한도 30점)' 평가 시 조달청이 집행하는 물품 제조 입찰에 한하여 기술등급을 시범 적용하여 평가할 수 있다. 기술등급을 적용하여 평가하는 경우에는 입찰공고에 '기술등급 배점 기준', '당해 물품납품이행능력 평가 기준' 등 세부 평가기준을 반영하여야 한다.

부 칙 <2016.12. 5.>

1. 이 세부기준은 2017년 1월 1일 이후 입찰공고 하는 적격심사 대상 물품부터 적용한다.

부 칙 <2017. 4.26.>

1. 이 세부기준은 2017년 5월 22일 이후 입찰공고 하는 적격심사 대상 물품부터 적용한다.
2. 조달청이 집행하는 물품 제조 입찰의 기술등급 시범적용 평가시 [별표 2]의 배점기준 및 평가기준은 아래와 같이 적용한다.

(단위 : 점)

구 분	심사분야	심 사 항 목	배점한도	비 고
계			100	
Ⅰ.해당물품	1. 경영상태	가. 신용평가등급	30	

납품이행 능력	2. 기술능력	가. 기술등급	10	
Ⅱ.입찰가격	1.입찰가격		60	평점산식 참조
Ⅲ.신인도	1. 품질관리 등 신뢰정도	가. 고도인증 나. 녹색·일반인증 다. 여성기업 라. 장애인기업 마. 고용창출 바. 청년고용창출 사. 공동수급체 아. 중소(제조)기업 자. 정책지원 차. 납품지연 카. 불공정거래 타. 부정당업자제재 파. 고용개선조치 미이행 하. 하자조치 불이행 갸. 고용노동 관련 법령준수 냐. 고용형태 등	+3~ −2	
Ⅳ.결격사유	1. 해당물품 납품이행 능력 결격 여부	가. 부도 등의 상태로 해당 계약이행이 어렵다고 판단되는 경우 (다만, 법정관리·화의인가 결정 등 법원의 정상화 판결을 받은 경우는 제외)	-30	

적격심사 항목 및 배점한도

Ⅰ. 당해 물품 납품이행능력

1. 경영상태 (배점한도 30점)

※ 경영상태 평가는 [별표 1]의 "Ⅰ.해당물품 납품이행능력", "3. 경영상태"의 평가방법에 따른다

2. 기술능력

가. 기술등급(**배점한도 10점**)

(단위 : 점)

등급		평점
T1	최고수준	10
T2	매우 우수	9.8

T3	우수수준	9.6
T4	양호 수준	9.4
T5	보통이상	9.2
T6	보통수준	9.0
T7	보통정도	8.8
T8 이하	보통이하	8

※ 기술등급 평가는 [별표 1]의 "Ⅰ.해당물품 납품이행능력", "2. 기술능력"의 평가방법에 따른다

Ⅱ. 입찰가격(배점한도 60점)

1. 입찰가격

(단위 : 점)

심 사 항 목	평가요소	배점한도	평 점
입찰가격	투찰률	60	※ 평점 산식 : 아래

※ < 입찰가격 평점 산식 >

◦ 평점(점) = 60 - 2 × $\left| \left(\frac{88}{100} - \frac{\text{입찰가격}}{\text{예정가격}} \right) \times 100 \right|$

- | |는 절대값 표시임
- 입찰가격을 예정가격으로 나눈 결과 소수점 이하의 숫자가 있는 경우에는 소수점 다섯째 자리에서 반올림한다.

◦ 입찰가격이 예정가격이하로서 예정가격의 100분의 95.5이상인 경우의 평점은 45점으로 평가한다.

◦ 최저 평점은 2점으로 한다.

Ⅲ. 신인도(배점한도 +3점 ~ -2점)

※ 신인도 평가는 [별표 1]의 "Ⅲ.신인도 평가방법"에 따른다.

부 칙 <2017. 8. 9.>

1. 이 세부기준은 2017년 10월 1일 이후 입찰공고 하는 적격심사 대상 물품부터 적용한다.

부 칙 <2017. 9.29.>

1. 이 세부기준은 2017년 12월 1일 이후 입찰공고 하는 적격심사 대상 물품부터 적용한다. 다만, ‘[별표 1] Ⅲ 신인도 타. 고용개선조치 미이행’ 개정 사항에 대해서는 2017년 10월 10일 입찰공고 하는 적격심사 대상 물품부터 적용하고 ‘[별표 1] Ⅲ 신인도 하의 B 및 【별표 3】 Ⅲ 신인도 아의 B. 최저임금법 위반 자’에 대한 감점 적용은 2018년 1월 1일 입찰공고 하는 적격심사 대상 물품부터 적용한다.

부 칙 <2018. 3.30.>

1. 이 세부기준은 2018년 4월 1일 이후 입찰공고 하는 적격심사 대상 물품부터 적용한다.

부 칙 <2018. 7.30.>

1. 이 세부기준은 2018년 8월 1일 이후 입찰공고 하는 적격심사 대상 물품부터 적용한다.

부 칙 <2018.12.31.>

1. 이 세부기준은 2019년 1월 1일 이후 입찰공고 하는 적격심사 대상 물품부터 적용한다.

부 칙 <2019.12.31.>

1. 이 세부기준은 2020년 4월 1일 이후 입찰공고 하는 적격심사 대상 물품부터 적용한다.

부 칙 <2020.10. 1.>

1. 이 세부기준은 2020년 10월 1일 이후 입찰공고 하는 적격심사 대상 물품부터 적용한다.

부 칙 <2021. 3. 3.>

1. 이 세부기준은 2021년 4월 1일 이후 입찰공고 하는 적격심사 대상 물품부터 적용한다.

부 칙 <2022. 7.18.>

1. 이 세부기준은 202 년 8월 25일 이후 입찰공고 하는 적격심사 대상 물품부터 적용한다.

부 칙 <2022.12.27.>

1. 이 세부기준은 2023년 1월 20일 이후 입찰공고 하는 적격심사 대상 물품부터 적용한다.

부 칙 <2023.12. 5.>

제1조(시행일) 이 세부기준은 2024년 1월 1일 이후 입찰공고 하는 적격심사 대상 물품부터 적용한다.

제2조(적용례) 별표 1, 별표 2, 별표 3에 따른 선박 관련 입찰가격 평가는 2024년 1월1일부터 2024년 12월 31일까지 적용한다.

부 칙 <2024.12.30.>

제1조(시행일) 이 세부기준은 2025년 1월 1일 이후 입찰공고 하는 적격심사 대상 물품부터 적용한다.

제2조(적용례) 별표 1, 별표 2, 별표 3에 따른 선박 관련 입찰가격 평가는 2025년 1월1일부터 2025년 12월 31일까지 적용한다.

부 칙 <2025. 6. 9.>

제1조(시행일) 이 세부기준은 2025년 9월 1일 이후 입찰공고 하는 적격심사 대상 물품부터 적용한다.

[별표 1] 추정가격이 10억원 이상인 물품 제조입찰

적격심사 항목 및 배점한도

(단위 : 점)

구　　분	심 사 분 야	심 사 항 목	배점한도	비　고
계			100	
Ⅰ. 해당물품 납품이행 능력	1. 납품실적	가. 계약목적물과 동등이상물품 나. 계약목적물과 유사물품	5	
	2. 기술능력	가. 기술등급	10	
	3. 경영상태	가. 신용평가등급	30	
Ⅱ. 입찰가격	1. 입찰가격		55	평점계산식 참조
Ⅲ. 신인도	1. 품질관리 등 신뢰정도	가. 기술인증 나. 중소기업 다. 약자기업지원 라. 고용창출 마. 정책지원 바. 불공정계약행위 사. 고용관련법령위반행위	+5~ −5	라. 고용창출 항목의 ①일자리창출우수기업의 경우 기타 심사항목별 평점 합계(배점한도 +5~-5)와 합산하여 평가하고 총 배점한도는 +7~-5점을 적용
Ⅳ.결격사유	1. 해당물품 납품이행 능력 결격여부	가. 부도 등의 상태로 해당 계약이행이 어렵다고 판단되는 경우 (다만, 법정관리·화의인가 결정 등 법원의 정상화 판결을 받은 경우는 제외)	-30	

Ⅰ. 당해 물품 납품이행능력

1. 납품실적(배점한도 5점)

(단위 : 점)

기업구분	심사항목	평가요소	배점한도	기본가점	등 급	평점
소기업 또는 소상공인	가. **최근 7년 이내**의 납품실적(계약목적물과 **동등이상 물품**)	금액[납품실적(부가가치세 제외)/추정가격]	5.0	2.0	A.100% 이상 B.60%이상~100% 미만 C.30%이상~60%미만 D.5%이상~30%미만	3.0 2.0 1.0 0.5
		수량[납품수량/입찰수량]				
	나. **최근 7년 이내**의 납품실적(계약목적물과 **유사물품**)	금액[납품실적(부가가치세 제외)/추정가격]			A.100% 이상 B.60%이상~100%미만 C.30%이상~60%미만 D.5%이상~30%미만	1.0 0.75 0.5 0.25
		수량[납품수량/입찰수량]				
창업기업	가. **최근 7년 이내**의 납품실적(계약목적물과 **동등이상 물품**)	금액[납품실적(부가가치세 제외)/추정가격]	5.0	3.0	A.100% 이상 B.60%이상~100% 미만 C.30%이상~60%미만 D.5%이상~30%미만	2.0 1.5 1.0 0.5
		수량[납품수량/입찰수량]				
	나. **최근 7년 이내**의 납품실적(계약목적물과 **유사물품**)	금액[납품실적(부가가치세 제외)/추정가격]			A.100% 이상 B.60%이상~100%미만 C.30%이상~60%미만 D.5%이상~30%미만	1.0 0.75 0.5 0.25
		수량[납품수량/입찰수량]				
중기업 또는 대기업	가. **최근 5년 이내**의 납품실적(계약목적물과 **동등이상 물품**)	금액[납품실적(부가가치세 제외)/추정가격]	5.0	-	A.100% 이상 B. 70%이상~100%미만 C.50%이상~70%미만 D.20%이상~50%미만 E.5%이상~20% 미만	5.0 4.0 3.0 2.0 1.0
		수량[납품수량/입찰수량]				
	나. **최근 5년 이내**의 납품실적(계약목적물과 **유사물품**)	금액[납품실적(부가가치세 제외)/추정가격]			A.100% 이상 B.70%이상~100%미만 C.50%이상~70%미만 D.20%이상~50%미만 E.5%이상~20%미만	1.5 1.25 1.0 0.75 0.5
		수량[납품수량/입찰수량]				

※ [주]

① 계약목적물과 『동등이상 물품』 이란 성능, 품질 등이 해당 입찰대상 물품 이상인 것으로서 입찰공고에서 명시한 성능, 품질 등의 조건에 부합되는 경우에 평가하고, 『유사물품』 이란 해당 입찰 대상물품과 동일 종류로 성능, 품질 등이 동등미만인 것으로 입찰공고에서

명시한 성능, 품질 등의 조건에 부합된 경우에 평가한다.

② 납품실적증명은 다음 각 호에 따라 처리한다.

1. 국내소재업체의 납품실적은 해당물품을 「중소기업제품 구매촉진 및 판로지원에 관한 법률」 제2조제2호의 공공기관(이하 "공공기관"이라 한다)에 납품한 실적 증명원(서)(별지 제3호, 별지 제4호)로 제출하여야 한다. 다만, 공공기관 이외의 납품 실적은 원본이 확인된 해당물품의 계약서, 세금계산서, 거래명세표 등을 실적증명원(별지 제3호)에 첨부한 경우에 평가하고, 특히 필요한 경우 공급받는 자의 거래사실 확인서를 제출하게 할 수 있다.
2. 국외소재업체의 납품실적도 국내소재업체에 준하여 실적증명원(별지 제3호)을 제출하여야 한다. 다만, 공공기관 이외의 납품실적은 이를 공증하거나 해당국가의 상공회의소 또는 해당국가에 주재하는 대한민국 공관의 확인을 받은 경우에는 세금계산서 등 증빙자료첨부를 생략할 수 있다.
3. 실적에 대한 입증책임은 적격심사대상자가 부담하며 의무를 다하지 아니하여 실적확인이 어려운 경우에는 실적을 인정하지 않는다.

③ 납품실적 평가는 기업구분에 따라 "가"항과 "나"항의 심사항목 해당평점을 합산하여 평가한다. 다만, 해당 적격심사대상자가 「중소기업기본법」 및 「 소상공인 보호 및 지원에 관한 법률」 에 따른 소기업·소상공인일 경우에는 기본점수 2점을 부여하고, 입찰공고일 기준 최근 7년이내 사업을 개시한 창업기업일 경우에는 기본점수 3점을 부여하여 기본점수에 "가"항과 "나"항의 심사항목 해당평점을 합산하여 평가한다.

1. 창업기업이란 입찰공고일 기준 최근 7년이내 사업을 개시한 「중소기업창업 지원법 시행령」 제2조에 따른 창업기업을 말한다.(이하 같다.)

④ 제③항에서 정한 창업기업 및 소기업·소상공인의 납품실적은 '제6조제②항제1호 나.'에도 불구하고 최근 7년 이내의 납품실적으로 평가한다.

⑤ 기업구분에 따른 납품실적평가 시 다음 각 호에 따라 처리한다.

1. 중·소기업·소상공인 여부는 『중소기업제품 공공구매종합정보망』에 등재된 자료로 확인한다.
2. 창업기업 여부는 「중소기업제품공공구매 종합정보망」 에 등재된 자료로 확인한다.
3. 기업구분이 확인 되지 않는 경우에는 "중기업 또는 대기업" 기준으로 평가한다.
4. 소기업·소상공인, 창업기업, 중기업 또는 대기업은 중복하여 평가하지 않는다.
5. 기업구분이 다른 업체(중기업, 소기업 또는 소상공인, 창업기업)간 복수로 공동수급체 구성을 한 경우 납품실적 평가는 공동수급협정서상 출자비율 또는 분담비율이 가장 높은 업체 기준으로 평가한다.
6. 5호에도 불구하고 기업구분이 다른 업체(중기업, 소기업 또는 소상공인, 창업기업)간 복수로 공동수급체 구성을 하고 공동수급협정서상 출자비율 또는 분담비율이 가장 높은 업체(비율이 동일)가 2개사 이상인 경우에는 납품실적 평가에 유리한 업체 기준으로 평가한다.

2. 기술능력

가. 기술등급(배점한도 10점)

(단위 : 점)

등급		평점
T1	최고수준	10
T2	매우 우수	9.8
T3+, T3, T3-	우수수준	9.6
T4+, T4, T4-	양호 수준	9.4
T5+, T5, T5-	보통이상	9.2
T6+, T6, T6-	보통수준	9.0
T7	보통정도	8.8
T8	보통이하	8

※ [주]

① 기술등급은 「신용정보의 이용 및 보호에 관한 법률」 제4조에 의거 신용조회사가 입찰공고일 이전에 평가한, 유효기간내에 있는 기술등급을 기준으로 평가완료후 3일 이내에 『국가종합전자조달(G2B)시스템』 에 전송된 기술등급으로 평가하되 가장 최근의 기술등급으로 평가한다. 다만, 가장 최근의 기술등급이 같은날 다수가 있어 그 결과가 상이한 경우 가장 낮은 등급으로 평가한다.

② 기술등급이 확인되지 않는 경우에는 최저등급으로 평가하며, 유효기간 만료일이 입찰공고일인 경우에도 유효한 것으로 평가한다.

③ [주]①에도 불구하고, 합병 또는 분할한 자가 입찰공고일 이전에 평가한 기술등급이 없는 경우에는 입찰서 제출 마감일 전일까지 발급된 유효기간 내에 있는 가장 최근의 기술등급으로 평가한다. 다만, 합병 후 새로운 기술등급이 없는 경우에는 입찰공고일 이전에 평가하고 유효기간 내에 있는 기술등급으로서 합병 대상자 중 가장 낮은 기술등급을 받은 자의 기술등급으로 평가한다.

④ 제4조제1항제4호에 따라 평가하는 경우 추정가격 5억원 이상 물품 구매입찰은 입찰자 모두 배점한도를 부여한다.

3. 경영상태 (배점한도 30점) <모든 입찰공통>

가. 신용평가등급

(단위 : 점)

신용평가등급			
회사채에 대한 신용평가등급	기업어음에 대한 신용평가등급	기업신용평가등급	평 점
AAA AA+, AA0, AA- A+ A0 A-	A1 A2+ A20 A2-	AAA (회사채에 대한 신용평가등급 AAA에 준하는 등급) AA+, AA0, AA- (회사채에 대한 신용평가등급 AA+, AA0, AA-에 준하는 등급) A+ (회사채에 대한 신용평가등급 A+에 준하는 등급) A0 (회사채에 대한 신용평가등급 A0에 준하는 등급) A- (회사채에 대한 신용평가등급 A-에 준하는 등급)	30.0
BBB+	A3+	BBB+ (회사채에 대한 신용평가등급 BBB+에 준하는 등급)	29.8
BBB0	A30	BBB0 (회사채에 대한 신용평가등급 BBB0에 준하는 등급)	29.6
BBB-	A3-	BBB- (회사채에 대한 신용평가등급 BBB-에 준하는 등급)	29.4
BB+, BB0	B+	BB+, BB0 (회사채에 대한 신용평가등급 BB+, BB0에 준하는 등급)	29.2
BB-	B0	BB- (회사채에 대한 신용평가등급 BB-에 준하는 등급)	29.0
B+, B0, B-	B-	B+, B0, B- (회사채에 대한 신용평가등급 B+, B0, B-에 준하는 등급)	28.8
CCC+ 이하	C 이하	CCC+ 이하 (회사채에 대한 신용평가등급 CCC+에 준하는 등급)	25.0

※ [주]

① 「신용정보의 이용 및 보호에 관한 법률」 제4조 또는 「자본시장과 금융투자업에 관한 법률」 제335조의 3에 의해 업무를 영위하는 신용조회사 또는 신용평가사가 입찰공고일 이전에 평가한 유효기간 내에 있는 회사채, 기업어음, 기업신용평가등급을 기준으로 해당 신용정보업자를 통해 『국가종합전자조달(G2B)시스템』에 전송된 신용평가등급으로 평가하되 가장 최근의 신용평가등급으로 평가한다. 다만, 가장 최근의 신용평가등급이 같은 날 다수가 있어 그 결과가 상이한 경우 가장 낮은 등급으로 평가한다.

② [주]①에 따른 '신용평가등급'이 확인되지 않은 경우에는 최저등급으로 평가하며, 유효기간 만료일이 입찰공고일인 경우에도 유효한 것으로 평가한다.
다만 본문 제4조제1항제3호에 따른 추정가격이 고시금액 미만인 물품 제조 또는 구매입찰에서 적격심사대상자가 다음 각 호의 업체인 경우에는 신용평가 등급을 만점으로 평가한다.
1. 입찰공고일 기준 최근 7년 이내 사업을 개시한 중소기업으로서 「중소기업창업 지원법 시행령」 제2조에 따른 창업기업
2. 「중소기업기본법」 및 「소상공인 보호 및 지원에 관한 법률」에 따른 소기업 및 소상공인

③ 제2항에 따른 소기업·소상공인, 창업기업 여부는 『중소기업제품 공공구매종합정보망』에 등재된 자료로 확인한다.

④ [주]①에도 불구하고, 합병 또는 분할한 자가 입찰공고일 이전에 평가한 신용평가등급이 없는 경우에는 입찰서 제출 마감일 전일까지 발급된 유효기간 내에 있는 가장 최근의 신용평가등급으로 평가한다. 다만, 합병 후 새로운 신용평가등급이 없는 경우에는 입찰공고일 이전에 평가하고 유효기간 내에 있는 신용평가등급으로서 합병 대상자 중 가장 낮은 기술등급을 받은 자의 신용평가등급으로 평가한다.

Ⅱ. 입찰가격 (배점한도 55점)

1. 입찰가격

(단위 : 점)

심 사 항 목	평가요소	배점한도	평 점
입찰가격	투찰률	55	※ 평점 **계산식** : 아래

※ < 입찰가격 평점 계산식 >

◦ 평점(점) = 55 - 2 × $\left| \left(\frac{88}{100} - \frac{\text{입찰가격}}{\text{예정가격}} \right) \times 100 \right|$

- | |는 절대값 표시임
- 입찰가격을 예정가격으로 나눈 결과 소수점 이하의 숫자가 있는 경우에는 소수점 다섯째 자리에서 반올림한다.

◦ 입찰가격이 예정가격이하로서 예정가격의 100분의 95.5 이상인 경우의 평점은 40점으로 평가한다.

◦ 최저평점은 2점으로 한다.

◦ 주요장비 가격이 공개된 선박 제조 입찰의 경우, 입찰가격 평가는 아래와 같이 계산한다.(이 산식은 2025년 1월 1일부터 2025년 12월 31일까지 적용한다.)

평점(점) = 55 - 2 × $\left| \left(\frac{88}{100} - \frac{\text{입찰가격} - A}{\text{예정가격} - A} \right) \times 100 \right|$

- A : 수요기관 장비선정위원회에서 선정한 주요장비 합산액

Ⅲ. 신인도(배점한도 +5 ~ -5점)

※ 신인도 평가는 [별표4]의 평가기준에 따른다.

[별표 2] 추정가격이 고시금액 이상 10억원 미만인 물품 제조입찰, 추정가격이 고시금액 이상인 물품 구매입찰

적격심사 항목 및 배점한도

(단위 : 점)

구 분	심사분야	심 사 항 목	배점한도	비 고
계			100	
Ⅰ.해당물품 납품이행 능력	1. 경영상태	가. 신용평가등급	30	
Ⅱ.입찰가격	1.입찰가격		70	평점계산식참조
Ⅲ.신인도	1. 품질관리 등 신뢰정도	가. 기술인증 나. 중소기업 다. 약자기업지원 라. 고용창출 마. 정책지원 바. 불공정계약행위 사. 고용관련법령위반행위	+3~ −2	
Ⅳ.결격사유	1. 해당물품 납품이행 능력 결격 여부	가. 부도 등의 상태로 해당 계약이행이 어렵다고 판단되는 경우 (다만, 법정관리·화의인가 결정 등 법원의 정상화 판결을 받은 경우는 제외)	−30	

Ⅰ. 당해 물품 납품이행능력

1. 경영상태 (배점한도 30점)

※ 경영상태 평가는 [별표 1]의 "Ⅰ.해당물품 납품이행능력", "3. 경영상태"의 평가방법에 따른다.

Ⅱ. 입찰가격(배점한도 70점)

1. 입찰가격

(단위 : 점)

심 사 항 목	평가요소	배점한도	평 점
입찰가격	투찰률	70	※ 평점 **계산식** : 아래

※ < 입찰가격 평점 계산식 >

◦ $$평점(점) = 70 - 2 \times \left| \left(\frac{88}{100} - \frac{입찰가격}{예정가격} \right) \times 100 \right|$$

- | |는 절대값 표시임
- 입찰가격을 예정가격으로 나눈 결과 소수점 이하의 숫자가 있는 경우에는 소수점 다섯째 자리에서 반올림한다.

◦ 입찰가격이 예정가격이하로서 예정가격의 100분의 95.5이상인 경우의 평점은 55점으로 평가한다.

◦ 최저 평점은 2점으로 한다.

◦ 주요장비 가격이 공개된 선박 제조 입찰의 경우, 입찰가격 평가는 아래와 같이 계산한다.(이 산식은 2025년 1월 1일부터 2025년 12월 31일까지 적용한다.)

$$평점(점) = 70 - 2 \times \left| \left(\frac{88}{100} - \frac{입찰가격 - A}{예정가격 - A} \right) \times 100 \right|$$

- A : 수요기관 장비선정위원회에서 선정한 수요장비 합산액

Ⅲ. 신인도(배점한도 +3점 ~ -2점)

※ 신인도 평가는 [별표4]의 평가기준에 따른다.

[별표3] 추정가격이 고시금액 미만인 물품 제조 또는 구매입찰 적격심사 항목 및 배점한도

(단위 : 점)

구 분	심사분야	심사항목	배점한도	비 고
계			100	
Ⅰ. 해당물품 납품이행 능력	1. 경영상태	가. 신용평가등급	30	
Ⅱ.입찰가격	1. 입찰가격		70	평점계산식참조
Ⅲ 신인도	1. 품질관리등 신뢰정도	가. 기술인증 나.중소기업 다.약자기업지원 라.고용창출 마.정책지원 바.불공정계약행위 사.고용관련법령위반행위	+3 ~ −2	
Ⅳ. 결격사유	1. 해당물품 납품이행 능력 결격여부	가. 부도 등의 상태로 해당 계약이행이 어렵다고 판단되는 경우 (다만, 법정관리·화의인가 결정 등 법원의 정상화 판결을 받은 경우는 제외)	-30	

Ⅰ. 당해 물품 납품이행능력 (배점한도 30점)

1. 경영상태

※ 경영상태 평가는 [별표 1]의 "Ⅰ.해당물품 납품이행능력" "3. 경영상태"의 평가방법에 따른다.

Ⅱ. 입찰가격(배점한도 70점)

1. 입찰가격

(단위 : 점)

심 사 항 목	평가요소	배점한도	평 점
입찰가격	투찰률	70	※ 평점 계산식 : 아래

※ < 입찰가격 평점 계산식 >

◦ 평점(점) = $70 - 4 \times \left| \left(\frac{88}{100} - \frac{\text{입찰가격}}{\text{예정가격}} \right) \times 100 \right|$

- | |는 절대값 표시임
- 입찰가격을 예정가격으로 나눈 결과 소수점 이하의 숫자가 있는 경우에는 소수점 다섯째 자리에서 반올림한다.

◦ 입찰가격이 예정가격이하로서 예정가격의 100분의 91.75이상인 경우의 평점은 55점으로 평가한다.

◦ 최저 평점은 2점으로 한다.

◦ 주요장비 가격이 공개된 선박 제조 입찰의 경우, 입찰가격 평가는 아래와 같이 계산한다.(이 산식은 2025년 1월 1일부터 2025년 12월 31일까지 적용한다.)

평점(점) = $70 - 4 \times \left| \left(\frac{88}{100} - \frac{\text{입찰가격} - A}{\text{예정가격} - A} \right) \times 100 \right|$

- A : 수요기관 장비선정위원회에서 선정한 주요장비 합산액

Ⅲ. 신인도(배점한도 +3점 ~ -2점)

※ 신인도 평가는 [별표4]의 평가기준에 따른다.

[별표 4] 신인도 평가기준(공통) <신설> (2021.4.1.)

Ⅲ. 신인도

(제4조제1항제1호 [별표 1] : 배점한도 +5점 ~ -5점)
(제4조제1항제2호 [별표 2] : 배점한도 +3점 ~ -2점)
(제4조제1항제3호 [별표 3] : 배점한도 +3점 ~ -2점)

1 . 품질관리 등 신뢰정도

(단위 : 점)

심사항목	평가요소	세부항목 및 등급	평 점
가. 기술 및 품질	①고도기술	A. 주무부 장관 등이 인증한 신기술(NET, NEP) 인증, '삭제'<2019.12.31.>, 우수조달물품 지정, 중소기업 기술개발제품 성능인증보유자 B. 녹색기술인증서 보유자	2.0
	②일반기술	A. 특허, <삭제>, 디자인 등록보유자, <삭제>, GS(국산우수S/W) B. 「산업표준화법시행규칙」 제10조에서 정한 KS제품 인증서 보유자, KS에 상응하는 해당국의 국가산업표준규격인증을 받은 자, C. '삭제', '삭제', '삭제', 단체표준인증 보유자 D. 「품질보증조달물품 지정 및 관리규정」에 따라 지정된 '품질 보증조달물품' 보유자 E. '삭제' F. '삭제' G. 우수재활용(GR) 보유자, 저탄소제품인증 보유자, 환경표지 인증 보유자 H. 고효율에너지기자재 인증 보유자 I. '삭제' <2019.12.31.> J. '삭제'	1.25
나 .중소기업	①중소기업지원	A. 중소벤처기업부장관(또는 위임 받은 자)에 의해 혁신형(벤처, 기술혁신형, 경영혁신형, 우수그린비즈) 중소기업으로 지정 받은 경우	
		- 혁신형기업이면서 제조기업	2.5
		- 혁신형기업	2.0
		B. 중기업, 소기업, 소상공인이면서 제조기업	2.0
		C. 중기업, 소기업, 소상공인	1.5
	②공동수급체 구성	A. 소기업 또는 소상공인과 공동수급체(20%이상)를 구성하는 경우	1.0

		B. 소기업 또는 소상공인과 공동수급체(10%이상 20%미만)를 구성하는 경우	0.5
		C. 창업기업과 공동수급체(20%이상)를 구성하는 경우	1.5
		D. 창업기업과 공동수급체(10%이상 20%미만)를 구성하는 경우	0.75
		E. 지역업체와 공동수급체(20%이상)를 구성하는 경우	1.0
		F. 지역업체와 공동수급체(10%이상 20%미만)를 구성하는 경우	0.5
다. 약자기업 지원	①여성기업	A . 「여성기업 지원에 관한 법률」 및 같은 법 시행령에서 정한 기업으로서 중소벤처기업부장관(위임받은 자를 포함)에 의해 확인서를 발급받은 여성기업으로서 그 존속기간에 따라	
		- 삭제<2019.12.31.>	
		- 5년 이상 ~ 10년 미만	0.75
		- 3년이상 ~ 5년 미만	0.5
		- 3년 미만	0.25
	②장애인기업	A . 장애인기업[「장애인기업활동 촉진법」 에서 정한 기업으로서, 중소벤처기업부장관(위임받은 자를 포함)에 의해 확인된 경우	1.5
라. 고용창출	① 일자리창출 우수기업	A . 설립 1년 6개월 이상 기업	
		- 전년도 6개월간 평균고용인원 대비 해당년도 최근 6개월간 평균고용인원 증가율이 기업규모에 따라 정해진 증가율 이상인 기업	
		·대기업	
		7% 이상인 기업	3.0
		6% 이상인 기업	2.0
		5% 이상인 기업	1.0
		·중기업	
		8% 이상인 기업	3.0
		7% 이상인 기업	2.0
		5% 이상인 기업	1.0
		·소기업 및 소상공인	
		11% 이상인 기업	3.0
		9% 이상인 기업	2.0
		5% 이상인 기업	1.0
		B. 설립 1년 6개월 미만 기업	
		- 총고용인원 6인 이상	1.5
		- 총고용인원 3~5인	1.0
	② 청년고용	A. 「중소기업기본법」 제2조에 의한 중소기업자의 경우	

	우수기업	- 최근 6개월 평균 청년고용률이 30%이상이면서 최근 6개월 평균 청년고용인원이 15인 이상인 기업	1.75
		- 최근 6개월 평균 청년고용률이 10%이상이면서 최근 6개월 평균 청년고용인원이 10인 이상인 기업	1.5
		- 최근 6개월 평균 청년고용률이 5%이상이면서 최근 6개월 평균 청년고용인원이 5인 이상인 기업	1.0
		B. 「중소기업기본법」 제2조에 의한 중소기업자에 해당하지 않는 경우	
		- 최근 6개월 평균 청년고용률이 40%이상인 기업	1.5
	③ 여성고용 우수기업	A. 「중소기업기본법」 제2조에 의한 중소기업자의 경우	
		- 최근 6개월 평균 여성고용률이 30%이상이면서 최근 6개월 평균 여성고용인원이 15인 이상인 기업	1.75
		- 최근 6개월 평균 여성고용률이 10%이상이면서 최근 6개월 평균 여성고용인원이 10인 이상인 기업	1.5
		- 최근 6개월 평균 여성고용률이 5%이상이면서 최근 6개월 평균 여성고용인원이 5인 이상인 기업	1.0
		B. 「중소기업기본법」 제2조에 의한 중소기업자에 해당하지 않는 경우	
		- 최근 6개월 평균 여성고용률이 40%이상인 기업	1.5
		C. 고용노동부장관에 의해 남녀고용평등 우수기업으로 지정 받은 자	2.0
	④ 장애인고용 우수기업	A. 『장애인고용촉진 및 직업재활법』 제24조에 따른 장애인 고용우수사업주	2.0
		B. 최근 6개월 평균 장애인고용률이 3.1% 이상인 기업	1.5
	⑤ 고용형태 등	A. 「고용정책기본법」 상 '고용형태공시제' 공시의무대상기업으로서, 공시된 소속근로자와 소속외 근로자 중 기간의 정함이 없는 단시간근로자와 기간제근로자, 소속 외 근로자 수의 합계가 차지하는 비중이 조달청장이 별도 공고하는 업종별 기준비중 <2026.12.31.까지 유효>	
		(1) 0.5배 미만인 경우	2.0
		(2) 0.5배 이상 0.6배 미만인 경우	1.5
		(3) 0.6배 이상 0.7배 미만인 경우	1.0
		(4) 0.7배 이상 0.8배 미만인 경우	0.5
		B. '삭제' <2025.9.1.>	
	⑥ 고용안정 우수기업	A. 「중소기업기본법」 제2조에 의한 중소기업자의 경우	
		- 기업의 전체 고용인원 대비 10년 이상 재직자의 고용 비율이 정해진 비율 40% 이상인 기업	1.5
		- 기업의 전체 고용인원 대비 10년 이상 재직자의	1.25

		고용 비율이 정해진 비율 30% 이상인 기업 - 기업의 전체 고용인원 대비 10년 이상 재직자의 고용 비율이 정해진 비율 20% 이상인 기업	1.0
		B. 「중소기업기본법」 제2조에 의한 중소기업자에 해당하지 않는 경우	
		- 기업의 전체 고용인원 대비 10년 이상 재직자의 고용 비율이 정해진 비율 50% 이상인 기업	1.5
		- 기업의 전체 고용인원 대비 10년 이상 재직자의 고용 비율이 정해진 비율 40% 이상인 기업	1.25
		- 기업의 전체 고용인원 대비 10년 이상 재직자의 고용 비율이 정해진 비율 30% 이상인 기업	1.0
마. 저출생 대응	저출생 대응 지원	A. 「가족친화 사회환경의 조성촉진에 관한 법률」 제15조에 따른 가족친화인증을 받은 기업	2.0
		B. 고용노동부 장관이 선정한 '대한민국 일·생활균형 우수기업'	2.0
바. 정책지원	부처별 정책지원	A. 조달업무 우수업체로서 조달청장 표창을 받은 업체	1.0
		B. '삭제' <2025.9.1.>	
		C. 「사회적기업 육성법」 제7조에 따른 고용노동부장관의 인증을 받은 기업 또는 「협동조합 기본법」 제85조 제1항에 따라 기획재정부장관으로부터 설립인가를 받은 '사회적협동조합', 거주지를 관할하는 시·도지사 또는 시장·군수·구청장으로부터 「국민기초생활보장법」 제18조의 '자활기업'으로 인정을 받은 기업, 행정안전부장관으로부터 「도시재생 활성화 및 지원에 관한 특별법」 제2조의 '마을기업'으로 지정을 받은 기업	2.0
		D. '삭제' <2019.12.31.>	
		E. '삭제' <2019.12.31.>	
		F. '삭제' <2022.7.18.>	
		G. '삭제' <2019.12.31.>	
		H. '삭제' <2019.12.31.>	
		I. 조달청장이 지정한 '해외조달시장진출기업'(G-PASS기업) 중 B등급 이상 기업	1.0
		J. '삭제' <2022.7.18.>	
		K. '삭제' <2019.12.31.>	
		L. '삭제'	
		M. '삭제' <2019.12.31.>	
		N. 중소벤처기업부장관이 지정한 '수출유망중소기업'	1.0
		O. 고용노동부장관으로부터 '대한민국 일자리으뜸기업'으로 선정된 자	2.0

		<2028.12.31.까지 유효>	
		P. '삭제' <2022.7.18.>	
		Q. 보건복지부장관으로부터 고령자친화기업으로 지정받은 자	1.25
		R. 고용노동부 장관으로부터 '인적자원 우수기업'으로 인증받은 기업 <2028.12.31.까지 유효>	1.0
		S. 환경부 주최 '친환경 기술 진흥 및 소비촉진 유공포상'을 받은 기업	1.0
		T. 환경부장관으로부터 '녹색기업'으로 지정받은 기업	1.0
사. 불공정 계약행위	① 납품지연	A. 최근 6개월 이내에 조달청과의 계약이행과정에서 지체상금 부과를 받은 자로서 지체상금이 발생한 계약(단가계약의 경우 납품요구)의 종결물품대 대비 지체상금 부과율에 따라	
		- 10%이상	-2.0
		- 8%이상~10%미만	-1.75
		- 6%이상~8%미만	-1.5
		- 4%이상~6%미만	-1.0
		- 2%이상~4%미만	-0.5
		- 2%미만	-0.25
	② 불공정하도급 거래	A. 최근 2년 이내에 공정거래위원장으로부터 하도급법 상습위반자로 통보 받은 자	-2.0
		B. 최근 2년 이내에 공정거래위원장으로부터 불공정하도급 거래행위로 과징금 부과 처분을 받은 사실이 있는 자 ('19. 1. 1. 발생 분부터 적용)	-1.0
	③ '삭제'	A. '삭제' <2020.10.1.>	
	④ 하자조치 불이행	A. 최근 2년 이내에 조달품질원장으로부터 하자조치 불이행자로 공개된 자	-1.0
아. 고용관련 및 관련 법령위반 행위	① 체불사업주	A. 「근로기준법」에 따라 고용노동부장관으로부터 체불사업주로 명단이 공개중인 자	-2.0
		B. 삭제 <2022.7.18.>	
	② 고용개선조치 미이행정도	A. 최근 2년 이내에 고용노동부장관으로부터 적극적 고용개선조치 미이행 사업주로 명단이 공개된 자 * '17.5.22. 이후 명단이 공개된 자부터 적용	-2.0

※ [주] "신인도 평가"는 다음 평가기준에 따른다.

Ⅰ. 신인도 평가 총괄

① 국제입찰의 경우에는 "가(기술 및 품질)"항목의 '②일반기술' "B"등급 및 "사(불공

정계약행위)" 항목의 **<u>'①납품지연', '②불공정거래' 항목만 적용한다.</u>**

② 신인도 각 심사항목은 중복하여 평가할 수 있다. 동일 심사항목 내 중복평가는 각 심사항목별 세부평가 기준에 따른다.

③ '삭제'<2019.12.>

④ '삭제'

⑤ '삭제

⑥ 입찰참가자격을 중소기업(중기업, 소기업, 소상공인)으로 제한한 경우 "나. 중소기업"의 ①중소기업지원 중 "B", "C" 및 ②공동수급체구성 중 "A","B"는 평가하지 않으며, 입찰참가자격을 제조기업으로 제한한 경우 "나. 중소기업"의 ①중소기업지원 중 "A"의 "혁신형기업이면서 제조기업"및 "B"는 평가하지 않는다.

⑦ 입찰참가자격을 기술 및 품질로 제한한 경우"가. 기술 및 품질"의 해당 '세부항목 및 등급'은 평가하지 않는다.

Ⅱ. 신인도 심사항목별 세부평가

① "가. 기술 및 품질" 평가는 다음 각 호에 따른다.

1. "①고도기술, ②일반기술"의 각 인증서 평가는 입찰공고에서 정한 계약목적물과 관련된 인증인 경우에 한하여 직접 인증을 받은 자(권리취득자 포함, 특허, 디자인 등록평가는 전용실시권자도 포함)를 평가한다. 다만, 공동권리자의 경우에는 각각의 권리권자 모두를 해당배점으로 평가한다.
2. 제1호의 계약목적물과의 관련성은 해당 계약목적물에 직접 적용, 활용, 포함된 경우에 한하여 인정하며 (다만, 이 경우 경미한 관련이 있는 경우에도 인정함), 관련성에 대한 증빙은 적격심사 대상자의 책임으로 하고 필요시 관련기관 등이 확인한 자료의 제출을 요청할 수 있다.
3. 유효기간이 정해지지 않은 경우의 유효기간은 입찰공고일 전일부터 기산하여 2년 이내에 인증 또는 마크를 받은 것에 한하여 적용한다.
4. "②일반기술"의 "A.특허, 디자인등록"의 평가에서 다음 각호의 경우에 대하여는 평가하지 아니한다.
   - 전용실시권이 설정된 경우 전용실시권자가 아닌 특허권자
   - 통상실시권자
   - '삭제'
5. "②일반기술"의 "B. KS 및 KS에 상응하는 해당국 국가산업표준규격" 인증평가는 관계기관(위임한 경우 포함)의 증명서류를 제출한 경우에 한하며, KS에 상응하는 해당국 국가산업표준규격인증 여부는 입찰자가 해당국의 국가표준을 관장하는 정당한 권한을 가진 기관으로부터 확인서류를 제출받아 입증하여야 한다.
6. "②일반기술" 의 "C.단체표준"은 관계기관(위임한 경우 포함)의 증명서류를

제출한 경우 평가한다.

7. "삭제"

8. "삭제"

9. 다만, 아래의 경우에는 「품질보증조달물품 지정 및 관리규정」에 따라 지정된 「품질보증조달물품」 보유자에 대하여 고도기술 평점(2.0점)을 적용한다.

가. 제4조제1항제1호를 적용하는 소방청, 경찰청, 해양경찰청, 국방부, 방위사업청(5개 기관의 소속기관 포함) 수요물자로서 국민안전 등을 위해 품질관리 강화가 필요한 것으로 판단한 경우

나. 제4조제1항제4호를 적용하는 경우

10. 중복평가

1) "가. 기술 및 품질" 심사항목 내 각 평가요소는 중복하여 평가 할 수 없고, 그 중 높은 한가지만 평가한다. 이 경우 평가는 반드시 유효기간(최초 인증 후 사후관리 등을 통하여 계속 인증의 효력이 연장된 인증서인 경우 그 기간까지를 유효기간으로 본다)내의 것으로 평가한다

② "나. 중소기업" 평가는 다음 각 호에 따른다.

1. 중소기업 지원

1) 중소기업, 소상공인, 벤처기업, 기술혁신형중소기업, 경영혁신형 중소기업, 우수그린비즈기업은 『중소기업제품 공공구매종합정보망』에 등재된 자료로 평가하되 제조기업평가는 다음과 같이 평가한다. 단, 「중소기업제품 구매촉진 및 판로지원에 관한 법률」 제8조의 2에 해당하는 중소기업(중소기업자간 경쟁입찰 참여제한 대상 중소기업)에 대해서는 동 신인도 평가를 적용하지 않는다

2) 제조기업의 평가는 계약목적물과 관련된 제조(공장등록증 또는 「중소기업기본법」 및 「소상공인 보호 및 지원에 관한 법률」에 따른 소기업 및 소상공인은 사업자등록증명원에 명시)인 경우에 한하여 평가한다. 다만, 「중소기업기본법」 및 「소상공인 보호 및 지원에 관한 법률」에 따른 소기업 및 소상공인은 공장등록증명원이 없을 경우 사업자등록증명원과 건축물관리대장 및 임대차계약서 등 제조를 증명할 수 있는 서류일체를 반드시 제출하여야 한다.

2. 공동수급체 구성

1) 공동수급체 평가는 공동계약방식의 입찰로 입찰공고한 경우에 평가한다. 단, 「중소기업제품 구매촉진 및 판로지원에 관한 법률」 제8조의 2에 해당하는 중소기업(중소기업자간 경쟁입찰 참여제한 대상 중소기업)과 공동수급체를 구성하는 경우에는 "소기업 또는 소상공인과 공동수급체를 구성하는 경우"에 대한 신인도 평가를 적용하지 않는다

2) 소기업·소상공인 또는 창업기업과 공동수급체 구성평가는 적격심사 대상자가 소기업·소상공인(『중소기업제품 공공구매종합정보망』에 등재된 경우 평가) 또는 창업기업과 공동수급체를 구성(10%이상)한 경우에 평가한다.
3) 지역업체 출자비율 평가는 납품현장 소재기준으로 공동수급체 구성원 내에 특별시·광역시·도에 법인등기부상 본점소재지(개인사업자인 경우에는 사업자등록증 또는 관련 법령에 따른 허가·인가·면허·등록·신고 등에 관련된 서류에 기재된 사업자의 소재지)를 둔 업체의 출자(분담)비율을 기준으로 평가한다. 단, 지역제한경쟁입찰인 경우 또는 단가계약(제3자단가계약 포함)의 경우와 납품현장이 3개소 이상인 총액계약의 경우에는 적용하지 않는다
4) "② 공동수급체 구성" 평가에 대하여는 본문 제7조제1항제3호의 규정에도 불구하고, 공동수급체에 해당 평점을 부여한다.
5) "C", "D"의 창업기업은 입찰공고일 기준 최근 7년이내 사업을 개시한 중소기업으로서「중소기업창업 지원법 시행령」제2조에 따른 창업기업을 말하는 것으로 창업기업확인은「중소기업제품공공구매 종합정보망」에 등재된 자료로 평가한다.

3. 중복평가

1) "나. 중소기업" 심사항목 내에 각 평가요소는 중복하여 평가할 수 없고 그 중 높은 평점 한가지만을 인정한다.

③ "다. 약자기업지원" 평가는 다음 각 호에 따른다.

1. 여성기업

1) 중소벤처기업부장관(위임받은 자를 포함)에 의해 확인서를 발급받은 여성기업으로서(중소기업제품 공공구매종합 정보망에 등재된 자료로 확인) 그 존속기간을 확인할 수 있는 서류 일체를 제출받아 평가한다. 이 경우 존속기간확인은 법인인 경우 법인등기부등본, 개인사업자인 경우 사업자등록증상 여성대표자로서 그 유지기간(연속되어 있어야함)을 확인하여 평가할 수 있다.
2) "1)"에 따른 존속기간 산정 시 법인등기부등본(개인사업자인 경우에는 사업자등록증)에 현재 여성 대표자의 직전 대표자가 다른 여성인 경우(이하 "직전 여성 대표자")로서 직전 여성 대표자의 재임기간에 여성기업확인서를 발급받은 경우에는 여성기업으로서 존속된 것으로 평가하며, 그 기간을 존속기간에 포함한다.
3) "1)"과 "2)"에 따른 존속기간 산정 시 여성 대표자의 재취임 또는 연이은 신규 여성 대표자의 취임 과정에서 대표자의 공백기간이 발생하는 경우에도 여성기업으로 존속한 것으로 평가하며, 그 기간을 존속기간에 포함한다.
4) "1)~3)"에 따른 존속기간 산정 시 존속기간 확인에 별도의 서류가 필요한 경우로서 적격심사 대상자가 증빙 서류를 제출하여 여성기업으로서의 존속여

부를 확인할 수 있는 경우에는 적격심사 대상자가 증빙서류를 제출한 경우에 한해 그 존속기간을 평가에 반영할 수 있다.

2. 장애인기업

1) 중소벤처기업부장관(위임받은 자를 포함)에 의해 확인서를 발급받은 장애인기업으로서 중소기업제품 공공구매종합 정보망에 등재된 자료로 평가한다.

3. 중복평가

1) "다. 약자기업지원" 심사항목 내에 각 평가요소는 중복하여 평가할 수 없고 그중 높은 평점 한가지만 인정한다.

④ "라. 고용창출" 평가는 다음 각 호에 따른다.

1. 고용인원(률) 평가기준(공통)

1) 고용인원 계산결과의 소수점 처리는 소수 첫째 자리에서 올림을 하고, 고용비율 계산결과 소수점 처리는 소수점 다섯째 자리에서 반올림 한다.

2) 고용인원(률) 평가는 국민건강보험공단이 조달청으로 제공하는 입찰공고일 전월 말일 기준 평가기간에 해당하는 건강보험 가입자 수 정보로 평가한다.단, 건강보험 가입제외 대상(의료보호대상자, 의료급여수급자), 근로자가 없이 대표자만 있는 개인사업장 등)은 「국민연급법」에 따른 국민연금 관련 증빙서류로 평가한다.

3) '삭제' <2019.12.>

4) 2)항에 따라 평가할 수 없는 18세 미만 또는 60세 이상인 자, 국민기초생활수급자, 타공적 연금가입자·수급자는 고용보험법, 산업재해보상보험법에 따른 증빙서류로 평가할 수 있다.

5) 고용인원(률) 평가를 증빙서류로 하는 경우 비교하는 각 증빙서류의 종류는 동일하여야 한다.

6) 고용사실 증빙서류 확인 결과, 평가대상기간에 퇴직한 자는 근로일수가 연속하여 1개월 이상인 경우에만 해당월의 고용인원으로 산정한다. 가입자 명부 등 증빙서류에서 자격취득일은 근로일수에 포함하고 자격상실일은 근로일수에 포함하지 않는다.

2. 일자리창출 우수기업

1) 입찰공고일 전월부터 기산하여 설립된지 1년 6개월 이상인 기업의 일자리창출 우수기업 평가는 다음 각 목에 따른다.

가) 해당년도 입찰공고일 전월 기산 평가기간에 해당하는 고용사실을 증명할 수 있는 서류에 따라 평가한다.

나) 해당년도 최근 6개월간 평균고용인원은 입찰공고일 전월 기산 최근 6개월간의 고용인원을 합산하여 평균하고, 직전년도 6개월간 평균고용인원은 해당년도 고용인원 산출 시작시점부터 그 직전년도 동일기간의 고용인원을

합산하여 평균한다

다) 해당년도 입찰공고일 전월까지의 신규고용인원 증가율은 해당년도 최근 6개월간 평균고용인원을 직전년도 동기간 평균고용인원으로 나누어 계산한다.

라) 기업구분에 따른 평가시 중기업·소기업·소상공인 확인은 『중소기업제품 공공구매 종합정보망』에 등재된 자료로 평가하되, 기업확인이 되지 않는 경우에는 소기업 및 소상공인 기준으로 평가한다.

(적용례) '13년 2월 입찰공고 건의 경우

<직전년도 6개월간 평균고용인원>

'11.8	'11.9	'11.10	'11.11	'11.12	'12.1
100	100	100	100	102	101

<해당년도 최근 6개월간 평균고용인원>

'12.8	'12.9	'12.10	'12.11	'12.12	'13.1
103	104	103	104	104	105

* 직전년도 6개월간 평균고용인원 = 해당년도 고용인원 산출 시작시점부터 그 직전년도의 동기간 고용인원의 평균 = (100+100+100+100+102+101)/6 = 100.5 = 101명

** 해당년도 최근 6개월간 평균고용인원 = 입찰공고일 전월 기산 최근 6개월간 고용인원의 평균 = (103+104+103+104+104+105)/6 = 103.83333... = 104명

*** 해당년도 입찰공고일 전월까지의 신규고용인원 증가율 = 104/101 = 1.02970297... = 2.9703%

2) 입찰공고일 전월부터 기산하여 설립된 지 1년6개월 미만인 신설기업의 경우에는 총고용인원이 6인 이상인 경우 1.5점, 3~5인인 경우 1점으로 평가한다.

3) 입찰공고일 전월부터 기산하여 합병 또는 분할 등에 의해 설립 1년 6개월 미만인 기업과 합병 또는 분할 이후 1년 6개월이 경과되지 않은 존속기업은 합병 또는 분할 등의 시점의 자료와 입찰공고일 전월의 자료를 대비하여 "A(일자리창출 우수기업)"에 따라 평가한다.

4) 제4조제1항제1호[별표1]의 일자리창출 우수기업 심사 평점이 적용된 경우 신인도 배점한도(+5점)를 초과하여 +7점까지 배점 적용

- 다만, 일자리창출 우수기업 심사 평점을 제외한 나머지 신인도 배점은 배점한도를 초과할 수 없음

(적용례)

일자리창출촉진	타 신인도	적용 점수	비고
1점	6점	6점	타 신인도는 배점한도 5점 적용
3점	5점	7점	총 배점한도(7점) 적용
3점	1점	4점	

5) 일자리창출우수기업 평가에서 "대기업"이란 「대·중소기업 상생협력 촉진에 관한 법률」 제2조제2호에 따른 기업을 말한다.

3. 청년고용우수기업

1) 입찰공고일 전월 기준으로 하여 최근6개월간 청년(15세 이상 34세 이하인 사람) 고용인원수 및 비율로 평가한다.

(적용례) 12월 입찰공고건의 경우

구분	6월	7월	8월	9월	10월	11월
월별 청년고용인원	12	12	11	8	11	15
월별 총 고용인원	100	103	104	100	104	102

* 최근 6개월 평균 청년 고용률 =

[(12+ 12+ 11+ 8+ 11+ 15)/(100+ 103+ 104+ 100+ 104+ 102)]=(69/613) = 0.11256 = 11.26%

** 최근 6개월 평균 청년 고용인원 = [12+ 12+ 11+ 8+ 11+ 15]/6 = 11.5 = 12명

*** 청년 15세이상 34세 이하 적용 기준(2019년 12월 공고시) : 청년 나이 산정기준일은 2019.11.30.이며, 청년에 해당하는 사람의 생년월일은 2004.11.30.부터 1984.12.01.까지이다.

2) 최근 6개월의 자료가 없는 경우에는 평가에서 제외한다.(기업설립기간과 상관없이 6개월 모두 청년고용이 있어야만 평가)

4. 여성고용우수기업

1) 입찰공고일 전월을 기준으로 최근 6개월간 여성 고용 인원수 및 비율로 평가한다.

(적용례) 12월 입찰공고건의 경우

구분	6월	7월	8월	9월	10월	11월
월별 여성고용인원	12	12	11	8	11	15
월별 총 고용인원	100	103	104	100	104	102

* 최근 6개월 평균 여성 고용률 = [(12+ 12+ 11+ 8+ 11+ 15)/(100 + 103 + 104+ 100+ 104+ 102)]=(69/613) = 0.11256 = 11.26%

** 최근 6개월 평균 여성 고용인원 = [12+ 12+ 11+ 8+ 11+ 15]/6 = 11.5 = 12명

2) 최근 6개월의 자료가 없는 경우에는 평가에서 제외한다.(기업설립기간과 상관없이 6개월 모두 여성고용이 있어야만 평가)

5. 장애인고용우수기업

1) 장애인 고용우수사업주는 『장애인 고용촉진 및 직업재활법』 제24조에 따라 해당부처에서 인증 또는 확인한 자료를 제출한 경우 평가하되, 유효기간 이내인 것에 한하여 평가한다. 다만, 유효기간이 정해지지 아니한 경우에는 입찰공고일 전일부터 기산하여 2년 이내에 받은 것에 한하여 평가한다.

2) 장애인 고용에 따른 고용율 평가는 다음 각 목에 따른다.

가) 장애인이란 『장애인복지법』 제32조에 따른 장애인 또는 『국가유공자 등 예우 및 지원에 관한 법률 시행령』 제14조 제3항에 따른 상이등급에 해당하는 자를 말한다.

나) 입찰공고일 전월을 기준으로 하여 장애인 고용사실을 증명할 수 있는 서류에 기재된 "장애인고용인원비율" 자료로서 최근 6개월 매월 말 고용인원 자료를 제출받아서 평가한다.

(적용례) 12월 입찰공고건의 경우

구분	6월	7월	8월	9월	10월	11월
월별 장애인고용인원	12	12	11	8	11	15
월별 총 고용인원	100	103	104	100	104	102

* 최근 6개월 평균 장애인 고용률 = [(12+ 12+ 11+ 8+ 11+ 15) /(100+ 103+ 104+ 100+ 104+ 102)]=(69/613) = 0.11256 = 11.26%

다) 최근 6개월의 자료가 없는 경우에는 평가에서 제외한다.(기업설립기간과 상관없이 6개월 모두 장애인고용이 있어야만 평가)

라) 「장애인고용촉진 및 직업재활법 시행령」 제4조 각 호에 정한 중증장애인의 고용은 그 인원의 2배에 해당하는 장애인의 고용으로 본다.

6. 고용형태 등 평가

1) '비정규직 등의 사용비중', 'A'에 대한 평가는 다음에 따른다.

가) 「고용정책기본법」에 따른 '고용형태공시제' 공시의무대상기업에 대하여 "고용안전정보망(워크넷)"을 통해 입찰공고일을 기준으로 가장 최근 대국민 공개된 고용인원정보로 평가한다.

나) "소속근로자와 소속외 근로자 중 기간의 정함이 없는 단시간근로자와 기간제근로자, 소속 외 근로자가 차지하는 비중"은 아래의 계산식으로 산정하고, 그 계산결과 소수점 처리는 소수점 넷째 자리에서 반올림한다.

$$\text{계산식} = \frac{\text{기간의 정함이 없는 단시간근로자} + \text{기간제근로자} + \text{소속 외 근로자}}{(\text{소속근로자} + \text{소속 외 근로자})}$$

다) "조달청장이 별도로 공고하는 업종별 기준비중"에서 '업종'은 대국민 공개시점 직전 3월31일 현재 입찰자의 고용보험업종코드 앞 숫자 두 자리 또는 세 자리에 따른 업종을 말한다.

라) 조달청장이 별도로 공고하는 업종별 기준비중이 0인 경우 해당 업종의 입찰자는 0점으로 처리한다.

마) 소속근로자와 소속외 근로자의 합이 0인 경우 입찰자는 0점으로 처리한다

2) '삭제' <2025.9.1.>

7. 고용안정우수기업

1) 입찰공고일 전월을 기준으로 전체 고용인원 수 대비 최근 10년이상 재직자의 고용비율로 평가하며 세부사항은 다음 각 목에 따른다.

가) 해당년도 입찰공고일 전월 기산 평가기간에 해당하는 고용사실을 증명할 수 있는 서류(사업장 가입 명부 등)에 따라 평가한다.

나) 기업의 전체 고용인원수는 입찰공고일 전월 기준 해당 기업에 계속 근무하는 자의 수를 합산하여 산출한다.(단, 대표자는 제외한다.)

다) 10년 이상 재직자 수는 입찰공고일 전월 기준 해당 기업에 계속 근무하면서 그 기간이 10년 이상인 자의 수를 합산하여 산출한다.(단, 대표자는 제외한다.)

8. 중복평가

1) "라. 고용창출" 심사항목 내에 각 평가요소는 중복하여 평가하되, 각 평가요소 내 '세부항목 및 등급'은 중복 평가할 수 없다.

⑤ "마. 저출생 대응" 평가는 다음 각 호에 따른다.

1. 다음 각 항에 **확인(지정 또는 선정) 기관으로 기재된** 주무부(처, 청) 등의 장이 확인해 준 자료를 제출한 경우에 평가하되, 유효기간 이내인 것에 한하여 평가한다. 다만, 유효기간이 정해지지 아니한 경우에는 입찰공고일 전일부터

기산하여 2년 이내에 받은 것에 한하여 평가한다. (사후관리 등을 통하여 유효기간이 계속 연장되는 경우 그 기간까지를 유효기간으로 평가)

세부항목	확인(지정 또는 선정)기관	비고
A. 가족친화인증기업	여성가족부 장관	가족친화인증서
B. 대한민국 일·생활균형 우수기업	고용노동부 장관	대한민국 일·생활 균형 우수기업 선정서

2. 중복평가

1) "마. 정책지원" 심사항목 내 각 항목은 중복하여 평가할 수 없고 그 중 높은 평점 한가지만을 인정한다.

⑥ "바. 정책지원" 평가는 다음 각 호에 따른다.

1. 다음 각 항에 **확인(지정) 기관으로 기재된** 주무부(처, 청) 등의 장이 확인해 준 자료를 제출한 경우에 평가하되, 유효기간 이내인 것에 한하여 평가한다. 다만, 유효기간이 정해지지 아니한 경우에는 입찰공고일 전일부터 기산하여 2년 이내에 받은 것에 한하여 평가한다. (사후관리 등을 통하여 유효기간이 계속 연장되는 경우 그 기간까지를 유효기간으로 평가)

세부항목	확인(지정)기관	비고
A. 조달업무우수업체	조달청장	
B. '삭제' <2025.9.1.>		
C. 사회적기업 사회적협동조합 자활기업 마을기업	고용노동부장관 기획재정부장관 시·도지사 또는 시장·군수·구청장 행정안전부장관	 설립인가증 자활기업지정서 마을기업지정서
D. '삭제' <2019.12.>		
E. '삭제' <2019.12.>		
F. '삭제' <2022.7.18.>		
G. '삭제' <2019.12.>		
H. '삭제' <2019.12.>		
I. 해외조달시장진출기업(G-PASS기업 중 B 등급 이상	조달청장	
J. '삭제' <2022.7.18.>		
K. '삭제' <2019.12.>		
L. '삭제'		

M. '삭제' <2019.12.>		
N. 수출유망중소기업	중소벤처기업부장관	글로벌강소기업지정서
O. 대한민국 일자리 으뜸기업 <2028.12.31.까지 유효>	고용노동부장관	
P. '삭제' <2022.7.18.>		
Q. 보건복지부장관으로부터 고령자친화기업으로 지정 받은 자	보건복지부장관	'고령자친화기업 지정서'
R. 인적자원 우수기업 <2028.12.31.까지 유효>	고용노동부장관	'인적자원 우수기업 인증서'
S. 친환경 기술 진흥 및 소비촉진 유공포상	대통령 국무총리 환경부장관	포상증서
T. 녹색기업	환경부장관	녹색기업 지정서

2. '삭제' <2019.12.31.>
3. '삭제' <2022.7.18.>
4. '삭제' <2022.7.18.>
5. '삭제' <2022.7.18.>
6. 중복평가
   1) "바. 정책지원" 심사항목 내 각 항목은 중복하여 평가할 수 없고 그 중 높은 평점 한가지만을 인정한다.

⑦ "사. 불공정 계약행위" 평가는 다음 각 호에 따른다.

1. 납품지연

1) 물품대금 지급(종결)일자를 기준으로 입찰공고일로부터 최근 6개월 이내에 지체상금을 부과 받은 자인 경우에 감점하며,

2) 지체상금 부과율은 지체상금이 발생된 계약(단가계약의 경우 납품요구)의 종결물품대 대비 지체상금 부과액의 비율로 산정한다.

(적용례) 최근 6개월 이내 3건의 지급(종결)건이 있을 경우

계약번호 (납품요구번호)	계약(납품요구) 종결물품대	지체상금	지체발생계약 (납품요구) 종결물품대	지체상금 부과액	지체상금부과율 (비고)
A	7,000,000	350,000	7,000,000	350,000	"A"는 분할납품
	3,000,000	0	0	0	
B	20,000,000	0	0	0	
C	15,000,000	420,000	15,000,000	420,000	
계			**22,000,000**	**770,000**	**3.5%**

* 지체상금 부과율 = 지체상금 부과액/지체발생 계약(납품요구)종결물품대 = 770,000/22,000,000 = 0.035 = 3.5%

2. 불공정하도급거래

1) 공정거래위원회로부터 입찰공고일 기준 최근 2년 이내에 하도급법 상습 위반자로 통보 받은 자

2) 공정거래위원회로부터 입찰공고일 기준 최근 2년 이내에 불공정하도급거래 행위로 과징금 부과 처분을 통보 받은 자

3. '삭제' <2020. 10. 1.>

4. 하자조치 불이행

1) 조달품질원장으로부터 입찰공고일 기준 최근 2년 이내에 하자조치 불이행자로 공개된 자

5. 중복평가

1) "사. 불공정계약행위" 심사항목 내에 각 항목은 중복하여 평가한다.

⑧ "아. 고용관련 법령위반행위" 평가는 다음 각 호에 따른다

1. 체불사업주

1) "A"는 입찰공고일을 기준으로 고용노동부장관이 공개중인 체불사업주 명단의 "사업장"을 기준으로 적용한다.

2) '삭제' <2022.7.18.>

2. 고용개선조치 미이행

1) 고용노동부장관으로부터 입찰공고일 기준 최근 2년 이내에 적극적 고용개선조치 미이행 사업주로 명단이 공개된 자

가) 2017.5.22. 이후 명단이 공개된 자에 대하여 적용

3. **중복평가**

1) "아. 고용관련법령위반행위" 심사항목 내에 각 항목은 중복하여 평가한다.

[별지 제1호]

적 격 심 사 신 청 서

ㅇ 구 매 관 리 번 호 :
ㅇ 심 사 대 상 물 품 :
ㅇ 수 요 기 관 :
ㅇ 입 찰 일 시 :

위 건 물품 제조·구매입찰의 적격심사와 관련하여 적격심사 자기평가 및 심사표와 제증빙 자료를 신의 성실의 원칙에 입각하여 붙임과 같이 작성 제출하며, 만일 제출한 서류가 허위 또는 부정한 방법으로 작성된 사실이 확인될 경우에는 계약예규 「적격심사기준」 및 「국가를 당사자로 하는 계약에 관한 법령」 등에 따라 처리하여도 아무런 이의를 제기하지 않겠음을 확약합니다.

20 . . .

심 사 대 상 입 찰 자 주 소 :
업 체 명 :
대 표 자 : (인) 또는 (서명)

붙임 1. 적격심사 자기평가 및 심사표 1부
2. 항목별 평점세부내역 1부
3. 물품납품(판매)실적증명원 또는 물품납품(판매)실적확인서 각 1부
4. 기타 첨부서류 (신인도 평가관련 증빙자료 등, 공공구매정보망에서 확인되지 않는 자료)

조 달 청 장 귀하

접 수 증

1. 구 매 관 리 번 호 : 3. 수 요 기 관 :
2. 심 사 대 상 물 품 : 4. 제 출 자 :
5. 붙 임 서 류 확 인
1) 2)
3) 4)
5)

위 건 물품 제조·구매입찰 적격심사신청서 및 관련서류를 접수하였음을 확인합니다.

20 . . .

조 달 청 장 (인)

[별지 제2호] (모든 입찰 공통)

적격심사 자기평가 및 심사표

1. 심사대상물품

구매관리번호	
입 찰 일 시	
품 명	
수 량	
입 찰 금 액	
추 징 가 격	

2. 심사대상입찰자

업 체 명	(전화)
대 표 자	
업태구분	제조( ), 공급( ), 기타( )

3. 회사를 대표하는 연락책임자 인적사항

담당부서	
직 위	
성 명	
연 락 처	(팩스)

4. 종합평가

(1) 제4조 제1항 제1호에서 정한 입찰

(단위 : 점)

구 분	배점 한도	자기 평점	심사 평점
계	100		
납품실적	5		
기술능력	10		
경영상태	30		
입찰가격	55		
신 인 도	+5 ~ −5		
결격사유	-30		

* 항목별 평점 세부내역(별지 제2-1호)

(2) 제4조 제1항 제2호 및 제3호에서 정한 입찰

(단위 : 점)

구 분	배점 한도	자기 평점	심사 평점
계	100		
경영상태	30		
입찰가격	70		
신 인 도	+3 ~ −2		
결격사유	-30		

* 항목별 평점 세부내역(별지 제2-2호)

[별지 제2-1호]

항목별 평점 세부내역 (제4조 제1항 제1호)

종합평점	(　　)점

평가대상업종	

Ⅰ. 해당물품 납품이행능력 : (　　)점

1. 납품실적 : (　　)점

가. 최근5년 이내의 납품실적(계약목적물과 동등이상물품)(부가가치세 제외)

납품실적(a)	추정가격(b)	계산 : (a/b)x100	등급	평점

또는

납품수량(a)	입찰수량(b)	계산 : (a/b)x100	등급	평점

나. 최근5년 이내의 납품실적(계약목적물과 유사물품)(부가가치세 제외)

납품실적(a)	추정가격(b)	계산 : (a/b)x100	등급	평점

또는

납품수량(a)	입찰수량(b)	계산 : (a/b)x100	등급	평점

2. 기술능력

가. 기술등급 : (　　)점 (“등급표시”)

3. 경영상태 : (　　)점

가. 신용평가등급 : (“등급표시”)

Ⅱ. 입찰가격 : (　　)점

입찰가격(a)	예정가격(b)	계산 : 55-2x ∣(88/100-a/b)x100∣	평점

* 입찰가격이 예정가격 이하로서 예정가격의 100분의 95.5 이상인 경우의 평점은 40점으로 평가한다.
* 최저평점은 2점으로 한다.
* 단, 입찰가격에 대한 평가는 조달청에서 작성한다.

Ⅲ. 신인도 : (　　)점

심사항목	평가요소	배점한도	등급내용	평점

[별지 제2-2호]

항목별 평점 세부내역

(제4조 제1항 제2호 및 제3호)

종합평점	(　　)점

평가대상업종	

Ⅰ. 해당물품 납품이행능력 : (　　)점

1. 경영상태 : (　　)점

가. 신용평가등급 : ("등급표시")

Ⅱ. 입찰가격 : (　　)점

입찰가격(a)	예정가격(b)	- 계산 : 70-2x | (88/100-a/b)x100 | (제4조 제1항 제2호) - 계산 : 70-4x | (88/100-a/b)x100 | (제4조 제1항 제3호)	평점

* 입찰가격이 예정가격 이하로서 예정가격의 100분의 95.5(제4조 제1항 제2호), 91.75(제4조 제1항 제3호) 이상인 경우의 평점은 55점으로 평가한다.

* 최저평점은 2점으로 한다.

* 단, 입찰가격에 대한 평가는 조달청에서 작성한다.

Ⅲ. 신인도 : (　　)점

심사항목	평가요소	배점한도	등급내용	평점

[별지 제3호]

물품납품(판매) 실적증명원

<table>
<tr><td rowspan="5">신 청 인</td><td>업 체 명</td><td colspan="4"></td><td colspan="2">대 표 자</td><td></td></tr>
<tr><td>사 업 장 소 재 지</td><td colspan="4"></td><td colspan="2">전 화 번 호</td><td></td></tr>
<tr><td>사업자등록번호</td><td colspan="4"></td><td colspan="2">제 출 처</td><td>조달청</td></tr>
<tr><td>용 도</td><td colspan="7">물품 제조·구매입찰의 낙찰자 결정을 위한 적격심사 신청용</td></tr>
<tr><td>업 태 구 분</td><td colspan="7">제 조 ( ), 공 급 ( ), 기 타 ( )</td></tr>
<tr><td colspan="9">계 약 및 납 품 내 용</td></tr>
<tr><td rowspan="2">구 분</td><td rowspan="2">품명 및 규격</td><td rowspan="2">단 위</td><td colspan="3">계 약 내 용</td><td colspan="3">납 품 내 용</td></tr>
<tr><td>계약번호
(계약일자)</td><td>수 량</td><td>금 액</td><td>납품요구번호
(납품일자)</td><td>수 량</td><td>금 액</td></tr>
<tr><td>계약목적물과
동등이상물품</td><td></td><td></td><td></td><td></td><td></td><td></td><td></td><td></td></tr>
<tr><td>계약목적물과
유사물품</td><td></td><td></td><td></td><td></td><td></td><td></td><td></td><td></td></tr>
<tr><td>품명 및 상세
규격보충설명</td><td colspan="8"></td></tr>
<tr><td rowspan="4">증명원
발 급</td><td colspan="8">위의 사실을 증명합니다.
년 월 일</td></tr>
<tr><td colspan="8">기 관 명 : (인) (전화번호 :)</td></tr>
<tr><td colspan="8">주 소 : (팩스번호 :)</td></tr>
<tr><td colspan="8">담당부서 : 담당자 :</td></tr>
</table>

※ 【주】

① 민간거래실적은 계약서, 세금계산서, 거래명세표 등 증빙자료를 첨부하여야 하며, 특히 필요한 경우 공급받는 자의 거래사실 확인서를 제출하게 할 수 있다.

② 납품실적은 입찰공고에서 명시한 성능, 품질 등의 조건에 부합된 경우에 한하며 "규격"난에는 동 납품 물품에 대한 규격 내용을 구체적으로 명시하여야 한다.

③ 납품금액란은 기재 후 투명 접착테이프를 붙여 증명을 받아야 한다.

④ 조달청과 계약납품한 실적은 본 증명원 대신 [별지 제4호] 서식으로 대체한다.

[별지 제4호]

발급번호 제 호

내자 (계약/납품) 실 적 증 명 서

신 청 인	상 호		대 표 자	
	주 소			
	사 업 자 등록번호		전화번호	
용 도			제 출 처	

번호	년월일	품 명	수량	금 액(원)	납품일자	납 품 처
물품분류번호	물품식별번호	규 격				
합 계 : 건 원						

위 신청인은 위와 같이 우리청과 (계약/납품)한 실적이 있음을 증명합니다.

년 월 일

조 달 청 장

담당부서	
책 임 자	
담 당 자	
연 락 처	

[별지 제5호]

제 출 서 류 목 록 표

심사 분야	연번	내 용	발 급 기 관 (확 인 기 관)	비 고
총괄	1	적격심사신청서	신청자	[별지 제1호] 참조
	2	적격심사자기평가 및 심사표	-〃-	[별지 제2호] 참조
		- 항목별 평점 세부내역	-〃-	[별지 제2-1, 제2-2호] 참조
납품실적	3	물품납품(판매)실적증명원 또는 물품납품(판매)실적확인서	납품받은 기관(수요기관) 또는 조달청	[별지 제3호, 제4호] 참조
기술능력	4	<삭제>	<삭제>	
		<삭제>		
		<삭제>		
경영상태	5	기술등급 확인서	해당 기술신용정보업자	(제출생략)
		신용평가등급 확인서	해당 신용정보업자	(제출생략)
신인도	6	고도인증	관계기관 등	
	7	일반인증	관계기관 등	
	8	기타(여성기업, 장애인고용기업 지원 등)	조달청, 심사대상자, 고용노동부 등 관계기관	

※ 【주】 ① 제출 서류 중 『조달청 신용평가등급 조회시스템』 또는 『중소기업제품 공공구매종합정보망』(www.smpp.go.kr)을 통해 확인이 불가능하여 사본을 제출하는 경우 원본을 제시하여야 하며, 동 사본에는 **"사실과 서로 다르지 않음"**을 대표자가 확인·날인하여야 한다.

종합계약집행요령

기획재정부계약예규 제255호, 2015.9.21, 일부개정

제1조(목적 및 적용범위) ① 이 예규는 「국가를 당사자로 하는 계약에 관한 법률 시행령」(이하 "시행령"이라 한다) 제71조에 의한 종합계약의 체결방법 기타 필요한 사항을 정함을 목적으로 한다.

② 이 예규는 국가기관, 지방자치단체 또는 「공공기관의 운영에 관한 법률」 제4조 내지 제6조에 의한 공공기관(이하 "국가기관"이라 한다)이 집행하는 공사에 적용된다.

제2조(정의) 이 예규에서 사용하는 용어의 정의는 다음과 같다.

1. "종합계약"이라 함은 「국가를 당사자로 하는 계약에 관한 법률」 제24조에 의해 동일 장소에서 서로 다른 국가기관 중 2개 기관 이상이 관련되는 공사 등에 대하여 관련기관협의체를 구성하여 공동으로 체결하는 계약을 말한다.
2. "간선시설공사"라 함은 다음과 같다.
   가. 공사기간동안 도로의 점용·굴착 또는 기타의 사유로 인해 교통체증, 소음 등을 유발함으로써 인근지역 주민들의 생활에 지장을 초래할 것이 예상되는 공사로 추정금액이 30억원 이상인 도로등 토목공사와 추정금액이 10억원 이상인 전기·전기통신·가스·상하수도·교통안전시설·포장공사 등
   나. 「택지개발촉진법」, 「주택법」, 「산업입지 및 개발에 관한 법률」, 「도시 및 주거환경 정비법」 등에서 규정하는 택지·주택단지·대지·공단조성지역 및 정비구역 등의 사업시행지역 내에서 집행하려는 도로등 토목공사와 전기·전기통신·가스·상하수도·교통안전시설·포장공사 등
3. "종합계약공사"라 함은 제4조에 의하여 조달청장이 종합계약에 의하는 것이 적합하다고 인정한 간선시설공사로서 도로관리청이 동 계약방식에 의할 것을 조건으로 허가·협의 또는 승인(이하 "허가"라 한다)하거나, 사업실시계획의 승인 또는 인가권자(이하 "인가권자"라 한다)가 동 계약방식에 의하도록 승인·인가(이하 "인가"라 한다)한 사업실시계획상의 간선시설공사를 말한다.
4. "관련기관협의체"라 함은 종합계획에 의하도록 허가·인가된 공사의 관련기관이 해당 계약을 공동으로 집행하기 위해 잠정적으로 결성한 조식제를 말한다.
5. "지하구"라 함은 복수의 기관들이 각각 필요한 전기, 전기통신, 가스, 상하수도시설

등을 동시에 설치할 수 있도록 된 터널형태의 지하구조물을 말한다.
6. "도로관리청"이라 함은 「도로법」 제20조에 의한 도로관리청을 말한다.

제3조(사업계획서 등의 작성·제출) ① 제2조제2호 "가"목의 간선시설공사를 집행하려는 각 국가기관의 장은 「도로법 시행령」 제30조에 따라 도로관리청에 제출하는 도로점용에 관한 사업계획서에 다음 각호의 사항을 명시하여야 한다.

1. 공사의 개요
2. 공사의 예상금액
3. 공사기간
4. 공사장의 위치
5. 기타 공사집행에 필요한 사항

② 제2조제2호 "나"목에 정한 사업시행지역 내에서 사업을 시행하려는 사업시행자 또는 사업시행주체는 간선시설공사 등의 관련기관들과 협의하여 사업의 실시계획서를 작성하고, 이를 인가권자에게 제출하여야 하며, 사업의 실시계획서에 간선시설공사 등에 대한 제1항 각호의 사항을 명시하여야 한다.

제4조(종합계약 적격여부 심사) ① 제3조제1항에 의하여 사업계획서를 제출받은 도로관리청은 동 사업계획서상 동일 도로에서 집행될 공사의 기간조정 등을 통하여 동시에 공사시행이 가능하다고 판단될 경우에는 그 대상공사 및 사업계획서를 조달청장에게 통보한다.

② 제3조제2항에 의하여 사업의 실시계획서를 제출받은 인가권자는 간선시설공사의 공사기간조정 등을 통하여 동시에 공사시행이 가능하다고 판단될 경우에는 그 대상공사 및 그 사업의 실시계획서를 조달청장에게 통보한다.

③ 조달청장은 제1항 및 제2항에 의하여 사업계획서 및 사업의 실시계획서를 통보받을 경우에는 종합계약에 의하는 것이 적합한지를 심사하여 그 결과를 도로관리청 및 인가권자에게 통보한다.

④ 도로관리청 또는 인가권자는 제3항에 의하여 종합계약에 의하는 것이 적합하다고 판단된 경우 종합계약에 의한 공사의 집행을 조건으로 도로점용을 허가하거나 사업의 실시계획을 인가한다.

⑤ 도로관리청 또는 인가권자는 간선시설공사를 지하구형태로 집행하는 것이 가능하거나 공동굴착이 기술상 가능하다고 판단될 경우에는 이에 의한 공사의 집행을 조건으로 허가 또는 인가한다.

제5조(관련기관협의체의 구성) ① 제4조에 의하여 종합계약에 의하여 공사를 집행하도록 된 기관들(이하 "관련기관들"이라 한다)은 종합계약의 집행을 위한 관련기관협의체를 구성하여야 한다.

② 관련기관협의체 구성기관들은 동 협의체를 대표하는 기관(이하 "대표관련기관"이라 한다)을 선임하여야 한다.

③ 제2항에 의한 선임은 원칙적으로 종합계약공사로 판정이 난 공사중 도로공사가 있는 경우에는 도로공사를 집행하는 기관으로, 도로공사가 없는 경우에는 공사의 예상금액이 가장 높은 기관으로 한다.

④ 제2항에 의해 선임된 대표관련기관은 계약상대자 및 제3자에 대하여 관련기관협의체를 대표한다.

제6조(관련기관 협정서의 작성) ① 관련기관협의체는 제9조제1항에 의하여 계약을 체결하고자하는 경우에는 관련기관 상호간의 권리, 의무 및 책임등에 관하여 필요한 사항을 규정하기 위하여 관련기관협정서를 작성·비치하고 계약체결 요청시에는 그 1부를 조달청장에게 제출한다.

② 관련기관협의체는 제9조제2항에 의하여 직접 공사계약을 체결하고자 하는 경우, 관련기관협의체의 협의에 의해 대표기관집행방식과 공동집행방식중 하나를 택일하고 이에 따라 별지 제1호 및 제2호를 참고하여 종합계약관련기관협정서를 작성한다.

제7조(종합집행계획서의 작성) ① 관련기관협의체는 각 관련기관의 사업계획서와 사업시행자의 사업실시계획서 등을 참고로 하여 다음 각호의 내용이 포함된 종합집행계획서를 작성하여 기획재정부장관, 도로관리청장과 사업시행자에게 제출하도록 하며, 이 경우에는 종합집행계획서의 작성, 제출책임은 대표관련기관의 장이 진다.

1. 공사의 개요
2. 공사의 종합설계서 및 총 설계금액
3. 공사기간
4. 발주방법 및 발주예정시기
5. 공사장의 위치
6. 기타 공사집행에 필요한 사항

② 대표관련기관은 종합집행계획서의 원활한 작성을 위해 제14조제1항의 운영협의체의 계약업무담당자들과 협의하여야 한다.

제8조(예산배정 및 지출한도액 통지) 제7조에 의하여 종합집행계획서를 제출받은 기획재정부장관은 예산배정 및 지출한도액 통지를 함에 있어 해당 공사가 차질없이 집행될 수 있도록 협조한다.

제9조(계약체결) ① 관련기관협의체는 종합집행계획서 1부를 첨부하여 조달청장에게 계약체결을 요청하여야 한다.

② 관련기관협의체는 종합계약공사의 시공, 감독, 하자보수 등에 관한 기술적인 특수성 혹은 종합계약의 특수성을 고려하여 직접 공사계약을 체결함이 적합하다고 인정되는

공사로서 조달청장과 미리 협의한 경우에는 제1항에도 불구하고 직접 공사계약을 체결할 수 있다.

③ 조달청장은 제1항에 의하여 계약체결을 요청받은 때에는 「조달사업에 관한 법률 시행규칙」 제11조 내지 제15조에 의하여 계약업무를 집행하여야 한다.

제10조(입찰공고) ① 관련기관협의체는 시행령 제33조에 의한 입찰공고시에 시행령 제36조에서 정한 입찰공고의 내용에 더하여 해당 공사가 종합계약에 의한다는 것을 명시하여야 한다.

② 관련기관협의체는 입찰공고시 종합계약공사중 2개 이상 공종의 복합공사로서 일괄발주가 가능한 간선시설공사들은 일괄하여 복합공사로 발주할 수 있으며, 이 경우에는 특별한 사유가 없는 한 공동계약이 가능하다는 것을 입찰공고에 명시하여야 한다.

제11조(예정가격) 제9조제1항에 의하여 조달청장에게 계약체결이 요청된 경우에는 종합계약공사의 예정가격을 조달청장이 작성하며, 제9조제2항에 의하여 관련기관협의체가 직접계약을 체결하는 경우에는 대표관련기관이 제14조제1항의 운영협의체의 계약업무 담당자들과 협의하여 예정가격을 작성한다.

제12조(권리행사 및 의무의 이행) 각 관련기관은 관련기관협의체의 구성원으로서 이 예규 및 관련기관협정서에서 정하는 바에 따라 신의와 성실의 원칙에 따라 이를 이행하여야 한다.

제13조(정부의 위탁·보조를 받아 공사를 집행하는 자 등에의 준용) ① 국가기관의 위탁 또는 보조(총공사금액의 100분의 30이상의 보조를 받는 경우에 한한다)를 받아 공사를 집행하는 자가 시행하는 공사에 대하여도 이 요령을 준용한다.

② 도로관리청은 민간 가스공급업자들에 대하여도 필요하다고 인정될 경우에는 종합계약을 조건으로 도로점용을 허가할 수 있고, 이 요령을 준용할 수 있다.

제14조(운영협의체) ① 관련기관협의체는 각 구성기관의 장이 임명한 계약업무담당자를 위원으로 하는 운영협의체를 설치하여 계약의 집행에 관한 제반사항을 협의한다.

② 관련기관협정서에 규정되지 아니한 사항 및 구성기관간의 분쟁은 운영협의체에서 협의하여 처리하며, 구성기관 간에 합의가 이루어지지 않을 때에는 대표관련기관의 장이 결정한다.

제15조(보칙) 조달청장은 종합계약적격여부의 심사기준·심사기간·세부적인 예정가격의 결정방법·계약체결 위탁 경우에 각 관련기관별 공사비분담방법 등 이 예규에 정하여지지 않은 사항에 관하여 세부운영기준을 정할 수 있다.

제16조(재검토기한) 「훈령 · 예규 등의 발령 및 관리에 관한 규정」에 따라 이 예규에

대하여 2016년 1월 1일 기준으로 매3년이 되는 시점(매 3년째의 12월 31일까지를 말한다)마다 그 타당성을 검토하여 개선 등의 조치를 하여야 한다. <개정 2015.9.21>

부 칙(2012.7.4)

제1조(시행일) 이 계약예규는 2012년 7월 9일부터 시행한다.

제2조(적용례) 이 예규 시행일 이후 입찰공고를 한 분부터 적용한다.

부 칙(2012.9.21)

제1조(시행일) 이 계약예규는 2012년 9월 22일부터 시행한다.

부 칙(2014.1.10)

제1조(시행일) 이 계약예규는 2014년 1월 10일부터 시행한다.

제2조(적용례) 이 예규는 시행일 이후 입찰공고를 한 분부터 적용한다.

부 칙(2015.9.21)

제1조(시행일) 이 계약예규는 2015년 9월 21일부터 시행한다.

[별지 제1호]

관련기관표준협정서(대표기관집행방식)

제1조[목적] 이 협정서의 목적은 종합계약집행요령제6조제2항에 따라 아래의 종합계약공사를 집행함에 있어 관련기관중 대표관련기관과 여타 관련기관간에 공사의 계획, 발주, 입찰, 계약체결, 감독 및 준공검사, 대가지급등에 관한 사항을 협약함에 있다.

1. 공사명 :
2. 공사기간 :
3. 공사장의 위치 :
4. 공사의 총설계금액 :
5. 공사의 종합설계서 : 별첨

제2조[관련기관협의체] 관련기관협의체의 명칭, 사업소의 소재지는 다음 각호와 같다.

1. 명 칭 :
2. 주사무소소재지 :

제3조[관련기관협의체의 관련기관] ① 관련기관협의체(이하"협의체")의 관련기관은 다음 각호와 같다.

1. 000 (계약업무담당자:)
2. 000 (계약업무담당자:)

② 협의체의 대표기관은 0 0 으로 한다.

제4조[책임] 대표기관은 단독으로 계약상대자가 되며 계약상대자 및 제3자에 대하여 협의체의 의무이행에 대하여 단독으로 책임을 진다.

제5조[효력기간] 본 협정서는 관련기관간의 서명과 더불어 발효하며 해당 계약의 이행으로 종결된다. 다만 본 협정서의 효력은 계약상대자 또는 제3자에 대하여 공사와 관련한 권리의무관계가 남아있는 한 존속된다.

제6조[감독 및 검사] ① 공사의 감독 및 검사는 대표관련기관과 계약상대자간에 이루어지며, 대표관련기관은 여타 관련기관에 대하여 감독 및 검사의 내용에 대한 책임을 진다.

② 관련기관은 공사감독요원을 임명하여 공사현장에 파견하고 관련기관의 고유기술 및 기능에 대한 감독이 원활히 되도록 협조한다.

제7조[보증금의 부과 등] 대표관련기관은 계약상대자에게 각종 보증금을 부과하고 이를 수납, 보관한다.

제8조[대가지급] ① 선급금, 대가 등은 각 관련기관이 각자 관련이 있는 공사부분의 계약금액 비율에 따라 분담하며 각자의 분담분을 대표관련기관에게 지급한다.

② 이 경우 여타관련기관은 운영위원회의 합의에 따라 각자의 분담분에 운영협의체에서 합의된 일정비율을 곱한 금액을 공사의 부대비용으로 대표관련기관에 납부하여야 한다.

③ 대표관련기관은 국가를 당사자로 하는 계약에 관한 법령이 정하는 바에 따라서 계약상의 선급금, 대가 등을 계약상대자에게 지급한다.

제9조[하자담보책임] 협의체가 해산한 후 해당 공사에 관하여 하자가 발생하는 경우에는 대표관련기관이 계약상대자로 하여금 그 하자를 보수하게 하여야 한다.

[별지 제2호]

관련기관표준협정서(공동집행방식)

제1조[목적] 이 협정서의 목적은 종합계약집행요령제6조제2항에 따라 아래의 종합계약공사를 집행함에 있어 관련기관간에 공사의 계획, 발주, 입찰, 계약체결, 감독 및 준공검사, 대가지급등에 관한 사항을 협약함에 있다.

1. 공사명 :
2. 공사기간 :
3. 공사장의 위치 :
4. 공사의 총설계금액 :
5. 공사의 종합설계서 : 별첨

제2조[관련기관협의체] 관련기관협의체의 명칭, 사업소의 소재지는 다음과 같다.

1. 명 칭 :
2. 주사무소소재지 :

제3조[관련기관협의체의 관련기관] ①관련기관협의체(이하 "협의체")의 관련기관은 다음 각호와 같다.

1. 000 (계약업무담당자:)
2. 000 (계약업무담당자:)

② 협의체의 대표기관은 0 0 으로 한다.

제4조[책임] ① 입찰의 실시, 계약상대자의 선정과 계약체결은 대표관련기관이 협의체 관련기관과 협의하여 시행한다.

② 각 관련기관은 계약서에 연명함으로써 공동으로 계약당사자가 된다.

③ 관련기관전체에 공통되는 공사부문에 대한 공사집행책임은 대표관련기관이, 공통되지 않는 공사부분에 대한 공사집행책임은 각 해당관련기관이 진다.

제5조[효력기간] 본 협정서는 관련기관의 서명과 더불어 발효하며 해당 계약의 이행으로 종결된다. 다만 본 협정서의 효력은 계약상대자 또는 제3자에 대하여 공사와 관련한 권리의무관계가 남아있는 한 존속된다.

제6조[감독 및 검사] 관련기관 전체에 공통되는 부분의 공사에 대해서는 대표관련기관이 감독 및 검사를 행하고 공통되지 않은 부분의 공사는 해당관련기관이 각각 감독 및 검사를 행한다.

제7조[보증금의 부과등] ① 대표관련기관은 계약상대자에게 각종 보증금을 부과하고 이를 수납, 보관한다.

② 대표관련기관은 하자보수보증금을 수납한 경우 공통되지 않은 부분에 대한 하자보수보증금은 각 관련기관에 지급하여 각자 보관토록 한다.

제8조[대가지급] ① 선급금, 대가 등은 국가를 당사자로 하는 계약에 관한 법령이 정하는 바에 의하여 지급하되 관련기관 전체에 공통되는 부분에 대해서는 각 관련기관이 각자의 계약금액 비율만큼 부담하여 대표관련기관에서 지급한 후 대표관련기관이 이를 계약상대자에게 지급하며, 공통되지 않은 부분에 대해서는 각 해당관련기관이 계약상대자에게 각자의 분담금을 지급한다.

② 여타 관련기관은 공통되는 부분에 대한 대가 지급시 운영협의체에서 합의된 금액을 부대비용으로 대표관련기관에 납부한다.

제9조[하자담보책임] 협의체가 해산한 후 해당 공사에 관하여 하자가 발생하는 경우에는 전체에 공통되는 하자에 대하여는 대표관련기관이, 각자에게만 해당하는 하자에 대해서는 각 관련기관이 단독으로, 계약상대자로 하여금 그 하자를 보수하게 하여야 한다.

20 년 월 일

(인)

(인)

(인)

20 년 월 일

(인)

(인)

(인)

공사계약 종합심사낙찰제 심사기준

기획재정부계약예규 제801호, 2025.10.30. 일부개정

제1장 총 칙

제1조(목적) 이 예규는 「국가를 당사자로 하는 계약에 관한 법률 시행령」(이하 "시행령"이라 한다) 제42조제4항제1호 및 제2호에 의한 낙찰자 결정시의 심사방법·항목·배점한도 등 심사기준과 각 중앙관서의 장 또는 계약담당공무원이 준수하여야 할 사항을 정함을 목적으로 한다. <개정 2018.12.31>

제2조(정의) 이 예규에서 사용하는 용어의 정의는 다음과 같다.

1. "전자조달시스템"이란 시행령 제13조제4항에 따른 전자조달시스템을 말한다.
2. "심사위원회"란 제12조에 따른 물량심사 및 시공계획심사를 위하여 시행령 제42조제7항에 따라 구성한 위원회를 말한다.
3. "세부공종"이란 물량내역서 및 산출내역서에 물량 및 단위가 표시된 최소단위 공종을 말한다.
4. "균형가격"이란 입찰금액을 평가하기 위한 기준으로, 제8조에 따라 산정한 금액을 말한다
5. "균형단가"는 제8조의 규정에 따른 균형가격 산정방법과 동일한 방법으로 세부공종별로 산정한 단가를 말한다.
6. "추정물량"이란 발주기관이 입찰공고시 제공한 물량내역서의 물량으로 입찰자의 산출내역서 작성을 돕기 위해 제시한 물량을 말한다.
7. "입찰물량"이란 입찰자가 발주기관이 제시한 설계서, 물량내역서의 추정물량 등을 참고하여 작성한 산출내역서 상의 물량을 말한다.
8. "최종물량"이란 산출내역서의 입찰물량 적정성을 판단하기 위하여 발주기관에서 확정한 물량을 말한다.
9. "시공비율"이란 공동수급협정서상의 각 구성원의 공사참여지분율에 시공능력평가액을 한도로 하여 산정한 비율을 말한다.
10. "상호시장 진출 허용 공사"란 국토교통부 고시 「건설공사 발주 세부기준」 제6조 및 제7조에 따라 시공자격을 갖춘 건설사업자의 입찰참가를 허용하는 공사를 말한다. <신설 2021.3.19.>

제3조(심사기준) ① 시행령 제42조제4항제1호 및 제2호에 따른 심사(이하 "종합심사낙찰제"라 한다)는 공사의 규모 및 난이도에 따라 다음 각호의 심사기준에 따라 실시한다.

<개정 2018.12.31>

1. 발주기관이 물량·시공계획을 심사할 필요가 있다고 인정하는 고난이도 공사(이하 이 예규에서 "고난이도 공사"라고 한다): 제10조 내지 제13조, [별표1-2], [별표2] 내지 [별표4]
2. 시행령 제42조제4항의 공사 중 추정가격 300억원 이상이면서 제1호에 해당하지 않는 공사(이하 이 예규에서 "일반공사"라고 한다): 제10조 내지 제13조, [별표1-1], [별표2] 내지 [별표4] <개정 2019.12.18.>
3. 시행령 제42조제4항의 공사 중 추정가격 300억원 미만이면서 제1호에 해당하지 않는 공사(이하 이 예규에서 "간이형 공사"라고 한다): 제10조 내지 제13조, [별표1-3], [별표2] 내지 [별표4] <신설 2019.12.18.>

② 제1항에도 불구하고 시행령 제42조제4항제2호의 공사는 국가유산청장이 기획재정부장관의 승인을 받아 절차 및 심사기준을 정할 수 있다.

제4조(세부심사기준의 작성) ① 각 중앙관서의 장 또는 계약담당공무원은 제3조제1항의 심사기준에 대한 세부심사기준을 정할 때에는 이 예규에 규정된 바에 따라 낙찰자가 선정될 수 있도록 하되, 다음 각 호의 사항을 포함하여야 한다.

1. 하도급계획서 작성 및 제출방법
2. 물량산출근거·시공계획서 작성 및 제출방법(고난이도 공사에 한한다)
3. 기타 이 예규에서 세부심사기준으로 정하도록 한 사항

② 각 중앙관서의 장 또는 계약담당공무원은 제1항에도 불구하고 공사의 특성·내용 및 당해 공사가 속한 시장상황 등을 고려할 때 필요하다고 인정할 경우에는 기획재정부장관과 협의하여 [별표1] 내지 [별표4]의 심사항목에 대한 배점한도를 가·감 조정하거나 심사항목을 추가 또는 제외할 수 있다.

③ 각 중앙관서의 장 또는 계약담당공무원은 제1항에 따라 세부심사기준을 정함에 있어 관련 기관 및 협회 등에서 전기·정보통신·소방 등 기타공사 또는 「건설산업기본법」 제2조제6호에 따른 전문공사에 대한 통계 등 평가 기초자료를 수집·작성하지 아니하는 경우에는 제2항에도 불구하고 해당공사에 대하여 배점한도를 적용하거나 평가에서 제외하게 할 수 있다. <신설 2023.6.30.>

제5조(입찰공고) 각 중앙관서의 장 또는 계약담당공무원은 입찰공고에 다음 각 호의 사항을 명시하여야 한다.

1. 종합심사낙찰제 적용 대상이라는 점
2. 종합심사기준 열람에 관한 사항, 심사에 필요한 서류와 제출기한 등
3. 하도급계획서를 작성하여 제출한 경우에는 하도급계획서에 따라 하도급계약을 체결할 의무가 부여됨과 불이행 시 차기 입찰에서 받을 불이익
4. 배치기술자 시공경력 평가시 제출한 계획서(배치 예정 기술자 목록 등)에 따라

이행할 의무가 부여됨과 동시에 불이행시 차기 입찰에서 받을 불이익

5. 시공계획 심사시 제출한 계획서에 따라 이행할 의무가 부여됨과 동시에 불이행시 차기 입찰에서 받을 불이익
6. 우선순위 시공계획 및 물량심사대상자의 수 및 심사절차(단, 고난이도 공사에 한한다)
7. 「국가를 당사자로 하는 계약에 관한 법률」(이하 "법"이라 한다) 제5조의2에 따른 청렴계약서의 내용 및 청렴계약 위반시 받을 계약의 해제·해지, 입찰참가자격 제한 등
8. 법령, 행정규칙 등에서 입찰공고에 명시하도록 정한 사항

제6조(현장설명시 교부서류) ① 각 중앙관서의 장 또는 계약담당공무원은 다음 각 호의 서류를 해당 공사 현장설명에 참가하는 자에게 교부하여야 한다.

1. 산출내역서 작성방법 및 하도급계획서 작성방법
2. 물량산출근거, 시공계획서 작성방법(단, 고난이도 공사에 한한다)
3. 설계도면, 물량내역서(단, 순수내역입찰로 발주하는 공사에 대하여는 물량내역서를 교부하지 아니한다) <개정 2016.12.30.>
4. 입찰금액 산정에 참고가 되는 자료 <개정 2016.12.30.>
5. 표준시장단가를 적용한 세부공종 및 표준시장단가
6. 세부심사기준
7. 그 밖의 참고사항을 기재한 서류

② 각 중앙관서의 장 또는 계약담당공무원은 현장설명을 실시하지 아니하거나 현장설명을 실시하는 경우라도 필요하다고 인정되는 때에는 전자조달시스템에 제1항 각 호의 서류를 게재함으로써 입찰에 참가하고자 하는 자에 대한 교부를 갈음할 수 있다. <개정 2019.12.18.>

제7조(입찰서 등의 제출) ① 각 중앙관서의 장 또는 계약담당공무원은 입찰자로 하여금 입찰시 다음 각 호의 서류를 제출하게 하여야 한다. 다만, 제3호는 제10조에 따른 종합심사점수가 최고점인자에 한하여 제출하게 할 수 있으며 제5호는 고난이도 공사에 한하여 제출하게 하여야 한다. <개정 2023.6.30.>

1. 입찰서
2. 제6조제1항제1호에 따라 교부한 산출내역서 작성방법에 따른 산출내역서
3. 제6조제1항제1호에 따라 교부한 하도급계획서 작성방법에 따른 하도급계획서 <개정 2019.12.18., 2023.6.30.>
4. 심사를 위해 입찰공고에서 발주기관이 요구한 자료. 다만, 배치기술자 심사관련 서류의 제출일은 최초의 종합 심사서류 제출요구일로부터 15일 이후로서 중앙관서의 장 또는 계약담당공무원이 별도로 지정한 날까지 제출하도록 하여야 한다.

<개정 2019.12.18., 2024.9.13.>

5. 제12조에 따른 심사를 위해 발주기관이 요구한 자료

② 각 중앙관서의 장 또는 계약담당공무원은 제6조제1항제2호에 따라 교부한 물량산출근거 작성방법에 따른 입찰자의 물량산출근거 및 시공계획서 작성방법에 따른 시공계획서는 제11조에 따라 물량·시공계획 심사대상자로 선정된 자에 한하여 제출하게 하여야 하며, 입찰자는 선정 통보를 받은 날부터 15일 이내에 발주기관에 물량산출근거 등을 제출하여야 한다.
<개정 2025.1.24.>

제8조(균형가격 산정) ① 균형가격을 산정하는데 있어서 다음 각 호의 어느 하나에 해당하는 입찰금액은 제외한다.

1. 입찰서상의 금액과 산출내역서상의 금액이 일치하지 아니한 입찰인 경우
2. 입찰금액이 예정가격보다 높거나 예정가격의 100분의 70 미만인 경우
3. 이윤 또는 세부공종에 음(-)의 입찰금액이 있는 경우. 다만 발주기관의 금액이 음(-)의 금액인 경우에는 제외한다.
4. 항목별 입찰금액의 합계가 발주기관이 지정하여 투찰하도록 하거나 해당법령에서 정해진 금액 또는 비율에 의하여 산출한 금액의 합계의 1000분의 997 미만인 경우(다만, 국민건강보험료, 국민연금보험료, 노인장기요양보험료는 발주기관이 반영하도록 한 금액보다 낮은 경우) <개정 2016.12.30.>
5. 발주기관이 작성한 내역서상 세부공종에 표준시장단가가 적용된 경우로서 세부공종별 입찰금액이 발주기관 내역서상 세부공종별 금액의 1000분의 997미만인 경우 <개정 2016.12.30.>
6. 입찰자의 산출내역서상 직접노무비가 발주기관이 작성한 내역서상 직접노무비의 100분의 80 미만인 경우 <개정 2016.12.30.>
7. 기타 발주기관의 세부 심사기준에서 제외토록 명시한 경우

② 제1항에 해당하는 입찰금액을 제외한 입찰금액의 상위 100분의 20이상과 하위 100분의 20이하에 해당하는 입찰금액을 제외한 입찰금액을 산술평균하여 균형가격을 산정한다. 다만, 제1항에 해당하는 입찰금액을 제외한 입찰금액이 10개 미만인 경우에는 상위 100분의 50이상과 최하위 1개의 입찰서를 제외하고, 제1항에 해당하는 입찰금액을 제외한 입찰금액이 10개 이상 20개 이내인 경우에는 상위 100분의 40이상과 하위 100분의 10이하를 제외한다.

제2장 종합심사 방법

제9조(심사서류의 보완) ① 각 중앙관서의 장 또는 계약담당공무원은 제7조에 따라 입찰시 제출된 산출내역서, 하도급계획서 등의 내용이 불명확하여 인지할 수 없는

경우에는 기한을 정하여 보완을 요구할 수 있다. 다만, 제7조제1항제3호에 따른 하도급계획서 등의 서류 미비 및 오류에 대하여는 1회에 한하여 보완하게 할 수 있다. <개정 2019.12.18., 2023.6.30.>

② 각 중앙관서의 장 또는 계약담당공무원은 제1항에 따른 기한까지 보완을 요구한 서류가 제출되지 아니한 경우 당초 제출된 서류만으로 심사하되, 당초 제출된 서류가 불명확하여 심사하기가 곤란한 경우에는 심사에서 제외할 수 있다.

제10조(종합심사 점수 산정) ① 간이형 공사는 공사수행능력점수(경영상태점수 포함), 사회적 책임점수(공사수행능력점수의 배점한도 내에서 가산한다), 입찰금액점수(단가 심사점수 및 하도급 계획 심사점수 포함) 및 계약신뢰도 점수를 합산하여 종합심사 점수를 산정한다. <신설 2019.12.18.>

② 일반공사는 공사수행능력점수, 사회적 책임점수(공사수행능력점수의 배점한도 내에서 가산한다), 입찰금액점수(단가 심사점수 및 하도급 계획 심사점수 포함) 및 계약신뢰도 점수를 합산하여 종합심사 점수를 산정한다.

③ 고난이도 공사는 공사수행능력점수, 사회적 책임점수(공사수행능력점수의 배점한도 내에서 가산한다), 입찰금액점수(단가 심사점수, 하도급계획 심사점수, 물량심사 점수 및 시공계획 심사점수 포함) 및 계약신뢰도 점수를 합산하여 종합심사 점수를 산정한다.

④ 제1항부터 제3항에 따라 종합심사 점수를 산정할 때 제8조제1항에 해당하는 입찰자는 종합심사 점수를 산정하지 아니하며 낙찰자에서 배제한다. <개정 2019.12.18.>

⑤ 제1항부터 제3항에도 불구하고 각 중앙관서의 장 또는 계약담당공무원은 하도급계획 심사는 하도급 계획을 제외한 종합심사점수가 최고점인 자부터 순차적으로 심사할 수 있다. <개정 2019.12.18.>

제11조(물량 및 시공계획 심사대상자 선정) 각 중앙관서의 장 또는 계약담당공무원은 고난이도 공사에 대하여 제10조제1항 및 제5항에 따라 점수를 산정한 후 물량·시공계획 점수를 제외한 점수가 최고점 순으로 입찰공고에서 정하는 일정한 수의 업체를 우선순위 물량심사 및 시공계획심사 대상자로 선정한다. <개정 2019.12.18.>

제12조(물량 및 시공계획 심사) ① 각 중앙관서의 장 또는 계약담당공무원은 제11조에 따라 우선순위 물량·시공계획의 심사대상자로 선정된 자에 한하여 물량 및 시공계획을 심사한다.

② 각 중앙관서의 장 또는 계약담당공무원이 물량심사를 함에 있어서는 세부공종별로 물량의 적정성을 심사하여야 하며, 심사할 세부공종을 다음 각 호와 같이 정할 수 있다. 다만, 심사할 세부공종을 정할 경우 제1호는 반드시 포함하여야 한다.

1. 해당 공사의 규모 및 중요도 등에 따라 물량심사 대상으로 입찰공고에 명시한 세부공종

2. 동일한 세부공종에서 발주기관이 작성한 추정물량, 심사대상자가 작성한 입찰물량 및 다른 입찰참가자가 작성한 입찰물량 상호간 격차가 큰 세부공종
3. 기타 입찰공고에 명시한 기준에 해당하는 세부공종

③ 각 중앙관서의 장 또는 계약담당공무원은 제14조에 따른 심사위원회에서 물량·시공계획을 심사하여야 한다.

제13조(낙찰자 결정) ① 제10조의 종합심사 점수가 최고점인 자를 낙찰자로 결정한다. 다만, 고난이도 공사의 경우에는 우선순위 물량·시공계획 심사대상자 중 1인 이상이 제10조제2항 및 제4항에 따른 종합심사 점수가 차순위 물량·시공계획 심사대상자의 제10조제1항 및 제4항에 따른 종합심사 점수를 초과하는 경우에는 차순위자의 물량·시공계획 심사 없이도 우선순위 물량·시공계획 심사대상자를 대상으로 낙찰자를 결정할 수 있다.

② 종합심사 점수가 최고점인 자가 둘 이상인 경우에는 다음 각 호의 순으로 낙찰자를 결정한다.

1. 공사수행능력점수와 사회적책임점수의 합산점수(사회적책임점수는 공사수행능력점수의 배점한도내에서 가산한다)가 높은 자
2. 입찰금액이 균형가격에 근접한 자, 다만, 균형가격이 예정가격의 100분의 88 이상인 경우에는 입찰금액이 낮은 자 <개정 2021.12.1., 2023.6.30.>
   가. 삭제 <2023.6.30.>
   나. 삭제 <2023.6.30.>
3. 공사수행능력점수가 높은 자 <신설 2023.6.30.>
4. 사회적책임점수가 높은 자 <신설 2023.6.30.>
5. 입찰공고일을 기준으로 최근 1년간 종합심사낙찰제로 낙찰받은 계약금액(공동수급체로 낙찰받은 경우에는 전체 공사부분에 대한 지분율을 적용한 금액을 말한다)이 적은 자 <제3호에서 이동 2023.6.30.>
6. 추첨 <제4호에서 이동 2023.6.30.>

③ 제1항 및 제2항에도 불구하고 예정가격이 100억원 미만인 공사의 경우에는 입찰가격을 예정가격 중 다음 각 호에 해당하는 금액의 합계액의 100분의 98 미만으로 입찰한 자는 낙찰자에서 제외한다.

1. 재료비 · 노무비 · 경비
2. 제1호에 대한 부가가치세

④ 각 중앙관서의 장 또는 계약담당공무원은 제1항 또는 제2항의 규정에 의하여 낙찰자를 결정한 경우 해당자에게 지체없이 통보하여야 한다.

제3장 기타

제14조(위원회 구성) 각 중앙관서의 장 또는 계약담당공무원은 제12조에 따른 심사를 실시하는 공사에 대하여는 시행령 제42조제7항에 따른 위원회의 심의를 거쳐 낙찰자를 결정하여야 한다.

제15조(결격사유 등) ① 입찰자가 부도, 파산, 해산, 부정당업자 제재, 영업정지(건설업 등의 등록말소·취소 포함), 입찰무효 등 상태에 있는 경우에는 심사대상에서 제외(이하 이 조에서 "결격사유"라 한다)한다.

② 공동수급체를 구성하여 입찰에 참가한 경우로서 공동수급체의 일부 구성원에 결격사유가 있는 경우에는 해당 구성원을 제외하고 잔존 구성원의 시공비율 또는 분담내용을 변경하거나 결격사유가 발생한 구성원을 대신할 새로운 구성원을 추가하도록 하여 재심사한다. 다만, 공동수급체 대표자에게 결격사유가 있는 경우에는 해당 공동수급체 전체를 심사대상에서 제외한다. <개정 2024.9.13.>

③ 제1항 및 제2항의 해석에 있어 부도 및 파산의 경우로서 「채무자회생 및 파산에 관한 법률」에 따라 법원으로부터 기업회생절차개시결정을 받고 정상적인 금융거래의 재개를 확인할 수 있는 서류를 제출하는 경우에는 결격사유로 보지 아니한다.

제16조(부정한 방법으로 심사서류를 제출한 자 등에 대한 처리) ① 각 중앙관서의 장 또는 계약담당공무원은 제7조에 따라 제출된 서류가 위조, 변조, 부정 또는 허위로 작성된 것으로 판명된 때에는 다음 각 호와 같이 처리하여야 한다.

1. 계약체결 이전인 경우에는 낙찰자 결정대상에서 제외 또는 결정 통보를 취소한다.
2. 계약체결 이후인 경우에는 해당 계약을 해제 또는 해지할 수 있다.

② 각 중앙관서의 장 또는 계약담당공무원은 제1항에 해당하는 자에 대하여 시행령 제76조에 의한 입찰참가자격 제한조치를 하여야 한다.

제17조(입찰결과의 공개 등) 각 중앙관서의 장 또는 계약담당공무원은 개찰 후 즉시 입찰참가업체별 입찰금액을 전자조달시스템 또는 발주기관의 정보처리장치를 통하여 공개하여야 하며, 「독점규제 및 공정거래에 관한 법률」 제19조의2의 규정 등에 따라 입찰관련정보를 공정거래위원회에 제출하여야 한다.

제18조(설계변경에 의한 계약금액조정의 제한) 각 중앙관서의 장 또는 계약담당공무원은 고난이도 공사(발주기관이 물량내역수정을 허용한 공종에 한한다)에 대하여는 물량내역서의 누락사항이나 오류 등으로 설계를 변경하는 경우에도 그 계약금액을 증액할 수 없다.

제4장 보칙

제19조(재검토기한) 이 예규는 「훈령·예규 등의 발령 및 관리에 관한 규정」에 따라

이 예규에 대하여 2016년 1월1일을 기준으로 매3년이 되는 시점(매3년째의 12월31까지를 말한다)마다 그 타당성을 검토하여 개선 등의 조치를 하여야 한다.

부 칙(2016.1.1.)

제1조(시행일) 이 계약예규는 2016년 1월1일부터 시행한다.

제2조(적용례) 이 예규는 시행일 이후 최초로 입찰공고를 한 계약부터 적용한다.

제3조(하도급계획에 대한 경과규정) 각 중앙관서의 장 또는 계약담당공무원은 이 예규의 시행일 이전에 입찰공고한 계약의 하도급계획과 관련하여 계약상대자가 요청할 경우 이 예규 [별표3]에 정해진 바와 같이 하도급계획을 변경토록 할 수 있으며, 변경된 하도급계획에 따라 이행여부를 확인하여야 한다.

제4조(다른 계약예규의 폐지) 계약예규「최저가낙찰제의 입찰금액 적정성 심사기준」은 폐지한다.

제5조(다른 계약예규 폐지에 대한 경과규정) 이 계약예규의 시행일 이전에 최초로 입찰공고를 한 계약분에 대하여는 계약예규「최저가낙찰제의 입찰금액 적정성 심사기준」의 폐지에도 불구하고 동 예규를 적용한다.

부 칙(2016.12.30.)

제1조(시행일) 이 계약예규는 2016년 12월30일부터 시행한다.

제2조(적용례) 제6조, [별표1-1], [별표1-2] 및 [별표3]의 개정규정은 이 계약예규 시행일 이후 최초로 입찰공고하는 분부터 적용한다.

부 칙(2017.12.28.)

제1조(시행일) 이 계약예규는 2018년 4월1일부터 시행한다.

제2조(적용례) [별표1-1] 및 [별표1-2]의 개정규정은 이 예규 시행 후 최초로 입찰공고를 하는 경우부터 적용한다.

부 칙(2018.12.31.)

제1조(시행일) 이 계약예규는 2019년 3월 5일부터 시행한다.

제2조(적용례) 이 계약예규는 부칙 제1조에 따른 시행일 이후 입찰공고 하는 경우부터 적용한다.

부 칙(2019.6.1.)

제1조(시행일) 이 계약예규는 2019년 8월 1일부터 시행한다.

제2조(적용례) 이 예규 시행일 이후 입찰공고를 한 분부터 적용한다.

부 칙(2019.12.18.)

제1조(시행일) 이 계약예규는 2019년 12월18일부터 시행한다. 다만 [별표3] 제2호.마

목.3)의 개정규정은 2020년3월18일부터 시행하고, [별표4] 제1호의 개정규정은 2020년7월1일부터 시행한다.

제2조(적용례) 이 계약예규는 부칙 제1조에 따른 시행일 이후 입찰공고를 한 분부터 적용한다.

제3조(사회적 책임분야 중 건설안전 심사방법에 관한 적용례) [별표4] 1.마.1)의 가중평균 산정시 다음 각 호에 따라 종전의 사망만인율을 활용한다.

1. 시행일로부터 1년 이내: 최근년도 1년전 사망만인율 및 최근년도 2년전 사망만인율(단, 최근년도 1년전 사망만인율 또는 최근년도 2년전 사망만인율을 산정하지 않은 경우에는 최근년도 사고사망만인율과 산정한 연도 사망만인율의 평균값으로 한다)
2. 시행일로부터 2년 이내: 최근년도 2년전 사망만인율(단, 최근년도 1년전 사고사망만인율 또는 최근년도 2년전 사망만인율을 산정하지 않은 경우에는 최근년도 사고사망만인율과 산정한 연도 사망만인율 또는 사고사망만인율의 평균값으로 한다)

제4조(하도급계획심사에 대한 경과규정) 제9조 단서의 개정규정은 2020년 12월17일까지 효력을 가진다. 다만, 2020년 12월 17일까지 입찰공고한 사업에 대해서는 제9조 단서의 개정규정을 적용한다.

부　　칙(2020.4.7.)

제1조(시행일) 이 계약예규는 2020년 4월7일부터 시행한다. 다만, 제13조제3항의 개정규정은 2020년 5월 27일부터 시행한다.

제2조(적용례) 이 계약예규는 부칙 제1조에 따른 시행일 이후 입찰공고를 한 분부터 적용한다.

부　　칙(2020.12.28.)

제1조(시행일) 이 계약예규는 2021년 3월28일부터 시행한다.

제2조(적용례) 이 계약예규는 부칙 제1조에 따른 시행일 이후 입찰공고하는 경우부터 적용한다.

부　　칙(2021.3.19.)

제1조(시행일) 이 계약예규는 2021년 3월 28일부터 시행한다.

제2조(적용례) 이 계약예규는 부칙 제1조에 따른 시행일 이후 입찰공고 하는 경우부터 적용한다.

제3조(시공비율 평가방법에 관한 적용례) [별표2] 9. 가. 시공비율 산정 시 상호시장 진출 허용 공사에 대해 국토교통부에서 종합·전문업종간 상호시장 진출을 위한 시공능력평가액을 공시하기 전에는 시공비율 대신 공동수급협정서상 참여지분율을 적용할

수 있다.

부　　칙(2021.12.1.)

제1조(시행일) 이 계약예규는 2022년 1월 1일부터 시행한다.

제2조(적용례) 이 계약예규는 부칙 제1조에 따른 시행일 이후 입찰공고 하는 경우부터 적용한다.

부　　칙(2022.6.1.)

제1조(시행일) 이 계약예규는 2022년 6월 1일부터 시행한다.

제2조(적용례) 이 계약예규는 부칙 제1조에 따른 시행일 이후 입찰공고하는 경우부터 적용한다.

부　　칙(2023.6.30.)

제1조(시행일) 이 계약예규는 2023년 6월 30일부터 시행한다.

제2조(적용례) 이 계약예규는 부칙 제1조에 따른 시행일 이후 입찰공고하는 경우부터 적용한다.

제3조(하도급계획심사에 관한 적용례) 제9조의 개정규정에 대해서는 기획재정부계약예규 제473호 (계약예규) 공사계약 종합심사낙찰제 심사기준 일부개정예규 부칙 제4조를 적용하지 아니한다.

부　　칙(2024.9.13.)

제1조(시행일) 이 계약예규는 2024년 9월 13일부터 시행한다.

제2조(적용례) 이 계약예규는 부칙 제1조에 따른 시행일 이후 입찰공고하는 경우부터 적용한다.

부　　칙(2025. 1.24.)

제1조(시행일) 이 계약예규는 2025년 1월 24일부터 시행한다.

제2조(적용례) 이 계약예규는 부칙 제1조에 따른 시행일 이후 입찰공고를 하거나 수의계약을 체결하는 경우부터 적용한다.

부　　칙(2025.10.30.)

제1조(시행일) 이 예규는 10월 30일부터 시행한다.

제2조(유효기간) 이 계약예규는 부칙 제1조에 따른 시행일 이후 입찰공고 하는 경우부터 적용한다.

제3조(중대재해 관련 감점 적용례) [별표2] 11. 건설안전 심사 "차." 항목의 평가는 시행일 이후 발생하는 중대재해부터 적용하며, 고용노동부가 공표(또는 통지)한 자료를 기준으로 평가한다.

[별표1-1] <개정 2017.12.28, 2018.12.31, 2021.12.1, 2025.10.30>

일반공사의 분야별 심사항목 및 배점기준

<table>
<tr><th>심사 분야</th><th colspan="2">심사 항목</th><th>가중치</th><th>비고</th></tr>
<tr><td rowspan="9">공사수행능력
(40~50점)</td><td rowspan="3">전문성</td><td>시공실적
(시공인력)</td><td>20~30%</td><td rowspan="9"></td></tr>
<tr><td>매출액 비중</td><td>0~20%</td></tr>
<tr><td>배치 기술자</td><td>20~30%</td></tr>
<tr><td rowspan="3">역량</td><td>공공공사 시공평가 점수</td><td>25~45%</td></tr>
<tr><td>규모별 시공역량</td><td>0~20%</td></tr>
<tr><td>공동수급체 구성</td><td>1~5%</td></tr>
<tr><td>일자리</td><td>건설인력 고용</td><td>2~3%</td></tr>
<tr><td>건설
안전</td><td>안전관리 역량</td><td>2~4%</td></tr>
<tr><td colspan="2">소계</td><td>100%</td></tr>
<tr><td rowspan="3">입찰금액
(50~60점)</td><td colspan="2">금액</td><td>100%</td><td rowspan="3"></td></tr>
<tr><td rowspan="2">가격
산출의
적정성</td><td>단가</td><td rowspan="2">감점</td></tr>
<tr><td>하도급계획</td></tr>
<tr><td rowspan="3">사회적 책임
(가점 1점)</td><td colspan="2">공정거래</td><td>40~60%</td><td rowspan="3">※ 공사수행능력에 가산</td></tr>
<tr><td colspan="2">지역경제 기여도</td><td>40~60%</td></tr>
<tr><td colspan="2">소계</td><td>100%</td></tr>
<tr><td rowspan="4">계약신뢰도
(감점)</td><td colspan="2">배치기술자 투입계획 위반</td><td>감점</td><td rowspan="4"></td></tr>
<tr><td colspan="2">하도급관리계획 위반</td><td>감점</td></tr>
<tr><td colspan="2">하도급금액 변경 초과비율 위반</td><td>감점</td></tr>
<tr><td colspan="2">고난이도공사의 시공계획 위반</td><td>감점</td></tr>
</table>

* 공사수행능력 점수와 입찰금액 점수를 합한 총점은 100점으로 한다.

[별표1-2] <개정 2017.12.28, 2018.12.31, 2021.12.1, 2025.10.30>

고난이도 공사의 분야별 심사항목 및 배점기준

<table>
<tr><th>심사 분야</th><th colspan="2">심사 항목</th><th>가중치</th><th>비고</th></tr>
<tr><td rowspan="10">공사수행능력
(40~50점)</td><td rowspan="3">전문성</td><td>시공실적
(시공인력)</td><td>20~30%</td><td rowspan="10"></td></tr>
<tr><td>매출액 비중</td><td>0~20%</td></tr>
<tr><td>배치 기술자</td><td>20~30%</td></tr>
<tr><td rowspan="3">역량</td><td>공공공사 시공평가 점수</td><td>25~45%</td></tr>
<tr><td>규모별 시공역량</td><td>0~20%</td></tr>
<tr><td>공동수급체 구성</td><td>1~5%</td></tr>
<tr><td>일자리</td><td>건설인력 고용</td><td>2~3%</td></tr>
<tr><td>건설
안전</td><td>안전관리 역량</td><td>2~4%</td></tr>
<tr><td colspan="2">소계</td><td>100%</td></tr>
<tr><td colspan="2"></td><td></td></tr>
<tr><td rowspan="5">입찰금액
(50~60점)</td><td colspan="2">금액</td><td>100%</td><td rowspan="5"></td></tr>
<tr><td rowspan="4">가격
산출의
적정성</td><td>단가</td><td rowspan="4">감점</td></tr>
<tr><td>하도급계획</td></tr>
<tr><td>물량</td></tr>
<tr><td>시공계획</td></tr>
<tr><td rowspan="3">사회적 책임
(가점 1점)</td><td colspan="2">공정거래</td><td>40~60%</td><td rowspan="3">※ 공사수행능력에 가산</td></tr>
<tr><td colspan="2">지역경제 기여도</td><td>40~60%</td></tr>
<tr><td colspan="2">소계</td><td>100%</td></tr>
<tr><td rowspan="4">계약신뢰도
(감점)</td><td colspan="2">배치기술자 투입계획 위반</td><td>감점</td><td rowspan="4"></td></tr>
<tr><td colspan="2">하도급관리계획 위반</td><td>감점</td></tr>
<tr><td colspan="2">하도급금액 변경 초과비율 위반</td><td>감점</td></tr>
<tr><td colspan="2">시공계획 위반</td><td>감점</td></tr>
</table>

* 공사수행능력 점수와 입찰금액 점수를 합한 총점은 100점으로 한다.

[별표1-3] <신설 2019.12.18, 2021.12.1, 2025.10.30>

간이형 공사의 분야별 심사항목 및 배점기준

심사 분야	심사 항목		가중치	비고
공사수행능력 (40점)	경영상태	경영상태	20~30%	
	전문성	시공실적	20~30%	
		배치 기술자	20~30%	
	역량	공공공사 시공평가 점수	10~20%	
		규모별 시공역량	0~20%	
		공동수급체 구성	10~20%	
	건설안전	안전관리 역량	2~5%	
	소계		**100%**	
입찰금액 (60점)	입찰금액		100%	
	가격 산출의 적정성(감점)	단가	감점	
		하도급계획		
	소계		**100%**	
사회적책임 (가점: 1.5점)	공정거래		20~60%	※ 공사수행능력에 가산
	건설인력고용		20~60%	
	지역경제 기여도		20~60%	
	소계		**100%**	
계약신뢰도 (감점)	배치기술자 투입계획 위반		감점	
	하도급관리계획 위반		감점	
	하도급금액 변경 초과비율 위반		감점	
	시공계획 위반		감점	

* 공사수행능력 점수와 입찰금액 점수를 합한 총점은 100점으로 한다. <신설 2021.12.1>

[별표2]

공사수행능력 세부 심사방법

1. 시공실적 심사

가. 시공실적 심사는 입찰참가업체가 보유한 입찰공고일 기준 10년 이내 준공된 해당 발주공사와 동일한 공법, 구조형식 등의 시공실적경험을 건수, 금액, 규모 등의 기준으로 합산하여 심사하는 것을 말한다. 다만, 발주기관이 경쟁성 확보 등을 위해 필요하다고 인정하는 경우 입찰공고일 기준 최근 20년 이내의 범위에서 준공된 시공실적을 기준으로 심사할 수 있다. <개정 2019.12.18., 2024.9.13.>

나. 시공실적 심사의 계산식은 다음과 같다.

$$\text{시공실적점수} = \text{배점} \times \frac{\sum_{i=1}^{n} \text{동일 공사 실적}_i \times A_i}{\text{당해공사의 동일 공사 규모} \times B}$$

* A : 실적의 경과기간에 따른 조정 계수 (예시: 3년미만 1, 3~5년 0.9, 5년이상 0.8)

** B : 만점기준을 조정하는 계수

주:

1) 동일공사실적이란 사업추진에 핵심적인 기술에 해당하고 총 공사의 10%이상의 비용·노동력·시간이 소요되는 3개 이내의 항목(이하 "동일공사 실적"이라 한다)을 말한다.
2) 다만, 공사의 특성상 동일공사 실적을 지정할 수 없는 경우에는 발주기관의 세부 심사기준과 입찰공고에 명시된 경우에 한하여 예외적으로 해당 발주공사와 동일한 업종(토목, 건축 등) 또는 공종그룹(교통/수자원/기타토목, 주거/비주거 등) 실적(이하 "일반공사 실적"이라 한다)으로 심사할 수 있다.
3) 각 조정계수는 발주기관이 공사특성, 규모 등을 반영하여 설정한다.
4) 시공실적은 관련협회 및 발주기관에서 심사하여 발급한 증명서에 의하여 확인한다.
5) 공동수급체의 경우 구성원별 시공실적에 시공비율을 반영하지 아니하고 합산한다. 다만, 일반공사 및 간이형 공사의 실적을 심사하는 경우에는 그러하지 아니하다. <개정 2019.12.18>

다. 각 중앙관서의 장 또는 계약담당공무원은 입찰공고에 다음 항목을 명시하여야 한다.

(1) 동일공법, 구조형식 등의 명칭

(2) 심사기준(건수, 금액, 규모 등)

(3) 보유실적 인정기준(예시 : 경간 80m 이상인 트러스교(truss bridge) 시공건수)

(4) 기타 심사관련 참고사항

라. 각 중앙관서의 장 또는 계약담당공무원은 해당 중앙관서의 사업 특성 및 공사유형별 발주현황 등을 고려하여 세부 심사기준에 동일공사 분류를 명시하여야 한다.

1-1. 시공인력 심사

가. 시공인력 심사는 입찰참가 업체가 제1호에 의한 시공실적 대신 동 공사 참여경험이 있는 인력을 제출하는 경우 이를 심사하는 것을 말한다.

나. 일반공사 실적을 심사하는 경우에 대하여는 시공인력 심사로 대체하지 아니하며, 동일공사 실적을 심사하는 경우로서 각 중앙관서의 장 또는 계약담당공무원은 해당공사의 난이도, 해당공사를 수행할 수 있는 자의 수 등을 고려하여 입찰공고에 시공인력 심사 대상이 아님을 명시한 경우에는 시공인력 심사로 대체하지 아니할 수 있다.

다. 시공인력 심사는 심사대상 인력의 등급에 따라 발주기관이 정한 점수를 부여하며 시공인력 등급 계산식은 다음과 같다.

> 시공인력 등급= ∑ 등급계수×경력계수×관리능력계수
>
> 주:
>
> 1) 등급계수: 기술자 등급(특급, 고급, 중급, 초급), 경력계수(동일공사 현장경력), 관리능력 계수(동일공사 현장대리인 경력)
> 2) 시공인력은 시공실적 증명서(제1호 다. 기준을 충족한 증명서에 한함)에 의거 건설기술인협회 또는 발주기관이 세부 심사기준에 명시한 관련협회가 발급한 기술자 경력증명서에 의해 확인한다.

라. 각 중앙관서의 장 또는 계약담당공무원은 입찰참가 업체가 보유한 시공인력의 기술자격등급, 공사참여경력 등이 적정히 반영될 수 있도록 세부 심사기준을 작성하여 집행하되 세부 심사기준에는 다음의 사항이 반영되도록 하여야 한다.

(1) 시공인력심사의 만점은 시공실적 심사의 배점한도로 한다.

(2) 공동수급체의 경우 구성원별 시공인력에 시공비율을 반영하지 아니하고 합산한다.

2. 동일공종그룹 매출액비중 심사

가. 매출액비중 심사는 입찰참가 업체의 동일공종그룹(토목업종은 교통시설, 수자원시설, 기타토목시설로 분류하고, 건축업종은 주거시설, 비주거시설로 분류) 실적이 동 업체의 해당 업종(토목, 건축)실적에서 차지하는 비중을 심사하는 것을 말한다.

나. 각 중앙관서의 장 또는 계약담당공무원은 가.에서 규정되지 아니한 업종 및 동일공종그룹에 대하여는 세부 심사기준에 별도의 업종 및 동일공종그룹을 설정할 수 있다.

다. 매출액비중 심사는 매출액비중의 등급에 따라 발주기관이 정한 점수를 부여하며 매출액비중 등급 계산식은 다음과 같다.

> $$\text{매출액 비중} = \text{배점} \times \frac{\text{10년간 동일공종그룹 실적총액}}{\text{10년간 동일업종 실적총액}}$$
>
> 주:
>
> 1) 공동수급체의 경우 매출액 비중 심사는 구성원별 매출액 비중 점수에 시공비율을 곱한 후 합산하는 방식에 의한다.
> 2) 발주기관은 입찰공고에 명시한 경우 최근 실적에 대한 우대 가중치를 적용할 수 있다.
> 3) 기성실적 총액은 관련협회에서 발급한 증명서에 의해 확인한다.

3. 배치기술자 시공경력 심사

가. 배치기술자 심사는 입찰참가 업체가 공사현장에 배치할 현장대리인 및 분야별 책임자의 시공참여 경력을 심사하는 것을 말한다. 다만, 간이형 공사의 경우에는 분야별 책임자의 시공참여 경력 심사를 제외할 수 있다. <개정 2019.12.18.>

나. 해당 입찰참가업체에 6개월 미만 재직한 자는 평가점수의 80%만 인정한다.

다. 현장대리인 배치예정자의 경력심사는 동일공종그룹 공사 참여실적을 대상으로 하는 것을 원칙으로 하되, 발주기관이 현장대리인의 특수한 공사 참여실적이 필요하다고 인정하는 경우에는 동일공종그룹에 포함되는 1개 이상의 세부공사(이하 "동일·유사공사"라 한다) 참여실적으로 심사할 수 있다.

$$\text{평점} = \left(\frac{\text{현장대리인 근무일수} \times A}{\text{필요 근무연수} \times 365} + \frac{\text{기타직위 근무일수}}{\text{필요 근무연수} \times 365} \right) \times \text{배점}$$

주:
1) 필요 근무연수란 만점을 부여하는 최소 근무연수를 말하는 것으로 발주기관이 해당 공사의 기술자 현황 등을 고려하여 결정한다.
2) 동일·유사공사를 2개 이상 지정한 경우에는 모든 동일·유사공사 근무일수를 합산하여 평가한다.
3) A계수(현장대리인 가중치)는 1~3 범위에서 발주기관이 결정한다.
4) 공동수급체의 경우 현장대리인은 공동수급체 대표자 소속이어야 한다.
5) 시공경력은 건설기술인협회 또는 발주기관이 세부 심사기준에 명시한 관련협회에서 발급한 증명서에 의하여 확인한다.

라. 분야별 책임자 배치예정자의 경력심사는 다음과 같이 실시하며 계산식은 다음과 같다.

(1) 분야별 책임자란 시공책임자, 품질책임자, 안전책임자를 말하며 최소한 시공책임자, 품질책임자, 안전책임자 각 1인(다만, 시공책임자는 추정가격 500억원 이상 1,000억원 미만 공사의 경우 2인, 추정가격 1,000억원 이상 공사의 경우 3인)을 포함하도록 하여야 한다.

(2) 시공책임자의 경력심사는 동 배치예정자의 과거 동일공종그룹 공사 참여실적을 대상으로 평가한다.

(3) 품질 또는 안전책임자의 경력심사는 각각 동 배치예정자의 과거 동일업종 공사의 품질 또는 안전 관련업무 경력을 대상으로 평가한다.

$$\text{평점} = \frac{\text{근무일수}}{\text{필요 근무연수} \times 365} \times \text{배점}$$

주:
1) 필요 근무연수란 만점을 부여하는 최소 근무연수를 말하는 것으로 발주기관이 해당 공사의 기술자 현황 등을 고려하여 결정하되, 현장대리인에 대한 필요 근무연수보다 길게 정할 수 없다.
2) 공동수급체의 경우 공동수급체가 공동으로 제출하는 배치예정기술자를 심사한다.
3) 시공경력은 건설기술인협회 또는 발주기관이 세부 심사기준에 명시한 관련협회에서 발급한 증명서에 의하여 확인한다.

마. 각 중앙관서의 장 또는 계약담당공무원은 현장대리인 및 분야별 책임자의 경력으로 인정되는

직위의 범위를 해당 공사의 기술자 현황 등을 고려하여 입찰공고시 명시하여야 한다.

바. 각 중앙관서의 장 또는 계약담당공무원은 현장대리인 및 분야별책임자가 건설산업기본법, 건설기술진흥법, 산업안전보건법 등 관련법령에서 정하는 요건을 갖추도록 하여야 한다.

사. 배치기술자는 원칙적으로 교체하지 못하며 다음의 경우에 한하여 각 중앙관서의 장 또는 계약담당공무원(조달사업법 제3조에 따라 조달청에 의뢰하여 계약한 공사로서 수요기관이 공사관리를 하는 경우에는 수요기관 담당공무원을 말한다. 이하 "사." 및 "아."에서 이와 같다)의 승인을 받아 당초 심사시 취득한 점수 이상의 점수를 획득할 수 있는 기술자(배치기술자의 변경요청일을 기준으로 판단하되, (1)내지 (3) 및 (5)의 경우에는 변경요청일 현재 6개월 이상 근무할 것을 요하지는 아니한다)로 대체할 수 있다.

(1) 배치기술자의 사망, 퇴직 등 근무관계가 종료된 경우

(2) 배치기술자의 질병, 출산 등으로 정상적인 근무가 곤란한 경우

(3) 배치기술자가 해당 현장에 배치된 때로부터 3년 이상이 경과되고 해당 공사의 공정률이 50%를 초과하는 경우

(4) 2개 이상의 공사에 동일한 배치기술자 투입계획을 제출하여 2개 이상의 공사에 낙찰예정인 경우

(5) 기타 발주기관이 세부 심사기준에 배치기술자의 교체사유로 명시한 경우

아. 각 중앙관서의 장 또는 계약담당공무원은 매년 2회 이상 배치기술자 투입계획 준수여부를 점검하여야 하며 승인없이 배치기술자를 교체하는 등 위반사항이 발견된 경우 즉시 그 위반사실을 통보하여야 하며 위반사항을 통보한 날로부터 2년동안 해당 업체의 배치기술자 심사 점수에서 일정 비율을 감점한다(해당 발주기관의 향후 발주공사에 한함). 다만, 2개 이상의 공사에 동일 기술자를 투입하는 계획서를 제출하여 2개 이상의 공사에 낙찰예정인 경우로서 해당 기술자를 배치하지 못하는 공사에 대하여 각 중앙관서의 장 또는 계약담당공무원이 요청한 기한까지 동등 점수 이상을 획득할 수 있는 기술자로 교체하지 못하는 경우에는 낙찰되지 아니한 것으로 보며, 감점하지 아니한다.

자. 나. 에도 불구하고 각 중앙관서의 장 또는 계약담당공무원은 공사규모별 시공역량 심사를 실시하는 공사로서 다음의 요건을 모두 충족하는 공사의 입찰에 있어서 등급별 유자격자 명부상 3등급 이하 업체에 대하여는 배치기술자가 3개월 이상 재직한 경우 평가점수의 100%를 부여할 수 있다. <신설 2018.12.31>

1) 발주기관별로 작성한 등급별 유자격자명부 중 3등급 이하에 해당하는 공사

2) 제3조제1항제2호의 공사로서 기술수준이 평이한 공사

차. 나. 에도 불구하고 각 중앙관서의 장 또는 계약담당공무원은 제3조제1항제3호의 공사에 대하여 최초의 종합 심사서류 제출요구일로부터 15일 이후로서 발주기관이 정하는 기준일까지 배치기술자가 재직한 경우 평가점수의 100%를 부여할 수 있다. <신설 2019.12.18>

4. 시공평가결과 심사

가. 시공평가결과 심사는 입찰참가 업체의 건설기술진흥법 제50조에 의한 시공평가결과를 심사하는 것을 말한다.

나. 시공평가결과 심사는 시공평가결과 점수별 등급에 따라 발주기관이 정한 점수를 부여한다.

다. 시공평가결과는 최근 3년간 입찰참가 업체가 동일공종그룹 공사에 대해 받은 시공평가결과 점수(2015.1.1 이후 시공평가결과에 한한다)를 공사규모에 따라 가중 평균하여 심사한다(단, 공동이행방식의 경우 공동수급체 구성원의 시공평가결과는 공동수급체 대표자가 받은 시공평가결과를 적용한다.)

라. 입찰참가업체의 시공평가결과는 한국시설안전공단이 관리하는 자료를 활용한다.

마. 동일공종그룹에 대한 시공평가 결과가 없는 업체의 경우 해당 업체가 받은 동일업종(토목, 건축 등)에 대한 시공평가 결과를 적용하며, 동일업종 시공평가 결과도 없는 경우에는 기본점수를 부여한다.

바. 공동수급체의 경우 시공평가결과 심사는 구성원별 시공평가결과 점수에 시공비율을 곱한 후 합산하는 방식에 의한다.

사. 다.·마.·바.의 규정에도 불구하고 2017.12.31까지는 다음과 같은 방식으로 심사한다.

(1) 입찰참가업체가 동일업종 공사에 대해 받은 시공평가결과 점수를 대상으로 심사하되, 각 중앙관서의 장 또는 계약담당공무원이 동일업종 공사에 대한 시공평가결과를 활용할 경우에도 시공평가결과 심사가 곤란하다고 인정하는 경우에는 전체 공사에 대한 시공평가결과로 심사할 수 있다.

(2) 공동수급체의 경우에는 공동수급체 대표자와 참여비율이 30% 이상인 업체(이하 "시공평가 대상업체"라 한다)를 심사대상으로 하며, 평가는 각 시공평가 대상업체의 시공평가결과 점수에 전체 시공평가 대상업체에서 해당 시공평가 대상업체가 차지하는 비율을 곱하여 합산한다.

(3) 시공평가 결과가 없는 시공평가 대상업체는 기본점수를 부여한다.

5. 공사규모별 시공역량 심사

가. 규모별 시공역량 심사는 공사 규모에 따른 적정 규모의 건설업체간 경쟁을 유도하기 위한 심사를 말한다.

나. 동 심사는 발주기관별로 작성한 등급별 유자격자명부에 의한다. 동 명부에 의한 2등급이하의 공사는 상위 등급의 공동도급 참여 지분율에 따라 점수를 감하는 방식으로 심사한다.

6. 공동수급체 구성 심사

가. 공동수급체 구성 심사란 공동수급체의 구성여부 및 공동수급체 중 대표자를 제외한 구성원의 참여비율(이하 "공동수급체 구성원 비율"이라 한다)을 심사하는 것을 말한다.

나. 공동수급체 구성 심사는 공동수급체 구성원 비율별 등급에 따라 발주기관이 정한 점수를 부여한다.

다. 각 중앙관서의 장 또는 계약담당공무원은 다음 사항을 준수하여 세부 심사기준에 공사규모에 따른 등급표를 규정하여야 한다.

(1) 최고 등급에 해당하는 공동수급체 구성원 비율은 30%를 넘지 못한다.

(2) 최고 등급에 부여되는 점수와 최저 등급에 부여되는 점수의 편차는 0.5점을 넘지 못한다.

라. 가. 내지 다.의 규정에도 불구하고 500억원 미만의 공사에 대하여는 해당 공사를 수행할 수 있는 업체 현황 등을 고려하여 공동수급체 심사를 하지 아니할 수 있다.

7. 건설인력 고용 심사 <신설 2018.12.31>

가. 건설인력 고용은 고용탄력성 점수에서 근로기준법 준수 점수를 차감하는 방식으로 심사한다.

나. 고용탄력성은 표준화된 피보험자 증감율에서 표준화된 기성액 증감율을 차감한 값을 말한다.

1) 고용탄력성 심사는 입찰참가자의 고용탄력성 점수에 따라 발주기관이 작성한 고용탄력성 등급별 점수를 부여한다

2) 평가대상 기간은 입찰공고일이 속하는 년도의 전전년도부터 직전 3개년도로 한다.

3) 고용보험 피보험자 수는 입찰자의 본사 및 입찰자가 원수급인인 건설현장에서 신고된 피보험자 수를 합산하여 산정한다. 해당 건설현장에서 신고된 피보험자 수는 원수급인이 신고한 피보험자 수와 고용보험 및 산업재해보상보험의 보험료징수 등에 관한 법률 제9조 및 고용보험법 제15조 제2항에 의해 하수급인이 신고한 피보험자 수를 합산하여 산정한다.

4) 기성액은 「건설산업기본법」에 따라 대한건설협회에서 산정한 실적액, 전기공사업법에 따라 한국전기공사협회에서 산정한 실적액, 정보통신공사업법에 따라 한국정보통신공사협회에서 산정한 실적액, 소방시설공사업법에 따라 한국소방설비협회에서 산정한 실적액을 합산하여 산출한다.

5) 피보험자 증감률과 기성액 증감률은 각 2개 연도별 전년대비 증감률을 가중평균한 값으로 하되 최근의 증감률에 0.6을 곱하고 이보다 과거의 증감률에 0.4를 곱한 값으로 한다.

6) 피보험자 증감률과 기성액 증감률은 「건설산업기본법시행령」제87조 제1항 제1호에 의해 국토교통부 장관의 위탁을 받은 대한건설협회에 종합건설업을 등록한 업체를 모집단으로 하여 표준화하며, 표준화식은 아래와 같다.

· 표준화 계산식 = (변수값-평균)/표준편차

7) 고용탄력성 등급별 점수는 각 중앙관서의 장 또는 계약담당공무원이 고용노동부에서 매년 1월 발표하는 고용탄력성 점수 등급별 표준화점수기준을 참고하여 세부 심사기준으로 정하되, 최소·최대등급간 격차는 0.4점을 초과할 수 없다.

다. 근로기준법 준수 점수는 근로기준법 제43조의3에 따른 임금체불사업주 명단 공개 횟수에 따라 차등 점수를 부여한다.

1) 평가대상 기간은 입찰공고일이 속하는 년도의 전년도부터 직전 3개년도로 한다.

2) 명단공개 사업주의 범위는 입찰자뿐만 아니라 고용보험법 제15조 제2항에 의하여 평가대상 기간동안 입찰자의 이름으로 고용보험 시스템에 등록된 공사현장에 참여한 하도급업자를 포함한다.

3) 입찰자의 명단공개 횟수는 고용노동부 홈페이지 등에 공개된 명단을, 하수급인의 명단공개 횟수는 한국고용정보원 자료를 활용하여 확인한다.

4)근로기준법 준수 등급 및 등급별 점수는 각 중앙관서의 장 또는 계약담당공무원이 세부 심사기준으로 정한다.

라. 둘 이상의 업체가 공동계약을 체결하여 공사를 공동이행방식으로 시행하는 경우 각 구성원의 점수에 시공비율을 곱한 후 합산하여 평가하되, 전체 공동수급체의 고용탄력성 점수에서 근로기준법 준수점수를 차감하여 산정한다.

8. 경영상태 심사 <신설 2019.12.18>

가. 경영상태 심사는 제3조제1항제3호의 공사에 한하여 적용한다.

나. 「신용정보의 이용 및 보호에 관한 법률」 제4조제1항제1호 또는 「자본시장과 금융투자업에 관한 법률」 제9조제26항의 업무를 영위하는 신용정보업자가 평가한 회사채(또는 기업어음) 또는 기업신용평가등급(이하 "신용평가등급"이라 한다)으로 심사한다.

다. 심사기준일 이전에 평가한 유효기간내에 있는 회사채, 기업어음, 기업의 신용평가등급중에서 가장 최근의 등급으로 심사하고, 합병한 업체에 대하여는 합병후 새로운 신용평가등급으로 심사하여야 하며 그 전까지는 합병대상업체중 가장 낮은 신용평가등급을 받은 업체의 신용평가등급으로 심사한다.

라. 공동수급체의 경우 구성원별 경영상태 점수에 시공비율을 곱한 후 합산하는 방식에 의한다.

9. 상호시장 진출 허용 공사 <신설 2021.3.19, 2022.6.1>

가. 시공비율은 공동수급협정서상의 각 구성원의 공사참여지분율에 종합·전문업종간 상호시장 진출에 따라 평가된 시공능력평가액을 한도로 하여 산정한다.

나. 시공실적 심사는 다음과 같이 평가한다.

1) 실적 인정 방법은 국토교통부 고시 「종합·전문업종간 상호시장 진출을 위한 건설공사실적 인정기준」에 따른다.

2) 전문건설사업자가 종합공사에 참여하는 경우 일반공사 실적으로 심사하며, 해당 종합공사를 추정금액 기준 전문업종별 구성비율로 배점을 구분하고 각 전문업종별로 평가하여 합산한다. 다만, 2021.1.1. 이후 전문건설사업자의 자격으로 취득한 종합공사 실적을 보유한 경우에는 해당 종합공사 실적을 우선 평가(종합건설사업자의 종합공사 평가방법과 동일)하고 배점한도를 충족하지 못할 경우 잔여 배점을 기준으로 본문에 따라 전문업종별 실적을 평가하여 합산한다.

다. 배치기술자 시공경력 심사 시 분야별 책임자는 하도급 수행 실적 및 경력을 일부 반영하여 평가할 수 있다.

라. 종합공사에 전문건설사업자가 참여한 경우 건설인력 고용 심사 시 항목별로 기본점수를 부여할 수 있다.

10. 국토교통부 고시 「건설공사 발주 세부기준」 제8조의2에 따라 주력(업무)분야를 시공자격으로 발주한 전문공사 <신설 2021.12.1>

가. 시공경험은 주력(업무)분야 실적 누계액으로 평가하며, 공동계약의 시공비율은 (주력)업무분야 시공능력평가액을 기준으로 평가한다.

11. 건설안전 심사 <신설 2025.10.30.>

가. 건설안전은 사고사망만인율, 산업재해발생 보고 위반건수, 산업재해 예방 활동 실적, 산업안전보건관리비 사용 관련 위반 건수, 산업안전보건법령 위반에 따른 행정형벌 부과 건수, 중대재해 발생으로 산업안전보건법령 위반사실이 확인된 자, 안전보건경영시스템 인증을 받은 자(ISO-45001, KOSHA-MS)를 심사하고, 각 항목별 평가 점수를 합산하여 점수를

산정한다. 단, 합산한 점수의 한도는 0점 또는 100점으로 한다.

나. 산업재해 발생보고 위반건수는 산업안전보건법 시행규칙 별표1 제1호 및 제6호에 따라 산정한다.

다. 사고사망만인율의 점수는 다음과 같이 산정한다.

1) 사고사망만인율의 점수 심사 계산식은 다음과 같다.

구분	점수 심사 계산식	비고
사고 사망 만인율	점수=100−100× $\frac{\text{해당업체 가중평균 사고사망만인율}}{\text{건설업 가중평균 사고사망만인율}}$ * 해당업체 가중평균 사고사망만인율이 건설업 가중 평균 사고사망만인율의 2배 이상인 경우는 −100점	점수는 소수첫자리에서 반올림하여 정수로 표시하고, 점수한도는 100

2) 사고사망만인율의 가중평균은 다음 계산식에 의하여 산정한다.

· [최근년도 사고사망만인율×0.5+ 최근년도 1년전 사고사망만인율×0.3+ 최근년도 2년전 사고사망만인율×0.2] (단, 최근년도 1년전 사고사망만인율 또는 최근년도 2년전 사고사망만인율을 산정하지 않은 경우에는 최근년도 사고사망만인율과 산정한 연도 사고사망만인율의 평균값으로 한다.)

라. 산업재해 발생보고 위반건수는 최근 1년동안의 기간 중에 과태료 부과처분이 확정된 건으로 산정하고, 위반건수에 따라 다음과 같이 점수를 산정한다. 단, 위반건수에 소수점이 있는 경우에는 소수점에 -20을 곱하여 위반건수에 해당하는 점수에 합산한다.

위반건수	1건	2건	3건	4건	5건
점수	−20	−40	−60	−80	−100

마. 산업재해 예방 활동 실적은 최근 고용노동부장관이 실시한 평가 결과에 따르며, 해당 평점에 따라 다음과 같이 점수를 산정한다. 단, 평점이 없는 경우 50점을 부여한다.

평점	90점 이상	80점 이상 90점 미만	70점 이상 80점 미만	60점 이상 70점 미만	50점 이상 60점 미만	50점 미만
점수	100	90	80	70	60	50

바. 산업안전보건관리비 사용 관련 위반 건수는 최근 1년동안 「산업안전보건법」 제30조제3항에 따른 산업안전보건관리비 사용의무를 위반하여 목적 외 사용한 금액이 1,000만원을 초과하거나 사용내역서를 작성·보존하지 않아 과태료 처분이 확정된 건으로 산정하고, 처분건수에 따라 다음과 같이 점수를 산정한다.

처분건수	1회	2회이상
점수	−25	−50

사. 산업안전보건법령 위반 행정형벌 부과 건수는 최근 1년간 동일현장에서 벌금이상의 행정형벌을 받은 건으로 산정하며, 부과 건수에 따라 다음과 같이 점수를 산정한다. <신설 2021.12.1.>

부과건수	2회	3회이상
점수	-25	-50

아. 각 중앙관서의 장 또는 계약담당공무원은 한국산업안전보건공단에서 다. 내지 바.에 따라 산출한 입찰자의 사고사망만인율 등의 점수를 확인하고 심사에 반영하여야 한다.

자. 둘 이상의 업체가 공동계약을 체결하여 공사를 공동이행방식으로 시행하는 경우 각 구성원의 점수에 시공비율을 곱한 후 합산하여 평가한다.

차. 중대재해 발생으로 산업안전보건법령 위반사실이 확인된 자는 최근 1년동안 「산업안전보건법」 제38조, 제39조 또는 제63조를 위반한 사실이 확인된 경우에 적용하며, 재해 내용에 따라 다음과 같이 점수를 산정한다. <신설 2025.10.30.>

재해내용	사망자 3명 이상	사망자 2명	사망자 1명
점수	-100	-75	-50

[별표3] <개정 2023.6.30>

입찰금액 평가 및 가격 산출의 적정성 심사방법

1. 입찰금액 평가

가. 입찰금액 심사는 예정가격과 제8조의 균형가격을 통해 입찰금액에 따른 가격점수를 다음 수식에 따라 도출하는 것을 말한다.

i) 균형가격 미만일 경우

입찰금액 심사점수= $\sqrt{1-A\times(\frac{\text{당해투찰금액}-\text{균형가격}}{\text{예정가격}-\text{균형가격}})^2}\times\text{배점}$

ii) 균형가격일 경우

입찰금액 심사점수= 배점한도

iii) 균형가격 초과일 경우

입찰금액 심사점수= $\sqrt{1-B\times(\frac{\text{당해투찰금액}-\text{균형가격}}{\text{예정가격}-\text{균형가격}})^2}\times\text{배점}$

주 : A계수 및 B계수는 발주기관이 각 평가항목별 변별력 등을 고려하여 결정하되 B계수는 A계수의 1배~2배 범위에서 정한다.

2. 가격 산출의 적정성 심사

가. 가격 산출의 적정성 평가는 세부공종의 단가, 하도급계획, 시공계획심사 등을 통해 적정한 공사비 산정과 공정한 하도급거래를 보장하기 위한 평가를 말한다.

나. 단가 심사(감점)

1) 단가심사점수 산정 방식은 다음과 같다.

· 단가심사점수 = (-)입찰금액배점의 20% × (1-$\frac{1}{100}$(단가점수))

2) 단가점수의 배점한도는 100점으로 한다.

3) 단가점수는 세부공종별 가중치와 세부공종별 단가점수의 곱을 합산하여 산정한다.

4) 세부공종별 가중치는 발주기관 내역서상 전체 세부공종의 합계금액에 대한 각 세부공종 금액으로 산정하며, 전체 가중치의 합계는 1로 한다.

5) 세부공종별 단가점수는 세부공종 입찰단가가 세부공종 기준단가의 ±17%이내인 경우 100점으로 평가(이하 "적정단가 기준"이라 한다)하고, 그 외에는 0점으로 평가한다. 다만, 각 중앙관서의 장 또는 계약담당공무원은 발주기관 내역서의 직접공사비에서 표준시장단가만으로 적용된 세부공종 및 음(-)의 금액 등 고정비용이 차지하는 비중이 20% 이상인 공사에 대하여는 적정단가 기준을 다음 범위 내에서 설정할 수 있다. <개정 2025.1.24>

고정비용 비중	적정단가 기준
20% 이상~25% 미만	세부공종 기준단가의 ±17% 이내 ~ ±18% 이내
25% 이상~30% 미만	세부공종 기준단가의 ±17% 이내 ~ ±19% 이내
30% 이상~40% 미만	세부공종 기준단가의 ±17% 이내 ~ ±20% 이내
40% 이상	세부공종 기준단가의 ±17% 이내 ~ ±21% 이내

6) 세부공종 기준단가는 발주기관 내역서상 세부공종에 대한 예정가격의 100분의 70과 균형단가의 100분의 30에 해당하는 금액을 합산하여 산정하되, 구체적인 산정방법은 발주기관별로 세부 심사기준에 명시한다. 다만, 간이형 공사의 세부공종 기준단가는 발주기관 내역서상 세부공종에 대한 예정가격과 균형단가를 90:10~100:0의 범위에서 가중평균하여 산정하되, 구체적인 산정방법은 발주기관별 세부심사기준에 명시한다. <단서신설 2019.12.18.>

7) 단가심사는 모든 세부공종을 대상으로 심사한다. 다만, 표준시장단가를 적용한 세부공종 및 세부공종의 합계금액이 음(-)의 금액인 경우 단가심사를 제외할 수 있다.

8) 5)에도 불구하고 간이형 공사의 경우에는 세부공종 단가점수의 평가에 있어, 세부공종 기준단가의 ±12%이내인 경우 100점으로 평가한다. 다만, 5)에 따른 고정비용의 비중이 20% 이상인 공사에 대하여는 ±12%~±15% 범위에서 적정단가의 기준을 설정할 수 있다. <신설 2019.12.18.> <개정 2025.1.24.>

다. 하도급계획 심사(감점)

1) 하도급계획서를 제출한 하도급계약 건별 하도급금액의 적정성에 대하여 심사한다.

2) 하도급계획심사점수 산정 방식은 다음과 같다.

· 하도급계획심사점수 = (-)입찰금액배점의 20% × $(1-\frac{1}{100}$(하도급점수)$)$

3) 하도급점수의 배점한도는 100점으로 한다.

4) 하도급점수는 하도급계약별 가중치와 하도급계약별 하도급점수의 곱을 합산하여 산정하며, 소수점은 소수 셋째자리에서 반올림한다.

5) 하도급계약별 가중치는 발주기관 내역서상 하도급계획서를 제출한 전체부분의 합계금액(직·간접 노무비, 재료비, 경비를 기준으로 산출한 금액에 일반관리비, 이윤, 부가세를 포함한 금액, 이하 "내역서상 금액")에 대한 하도급계획서를 제출한 각 하도급계약에 대한 내역서상 금액으로 산정하며, 전체 가중치의 합계는 1로 한다.

6) 하도급계약별 하도급점수는 하도급계약별로 하도급업체에 지급할 금액이 발주기관 내역서상 금액의 100분의 64이상으로서, 하도급할 부분에 대한 입찰금액(직·간접 노무비, 재료비, 경비를 기준으로 산출한 금액에 일반관리비, 이윤, 부가세를 포함한 금액, 지급자재 및 하도급대금 지급보증서 발급금액은 제외)의 100분의 82이상인 경우 100점으로 평가하고, 그 외는 0점으로 평가한다.

7) 각 중앙관서의 장 또는 계약담당공무원(조달사업법 제3조에 따라 조달청에 의뢰하여 계약한 공사로서 수요기관이 공사관리를 하는 경우에는 수요기관 담당공무원을 말한다. 이하 "다. 하도급계획심사" 및 "마. 시공계획 심사"에서 이와 같다)은 가) 또는 나)에 해당하는 경우 변경하는 부분에 해당하는 금액(해당 공사에서 1회 이상 변경한 경우에는 누적금액)이 다음의 구분에 따른 범위 내인 경우에 한하여 변경을 승인할 수 있다. 다만, 가)에 해당하는 경우에는 하도급 대금이 6)의 요건을 충족하는 경우에 한하여 변경을 승인하여야 한다. <개정 2023.6.30.>

가) 낙찰자가 향후 시공과정에서 직접시공을 하도급으로 전환하려 하는 경우: 낙찰금액의 10%

나) 낙찰자가 하도급계획을 제출하였으나 직접시공하려고 하는 경우: 낙찰금액의 20%

8) 각 중앙관서의 장 또는 계약담당공무원은 매년 2회 이상 낙찰자의 하도급계획 이행여부를 확인하여야 하며, 하도급계획 불이행을 확인한 경우에는 즉시 그 위반사실을 통보하여야 하며 위반사실을 통보한 날로부터 해당 발주기관의 입찰에서 2년간 감점을 부여한다.

9) 8)에도 불구하고 하도급업체의 파산, 해산, 부도 및 하도급업체의 귀책사유에 따른 계약해제·해지 등 계약상대자의 책임없는 사유로 하도급계약이 이행불능에 이른 때에는 감점하지 아니한다.

10) 6)에도 불구하고 계약예규 「입찰참가자격 사전심사요령」에 따라 표준하도급계약서 사용으로 가점을 받고도, 종합심사낙찰제의 심사와 관련하여서는 가점을 받은 해당비율 미만으로 하도급계획서를 제출한 경우에는 하도급점수를 0점으로 평가한다. <신설 2016.12.30.>

11) 1) ~ 6)에도 불구하고 간이형 공사의 경우 전체 하도급 계약금액의 합계액을 기준으로 적정성을 심사하며, 하도급업체에 지급할 금액의 합계가 발주기관 내역서상 금액의 100분의 64이상으로서, 하도급할 부분에 대한 입찰금액(직·간접 노무비, 재료비, 경비를 기준으로 산출한 금액에 일반관리비, 이윤, 부가세를 포함한 금액, 지급자재 및 하도급대금 지급보증서 발급금액은 제외)의 100분의 82이상인 경우 100점으로 평가하고, 그 외는 0점으로 평가한다. <신설 2019.12.18.>

12) 상호시장 진출 허용 공사로서 종합공사에 전문건설업사업자가 참여한 경우와 전문공사에 종합건설사업자가 참여한 경우 해당 사업자가 직접 시공하는 부분에는 하도급계획서를 제출하지 않는다. <신설 2021.3.19.>

라. 물량 심사(고난이도 공사에 한하여 적용)

1) 물량심사점수 산정은 다음과 같다.

· 물량심사점수 = (-)입찰금액배점의 20% × $(1-\frac{1}{100}$(물량점수))

2) 물량점수 배점한도는 100점으로 한다.

3) 물량점수는 세부공종별 가중치와 세부공종별 물량점수의 곱을 합산하여 산정하며, 소수점은 소수 셋째자리에서 반올림한다.

가) 세부공종별 가중치는 발주기관 내역서 상 물량심사 대상 전체 세부공종의 합계금액에 대한 각 물량심사 세부공종 금액으로 산정하며, 전체 가중치의 합계는 1로 한다.

나) 세부공종별 물량점수는 세부공종 입찰물량이 최종물량 대비 ±2%이내인 경우 100점으로 평가하고, 그 외는 0점으로 평가한다.

마. 시공계획 심사(고난이도 공사에 한하여 적용)

1) 시공계획 심사점수 산정 방식은 다음과 같다.

· 시공계획심사점수 = (-)입찰금액배점의 20% × $(1-\frac{1}{100}$(시공계획점수))

2) 시공계획점수 배점한도는 100점으로 한다.

3) 시공계획점수 평가내용 및 배점은 다음과 같다. <개정 2019.12.18.>

세부항목	평가내용	배점	평가방법*
1. 시공계획의 적정성	- 공정관리의 적정성 - 자재, 인력, 장비관리의 적정성	10~40%	적정(100%) 보통(50%) 부적정(0)
2. 공사기간의 적정성	- 공사계획의 적정성 - 공사기간의 단축 효과 - 공사기간 산정의 적정성	10~30%	적정(100%) 보통(50%) 부적정(0)
3. 안전관리 역량 평가	- 안전관리계획 적정성 - 안전관리조직 운영 적정성	10~40%	적정(100%) 보통(50%) 부적정(0)
4. 안정성 확보 및 환경 오염 방지	- 안정성 확보 방안 - 소음, 오염 방지 대책	10~30%	적정(100%) 보통(50%) 부적정(0)
5. 품질 확보방안	- 대체 공법 시공가능성 - 품질관리계획의 적정성	10~40%	적정(100%) 보통(50%) 부적정(0)
합 계		100	

* 세부항목별 평가는 3개 등급이상으로 구분한다.

4) 시공계획서를 제출하지 않는 경우에는 0점을 부여한다.

5) 각 중앙관서의 장 또는 계약담당공무원은 시공계획서의 이행여부를 점검하여 불이행한 경우에는 즉시 그 위반사실을 통보하여야 하며 위반사실을 통보한 날로부터 해당 발주기관의 입찰에서 2년간 감점을 부여한다.

6) 각 중앙관서의 장 또는 계약담당공무원은 5)의 점검대상 항목, 점검절차 및 감점기준을 세부 심사기준으로 정하여야 한다. 다만, 점검대상 항목은 정량적으로 평가가 가능한 부분에 한한다.

[별표4]

사회적 책임 세부 심사방법

1. 삭제 <2018.12.31, 2025.10.30>

2. 사회적 책임 중 공정거래 심사는 상호협력평가 점수에서 공정거래관련법 준수점수를 차감하여 산정한다. <3.에서 이동 2018.12.31>

가. 상호협력평가 점수

1) 상호협력평가라 함은 「건설산업기본법」 제48조에 의한 상호협력평가를 말한다.

2) 상호협력평가 점수(100점)는 국토교통부가 매년 6월 30일 공표하는 업체별 상호협력평가 등급에 따라 심사하며 등급별 점수는 각 중앙관서의 장 또는 계약담당공무원이 세부 심사기준으로 정한다. <개정 2019.12.18>

나. 공정거래관련법 준수

1) 공정거래관련법이라 함은 「독점규제 및 공정거래에 관한 법률」(공정거래법이라 한다), 「하도급거래 공정화에 관한 법률」(하도급법이라 한다)을 말한다.

2) 공정거래관련법의 위반행위 시점은 공정거래위원회 의결일(소송 진행중인 경우 해당소송의 확정판결일)을 기준으로 하되, 입찰공고일이 속하는 년도의 직전 2개년도를 대상으로 한다.

3) 공정거래관련법 위반행위는 법위반 행위유형 및 조치정도에 따라 아래 해당 점수를 감점한다.

행위 유형	조치정도
입찰담합 등 공동행위 (공정거래법 제19조)	시정명령(25점), 과징금 10억미만(30점), 과징금 10억이상~30억미만(35점), 과징금 30억이상(40점), 법인고발(45점), 법인 및 개인고발(50점)
하도급법 위반행위	시정명령(20점), 과징금(30점), 고발(40점)
기타 공정거래법 위반행위	시정명령(15점), 과징금(25점), 고발(30점)

4) 공정거래관련법의 위반행위 여부는 입찰참가자가 제출하는 다음 정보가 포함된 서류로 평가한다.

가) 입찰공고일 기준 직전 2년간 해당 입찰참가자에 대한 공정거래위원회의 3)의 조치사실

나) 입찰참가자가 가) 처분에 대하여 소송이 진행중인 경우에는 이를 입증하는 자료

다) 입찰공고일 기준 직전 2년간 3)의 조치에 대한 소송의 확정판결 및 이에 대한 입증자료

5) 대상기간 중 하나의 의결에 다수의 조치가 있는 경우 그 중 가장 높은 점수만 감점하며, 다수의 의결이 있는 경우 각 의결의 조치 중 높은 점수의 합을 감점한다. 다만, 감점의 합은 100점을 넘지 못한다.

6) 둘 이상의 업체가 공동계약을 체결하여 공사를 공동이행방식으로 시행하는 경우 각 구성원의 점수에 시공비율을 곱한 후 합산하여 평가하되, 전체 공동수급체의 상호협력평

가점수에서 공정거래관련법 준수점수를 차감하여 산정한다.

3. 사회적 책임 중 지역경제기여도 심사는 공동수급체 구성원 중 해당 공사현장 소재 지역업체의 참여비율을 심사한다. <4.에서 이동 2018.12.31>
   1) 지역업체란 입찰공고일 현재 90일 이상 해당 공사현장이 소재한 특별시, 광역시, 특별자치시, 도 및 특별자치도에 주된 영업소가 소재한 업체를 말하며 공동수급체 대표자는 제외한다. 다만, 기획재정부 고시「국가를 당사자로 하는 계약에 관한 법률 시행령 제72조제3항 제2호에 따른 공동계약 대상사업」(이하 이 예규에서 "고시"라 한다) 제2호에 따른 사업의 경우에는 공동수급체 대표자를 포함한다. <단서신설 2020.4.7>
   2) 지역경제기여도 심사의 계산식은 다음과 같다.

$$평점= \frac{지역업체\ 비율}{20\% \times A} \times 배점$$

주 : 1) 공동수급체 대표자는 지역업체 비율 산정시 제외한다. 다만, 간이형 공사의 경우에는 그러하지 아니하다. <개정 2020.12.28>
2) A는 발주기관이 해당 공사현장 소재지역의 지역업체 현황과 공사규모 및 난이도 등을 종합적으로 고려하여 0.5~2사이에서 결정

   3) 2)에도 불구하고 고시 제2호에 따른 사업에 대한 지역경제기여도 심사의 계산식은 다음과 같다. <신설 2020.4.7>

$$평\ 점 = \frac{지역업체\ 비율}{40\%} \times 배\ 점$$

4. 간이형 공사의 사회적 책임 중 건설인력 고용 심사는 [별표2] 7. 및 9.에 따라 심사한다. <개정 2019.12.18, 2021.3.19>

5. 상호시장 진출 허용 공사로서 종합공사에 전문건설사업자가 참여한 경우 건설안전 심사, 공정거래 심사 시 항목별로 기본점수를 부여할 수 있다. <신설 2021.3.19>

6. 사회적책임의 각 심사항목별 점수를 합산한 점수가 음(-)인 경우에는 0점으로 한다. <신설 2021.12.1>

용역계약 종합심사낙찰제 심사기준

기획재정부계약예규 제722호, 2024. 9.25. 일부개정

제1장 총 칙

제1조(목적) 이 예규는 「국가를 당사자로 하는 계약에 관한 법률 시행령」 제42조제4항 제3호부터 제5호까지의 규정에 의한 낙찰자 결정시의 심사방법・항목・배점한도 등 심사기준과 각 중앙관서의 장 또는 계약담당공무원이 준수하여야 할 사항을 정함을 목적으로 한다.

제2조(정의) 이 예규에서 사용하는 용어의 정의는 다음과 같다.

1. '종합기술제안서'라 함은 입찰자가 용역 수행을 위한 제안내용 등에 대하여 입찰공고에 따라 작성하여 제출하는 서류를 말한다.
2. '종합기술제안서 심사적격자'란 제8조제1항에 따라 각 중앙관서의 장 또는 계약담당공무원이 종합기술제안서 심사대상으로 선정한 입찰자를 말한다.
3. '기술적이행능력 평가서'란 제2호에 따른 종합기술제안서 심사적격자 선정심사를 위해 입찰자가 제출하는 서류를 말한다.
4. '심사위원회'란 제8조에 따른 기술능력 심사를 위하여 시행령 제42조제7항에 따라 구성한 위원회를 말한다. <신설 2024.9.25.>

제3조(심사기준) ① 시행령 제42조제4항 제3호부터 제5호까지의 용역입찰에 대한 낙찰자 선정(이하 "종합심사낙찰제"라 한다)은 [별표1], [별표2], [별표3]의 심사기준에 따라 실시한다.

② 시행령 제42조제4항 제3호부터 제5호에서 정한 각 용역의 유형별 심사기준에 대하여는 국토교통부 장관이 기획재정부장관의 승인을 받아 해당유형의 특성 등을 반영한 절차 및 심사기준을 정할 수 있다.

제4조(세부 심사기준의 작성) ① 각 중앙관서의 장 또는 계약담당공무원은 제3조에 따른 기준에서 정하는 범위 내에서 세부 심사기준을 정할 수 있다.

② 각 중앙관서의 장 또는 계약담당공무원은 제1항에도 불구하고 세부심사기준을 작성함에 있어서 용역의 특성・내용 및 사업특성 등을 고려하여 필요하다고 인정할 경우에는 기획재정부장관과 협의하여 제3조에 규정한 심사항목에 대한 배점한도를 가감・조정하거나 심사항목을 추가 또는 제외할 수 있다.

③ 각 중앙관서의 장 또는 계약담당공무원은 시행령 제42조제4항 제3호부터 제5호의 용역에 대하여 제2항에 따라 기획재정부장관과 협의를 하려는 경우에는 사전에 국토교통부장관의 의견을 청취하여야 한다.

제5조(입찰공고) 각 중앙관서의 장 또는 계약담당공무원은 입찰공고에 다음 각 호의 사항을 명시하여야 한다.

1. 용역명, 용역내용, 용역기간 및 예산 규모
2. 해당용역이 용역 종합심사낙찰제 적용 대상이라는 점
3. 계약체결 절차, 기준, 심사에 필요한 서류와 제출기한
4. 종합기술제안서의 내용, 심사요소 및 심사방법
5. 종합기술제안서를 계약문서로 한다는 사항
6. 종합기술제안서 심사적격자를 선정하는 경우 기술적이행능력 평가서의 작성방법, 심사항목 및 배점기준 등
7. 그밖에 입찰 참가에 필요한 사항 등

제2장 종합심사방법

제6조(입찰서의 제출) ① 각 중앙관서의 장 또는 계약담당공무원은 입찰자로 하여금 입찰시 다음 각 호의 서류를 제출하게 하여야 한다.

1. 입찰서
2. 종합기술제안서
3. 기술적이행능력 평가서(제9조제1항에 따라 종합기술제안서 심사적격자를 선정하는 경우에 한한다)
4. 심사를 위해 입찰공고에서 발주기관이 요구한 자료

② 제1항에도 불구하고, 제8조제1항에 따라 종합기술제안서 심사적격자를 선정하는 경우에는 제1항제2호의 서류를 종합기술제안서 심사 전일로서 발주기관이 정하는 기일까지 제출하게 할 수 있다.

제7조(심사서류의 보완 등) ① 각 중앙관서의 장 또는 계약담당공무원은 제6조에 따라 제출된 종합기술제안서 등 심사서류의 내용이 불명확하여 인지할 수 없는 경우에는 기한을 정하여 보완을 요구할 수 있다.

② 각 중앙관서의 장 또는 계약담당공무원은 제3조의 규정에 따른 심사를 위하여 종합기술제안서 내용의 확인에 필요한 추가자료를 요구하거나 입찰자에 대하여 설명을 요구할 수 있다.

③ 각 중앙관서의 장 또는 계약담당공무원은 제1항에 따른 기한까지 보완을 요구한 서류가 제출되지 아니한 경우 당초 제출된 서류만으로 심사하되, 당초 제출된 서류가 불명확하여 심사하기가 곤란한 경우에는 심사에서 제외할 수 있다.

제8조(종합기술제안서 심사적격자의 선정) ① 각 중앙관서의 장 또는 계약담당공무원은 용역의 내용・난이도・해당 용역의 시장현황 등을 고려하여 기술역량 및 유사용역

수행 경험 등 기술적이행능력을 심사하여 선정된 자(이하 이 조에서 "심사적격자"라 한다)에 한하여 제9조제1항에 따라 종합기술제안서 심사를 하게 할 수 있다. <개정 2024.9.25.>

② 제1항의 경우 각 중앙관서의 장 또는 계약담당공무원은 [별표3]의 기준에 따라 심사하여야 한다.

③ 각 중앙관서의 장은 심사적격자의 선정에 기술성・전문성이 요구된다고 판단할 경우에는 제11조에 따른 심사위원회에서 심사하게 할 수 있다.

④ 각 중앙관서의 장 또는 계약담당공무원은 제3항의 규정에 따라 심사적격자를 선정한 경우에는 입찰자에게 선정결과를 통지하여야 한다.

⑤ 각 중앙관서의 장 또는 계약담당공무원은 제1항에 따라 선정된 심사적격자에게 종합기술제안서를 지정된 일시까지 제출하도록 통지하여야 한다.

제9조(종합기술제안서 심사) ① 각 중앙관서의 장 또는 계약담당공무원은 입찰자별로 종합기술제안서 심사와 가격심사를 실시하고 각 점수를 합산하여 종합심사점수를 산정한다. <개정 2024.9.25.>

② 종합기술제안서 심사는 [별표2], 종합점수 산정 및 가격심사는 [별표1]의 기준에 따라 각각 심사하되, 종합기술제안서 심사는 제11조에 따른 심사위원회가 심사한다.

제10조(낙찰자의 결정) ① 입찰가격이 예정가격 이하인 자로서 제9조의 종합심사 점수가 최고점인 자를 낙찰자로 한다.

② 종합심사 점수가 최고점자인 자가 둘 이상인 경우에는 종합기술제안서 심사점수가 높은 자를 낙찰자로 결정하고, 종합기술 심사점수가 가장 높은 자가 둘 이상인 경우에는 각 중앙관서의 장이 정하여 입찰공고에 명시한 기준에 따라 낙찰자를 결정한다.

제3장 기 타

제11조(위원회 구성) 각 중앙관서의 장은 제8조에 따른 기술능력 심사를 위하여 시행령 제42조제7항에 따른 위원회의 심의를 거쳐 낙찰자를 결정하여야 하며, 심사위원회 구성 및 운영 등을 위해 필요한 세부사항은 각 중앙관서의 장이 따로 정한다.<개정 2024.9.25.>

제12조(기타사항) ① 「공사계약 종합심사낙찰제 심사기준」 제15조부터 제17조의 규정은 용역 종합심사낙찰제에 준용한다.

② 계약담당공무원은 용역에 대한 종합심사낙찰제를 실시함에 있어 이 예규에 규정되지 않은 사항과 이 예규 시행에 필요한 세부사항을 작성하여 집행할 수 있다.

제4장 보 칙

제13조(재검토기한) 이 예규는 「훈령·예규 등의 발령 및 관리에 관한 규정」에 따라 이 예규에 대하여 2019년 1월1일을 기준으로 매3년이 되는 시점(매3년째의 12월31일까지를 말한다)마다 그 타당성을 검토하여 개선 등의 조치를 하여야 한다.

부 칙 <제418호, 2018.12.31.>

제1조(시행일) 이 계약예규는 2019년 3월 5일부터 시행한다.

부 칙 <제649호, 2023.06.16.>

제1조(시행일) 이 계약예규는 2023년 6월 30일부터 시행한다.

제2조(적용례) 이 계약예규는 부칙 제1조에 따른 시행일 이후 입찰공고하는 경우부터 적용한다.

부 칙 <제722호, 2024.09.25.>

제1조(시행일) 이 계약예규는 2024년 9월 25일부터 시행한다.

제2조(적용례) 이 계약예규는 부칙 제1조에 따른 시행일 이후 입찰공고하는 경우부터 적용한다.

[별표1] <개정 2023.6.30.>

종합심사 점수 산정 및 입찰가격 평점산식(제3조, 제8조제3항 관련)

1. 종합심사 점수 산정

구 분	평가항목	배점한도	가중치
계			100(%)
기술능력 평가	[별표2] "종합기술제안서 평가점수" 적용	100	80~95
입찰가격 평가	"가격제안서 평가점수"적용 : 아래 2호	100	5~20

- 종합심사 점수 = 기술능력 평가 점수×가중치 + 입찰가격 평가 점수×가중치

2. 입찰가격 평가 점수

가) 입찰가격을 예정가격의 100분의 80 이상으로 입찰한 자에 대한 평가

$$\text{평점} = \text{입찰가격평가 배점한도} \times \left(\frac{\text{최저입찰가격}}{\text{해당입찰가격}}\right)$$

주1) 최저입찰가격 : 유효한 입찰자중 최저입찰가격으로 하되, 입찰가격이 추정가격의 100분의 70미만일 경우에는 100분의 70으로 계산할 수 있다.

주2) 해당입찰가격 : 해당 평가대상자의 입찰가격

나) 입찰가격을 예정가격의 100분의 80 미만으로 입찰한 자에 대한 평가

$$\text{평점} = \text{입찰가격평가 배점한도} \times \left(\frac{\text{최저입찰가격}}{\text{추정가격의80\%상당가격}}\right) + a \times \left(\frac{\text{추정가격의80\%상당가격} - \text{해당입찰가격}}{\text{추정가격의80\%상당가격} - \text{추정가격의70\%상당가격}}\right)$$

주1) 최저입찰가격 : 유효한 입찰자중 최저입찰가격으로 하되, 입찰가격이 추정가격의 100분의 70미만일 경우에는 100분의 70으로 계산할 수 있다.

주2) a: 발주기관이 해당계약의 특성・난이도 등을 고려하여 2~10 범위에서 정한다.

주3) 해당입찰가격: 해당 평가대상자의 입찰가격으로 하되, 입찰가격이 추정가격의 100분의 70미만일 경우에는 100분의 70으로 계산할 수 있다. <신설 2023.6.30.>

다) 입찰가격 평점산식에 의한 계산결과 소수점이하의 숫자가 있는 경우에는 소수점 다섯째자리에서 반올림함

[별표2]

종합기술제안서 평가기준(제3조, 제8조제3항 관련)

평 가 항 목			배점한도
수행능력	기술보유	기술보유, 실적 등	10~30
	사업수행방법	사업목적의 이해도 및 방법론	20~40
		용역 수행 조직의 운영 방법	
		과업내용서에 대한 개선사항	
	작업 및 직원 투입 계획	작업계획	10~30
		직원 투입 계획	
	전문가 역량	해당용역에 투입되는 핵심 전문가 역량	20~60
사회적책임		인력고용(가점)	±2 (가·감점)
		공정거래(감점)	
평가 관련 신뢰도		평가의 공정성·적정성 저해우려 사항(감점)	−1~−10 (감점)
합 계			100

주1) 기술보유 평가는 [별표 3]에 따른 기술적이행능력 평가점수를 활용할 수 있다.

주2) 평가관련 신인도는 평가위원에 대한 사전접촉,·사전설명, 비리·부정행위, 허위사실 기재 및 부실작성 등 평가의 공정성·적정성 저해우려가 있는 사항을 심사한다.

주3) 사회적 책임 중 "기술자 등 신규고용" 심사는 「공사계약 종합심사낙찰제 심사기준」 「별표 2」에 따른 건설인력 고용 심사방법을, "공정거래 심사"는 「공사계약 종합심사낙찰제 심사기준」 「별표4」에 따른 공정거래 심사방법을 등을 참고하여 중앙관서의 장이 세부 심사기준에 따로 정한다.

주4) 수행능력 및 평가관련 신뢰도의 배점은 상기 표에 정해진 범위내에서 각 중앙관서의 장이 세부기준에 반영하되 수행능력 점수(배점)의 합은 100점으로 한다.

[별표 3]

기술적이행능력 평가기준(제3조, 제9조2항 관련)

평가항목		배점한도
기술능력 평가	관리역량(품질보증 및 관리 체계 등)	20~40
	기술역량(과업에 대한 전문성, 유사 용역평가결과 등)	30~50
	유사용역 수행실적	20~30
계약신뢰도	계약이행 관련 신뢰도(가·감점)	±1~±5(가·감점)
합 계		100

주) 평가항목별 배점은 상기 표에 정해진 범위내에서 각 중앙관서의 장이 세부기준에 반영하되 기술능력평가 점수(배점)의 합은 100점으로 한다.

종합평가 낙찰자 결정기준

행정자치부 예규 제177호, 2021. 9. 6 일부개정

제1절 총 칙

1. 종합평가 낙찰자 결정기준의 개념

지방자치단체에서 발주하는 공사에 대하여 적정한 능력을 갖춘 업체의 시공실적·시공품질·기술능력·경영상태 및 신인도 등을 종합적으로 평가하여 가장 높은 점수를 받은 자를 낙찰자로 결정하기 위한 제도

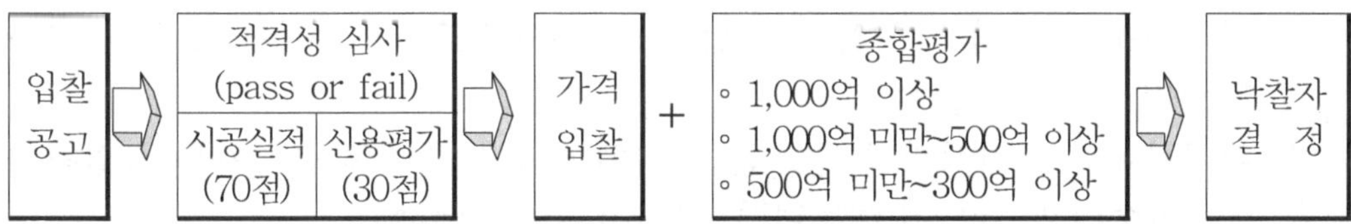

2. 종합평가 낙찰자 결정기준 대상공사

추정가격이 300억 원 이상인 공사

3. 「종합평가 낙찰자 결정기준」(이하 "낙찰자결정기준"이라 한다)에서 사용하는 용어의 정의는 이 기준에서 따로 정하는 경우를 제외하고는 「지방자치단체를 당사자로 하는 계약에 관한 법률·시행령·시행규칙」(각각 "법", "시행령", "시행규칙"이라 한다), 시행령 제5조에서 준용하는 「특정조달을 위한 국가를 당사자로 하는 계약에 관한 법률 시행령 특례규정」(이하 "특례규정"이라 한다), 행정안전부예규 「지방자치단체 입찰시 낙찰자 결정기준」 및 「지방자치단체 입찰 및 계약집행기준」(이하 "계약집행기준"이라 한다) 등에 정하는 바에 따른다.

제2절 목적과 용어의 정의

1. 목 적

시행령 제42조의3에 따라 지방자치단체가 발주하는 공사에 대하여 지방자치단체가 직접 계약상대자를 선정할 수 있도록 평가기준을 정하는 것을 목적으

로 한다.

2. 용어의 정의

가. **계약담당자** : 시행규칙 제2조에 따른 계약담당공무원이나 계약 사무를 위탁받은 전문기관의 계약담당자를 말한다.

나. **추정가격** : 시행령 제7조에 따라 예산에 계상된 금액이나 설계서 등에 따라 산출된 금액 등을 기준으로 부가가치세법에 따른 부가가치세와 관급자재로 공급될 부분의 가격을 제외하고 산정된 가격을 말한다.

다. **추정금액** : 시행규칙 제2조에 따라 공사에 있어서 추정가격에 부가가치세법에 따른 부가가치세와 관급재료로 공급될 부분의 가격을 합한 금액을 말한다.

라. **예정가격** : 입찰이나 계약체결 전에 낙찰자 및 계약금액의 결정기준으로 삼기위하여 미리 작성하여 갖춰 두는 가액으로서 시행령 제9조에 따라 작성된 가격을 말한다.

마. **평가분야** : 적격성심사 평가분야(이행능력평가)와 종합평가분야(입찰가격, 기술이행능력, 수행능력상 결격여부)를 말한다.

바. **평가항목** : 평가분야별 평가항목을 말하며 적격성심사 분야의 시공실적, 신용평가와 종합평가 분야의 입찰가격, 동일실적 경과정도, 기술능력, 시공품질, 하도급적정성, 사회적신인도, 수행능력상 결격여부 등을 말한다.

사. **시공비율** : 공동수급체 구성원(이하 "구성원"이라 한다)이 각각 시공할 비율을 말한다.

아. **업종** : 토목, 건축, 조경, 산업환경설비 등 건설산업기본법에 따른 종합건설업과 전문건설업, 전기, 정보통신, 소방, 문화재 등 다른 법령에 따른 업종을 말한다.

자. **동일공종그룹 구분** : 토목은 교통시설, 수자원시설, 기타토목으로 분류하고 건축은 주거, 비주거로 구분한다.

제3절 종합평가 낙찰자 결정기준 평가항목별 배점기준 총괄

<table>
<tr><th colspan="3" rowspan="2">평가분야</th><th rowspan="2">평가 항목</th><th colspan="3">공사규모별 배점</th></tr>
<tr><th>1,000억 이상</th><th>1,000억미만 500억이상</th><th>500억미만 300억이상</th></tr>
<tr><td colspan="3">적격성심사</td><td>이행능력평가(90점 이상)
- 시공실적 평가
- 신용평가 등급</td><td>Pass / Fail</td><td>Pass / Fail</td><td>Pass / Fail</td></tr>
<tr><td rowspan="10">종합평가</td><td colspan="2">입찰가격</td><td>산식에 의한 평가</td><td>35</td><td>40</td><td>50</td></tr>
<tr><td rowspan="8">기술이행능력</td><td>동일실적 경과정도</td><td>준공기한 경과 정도 평가</td><td>10</td><td>10</td><td>10</td></tr>
<tr><td>기술능력</td><td>배치예정 현장대리인
(500억 이상 고난이도 공종)
기술자 보유
신기술개발·활용실적
기술개발투자비율</td><td>30</td><td>25</td><td>20</td></tr>
<tr><td>시공품질</td><td>시공평가 결과</td><td>15</td><td>15</td><td>10</td></tr>
<tr><td>하도급 적정성</td><td>하도급관리계획의 적정성</td><td>10</td><td>10</td><td>10</td></tr>
<tr><td rowspan="4">사회적 신인도
[가점:1)+2)+3)+4)=1점]</td><td>사고사망만인율</td><td>0.5</td><td>0.5</td><td>0.5</td></tr>
<tr><td>상호협력</td><td>0.5</td><td>0.5</td><td>0.5</td></tr>
<tr><td>전문화 지역업체 참여도</td><td>0.5</td><td>0.5</td><td>0.5</td></tr>
<tr><td>건설인력고용</td><td>0.5</td><td>0.5</td><td>0.5</td></tr>
<tr><td colspan="2">수행능력상 결격여부</td><td>시공능력평가액</td><td>△2+α</td><td>△2+α</td><td>△2+α</td></tr>
</table>

제4절 평가분야별 배점기준

1. 적격성 심사(이행능력평가) : 합산점수가 90점 이상인 경우 통과

가. 시공실적 평가(70점) = 시공실적 평가기준에 의한 평점 × 70/100

나. 신용평가 등급에 의한 평가(30점) = 신용평가 등급 평가기준에 의한 평점× 30/10

2. 종합평가

가. 입찰가격 평가의 평가산식, 균형가격 산정방법, 단가심사, 소수점처리 등 세부평가에 필요한 사항은 기획재정부 계약예규 종합심사낙찰제 심사기준 및 조달청 종합심사 낙찰제 심사세부기준을 준용하여 평가한 후 규모별 배점으로 환산하여 평가하되, 환산하여 소수점이 나오는 경우 소수점 넷째자리에서 반올림한다.

나. 동일실적 경과정도 평가(10점)
   점수 = 동일실적 준공기한 경과정도 평가 기준에 의한 평점

다. 기술능력 평가(1,000억 이상 30점, 1,000억 미만 25점, 500억 미만 20점)
   점수 = 공사규모별 배점 한도 × 기술능력 평가 기준에 의한 평점/40

라. 시공품질 평가(500억 이상 15점, 500억 미만 10점)
   점수 = 공사규모별 배점한도 × 시공품질 평가기준에 의한 평점/10

마. 하도급관리계획의 적정성 평가(10점)
   1) 추정가격 1,000억원 이상 공사 : 하도급관리계획 적정성 평가기준에 의한 평점×10/12
   2) 추정가격 1,000억원 미만 공사 : 하도급관리계획 적정성 평가 기준에 의한 평점

바. 사회적 신인도 평가(가점한도 1.0점)
   점수 = 사회적 신인도 평가기준에 의한 평점

사. 수행능력 결격 여부 평가 : 시공비율에 따른 추정가격이 시공능력평가액을 초과하는 구성원 1개사당 종합평가점수에서 2점씩 감점

제5절 이행능력심사 및 종합평가 절차

1. 계약방법의 결정 (계약심의위원회에서 최종결정)	① 심사대상 공사의 난이도에 따른 평가 유형 결정 ② 입찰참가자격(면허·등록) ③ 공동도급방식 ④ 10년간 실적에 대한 평가기준규모, 실적인정규모, 실적 인정범위 ⑤ 평가 대상 업종 ⑥ 평가자료 제출방법, 제출서류, 제출기한 ⑦ 그밖에 평가에 영향을 미칠 수 있는 사항

2.입찰공고	① 시행령 제33조 내지 제36조에 따라 입찰공고 -평가 유형, 제한 사항, 동일실적·인정기준 규모·평가 업종 등 세부심사기준 열람, 적격성 심사 및 종합평가에 필요한 서류와 제출기한, 가격입찰 시기, 계약방법, 그밖에 심사에 필요한 사항을 입찰공고에 명시

3.현장설명	① 계약담당자는 현장설명을 실시하는 경우에는 시행령 제15조 제4항과 제5항의 절차에 따라 현장설명을 실시하여야 한다. ② 현장설명을 실시하는 경우 입찰공고에서 정한 입찰참가자격의 유·무 판단 기준일은 입찰참가등록마감일로 한다. 다만, 지역의무공동도급에 따른 지역업체, 실적기준일은 입찰공고일 전일(前日)로 한다.

4.적격성 심사 신청	① 심사 신청자는 다음의 서류를 적격성 심사 신청마감일까지 계약담당자에게 직접 제출해야 한다. ㉮ 적격성 심사 신청서(별지 제1호 서식) ㉯ 적격성 심사와 자기평가와 심사표(별시 세2호 서식) ㉰ 공동수급체·단독 현황표(별지 제3호 서식) ㉱ 업체현황 조서(별지 제4호 서식) ㉲ 공사 실적명세서(별지 제5호 서식 ~ 별지 제7-1호 서식) ㉳ 제출서류가 외국어인 경우 한국어 번역과 번역 공증서 ㉴ 신용평가등급 확인서(별지 제11호 서식) ㉵ 결산서 감사보고서 ㉶ 그밖에 입찰공고에서 요구한 서류

5.제출서류에 대한 보완 요구	① 계약담당자는 적격성 심사 제출서류에 미비·오류 등으로 불명확하거나 미제출로 인하여 적격성심사 통과 점수에 미달되는 대상자에게 1회에 한하여 자료 제출을 통보 받은 날로부터 3일(휴일 및 공휴일 제외, 이하 같다.) 이내에 보완하게 할 수 있다. ② 보완 제출된 서류가 불명확하거나 미비하여 심사가 곤란하다고 판단되는 경우에는 해당항목을 제외하고 평가한다.

6.1단계 적격성 심사 실시	① 계약담당자는 제출된 심사서류의 진위 여부를 적격성심사 서류제출 마감일로부터 10일 이내에 정밀 검토한다. 다만, 불가피한 경우 그 기간을 3일의 범위 내에서 연장할 수 있다. -필요한 경우 조달청시스템, 관련협회, 증명서 발급기관 등에 조회하거나 사실조사를 한다. ② 입찰 참가자별 심사항목별로 심사를 실시한다. -심사서류는 심사 기준 일을 입찰공고에 따로 명시한 경우를 제외하고는 입찰공고일을 심사기준일로 한다. ③ 심사항목별로 심사의 필요성이 없는 항목은 심사 대상자 모두 만점(배점한도)을 부여한다.

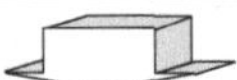

7.입찰적격자의 선정	① 적격성심사 결과 이행능력평가(시공실적+ 신용평가) 90점 이상인 경우 적격성 심사 통과자로 선정한다. ㉮ 시공실적 평가(70점):유형별 평가 - 고난이도 공사, 실적제한 공사, 실적제한 하지 않는 공사 구분 평가 ㉯ 신용평가 등급에 의한 평가(30점) ※ 시행령 제99조 제6항에 따라 낙찰자를 결정하는 경우 제97조의2에 따라 선정된 적격자는 적격성 심사 통과자로 본다.

8.심사결과의 통지	계약담당자는 입찰적격자를 선정한 때에는 지체 없이 그 적격여부와 이의신청 접수기한, 접수방법 등을 정하여 지정정보처리장치 또는 자체 홈페이지 등에 게시한다.

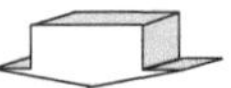

9.이의신청과 재심사 실시	① 심사 신청자가 심사결과에 이의가 있는 경우에는 통지를 받은 날로부터 3일 이내에 이의신청을 할 수 있다. ② 심사 신청자는 이의신청 접수기한 이내에 해당업체의 자기심사관련 서류와 평가점수의 열람을 요구할 수 있으며 계약담당자는 특별한 사유가 없는 한 이에 응해야 한다. ③ 계약담당자는 이의신청서가 접수되면 접수된 날로부터 7일 이내에 재심사를 실시하고 그 결과를 공시하거나 통지해야 한다.

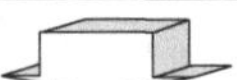

10.가격입찰	지정정보처리장치 또는 자체 홈페이지 등에 게시된 적격성 심사 통과자만 가격입찰에 참여하게 한다.

11.2단계 종합평가 심사 신청	① 계약담당자는 종합평가심사 대상자를 선정하고 평가에 필요한 심사서류 제출을 요구해야 하며, 심사대상자는 다음의 서류를 요구 받은 날로부터 15일 이내에 계약담당자에게 제출해야 한다. ㉮ 종합평가 심사 신청서(별지 제1-1호 서식) ㉯ 종합평가 자기평가와 심사표(별지 제2-1호 서식) ㉰ 건설기술자 보유 현황표(별지 제8호 서식 ~ 별지 제9호 서식) ㉱ 경영상태 등 평가사항(별지 제10호 서식) ㉲ 제출서류가 외국어인 경우 한국어 번역과 번역 공증서 ㉳ 신인도 항목의 각 평가요소별 가점에 대한 증빙서류 ㉴ 그밖에 입찰공고에서 요구한 서류

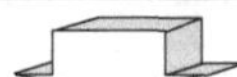

12.종합심사 실시	입찰가격과 기술이행능력 평가 점수를 합산하여 가장 고득점자를 낙찰자로 결정 한다.

13.종합심사 결과통보	계약담당자는 낙찰자를 결정하면 심사결과를 지체없이 지정정보처리상치에 공시하거나 낙찰자에게 통지한다.

14.이의신청 과 재심 사 실시	① 부적격 통지를 받은 자나 선순위 낙찰자 결정이 부적정하다고 판단하는 후순위 입찰자는 그 결정의 취소나 시정을 위하여 지방계약법 제34조에 따라 이의신청을 할 수 있다. ② 계약담당자는 이의신청에 대하여 10일 이내에 재심사를 실시하고 그 결과를 지체 없이 이의 신청자에게 통지해야 한다. 다만, 유권해석 등 불가피한 사유로 소요된 기간은 심사기간에서 제외한다. ③ 계약담당자는 이의신청에 대한 재심사를 위해 필요하다고 인정하는 경우 해당 지방자치단체 계약심의위원회의 심의를 거치게 할 수 있다.

15.계약체결	계약담당자는 낙찰자 결정에 대하여 이의신청이 없거나 재심사 결과 낙찰자가 최종 확정되면 통지일로부터 10일 이내에 계약을 체결한다.

제6절 심사 분야별·항목별 심사요령

1 공통적용사항

가. 심사원칙

심사는 적격성심사 분야와 종합평가 분야로 구분하여 심사하며 적격성 심사 통과자는 90점 이상자로 하고, 적격성 심사 통과자를 대상으로 종합평가를 실시한다.

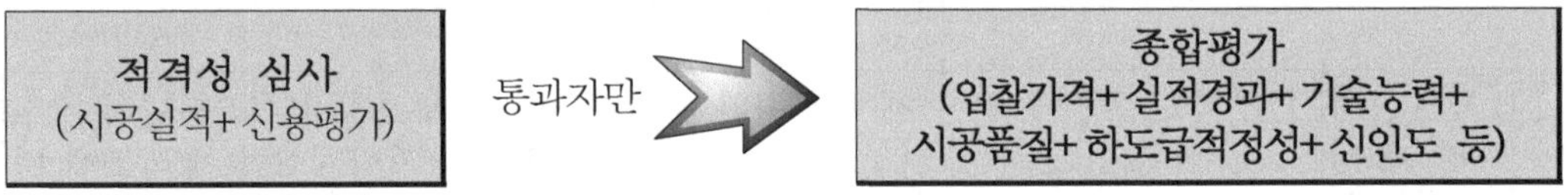

적격성 심사 (시공실적+ 신용평가)	통과자만 ➡	종합평가 (입찰가격+ 실적경과+ 기술능력+ 시공품질+ 하도급적정성+ 신인도 등)

나. 심사자료 제출과 확인방법

1) 심사 신청자는 입찰공고 시 명시한 서류제출 마감일까지 심사에 필요한 자료를 제출해야 한다.

2) 계약담당자는 제출된 심사관련 자료에 대하여 실적증명서 발급기관, 조달청, 관련협회 등에 사실여부를 확인하거나 조회할 수 있다.

다. 공동수급체 평가방법

1) 구성원의 시공비율은 공동수급협정서의 출자비율·분담내용에 따른 구성원의 시공비율(금액기준)로 평가한다.

2) 발주하는 공사가 2개 이상의 업종이 복합된 공사(복합업종)인 경우 동일실적, 5년간 업종실적, 기술자 보유, 기술개발투자비율, 시공품질평가 결과는 주업종으로 다시 산정하여 평가한다.

※ 다만, 계약담당자는 주업종 이외의 업종에 대한 평가가 필요하다고 인정되는 경우 평가대상업종을 추가할 수 있으며, 입찰공고에 이를 명시하여야 한다.

가) 계약담당자는 평가대상업종과 평가대상업종의 추정가격과 부가가치세, 관급재료로 공급된 부분의 가격을 입찰공고에 명시하여야 한다.

나) 평가대상업종에 참여하는 공동수급체 구성원의 시공비율은 100으로 환산하여 평가한다.

(A업체 시공비율 ÷ 전체공사중 평가대상업종 비율 × 100 + …)

다) 업종(구성) 비율은 입찰공고시 명시한 전체공사의 추정가격에 부가가치세 포함한 금액 대비 해당업종의 추정가격에 부가가치세를 포함한 금액을 말한다.

라) 평가대상 업종 이외의 업종으로 참여한 구성원은 신용평가, 수행능력결격 여부, 전문화 지역업체 참여도만 평가한다.

환산비율 예시

<대상공사 1>

구성원 / 업종	토목	건축	통신	소방	합계
구성비율	60	30	5	5	100

→ 평가대상업종 : 토목

구성원 / 업종	토목	건축	통신	소방	구성비율	환산비율
A사	60	-	-	-	60	100
B사	-	30	-	-	30	-
C사	-	-	5	-	5	-
D사	-	-	-	5	5	-

<대상공사 2>

구성원 / 업종	합계	토목	전기	통신	소방
구성비율	100	80	10	5	5

→ 평가대상업종(주업종) : 토목

구성원 / 업종	토목	전기	통신	소방	구성비율	환산비율
A사	60	-	-	-	60	75%
B사	20	-	-	-	20	25%
C사	-	10	-	-	10	-
D사	-	-	5	5	10	-

<대상공사 3>

구성원 / 업종	토목	건축	전기	소방	합계
구성비율	40	40	10	10	100

→ 평가대상업종(주업종) : 토목, 건축

업종 \ 구성원	토목	건축	통신	소방	구성비율	환산비율
A사	50		-	-	50	62.5
B사	30		-	-	30	37.5
C사	-	-	5	-	5	-
D사	-	-	-	5	5	-

라) 복합업종의 평가항목별 공동수급체 평가 방법

평가 항목	공동수급체 평가 방법	비고
시공실적 평가 (동일실적·업종실적)	대표사는 시공비율을 적용하여 평가하며, 나머지 구성원은 100% 적용하여 합산 평가 ※ 다만, 대표사보다 시공능력평가액이 높은 구성원의 경우 시공비율을 적용한다.	주업종 평가시 환산비율 적용
신용평가 등급	전체 구성원 각각의 신용평가등급 점수에 시공비율을 곱하여 평가점수 합산	전체 구성원 평가
입찰가격 평가	입찰참가자(대표자)가 제출한 가격 평가	
준공기한 경과정도	입찰공고시 명시하여 입찰참가자가 제출한 동일실적 이상 준공실적(1건) 평가	전체 구성원 평가
배치예정 현장대리인 (500억원 이상)	대표사의 배치예정 현장대리인 평가	대표사 100%
기술자 보유	대표사는 시공비율을 적용하며, 나머지 구성원은 100% 적용하여 합산 평가	주업종 평가시 환산비율 적용
신기술개발·활용실적	공동수급체의 대표자만 평가	대표사 100%
기술개발투자비율	구성원 각각의 기술개발투자비율 점수에 시공비율을 곱한 후 합산	주업종 평가시 환산비율 적용
시공품질평가 결과	구성원 각각의 동일공종그룹 시공평가 결과에 시공비율을 곱한 평가점수를 합산	주업종 평가시 환산비율 적용
하도급관리계획의 적정성	입찰참가자가 제출한 하도급관리계획 평가	
사고사망만인율	구성원 각각의 점수에 시공비율을 곱한 후 합산	주업종 환산비율 적용
상호협력	구성원 각각의 상호협력 점수에 시공비율을 곱한 후 합산	주업종 환산비율 적용

전문화 지역업체 참여도	대표사 및 타지역업체를 제외한 해당 지역업체 구성원간 지분을 100으로 환산 평가	
건설인력고용	구성원 각각의 점수에 시공비율을 곱한 후 합산	주업종 환산비율 적용
우수시설물 인증	구성원 각각의 점수에 시공비율을 곱한 후 합산	주업종 환산비율 적용
수행능력 결격여부	시공비율에 따른 추정가격이 시공능력평가액을 초과하는 구성원 1인당 2점 감점	전체 구성원 평가

라. 부도업체 등의 평가방법

1) 공동수급체의 대표사가 낙찰자 결정 이전에 부도·파산·해산·영업정지, 부정당업자 제재 등(이하 "부도 등"이라 한다)의 상태에 있는 경우에는 낙찰자 결정에서 제외하고, 차순위자부터 순서대로 평가한다.

2) 대표사를 제외한 구성원 중 일부가 부도 등의 상태에 있는 경우

가) 적격성심사 이전에는 해당 구성원을 제외한 잔존구성원의 출자비율 또는 분담내용을 변경하거나 새로운 구성원을 추가하여 평가한다.

나) 적격성심사 이후에는 해당 구성원을 제외한 잔존구성원의 출자비율 또는 분담내용을 변경하게 하여 평가한다.

3) "1)"과 "2)"의 부도, 파산의 경우로서 「채무회생 및 파산에 관한 법률」에 따라 법원으로부터 기업회생개시결정을 받고 정상적인 금융거래의 재개를 확인할 수 있는 서류를 제출하는 자는 포함하여 평가한다.

마. 소수점 처리방법

소수점의 처리는 평가 항목별 최종단계 점수에서 소수점 셋째자리에서 반올림 한다. 다만, 소수점 처리가 낙찰자 결정에 영향을 미치는 경우 반올림 처리를 하지 않고 그대로 평가한다.

바. 유자격자명부에 따른 제한

시행령 제21조에 따라 시·도지사가 공사의 성질별· 규모별로 유형화하여 유자격자명부에 따른 제한을 하려는 경우 행정자치부 장관과 협의하여 유자격자 명부에 관한 별도의 심사기준을 정할 수 있다.

2 적격성 심사(90점 이상 통과) : Pass or Fail

가. 시공실적 평가(70점)

1) 공사의 유형 구분

가) 심사대상 공사는 다음 유형의 공종으로 구분한다.

구분	적 용 대 상	
Ⅰ유형	고난이도 공종	1)교량 2)공항 3)댐 축조 4)에너지 저장시설 5)간척공사 6)준설 7)항만 8)철도 9)지하철 10)터널공사 11)발전소 12)쓰레기소각로 13)폐수처리장 14)하수종말처리장 15)관람·집회시설 16)전시시설 17)송전공사 18)변전공사
Ⅱ유형	일반공종	시공실적으로 입찰참가자격을 제한한 입찰
Ⅲ유형	일반공종	Ⅰ, Ⅱ 유형을 제외한 입찰

※ 분류기준 : 고난이도 공종, 일반공종 및 실적제한 여부에 따라 구분

나) 위 유형에 따라 계약담당자는 공사유형을 입찰공고에 명시해야 한다.

다) 또한, 계약담당자는 Ⅰ유형과 Ⅱ유형의 실적 인정범위, 인정규모, 평가기준 규모 등을 입찰공고에 구체적으로 명시해야 한다.

2) 유형별 평가기준

가) Ⅰ유형 경우

구분	평가요소	배점	동일공사			평점
			1000억 이상	1000억미만 ~500억이상	500억미만 ~300억이상	
최근 10년간 해당 공사와 동일한 종류의 공사실적	해당 공사의 평가기준 규모 또는 금액 대비	70	200%이상	150%이상	120%이상	70
			165%이상	110%이상	90% 이상	65.8
			110%이상	75% 이상	60% 이상	61.6
			55% 이상	40% 이상	30% 이상	57.4
			20% 이상	20% 이상	20% 이상	53.2
최근 5년간 업종 실적	입찰공고시 해당업종 명시	30	▪ 평점 = 30 × 실적계수(실적계수의 상한은 1) ▪ 실적계수 = $\frac{\text{실적합계액}}{(\text{추정가격}+\text{부가가치세})\times 5}$			

나) Ⅱ유형 경우

구분	평가요소	배점	동일공사			평점
			1000억 이상	1000억미만 ~500억이상	500억미만 ~300억이상	
최근 10년간 해당 공사와 동일한 종류의 공사실적	해당 공사의 평가기준 규모 또는 금액 대비	70	150%이상	120%이상	110% 이상	70
			120%이상	90% 이상	80% 이상	65.8
			90% 이상	60% 이상	50% 이상	61.6
			50% 이상	30% 이상	20% 이상	57.4
			20% 이상	20% 이상	20% 이상	53.2
최근 5년간 업종 실적	입찰공고시 해당업종 명시	30	■ 평점 = 30 × 실적계수(실적계수의 상한은 1) ■ 실적계수 = $\frac{\text{실적합계액}}{(\text{추정가격}+\text{부가가치세})\times 5}$			

다) Ⅲ유형 경우

구분	평가요소	배점	평 점		
			1000억 이상	1000억미만 ~500억이상	500억미만 ~300억이상
최근 5년간 업종 실적	입찰공고시 해당업종 명시	100	■ 평점 = 100 × 실적계수(실적계수의 상한은 1) ■ 실적계수 = $\frac{\text{실적합계액}}{(\text{추정가격}+\text{부가가치세})\times 5}$		

3) 평가 방법

가) 시공실적은 유형별・공사규모(전체공사의 추정가격)별 기준에 따라 평가기준규모(또는 금액) 대비 해당 업체 실적의 비율로 평가한다.

나) 공동수급체의 경우 평가대상업종에 참여하는 대표사는 환산시공비율(단일업종공사는 시공비율)을 곱하여 합산하고, 나머지 구성원은 지분율을 적용하지 않고 합산하여 평가한다. 다만, 대표사보다 시공능력평가액이 높은 구성원은 환산시공비율을 곱하여 합산하여 평가한다.

$$\text{시공실적} = \frac{[\text{공동수급체 대표사(A)}\times\text{시공비율}] + [\text{공동수급체(B)}+\text{(C)}...]}{\text{평가기준 규모(또는 금액)}}\times 100(\%)$$

다) 종합공사에 전문건설사업자가 공동수급체의 구성원으로서 입찰에 참여한 경우 공동수급체를 구성하는 전문건설사업자의 각 전문업종별 합산 실적은 다음 각호의 금액 중 큰 금액까지만 인정한다.

1) 전문업종의 (추정가격+ 부가가치세) × 5 × ∑각 전문건설사업자의 해당 전문업종 시공비율

2) 전문업종의 (추정가격+ 부가가치세) × 5 - ∑(각 종합건설사업자 실적 × 각 종합건설사업자 시공비율 × 전문업종 구성비율)

[평가예시]

○ 발주공사 : 건축 500억원 (철콘 400억, 토공 100억)

○ 공동수급체 구성원별 시공비율 및 실적

구분	시공비율	실적		합산실적
종합	60%	건축	4000억	2400억 4000억×60%
전문1	30%	철콘	500억	150억 500억×30%
		토공	200억	60억 200억×30%
전문2	10%	철콘	300억	30억 300억×10%
		토공	120억	12억 120억×10%

- 종합(건축) 합산실적 = 2400억
- 전문업체 철콘 합산실적 = 150억 + 30억 = 180억 ⇒ 160억 상한 적용

  "1)" 산식에 따른 400억 × 40% = 160억

  "2)" 산식에 따른 80억

  * 철콘 상한 = 해당 전문업종 평가기준금액(400억) × 5 - {종합업체 실적(4000억) × 종합업체 시공비율(60%) × 전문업종 구성 비율(80%)} = 400억 × 5 - (4000억 × 60% × 80%) = 2000억 - 1920억 = 80억

  ⇒ 1), 2) 중 큰 1)에 따라 전문건설사업자 실적 160억 반영하여 평가

- 전문업체 토공 합산실적 = 60억 + 12억 = 72억 ⇒ 40억 상한 적용

"1)" 산식에 따른 100억 × 40% = 40억

"2)" 산식에 따른 -1420억

* 토공 상한 = 해당 전문업종 평가기준금액(100억) × 5 - {종합업체 실적(4000억) × 종합업체 시공비율(60%) × 전문업종 구성 비율(80%)} = 100억 × 5 - (4000억 × 60% × 80%) = 500억 - 1920억 = - 1420억

⇒ 1), 2) 중 큰 1)에 따라 전문건설사업자 실적 40억 반영하여 평가

○ 공동수급체 합산실적 = 2400억 + 160억 + 40억 = 2600억

라) 동일한 종류의 공사 실적

(1) '동일한 종류의 공사실적'은 발주기관이 발주하는 공사와 공사내용이 실질적으로 동일한 종류의 실적으로 준공이 완료된 공사실적(규모·양 또는 금액)을 말하며, 계약담당자는 인정범위를 입찰공고에 구체적으로 명시하여야 한다.

(2) '평가기준규모'는 발주기관이 실적을 평가하려고 정한 기준물량·규모 또는 금액을 말하며, 현재 발주하고자 하는 공사규모 또는 금액을 원칙으로 하되, 경쟁성을 감안하여 70%까지 하향조정할 수 있다. 다만, 경쟁력 확보를 위해 불가피한 경우는 70%미만으로 하향조정할 수 있다.(현재 발주하고자 하는 기준물량 또는 금액보다 하향조정하는 경우 입찰참가자가 알 수 있도록 입찰공고에 명시해야 한다.)

(3) 계약담당자는 공사의 특성상 '규모·양'으로 평가하는 것이 부적정하다고 인정되는 경우에는 '금액'을 기준으로 입찰공고에 명시하여 평가할 수 있으며, 이 경우 '금액'은 추정가격에 관급재료로 공급될 부분의 가격을 합한 금액을 말한다.

마) 5년간 업종 실적

최근 5년간 업종실적의 인정범위는 [별표1] 제2절에 정한 바에 따르되, 발주기관이 경쟁성 등을 감안하여 실적계수 산식을 하향조정(하향조정시 공고에 명시)할 수 있으며, 하향조정한 결과는 즉시 행정안전부장관에게 제출하여야 한다.

4) 실적증명서 제출

가) 최근 10년간 해당 공사와 동일한 종류의 공사실적은 별지 제5호 서식~별지 제7-1호 서식에 따라 관련협회에서 발급받은 실적증명서를

심사서류 제출 마감 일시까지 해당 기관의 계약담당자에게 제출해야 한다. 다만, 관련협회에서 공사실적을 관리하고 있지 않는 경우에는 발주기관에서 직접 발급받아 제출할 수 있다.

나) 조달청 등에 위탁하여 발주하는 경우의 최근 10년간 해당 공사와 동일한 종류의 공사실적은 조달청 등에서 관리하는 자료를 활용할 수 있다.

다) 최근 5년간 업종별 공사실적은 관련협회에서 증명서를 발급받아 심사서류 제출 마감 일시까지 계약담당자에게 제출해야 한다. 다만, 관련협회에 연도단위(1. 1 ~ 12.31)로 신고하지 않은 경우에는 적격성 심사 신청자가 관련협회 발급기준과 동일하게 발주자로부터 직접 증명서를 발급받아 제출할 수 있다.

5) 실적인정 기준시점

가) 최근 10년간 해당 공사와 동일한 종류의 공사실적은 [별표 1]에서 예외를 인정하는 경우를 제외하고는 입찰공고일을 기준으로 역산하여 최근 10년 이내에 준공검사가 완료된 실적에 한하여 인정한다.

나) 최근 5년간 업종실적은 입찰공고일을 기준으로 관련협회에서 확정된 5년간 실적을 연도단위(1. 1 ~ 12.31)로 인정하여 평가한다.

6) 실적심사 시 유의사항

가) 해당 공사에 포함된 교량이나 터널 구조물이 상·하행선으로 각각 분리된 경우는 각각 실적으로 인정한다. 단, 동일한 단위구조물(체)로서 상·하행선의 연장이 다른 경우는 합산 연장의 1/2로 한다.

나) 교량공사로서 심사대상과 비 심사대상이 혼합된 경우에는 평가기준 규모나 금액은 심사대상 요건 이상이 되는 각 교량을 합산하여 평가한다.

다) 지하철 공사의 연장은 교행선에 관계없이 시점과 종점구간으로 한다.

라) 용도가 복합된 건물의 실적은 건축법령상의 용도를 기준으로 산정하며, 공용부분 등은 다음과 같이 평가한다.

(1) 주차장, 기계실 등 공용부분은 해당 건물의 주 용도에 포함하고, 용도별로 공용부분이 구분된 경우는 그 내용에 따라 평가하며, 주차장은 용도가 구분되는 경우에도 공용부분으로 본다.

(2) 근린생활시설은 해당 건물의 주 용도에 포함한다. 다만, 근린생활시설이 주 용도인 경우는 근린생활시설로 한다.

(3) 동일건물에서 각 용도별 면적의 합계가 1,000㎡미만인 시설은 해당 건물의 주용도 시설에 포함한다.

※ 주 용도란 동일 건물 안에서 면적이 큰 시설을 말한다.

마) 건축물의 용도 분류는 이 기준에서 따로 정하지 않은 경우에는 건축법령의 규정을 준용한다.

바) 해당 공사가 복합 공종으로 구성되어 규모(길이, 면적, 용량 등)로 비교하기 곤란한 경우는 금액으로 심사할 수 있다.

나. 신용평가등급에 의한 평가(30점)

1) 공동수급체의 평가방법

공동계약은 구성원별로 신용평가등급에 따라 산출한 평점을 시공비율로 곱하여 합산한다.

2) 신용평가에 의한 평가빙법

가) 「신용정보의 이용 및 보호에 관한 법률」 제4조 제1항 제1호 또는 「자본시장과 금융투자업에 관한 법률」 제9조 제26항의 업무를 영위하는 신용정보업자가 입찰공고일 기준 최근 1년 이내에 평가한 회사채·기업어음에 대한 신용평가등급이나 기업신용평가등급으로서 유효기간 안에 있는 가장 최근의 신용평가등급으로 평가한다. 다만, 동일 일자에 제출된 신용평가등급이 2개 이상인 경우에는 가장 낮은 등급을 적용한다.

나) 적격성 심사 평가 완료이전에 합병한 업체는 합병 후 새로운 신용평가등급이 있는 경우 새로운 평가등급으로 평가하며, 그 전까지는 합병대상 업체 중 가장 낮은 업체의 신용평가등급을 적용한다.

예시

ㅇ 기업신용평가 BBB 등급인 업체가 BB등급업체와 합병한 경우
- 입찰공고전 합병 : BB등급으로 평가(낮은 등급)
- 적격성심사 완료전 합병 & 신규등급 없음 : BB등급으로 평가(낮은 등급)
- 적격성심사 완료전 합병 & 신규등급 있음 : 신규등급으로 평가
- 적격성심사 완료후 합병 : BBB등급으로 평가(소급적용 배제)

다) 신용평가 결과(입찰공고일 전에 완료된 평가결과)는 관련 증명서를 심사서류 제출 마감일까지 발주기관에 직접 제출해야 하며, 발주기관은 지정정보처리장치 내용을 확인하여 평가한다.

라) 신용평가 자료를 기한 내에 제출하지 않은 자는 최저등급으로 평가한다.

마) 외감법 적용을 받는 업체의 감사보고서가 “한정의견”, “의견거절”, “부적정” 인 경우에는 평가에서 제외하며, 공동수급체 구성원 중 일부 업체가 “한정의견”.“의견거절”. “부적정”인 경우 해당업체를 제외하고 평가한다.

바) 감사의견은 감사인의 감사보고서 또는 관련협회의 증빙서류로 평가한다.

사) 행정자치부장관이 등재(지정)한 신용정보업자가 발급하는 신용평가등급확인서로 평가해야 한다. 이외의 사항은 행정자치부 예규 「지방자치단체 입찰시 낙찰자 결정기준」 제2장 시설공사 적격심사 세부기준 <별표3> Ⅲ. 신용평가방법을 준용한다.

3) 신용평가등급 평가기준

회사채	기업어음	기업신용평가등급	평점
A+ 이상	A2+ 이상	회사채에 대한 신용평가등급 A+에 준하는 등급	10
A0	A20	회사채에 대한 신용평가등급 A0에 준하는 등급	9.8
A-	A2-	회사채에 대한 신용평가등급 A-에 준하는 등급	9.6
BBB+	A3+	회사채에 대한 신용평가 등급 BBB+에 준하는 등급	9.4
BBB0	A30	회사채에 대한 신용평가등급 BBB0에 준하는 등급	9.2
BBB-	A3-	회사채에 대한 신용평가등급 BBB-에 준하는 등급	9.0
BB+	B+	회사채에 대한 신용평가 등급 BB+에 준하는 등급	8.8
BB0	B0	회사채에 대한 신용평가등급 BB0에 준하는 등급	8.6
BB-	B-	회사채에 대한 신용평가등급 BB-에 준하는 등급 이하	8.4
B+ 이하	C이하	회사채에 대한 신용평가등급 B+에 준하는 등급 이하	0.0

3 종합평가

가. 동일실적 경과 정도 평가(10점)

준공실적 경과정도	평 점
A. 5년 이내 준공실적	10
B. 5년 초과 7년 이내 준공실적	9.8
C. 7년 초과 10년 이내 준공실적	9.6

주1) 입찰공고일을 기준으로 입찰공고 시 명시한 동일실적·인정범위(규모 또는 금액) 이상 준공실적 중 적격성 심사 시 제출한 실적으로 평가한다.

주2) Ⅲ유형의 경우에는 배점한도 적용한다.

주3) 입찰공고일을 기준으로 7년을 초과한 준공 실적의 경우 9.6점으로 평가한다.

나. 기술능력 평가

1) 유형별 심사기준

가) 「Ⅰ유형 중 500억 이상 공사」의 경우

심사항목	평가요소	배점	평가등급	평점
가. 당해공사의 시공에 필요한 업체 보유 기술인력 (31점)	1) 배치예정 현장대리인의 동일공종그룹 공사 시공참여 경력	3.0	A. 5년 이상 B. 3년 이상 C. 3년 미만	3.0 2.0 1.0
	2) 해당공종 경력기술자(평가등급 산식 별첨)	11.0	A. 4.0이상 B. 3.0이상 C. 2.0이상 D. 1.0이상	11.0 9.4 7.8 6.2
	3) 일반기술자	11.0	A. 15인이상(12인 이상) B. 12인이상(9인 이상) C. 10인이상(6인 이상) ※ ( )내는 준설공사기준임	11.0 8.0 5.0
	4) 품질기술자(3년 이상)	3.0	A. 3인이상(2인 이상) B. 3인미만(2인 미만) ※ ( )내는 준설공사기준임	3.0 1.8
	5) 안전기술자 (3년 이상)	3.0	A. 3인이상(2인 이상) B. 3인미만(2인 미만) ※ ( )내는 준설공사기준임	3.0 1.8

심 사 항 목	평 가 요 소	배점	평 가 등 급	평점
나. 신기술개발·활용 실적 (2점)	6) 신기술 개발	1.0	A. 2건 이상 B. 1건	1.0 0.8
	7) 신기술 활용 실적	1.0	A.50억원 이상 B.50억원미만 10억원이상 C.10억원미만 1억원이상 D. 1억원미만	1.0 0.9 0.8 0.7
다. 최근년도 해당부문 매출액에 대한 기술개발투자비율 (7점)	8) 업종평균 기술개발투자비율에 대한 해당업체 기술개발투자비율	7.0	A.150%이상 B.100%이상 C. 50%이상 D. 10%이상 E. 10%미만	7.0 6.8 6.6 6.4 6.2

주1) '가'목의 기술자 평가는 중복하여 산정하지 아니한다.
주2) '가"목 1)의 동일공종그룹은 <별표3> 분류표를 적용
주3) '가'목의 품질기술자, 안전기술자는 과거 동일업종(건설산업기본법 등 관련법령상 업종, 단 상호시장 진출 허용에 따른 다른 업종에 참여한 경우 해당 입찰에 필요한 모든 업종을 말한다)에 3년 이상 참여한 경력으로 평가
주4) 일반기술자는 발주공사와 동일한 업종의 기술자로 평가한다. 다만, 종합공사에 전문건설사업자가 참여한 경우 종합건설 등록기준에 적합한 기술자를 기준으로 평가하고 전문공사에 종합건설사업자가 참여한 경우 전문건설 등록기준에 적합한 기술자를 기준으로 평가한다.
주5) '나'목은 건설신기술과 환경신기술 등을 합산하여 평가
주6) '다'목의 경우, 공동수급체는 구성원별로 평가하고 동 점수에 시공비율을 곱하여 합산
주7) 신기술개발·활용실적은 신기술개발 활용시 기간이 만료된 경우에는 평가에서 제외
주8) 기술자 현황은 관련협회의 증명서나 전산상 자료에 의하여 평가

나) 「Ⅰ유형 중 300억 이상 500억 미만 공사」 및 「Ⅱ유형 공사」의 경우

심 사 항 목	평 가 요 소	배점	평 가 등 급	평점
가. 당해공사의 시공에 필요한 업체 보유 기술인력 (31점)	1) 해당공종 경력기술자(평가등급 산식 별첨)	14.0	A. 4.0이상 B. 3.0이상 C. 2.0이상 D. 1.0이상	14.0 11.9 9.8 7.7
	2) 일반기술자	11.0	A. 15인이상(12인 이상) B. 12인이상(9인 이상) C. 10인이상(6인 이상) ※ ( )내는 준설공사기준임	11.0 8.0 5.0
	3) 품질기술자(3년 이상)	3.0	A. 3인이상(2인 이상) B. 3인미만(2인 미만) ※ ( )내는 준설공사기준임	3.0 1.8

심 사 항 목	평 가 요 소	배점	평 가 등 급	평점
	4) 안전기술자 (3년 이상)	3.0	A. 3인이상(2인 이상) B. 3인미만(2인 미만) ※ ( )내는 준설공사기준임	3.0 1.8
나. 신기술개발·활용 실적 (2점)	5) 신기술 개발	1.0	A. 2건 이상 B. 1건	1.0 0.8
	6) 신기술 활용 실적	1.0	A.50억원 이상 B.50억원미만 10억원이상 C.10억원미만 1억원이상 D. 1억원미만	1.0 0.9 0.8 0.7
다. 최근년도 해당부문 매출액에 대한 기술개발투자비율 (7점)	7) 업종평균 기술개발투자비율에 대한 해당업체 기술개발 투자비율	7.0	A.150%이상 B.100%이상 C. 50%이상 D. 10%이상 E. 10%미만	7.0 6.8 6.6 6.4 6.2

주1) '가'목의 기술자 평가는 중복하여 산정하지 아니한다.

주2) '가'목의 품질기술자, 안전기술자는 과거 동일업종(건설산업기본법 등 관련법령상 업종, 단 상호시장 진출 허용에 따른 다른 업종에 참여한 경우 해당 입찰에 필요한 모든 업종을 말한다)에 3년 이상 참여한 경력으로 평가

주3) 일반기술자는 발주공사와 동일한 업종의 기술장로 평가한다. 다만, 종합공사에 전문건설사업자가 참여한 경우 종합건설 등록기준에 적합한 기술자를 기준으로 평가하고 전문공사에 종합건설사업자가 참여한 경우 전문건설 등록기준에 적합한 기술자를 기준으로 평가한다.

주4) '나' 목은 건설신기술과 환경신기술 등을 합산하여 평가

주5) '다'목의 경우, 공동수급체는 구성원별로 평가하고 동 점수에 시공비율을 곱하여 합산

주6) 신기술개발·활용실적은 신기술개발 활용시 기간이 만료된 경우에는 평가에서 제외

주7) 기술자 현황은 관련협회의 증명서나 전산상 자료에 의하여 평가

다)「Ⅲ유형 공사」의 경우

심 사 항 목	평 가 요 소	배점	평 가 등 급	평점
가. 당해공사의 시공에 필요한 업체 보유 기술인력 (31점)	1) 일반기술자	21.0	A. 15인이상(12인 이상) B. 12인이상(9인 이상) C. 10인이상(6인 이상) ※ ( )내는 준설공사기준임	21.0 17.0 13.0
	2) 품질기술자(3년 이상)	5.0	A. 2인이상(2인 이상) B. 2인미만(2인 미만) ※ ( )내는 준설공사기준임	5.0 3.8
	3) 안전기술자 (3년 이상)	5.0	A. 2인이상(2인 이상) B. 2인미만(2인 미만) ※ ( )내는 준설공사기준임	5.0 3.8
나. 신기술개발·활용실적 (2점)	4) 신기술 개발	1.0	A. 2건 이상 B. 1건	1.0 0.8
	5) 신기술 활용 실적	1.0	A.50억원 이상 B.50억원미만 10억원이상 C.10억원미만 1억원이상 D. 1억원미만	1.0 0.9 0.8 0.7
다. 최근년도 해당부문 매출액에 대한 기술개발 투자비율 (7점)	6) 업종평균 기술개발투자비율에 대한 해당업체 기술개발투자비율	7.0	A.150%이상 B.100%이상 C. 50%이상 D. 10%이상 E. 10%미만	7.0 6.8 6.6 6.4 6.2

주1) '가'목의 기술자 평가는 중복하여 산정하지 아니한다.

주2) '가'목의 품질기술자, 안전기술자는 과거 동일업종(건설산업기본법 등 관련법령상 업종, 단 상호시장 진출 허용에 따른 다른 업종에 참여한 경우 해당 업종에 필요한 모든 업종을 말한다)에 3년 이상 참여한 경력으로 평가

주3) 일반기술자는 발주공사와 동일한 업종의 기술자로 평가한다. 다만, 종합공사에 전문건설사업자가 참여한 경우 종합건설 등록기준에 적합한 기술자를 기준으로 평가하고 전문공사에 종합건설사업자가 참여한 경우 전문건설 등록기준에 적합한 기술자를 기준으로 평가한다.

주4) '나' 목은 건설신기술과 환경신기술 등을 합산하여 평가

주5) '다'목의 경우, 공동수급체는 구성원별로 평가하고 동 점수에 시공비율을 곱하여 합산

주6) 신기술개발·활용실적은 신기술개발 활용시 기간이 만료된 경우에는 평가

에서 제외

주7) 기술자 현황은 관련협회의 증명서나 전산상 자료에 의하여 평가

2) 평가의 기본원칙

가) 배치예성 현상대리인의 시공참여 경력 심사방법

(1) 입찰참가자가 공사현장에 배치할 현장대리인의 시공참여 경력을 심사

(2) 배치예정 현장대리인의 경력심사는 배치예정자가 과거 동일공종그룹 <별표3> 공사에 현장대리인, 품질관리자, 안전관리자로 참여한 경력을 평가하며, 품질관리자와 안전관리자 경력 기간의 경우 1/2로 산정한다. 다만, 배치예정 현장대리인이 특급기술자인 경우에는 입찰공고에서 정한 해당공사와 같이 종류의 공사에 참여한 경력으로 평가한다.

(3) 건설산업기본법 등 관련법령에 따른 현장대리인 배치기준에 적합하지 아니한 자는 평가에서 제외한다.

(4) 낙찰자는 원칙적으로 배치예정기술자를 교체할 수 없으며, 이를 위반할 경우 위반사실을 해당업체에 통보한 날로부터 2년 동안 종합평가 낙찰자 결정기준 대상공사에서 해당 업체의 매 위반 건당(지방계약법을 적용 또는 준용하는 발주기관에서 발생한 배치예정 현장대리인 위반건수를 말한다) 1.0점을 감점한다. 다만, 두 개 이상의 공사를 동시에 낙찰받거나, 사망, 질병, 퇴사, 해외이민 등 그 밖에 불가피한 사유가 있을 경우에는 발주부서의 협의를 거쳐 당초 배치기술자 심사 시 취득한 점수 이상의 점수를 획득할 수 있는 기술자로 대체하여 배치할 수 있다.

(5) (4)에 따라 위반 사실이 있는 경우 위반 사실을 확인한 발주기관은 위반내용을 즉시 행정자치부장관 및 지정정보처리장치를 운영하는 기관의 장에게 통보하고, 위반사실이 있는 업체는 종합평가 전 자기평가를 통해 발주기관에 미리 알려야 한다.

나) 경력기술자의 심사방법

(1) 일반기술자로서 당해 심사 대상공사와 동일공종의 공사현장에서 3년 이상(자격취득 전,후 포함) 종사한 기술자에 대하여는 다음의 기술자 등급계수, 경력계수 및 관리능력계수를 곱하여 산정하며, 기술자는 종류별·등급별 및 참여기간 등을 중복 산정하지 아니한다.

구 분	적 용 기 준
등급계수	특급기술자 1.0, 고급기술자 0.75, 중급기술자 0.5, 초급기술자 0.25
경력계수	3년이상 1.0, 5년이상 1.5, 10년이상 2.0
관리능력계수 (현장대리인의 경력)	2년미만 1.0, 2년이상 1.1, 5년이상 1.3

(2) 건설기술자의 등급구분은 건설기술진흥법령 등에 의거 설립된 『건설기

술인협회』, 『전력기술인협회』 등 관련기관의 기술자 등급구분을 기준으로 한다.

산정예시

< 기술자 보유 >

- 특급기술자 1인 (경력 3년)
- 고급기술자 1인 (경력 3년)
- 중급기술자 1인 (경력 3년)

- 특급기술자 : 1인 × 1.0(등급계수) × 1.0(경력계수) × 1.1(관리능력계수) = 1.1
- 고급기술자 : 1인 × 0.75(등급계수) × 1.0(경력계수) × 1.1(관리능력계수) = 0.825
- 중급기술자 : 1인 × 0.5(등급계수) × 1.0(경력계수) × 1.1(관리능력계수) = 0.55

⇒ 1.1(특급) + 0.825(고급) + 0.55(중급) = 2.47(C등급)

다) 최근년도 건설부문 매출액에 대한 건설부문 기술개발 투자비율(전기·정보통신·소방공사 등의 업체는 전기·정보통신·소방부문 등의 매출액과 기술개발 투자비율을 말한다. 이하 “기술개발 투자비율”이라 한다) 심사방법

(1) 최근연도 이전에 설립된 업체 : 등록(면허)업종에 관계없이 세법 등 관련법령에 따라 제출된 정기결산서로 심사한다.

(2) 최근연도 이후에 새로 설립되거나 설립 등기한 업체(합병이나 분할합병으로 신설된 경우는 제외한다) : 신설업체가 설립일이나 등기일을 기준으로 작성한 최초결산서로서 주식회사의 외부감사에 관한 법률(이하 “외감법”이라 한다)에 따라 작성된 감사보고서 상의 재무제표를 제출받아 심사한다.

(3) 최근연도 이후에 합병한 업체

(가) 관련협회에서 확인한 합병대상 업체(합병으로 존속하거나 소멸하는 업체)의 직전 회계연도 정기결산서 합(合)으로 평가하고, 동 평가금액은 합병으로 존속하는 업체의 합병 후 경영상태 평가 시 직전 회계연도 정기결산서로 보며, 최초 결산서는 합(合)하지 아니한다.

(나) 합병대상 업체가 모두 신설업체인 경우는 최초결산서의 합(合)으로 평가하며, 동 평가금액은 합병으로 존속하는 업체의 합병 후 경영상태 평가 시 최초결산서로 본다.

(4) 발주기관이 계약목적물의 평가기준규모 등을 고려하여 필요하다고 인정하는 경우 등급별 유자격자 명부의 평균기술개발투자비율에 대한 해

당업체 기술개발투자 비율로 평가할 수 있다. 이 경우 평가방식을 입찰공고에 명시하여야 한다.

라) “신기술개발·활용실적” 평가는 다음 각 호에 따른다.

(1) 건설기술 진흥법 제18조, 환경기술 및 환경산업 지원법 제7조, 국가통합교통체계효율화법 제102조, 자연재해대책법 제61조 등에 따라 신기술로 지정·고시된 실적에 따른다.

(2) 개발 건수는 종합평가 서류 제출 마감일 현재 보유하고 있는 실적으로 평가하며, 보호기간이 경과된 실적은 평가에서 제외한다.

(3) 개발 건수는 법인 명의로 개발한 실적으로 평가하며, 공동개발의 경우법인 명의로 개발한 실적으로 평가하며, 공동개발의 경우 개발업체 각각 인정한다.

(4) 활용실적은 한국건설신기술협회, 한국환경산업기술원, 한국건설교통기술평가원, 한국방재협회 등으로부터 발급된 증명서에 따른다.

(5) 활용실적은 입찰공고일을 기준으로 유효기간 내에 활용된 누계금액(보유하지 않은 신기술을 활용한 경우에도 포함한다)으로 평가한다.

3) 공동수급체의 심사방법

가) 기술능력 평가의 심사항목 중 현장대리인 평가는 대표사만 평가하며, 해당공종 경력기술자, 일반기술자, 품질기술자, 안전기술자 평가는 공동수급체 대표자는 시공비율(복합업종의 경우 환산시공비율)을 곱하여 합산하고, 나머지 구성원은 지분율을 적용하지 않고 합산하여 평가한다.

나) 신기술 개발·활용실적은 공동수급체 대표사만 평가한다.

다) 기술개발 투자비율 평가는 구성원별로 각각 산출한 평가점수에 시공비율(복합업종의 경우 환산시공비율)을 곱한 후 이를 합산하여 평가한다.

4) 증명서 제출방법

건설기술자의 종류와 보유 내용은 건설기술자 보유증명서 <별지 제8호 서식 ~ 별지 제9호 서식>에 따르며, 해당 공종 경력기술자, 일반기술자 등의 증명은 입찰공고일 현재 “한국건설기술인협회”에서 발급 받거나 동 협회 전산망을 통하여 제공받은 기술자 보유증명서로 평가한다.

다. 시공품질 평가

시공품질 평가 결과	평 점	
	추정가격 1,000억원 (주공종 기준) 이상	추정가격 1,000억원 (주공종 기준) 미만
A. 90점 이상	10	10
B. 85점 이상	9	9.5
C. 75점 이상	8	9
D. 75점 미만	7	8.5

주1) 시공품질평가는 입찰참가 업체의 건설기술진흥법 제50조에 의한 건설공사의 품질관리 결과를 심사하는 것을 말한다.

주2) 동 심사는 최근 3년간 시행령 제37조 제3항 제1호 내지 제4호 해당하는 기관에서 동일공종그룹<별표3> 공사에 대해 받은 시공품질평가 결과 점수를 공사규모에 따라 가중 평균하여 평가한다. 단, 공동이행방식의 경우 공동수급체 구성원의 시공평가결과는 공동수급체 대표자가 받은 시공품질 평가를 적용한다.

주3) 동일공종그룹에 대한 시공평가 결과가 없는 업체의 경우 해당 업체가 받은 동일업종(토목, 건축 등)에 대한 시공평가 결과를 적용하며, 동일업종 시공평가 결과도 없는 경우에는 'D'등급을 부여하되, 계약담당자가 동일업종 공사에 대한 시공평가결과를 활용할 경우에도 시공평가결과 심사가 곤란하다고 판단하는 경우에는 전체 공사에 대한 시공평가결과로 평가할 수 있다.

주4) 공동수급체의 경우 시공평가결과 심사는 구성원별 시공평가결과 점수에 환산 시공비율을 곱한 후 합산한다. 다만, 공동수급체 구성원의 경우 행정안전부장관이 별도의 적용시기를 통보하기 전까지 시공평가결과가 없거나 대표사 보다 낮은 구성원은 대표사 점수로 평가한다.

주5) 입찰참가업체의 시공평가결과는 한국시설안전공단이 관리하는 자료를 확인하여 평가한다.

산정예시

적용례】 A업체가 최근 3년간 교통시설 관련 받은 시공평가점수 현황

공사명	공사규모(억원)	시공평가점수
OOOO 국도 확장공사	200	90
OOOO 교량 보강공사	300	85
OOOO고속도로 확장공사	500	95

⇨ A업체의 시공평가점수 $= \dfrac{(200 \times 90\text{점}) + (300 \times 85\text{점}) + (500 \times 95\text{점})}{(200 + 300 + 500)}$

$= 91\text{점}$

라. 하도급관리계획의 적정성 평가

심사항목	등급별 평점			비 고
	등급	규모별 평점		
		추정가격 1,000억원이상	추정가격 1,000억원미만	
단일공종공사 등	단일공종 공사 등	12	10	전문, 전기, 정보통신, 소방공사 등 단일공종공사는 만점으로 평가함
①하도급 비율	A : 40%이상 B : 30%이상	5 4	4 3	하도급비율은 입찰가격(관급제외) 대비 하도급할 공사(지급자재 제외)의 합계금액으로 평가 「지방자치단체 입찰시 낙찰자 결정기준」 제3장 「시설공사 적격심사 세부기준」(이하 "적격심사기준") <별표5>의 예시에서 (B/A×100)
②하도급할 공사의 총금액(B) 대비 하수급 예정자와 계약할 총금액의 비율(C)	A:77%미만 B:77%이상~ 80%미만 C:80%이상~82%미만 D:82%이상	3 4 5 6	2 3 4 5	하도급할 부분의 총금액은 하도급할 부분의 금액을 모두 합산한 금액임 적격심사기준 <별표5>의 예시에서 (C/B×100)
③최근 1년간 하도급 대금 직불실적	A: 10%이상 B: 10%미만	1.0 0.5	1.0 0.5	세부 평가방법은 적격심사기준 <별표 6-1>에 의함
계		12	10	

주1) 심사항목 ①, ②에 대한 평가방법

(1) 관계법령에 의하여 당해 하도급 시공에 필요한 등록 등을 하지 아니하였거나 부정당업자 제재 또는 영업정지처분을 받아 그 기간이 경과되지 아니한 하수급 예정자는 평가에서 제외한다.

(2) 하수급 예정자의 시공능력평가액은 하수급 예정자와 계약할 금액에 하수급인이 설치하는 지급자재금액을 합한 금액이상이어야 한다.

(3) ②의 경우 기초금액 대비 60% 미만으로 제출한 경우 최저점수로 평가한다.

주2) 심사항목 ③에 대한 평가방법

(1) 구체적인 평가기준 및 절차, 방법 등에 관하여는 적격심사기준 <별표 6-1>에 의한다.

(2) 본 평가는 건실산입기본법령에 의한 종합선설업자의 하노급 계약에 대한 직불실적에 한하여 평가한다.

주3) 하도급관리계획서를 제출함에 있어 하도급대금직불실적평가와 관계없이 하도급대금직불계획이 있는 자가 하도급관리계획서의 "비고"란에 하수급예정자와 직불계획금액을 표기하여 제출한 경우로서, 동 하도급대금직불계획금액이 하수급예

정자와 계약할 금액의 20%이상인 때에는 0.5점을 가산부여하여 평가한다.(이 경우 하도급관리계획 등의 적정성 평가점수의 합계는 배점한도를 초과할 수 없음)

주4) 상호시장 진출을 허용한 공사 또는 전문공사를 발주한 경우에는 배점한도를 부여한다. 다만, 종합공사에 종합건설사업자만 참여토록 한 경우에는 <별표6>에 따라 평가한다.

마. 사회적 신인도 평가 (최대 1점)

신인도는 세부평가기준에서 별도로 정한 경우를 제외하고는 주업종을 기준으로 환산하여 평가하며, 평가점수는 기술이행능력에 가산한다. 다만, 기술이행능력 평가점수가 배점한도를 초과하더라도 배점한도를 적용한다.

1) 사고사망만인율

점수 = 사고사망만인율 평가점수 - 산업재해 발생보고 위반건수 점수

* 사고사망만인율 평가점수에서 산업재해 발생보고 위반건수 점수를 차감하여 산정한 점수가 음(-)의 경우에는 0점으로 한다.

가) 사고사망만인율은 3개년 가중평균*으로 산출

* [최근년도 사고사망만인율×0.5+ 최근년도 1년전 사고사망만인율 ×0.3+ 최근년도 2년전 사고사망만인율×0.2 (단, 최근년도 1년 전 또는 최근년도 2년 전 사고사망만인율을 산정하지 않은 경우에는 산정한 연도 사고사망만인율의 평균값으로 한다)]

나) 사고사망만인율 점수 평가산식

심사항목	배점 한도	평가방법	비 고
재해율 평가	0.5 0.4 0.3 0.2 0.1 0.0	• 평균 사고사망만인율 0.2배 이하 • 평균 사고사망만인율 0.4배 이하 • 평균 사고사망만인율 0.6배 이하 • 평균 사고사망만인율 0.8배 이하 • 평균 사고사망만인율 1배 이하 • 평균 사고사망만인율 1배 초과	업체 가중평균사고사망만인율 / 건설업 가중평균사고사망만인율

A업체 사고사망만인율 점수 × A업체 시공비율 + B업체 사고사망만인율 점수 × B업체 시공비율 ….

* 사고사망만인율 평가는 산업안전보건법 시행규칙 별표 1에 따라 산출된 자료로 평가한다.

다) 최근 1년간 산업재해 발생보고 위반건수*에 따라 아래와 같이 산정한

점수를 사고사망만인율 평가점수에서 감점한다. 다만, 차감하여 산정한 점수가 음(-)의 경우에는 0점으로 한다.

위반 건수	감 점
1건 이상 2건 미만	0.1
2건 이상 3건 미만	0.2
3건 이상 4건 미만	0.3
4건 이상 5건 미만	0.4
5건 이상	0.5

A업체 위반건수에 대한 점수×A업체 시공비율 + B업체 위반건수에 대한 점수×B업체 시공비율 ….

* 산업재해 발생 보고위반건수는 산업안전보건법 제10조에 따른 보고의무를 위반(보고기한을 넘겨 보고의무를 위반한 경우는 제외)하여 과태료 처분을 받은 경우를 말한다.

2) 상호협력 점수

최근 1년간 국토교통부장관이 평가한 협력업자와 협력관계를 평가한 결과를 공동수급체 구성원별로 각각 산출한 평가점수에서 시공비율을 곱한 후 이를 합산하여 평가한다.

세부심사항목	평 가 방 법	배 점
상호협력평가	○평점 90점 이상인 자 ○평점 80점 이상 90점 미만인 자 ○평점 70점 이상 80점 미만인 자 ○평점 60점 이상 70점 미만인 자	0.5 0.4 0.3 0.2

3) 전문화 지역업체 참여도

가) 시공경험 우수 지역업체 참여도는 공동수급체 구성원 중 해당 지역업체가 토목, 건축공사업을 등록한 경우 평가하며, 동일공종그룹이 없는 조경공사업 및 산업환경설비공사업, 전기공사업, 정보통신공사업, 소방시설공사업 등으로 참여한 경우 배점한도를 부여한다.

나) 공동수급체 구성원인 지역업체의 최근 10년간 동일공종그룹 국내 기성실적총액이 동 업체의 최근 10년간 업종별(토목,건축) 국내 기성실적총액에서 차지하는 비중을 심사하는 방법에 의하며, 기성실

적총액은 관련 협회에서 발급한 증명서에 의해 확인한다.

다) 공동수급체 구성원별 매출액 비중에서 '대표사 및 타 지역업체를 제외한 해당 지역업체 구성원간 지분율의 합을 100으로 하여 그에 따라 환산한 새로운 지분율'을 곱한 후 합산하여 아래의 점수로 평가한다.

라) 산식

$$\text{A업체 공종전문성 비중 점수} \times \text{A업체 환산 지분율} + \text{B업체 공종전문성 비중 점수} \times \text{B업체 환산 지분율} \cdots$$

$$\text{공종전문성 비중} = \frac{\text{A의 10년간 동일공종그룹 실적 총액}}{\text{A의 10년간 업종별 실적 총액}}$$

마) 점수

등 급	점 수
A. 40%이상 B. 35%이상 C. 30%이상	0.5 0.4 0.3

4) 건설인력고용

가) 건설인력고용은 고용탄력성 점수에서 근로기준법 준수 점수를 감점하여 평가하며, 복합업종의 경우 주된 공사에 해당하는 업종을 대상으로 평가한다. 다만, 차감하여 산정한 점수가 음(-)의 경우에는 0점으로 한다.

점수 = 고용탄력성 평가점수 - 근로기준법 준수 점수

나) 고용탄력성은 표준화된 고용보험 피보험자 증감률에서 표준화된 기성액 증감률을 뺀 값을 말한다.

(1) 평가기간은 입찰공고일에 속하는 년도의 전전년도부터 직전 3개 년도로 한다.

(2) 고용보험 피보험자 수는 입찰자의 본사 및 원수급인인 건설 현장에 피보험자 수를 합산하여 산정한다. 건설현장에서 신고 된 피보험자 수는 원수급인이 신고한 피보험자 수와 「고용보험 및 산업재해보상보험의 보험료 징수 등에 관한 법률」 제9조 및 「고용보험법」 제15조 제2항에 의해 하수급인이 신고한 피보험자 수를 합산하여 산정한다.

(3) 기성액은 건설산업기본법에 따른 대한건설협회, 전기공사업법에

따른 한국전기공사협회, 정보통신공사업법에 따른 한국정보통신공사협회, 소방시설공사업법에 따른 한국소방설비협회에서 산정한 실적액을 합산하여 산출한다.

(4) 피보험자 증감률과 기성액 증감률은 각 2개 연도별 전년대비 증감률을 가중평균 하되 최근 증감률에 0.6을 곱하고 이보다 과거 증감률은 0.4를 곱한 값으로 한다.

(5) 피보험자 증감률과 기성액 증감률은「건설산업기본법 시행령」제87조 제1항 제1호에 의해 국토교통부 장관의 위탁을 받은 대한건설협회에 종합건설업을 등록한 업체를 모집단으로 표준화하여 산정한다.

산정예시

고용탄력성 = 피보험자 증감률(표준화*) - 기성액 증감률(표준화*)

3개년간 증감률(15년도) = (`11년 대비 `12년 증감률)×40% +
(`12년 대비 `13년 증감률)×60%

* 표준화 산식 = (변수값 - 평균) / 표준편차

(6) 고용 탄력성 점수

심사항목	배점 한도	평가방법	비 고
고용 탄력성	0.5 0.4 0.3 0.2 0.1 0.0	• 1등급 • 2등급 • 3등급 • 4등급 • 5등급 • 6등급	

A업체 고용 탄력성 점수 × A업체 시공비율 + B업체 고용 탄력성 점수 × B업체 시공비율 ….

* 고용탄력성 평가등급은 고용노동부에서 매년 1월 발표하는 고용탄력성 등급(표준화 점수 기준)으로 자료로 평가한다.

다) 근로기준법 준수는「근로기준법」제43조의2에 따른 임금체불 사업주 명단 공개 횟수에 따라 산정한다.

(1) 입찰공고일이 속하는 년도의 전년도부터 직전 3개년도간 근로기준법 위반건수를 산정하며,「고용보험 및 산업재해보상보험의

보험료징수 등에 관한 법」 제9조 및「고용보험법」 제15조 제2항에 의해 피보험자를 신고한 하수급인을 포함한다.

(2) 입찰자의 명단공개 횟수는 고용노동부 홈페이지 등에 공개된 명단을, 하수급인의 명단 공개 횟수는 한국고용정보원 자료를 활용하여 평가한다.

(3) 근로기준법 준수 점수

근로기준법 준수 (임금체불 명단공개 횟수)	감 점
1~2건	0.1
3~4건	0.2
5~6건	0.3
7~8건	0.4
9건 이상	0.5

A업체 건수 점수 × A업체 시공비율 + B업체 건수 점수 × B업체 시공비율 ….

5) 우수시설물 인증

입찰공고일 기준 1년이내 국토교통부장관이 주택법에 따른 주택의 유지·관리 및 시설물 내부의 가변성과 수리 용이성에 대하여 평가한 결과를 적용하며, 주업종을 기준으로 환산한 공동수급체 구성원별로 각각 산출한 평가점수에서 시공비율을 곱한 후 이를 합산하여 평가한다. 단 우수시설물 인증 평가는 동일공종그룹 중 주거시설인 경우에 한 해 평가한다.

세부심사항목	평 가 방 법	배 점
우수시설물 인증 등급	ㅇ장수명 주택 인증등급이 최우수인 자 ㅇ장수명 주택 인증등급이 우수인 자	0.5 0.3

바. 수행능력상 결격여부

1) 시공비율에 따른 추정가격이 시공능력평가액을 초과하는 구성원 1개 업체별로 종합평가점수에서 2점씩 감점한다.

2) 토목건축공사업의 경우 토목과 건축 각각의 시공능력평가액을 기준으로 평가한다.

3) 건설산업기본법령에 따른 건설공사로서 지역의무공동도급으로 참가한 지역업체(대표자를 포함)의 시공비율은 시공능력평가액의 2배의 범

위 안에서 시공비율만큼 인정한다.

제7절 낙찰자 결정

1. 종합평가 결과 가장 높은 점수를 얻은 자를 낙찰자로 결정한다. 다만, 종합평가 결과 점수가 동일할 경우 다음 각 호의 순으로 낙찰자를 결정한다.
   가. 기술이행능력 점수가 높은 자
   나. 입찰금액이 낮은 자
   다. 추첨

제8절 그 밖의 사항

1. 그 밖에 종합평가 낙찰자 결정기준에서 정하지 아니한 사항은 「지방자치단체 입찰시 낙찰자 결정기준」의 "입찰참가자격 사전심사기준", "시설공사 적격심사 세부기준"을 준용한다.
2 상호시장 진출을 허용한 입찰에서 시공능력평가액이 공시되지 않아 시공비율을 산정할 수 없는 경우 각 구성원의 평가 대상 업종의 공사참여 지분율을 시공비율로 본다.
3. 상호시장 진출을 허용한 입찰에서 시공능력평가액이 공시되지 않은 경우 시공비율 산정을 제외하고 평가에 필요한 시공능력평가액은 다음 각 호와 같이 산정한다.
   가. 종합건설사업자가 입찰 참가하는 종합공사 업종의 시공능력평가액 ×2/3
   나. 전문건설사업자가 입찰 참가하는 전문공사 업종의 시공능력평가액 합산

제9절 보 칙

1. (재검토기한) 행정안전부장관은 「훈령·예규 등의 발령 및 관리에 관한 규정」에 따라 이 예규에 대하여 2022년 1월 1일 기준으로 매3년이 되는 시점(매3년째의 12월 31일까지를 말한다)마다 그 타당성을 검토하여 개선 등의 조치를 하여야 한다.

부 칙

1. (시행일) 이 예규는 2016년 3월 2일부터 시행한다.

2. (적용례) 이 예규는 2016년 5월 1일 이후 최초로 입찰공고를 한 계약부터 적용한다.
3. (다른 계약예규의 폐지) 행정자치부 예규「지방자치단체 최적가치낙찰제 운영요령」은 폐지한다.
4. (경과규정) 이 기준 적용일 이전인 2016년 4월 30일까지 최초로 입찰공고를 한 계약분에 대해서는 조달청「입찰참가자격 사전심사 세부기준」 및 「조달청 종합심사낙찰제 심사세부기준」을 준용한다.

부　　칙

1. (시행일) 이 예규는 2016년 4월 29일부터 시행한다.
2. (적용례) 이 예규는 2016년 5월 1일 이후 최초로 입찰공고를 한 계약부터 적용한다.

부　　칙

1. (시행일) 이 예규는 2017년 2월 16일부터 시행한다.
2. (적용례) 이 예규는 2017년 2월 16일 이후 최초로 입찰공고를 한 계약부터 적용한다.

부　　칙

1. (시행일) 이 예규는 2019년 7월 1일부터 시행한다.
2. (적용례) 이 예규는 2019년 7월 1일 이후 최초로 입찰공고를 한 계약부터 적용한다.

부　　칙 (2020. 8. 31)

1. (시행일) 이 예규는 2020년 9월 1일부터 시행한다.
2. (적용례) 이 예규는 시행 이후 최초로 입찰공고를 한 계약부터 적용한다.
3. (평가방법에 관한 적용례) 제6절 ③마의 가중평균은 다음 각 호에 따라 산정한다.

가. 최근년도 사고사망만인율만 발표된 경우에는 최근년도 사고사망만인율

나. 최근년도 사고사망만인율과 최근년도 1년전 사고사망만인율만 발표된 경우에는 두 값의 평균값(단, 최근년도 사고사망만인율 또는 최근년도 1년전 사고사망만인율을 산정하지 않은 경우에는 산정한 연도 사고사망만인율로 한다.)

부　　칙 (2021. 9. 6)

1. (시행일) 이 예규는 2021년 9월 13일부터 시행한다.
2. (적용례) 이 예규는 시행 이후 최초로 입찰공고를 한 계약부터 적용한다.

별표와 별지양식

《 별 표 》

1. 시공실적 제출과 심사기준
2. 공종별 동일공사 범위
3. 동일공종그룹 구분표

《 별지양식 》

1. 적격성 심사 신청서

1-1 종합평가 심사 신청서

2. 적격성 심사 자기평가표와 심사표

2-1 종합평가 자기평가표와 심사표

3. 공동수급체 · 단독 현황표
4. 업체현황조서
5. 10년간 동일 공사 실적명세서
6. 시설공사 준공실적 증명서

6-1 전기·그 밖의 공사 준공실적 증명서

7. 시설공사(5)년간 업종실적 명세서

7-1 시설공사 준공(업종)실적 증명서

8. 건설기술자 보유증명서

8-1 건설기술자 보유현황표

9. 참여기술자 경력사항 확인서
10. 경영상태 등의 확인서
11. (최초, 월말, 반기, 연말)결산서 감사보고서

[별표 1]

시공실적 제출과 심사기준

제1절 최근 10년간 동일한 종류의 공사실적 인정기준

1. 동일한 종류의 공사실적 범위

가. [별표2]에서 정한 범위를 적용한다.

나. [별표2]에서 정한 범위가 없거나 적용이 곤란한 경우 계약담당자가 입찰공고에 별도로 정하여 심사할 수 있다.

2. 시공실적의 증명방법

가. 실적증명서 양식은 본 기준의 [별지양식]에 따른 증명을 원칙으로 한다.

1) 관련협회에서 발급받은 실적증명서로 심사한다.

2) 국외공사실적은 해외건설협회의 확인서나 증명서에 따른다.

나. 외국인 건설업자가 외국에서 시공한 공사는 건설산업 기본법 시행규칙 제22조 제2항 제1호 바 목에 따른 방법으로 하되, 다른 법령의 적용을 받는 공사의 경우에도 이를 준용한다.

다. 하도급공사 : “가”와 “나”의 방법에 따라 증명하되, 원도급자의 증명을 추가해야 한다.

라. [별지양식]에 따른 실적증명이 곤란하거나 실적내용의 확인이 곤란한 경우 발주기관의 계약담당자가 일정한 서식을 정하여 실적증명서의 제출을 요구할 수 있다.

3. 시공실적증명에 필요한 관련서류

가. 건축공사 실적은 건축물의 용도에 따른 면적이 기재된 관계서류(국내공사는 건축물대장, 인·허가 서류, 계약서 등)를 제출

나. 공동도급 실적은 계약서와 공동수급협정서을 제시하고 사본을 제출한다.

다. 시공실적증명서와 관련서류가 외국어로 작성된 경우는 한국어 번역과 공증서류를 제출한다.

4. 시공실적 심사기준

가. 공통사항

(1) 시공실적 증명서와 실제시공내용이 다른 경우 실제 시공한 내용을 기준으로 시공실적을 평가한다.

(2) 심사 자료는 증명서 발급자가 발급한 내용을 기준으로 심사함을 원칙으로 한다. 다만, 증명서 발급자가 발급한 증명서 내용이 본 심사기준의 증명방법과 상이하거나 실제 시공한 내용과 다르게 발급되거나 오류·불명확 등이 있는 경우 기한을 정하여 보완요구를 한 뒤 보완이 되지 않는 경우에는 그 실적은 심사에서 배제한다.

(3) 계약담당자는 입찰공고에서 정한 실적인정기준과 부합여부를 확인한다.

(4) 제출된 실적증명서등의 심사 시 설명·확인 등의 입증책임은 시공실적을 제출한 회사에 있다.

나. 시공실적 내용

1) 동일공사 실적규모 인정방법 : 1건의 동일한 단위구조물(체)로서 동 공사의 인정기준규모에 해당되는 경우에 한하여 실적으로 인정하며, 이 경우 1건이라 함은 단위 계약건 중 시공실적 인정기준에 부합되는 각 단위구조물(체)을 말한다.

2) 동일공사의 실적금액 인정

가) "1)"에 따른 실적인정 규모에 해당하는 공사금액을 실적금액으로 인정하며 도급자 설치 관급(지급)자재 금액을 포함한다. 다만, 준공금액·관급금액 중 미기재 하거나 불분명한 부분은 인정하지 아니한다.

나) 국외공사인 경우에는 준공일 기준 외국환거래법에 따른 기준환율(매매기준율)로 환산한다.

3) 공동이행방식으로 이행한 실적의 기본요소는 구성원 각각 모두 인정하되, 시공 규모·양 등은 출자비율을 곱한 실적으로 인정한다.

※ 기본요소 : 경간·접안능력·높이·주차장·기계실 등을 말한다.

4) 분담이행방식으로 이행한 실적은 분담하여 시공한 내용대로 인정한다.

5) 2021년 1월 1일 이후(민간공사는 2022년 1월 1일 이후)에 발주한 경우로서 주계약자관리방식에 따라 시공한 실적은 다음과 같이 실적을 인정한다.

가) 종합건설사업자가 주계약자로서 다른 전문공사를 시공할 수 있는 자격을 보유한 건설사업자와 분담하여 시공하는 경우 전문공사를 시공할 수 있는 자격을 보유한 건설사업자가 시공한 실적(금액)에 해당하는 실적(금액)을 주계약자의 실적에 가산하여 인정한다.

나) 전문건설사업자가 주계약자로서 다른 전문공사를 시공할 수 있는 자격을 보유한 건설사업자가 분담하여 시공하는 경우 다른 전문공사를 시공할 수 있는 자격을 보유한 건설사업자가 시공한 실적(금액)

의 2분의 1에 해당하는 실적(금액)을 주계약자의 실적에 가산하여 인정한다.

다) 종합공사를 시공할 수 있는 자격을 보유한 건설사업자가 주계약자로서 다른 종합공사를 시공할 수 있는 자격을 보유한 건설사업자와 분담하여 시공하는 경우 종합공사를 시공할 수 있는 자격을 보유한 건설사업자가 시공한 실적(금액)의 2분의 1에 해당하는 실적(금액)을 주계약자의 실적에 가산하여 인정한다.

라) 주계약자가 아닌 구성원은 분담하여 시공한 실적만큼 각각 실적으로 인정한다.

6) 2020년 12월 31일 이전(민간공사는 2021년 12월 31일 이전)에 발주한 경우로서 주계약자관리방식에 따라 시공한 실적은 다음과 같이 실적을 인정한다.

가) 종합건설사업자가 주계약자로서 다른 전문건설 사업자와 분담하여 시공하는 경우 전문건설사업자가 시공한 실적(금액)에 해당하는 실적(금액)을 주계약자의 실적에 가산하여 인정한다.

나) 종합건설사업자가 주계약자로서 다른 종합건설사업자와 분담하여 시공하는 경우 다른 종합건설사업자가 시공한 실적(금액)의 2분의 1에 해당하는 실적(금액)을 주계약자의 실적에 가산하여 인정한다.

다) 주계약자가 아닌 구성원은 분담하여 시공한 실적만큼 각각 실적으로 인정한다.

7) 2021년 1월 1일 이후(민간공사는 2022년 1월 1일 이후)에 발주한 경우로서 공사의 일부분을 하도급한 경우의 실적인정

가) 종합건설사업자가 종합공사를 도급받아 해당 건설공사를 시공할 수 있는 자격을 보유한 건설사업자에게 하도급한 경우 원도급자는 전체실적을, 하수급자는 하도급 받아 시공한 부분만 실적으로 인정한다.

나) 전문건설사업자가 종합공사를 도급받아 해당 건설공사를 시공할 수 있는 자격을 보유한 건설사업자에게 하도급한 경우 원수급자는 하수급자가 시공한 실적(금액)의 2분의 1에 해당하는 실적(금액)을 원수급자의 실적에 가산하여 인정한다.

다) 전문공사를 도급받은 수급인이 해당 전문공사를 시공할 수 있는 자격을 보유한 건설사업자에게 하도급한 경우 원수급자는 하수급자가 시공한 실적(금액)의 2분의 1에 해당하는 실적(금액)을 원수급자의 실적에 가산하여 인정한다.

라) 공사의 일부분을 하도급 받은 건설사업자가 전문공사에 해당하는 건설공사를 그 전문공사를 시공하는 업종을 등록한 전문건설사업자에게 다시 하도급하는 경우 다시 하도급 받은 전문건설사업자가 시공한 실적(금액)의 2분의 1에 해당하는 실적(금액)을 하수급자의 실적에 가산하여 인정한다.

8) 2020년 12월 31일 이전(민간공사는 2021년 12월 31일 이전)에 발주한 경우로서 공사의 일부분을 하도급한 경우의 실적인정

가) 종합건설업자가 종합건설업자에게 하도급한 경우 하도급을 준 원도급자의 실적인정은 하도급을 제외한 부분만 실적으로 인정하며, 하수급자인 종합건설업자의 실적은 하수급받아 시공한 부분에 대하여만 실적으로 인정한다.

나) 종합건설업자가 전문건설업자에게 하도급한 경우에는 원도급자는 전체실적을, 하수급자(전문건설업자)는 하도급 받아 시공한 부분만 실적으로 인정한다.

9) 연차별로 발주하여 준공한 실적 인정

동일구조물 공사를 발주기관이 연차별로 발주·계약하여 준공한 계속공사 경우로서 입찰공고일 기준 최근 10년 이내에 마지막 연차의 공사를 준공한 경우 전체 연차의 시공분 중 동일한 용도의 구조물(체)를 1건 실적으로 인정한다. 이 경우 각 단위구조물(체)별로 공사규모와 준공금액이 명시된 시공실적증명서(별지 제5호 서식 ~ 별지 제7-1호 서식)에 따른 서류가 첨부되어야 한다.

10) 장기계속공사(계속비 공사)의 실적 인정방법

시공 중인 장기계속공사(계속비공사)는 원칙적으로 전체공사(총 공사)가 준공되어야 실적으로 인정하되 "계약집행기준" 제13장 공사계약 일반조건 제9절 "2"나 "3"에서 정하는 바에 따라 발주기관에서 인수하여 사용·관리 중인 시설물은 그 부분에 대하여 실적으로 인정한다.

11) 시공자격 유·무에 따른 실적 인정

가) 건설산업 기본법령 등 관련법령에 따라 해당 공사 시공에 필요한 업종을 등록하고 시공한 공사실적만 인정한다.

나) 관련법령의 제·개정으로 등록업종(면허) 분류가 변경된 경우에도 해당 공사의 시공 당시를 기준으로 등록(면허)사항을 충족하고 시공된 경우에만 실적으로 인정한다.

12) 합병 등에 따른 실적 인정

가) 건설공사 관련법령의 규정에 따른 합병 등을 한 자(업체)의 실적은 합병 등에 따른 권리·의무를 포괄적으로 승계한 관련서류를 발주기관에 제출된 경우에는 다음과 같이 평가한다.

(1) 합병 후 존속되거나 신설된 자(법인)의 실적은 소멸된 자의 실적을 승계한 것으로 보아 합산하여 평가한다.

(2) 분할은 권리·의무를 승계 받은 업체의 실적으로 본다.

(3) 포괄적 사업 양수도는 해당 업종을 양수한 자의 실적으로 평가한다.

나) 다른 법령의 규정에 합병 등에 따른 실적 인정방법을 별도로 정한 경우에는 해당 업종 관계법령에 따라 처리한다.

13) 구성원의 부도 등에 따른 실적인정

가) 시공 중 구성원의 부도 등으로 공동도급비율이 변경된 경우에는 변경되기 이전까지 시공한 부분은 변경되기 이전 시공비율을 곱하여 실적을 산정하고 변경된 이후의 시공부분은 변경된 공동도급비율을 적용하여 실적을 산정한 후 합산한다.

나) 시공 중에 부도 등으로 구성원의 일부가 잔여공사를 시공한 경우에는 잔여공사 중 실제로 시공한 부분에 한하여 실적으로 인정한다.

제2절 최근 5년간 업종별 실적(누계금액) 인정기준

1. 관련법령에 따라 입찰참가자가 매년 정기적으로 관련협회에 신고한 실적 중 관련협회에서 확정한 최근연도를 포함하여 5년간 실적 누계액의 증명서에 따라 평가한다.
2. 관련협회에서 실적관리가 되지 않은 업체의 경우에도 "1"과 동일한 내용과 기준으로 발주기관(발주자)으로부터 직접 발급받은 실적증명서에 따라 평가한다. 이 경우 연도단위로 협회신고와 미신고가 혼재한 경우에는 협회 증명서상의 실적과 직접 발급받는 실적을 합산한다. 다만, 1회계연도 내(內)의 실적에 대하여 관련협회에 실적 신고 시 누락 신고한 경우는 관련협회 증명서 실적만으로 평가한다.
3. "2"의 경우 입찰참가자가 발주기관(발주자)으로부터 직접 실적증명서를 발급받는 경우에는 발주기관의 관급·지급자재 금액은 실적에서 제외한다.
4. 주계약자관리방식에 따른 실적의 인정은 제1절 "4-나-5)"의 방식에 따라 업종실적을 인정한다.

제3절 실적증명서 심사기준과 발급요령

1. 지방자치단체의 실적증명서 심사기준과 발급요령은 행정자치부 예규 「지방자치단체 입찰시 낙찰자 결정기준」 "시설공사 적격심사 세부기준"의 <별표 1, 1-1>을 준용한다.

[별표 2]

공종별 동일공사 범위

구분 / 공종	최근 10년간 해당공사와 동일한 종류의 공사실적	비 고
1. 교량 A. 현수교, 사장교(경간 200m 이상 교량 포함)	○길이 200m 이상 A등급 교량 (단, 현수교, 사장교는 100m 이상)	
B. 연육교, 연도교, 해상교량, 아치교, 트러스교(경간 200m 미만 100m 이상 교량 포함)	○길이 200m 이상 A·B등급 교량 (단, 현수교, 사장교는 100m 이상)	
C. 경간 50m 이상 교량 포함, 1,000m 이상의 일반교량(경간 10m 이상)	○길이 100m 이상 A·B·C등급 교량	
D. 500m 이상의 일반교량(경간 10m 이상)	○길이 100m 이상 A·B·C·D등급 교량	
2. 공항 가. 활주로, 유도로, 계류장	○10,000㎡ 이상의 활주로, 유도로, 계류장공사	
나. 청사 (여객·화물 터미널)	○공항청사, 철도역사, 여객자동차터미널, 화물터미널, 항만 및 종합여객시설로서 3,000㎡이상의 건축공사	
3. 댐	입찰공고에서 정한다.	
4. 에너지저장시설공사	입찰공고에서 정한다.	
5. 간척	입찰공고에서 정한다.	
6. 항만 가. 계류시설	○30억 원 이상의 계류시설 ※준설, 매립 제외	
나. 외곽시설	○30억 원 이상의 외곽시설 공사 ※준설, 매립 제외	
7. 철도	○500m 이상의 철도·지상구간 지하철공사	
8. 지하철(도시철도)	○100m 이상의 지하구간 지하철공사	
9. 터널공사	○200m 이상의 교통터널공사 (지하차도 공사 제외)	
10. 발전소	입찰공고에서 정한다.	

11. 쓰레기소각로	ㅇ소각 단위 30톤/일 이상의 쓰레기소각로 ㅇ소각 단위 용량톤수 : 쓰레기 1일 소각톤수	
12. 폐수종말처리장 가. 폐수종말처리장	ㅇ처리용량 3,000톤/일 이상의 폐수하수종말처리장	
나. 고도처리시설	ㅇ처리용량 3,000톤/일 이상의 폐수하수종말처리장 ㅇ처리용량 5,000톤/일 이상의 폐수하수종말처리장의 고도처리시설	
13. 하수종말처리장 가. 하수종말처리장	ㅇ처리용량 3,000톤/일 이상의 폐수하수종말처리장	
나. 고도처리시설	ㅇ처리용량 3,000톤/일 이상의 폐수하수종말처리장 ㅇ처리용량 5,000톤/일 이상의 폐수하수종말처리장의 고도처리시설	
14. 준설	ㅇ20억 원 이상의 준설공사	
15. 관람집회 시설 가. 공연장, 집회장	ㅇ연면적 3,000㎡ 이상인 공연장, 집회장	
나. 관람장, 관람용도의 바닥 면적의 합계가 1,000㎡이상인 운동장·체육관	ㅇ연면적 3,000㎡ 이상인 관람장, 운동장, 체육관	
16. 전시시설(전시장)	ㅇ연면적 3,000㎡ 이상인 전시장	
17. 송전	입찰공고에서 범위를 정한다.	
18. 변전	입찰공고에서 범위를 정한다.	

[별표 3]

동일공종그룹 분류표

대분류(업종)	공사 구분(동일공종그룹)	비고
토목	교통시설	
	수자원시설	
	기타토목	
건축	주거	
	비주거	

<별지 제1호 서식>

적 격 성 심 사 신 청 서

○ 공 사 명 :

○ 수요기관 :

○ 입찰일시 : 20 . . .

위 공사에 대한 적격성 심사서류를 붙임과 같이 제출하오니 우리 회사(공동수급체구성원 포함)가 제출한 붙임 자료에 따라 적격성 심사를 하여 주시기 바라며, 만일 제출한 서류가 위조, 변조, 허위, 등록내용의 변경내용 등록 지연, 합병 등, 사실누락 등이 발생한 경우 지방자치단체를 당사자로 하는 계약에 관한 법률 시행령 제92조에 따라 조치하여도 아무런 이의를 제기하지 않겠음을 확약합니다.

20 . . .

제출자 (공동수급체 대표자) 주 소 :
회사명 :
대표자 :

붙임: 1. 적격성 심사 자기평가와 심사표 1부
2. 공동수급체·단독 현황표 1부
3. 업체현황조서 1부
4. 10년간 동일 공사 실적명세서 1부
5. 시설공사 시공실적 증명서 1부
6. 시설공사 5년간 업종실적 명세서 1부
7. 시설공사 준공(업종)실적 증명서 1부
8. 신용평가등급확인서 1부
9. 결산서 감사보고서 1부
10. 그밖에 입찰공고에서 요구한 서류

귀하

----(절취선)--(인)--

접 수 증

1. 공 사 명 : 2. 수요기관 :

3. 제 출 자 :

4. 첨부서류 확인

①적격성 심사 자기평가와 심사표 1부 ②공동수급체·단독 현황표 1부 ③업체현황조서 1부 ④10년간 동일 공사 실적명세서 1부 ⑤시설공사 시공실적 증명서 1부 ⑥시설공사 5년간 업종실적 명세서 1부 ⑦시설공사 준공(업종)실적 증명서 1부 ⑧신용평가등급확인서 1부 ⑨결산서 감사보고서 1부 ⑩그밖에 입찰공고에서 요구한 서류

위 건 공사의 심사신청서를 접수했음을 확인합니다.

20 . . .

재무관 또는 분임재무관 (인)

<별지 제1-1호 서식>

종 합 평 가 심 사 신 청 서

○ 공 사 명 :

○ 수요기관 :

○ 입찰일시 : 20 . . .

위 공사에 대한 종합평가 서류를 붙임과 같이 제출하오니 우리 회사(공동수급체구성원 포함)가 제출한 붙임 자료에 따라 종합평가를 심사하여 주시기 바라며, 만일 제출한 서류가 위조, 변조, 허위, 등록내용의 변경내용 등록 지연, 합병 등, 사실누락 등이 발생한 경우 지방자치단체를 당사자로 하는 계약에 관한 법률 시행령 제92조에 따라 조치하여도 아무런 이의를 제기하지 않겠음을 확약합니다.

20 . . .

제출자 (공동수급체 대표자) 주 소 :
회사명 :
대표자 :

붙임 : 1. 종합평가 자기평가표와 심사표 1부
2. 건설기술자 보유증명서 1부
3. 건설기술자 보유현황표 1부
4. 참여기술자 경력사항 확인서 1부
5. 경영상태 등의 평가사항 1부
6. 시공평가 결과 (증명서) 1부
7. 그밖에 입찰공고에서 요구한 서류

귀하

----(절취선)----------------(인)----------------

접 수 증

1. 공 사 명 : 2. 수요기관 :
3. 제 출 자 :
4. 첨부서류 확인

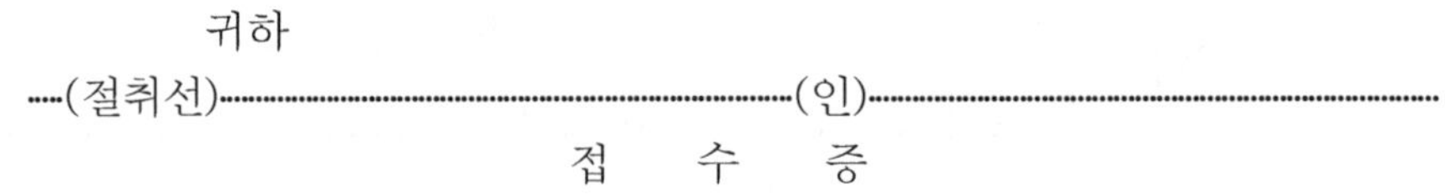
①종합평가 자기평가표와 심사표 1부 ②건설기술자 보유증명서 1부 ③건설기술자 보유현황표 1부 ④참여기술자 경력사항 확인서 1부 ⑤경영상태 등의 평가사항 1부 ⑥시공평가 결과(증명서) 1부 ⑦그 밖의 입찰공고에서 요구한 서류

위 건 공사의 심사신청서를 접수했음을 확인합니다.

20 . . .

재무관 또는 분임재무관 (인)

<별지 제2호>

적격성 심사 자기평가와 심사표

1. 적격성 심사대상 공사

공고번호	
공 사 명	
업종구분	토목, 건축, 토건, 조경, 산업설비, 전문, 전기, 정보통신, 소방, ( )

2. 적격성 심사대상자

회사명			
대표자		전화번호	

3. 작성자 연락처

소 속			
성 명		전화번호	

4. 적격성심사 평가표

(단위 : 점)

평가분야	평가 항목	배 점	자기평점	심사평점
계		100		
적격성 심사	시공실적 평가			
	신용평가			

<별지 제2-1호>

종합평가 자기평가와 심사표

1. 평가대상 공사

공고번호	
공 사 명	
입찰금액	
업종구분	토목, 건축, 토건, 조경, 산업설비, 전문, 전기, 정보통신, 소방, ( )

2. 평가대상자

회사명			
대표자		전화번호	

3. 작성자 연락처

소 속			
성 명		전화번호	

4. 종합평가표 (단위 : 점)

평가분야		평가 항목	배 점	자기평점	심사평점
계			100		
입찰가격					
기술이행능력	동일실적 경과 정도				
	기술자보유	현장대리인			
		경력기술자			
		일반기술자			
		품질기술자			
		안전기술자			
	신기술개발·활용실적	신기술개발			
		신기술활용			
	기술개발투자비율				
	시공품질				
	하도급 관리계획의 적정성				
	사회적 신인도	사고사망만인율			
		상호협력			
		건설인력고용			
		전문화 지역업체 참여도			
수행능력상 결격여부					

※ 사회적 신인도 합계는 1점을 초과할 수 없음

<별지 제3호 서식>

공동수급체·단독 현황표

1. 대상공사

공 사 명		입찰일시	

2. 공동수급체 구성현황

구 분		구성원(대표자)	구성원(2)	구성원(3)	구성원(4)	구성원(5)
①회 사 명						
②대 표 자		(인)	(인)	(인)	(인)	(인)
③이행방식과 그 내용	이행방식					
	토목(100%)					
	건축(100%)					
	기타(100%)					
④시 공 비 율(%)						
⑤사업자등록번호						
⑥시공능력평가액		천원	천원	천원	천원	천원
⑦업종 등	토·건 등 순위					
	보유업종번호					
⑧동일공사 실적	규 모					
	금 액					
⑨ 5년간 업종 실적금액						
⑩ 기술자 보유 평가 (현장대리인, 경력, 일반, 품질, 안전)						
⑪신용등급 평가						
⑫입찰공고일 기준 최근 3개월 이내 합병, 분할, 사업양수도 여부						
⑬신기술 개발 및 활용실적						
⑭기술개발 투자비율						
⑮시공품질 평가						
⑯하도급 관리계획 평가						
⑰신인도 등록내용						
⑱수행능력상 결격여부						
⑲그 밖의 사항	전화번호					
	주 소					
	작 성 자					

주1) 공동이행방식과 내용은 구성원 각각의 보유업종·시공능력평가액 등을 감안하여 시공비율을 산정함.

2) 정정개소에는 반드시 날인하시기 바람

3) 단독 참여는 구성원(대표자)란에 기재하시기 바랍니다.

<별지 제4호 서식>

업 체 현 황 조 서

상 호		대표자		영업소재지		전화번호	

보유 등록(면허)현황

업 종			등록(면허)번호	취득년월일	시공능력평가액	평가순위	비고
토목 건축 공사업							
토 목 공 사 업							
건 축 공 사 업							
철강재 설치 공사업							
준 설 공 사 업							
조 경 공 사 업							
해 외 건 설 업							
전 기 공 사 업							
정보통신공사업	일반						
	별종						
수질오염방지 시설업							
대기오염방지 시설업							
소음진동방지 시설업							
오수 처리 시설업							
소방시설 공 사 업	전 문						
	일반	기계					
		전기					
전 문 건설업							

상기 회사에 대하여 우리협회에 등록・확인・제출・통보・신고・조사된 내용에 따라 작성했음을 확인합니다.

20 년 월 일

협회장(인)

<별지 제5호 서식>

10년간 동일 공사 실적명세서

○ 심사 신청 공사명 :

심사대상 공종	동일 공사 실적 심사신청 내용						
	공사명	구분	규모	금액	시공자	준공검사 완료일	협회나 조달청
	소 계						
	소 계						
	소 계						

본 심사 신청공사에 대하여 동일공사 실적을 위와 같이 제출하오니 위 제출내용에 따라 평가하여 주시기 바라며 자료의 누락이나 착오 등으로 인한 불이익에 대하여는 하등의 이의를 제기하지 않겠습니다.

20 . . .

제 출 자(공동수급체 대표자) 주 소 :

성 명 :

대표자 : (인)

※ 주1. 1건의 동일 실적은 중복하여 신청할 수 없다.

2. 관련협회 등록번호를 기재하여 제출

<별지 제6호 서식>

시설공사 준공실적 증명서

1. 일반적인 사항

<table>
<tr><td>(1)공 사 명</td><td colspan="5"></td><td rowspan="2">(3)발주기관
(발주자)</td><td rowspan="2"></td></tr>
<tr><td>(2)공사위치</td><td colspan="5"></td></tr>
<tr><td rowspan="2">(4)시 공 자
(대표)</td><td>①회 사 명</td><td colspan="2"></td><td>②등록번호</td><td></td><td>③대 표 자</td><td></td></tr>
<tr><td>④영업소재지</td><td colspan="4"></td><td>⑤전화번호</td><td></td></tr>
</table>

<table>
<tr><td rowspan="4">(5)계약과 준공
(장기계속공사·계속비 공사는 총공사 기준 작성)</td><td colspan="4">(가) 총공사기준</td><td colspan="4">(나) 금차(연차) 공사기준</td></tr>
<tr><td>①계약일자</td><td></td><td>④공사금액
(준공+관급)</td><td></td><td>①계약일자</td><td></td><td>④공사금액
(준공+관급)</td><td></td></tr>
<tr><td>②착공일자</td><td></td><td>⑤준공금액</td><td></td><td>②착공일자</td><td></td><td>⑤준공금액</td><td></td></tr>
<tr><td>③준공검사완료일</td><td></td><td>⑥관급금액</td><td></td><td>③준공검사완료일</td><td></td><td>⑥관급금액</td><td></td></tr>
<tr><td rowspan="2">(6)공사성질</td><td>①건설공사</td><td colspan="7">신규공사( ) 확장공사( ) 개·보수공사 ( ) ※해당란에 ○표</td></tr>
<tr><td>②전기,통신</td><td colspan="7">설치(신설, 증설, 이설, 개설)공사( ) 보수공사( )</td></tr>
<tr><td>(7)공동도급여부</td><td colspan="8">공동이행방식( ) 분담이행방식( ) 단독도급( ) 주계약자관리방식( )</td></tr>
<tr><td>(8)실적의 종류</td><td colspan="8">개념설계( ) 기본설계( ) 실시설계( ) 시공( ) 감리( ) 품질, 공사관리( )
시운전( ) 기자재제작설치( ) 기자재설치( ) 기타( )</td></tr>
</table>

2. 시공실적의 내용   * 공동수급체 구성원별로 구분 작성

구 분	시 공 자 (대표)	시 공 자	시 공 자
(1) 회 사 명			
(2) 대 표 자	(인)	(인)	(인)
(3) 공 사 금 액	(지분율: %)	(지분율: %)	(지분율: %)
① 준 공 금 액			
② 관 급 금 액			
(4) 전체공사 계약 규모 : 구체적인 시공물량 표시			

(5) 시공회사별 실적공종이나 적격성심사 대상 공종 시공규모, 방법(공법)			
(6) 시공회사별 적격성심사 대상공종의 금액			
① 시공회사별 적격성심사 대상 공종의 준공금액			
② 시공회사별 적격성심사 대상 공종의 관급금액			
(7) 하도급 내용	※하도급자별로 구분 작성 ※전문건설업자에게 하도급한 경우는 해당없음으로 표기		
①하도급지			
②하도급공사 규모와 금액			
③하도급금액(준공+관급)			
3. 붙 임			
(1) 그밖에 실적내용을 증명할 수 있는 서류			
위와 같이 공사(총 공사) 준공실적이 있음을 증명하여 주시기 바랍니다. 20 . . . 주 소 : 회사명 : 대표자 : 귀하			
위 내용을 증명함 (발급기관명)			

주1) 기재 란이 부족한 경우와 입찰 설명서(공고) 요구내용의 기재 난이 없는 경우는 별지 작성 가능함.
2) 해당 공사 시공실적심사에 필요한 내용이 불분명 등의 경우는 평가에서 제외할 수 있음
3) 합병 등을 한 업체와 시공 중 부도·탈퇴 등으로 시공비율이 달라진 업체는 그 사실과 내용을 본 실적증명서에 기재하고 관련 자료를 첨부해야 함.
4) 이 기재 란에 대한 해당사항이 없으면 "해당 없음"으로 표기하여야 함.
5) 시공실적증명서와 첨부물나나 간인(서명)을 해야 함.
6) 계속공사인 경우에는 최근10년 이내에 준공한 공사의 최초부터 최종공사의 동일한 용도의 단위 구조물(체) 각각의 규모와 금액을 기재하되, 차수별 공사내용(공사명, 공사규모, 공사금액, 준공일 등 실적심사에 필요한 사항)과 채색 구분된 도면(평면도, 종·횡단면도)을 첨부하시기 바라며, 그 내용이 불분명하거나 누락되어 실적심사가 곤란한 경우는 불인정함.

<별지 제6-1호 서식>

전기·그 밖의 공사 준공실적 증명서

<table>
<tr><td colspan="7">1. 일반적인 사항</td></tr>
<tr><td>(1) 공 사 명</td><td colspan="2"></td><td rowspan="2">(3)발주기관
(발주자)</td><td colspan="3" rowspan="2"></td></tr>
<tr><td>(2) 공사 위치</td><td colspan="2"></td></tr>
<tr><td rowspan="2">(4) 시 공 자
(대 표 자)</td><td>회 사 명</td><td></td><td>등록번호</td><td></td><td>대표자</td><td></td></tr>
<tr><td>영 업 소 재 지</td><td></td><td>전화번호</td><td colspan="3"></td></tr>
<tr><td rowspan="3">(5) 계약과 준공
(총공사기준)</td><td>계 약 일 자</td><td></td><td>준공금액</td><td colspan="3"></td></tr>
<tr><td>착 공 일 자</td><td></td><td rowspan="2">도급자설치
관급금액</td><td colspan="3" rowspan="2"></td></tr>
<tr><td>준공검사완료일</td><td></td></tr>
<tr><td rowspan="3">(6) 시공 중인 장기계속공사나 계속비공사의 인정실적</td><td>인 수 사 용 일</td><td></td><td rowspan="3">실적규모</td><td colspan="3" rowspan="3"></td></tr>
<tr><td>인수 사용 금액</td><td></td></tr>
<tr><td>도급자 설치 관급금액</td><td></td></tr>
<tr><td>(7) 공 사 성 질</td><td colspan="6">설치[신설( ) 이설( ) 증설( ) 개설( ) 조정( )]공사, 보수공사( ), 교체공사( )
※해당란에 ○ 표</td></tr>
<tr><td>(8) 실 적 종 류</td><td colspan="6">설계( ), 시공( ), 감리( ), 기타( ) ※해당란에 ○ 표</td></tr>
<tr><td>(9) 공동도급여부</td><td colspan="6">단독도급( ), 공동도급[공동이행방식( ), 분담이행방식( )]</td></tr>
<tr><td>(10) 하도급유무</td><td colspan="6">하도급 있음( ), 하도급 없음 ( )</td></tr>
</table>

<table>
<tr><td colspan="2">2. 전체 시공실적 규모</td></tr>
<tr><td>(1) 입찰예정공사의 입찰공고서상 인정실적과 일치하는 시공실적 규모
(공고서와 일치하는 실적만 기재)</td><td></td></tr>
<tr><td>(2) 그 밖의 시공실적 규모</td><td></td></tr>
</table>

<table>
<tr><td colspan="4">3. 공동수급 내용
※ 구성원 전원의 날인을 필하고, 각 란별 구분하여 작성 (빈 란은 “해당 없음“ 기재)</td></tr>
<tr><td>구 분</td><td>시공자(대표)</td><td>시 공 자</td><td>시 공 자</td></tr>
<tr><td>(1) 회 사 명</td><td></td><td></td><td></td></tr>
<tr><td>(2) 대 표 자</td><td>(인)</td><td>(인)</td><td>(인)</td></tr>
<tr><td>(3) 지 분 율 (%)</td><td>%</td><td>%</td><td>%</td></tr>
<tr><td>(4) 준 공 금 액</td><td></td><td></td><td></td></tr>
<tr><td>(5) 도급자설치 관급액</td><td></td><td></td><td></td></tr>
<tr><td>(6) 공동수급체별실적규모</td><td></td><td></td><td></td></tr>
<tr><td colspan="4">※ 상기의 공동도급을 증명하기 위해 계약서와 공동도급협정서를 첨부하여야 한다.</td></tr>
</table>

4. 하도급 사항 (하도급실적이 없는 경우는 "해당없음" 기재)			
(1) 회 사 명			
(2) 대 표 자	(인)	(인)	(인)
(3) 하도급 실적규모(구체적으로 기재)			
(4) 하도급 준공금액			
(5) 하도급자설치 관급금액			
(6) 원도급자 증명	대표자: (인)	대표자: (인)	대표자: (인)
※ 하도급 사항 증명을 위해 상기 "(6)"항 원도급자(공동이행방식은 공동수급체 전원)의 증명 날인이 있어야 한다.			
5. 신청과 확인사항			
신청인 [원도급자( ), 하도급자( )] 은 지방자치단체에서 집행하는 시설(전기, 정보통신)공사의 입찰참가를 위해 상기의 공사준공(기성)실적에 대해 귀 기관으로부터 확인 받고자 하오니 이를 증명하여 주시기 바랍니다. 20 . . . 신청인 주 소 : 회사명 : 대표자 : (인) 귀하			
상기 시공실적 내용을 증명합니다. 확인자 소속 : 성명 : (인) 연락처 : 발급기관명 :			

※ 실적증명서 제출 시 유의사항

1) 제출된 시공실적증명서상에 허위사실이 있을 시 부정당업자 제재 등의 조치를 받음.
2) 해당 공사 시공실적 심사에 필요한 내용이 불분명하거나 증빙자료의 누락으로 실적심사가 곤란한 경우는 평가에서 제외할 수 있음.
3) "1-(6)"의 시공 중인 장기계속공사·계속비공사의 인정실적은 전체공사가 준공되기 이전에 발주기관에서 인수하여 사용·관리중임을 증빙하는 확인서를 제출할 것.
4) 발주사가 법인·개인이거나 자체공사인 경우는 해당 공사의 인·허가서류와 공사 준공을 증명할 수 있는 관련서류와 도급계약서, 부가가치세 공급가액증명서를 첨부할 것.
5) "3-(6)"의 공동수급체별 실적규모는 공동수급체 구성원별로 각각 분리하여 기재해야 하며, 하도급사항이 있을 경우 하도급 실적 규모는 제외하고 공동수급체 구성원별로 기재할 것.

<별지 제7호 서식>

시설공사(5)년간 업종실적 명세서

<table>
<tr><td>회 사 명</td><td colspan="3"></td><td>대 표 자</td><td colspan="2"></td></tr>
<tr><td>영업소재지</td><td colspan="3"></td><td>전화번호</td><td colspan="2"></td></tr>
<tr><td rowspan="2">업 종 별
등록번호</td><td>토 건</td><td>토 목</td><td></td><td></td><td></td><td></td></tr>
<tr><td>제 호</td><td>제 호</td><td>제 호</td><td>제 호</td><td>제 호</td><td>제 호</td></tr>
<tr><td colspan="7">최근 연도별 시설공사 실적금액 내용
(금액단위 : 만원)</td></tr>
<tr><td>구 분</td><td>건 수</td><td colspan="3">실 적 금 액</td><td colspan="2">비 고</td></tr>
<tr><td>20 년도</td><td></td><td colspan="3"></td><td colspan="2" rowspan="6"></td></tr>
<tr><td>20 년도</td><td></td><td colspan="3"></td></tr>
<tr><td>20 년도</td><td></td><td colspan="3"></td></tr>
<tr><td>20 년도</td><td></td><td colspan="3"></td></tr>
<tr><td>20 년도</td><td></td><td colspan="3"></td></tr>
<tr><td>합 계</td><td></td><td colspan="3"></td></tr>
<tr><td colspan="7">붙 임 : 년도별 시설공사 준공실적 매</td></tr>
<tr><td colspan="7">위와 같이 최근 5년간 우리 회사에서 시공한 공사의 시공실적 명세서(실적증명서 포함)를 제출합니다.

20 . . .
주 소 :
성 명 :
대 표 자 : (인)</td></tr>
</table>

주1) 입찰공고일 직전연도 말 기준 최근년도 순서대로 기재하되 관련협회의 최종 통계완료 년도를 기준으로 역산하여 5년(3년)실적을 적용한다.

주2) 입찰공고상의 해당 업종 관련 공사만 기재한다.

(예) 토목공사는 토목, 건축공사는 건축, 전기공사는 전기만 기재한다.

주3) 공동수급체는 구성원별로 각각 작성한다.

주4) 실적금액은 해당연도의 실적금액 기재한다.

＊ 실적증명서는 별지 제6의2 서식을 사용하며 실적증명 내용에 업종(면허)별 실적금액이 불분명한 경우에는 인정하지 않는다.

<별지 제7-1호 서식>

시설공사 준공(업종)실적 증명서

1. 일반적인 사항

(1)공 사 명				(3)발주기관 (발주자)	
(2)공사 위치					
(4)시공자 (대표자)	①회사명		②업종과 등록번호		③대표자
	④영업소재지			⑤전화번호	
(5)계약과 준 공	①계약일자		④계약금액		
	②착공일자		⑤시공누계금액		
	③준공검사완료일		⑥미 시공금액		
(6)계약의 종류	원도급( ), 하도급( ), 기타( ) ※해당란에 ○표				

2. 시공실적의 내용

구 분		시공자(대표)	시 공 자	시 공 자
(1) 회 사 명				
(2) 대 표 자		(인)	(인)	(인)
(3) 시 공 금 액		(지분율: %)	(지분율: %)	(지분율: %)
(4)업종(등록)별 00년도 공사내용				
(5)업 종 별 20 년도 시공금액	00업종			
	00업종			
	00업종			

3. 붙 임

(1) 하도급을 받은 공사는 하도급계약서와 당년도 시공금액에 대한 세금계산서를 첨부하여함

20 년도 중 위와 같이 공사 시공실적이 있음을 증명하여 주시기 바랍니다.

20 . . .

주 소 :

회 사 명 :

대 표 자 :

위 내용이 틀림없음을 증명함

(원도급사명)

위 내용이 틀림없음을 증명함

(발급기관명)

주1)기재란이 부족한 경우 별지 작성 가능하며 해당 공사 시공실적심사에 필요한 내용의 불분명 등의 경우는 평가에서 제외할 수 있다.

주2)하도급공사는 원도급자와 발주기관(감독정)의 승명이 있어야 함

주3)민간공사와 자체공사는 해당 업종에 대한 공사내용과 공사금액이 투입되었다는 객관적인 증빙서류(하도급계약서, 세금계산서 등)와 준공관련서류가 첨부되어야 함

주4)본 실적증명서는 해당연도에 시공한 실적을 증명하는 서식이므로 하나의 공사를 다년간 시공한 경우는 연도별로 각각 증명서를 발급받아 제출해야 함

<별지 제8호 서식>

건설기술자 보유증명서

(단위 : 명)

<table>
<tr><th>구분</th><th>기술분야</th><th>기술자 종류</th><th>적용 사전심사대상공사</th><th>학력·경력 기술자 수</th><th>국가기술자 격법에 따른 기술자 수</th></tr>
<tr><td rowspan="8">일반기술자</td><td>토 목</td><td>항만 및 해안, 도로 및 공항, 토목, 토목시공, 철도, 철도보선, 수자원개발, 상·하수도, 농어업토목, 토질 및 기초, 건설재료시험, 토목품질시험, 토목구조, 측량 및 지형공간정보</td><td>당해 심사대상공종이 토목분야인 공사(교량, 공항, 댐,간척, 항만, 철도, 지하철, 터널, 준설, 상수도, 하수도 등)</td><td></td><td></td></tr>
<tr><td colspan="3">합 계(학력 · 경력+ 자격기술자)</td><td colspan="2"></td></tr>
<tr><td>건 축</td><td>건축기계설비, 건축설비, 건축시공, 건축, 실내건축, 건축구조, 건축품질시험</td><td>당해 심사대상공종이 건축분야인 공사(관람집회시설, 전시시설, 공용청사, 공동주택 등)</td><td></td><td></td></tr>
<tr><td colspan="3">합 계(학력 · 경력+ 자격기술자)</td><td colspan="2"></td></tr>
<tr><td>기 계
·
환 경</td><td>건설기계, 공조냉동기계, 생산기계, 일반기계, 용접, 대기관리, 수질관리, 소음진동, 폐기물처리</td><td>당해 심사대상공종이 산업설비분야인 공사(에너지저장시설, 발전소, 쓰레기소각로, 폐수 · 하수종말처리장 등)</td><td></td><td></td></tr>
<tr><td colspan="3">합 계(학력 · 경력+ 자격기술자)</td><td colspan="2"></td></tr>
<tr><td>전 기</td><td>전기공사, 전기응용, 전기철도, 철도신호, 원자력발전, 발송배전, 건축전기설비, 공업계측제어</td><td>당해 심사대상공종이 전기분야인 공사(송전, 변전 등)</td><td></td><td></td></tr>
<tr><td colspan="3">합 계(학력 · 경력+ 자격기술자)</td><td colspan="2"></td></tr>
<tr><td rowspan="3">시공지원기술자</td><td colspan="3">기술자 종류</td><td>학력·경력 기술자 수</td><td>국가기술자 격법에의한 기술자 수</td></tr>
<tr><td colspan="3">산업안전, 건설안전, 공정관리, 비파괴검사, 도시계획, 화약류관리, 광산보안, 승강기, 교통, 지하수, 조경, 소방설비</td><td></td><td></td></tr>
<tr><td colspan="3">합계 (학력·경력+ 자격기술자)</td><td colspan="2"></td></tr>
<tr><td colspan="6">위와 같이 우리회사 소속 직원의 발급기준일(입찰공고일)현재 기술자 경력사항을 확인하여 주시기 바랍니다.
201 . . .
※ 발급기준일(입찰공고일) : 20 . . .
주소 :
회사명 :
사업자등록번호 :
대표자 : (인)</td></tr>
<tr><td colspan="3">(발급기관명)</td><td colspan="3">위 사실을 확인함.</td></tr>
</table>

주1) 기술자 보유증명은 당해 기술분야별로 작성하여야 함.

2) 심사대상공종 경력기술자는 "별지 제8호서식"를 첨부하여야 함.

<별지 제8-1호 서식>

건설기술자 보유현황표

가. 일반기술자 현황

구 분	회 사 별 보 유 인 원 수						비 고
	ㅇㅇ회사	ㅇㅇ회사	ㅇㅇ회사	ㅇㅇ회사	ㅇㅇ회사	합계	
일반기술자 (인 원 수)							
경력기술자 (점 수)							

나. 경력기술자 현황

번 호	성 명	소 속	주민등록번호	기술지 등 급	공 사 명	참 여 기 간	점 수	비 고
								증명서첨부
합계								

<별지 제9호 서식>

참여기술자 경력사항 확인서

부실벌점 :

소　속		직　위		심사 대상공종	
성　명		생년월일		참여기간	년　월
기술분야	건설기술자 종류 (자격증)	기술등급		건설분야 종사기간	일

○ **해당분야 공사 참여 실적**　＊금액 : 도급자 설치 관급금액 포함 및 천원단위 기재

발주자	공　사　명	심사 해당공종 공사규모 및 금액	공사금액	심사 대상공종 참여기간	담당업무

건설기술자의 등급 및 경력인정 등에 관한 인정 방법 및 절차 기준 제18조제3항의 규정에 의하여 참여기술자 경력사항 확인을 신청합니다.

20　.　.　.

주　소 :

회 사 명 :

사업자등록번호 :

대 표 자 :　　　　(인)

(확인기관명)　　　　20　.　.　.　위 사실을 확인함

주1) 초급기술자 이상 기술자로서 당해 공사와 동일하거나 유사한 종류(준공금액 10억원 이상)의 공사현장에 3년 이상(자격취득 전후 포함) 종사한 건설기술자의 경우에 해당됩니다.
주2) 공종의 공사규모 및 금액이 불분명한 경우에는 평가에서 제외될 수 있습니다.
주3) 기술등급 란에는 건설기술자의 등급 및 경력인정 등에 관한 기준 제7조 별표 3 제1호 건설기술자(일반)의 기술등급이 기재됩니다.

<별지 제10호 서식>

경영상태 확인서

상 호 : 대표자 :

소재지 :

업 종	토 목 건 축	토 목	건축	산업·환경설비	조경
등록번호					

경영상태 평가자료 **입찰공고일 :** (단위 : 천원)

구 분	경영비율	산 출 근 거			
가. 부채비율		부채총계		자기자본	
나. 유동비율		유동자산		유동부채	
다. 차입금의존도		차입금		총자산	
라. 영업이익대비이자보상배율		영업이익		이자비용	
마. 매출액순이익율		법인세차감전순이익		총매출액	
바. 총자산순이익율		법인세차감전순이익		총자산	
사. 총자산대비영업현금흐름비율		영업활동현금흐름		총자산	
아. 자산회전율		매출액		(기초+ 기말자산)/2	
자. 건설기술개발투자비율		건설기술개발비		건설매출액	
감 사 의 견					

행정자치부예규 지방자치단체 입찰시 낙찰자 결정기준에 따라 발급

1. 경영항목 : 일 기준 에 따라 일 등록

상기내용이 건설산업기본법 시행규칙 제22조 제2항 제2호에 따라 우리회사가 귀 협회에 제출한 재무제표 내용과 상위 없음을 확인하여 주시기 바랍니다.

년 월 일

신청인 상 호 : (인)

대 한 건 설 협 회 장 귀하 대표자 :

상기내용을 확인합니다.

대 한 건 설 협 회 장 (인)

<별지 제11호 서식>

(최초, 월말, 반기, 년말)결산서 감사보고서

사업자등록번호							
상 호 명		대 표 자		영업소재지		전화번호	

업 종	토목·건축	토목			
면 번					

1. 경영상태 검토내용

구 분	경영비율(%)	산출근거(단위: 천원)	
부채비율		부채총계	자기자본
유동비율		유동자산	유동부채
차입금 의존도		차입금	총자산
영업이익 대비 이자보상배율		영업이익	이자비용
매출액 영업이익율		영업이익	총매출액
매출액 순이익율		순이익(법인세 차감전)	총매출액
총자산 순이익율		순이익(법인세 차감전)	총자산
총자산 대비 영업현금흐름비율		영업활동으로인한 현금흐름	총자산
자산회전율		매출액	(기초총자산+ 기말총자산)÷2
건설부문기술개발 투자비율		건설부문기술개발투자비	건설부문 총매출액
기술개발 투자비율		기술개발투자액	총매출액

2. 검토기준

가. 결산서 작성사유 :
나. 결산서의 종류 :
다. 결산서 작성년월일 :
라. 감사의견 : 적정, 한정, 부적정, 의견거절 등 명시

위 내용은 위 업체의 최근 업계 전체 평균비율이 산정된 이후 최초결산서, 합병·분할·사업양수도에 따라 등기일이나 수리일 또는 1개월이 경과한 월말을 기준으로 작성된 결산서, 반기결산서, 정기결산서에 대한 감사보고서로서 주식회사의 외부감사에 관한 법률에 따른 감사보고서 작성절차를 거쳐 감사의견을 작성했음을 확인합니다.

20 년 월 일

사무소 :
주 소 :
연락처 :
감사인 : (인)

※ 차입금은 장·단기차입금, 금융리스부채, 기타차입금, 사채를 포함하는 이자부 부채를 말함

국가를 당사자로 하는 계약에 관한 법률 시행령의 수의계약 등 한시적 특례 적용기간에 관한 고시

기획재정부 고시 제2025-29호, 2025. 7. 1 일부개정

제1조(목적) 이 규정은 「국가를 당사자로 하는 계약에 관한 법률 시행령(이하 "영"이라 한다.)」 제27조제3항 등에 따라 재난, 경기침체 등으로 인한 국가의 경제위기를 극복하기 위한 입찰·계약보증금 인하 등 한시적 특례가 적용되는 기간을 정함을 목적으로 한다.

제2조(특례 적용기간) 영 제27조제3항, 제37조제1항, 제50조제1항, 제52조제1항, 제55조제1항, 제58조제1항에 따른 특례 적용기간은 이 규정을 고시한 날부터 2025년 12월 31일까지로 한다.

부 칙 <제2025-29호, 2025.07.01.>

제1조(시행일) 이 규정은 고시한 날부터 시행한다.

제2조(유효기간) 이 규정은 2025년 12월 31일까지 효력을 가진다.

협상에 의한 계약체결기준

기획재정부계약예규 제721호, 2024.9.13. 일부개정

제1조(목적) 이 예규는 「국가를 당사자로 하는 계약에 관한 법률 시행령」(이하 "시행령"이라 한다) 제43조 및 제43조의2에 의한 협상에 의한 계약의 체결에 필요한 사항을 정함을 목적으로 한다.

제2조(정의) 이 기준에서 사용하는 용어의 정의는 다음과 같다.

1. '제안요청서'라 함은 계약담당공무원(각 중앙관서의 장이 계약에 관한 사무를 그 소속공무원에게 위임하지 아니하고 직접 처리하는 경우에는 이를 계약담당공무원으로 본다. 이하 같다)이 협상에 의한 계약의 입찰에 참가하고자 하는 자에게 제안서의 제출을 요청하기 위하여 교부 또는 열람하게 하는 서류를 말한다.
2. '제안서'라 함은 협상에 의한 계약의 입찰에 참가하고자 하는 자가 제안요청서 또는 입찰공고에 따라 작성하여 계약담당공무원에게 제출하는 서류를 말한다.
3. '협상적격자'라 함은 제안서의 평가결과에 따라 협상에 의한 계약의 협상대상자가 될 수 있는 자격을 갖춘 자를 말한다.

제3조(적용범위) 이 기준은 계약담당공무원이 시행령 제43조제1항 및 제43조의2제1항에 의한 계약을 체결하는 경우에 적용한다.

제4조(입찰공고) ① 계약담당공무원은 제안서 제출마감일의 전일부터 기산하여 40일 전에 입찰공고를 하여야 한다. 다만, 긴급한 경우, 추정가격이 고시금액 미만인 경우 및 시행령 제20조제2항에 따른 재공고입찰인 경우에는 제안서 제출마감일의 전일부터 기산하여 10일전까지 공고할 수 있다.

② 입찰공고에는 다음 각 호의 사항을 명시하여야 한다.

1. 사업명, 사업내용, 사업기간, 사업예산
2. 해당 계약이 협상에 의한 계약이라는 사실
3. 제안요청서의 요청기한 및 요청에 필요한 서류
4. 시행령 제43조제5항에 따라 제안요청서에 대한 설명을 실시하는 경우에는 그 장소(화상 방식 등 전자적 방식에 의할 경우 정보처리장치에 대한 접속방법)·일시에 관한 사항 <개정 2020.12.28.>
5. 협상에 의한 계약체결에 필요한 기준 및 절차
6. 제안서의 제출기간
7. 제안서의 내용

8. 제안서의 평가요소 및 평가방법(제7조제2항에 따라 분야별 배점한도를 10점 범위내에서 조정하는 경우에는 그 사유를 포함한다)
9. 제7조제6항에 따라 기술능력평가를 실시하는지 여부와 평가점수 부여기준 <신설 2020.9.24.>
10. 제7조의2 제2항에 따라 가격의 적정성 평가를 실시하는지 여부와 적정성 평가대상의 기준이 되는 금액 <신설 2020.9.24.>
11. 제안서 평가시 제안서에 대한 설명을 실시하는 경우 그 장소(화상평가 등 전자적 방식에 의한 평가의 경우 해당 정보처리장치에 대한 접속방법) · 일시에 관한 사항 <신설 2020.12.28.>
12. 기타 계약담당공무원이 필요하다고 인정하는 사항

제5조(제안요청서의 교부 또는 열람 등) ① 계약담당공무원은 입찰에 참가하고자 하는 자에게 제안요청서를 교부하여야 한다.

② 계약담당공무원은 제안요청서 등 필요한 서류를 시행령 제14조제3항에 의한 전자조달시스템에 게재함으로써 제1항에 따른 제안요청서 등 필요한 서류의 교부에 갈음할 수 있다.

③ 계약담당공무원은 사업내용이 비교적 단순하여 제1항 및 제2항에 의한 제안요청서의 교부 또는 열람이 불필요하다고 인정되는 경우에는 제안요청서의 교부 또는 열람을 생략하고, 바로 제안서를 제출하게 할 수 있다. 이 경우에는 입찰공고에 사업내용 등 제안서 작성에 필요한 사항을 명시하여야 한다. <개정 2009.9.21.>

④ 계약담당공무원은 계약의 성질 · 규모 등을 고려하여 필요하다고 인정하는 경우에는 제안요청서 등에 대한 설명을 할 수 있다. <개정 2019.12.18.>

⑤ 제안요청서에는 다음 각 호의 사항을 명시하여야 한다.
1. 과업내용
2. 요구사항
3. 계약조건
4. 평가요소와 평가방법
5. 제안서의 규격
6. 기타 필요한 사항

제6조(제안서 등의 제출) ① 협상에 의한 계약에 참가하고자 하는 자는 제4조에 의한 입찰공고 또는 제5조에 의한 제안요청서에 정한 바에 따라 제안서(제7조의2 제2항에 따른 기준금액 미만으로 입찰하려는 자의 경우 원가절감에 대한 제안을 포함한다) 및 가격 입찰서를 별도로 작성하여 계약담당공무원에게 제출하여야 한다. <개정 2020.9.24.>

② 계약담당공무원은 입찰참가자의 가격입찰서 모두를 함께 봉함하여 제7조의2에

의한 개봉시까지 보관하여야 한다.

③ 계약담당공무원은 제1항에 따른 제안서는 전자조달시스템 또는 발주기관의 정보처리장치를 이용하여 제출하도록 하여야 한다. 다만, 제안서의 용량·형태 등으로 인하여 전자조달시스템 또는 발주기관의 정보처리장치를 이용하기 곤란한 경우에는 전자우편·우편 또는 인편으로 제출하게 할 수 있다. <개정 2023.6.30.>

제7조(제안서의 평가) ① 제안서는 기술능력과 입찰가격을 종합적으로 평가하며, 평가항목 및 배점한도는 별표와 같다.

② 각 중앙관서의 장은 제1항에 의한 평가항목 및 배점한도를 기준으로 세부평가기준을 정할 수 있다. 이 경우에는 사업의 특성·목적·내용 및 요구되는 전문성·기술성 정도 등을 고려하여 필요한 때에는 기술 중시형, 기술·가격 균형형, 가격 중시형으로 구분하여 별표의 분야별 배점한도를 20점의 범위 내에서 가·감 조정할 수 있으며, 평가항목을 추가하거나 제외할 수 있다. 다만, 배점한도에 대하여 20점의 범위를 초과하여 가·감 조정할 경우에는 기획재정부장관과 협의하여야 한다. <개정 2024.9.13.>

③ 제안서의 평가에 있어서 필요한 서류가 첨부되어 있지 않거나 제출된 서류가 불명확하여 인지할 수 없는 경우에는 제안서 내용의 변경이 없는 경미한 사항에 한하여 기한을 정하여 보완을 요구하여야 한다.

④ 제3항에 의하여 보완요구한 서류가 기한까지 제출되지 아니한 경우에는 당초 제출된 서류만으로 평가하고, 당초 제출된 서류가 불명확하여 심사가 불가능한 경우에는 평가에서 제외한다.

⑤ 각 중앙관서의 장 또는 계약담당공무원은 제1항에 따라 제안서를 평가하는 경우에는 시행령 제43조제8항에 의한 제안서평가위원회(이하 "위원회"라고 함)의 심의를 거쳐야 한다. 다만, 기술능력 평가 중 수행실적, 경영상태 등 정량적 지표에 의한 평가항목은 계약담당공무원이 제16조에 따른 세부기준에 따라 평가한다. <단서신설 2018.12.31.>

⑥ 계약담당공무원은 제1항에 따라 제안서를 평가함에 있어서 해당산업의 특성, 최근 동종사업에 대한 낙찰률, 제안서 평가 점수 분포 등을 고려할 때, 기술능력평가의 변별력을 확보하기 어렵다고 판단되는 계약에 대하여는 제5항에 따른 제안서 평가점수에 따라 입찰자의 순위를 정하고, 입찰자의 순위에 따라 고정점수를 부여하는 차등점수제를 적용하여야 한다. <신설 2020.9.24.>

⑦ 각 중앙관서의 장은 순위별 점수부여 기준 등 제6항에 따른 차등점수제의 세부절차 및 기준을 정하여 운용할 수 있다. <신설 2020.9.24.>

⑧ 제5항에 의한 위원회는 소속공무원, 해당사업 및 계약에 관한 학식과 경험이 풍부한 자 등으로 구성하며, 위원회의 구성 및 운영에 관하여 필요한 세부사항은 각 중앙관서

의 장이 정한다.

⑨ 계약담당공무원은 평가위원회의 요청이 있는 경우에는 제안서를 제출한 자에게 보완자료 등 평가에 필요한 자료를 제출하게 할 수 있다.

⑩ 각 중앙관서의 장은 제안서평가 종료 후 전자조달시스템 또는 발주기관의 정보처리장치를 이용하여 평가위원 명단과 위원별·항목별 평가점수를 공개하여야 한다. 다만 평가의 공정성 확보를 위하여 필요하다고 인정되는 경우에는 평가위원 실명은 공개하지 아니할 수 있다. <신설 2015.9.21.><개정 2018.12.31.>

⑪ 제10항 본문에도 불구하고 각 중앙관서의 장은 제안서 평가결과에 개인정보, 영업비밀 및 다른 법령에 따라 공개가 제한되는 정보가 포함되어 있을 경우 평가결과의 일부 또는 전부를 공개하지 아니할 수 있다. 이 경우 전자조달시스템 또는 발주기관의 정보처리장치에 제안서 평가결과를 공개하지 않는다는 취지와 그 사유를 게재하여야 한다. <신설 2015.9.21.>

⑫ 각 중앙관서의 장 또는 계약담당공무원은 제5항에 따라 위원회가 제안서를 평가함에 있어 화상평가 등 전자적 방식에 의한 평가를 실시하도록 할 수 있다. <신설 2020.12.28.>

제7조의2(입찰가격 개봉 및 평가) ① 계약담당공무원은 제7조에 의한 제안서 평가 후 지체없이 입찰참가자가 참석한 자리에서 봉함된 가격입찰서를 개봉하고 입찰가격에 대한 평가를 실시하여야 한다.

② 제1항에도 불구하고 기술평가의 변별력을 확보할 필요성이 높은 계약에 대하여는 계약의 특성 및 사업내용 등을 고려하여 계약담당공무원이 입찰공고시 명시한 기준금액 미만의 입찰자에 대하여는 원가절감의 적정성을 심사할 수 있다. <신설 2020.9.24.>

제8조(협상적격자 및 협상순위의 선정) ① 계약담당공무원은 제7조에 따른 제안서 평가결과, 입찰가격이 해당 사업예산(예정가격을 작성한 경우에는 예정가격) 이하인 자로서 기술능력평가 점수가 기술능력평가분야 배점한도의 85% 이상인 자를 협상적격자로 선정한다. <개정 2019.12.18.>

② 협상순서는 제1항에 따른 협상적격자의 기술능력평가 점수와 입찰가격평가 점수를 합산하여 합산점수의 고득점순에 따라 결정한다. 다만, 합산점수가 동일한 제안자가 2인 이상일 경우에는 기술능력 평가점수가 높은 제안자를 우선순위자로 하고, 기술능력 평가점수도 동일한 경우에는 기술능력의 세부평가항목 중 배점이 큰 항목에서 높은 점수를 얻은 자를 우선순위자로 한다.

제9조(협상적격자에 대한 통지) 계약담당공무원은 제8조에 의하여 협상적격자와 협상순위가 결정된 경우에는 지체없이 협상적격자에게 협상순위, 협상적격자 전원의 기술능력과 입찰가격 평가점수와 합산점수 및 협상일정을 통보하여야 한다.

제10조(협상절차) ① 계약담당공무원은 제8조에 의하여 결정된 우선순위 협상대상자와 협상을 하며, 이 협상이 성립된 때에는 다른 협상적격자와 협상을 실시하지 아니한다

② 계약담당공무원은 협상대상자와의 협상이 성립되지 않으면 동일한 기준과 절차에 따라 순차적으로 차순위 협상적격자와 협상을 실시한다.

③ 계약담당공무원은 모든 협상적격자와의 협상이 결렬될 경우에는 재공고입찰에 부칠 수 있다.

제11조(협상의 내용과 범위) 계약담당공무원은 협상대상자가 제안한 사업내용, 이행방법, 이행일정 등 제안서 내용을 대상으로 협상을 실시하며 협상대상자와 협상을 통해 그 내용의 일부를 조정할 수 있다. 다만, 계약담당공무원은 협상대상자에게 당해 사업과 무관한 요구사항을 추가하는 행위, 기술 이전 요구 등 불공정한 요구를 하여서는 아니 된다. <단서신설 2015.1.1.>

제12조(가격의 협상) ① 협상대상자와의 가격협상시 기준가격은 해당 사업예산(예정가격을 작성한 경우에는 예정가격)이하로서 협상대상자가 제안한 가격으로 한다.

② 계약담당공무원은 협상대상자가 제안한 내용을 가감하는 경우에는 그 가감되는 내용에 상당하는 금액을 해당 사업예산(예정가격을 작성한 경우에는 예정가격) 범위 내에서 조정할 수 있다. 다만, 제안한 내용의 가감조정이 없는 경우에는 가격협상시 협상대상자가 제안한 가격을 증감조정할 수 없다.

③ 제1항 및 제2항에 의한 가격협상을 위하여 예정가격을 작성하는 경우에는 제6조에 의한 제안서제출전까지 시행령 제9조에 따라 작성하여야 하며, 입찰에 참가한 자의 제안가격 등을 기준으로 작성하여서는 아니된다.

제13조(협상기간) ① 계약담당공무원은 협상기간과 대상 등을 협상대상자에게 통보하여야 하며, 협상기간은 협상대상자에게 통보된 날로부터 15일 이내로 한다. 다만, 해당 사업의 규모, 특수성, 난이도 등에 따라 협상대상자와의 협의에 의하여 5일의 범위내에서 조정할 수 있다. <개정 · 단서신설 2012.1.1.>

② 제1항에서 정한 기간 내에 협상이 이루어지지 않을 경우에는 10일의 범위내에서 연장 할 수 있다.

제14조(협상결과의 통보) 계약담당공무원은 협상이 성립되면 그 결과를 해당 협상대상자 및 다른 협상적격자에게 서면으로 통보하여야 한다.

제15조(계약체결 및 이행) ① 계약담당공무원은 협상이 성립된 후 10일이내에 계약을 체결하여야 한다.

② 계약의 체결 및 이행에 관하여는 제14조에 의하여 서면통보한 협상결과와 「국가를 당사자로 하는 계약에 관한 법률」, 시행령 및 시행규칙과 이에 근거한 계약의 일반조건, 특수조건, 입찰유의서 및 일반원칙에 따른다.

제16조(세부기준의 제정) ① 각 중앙관서의 장은 이 기준에 따라 협상에 의한 계약을 체결함에 있어 필요한 세부기준을 정하여 운용할 수 있다.

② 각 중앙관서의 장은 제1항에 따라 세부기준을 정하려는 경우 기술능력 평가는 정량적 평가항복과 정성적 평가항목으로 구분하여 정하여야 한다. <개정 2018.12.31.>

제17조(재검토기한) 「훈령·예규 등의 발령 및 관리에 관한 규정」에 따라 이 예규에 대하여 2016년 1월 1일 기준으로 매3년이 되는 시점(매 3년째의 12월 31일까지를 말한다)마다 그 타당성을 검토하여 개선 등의 조치를 하여야 한다.<개정 2015.9.21.>

부 칙 <제114호, 2012.9.22.>

제1조(시행일) 이 계약예규는 2012년 9월 22일부터 시행한다.

부 칙 <제162호, 2014.1.10.>

제1조(시행일) 이 계약예규는 2014년 1월 14일부터 시행한다.

제2조(적용례) 이 예규가 시행된 후 입찰공고를 한 분부터 적용된다.

부 칙 <제216호, 2015.1.1.>

제1조(시행일) 이 계약예규는 2015년 1월 1일부터 시행한다.

제2조(적용례) 이 예규 시행일 이후 입찰공고를 한 분부터 적용한다.

부 칙 <제247호, 2015.9.21.>

제1조(시행일) 이 계약예규는 2015년 9월 21일부터 시행한다.

제2조(제안서의 평가에 관한 적용례) 제7조 및 [별표]의 개정규정은 2015.10.1일부터 최초로 입찰공고를 한 분부터 적용한다.

부 칙 <제381호, 2018.6.4.>

제1조(시행일) 이 계약예규는 2018년 6월7일부터 시행한다.

제2조(적용례) 제6조의 개정조항은 이 예규 시행 후 최초로 입찰공고되는 계약분(재입찰 또는 재공고입찰은 제외)부터 적용한다.

부 칙 <제409호, 2018.12.31.>

제1조(시행일) 이 계약예규는 2019년 3월 5일부터 시행한다.

제2조(적용례) 이 계약예규는 부칙 제1조에 따른 시행일 이후 입찰공고 하는 경우부터 적용한다.

부　칙 <제471호, 2019.12.18.>

제1조(시행일) 이 계약예규는 2019년 12월18일부터 시행한다.

제2조(적용례) 이 계약예규는 부칙 제1조에 따른 시행일 이후 입찰공고를 한 분부터 적용한다.

부　칙 <제515호, 2020.9.24.>

제1조(시행일) 이 계약예규는 2020년 12월 24일부터 시행한다. 다만, 제4조제2항제10호, 제6조, 제7조의2 및 [별표] 주3)의 개정규정은 2021년 3월 24일부터 시행한다.

제2조(적용례) 이 계약예규는 시행일 이후 입찰공고하는 경우부터 적용한다.

부　칙 <제538호, 2020.12.28.>

제1조(시행일) 이 계약예규는 2021년 3월 28일부터 시행한다.

제2조(적용례) 이 계약예규는 부칙 제1조에 따른 시행일 이후 입찰공고하는 경우부터 적용한다.

부　칙 <제656호, 2023.06.16.>

제1조(시행일) 이 계약예규는 2023년 6월 30일부터 시행한다.

제2조(적용례) 이 계약예규는 부칙 제1조에 따른 시행일 이후 입찰공고하는 경우부터 적용한다.

부　칙 <제721호, 2024.09.13.>

제1조(시행일) 이 계약예규는 2024년 9월 13일부터 시행한다.

제2조(적용례) 이 계약예규는 부칙 제1조에 따른 시행일 이후 입찰공고하는 경우부터 적용한다.

[별표] <개정 2012.4.2., 2014.1.10., 2023.6.30., 2024.9.13.>

제안서의 평가항목 및 배점한도 (제7조 관련)

구 분	평가항목	배점한도	비 고
계		100	
기술능력 평가	· 기술·지식능력 · 인력·조직·관리기술 · 사업수행계획 · 지원기술·사후관리 · 수행실적 · 재무구조·경영상태 · 상호협력 · 외주근로자 근로조건 · 원가절감의 적정성 등 <신설 2020.9.24.>	70	· 각 평가항목의 배점 한도는 30점을 초과하지 못함
입찰가격 평가		30	※ 평점 계산식: 아래

주1) 입찰가격 평점 계산식

가) 입찰가격을 추정가격의 100분의 80 이상으로 입찰한 자에 대한 평가

$$\cdot \text{ 평점} = \text{입찰가격평가 배점한도} \times \left(\frac{\text{최저입찰가격}}{\text{해당입찰가격}}\right)$$

* 최저입찰가격 : 유효한 입찰자중 최저입찰가격으로 하되, 입찰가격이 추정가격의 100분의 70미만일 경우에는 100분의 70으로 계산 <개정 2015.9.21., 2023.6.30.>

* 해당입찰가격 : 해당 평가대상자의 입찰가격

* 입찰가격 평가시 사업예산으로 하는 경우에는 추정가격에 부가가치세를 포함하여 적용하고, 예정가격을 작성한 경우에는 추정가격을 예정가격으로 적용

나) 입찰가격을 추정가격의 100분의 80 미만인 입찰한 자에 대한 평가

$$\cdot \text{ 평점} = \text{입찰가격평가 배점한도} \times \left(\frac{\text{최저입찰가격}}{\text{추정가격의80\%상당가격}}\right) + \left[2 \times \left(\frac{\text{추정가격의80\%상당가격} - \text{해당입찰가격}}{\text{추정가격의80\%상당가격} - \text{추정가격의70\%상당가격}}\right)\right]$$

* 최저입찰가격 : 유효한 입찰자중 최저입찰가격으로 하되, 입찰가격이 추정가격의 100분의 70미만일 경우에는 100분의 70으로 계산 <개정 2015.9.21., 2023.6.30.>

* 해당입찰가격 : 해당평가대상자의 입찰가격으로 하되, 입찰가격이 추정가격의 100분

의 70미만일 경우에는 배점한도의 30%에 해당하는 평점을 부여 <개정 2015.9.21., 2023.6.30.>

* SW 사업 및 「소방장비관리법」에 따른 소방장비, 「경찰관 직무집행법」에 따른 경찰장구, 「해양경찰장비 도입 및 관리에 관한 법률」에 따른 해양경찰장비, 「군수품관리법」에 따른 군수품으로서 소방・경찰・해양경찰・군의 안전 관련 물품 구매・제조의 경우에는 해당 입찰가격이 추정가격의 100분의 80미만일 경우에는 배점한도의 30%에 해당하는 평점을 부여 <신설 2014.1.10, 개정 2015.9.21., 2023.6.30.>

* 입찰가격 평가시 사업예산으로 하는 경우에는 추정가격에 부가가치세를 포함하여 적용하고, 예정가격을 작성한 경우에는 추정가격을 예정가격으로 적용

다) 입찰가격 평점 계산식에 의한 계산결과 소수점이하의 숫자가 있는 경우에는 소수점 다섯째자리에서 반올림함

라) 각 중앙관서의 장은 계약수행 과정에서 계약상대자가 계약금액 이외에 제3자로부터 경제적 이익을 얻을 수 있는 경우 등 위 기준을 적용하기 곤란하다고 판단되는 경우에는 기획재정부 장관과 협의하여 위 기준과 다른 평점 계산식을 운영할 수 있다. <신설 2015.9.21.>

주2) 기술능력 평가방법 <신설 2012.4.2.>

가) 외주근로자 근로조건은 시행규칙 제23조의3 각 호에 해당하는 단순노무 용역이 포함된 용역에 한해 평가하며, 임금의 적정수준에 대한 기준은 적격심사에서 단순노무 용역에 적용되는 낙찰하한율을 고려하여 적격심사세부기준에서 정한 내용을 준용한다.

나) 다음의 계약에 대한 기술능력 평가시 수행실적은 평가항목에서 제외한다. 단, 국민안전・보건・국가안보 등을 위해 실적평가가 불가피하다고 판단되는 경우에는 예외로 한다. <개정 2020.9.24.>

1. 추정가격이 고시금액 미만인 소규모 계약
2. 시행령 제26조제1항제5호사목의 제품이 속하는 세부품명에 대한 계약(지정 또는 승인시로부터 3년 이내에 한하며, 해당부분에 대하여만 실적평가를 제외함)
3. 기업활력제고를 위한 특별법 시행령 제3조의2에 따른 신산업에 대한 계약(지정 또는 승인시로부터 3년 이내에 한하며, 해당부분에 대하여만 실적평가를 제외함)

다) 제7조제6항의 계약에 대하여는 제안서 평가에 따른 기술능력평가는 차등점

수제를 적용한다. <신설 2020.9.24.>

주3) 원가절감의 적정성 평가 <신설 2020.9.24., 개정 2023.6.30.>

가) 적정성 평가 대상: 해당 사업예산(예정가격을 작성한 경우는 예정가격)의 100분의 70 이상 100분의 80 미만의 금액으로서 각 중앙관서의 장 또는 계약담당공무원이 사업의 내용 및 계약의 성격을 고려하여 결정한 금액(기준금액) 미만으로 입찰한 자

나) 적정성 평가 방법: 단가·노무비 인하, 과도한 물량감축 등으로 입찰가격을 기준금액 미만으로 낮춘 경우 감점

주4) 계약의 유형별 배점한도 <신설 2024.9.13.>

구분	전문성·기술성 정도	배점범위(기술:가격)
기술강조형	고도의 전문성·기술성을 요하는 경우	기술평가점수 최대 90점 (90:10)
기술·가격균형형	일정수준 이상의 전문성·기술성이 필요한 경우	(80:20~60:40)
가격중시형	전문성·기술성이 상대적으로 중요하지 않은 경우	가격평가점수 최대 50점 (50:50)

협상에 의한 계약 제안서 평가업무처리 규정

행정안전부 훈령 제154호, 2020. 8.5 제정
행정안전부(운영지원과) 044-205-1297

제1조(목적) 이 규정은 기획재정부 계약예규「협상에 의한 계약체결기준」제7조에 따라 행정안전부가 협상에 의한 계약 방식으로 체결하는 물품 및 용역계약의 제안서 평가와 관련하여 필요한 세부사항을 정함을 목적으로 한다.

제2조(적용범위) 이 규정은 행정안전부에서 수행하는 제안서 평가를 적용대상으로 한다.

제3조(정의) 이 규정에서 사용하는 용어의 정의는 다음과 같다.

1. '제안요청서'라 함은 계약담당공무원이 협상에 의한 계약으로 진행하는 입찰에 참가하고자 하는 자에게 제안서의 제출을 요청하기 위하여 교부하는 서류를 말한다.
2. '제안서'라 함은 협상에 의한 계약으로 진행하는 입찰에 참가하고자 하는 자가 제안요청서 및 입찰공고에 따라 작성하여 계약담당공무원에게 제출하는 서류를 말한다.
3. '제안서 평가'라 함은 협상에 의한 계약으로 진행하는 입찰에 참가하고자 하는 자가 제출한 제안서를 평가위원이 평가항목에 따라 기술능력을 종합적으로 평가하는 것을 말한다.
4. '제안서 평가위원'이라 함은 제4조에 따라 선정된 위원을 말하며, '외부위원'이란 행정안전부 외부 평가위원을 말한다.

제4조(평가위원회의 구성) ① 제안서의 심사 및 평가를 위하여 공무원·학계·연구계 등의 해당 분야 전문가로 구성된 평가위원회를 구성·운영할 수 있다.

② 위원회의 위원 수는 위원장을 포함하여 다음 각 호로 구성한다.

1. 추정가격 5천만원 미만 : 5인 이상
2. 추정가격 5천만원 이상 : 7인 이상

③ 평가위원은 외부위원을 과반수로 한다.

④ 위원회는 위원장 1인을 두며, 위원장은 위원회의 호선에 의하여 외부위원 중 과반수의 동의를 얻은 외부 평가위원으로 선임한다. 다만, 사안에 따라 위원장 선임 없이 평가를 실시할 수 있다.

⑤ 평가위원 선정 시 제안업체와 특수한 이해관계가 있는 자가 위촉되지 않도록

주의하여야 한다.

제5조(평가위원의 제척 및 회피) ① 사업부서는 평가위원회를 구성하기 전에 다음 각 호의 어느 하나에 해당하는 평가위원이 포함되지 않도록 하여야 한다.

1. 본인 또는 소속단체가 평가일 기준 최근 3년 이내 평가대상 업체로부터 평가대상 사업과 관련된 용역, 자문, 연구 등을 의뢰받아 이를 수행한 경우
2. 당해 평가대상 사업의 시행으로 인하여 이해당사자가 되는 경우
3. 평가일 기준 최근 3년 이내 당해 평가대상 업체에 재직한 경력이 있는 경우
4. 기타 공정한 심사를 수행할 수 없다고 판단될 경우

② 평가위원은 제1항에 해당하면 위원장에게 회피사유를 알리고 스스로 그 안건의 평가를 포기하여야 한다.

③ 평가위원이 제2항을 위반한 사실이 확인된 경우 향후 3년간 행정안전부에서 주관하는 평가위원회에 참여할 수 없다.

제6조(보안유지 및 서약서 징구) ① 누구든지 위원장 및 평가위원 전원의 동의 없이 제안서 평가 진행과정을 녹취하거나 촬영 또는 외부에 공개할 수 없다.

② 사업부서에는 평가위원들로부터 보안유지를 위하여 서식 1의 평가위원 보안서약서를 제안서 평가 전에 제출받아야 한다.

제7조(제안서의 평가) ① 입찰참가업체로부터 제안서를 접수한 날로부터 7일 이내에 제안서 평가를 실시하여야 한다. 다만, 사업부서에서 사업시기 등을 고려하여 평가일을 연기하고자 할 경우에는 5일 이내에 평가시기를 연장할 수 있다.

② 위원회는 위원장을 포함하여 3분의 2 이상의 출석으로 개회하며, 사업부서의 장은 필요한 경우 평가위원에게 사업의 특성, 용역개요, 중점평가사항 등을 설명할 수 있다.

③ 사업부서는 평가대상 업체가 작성한 제안서를 평가 당일 평가위원에게 배부하는 것을 원칙으로 한다. 다만, 제안서의 심도 있는 검토를 위하여 필요한 경우 사전에 평가위원에게 배부할 수 있다.

④ 제안서의 평가는 대면심사를 원칙으로 하되 계약유찰로 인한 단일 업체의 제안서 심사 및 추정가격 5천만원 미만 사업의 경우에는 제안 설명회를 생략하고 서면심사로 대체 할 수 있다.

⑤ 사업부서는 유찰로 인하여 단일 제안업체와 수의계약을 체결하려는 경우 단일업체의 제안시에 대한 평가를 실시하여 평가결과 기술능력평가 점수가 기술평가분야 배점한도의 85% 이상일 경우이어야 한다.

⑥ 사업부서는 제안서 평가결과를 평가일로부터 3일 이내에 계약담당공무원에게 송부하여야 한다.

제8조(제안서의 청취 및 발표) ① 사업부서는 평가일 당일 평가의 효율성 및 신속성을 위하여 입찰참가 업체에 제안 설명회를 실시할 수 있으며, 제안 설명회를 개최하고자 하는 경우에는 입찰참가업체에 제안 설명회 일자·장소 및 준비사항 등을 사전에 공지하여야 한다.

② 제안서 발표순서는 제안서 접수 순서로 하며 참가업체는 다른 경쟁업체의 제안서 설명을 청취할 수 없다.

③ 제안서의 발표는 제안서에 명시된 사업책임자 또는 입찰참가업체 대표가 발표하는 것을 원칙으로 하며, 1인 이내에서 보조자가 배석하여 평가위원의 질의에 응답하게 할 수 있다.

④ 제안 설명회 개최를 제안요청서 등에 사전 공지하였음에도 불구하고 설명회에 참석하지 않은 입찰참가업체의 경우에는 위원회에 보고하고 제출된 제안서만으로 평가를 실시하되 평가 시 감점 처리할 수 있다.

⑤ 사업부서 담당공무원은 평가장소에서 성적을 집계하여 다음 각 호의 사항을 확인 후 평가를 종료하여야 한다.

1. 평가위원별로 작성된 평가표에 서명이 되어 있는지 여부
2. 평가표에 점수가 정정된 항목은 날인 또는 서명이 되어 있는지 여부
3. 평가표의 점수 합계가 정확히 계산되어 있는지 여부
4. 평가점수 집계표에 평가위원장의 서명을 받았는지 여부

제9조(기술평가 산출) ① 기술평가점수는 각 평가위원의 기술평가점수 중에서 최저 및 최고점을 제외한 후 산술 평균하여 산출한다. 다만, 최저 또는 최고 점수가 2개 이상일 때는 하나만 제외한다.

② 평점을 계산한 결과 소수점 이하의 숫자가 있는 경우에는 소수점 셋째 자리에서 반올림한다.

제10조(수당지급) 외부위원에 대한 수당은 예산의 범위 내에서 매년도 예산 및 기금운용계획 집행지침에 따른다.

제11조(심사평가 중 위원의 행동요령) ① 심사평가 중에는 전화(휴대전화) 사용을 금지하며 불가피하게 전화를 사용할 경우에는 위원장의 동의를 얻어 공개된 장소에서 사용한다.

② 평가 종료 후 평가결과서에 평가위원 전원이 서명할 때까지는 평가관련자(평가위원 및 평가진행자)의 외부출입을 제한한다.

제12조(기타사항) 이 규정에 정하지 않은 사항에 대하여는 「협상에 의한 계약체결기준」 등 관련 계약예규를 적용하며, 물품·용역의 특성에 따라 이 세부기준을 적용하기 곤란하다고 인정되는 사항에 대하여는 제안요청서 등에 별도로 정할 수 있다.

제13조(재검토 기한) 행정안전부장관은 「훈령·예규 등의 발령 및 관리에 관한 규정」에 따라 이 훈령에 대하여 2021년 1월 1일을 기준으로 매3년이 되는 시점(매3년째의 12월 31일까지를 말한다)마다 그 타당성을 검토하여 개선 등의 조치를 하여야 한다.

부 칙 <제154호, 2020.8.5>

제1조(시행일) 이 훈령은 발령한 날부터 시행한다.

[별지 제1호 서식]

평가위원 보안서약서

본인은 년 월 일 “행정안전부 00000 사업”의 평가위원으로서 다음 사항을 준수할 것을 서약합니다.

1. 본인은 “00 사업”의 평가를 함에 있어 모든 보안사항을 철저히 이행할 것입니다.

2. 본인은 제안서 평가를 함에 있어 알게 된 사실을 외부에 누설시켜 중대한 문제점을 야기시켰을 경우에는 보안관계법령에 의거 처벌받음은 물론 어떠한 제재 조치를 당하여도 이의를 제기하지 않을 것입니다.

3. 본인은 평가과정 중 공정성·성실성·청렴성·객관성을 위반할 경우 동 규정 및 관계법령에 따라 책임질 것을 서약합니다.

4. 본인은 ① 본인 또는 소속단체가 평가일 기준 최근 3년 이내 평가대상 업체로부터 당해 평가대상 사업과 관련된 용역, 자문, 연구 등을 의뢰받아 이를 수행한 경우,
② 당해 평가대상 사업의 시행으로 인하여 이해당사자가 되는 경우
③ 평가일 기준 최근 3년 이내 당해 평가대상 업체에 재직한 경력이 있는 경우,
④ 기타 공정한 심사를 수행할 수 없다고 판단될 경우에 해당되지 않음을 확인합니다.

년 월 일

소 속 :

직 위 :

성 명 : (서명 또는 인)

행정안전부장관 귀하

※ 「부패방지 및 국민권익위원회의 설치와 운영에 관한 법률」 및 「공익신고자 보호법」 등 관련 법령에 따라 직무상 비밀에 해당하는 내용을 포함한 신고가 가능하고, 이런 신고를 하더라도 직무상 비밀준수 의무를 위반한 것으로 보지 않습니다.

[별지 제2호 서식]

위원 회피 신청서

본인은 「행정안전부 협상에 의한 계약 제안서 평가 업무처리 규정」 제5조 제2항에 따라 다음과 같이 행정안전부 제안서 평가위원 회피 신청서를 제출하오니 처리하여 주시기 바랍니다.

1. 평가분야 : 일반용역, 기술용역, 물품 등

2. 계 약 명 :

3. 회피사유 :

년 월 일

소 속 :
직 위 :
성 명 : (서명)

행정안전부장관 귀하

협상에 의한 계약 제안서 평가업무처리 규정

기획재정부 훈령 제768호, 2025.2.14. 일부개정
기획재정부(운영지원과) 044-215-2371

제1조(목적) 이 규정은 기획재정부 계약예규 「협상에 의한 계약체결기준」 제7조에 따라 기획재정부가 협상에 의한 계약 방식으로 체결하는 물품 및 용역계약의 제안서 평가와 관련하여 필요한 세부사항을 정함을 목적으로 한다.

제2조(적용범위) 이 규정은 기획재정부에서 수행하는 제안서 평가를 적용대상으로 한다.

제3조(정의) 이 규정에서 사용하는 용어의 정의는 다음과 같다.

1. '제안요청서'라 함은 계약담당공무원이 협상에 의한 계약으로 진행하는 입찰에 참가하고자 하는 자에게 제안서의 제출을 요청하기 위하여 교부하는 서류를 말한다.
2. '제안서'라 함은 협상에 의한 계약으로 진행하는 입찰에 참가하고자 하는 자가 제안요청서 및 입찰공고에 따라 작성하여 계약담당공무원에게 제출하는 서류를 말한다.
3. '제안서 평가'라 함은 협상에 의한 계약으로 진행하는 입찰에 참가하고자 하는 자가 제안요청서 및 입찰공고에 따라 제안서를 작성하여 계약담당공무원에게 제출한 서류를 평가위원이 평가항목에 따라 기술능력을 종합적으로 평가하는 것을 말한다.
4. '제안서 평가위원'이라 함은 제4조에 따라 선정된 위원을 말하며, '외부위원'이란 기획재정부 외부 평가위원을 말한다.

제4조(평가위원회의 구성) ① 제안서의 심사 및 평가를 위하여 공무원・학계・연구계・경제계・법조계・협회 등의 해당 분야 전문가로 구성된 평가위원회를 구성・운영할 수 있다.

② 위원회의 위원 수는 위원장을 포함하여 다음 각 호로 구성한다.

1. 추정가격 1억원 미만 : 5인 이상
2. 추정가격 1억원 이상 : 7인 이상
3. 재공고입찰을 하였으나 유찰 되어 수의계약을 추진하는 경우 : 3인 이상

③ 평가위원은 외부위원을 과반수로 한다.

④ 위원회는 위원장 1인을 두며, 위원장은 위원회의 호선에 의하여 외부위원 중에서

과반 지지를 얻은 외부 평가위원으로 선임한다. 다만, 사안에 따라 위원장 선임 없이 평가를 실시할 수 있다.

⑤ 위원회 사무를 처리하기 위하여 간사 1인을 두며, 간사는 사업부서의 장이 선정한다.

⑥ 평가위원 선정 시 제안업체와 특수한 이해관계자가 있는 자가 위촉되지 않도록 주의하여야 한다.

⑦ 위원회는 평가 전일까지 구성하여야 한다. 다만, 사업의 긴급성, 보안 및 특수성 등의 사유가 있는 경우에는 그러하지 아니하다.

제5조(평가위원의 제척 및 회피) ① 사업부서는 평가위원회를 구성하기 전에 다음 각 호의 어느 하나에 해당하는 평가위원이 포함되지 않도록 확인하여야 한다.

1. 본인 또는 소속 단체에서 평가대상 업체로부터 당해 평가대상 사업과 관련된 용역, 자문, 연구 등을 의뢰받아 이를 수행한 경우
2. 당해 평가대상 사업의 시행으로 인하여 이해당사자가 되는 경우(대리관계 포함)
3. 평가일 기준 최근 3년 이내 당해 평가대상 업체에 재직한 경력이 있는 경우
4. 소속 단체나 학회 등이 평가대상 업체로부터 지원받은 후원금이 당해 사업과 직접 관련이 있는 경우
5. 기타 공정한 심사를 수행할 수 없다고 판단될 경우

② 사업부서 평가담당자는 제안서 평가 시작 전에 평가위원에게 별표 1의 제안서 평가위원 유의사항 및 공지사항을 서면으로 고지하여야 한다.

③ 평가위원은 별표 1의 평가위원 공지사항에 해당하면 위원장에게 회피사유를 알리고 스스로 그 안건의 평가를 포기하여야 한다.

④ 평가위원이 제3항을 위반한 사실이 확인된 경우 향후 3년 간 기획재정부에서 주관하는 평가위원회에 참여할 수 없다.

제6조(평가위원 명단 운용) ① 각 사업부서는 전문인력 활용 등을 통한 합리적인 제안서 평가체계를 구축하기 위하여 평가위원 명단(Pool)을 운용할 수 있다.

② 평가위원 명단(Pool)을 운용하는 경우에 사업부서의 장은 별표 2의 '제안서 평가위원회 평가위원 명단(POOL)'을 작성한다.

③ 사업부서의 장은 제5조 제1항의 기피사유에 해당되는지 여부를 확인하여 별표 3의 '제안서 평가위원 선정 내역'을 작성한다.

제7조(보안유지 및 서약서 징구) ① 누구든지 위원장 및 평가위원 전원의 동의 없이 제안서 평가 진행과정을 녹취하거나 촬영 또는 외부에 공개할 수 없다.

② 사업부서에는 평가위원들로부터 보안유지를 위하여 별표 4의 평가위원 보안서약서를 제안서 평가 전에 제출받아야 한다.

제8조(제안서의 평가) ① 제안서는 기술능력과 입찰가격을 종합적으로 평가하며, 평가항

목 및 배점한도는 계약예규「협상에 의한 계약체결기준」별표에 따른다.

② 사업의 특성·목적 및 내용 등을 고려하여 필요한 때에는 별표의 분야별 배점한도를 20점의 범위 내에서 가·감 조정할 수 있으며, 이 경우 제안요청서에 그 사유를 명시하여야 한다.

③ 제안서의 평가에 있어서 필요한 서류가 첨부되어 있지 않거나 제출된 서류가 불명확하여 인지할 수 없는 경우에는 제안서 내용의 변경이 없는 경미한 사항에 한하여 기한을 정하여 보완을 요구하여야 한다.

④ 제3항에 의하여 보완 요구한 서류가 기한까지 제출되지 아니한 경우에는 당초 제출된 서류만으로 평가하고, 당초 제출된 서류가 불명확하여 심사가 불가능한 경우에는 평가에서 제외한다.

⑤ 추정가격이 고시금액 미만인 소규모 사업평가 시 수행실적은 평가항목에서 제외한다. 다만, 원활한 사업 이행을 위해서 필요하다고 판단되는 경우에는 예외로 한다.

제9조(기술평가점수 산출) ① 기술평가점수는 각 평가위원의 기술평가점수 중에서 최저 및 최고점을 제외한 후 산술 평균하여 산출한다. 다만, 최저 또는 최고 점수가 2개 이상일 때는 하나만 제외한다.

② 평점을 계산한 결과 소수점 이하의 숫자가 있는 경우에는 소수점 셋째 자리에서 반올림한다.

제10조(제안서의 청취 및 발표) ① 사업부서는 평가 당일에 평가의 효율성을 위하여 제안서를 제출한 자로부터 제안서에 대한 설명을 듣거나 질의사항에 대한 답변을 하게 할 수 있다.

② 제안 설명회를 개최하고자 할 경우에는 입찰참가업체에 제안 설명회 일자·장소 및 준비사항 등을 사전에 공지하여야 한다.

③ 제안서 발표순서는 제안서 접수 순서로 하며, 참여업체는 다른 경쟁업체의 제안서 설명을 청취할 수 없다.

④ 제안서의 발표는 제안서에 명시된 사업책임자 또는 입찰참가업체 대표가 발표하는 것을 원칙으로 하며, 5인 이내에서 보조자가 배석하여 평가위원의 질의에 응답하게 할 수 있다.

⑤ 제안 설명회 개최를 제안요청서 등에 사전 공지하였음에도 불구하고 설명회에 참석하지 않은 입찰참가업체의 경우에는 위원회에 보고하고 제출된 제안서만으로 평가를 실시하되 평가 시 감점 처리할 수 있다.

제11조(심사·평가 중 위원의 행동요령) ① 심사·평가 중에는 전화(휴대전화) 사용을 금지하며 불가피하게 전화를 사용할 경우에는 위원장의 동의를 얻어 공개된 장소에서 사용한다.

② 평가 종료 후 평가결과서에 평가위원 전원이 서명할 때까지는 평가관련자(평가위원

및 평가 진행자)의 외부출입을 제한한다.

제12조(수당지급) 외부위원에 대한 수당은 예산의 범위 내에서 매년도 예산 및 기금운용 계획 집행지침에 따른다.

제13조(기타사항) 이 규정에 정하지 않은 사항에 대하여는 「협상에 의한 계약체결기준」 등 관련 계약예규를 적용하며, 물품 · 용역의 특성에 따라 이 세부기준을 적용하기 곤란하다고 인정되는 사항에 대하여는 제안요청서 등에 별도로 정할 수 있다.

제14조(재검토기한) 「훈령 · 예규 등의 발령 및 관리에 관한 규정」에 따라 이 훈령 발령 후의 법령이나 현실여건의 변화 등을 검토하여 이 훈령의 폐지 · 개정 등의 조치를 하여야 하는 기한은 발령한 날부터 3년 이내로 한다.

부 칙 <제768호, 2025. 2.14.>

제1조(시행일) 이 훈령은 발령한 날부터 시행한다.

【별표 1】

제안서 평가위원 유의사항 및 공지사항

제안서 평가위원 유의사항
O 평가장 분위기를 리드하려 하지 말아야 합니다.
O 심사종료 전에는 개인적 용무를 자제 하여야 합니다.
O 표정으로 찬성•반대 입장을 나타내지 말아야 합니다.
O 자신의 지식을 전달하려 하지 말아야 합니다.
O 자신의 지식을 과시하려 하지 말아야 합니다.
O 가르치려 하거나 배우려 하지 말아야 합니다.
O 평가위원 상호간 상의나 협의하지 말아야 합니다.
O 옳고 그름을 언행으로 가리지 말고 평가점수로 합니다.
O 순수한 채점자가 되어야 합니다.
O 평가대상 업체 측에 면박이나 무안을 주지 말아야 합니다.
O 업체 측의 의사결정 내용을 언행으로 확인하지 말아야 합니다.
O 평가를 말이나 행동으로 하지 말아야 합니다.
O 정답이나 오답을 유도하지 말아야 합니다.
O 편가르기식 언행은 삼가야 합니다.
O 제안서의 잘못된 부분은 평가로 표현하고 지적하여 고치려 하지 말아야 합니다.
O 미루어 짐작하거나 축소 확대 해석하지 말아야 합니다.
O 평가종료 후 본인의 평가내용을 밝히지 말아야 합니다.

제안서 평가위원 공지사항

오늘 참석하신 평가위원님 중에

- 본인 또는 소속단체에서 평가대상 업체로부터 당해 평가대상 사업과 관련된 용역, 자문, 연구 등을 의뢰받아 이를 수행한 경우
- 당해 평가대상 사업의 시행으로 인하여 이해당사자가 되는 경우
- 평가일 기준 최근 3년 이내 당해 평가대상 업체에 재직한 경력이 있는 경우
- 소속 단체나 학회 등이 평가대상 업체로부터 지원받은 후원금이 당해 사업과 직접 관련이 있는 경우
- 기타 공정한 심사를 수행할 수 없다고 판단되는 경우

위 5가지 사항에 해당하는 위원님께서는 금번 평가에 참여하실수 없습니다.
위 내용에 해당하는 평가위원이 계시면 지금 위원장님에게 말씀하여 주시기 바랍니다.

[별표 2]

제안서 평가위원회 평가위원 명단(POOL)

(20　　년도)

순번	성명	주요경력	선정사유	비고

[별표 3]

제안서 평가위원 선정 내역

1. 사업개요

ㅇ 사 업 명 :

ㅇ 사업개요 :

ㅇ 사업예산 :

2. 평가개요

ㅇ 일시(집결 및 등록) :

ㅇ 심사(평가)장소 :

ㅇ 운영요원 : ○○○ 사무관(서기관)(☎), ○○○ 주무관(☎)

3. 평가위원 구성

ㅇ 심사(평가)위원 수 : 명

순번	성명	주요경력	기피 및 제척사유 유무	비고

20 . . .

(과장/팀장 직 · 성명) (서명)

【별표 4】

평가위원 보안서약서

본인은 년 월 일 “기획재정부 00000 사업”의 평가위원으로서 다음 사항을 준수할 것을 서약합니다.

1. 본인은 “00 사업”의 평가를 함에 있어 모든 보안사항을 철저히 이행할 것입니다.
2. 본인은 제안서 평가를 함에 있어 알게 된 사실을 외부에 누설시켜 중대한 문제점을 야기시켰을 경우에는 보안관계법령에 의거 처벌받음은 물론 어떠한 제재 조치를 당하여도 이의를 제기하지 않을 것입니다(다만, 「부패방지 및 국민권익위원회의 설치와 운영에 관한 법률」 및 「공익신고자 보호법」에 따른 부패행위 신고 및 공익신고 등의 경우에는 본 서약서상 비밀준수 의무를 위반하지 않은 것으로 봄).
3. 본인은 평가과정 중 공정성・성실성・청렴성・객관성을 위반할 경우 동 규정 및 관계법령에 따라 책임질 것을 서약합니다.
4. 본인은 ①본인 또는 소속단체에서 평가대상 업체로부터 당해 평가대상 사업과 관련된 용역, 자문, 연구 등을 의뢰받아 이를 수행한 경우, ②당해 평가대상 사업의 시행으로 인하여 이해당사자가 되는 경우(대리관계 포함), ③평가일 기준 최근 3년 이내 당해 평가대상 업체에 재직한 경력이 있는 경우, ④소속 단체나 학회 등이 평가대상 업체로부터 지원받은 후원금이 당해 사업과 직접 관련이 있는 경우, ⑤기타 공정한 심사를 수행할 수 없다고 판단될 경우에 해당되지 않음을 확인합니다.

년 월 일

소 속 :

직 위 :

성 명 : (서명 또는 인)

기획재정부장관 귀하

(2026년 최신개정판)

국가를 당사자로 하는 계약법

2026년 2월 10일 인쇄
2026년 2월 15일 발행

편 집 편 집 부
발행인 김 대 원
발행처 도서출판 원기술
주 소 경기도 안양시 동안구 경수대로 507번길18
전 화 031-451-8730
팩 스 031-429-6781
등 록 제2-1063호

ISBN 978-89-7401-438-4

정가 130,000원